KB252320

매튜 헨리 주석 이사야

저자 매튜 헨리 Matthew Henry 1662-1714

성경 주석가. 영국국교회의 복음주의 목사의 아들인 그는 통일령으로 아버지가 성직에서 쫓겨난 직후에 태어났다. 학문을 좋아하는 소년이었으며 1672년에 회심하였다. 옥스퍼드와 케임브리지의 학문성이 차츰 떨어지므로 1680년 런던 이슬링턴 대학에서 신학 교육을 받았다. 그 대학은 신앙을 저버린 시대에 높은 학문을 유지해왔다. 그 대학의 학장은 케임브리지에서 온 토머스 두리틀이었고, 부학장은 옥스퍼드에서 온 토머스 빈센트였다. 그 후에는 그레이 법학원에서 법률을 공부하였다. 그는 국교회 목사가 되려고 생각하였지만, 비국교도가 되기로 결심하였고, 개인적으로 장로교 목사 안수를 받았다. 첫 목회지는 체스터(1687-1712)였으며 그 뒤에 런던의 해크니(1712-1714)로 옮겼다. 청교도들에게서 크게 영향을 받은 그는 성경 해설을 목회의 중심으로 삼았다. 날마다 4시 또는 5시에 일을 시작하였던 그는 시간을 최대한 사용하는 것을 목적으로 삼았다. 1704년에 「성경 주석」을 집필하기 시작하였는데, 그는 사도행전까지 탈고하였으며, 그의 사후 목회 동역자들이 그의 노트와 저서들을 참고하여 신약성경 주석을 완성하였다. 그 주석은 성경에 대한 자세하고 종종 대단히 영적인 해설 양식을 취하였는데, 그 양식은 그 이후의 복음주의적 목회의 형태를 결정하였다. 스펄전은 자신이 매튜 헨리에게 큰 도움을 받았다는 사실을 인정하였다.

역자 박문재

역자는 서울대학교 법과대학, 장로회신학대학교 신대원 및 대학원(Th.M.)을 졸업하였다. 역서로 비슬리 머리의 「예수와 하나님 나라」, 존 브라이트의 「이스라엘 역사」, F.F. 브루스의 「바울」, B.S. 차일즈의 「구약신학」, 아이히로트의 「구약성서신학 I , II」, 제임스 D.G. 던의 「바울 신학」 외에 다수 있다.

매튜
헨리
주석
전집

12

매튜 헨리 주석
이사야

박문재 옮김

Matthew Henry

크리스챤
다이제스트

선지서 서문

성경의 책들은 모두 예언적이다. 우리는 이 주석들을 통해서 약하고 두려워하고 심히 떠는 가운데 이 성경의 책들을 체계적으로 해설하고, 실제적인 교훈을 제시하고자 애써 왔다. 내가 성경의 책들을 예언적이라고 하는 이유는 성경에는 일부 역사서들(예언들의 의미를 분명하게 나타내기 위해서 여기저기에서 활용된다)과 애가가 들어 있긴 하지만 예언적인 책들이 주류를 이루고 있기 때문이다. 우리 구주께서는 종종 구약성경 전체를 율법과 선지자들(또는, 율법서와 예언서)이라 표현하신다. 예언서들은 의식과 관련된 명령들을 별로 다루지 않고 오직 율법 중에서 좀 더 무게 있고 중요한 문제들을 역설함으로써 모세 율법 중에서 의식법이 복음에 의해서 폐기될 것을 분명하게 보여주었다. 또한, 예언서들은 그리스도와 그의 은혜의 나라에 관한 수많은 예언들을 통해서 모세 율법 중에서 의식법이 복음을 통해서 완성될 것임을 보여주기도 하였다. 이렇게 예언서들은 율법과 복음을 이어주는 끈이었기 때문에 그 사이에 두어지는 것이 합당하다.

성경의 책들은 예언적임과 동시에 하늘에 그 기원을 둔 신적인 책들이다. 신적인 것들과 대응되는 인간의 법, 인간의 역사, 인간의 시가(詩歌)는 있지만, 인간에게서 기원한 예언은 없다. 지혜롭고 선한 자들은 분별력을 사용해서 장래의 사건들을 추측해 볼 수 있다(우리는 그러한 추측들을 예지라 부른다). 그러나 참된 예언이 되기 위해서 필수적인 것은 그 예언이 하나님으로부터 나와야 한다는 것이다. 위에티우스(Huetius)는 이것을 금언 형식을 빌려서 표현한다: 예언의 능력은 전적으로 하나님으로부터 온다. 그리고 그는 장래의 일을 미리 내다보는 것은 하나님의 대권(大權)이고 그러한 능력을 지닌 자는 그 능력을 하나님으로부터 받은 것이라는 것이 유대인들이나 이방인들의 인식이었음을 증명한다. 그래서 유대인들은 모세가 받은 특별한 예언을 제외한 모든 예언은 고도의 영감을 통해서 주어지는 것이라고 여긴다. 우리 구주께서 대제사장들에게 요한의 세례가 하늘로부터 온 것이냐 사람에게서 온 것이냐고 물으셨을 때, 그들은 감히 사람에게서 온 것이라고 말하지 못하였다. 왜냐하면, 백성들은 세례 요한을 선지자로 여기고 있었으므로 요한의 세례는 당연히 사람에게서 온 것이 아니라고 생각하였기 때문이다. 선지자를 가리키는 히브리어는 '나비'인데, 이 단어는 말하는 자, 전하는 자, 웅변가, 사자, 해석자, 즉 전쟁을 선포하는 전령관이나 평화 조약을 맺기 위한 사자(使者)로서 인생들에게 하나님의 메시지를 전하는 자를 의미한다. 그러나 선지자가 옛적에는 '로에' 또는 '호제,' 즉 선견자라 불렸다는 것을 우리는 기억하여야 한다(삼상 9:9). 왜냐하면, 선지자들은 마음의 눈으로 먼저 그들이 전해야 할 것을 본 후에 그들이 본 것을 전하였기 때문이다.

엄밀하게 말한다면, 예언은 장차 있을 일들을 미리 말하는 것이다. 하나님이 예언의 능력을 일부 사람들에게 주신 것은 그들이 예언한 일들이 나중에 성취되었을 때에 그 예언이 하나님의 가르침에 대한 교회의 신앙이 옳다는 것을 확증해 주는 표(標)가 될 뿐만 아니라, 살아생전에 선지자들이 예언한 일들이 성취되는 것을 보지 못하는 자들이라고 해도 그 예언에 의지하여 경계와 교훈과 위로를 받게 하기 위한 것이었다. 따라서 오랜 후에 이루어질 예언들도 현재에 있어서 유익이 될 수 있는 것이다.

그루(Grew) 박사는 이런 의미의 예언을 "우리에게 알려져 있거나 알려져 있지 않은 일련의 무한한 원인들과 그 확실한 결과를 꿰뚫어서 아무리 먼 훗날의 일도 정확하게 보시는 하나님의 미리 아시는 능력에 대한 선언서"라고 설명한다. 그래서 그는 이렇게 추론한다. "예언들이 존재한다는 것은 우연히 일어나는 일들은 존재하지 않는다는 것을 전제한다. 왜냐하면, 우리에게는 우연한 일로 보이는 것들이 많다고 하더라도 정말 그 일들이 우연히 일어난 것이라면 예언이 설 자리는 없을 것이기 때문이다. 겉보기에는 느슨하고 독립적인 일 같더라도 우연한 일은 있을 수 없고 모든 것은 일련의 인과 사슬로 서로 연결되어 있다."

위에티우스는 하나님 외에는 아무도 장래 일들을 미리 알 수 없는 이유를 다음과 같이 말한다. 각각의 결과는 그보다 앞선 무수한 원인들에 의해 좌우되기 때문에 그 결과를 미리 말하는 자는 그 모든 원인들을 차례대로 알아야 하는데, 그런 일은 오직 하나님에게만 가능하다. 왜냐하면, 오직 하나님만이 모든 것을 아시기 때문이다. 키케로(Cicero)는 다음과 같은 논증을 제시한다: 장래의 사건들을 가져올 원인들을 아시는 자는 그 사건들을 알 수밖에 없다. 이것은 오직 하나님만의 대권(大權)이다. 그래서 우리는 이스라엘의 하나님은 그의 선지자들을 통해서 장래 일들을 미리 말씀하였고 그 일들은 예언대로 일어났다는 사실을 근거로 그가 하나님임을 증명하고 계신다는 것을 발견하게 된다(사 46:9-10). 또한, 이스라엘의 하나님은 이방의 신들이 뒤에 올 일을 나타내 보일 수 없다는 사실을 근거로 그 신들이 참된 신들이 아니라는 것을 증명하신다(사 41:23). 테르툴리아누스(Tertullian)는 성경의 예언들이 성취되었다는 것을 근거로 성경의 신적 권위를 증명한다: 나는 예언의 성취야말로 성경이 하나님으로부터 왔다는 것을 만족스럽게 증명해 준다고 생각한다.

장래의 일들을 미리 말하는 것 외에도 하나님으로부터 온 계시를 통해서 은밀한 일들을 드러내는 것도 예언의 한 분야이다. 아히야는 여로보암의 부인의 위선을 드러내고, 엘리사는 그의 사환 게하시에게 그와 나아만 사이에 일어난 일을 말해준다. 그러나 성경에서 예언은 하나님이 묵시나 꿈이나 영감을 통해서 그 생각이나 혀나 펜을 움직이시고 성령을 통해서 그의 이름으로 어떤 것들을 선포할 수 있는 능력을 주실 뿐만 아니라 권위도 주셔서 여호와께서 이렇게 말씀하셨다는 구절을 서두에 붙일 수 있게 하신 자들에게 계시하신 것들이 말이나 글을 통해서 사람들에게 선포된 것을 가리키는 좀 더 폭넓은 의미로 사용된다. 이런 의미에서 성경의 예언은 어떤 경건하고 도덕적인 담화들과는 달리 옛적에 사람의 뜻으로 낸 것이 아니요 오직 성령의 감동하심을 받은 사람들이 하나님께 받아 말하고 쓴 것이라고 할 수 있다(벧후 1:20-21). 수면 위를 운행하셔서 세계를 만들어 내셨던 바로 그 성령은 선지자들의 마음 위를 운행하셔서 성경을 만들어 내셨다.

나는 여기서 우리가 모든 민족은 하나님과 종교에 관한 어느 정도의 인식을 가지고 있었을 뿐만 아니라 선지자들과 예언에 관한 개념도 가지고 있었고 그것들을 숭상하는 마음을 지니고 있었으며, 그런 식으로 그들이 숭배하였던 신들을 잘 알고 교통하기를 바라고 기대하였다는 것을 눈여겨 보아둘 필요가 있다고 생각한다. 그들에게는 신탁들과 복술하는 자들이 있었고 모든 시대에 세상의 모든 나라들에서 수많은 점술들이 사용되었다는 사실이 이것을 증명해 준다.

무신론자들을 반박하고 신이 존재한다는 것을 증명하기 위하여 흔히 제시되는 논거는 세상의 모든 민족들은 이런저런 신, 자기들보다 뛰어난 어떤 존재를 인정하고서 숭배하고 기도하며 의지하고 찬송하였다는 것이다. 아무리 무지하고 야만적인 민족들이라도 신이 존재한다는 것을 알게 될 수밖에 없었고, 아무리 많이 배우고 예의 바른 민족들이라도 신의 존재를 믿지 않을 수 없었다. 비록 대다수의 사람들이 결코 신이 아닌 것들을 신으로 섬기는 애석한 일이 벌어졌다고 하더라도, 이와 같은 사실은 신이 존재한다는 이러한 진리에 인류가 한 목소리로 동의하였다는 것을 보여주는 충분한 증거가 된다. 또한, 나는 세상의 모든 나라들이 적어도 그들이 신의 계시라고 여겼던 것을 지니고 있었고 그것을 숭배하였으며, 그것 없이는 살 수 없었다는 것(비록 그것을 지니고 있었어도 그들은 그 생각이 허망하여지며 미련한 마음이 어두워지긴 했어도)도 무신론자들을 반박하고 신의 계시의 존재를 증명해 주는 또 하나의 증거가 될 수 있다고 생각한다. 그러나 참 신(神)과 참 예언이 없었다면, 신을 참칭한 거짓 신들과 예언을 가장한 거짓 예언도 없었을 것이다.

스파르타와 로마의 두 유명한 입법자인 리쿠르구스(Lycurgus)와 누마(Numa)는 그들이 제정한 법률들이 신의 계시에 의한 것들이기 때문에 그 법률들을 지키는 것이 종교의 핵심이라는 인식을 백성들에게 심어주어서 백성들로 하여금 그 법률들을 지키도록 유도하였다. 그리고 좀 더 오래된 갈대아와 애굽의 역사는 말할 것도 없고 그리스와 로마의 역사를 거의 알지 못하는 자들도 그 나라들에서 별 생각이 없는 평민들만이 아니라 왕들과 위대한 장군들도 신탁들과 예언자들, 점술가들의 점괘를 얼마나 중시하였는지를 아주 잘 알고 있다. 비록 신탁이나 점괘들은 별 근거가 없고 당치 않은 것들로 보였을지라도, 그들은 중요한 일이 있을 때마다 그런 것들을 청하였고 그 결과를 아주 진지하고 중요하게 받아들였으며, 나라의 중대사를 결정하거나 군대를 움직일 때에는 신탁이나 점괘의 결과에 따라 그 결정이 좌우되는 일이 많았다.

박식한 철학자이자 의사였던 카스파르 포이케르(Caspar Peucer)는 이방인들이 국가와 개인의 운명을 묻기 위해서 사용하였던 아주 다양한 점술과 예언의 술법들을 자세히 소개하고 있다. 그는 그런 모든 술법들을 플라톤(Platon)이 두 가지로 요약하였다고 말한다. 그 중 하나는 예언자가 내적인 격정에 빠져서 거의 탈혼 상태에서 장래의 일들을 예언하는 것으로서 일종의 영감(靈感)을 통해 미래를 점치는 신점(神占, Divinatio Mantike)이었다. 델포이 신전에서의 태양신 아폴로(Apollo)의 신탁, 하늘의 신 제우스와 땅의 신 트로포니오스

(Trophonius)의 신탁은 어둠의 나라가 지배하고 있던 오랜 세월 동안 아주 유명하였지만, 복음(진정한 하나님의 신탁)이 만국에 전파되기 시작하자 그 신탁들은 모두 잠잠해졌고 입을 다물게 되었다(이방의 몇몇 저술가들이 직접 말하고 있듯이). 다른 한 가지는 새가 날아가는 모습, 짐승들의 내장, 별이나 유성들, 수많은 불길한 사건들 같은 어떤 징조들을 보고 점괘를 해석하는 방법을 따라서 미래를 예측하는 복점(卜占, Oionistike)이었다. 최근에 나온 안톤 반 데일(Anton Van Dale)의 논문도 이 문제를 상당히 자세하게 다루고 있는데, 관심 있는 독자들은 이 논문도 참조하면 좋을 것이다.

그러나 이런 유의 그 어떤 점술보다도 이방 세계에서 가장 성행하고 큰 영향을 끼쳤던 것은 시빌(Sybil)들의 신탁들과 그들의 예언들이었다. 시빌은 여신관(女神官)을 의미한다. 시빌라이(Sybillae), 시오불라이(Siobulae), 시오스(Sios)는 아이올리스 방언으로 테오스(Theos, 신)를 가리킨다. 카스파르 포이케르는 "거의 모든 나라에 시빌들이 있었지만, 그 중에서 그리스의 시빌들이 가장 유명하였다"고 말한다. 그들은 여러 세대에 걸쳐 활동하였는데, 가장 오래된 시빌은 트로이 전쟁 이전 또는 그 즈음에 살았던 시빌라 델피카(Sibylla Delphica)였고, 가장 유명한 시빌은 시빌라 에리트레아(Sibylla Erythrea)였다. 이 여신관은 알렉산더 대왕 시대에 살았다. 시빌라 쿠마나(Sibylla Cumana)에 관한 얘기는 유명하다. 이 여신관은 오만왕(傲慢王)이라는 별명을 지닌 악명 높은 타르퀴니우스 수페르부스(Tarquinius Superbus)를 찾아가서 신탁을 기록한 아홉 권의 책을 엄청난 가격에 팔고자 하였다가 그가 거절하자 세 권을 불태워 버렸는데, 두 번째 요청에서도 다시 거절당하자 이번에도 세 권을 또 불태우고 나서 나머지 세 권에 대해서 처음과 동일한 금액을 요구하여 마침내 그에게 파는 데에 성공했고, 그 후에 이 세 권의 신탁서들은 제우스 신전에 고이 모셔져서 보관되었다고 한다. 그러나 이 신탁서들은 나중에 화재로 제우스 신전과 함께 불타 없어져서, 다른 시빌들의 신탁들을 모은 책들이 편찬되었는데, 베르길리우스(Vigil)가 그의 네 번째 목가시에서 언급하고 있는 것이 바로 이 책들이라고 한다. 현존하는 모든 시빌들의 신탁들은 얼마 전에 네덜란드에서 세르야티우스 갈라이우스(Seryatius Gallaeus)에 의해서 수집되어 방대하고 해박한 주(註)가 붙어서 헬라어와 라틴어로 출간된 책과 제우스, 아폴로, 세라피스 등과 같은 여러 신들의 이름으로 된 운문의 신탁들을 모아 놓은 요안네스옵소파이우스(Joannes Opsopaeus)의 책에서 만나볼 수 있다.

시빌들의 신탁들은 많은 교부들에 의해서 기독교 신앙이 옳다는 것을 확증하기 위한 근거로 사용되었다. 순교자 유스티누스(Justin Martyr)는 아주 큰 확신을 가지고서 시빌들의 신탁들을 근거로 인용하면서, 헬라인들에게 전 세계에 걸쳐 활동하였던 저 오랜 시빌들이 한 말들을 신뢰하라고 설득한다. 또한, 그는 종말에 천지가 불에 타리라는 것과 지옥의 고통과 관련해서는 시빌들의 증언, 특히 히다스피스(Hydaspis)의 증언을 근거로 제시한다. 클레멘스 알렉산드리누스(Clemens Alexandrinus)는 시빌들이 한 말들을 대단한 존경심을 가지고 자주 인용하였고, 락탄티우스(Lactantius)도 마찬가지였다. 아우구스티누스의 『하나님의 도성』에 나오는 저 유명한 긴 알파벳 시는 시빌라 에리트레아(Sibylla Erythrea)의 신탁들 중의 하나였다고 하는데, 이 시를 구성하고 있는 각 행의 첫 글자를 모아 놓으면 구주이신 하나님의 아들 예수 그리스도(Iesous Christos Theou hyios Soter)라는 어구가 된다. 교부들은 시빌들의 신탁들로부터 메시야가 오시리라는 것, 그가 처녀에게서 나시리라는 것, 그가 행하실 이적들, 그가 겪을 고난들, 특히 그가 맞고 침 뱉음을 당하며 가시관을 쓰리라는 것, 사람들에게 그에게 쓸개즙을 마시라고 주리라는 것 등등을 분명하게 예언하고 있는 많은 구절들을 인용한다.

이 신탁들이 진짜이고 진정한 것인지를 놓고 학자들 사이에서 많은 논란이 있어 왔다. 바로니우스(Baronius)와 천주교 저술가들은 일반적으로 이 신탁들의 진정성을 인정하고 그것들을 많이 활용하며, 일부 개신교 저술가들도 마찬가지이다. 이자크 보시우스(Isaac Vossius)는 이 신탁들의 권위를 지지하는 글을 많이 썼고, 이 신탁들은 이전에 교회에서 제정한 성경의 표준의 일부였기 때문에 반드시 이 신탁들을 인정하여야 한다고 말하였다(나는 그의 견해를 반데일의 글에서 재인용하였다). 우리나라의 박식한 고위 성직자인 몬태규(Montague) 주교도 이 신탁들의 권위를 아주 확신 있게 대체적으로 인정하고, 그것들 중 일부는 하나님의 감동으로 된 것이라는 견해를 제시한다. 그러나 많은 학자들은 그리스도와 장래의 일에 대하여 아주 분명하게 말하고 있는 시빌들의 이러한 신탁들은 일부 그리스도인들에 의해서 거짓으로 꾸며져서 남의 말을 잘 믿는 사람들에 의해서 받아들여지게 된 것이라고 결론을 내리고, 그것을 경건한 사기(詐欺)라고 본다. 위에티우스는 로마 가톨릭 교회에 속한 인물이긴 하지만 시빌들이 옛날이나 좀 더 근래에 쓴 글들을 모두 다 단죄하고, 그 글들이 엉터리라는 것을 블론델(Blondel)이 잘 증명해 놓았으니 그의 책을 참조하라고 독자들에게 권한다. 안톤 반 데일과 갈라이우스는 그것들을 날조된 것이라고 본다.

사실, 시빌들의 신탁이 진짜라면, 시빌들은 우리 구주와 장래의 일에 대하여 구약의 그 어떤 선지자보다도 훨씬 더 구체적이고 분명하게 말하고 있기 때문에, 우리는 이방인들의 사도였던 바울이 아주 많은 것들을 빼먹은 죄(그는 유대인들에게 말씀을 전하고 서신을 쓰면서는 구약의 선지자들의 권위를 인정한 것과는 대조적으로 이방인들에게 복음을 전하거나 이방 교회에 서신들을 보내면서 시빌들의 신탁들의 권위를 인정하기는커녕 그 신탁들에 대하여 언급조차 하지 않았기 때문에)만이 아니라, 하나님의 말씀을 맡은 것을 유대인들이 이방인들보다 더 유리한 점으로 인정하고(롬 3:1-2) 유대인들은 선지자들의 자손인 반면에 이방인들은 외인들로서 어둠에 앉아 있었다고 말하는 아주 큰 잘못을 저질렀다는 결론을 내리지 않을 수 없게 된다.

하지만, 우리는 귀신들에 의해 움직인 이교의 여신관들이 성령의 감동을 받은 거룩한 자들보다 메시야에 관하여 더 분명하고 자세하게 말했을 것이라고 믿을 수 없고, 하나님이 육적 혈통을 따진다면 그리스도의 선조가 되는 자들을 제쳐 두시고 먼저 이방인들에게 저 큰 구원에 관한 더 자세한 계시를 주셨다는 것도 믿을 수 없는 일이다. 그러나 예언을 참칭했을 가능성은 얼마든지 존재한다. 갈라이우스가 로마인들이 시빌들의 신탁을 얼마나 숭상했는지를 보여주기 위해서 인용한 디오니시우스 할리카르나사이우스(Dionysius Halicarnassaeus)의 말은 주목할 만하다. "로마인들은 그 어떤 것보다도 시빌들의 신탁들을 가장 거룩한 경외심과 숭앙하는 마음으로 다루고 보존한다. 이러한 신탁들은 가짜 모조품인데도 그 신탁들에 대하여 이루 말할 수 없는 경외심을 나타내 보였다는 것을 생각할 때, 하물며 참된 보화인 하나님의 예언의 말씀들을 지닌 우리는 그 말씀들을 얼마나 보배롭게 여겨야 하겠는가." 우리는 이 참된 하나님의 신탁들에 대하여 이제부터 말하고자 한다.

예언은 교회가 존재할 때부터 있었다. 왜냐하면, 믿음은 철학과는 달리 생각하고 보는 것을 통해서가 아니라 들음에서 나고 하나님의 말씀으로 말미암기 때문이다(롬 10:17). 태곳적에 아담은 하나님의 계시를 통해서 여자의 후손에 관

한 약속을 받았고, 그것을 그의 후손들에게 여호와의 이름으로 전한 선지자이
자 제사장이었다. 에녹은 선지자로서 마지막 심판, 저 큰 날의 심판을 예언하
였고, 아마도 대홍수에 대해서도 예언했을 것이다(아담의 칠대 손 에녹이 예언하
여 이르되 보라 주께서 그 수만의 거룩한 자와 함께 임하셨나니, 유 1:14). 사람들이
교회를 이루고서 여호와의 이름을 부르거나 그들 자신을 여호와의 백성이라 부
르기 시작하였을 때(창 4:26), 하나님은 그들에게 선지자들을 주셔서 축복하셨
다. 왜냐하면, 예언은 옛적에도 임하였기 때문이다(벧후 1:21). 예언은 이렇게 아
주 오래되고 유서 깊은 것이어서, 이 한 가지만으로도 숭상 받을 만하다. 하나
님이 노아를 비롯해서 그의 아들들과 그의 섭리의 언약(은혜의 언약의 비유)을
다시 새롭게 맺으셨을 때, 우리는 얼마 되지 않아서 노아가 선지자로서 가나안
이 종이 되리라는 것만이 아니라 하나님이 그리스도로 말미암아 야벳을 크게
하여 셈의 장막에 거하게 하리라는 것을 예언하는 모습을 보게 된다(창 9:26).
인류가 전체적으로 패역하여 우상 숭배에 빠지자(이전 시대에 가인이 배교하
였을 때처럼), 하나님은 아브라함을 부르셔서 그와 및 그의 후손과 언약을 맺
으심으로써 자기를 위하여 교회를 구별하시고서, 그와 그 밖의 다른 족장들에
게 예언의 영을 주셨다. 이것은 하나님이 그 족장들을 위하여 왕들을 꾸짖으실
때에 나의 기름 부은 자, 거룩한 이로부터 기름 부음을 받은 자를 손대지 말며 나
의 선지자들을 해하지 말라고 말씀하셨다는 사실을 통해서 잘 드러난다(시
105:14-15). 또한, 아브라함에 대해서 하나님은 그는 선지자라(창 20:7)고 분명
하게 말씀하셨다. 아브라함은 선견자로서 장래를 내다보는 선지자로서의 눈을
가지고서 그리스도의 때를 보았고(요 8:56) 그 때가 아주 먼 훗날이라는 것을 알
면서도 큰 확신 속에서 기뻐하였다. 스데반은 아브라함과 하나님이 처음으로
교통한 장면에 대하여 말함으로써 아브라함이 선지자였다는 것을 확증하고 있
는 것으로 보인다. 그는 우리 조상 아브라함이 메소보다미아에 있을 때에 영광의
하나님이 그에게 보였고(행 7:2) 그에게 나타나셨다고 말한다. 야곱은 임종할 때
에 그의 침상 머리에서 선지자로서 그의 아들들에게 그들이 후일에 당할 일을
말해 주었고(창 49:1), 메시야에 대해서도 아주 구체적으로 언급하였다.

이제까지는 교회의 유년기였는데, 이 때에는 예언도 유년기였다. 서서히 동
이 터오고 있었다. 의(義)의 태양이 떠오를 때까지는 아직 한참이나 남아 있었
지만, 새벽빛은 점점 더 밝아오고 있었다. 이스라엘이 애굽에서 종살이 하고

있던 시절에는 의의 태양은 교회의 다른 영광들과 마찬가지로 가려져 있었다. 그러나 이스라엘이 애굽에서 구원을 받아서 하나의 민족으로 형성되었을 때에 교회가 상당한 진보를 이루게 되었던 것과 마찬가지로, 그 구원 사역에 쓰임 받은 빛나는 도구였던 모세 속에서 예언의 영도 상당한 진보를 이루어내었다. 모세가 그 사역을 수행할 수 있었던 것은 바로 그 영 덕분이었다. 그래서 성경에서는 여호와께서는 한 선지자로 이스라엘을 애굽에서 인도하여 내셨고 이스라엘이 광야를 통과하여 가나안으로 갈 때까지 한 선지자, 곧 선지자인 모세에 의해 보호를 받았다고 말한다(호 12:13). 하나님께서 아론에게 말씀하신 것을 보면, 당시에 이스라엘 가운데는 모세 외에도 다른 선지자들이 있었고, 하나님은 꿈과 환상을 통해서 그의 뜻을 그들에게 알리셨다는 것이 드러난다(민 12:6). 그러나 모세에게는 하나님이 특별한 방식으로 말씀하였는데, 모세와는 대면하여 명백히 말하고 은밀한 말로 하지 아니하셨다(민 12:8). 당시에는 예언의 영이 아주 활발하게 활동하던 때여서(모세는 큰 선지자이신 그리스도의 모형 역할을 하게 되어 있었던 그런 선지자였기 때문에), 모세에게 임하였던 영은 이스라엘의 칠십 장로들에게도 동시에 임하여 그들이 예언을 하였다(민 11:25). 엘닷과 메닷의 경우가 잘 보여주듯이, 그들이 예언을 한 것은 이례적인 것이어서 그들은 예언의 영의 지시 아래 있었을 뿐만 아니라 예언을 하지 않을 수 없는 구속(拘束) 아래 있었다.

저 큰 선지자였던 모세는 자신의 직책을 그만두게 되었을 때에 이스라엘에게 하나님 여호와께서 그들 가운데 그들의 형제 중에서 그와 같은 선지자 하나를 일으키실 것이라고 약속하였다(신 18:15, 18). 박식한 스틸링플릿(Stillingfleet) 주교는 이 말씀의 온전한 의미는 그리스도와 관련되어 있어서, 신약에서는 이 말씀을 그리스도에게 두 번 이상 적용하고 있기는 하지만, 이 말씀 속에는 유대 교회 가운데에 선지자들이 계속해서 일어나서 모세를 계승하게 될 것이고 살아 있는 말씀들(행 7:38)이 주어져서 그들이 하나님의 마음을 알게 될 것이라는 약속이 포함되어 있는 것이라고 말한다. 왜냐하면, 그 바로 뒤에 나오는 말씀 속에서 모세는 참 선지자를 식별하는 데에 사용할 원칙들, 그들이 말한 것이 정말 하나님에게서 나온 것인지 아닌지를 알아내는 데에 사용할 원칙들을 제시하고 있고, 이 약속이 명시적으로 이교의 점술을 금지하고 주술사나 신접한 자에게 묻는 것을 금지하는 명령 바로 뒤에 나오기 때문이다. 모세는 실질적으로 이렇게 말하고 있는 것이다. "너희는 그렇게 할 필요가 없다. 왜냐하면, 너희에게는 하나님의 감동을 받은 선지자들이 주어질 것이고, 너희는 그들을 통해서 너희가 무엇을 해야 하고 무엇을 기대할 수 있는지를 하나님으로부터 직접 알게 될 것이기 때문이다."

그러나 야곱이 죽으면서 규가 유다를 떠나지 아니하고 통치자의 지팡이가 그의 발 사이에서 떠나지 아니하리라고 한 예언이 다윗의 때에 가서야 비로소 눈에 보이게 성취되기 시작했고 대부분의 사사들이 다른 지파들에서 나온 것과 마찬가지로, 선지자들이 계속해서 일어나리라는 모세의 예언도 또 하나의 약속(메시야에 관한 약속)이 모습을 드러내기 시작하기 직전인 사무엘의 때에 이르러서야 비로소 성취되기 시작하였다. 전자의 약속은 후자의 약속의 서막이었다. 왜냐하면, 다윗이 선지자 사무엘에 의해서 기름 부음 받은 왕이 된 것은 우리 구주(救主)의 선지자직이 이 세상과 우리의 심령 속에서 우리 구주의 왕직에 자리를 물려주리라는 것을 보여주는 암시였기 때문이다. 그래서 우리 구주께서는 빌라도로부터 네가 왕이냐(요 18:37)는 질문을 받으셨을 때에 모호하게가 아니라 아주 명료하게 내가 진리에 대하여 증언하러 세상에 왔고 순전히 진리의 능력을 사용하여 왕으로서 다스리기 위하여 왔다고 대답하셨다.

사사 시대 동안에도 성령이 부어졌지만, 그 영은 예언의 영이라기보다는 전쟁을 위한 기술과 담대함의 영이었다. 드보라가 이스라엘을 다스리는 데에 탁월한 자질을 발휘하였기 때문에 여선지라 불렸다는 것은 사실이지만, 내가 기억하기로는 그것이 사사기 전체에서 예언에 대하여 언급한 유일한 대목이다. 기드온과 마노아에게 하늘로부터의 메시지를 전한 것은 천사들이었다. 성경에서는 사무엘에게 임하기 전에는 여호와의 말씀이 희귀하였고 매우 드물었으며, 이상(異象)이 흔히 보이지 않았다고 분명하게 말한다(삼상 3:1). 그러므로 여호와의 말씀이 사무엘에게 처음으로 임한 것은 통상적인 것이 아니었다. 사무엘이 여호와의 선지자로 세우심을 입었다는 것을 온 이스라엘이 점차 알게 되고 확신하게 되었다(삼상 3:20). 사무엘 시대에 선지자 학교가 사무엘 자신에 의해서 세워져서, 예언이라는 것이 공식적으로 존귀하게 대우를 받았고, 선지자들이 계속해서 일어날 수 있는 토대가 마련되었다. 왜냐하면, 선지자 학교들에서 선지자들의 아들들이라 불린 장래가 촉망되는 젊은이들이 기도하는 가운데 선지자들이 하나님으로부터 받은 가르침을 끊임없이 경청하면서 장차 예언을 담당할 자로 엄격한 훈련을 받았던 것으로 보이기 때문이다. 특히, 기도, 상담, 찬송 등과 같이 그들이 행한 신앙 활동들은 예언 활동으로 불렸다. 그들의 우두머리는 그들의 아버지라 불렸다(삼상 10:12). 하나님은 그가 보내실 선지자들을 그들 가운데서 택하셨다. 그렇지만 언제나 그런 것은 아니었다. 아모스는 선지자도 아니었고 선지자의 아들도 아니었으며(암 7:14) 선지자 학교에서 교육을 받은 것도 아니었지만, 하나님의 심부름을 하는 사명을 받았다. 그가 스스로는 선지자 학교에서 교육을 받지는 않았지만 하나님이 그들의 아들 중에서 선지자를, 그들의 청년 중에서 나실인을 일으키신(암 2:11) 것을 하나님이 이스라엘에게 베푸셨던 은총들 중의 하나로 꼽은 것을 보면, 그는 선지자 학교에서 교육 받는 것을 대단한 것으로 여겼던 것으로 보인다.

제사장들이 지니고 있던 영광이 엘리 가문의 죄악, 실로의 황폐화, 법궤를 빼앗긴 사건으로 인해서 사양길로 접어들었을 때에 예언의 영이 이전보다 더 풍성하게 부어졌다는 것은 주목할 만한 일이다. 이렇게 해서 제사장이라는 직분 외에 또 하나의 상시적인 직분이 정립되어서 그 후로 계속하여 이어졌다. 나중에 왕국이 분열되고 나서 열 지파로 이루어진 북 왕국에서는 합법적인 제사장 집단은 없었지만 선지자의 아들들은 존재하였다. 아합 시대에는 그런 선지자들이 백 명이 있었고, 오바댜는 그 선지자들을 오십 명씩 굴에 숨겼다(왕상 18:4). 하나님의 백성이 하나님의 뜻을 알고자 하는데도 가르침을 받을 길을 박탈당했을 때, 하나님은 또 다른 길, 즉 이전보다 예식에 덜 얽매이는 길을 그들에게 마련해 주셨다. 왜냐하면, 하나님은 자신의 증언을 이 세상에 남겨 놓지 않거나 자기 백성에게 인도자가 없게 내버려 두지 않으시기 때문이다. 하나님에 대한 예배를 안전하게 또는 만족스럽게 드릴 수 있는 성전이나 제단이 없게 되자, 그들은 선지자들의 집에서 은밀하게 모임을 가졌다. 하나님을 예배하는 경건하고 신실한 자들은 선지자들의 집에 모여서(선한 수넴 여인처럼, 왕하 4:23) 초하루와 안식일을 지키며 위로와 덕 세움을 받았다.

다윗도 그 자신이 선지자였다. 사도 베드로는 다윗을 그렇게 부른다(행 2:30). 성경에는 하나님이 꿈과 묵시를 통해서 다윗에게 말씀하셨다는 기록이 나오지 않지만, 우리는 여호와의 영이 그를 통하여 말씀하셨고 여호와의 말씀이 그의 혀에 있었다(삼하 23:2)는 것을 확신한다. 또한, 다윗 주변에는 갓과 잇도 같은 선견자들이 있었고, 그들은 하나님의 메시지들을 다윗에게 전하기도 하고 다윗 시대의 역사를 기록하기도 하였다. 이제까지 예언의 영이 담당한 것들은 성전 예배로 옮겨졌다. 여호와의 손이 다윗에게 임하여 성전의 설계를 그려 그에게 알려 주셨고(대상 28:19), 예언의 영은 거기에서 드려질 예배도 지시하였다. 왜냐하면, 우리는 성전에서 아삽, 헤만, 여두둔이 다윗 왕의 지시를 따라서 수금을 비롯한 악기들을 연주하며 예언하되 장래의 일들을 예언하는 것이 아니라 여호와께 감사하고 찬송하는 모습을 보기 때문이다(대상 25:1-3). 그렇지만, 그들은 그들이 부른 시편 찬송들을 통해서 그리스도와 그의 나라, 장차 계시될 영광에 대하여 많이 얘기하였다.

그 후에 유다와 이스라엘의 여러 왕들이 다스리던 시절에도 우리는 하나님이 종종 특별한 문제들 때문에 르호보암, 여로보암, 아사를 비롯한 왕들에게 선지자들을 보내신 것을 보게 되는데, 성경에 기록되어 있지는 않지만, 이 때에 선지자들은 평상시에는 백성들에게 하나님에 관한 일들을 가르쳤을 것이다. 그러나 시간이 흐르면서 많은 사람들이 점점 예언을 우습게 여기게 되자, 하나님은 엘리야와 엘리사에게 능력을 주셔서 이적들을 일으키게 하심으로써 예언에 새로운 광채를 덧입히셔서 예언이 다시 높임을 받게 하셨고, 하나님께서 이 선지자들을 통해서 큰 일들을 행하심으로써 예언에 대한 백성들의 믿음을 견고히 하고 예언을 존중해야 한다는 것을 깨우치셨다(왕하 2:3; 4:1, 38; 5:22; 6:1). 엘리야와 엘리사 시대에 그들의 활동으로 선지자 학교가 다시 부흥하였던 것으로 보이는데, 우리는 선지자의 아들들, 이 거룩한 학교의 생도들이 아합(왕상 20:35)이나 예후(왕하 9:1) 같은 큰 자들에게 하나님의 말씀을 전하는 데에 쓰임 받는 모습을 본다.

지금까지 여호와의 선지자들은 입으로 하는 말을 통해서 말씀을 전했고, 글로 써서 전한 경우는 선지자 엘리야가 이스라엘 왕 여호람에게 보낸 서신이 유일한 것이었다(대하 21:12). 이 시대에 관한 현존하는 역사서들은 하나님의 인도하심 아래에서 선지자들에 의해 기록되었다. 이런 이유 때문에 구약이 율법서와 예언서로 분류될 때에 역사서는 예언서에 속하는 것으로 여겨진다. 그러나 유다와 이스라엘 왕국 시대의 후기에는 몇몇 선지자들이 하나님의 감동을 받아 후세의 유익을 위하여 그들이 전한 예언들 전부 또는 그 요약을 글로 써서 기록으로 남겨 두었는데, 이것은 나중에 태어날 자손들이 그 기록된 예언들을 보고서 여호와를 찬송하고 실제로 일어난 사건을 이전의 예언과 비교해 봄으로써 그들의 신앙을 더욱 확고히 할 수 있도록 하기 위한 것이었다. 이러한 후기 선지자들은 이전의 선지자들보다도 메시야와 그의 나라에 대하여 더 자세하고 분명하게 예언하였기 때문에, 하나님께서는 이스라엘의 위로를 기다렸던 경건한 유대인들을 격려하기 위해서만이 아니라, 다윗의 시편들과 마찬가지로 말세를 만난 우리 그리스도인들을 깨우치고 구약과 신약이 서로 합쳐져서 그 뜻이 더욱 선명하게 드러날 수 있도록 하기 위해서 그들의 예언들을 글로 기록하게 하셨다. 당시에는 그 밖에도 하나님의 이름으로 말씀을 전하였지만 그들의 예언을 글로 기록하지 않았던 수많은 신실한 선지자들이 있었다. 그들은 하나님의 보내심을 받아서 그때그때 일어나서 하나님의 말씀을 전하였지만, 술에 취한 백성들은 선지자들과 그들이 전한 말씀들을 멸시함으로써 징벌의 날이 임한 것도 모른 채 멸망당하였다.

포로기 동안에도 몇몇 선지자들이 일어나서 그런 생활이 언제까지 계속될지를 그들에게 보여주었다. 하나님께서는 언제든지 통상적인 수단들을 사용해서도 그의 일을 하실 수 있으시다는 것을 보여주시기 위하여 자기 백성을 바벨론에서 나오게 하실 때에는 이전에 애굽에서 나오게 하실 때와는 달리 모세 같은 선지자가 아니라 처음에는 대제사장 여호수아, 나중에는 학자 에스라를 사용하셨다. 그렇지만, 포로 생활에서 돌아온 직후에 예언의 영은 풍성하게 부어졌고, 제2성전에서 사십 년 동안 지속되다가(유대인들의 계산법에 의하면) 말라기 때에 그쳤다. 유대교 랍비들은 말라기 때에 성령이 이스라엘로부터 거두어졌고, 그들은 오직 가장 낮은 수준의 하나님의 계시인 하늘의 음성('바트콜')만을 지니게 되었다고 말한다. 그들의 이러한 말들은 그들 자신이 참 메시야를 거부하였음을 여실히 보여주는 그들에게 불리한 증언들이다. 왜냐하면, 우리 주 예수는 당시에 하늘의 음성을 들으신 유일한 분으로서 세례를 받으실 때와 변화산에서 변모되셨을 때와 수난에 들어가셨을 때에 그러한 음성을 들으셨기 때문이다.

교회에 300년 이상 선지자가 없다가 세례 요한에게서 예언이 다시 부활하였기 때문에 성경은 세례 요한으로부터 복음이 시작되었다고 말한다. 백성들의 음성(vox populi)만이 아니라 하나님의 음성(vox Dei)도 세례 요한이 선지자였다는 것을 증명해 준다. 왜냐하면, 모든 백성들이 그를 선지자로 여겼고, 그리스도께서도 그를 선지자라고 부르셨기 때문이다(마 11:9-10). 세례 요한은 하나님으로부터 백성들을 회개하게 하라는 큰 사명을 받았고, 모태로부터 성령의 충만함을 받았다(눅 1:15). 그는 주 앞에 앞서 가서 그 길을 준비하였기 때문에 지극히 높으신 이의 선지자라 일컬음을 받았다(눅 1:76). 그는 이적을 한 번도 행하지 않았고 어떤 표적이나 기이한 일을 보여주지도 않았지만, 그가 그리스도를 가리켜 말한 것은 다 참이었다는 사실이 그가 참 선지자였다는 것을 증명해 주었다(요 10:41). 아니, 다른 선지자들은 그리스도를 먼 훗날에 오실 분으로 계시했던 반면에 그는 그리스도께서 이미 오신 것을 증언하면서 보라 하나님의 어린 양이로다라고 말할 수 있었다는 점에서 그는 선지자 이상의 인물이었다는 것과 다른 어느 선지자보다도 더 큰 자라는 것이 증명되었다.

우리 주 예수께서 승천하신 후에 예언의 영은 이전의 그 어느 때보다도 더 풍성하게 부어졌고, 이때에 하나님이 그의 영을 모든 육체에게 부어 주리니(이제까지는 오직 유대인들에게 부어 주셨지만) 그들의 아들들과 딸들이 예언하리라는 약속이 성취되었다(행 2:16 이하). 이 때 주어진 만국 방언은 예언의 영이 준 하나의 새로운 선물이었는데, 여기에는 이스라엘 백성이라는 말뚝이 뽑힌 지금에 있어서 만민을 교회 속으로 데려오기 위한 특별한 목적이 있었다. 표적(sign) 역할을 했던 예언의 이 선물은 오래 전에 그쳤기 때문에, 하나님은 우리에게 그러한 선물을 다시 기대하라고 권하지 않으신다. 반면에, 하나님은 성경을 더 확실한 예언의 말씀, 하늘에서 들려오는 음성보다 더 확실한 말씀이라고 하시면서 우리를 거기로 이끄신다. 하나님은 우리에게 그 예언의 말씀에 주의를 기울여서 자세히 살피고 굳게 붙잡으라고 명하신다(벧후 1:19). 하나님의 모든 영적 이스라엘은 성경이 하나님의 말씀으로 견고히 세워져 있다는 것을 잘 알고 있다(삼상 3:20). 누구든지 이 예언의 책에 어떤 것을 더하거나 뺀다면, 그들은 파멸을 당하게 될 터인데, 그들에게 임할 저주는 그 책의 말미에 나와 있다. 하나님은 그들에게서 축복을 거두셔서 저주를 더하실 것이다(계 22:18-19).

이제 우리가 살펴보게 될 구약의 예언서들을 쓴 선지자들에 대하여 살펴보기로 하자.

I. 그들은 모두 거룩한 자들이었다는 것. 사도 베드로는 예언은 언제든지 하나님의 거룩한 사람들(그들은 하나님께 헌신된 자들이었기 때문에 흔히 하나님의 사람들로 불렸다), 곧 성령의 감동하심을 받은 사람들이 하나님께 받아 말한 것

이라고 단언한다. 그들은 우리와 성정(性情)이 같은 사람들이었다(가장 위대한 선지자들 중의 한 사람인 엘리야가 그렇다는 것을 성경이 분명하게 말하고 있듯이, 약 5:17). 그러나 그들은 거룩한 자들, 마음의 성정이나 삶의 기조에 있어서 참된 경건의 모범인 자들이었다. 하나님께서 보내시지 않았는데도 아무런 근거 없이 여호와께서 이렇게 말씀하시되 라고 예언하는 많은 거짓 선지자들이 있었고, 사실은 주께서 모르는 자들이고 죄악의 일꾼들이면서도 그리스도의 이름으로 예언한 자들이 몇몇 있었다(마 7:22-23). 또한, 발람과 가야바는 해악을 행하려고 의도하였지만 하나님은 저주하는 말과 하나님을 모독하는 말을 입 밖으로 내고자 한 그들의 입을 주관하셔서 그들이 자신들의 의도와는 달리 하나님의 말씀을 전하게 하셨다. 그렇지만, 은혜와 성결의 영을 받은 자들 외에는 선지자로서 말씀을 전할 사명을 받은 것이 아니다. 왜냐하면, 거룩은 하나님의 거처가 되기 때문이다. 유대교 랍비들은 누구나 예언의 영은 거룩하고 지혜로운 자, 자신의 감정을 다스린 자, 겸손함과 꿋꿋함을 지닌 자, 즉 자신의 감각적이고 동물적인 부분을 경건과 올바른 이성에 계속해서 적절하게 복속시킬 수 있는 능력을 지닌 자에게만 머무른다는 말에 동의한다. 몇몇 랍비들은 예언의 영은 한편으로는 근심과 우울함이 있는 곳, 다른 한편으로는 웃음과 경박한 행동과 부적절한 잡담이 있는 곳에는 거하지 않는다고 말한다. 랍비들은 사무엘 시대에 선지자 학교에서 악기들이 사용되었다는 사실과 엘리사가 거문고 타는 자를 불러 오도록 요청한 예(왕하 3:15)를 들어서, 슬픔이 아니라 즐거움에 하나님의 임재가 함께 한다는 원리를 지적하고, 엘리사는 당시에 엘리야와 헤어진 슬픔으로부터 아직 회복되지 못하였기 때문에 그런 조치를 취한 것이라고 말한다. 또한, 랍비들에게는 야곱이 요셉을 위하여 애곡하고 있던 기간 동안에 하나님의 영광(Shechinah) 또는 성령은 그에게서 물러나 있었다는 전승이 전해져 내려오기도 한다(그러나 나는 그렇게 말하는 근거를 알지 못하겠다). 그렇지만, 나는 다윗이 우리아와 관련된 그의 범죄로 말미암아 그가 정직한 성령, 거저 주시는 성령을 잃었다는 것을 은연중에 내비치고 있지만(시 51:10, 12, 그래서 그는 그 영이 그에게 회복되기를 간구한다) 그것은 그가 슬픔과 근심 중에 있었기 때문이 아니라 죄악 중에 있었기 때문이라고 믿는다. 그러므로 다윗은 그 정직한 성령, 거저 주시는 성령이 되돌아올 수 있도록 하나님께서 자기 안에 깨끗한 마음을 창조해 주시라고 기도한다.

Ⅱ. 그들은 모두 하나님으로부터 사명을 받았다는 확고한 확신을 지니고 있었다는 것. 그들은 다른 사람들을 만족시키는 일에는 언제나 성공할 수 있었던 것은 아니지만, 그들이 하나님의 이름으로 전하는 말씀이 진정으로 하나님으로부터 왔다는 것을 확신하였기 때문에 스스로는 이루 말할 수 없이 만족하였다. 사도들도 동일한 확신을 가지고서 그들이 전하는 생명의 말씀은 그들이 듣고 보고 자세히 보고 그들의 손으로 만진 것이라고 말한다(요일 1:1). 나단은 자기 생각으로 다윗에게 성전을 지으라고 격려하는 말을 했지만, 나중에 다윗에게 성전을 짓지 말 것을 하나님의 이름으로 말하였을 때에는 자기가 하나님으로부터 온 말씀을 전하고 있다는 것을 알았다. 하나님은 그의 선지자들에게 그들이 백성에게 전해야 할 말씀들이 어떤 것인지를 다양한 방식을 통해서 알려 주셨다. 이 일은 통상적으로 천사들의 사역을 통해서 이루어졌던 것으로 보인다. 요한계시록에서는 그리스도께서 그의 천사를 그의 종 요한에게 보내어 그의 계시를 알게 하셨다고 분명하게 말한다(계 1:1). 또한, 이 일은 선지자가 깨어 있을 때에는 묵시(환상 또는 이상)를 통해서, 선지자가 잠들어 있을 때에는 꿈을 통해서, 선지자의 마음에 주어진 은밀하고도 강력한 감화를 통해서도 이루어졌다. 그러나 마이모니데스(Maimonides)는 선지자는 어떤 예언이 참된 예언이라는 것을 저절로 알게 된다는 금언을 제시하였다. 또 다른 랍비는 그것을 이렇게 표현한다. 선지자는 자기에게 제시되고 있는 일이나 말씀이 활발하고 생생한 인식을 통해서 들어올 때에 그것이 참된 예언이라는 것을 안다(여호와의 말씀이 나의 마음에 불붙는 것 같아서 골수에 사무친다는 예레미야의 말이 보여주듯이, 렘 20:9). 그러므로 선지자들은 그들이 전하는 말씀이 옳다는 것을 알기 때문에 언제나 큰 확신을 가지고 말씀을 전하였다(사 1:7).

Ⅲ. 그들은 예언 활동을 하면서 하나님으로부터 말씀을 받거나 백성들에게 말씀을 전할 때나 언제나 그들 자신의 영혼을 그대로 간직하고 유지하였다는 것(단 10:8). 종종 그들의 육체적인 힘이 하나님의 계시에 압도당하거나 다니엘과 요한의 경우처럼 환상을 볼 때에 그 빛 때문에 그들의 눈이 부셔서 거의 눈을 뜨지 못하게 되는 일은 있었지만(계 1:17), 그들의 지각(知覺)은 여전히 남아 있었고, 그들의 이성도 자유롭게 사용할 수 있었다. 이 점을 우리나라의 한 박식한 저술가가 아주 탁월하게 설명해 놓았다. "예언의 영은 상상력과 이성적 능력 속에 자리를 잡고서 결코 마음을 소외시키는 것이 아니라 마음을 깨

우치고 조명해 준다. 예언의 영에 의해 활성화된 자들은 언제나 명료하고 일관된 이성을 유지하였고, 판단력도 확고하고 강력하였다. 왜냐하면, 하나님은 그의 뜻을 계시하실 때에 백치나 바보가 아니라 온전하고 흠 없는 지성을 지닌 자들을 사용하셨기 때문이다. 하나님은 그의 진리가 그들 자신의 인식이 되고 그들의 지각에 온전히 소화될 수 있을 정도로 그 진리를 그들에게 분명하게 각인시켜 놓으셨기 때문에, 그들은 마치 자신의 생각을 전하는 것처럼 하나님의 진리를 다른 사람들에게 충실하게 전할 수 있었다." 하나님의 말씀을 전하는 사자(使者)들은 소리 내는 나팔이 아니라 말을 하는 사람들이었다. 교부들은 델포이 신전의 여신관이 자신의 머리카락을 쥐어뜯고 입에 거품을 물면서 괴상한 몸짓으로 악독한 신탁들을 쏟아냈던 것처럼 악령에 붙잡혔거나 강력한 상상력의 힘에 사로잡혀서 거짓 예언을 전하는 자들은 탈혼 상태를 겪으며 마음이 소외되고 극심한 흥분과 혼미함 속에서 신탁들을 전한다는 점을 강조하며, 여호와의 선지자들과 거짓 선지자들 간의 차이를 자주 지적하였다. 이러한 원칙하에 교부들은 주후 2세기에 이성을 지닌 자들이 아니라 미치광이들처럼 탈혼 상태에서 거짓 예언을 행하였던 몬타누스파를 단죄하였다. 크리소스토무스(Chrysostom)는 거짓 예언을 하는 자들의 광기 어린 포악한 몸짓들을 설명한 후에, 참 선지자는 그렇게 하지 않고, 자기가 전하는 말씀을 스스로도 이해하며, 건전한 정신으로 차분하게 말씀을 전한다는 말을 덧붙인다. 히에로니무스(Jerome)는 그의 나훔서 주석의 서문에서, 나훔은 탈혼 상태에서가 아니라 자기가 전하는 모든 것을 스스로도 이해하고 있는 자로서 말씀을 전하고 있기 때문에 나훔서가 나훔의 묵시에 관한 책으로 불린다는 것을 지적하고, 나훔 선지자는 비정상적인 미친 사람이나 분노에 사로잡힌 여인 같이 말씀을 전하는 것이 아니고 의미 없는 소리를 발하는 것도 아니라는 말을 덧붙인다.

Ⅳ. 그들은 모두 한결같이 하나의 동일한 목표를 지니고 있었는데, 그것은 백성들에게 그들의 죄를 회개하고 하나님께로 돌아와서 하나님에 대한 그들의 본분과 도리를 다하게 하는 것이었다는 것. 하나님께서 수많은 사자(使者)들을 보내신 목적은 죄를 때려눕히고 참된 경건을 되살리고 진보시키는 것이었다. 모든 사람에게 짊어지워진 의무는 너희는 각기 악한 길에서 돌이키며 너희의 길과 행위를 바르게 하고 이웃들 사이에 정의를 행하라(렘 7:3, 5)는 것이었다(슥 7:8-9; 8:16을 보라). 그들의 모든 예언들의 취지와 의도는 모세 율법, 보편

적이고 영속적인 의무에 속한 도덕법의 명령들과 상벌들을 시행하는 것이었다. 거기에는 단지 개혁할 때까지 시행하도록 되어 있었던 예식과 관련된 규칙들이나 육적 규례들은 나오지 않는다(히 9:10). 그러한 것들은 이제 낡아져 가고 있었고 곧 사라져 갈 것들이었다. 그 대신에 선지자들은 율법의 더 중한 바 정의와 긍휼과 믿음을 역설하는 것을 자신의 일로 삼았다.

V. 그들은 모두 예수 그리스도를 증언하였고 그를 바라보았다는 것. 하나님은 그가 예로부터 거룩한 선지자들의 입으로 말씀하신 것을 따라서 우리를 위하여 구원의 뿔을 그 종 다윗의 집에 일으키셨다(눅 1:69-70). 그들은 장차 우리에게 임할 은혜에 대하여 예언하였고, 그들 속에 계신 그리스도의 영은 그리스도께서 받으실 고난과 후에 받으실 영광을 미리 증언하였다(벧전 1:10-11). 그 때에 그리스도는 알려져 있긴 하였지만, 이전에 의식법의 모형들 속에서와 마찬가지로 선지자들의 예언들 속에서도 상당 부분 감춰져 있었다. 위에티우스(Huetius)는 수많은 사람들이 각기 다른 자신의 시대 속에서 마치 공모(共謀)해서 입을 맞추기라도 한 것처럼 그리스도에 관하여 이런저런 구체적인 일들을 예언하였고, 마침내 그 일들이 모두 그리스도 안에서 온전히 성취되었다는 것은 실로 경이로운 일이라고 말한다. 저 먼 옛적부터 4,000년 동안에 걸쳐서 수많은 사람들은 그리스도께서 오실 것을 예언하였고, 그의 출생과 삶, 성품과 행위들, 그의 죽음, 그가 세우실 질서에 대하여 일관되게 말하였다.

VI. 이 선지자들은 그들과 함께 살았던 자들에 의해서 수 세기에 걸쳐서 일반적으로 미움과 박대를 받았다는 것. 스데반은 그를 재판하는 자들에게 너희 조상들이 선지자들 중의 누구를 박해하지 아니하였느냐고 말하며 어디 한번 그렇지 않았던 예를 제시해 보라고 도전한다. 선지자들은 의인이 오실 것을 미리 보여주었기 때문에 죽임을 당하였다(행 7:52). 그들의 입에서 나오는 하나님의 말씀을 듣고서 두려워 떤 자들도 일부 있었지만, 대부분의 사람들은 그들을 조롱하고 멸시하였으며 희롱하였다(호 9:7) ― 오늘날 불경스러운 자들이 교역자들을 그렇게 대하듯이. 선지자는 바보 취급을 당하였다. 이스라엘의 한 고관은 선지자의 아들들 중의 한 사람에 대하여 예후에게 그 미친 자가 무슨 까닭으로 그대에게 왔더냐고 물었다(왕하 9:11). 유대인들은 참된 선지자들을 이렇게 함부로 대하였지만, 이방인들은 그들의 예언자들이 사실 거짓 예언자들임에도 그 예언자들을 이렇게 악하게 대하지 않았고, 정반대로 언제나 공경하는 태도로 대하였다. 유대인들이 여호와의 사자들을 조롱하고 선지자들을 죽이며 그들에게 보내심을 받은 자들을 돌로 쳐 죽인 것은 너무도 놀랍고 도저히 이해할 수 없는 일인 것처럼 보이지만 사실 하나님을 적대하는 육적인 마음속에 들어 있는 증오심이 드러난 것이었다. 오랜 세월 동안 이스라엘의 영광이었던 예언의 영이 모든 시대에서 이토록 큰 배척을 받았고, 선지자들 속에 있는 성령을 거스르고 그 영광을 욕되게 하는 자들이 항상 있었다는 사실에 비추어 보면(행 7:51), 그들이 그리스도의 복음을 배척한 것은 별로 이상한 일이 아니다. 그러나 이스라엘은 이런 식으로 해서 그들의 죄의 분량을 다 채웠기 때문에 갈대아 인들에 의해서 먼저 파괴를 당했고, 나중에는 로마인들에 의해 최종적으로 멸망을 당하게 된 것이었다(대하 36:16).

VII. 사람들은 이 선지자들을 멸시하였지만 하나님은 그들을 시인하시고 그들에게 존귀를 더하셨다는 것. 그들은 하나님의 사람들, 그의 심복들이자 사자(使者)들이었기 때문에 하나님은 언제나 그가 거룩한 선지자들의 주 하나님이라는 것을 나타내 보이셨으며(계 22:6) 그들 곁에 서서 그들에게 힘을 주셨고, 그들은 하나님의 성령으로 말미암아 능력이 충만하였다. 선지자들을 무시했던 자들은 선지자들을 잃어버리고 난 후에야 선지자가 그들 가운데 있었다는 사실을 깨닫고서 당혹해하였다. 성경이 선지자들의 최초의 조상들 중의 한 사람이었던 사무엘에 대하여 말한 것은 선지자들 모두에게 그대로 적용되는 말이었다. 여호와께서 그와 함께 계셔서 그의 말이 하나도 땅에 떨어지지 않게 하셨다(삼상 3:19). 선지자들이 백성들로 하여금 회개하고 삶을 고치도록 강권하기 위하여 사용한 경고의 말씀과 격려의 말씀은 조건적인 것으로 이해되어야 하는 것이었다. 하나님께서 선지자들을 통해서 한편으로는 건설하거나 심는 것에 대하여 말씀하시고 다른 한편으로는 뽑거나 부수는 것에 대하여 말씀하셨을 때, 백성들이 삶을 고치면 하나님의 조치도 얼마든지 바뀔 수 있었다(렘 18:7-10). 니느웨가 40일 내에 멸망할 것이라는 요나의 예언이 그런 것이었다. 하나님은 그가 말씀하신 것보다도 더 후하게 심판을 연기해 주시는 일이 종종 있다. 그러나 선지자들이 특정한 일에 대하여 예언하거나 하나의 징조나 표적으로 말한 것들은 언제나 예언된 그대로 정확히 일어났다. 예언들은 사람들이 그 예언들에서 벗어나고자 발버둥을 쳐도 언젠가는 그들에게 그대로 이루어졌다(슥 1:6). 왜냐하면, 하나님이 그의 종들의 말을 세워 주며 그의 사자들의 계획을 성취하게 하는 것이 바로 하나님의 영광이기 때문이다(사 44:26).

이러한 예언들을 독자들에게 열어 보여주기 위해서, 나는 예언들의 취지와 통일성을 고찰하고, 구약의 영적인 것들을 신약의 영적인 것들과 서로 비교하며, 특히 진리의 성령께서 인도하시고 지도해 주시라고 하나님께 기도하는 가운데, 최고의 해석자들의 견해를 참조해서 그 예언들의 참된 의미를 제시하고자 최선을 다하였다. 그러나 아무리 최선을 다해도 예언들 중에는 알기 어려운 것들이 더러 있어서, 나 자신도 그 확실한 의미를 알 수 없었기 때문에, 독자들에게 온전히 만족스럽게 설명하는 일은 더더욱 기대할 수 없었다. 그렇지만 나는 무식한 자들과 굳세지 못한 자들처럼 그것들을 억지로 풀다가 스스로 멸망에 이르는 짓은 하지 않았다(벧후 3:16). 이 책을 가지시고 그 인봉을 떼는 것은 하나님의 어린 양의 대권(大權)이다. 또한, 나는 믿음과 거룩을 좇고자 하는 이들이 이 예언들을 잘 사용하여 유익을 얻을 수 있게 하고자 애를 썼다. 우리는 하나님의 감동으로 된 것은 모두 똑같이 유익하거나 모두 똑같이 쉽고 잘 선용할 수 있는 것은 아니더라도 어쨌든 유익하다는 것을 발견하게 될 것이다(딤후 3:16). 그러나 지금은 우리에게 잘 이해되지 않는 것들이 있다고 하여도 마침내 하나님의 비밀이 다 밝혀지게 될 그 때에 우리는 이 책의 모든 예언들 속에는 무의미하거나 무익한 말씀은 단 하나도 없다는 것을 알게 될 것이다. 하나님께서 말씀하신 것이나 말씀하고 계시는 것을 우리가 지금은 알지 못하나 이후에는 알게 될 것이다.

내가 이 예언들 중에서 분명하고 실천적인 부분들, 특히 복음적인 부분들을 연구하고 묵상하면서 얻은 기쁨은 그 뜻이 모호한 부분들을 연구하느라 힘들었던 것을 충분히 보상해 주고도 남을 만큼 큰 것이었다. 이 예언의 밭의 많은 부분들은 보화들이 땅 속 깊이 묻혀 있어서 광산에 있는 보화처럼 땅을 파서 캐내지 않으면 안 된다. 그러나 어떤 부분들은 곡물이나 가축 떼 같은 귀한 것들이 그 지표면에 널려 있어서, 성경에서 노아에 대하여 말한 것처럼 그러한 것들이 수고하게 일하는 우리를 안위하였다고 할 수 있는데, 이로 인하여 우리의 수고는 훨씬 즐겁고 기쁜 일이 되었다. 하나님께서 독자들에게도 그와 같은 위로를 허락해 주시기를!

이제 나는 내 친구들의 양해를 얻어서 여기에 나의 '에벤에셀'(도움의 돌)을 세우면서 이제까지 하나님께서 나를 도우신 것을 감사하고 찬송하고자 한다. 내 자신을 곰곰이 더 깊이 뜯어보면 뜯어볼수록 나는 내가 이런 일에 쓰임 받는 영광을 받기에는 너무도 무가치하다는 것을 깨닫게 되고 그리스도 및 그의 공로와 은혜가 내게 더욱더 필요하다는 것을 느끼게 되지만, 하나님께서 구약에 대한 주석을 끝마칠 때까지 내 생명을 연장시켜 주시고 이 일을 할 때에 하나님의 임재의 몇몇 증표들을 은혜로 내게 보여주신 것에 대하여 하나님을 찬송하기를 원한다. 내 하나님이여 나를 위하여 이 일도 기억하시옵고 주의 크신 은혜대로 나를 아끼시옵소서. 주여, 나의 것은 제하여 주시고 주의 것만을 기쁘게 받으소서!

하나님께서 나를 더 살게 하시고 건강을 주신다면, 나는 내게 주신 은혜의 분량을 따라 끊임없이 하나님의 능력에 전적으로 의지하여 앞으로 신약성서에 대한 주석을 두 권으로 해서 내고자 한다. 나는 제1권의 서문에서 내가 신약의 일부, 그러니까 마태복음과 요한복음에 대해서는 이미 주석을 써놓았다는 것을 넌지시 얘기했었다. 그러나 그것들은 너무 방대해서 나머지 주석들과 균형을 맞추기 위해서는 그 내용을 많이 줄여야 한다. 따라서 나는 그것들을 상당 부분 수정해 나가는 가운데 전면적으로 다시 써야 할 것이기 때문에, 과연 이제까지 해 왔던 대로 2년에 한 권씩 낼 수 있을지 모르겠다. 하나님께서 허락하신다면, 나는 그 일을 곧 시작해서 가능한 한 나의 모든 힘을 거기에 집중하고자 한다. 나는 이 일이 잘 되기를 바라는 모든 사람들에게 주께서 나의 생명을 더 허락하셔서 그 일을 할 수 있게 해주시되 나로 하여금 그 일을 잘 할 수 있게 해주시고, 내가 한 그 일을 통해서 몇몇 사람들이 하나님의 비밀인 그리스도를 깨달아 확실한 이해의 모든 풍성함 속으로 인도함을 받을 수 있게 하시기를 (골 2:2) 기도해 줄 것을 간곡히 부탁드린다.

그리고 하나님께서 내가 이 일을 마치기 전에 나를 이 세상에서 데려가시기를 기뻐하신다면, 나는 하나님의 복되신 뜻을 환영한다고 고백할 뿐만 아니라 저 복된 세상을 환영한다고 고백하고자 한다. 우리는 지금 부분적으로 알고 부분적으로 예언하지만 저 복된 세상에서 온전한 것이 올 때에는 부분적으로 하던 것이 폐하여질 것이다(고전 13:8-10, 12). 저 복된 세상에서 우리의 모든 실수들은 바로잡힐 것이고, 우리의 모든 의심들은 풀릴 것이며, 우리의 모든 결핍들은 보충될 것이고, 말씀을 전하고 교리를 가르치며 설명하고자 한 우리의 모든 시도들은 쓸모없어질 것이며, 우리의 모든 기도들은 영원한 찬송으로 바뀌게 될 것이다. 저 복된 세상에서는 지금 여기에서 숭앙 받는 예언도 없어질 것이고, 방언들도 그칠 것이며, 마치 해가 뜨면 새벽별이 빛을 잃듯이 우리가 지금 갖고 있는 지식도 빛을 잃게 될 것이다. 저 복된 세상에서 우리는 더 이상 거울을 통해서 희미하게 보는 것이 아니라 얼굴을 맞대고 보게 될 것이다. 저 참되고 완전한 빛에 대한 믿음과 기쁘고 근거 있는 기대 속에서 나는 살든 죽든 내 할 일을 계속해 나가고자 한다. 나는 그 일을 온전히 기뻐하는 가운데 겸손하고 부지런히 그 일을 준비하는 데에 내게 남은 시간을 사용하고자 한다. 이 시간이 영광스러운 영원에 맞닿은 시간이 되게 하소서!

1712년 7월 18일
매튜 헨리

이사야 서론

　　선지자는 세상 사람들의 눈으로 볼 때에는 아주 초라하게 보였지만 선지자가 얼마나 큰 위엄을 부여받은 자들인지를 아는 자들에게는 지극히 위대하게 들리는 직함이다. 선지자는 천국과 아주 친밀하고 천국에 큰 세력을 지니고 있어서 이 땅을 호령하는 큰 권세를 지닌 자이다. 예언은 하나님의 모든 계시를 가리키는 데에 사용된다(벧전 1:20-21). 왜냐하면, 예언은 대체로 꿈이나 음성, 또는 묵시를 통해서 먼저 선지자들에게 전해졌고, 그들을 통해서 사람들에게 전해졌기 때문이다(민 12:6). 실제로 옛적에 하나님께서는 친히 시내 산 꼭대기에서 무수히 많은 이스라엘 백성을 향하여 말씀하셨다. 그 일은 참을 수 없을 정도로 너무도 두려운 일이었기 때문에, 이스라엘 백성은 하나님께서 장차 그들에게 말씀하실 일이 있으시면 이전처럼 그들과 같은 사람들, 곧 그 위엄으로는 그들을 두렵게 하지 못하고 그 손으로는 그들을 누르지 못하는(욥 33:7) 사람들을 통해서 말씀해 주시기를 간청하였다. 하나님은 이스라엘 백성의 청(請)이 옳다고 보셨기 때문에(내가 들은즉 그 말이 다 옳도다, 신 5:27-28), 양 당사자 간의 합의에 의해서 이 문제는 일단락되었다.

　　따라서 우리는 이제는 더 이상 그런 식으로 하나님의 말씀을 듣기를 기대해서는 안 되고, 하나님에게서 직접 말씀을 받아서 하나님의 교회에 그 말씀을 전하도록 위임을 받은 선지자들을 통해서 하나님의 말씀을 들어야 한다. 구약 성경이라는 거룩한 정경(正經)이 씌어지기 시작하기 전에는 교회에 대하여 성경 역할을 하였던 선지자들이 존재하였다. 우리 구주께서는 아벨을 선지자로 여기셨던 것으로 보인다(마 23:31, 35). 또한, 에녹도 선지자였다. 장차 저 큰 날의 심판이 있을 것이라는 예언은 에녹을 통해서 처음으로 주어졌다. 보라, 주께서 그 수만의 거룩한 자와 함께 임하시리라(유 1:14). 노아는 의(義)를 전한 전도자였다. 하나님은 아브라함에 대하여 그는 선지자라고 말씀하셨다(창 20:7). 야곱은 후일에 당할 일들을 아들들에게 미리 말해 주었다(창 49:1). 아니, 이스라엘의 모든 족장들은 선지자라 불린다(시 105:15). 나의 선지자들을 해하지 말라. 모세는 구약의 모든 선지자들 중에서 비할 자가 없을 정도로 가장 고명한 선지자였다. 왜냐하면, 여호와께서는 모세와는 대면하여 말씀하셨기 때문이다 (신 34:10). 모세는 최초의 문서 선지자였고, 성경의 토대도 그의 손에 의해서 놓아졌다. 심지어 모세가 이스라엘 백성을 다스리는 일을 돕는 자들에게조차 도 예언의 영이 임하여서, 당시에 그 영은 그들을 통해서 활발하게 역사하였다 (민 11:25). 그러나 모세가 죽은 후에 몇 세대 동안에는 여호와의 영은 이스라 엘이라는 교회 속에서 예언의 영이 아니라 전쟁의 영으로 나타나서 역사하였 고, 사람들에게 말이 아니라 행동을 하도록 영감을 불어넣어 주었다. 바로 이 세대를 우리는 사사 시대라 부른다. 우리는 여호와의 영이 옷니엘, 기드온, 삼 손 등과 같은 사사들에게 임하여, 그들이 펜이 아니라 칼을 들고서 이스라엘에 봉사하도록 하신 것을 본다. 당시에 하나님의 말씀은 천사들이 하늘로부터 기 드온과 마노아, 이스라엘 백성에게 전하였다(삿 2:1). 사사기에는 선지자에 대 한 언급이 한번도 나오지 않고, 단지 드보라만이 여선지라 불릴 뿐이다. 당시 에 여호와의 말씀은 희귀하였고, 이상(또는, 묵시)도 보이지 않았다(삼상 3:1). 그들에게는 최근에 씌어진 모세의 율법이 있었기 때문에, 그들은 그 율법을 연 구하면 되었다.

그러나 사무엘에게서 예언이 다시 부활되었고, 그를 필두로 해서 저 유명한 교회의 시대, 곧 포로기 이후 얼마 동안까지 중단 없이 출현하였던 일련의 선 지자들에 의해서 큰 빛이 비취던 때가 시작되었으며, 그 후에 구약의 정경이 말라기로 마감되고 나서는 거의 400년 가까이 예언이 그쳤다가, 큰 선지자[예 수]와 그의 선구자[세례 요한]가 출현하였다. 몇몇 선지자들은 하나님의 감동을 받아서 교회(이스라엘)의 역사에 관한 책들을 썼지만, 그 책들에 그들의 이름 을 기록해 놓지는 않았고, 단지 그들이 쓴 책들이 사실임을 증명하기 위해서 갓, 잇도 등과 같은 선지자들이 기록한 것으로 알려져 있던 당시의 역사 기록 들을 언급하기만 하였다. 다윗을 비롯해서 교회가 사용할 수 있도록 거룩한 노 래들을 쓴 사람들도 선지자들이었다. 그들 이후로 우리는 특별한 임무를 띠고 보내심을 받거나 특별한 공적 임무를 위해 일으키심을 받은 선지자들에 대하 여 듣게 되는데, 그들 가운데 가장 유명한 이들로는 이스라엘 왕국에서 활동하 였던 엘리야와 엘리사가 있었다. 그러나 이 선지자들 중에서 그들의 예언을 문 서로 남긴 사람은 아무도 없었고, 그들의 예언은 단지 그들 시대의 역사서들 속에 단편적으로만 남아 있을 뿐이다. 그들이 직접 쓴 글에 대해서는 엘리야가 썼다는 하나의 서신만이 언급되어 있을 뿐이다(대하 21;12) ― 내가 기억하기로는.

그러나 유다와 이스라엘 왕국 말기에 이르러서 하나님께서는 그의 종들인 선지자들에게 그들이 전한 예언이나 설교, 또는 그 요약된 내용을 기록하여 펴내라고 명하셨다. 선지자들이 전한 예언들 중 다수의 연대는 불확실하지만, 가장 초기의 예언은 포로기보다 대략 200년경 앞선 유다 왕 웃시야와 이스라엘 왕 여로보암 2세 때, 요아스가 성전 뜰에서 여호야다의 아들 스가랴를 죽인지 얼마 지나지 않은 때에 있었다. 이스라엘 백성은 선지자들을 죽이기 시작하였지만, 선지자들이 남긴 예언들을 죽이지는 못하였다. 그 예언들은 지금도 여전히 살아남아서 이스라엘 백성의 죄악을 똑똑히 말해주는 증인 역할을 하고 있다.

호세아는 최초의 문서 선지자였다. 요엘, 아모스, 오바댜는 거의 동시대에 그들의 예언을 문서로 펴내었다. 이사야는 그들보다 조금 뒤에 선지자로서의 활동을 시작하였지만, 그가 전한 예언은 예언서의 맨 앞에 나와 있다. 왜냐하면, 이사야서는 예언서들 중에서 가장 분량이 많은 책일 뿐만 아니라, 모든 선지자들이 증언하였던 메시야에 관한 예언을 가장 많이 담고 있기 때문이다. 실제로, 선지자 이사야는 그리스도에 대하여 가장 많은 예언을 하였기 때문에, 이사야가 복음적인 선지자로 불리고, 몇몇 옛 사람들이 이사야를 제5복음서 기자라고 부른 것은 옳다. 우리는 그것에 대해서 이 책 전체의 표제(1:1)를 다룰 때에 살펴볼 것이기 때문에, 여기서는 단지 몇 가지만 언급하기로 한다.

I. 선지자에 대하여. 이사야는 왕족이었고, 그의 아버지는 웃시야 왕의 동생이었다(유대 전승에 의하면). 그의 이야기 속에서 볼 수 있듯이, 그는 특히 히스기야 때에 분명히 궁정에서 많이 생활하였고, 많은 사람들은 그의 궁정 생활 때문에 그의 문체가 다른 선지자들보다 더 미려하고 세련되며, 몇몇 대목들에서는 극히 고상하고 원대한 것이라고 생각하였다. 하나님의 영은 자신의 목적을 이루기 위해서 종종 선지자가 지닌 특별한 재능을 사용하신다. 왜냐하면, 선지자들은 성령이 사용하시는 말하는 나팔인 것이 아니라 인격을 지닌 말하는 사람이기 때문이다. 성령은 빛과 불꽃이라는 관점에서의 선지자들의 자연적인 능력들을 사용하시되 선지자들로 하여금 스스로를 뛰어넘게 하시는 방식으로 사용하신다.

Ⅱ. 예언에 대하여.　　예언은 너무나 좋고 유익하다. 예언은 하나님의 교회에 너무나 좋고 유익해서, 죄를 깨닫게 하고, 본분을 일깨워주며, 괴로울 때에 위로를 준다. 이사야서에는 교회가 겪었던 두 가지 큰 환난, 즉 이사야가 활동하던 때에 일어났던 산헤립의 침공이라는 환난과 그로부터 한참 후에 일어났던 바벨론 포수(captivity)라는 환난이 언급되고 있고, 그 환난들과 관련된 위로가 나와 있다. 우리는 하나님께서 이 두 번의 환난을 위해 주셨던 위로와 격려들 속에서 복음의 풍성한 은혜를 발견하게 된다. 구약의 예언들 가운데서 이사야서만큼 복음서들에서 많이 인용된 것은 없다. 또한, 구약의 예언들 가운데서 이사야서에 나오는 예언들, 즉 그리스도께서 동정녀에게서 나시리라는 예언(7장), 그리스도께서 겪게 되실 고난들에 관한 예언(53장)만큼 메시야에 관한 아주 명백한 증언은 없다.

이사야서의 초반부는 죄에 대한 책망들과 심판에 대한 경고들로 가득 차 있고, 후반부는 단단한 말씀들과 위로의 말씀들로 가득 차 있다. 그리스도의 영은 이전에 예언서들에서 이러한 방법론, 즉 먼저 죄를 깨닫게 하시고 그런 후에 위로하시는 방법론을 사용하셨고, 지금도 여전히 그러한 방법론을 사용하신다. 하나님으로부터 위로를 받고자 하는 자들은 먼저 죄를 깨닫게 하시는 역사(役事)에 순복하여야 한다. 의심할 여지 없이, 그리스도께서 그러셨던 것처럼 이사야도 이스라엘 백성을 향하여 수많은 설교를 하였고 말씀을 전하였다. 아마도 그 설교들은 여기 이사야서에 기록된 것보다 더 많이 그리고 더 자세하게 행해졌을 것이지만, 하나님의 영은 그 무한하신 지혜로 말세를 만난 우리에게 전달해 주기에 적정한 정도로만 기록해 놓으신 것이다. 이 예언들은 그리스도의 삶에 관한 기록들과 마찬가지로 우리로 하나님의 아들의 이름을 믿게 하려 함이요 또 우리로 믿고 그 이름을 힘입어 생명을 얻게 하려 기록된 것이다. 왜냐하면, 여기에 기록된 복음은 당시에 살았던 자들을 향해서와 마찬가지로 우리를 향해서도 선포된 것이고, 또한 더욱 명확하게 선포된 것이기 때문이다. 나는 독자들이 부디 이사야의 이 복음의 말씀을 믿음으로 받게 되기를 기원한다!

제
— **1** —
장

개요

이 장의 첫 절은 이사야서 전체의 표제로 의도된 것으로서, 아마도 이 장은 마치 우리가 성명서를 모두가 읽을 수 있게 하고 원하는 사람들은 필사해 갈 수 있도록 하기 위해 공공장소에 붙여 놓듯이(합 2:2) 이사야가 글로 써서 성전 문에 붙여서 사람들에게 널리 알렸던 그의 첫 번째 설교였고(칼빈은 이렇게 하는 것이 선지자들의 관습이었다고 생각한다), 한참 후에 제사장들이 이 설교의 원본을 가져다가 성전 문서고에 보관하여 두었을 가능성이 크다. 이 장의 설교는 다음과 같은 내용들을 담고 있다. I. 하나님의 이름으로 유대 교회와 민족을 강도 높게 고소함. 1. 그들의 배은망덕함에 대하여(2-3절). 2. 구제불능인 그들의 행태에 대하여(5절). 3. 백성들이 전체적으로 부패하고 타락한 것에 대하여(4, 6, 21-22절). 4. 그들의 관원들이 공의를 굽게 한 것에 대하여(23절). II. 그들이 죄로 말미암아 스스로 자초함으로써 그들의 땅이 거의 초토화되다시피 한 결과를 가져온 하나님의 심판에 대한 서글픈 탄식(7-9절). III. 이러한 전반적인 변절과 배교에도 불구하고 그들이 계속해서 형식적인 종교 의식들을 행하지만, 하나님께서는 그러한 가식들을 받지 않으신다는 것(10-15절). IV. 만약 그들이 부르심에 화답하면 살게 될 것이고, 그렇지 않는다면 죽을 것이라고 그들 앞에 생과 사를 선택할 것을 제시하면서 회개하고 삶을 고치라고 진지하게 부르심(16-20절). V. 삶을 고치려고 하지 않는 자들에게는 파멸이 있을 것이라는 경고(24, 28-31절). VI. 그들이 결국 삶을 고치고서 그들이 원래 지니고 있던 순수한 모습으로 돌아가서 복되고 형통하게 되리라는 약속(25-27절). 우리는 이 모든 교훈들을 우리가 속해 있는 공동체들의 공적인 일에만이 아니라 우리 자신의 영혼의 상태에도 적용하여야 한다.

¹유다 왕 웃시야와 요담과 아하스와 히스기야 시대에 아모스의 아들 이사야가 유다와 예루살렘에 관하여 본 계시라

이 단락에는 다음과 같은 내용들이 나온다.

I. 선지자의 이름. 그는 이사야 또는 예샤야후(히브리어 원문에는 이렇게 되어 있다)이고, 신약에는 헬라어로 에사이아스로 되어 있다. 여호와의 구원을 의미하는 이사야라는 이름은 하나님께서 그의 백성에게 구원을 알게 해주고자 하셔서 도구로 사용하신 선지자, 특히 구주 예수와 그가 이루신 큰 구원에 대하여 아주 많은 것을 예언한 이 선지자에게 적절한 이름이다. 그는 아모스의 아들이라고 되어 있는데, 이 아모스는 선지자 아모스(이 두 이름의 철자는 히브리어로는 서로 다르다)가 아니다. 유대인들은 이 아모스가 유다 왕 아마샤의 동생 또는 아들인 아모스라고 생각하지만, 이러한 전승은 어떤 선지자의 아버지를 언급할 때에 그 아버지도 선지자로 부르는 그들의 관례만큼이나 확실치 않다. 선지자들의 문도(門徒)들과 후계자들은 실제로 흔히 그들의 아들들로 불리지만, 우리는 혈육인 아들이 선지자의 후계자였던 경우를 거의 찾아볼 수 없다.

II. 예언의 성격. 이 예언은 이사야가 깨어 있어서 하나님의 말씀을 듣고 전능자의 환상을 보았을(민 24:4) 때에 묵시를 통해서 그에게 계시된 것으로서, 나중에 나오는 환상(6:1)만큼 그렇게 놀라운 것은 아니었을 것이다. 선지자들은 선견자들 또는 보는 자들로 불렸기 때문에, 그들의 예언은 환상 또는 묵시(visions)로 불리는 것이 합당하다. 이 예언은 이사야가 마음의 눈으로 본 것이었고, 마치 그가 육신의 눈으로 본 것처럼 하나님의 계시에 의해서 또렷하게 미리 보았고 확신하였으며 온전히 알았고 깊은 감동을 받은 것이었다. 좀 더 살펴보자.

1. 하나님의 선지자들은 그들이 말하는 내용을 보았고, 그들이 무엇을 말하는지를 알고 있었으며, 우리에게 그들 자신이 믿고 확신한 것 외에는 그 어떤 것도 믿으라고 요구하지 않는다(요 6:69; 요일 1:1).

2. 그들은 그들이 본 것이 그들 주위의 모든 사람들과 너무도 깊이 연관되어 있다는 것을 알고 있었기 때문에 그들이 본 것을 도저히 말하지 않을 수 없었다(행 4:20; 고후 4:13).

III. 예언의 주제. 이 예언은 이사야가 유다와 예루살렘, 즉 이스라엘 민족의 두 지파의 땅, 그들의 수도였던 바로 그 성읍에 관하여 본 것이었다. 이 예언 속에는 에브라임, 또는 이스라엘 민족의 열 지파와 관련된 내용은 거의 없는데, 열 지파에 대한 예언들은 호세아의 예언 속에 많이 나온다. 이사야서에는 바벨론, 애굽, 두로를 비롯해서 여러 이웃 나라들과 관련된 내용을 다루고 있는 장

(章)들이 있지만, 예언의 주된 주제가 유다와 예루살렘에 관한 것이기 때문에, 그것이 표제에서 언급되고 있고, 다른 나라들은 유대 백성과 관련이 있는 한에서만 다루어진다. 이사야는 유다와 예루살렘을 특별한 방식으로 대우한다.

1. 교훈 또는 가르침. 왜냐하면, 하나님의 예언의 말씀들이 그들에게 속해 있는 것은 유다와 예루살렘의 특권이기 때문이다.

2. 책망과 경고. 왜냐하면, 하나님을 아는 곳인 유다와 하나님의 이름이 크신 곳인 예루살렘에서 죄악이 발견된다면, 하나님은 다른 어느 곳보다도 그 곳들에 대하여 가장 먼저 그 죄악에 대한 책임을 물으실 것이기 때문이다.

3. 힘들고 어려울 때에 주어지는 위로와 격려. 왜냐하면, 시온의 자녀들은 그들의 왕을 기뻐하게 될 것이기 때문이다.

IV. 예언의 연대. 이사야는 웃시야와 요담과 아하스와 히스기야 시대에 예언하였다. 이것을 볼 때에 다음과 같은 것들이 드러난다.

1. 이사야는 오랫동안 예언 활동을 하였다는 것 — 특히, (유대인들이 말하듯이) 그가 므낫세 왕에 의해서 마침내 처참한 죽임을 당하였다는 것이 사실이라면. 어떤 이들은 사도 바울이 히브리서에서 톱으로 켜는 것으로 죽임을 당하였다(히 11:37)고 언급한 것이 바로 이사야의 죽음을 가리키는 것이었다고 생각한다. 웃시야 왕이 죽던 바로 그 해로부터(6:1) 히스기야 왕이 병이 들었다가 회복된 해까지는 40년의 기간이었다. 이사야가 이 기간 동안에 예언을 한 것은 확실하지만, 그 기간 전후로 얼마 동안이나 더 예언 활동을 하였는지는 확실하지 않다. 어떤 이들은 이사야의 전체 활동 기간이 60년이었다고 말하기도 하고, 어떤 이들은 80년이었다고 보기도 한다. 이렇게 이사야가 아주 오랫동안 예언 활동을 해서 지속적으로 유익을 끼친 것은 이사야 자신에게는 영광이었고 그의 나라에는 복이었다. 우리는 그가 아주 젊을 때부터 예언 활동을 시작하여서 아주 나이 들어서까지 그 활동을 계속하였다고 보아야 할 것이다. 왜냐하면, 선지자들은 제사장들과는 달리 그 직임을 시작하거나 끝내야 하는 나이가 정해진 것이 아니어서 정년(停年)에 묶여 있지 않았기 때문이다.

2. 이사야는 여러 왕들의 치세에 걸쳐서 활동하였다는 것. 요담은 선한 왕이었고, 히스기야는 더 선한 왕이었기 때문에, 그들은 이사야 선지자에게 힘을 실어 줌과 동시에 이 선지자로부터 조언을 받았을 것임에 틀림없다. 그들은 이사야의 후원자들이었고, 이사야는 그들의 개인적인 모사(謀士)였다. 그러나 요

담과 히스기야 사이에 이사야의 예언 활동이 전성기에 있었을 때에 왕위에 있었던 아하스는 지극히 속되고 악한 자였다. 아하스 치하에서 궁정은 이사야를 못마땅하게 여겼을 것이고, 따라서 그는 피신할 수밖에 없었을 것이다. 선한 자들과 선한 사역자들은 이 세상에서 악한 때를 예상해서 거기에 대비하여야 한다. 그 때에 여호와의 전 문이 닫히고 우상 숭배를 위한 제단들이 예루살렘 곳곳에 세워졌을 정도로 백성들의 신앙은 땅에 떨어졌다. 이사야는 하나님께로부터 직접 말씀을 받아서 하나님의 감동을 따라서 힘 있게 그 말씀을 전하였지만 그러한 상황을 어쩔 수가 없었다. 아무리 훌륭한 사람들, 아무리 훌륭한 사역자들일지라도 이 세상에서는 그들이 원하는 만큼 선을 이룰 수가 없는 법이다.

[2]하늘이여 들으라 땅이여 귀를 기울이라 여호와께서 말씀하시기를 내가 자식을 양육하였거늘 그들이 나를 거역하였도다 [3]소는 그 임자를 알고 나귀는 그 주인의 구유를 알건마는 이스라엘은 알지 못하고 나의 백성은 깨닫지 못하는도다 하셨도다 [4]슬프다 범죄한 나라요 허물진 백성이요 행악의 종자요 행위가 부패한 자식이로다 그들이 여호와를 버리며 이스라엘의 거룩하신 이를 만홀히 여겨 멀리하고 물러갔도다 [5]너희가 어찌하여 매를 더 맞으려고 패역을 거듭하느냐 온 머리는 병들었고 온 마음은 피곤하였으며 [6]발바닥에서 머리까지 성한 곳이 없이 상한 것과 터진 것과 새로 맞은 흔적뿐이거늘 그것을 짜며 싸매며 기름으로 부드럽게 함을 받지 못하였도다 [7]너희의 땅은 황폐하였고 너희의 성읍들은 불에 탔고 너희의 토지는 너희 목전에서 이방인에게 삼켜졌으며 이방인에게 파괴됨 같이 황폐하였고 [8]딸 시온은 포도원의 망대 같이, 참외밭의 원두막 같이, 에워 싸인 성읍 같이 겨우 남았도다 [9]만군의 여호와께서 우리를 위하여 생존자를 조금 남겨 두지 아니하셨더면 우리가 소돔 같고 고모라 같았으리로다

우리는 이사야서가 끝나기 전에 좀 더 밝고 유쾌한 장면을 만나게 되기를 바랄 것이다. 그러나 이사야서의 첫머리인 바로 이 대목에서 유다와 예루살렘은 그 모든 것이 지극히 악하고 깜깜해 보인다. 하나님의 포도원인 교회가 이와 같이 절망적이고 암울한 모습을 지니고 있다면, 광야인 세상은 말해 무엇 하겠는가?

I. 선지자는 하나님의 이름으로 말하고 있음에도 불구하고 하나님의 자녀인

그의 백성들이 들으려 하지 않는 것에 낙담하고서, 하늘과 땅에게 말을 걸어 그들이 그의 말에 주목해 주기를 주문한다(2절).   하늘이여 들으라 땅이여 귀를 기울이라! 이 우둔하고 지각없는 백성들보다 생명이 없는 피조물들이 더 속히 하나님의 법을 듣고 지키며 그들을 지으신 하나님의 목적에 응답하고자 한다. 하늘의 광명(光明)들이여, 이 백성의 어둠을 부끄럽게 하고, 비옥하여 열매를 많이 맺는 땅이여, 열매 맺지 못하는 이 백성을 부끄럽게 하며, 정확히 때를 지키는 각각의 피조물들이여, 제멋대로 아무렇게나 행하는 이 백성을 부끄럽게 하라. 모세는 이사야가 여기에서 언급하고 있는 신명기 32:1에서 하늘이여 귀를 기울이라 땅은 내 입의 말을 들을지어다로 시작하는데, 이것은 모세가 거기에서 미리 예언하였던 그 때가 지금 도래하였다는 것을 보여주는 것이다(신 31:29). 또는, 이것은 하늘과 땅, 천사들, 그러니까 윗 세상과 아랫 세상에 거하는 자들에게 호소하는 것일 수 있다. 너희는 하나님과 그의 포도원 사이를 판단하라. 너희라면 이 백성처럼 이렇게 배은망덕한 짓을 할 수 있겠느냐? 하나님의 말씀이 옳다는 것이 밝혀지게 될 것이고, 하늘과 땅은 하나님의 의로우심을 선포하게 되리라는 것을 명심하라(미 6:1-2; 시 50:6).

Ⅱ. **선지자는 이 백성이 가장 악질적인 범죄 중의 하나인 비열한 배은망덕의 죄를 지었다고 고소한다.**   어떤 사람을 배은망덕한 자라고 하는 것은 그 사람에 대한 최고의 욕이 된다. 하늘과 땅은 다음과 같은 말들을 듣고서 의아해 할 수밖에 없다.

1. 하나님께서 너무도 자주 투정부리며 화를 돋우는 이 백성을 은혜로 대하신 것. "내가 그들을 키우고 양육하였고, 그들은 잘 먹고 잘 가르침을 받아 왔다(신 32:6). 나는 그들을 존귀하게 만들어 놓았다(어떤 이들은 이렇게 번역한다). 나는 그들을 자라게 하였을 뿐만 아니라 큰 자들로 만들었고, 그들을 생존하게 하였을 뿐만 아니라 다른 자들보다 더 뛰어나게 하였고, 그들을 훈련시켰을 뿐만 아니라 그들을 크게 높였다." 우리는 우리가 살아가고 위로받으며 잘 되는 모든 것이 하나님께서 아버지로서 우리를 돌보시며 우리에게 인자하신 덕분이라는 것을 명심하여야 한다.

2. 하나님께서 이 백성에게 그토록 자애롭게 대하셨는데도, 그들이 하나님을 향하여 고약하게 행한 것. "그들이 나를 거역하였도다." 또는, "그들이 내게 반기를 들었다. 그들은 나의 왕권과 위엄에 도전하여 나를 버린 변절자들이자

반역자들이다"(어떤 이들은 이렇게 해석한다). 우리를 지으시고 양육하시는 하나님으로서 하나님께서 우리에게 베푸신 온갖 은총들에 비추어 보면, 우리가 하나님을 배신하고 떠난 것, 우리가 주제넘게 하나님을 배척한 것이 얼마나 큰 죄인지가 더욱 선명하게 부각된다 — 우리는 자녀들이지만 패륜아들이다!

III. 선지자는 이것을 그들의 무지와 몰지각 때문으로 돌린다(3절). 소는 그임자를 알고 나귀는 그 주인의 구유를 안다. 좀 더 살펴보자.

1. 무지할 뿐만 아니라 가장 둔한 짐승에 속하는 소와 나귀의 지혜로움. 그렇지만 소는 자기 주인을 알고 섬기며 자신의 멍에에 순종해서 그 멍에를 끌어야 하는 자신의 본분을 잘 인식하고, 나귀도 자기 주인의 구유를 알아서 자기가 어디에서 먹고 어디에 있어야 자기에게 유익이 되는 것을 잘 안다. 나귀를 풀어 놓으면, 나귀는 스스로 알아서 주인의 구유를 찾아간다. 우리 인간이 그 지식과 총명에 있어서조차 이 시시한 짐승들보다 못해서 그 짐승들에게 가서 배워야 할 처지이고(잠 6:6-7), 그 짐승들보다 한 수 아래여서(렘 8:7) 하나님께서 땅의 짐승들보다도 우리를 더욱 많이 가르치셨는데도(욥 35:11) 그 짐승들보다 잘 모르는 수모를 당하고 있으니, 우리 인간은 참으로 난처하게 되었다.

2. 술주정뱅이 같은 이스라엘의 어리석음. 하나님은 그들의 주인이자 임자이시다. 하나님은 그들을 지으셨기 때문에, 우리의 가축이 우리의 것인 것과는 비교할 수도 없을 정도로 우리는 하나님의 것이다. 지금까지 하나님은 우리를 잘 먹이시고 입히셨으며 우리에게 필요한 모든 것들을 공급해 주셨다. 섭리(providence)는 우리 주인의 구유이다. 그렇지만 하나님의 백성이라 하는 자들 중에서 다수는 이것을 알지도 못하고 생각하려 들지도 않고 이렇게 반문한다. "전능자가 누구이기에 우리가 섬기며 하나님은 우리의 주인이 아니니, 우리가 그에게 기도한들 무슨 소용이 있으랴. 하나님에게는 우리가 먹을 구유가 없다." 하나님께서는 그들의 마음이 완악한 것을 탄식하셨었다(2절). 그들이 나를 거역하였도다. 이제 하나님은 여기에서 신속하게 그 원인을 제시하신다. "그들은 알지 못하고 깨닫지 못하기 때문에 나를 거역한 것이다." 총명이 어두워졌기 때문에, 영혼 전체가 하나님의 생명에서 떠나 있게 된 것이다(엡 4:18). "그들의 땅은 빛과 지식의 땅임에도 불구하고, 이스라엘은 알지 못한다. 하나님은 유다에 알려지셨지만, 그들은 그들이 알고 있는 것에 따라서 살아가지 않고 있기 때문에 사실상 하나님을 모르는 것이나 다름없다. 그들은 알고 있다. 그러나 그

들은 그들이 알고 있는 것을 깊이 착념해서 깨달아야 함에도 불구하고 그렇게 하지 않았기 때문에, 그들의 지식은 그들에게 아무런 유익도 가져다주지 못한다. 그들은 그들이 아는 것을 그들 자신에게 적용하지도 않고, 그들의 마음을 그들이 아는 것에 착념하지도 않는다." 좀 더 살펴보자.

(1) 하나님의 백성이라고 자처하는 자들, 하나님의 백성으로서의 유익들을 향유하고 있고 그 약속들 아래 있는 자들 가운데서도 그들의 영혼의 일들에 무관심한 자들이 많다.

(2) 우리가 알고 있는 것에 무심한 것은 우리가 마땅히 알아야 할 것에 대한 무지만큼이나 우리의 경건에 큰 적이다.

(3) 사람들은 하나님에 대한 그들의 본분, 감사함, 이해관계를 알지 못하고 무심하기 때문에 하나님께 반기를 들고 하나님을 거역하게 된다.

IV. 선지자는 그들의 교회와 나라가 전반적으로 부패하고 타락한 것에 대하여 탄식한다. 죄라는 질병은 전염성이 있어서, 빈부귀천을 떠나서 모든 사람들이 죄에 감염되어 있었다. 슬프다, 범죄한 나라요(4절). 선지자는 마땅히 그들 자신의 모습을 생각하며 애통해해야 하는데도 그렇게 하지 않는 자들을 보고서 애통해한다. 슬프다, 그들이여! 그들에게 화 있을진저! 선지자는 그들의 타락한 모습과 그 무시무시한 결과들에 대하여 거룩한 분노를 느끼며 말한다. 좀 더 살펴보자.

1. 선지자는 그들의 죄가 얼마나 심각한 것인지를 부각시키면서, 그들의 죄 속에 있는 악성(惡性)을 보여준다(4절).

(1) 그들의 악은 전반적으로 퍼져 있어서, 그들 전체가 하나의 범죄한 나라, 죄악된 나라였다. 백성 전체가 사악하고 속되어서, 민족적으로 그러하였다. 그들은 다른 나라들과의 조약들을 다룰 때에나 국내적인 공의를 운용할 때에나 부패해 있었다. 죄가 민족적인 것이 되어 있을 때에 한 백성 전체가 병들어 있는 것임을 명심하라.

(2) 그들의 악은 지극히 컸고, 그 본질이 극악무도한 것이었다. 그들은 허물을 짊어진 백성이었다. 그들의 죄와 그 죄에 의해서 야기된 저주가 그들을 무겁게 짓누르고 있었다. 그들의 악은 그들을 치는 무거운 고소였고, 그들이 결코 스스로 빠져 나올 수 없는 고소였다. 그들의 악은 납 한 달란트가 되어서 그들을 짓눌렀다(슥 5:7-8). 죄는 그들을 쉽게 압도하였고, 그들은 죄에 쉽게 빠져

들 수 있는 성향을 지니고 있었던 것과 마찬가지로, 그들의 죄는 그들에게 무거운 것이었다(히 12:1).

(3) 그들은 악한 종자로부터 왔기 때문에 행악자들의 종자였다. 그들 속에는 배신의 피가 흐르고 있었다. 그들은 태생적으로 그것을 지니고 있었고, 이것은 문제를 훨씬 더 악화시켰고 복잡하게 만들었으며 치유되기 어렵게 하였다. 그들은 조상의 대를 이어서 일어나서 조상의 전철을 그대로 밟아 조상들의 죄악의 분량을 채웠다(민 32:14). 그들은 패역한 자들의 종족이자 가문이었다.

(4) 그들은 스스로 타락한 자들이었기 때문에 다른 사람들을 타락시키는 일에 그들이 할 수 있는 최선을 다하였다. 그들은 태어날 때부터 부패하고 타락한 자식들이었을 뿐만 아니라, 행위가 부패하여 악을 널리 퍼트리며 남들에게 악을 감염시킨 자식들이었다. 즉, 그들은 단지 사탄의 부추김을 받아서 죄를 범한 죄인들일 뿐만 아니라 사탄의 대리인이 되어 남을 죄로 유혹하는 자들이기도 하였다. 하나님의 자녀들이라 불리며 하나님의 가족에 속한 것으로 여겨지는 자들이 악하고 비열하면, 그들의 행실은 사람들에게 가장 악독한 영향을 미치게 된다.

(5) 그들의 죄는 하나님을 배신하고 떠난 것이었다. 그들은 하나님에 대한 그들의 충성맹세를 저버리고 변절한 자들이었다. "그들은 그들이 섬겨 왔던 여호와를 버렸고, 하나님을 멀리하고 물러가서, 하나님과의 관계를 끊고 등을 돌렸으며, 그들의 본색을 버렸고, 하나님을 섬기는 것을 그만두었다." 하나님께서 그들에게 앞으로 나아오라고 강권하자, 그들은 멍에에 익숙하지 못한 송아지 같이, 완강한 암소처럼(호 4:16) 뒷걸음치며 달아났다.

(6) 그들의 죄는 뻔뻔스럽고 무례하게 하나님을 무시하고 도전한 것이었다. 그들은 악의적이고 계획적으로 이스라엘의 거룩하신 이에게 도발하여 화를 돋우었다. 그들은 그들이 어떤 짓을 하면 하나님께서 화를 내시는지를 알고 있었고, 바로 그 짓을 하였다. 하나님에 대한 신앙을 고백한 자들이 하나님의 말씀을 듣지 않고 뻗대는 것은 특히 하나님의 화를 돋우는 일이다.

2. 선지자는 그들의 죄를 문둥병 또는 욥처럼 종기가 온 몸에 퍼진 병든 몸에 비유해서 그 죄가 얼마나 심각한지를 생생하게 보여준다(5-6절).

(1) 그 병은 생명을 유지하는 데에 절대적으로 필요한 장기(臟器)들에 침투하여서, 그들은 죽을 위험이 있었다. 머리와 심장에 침투한 질병은 대단히 위

험스럽다. 이제 머리, 그것도 온 머리가 병들었고, 마음, 그것도 온 마음이 몽롱한 상태이다. 그들의 판단력은 이미 부패되어 있었다. 문둥병이 그들의 머리에 있어서, 그들은 완전히 부정(不淨)한 자들이 되어 있었다. 하나님과 신앙에 대한 그들의 애정은 이미 식어서 냉랭해져 있었다. 이제 그들에게 남아 있는 것은 죽어 없어지는 것뿐이었다(계 3:2).

(2) 그 병은 온 몸에 퍼져서 심한 악취가 나고 있었다. 발바닥에서 머리까지, 즉 가장 비천한 농부에서 가장 큰 자들에 이르기까지, 성한 곳, 선한 도리들이나 믿음(이러한 것들은 영혼이 건강하다는 것을 보여주는 것이기 때문에)은 찾아볼 수 없고, 오직 상한 것과 터진 것, 거룩하신 하나님께는 악취가 나고 지각 있는 영혼에게는 고통스럽게 느껴지는 아담의 타락의 서글픈 결과들인 죄악과 부패만이 있을 뿐이다. 다윗은 자신의 모습을 보고서 내 상처가 썩어 악취가 나오니 내가 우매한 까닭이로소이다(시 38:5)라고 탄식하였다(시 32:3-4을 보라). 그들에게는 삶을 고치고 새롭게 하고자 하는 시도는 없었다. 아니, 그런 시도가 있었다고 해도 별 효과가 없었다. 상처들은 짜며 싸매며 기름으로 부드럽게 함을 받지 못하였도다. 죄를 여전히 회개하지 않은 채로 두고, 상처들을 찾아서 씻지 않으며, 상처들 속에 있는 교만한 육성(肉性)을 잘라내지 않아서, 죄가 여전히 사함 받지 않은 채로 있는 동안에는, 상처들은 싸매지거나 진정되지 않은 것이고, 상처를 치유하고 그 치명적인 결과들을 막는 그 어떤 조치도 행해지지 않은 것이다.

V. 선지자는 그들이 그들의 죄로 말미암아 자초한 하나님의 심판, 그리고 그러한 심판 아래에서도 그들이 고쳐지지 않는 것에 대하여 슬프게 탄식한다.

1. 그들의 나라는 거의 초토화되어 버렸다(7절). 그들의 성읍과 땅은 황폐해져서 그들은 너무도 비참한 자들이 되었지만, 그런데도 그들은 너무도 우둔하여서, 선지자는 이러한 현실을 그들에게 말해주어서 그들로 하여금 눈으로 똑똑히 볼 수 있게 해주어야 했다. "지금 너희의 모습이 어떠한지를 잘 보아라. 너희의 땅은 황폐하였다. 사람들이 없어서 땅을 갈아먹지도 못하게 되었고, 마을들은 버려졌다(삿 5:7). 밭과 포도원들은 황무지가 되어 가시덤불이 그 전부에 퍼졌다(잠 24:31). 너희를 침략한 원수들에 의해서 너희의 성읍들은 불에 탔다(불과 칼은 보통 함께 등장한다). 너희의 식량이 되어야 할 너희 땅의 소산들은 이방인들에게 삼켜졌다. 또한, 너희가 더욱 미치도록 화가 나는 것은 그런 일

이 너희 목전에서에서 일어났는데도, 너희가 그 일을 막을 수 없었다는 것이다. 너희의 양식이 되어야 할 것을 너희의 원수들이 차지해서 배불리 먹는 동안에 너희는 굶주리고 있다. 너희의 땅은 이방인들에 의해서 점령되었다. 충분히 예상한 대로, 너희의 땅은 침략자들이 차지하고 있다." 시온의 딸(시온 위에 세워진 성전은 예루살렘의 어머니였다) 또는 성산(聖山) 시온 자체였던 예루살렘은 하나님께서 딸처럼 애지중지하였던 곳이었지만, 지금은 황폐화되어서, 포도수확기가 끝나면 아무도 돌보지 않는 포도원의 망대 같이 버려졌고, 참외밭의 원두막 같이 초라해졌다. 사람들은 누구나 거기에 가까이 가는 것을 두려워하고, 마치 그 곳이 에워싸인 성읍인 양 거기에서 자신의 가재도구를 꺼내오려고 안달한다(8절). 어떤 이들은 병에 걸린 몸으로 표현된 것은 재앙을 맞은 이스라엘 나라의 처참한 모습이라고 생각한다(6절). 아마도 선지자는 수리아와 이스라엘의 왕들, 에돔인들, 블레셋인들이 유다를 침공해서 많은 사람을 도륙하고 많은 무리를 사로잡아 갔던 아하스 치세 때에 이 설교를 하였을 것이다(대하 28:5, 17-18). 민족적인 불경건과 부도덕은 민족적인 재앙과 초토화를 초래한다는 것을 명심하라. 모든 땅들의 영광이었던 가나안과 온 세상의 기쁨이었던 시온산은 둘 다 수치와 폐허의 땅이 되어 버렸다. 큰 재앙을 불러오는 자, 곧 죄가 그 땅들을 그렇게 만들어 버린 것이다.

2. 그렇지만, 그들은 전혀 삶을 고치고자 하지 않았기 때문에, 하나님께서는 그들에게 다른 조치를 취하시겠다고 경고하신다(5절). "너희는 책망을 받으면 받을수록 더욱더 패역을 일삼으니, 너희가 그렇게 하면 너희에게 유익이 있을 것이라고 기대하는 모양이지만, 너희가 어찌하여 매를 더 맞으려고 하느냐. 아하스 왕이 곤고할 때에 더욱 여호와께 범죄하였던(대하 28:22) 것처럼, 너희는 이전보다 더욱더 패역을 거듭하고 있구나." 이렇게 의사는 환자의 상태가 절망적인 것을 알게 되면 더 이상 약으로 그 환자를 괴롭게 하지 않는다. 아버지는 그의 자녀가 치료가 불가능할 정도로 완악해진 것을 알고서 그에게서 상속권을 박탈하기로 결정했을 때에는 더 이상 그 자녀를 고치려 들지 않기로 결심한다. 좀 더 살펴보자.

(1) 하나님께서 상태를 호전시키기 위하여 여러 가지 방법들을 동원해서 치유하고자 할수록 그 상태가 더욱 악화되는 그런 자들이 있다. 그들은 매를 맞으면 맞을수록 더욱 반기를 든다. 그들의 부패하고 타락한 심성은 고난이나 고

통을 통해서 점점 정화되고 부드러워지는 것이 아니라 도리어 자극을 받아서 더 곪아터지게 되고, 그들의 마음도 더욱 완악해진다.

(2) 하나님은 종종 오랫동안 치유하고자 하셨으나 치유되지 않는 자들을 멸하시기로 작정하신 때에는 의로운 심판의 한 방식으로서 그들을 바로잡으려는 시도를 중단하신다. 못 쓰게 된 은은 용광로가 아니라 거름더미에 던져지게 되는 법이다(렘 6:29-30). 너의 더러운 것들 중에 음란이 그 하나이니라. 내가 너를 깨끗하게 하나 네가 깨끗하여지지 아니하니 내가 네게 향한 분노를 풀기 전에는 네 더러움이 다시 깨끗하여지지 아니하리라(겔 24:13; 호 4:14). 더러운 자는 그대로 더럽게 하라(계 22:11).

VI. 선지자는 이스라엘의 이와 같은 전반적인 타락과 황폐화에도 불구하고 하나님의 은혜와 긍휼을 보여주는 기념비들인 남은 자를 생각하고서 스스로 위로를 받는다(9절). 여기에서 우리는 다음과 같은 것들을 본다.

1. 그들은 거의 멸절되다시피 하였다. 그들은 죄와 파멸의 정도에 있어서 거의 소돔과 고모라와 같은 수준이 되었고, 너무도 악해져서 그들 가운데 열 사람의 의인이 발견될 수 없을 정도였으며, 그들의 땅은 유황 못으로 변하여서 거의 한 사람도 살아남지 못한 것 같이 극도로 처참하게 되어 버렸다. 하나님의 공의는 그들을 아드마 같이 만들고, 그들을 스보임 같이 만들라고 말하였지만, 하나님의 긍휼은 내가 어찌 그렇게 하겠느냐고 말하였다(호 11:8-9).

2. 그들을 완전한 파멸에서 구원해 준 것은 무엇이었는가. 만군의 여호와께서 극소수의 남은 자, 전반적인 배교 가운데서 순수한 신앙을 지킴으로써 온 나라에 임한 재앙에서 살아남은 자들을 남겨 두셨다. 사도 바울은 이 본문을 인용해서(롬 9:27), 당시에 유대 백성이 전체적으로 그리스도를 배척하였을 때에 그리스도를 받아들여서 조상들에 대한 하나님의 약속을 성취한 유대 그리스도인들에게 적용하였다. 좀 더 살펴보자.

(1) 아무리 악한 때라도, 대홍수 때의 노아와 그의 가족, 소돔이 멸망당할 때의 롯과 그의 가족처럼, 죄를 짓지 않고 하나님의 긍휼하심을 입는 남은 자가 존재하는 법이다. 하나님의 은혜는 주권적 행위에 의한 구별을 통해서 승리한다.

(2) 하나님께 패역하다가 멸망당하는 죄인들은 무수한 데 비해서, 이 남은 자는 흔히 극소수에 불과하다. 사람이 많다는 것이 참된 교회의 증표가 아니

다. 그리스도에게 속한 자들은 작은 무리이다.

(3) 사람들이 더러움 속에서 멸망당할 때에 작은 무리를 거룩하게 하고 구원하시는 것은 하나님께서 하시는 일이다. 그것은 만군의 여호와이신 하나님의 능력을 보여주는 일이다. 하나님께서 우리에게 그 남은 자를 남겨두지 아니하셨다면, 아마 한 사람도 살아남지 못했을 것이다. 타락한 자들(4절)은 모든 사람을 더럽히기 위하여 그들이 할 수 있는 최선을 다하였고, 삼킨 자들(7절)은 모든 것을 멸하기 위하여 그들이 할 수 있는 최선을 다하였기 때문에, 만약 하나님께서 개입하셔서 그에게 모든 영광을 돌릴 남은 자를 남겨두지 아니하셨다면, 삼킨 자들은 그들의 뜻을 다 이루었을 것이다.

(4) 완전한 멸망에서 구원을 받은 민족은 이전 일을 돌아보며, 그들이 완전히 멸망당할 뻔하였다는 것, 소수의 선한 자들 덕분에 민족이 명맥을 유지하게 되었다는 것, 이 선한 자들을 남겨두신 것은 선한 하나님의 은혜라는 것을 똑똑히 확인하는 것이 좋다. 여호와의 인자와 긍휼이 무궁하시므로 우리가 진멸되지 아니하였나이다.

[10]너희 소돔의 관원들아 여호와의 말씀을 들을지어다 너희 고모라의 백성아 우리 하나님의 법에 귀를 기울일지어다 [11]여호와께서 말씀하시되 너희의 무수한 제물이 내게 무엇이 유익하뇨 나는 숫양의 번제와 살진 짐승의 기름에 배불렀고 나는 수송아지나 어린 양이나 숫염소의 피를 기뻐하지 아니하노라 [12]너희가 내 앞에 보이러 오니 이것을 누가 너희에게 요구하였느냐 내 마당만 밟을 뿐이니라 [13]헛된 제물을 다시 가져오지 말라 분향은 내가 가증히 여기는 바요 월삭과 안식일과 대회로 모이는 것도 그러하니 성회와 아울러 악을 행하는 것을 내가 견디지 못하겠노라 [14]내 마음이 너희의 월삭과 정한 절기를 싫어하나니 그것이 내게 무거운 짐이라 내가 지기에 곤비하였느니라 [15]너희가 손을 펼 때에 내가 내 눈을 너희에게서 가리고 너희가 많이 기도할지라도 내가 듣지 아니하리니 이는 너희의 손에 피가 가득함이라

이 단락에는 다음과 같은 내용들이 나온다.

I. 하나님께서는 그의 말씀을 들으라고 그들을 부르신다(10절). 그러나 하나님의 부르심은 헛된 메아리일 뿐이다.

1. 선지자가 그들을 부르는 호칭이 아주 기이하다. 너희 소돔의 관원들아, 너희 고모라의 백성아. 이것은 그들이 죄에 있어서 소돔과 고모라와 같았기 때문에 하나님께서 그들을 소돔과 고모라처럼 멸망시켰어야 마땅했었다는 것을 보여준다(9절). 소돔 사람들은 여호와 앞에 악하며 큰 죄인들이었는데(창 13;13), 유다 사람들도 그러하였다. 관원들이 악하였다고 한다면, 그 백성들이 악하였다는 것은 이상한 일이 아니다. 지체 높은 양반들인 관원들이 악의 편에 서 있었기 때문에 힘에 있어서 악(惡)이 덕(德)을 압도하였고(overpower), 무수한 백성들이 악의 편에 서 있었기 때문에 수적으로도 악이 덕을 압도하였다(outpoll). 이렇게 강력한 악의 대세가 형성되어 있었기 때문에, 만군의 여호와의 능력이 아닌 그 어떤 힘도 남은 자를 확보할 수 없었다(9절). 선지자는 여기에서 유다의 관원들을 소돔의 관원들이라고 과감하게 공격한다. 왜냐하면, 선지자는 아부라는 것을 몰랐기 때문이다. 유대인들의 전승에 의하면, 선지자는 오랜 시간이 지나서 이 일로 인해 신들을 저주하고 백성의 관원을 비방한 죄로 탄핵되어 죽임을 당하였다고 한다.

2. 선지자가 그들에게 요구한 것은 매우 이치에 맞는 것이다. "여호와의 말씀을 들을지어다 우리 하나님의 법에 귀를 기울일지어다. 하나님께서 너희에게 꼭 하시겠다고 하시는 말씀을 경청해서 듣고, 하나님의 말씀을 너희의 법으로 삼아라." 뒤이어 나오는 하나님께서 그들의 희생 제사들을 싫어하신다는 선포는 사실 옛 율법에 대한 해설에 불과한 것이지만 그들에게 일종의 새로운 법이 될 것이기 때문에, 그들은 마땅히 거기에 특별한 주의를 기울여야 한다(시 50:7-8). "이것을 듣고서 두려워 떨고, 이것을 듣고서 경계(警戒)를 삼으라."

Ⅱ. 하나님께서는 당연히 그들의 기도를 듣거나 그들의 예배와 희생 제사와 번제와 제물의 기름과 피(11절), 그들이 성전 마당에 들어오는 것(12절), 그들의 전제와 분향, 그들의 성회(13절), 그들의 월삭과 정한 절기(14절), 그들의 지극히 경건한 말들(15절)을 받기를 거절하신다. 하나님이 이 모든 것들을 거절하시는 것은 그들의 손에 피가 가득하기 때문이다. 좀 더 살펴보자.

1. 신앙에 대하여 외인들, 아니 원수들이면서도 신앙의 겉모습에 대하여는 아주 열심이 있어 보이고 경건의 모양은 있지만 경건의 능력은 없는 그런 자들이 많다. 이 범죄한 나라, 이 행악자들의 종자, 이 소돔의 관원들과 고모라의 백성은 희생 제사를 거짓 신들의 제단에 드리지는 않았고(그들은 여기에서 그

런 죄로 고소를 받고 있지 않다) 이스라엘의 하나님의 제단에 드렸고, 게다가 율법에서 규정한 것보다 훨씬 더 많은 희생 제사들을 드렸다 — 그들은 제사를 드리는 자들에게도 그 몫이 돌아가는 화목제만이 아니라 제물을 온전히 살라서 하나님께 드리는 번제도 드렸다. 또한, 그들은 사지가 찢겨나가거나 절거나 병든 짐승이 아니라, 살진 짐승들, 살이 통통히 오른 최고의 제물을 가져다 바쳤다. 그들은 다른 사람들을 보내서 자신을 위한 희생 제사를 드리게 한 것이 아니라, 자신이 직접 하나님 앞에 와서 제사를 드렸다. 그들은 율법에 정해진 장소(산당이나 무덤이 아니라 하나님의 성전 뜰)와 율법에 정해진 **때**를 정확히 지켜서, 월삭과 안식일과 정한 절기를 하나도 빼먹지 않았다. 더 나아가, 그들은 하나님께서 정하신 날과 절기들 외에도 추가적으로 예배를 드리기 위해서 성회를 열었던 것으로 보인다. 그렇지만 이것이 전부가 아니었다. 그들은 희생 제사와 성회 등과 같은 예식들을 지켰을 뿐만 아니라 하나님께 열심히 기도를 드렸다. 그들은 그들이 많이 말하면 하나님께서 들으실 것이라고 생각하여 기도하고 또 기도하며 많은 기도를 하였다. 또한, 그들의 기도는 뜨거웠고 끈질겼다. 그들은 간절한 사람들처럼 그들의 손을 펴서 하늘을 향해 들고서 기도하였다. 오늘날의 우리는 이 사람들이야말로 경건하고 신앙심 깊은 사람들이라고 생각할 수밖에 없을 것인데, 의심할 여지 없이 그들도 당시에 그렇게 생각하였을 것이다. 그렇지만, 그들은 경건이나 신앙과는 거리가 먼 자들이었는데, 그 이유는 다음과 같다.

(1) 그들의 마음속에는 참된 헌신이 결여되어 있었다. 그들은 하나님 앞에 보이러 왔다(12절). 그들은 그들이 마땅히 해야 할 본분들 바깥에 머물러 있었다. 그들은 사람들에게 보이기 위한 것 외에는 관심이 없었고, 사람들이 보는 것 그 이상으로는 더 들어가고자 하지도 않았다.

(2) 그들의 손에는 피가 가득하였다. 그들은 법과 정의라는 미명 아래에서 살인과 약탈과 억압을 자행하는 죄를 저질렀다. 백성들은 무고한 사람으로 하여금 피 흘리게 하였고, 관원들은 그런 죄를 지은 자들을 벌하지 않았다. 관원들은 무고한 사람들로 하여금 피를 흘리게 하였고, 이세벨이 나봇의 피를 흘리게 하였을 때에 이스르엘의 장로들이 그랬듯이 백성들은 관원들의 범죄를 방조하고 부추겼다. 악의(惡意)는 하나님께서 보시기에 마음으로 저지르는 살인이다. 마음으로 형제를 미워하는 자는 사실 그의 손에 피가 가득한 것이다.

2. 죄인들이 하나님의 심판 아래에 있을 때, 그들은 그들의 죄를 버리고 삶을 고치고자 하는 것이 아니라 하나님에 대한 종교 행위 속으로 도피하고자 하기가 쉽다. 지금 그들의 땅이 초토화되고 그들의 성읍들이 불에 타버리자(7절), 그들은 정신이 번뜩 들어서, 마치 전능하신 하나님께 뇌물을 바쳐서 벌을 면하고 그들이 계속해서 죄 가운데 있어도 좋다는 허락을 받을 심산인 양 이전보다 더 열심히 하나님께 제사를 드렸다. 하나님이 그들을 죽이실 때에 그들이 하나님을 찾았다(시 78:34). 여호와여, 그들이 환난 중에 주를 앙모하였나이다(사 26:16). 하나님께 드리는 희생 제사와는 쉽게 결별하고자 하지만 죄와는 결별하고자 하지 않는 자들이 많다.

3. 악한 자들이 마음과 삶을 철저하게 고침이 없이 많은 돈을 드려서 으리으리하게 제사를 지내는 것은 하나님께 결코 열납될 수 없는 것이고, 실제로는 하나님께 가증스러운 것이다. 여기에서는 순종이 제사보다 낫다는 것을 아주 다양한 표현들을 통해서 보여준다. 아니, 순종 없는 제사는 하나님에 대한 희롱이요 모욕이고 도발이다. 하나님께서 여기에서 종교 예식들을 상대적으로 가볍게 여기신다는 것을 보여준 것은 그리스도의 죽음으로 인해서 그 예식들이 마침내 폐지될 것에 대한 암묵적인 암시이다. 하나님께서 지금 가볍게 여기시는 것들은 때가 이르면 완전히 폐해질 것이다. "그 때에 내가 말하기를 내가 왔나이다 하나님이 제사와 예물, 그리고 그러한 것들에 의거한 기도를 원하지 아니하셨도다." 여기에서는 그들이 드린 제사들을 다음과 같은 것으로 묘사한다.

(1) 헛되고 무의미한 것. 너희의 무수한 제물이 무엇이 유익하뇨(11절). 그것들은 헛된 제물들이다(13절). 그들은 나를 헛되이 경배하는도다(마 15:9). 그들은 하나님이 정하신 제도들에 정성을 쏟았지만, 그것은 모두 헛수고가 되고 선한 일을 이루지 못하는 것이었는데, 그 이유는 다음과 같다.

[1] 그것은 하나님에 대하여 본분을 다하거나 순종하는 행위로 여겨지지 않았기 때문에. 이것을 누가 너희에게 요구하였느냐(12절). 하나님께서 그가 세우신 제도들과의 연관성을 부인하시고, 그 제도들을 보증해 주는 것을 거절하신다는 것을 주목하라. 그들은 하나님께서 세우신 제도들 속에서 예식을 행하였지만 그 예식을 요구하신 분을 바라보지 않았다. 아니, 좀 더 정확히 말한다면, 하나님께서는 그 손에 피가 가득하며 회개치 않고 계속해서 죄 가운데 있는 자들에게 그 예식을 요구하신 것이 아니었다.

[2] 그것은 그들로 하여금 하나님의 은총을 받게 만들어 주는 것이 아니었기 때문에. 하나님은 그들이 드린 희생 제물의 피를 기뻐하지 않으셨다. 왜냐하면, 하나님은 그것으로 인해서 자신이 영광을 받으신 것으로 여기지 않으셨기 때문이다.

[3] 그것은 그들로 하여금 그 어떤 구원도 받게 해주지 않을 그런 것이었기 때문에. 그들은 기도하지만, 하나님은 그들의 기도를 듣지 않으실 것이다. 왜냐하면, 그들은 마음속에 죄악을 품고 있기 때문이다(시 66:18). 그들은 무수히 기도하지만, 그 기도 중 어느 것도 정직한 마음에서 나온 것이 아니기 때문에, 하나님은 그들을 건지시지 않으실 것이다. 그들의 온갖 종교적인 예식들은 그들에게 아무런 유익도 없는 것으로 밝혀졌다.

(2) 냄새나고 역겨운 것. 하나님은 그것들을 받지 않으실 뿐만 아니라 역겨워하고 혐오하셨다. "그것들은 너희의 제물이지, 그 어느 것도 나의 제물이 아니다. 나는 그 제물들로 배불렀고, 이제는 물리기까지 하였다." 하나님은 그것들을 필요로 하시지도 않았고(시 50:10) 원하시지도 않았으며, 그것들을 충분히 가지고 계셨고, 그것들은 하나님께 충분한 정도가 아니라 차고 넘쳐났다. 그들이 성전 뜰로 들어오는 것을 하나님께서는 마당을 밟는다 또는 마당을 짓밟는다고 표현하신다. 하나님은 그들이 하나님의 규례들을 지키기 위해 오는 행위 자체를 그 규례들을 멸시하는 행위로 해석하고 계신 것이다. 그들이 드리는 분향은 아무리 향기로운 것일지라도 위선과 악한 의도 속에서 드려지는 것이었기 때문에 하나님께 가증스러운 것일 뿐이었다. 또한, 하나님은 그들의 성회를 더 이상 인내심을 가지고 볼 수 없으셨고, 성회를 통해서 그들이 하나님께 가하는 모욕을 더 이상 참을 수 없으셔서, 견디지 못하겠노라고 말씀하신다. 성회 자체가 악을 행하는 것이다. 사실 성회 자체는 악한 것이 아니었지만, 그들은 성회를 악한 것으로 만들어 버렸다. 하나님의 규례들을 이렇게 악한 자들이 악한 목적으로 악용하는 것은 하나님을 화나게 하는 일(어떤 이들은 이렇게 해석한다)이다. "내 마음이 그것들을 싫어하나니 그것들이 내게 무거운 짐이고 괴로움이다. 나는 그것들이 정말 지긋지긋하고, 그것들을 견뎌내기에 곤비하였느니라." 하나님은 정직한 자들의 기도를 들으시는 일에는 결코 지치지 않으시지만, 악한 자들의 호화스러운 제사들에는 금방 지쳐 버리신다. 하나님은 그들의 기도에 대하여 혐오감을 가지시고 분노하시기 때문에 그들이 기도할 때에 눈

을 돌려 버리신다. 이 모든 것은 다음과 같은 것들을 보여주는 것이다.

[1] 죄는 하나님께서 지독히 미워하시는 것이어서, 죄인들이 드리는 기도와 종교적인 예식들까지 하나님께서 미워하신다는 것.

[2] 경건을 가장(假裝)하는 것은 갑절로 죄가 된다는 것. 신앙에 있어서 위선은 그 무엇보다도 하늘의 하나님께 가장 가증스러운 것이다. 히에로니무스 (Jerome)는 이 구절을 그리스도 당시의 유대인들에게 적용하는데, 그 때에 유대인들은 율법과 성전에 큰 열심이 있는 체하였지만, 그들의 손에 그리스도와 그의 사도들의 피가 가득하게 하여 그들의 죄의 분량을 채움으로써 그들 자신과 그들의 모든 예식을 하나님께 가증스런 것으로 만들었다.

¹⁶너희는 스스로 씻으며 스스로 깨끗하게 하여 내 목전에서 너희 악한 행실을 버리며 행악을 그치고 ¹⁷선행을 배우며 정의를 구하며 학대 받는 자를 도와주며 고아를 위하여 신원하며 과부를 위하여 변호하라 하셨느니라 ¹⁸여호와께서 말씀하시되 오라 우리가 서로 변론하자 너희의 죄가 주홍 같을지라도 눈과 같이 희어질 것이요 진홍 같이 붉을지라도 양털 같이 희게 되리라 ¹⁹너희가 즐겨 순종하면 땅의 아름다운 소산을 먹을 것이요 ²⁰너희가 거절하여 배반하면 칼에 삼켜지리라 여호와의 입의 말씀이니라

하나님은 그들이 계속해서 죄 안에 머무는 동안에는 그들이 드리는 예식으로는 그들의 죄를 속하기에 불충분하다고 여겨서 그들의 예식을 거절하셨지만, 그렇다고 해서 그들을 절망적인 상태로 그냥 두시는 것이 아니라, 여기에서 그들에게 그들의 예식이 열납되는 것을 방해하고 있는 그들의 죄를 버리라고 촉구하시면서, 그렇게만 한다면 모든 일이 잘 될 것이라고 말씀하신다. 그들은 하나님께서 그들에게 시비를 거신다고 말할 수 없었다. 도리어, 하나님은 어떻게 하면 그들과 하나님이 화해를 이룰 수 있을지 그 방법론을 제시하고 계신다. 여기에는 다음과 같은 내용들이 나온다.

I. 회개하고 삶을 고치라는 부르심. "너희의 제사가 열납되게 하고 너희의 기도가 응답되게 하려면, 너희는 행실을 바로 하여, 내 율법으로 되돌아와서(갈대아 역본에서는 이 말로 여기서의 권면을 시작한다), 두 번째 돌판에 씌어진 의무들을 행하라. 그렇지 않는다면, 너희의 경건의 행위들이 열납되기를 기대

하지 말라." 공의와 구제가 결코 무신론과 속됨을 구속하지 못하는 것과 마찬가지로, 기도와 제사는 결코 속임과 압제를 구속해 주지 못한다. 왜냐하면, 하나님을 향한 경건이 보편적인 의(義)의 한 지류이듯이 사람들을 향한 의는 순수한 경건의 한 지류이기 때문이다.

1. 그들은 행악을 그치고, 더 이상 그릇된 일을 하거나 무죄한 피를 흘리지 말아야 한다. 이것이 스스로 씻으며 스스로 깨끗하게 하라는 것의 의미이다(16절). 그것은 단지 그들이 저질러 왔던 죄에 대하여 애통해하는 것을 넘어서서, 그 죄의 습관을 끊어버려서 다시는 죄를 짓지 않는 것이고, 그들로 하여금 그 죄를 짓게 만들었던 온갖 악한 성향과 소질들을 죽이는 것이다. 죄는 영혼을 끊임없이 더럽힌다. 우리가 해야 할 일은 죄를 회개하고 죄에서 등을 돌려 하나님께로 돌아감으로써 우리 자신을 죄로부터 씻는 것이다. 우리는 죄의 행위들을 버림으로써 세상 사람들의 눈 앞에서 우리의 악한 행실들을 제거하여야 할 뿐만 아니라, 우리 마음속에 있는 죄의 뿌리들과 습관들을 버림으로써 하나님의 눈 앞에서 우리의 악을 제거하여야 한다. 이러한 것들은 분쇄되고 죽여져야 한다.

2. 그들은 선행을 배워야 한다. 이것은 그들의 회개를 완성하는 데에 필수적인 것이었다. 우리가 행악을 그치는 것만으로는 충분하지 않고, 반드시 선행을 배워야 한다는 것을 명심하라.

(1) 우리는 악행을 그친 후에 빈둥거리는 것이 아니라 뭔가를 행하고 있어야 한다.

(2) 우리는 여호와 우리 하나님께서 요구하시는 선(善), 결국 우리에게 좋은 결과를 가져오게 될 선을 행하고 있어야 한다.

(3) 우리는 선을 행하되, 올바른 방식과 올바른 목적으로 행하여야 한다.

(4) 우리는 선행을 배워야 한다. 우리는 언제든지 선한 일을 익숙하게 행하여 선행이라는 이 거룩한 예술의 대가가 될 수 있도록 하기 위하여 우리가 마땅히 해야 할 본분에 깊은 관심을 가지고서 알고자 하고 꼬치꼬치 파고들며 그 본분을 행하는 일이 습관이 되도록 애를 써야 한다. 하나님은 특히 그들에게 부족하였던 것들, 즉 두 번째 돌판에 새겨진 의무들을 행하라고 강권하신다. "정의를 구하라. 너희가 옳은 일을 행할 수 있도록 무엇이 옳은 일인지를 탐구해 보라. 경솔하게 행하지 말고, 너희가 지금 너희의 본분을 행하고 있는지 잘

살펴보아라. 선을 행할 기회들을 찾으라. 너희가 억압하여 왔던 자들인 학대받는 자들을 도와주어서, 그들을 무거운 짐으로부터 풀어주어 그들의 고통을 덜어주어라(사 58:6). 너희 손에 권력을 쥐고 있는 자들은 그 권력을 다른 사람들이 억압하는 자들을 풀어주는 데에 사용하라. 그것이 너희가 해야 할 일이니라. 다른 사람들에 의해서 고통을 당하는 자들, 특히 힘이 없고 도와줄 자가 없어서 오만한 자들에게 짓밟히고 학대받는 고아와 과부의 억울함을 풀어주라. 기회가 있을 때마다 너희는 법정에서이든 배심원석에서이든 그들을 위하여 변호하라. 자기 자신을 위하여 어떻게 변호해야 할지를 모르고, 너희가 베풀어 준 호의에 대하여 너희에게 보답해 줄 것을 갖고 있지 않은 자들을 위하여 변호하라." 우리가 이 세상에서 선을 행할 때에 우리는 진정으로 하나님을 존귀하게 해드리고 있는 것임을 명심하라. 정의로운 일들과 구제는 모든 번제와 제사보다 하나님을 더욱 기쁘시게 해드린다.

Ⅱ. 제대로 된 법정에서 그들에 대한 하나님의 고소가 공정하다는 것을 드러내고자 하심. "오라, 우리가 서로 변론하자(18절). 너희가 내게 무수한 제사를 드린다고 하여도, 너희의 손에 피가 가득한 동안에는 나는 너희와 아무 상관이 없을 것이다. 그러나 너희가 스스로 씻어서 너희 자신을 깨끗하게 한다면, 너희가 내게 가까이 오는 것을 나는 환영할 것이다. 이제 오라, 우리가 이 문제를 놓고 얘기해 보자." 죄와 손잡은 것을 끊은 자들만이 하나님의 언약 속으로 받아들여져서 하나님과 교제하게 될 것임을 명심하라. 앞서 그들이 그의 뜰에 들어오는 것을 금하셨던 하나님께서 이제 오라고 말씀하신다. 하나님을 가까이하라 그리하면 너희를 가까이하시리라 죄인들아 손을 깨끗이 하라 두 마음을 품은 자들아 마음을 성결하게 하라(약 4:8). 또는, 이 본문은 다음과 같이 해석될 수도 있다. 우리가 금식하되 어찌하여 주께서 보지 아니하시나이까(사 58:3)라는 말이 보여주듯이, 하나님께서 그들의 무수한 제사에 대하여 냉담한 반응을 보이시자 스스로 모욕을 당했다고 여긴 자들이 있었다. 그들은 하나님을 그들의 힘으로는 기쁘시게 해드리기 불가능한 엄한 주인으로 여겼다. 하나님은 말씀하신다. "오라, 우리가 이 문제를 공정하게 논의해 보자. 나는 내 길이 공평하고 너희 길이 공평하지 아니하다(겔 18:25)는 것이 드러나리라는 것을 의심치 않는다." 신앙은 이치에 맞는다는 것을 명심하라. 우리는 하나님께서 우리에게 하라고 하신 대로 행하는 것이 이 세상에서의 모든 이치에 맞다. 하늘의 하나님께서는

자신을 낮추셔서, 그를 반박하고 그의 고소에 트집을 잡는 자들과 변론하고자 하신다. 왜냐하면, 주께서 말씀하실 때에 그의 말씀이 옳다는 것이 입증될 것이기(시 51:4) 때문이다. 그들에 대한 하나님의 고소가 지극히 공정하게 진술되기만 한다면, 어느 편이 옳은지는 저절로 밝혀지게 될 것이다. 하나님은 여기에서 그들이 어떤 조건들 위에 서 있는지를 보여주신 후에(겔 18:21-24; 33:18-19에서처럼), 그 조건들이 과연 공정하고 이치에 맞는지의 여부를 그들에게 판단하도록 맡기신다.

1. 그들이 회개하고 삶을 고치기만 한다면 그들은 이전에 그들의 도발에도 불구하고 하나님의 은총을 회복하게 되리라는 것은 이치상으로 그들이 기대할 수 있는 최선의 것이었다. "이것이 너희가 기대할 수 있는 것이다"라고 하나님은 말씀하신다. 그 조건은 지극히 호의적인 것이다. 누가 감히 뻔뻔스럽게 다른 조건 위에서 그 같은 것을 원할 수 있겠는가?

(1) 하나님께서 그들에게 요구하신 것은 거의 없다. "너희는 그저 즐겨 순종하기만 하면, 즉 순종하는 데에 동의하기만(어떤 이들은 이렇게 해석한다) 하면 된다. 너희는 너희의 뜻을 하나님의 뜻에 복종시키고, 묵묵히 하나님의 뜻을 따르며, 모든 일에서 자신을 버리고 무한히 지혜로우시고 선하신 분의 통치를 받기만 하면 된다." 그들의 이전의 완악함을 보속(補贖)하기 위한 고행의 징벌도 없고, 그들의 목에 있는 멍에를 더 무겁게 하거나 더 단단하게 조이는 일도 없다. 오직 "너희가 이제까지는 고집을 부리며 말을 잘 듣지 않았고 너희에게 유익한 것을 따르고자 하지 않았지만, 이제부터는 유순하여져서 말을 잘 듣기만 하면 된다." 하나님은 "너희가 온전히 순종한다면"이라고 말씀하시는 것이 아니라, "너희가 기꺼이 순종하고자 한다면"이라고 말씀하신다. 왜냐하면, 자원하는 마음만 있다면, 그 마음은 하나님께 열납되기 때문이다.

(2) 하나님께서 그러한 조건 위에서 그들에게 약속하신 것은 지극히 큰 것이다.

[1] 그들의 모든 죄가 사함 받게 되고, 다시는 그 죄들을 거론하는 일이 없으리라는 것. "너희의 죄가 주홍과 진홍 같이 붉고, 너희가 피를 흘린 죄책 아래에 있다고 할지라도, 너희가 회개하기만 한다면, 너희의 죄는 사함 받게 될 것이고, 너희는 하나님께서 보시기에 눈처럼 희게 될 것이다." 아무리 큰 죄인들이라도, 그들이 진심으로 회개한다면, 그들의 죄는 사함 받고, 그들의 양심은

깨끗하게 되어 평안을 얻게 되리라는 것을 명심하라. 짙은 붉은 염료가 처음에는 원죄로 인한 타락이라는 모직물에, 나중에는 실생활에서의 수많은 범죄라는 실오라기들에 깊이 배어서 우리의 죄가 주홍과 진홍 같고, 우리가 무수히 타락에 빠져서 자주 죄 속으로 빠져들었으며, 마치 옷감이 진홍빛 염료 속에 담겨 있듯이 그 죄들 속에 오랫동안 잠겨 있었을지라도, 우리의 죄를 사하시는 하나님의 긍휼은 염료의 모든 흔적들을 다 지워버리실 것이기 때문에, 우리는 우슬초로 정결하게 된 것처럼 정하게 될 것이다(시 51:7). 우리가 회개하고 삶을 고침으로써 우리 자신을 깨끗하게 한다면(16절), 하나님께서는 우리에게 온전한 죄 사함을 주셔서 우리를 희게 하실 것이다.

[2] 그들은 그들이 바라던 온갖 행복과 위로를 갖게 되리라는 것. "그저 자원하여 즐겨 순종하기만 하라. 그리하면, 너희는 땅, 곧 약속의 땅의 아름다운 소산을 먹게 될 것이다. 너희는 새 언약과 하늘의 가나안의 온갖 축복들, 그 땅의 온갖 선한 것들을 향유하게 될 것이다." 죄 속에 머무는 자들은 비록 그들이 선한 땅에 거한다고 할지라도 마음 편히 그 땅의 선한 것을 먹을 수 없다. 죄를 짓게 되면 모든 것이 쓴 것으로 변한다. 그러나 죄 사함을 받게 되면, 피조물에게 주어진 위로들은 진정한 위로들이 된다.

2. 그들이 계속해서 완악하여 불순종한다면 그들은 버려져서 멸망을 당하게 될 것이고 율법에 의한 심판이 그들에게 집행되리라는 것은 그들이 이치상으로 충분히 예상할 수 있는 일이었다. 이것보다 더 공의로운 일이 어디 있겠는가(20절)? "너희가 거절하여 배반하고, 계속해서 하나님의 통치에 반기를 들며 하나님의 은혜의 제안을 거절한다면, 너희는 칼, 곧 너희를 멸하도록 위임을 받은 너희 원수들의 칼, 너희를 치기 위하여 마련된 하나님의 공의와 진노와 보복의 칼에 삼켜지리라. 왜냐하면, 이것은 여호와의 입의 말씀이어서, 하나님께서 자신의 명예를 지키시기 위하여 반드시 그 말씀을 이루실 것이기 때문이다." 하나님의 왕권의 지배를 받고자 하지 않는 자들은 반드시 하나님의 칼에 삼켜지게 되리라는 것을 명심하라.

[21]신실하던 성읍이 어찌하여 창기가 되었는고 정의가 거기에 충만하였고 공의가 그 가운데에 거하였더니 이제는 살인자들뿐이로다 [22]네 은은 찌꺼기가 되었고 네 포도주에는 물이 섞였도다 [23]네 고관들은 패역하여 도둑과 짝하며 다 뇌물을 사랑하며

예물을 구하며 고아를 위하여 신원하지 아니하며 과부의 송사를 수리하지 아니하는도다 [24]그러므로 주 만군의 여호와 이스라엘의 전능자가 말씀하시되 슬프다 내가 장차 내 대적에게 보응하여 내 마음을 편하게 하겠고 내 원수에게 보복하리라 [25]내가 또 내 손을 네게 돌려 네 찌꺼기를 잿물로 씻듯이 녹여 청결하게 하며 네 혼잡물을 다 제하여 버리고 [26]내가 네 재판관들을 처음과 같이, 네 모사들을 본래와 같이 회복할 것이라 그리한 후에야 네가 의의 성읍이라, 신실한 고을이라 불리리라 하셨나니 [27]시온은 정의로 구속함을 받고 그 돌아온 자들은 공의로 구속함을 받으리라 [28]그러나 패역한 자와 죄인은 함께 패망하고 여호와를 버린 자도 멸망할 것이라 [29]너희가 기뻐하던 상수리나무로 말미암아 너희가 부끄러움을 당할 것이요 너희가 택한 동산으로 말미암아 수치를 당할 것이며 [30]너희는 잎사귀 마른 상수리나무 같을 것이요 물 없는 동산 같으리니 [31]강한 자는 삼오라기 같고 그의 행위는 불티 같아서 함께 탈 것이나 끌 사람이 없으리라

이 단락에는 다음과 같은 내용들이 나온다.

I. 하나님께서는 유다와 예루살렘이 비참할 정도로 타락한 것에 대하여 슬퍼하며 탄식한다. 좀 더 살펴보자.

1. 왕도(王都)인 예루살렘은 과거에는 하나님과 사람들 가운데서의 하나님 나라의 유익에 대하여 신실함과 동시에 민족과 그 유익에 대하여 신실하였던 신실한 성읍이었다. "정의가 거기에 충만하였다." 하나님께서 예루살렘에 두신 심판의 보좌, 곧 다윗 집의 보좌(시 122:5) 위에서 정의가 정당하게 베풀어졌다. 사람들은 일반적으로 정직하게 행하였고, 불의를 행하는 것을 혐오하였다. 공의가 그 가운데에 거하였고, 그들의 왕궁과 그들의 모든 거주지들에 변함없이 상주하였기 때문에, 거기에서는 정의가 이따금씩 행하여진 것이 아니라 항상 행하여졌다. 성도(聖都)이든 왕도(王都)이든, 신앙이 고백되는 곳이든 통치가 베풀어지는 곳이든, 그 곳에 신앙이 거하지 않는다면, 그 곳들은 그들에게 맡겨진 본분에 대하여 신실할 수 없다는 것을 명심하라.

2. 지금 예루살렘은 무엇이 되어 있는가. 아름다움과 덕을 겸비하였던 이 신부는 지금은 타락하여서 창기(娼妓)가 되어 버렸다. 공의는 더 이상 예루살렘에 거하지 않게 되었다(정의의 여신은 이 땅을 떠났다). 사람들은 살인을 저지르고도 아무런 벌도 받지 않고 거기에서 아무 탈 없이 살아갔다. 아니, 고관들

은 스스로 너무도 잔혹해서 폭정을 행하였기 때문에 살인자들보다 더 나을 게 조금도 없었다. 무죄한 사람은 재판석에 앉아 있는 관원들을 의지하느니 차라리 혼자 힘으로 강도떼나 살인자들의 무리를 막아내어 스스로를 지키는 편이 더 나았다. 어떤 가문이나 백성이 악한 경우에 그들의 조상들이 미덕과 청렴함으로 유명하였다는 것은 그 가문이나 백성의 악을 더욱 두드러지게 만든다. 그리고 유명한 가운데서 태어나 타락한 자들은 흔히 그 어떤 사람보다도 가장 흉악무도한 자들임이 드러나는 경우가 많다. 원래 가장 좋았던 것이 타락하게 되면 가장 형편없는 것으로 전락한다(눅 11:26; 전 3:16; 또한, 렘 22:15-17을 보라). 선지자는 예루살렘의 타락상을 다음과 같은 것들을 통해서 보여준다.

(1) 비유들을 통해서(22절). 네 은은 찌꺼기가 되었다. 관원들이 이렇게 그들의 조상들과는 달리 타락한 것은 은화가 그 속에 불순물이 넣어져서 찌꺼기로 변하여 불량 주화가 된 것 같이 이스라엘 나라에 커다란 수치이자 해(害)가 되는 것이었다. 의로운 관원들과 의로운 성읍들은 보고(寶庫)에 들어갈 은과 같지만, 불의한 관원들은 거름더미에 버려질 찌꺼기와 같다. 어찌 금이 빛을 잃고 변질하였는고(애 4:1). 네 포도주에는 물이 섞여서, 그 포도주가 밋밋하고 시게 되어 버렸다. 어떤 이들은 이 두 구절을 문자 그대로 이해한다. 그들이 파는 포도주는 물이 섞여 희석되어서 반은 물이었고, 그들이 지불하는 돈은 위조 주화였다. 이렇게 그들은 모든 거래에서 속고 속았다. 그러나 이 두 구절은 비유적인 의미로 해석하는 편이 더 낫다. 공의는 그들의 관원들에 의해서 왜곡되었고, 신앙과 하나님의 말씀은 그들의 제사장들에 의해서 궤변으로 변질되어서, 그것들은 그들이 기뻐하는 일에 봉사하는 것들이 되어 버렸다. 찌꺼기도 은처럼 빛날 수 있고, 물이 많이 섞인 포도주도 여전히 포도주의 빛깔을 유지할 수 있지만, 그 어느 쪽도 아무런 쓸모가 없다. 이렇게 그들은 미덕과 공의의 그럴 듯한 겉모습을 유지하고 있었지만, 거기에는 참된 미덕과 공의는 존재하지 않았다.

(2) 몇 가지 예를 들어서(23절). "네 관원들은 다른 사람들에게는 하나님께 충성하고 그의 율법에 복종하라고 강제하지만 스스로는 패역하여 하나님과 그의 율법을 무시한다." 도둑들(오만하고 부유한 압제자들, 아주 흉악한 강도들, 자신의 채무자들을 계획적으로 속이는 자들도 도둑에 다름 아니다)을 막아주어야 할 관원들이 스스로 도둑들과 한 패가 되어서 그들을 묵인하며, 도리어

고관으로서 그들의 수중에 있는 권력을 이용해서 좀 더 안전하고 성공적으로 도둑질을 행한다. 그들은 도둑들이 챙기는 불법적인 이득을 보호해 주고 그들과 함께 제비를 뽑는다(잠 1:13-14)는 점에서 도둑들의 공범이다(시 50:18).

[1] 자신의 자리와 지위를 이용해서 옳든 그르든 수단과 방법을 가리지 않고 온갖 이득을 챙기고자 하는 것이 이 관원들의 목적이다. 그들은 뇌물을 사랑하고 예물을 구한다. 그들은 그들이 차지한 자리에서 나오는 월급과 수당과 부수입에 마음을 두고, 그러한 것들을 탐하지만, 그런 것들로 충분하다고 결코 생각하지 않는다. 아니, 그들은 그 일이 아무리 율법과 공의에 어긋나는 것이라고 하여도 은밀하게 뇌물을 받기 위해서 무슨 일이라도 하고자 한다. 뇌물과 사례금은 언제든지 그들의 눈을 멀게 할 수 있게, 그들로 하여금 재판을 왜곡하게 만들 수 있다. 그들은 그러한 것들을 사랑하고 열심히 추구한다(호 9:18).

[2] 그들은 그들이 맡은 자리에서 마땅히 행하여야 할 책무에는 조금도 신경을 쓰지 않는다. 마땅히 그들은 해를 당한 자들을 보호하고, 그들에게 제출된 청원들을 심리하여야 한다. 이런 일들을 하지 않는다면, 그들이 높은 자리에 있을 이유가 도대체 어디에 있겠는가? 그러나 그들은 고아를 위하여 신원하지 아니하며, 고아들을 보호하는 일에 전혀 신경을 쓰지 않고, 과부의 송사를 수리하지 아니한다. 왜냐하면, 가난한 과부는 자신의 송사가 잘 심리될 수 있도록 하기 위하여 관원에게 뇌물을 줄 형편이 되지 못하기 때문이다. 억압받는 자들을 보호해 주어야 할 자들임에도 불구하고 도리어 그들을 가장 심하게 억압하는 자들이 되어 버린 관원들은 장차 그 대가를 톡톡히 치르게 될 것이다.

II. 하나님께서는 이러한 골칫거리들을 처리하시겠다는 결심을 밝히신다(24절). 그러므로 주 만군의 여호와 이스라엘의 전능자 — 자기가 말씀하시는 것을 실행에 옮기실 힘을 가지고 계신 자, 자신의 뜻을 집행하기 위하여 천군천사를 부리실 수 있으신 분, 자기 백성 이스라엘을 위하여 자신의 권능을 사용하시는 자 — 가 말씀하시되 슬프다 내가 장차 내 대적에게 보응하여 내 마음을 편하게 하리라.

1. 악한 자들, 특히 잔혹하고 억압적인 악한 관원들은 하나님의 원수들, 하나님의 대적들이기 때문에, 장차 그런 자들로 간주되어서 그런 자들에게 합당한 대우를 받게 될 것이다. 거룩한 자손들이 스스로 타락하면, 그들은 자신의 집의 대적들이 된다.

2. 그들은 하늘의 하나님께 무거운 짐인데, 이런 의미는 하나님께서 그들에게 보응하여 자신의 마음을 편하게 하시겠다는 말씀 속에 내포되어 있다. 그 어떤 것도 짊어지실 수 있으신 자, 아니 만물을 붙들고 계시는 자이신 이스라엘의 전능자는 자기가 사람들의 죄악으로 인하여 괴롭고 지쳤다고 탄식하신다(사 43:24; 암 2:13).

3. 하나님은 이런 식으로 무거운 죄짐으로 그의 인내심을 시험하였던 자들에게 직접 보응하심으로써 이 무거운 짐을 스스로 벗어서 자신의 마음을 편하게 할 때와 방법을 찾아내어 행하실 것이다. 하나님은 여기에서 그 보응의 때를 미리 내다보시고서 승리하신 자로서 말씀하고 계신다. 내가 장차 내 마음을 편하게 하리라. 하나님은 무거운 짐 아래에서 탄식하며 고통을 겪으며 신음하는 이 땅에서 그 무거운 짐을 덜어내어 이 땅을 편하게 해주실 것이고(롬 8:21-22), 온갖 수치들로 불명예스럽게 되어 버린 그의 이름에서 그 수치들을 덜어내어 스스로를 편하게 하실 것이다. 하나님은 그의 원수들에게 보복하심으로써 그의 대적들로부터 벗어나 홀가분해지실 것이다. 하나님은 그들을 그의 입에서 토하여 버려서(계 3:16) 그들로부터 벗어나 그의 마음을 편하게 하실 것이다. 하나님은 원수 갚는 날이 그의 마음에 있다는 것을 즐거운 마음으로 말씀하신다(사 63:4). 하나님께 신앙을 고백한 자들이 이스라엘의 거룩하신 이(4절)로서의 하나님에게 합당한 삶을 살지 않는다면, 그들은 이스라엘의 전능자(24절)로서의 하나님의 무거운 손이 그들을 짓누르시는 것을 느끼게 될 것이고, 그들을 기꺼이 돕기 위하여 예비된 하나님의 권능은 그들을 치는 무기로 변하게 될 것이다. 하나님은 두 가지 방식으로 이 골칫거리를 처리하여 그의 마음을 편하게 하실 것이다.

(1) 그의 교회를 개혁하시고, 타락한 재판관들이 있던 자리에 선한 재판관들을 다시 회복시키심으로써. 교회는 그 속에 많은 찌꺼기를 지니고 있지만, 하나님은 교회를 통째로 던져버리시는 것이 아니라 찌꺼기를 제거하여 정결하게 만드실 것이다(25절). "내가 네 찌꺼기를 잿물로 씻듯이 녹여 청결하게 하리라. 내가 잘못되고 어긋난 것을 수리하리라. 내가 악덕과 속됨을 억눌러서 사라지게 하고, 압제자들을 자리에서 몰아내며, 그들에게서 권력을 빼앗아서 사람들에게 해악을 끼치지 못하게 하리라." 상황이 극도로 악해지면, 하나님은 그 상황을 바로잡기 위하여 철저한 개혁을 일으키신다. 하나님은 그가 시작하신 일

을 반드시 끝내시는 분이기 때문에 온갖 혼잡물을 다 제거하실 것이다. 좀 더 살펴보자.

[1] 민족을 개혁하는 것은 하나님의 일이기 때문에, 그런 개혁이 이루어진다면, 그 일을 일으키신 분은 하나님이시다. "내가 내 손을 네게 돌리리라. 나는 신앙을 다시 부흥시키기 위하여 내가 처음에 신앙을 심을 때에 행하였던 일을 행할 것이다." 하나님은 그 일을 손바닥 뒤집듯이 쉽게 행하실 수 있다. 그러면서도, 하나님께서 행하시는 그 일은 반드시 효력을 나타낸다. 여호와의 팔이 나타날 때에 그 앞을 가로막을 자는 아무도 없기 때문이다.

[2] 하나님은 선한 관원들과 선한 위정자들을 보내셔서 그 민족을 축복하시는 방법으로 그 일을 행하신다(26절). "내가 네 재판관들을 처음과 같이, 네 모사들을 본래와 같이 회복하여서, 행악자들에게 법이 제대로 집행되게 하고, 나라의 일들이 제대로 처리되게 하리라 — 현재의 재판관들이나 모사들을 변화시켜서든지, 아니면 그들을 선한 자들로 교체해서든지."

[3] 하나님은 사람들 가운데 공의와 의를 회복시키시고(27절), 사람들의 마음속에 공의의 행동원리들을 심어주시며, 그러한 행동원리들에 의거해서 사람들의 삶을 다스리심으로써 그 일을 행하신다. 사람들은 외적으로 제약을 가하고 속박하는 것을 통해서 많은 일을 하지만, 하나님은 공의의 영(개역에서는 심판하시는 영, 사 4:4; 28:6)인 그의 영의 감화를 통해서 그 일을 효과적으로 행하신다(시 85:10-11을 보라).

[4] 민족의 개혁은 하나님이 그들을 구속(救贖)하여 회심한 자들이 되게 만드는 것이다. 왜냐하면, 죄는 가장 나쁜 포로 생활이자 가장 나쁜 노예생활이고, 크고 영원한 구속은 이스라엘을 그의 모든 죄악에서 속량하는(시 130:8) 것이며, 찬송 받으실 구속주는 야곱에게서 경건하지 않은 것을 돌이키시고(롬 11:26) 자기 백성을 그들의 죄에서 구원하시는(마 1:21) 분이기 때문이다. 여호와께 구속받은 모든 자들은 회심한 자들이 될 것인데, 그들의 회심은 곧 그들의 구속이다. "그 회심한 자들 또는 그 돌아온 자들(난외주에는 이렇게 되어 있다)은 의로 구속함을 받게 될 것이다." 하나님은 공의와 의로써 우리에게 구원받을 준비를 시키신 후에 우리를 위한 구원을 행하신다.

[5] 민족의 미덕들을 되찾는 것은 그들의 존귀함을 회복하는 것이다. 그리한 후에야 네가 의의 성읍이라, 신실한 고을이라 불리리라. 즉, 첫째, "너는 그런 존재

가 되어야 한다." 위정자들이 개혁되는 것은 성읍과 나라의 개혁을 위해서도 상당한 진전이 된다. 둘째, "너는 그런 존재로 칭송을 받게 될 것이다." 어떤 성읍이 의의 성읍이라 불리는 것보다 더 큰 칭송과 찬사는 없을 것이고, 신실하던 성읍이 창기가 되었을(21절) 때에 잃어버렸던 예전의 존귀함을 되찾았음을 더 분명하게 보여주는 것도 없을 것이다.

(2) 개혁되는 것을 싫어하는 자들을 끊어버려서, 그들이 더 이상 신실한 성읍의 덫이나 걸림돌들이 되지 못하게 하심으로써.

[1] 하나님께서 여기에서 경고하는 것은 철저한 파멸이다. 하나님은 그들을 단지 혼쭐을 내주어서 바로잡으시는 것이 아니라 멸망시키시고 소멸시키실 것이다. 시온의 구속을 위해서는 그들을 멸절시키는 일은 필수적인 것이 될 것이다.

[2] 그것은 패역한 자들과 죄인들, 즉 신앙을 완전히 내팽개쳐버리고 공개적으로 속되게 살아온 자들이나 겉으로는 신앙을 고백하면서도 그 외투 아래에서 악한 삶을 살아 온 위선자들을 모두 포괄하는 보편적인 파멸이 될 것이다. 그들은 함께 멸망을 받게 될 것이다. 왜냐하면, 이 두 부류는 신앙을 공개적으로 부정하거나 겉으로는 신앙을 시인하는 체하면서 속으로는 신앙을 부정한 자들로서 둘 다 똑같이 하나님께 가증스러운 자들이기 때문이다. 이전에 신앙을 지니고 있다가 여호와를 버린 자들도 수도관의 물이 수원지에서 끊어지면 곧 말라버리듯이 소멸될 것이다.

[3] 그것은 피할 수 없는 파멸이 될 것이다. 그 파멸을 피할 길은 존재하지 않는다.

첫째, 그들이 섬기던 우상들, 즉 그들이 기뻐하던 상수리나무와 그들이 택한 동산은 그들을 도와줄 수 없을 것이다. 즉, 그들이 무덤과 푸른 나무 아래에서 섬겼던 우상들, 그들이 너무도 좋아해서 죽고 못 살아했던 우상들, 그들로 하여금 참 하나님을 버리게 만들었던 아무짝에도 쓸모 없는 신들, 우상 숭배가 공적으로 금지되어 있던 때조차도 그들이 그들의 동산에서 은밀히 섬겼던 우상들은 그들에게 아무런 도움이 되지 못할 것이다. "이것이 패역한 자들과 죄인들이 늘 해오던 짓이었다. 그러나 그들은 그 짓으로 인해서 부끄러움을 당하게 될 것인데, 그 때에 그들은 회개의 모습을 보이지 않고 절망의 모습을 보이게 될 것이다(29절). 그들은 그들이 섬기던 우상들로 인해서 부끄러움을 당해도 싸다. 왜냐하면, 그들은 우상들에게 지극정성을 다하였지만 결국 우상들로부터 그 어떤 유익도 얻지 못할 것이고, 도리어 우상들도 잡혀가게 될 것이기 때문이다(사 46:1-2)." 피조물을 의지하고 신뢰하는 자들은 스스로 장차 낭패당할 준비를 하고 있는 것일 뿐임을 명심하라. 너희는 상수리나무와 동산을 좋아하였지만, 결국 너희는 다음과 같이 될 것이다.

1. "너희는 잎사귀들이 시들고 말라서 다 떨어져 나가 벌거벗겨진 잎사귀 없는 상수리나무 같이 될 것이다." 잎사귀를 지니지 않은 자들이 그리스도께서 저주하셨던 무화과나무처럼 아무런 열매도 맺지 못하리라는 것은 너무도 당연하다.

2. "너희는 물 없는 동산 같이, 즉 그 위에 비가 내리지도 않고 사람들이 발로 거기에 물을 대지도 않으며(신 11:10) 샘도 하나도 없어서(아 4:15) 바싹 말라 그곳의 모든 열매들이 다 썩어문드러지는 그런 동산 같이 될 것이다." 우상들이나 육신의 팔(대하 32:8)을 의지하는 자들은 그렇게 될 것이다(렘 17:5-6). 그러나 하나님을 의뢰하는 자들은 하나님이 결코 광야나 메마른 하수(河水)가 아니라는 것을 알게 될 것이다(렘 2:31).

둘째, 그들은 스스로의 힘으로 헤쳐 나갈 수 없을 것이다(31절). "강한 자라 할지라도 쉽게 부스러져서 산산조각 날 뿐만 아니라 쉽게 불이 붙는 삼오라기 같으리라. 그가 자신을 든든히 지켜줄 것이라고 기대한 그의 행위(난외주에서는 이렇게 읽는다)는 도리어 삼오라기 같은 그에게 불티가 되어서 그를 불길에 휩싸이게 만들어서, 그와 그의 행위는 함께 불타게 되리라. 그의 꾀는 그의 파멸을 자초하는 것이 되고, 그의 가죽은 하나님의 진노의 불을 점화시켜서, 그 불은 음부(陰府)의 가장 깊은 곳까지 타올라, 그 불을 끌 자가 없으리라." 죄인이 스스로를 삼오라기와 그루터기로 만든 상태에서, 하나님께서 그 죄인에 대하여 자신을 소멸시키는 불이 되신다면, 그 죄인의 철저한 파멸을 무엇으로 막을 수 있겠는가?

이 모든 것은 다음과 같은 것들에 적용될 수 있다. 1. 이것은 아하스 왕의 치세 때에 유다가 가증스러울 정도로 타락하였다가 히스기야 왕 시대에 이루어진 복된 개혁에 적용될 수 있다. 그 때에 선한 자들은 높임을 받게 되었고, 악인들의 얼굴은 부끄러움으로 가득 차게 되었다. 2. 이것은 그들이 바벨론에서의 포로 생활을 통해서 우상 숭배로부터 철저하게 치유 받고서 돌아온 것에 적용될 수 있다. 3. 이것은 장차 복음의 나라가 이루어지고 성령이 부어짐으로써 신약의 교회가 새 예루살렘, 의(義)의 성읍이 된 것에 적용될 수 있다. 4. 이것은 그리스도께서 다시 오셔서 그의 타작마당과 그의 밭을 철저히 정화(淨化)하여, 알곡은 모아서 곳간에 들이고, 가라지와 겨는 꺼지지 않는 불로 태우실 것에 적용될 수 있다.

제
— 2 —
장

개요

이 장에서 새로운 설교가 시작되어서 4장까지 계속 이어진다. 이 설교의 주제는 유다와 예루살렘이다(1절). 이 장에서 선지자는 다음과 같은 것들을 말한다. I. 말일에 있을 그리스도인들, 예루살렘, 복음 교회의 영광에 대하여. 그 때에 많은 사람들이 거기로 모여들 것이고(2-3절), 세상에 큰 평화가 이루어질 것이다(4절). 이런 것을 근거로 선지자는 야곱 족속의 본분을 추론해낸다(5절). II. 당시에 존재하였던 유대인들, 예루살렘의 수치에 대하여. 그들은 장차 복음을 거절한 후에 하나님으로부터 버림을 받게 될 것이다. 1. 그들의 죄가 그들의 수치였다(6-9절). 2. 하나님은 심판을 통해서 그들을 낮추시고 부끄럽게 하실 것이다(10-17절). 3. 그들은 그들이 우상들과 육신의 팔을 의지하였다는 것에 대하여 스스로 부끄러움을 느끼게 될 것이다(18-22절). 하나님을 아는 지식으로 가득 차 있어서 우리의 영원한 영광이 될 예루살렘과 말과 병거들, 은과 금, 결국 우리의 수치가 될 우상들이 득실거리는 예루살렘 중에서 지금 우리는 어느 예루살렘의 거민(居民)이 되고자 하는가?

[1]아모스의 아들 이사야가 받은 바 유다와 예루살렘에 관한 말씀이라 [2]말일에 여호와의 전의 산이 모든 산꼭대기에 굳게 설 것이요 모든 작은 산 위에 뛰어나리니 만방이 그리로 모여들 것이라 [3]많은 백성이 가며 이르기를 오라 우리가 여호와의 산에 오르며 야곱의 하나님의 전에 이르자 그가 그의 길을 우리에게 가르치실 것이라 우리가 그 길로 행하리라 하리니 이는 율법이 시온에서부터 나올 것이요 여호와의 말씀이 예루살렘에서부터 나올 것임이니라 [4]그가 열방 사이에 판단하시며 많은 백성을 판결하시리니 무리가 그들의 칼을 쳐서 보습을 만들고 그들의 창을 쳐서 낫을 만들 것이며 이 나라와 저 나라가 다시는 칼을 들고 서로 치지 아니하며 다시는 전쟁을 연습하지 아니하리라 [5]야곱 족속아 오라 우리가 여호와의 빛에 행하자

이 설교의 표제(1절)는 이사야서 전체의 표제(1:1)와 거의 동일한데, 단지 거기에 나온 계시(또는, 환상이나 묵시)라는 표현이 여기에서는 이사야가 본 말씀(또는 이사야가 본 것)으로 바뀌어 있다. 이것은 이사야가 그가 받은 말씀이 진리라는 것을 마치 그가 육신의 눈으로 그것을 보기라도 한 것처럼 온전히 확신하고 있었음을 보여준다. 또는, 이것은 이 말씀이 그에게 환상 가운데서 주어졌다는 것을 의미할 수도 있다. 이사야는 하나님으로부터 이 메시지를 받을 때에 무언가를 보았다. 요한은 몸을 돌이켜 그에게 말한 음성을 보았다(계 1:12).

이 설교는 말일, 메시야의 날, 즉 모세 시대가 끝날 즈음에 메시야의 나라가 이 세상에 세워지게 될 그 날에 관한 예언으로 시작된다. 이 땅의 예루살렘이 멸망당하기 직전의 마지막 날들에 이 하늘의 예루살렘이 세워지게 될 것이다(히 12:22; 갈 4:26). 복음 시대가 곧 말일이라는 것을 명심하라. 1. 복음 시대는 구약의 성도들이 그토록 오랫동안 기다렸던 날들이었는데, 마침내 도래하였다. 2. 우리는 우리가 복음 속에서 향유하고 있는 것 외에 그 어떤 하나님의 은혜가 베풀어지기를 기다려서는 안 된다(갈 1:8-9). 3. 구약의 성도들이 그리스도의 초림을 기다렸듯이, 우리는 예수 그리스도께서 종말에 다시 오실 것을 기다려야 한다. 지금은 마지막 때이다(요일 2:18).

선지자는 여기에서 다음과 같은 것들을 미리 말해준다.

I. 이 세상에 기독 교회가 세워지고 기독교 신앙이 심어지게 되리라는 것. 그 때에는 기독교가 여호와의 전(殿)의 산이 될 것이다. 하나님께서 옛적에 시온 산의 성전에서 그러셨던 것처럼, 그 때에는 기독 교회 속에서 그의 임재를 허락하시고, 자기 백성의 충성 맹세를 받으시며, 가르침과 축복을 베푸시게 될 것이다. 그 때에는 그리스도의 특허장에 의해서 조직될 복음 교회가 아브라함의 모든 영적인 자손들이 만나는 곳이 될 것이다. 여기에서는 다음과 같은 것들이 약속된다.

1. 기독교가 공개적으로 전파되고 고백되리라는 것. 기독교는 모든 사람들이 보고 들을 수 있도록 모든 산꼭대기에 마련될(난외주에서는 이렇게 읽는다) 것이다. 그래서 예수께서는 그리스도의 제자들을 숨겨지지 못할 산 위에 있는 동네에 비유하셨다(마 5:14). 많은 사람들의 눈이 그들을 지켜보게 될 것이었다. 그리스도께서도 공개적으로 드러내 놓고 세상에 말하셨다(요 18:10). 사도들

이 행한 일은 한쪽 구석에서 행해진 것이 아니었다(행 26:26). 그것은 봉화를 올린 것이었고, 깃발을 꽂은 것이었다. 기독교를 반대하는 말들이 도처에서 행해지고 있다는 것은 그보다 앞서 기독교가 도처에서 전파되었다는 것을 보여주는 것이다.

2. 기독교가 굳건하게 자리를 잡고 뿌리를 내리게 되리라는 것. 기독교는 오랜 세월 동안 지속되는 산들의 꼭대기에 굳건히 자리 잡게 되고 반석 위에서 세워질 것이기 때문에, 영원한 산들이 뿌리째 뽑히는 일이 있을 수 없듯이 음부의 권세가 기독교에 대항하여 이기지 못할 것이다. 성경에서는 안전하게 거하는 자를 높은 곳에 거한다고 말한다(사 33:16). 여호와께서는 복음의 시온산을 세우셨다.

3. 기독교가 모든 반대를 이길 뿐만 아니라 모든 경쟁에서 이겨서 꼭대기에 있게 되리라는 것. 기독교는 모든 작은 산 위에 뛰어나게 될 것이다. 은밀한 가운데 있는 이 하나님의 지혜는 이 세상의 온갖 지혜, 온갖 철학, 온갖 방책들 위에 뛰어나 빛나게 될 것이고, 기독교가 도입하게 될 영적 예배는 이교들의 우상 숭배를 압도하게 될 것이며, 다른 온갖 종교 제도들은 기독교에 비하면 하찮고 초라해 보이게 될 것이다. 너희 높은 산들아, 어찌하여 하나님이 계시려 하는 산을 시기하여 보느냐. 진실로 여호와께서 이 산에 영원히 계시리로다(시 68:16).

Ⅱ. 이방인들이 기독교로 모여들게 되리라는 것.

1. 열방들, 즉 예루살렘 성전의 뜰에 들어오는 것이 금지되었던 무할례자들 조차도 기독교 속으로 받아들여지게 될 것이다. 그들이 들어오지 못하도록 막고 있던 장벽은 무너지게 될 것이다.

2. 만방이 그리로 모여들 것이다. 자유롭게 드나들 수 있는 자유를 얻게 된 그들은 그들의 자유를 활용하게 될 것이고, 무수한 사람들이 기독교 신앙을 받아들이게 될 것이다. 그들은 강물처럼 기독교로 몰려올 것이다. 이것은 복음을 통해서 회심한 무수히 많은 자들이 기쁜 마음으로 속히 교회 속으로 들어오게 되리라는 것을 나타낸다. 그들은 기독교 신앙을 받아들이라고 강요받는 것이 아니라, 자연스럽게 기독교로 흘러들어오게 될 것이다. 주의 백성이 즐거이 헌신하리니(시 110:3), 그들은 모두 자원하는 자들이다. 그리스도에게로 모든 백성이 모여들(창 49:10) 것이다(사 60:4-5을 보라).

Ⅲ. 이 회심한 자들의 무리는 서로를 돕고 격려하게 되리라는 것. 그들은

경건한 신앙심과 결의(決意)를 지니고서 서로 한데 뒤섞여서 하나의 거대한 물줄기처럼 모여오리라는 것. 유대인들이 성전에서 예배를 드리기 위하여 일 년에 세 차례 온 나라 방방곡곡에서 예루살렘으로 올라갈 때에 길에서 친구들을 만나 부푼 마음을 서로 나누며 함께 어울려 예루살렘을 향하여 갔던 것처럼, 많은 이방인들은 그들의 친척과 친구와 이웃들에게 그들과 더불어서 기독교 신앙을 갖도록 권하게 될 것이다(3절). "오라, 우리가 여호와의 산에 오르자. 그 길이 오르막길이어서 험하여 마음에 내키지 않는다고 하여도, 그 곳은 우리 영혼이 여호와를 향하는 것을 도와주실 여호와의 산이다." 하나님과의 언약과 교통 속으로 들어가고 있는 자들은 될 수 있으면 많은 사람들을 함께 데리고 가야 한다는 것을 명심하라. 그리스도인들은 서로를 권하여 선한 일들을 행하게 하고, 서로를 권하여 성도들의 교통을 촉진시키는 것이 합당하다. 우리는 "너희는 여호와의 산에 올라 거기에서 우리를 위하여 기도하라 우리는 집에 머무르겠다"고 말하거나 "우리는 갈 테니, 너희는 너희 마음대로 하라"고 말해서는 안 되고, "오라, 우리가 가자 우리가 서로의 힘을 북돋워주고 서로가 잘 되도록 지원해 주기 위하여 한마음으로 가자"고 말해야 한다. 또한, 우리는 "우리가 그것에 대하여 스스로 잘 생각해 보고 다른 사람들과도 상의해 본 후에 가겠다"고 말하지 말고, "오라, 우리가 즉시 가자고 말해야 한다(시 122:1을 보라). 많은 사람들이 그렇게 말할 것이고, 남에게서 그런 말을 들은 사람들은 이번에는 자기 주변의 다른 사람들에게 그렇게 말할 것이다. 복음 교회는 여기에서 여호와의 산임과 동시에 야곱의 하나님의 전이라 불린다. 왜냐하면, 복음 교회 안에서 야곱 및 그의 기도하는 자손에 대한 하나님의 언약이 보존되고 성취될 것이기 때문이고, 또한 하나님께서는 그들에게와 마찬가지로 지금 우리에게도 너희가 나를 찾아보아야 헛되리라(사 45:19, 개역에서는 너희가 나를 혼돈 중에서 찾으라)고 결코 말씀하지 않으셨기 때문이다. 좀 더 살펴보자.

1. 그들은 여호와의 산에 오르면서 무엇을 기대하는가. 거기에서 그가 그의 길들을 우리에게 가르치실 것이라. 하나님의 길들, 즉 하나님께서 우리에게 걷기를 요구하시는 합당한 길들, 하나님께서 우리를 향하여 걸어오시는 은혜의 길들은 하나님의 교회, 그의 백성과의 교제 속에서 배울 수 있다는 것을 명심하라. 하나님은 그의 말씀과 성령을 통해서 자기 백성을 가르치신다. 하나님의 길들을 가르침받기 위해서 하나님의 거룩한 산에 오르는 수고를 하는 것은 그

만한 가치가 있다. 그러한 수고를 기꺼이 하고자 하는 자들은 그 수고가 헛되지 않았다는 것을 반드시 알게 될 것이다. 그러므로 우리가 여호와를 알고자 힘써 추구한다면 반드시 여호와를 알게 되리라.

2. 그들은 무엇을 스스로 다짐하고 서로의 다짐을 확인하는가. "하나님께서 그의 길들을 우리에게 가르치시면, 우리는 그의 길들로 행하리라. 하나님께서 우리가 마땅히 해야 할 본분을 알게 해주신다면, 우리는 그의 은혜를 힘입어서 그 본분을 애써 행하리라." 이러한 겸손한 결의(決意)를 가지고서 하나님의 말씀을 듣는 자들은 반드시 그 말씀으로부터 교훈을 얻고 돌아가게 될 것이다.

IV. 하나님께서 이런 일을 이루실 수단. 옛적에 모세의 율법이 시내 산에서 나왔듯이, 법(개역에서는 율법), 곧 신약의 법, 그리스도의 법이 시온에서부터 나올 것이요, 여호와의 말씀이 예루살렘에서부터 나올 것이다. 복음은 하나의 법, 즉 신앙의 법이고, 그것은 여호와의 말씀이다. 복음은 성전이 세워진 시온과 예루살렘에서부터 나왔다. 그리스도께서는 갈릴리에서 복음 전파를 시작하셨지만(마 4:23; 눅 23:5), 그의 제자들에게 만방의 모든 족속에게 복음을 전하라는 사명을 위임하실 때에는 그들에게 예루살렘에서 시작하도록 명하셨다(눅 24:47; 또한, 롬 15:19을 보라). 제자들은 그 대부분이 갈릴리에 집이 있었지만, 약속하신 성령을 받기 위하여 예루살렘에 머물러야 했다(행 1:4). 그리고 그들은 시온 산 위에 있는 성전에서 복음을 전하였다(행 5:20). 그리스도께서 예루살렘에서 십자가에 못 박히신 후에도, 예루살렘은 이전에 지니고 있었던 존귀함 때문에 이러한 영광이 허락되었다. 복음 교회가 모든 산꼭대기에 굳게 서게 된 것은 예루살렘에서부터 시작된 이 복음을 통해서였다. 복음은 여호와께서 시온에서부터 내보내신 권능의 규(rod)였다(시 110:2).

V. 세상에 구속주의 나라가 세워지리라는 것. 그가 열방 사이에 판단하시리라. 시온에서부터 말씀을 발하시는 하나님께서는 그 말씀으로 영혼들을 순복시키실 뿐만 아니라 영혼들 속에서 다스리실 것이다(4절). 하나님은 지혜와 공의로써 그의 교회의 유익을 위하여 세상사들을 지배하시고 거기에 질서를 부여하시며, 그의 이익에 반대하는 자들을 꾸짖으시고 억제하실 것이다. 하나님은 성령을 통해서 사람들의 양심에 역사(役事)하셔서 사람들을 판단하고 책망하시며, 시험하고 억제하실 것이다. 하나님의 나라는 이 세상에 속한 것이 아니라 영적인 나라이다.

VI. 이 세상에서 복음이 승리하여 그 결과 큰 평화가 있으리라는 것(4절). 무리가 그들의 칼을 쳐서 보습을 만들리라. 지금은 전쟁이 선포될 때에 사람들은 보습을 쳐서 칼을 만들어야 하지만(욜 3:10), 그 때에는 사람들이 지니고 있던 전쟁 도구들은 경작을 위한 도구들로 탈바꿈하게 될 것이다. 그 때가 되면, 지금과는 달리 이 나라와 저 나라가 다시는 칼을 들고 서로 치지 아니하며, 다시는 전쟁을 연습하지 아니하리라. 왜냐하면, 그들에게는 더 이상 전쟁을 할 기회가 없을 것이기 때문이다. 그렇다고 해서, 이것은 그리스도인들 가운데서 모든 전쟁이 절대적으로 불법적이라고 말하는 것도 아니고, 메시야 시대에는 전쟁이 없을 것이라는 예언도 아니다. 유대인들은 이것을 그리스도인들을 반대하는 데에 사용해서, 예수가 한 이 약속이 성취되지 않았기 때문에 예수는 메시야가 아니라고 주장한다. 그러나 1. 이 예언은 그리스도께서 나신 때에 전쟁이 거의 그치고 평화로웠다는 것을 통해서 부분적으로 성취되었는데, 이러한 평화로움은 가이사 아우구스투스가 천하에 영을 내려 호적하라고 명한 데서 잘 드러난다(눅 2:1). 2. 복음의 목적은 모든 적대감을 종식시키고 평화를 이루는 것이다. 복음 속에는 사람들을 평화로 이끌기 위한 아주 강력한 의무들과 유인책들이 들어 있다. 따라서 전쟁과 싸움을 불러일으키는 사람들의 욕망이 없었다면, 복음은 능히 우리에게 평화를 가져다 주었을 것이다. 3. 유대인들과 이방인들은 복음을 통해서 서로 화해되고 하나가 되었기 때문에, 그들 간에는 이전과 같은 그런 전쟁이 더 이상 존재하지 않게 되었다. 왜냐하면, 그들은 한 목자 아래에서 하나의 양 무리가 되었기 때문이다(엡 2:15). 4. 그리스도의 복음이 들어가면, 사람들은 평화를 추구하게 되고 그 심령이 부드러워지며 즐거워진다. 그리고 그리스도의 사랑이 사람들의 마음속에 널리 스며들면, 사람들은 서로를 사랑하지 않을 수 없게 된다. 5. 초기 그리스도인들은 형제 사랑으로 유명하였다. 그들을 반대하고 대적한 자들도 그 점을 인정하였다. 6. 이 약속은 성령이 높은 곳으로부터 더 풍성히 부어지게 될 기독 교회의 시대에 좀 더 온전히 성취될 것이다. 그 때에는 이 땅에 평화가 있게 될 것이다. 하나님이 이 일을 행하시리니 그 때에 살 자가 누구이랴(민 24:23). 그러나 때가 되면 하나님은 그 일을 이루실 것이다. 왜냐하면, 하나님은 사람이 아니시니 거짓말을 하지 않으시기(민 23:19) 때문이다.

끝으로, 선지자는 이 모든 것으로부터 실천적인 추론을 이끌어낸다(5절). 야곱 족속아, 오라, 우리가 여호와의 빛에 행하자. 여기에서 야곱 족속은 다음 둘 중의 하나를 의미한다.

1. 육신을 따른 이스라엘. 선지자는 이 말을 통해서 그들을 자극해서 시기하게 하여 거룩한 경쟁심을 불러일으키고자 한다(롬 11:14). "이방인들이 이렇게 하나님을 좇을 준비와 결심이 되어 있어서 여호와의 전에 오르고자 이렇게 발 벗고 나서고 있다는 것을 알고서, 괜히 이방 죄인들이 야곱 족속보다 거룩한 산에서 하나님의 더 좋은 벗들이 되었다고 투덜거리지 말고, 우리도 마찬가지로 떨쳐 일어나자." 이렇게 일부 사람들의 열심은 많은 사람들에게 자극이 되는 법이다.

2. 또는, 영적 이스라엘, 즉 야곱의 하나님에게로 온 모든 자들. 복음 시대에는 하나님을 아는 지식(3절)과 평화(4절)가 넘쳐날 것인데, 우리는 그러한 특권들에 참여하고자 하는가? 그렇다면, 오라, 우리가 그 지식에 따라 행하자. 다른 사람들이 어떻게 하든, 오라, 우리는 여호와의 빛에 행하자.

(1) 우리는 이 지식에 비추어서 조심스럽게 행하여야 한다. 하나님께서 우리에게 그의 길들을 가르치실 것이 아닌가? 하나님께서 우리에게 그리스도의 얼굴을 통해서 그의 영광을 나타내실 것이 아닌가? 그러므로 우리는 빛과 낮의 자녀들처럼 행하여야 한다(엡 5:8; 살전 5:8; 롬 13:12).

(2) 우리는 이 평화의 빛 아래에서 편안하게 행하여야 한다. 전쟁은 더 이상 없을 것이 아닌가? 그러므로 우리는 즐거워하며 우리의 길을 계속해서 가고, 하나님 안에서 이 기쁨이 우리의 힘이 되게 하여야 한다(느 8:10). 이렇게, 우리는 의(義)의 해에서 비춰오는 햇살 아래에서 행하게 될 것이다.

[6]주께서 주의 백성 야곱 족속을 버리셨음은 그들에게 동방 풍속이 가득하며 그들이 블레셋 사람들 같이 점을 치며 이방인과 더불어 손을 잡아 언약하였음이라 [7]그 땅에는 은금이 가득하고 보화가 무한하며 그 땅에는 마필이 가득하고 병거가 무수하며 [8]그 땅에는 우상도 가득하므로 그들이 자기 손으로 짓고 자기 손가락으로 만든 것을 경배하여 [9]천한 자도 절하며 귀한 자도 굴복하오니 그들을 용서하지 마옵소서

하나님께서는 이방인들을 불러들이심과 동시에 유대인들을 버리셨다. 유대인들의 실패가 이방인들의 풍성함이 되었고, 유대인들을 버리는 것이 세상

의 화목이 되었다(롬 11:12-15). 이 단락은 바로 그런 것과 관련이 있고, 또한 그렇게 하신 하나님의 행위가 옳다는 것을 정당화하기 위한 것으로 보일 수 있지만, 사실 이 단락은 일차적으로 선지자가 살고 있던 그 세대 사람들에게 그들의 죄를 깨우쳐서 정신을 차리게 하기 위한 것일 가능성이 높다. 선지자들이 그가 살던 당시 세대들이 행한 일들에 대하여 긍휼과 심판을 전할 때에 그 일들은 장차 있을 일들의 모형인 경우가 보통이다. 여기에는 다음과 같은 내용들이 나온다.

I. 이스라엘에 대한 파국의 선고. 이것은 이 단락의 처음과 마지막에 나오는 두 개의 말씀을 통해서 제시된다. 그러나 이 두 개의 말씀은 무시무시한 말씀들로서, 다음과 같은 내용을 담고 있다.

1. 그들의 처지가 비참하게, 너무나 비참하게 되었다는 것(6절). 주께서 주의 백성을 버리셨다. 하나님으로부터 버림을 받은 백성의 처지는 비참한 것이다. 또한, 하나님께서 자기 백성이었던 자들을 버리셨다면, 분명히 하나님에 대한 그들의 도발은 컸을 것임에 틀림없다. 그리스도를 배척한 후에 유대 교회의 처지는 통탄스러운 것이었다. *보라, 너희 집이 황폐하여 버려진 바 되리라*(마 23:38). 이제까지 심각한 재앙이 유대인들에게 임하였을 때마다 우리는 여호와께서 그들을 버려서 그들로부터 그의 도움과 구원의 손길을 거두셨다고 말할 수 있다. 그렇지 않았다면, 그들은 원수들의 손에 떨어지지 않았을 것이다. 그러나 그들이 먼저 하나님을 떠나기 전까지는 하나님께서는 결코 그들을 떠나시는 법이 없다.

2. 그들의 상태가 가망 없게, 도저히 가망 없게 되었다는 것(9절). 그러므로 그들을 용서하지 마옵소서. 이 예언적 기도는 그들이 용서받지 못할 것이라는 경고와 다름없는데, 어떤 이들은 이 본문을 주께서 그들을 용서하지 않으시리라로 해석하기도 한다. 이것은 특정한 사람들에 대한 것이 아니라(그들 중 다수는 회개하고 죄 사함을 받았다) 민족 전체에 대한 것이다. 돌이킬 수 없는 파국이 선고된 이스라엘 민족은 이 땅에서 끊어져서 다시는 민족을 이루지 못하게 될 것이고, 그들의 교회도 완전히 해체되어서 그들의 옛 특허장이 다시는 그들에게 주어지지 않게 될 것이다.

II. 이스라엘이 그러한 파국을 선고받게 된 이유들. 전체적으로 말해서, 그들에게 파멸을 가져다 준 것은 그들의 죄였다. 하나님의 진노를 불러일으켜서 자기 백성을 버리시게 만든 것은 다른 어떤 것이 아니라 바로 죄였다. 선지자가 구체적으로 열거하는 구체적인 죄들은 당시에 그들 가운데서 성행하였던 죄들이었다. 선지자가 그 죄들을 언급하는 것은 나중에 그들이 그리스도를 십자가에 못 박고 그의 제자들을 박해함으로써 그들의 죄의 남은 분량을 채웠다는 것을 증명하기 위한 것이라기보다는 당시 그의 설교를 들었던 자들에게 그들의 죄를 깨닫게 하기 위한 것이었다. 왜냐하면, 각각의 세대의 죄들은 다 한데 모아져서 결국 최후의 심판에서 결산하게 될 것이기 때문이다. 곧 있게 될 바벨론 포수(捕囚)를 통해서 그들은 부분적이고 잠정적으로 버림을 받았지만, 그것은 여기에 언급된 죄들로 말미암아 그들에게 임한 로마인들에 의한 그들의 최종적인 멸망의 모형일 뿐이었다. 그들이 저지른 죄들은 그들을 향한 하나님의 온갖 인자하시고 은혜로우신 계획들을 정면으로 거스르고 부정하는 그런 죄들이었다.

1. 하나님은 그들을 다른 모든 민족으로부터 구별하시고 가장 큰 존귀함을 부여하셔서 자기를 위한 특별한 백성으로 따로 세우셨다(민 23:9). 그러나 그들은 동방으로부터 여러 가지 것들을 들여와서, 그들에게는 동방 풍속이 가득하였다. 그들은 이방인들을 개종시킨 것이 아니라, 도리어 이방인들에게 동화되어, 이방인들에게 그들과 함께 거하자고 권하고 이방인들과 뒤섞였다(호 7:8). 이스라엘 땅에는 수리아인들, 갈대아인들, 모압인들, 암몬인들을 비롯해서 여러 동방 나라의 사람들이 거주하였는데, 이스라엘 백성은 이런 이방인들과 더불어서 이 이방 나라들의 풍속도 받아들여서, 이방인들과 더불어 손을 잡아 언약하였고, 그들을 좋아하였으며, 자기 나라보다 이방 나라들을 더 좋아하였고, 이방 나라들과 동화되면 될수록 자기 나라가 더 우아하고 세련된 나라가 될 것이라고 생각하였다. 이렇게, 그들은 그들의 왕이신 여호와와 그 언약을 속되게 하고 욕되게 하였다. 신기해 보이는 낯선 자들을 좋아하는 사람들은 하나님에게서 멀어질 위험성이 있다는 것을 명심하라. 왜냐하면, 우리는 우리가 어울리기를 좋아하는 자들의 삶을 금방 닮게 되는 법이기 때문이다.

2. 하나님은 그들이 조언으로 삼을 수 있는 그의 말씀들, 즉 성경과 선견자들만이 아니라 판결을 위한 대제사장의 흉패도 그들에게 주셨다. 그러나 그들은 이런 것들을 무시하고, 점술을 들여와서 블레셋 사람들처럼 점치는 자들이 되어서, 별이나 구름, 새가 날아가는 것, 짐승들의 자취를 비롯해서 여러 미신

적인 마술들을 통해서 은밀한 일들을 알아내거나 장래에 있을 일들을 예언하는 체하는 자들의 말에 귀를 기울였다. 블레셋 사람들은 점치는 자들로 유명하였다(삼상 6:2). 참된 하나님의 말씀(divinity)을 무시하는 자들은 거짓된 점술(divinations)에 빠질 수밖에 없게 된다는 것을 명심하라. 이렇게 거짓되고 헛된 것들을 위하여 하나님 및 그들을 향한 하나님의 긍휼을 버리는 자들은 반드시 하나님으로부터 버림받게 될 것이다.

3. 하나님은 그들에게 그를 신뢰하라고 권하였고, 그가 그들의 부(富)와 힘이 되어 줄 것이라고 그들에게 확약하셨다. 그러나 그들은 하나님의 능력과 약속을 불신하고서, 금을 그들의 희망으로 삼았고, 마필과 병거들로 무장하여, 그것들에 의지하여 그들의 안전을 보장받고자 하였다(7절). 하나님께서는 그들로 하여금 오직 그만을 의지하게 하고자 하셨기 때문에 왕들조차도 자기를 위하여 말들을 많이 가지거나 은금을 많이 쌓는 것을 명시적으로 금하셨었다. 그러나 그들은 하나님을 의지하기만 하면 그들이 이웃 나라들을 넉넉히 이길 수 있다고 생각하지 않았고, 이웃 나라들처럼 그들도 은금을 보고(寶庫)에 가득 쌓아놓고 무수한 병거와 말들을 갖추어야 한다고 생각하였다. 하나님을 진노케 한 것은 그들이 은금이나 말과 병거들을 가진 것이 아니라, 다음과 같은 것이었다.

(1) 그들이 그런 것들을 적정한 정도로 만족할 줄 모르고 보화와 병거를 끝도 없이 그 수를 늘려 끝없이 탐욕을 부린 것. 이 세상에 속한 것들을 아무리 많이 가져도 거기에 만족할 줄 모르는 자들은 결코 하나님으로 만족하지 않게 될 것이다(세상의 것들은 다 만족을 줄 수 없고, 오직 하나님만이 만족을 줄 수 있는데도 불구하고).

(2) 그들이 그런 것들이 없이는 안전하거나 안심이 되거나 행복할 수 없고 오직 그런 것들이 있어야 그렇게 될 수 있다는 듯이 그런 것들을 의지한 것.

4. 하나님은 그들의 하나님, 그들의 예배의 유일한 대상이셨고, 그들을 위해 친히 예배의 규례들을 제정하셨다. 그러나 그들은 하나님 및 그가 세우신 제도들을 무시하였다(8절). 그들의 땅은 우상들로 가득하였다. 성읍마다 자신의 신을 섬겼다(렘 11:13). 그들은 그들의 땅이 번영할수록 화려한 우상들을 만들었다(호 10:1). 한 분 하나님만으로는 충분하지 않다고 생각하는 자들은 하나님이 두 분이라도 많다고 생각하지 않는 법이기 때문에, 그들에게는 수백의 신들

로도 충분하지 않았다. 우상들을 좋아하는 자들은 우상을 끝도 없이 늘려간다. 그들은 술주정뱅이들이었고 완전히 홀려 있는 자들이었기 때문에 자기 손으로 지은 것을 경배하였다. 그 우상은 피조물일 뿐만 아니라 그들의 손에 의해서 만들어진 피조물, 그들의 공상 속에서 고안되었고 그들의 손가락으로 만든 것인데도, 그들은 그 우상을 마치 그들에게 신이나 되는 것처럼 섬겼다. 하나님께서는 그들을 은과 금으로 부요하게 하셨는데, 그들은 바로 그 은과 금으로 우상들을 만들었다는 점에서 그들의 우상 숭배의 죄는 더욱 가증스러운 것이었다. 즉, 여수룬이 기름지매 발로 찼도다(호 2:8을 보라).

5. 하나님은 그들이 잘 되게 하셨고 그들을 존귀하게 하셨다. 그러나 그들은 스스로를 천하고 경멸받을 만한 자들로 만들어 버렸다(9절). 천한 자도 우상에게 절하나이다. 이것은 이성의 불꽃이 조금이라도 남아 있는 사람이 결코 할 짓이 못되는 지극히 천한 일이다. 죄는 아무리 가난하고 천한 자에게도 경멸받을 만한 짓이다. 천한 자가 자신의 윗사람들에게 절하는 것은 합당한 일이지만, 나무토막 앞에 절하는 것은 전혀 합당치 않은 일이다(사 44:19). 배우지 못하고 형편없는 정신을 지닌 자들만이 이렇게 하는 것이 아니라, 귀한 자들조차도 자신의 체통을 망각하고서, 스스로 굴복하여 우상들을 섬기고 자기와 똑같은 사람들을 신격화하며 자기보다 훨씬 더 천한 돌들을 신성시하여 숭배한다. 우상 숭배자들은 저 깊은 음부까지 스스로를 타락시키는 자들이다(사 57:9). 귀한 자들이 참된 하나님을 섬기는 일은 자신의 체면이 깎이는 짓이라고 생각하여 몸을 굽혀 하나님을 섬기려고 하지는 않으면서 우상에게는 기꺼이 자신을 낮추어서 절하는 것은 얼마나 부끄러운 일인가! 어떤 이들은 이 본문을 하나님의 심판이 임할 때에 천한 자들이 엎드러지고 귀한 자들이 낮아지게 될 것이라는 경고로 해석한다.

[10]너희는 바위 틈에 들어가며 진토에 숨어 여호와의 위엄과 그 광대하심의 영광을 피하라 [11]그 날에 눈이 높은 자가 낮아지며 교만한 자가 굴복되고 여호와께서 홀로 높임을 받으시리라 [12]대저 만군의 여호와의 날이 모든 교만한 자와 거만한 자와 자고한 자에게 임하리니 그들이 낮아지리라 [13]또 레바논의 높고 높은 모든 백향목과 바산의 모든 상수리나무와 [14]모든 높은 산과 모든 솟아 오른 작은 언덕과 [15]모든 높은 망대와 모든 견고한 성벽과 [16]다시스의 모든 배와 모든 아름다운 조각물에 임하

리니 [17]그 날에 자고한 자는 굴복되며 교만한 자는 낮아지고 여호와께서 홀로 높임을 받으실 것이요 [18]우상들은 온전히 없어질 것이며 [19]사람들이 암혈과 토굴로 들어가서 여호와께서 땅을 진동시키려고 일어나실 때에 그의 위엄과 그 광대하심의 영광을 피할 것이라 [20]사람이 자기를 위하여 경배하려고 만들었던 은 우상과 금 우상을 그 날에 두더지와 박쥐에게 던지고 [21]암혈과 험악한 바위 틈에 들어가서 여호와께서 땅을 진동시키려고 일어나실 때에 그의 위엄과 그 광대하심의 영광을 피하리라 [22]너희는 인생을 의지하지 말라 그의 호흡은 코에 있나니 셈할 가치가 어디 있느냐

선지자는 여기에서 계속해서 하나님께서 그들을 버리시게 될 때에 그들의 땅이 얼마나 황폐해질지를 보여준다. 이것은 특히 먼저는 갈대아인들에 의한 유대 땅의 파괴, 그리고 나중에 있게 될 로마인들에 의한 유대 나라의 멸망을 가리키는 것일 수도 있고, 하나님께서 교만한 죄인들을 일깨우시고 낮아지게 하시며 그들이 하나님보다 더 많이 기뻐하고 의지하였던 것에 대하여 진저리를 치게 만들기 위하여 취하시는 방법을 일반적으로 서술한 것일 수도 있다. 우리는 여기에서 조만간에 하나님께서 다음과 같이 하실 방법을 찾아내실 것이라는 말씀을 듣는다.

I. 스스로 평안하다고 큰소리치며 하나님과 그의 심판에 대하여 공공연히 도전하면서 안일하게 살아가는 죄인들을 깜짝 놀라게 하여 깨우치시리라는 것 (10절). "너희는 바위 틈에 들어가라. 하나님께서 무시무시한 심판으로 너희를 공격하시고, 무시무시한 두려움으로 너희를 치실 것이니, 너희는 여호와를 두려워하여 바위 틈에 들어가며 진토에 숨지 않을 수 없게 될 것이다. 너희는 모든 담력을 잃어버리고서, 사시나무 떨듯이 두려워 떨게 되리라. 너희 마음은 무서워하므로 기절하겠고(눅 21:26), 너희는 쫓아오는 자가 없어도 도망하리라(잠 28:1)." 19절에도 동일한 취지의 말씀이 나온다. 사람들이 세상에서 가장 어둡고 깊은 곳들인 암혈과 토굴로 들어가리라. 그들은 바위들과 산들에게 그들 위에 무너지라 하리라(호 10:8). 즉, 그들은 바위와 산들에게 그들을 가리라고 말하는 것이 아니라 그들 위에 떨어져서 그들을 가루로 만들어 버리라고 말하게 되리라는 것이다. 이것은 로마인들에 의해서 예루살렘이 멸망당할 때(눅 23:30)와 기독교를 박해하는 이교 세력들이 멸망당할 때(계 6:16)에 특히 그러할 것이었

다. 여호와께서 일어나셔서 땅을 심하게 흔드셔서 악한 자들을 땅에서 떨쳐내 버리시고(욥 38:13), 그들이 그토록 의지해 왔던 이 땅의 모든 버팀목들을 흔드셔서 그것들을 그들 아래로 떨쳐내 버리실 때, 그들은 여호와께서 소멸시키시는 불이시고 그들 자신은 여호와 앞에서 그루터기라는 것을 보고서 여호와와 그 엄위하심의 영광을 두려워하게 될 것이다. 좀 더 살펴보자.

1. 하나님께는 무시무시한 엄위하심이 있으시고, 그 엄위하심의 영광으로 인해서 우리는 모두 조만간에 하나님 앞에서 도망치지 않을 수 없게 될 것이다. 2. 하나님을 두려워하여 하나님께로 피하고자 하지 않는 자들은 하나님을 두려워하여 하나님에게서 피하여 거짓된 피난처로 도망치지 않을 수 없게 될 것이다. 3. 하나님의 진노의 추격을 받는 자들이 자기는 그것을 피할 수 있고 그 진노로부터 숨어서 피난처를 구할 수 있을 것이라고 생각하는 것은 어리석은 일이다. 4. 이 땅의 것들은 장차 떨쳐내 버려지게 될 것들이다. 그것들은 흔들림에 종속되어서 급격히 소멸해 가는 것들이다. 5. 이 땅이 흔들리고 요동하는 것은 오직 이 땅의 것들에만 마음을 두고 집착하였던 자들에게 무시무시한 일이 될 것이다. 6. 이 땅 자체가 흔들릴 때에 이 땅의 암혈과 토굴로 피하면 안전할 것이라고 생각하는 것은 헛된 일이 되고 말 것이다. 그 때에는 하나님, 그리고 위에 속한 것들 외에는 그 어디에도 피할 곳은 존재하지 않을 것이다.

Ⅱ. 사람들 앞에 크게 보이고 스스로를 대단하다고 생각하며 주변의 모든 사람들을 멸시하는 교만한 죄인들을 낮추시고 그 자리를 박탈하시리라는 것(21절). 눈이 높은 자가 낮아지리라. 눈이 높고 그 얼굴에 마음의 교만함을 역력히 드러내는 자들은 내쳐져서 수치와 절망을 겪게 될 것이다. 또한, 교만한 자가 굴복되고, 그들은 기가 꺾이고 풀이 죽게 될 것이며, 그들이 자랑하던 것들은 그들에게 수치거리가 될 것이다. 17절에서 자고한 자는 굴복되리라는 말씀이 다시 나온다. 교만은 이런저런 방식으로 반드시 꺾이게 되리라는 것을 명심하라. 사람들의 교만함은 하나님께서 그들에게 그들의 교만이 악한 것임을 깨우쳐 주셔서 겸손의 옷을 입혀주시는 은혜를 통해서, 또는 하나님께서 그들에게서 그들이 자랑하던 모든 것들을 빼앗으셔서 그들을 낮추시는 섭리를 통해서 꺾이게 될 것이다. 우리 구주께서는 흔히 스스로를 높이는 자는 낮아지게 되리라는 것을 하나의 공리(公理)처럼 말씀하시곤 하셨다. 그런 자는 참된 회개를 통해서 스스로를 낮추지 않으면, 하나님께서 그를 낮추시고 그에게 경멸을 퍼부으실

것이다. 우리는 여기에서 다음과 같은 말씀들을 듣는다.

1. 이런 일이 왜 일어나게 되는가. 그것은 여호와께서 홀로 높임을 받으시고자 하시기 때문이다. 교만한 자들이 반드시 낮아지게 되는 것은 여호와만이 홀로 높임을 받으셔야 하는 분이기 때문이다. 하나님께서 교만한 자들을 낮추시는 것은 그의 권능을 높이시기 위함이다. 이것을 통해서 하나님은 자신이 하나님이신 것을 증명하시고, 의인 욥의 자부심이 하나님과는 비교가 될 수 없다는 것을 증명하신다(욥 40:11-14). 모든 교만한 자를 발견하여 낮아지게 할지라 그리하면 내가 너를 인정하리라. 또한, 그것은 하나님의 공의를 높이시기 위함이다. 교만한 자들은 하나님과 경쟁하며 다투는 관계 속에 있는 자들인데, 하나님은 자신의 영광에 대하여 열심을 가지고 계셔서, 사람들이 오직 하나님께만 합당한 것을 스스로 취하거나 다른 사람에게 주는 것을 허용하지 않으신다. 또한, 그들은 하나님을 배척하고 반대하는 관계 속에 있는 자들로서, 그들이 하나님을 적대하기 때문에 하나님께서도 그들을 적대하신다. 왜냐하면, 하나님은 뭇 나라 중에서 높임을 받으셔야(시 46:10) 하고, 하나님께서 그에게 대적하는 모든 통치와 권세와 능력을 멸하시고(고전 15:24) 하나님 홀로 높임을 받게 될 날이 올 것이기 때문이다.

2. 이런 일이 어떻게 이루어지게 될 것인가. 그것은 사람들의 욕심을 죽여서 그들을 낮추실 심판들을 통해서 이루어진다(12절). 만군의 여호와의 날, 여호와의 진노와 심판의 날이 모든 교만한 자들에게 임하리라. 하나님은 그의 날, 그들이 알지 못하는 사이에 그들에게 임하게 될 그 날이 오고 있는 것을 보고 계시기 때문에 지금 그들의 오만방자함을 비웃고 계신다(시 37:13). 여기에서는 이 여호와의 날이 레바논의 높고 높은 모든 백향목 위에 임할 것이라고 말씀한다. 히에로니무스(Jerome)는 성경에서는 백향목들이 하나님을 찬송한다고 말하며(시 148:9) 여호와께서 심으신 나무들(시 104:16; 사 41:19)이라고 말하고 있는데도 여기에서는 하나님의 진노가 백향목들에 임하리라고 말하는 것은 지체 높은 큰 자들 중 일부는 구원을 받게 되고, 나머지 일부는 멸망을 받게 되리라는 것을 가리키는 것이라고 지적한다. 여호와의 소리가 백향목들을 꺾는다(시 29:5)는 것은 그 소리의 힘이 어떠한지를 보여주는 한 예로 제시된 것이다. 여기에서는 여호와의 날이 백향목들, 즉 우람하게 곧게 높이 뻗어 오른 레바논의 백향목들, 나무 중에서 가장 튼튼한 바산의 상수리나무들, 계곡들 위로 높

이 우뚝 솟아서 하늘을 뚫어버리기라도 할 것처럼 서 있어서 천혜의 요새를 이루고 있는 모든 높은 산과 모든 솟아 오른 작은 언덕들(14절), 사람들이 인위적으로 만든 견고한 구조물들인 모든 높은 망대와 모든 견고한 성벽(15절)에 임할 것이라고 말한다.

(1) 이런 것들은 스스로를 백향목과 상수리나무로 생각하여서 뿌리를 굳게 내리고 있기 때문에 그 어떤 폭풍에도 끄덕도 하지 않을 것이라고 자부하며 주변의 모든 사람들을 키 작은 나무들로 여기는 교만한 자들을 나타내는 것으로 이해될 수 있다. 이런 자들은 이 땅에 웅장하게 자리잡고서 모든 사람들이 우러러보는 가운데 스스로 그 어떤 일에도 끄떡도 하지 않을 것이라고 생각하지만, 하나님이 내리시는 벼락을 맞기 십상인 높은 산과 솟아 오른 작은 산들이다. 가장 높은 산들이 벼락에 가장 잘 노출되어 있다. 하나님의 진노의 능력 앞에서 이 산들은 무너지며 작은 산들은 밀랍 같이 녹는다(합 3:6; 시 97:5). 이러한 교만한 자들은, 시끄러운 비상 종(bell)이 걸려 있고, 천둥소리를 내며 사람들을 죽이는 대포가 설치되어 있고, 성벽으로 담이 쳐져 있으며 그들의 선천적인 억센 기운과 견고함으로 스스로를 지키는 높은 망대 같은 자들이지만, 결국 그들도 무너지게 될 것이다.

(2) 이런 것들은 교만한 자들이 자랑하고 의지하는 것들을 구체적으로 표현한 것으로 이해될 수 있다. 여호와의 날은 그들이 그들의 힘이자 보장(security)으로 삼아서 신뢰하는 바로 그런 것들 위에 임할 것이다. 하나님은 그들이 믿던 모든 무장을 빼앗으실 것이다(눅 11:22). 레바논의 거민들이 그들의 백향목들을 자랑하고, 바산의 거민들이 그들의 상수리나무를 자랑하며, 그 어떤 나라에도 그런 나무들이 없을 것이라고 우쭐대는가? 여호와의 날은 그 백향목들과 상수리나무들, 그리고 그 나무들로 지어진 집들을 박살내고 말 것이다. 예루살렘이 그 주변을 둘러싸고 있는 산들과 성벽들과 성채들을 난공불락의 요새들이라고 자랑하느냐? 여호와의 날에 그런 것들은 무너져서 평평하게 될 것이다. 그들은 그들의 힘이자 보장이었던 그런 것들 외에도 다음과 같은 것들을 자랑하였다.

[1] 그들의 무역. 그러나 여호와의 날은 다시스의 모든 배에도 임할 것이다. 그것들은 여호사밧의 배들이 그랬듯이 파선하게 될 것인데, 바다에서 침몰하거나 항구에서 좌초될 것이다. 스불론은 배들의 안식처였지만, 이제는 더 이상

배들이 들고나는 것을 보지 못할 것이다. 하나님께서는 한 민족을 멸망시키고 자 하실 때에 그들의 모든 수입원들을 다 파괴하실 수 있다.

[2] 그들의 집에 있는 모든 장식물들. 그러나 여호와의 날은 모든 아름다운 조각물, 그들의 배에 그려진 그림들(어떤 이들은 이렇게 해석한다), 또는 그들이 다른 나라들, 아마도 나중에 화가들로 유명하였던 그리스로부터 배에 싣고 온 흥미로운 그림들, 보기에 아름다운 모든 것(어떤 이들은 이렇게 해석한다) 위에 도 임할 것이다. 아마도 그것들은 그들의 혈육들을 그린 그림들이었기 때문에 그들이 기뻐하였을 것이고, 그들이 섬기던 신들을 그린 그림들이었기 때문에 우상 숭배자들이었던 그들이 기뻐하였을 것이다. 또는, 그들은 그 그림들의 색채나 붓 터치가 훌륭했기 때문에 그 그림들을 소중히 여겼을 수도 있다. 그림들이 십계명의 두 번째 또는 일곱 번째 계명을 어기는 것들이 아니라면, 그림을 그리거나 그림으로 우리의 방을 장식하는 것은 전혀 해로운 일이 아니다. 그러나 우리가 소유한 그림들을 우리의 기쁨으로 삼고서 그 그림들을 좋아하고 자랑하며 구제에 사용되어야 할 돈을 그림을 구입하는 데에 사용하고 그 그림들에 마음을 두는 것은, 기뻐해야 할 다른 수많은 실체적인 것들을 가지고 있는 우리에게 합당치 못한 일이어서 하나님의 진노를 불러일으켜 하나님으로 하여금 우리로부터 그런 모든 헛된 장식물들을 걷어내게 만든다.

Ⅲ. 우상 숭배자들로 하여금 그들의 우상들 및 그들이 우상들에 대하여 애정을 품고 있었던 것과 우상들을 공경하였던 것을 부끄러워하게 만드시리라는 것(18절).   우상들은 온전히 없어질 것이다. 여호와께서 홀로 높임을 받으실 때에(17절) 파라오(바로)처럼 여호와를 대적하여 스스로를 높이는 교만한 자들에게만이 아니라 여호와 대신에 신적인 영광을 받은 온갖 거짓 신들에게도 수치를 쏟아 부으실 것이다. 우상들은 폐하여질 것이고 온전히 폐하여질 것이다. 우상을 벗 하던 자들은 그들을 버릴 것이고, 우상을 미워하던 원수들은 그들을 파괴할 것이다. 따라서 우상들은 이런저런 방식으로 완전히 제거될 것이다. 좀 더 살펴보자.

1. 거짓 신들은 헛되다는 것. 우상들은 우상을 숭배하는 자들을 지켜줄 수 없을 뿐만 아니라 자신조차도 지킬 수가 없다.

2. 우상들에 대한 참 하나님의 승리. 왜냐하면, 진리는 커서 이길 것이기 때문이다. 다곤(즉, 용) 신은 법궤 앞에서 엎드러졌고, 바알은 엘리야의 하나님 여

호와 앞에서 엎드러졌다. 이교의 신들은 쇠약하게 되어서(습 2:11) 점차 망하게 될 것이다(렘 10:11). 참된 왕이신 여호와는 왕을 참칭하는 모든 신들을 이기실 것이다. 하나님께서 우상들을 폐하실 뿐만 아니라, 우상을 섬기는 자들도 그들이 섬기던 우상이 거짓되고 아무짝에도 소용없다는 것을 은혜로 깨닫고서(내가 다시 우상과 무슨 상관이 있으리요라고 말했던 에브라임처럼), 또는 뒤늦게 우상이 그들을 도울 수 없다는 것을 뼈저리게 겪고서 참담한 절망 속에서 우상들을 버리게 될 것이다(20절). 사람들은 하나님의 심판에 기겁을 해서 암혈과 토굴 속으로 들어가지만 그렇게 해보아야 그들의 안전(安全)에 아무 소용 없다는 것을 깨달을 때에 여호와를 두려워하여 바위 틈으로 들어가서 그들이 곤경에 처할 때에 그들의 벗이 되어주기를 바라고서 신으로 섬겨 왔던 우상들을 눈에 보이지 않는 곳에 있는 두더지와 박쥐에게 던져버리고 거추장스러운 것들에서 벗어나게 될 것이다(21절). 좀 더 살펴보자.

(1) 이성을 되찾아서 자신의 죄로부터 벗어나고자 하지 않는 자들은 조만간에 그 죄로 말미암아 대경실색하게 될 것이다.

(2) 하나님은 사람들로 하여금 그들이 너무도 애지중지하였던 우상들, 심지어 가장 귀한 것들로 만들어진 은 우상과 금 우상에 대해서도 신물이 나게 만드실 수 있다. 탐욕스러운 자들은 금과 은을 그들의 우상으로 삼고 돈을 그들의 신으로 삼는다. 그러나 금은과 돈이 원수들을 끌어들여서 그 원수들이 그들의 배를 침몰시키거나, 금은으로 인해서 그들의 도망치는 것이 지체될 때에 그들은 그들이 이전에 의지했던 것이 도리어 그들에게 큰 짐이 되고, 그들이 이전에 그들을 보호해 줄 것이라고 기대하였던 것이 도리어 그들을 위험에 빠뜨리는 것이 되어 버린 것을 알게 될 때가 올 것이다. 사공들이 배에 실린 화물들, 심지어 밀을 바다에 던져버린 때가 있었고(욘 1:5; 행 27:38), 아람 사람들이 급히 도망하느라고 그들의 의복을 버린 때가 있었다(왕하 7:15). 또는, 사람들은 그런 부러진 갈대를 의지해 왔던 자기 자신에게 화가 나서 그런 것을 던져버릴 수도 있다(겔 7:19을 보라). 우상 숭배자들이 여기에서 우상들을 던져버리는 것은 그들이 우상들을 부끄러워하고 우상들을 의지한 그들의 어리석음을 부끄러워하기 때문이거나, 하나님의 심판이 도처에서 행해지고 있을 때에 그들이 우상을 지니고 있다는 것이 발각될 것을 두려워하기 때문인데, 이것은 마치 도둑이 수색을 당하거나 추격을 당할 때에 자기가 훔친 물건을 던져 버리는 것과

같다.

(3) 두더지와 박쥐들이 사는 캄캄한 암혈은 눈을 지니고 있으면서도 보지 못하는 우상들에게 가장 적합한 곳이다. 하나님은 사람들로 하여금 그들이 기뻐하던 상수리나무로 말미암아 부끄러움을 당하게(사 1:29) 하실 때에 거기에 그들의 우상을 던져 버리지 않을 수 없게 하실 것이다(사 30:22). 이스라엘 집이 벧엘을 의뢰하므로 수치를 당한 것 같이 모압이 그모스로 말미암아 수치를 당하리로다(렘 48:13).

(4) 사람들이 죄를 지긋지긋하게 여겨서 죄에서 떠나면서도 여전히 진심으로 회개하지 않는 것은 얼마든지 가능하다. 사람들은 죄를 너무 많이 지어서 신물이 나서 죄를 지겹게 생각할 수 있고, 죄를 지을 기회가 없어서 죄에서 떠날 수 있지만, 그것은 단지 하나님의 진노에 대한 비굴한 두려움에서 나온 행위일 뿐이고 하나님을 향한 사랑에서 나온 회개가 아니다.

Ⅳ. 육신의 팔을 의지해 왔던 자들로 하여금 그들이 의지한 것을 부끄러워하게 만드시리라는 것(22절).　"너희는 인생을 의지하지 말라. 너희에 대하여 하나님이 베푸시는 섭리들은 너희가 나중에 실망하고 불안해하며 부끄러워하게 될 것을 미리 막아주시기 위해서 사전에 이 교훈을 너희에게 큰 소리로 경고해 준다. 다음을 잘 생각해 보아라."

1. 사람이 얼마나 연약한가. 그의 호흡은 코에 있어서 순간순간마다 빠져나가서 곧 거의 완전히 사라져 버린다. 사람은 매순간 죽어가는 피조물로서 금방 죽을 수 있다. 우리의 호흡이 있는 코는 몸의 외부에 있는 기관이다. 코에 있다는 것은 마치 문에 서 있는 사람처럼 곧 떠날 준비를 하고 있다는 것이다. 아니, 코라는 문은 언제나 열려 있어서, 거기에 있는 호흡은 우리가 알아차리기도 전에 순식간에 빠져나가 버릴 수 있다. 그러니, 사람에게 믿을 구석이 어디 있겠는가? 슬프다! 사람은 셈할 가치가 없는 그런 존재이다. 왜냐하면, 사람은 겉으로 그럴 듯해 보이는 그런 존재, 뭐라도 되는 체하는 그런 존재, 우리가 상상하는 그런 존재가 아니기 때문이다. 사람은 없는 것과 같다. 아니, 사람은 허무(虛無) 자체로서 완전히 없는 존재이다. 성소의 저울에 달아보면, 사람은 허무보다 더 못하고 더 가벼운 존재이다.

2. 그러므로 사람을 의지하지 않는 자들은 얼마나 지혜로운가. 사람을 의지하지 않는 것이야말로 우리의 당연한 본분이고 우리의 유익이다. "사람을 의지

하지 말라. 아무리 위대하고 힘 있는 자들일지라도 그들을 의지하지 말라. 사람을 의지하는 것을 그쳐라. 너희는 사람의 능력이나 힘을 바라보지 말라. 왜냐하면, 사람의 힘은 유한하고 제한된 것이고 파생되고 의존되어 있는 것이기 때문이다. 너희에 대한 심판은 사람에게서 나오는 것이 아니다. 사람을 두려워하지도 말고, 사람을 너희의 소망으로 삼지도 말라. 도리어, 하나님의 능력을 바라보라. 사람들의 모든 능력과 힘은 하나님의 능력에 종속되어 있다. 하나님의 진노를 두려워하고, 하나님의 은총을 확보하라. 하나님을 너희의 도움으로 삼고, 너희의 소망을 너희 하나님 여호와께 두라."

제
— 3 —
장

개요

선지자는 이 장에서 계속해서 유다와 예루살렘의 죄들로 인해서 그들에게 임할 파멸들, 즉 바벨론 사람들에 의한 파멸과 로마 사람들에 의해서 완성될 그들의 파멸을 하나님께서 그들과 다투시는 몇몇 일들을 토대로 예언한다. 하나님은 이렇게 경고하신다. I. 그들의 삶과 통치에서 그들이 의지하던 모든 것들을 그들에게서 다 제하시리라는 것(1-3절). II. 그들을 혼란과 무질서에 빠지게 내버려 두시리라는 것(4-5, 12절). III. 그들에게 선한 통치자를 주시는 축복을 내리지 않으시리라는 것(6-8절). IV. 시온의 딸들에게서 그들의 장식물들을 벗겨내시리라는 것(17-24절). V. 전쟁의 칼을 통해서 모든 것을 초토화시키시리라는 것(25-26절). 하나님께서 그들을 이렇게 다루시도록 그의 진노를 촉발시킨 죄들은 다음과 같은 것들이었다. 1. 그들이 하나님께 도전한 것(8절). 2. 그들이 뻔뻔스러움(9절). 3. 권력을 남용하여 압제하고 폭정을 행한 것(12-15절). 4. 시온의 딸들의 교만(16절). 이 장의 한가운데서 선지자는 특정한 사람들에게 어떤 말씀을 전해야 하는지에 대하여 하나님의 지시를 받는다. (1) 이러한 민족적이고 전반적인 재난에도 불구하고 선한 자들에게는 아무 일도 없을 것임을 확실히 말해 줄 것(10절). (2) 하나님께서 심판 때에 아무리 긍휼하심을 기억하신다고 하여도 악한 자들에게는 화(禍)가 있을 것임을 확실히 말해 줄 것(11절). 오늘날 이 땅의 모든 나라들은 이 장이 주는 책망과 경고들에 귀를 기울여야 할 것이다!

¹보라 주 만군의 여호와께서 예루살렘과 유다가 의뢰하며 의지하는 것을 제하여 버리시되 곧 그가 의지하는 모든 양식과 그가 의지하는 모든 물과 ²용사와 전사와 재판관과 선지자와 복술자와 장로와 ³오십부장과 귀인과 모사와 정교한 장인과 능란한 요술자를 그리하실 것이며 ⁴그가 또 소년들을 그들의 고관으로 삼으시며 아이들이 그들을 다스리게 하시리니 ⁵백성이 서로 학대하며 각기 이웃을 잔해하며 아이가 노인에게, 비천한 자가 존귀한 자에게 교만할 것이며 ⁶혹시 사람이 자기 아버지 집에서 자기의 형제를 붙잡고 말하기를 네게는 겉옷이 있으니 너는 우리의 통치자가

되어 이 폐허를 네 손아래에 두라 할 것이면 [7]그 날에 그가 소리를 높여 이르기를 나는 고치는 자가 되지 아니하겠노라 내 집에는 양식도 없고 의복도 없으니 너희는 나를 백성의 통치자로 삼지 말라 하리라 [8]예루살렘이 멸망하였고 유다가 엎드러졌음은 그들의 언어와 행위가 여호와를 거역하여 그의 영광의 눈을 범하였음이라

선지자는 앞 장의 끝부분에서 모든 사람에게 꼭 필요한 경고, 즉 사람이나 그 어떤 피조물을 의지하지 말라는 경고를 하였다. 또한, 그는 사람의 목숨이 약해서 부서지기 쉽다는 것과 사람의 힘이 헛되고 연약하다는 것을 그러한 경고의 일반적인 이유로 제시하였다. 여기에서 그는 그러한 경고의 특별한 이유를 제시한다. 하나님은 지금 사람들이 의지하는 모든 피조된 것들을 멸하실 것이기 때문에 사람들은 그들이 의지하였던 것들에게서 무언가를 기대했다가는 오로지 실망만을 하게 되리라는 것(1절). 그들이 의뢰하며 의지하는 것(직역하면, 버팀목과 지팡이), 그것이 무엇이 되었든지 간에 그들이 그들을 도와주고 구해주리라고 기대하며 의지하던 모든 것들을 하나님께서는 제거하여 버리실 것이다. 그들의 교회와 나라는 이제 늙어 꼬부라져서 지팡이를 의지하고 있었다(늙은 자들처럼, 슥 8:4). 이제 하나님은 그들의 지팡이를 제거해 버리시고 (그러면, 그들은 당연히 넘어질 수밖에 없게 된다), 실제로 서로 연결되어 있어서 하나가 쓰러지면 다른 쪽도 쓰러질 수밖에 없는 예루살렘 성과 유다 나라의 버팀목들을 제거해 버리시겠다고 경고하신다. 이 일을 행하실 분은 주 만군의 여호와, 그 자신이 버팀목 또는 토대이신 여호와이시다. 여호와라는 버팀목이 제거되면, 그 밖의 다른 모든 버팀목은 우리 아래에서 무너져 내릴 수밖에 없게 된다. 왜냐하면, 여호와는 다른 모든 버팀목들에게 힘을 공급해 주시는 분이기 때문이다. 그렇게 하실 수 있는 권세를 지니고 계시는 통치자이신 주(主)이자 그렇게 하실 수 있는 능력을 지니고 계시는 만군의 여호와, 바로 그가 그들의 버팀목과 지팡이를 제거하실 것이다. 히에로니무스(Jerome)는 이것을 유대 민족이 우리 구주를 십자가에 못 박은 후에 현저하게 쇠락하게 된 것과 결부시킨다(롬 11:9-10). 하지만, 나는 이것을 하나님의 진노를 촉발시키지 말라는 열방에 대한 경고라고 본다. 왜냐하면, 그들이 하나님을 그들의 원수로 만든다면, 하나님은 이렇게 그들을 비참하게 만드실 수 있으시고, 또 그렇게 하시고자 하실 것이기 때문이다. 좀 더 자세하게 살펴보자.

Ⅰ. 그들의 풍요는 그들이 의지하는 것이었는가. 풍요는 어느 민족에게나 의지(依支)가 된다. 양식은 목숨이 의지하는 것이다. 그러나 하나님은 그들이 의지하는 모든 양식과 그들이 의지하는 모든 물을 제하여 버리실 수 있으시다. 양식의 풍족함이 죄악의 근원이 되고(겔 16:49), 목숨을 부지하도록 주어진 양식이 정욕을 채우기 위한 것이 될 때에 하나님께서 그 양식을 제하시는 것은 합당한 일이다. 하나님은 비를 내리시지 않음으로써 양식과 물을 제하실 수 있다(신 28:23-24). 또는, 하나님은 양식과 물을 허락하신다고 하여도 그의 축복을 거두심으로써 사람들이 의지하는 양식과 물을 제하실 수 있는데, 사람은 떡으로만 사는 것이 아니라 영혼의 양식인 하나님의 축복으로 살아야 하기 때문에(마 4:4), 하나님께서 그 축복을 거두시면, 그들은 먹을지라도 배부르지 못하며 마실지라도 흡족하지 못하게 된다(학 1:6). 그리스도는 생명의 양식(또는, 떡)이요 생명의 물이시다. 그리스도께서 우리의 의지(依支)가 되신다면, 우리는 그것이 결코 빼앗기지 않을 좋은 것이라는 것을 알게 될 것이다(요 4:14; 6:27).

Ⅱ. 그들의 군대, 즉 그들의 장군들, 사령관들, 군사들이 그들이 의지하는 것이었는가. 이런 것들은 칼에 의해서, 또는 그들이 패배를 겪어서 낙심이 되어 스스로 그들의 소임을 내팽개쳐 버리고 더 이상 싸우려고 하지 않음으로써 제거될 것이다. 또는, 그들은 병이 들어서 소임을 못하게 되거나 사기가 꺾여서 전쟁에 부적합한 자들이 되어 버릴 것이다. 용사와 전사, 심지어 하급 군관인 오십부장조차도 제거될 것이다. 용사들이 사라져 버린다는 것은 한 민족에게 불길한 징조가 된다. 그러므로 용사는 자신의 힘을 자랑해서는 안 되고, 그 어떤 민족도 그들의 용사들에게 지나친 기대를 걸어서는 안 된다. 강한 민족은 하나님을 영화롭게 하며, 포악한 나라들의 성읍은 하나님을 경외하여야 한다(사 25:3). 왜냐하면, 하나님은 그들을 약하고 초라하게 만드실 수 있으시기 때문이다.

Ⅲ. 그들의 나라를 경영하는 자들, 즉 그들의 박식한 자들, 그들의 정치가들, 그들의 성직자들, 그들의 모사들, 그들의 장인(匠人)들이 그들이 의지하는 것이었는가. 이런 자들도 제거될 것이다. 법률에 능하여 재판을 하는 일에 전문가들인 재판관들, 사람들에게 각자의 문제를 상담해 주는 선지자들, 다른 모든 사람들보다도 지혜가 뛰어나서 재판관들을 돕는 지혜자들 또는 불법적인 기법들을 사용하여 뭔가를 알아내는 데에 뛰어난 복술자들(그들은 썩은 버팀

목들이었지만, 사람들은 여전히 그들을 의지하였다), 나이가 많이 들었거나 어떤 일을 오래 한 장로들, 풍채가 당당하여 사람들의 공경을 받고 나이가 들어 경험이 풍부해서 조언자가 되기에 적합한 귀인들은 제하여질 것이다. 제조업자들이나 수공업자들도 한 나라가 크게 의지하는 것 중의 하나이다. 그러므로 모든 의지하는 것이 제거될 때에 정교한 장인도 제하여질 것이다. 마지막으로 언급된 부류는 말 하는 데에 능숙한 자인 변사(개역에서는 요술자)인데, 변사는 비록 지혜자들이나 장로들에 속하지는 않는다고 하여도 종종 다른 사람들의 마음을 훌륭한 언변으로 대변해 줌으로써 좋은 일을 행할 수 있다. 모세는 말을 잘 하지 못하였으나, 아론은 말을 잘 하였다. 하나님께서는 이런 자들을 제거하시겠다고 경고하시는데, 그 목적은 다음과 같다.

1. 재판관들을 어리석은 자가 되게 하시며 믿을 만한 자들의 언변과 나이 든 자들의 총명을 제하심으로써(욥 12:17 등) 그런 자들로 하여금 나라를 섬기지 못하게 하기 위하여. 각각의 피조물이 우리에게 어떤 모습과 태도를 취하느냐 하는 것은 하나님께서 각각의 피조물에게 어떤 것을 명하시느냐에 달려 있다. 우리는 우리에게 지금까지 도움을 주었던 자들이 항상 그럴 것이라고 확신할 수 없다.

2. 그들의 날들을 끝내기 위해서. 우리가 귀인들을 의지하지 않아야 하는 이유는 그들의 호흡이 끊어질 것이기 때문이다(시 146:3-4). 나라에 유익한 인재들이 한창 유익한 일을 하는 중간에 죽어서 없어지는 것은 어느 나라에나 심각한 경고의 징후가 된다는 것을 명심하라.

IV. 그들의 정부는 그들이 의지하는 것이었는가. 당연히 그랬을 것이다. 땅의 기둥들을 지탱하는 것은 왕의 일이다(시 75:3). 그러나 여기에서 하나님은 이 버팀목이 그들을 실망시키게 될 것이라고 경고하신다. 용사들과 지혜자들이 제거되고, 소년들이 그들의 고관들이 될 것이다. 즉, 가정교사들과 윗사람들 아래에 있어야 할 나이 어린 소년들이 고관들이 되어서 서로 물고 뜯으며 어린 왕과 그의 나라를 망쳐놓게 될 것이고, 분별력이 어린아이 수준이어서 유치하기 짝이 없고 식견이 없는 자들, 나라를 다스리는 일에 있어서 요람에 있는 아기들보다 더 적합하지 않은 자들이 그들의 고관이 되리라는 것이다. 이런 자들이 어린아이 같이 온갖 어리석음과 변덕스러움과 제멋대로 행하는 것을 통해서 그들을 다스리게 될 것이다. 그런 자가 너희의 왕인 나라여, 네게 화가 있도다(전 10:16).

V. 백성이 서로 일치단결하여 선한 질서를 이루며 서로 이해하고 소통하는 것이 그들이 의지하는 것이었는가. 만약 백성이 실제로 그런 모습을 보인다면, 비록 그들의 방백이나 고관들이 엉망이라고 하여도, 백성은 행복할 수 있다. 그러나 하나님은 여기에서 백성 가운데도 악한 영을 보내셔서(삿 9:23) 그들을 다음과 같이 만드실 것이라고 경고하신다.

1. 사람들은 서로를 해치며 이웃끼리의 정도 없어지리라는 것(5절). 백성이 서로 학대하며 각기 이웃을 잔해하리라. 소년들이 그들의 방백과 고관들이 되었기 때문에, 고관들은 압제자들을 제지하거나 압제받는 자들을 구해 주는 데에는 전혀 신경을 쓰지 않게 될 것이고, 고관들에게 호소해 봐야 아무 소용이 없기 때문에, 모든 사람이 스스로 복수에 나서고자 하는 충동을 받게 되어, 사람들은 서로 물고 뜯어서 결국 곧 모두 망하게 될 것이다. 사람은 사람에게 늑대가 되고, 법의 이름으로 악이 행해지며, 손님과 주인이 서로에게 위협이 된다.

2. 윗사람에게 무례하고 제멋대로 행하게 되리라는 것. 젊은 세대가 전체적으로 말을 잘 듣지 않고 버릇없으며 무례하고 다스리기 힘들어서 아이가 마땅히 센 머리 앞에서 일어서고 노인의 얼굴을 공경하여야(레 19:32) 함에도 불구하고 노인에게 교만히 행하는 것만큼 한 민족에게 불길한 징조가 되는 일은 없다. 젊은 사람들이 오만하고 버릇이 없고 윗사람을 깔볼 때, 그들의 그러한 행위는 그들 자신에게만 욕(辱)이 되는 것이 아니라 나라 전체에도 나쁜 결과를 가져다 준다. 그것은 젊은 사람들에 대한 윗사람들의 애정을 식어지게 만들고, 젊은 사람들을 붙들어 주는 손길을 약화시킨다. 또한, 존귀한 자들의 권위가 유지되지 못하고 도리어 비천한 자들에 의해서 모욕을 당하며, 재판관들이 군중에 의해서 욕을 당하고 그들의 권위가 도전을 받을 때, 그것은 나라 전체에 좋지 못하다. 이렇게 행하는 자들은 장차 큰 대가를 치르게 될 것이다.

VI. 지금은 상황이 좋지 않지만 곧 훌륭한 인물이 등장해서 상황을 호전시킬 것이라는 소망이 그들의 의지(依支)가 되고 있는가. 그렇지만, 그러한 기대도 좌절되고 말 것이다. 왜냐하면, 상황이 극도로 절망적이 되어서 아무리 지각과 자산이 있는 명망가라도 그 상황을 호전시킬 수 없을 것이기 때문이다.

1. 사람들은 아무나 붙잡고 정부를 맡아달라고 애걸하게 될 것이다(6절). 여기에서 우리는 다음과 같은 것들을 보게 된다.

(1) 선한 통치자가 백성의 동의를 얻어서 권력을 부여받아서 나라의 유익을

위하여 그 권력을 행사하는 길 외에는 이 모든 잘못된 것들을 바로잡고 다시 질서를 회복시킬 길은 없다는 것이 당연시되고 있다. 바로 이것이 많은 곳들에서 정부의 진정한 기원이었을 것이다. 많은 사람들은 그들이 다스림을 받거나(ruled) 멸망을 받는(ruined) 것 중 하나를 선택할 수밖에 없다는 것을 깨닫고서 그들 모두의 안녕과 안전을 위하여 권력을 맡기기에 적합하다고 생각되는 한 사람에게 복종하여 하나로 뭉치는 것이 꼭 필요하다는 것을 알게 된 것이었다. 그러므로 원래의 계약 내용은 이런 것이었다. "너는 우리의 통치자가 되라. 그리하면, 우리가 너에게 복종할 것이니, 너는 이 폐허를 네 손 아래에 두고 다시 세워서 복구하며, 그런 후에 그것을 보존하고 견고히 하며, 그 이익을 증진시키라(사 58:12). 너는 전쟁의 칼로써 우리를 외적의 침입에서 보호하고, 공의의 칼로써 우리가 다른 사람에게 해를 끼치는 것을 막아주는 일을 하라. 그리하면, 우리는 네게 참된 충성과 믿음을 바치리라."

(2) 이 일은 지극히 통탄스러운 일이자 장차 일어나게 될 서글픈 일로 묘사된다. 그 이유는 다음과 같다.

[1] 소년들이 그들의 고관들이 되어 있는 상황에서 각 사람은 누가 통치자가 될 것인지를 자기 자신이 결정하는 것이 합당하다고 생각하게 될 것이고, 또한 자신의 혈육을 통치자로 추천하고자 할 것이기 때문이다. 반면에, 만약 합당한 자들이 고관들이 되었다면, 마땅히 통치자를 지명하는 일은 전적으로 고관들의 몫이 되었을 것이다.

[2] 사람들은 권력을 갖기에 합당하다고 생각되는 자들의 손에 억지로 권력을 맡길 수밖에 없는 상황 아래에 그들 자신이 처해 있다는 것을 발견하게 될 것이기 때문이다. 통치자가 될 만한 사람이 그것을 맡고자 하지 않을 것임을 알고서, 사람이 그를 통치자로 삼기 위해서 막무가내로 붙잡게 될 것이다. 아니, 요셉의 형제들이 요셉을 시기한 것에서 드러나듯이, 사람들은 보통 그들의 동기(同氣)가 그들의 상전(上典)이 되는 것을 꺼려함에도 불구하고, 그는 자기 형제를 붙잡고 통치자가 되어 주기를 강권하게 될 것이다.

[3] 어떤 사람이 그의 이웃들보다 더 좋은 옷을 입고 있다는 것 ― 이것은 어떤 사람에게 정부를 맡기기에는 너무나 형편없는 자격요건이다 ― 이 그가 통치자가 되기에 충분한 이유로 여겨지게 될 것이기 때문이다. 좋은 옷을 입고 있거나 관원이 입는 관복이나 재판관의 법복을 살 여유가 있는 사람을 찾아내

기가 쉽지 않은 일이었다는 것은 나라가 극도로 빈곤해졌다는 것을 보여주는 증표였다. 사람들이 금가락지를 끼고 아름다운 옷을 입은 자를 몹시 공경하여 그를 그들의 통치자로 삼고자 했다면(약 2:2-3), 그것은 사람들이 극히 사려분별이 없게 되었음을 보여주는 충분한 증거가 되는 것이었다. 만약 "네가 지혜와 고결함과 경험을 갖추고 있으니 우리의 통치자가 되어 달라"고 말하였다면, 그것은 어느 정도 일리가 있는 청(請)이 되었을 것이다. 그러나 네게는 겉옷이 있으니 너는 우리의 통치자가 되라고 말한 것은 정말 웃기는 일이었다. 가난한 지혜자는 남루한 옷을 입고 있었지만, 그가 성읍을 건졌다(전 9:15). 우리는 이 본문이 우리 주 예수께서는 다른 사람들의 청(請)을 받지도 않으셨지만 기쁜 마음으로 스스로 우리의 형제로 나서서 우리의 통치자와 구주가 되어 이 폐허를 그의 손 아래에 두셨을 때에 타락한 인간의 처지가 얼마나 절망적이었던 것인지를 간접적으로 보여주는 것이라고 생각한다.

2. 이렇게 통치자가 되어 달라고 강권을 받는 자들은 맹세코 그렇게 하지 못하겠다고 대답하게 될 것이다. 왜냐하면, 그들은 상당한 자산가들로 대우받고 있지만 그들 자신이 통치자의 직임을 감당할 수 없고 사람들의 기대를 충족시켜 줄 수 없으리라는 것을 스스로 잘 알기 때문이다(7절). 그가 맹세하여(직역하면 손을 높이 든다는 뜻인데, 이것은 맹세할 때에 사용되었던 고대의 의식이었대[개역에서는 소리를 높여]) 이르기를 나는 고치는 자가 되지 아니하겠노라 나를 백성의 통치자로 삼지 말라 하리라. 통치자들은 고치는 자들, 치유하는 자들이 되어야 하는데, 선한 위정자들은 그런 법이라는 것을 명심하라. 그들은 신민(臣民)들을 하나가 되게 하는 데에 힘써야 하고, 신민들 간의 차이들을 부각시켜서 그들의 틈새를 갈라놓아서는 안 된다. 온유하고 침착하며 치유하는 심령을 지닌 자들만이 통치자가 되기에 합당하다. 또한, 그들은 적절한 조치들을 통해서 백성의 그 어떤 상처라도 고치고 치유하여야 한다. 그런데, 그는 왜 통치자가 되지 않고자 하는 것일까? 그 이유는 내 집에는 양식도 없고 의복도 없기 때문이다.

(1) 그의 말이 사실이라면, 그것은 가장 형편이 나아 보이는 자들조차도 생필품이 부족할 정도로 사람들의 재산이 형편없이 파괴되었다는 것을 보여주는 증표였는데, 이런 비참한 상황은 모든 사람들에게 공통된 일이었다. 유행을 따라 화려하게 살던 자들은 이런 때에도 사람들 보기에는 아주 잘 차려입고 다니

는 것 같지만 실상은 큰 곤경에 처해 있어서 양식과 의복조차도 부족해서 무거운 마음으로 살아간다.

(2) 그의 말이 사실이 아니라면, 그것은 사람들이 통치자가 되면 비용이 많이 들어가는 것을 알고서 그 관직을 피하기 위하여 위증의 죄를 스스로 짊어지고 돈을 아끼기 위해서 자신의 영혼을 지옥에 빠뜨리고자 할 정도로(이것은 세상에서 가장 미친 짓이다) 사람들의 양심이 처참하게 타락되어 있었음을 보여주는 증표였다(마 16:26).

(3) 그것이 사실이든 아니든, 그것은 사람들이 위정자가 되어 보아야 명성이나 이득 — 이 두 가지는 사람들이 출세하고자 할 때에 그 목적이 되는 것들이다 — 을 얻지 못할 것을 미리 알고서 아무도 그런 관직을 맡고자 하지 않을 정도로 민족의 처지가 너무도 나빠졌다는 것을 보여주는 증표였다.

3. 하나님께서 자기 백성의 처지를 이 지경이 되도록 처참하게 만드신 이유 (이 이유는 선지자 또는 통치자가 되기를 거부한 자에 의해서 제시된다). 그것은 하나님께서 이스라엘 나라에 대하여 선의가 없으셨기 때문이 아니라, 이스라엘의 처지가 절망적이어서 구원하려고 시도해 보아야 아무 소용이 없다는 것을 아셨기 때문이었다(8절). 예루살렘이 멸망하였고 유다가 엎드러졌다. 자업자득이었다. 그들은 화(禍)를 자초한 것이었다. 왜냐하면, 그들의 언어와 행위가 여호와를 거역하였기 때문이다. 그들은 말과 행위를 통해서 하나님의 법을 범하였고, 그렇게 함으로써 하나님을 모욕하고자 하였다. 그들은 하나님의 권위를 멸시하고 하나님의 공의에 도전하여 악의적으로 하나님의 마음을 상하게 하고자 하였다. 그들은 여호와의 선지자들을 반박하는 말을 함으로써 그들의 언어는 여호와를 거역하는 것이 되었다. 또한, 그들은 그들이 말한 대로 행함으로써 그들의 행위도 여호와를 거역하는 것이 되었다. 하나님의 눈이 그들을 지켜보고 계셨고, 하나님의 영광이 그들 가운데 나타나셨다는 사실은 그들의 죄를 더욱 가중시켰다. 그러나 그들은 마치 그들이 하나님의 영광을 더 많이 알면 알수록 그 영광을 멸시하여 수치로 전락시키면 그들이 더 많은 영광을 얻기라도 하는 듯이 면전에서 하나님께 도발하여 화를 돋구었다. 예루살렘이 멸망한 것은 바로 이 때문이었다. 사람들과 민족이 멸망하는 것은 그들이 저지른 죄 때문이라는 것을 명심하라. 그들이 하나님께 도발하여 화를 돋구지 않았다면, 하나님은 그들을 전혀 해하지 않으셨을 것이다(렘 25:6).

[9]그들의 안색이 불리하게 증거하며 그들의 죄를 말해 주고 숨기지 못함이 소돔과 같으니 그들의 영혼에 화가 있을진저 그들이 재앙을 자취하였도다 [10]너희는 의인에게 복이 있으리라 말하라 그들은 그들의 행위의 열매를 먹을 것임이요 [11]악인에게는 화가 있으리니 이는 그의 손으로 행한 대로 그가 보응을 받을 것임이니라 [12]내 백성을 학대하는 자는 아이요 다스리는 자는 여자들이라 내 백성이여 네 인도자들이 너를 유혹하여 네가 다닐 길을 어지럽히느니라 [13]여호와께서 변론하려 일어나시며 백성들을 심판하려고 서시도다 [14]여호와께서 자기 백성의 장로들과 고관들을 심문하러 오시리니 포도원을 삼킨 자는 너희이며 가난한 자에게서 탈취한 물건이 너희의 집에 있도다 [15]어찌하여 너희가 내 백성을 짓밟으며 가난한 자의 얼굴에 맷돌질하느냐 주 만군의 여호와 내가 말하였느니라 하시도다

하나님은 여기에서 자기 백성과의 논쟁으로 나아가신다. 좀 더 자세하게 살펴보자.

I. 논쟁의 이유. 하나님께서 그들과 다투신 것은 죄 때문이었다. 그들이 괴롭고 힘들어서 화가 난다면, 그들은 한 발자국 물러서서 조금만 더 깊이 생각해 보아야 한다. 그러면, 그들은 그 책임이 그들에게 있다는 것을 알게 될 것이다. 그들의 영혼에 화가 있을진저 그들이 재앙을 자취하였도다(9절). 또는, 슬프도다 그들의 영혼이여 그들이 재앙을 자초하였도다(이렇게 탄식의 의미로 해석될 수도 있다). 죄인들의 상태는 이렇게 비참하고 통탄스러운 것임을 명심하라. 또한, 죄에 의해서 손상을 입고 위태로워지는 것은 영혼이라는 것도 명심하라. 죄인들은 물질적으로는 형통할 수 있지만, 그와 동시에 그들의 영혼에는 화(禍)가 있다. 나아가, 죄인들에게 그 어떤 재앙이 임한다고 하여도, 그것은 그들이 자초한 것이다(렘 2:19). 하나님께서 여기에서 고소하는 것은 다음과 같은 것들이다.

1. 그들은 그들로 하여금 죄를 짓지 못하게 억제해 줄 부끄러움을 다 내던져 버리고서 뻔뻔스럽고 후안무치하게 되어 버렸다는 것(9절). 이것은 다른 그 어떤 것보다도 사람을 완악하게 하여서 회개가 어렵게 만들고 파멸에 더 가까이 다가가게 만든다. 그들의 안색이 그들을 쳐서 그들의 마음이 허영에 차 있고 음란하며 악의적이라는 것을 증거한다. 그들의 눈은 그들이 죄를 끊을 수 없다는 것을 분명하게 말해준다(벧후 2:14). 그들의 얼굴을 본다면, 사람들은 그들의

마음속에 지독한 악의가 있다는 것을 금방 알아차릴 수 있다. 그들의 얼굴은 그들의 죄가 소돔과 같다는 것을 분명하게 보여준다. 그들은 성질이 급하고 충동적이며 오만하고 정욕에 가득 차 있어서 누가 조금이라도 말리는 것을 참지 못한다. 그래서 그들 속에는 인간에게 남아 있는 미덕의 불꽃들이 완전히 꺼져 있다. 소돔 사람들은 그들의 죄가 참으로 커서(창 13:13) 하늘에까지 닿았을 뿐만 아니라(창 18:20) 너무도 부끄러운 일을 전혀 부끄러움 없이 행함으로써(창 19:5) 그들의 죄를 드러내었다. 유다와 예루살렘도 그랬다. 그들은 그들의 부끄러운 죄를 숨기기는커녕 도리어 그 죄를 자랑하고 다녔고, 그들이 미덕의 요구와 그들 자신의 죄의식을 어떻게 과감히 떨쳐내 버리고 극복했는지를 자랑스럽게 떠벌리며 다녔다. 그들은 창녀의 낯을 가져서(렘 3:3) 부끄러워하지 않았을 뿐만 아니라 조금도 얼굴이 붉어지지 않을 수 있었다(렘 6:15). 죄에 대하여 무감각해지고 뻔뻔스러워진 자들은 파멸의 때가 가까웠다는 것을 명심하라. 부끄러움이 없는 자들은 은혜도 없고, 그러므로 소망도 없다.

2. 그들을 올바른 길로 이끌어야 할 지도자들은 도리어 그들로 하여금 길을 잃게 만들었다는 것(12절). "네 인도자들(고관들, 제사장들, 선지자들)이 너를 잘못 인도하고 있고, 너로 하여금 잘못된 길로 가게 하고 있다." 이것은 지도자들이 그들에게 거짓되고 부패한 가르침들을 전하였던 것이거나, 비록 참되고 선한 가르침들을 전하였다고 하더라도 지도자들의 언행이 서로 모순되어서, 백성들은 지도자들의 선한 권면이 아니라 악한 행실을 따르게 되었던 것일 것이다. 이렇게 지도자들은 그들이 한 손으로는 건물을 지으면서 이와 동시에 다른 손으로는 그 건물을 무너뜨리는 식으로 백성들이 다닐 길을 어지럽혔다. 그들은 입으로는 너를 축복하면서 실제로는 너를 잘못된 길로 가게 만든다(어떤 이들은 이렇게 해석한다). 제사장들은 마치 백성들에게 잘못된 것이 아무것도 없다는 듯이 그들을 칭찬하였고, 마치 백성들이 그 어떤 위험에도 처해 있지 않다는 듯이 그들에게 평안하다, 평안하다고 외쳤다. 이런 식으로 그들은 백성들로 하여금 계속해서 잘못된 길로 가게 만들었다.

3. 압제당하는 자들의 편이 되어서 그들을 보호해 주어야 할 판관들이 도리어 가장 압제하는 자들이 되었다는 것(14-15절). 백성의 장로들과 고관들은 많이 배워서 무엇이 더 나은지를 잘 알고 있고 큰 재산을 갖고 있어서 백성들의 것을 탐내지 않아도 되며 존귀한 자들로서 비열한 짓을 경멸하여야 마땅함에

도 불구하고 백성들의 포도원을 삼켰다. 그들은 하나님의 포도원을 지키며 가꾸도록 임명을 받았지만 도리어 그 포도원을 불태워 버렸다(이것이 원어의 의미이다). 그들은 그렇게 함으로써 극악무도한 원수들과 똑같은 자들이 되었다(시 80:16). 또는, 이세벨이 나봇에게 그랬듯이, 그들은 가난한 자들의 포도원을 강제로 빼앗거나 그 포도원의 열매를 삼켜 버림으로써, 궁핍한 가정들의 일용할 양식이 되어야 했던 것으로 그들의 욕망을 채웠다. 그들은 가난한 자들에게서 탈취한 것들을 그들의 집에 쌓았다. 하나님께서 도둑맞은 물건을 찾으러 오셔서 그들의 집에서 그것을 발견하셨을 때에 그것은 그들을 쳐서 증언하는 증인이었다. 그들은 자신의 집에서 그것을 발견하였을 때에 얼마든지 그것을 반환할 수 있었지만 그렇게 하고자 하지 않았다. 하나님은 이 큰 자들에게 따지신다(15절). "어찌하여 너희가 내 백성을 짓밟느냐. 너희가 무슨 이유로 그렇게 하는 것이냐? 너희가 그렇게 해보아야 너희에게 무슨 유익이 있느냐?" 또는, "그들이 너희에게 무슨 해를 끼쳤느냐? 너희는 그렇게 할 권한이 너희에게 주어졌다고 생각하는 것이냐?" 하나님의 백성을 박해하고 압제하는 자들이 행한 해악(害惡)과 학대는 그 어떤 식으로도 변명될 수 없을 뿐만 아니라, 하나님께서 그 책임을 반드시 물으시리라는 것을 명심하라. "너희가 가난한 자의 얼굴에 맷돌질하는구나. 너희는 마치 맷돌로 가는 듯이 끊임없이 압제를 행하여 그들에게 고통과 공포를 안겨주고 그들을 가루로 만들어 버리고 있구나." 또는, "그들의 얼굴은 너희에게 맞아서 터지고 깨져 있구나. 너희는 그들의 재산만을 강탈한 것이 아니라 인격적으로도 모욕하고 학대하였도다." 우리 주 예수께서도 얼굴을 세게 맞으셨다(마 26:67).

Ⅱ. 논쟁의 구도

1. 고소자는 하나님 자신이다(13절). 여호와께서 변론하러 일어나신다. 즉, 하나님은 이 문제를 따지려고 작심하셨다. 여호와께서 백성들을 심판하려고 서시도다. 즉, 하나님은 압제당하고 학대받은 자들을 위하여 심판하시려고 일어서신다. 하나님은 고관들을 심문하러 오실 것이다(14절). 아무리 큰 자라 할지라도 하나님의 심판을 위한 심문과 선고를 면제받거나 거기에서 안전할 수 없고, 하늘 법정의 재판 관할권에 대하여 이의를 제기할 수 없다는 것을 명심하라.

2. 하나님은 고소 내용을 너무도 명백한 증거를 통해서 입증하신다. "압제자들을 보라. 그들의 안색이 그들을 쳐서 증거하도다(9절). 압제받는 자들을 보

라. 그러면 너희는 그들의 얼굴이 무수히 맞아서 짓이겨져 있는 것을 볼 수 있을 것이다(15절)."

3. 변론은 역할의 변경을 통해서 이미 시작되었다. 하나님은 자신의 권력을 악한 목적으로 남용한 자들을 벌하시기 위하여 자신의 권력을 선한 목적으로 쓸 줄을 아예 모르는 자들로 하여금 그들을 다스리게 만드신다. 그들을 학대하는 자는 아이요 다스리는 자는 여자들이라(12절). 여자들과 아이들처럼 판단력은 약하면서도 열정은 강한 자들이 그들을 다스리는 위치에 올라서 그들을 압제한다. 그런 자들이 그들을 다스리게 된 것은 그들의 죄로 인하여 그들에게 임한 심판이었다.

Ⅲ. 변론이 진행되면서 사람들 간에 구별이 이루어지리라는 것(10-11절). 너희는 의인에게 복이 있으리라 말하라. 악인에게는 화가 있으리라. 선지자는 이미 악인들이 재앙을 자초하였다고 말하였었는데(9절), 여기에서는 그 증거로 하나님께서 각 사람에게 그 행한 대로 보응하시리라는 것을 보여준다. 그들이 의로웠다면, 그들에게 복이 있었을 것이다. 그러나 그들에게 재앙이 있다면, 그것은 그들이 악하기 때문이다. 하나님께서는 가인에게 그가 화낼 이유가 전혀 없다는 것을 깨우치시기 위해서 이것을 그에게 분명하게 말씀해 주셨다(창 4:7). 또는, 이 본문은 다음과 같이 해석될 수도 있다. 하나님은 백성들의 모든 것을 파멸시킬 민족적인 심판을 경고하고 계신다. 좀 더 살펴보자.

1. 선한 자들은 그들도 이 파멸에 휘말려들지 모른다고 두려워할 수 있기 때문에, 하나님은 선지자들에게 그들이 그러한 두려움을 갖지 않도록 위로하라고 명하신다. "불의한 민족이 어떻게 되든지 간에, 의로운 자는 죄인들의 무리 속에서 함께 망하게 되지 않으리라는 것을 알라. 세상을 심판하시는 이는 의인을 악인과 함께 죽이지 아니하시리라(창 18:25). 의로운 자에게 복이 있으리라는 것을 하나님의 이름으로 약속하라. 악인들이 당하는 환난이 의인에게는 아무렇지도 않은 것이 될 것이고, 의인은 여호와의 분노의 날에 숨김을 얻으리라. 하나님께서 의인을 붙드시고 위로하실 것이고, 의인이 받는 힘과 위로는 악인들이 받는 환난만큼이나 풍성할 것이기 때문에, 의인에게 복이 있게 될 것이다." 사람들이 의지하는 모든 양식이 제하여진다고 할지라도, 기근의 때에 의인들은 배부르리라. 의인들은 그들의 행위의 열매를 먹을 것이다. 그들은 사람들이 밥 먹듯이 저질렀던 죄악들로부터 자신을 깨끗하게 지켰다는 양심의 증언을 갖고

있을 것이기 때문에, 사람들에게 임한 재앙이 그들에게는 임하지 않게 될 것이다. 그들은 죄악의 불길에 연료를 집어넣지 않았기 때문에, 그들 자신도 그 불길의 연료가 되지 않는다.

2. 악인들은 그들이 이 파멸을 피할 수 있을 것이라는 기대를 가질 수 있기 때문에, 하나님은 선지자들에게 그들이 그러한 헛된 소망을 갖지 않도록 단호하게 전하라고 명하신다. "악인에게는 화가 있으리라(11절). 심판은 악인에게 독이 될 것이고, 그들의 고초와 재난 속에는 쑥과 담즙이 있을 것이다." 악인들에게는 화가 있을 것이다. 그들은 사람들에게 임할 심판을 피할 수 있을 것이라고 생각할지 모르지만, 그들에게는 재앙이 있을 것이다. 그들이 회개하지 않는다면, 그들에게는 점점 더 나쁜 재앙들이 일어나게 될 것이고, 마침내 가장 나쁜 재앙이 그들에게 임할 것이다. 왜냐하면, 각 사람이 그 몸으로 행한 일들을 따라서 보응을 받게 될 그 날에 그들은 그들의 손으로 행한 대로 보응을 받을 것이기 때문이다.

[16]여호와께서 또 말씀하시되 시온의 딸들이 교만하여 늘인 목, 정을 통하는 눈으로 다니며 아기작거려 걸으며 발로는 쟁쟁한 소리를 낸다 하시도다 [17]그러므로 주께서 시온의 딸들의 정수리에 딱지가 생기게 하시며 여호와께서 그들의 하체가 드러나게 하시리라 [18]주께서 그 날에 그들이 장식한 발목 고리와 머리의 망사와 반달 장식과 [19]귀 고리와 팔목 고리와 얼굴 가리개와 [20]화관과 발목 사슬과 띠와 향합과 호신부와 [21]반지와 코 고리와 [22]예복과 겉옷과 목도리와 손 주머니와 [23]손 거울과 세마포 옷과 머리 수건과 너울을 제하시리니 [24]그 때에 썩은 냄새가 향기를 대신하고 노끈이 띠를 대신하고 대머리가 술한 머리털을 대신하고 굵은 베 옷이 화려한 옷을 대신하고 수치스러운 흔적이 아름다움을 대신할 것이며 [25]너희의 장정은 칼에, 너희의 용사는 전란에 망할 것이며 [26]그 성문은 슬퍼하며 곡할 것이요 시온은 황폐하여 땅에 앉으리라

선지자가 해야 할 일은 온갖 부류의 사람들에게 그들이 민족적인 죄악에 어떠한 기여를 하였고, 장차 올 민족적인 심판에 있어서 그들이 어떤 몫의 심판을 받을 것인지를 보여주는 것이었다. 여기에서 그는 시온의 딸들을 책망하고 경고하며, 시온의 여자들에게 그들이 행한 잘못들을 말해준다. 모세가

율법을 통해서 온유하고 연약한 부녀에 대한 하나님의 진노를 선포하였던 것과 마찬가지로(신 28:56, 예언서들은 율법에 대한 해설이다), 선지자는 여기에서 부녀들에게 장차 그들에게 임할 재난 때문에 그들이 얼마나 괴로워하게 될 것인지를 말해준다. 좀 더 살펴보자.

I. 시온의 딸들이 저지른 죄(16절). 선지자는 시온의 부녀들이 자기가 그들의 죄를 지적하는 것이 주제넘은 짓으로 여겨서 자기에 대하여 적개심을 보이지 않도록 하기 위하여 자기가 하는 말이 하나님에게 나온 것임을 분명하게 밝힌다. 여호와께서 말씀하시되. "너희가 경청해서 듣든지 귀를 막고 들으려 하지 않든지 그런 것은 너희의 자유이지만, 너희 시온의 부녀들이 꼭 알아야 할 것은 하나님께서 너희 교만한 여인들의 어리석음과 교만을 알고 계시고 거기에 대하여 몹시 화가 나 계신다는 것과 하나님의 율법은 너희가 옷 입은 것까지도 상관하신다는 것이다." 선지자가 여기에서 고소하고 있는 두 가지의 것, 즉 시온의 부녀들의 오만함과 방자함은 여자들이 단정하게 옷을 입으며 소박함과 정절로써 자기를 단장하여야(딤전 2:9) 하는 것과 정반대의 모습니다. 시온의 딸들은 걸음걸이와 몸짓, 경망스러운 몸가짐을 통해서 그들의 마음이 어떠한지를 드러내었다. 그들은 교만하여서 목을 길게 빼고 늘인 채로 걸어 다녔는데, 이것은 그들이 키가 커 보이게 하거나 아무도 그들에게 함부로 말하지 못하도록 도도하게 보이고자 한 것이거나, 사람들로부터 눈길이나 미소를 받기 위한 것이었을 것이다. 그들의 눈은 정을 통하는 눈, 속이는(원어는 이런 의미이다) 눈이다. 그들은 정을 통하는 눈으로 남자들을 홀려서 그들이 쳐놓은 덫에 빠지게 만든다. 사람들은 자신의 딱딱하고 고지식한 걸음걸이와는 달리 그녀들이 차밍스쿨에서 우아하게 걷는 법을 배워서 멋지게 걷는 모습을 보고서 감탄한다. 그들은 우아하게 보이기 위해서 발바닥이 땅에 닿지 않도록 아기작거리며 사뿐사뿐 걷는다. 또한, 그들은 발로는 쟁쟁한 소리를 내는데, 어떤 이들은 그녀들이 걸을 때에 소리가 나도록 하기 위하여 신발에 사슬이나 작은 방울들을 단 것이라고 생각한다. 마치 말로 하여금 천천히 걷는 법을 배우게 하기 위하여 말의 발에 망을 씌우는 것처럼, 그녀들은 마치 족쇄가 채워진 것처럼(어떤 이들은 이렇게 해석한다) 걷는다. 아각 왕이 사무엘에게 올 때에 바로 그런 걸음으로 왔다(삼상 15:32). 사람들에게 멋지게 보이고자 하는 이러한 걸음걸이는 자연스러운 것에 어긋나는 억지스러운 것일 뿐만 아니라 지각 있는 사람들에게는 우스

꽝스러워 보이는 것이다. 또한, 그러한 모습은 마음이 허영에 가득 차 있다는 것을 보여주는 증거일 뿐만 아니라 하나님을 거슬러 진노케 하는 것이다. 시온의 딸들의 이러한 모습은 다음과 같은 두 가지 사실에 의해서 더욱 가증스러운 것이 되었다.

1. 이 부녀들은 거룩한 산 시온의 딸, 마땅히 신앙을 고백하는 여자들에게 합당한 경건한 행실을 보여주었어야 할 시온의 딸들이었다는 것.

2. 이 부녀들은 가문의 자부심과 사치스러운 생활을 유지하기 위하여 가난한 자들을 압제하고 그 가산을 탈취한 고관들의 부인들과 딸들이었으리라는 것(14-15절).

Ⅱ. 선지자가 이 죄에 대하여 경고한 심판들. 그 심판들은 시온의 딸들이 저지른 죄들에 대응되는 것들이 될 것이다(17-18절).

1. 그들은 늘인 목으로 다녔다. 따라서 하나님은 그들의 정수리에 딱지가 생기게 하셔서, 그들로 하여금 의기소침하여 이마를 내놓기가 창피하여 머리를 자르지 않을 수 없게 하실 것이다. 역겨운 질병들은 하나님이 교만에 대한 의로운 심판으로 보내시는 경우가 흔하고, 종종 음란함의 직접적인 결과로 생겨나서 육체와 몸을 다 망쳐 놓는다는 것을 명심하라.

2. 그들은 자신을 온갖 화려하고 비싼 옷으로 치장하면서도 그런 식으로 허랑방탕하면 장차 그들에게 무슨 일이 일어나게 될지를 전혀 신경 쓰지 않았다. 따라서 하나님은 그들을 극도로 가난하고 곤경에 처하게 만드셔서, 그들이 자신의 몸뚱어리를 가릴 만한 옷조차 없어서 그들의 볼품없는 맨살이 누더기 옷 사이로 삐져나와 노출되게 하실 것이다.

3. 그들은 장식물들을 너무도 좋아하고 자랑하였다. 따라서 하나님은 그들이 살던 집들이 약탈을 당하고 재물을 쌓아둔 곳간이 털리며 그들 자신도 포로로 잡혀갈 때에 그들에게서 장식물들을 제하실 것이다. 선지자는 여기서 마치 자기가 그들의 옷장을 관리하는 자였던 것처럼, 또는 그들의 옷방에서 그 장식물들을 눈여겨 관찰하였던 것처럼 그들이 사용했던 많은 장식물들을 아주 구체적으로 열거한다. 선지자가 여기에서 열거한 각각의 장식물들이 어떤 것들이었는지, 번역문들이 원래의 단어들이 지닌 의미를 올바르게 표현하고 있는지는 별로 중요하지 않다. 아마도 지금 우리가 여기에 언급된 몇몇 장식물들이 무엇이었는지를 잘 이해하지 못하는 것과 마찬가지로, 앞으로 100년이 지나면

후세 사람들은 지금 이 땅에서 우리가 사용하고 있는 몇몇 장식물들의 이름을 제대로 이해하지 못하게 될 것이다. 유행은 변하고, 따라서 유행하는 물건들의 이름도 변한다. 그렇지만 선지자가 장식물들의 이름을 여기에 열거한 것은 결코 쓸데없는 것이 아니고, 시온의 딸들의 어리석음을 드러내기 위한 것인데, 그 이유는 다음과 같다.

(1) 그것은 여기에 열거된 장식물들 중 다수는 아마도 아주 기괴하고 우스꽝스러운 것들로서, 만약 그것들이 당시에 유행하는 것들이 아니었다면, 틀림없이 사람들로부터 야유를 들을 만한 것들이었던 것으로 보이기 때문이다. 그러한 것들은 다 큰 어른들이 시온 산으로 갈 때에 장식물로 사용할 만한 것들이라기보다는 아이들이 장난감으로 가지고 놀 만한 것들이었다.

(2) 그것은 세마포 옷, 머리 수건, 너울 같이 단정한 물건들은 굳이 그렇게 요란하고 사치스럽게 꾸미거나 장식할 필요가 없는 그런 것들이었기 때문이다. 의복을 갖추어 입는 것은 꼭 필요한 일이기 때문에, 사람들은 각자의 신분에 맞게 의복을 차려 입어야 마땅하다. 그러나 하루가 멀다 하고 옷을 갈아입기 위해서 아주 많은 옷을 갖추어 둔 것(22절)은 허례허식이 아니고 무엇이겠는가? "그들은 낮에 입을 긴 옷과 밤에 입을 짧은 옷, 일하는 날에 입을 이런 색깔의 면직물 옷과 거룩한 날에 입을 저런 색깔의 비단옷, 만찬 전에 입을 스페인풍의 드레스와 만찬이 끝나고 입을 터키풍의 또 다른 드레스를 갖고 있었을 것이지만(아주 많은 옷들이 열거되고 있는 것에서 알 수 있듯이), 그것으로도 결코 만족하지 못하였다." 이 모든 것들은 그들의 교만과 허영을 보여주는 증거들이다. 그들은 마땅히 경건의 일들과 구제에 써야 할 많은 돈을 그들의 천한 욕망을 채우기 위하여 이 모든 것들을 마련하는 데에 사용하였다. 그들은 그 돈을 마련하기 위해서 가난한 소작인들을 착취하고 가난한 채무자들의 돈을 속여서 빼앗는 일을 서슴지 않았다.

(3) 그것은 선지자가 이러한 것들을 열거한 것은 그들의 관심이 온통 그런 것들에 있었다는 것, 그들의 마음이 온통 그런 것들에 빼앗겨 있었다는 것, 그들이 그런 것들을 아주 꼼꼼하게 챙겼다는 것, 그들이 그런 것들을 너무도 소중하게 여겼다는 것, 그런 것들에 대한 그들의 욕망이 끝이 없었다는 것, 그들의 모든 즐거움이 그런 것들에 있었다는 것을 보여주기 때문이다. 여인네들은 그러한 장식물들이 아무리 많다고 하여도 그 중 하나도 잊어버리지 않는 법이

다(렘 2:32). 도리어, 그들은 그 장식물들이 세상에서 가장 소중한 것이라도 되는 양 아주 신이 나서 그 하나하나에 대하여 사람들에게 말하는 것을 좋아한다. 선지자는 이 장식물들 자체가 죄악 된 것이라고 말하지 않는다(그러한 것들을 가지고 있고 사용하는 것은 결코 죄가 아니다). 시온의 딸들의 죄는 그들이 그러한 것들을 자랑하였다는 것이다. 그러므로 그들은 그러한 것들을 빼앗기게 될 것이다.

Ⅲ. 그들은 옷에 아주 관심이 많았고 신경을 많이 썼지만, 하나님은 그토록 값비싼 것들로 아름답게 장식된 그들의 몸을 그들에게 수치와 짐이 되게 하실 것이다(24절).　향합(향수병)들 때문에(이 향합들은 영혼의 집들이라 불렸다, 사 3:20 난외주) 향기가 났던 그들의 몸이 이제는 그 대신에 오래 입어서 때구정물이 줄줄 흐르는 옷 때문에 또는 역겨운 병에 걸리거나 그 병을 치료하느라 고약을 발라서 썩은 냄새가 나게 되리라. 옷을 단정하게 잡아매기 위해서 사용되었던 화려하게 수놓아진 띠 대신에 그들은 슬픔으로 인하여 옷을 찢게 되거나, 누더기처럼 다 해진 옷을 입게 되리라. 단정하게 땋아서 분을 바른 그들의 잘 정돈된 머리(개역에서는 숱한 머리털)는 큰 환난을 당하여 뽑혀지거나 밀어져서(사 15:2; 렘 16:6), 또는 지독한 강제노역으로 인해서(겔 29:18) 대머리가 되리라. 그들은 정장용 장식띠 또는 화려한 장식용 스카프(개역에서는 화려한 옷) 대신에 깊은 굴욕감을 나타내는 베로 된 띠(개역에서는 굵은 베 옷)를 띠게 되리라. 또한, 아름다운 용모를 지니고서 그것을 자랑하였던 자들은 포로로 끌려가면서 그 얼굴이 볕에 그을리고 타서 화상(火傷)(개역에서는 수치스러운 흔적)이 아름다움을 대신하게 되리라. 아무리 아름다운 얼굴이라도 곧 햇볕에 그을려 손상을 입게 될 것이다. 이 모든 것을 통해서 우리는 다음과 같은 것들을 배워야 한다. 1. 우리가 입는 옷에 지나친 관심을 갖거나 까다롭지 말고, 화려하고 값비싼 옷에 마음을 두거나 그런 옷을 자랑하지 말라는 것. 2. 감각을 즐겁게 해주는 것들을 누리면서 안일하게 살아서는 안 된다는 것. 왜냐하면, 우리는 언제 그러한 것들을 빼앗길지 모르고, 어떤 곤경이 우리에게 곧 들이닥칠지 모르기 때문이다.

Ⅳ. 그들은 이러한 장식물을 이용해 신사들을 홀려서 그들의 사랑을 차지하고자 하지만(잠 7:16-17), **그들에게 홀리는 자가 아무도 없을 것이다**(25절). 너희의 장정은 칼에, 너희의 용사는 전란에 망하리라. 청년들은 불에 살라지고, 처녀

들은 혼인 노래를 들을 수 없을 것이다(시 78:63). 하나님께서 칼을 보내시면, 용사들이 제일 먼저 칼에 쓰러지게 된다. 왜냐하면, 그들은 용맹스러워서 가장 앞장서서 싸움에 뛰어들기 때문이다. 시온을 지키던 용사들이 다 쓰러지면, 원수들이 시온의 성문들을 장악하게 되기 때문에, 그 성문들이 슬퍼하며 곡하리라(26절)는 것은 전혀 이상한 일이 아니다. 또한, 시온 성 자체도 초토화되어 황폐해져서 슬픔에 잠긴 과부처럼 땅에 앉으리라. 죄가 성벽 안에서 자리를 잡으면, 성문들이 곡할 날이 멀지 않은 것이다.

제
— 4 —
장

개요

　　이 장에는 다음과 같은 내용들이 나온다. I. 남자들이 조금 남아서 희소하게 되리라는 경고(1절). 이 장은 앞 장과 밀접하게 연관되어 있는데, 이 경고가 앞 장에 연이어서 덧붙여진 것은 아주 적절하다. II. 메시야의 날에 예루살렘의 평화와 정결, 의와 안전이 회복되리라는 약속(2-6절). 이렇게 하나님은 진노 중에서도 율법의 두려운 일들과 죄로 인한 초토화 이후에 있을 긍휼을 말씀하시는데, 복음의 은혜는 우리에게 최고의 위로이다.

¹그 날에 일곱 여자가 한 남자를 붙잡고 말하기를 우리가 우리 떡을 먹으며 우리 옷을 입으리니 다만 당신의 이름으로 우리를 부르게 하여 우리가 수치를 면하게 하라 하리라

　　선지자는 용사들이 전란 중에 칼에 쓰러지게 되리라(25절)고 경고하였는데, 이것은 화려하고 사치스러운 것을 좋아하고 방탕하고 음란한 행실을 즐겼던 부녀들에 대한 징벌이 될 것이었다. 이제 우리는 여기에서 남자들이 전쟁터에서 무수히 죽음으로써 생겨나게 될 결과를 본다.

　　1. 하나님께서는 지혜로운 섭리를 통해서 평균적으로 남자와 여자가 이 세상에 거의 같은 수로　태어나게 하시지만, 전란(戰亂)으로 인해서 남자들이 일곱 명에 한 명꼴로만 겨우 살아남게 되는 일이 일어나게 되리라는 것. 여자는 먼저 범죄하였기 때문에 여자에게는 아이를 낳다가 죽은 일이 있는 것과 마찬가지로, 남자에게는 전쟁터에서 칼에 의해 죽는 일이 일어나는데, 이렇게 죽는 남자의 수가 산고(産苦) 중에 죽는 여자보다 더 많다. 선지자는 여기서 그렇게 전쟁터에서 아주 많은 남자들이 죽을 것이기 때문에 그 날에 일곱 여자가 한 남자를 붙잡고 결혼하자고 할 날이 올 것이라고 예언한다.

　　2. 자손들을 낳아서 이 땅에 인류를 보존하기 위하여 계속해서 혼인이 이루

어져야 하지만, 남자들의 수가 희소하기 때문에 혼인이 이루어지는 통상적인 방식이 완전히 바뀌게 되리라는 것. 남자가 여자에게 청혼하는 것이 통상적인 방식임에도 불구하고, 여자들은 얼마 안 있으면 남자들이 한 사람도 남아 있지 않을 것을 염려하여(롯의 딸들이 소돔의 멸망을 보고서 그런 생각을 했듯이, 창 19:31) 적극적으로 나서서 남자들을 붙잡게 될 것이고, 여자들은 한 남자를 여럿이서 함께 남편으로 섬기는 것을 싫어하는 것이 당연한 일인데도 여섯 여자가 모두 기꺼이 한 남자의 부인이 되는 데에 동의하게 될 것이며, 율법에 의하면 남편이 아내를 위하여 음식과 의복을 마련해야 함에도 불구하고(출 21:10) ― 이것은 남자가 아내를 많이 얻는 것을 반대하는 가장 강력한 논거가 될 수 있었다 ― 여자들은 음식과 의복을 스스로 해결하겠으니 자기들과 혼인만 해달라고 말하게 될 것이다. 여자들은 자기 떡을 먹으며 자기 옷을 입을 것이기 때문에, 여자들과 혼인하는 남자는 그 여자들을 입히거나 먹이는 데에 아무런 비용도 쓸 필요가 없게 될 것이다. 여자들은 오직 한 남자의 아내가 되어서, 혼인하지 못하였다는 수치를 면하게 되기만을 바라게 될 것이다. 여자들은 혼인의 조건이 아무리 비합리적인 것이라고 하여도 남자 쪽에서 어떠한 조건을 내걸어도 어떻게 해서든지 혼인하기만을 바라기 때문에 기꺼이 그 조건을 받아들이게 될 것이다. 그것은 아마도 이와 같은 난세에는 그들을 보호해 줄 남편이 있다는 것만으로도 그들에게는 행운이 될 것이었기 때문이다. 그런데 이와는 정반대로 바울은 환난의 때에는 혼자 지내는 것이 더 좋다고 생각하였다(고전 7:26). 여기에 나오는 내용은 환난이 닥쳐왔을 때에 시온의 딸들이 보여줄 행태를 선지자가 적어 놓은 내용일 가능성이 있다. 하나님께서는 시온의 딸들을 낮추시기 위하여 환난을 보내셨지만(사 3:18), 그들은 자신의 교만과 허영 때문에 하나님이 그들과 다투고 계신다는 것을 깨달아서 그들의 잘못을 회개하고 스스로를 낮추는 데에는 아무런 관심도 보이지 않고서, 이성에 대한 가장 아름다운 미덕인 정숙함을 망각하고, 악덕을 저지르는 것에서 오는 수치는 처녀로 늙는 것에서 오는 수치에 비하면 아무것도 아니라는 듯이 오로지 남편을 얻는 데에만 온통 열을 올림으로써, 그들의 미덕이 돌이킬 수 없을 정도로 황폐화되었음을 보여주는 서글픈 징후를 나타낼 것이다.

²그 날에 여호와의 싹이 아름답고 영화로울 것이요 그 땅의 소산은 이스라엘의 피

난한 자를 위하여 영화롭고 아름다울 것이며 [3]시온에 남아 있는 자, 예루살렘에 머물러 있는 자 곧 예루살렘 안에 생존한 자 중 기록된 모든 사람은 거룩하다 칭함을 얻으리니 [4]이는 주께서 심판하는 영과 소멸하는 영으로 시온의 딸들의 더러움을 씻기시며 예루살렘의 피를 그 중에서 청결하게 하실 때가 됨이라 [5]여호와께서 거하시는 온 시온 산과 모든 집회 위에 낮이면 구름과 연기, 밤이면 화염의 빛을 만드시고 그 모든 영광 위에 덮개를 두시며 [6]또 초막이 있어서 낮에는 더위를 피하는 그늘을 지으며 또 풍우를 피하여 숨는 곳이 되리라

앞에서 언급된 경고들 때문에 예루살렘은 지극히 비참한 상태가 되었고, 모든 것이 우울해 보였다. 그러나 잔뜩 낀 구름 뒤편에서 해가 떠오른다. 이 단락에는 환난 가운데서 위로의 기미를 찾아볼 수 있으리라는 것, 환난 후에 복된 날들이 오게 되리라는 것에 대하여 단언하는 수많은 지극히 크고 소중한 약속들이 나오는데, 이 약속들은 아하스 왕에 이어 왕위에 오르게 된 히스기야의 개혁에 의해서 유다와 예루살렘이 회복되리라는 것 및 바벨론에 잡혀갔던 포로들이 다시 돌아오게 되리라는 것과 관련된 모형(type)을 통해서 분명히 메시야의 나라 및 메시야에 의해 수행될 큰 구속을 보여준다. 따라서 이 단락은 이 두 사건과 어느 정도 관련되어 있지만, 사실은 주로 그리스도와 연관된 것이다. 앞에서 언급된 온갖 환난들의 결과로서 여기에서는 다음과 같은 것들이 약속되고 있다.

I. 하나님께서 의로운 싹을 일으키실 것이고, 그 싹은 의(義)의 열매들을 맺으리라는 것(2절). 예루살렘이 파괴당하고 유대 민족이 멸망을 당하여 흩어지게 될 그 날에, 즉 바로 그 때에 메시야의 나라가 세워질 것이고, 모든 사람이 유대 교회의 철저한 멸망을 두려워할 바로 그 날에 교회의 부활이 있게 될 것이다.

1. 그리스도께서 친히 높아지실 것이다. 그리스도는 여호와의 싹이신데, 이 명칭은 예언들 속에서 그리스도를 지칭하는 이름들 중의 하나이다. 내 종 싹(슥 3:8; 6:12), 의로운 가지(렘 23:5; 33:15), 이새의 줄기에서 난 싹이자 그 뿌리에서 난 가지(사 11:1). 어떤 이들은 그리스도께서 나사렛 사람으로 불리신 것이 이 명칭과 관련이 있는 것으로 생각한다(마 2:23). 그리스도가 여기서 여호와의 싹으로 불리는 것은 그가 여호와의 능력에 의해서 심겨져서 번성하여 여호와의

찬송이 될 것이기 때문이었다. 고대 갈대아 역본에서는 이 어구를 여호와의 그리스도 또는 메시야로 의역하고 있다. 그리스도는 아름다움과 영광과 기쁨이 되실 것이다.

(1) 그리스도는 친히 높아지셔서 자기 앞에 놓인 기쁨과 그가 창세 전에 아버지와 함께 누렸던 영광으로 나아가게 되실 것이다. 사람들에게는 수치거리였고 그 어떤 사람보다도 상한 용모를 지니고 계셨던 그리스도는 이제 윗 세상에서는 힘 있게 떠오르는 태양처럼 아름답고 영화로우실 것이고 천사들의 흠모를 받게 되실 것이다.

(2) 그리스도는 모든 믿는 자들의 경배를 받으며 아름답고 영화로우실 것이며, 이 세상에서 세력을 얻고 사람들 가운데서 그 어떤 이름보다 더 뛰어난 이름이 되실 것이다. 믿는 자들에게 그는 보배이자 존귀하신 분이고(벧전 2:7) 많은 사람 가운데서 가장 뛰어나신(아 5:10) 분이며 극히 영화로우신 분이다. 우리는 그리스도께서 그런 분이라는 것을 기뻐하여야 하고, 그리스도가 우리에게 그런 분이 되게 하여야 한다.

2. 그리스도의 복음이 받아들여지게 될 것이다. 복음의 성공은 여호와의 싹의 열매이다. 복음의 온갖 은혜와 위로들은 그리스도에게서 나온다. 그러나 복음은 이 세상에서 솟아나서 이 세상을 위한 것이기 때문에 땅의 소산(열매)으로 불린다. 그리스도께서는 자신을 땅에 떨어져 죽어서 많은 열매를 맺는 한 알의 밀에 비유하셨다(요 12:24). 복음의 성공은 땅이 그의 소산을 내어 준 것으로 묘사되고(시 67:6), 기독 교회가 세워진 것은 하나님이 하나님 자신을 위하여 교회를 이 땅에 심은 것으로 묘사된다(호 2:23). 우리는 이 어구가 복음의 소산(所産)들인 사람들과 일들을 가리키는 것으로 이해할 수 있다. 그 소산들은 이스라엘의 피난한 자들, 즉 유대인들 가운데서 불신앙 가운데서 멸망당하지 않고 구원함을 받은 남은 자에게 지극히 영화롭고 아름다울 것이고 너무도 기분 좋고 유쾌한 것이 될 것이다(롬 11:5). 그리스도가 우리에게 보배롭다면, 그의 복음과 그 모든 진리와 약속들도 보배로울 것이고, 그의 교회와 거기에 속한 모든 것도 보배로울 것임을 명심하라. 이러한 것들은 땅의 선한 소산(열매)이고, 반면에 그 밖의 다른 모든 것들은 잡초에 불과하다. 우리가 그리스도와 거룩함, 땅에서 가장 아름다운 자들인 성도들 속에서 초월적인 아름다움을 볼 수 있게 된다면, 그것은 우리가 택함 받은 남은 자이고 다른 사람들과는 구별되는 이스라

엘이라 불리는 자에 속한다는 좋은 증거가 될 것이다. 이 복된 날의 모형으로서 예루살렘은 산헤립의 침공과 바벨론 포수(捕囚) 후에 다시 싹이 나서 번성하여 땅의 소산들로 축복을 받게 될 것이다. 이사야 37:31-32을 참조하라. 남은 자는 다시 아래로 뿌리를 박고 위로 열매를 맺으리라. 우리가 여기에 나오는 땅의 소산을 현세의 선한 일들을 가리키는 것으로 이해한다면, 우리는 그러한 것들 속에는 택함 받은 남은 자가 좋아하는 독특한 달콤함이 있다고 말할 수 있다. 왜냐하면, 하나님의 언약을 지닌 남은 자들만이 그러한 것들 속에서 가장 큰 위로를 받을 수 있기 때문이다. 여호와의 싹이 우리 눈에 아름답고 영화롭다면, 땅의 소산도 마찬가지로 우리에게 아름답고 영화롭게 보일 것이다. 왜냐하면, 우리는 그 땅의 소산을 약속의 열매로 받아들일 수 있을 것이기 때문이다(시 37:16; 딤전 4:8).

Ⅱ. 하나님께서 자기를 위하여 거룩한 씨를 남겨두시리라는 것(3절). 시온과 예루살렘에 자신의 이름을 두고서 한 자리를 차지하고 있던 자들이 거의 모두 그들 자신의 불신앙으로 말미암아 시들어 말라버린 가지들이 되어서 잘려 나가게 될 것이지만, 일부는 남겨지게 될 것이다. 일부는 여전히 남아서, 유대 교회가 그 속성이 변경되어서 기독 교회가 되었을 때에 그 교회에 붙어 있게 될 것이다. 왜냐하면, 하나님은 자기 백성을 완전히 다 버리시지는 않으시기 때문이다(롬 11:1). 여기저기에 한 사람씩 남은 자들이 있게 될 것이다. 좀 더 살펴보자.

1. 그들은 산 자들 중에 기록된 자들, 하나님의 계획과 미리 아심 속에서 생명과 구원을 받기로 되어 있어서 **생명을 위해 기록된**(원어는 이런 의미이다), 즉 확고 불변하게 생명을 얻도록 계획되고 결정된 자들로서 은혜로 택하심을 따른(사도 바울이 말하고 있듯이, 롬 11:5) 남은 자들이다. 왜냐하면, 하나님은 쓸 것을 쓰셨기 때문이다. 사람들이 무수히 죽어나가는 때에도 여전히 살아남는 자들은 하나님의 섭리의 책에 살아 있도록 기록된 자들이다. 우리는 죽을 뻔한 위험에서 구원을 받는 자들을 어린 양의 생명책에 기록된(계 13:8) 자들이라고 생각해서는 안 되는가? 하나님께서 영생을 주시기로 작정된 자는 다 믿어서 영혼의 구원을 얻었다(행 13:48). 산 자들 중에 기록된 모든 자들은 산 자들 가운데서 발견되리라는 것을 명심하라. 왜냐하면, 그리스도께서는 그에게 주어진 자들 중 한 사람도 잃지 않으실 것이기 때문이다.

2. 그들은 은혜의 지배 아래에 있는 남은 자들이다. 왜냐하면, 산 자들 중에 기록되어서 살아남게 된 모든 자는 거룩하다 칭함을 얻게 됨과 아울러서 거룩할 것이어서, 하나님께 열납될 것이기 때문이다. 인자가 그 나라에서 모든 넘어지게 하는 것과 불법을 행하는 자들을 거두어 내실 때에 오직 거룩한 자들만이 살아남게 될 것이다. 구원을 위하여 택함 받은 자들은 모두 거룩하게 되기 위하여 택함 받은 것이다(살후 2:13; 엡 1:4을 보라).

Ⅲ. 하나님께서 그의 교회를 개혁하셔서 교회 속에서 잘못된 것들을 바로잡으시리라는 것(4절). 주께서 그들의 더러움을 씻기시며 그들 가운데서 악한 자들을 제하여 버림으로써 그들을 청결하게 하시고 그들 속에 있는 악한 것을 정화시킴으로써 그들을 씻기실 때에 남은 자들은 거룩하다 칭함을 얻을 것이다. 그들은 일정 정도 그렇게 씻김을 받은 후에야 거룩하다고 불리게 될 것이다. 복음 시대는 개혁의 때인데(히 9:10), 여기에 나오는 약속과 관련이 있는 히스기야 시대의 개혁과 포로기 이후의 개혁은 그 모형이다. 좀 더 살펴보자.

1. 개혁되어야 할 곳들과 사람들. 예루살렘은 거룩한 도성이었지만 개혁이 필요하였다. 예루살렘은 거룩한 도성이었기 때문에 그 곳의 개혁은 온 나라에 상당한 영향을 미치게 될 것이었다. 또한, 시온의 딸들, 즉 여호와께서 앞서 책망하셨던 바로 그 부녀들도 개혁되어야 했다(사 3:16). 그들은 장식물들에 둘러싸여서 그들 자신이 놀라울 정도로 깨끗하다고 생각하였다. 그러나 선지자는 그들이 자랑하던 장식물들을 그들의 더러움이라고 부른다. 왜냐하면, 자랑과 교만보다 하나님께 더 가증스러운 죄는 없기 때문이다. 또는 시온의 딸들은 어머니 도시였던 예루살렘과 연관되어 있었던 마을과 촌락들을 의미하는 것일 수도 있는데, 그 곳들도 개혁이 필요하였다.

2. 개혁의 내용. 여호와께서는 그들의 더러움을 씻겨내실 것이다. 왜냐하면, 악행, 특히 사람들의 피를 흘린 죄는 더러운 것이기 때문이다. 예루살렘은 무죄한 자의 피를 심히 많이 흘린 것으로 악명이 높았는데(왕하 21:16), 이것은 그 어떤 죄보다도 그 땅을 더 심하게 더럽혔다. 한 성읍을 개혁하는 것은 그 성읍을 깨끗하게 하는 것임을 명심하라. 어떤 곳에서 행해지는 악한 관습과 유행들을 억제하고 공공연한 악행을 제지한다면, 그것은 이전에는 거름더미였던 그 곳을 깨끗하고 향기롭게 만드는 것인데, 그 일은 외인(外人)들 가운데서의 평판과 신용을 위한 것일 뿐만 아니라 주민들 자신의 기쁨과 건강을 위한 것이

기도 하다.

3. 개혁의 주체. 여호와께서 그 일을 하시리라. 개혁하는 일은 하나님께서 하시는 일이다. 어떤 일과 관련해서 개혁이 제대로 이루어지고 있다면, 그것은 하나님께서 그 일을 하고 계신 것이다. 그렇다면, 하나님은 개혁을 어떻게 행하시는가? 죄인들이 멸망 받고 죽어 없어지는 것은 하나님의 섭리에 의한 심판 때문이다. 하지만 죄인들을 회심시켜서 새롭게 하는 것은 하나님의 은혜의 성령이시다. 이 일은 권능이나 힘으로가 아니라 만군의 여호와의 영으로 되는 일이다(슥 4:6). 성령께서는 죄인들에게 직접 역사하셔서 새롭게 하시고, 방백들이나 사역자들에게 역사하셔서 개혁의 도구들로 사용하신다.

(1) 성령은 심판의 영으로서 죄인들의 마음을 조명하시고 그 양심을 깨우쳐 죄를 깨닫게 하시며, 지혜의 영으로서 우리가 지혜롭게 행하도록 우리를 인도하시고(사 52:13), 분별의 영으로서 귀하고 보배로운 것과 악한 것을 구별하게 하신다.

(2) 성령은 환난 중에서 사람들을 일깨우고 그 심령을 불붙게 하셔서 선한 일에 열심을 내게 만드시는 영이다. 성령은 불로서 일하신다(마 3:11). 그리스도와 영혼들에 대한 불타는 사랑과 죄를 미워하는 불 같은 열심은 사람들을 단호하게 야곱에게서 경건하지 않은 것을 돌이키고자 지속적으로 애쓰게 만든다(사 32:15-16을 보라).

IV. 하나님께서 그의 교회와 거기에 속한 모든 것을 보호하시리라는 것(5-6절). 그들이 깨끗하게 되고 개혁되었을 때에 그들은 더 이상 벌거벗은 상태로 노출되어 있는 것이 아니라, 하나님께서 그들을 구체적으로 돌보아 주시게 될 것이다. 거룩함을 입은 자들은 잘 요새화되어 있는 것이다. 왜냐하면, 하나님께서 그들의 인도자와 지키시는 자가 되어 주실 것이기 때문이다.

1. 그들의 장막들을 지켜 주시리라는 것(5절).

(1) 하나님의 보호 영장이 적용되는 곳은 다음과 같은 곳들이다.

[1] 그들이 거하는 곳들, 그들이 안식하는 장막들, 그들의 집들, 즉 그들이 가족과 더불어서 오직 하나님만을 섬기는 그런 곳들. 의인들의 집에 대한 이러한 하나님의 축복은 그 집의 보호막이 될 것이다(잠 3:33). 의인들의 장막에는 기쁜 소리, 구원의 소리가 있으리라(시 118:15). 하나님께서는 자기 백성이 거하는 곳들, 그들 한 사람 한 사람이 거하는 바로 그 곳을 특별히 주목하시고 돌보시

며, 그 곳이 가장 웅장한 궁전이든 다 쓰러져 가는 초가집이든 상관없이 그 곳을 보호해 주신다는 것을 명심하라. 죄악이 장막에서 멀리 두어질 때, 전능자는 그 장막을 지켜주실 것이다(욥 23:23, 26).

[2] 그들이 예배를 드리기 위해 모이는 집회나 그 장소. 여기에 성전에 대한 언급이 없는 이유는 이 약속은 성전의 돌 위에 돌 하나도 남아 있지 않게 될 때를 위한 것이기 때문이다. 그러나 그리스도인들의 모든 회중들은 비록 두세 사람이라고 할지라도 그리스도의 이름으로 모이기만 한다면 하늘의 특별한 보호 아래 두어질 것이다. 그들은 더 이상 흩어지거나 훼방을 받지 않을 것이고 그들을 치려고 제조된 모든 병기가 쓸모가 없을 것이다. 우리는 전쟁이나 박해의 위협을 받지 않고 공개적으로 하나님을 예배할 자유를 가지고 있다는 것을 큰 은혜로 여겨야 한다는 것을 명심하라.

(2) 이 보호 영장은 다음과 같은 것들을 통해서 묘사된다.

[1] 이스라엘 백성이 광야를 행진하였을 때에 하나님께서 그들의 진영을 안전하게 보호해 주신 것에 비유해서. 하나님은 옛적에 이스라엘을 보호하셨을 때와 같이 가시적인 것은 아니라 할지라도 기독 교회를 보호해 주시고 계시다는 실제적인 증거들을 보여주실 것이다. 주께서는 또다시 낮이면 구름과 연기를 만드셔서 해의 뜨거운 열기로부터 그들을 보호해 주실 것이고, 밤이면 화염의 빛을 만드셔서 밤이 되면 춥고 어둔 광야를 밝게 비춰 주시고 공기를 따뜻하게 덥혀 주실 것이다(출 13:21; 느 9:19을 보라). 이 구름 기둥과 불 기둥은 이스라엘 백성과 애굽인들 사이에서 애굽인들이 가까이 오지 못하도록 막는 역할을 하기도 하였다(출 14:20). 그러한 이적들은 그쳤을지라도, 옛적에 이스라엘의 하나님이셨던 그는 지금도 여전히 신약 교회의 하나님이시라는 것을 명심하라. 이 하나님은 어제나 오늘이나 영원토록 동일하신 분이시다.

[2] 숫양과 해달의 가죽으로 만들어졌던 성막의 휘장의 바깥쪽 덮개에 비유해서. 이 비유는 시온 산의 모든 집과 모든 집회가 하나님께 성막과 마찬가지로 소중하다는 것을 보여주는 것 같다. 그 모든 영광 위에 덮개를 두서서 그 영광을 비바람으로부터 보호하실 것이다. 이 땅의 교회는 영광을 지니고 있다는 것을 명심하라. 복음의 진리들과 규례들, 성경과 직분들은 교회의 영광이다. 하나님은 이 모든 영광 위에 덮개를 두서서 지켜 주시고 계시고 앞으로도 영원히 그러실 것이다. 왜냐하면, 음부의 권세가 교회를 이기지 못할 것이기 때문이다.

하나님은 교회 가운데 계시는 영광이심과 동시에 그 영광을 둘러 지키시는 난 공불락의 불 성벽이기도 하실 것이다. 영혼 속의 은혜는 영혼의 영광이다. 그 영광을 지닌 자들은 하나님의 능력으로 요새처럼 보호하심을 받는다(벧전 1:5).

 2. 하나님의 장막이 그들을 지켜주는 곳이 되리라는 것(6절). 하나님의 장막은 성도들에게는 피난처였다(시 27:5). 그러나 그 장막이 무너졌을 때에 그들은 숨는 곳을 원하지 않게 될 것이다. 하나님의 능력과 선하심이 모든 성도들에게 장막이 되어 줄 것이다. 하나님 자신이 그들의 은신처가 될 것이고(시 32:7), 그들은 하나님을 거처로 삼게 될 것이다(시 91:9). 하나님은 친히 그들에게 큰 바위 그늘이 되실 것이고(사 32:2), 여호와의 이름은 견고한 망대가 될 것이다(잠 18:10). 하나님은 낮의 열기를 막아주는 그늘만이 아니라 폭풍우로부터 숨을 곳이 되어 주실 것이다. 이 세상에서 우리는 변화무쌍한 기후와 거기에 따르는 온갖 불편들을 예상하여야 한다. 우리는 이 낮은 곳 이 땅에서 비바람과 폭풍을 만날 때도 있고 똑같이 힘든 낮의 열기를 만날 때도 있을 것이다. 그러나 하나님은 그 어떤 기후에서도 자기 백성의 피난처가 되어 주신다.

제
— 5 —
장

개요

이 장에서 선지자는 하나님의 백성에게 그들의 죄악들을 하나님의 이름으로 보여주고, 야곱의 집에게 그들의 죄와 그 죄로 인하여 그들에게 임할 수도 있는 심판을 보여준다. I. 열매를 맺지 못한 포도원에 관한 비유를 통해서. 이 비유는 하나님께서 그들에게 큰 은총들을 주셨지만 그들은 기대를 저버리고 하나님을 실망시켜 드렸기 때문에 멸망을 받아 마땅하였다는 것을 보여준다(1-7절). II. 그들 가운데 팽배하였던 죄들을 열거하고 그 죄들에 상응하는 징벌들을 경고하는 것을 통해서. 1. 탐욕과 세상적인 부에 대한 욕심. 이러한 죄에 대한 징벌은 기근이 될 것이다(8-10절). 2. 술 마시고 떠들며 흥청망청한 것(11-12, 22-23절). 이러한 죄에 대한 징벌은 포로로 잡혀가는 것과 거기에 수반된 온갖 비참한 일들이 될 것이다(13-17절). 3. 죄 가운데 있으면서도 뻔뻔스럽게 행하며 하나님의 공의를 무시함(18-19절). 4. 미덕과 악덕의 구별을 혼란스럽게 만들어서 신앙의 원칙들을 훼손시킴(20절). 5. 자부심과 독선(21절). 6. 공의를 왜곡시킴. 이 죄를 비롯해서 그들 가운데 팽배한 온갖 악으로 인해서 모든 것을 초토화시키는 전반적인 황폐화가 있을 것이라는 경고가 주어진다(24-25절). 그런 일은 외적의 침공에 의해서 이루어질 것인데(26-30절), 이것은 아마도 오래지 않아 있은 산헤립의 군대에 의한 대재앙을 가리키는 것 같다.

[1]나는 내가 사랑하는 자를 위하여 노래하되 내가 사랑하는 자의 포도원을 노래하리라 내가 사랑하는 자에게 포도원이 있음이여 심히 기름진 산에로다 [2]땅을 파서 돌을 제하고 극상품 포도나무를 심었도다 그 중에 망대를 세웠고 또 그 안에 술틀을 팠도다 좋은 포도 맺기를 바랐더니 들포도를 맺었도다 [3]예루살렘 주민과 유다 사람들아 구하노니 이제 나와 내 포도원 사이에서 사리를 판단하라 [4]내가 내 포도원을 위하여 행한 것 외에 무엇을 더할 것이 있으랴 내가 좋은 포도 맺기를 기다렸거늘 들포도를 맺음은 어찌 됨인고 [5]이제 내가 내 포도원에 어떻게 행할지를 너희에게 이르리라 내가 그 울타리를 걷어 먹힘을 당하게 하며 그 담을 헐어 짓밟히게 할 것

이요 6내가 그것을 황폐하게 하리니 다시는 가지를 자름이나 북을 돋우지 못하여 찔레와 가시가 날 것이며 내가 또 구름에게 명하여 그 위에 비를 내리지 못하게 하리라 하셨으니 7무릇 만군의 여호와의 포도원은 이스라엘 족속이요 그가 기뻐하시는 나무는 유다 사람이라 그들에게 정의를 바라셨더니 도리어 포학이요 그들에게 공의를 바라셨더니 도리어 부르짖음이었도다

크신 하나님께서는 죄인들을 일깨워서 죄를 깨닫게 하고 그 죄로 인한 그들의 비참한 모습과 위험을 보여주심으로써 회개케 하기 위하여 얼마나 다양한 방법을 사용하시는지를 보라. 이러한 목적을 위해서 하나님은 직설적인 말씀을 사용하기도 하시고 비유를 사용하기도 하시며 산문을 사용하기도 하시고 여기에서처럼 운문을 사용하기도 하신다. "우리는 너희와 변론하여 무엇이 옳고 무엇이 그른지를 따져 보고자 해 왔다(사 1:18). 이제 너희의 경우를 나의 사랑하는 자에게 헌정하는 시로 표현해 보자." 하나님 아버지께서는 포도원의 주인으로 임명된 그의 사랑하는 아들 그리스도를 위하여 이 시를 지으셨고, 선지자도 그리스도를 위하여 이 시를 노래한다. 왜냐하면, 그리스도는 그의 사랑하는 자이기 때문이다. 구약의 선지자들은 신랑의 친구들이었다. 그리스도는 하나님의 사랑하는 아들이자 우리의 사랑하는 구주이시다. 교회에 대하여 말하거나 노래하는 모든 것은 심지어 여기에서처럼 우리를 부끄럽게 하고자 하는 목적을 지닌 것이라고 해도 그리스도를 찬양하기 위한 것이어야 한다. 이 비유를 노래로 표현한 것은 더 큰 감동과 반향을 불러일으키고 더 쉽게 배우고 정확히 기억할 수 있게 하며 후손들에게 더 잘 전달할 수 있게 하기 위한 것이다. 이 비유는 모세의 노래에 대한 해설로서(신 32장) 당시에 모세가 예언한 것이 지금 성취되었다는 것을 보여준다. 히에로니무스(Jerome)는 사랑하는 자 그리스도께서는 실제로 예루살렘을 보며 이 슬픈 노래를 부르시며 우셨고(눅 19:41), 이 노래를 근거로 포도원 비유를 말씀하셨는데(마 21:33 등) 차이가 있다면 여기에서는 잘못이 포도나무들에 있는 데 반해 거기에서는 농부들에게 있다는 것뿐이라고 말한다. 여기에는 다음과 같은 내용들이 나온다.

I. 하나님께서 유대 교회와 나라를 위하여 행하셨던 큰 일들. 세상의 나머지 모든 민족과 나라들이 하나님의 계시에 의해서 개화되지 못한 채로 있던 때에 그들은 하나님의 포도원이었고 하나님의 특별한 백성이었다. 하나님은 그

들을 자신을 위하여 구별하셔서 자기 백성으로 삼으셨다. 그들이 심겨진 땅은 놀라울 정도로 비옥한 곳이었다. 그 곳은 심히 기름진 산이었다(난외주에는 직역하면 기름의 아들의 뿔로 되어 있다). 거기에는 풍요의 뿔(제우스가 어릴 때에 그에게 젖을 먹였다고 전해지는 염소의 뿔 — 풍요의 상징)이 있었다. 거기에는 온갖 산해진미가 다 있었다. 그들은 거기에서 기름진 것을 먹고 맛있는 것을 마셨으며, 희생 제물과 자원 제물로 하나님께 영광을 돌릴 때에 사용할 수 있는 온갖 좋은 것들을 갖추고 있었다. 하나님께서는 우리에게 주어진 이러한 좋은 조건을 어떻게 사용하였는지 마지막 날에 우리에게 그 책임을 물으실 것이다. 하나님께서 이 포도원을 위하여 무슨 일들을 하셨는지를 주목해 보라.

1. 하나님은 아무도 포도원을 해치지 못하도록 하기 위하여 울타리를 두르고 밤낮으로 눈으로 살피시며 자신의 특별한 보호 아래 두셨다(사 27:2-3). 그들이 스스로 울타리를 허물지 않았다면, 그 누구도 그들을 침입할 수 없었을 것이다(시 125:2; 131:4).

2. 하나님은 포도원에서 돌들을 골라냄으로써 밖에 있는 그 어떤 것도 포도원을 해치지 못하게 하셨던 것처럼 안에 있는 그 어떤 것도 포도나무들이 열매 맺는 것을 방해할 수 없게 하셨다. 하나님은 은혜를 주셔서 우리의 돌 같은 마음을 제하셨다.

3. 하나님은 포도원에 극상품 포도나무를 심으셨고, 그들 가운데 순전(純全)한 신앙을 세우셨으며, 그들이 하나님과의 교제를 계속해서 유지해 나가는 데에 꼭 필요한 가장 뛰어난 법과 제도와 규례를 주셨다(렘 2:21).

4. 하나님은 외부로부터의 침입을 막기 위해서 또는 포도원지기들이 묵을 수 있도록 하기 위해서 포도원 가운데에 망대를 세우셨다. 또는, 망대는 포도원 주인이 앉아서 포도나무들을 살펴보기 위한 곳이었을 수도 있다(아 7:12). 성전은 바로 그러한 망대로서 제사장들이 기숙(寄宿)한 곳, 하나님께서 자기 백성과 만나겠다고 약속하신 곳, 그들 가운데 임재하셔서 그들을 기뻐하신다는 것을 보여주는 증표들을 주신 곳이었다.

5. 하나님은 거기에 술틀을 만드셨고, 제단을 세우셔서 포도원의 열매들로 제사를 드릴 수 있게 하셨다.

II. 그들에 대한 하나님의 기대가 실망으로 바뀜. 하나님은 좋은 포도 맺기를 바랐다. 이것은 너무도 당연한 기대였다. 하나님은 포도원에서 특권을 누리는 자들에게 포도원에서 나오는 열매를 기대하신다는 것을 명심하라(막 11:12). 아무리 푸르고 싱싱하다고 해도 단순한 신앙고백만으로는 안 된다. 싹이나 봉오리, 꽃 이상의 것이 있어야 한다. 좋은 목적과 좋은 시작은 좋은 것이지만, 그것만으로는 충분하지 않다. 열매가 있어야 한다. 포도원을 기름지게 만드는 존재인 성령의 역사(役事)에 걸맞는 선한 마음과 선한 삶(갈 5:22-23), 포도나무들을 가지치기 해주는 것에 해당하는 규례들에 맞고 포도원의 주인이신 하나님께서 받으실 만한 선한 생각과 선한 감정이라는 열매가 시절에 따라 맺혀야 한다. 이와 같은 열매, 포도나무의 열매인 좋은 포도들을 하나님은 우리에게 기대하시고, 우리는 그 열매들로 하나님과 사람을 존귀하게 할 수 있다(삿 9:13). 우리에 대한 하나님의 기대는 높거나 어려운 것이 아니고 의로우며 대단히 이치에 맞는 것이다. 그렇지만 하나님의 이러한 기대가 어떻게 좌절되었는지를 보라. 들포도를 맺었도다. 그들은 전혀 열매를 맺지 않은 것이 아니라 그것보다 더 나쁘게 들포도, 소돔의 포도를 맺었다(신 32:32).

1. 들포도는 타락한 본성의 열매, 접붙여진 가지가 아니라 들포도나무에서 맺어진 열매, 쓴 뿌리에서 난 열매이다(히 12:15). 은혜가 일하지 않는 곳에서는 타락한 본성이 일한다.

2. 들포도는 위선적인 신앙 행위들로서 겉보기에는 포도 같아 보이지만 시거나 써서 하나님을 기쁘시게 하기는커녕 도리어 이사야 1:11에서 언급된 것과 같이 진노를 불러일으킨다. 들포도는 가짜 은혜를 가리킨다.

III. 이 모든 일에 있어서 하나님이 옳지 않은 점이 있는지, 그들이 정죄를 받지 않아야 하는지 스스로 판단해 보라고 하심(3-4절).   이제 하나님은 문제가 무엇인지를 직설적으로 밝히신다. 예루살렘 주민과 유다 사람들아 구하노니 이제 나와 내 포도원 사이에서 사리를 판단하라. 이것은 하나님이 그들과 관련하여 비난을 받았다는 것을 은연중에 보여준다. 그들과 하나님 사이에 논쟁이 있었다. 그러나 하나님은 조금도 잘못이 없으셨기 때문에 자신 있게 이 논쟁에 대한 결정을 그들의 양심에 맡길 수 있으셨다. "예루살렘의 주민과 유다 사람으로서 이성을 지니고 있고 형평법과 정의에 대한 상식을 갖춘 사람이라면 누가 되었든 이 문제에 대하여 한번 공평하게 자기 생각을 말해 보라." 이것은 하나님께서 다음과 같이 모든 사람들에게 도전하시는 것이다.

1. 하나님이 그들에 대하여 부족하게 행하였던 일이 있는지 내놓아 보라는

것. 내가 내 포도원을 위하여 행한 것 외에 무엇을 더할 것이 있으랴. 하나님은 여기서 포도원지기로부터 기대할 수 있는 일들, 즉 포도나무가 열매를 맺도록 하기 위하여 해줘야 하는 외적인 일들에 대하여 말씀하고 있는데, 포도원지기에게는 포도나무의 본성을 바꿔줄 것은 요구되지 않는다. 본문은 무엇을 더했어야 하느냐로 읽을 수도 있다. 하나님은 그들에게 맡겨진 일을 하기 위해서 그들이 꼭 기억해야 할 모든 것을 가르치시고 지시하셨다. 하나님은 그들을 설득하기 위하여 온갖 유인책을 다 써보셨고, 그들에게 소망이나 두려움을 불러일으키기 위하여 온갖 적절한 논거(論據)들을 다 사용해 보셨다. 하나님은 그들이 해야 할 일을 행하고 초하루와 안식일과 절기들을 지키는 데에 필요한 온갖 기회들을 그들에게 주셨다. 그들에게는 하나님이 선지자들을 통해서 이례적으로 들려주신 말씀들 외에도 성경과 생생한 예언의 말씀들, 언제든지 필요한 교훈과 지시들을 해줄 제사장과 레위인들이 있었다. 그 어떤 나라도 이와 같이 의로운 율례들과 판결들을 가지고 있지 못하였다.

2. 그들이 하나님을 거슬러 행한 것에 대해서는 그 어떤 변명도 있을 수 없다는 것. "그러므로 내가 좋은 포도를 기다렸거늘 너희가 들포도를 맺은 이유를 제시할 수 있겠는가?" 신앙을 고백하고 은혜의 수단들을 누리게 된 자들이 악을 행하는 것은 이 세상에서 가장 이치에 맞지 않고 변명의 여지가 없는 것으로서, 그 책임은 전적으로 죄인들에게 있다는 것을 명심하라. "네가 만일 거만하면 너 홀로 해를 당하겠고 저 큰 날의 심판에서 자기를 변명할 말이 전혀 없으리라." 하나님은 자신의 길이 옳고 죄인들의 길이 옳지 않다는 것을 증명하실 것이다.

IV. 하나님에 대한 그들의 악한 행실에 대하여 의로운 판결이 선고되고 그들의 운명이 선언됨(5-6절). "너희가 저지른 죄에 대하여, 또한 그 죄에 대한 심판을 저지할 그 어떤 변명도 할 수 없기 때문에 이제 내가 더 이상 안달하거나 괴로워하지 않고 내 포도원에 어떻게 행할지를 너희에게 이르리라. 포도원이 앞으로도 아무짝에도 쓸모가 없을 것이기 때문에, 내가 그 포도원을 아무짝에도 쓸모 없게 만들어 버릴 것이다. 요컨대, 포도원은 이제 포도원으로서의 기능을 상실하고 황무지로 변하게 될 것이다. 유대인들의 교회는 앞으로는 교회로서의 기능을 하지 못하게 될 것이고, 그들의 특허장은 회수될 것이며, 그들은 로암미(내 백성이 아니다)로 불리게 될 것이다."

1. "그들은 더 이상 특별한 백성으로 구별되지 않을 것이고 다른 평범한 나라들과 같이 될 것이다. 내가 그 울타리를 걷을 것이기 때문에, 그 곳은 다른 땅들과 마찬가지로 어떤 보호도 받지 못하고 곧 먹혀 버리게 될 것이다." 결국, 그들은 여러 나라들과 뒤섞여서 이방인들 가운데서 흩어져 살게 되었다.

2. "그들은 더 이상 하나님의 백성으로 보호를 받지 못하고 위험에 그대로 노출될 것이다. 하나님은 포도원의 담이 낡아서 못쓰게 되도록 내버려 두시는 것이 아니라 그 담을 허무시고 모든 보호막들을 제거하실 것이고, 그들은 해악을 끼칠 기회를 노리며 오랫동안 기다려 왔던 원수들에게 손쉬운 먹잇감이 되고 말 것이며, 원수들은 그들을 무자비하게 짓밟게 될 것이다."

3. "그들은 더 이상 포도원의 모습, 즉 교회와 나라의 모습과 형태를 지니지 못하고 평평한 땅처럼 갈아엎어져서 황폐화될 것이다." 이 예언은 예루살렘이 그들로 말미암아 갈아엎은 밭이 되었을 때에 성취되었다(미 3:12).

4. "방백들이나 사역자들, 포도원을 돌보고 지키는 자들은 더 이상 포도원에 그 어떤 수고도 들이지 않게 될 것이다. 그들은 가지치기를 하지도 않고 땅을 파지도 않을 것이다. 모든 것이 황폐해져서, 죄와 저주의 산물들인 가시덤불과 엉겅퀴(찔레와 가시) 외에는 아무것도 그 땅에서 나지 않게 될 것이다"(창 3:18). 잘못한 것들이나 타락한 일들, 악덕과 음행을 저지하거나 통제하지 않고 그대로 두고, 그것들을 쳐서 증언하지 않으며, 그것들을 책망하거나 제약하지 않는다면, 그것은 포도원을 돌보거나 가지치기를 하지 않는 것이다. 그러면 그 곳은 머지않아 가시덤불만이 무성하게 뒤덮인 이성 없는 자들의 포도원 같이 되고 말 것이다.

5. "포도원에 대한 마지막 재앙은 하늘의 이슬이 내리지 않으리라는 것이다. 구름의 열쇠를 쥐고 계신 분이 포도원에 비를 내리지 말라고 명하실 것이고, 그것만으로도 포도원은 사막으로 변하고 말 것이다." 하나님은 그의 은혜를 받고서도 오랫동안 열매를 맺지 않은 자들에게 더 이상 은혜를 내리지 않으시는 방식으로 의로운 심판을 행하신다는 것을 명심하라. 이 모든 것의 결과는 좋은 열매를 맺고자 하지 않았던 자들은 결국 아무 열매도 맺지 못하게 된다는 것이다. 마가복음 11:14이 보여주듯이, 열매를 맺지 못하리라는 저주는 열매를 맺지 않은 것에 대한 징벌이다. 이 예언은 갈대아인들이 예루살렘을 멸망시킨 일에서 부분적으로 성취되었고, 유대인들을 최종적으로 배척하신 것에서 온전

히 성취되었으며, 하나님의 성령이 오랫동안 하나님을 거역하며 대적하여 온 자들로부터 떠난 것이나 복음에 대하여 오랫동안 욕(辱)이 되어 왔던 곳들에서 복음을 제하신 것을 통해서 종종 성취된다. 자기 포도원을 황폐하게 만드시는 것은 하나님에게 손실이 아니다. 왜냐하면, 하나님은 마음만 먹으면 황무지를 기름진 들판으로 변하게 하실 수 있으시기 때문이다. 하나님께서 이렇게 포도 원을 해체해 버리신 것은 사람이 죄를 지어서 에덴 동산을 잃었을 때에 그 곳을 곧 갈아엎으셔서 평범한 땅이 되게 하신 것과 같다.

V. 이 비유에 대한 해설, 또는 해석의 열쇠(7절).

1. 포도원은 무엇을 의미하고, 하나님께서 심기를 기뻐하신 포도나무들은 무엇을 의미하는가. 포도원은 하나의 교회이자 나라를 구성하고 있던 한 무리의 백성인 이스라엘 족속이고, 포도나무들은 유다 사람들이다. 하나님은 그들을 은혜로 대하셨고, 그들에게서 적절한 보답을 기대하셨다.

2. 하나님이 기대하셨던 포도들은 무엇을 의미하고, 그들이 실제로 맺었던 들포도들은 무엇을 의미하는가. 하나님은 그들에게 정의를 바라셨다. 즉, 이스라엘 백성이 모든 일에서 정직하고, 방백들은 엄격하게 공의를 행하기를 기대하셨다는 말이다. 하나님은 그들에게 너무도 훌륭한 규례와 법도를 주셨기 때문에(신 4:8) 이런 기대를 가지시는 것은 아주 당연한 일이었다. 그러나 그들이 보여준 것은 정반대의 모습이었다. 거기에는 공의 대신에 압제자들의 잔혹함만이 있었고, 의(義) 대신에 압제받는 자들의 울부짖음만이 있었다. 모든 일은 형평법과 주장의 옳고 그름에 따라서 처리되지 않고 자기 주장과 소란을 통해서 목소리 큰 사람이 이기는 쪽으로 처리되었다. 재판하는 곳에도 악이 횡행하는 그런 곳의 백성은 애처롭다(전 3:16). 하나님이 찾으시는 겸손과 온유함과 인내와 사랑과 세상에 대한 멸시라는 좋은 포도들 대신에 교만과 정욕과 불만과 악의와 하나님에 대한 멸시라는 들포도들이 맺혀 있는 영혼, 기도와 찬송이라는 좋은 포도들 대신에 하나님을 크게 진노하게 하는 저주와 욕설이라는 들포도들이 맺혀 있는 영혼은 더더욱 애처롭다. 몇몇 옛 사람들은 이 말씀을 그리스도 당시의 유대인들에게 적용해서, 하나님은 그들 가운데서 의(즉, 그들이 그리스도를 받아들이는 것)를 찾으셨지만 그를 십자가에 못 박으라 십자가에 못 박으라는 아우성만을 보게 되신 것을 가리킨다고 말한다.

⁸가옥에 가옥을 이으며 전토에 전토를 더하여 빈 틈이 없도록 하고 이 땅 가운데에서 홀로 거주하려 하는 자들은 화 있을진저 ⁹만군의 여호와께서 내 귀에 말씀하시되 정녕히 허다한 가옥이 황폐하리니 크고 아름다울지라도 거주할 자가 없을 것이며 ¹⁰열흘 갈이 포도원에 겨우 포도주 한 바트가 나겠고 한 호멜의 종자를 뿌려도 간신히 한 에바가 나리라 하시도다 ¹¹아침에 일찍이 일어나 독주를 마시며 밤이 깊도록 포도주에 취하는 자들은 화 있을진저 ¹²그들이 연회에는 수금과 비파와 소고와 피리와 포도주를 갖추었어도 여호와께서 행하시는 일에 관심을 두지 아니하며 그의 손으로 하신 일을 보지 아니하는도다 ¹³그러므로 내 백성이 무지함으로 말미암아 사로잡힐 것이요 그들의 귀한 자는 굶주릴 것이요 무리는 목마를 것이라 ¹⁴그러므로 스올이 욕심을 크게 내어 한량 없이 그 입을 벌린즉 그들의 호화로움과 그들의 많은 무리와 그들의 떠드는 것과 그 중에서 즐거워하는 자가 거기에 빠질 것이라 ¹⁵여느 사람은 구푸리고 존귀한 자는 낮아지고 오만한 자의 눈도 낮아질 것이로되 ¹⁶오직 만군의 여호와는 정의로우시므로 높임을 받으시며 거룩하신 하나님은 공의로우시므로 거룩하다 일컬음을 받으시리니 ¹⁷그 때에는 어린 양들이 자기 초장에 있는 것 같이 풀을 먹을 것이요 유리하는 자들이 부자의 버려진 밭에서 먹으리라

세상과 육체는 우리를 점령하고자 하는 두 큰 원수들이다. 그렇지만 우리 자신이 그것들에 굴복하지 않는다면 그럴 위험은 없다. 세상에 열심인 것과 육체에 탐닉하는 것은 두 가지 큰 죄로서, 여기에서 선지자는 이 두 죄에 대하여 하나님의 이름으로 화(禍)를 선포한다. 이것들은 유다 사람들 가운데 횡행하였던 죄들, 그들이 맺었던 들포도들이었고(4절), 이 때문에 하나님은 그들을 멸망시키겠다고 경고하신다. 우리는 그러한 죄들에 대하여 극히 경계하여야 하고, 그 죄들이 가져올 결과들을 두려워하여야 한다.

I. 세상의 부에 마음을 두고서 거기에서 행복을 느끼며 편법적이고 불법적인 수단들을 통해서 부를 늘려가는 자들, 가옥에 가옥을 이으며 전토에 전토를 더하여 빈 틈이 없도록 하여 그들 곁에서 아무도 살 수 없게 만들고자 하는 자들에 대한 화(禍)가 여기에서 선언된다(8절). 할 수만 있다면, 그들은 이 땅에서 홀로 살고자 하고, 모든 재산과 직위를 독차지하고자 하며, 모든 이익과 일자리를 독점하고자 한다. 집과 전토를 가진 자들이 또 다른 집이나 전토를 사

는 것은 죄가 아니다.

1. 그들의 잘못은 이런 것들이다.

(1) 그들이 재물을 모으고 부자가 되고자 하는 욕망을 절제하지 못하고 마치 이 세상에는 그것 말고는 마음에 두거나 추구하거나 행해야 할 일이 아무것도 없다는 듯이 오직 재물을 모으는 일에만 온통 몰두한다는 것. 그들은 족한 줄을 결코 알지 못하고, 가지면 가질수록 더 많이 가지고자 하여, 거머리들처럼 다오 다오 소리친다. 그들은 이미 가진 것을 누리거나 그것으로 선한 일을 하지 않고, 그저 가진 것을 더 늘리기 위해서 끊임없이 애쓰고 궁리한다. 그들은 다양한 종류의 말들, 겨울 별장과 여름 별장을 가지고 있지만, 아합이 나봇의 포도원을 탐내서 그랬던 것 같이 다른 사람의 집이나 전답이 좋아 보이면 그것을 손에 넣지 않고서는 만족을 하지 못한다.

(2) 그들은 그렇게 할 때에 다른 사람들의 사정이 어떨지에는 신경을 쓰지 않고 도리어 그들에게 해를 끼친다는 것. 그들은 오직 자기만을 제외하고는 아무도 살 수 없도록 살아가고자 한다. 따라서 그들은 만족할 줄 모르는 자신의 탐욕을 충족시킬 수만 있다면 자기가 하는 일로 인해서 주변의 모든 사람들이 어떻게 될지, 이웃들의 권리가 어떻게 침해를 받는지, 그들이 억압하거나 착취하는 자들이 겪는 고통이 어떠할지, 재물을 모으기 위해서 그들이 어떤 비열하고 악한 술수들을 사용하는지에 대해서는 전혀 신경을 쓰지 않는다. 알렉산더 대왕이 세상을 다 정복했다고 생각하고서 더 이상 정복할 땅이 없어서 울었던 것 같이, 그들은 온 지면(地面)을 다 채울 정도로 부를 불려나가고서도 여전히 만족하지 못한다(전 5:10). 온 땅을 다 독차지한다고 해도 탐욕은 여전히 목말라 할 것이다. 어떤 이들은 본문을 너희가 이 땅 가운데서 홀로 거주하려 하느냐로 읽는다. 너희는 다른 사람들의 섬김을 아주 많이 필요로 하고 그들과의 사귐 속에서 아주 많은 위로를 받아야 하는데도 그렇게 홀로 거주하고자 하다니 너희가 그렇게 어리석으냐? 많은 사람들이 이 땅을 채워야 하는데도 땅이 우리 때문에 버림을 받게(욥 18:4) 되기를 기대하다니 너희가 그렇게 어리석으냐? 이 드넓은 세상이 오직 너희를 위하여 창조된 것이냐.

2. 이러한 죄에 대한 징벌로서 경고되고 있는 것은 그들이 그토록 탐내었던 집이나 전토가 하나도 쓸모없는 것들로 되리라는 것이다(9-10절). 하나님은 선지자의 귀에 대고 이렇게 속삭이셨는데, 앞으로 비슷한 경우에도 그렇게 하신

다(사 22:14). 만군의 여호와께서 내 귀에 말씀하셨다(하나님은 사무엘에게도 그의 귀에 어떤 일을 알려 주셨다, 삼상 9:15). 선지자는 자기가 들은 말씀이 여전히 귓가에 쟁쟁하다고 생각하였다. 그러나 그는 귓속말로 들은 말씀을 집 위에서 선포하였다(마 10:27).

(1) 그들이 그토록 좋아하였던 집들은 세가 나가지 않아서 오랫동안 비워 있게 되어서 결국 황폐하게 되리라는 것. 허다한 가옥이 황폐하리라. 그 이유는 가옥들에 거하여야 할 사람들이 칼이나 기근, 전염병에 죽거나 포로로 끌려갔기 때문일 수도 있고, 또는 무역 거래가 뚝 끊겨서 가난이 도적처럼 이 나라에 찾아오는 바람에 집을 관리해 오던 자들이 삯을 받지 못하고 떠돌이가 되거나 먹고 살기 위해 다른 곳으로 떠날 수밖에 없게 되었기 때문일 수도 있다. 심지어 크고 좋은 집을 세놓으려고 내놓고 가격을 낮추어도 세를 들고자 하는 사람이 없어 거주하는 사람 없이 오랫동안 비어 있게 될 것이다. 하나님은 이 땅을 헛되이 만드신 것이 아니라, 사람이 거주하게 그것을 지으셨다(사 45:18). 그러나 사람들이 계획하는 일들은 흔히 좌절되고, 그들이 궁리하는 것들은 의도대로 되지 않는 법이다. "어리석은 자들이 집을 지으면 지혜로운 자들이 거기에 들어가서 산다"는 속담이 있다. 그러나 집을 지어도 거기에 아무도 살지 않게 되는 일이 종종 있다. 하나님은 사람들로 북적대던 성읍들을 텅 비게 만들어 버리는 수많은 방법들을 알고 계신다.

(2) 그들이 그토록 좋아하였던 전답들에서는 소산(所産)이 없게 되리라는 것(10절). 열흘 갈이 포도원에 겨우 포도주 한 바트(대략 36리터)를 만들 수 있을 정도의 포도들이 나겠고 한 호멜(36리터)의 종자를 뿌려도 간신히 한 에바(호멜의 1/10)가 나리라. 땅이 메마르거나 기후가 좋지 않아서 전답들에서는 뿌려진 씨앗의 양의 1/10 정도만 결실로 거두게 될 것이다. 세상에 마음을 두는 자들이 세상으로부터 기대했던 것들에서 실망하게 되는 것은 너무도 당연한 일임을 명심하라.

II. 감각의 쾌락들에 빠져 있는 자들에게 대한 화(禍)가 여기에서 선언된다 (11-12절). 세상적인 것과 압제 또는 포학(暴虐)과 마찬가지로 관능적인 쾌락을 추구하는 것도 사람들을 파멸시킨다. 그리스도께서는 부한 자들에게 화를 선언하셨던 것과 마찬가지로 지금 여기에서 웃고 배부른 자들(눅 6:24-25)과 사치스럽게 살아가는 자들(눅 16:19)에게도 화를 선언하셨다. 좀 더 살펴보자.

1. 하나님께서 화를 선언하시는 죄인들은 어떤 자들인가.

(1) 그들은 술에 절어서 살아가는 자들이다. 그들은 술 마시는 것이 그들의 직업이고 거기에만 온통 마음이 가 있어서 지나치게 술에 빠져 있다. 농부들과 장사하는 자들이 일을 하러 나가기 위해 일찍 일어나는 것처럼, 그들은 일분일초를 허비하는 것이 아깝다는 듯이 독주를 마시기 위해서 일찍 일어난다. 사람들은 보통 하루의 일을 다 끝내고나서 저녁에 술을 마시는 반면에, 이 사람들은 일하는 것을 아예 포기하고 육체를 섬기는 일에 자신을 드린다. 그들은 하루 종일 술잔을 들고 앉아서, 밤이 깊도록 포도주에 취할 때까지, 포도주가 그들의 욕망과 정욕을 불태울 때까지(술에 취하고 고함을 지르며 흥청망청한 후에는 성적인 방종이 뒤따르는 법이다) 마시고 또 마신다. 까닭 없는 분쟁과 상처가 뉘게 있느뇨(잠 23:29-35). 그들은 술 마시는 데에는 누구도 따라올 수 없을 정도로 완벽한 직업인이다. 또한, 그들은 다른 사람들과는 달리 이 어둠의 일을 부끄러워하여 숨기 위해서 밤이라는 피난처를 찾지도 않고, 낮 시간에 즐기고 노는 것을 기쁘게 여기는 자들(벧후 2:13)이다.

(2) 그들은 향락에 빠져 살아가는 자들이다. 그들은 연회를 열고서 너무도 흥에 겨워서 다윗(암 6:5)이나 솔로몬처럼(전 2:8) 음악과 온갖 악기들을 동원해서 먹고 마신다. 모든 감각을 충족시켜서 가장 기분 좋은 상태로 만들기 위해 술 마시는 데에는 수금과 비파와 소고와 피리가 빠질 수 없다. 그들은 소고와 수금으로 노래한다(욥 21:12). 음악을 사용하는 것은 그 자체로는 아무런 문제가 없다. 그러나 음악에 지나치게 시간과 마음을 뺏겨서 영적인 기쁨들을 도외시하게 되고 하나님으로부터 마음이 멀어지게 된다면, 그것은 죄다.

(3) 그들은 진지한 것은 결코 생각하지 않는 자들이다. 그들은 여호와께서 행하시는 일에 관심을 두지 않는다. 그들은 그들이 남용하면서 헛된 것에 굴복시키고 있는 피조물들 속에서 하나님의 능력과 지혜와 선하심을 보지 못하고, 그들이 정욕의 양식과 연료로 쓰고 있는 좋은 것들을 그들에게 주신 하나님의 풍성하신 섭리를 생각하지 않는다. 하나님의 심판이 이미 그들에게 임하였고, 그들은 하나님의 진노의 징후들 아래에 있지만, 그런 것에 관심을 두지 않는다. 그들은 이 모든 일 속에서 하나님의 손을 보지 못한다. 하나님의 손이 심판을 위해 들려질지라도, 그들은 자신의 쾌락을 방해받고 싶어하지 않고 하나님이 그들에 대하여 무엇을 행하고 계시는지를 생각하고 싶어하지 않기 때문에 그것

을 보지 못할 것이다.

2. 하나님께서 그들에 대하여 선언하시고 부분적으로 집행하신 심판들은 어떤 것들인가. 여기에서는 다음과 같은 것들이 예언된다.

(1) 그들이 살던 곳을 떠나게 되리라는 것. 땅이 이 주정뱅이들을 토해낼 것이다(13절). 내 백성(그들은 이렇게 자처하였고 자랑하였다)이 무지함으로 말미암아 사로잡혀 갔다(이 일은 너무나 확실해서, 마치 그들이 이미 사로잡혀 간 것처럼 표현되고 있다). 술에 절어서 주정뱅이와 어리석은 자들이 되어 버린 그들이 어떻게 지식을 가질 수 있겠는가? 그들은 제정신이고 멀쩡하다고 말하겠지만, 하나님께서 무엇을 가지고 그들과 다투시는지에 대해서 아랑곳하지 않고 하나님과 화목하게 지내는 데에 신경도 쓰지 않기 때문에 무지하다고 하는 것이 옳다. 그 이유는 그들이 지식을 갖고자 하지 않기 때문이다. 그들은 지각과 분별력이 없고 자기 고집이 세기 때문에 무지함으로 말미암아 멸망을 당할 것이다.

(2) 그들은 빈곤하게 되어서 그들이 지금까지 흥청망청 소비하였던 것들이 부족하게 되리라는 것. 그들의 귀한 자조차도 굶주릴 것은 물론이고 굶어서 죽게 될 것이며, 무리는 목마를 것이다. 큰 자들이든 보통 사람들이든 양식과 물이 없어서 죽어갈 것이다. 이것은 곡물이 제대로 수확되지 않은 결과이다(10절). 왜냐하면, 왕도 밭의 소산을 받아서 살아가기 때문이다(전 5:9). 수확이 잘 되지 않을 때, 주정뱅이들은 단 포도주가 그들의 입에서 끊어졌기 때문에 울라는 말을 듣는다(욜 1:5). 이제 그들이 포도주를 마실 수 없게 되었기 때문이라기보다는 포도주가 많이 있을 때에 너무 흥청대며 마셔 버린 것을 후회하며 울라는 것이다. 사람들이 많이 있을 때에 흥청망청 소비해 버린 것을 꼭 필요한 때에 하나님께서 그것을 부족하게 하시는 것은 옳다.

(3) 많은 무리가 기근과 칼에 죽게 되리라는 것(14절). 그러므로 스올이 욕심을 크게 내었다. 죽은 자들이 너무 많아서 공동묘지였던 도벳으로는 죽은 자들을 처리하기에 너무 좁게 되어서 묘지를 더 넓힐 수밖에 없게 될 것이다. 스올은 결코 족하다 말하지 않고 한없이 그 입을 벌렸다(잠 30:15-16). 스올은 저주받은 자들이 가는 곳이다. 사치와 육욕(肉慾)이 어둠과 공포가 지배하는 그 곳을 채우고 있다. 거기에서 자신의 배를 신으로 삼아 살았던 자들이 고통을 당하고 괴로움을 받는다(눅 16:25; 빌 3:19).

(4) 그들은 낮아지고 비천해져서 그들의 온갖 존귀함은 먼지가 되어 사라지리라는 것. 이런 일은 실질적으로 죽음과 스올에 의해서 이루어지게 될 것이다. 그들의 영광(개역에서는 호화로움)은 땅 위가 아니라 땅 속으로 내려가게 될 것이지만 그 영광은 그들을 따라 내려가지 못하고(시 49:17) 죽음 저편에서 그들에게 유익이 되지 못하며, 그들과 함께 죽어서 묻혀 사라지게 될 것이다. 그들은 수가 많음을 자랑하며 영광으로 삼았는가? 그들의 많은 무리도 구덩이로 내려가게 될 것이다(겔 31:18; 32:32). 그들은 화려한 모습을 자랑하며 영광으로 삼았는가? 그들의 화려한 모습도 끝이 날 것이고, 그들이 승전하여 기쁨의 함성을 질렀던 것도 끝이 날 것이다. 그들은 희희낙락 하며 즐거워하는 것을 자랑하며 영광으로 삼았는가? 죽음은 그것을 애곡으로 바꿔 놓을 것이다. 흥청거리며 마음껏 즐기면서 정말 중요한 것을 결코 알려고 하지 않았던 자는 통곡과 울부짖음만이 있는 곳으로 내려가게 될 것이다. 이렇게 해서 비천한 자나 존귀한 자나 모두 다 스올에서 만나 고통스러운 심판 아래 있게 된다. 사람이 아무리 높아졌다고 해도 죽음은 그를 낮출 것이고, 아무리 낮은 자라도 죽음은 그를 더 낮출 것이다. 이것을 생각해서 오만한 자는 지금 자신의 눈을 낮추어야 한다(15절). 머지않아 낮아지게 될 자들이 지금 눈을 낮추어서 보는 것이 합당하다.

3. 이러한 심판들의 열매는 무엇이 될 것인가.

(1) 하나님이 영광을 받으시게 될 것이다(16절). 만군의 여호와, 거룩하신 하나님이 이러한 공의롭고 정의로운 섭리들을 통해서 높임을 받으시고 거룩하다 일컬음을 받으실 것이다. 자신을 높인 자들을 낮추시는 섭리 속에서 우리는 하나님의 공의를 시인하지 않을 수 없다. 이 일을 통해서 하나님은 다음과 같이 영광을 받으시게 된다.

[1] 하나님은 저항할 수 없는 능력이시라는 것. 하나님은 가장 강한 자들을 깨뜨리시고 가장 교만한 자들을 낮추시며 가장 고집 센 자들을 길들이실 수 있는 만군의 여호와로서 높임을 받으시게 될 것이다. 능력은 오직 공의를 통해서만 높임을 받을 수 있다. 하나님의 팔에 능력이 있지만 공의와 정의가 언제나 주의 보좌의 기초라는 것이 하나님의 영광이다(시 89:13-14).

[2] 하나님은 한 점 흠 없이 순결하신 분이라는 것. 거룩하시고 무한히 거룩하신 분은 교만한 자들에 대한 의로운 징벌을 통해서 거룩하다 일컬음을 받으

실 것이다. 교만한 자들이 낮아질 때, 크신 하나님은 영광을 받으신다. 따라서 우리도 그런 때에 마땅히 하나님께 영광을 돌려야 한다는 것을 명심하라.

(2) 선한 자들이 고통에서 벗어나 편안해지고 구조를 받게 될 것이다(17절). 그 때에는 어린 양들이 자기 초장에 있는 것 같이 풀을 먹을 것이요. 어린 양을 좇는 가운데 박해를 받고 교만한 압제자들에 의해서 위협을 당하였던 이 땅의 온유한 자들은 푸른 초장에서 한가롭게 풀을 먹게 될 것이고, 그들을 두렵게 할 자가 아무도 없을 것이다(겔 34:14을 보라). 교회의 원수들이 끊어질 때, 교회들은 안식을 갖게 된다. 이 본문을 어떤 이들은 그들이 마음껏 꼴을 먹을 것이요로 읽는다. 온유한 자는 복이 있나니 그들이 땅을 기업으로 받을 것이고 넘치는 평화로움 속에서 즐거워할 것이다. 또, 어떤 이들은 이 본문을, 그들이 분량에 따라 꼴을 먹을 것이요로 읽어서 그들이 생명의 양식인 말씀을 듣고서 받아 누릴 수 있는 정도만큼 꼴을 먹게 될 것이라는 의미로 해석한다.

(3) 나라가 황폐화되어 이웃 나라들의 먹이가 될 것이다. 부자의 버려진 밭, 즉 편안하게 살았던 부자들의 소유는 그들과 아무런 친척 관계도 아닌 낯선 자들에게 먹히게 될 것이다. 이방인들이 이스라엘 백성을 포로로 끌고 갈 때에 이 땅의 가난한 자들은 남겨서 포도원을 다스리는 자와 농부들이 되게 하였다(왕하 25:12). 바로 그들은 이방인들에 의해서 황폐화된 부자들의 초장에서 꼴을 먹는 어린 양들이 되었다. 유대 교회, 저 살진 자들이 초토화되자, 그들이 지니고 있던 특권은 오랫동안 낯선 자들이었던 이방인들에게로 넘어갔고, 그리스도의 무리인 어린 양들은 그들에게 환영을 받았다.

[18]거짓으로 끈을 삼아 죄악을 끌며 수레 줄로 함 같이 죄악을 **끄는** 자는 화 있을진저 [19]그들이 이르기를 그는 자기의 일을 속속히 이루어 우리에게 보게 할 것이며 이스라엘의 거룩한 이는 자기의 계획을 속히 이루어 우리가 알게 할 것이라 하는도다 [20]악을 선하다 하며 선을 악하다 하며 흑암으로 광명을 삼으며 광명으로 흑암을 삼으며 쓴 것으로 단 것을 삼으며 단 것으로 쓴 것을 삼는 자들은 화 있을진저 [21]스스로 지혜롭다 하며 스스로 명철하다 하는 자들은 화 있을진저 [22]포도주를 마시기에 용감하며 독주를 잘 빚는 자들은 화 있을진저 [23]그들은 뇌물로 말미암아 악인을 의롭다 하고 의인에게서 그 공의를 빼앗는도다 [24]이로 말미암아 불꽃이 그루터기를 삼킴 같이, 마른 풀이 불 속에 떨어짐 같이 그들의 뿌리가 썩겠고 꽃이 티끌처럼

날리리니 그들이 만군의 여호와의 율법을 버리며 이스라엘의 거룩하신 이의 말씀을 멸시하였음이라 ²⁵그러므로 여호와께서 자기 백성에게 노를 발하시고 그들 위에 손을 들어 그들을 치신지라 산들은 진동하며 그들의 시체는 거리 가운데에 분토 같이 되었도다 그럴지라도 그의 노가 돌아서지 아니하였고 그의 손이 여전히 펼쳐져 있느니라 ²⁶또 그가 기치를 세우시고 먼 나라들을 불러 땅 끝에서부터 자기에게로 오게 하실 것이라 보라 그들이 빨리 달려올 것이로되 ²⁷그 중에 곤핍하여 넘어지는 자도 없을 것이며 조는 자나 자는 자도 없을 것이며 그들의 허리띠는 풀리지 아니하며 그들의 들메끈은 끊어지지 아니하며 ²⁸그들의 화살은 날카롭고 모든 활은 당겨졌으며 그들의 말굽은 부싯돌 같고 병거 바퀴는 회오리바람 같을 것이며 ²⁹그들의 부르짖음은 암사자 같을 것이요 그들의 소리지름은 어린 사자들과 같을 것이라 그들이 부르짖으며 먹이를 움켜 가져가 버려도 건질 자가 없으리로다 ³⁰그 날에 그들이 바다 물결 소리 같이 백성을 향하여 부르짖으리니 사람이 그 땅을 바라보면 흑암과 고난이 있고 빛은 구름에 가려서 어두우리라

여기에는 다음과 같은 내용들이 나온다.

I. 심판을 자초한 이스라엘 백성의 죄들. 이것은 단지 당시에 살았던 유다 사람들에 대한 고소인 것만은 아닌 것 같다. 그 고소의 몇몇 조목들은 일차적으로는 그들에게 해당되겠지만 모든 세대의 모든 사람들에게 개인이나 공동체에 파괴적인 죄들, 하나님의 진노와 의로운 심판을 초래하는 죄들에 주의하라고 경고하기 위한 것이기도 하다. 여기에서는 다음과 같은 자들은 재앙에 가까운 상태에 있다고 말한다.

1. 죄를 짓는 데에 열심이고 폭력적으로 죄악을 추구하는 자들, 거짓으로 끈을 삼아 죄악을 끌며(18절) 소가 힘 들여 수레를 끌듯이 죄를 짓는 데에 많은 힘을 들이는 자들, 무절제한 욕구들을 채우기 위해서 온 힘을 다 쏟고 상스러운 욕망의 비위를 맞추려고 본성 자체에 폭력을 가하는 자들. 그들은 마치 강력한 수레 줄을 사용해서 죄를 끌어오는 것처럼 그들의 악한 계획을 확실히 이룰 수 있다고 생각한다. 그러나 그들이 수레 줄이라고 생각했던 것이 조금만 압박을 가해도 끊어져 버리는 허망한 줄임이 드러나서 그들은 결국 실망하게 될 것이다. 왜냐하면, 여호와께서는 의로우사 악인들의 줄을 끊으실 것이기 때문이다(시 129:4; 욥 4:8; 잠 22:8). 그들은 오랜 습관과 굳어져 버린 습관 때문에 죄를 짓

는 데에 고착되어 있기 때문에 죄에서 벗어날 수 없다. 연약함으로 인해서 죄를 짓는 자들은 죄에 의해서 이끌려간다. 하지만 뻔뻔스럽게 죄를 짓는 자들은 하나님의 섭리에 의한 반대와 양심의 저지에도 불구하고 죄악을 자기에게로 끌어온다. 어떤 이들은 이 본문에 나오는 죄를 죄에 대한 징벌로 이해해서, 그들이 하나님의 심판을 수레 줄로 자기 머리로 끌어온다는 의미로 해석하기도 한다.

2. 하나님의 공의를 무시하고 전능자에게 어디 한번 심판해 보라고 도전하는 자들(19절). 그들이 이르기를 그는 자기의 일을 속속히 이루라 하는도다. 이것은 말일에 오만한 자들이 주께서 강림하신다는 약속이 어디 있느냐고 말하리라고 한 것과 동일하다. 그러므로 말일에 오만한 자들은 그들과 마찬가지로 거짓으로 끈을 삼아 죄악을 끌며 뻔뻔스럽고 폭력적으로 죄를 짓고 자신의 정욕을 따라 행한다(벧후 3:3-4).

(1) 그들은 선지자들을 조롱하고 희롱한다. 그들은 선지자들을 조롱하고자 하나님을 이스라엘의 거룩한 이라 부르는데, 이는 선지자들이 큰 공경심을 가지고서 하나님을 그렇게 불렀기 때문이다.

(2) 그들은 그들의 경건치 않음과 불의에 대하여 하늘로부터 하나님의 진노가 나타나리라는 것을 믿으려 하지 않는다. 그들은 실제로 진노가 나타나기 전에는 그것을 알지 못하기 때문에, 모든 경고의 말씀을 어리석은 자들과 아이들을 놀래키기 위해서 해보는 근거 없는 말들로 치부해 버리고, 저주는 단지 순간에 불과한 것으로 여긴다.

(3) 하나님이 경고하신 대로 그들을 치기 위해서 나타나신다고 하여도, 그들은 마치 그들이 하나님보다 더 강한 자인 양 하나님을 잘 설득할 수 있고 시기 나게 할 수 있다고 생각한다(고전 10:22). "우리는 하나님이 하신 말씀을 들었지만, 그건 단지 말일 뿐이다. 하나님은 속히 자신의 일을 하라. 우리는 우리 힘으로 충분히 잘 대처해 나갈 것이다." 고집을 부리며 끈질기게 죄 속에 머무르는 자들은 하나님의 진노의 능력을 생각하지 않는다.

3. 선과 악의 구별을 혼란스럽게 하고 뒤집어 버려서 악을 선하다 하며 선을 악하다 하는 자들(20절), 선을 행하지 않을 뿐만 아니라 선을 단죄하며 선에 맞서서 악을 주장하고, 자신이 선을 행하지 않고자 하기 때문에 다른 사람들이 행하고자 하는 선도 짓밟아 버리며, 선에 오명을 뒤집어씌우는 자들, 악을 행

할 뿐만 아니라 악을 정당화하며 칭찬하고 다른 사람들에게 악을 안전하고 선한 것으로 권장하는 자들.

(1) 미덕과 경건은 선하다. 왜냐하면, 그것들은 밝고 아름답고 유쾌하며 옳기 때문이다. 그러나 죄와 사악함은 악하다. 그것들은 어둡고 무지와 오류의 열매이며 결국에는 쓰디쓴 것으로 끝나기 때문이다.

(2) 이런 식으로 선과 악을 뒤바꾸어 놓고 선악을 왜곡하는 자들, 술 취하는 것을 좋은 교제라 부르고 탐욕을 살림을 잘 꾸려가는 것이라고 부르며 하나님의 백성을 박해하면서 하나님께 좋은 일을 한다고 생각하는 자들, 반면에 진지함을 성격이 나쁘다고 말하고 건전한 개성을 버릇없다고 말하는 자들, 경건의 길들을 온갖 형태의 악이라고 거짓으로 말하고 사람들의 생각 속에 그 경건의 길들에 대한 편견들을 심어주기 위해서 온갖 짓을 다하고 빛과 어둠, 단 것과 쓴 것을 어김없이 구별하는 감각의 증거처럼 너무도 명백한 증거들조차도 다 무시하고서 그런 조작을 일삼는 자들은 하나님과 신앙과 양심과 그들 자신의 영혼과 다른 사람들의 영혼에 큰 잘못을 행하는 것이다.

4. 이와 같은 엄청난 잘못들을 범하면서도 자신의 판단에 대해서는 대단한 의미를 부여하고 자신의 이해를 대단히 소중히 여기는 자들(21절). 그들은 스스로 지혜롭다 한다. 그들은 하나님의 말씀이 주는 책망들과 죄에 대한 깨우침들이 잘못되었다는 것을 얼마든지 입증할 수 있다고 생각하고, 하나님의 살피심과 심판들을 얼마든지 피할 수 있다고 생각한다. 그들은 하나님의 무한한 지혜를 능가할 수 있고 하나님의 섭리에 대항할 수 있다고 생각한다. 또는, 이 본문은 다음과 같이 좀 더 일반적으로 해석할 수도 있다. 하나님은 교만한 자들, 특히 자신의 지혜에 대하여 자부심을 지니고 있고 자신의 총명에 기대는 자들을 대적하신다. 그러한 자들은 어리석은 자가 되어야 진정으로 지혜로워질 수 있다. 그렇게 하지 않는다면, 그들은 결국 온 세상 앞에서 어리석은 자들임이 드러나게 될 것이다.

5. 독주를 아무리 많이 마셔도 취하지 않고 끄떡없다는 것을 큰 자랑으로 여기는 자들, 포도주를 마시기에 용감하며(22절) 나라를 섬기는 데가 아니라 자신의 정욕을 섬기는 데에 힘과 용기를 사용하는 자들. 술 마시는 것을 좋아하는 자들은 이 성경 본문을 통해서 다음과 같은 것을 알아야 한다.

(1) 하나님께서 그들에게 좋은 목적에 사용하라고 주신 육체적인 힘을 그들

은 배은망덕하게 엉뚱한 곳에 사용하고 있고, 이것으로 인해서 그들의 힘은 점점 약해질 수밖에 없다. (2) 술을 아무리 마셔도 제 발로 설 수 있다고 해서 그것이 술 취한 죄에 대한 면죄부가 되지는 않는다. (3) 누가 더 술을 잘 마시는지 내기를 통해서 다른 사람들을 거꾸러뜨릴 수 있다고 자랑하는 자들은 자신의 수치를 자랑하는 것이다. (4) 사람들이 아무리 술을 조금 마신다고 하여도, 그것은 그들에게 하나님의 진노와 저주를 가져다 주는 죄이다.

6. 재판관으로서 재판을 굽게 하고 모든 형평법 조항을 어기는 자들(23절). 이것은 앞에 나온 내용에서 따라 나오는 것이다. 그들은 술을 마시다가 법을 잊어버리고(잠 31:5) 포도주로 말미암아 재판할 때에 실수하며(사 28:7) 사치스러운 생활을 유지하기 위해서 뇌물을 받는다. 그들은 뇌물로 말미암아 악인을 의롭다 하고 이런저런 핑곗거리를 찾아내서 악인의 죄책(罪責)을 면제해 주어서 벌을 받지 않게 보호해 준다. 또한, 그들은 무죄한 자를 단죄하여 그에게서 그의 의를 빼앗는다. 즉, 그의 탄원들을 짓밟고 그의 무죄를 입증한 기회를 박탈해 버리고서 그에게 불리한 판결을 내린다. 사람과 사람 사이의 송사(訟事)에서는 어느 때라도 힘과 돈이 옳은 것과 공의를 이길 수 있었다. 너무도 명백하게 잘못을 범한 자라도 조금만 뇌물을 먹이면 승소해서 비용을 다 뽑을 수 있었다. 형사 사건인 경우에도 아무리 명백하게 죄를 범한 죄수라 하더라도 뇌물만 주면 무죄로 방면될 수 있었다. 어떤 사람이 무죄하다고 해도, 뇌물을 쓰지 않거나 상대방이 재판관에게 뇌물을 썼거나 재판관들이 그에게 악감을 품었다면, 그는 유죄 판결을 받았다.

II. 이러한 죄들이 그들에게 가져온 심판들.   이렇게 악하게 살고 있는 자들은 편하게 살아가기를 기대하지 말아야 한다. 왜냐하면, 의로우신 하나님께서 원수를 갚으실 것이기 때문이다(24-30절). 여기서 우리는 다음과 같은 것들을 볼 수 있다.

1. 이 파멸이 얼마나 완벽할 것인지, 그들의 죄로 말미암은 이 파멸이 얼마나 필연적이고 피할 수 없는 것이 될지에 대하여. 하나님은 이스라엘 백성을 그가 견고히 심은 후에 잘 자라서 열매를 많이 맺기를 소망하였던 포도나무에 비유하셨다(7절). 그러나 그 포도나무에 쏟아 부은 하나님의 은혜는 헛되어서, 그 뿌리는 썩어서 아래로부터 말라 버렸고, 꽃도 가볍고 무가치한 티끌처럼 날아가 버렸다(욥 18:16). 죄는 백성의 힘인 뿌리를 약화시켜서, 그들은 쉽게 뿌

리가 뽑혀 버린다. 죄는 백성의 아름다움인 꽃을 시들게 하여서 열매에 대한 소망을 앗아가 버린다. 하나님은 열매를 맺지 못한 죄에 대해서 열매를 맺지 못하게 하는 것으로 벌을 주신다. 죄인들은 스스로를 하나님의 진노의 불에 적합한 연료인 타기 쉬운 그루터기와 마른 풀로 만들고, 그런 후에 불꽃이 그루터기를 삼킴 같이 그 불은 그들을 삼켜서 소멸시켜 버리는데, 아무도 그것을 방해할 수도 없고 방해하고자 마음을 먹지도 못한다. 마른 풀이 타는데, 그것을 애석하게 여겨서 불을 끄고자 하는 사람은 아무도 없다.

2. 이 파멸이 얼마나 옳은 일일지에 대하여. 그들이 만군의 여호와의 율법을 버렸고 여호와께서 그들을 다스리도록 하고자 하지 않았기 때문이다. 그들은 모세의 율법을 거부하고 내팽개쳐 버렸듯이 이스라엘의 거룩하신 이의 말씀, 즉 그의 종들인 선지자들을 통해서 하나님께서 그들에게 일깨워주고 순종하라고 촉구하였던 그 말씀을 멸시하고 도외시하였다. 하나님은 사람들이 그의 법과 말씀을 범한다고 해서 그 각각의 범죄로 인하여 그들을 거부하거나 배척하지 않으신다. 그러나 사람들이 하나님의 말씀을 멸시하고 그 법을 내팽개쳐 버린다면, 하나님이 그들을 완전히 버리시는 것 외에 그들이 무엇을 기대할 수 있겠는가?

3. 이 파멸이 어디에서 올 것인지에 대하여(25절). 그것은 전능자에게서 오는 파멸이다. (1) 하나님의 공의가 그 파멸을 정하신 것이다. 왜냐하면, 그 파멸은 자기 백성에게 발하시는 여호와의 진노이고 여호와께서 그의 거룩하심과 권위를 다시 회복하시는 데에 꼭 필요한 조치이기 때문이다. (2) 하나님의 능력이 그 파멸을 이루신다. 여호와께서 그들 위에 손을 드셨다. 하나님께서 그들의 원수들을 치기 위하여 무수히 드셨던 그 손을 지금은 그들을 치기 위하여 가장 맹렬하게 높이 드셨다. 누가 주의 노여움의 능력을 알까. 그들이 알든지 모르든지, 그들을 쳐서 그 포도나무를 시들게 하신 분은 하나님이시다.

4. 이 파멸의 결과들과 지속성. 하나님께서 백성을 치시기 위해 진노 중에 나오실 때, 산들은 진동하고 땅은 사람들 아래에서 흔들려 꺼지려 하며, 강하고 높은 큰 자들조차도 두려움에 사로잡힌다. 이런 것이 두렵게 느껴지는 것과 마찬가지로(지진보다 더 두려운 것이 무엇이겠는가?), 사람들의 시체가 거리 가운데서 개들에게 찢겨 먹히거나 분토 같이(난외주에서는 이렇게 읽는다) 던져지는 것보다 더 끔찍한 광경이 어디 있겠는가? 이것은 전쟁터에 나간 병사들

만이 아니라 성읍들에 거주하는 주민들도 무자비하게 칼에 죽임을 당하여 대량 살상이 이루어지고 살아남은 자들도 손과 발이 잘려나가거나 공포에 질려서 시체를 묻을 엄두를 내지 못하게 되리라는 것을 암시한다. 이런 모습은 너무도 두렵고 끔찍한 것이기는 하지만, 그럴지라도 하나님의 노가 돌아서지 아니할 정도로 죗값은 엄청난 것이다. 하나님의 진노에 연료가 될 그루터기와 마른 풀이 조금이라도 남아 있는 한 불은 계속해서 타오를 것이고, 자기 백성을 치기 위하여 뻗쳐진 하나님의 손도 그들이 기도를 통해서 그 손을 제지하지 않거나 삶을 고침으로써 그 손에 복종하지 않는 한 여전히 펼쳐져 있을 것이다.

5. 이 파멸을 그들에게 가져오는 데에 사용될 도구들. 이 일은 외적이 침입하여 모든 것을 황폐화시키는 것을 통해서 이루어질 것이다. 이 외적의 이름이 구체적으로 나와 있지 않기 때문에, 우리는 이 본문을 하나님께서 유대인들에게 가져오신 이런 유의 몇몇 심판들, 즉 얼마 되지 않아 있게 될 산헤립의 침공, 갈대아인들과 로마인들에 의한 예루살렘 멸망 등을 가리키는 예언으로 보아야 한다. 또한, 나는 이 본문을 앞의 여러 절에 언급된 죄들을 조장하고 비호하는 나라들도 동일하게 초토화될 것을 경고하는 말씀으로도 보아야 한다고 생각한다. 이 본문은 그러한 화(禍)들에 관한 해설이다. 하나님은 진노를 불러 일으키는 백성을 파멸시키고자 하실 때에 다음과 같이 하실 수 있다.

(1) 하나님은 그 일을 하시기 위해서 아주 멀리 있는 도구들을 사용하실 수 있다. 하나님은 자신의 일에 봉사하도록 멀리 있는 군대를 일으키실 수 있고 땅 끝에서부터 그들을 불러 오실 수 있다(26절). 그들이 너무 멀리 떨어져 있어서 그들 자신의 목적을 이루기 위한 것이라고는 거의 생각될 수 없을 때, 하나님은 자신의 목적을 이루시기 위해서 그를 모르는 자들도 사용하신다. 하나님이 깃발을 세우시면, 사람들은 그 이유도 모른 채 그 깃발 아래에 들어가고자 하는 마음이 생겨난다. 만군의 여호와께서 자신의 휘하에 있는 군대들을 다 소집하시면 순식간에 구름 떼 같은 거대한 군대가 집결한다(욜 2:2, 11). 그들에게 소집을 통지하거나 그들을 동원하기 위해서 나팔을 불거나 북을 칠 필요도 없다. 휘파람을 한 번 부는 것만으로도 충분하다. 그들은 그 소리를 듣고 용기를 얻는다. 하나님께서는 손짓 하나로 모든 피조물을 마음대로 부리신다는 것을 명심하라.

(2) 하나님은 그들이 그 일을 하기 위해서 믿을 수 없을 정도로 신속하게 달

려오게 하실 수 있다. 보라, 그들이 빨리 달려올 것이로다. [1] 하나님의 일을 하고자 하는 자들은 때가 되었을 때에 꾸물거리거나 늑장을 부려서는 안 된다. [2] 하나님의 심판을 얕잡아 보는 자들은 자신의 오만한 태도를 부끄러워하게 되겠지만, 때는 이미 늦을 것이다. 그들은 자기의 일을 속속히 이루라(19절)고 코웃음 치며 말하였지만, 실제로 하나님께서 속히 그 일을 이루실 때에 공포에 질려 혼비백산하게 될 것이다. 한 시간에 그 심판이 이르렀다(계 18:10).

　(3) 하나님은 그들로 하여금 그 일을 놀라울 정도로 날쌔고 맹렬하게 해내게 하실 수 있다. 이 내용은 여기에서 아주 고상하고 우아한 표현들로 서술된다(27-30절). [1] 그들은 오랜 기간 동안 행군하겠지만 그 중에 곤핍한 자가 없을 것이다. 이 전쟁에 대한 열정이 넘쳐나서 그들은 피곤함도 잊어버리고 불평도 없을 것이다. [2] 길은 험하고 전쟁의 통상적인 방침들 때문에 어려움도 겪겠지만, 그 중에 넘어지는 자가 없을 것이고, 그들의 길을 가로막는 온갖 난관들은 쉽게 극복될 것이다. [3] 끊임없이 깨어서 보초를 서야 하겠지만 그 중에 조는 자나 자는 자가 없을 것이며, 고된 행군이 끝나면 도성을 약탈해서 값진 재물들을 가질 생각에 그들은 각자의 일에 집중할 것이다. [4] 그들은 긴장을 풀거나 쉬는 것을 원치 않아서, 옷을 벗거나 허리띠를 풀지 아니하며, 도리어 항상 띠를 두르고 칼을 차고 있을 것이다. [5] 그들은 행군을 지체하게 만들거나 멈추게 만들 수 있는 그 어떤 방해물도 만나지 않을 것이다. 여호수아 9:13이 보여주듯이 신발 끈은 자주 수선해 주어야 하지만, 그들의 들메끈은 끊어지지 아니할 것이다. [6] 그들의 병기와 군수물자들은 모두 잘 준비되어 있을 것이다. 그들의 화살은 적의 심장을 꿰뚫을 정도로 날카롭고, 모든 활은 느슨해져 있는 것이 아니라 언제라도 행동을 취할 수 있도록 당겨져 있다. [7] 그들의 말과 병거들은 모두 잘 정비되어 있을 것이다. 그들의 말은 아주 튼튼하고 강건해서 말굽은 오랜 행군 때문에 닳거나 헐렁해져 있는 것이 아니라 부싯돌 같을 것이다. 그들의 병거 바퀴는 부서지거나 오래 써서 삐그덕거리거나 수리도 할 수 없는 상태가 되어 버린 것이 아니라 회오리바람 같이 날쌔게 움직여서 차축 위에서 아주 강력하게 잘 돌아갈 것이다. [8] 모든 병사들은 용감무쌍할 것이다(29절). 전투에 앞선 그들의 부르짖음 또는 함성은 암사자 같아서 포효하며 일어설 때에 주변의 모든 것들이 두려워 떨게 될 것이다. 선지자들을 통해서 말씀하시는 하나님의 음성을 듣고자 하지 않고 귀를 막아버린 자들은 그들의 원수들이 그들을 치려

고 일어나며 포효하는 소리를 듣게 될 것이고 그 소리를 듣지 않으려고 귀를 막아 보아야 소용없게 될 것이다. 그들은 폭풍우 속에서 바다가 포효하는 것 같이 포효하리라(개역에서는 그들이 바다 물결 소리 같이 부르짖으리니). 사자가 포효하며 먹잇감을 갈가리 찢어버리고자 하듯이, 그들은 포효하며 삼키려고 할 것이다. [9] 빠져나가거나 구조될 가망성은 전혀 없게 될 것이다. 원수는 큰 물처럼 들이닥칠 것이고, 그들을 대항하여 깃발을 들 자가 아무도 없을 것이다. 그들은 먹잇감을 움켜쥘 것이고, 아무도 거기에서 빠져나가지 못할 것이며, 아무도 건져줄 수 없을 것이고, 필사적으로 빠져나가려고 해도 결국 체념하고 죽게 될 것이다. 곤경에 처한 자들이 빠져나갈 길을 찾고자 하여 둘러보면 모든 것이 암울해 보이는 법이다. 하물며, 하나님께서 우리에게 눈살을 찌푸리실 때, 그 어떤 피조물이 감히 웃음을 보일 수 있겠는가? 먼저, 땅을 둘러보라. 빛의 땅이었고 온 땅의 기쁨이었던 곳을 바라보면 흑암과 고난이 있고, 온통 놀랍고 두려운 것들, 암울한 것들만이 있고 희망적인 것은 아무것도 없을 것이다. 다음으로, 하늘을 올려다보라. 빛이 있으리라고 생각하였던 그 곳에서 빛은 어두워져 있을 것이다. 하늘의 빛이 어두워져 있다면, 그 어둠이 얼마나 심하겠는가! 하나님께서 얼굴을 숨기시면, 하늘도 얼굴을 가려서 암울해 보인다는 것은 전혀 이상한 일이 아니다(욥 34:29). 선한 양심을 지키고 우리와 하늘 사이를 언제나 깨끗하게 지켜서, 구름과 흑암이 우리 주변을 둘러싼다고 하여도, 위로부터의 빛이 우리에게 있게 하는 것이야말로 우리의 지혜이다.

제
— 6 —
장

개요

이제까지 이사야는 암묵적인 소명(召命) 하에서 예언을 하였던 것으로 보인다. 그러나 여기에서 이사야는 더 많은 일이 그에게 맡겨짐에 따라서 좀 더 명시적인 소명을 통해서 거룩하게 구별되어 정식으로 선지자로 임명된다. 또는, 이사야는 자신의 사역이 거의 성공을 거두지 못하자 그 일을 그만둘까 생각하기 시작했던 것일 수도 있다. 그래서 하나님은 여기 이 장에서 그의 소명을 새롭게 하여, 그가 비록 헛되이 수고한 것처럼 보일지라도 더욱 열심을 내어 충성스럽게 자신의 사명을 감당하도록 격려할 필요가 있다고 보셨다. 이 장에는 다음과 같은 내용들이 나온다. I. 이사야가 본 하나님의 영광에 관한 너무도 두려운 환상(1-4절), 그 환상이 그에게 가져다 준 두려움(5절), 죄 사함에 대한 확신을 통해서 그 두려움으로부터 놓여남(6-7절). II. 이사야가 선지자로서 하나님의 이름으로 가라는 너무도 두려운 소명을 받음(8절), 하나님의 말씀을 전함으로써 죄를 회개치 않는 자들을 완악하게 하여 그들의 파멸의 때가 무르익게 하고(9-12절), 남은 자들에게는 긍휼하심이 있을 것임을 전하라는 명을 받음(13절). 이사야는 복음적인 선지자로서 이러한 일들을 보고 들은 것이었다.

¹웃시야 왕이 죽던 해에 내가 본즉 주께서 높이 들린 보좌에 앉으셨는데 그의 옷자락은 성전에 가득하였고 ²스랍들이 모시고 섰는데 각기 여섯 날개가 있어 그 둘로는 자기의 얼굴을 가리었고 그 둘로는 자기의 발을 가리었고 그 둘로는 날며 ³서로 불러 이르되 거룩하다 거룩하다 거룩하다 만군의 여호와여 그의 영광이 온 땅에 충만하도다 하더라 ⁴이같이 화답하는 자의 소리로 말미암아 문지방의 터가 요동하며 성전에 연기가 충만한지라

이사야가 성경에서 사무엘에 대하여 말하고 있는 것과 마찬가지로 여호와의 선지자로 세우심을 입었을(삼상 3:20) 때에 본 환상은 다음과 같은 것을 위한 것이었다. 1. 이사야가 나중에 그러한 일들이 사실이었음을 알고서 무척

만족하고 기뻐할 수 있도록 그의 믿음을 확증해 주기 위해서. 하나님은 이사야에게 자신을 처음으로 보여주셨다. 그러나 그러한 환상은 나중에 계시가 있을 때마다 반복될 필요는 없었다. 이렇게 하나님은 아브라함(행 7:2)과 모세(출 3:2)에게 영광의 하나님으로 처음으로 나타나셨다. 에스겔의 예언과 요한의 예언은 하나님의 영광에 관한 환상들로 시작된다. 2. 이사야가 하나님에 대한 경외심을 가짐으로써 정신을 바짝 차리고 하나님을 일편단심으로 섬길 수 있도록 그의 감성에 작용하기 위해서. 남들에게 하나님을 아는 지식을 가르치고자 하는 자들은 먼저 스스로 하나님을 잘 알아야 한다.

이사야가 이 환상을 본 때가 기록되어 있는 것은 확실성을 더하기 위한 것이다. 이 일은 웃시야 왕이 죽던 해에 있었다. 웃시야 왕은 유다의 여느 왕들처럼 나라를 잘 다스려서 번영하게 하였고 오십 년 넘게 아주 오랫동안 왕위에 있었다. 이 왕이 죽던 때에 이사야는 하나님이 보좌에 앉아 계시는 이 환상을 보았다. 왕들이 숨을 거두고 흙으로 돌아가더라도 여호와는 영원히 다스리시리라(시 146:3-4, 10)는 것은 우리에게 위로가 된다. 이스라엘의 왕은 죽지만, 이스라엘의 하나님은 영원히 살아 계신다. 우리는 큰 자들과 선한 자들이 죽는 때를 믿음의 눈을 들어서 결코 죽지 않으시는 영원하신 왕을 올려다보는 기회로 삼아야 한다. 웃시야 왕은 문둥병자로서 죽는 날까지 갇혀 지내다가 서글프게 죽어 갔다. 왕들의 사는 날이 정해져 있듯이, 그들의 영광도 퇴색된다. 그러나 하나님은 영원히 사시기 때문에 그 영광도 영원하다. 웃시야 왕은 병상에서 죽었지만, 만왕의 왕께서는 여전히 그 보좌에 앉아 계신다.

선지자가 여기에서 본 것을 하나님께서 우리에게 계시하신 것은 우리가 이 계시를 믿음으로 받아서 그 속에서 마치 유리를 통해 보듯이 여호와의 영광을 보게 하기 위한 것이다. 그러므로 우리는 옆으로 비켜서서 겸손한 자세와 경외하는 마음으로·이 큰 광경을 보아야 한다.

I. 하나님께서 그의 보좌에 앉아 계신 것을 보라. 그 보좌는 높이 들린 보좌로서 다른 보좌들보다 높을 뿐만 아니라 들려 있어서 그 보좌들을 다스리고 명하는 위치에 있다. 이사야는 하나님의 본질인 여호와(아무도 이것을 본 적이 없었고 볼 수도 없다)가 아니라 여호와의 통치하는 모습인 아도나이를 본 것이었다. 이사야는 주 예수를 보았다. 요한복음 12:41은 이 환상에 대하여 이사야가 그리스도의 영광을 보고 그리스도를 가리켜 말한 것이라고 설명하고 있는

데, 이것은 우리 구주의 신성(神性)에 대한 움직일 수 없는 증거이다. 부활 후에 그리스도께서는 하나님의 우편에 앉으시게 되었는데 사실 그 곳은 그가 이전에 앉아 계셨던 곳이기도 하다(요 17:5). 영원한 정신(the Eternal Mind)이신 분의 안식을 보라. 이사야는 여호와께서 좌정하고 계시는 것을 보았다(시 29:10). 영원한 왕이신 분의 주권을 보라. 주는 보좌, 즉 우리가 그 앞에서 예배하여야 하는 영광의 보좌, 우리가 복종해야 하는 통치의 보좌, 우리가 그 앞에 담대하게 나아갈 수 있는 은혜의 보좌에 앉아 계신다. 이 보좌는 높고, 모든 경쟁과 다툼 위로 들려 있다.

Ⅱ. 하나님의 성전, 이 땅에 있는 하나님의 교회가 그의 영광의 나타남들로 가득 차 있는 것을 보라. 하나님의 보좌는 성전 문 앞에 높이 세워져 있고(마치 왕이 성문의 재판석에 앉아 있듯이), 그의 옷자락은 성전에 가득하였고, 온 세상(세상은 모두 하나님의 성전이고, 하늘이 그의 보좌라면, 땅은 그의 발등상이기 때문에) 또는 교회는 하나님의 특별한 임재의 증표들로 풍성하고 아름답게 가득 채워져 있다.

Ⅲ. 빛이 나는 복된 시종(侍從)들이 하나님의 보좌 앞에 시립하여서 그의 영광을 송축하고 그의 통치를 돕는 것을 보라(2절). 보좌 위로, 즉 보좌 주변이나 가까이 떠 있거나 보좌를 바라보고 그 앞에 절하며 불타는 자들로 불리는 거룩한 천사들인 스랍들이 모시고 섰다. 왜냐하면, 하나님은 불꽃으로 자기 사역자를 삼으시기 때문이다(시 104:4). 그들을 하나님에 대한 사랑, 하나님의 영광과 죄를 미워하는 것에 대한 열심으로 불타오르는 자들인데, 하나님은 원수들을 소멸시키는 불로서 나타나실 때에 이 스랍들을 그의 진노의 도구들로 사용하신다. 이사야가 본 스랍들이 둘 또는 넷이었는지, 무수한 천사들의 무리였는지는 확실치 않다(단 7:10을 보라). 그들이 스랍들로서 그들의 빛의 정도에 따라 열기를 갖고 있고 하나님을 아는 지식만이 아니라 거룩한 사랑에도 풍성하다는 것은 그 천사들의 영광이라는 것을 명심하라. 스랍들의 다른 부분에 대해서는 언급이 없고, 다만 그들이 날개를 어떻게 사용하는지가 구체적으로 언급되고 있는데, 이것은 우리에게 교훈을 주기 위한 것이다. 그들에게는 각기 여섯 날개가 있었지만, 에스겔이 본 것(겔 1:11)과는 달리 위로 들려진 날개는 없었다.

1. 네 날개는 앉아 있는 새의 날개들처럼 덮개로 사용되었다. 그들은 머리

에 가까운 두 개의 윗 날개로는 얼굴을 가렸고, 가장 아래쪽의 두 날개로는 발 또는 아래 부분을 가렸다. 이것은 그들이 큰 겸허함과 경외심을 지니고서 하나님을 모시고 있음을 나타내는 것이다. 하나님은 거룩한 자들의 모임 가운데서 크게 두려워해야 할 분이기 때문이다(시 89:7). 그들은 몸의 덜 귀히 여기는 지체인 발만이 아니라(고전 12:23) 얼굴까지도 가리고 있다. 천사들의 얼굴은 의심할 여지 없이 사람들의 얼굴보다 훨씬 더 아름다울 것인데도(행 6:15) 그들은 하나님의 임재 앞에서 얼굴을 가린다. 이는 그들이 하나님의 영광이 발하는 눈부신 광채를 감당할 수 없고, 그들 자신이 하나님의 완전하심과는 무한히 거리가 있음을 알고 있어서 그들이 하나님께 겨루어 보고자 도전한다면 그의 천사라도 미련하다 하시는(욥 4:18) 거룩하신 하나님 앞에서 얼굴을 보이기 부끄러워하기 때문이다. 천사들이 이렇게 경외함으로 하나님을 모신다고 한다면, 하물며 우리는 어떠한 경건한 두려움으로 하나님의 보좌 앞에 나아가야 하겠는가! 그렇지 않는다면, 우리는 천사들처럼 하나님의 뜻을 받들지 못할 것이다. 그런데도 모세는 산에서 하나님께 나아갈 때에 얼굴에서 수건을 벗었다(고후 3:18).

2. 두 날개는 나는 데에 사용되었다. 천사들은 하나님의 심부름으로 보내심을 받을 때에 바람의 날개로 날 때보다도 더 빨리 그들 자신의 날개로 난다(단 9:21). 이것은 우리에게 즐거운 마음으로 신속하게 하나님의 일을 하라고 가르친다. 천사들이 우리의 유익을 위하여 일하러 날개로 날아서 하늘에서 땅으로 오는데, 우리가 날개로 날아서 땅에서 하늘로 비상하여 그들의 영광에 참여하지 못할 것이 무엇이겠는가(눅 20:36)?

IV. 천사들이 보좌에 앉으신 분을 높여서 부르는 찬송을 들어 보라(3절). 좀 더 자세하게 살펴보자.

1. 그 노래는 어떻게 불려졌는가. 그들은 열심을 가지고 열렬하게 큰 소리로 외쳤다. 그들은 한 마음으로 서로서로 외쳤다. 그들은 교창(交唱)으로 노래하되 일제히 노래하였고, 화음을 깨뜨리는 거슬리는 소리도 전혀 나지 않았다.

2. 그 노래는 어떤 노래였는가. 그것은 네 생물이 노래한 것과 동일한 것이었다(계 4:8). 하나님을 항상 찬송하는 것은 천국에서 하는 일, 하늘에 있는 복된 영들이 늘 하는 일이었고 앞으로도 영원히 그럴 것임을 명심하라(시 84:4). 하늘에 있는 교회가 부르는 찬송이 그와 같다. 거기에는 시간의 변화도 없고

악보도 없다. 스랍들은 여기에서 두 가지에 대하여 하나님을 찬송한다.

(1) 하나님은 스스로 무한히 완전하시다는 것. 여기에서 그들은 하나님의 가장 영광스러운 칭호들 중의 하나를 사용하여 찬송한다. 하나님은 만군의 여호와, 모든 군대들의 주(主)이시다. 또한, 그들은 하나님의 가장 영광스러운 속성들 중의 하나인 거룩하심을 찬송한다. 이 거룩하심이 없다면, 하나님이 만군의 여호와(비슷한 본문에서는 주 하나님 곧 전능하신 이, 계 4:8)시라는 것은 우리의 기쁨과 찬송의 제목이 될 수 없을 것이다. 왜냐하면, 권능은 그것을 지도해 줄 순결함이 없이는 인류에게 공포가 될 뿐이기 때문이다. 성경에서 하나님의 모든 속성들 중에서 거룩하심만큼 송축되는 것은 없다. 하나님의 권능은 두 번 언급되고 있지만(시 62:11) 그의 거룩하심은 세 번 언급된다(거룩하다 거룩하다 거룩하다). 이것은 다음과 같은 것들을 나타낸다.

[1] 천사들이 하나님을 찬송할 때에 열(熱)과 성(誠)을 다하여 한다는 것. 그들은 말을 통해서 자신의 마음을 표현하기를 원하기 때문에 동일한 말을 되풀이한다.

[2] 천사들이 하나님의 거룩하심을 묵상하는 것을 특별한 즐거움으로 삼고 있다는 것. 이것은 그들이 항상 생각하고 노래하고자 하는 주제, 잠시라도 떠나고 싶지 않은 주제이다.

[3] 하나님의 거룩하심은 가장 순수한 피조물이 지닌 거룩함보다 더 뛰어난 최고의 것이라는 것. 하나님은 거룩하시고 세 곱절이나 거룩하시며 무한히 거룩하시고 본원적으로 완전하게 영원히 거룩하시다.

[4] 이 찬송은 성부와 성자와 성령의 삼위일체 하나님을 가리킬 수도 있고(누가 우리를 위하여 갈꼬라는 말씀이 뒤이어 나오는 것으로 보아서, 8절), 전에도 계셨고 이제도 계시고 장차 오실 이를 가리킬 수도 있다. 왜냐하면, 하나님을 높이는 그러한 칭호가 이 노래에 덧붙여져 있기 때문이다(계 4:8). 어떤 이들은 여기에서 천사들은 하나님께서 이제 곧 유대 나라에 선고하실 판결이 공평함을 칭송하는 것이라고 해석한다. 그 일에서 하나님은 거룩하셨고 지금도 거룩하시며 앞으로도 거룩하실 것이다. 하나님의 길들은 공평하다.

(2) 이러한 것들이 사람들에게 나타남. 하나님의 영광, 그의 권능과 순전하심의 영광이 온 땅에 충만하도다. 왜냐하면, 하나님은 그의 모든 일에서 거룩하시기 때문이다(시 145:17). 유대인들은 하나님의 영광이 그들의 땅에 국한되어야

한다고 생각하였다. 그러나 여기에는 복음 시대(이 장에서 가리키고 있는 시대)에는 하나님의 영광, 즉 하나님의 다른 모든 속성들의 영광인 그 거룩하심의 영광이 온 땅에 충만할 것임이 암시되어 있다. 하나님의 영광은 당시에는 성전에 가득하였지만(1절), 후일에는 땅에 충만하게 될 것이다.

V. 하나님의 영광에 관한 이러한 환상으로 인해서 성전을 가득 채운 두려움의 증표들을 보라(4절).

1. 성전이 요동하였다. 천사를 통해서 심판을 선포하시는(시 50:4) 하나님의 음성 때문에 성전 문만이 아니라 견고하게 박힌 문지방의 터도 요동하였다. 하늘에는 이 낮은 세상에서 나는 큰 물의 모든 소리들을 다 잠재우기에 충분한 소리들이 있다(시 93:3-4). 성전이 이렇게 격렬하게 진동한 것은 하나님이 죄로 인하여 이스라엘 백성에 대하여 진노하시고 기뻐하지 않으신다는 것을 보여주는 것이었다. 그것은 먼저는 바빌로니아인들, 그 후에는 로마인들에 의해서 이스라엘과 그 도성이 멸망하리라는 것을 보여주는 전조(前兆)였다. 또한, 그것은 우리에게 두려움과 경외심을 갖게 하기 위하여 의도된 것이었다. 담과 문지방들도 하나님 앞에서 두려워 떨 것인데, 하물며 우리가 두려워 떨지 않겠는가?

2. 성전이 어두워졌다. 성전에 연기가 충만하여, 그의 보좌 위에 구름이 펼쳐진 것 같았다(욥 26:9). 우리는 어둠 때문에 그 광경을 제대로 볼 수 없고 말로 잘 표현할 수도 없다. 하늘에 있는 성전에는 연기가 없을 것이기 때문에 모든 것을 똑똑히 보는 것이 가능할 것이다. 거기에는 하나님께서 빛 가운데 거하신다. 여기에서 하나님은 흑암을 자신의 거처로 삼으신다(대하 6:1).

[5]그 때에 내가 말하되 화로다 나여 망하게 되었도다 나는 입술이 부정한 사람이요 나는 입술이 부정한 백성 중에 거주하면서 만군의 여호와이신 왕을 뵈었음이로다 하였더라 [6]그 때에 그 스랍 중의 하나가 부젓가락으로 제단에서 집은 바 핀 숯을 손에 가지고 내게로 날아와서 [7]그것을 내 입술에 대며 이르되 보라 이것이 네 입에 닿았으니 네 악이 제하여졌고 네 죄가 사하여졌느니라 하더라 [8]내가 또 주의 목소리를 들으니 주께서 이르시되 내가 누구를 보내며 누가 우리를 위하여 갈고 하시니 그 때에 내가 이르되 내가 여기 있나이다 나를 보내소서 하였더니

우리는 호기심 때문에 스랍들과 그들이 부른 노래들, 그들이 하는 일들에 대하여 더 자세히 알고 싶어할지 모르지만, 이제 하나님과 그의 선지자 사이에서 무슨 일이 일어났는지를 주목해 보아야 한다. 감추어진 일들, 천사들의 세계와 관련된 은밀한 일들은 우리에게 속한 것이 아니다. 그러나 사람들 가운데서 활동하는 하나님 나라에 관하여 하나님이 선지자들을 통해서 우리에게 계시하신 일들은 우리에게 속한 것이다. 여기에는 다음과 같은 내용들이 나온다.

I. 선지자가 환상 속에서 하나님의 영광을 보고서 대경실색을 함(5절). 그때에 내가 말하되 화로다 나여. 나는 이렇게 말했어야 했다. "이렇게 엄청난 은총과 영광을 받고 존귀한 대접을 받아서 우리 아버지의 얼굴을 항상 뵈옵는 이 영광스러운 존재들의 특권을 잠시 나누어 가지게 된 너는 복이 있도다. 주께서 보좌에 앉아 계시는 것을 본 눈과 천사들의 찬송 소리를 들은 귀는 복이 있도다." 어떤 사람들은 선지자가 이렇게 말했어야 했다고 생각한다. "나는 행복하고 영원히 행복하다. 이후로는 아무것도 나를 괴롭히지 못할 것이고, 아무것도 나를 부끄럽게 하거나 두려워 떨게 하지 못할 것이다." 그러나 정반대로 그는 이렇게 말하였다. "화로다 나여 망하게 되었도다. 슬프도다 나여! 나는 죽은 목숨이 되었도다. 나는 반드시 죽으리로다(삿 13:22; 6:22). 나는 말문이 막혔고 벙어리처럼 되었으며 죽게 되었도다." 다니엘도 천사의 음성을 들었을 때에 갑자기 말문이 막히고 몸에 힘이 없어졌고 호흡이 남지 아니하였다(단 10:15, 17). 좀 더 살펴보자.

1. 선지자는 무엇을 생각했길래 두려움이 그를 엄습하였던 것인가. "하나님께서 나를 공의로 엄격하게 다루신다면, 나는 망하게 되었다. 나는 입술이 부정한 사람이기 때문에 하나님의 진노를 불러일으킬 수밖에 없기 때문이다." 어떤 이들은 선지자가 여기서 특히 그가 내뱉었던 경솔한 말들이나 담대하고 거침없이 죄를 책망하지 못하고 침묵한 죄를 범한 것 — 하나님의 사역자들은 너무도 자주 이러한 죄로 스스로를 자책하고 부끄러워한다 — 을 떠올린 것이라고 생각한다. 그러나 본문은 좀 더 일반적으로 해석될 수 있을 것이다. 나는 죄인이다. 특히, 나는 말로 범죄하여 왔다. 그렇지 않은 사람이 누가 있겠는가(약 3:2)? 우리 모두는 주 앞에서 다음과 같은 것에 대하여 애통해야할 충분한 이유가 있다.

(1) 우리가 부정한 입술을 지니고 있다는 것. 우리의 입술은 하나님께 성별되어 봉헌되어 있지 않다. 하나님은 우리 입술의 첫 열매를 받지 못하셨다(히 13:15). 그러므로 하나님은 우리의 입술을 속되고 부정하며 할례 받지 않은 입술로 여기신다(출 6:30). 아니, 우리의 입술은 죄로 오염되어 있다. 우리는 부정한 마음에서 나오는 말들을 하였고, 선한 행실을 타락시키는 악한 말들을 하였으며, 그것을 통해서 많은 사람들을 더럽혀 왔다. 우리는 하나님의 이름을 입술에 올리기에 합당치 않은 자들이다. 천사들은 얼마나 순전한 입술로 하나님을 찬송하고 있는가! "그러나 나는 입술이 부정한 사람이라 하나님을 그렇게 찬송할 수 없다"고 선지자는 말한다. 이 세상에서 가장 선한 자들, 하나님을 가장 잘 섬기는 자들이라 하여도 거룩한 천사들에 비하면 그들 자신을 부끄러워할 수밖에 없다. 천사들은 하나님의 순전하심과 거룩하심을 송축하였었다. 그러므로 선지자는 자신의 죄를 생각하고서 그것을 부정한 것이라고 부른다. 왜냐하면, 죄가 지닌 죄성(罪性)은 하나님의 거룩한 본성과 정반대되는 것이어서 그러한 이유로 우리에게 가증스럽고 소름끼치는 것으로 보이기 때문이다. 우리의 입술이 부정하다는 것은 우리 영혼이 슬퍼할 일이다. 우리는 우리가 하는 말로 의롭다 하심을 받기도 하고 정죄를 받기도 할 것이기 때문이다.

(2) 우리가 입술이 부정한 자들 가운데 거한다는 것. 우리는 우리 자신이 더럽혀져 있다는 것만이 아니라 인류의 본성도 더럽혀져 있다는 것을 애통해하여야 한다. 이 병은 유전적이고 전염성이 있다. 그렇다고 해서 우리의 죄책은 조금도 줄어들지 않고, 도리어 애통함이 더 커질 뿐이다. 다른 사람들의 부정한 입술을 깨끗하게 하기 위해서 우리가 마땅히 했어야 할 일들을 실제로 우리가 행하지 않아 왔다는 것을 생각하면 더더욱 그렇다. 아니, 도리어 우리는 애굽에서 요셉이 바로의 조신(朝臣)들이 하는 맹세를 배웠듯이(창 42:16) 그들의 행실을 배웠고 그들의 말을 따라 하였다. "나는 입술이 부정한 백성 중에 거주하고 있다. 그들은 부끄러움도 모른 채 뻔뻔스럽게 범죄함으로써 이 땅을 초토화시킬 심판을 자초하고 있고, 마찬가지로 죄인인 나도 당연히 그 심판에서 벗어나지 못할 것이다."

2. 당시에 무엇이 선지자로 하여금 그러한 서글픈 생각을 하게 하였는가. 내 눈이 만군의 여호와이신 왕을 뵈었음이로다. 그는 하나님의 주권은 이의를 제기할 수 없는 것임을 보았다 ─ 하나님은 왕이시다. 그는 하나님의 권능은 저항

할 수 없는 것임을 보았다 ― 하나님은 만군의 여호와이시다. 이러한 것들은 하나님의 백성에게 위로가 되는 진리들이긴 하지만 우리에게 경외심을 불러일으키는 것들이기도 하다. 믿음으로 하나님의 영광스러운 엄위하심을 보면 우리 모두는 경외심과 경건한 두려움을 느끼지 않을 수 없다는 것을 명심하라. 우리는 우리와 하나님 사이에 무한한 간격이 존재한다는 것과 하나님 앞에서 우리 자신이 죄악되고 상스러우며 미천하다는 것을 알고서 한없이 낮아짐과 동시에 하나님의 진노를 두려워하지 않을 수 없게 된다. 우리와 이 거룩하신 하나님 사이에 중보자가 계시지 않는다면, 우리는 죽은 목숨이다(삼상 6:20). 이사야는 이렇게 낮아져서, 이제 선지자로 부르심을 받게 되는 영광을 받을 준비를 갖추게 되었다. 스스로 낮아져서 자신의 연약함과 무가치함을 철저하게 아는 자들은 하나님이 사용하시기에 가장 적절한 자들이라는 것을 명심하라.

Ⅱ. 천사가 선한 말과 위로가 되는 말로 선지자의 두려움을 없애줌(6-7절). 스랍들 중의 하나가 그에게 즉시 날아와서 그를 정결케 하여 마음을 평안하게 해주었다. 하나님은 거룩하게 애통하는 자들을 위하여 강력한 위로를 준비해 두고 계신다는 것을 명심하라. 스스로 낮아져서 회개하며 부끄러워하고 두려워하는 자들은 곧 힘을 얻게 되고 높임을 받을 것이다. 환상 속에서 하나님의 영광을 보고서 기겁하여 나가떨어진 자들은 곧 하나님의 은혜를 입어서 다시 일으키심을 받을 것이다. 눈물을 흘리는 자는 고침을 받을 것이다. 또한, 천사들은 성도들의 영적인 유익을 위하여 일하는 영들이라는 것을 명심하라. 여기에서 스랍들 중의 하나가 하나님의 영광의 보좌 앞에서 섬기는 일에서 잠시 떠나서 하나님의 은혜를 선한 자에게 전달하는 사자(使者)가 되었다. 이 스랍은 이 일을 아주 기뻐하여 선지자에게 날아 왔다. 우리 주 예수께서도 큰 고민 속에서 기도하실 때에 천사가 하늘로부터 나타나 힘을 더하였다(눅 22:43). 여기에는 다음과 같은 내용들이 나온다.

1. 죄가 제거되었음을 보여주기 위해서 선지자에게 주어진 표적. 스랍은 제단에서 핀 숯을 가지고 와서 선지자의 입술에 댔는데, 이것은 입술에 화상을 입히거나 뜸을 뜨기 위해서가 아니라 고치고 깨끗하게 하기 위해서였다. 왜냐하면, 더러운 것을 정결케 하는 데에는 물이나 불이 사용되었고, 예루살렘의 더러움도 불 붙는 영(사 4:4, 개역에서는 소멸하는 영)에 의해서 제거되었기 때문이다. 성령도 불로 역사한다(마 3:11). 하나님의 불로 활활 타오르는 스랍은 선

지자에게도 불을 대어서 열심으로 불붙게 하였다. 입술에서 부정한 죄를 제거하는 방법은 영혼을 하나님의 사랑으로 불타오르게 하는 것이기 때문이다. 이 핀 숯은 향단이나 번제단에서 가져온 것이었다. 이 두 제단에서는 불이 항상 타오르고 있었다. 영혼을 깨끗하게 하고 위로하는 데에는 그리스도의 대속(代贖)과 그 대속을 근거로 그리스도께서 항상 살아서 드리는 중보기도보다 더 강력한 것은 없다. 우리에게 생명과 평안을 가져다 주는 것은 바로 그리스도의 제단에서 가져온 핀 숯이다. 그것은 다른 불로는 되지 않는다.

2. 이 표적에 대한 설명. "보라, 이것이 네 입에 닿았으니 보장하건대 네 악이 제하여졌고 네 죄가 사하여졌느니라. 네 죄책, 네가 혀로 범한 죄들로 인한 죄책이 죄 사하시는 긍휼하심으로 인하여 제거되었다. 죄에 끌리는 너의 부패한 성품이 새롭게 하시는 은혜로 인하여 제거되었다. 그러므로 네가 거룩한 천사들과 더불어서 함께 예배 드리는 자가 되어 하나님께 열납되는 것을 방해할 것이 없게 되었고, 하나님께서 너를 사람들에게 말씀을 전할 사자(使者)로 쓰시는 것을 방해할 것도 없게 되었다." 이렇게 악한 양심으로부터 깨끗하게 된 자들만이 살아 계신 하나님을 섬길 준비가 된 것이다(히 9:14). 죄를 제거하는 것은 우리가 기도하면서 하나님께 담대히 아뢰거나 말씀을 전할 때에 확신 가운데서 하나님에게서 말씀을 받을 때에 꼭 필요하다. 복음의 풍성한 은혜가 얼마나 달콤한지를 스스로 맛보고 그 은혜의 능력을 직접 체험한 자들만큼 그 은혜의 풍성함과 능력을 다른 사람들에게 전하는 데에 적합한 자는 없다. 자신의 죄를 무거운 짐으로 여겨서 하소연하고 그 죄에 의해서 자기가 망할 위험에 처해 있나는 것을 아는 자들은 하나님으로부터 그 죄를 깨끗하게 하시는 은혜를 받게 될 것이다.

Ⅲ. 선지자의 사명을 새롭게 함(8절).   여기에는 이 문제와 관련해서 하나님과 이사야가 나눈 대화가 나온다. 다른 사람들이 하나님과 교통하는 것을 돕고자 하는 자들은 스스로 그 일에 낯선 자들이어서는 안 된다. 하나님이 우리에게 말씀하시는 것을 결코 들어본 적이 없다면 어떻게 하나님이 우리를 통해서 말씀하실 것을 기대할 수 있으며, 우리가 우리 자신을 위하여 진심으로 하나님께 말씀해 본 적이 없다면 어떻게 우리가 다른 사람들의 입이 되어서 하나님께 아뢰는 자가 될 수 있겠는가?

1. 이사야의 사명에 관한 하나님의 계획. 하나님은 여기에서 사람의 예를

따라서 스스로 깊이 생각하시고 궁리하시는 모습으로 등장한다. 내가 누구를 보내며 누가 우리를 위하여 갈꼬. 하나님은 다른 사람들의 조언을 들으시거나 스스로 궁리하실 필요가 없으시다. 하나님은 자기가 무엇을 하고자 하시는지를 아신다. 그러나 여기에서 하나님은 그의 뜻 전체에는 계획이 있다는 것을 우리에게 보여주시고자 하시고, 우리에게 우리의 길들을 잘 숙고할 것을 가르치고자 하시며, 특히 사역자들을 파송하는 일은 오랜 숙고 끝에 이루어지는 일임을 가르쳐 주시고자 하신다.

(1) 의견을 묻고 계시는 분은 누구신가. 그는 영광 중에 계신 주 하나님, 이사야가 본 높이 들린 보좌에 앉아 계시는 분이다. 하나님께서 선지자를 그의 이름으로 말씀을 전하도록 보내시면서 윗 세상의 온갖 영광으로 나타나신 것은 그 직분과 사역에 존귀함을 더하시는 것이다. 사역자들은 만왕의 왕의 대사(大使)들이다. 그들이 아무리 비천할지라도 그들을 보내신 분은 크시다. 누가 우리를 위하여 갈꼬라고 말씀하시는 분은 성부와 성자와 성령, 즉 삼위일체 하나님이시다(우리가 사람을 만들자, 창 1:26). 성부와 성자와 성령은 창조 때에 그러셨던 것처럼 인간을 구속하시고 다스리실 때에도 다 함께 협력하신다. 모든 그리스도인들이 삼위일체 하나님의 이름으로 세례를 받는 것과 마찬가지로, 사역자들도 삼위일체 하나님의 이름으로 임직된다.

(2) 의견을 물으시는 내용은 무엇인가. 내가 누구를 보내며 누가 우리를 위하여 갈꼬. 어떤 이들은 이것이 이스라엘에 대한 진노와 관련된 특정한 예언(사 6:9)을 가리키는 것이라고 생각한다. "비통하고 분한 마음으로 가야 하는 이 우울한 심부름을 누가 기꺼이 하겠다고 나서겠는가(겔 3:14)?" 그러나 나는 이 구절이 좀 더 포괄적으로 하나님의 이름으로 그 백성에게 전하도록 선지자에게 맡겨진 모든 말씀들을 가리키는 것이라고 보는데, 선지자의 이러한 사역 속에서 그들의 마음을 완악하게 하는 일은 결코 하나님의 일차적인 의도가 아니었고 부차적인 결과였다(고후 2:16). 내가 누구를 보낼꼬라는 말씀은 그 일이 잘 준비된 최고의 메신저를 필요로 하는 그런 일이었음을 보여주는 것이다(렘 49:19). 하나님은 거룩한 천사들을 대동하고 지금 나타나셔서서 내가 누구를 보낼꼬라고 묻고 계신다. 왜냐하면, 하나님은 이스라엘 백성과 똑같은 형제들 가운데서 선지자를 택하여 보내시고자 하시기 때문이다(히 2:17).

[1] 하나님께서 우리와 똑같은 자들, 즉 화를 내도 별로 두렵지 않고 자기가

전하는 말씀들에 스스로가 연루되어 있는 그런 자들을 통해서 우리에게 그의 마음을 전하시기를 기뻐하신다는 것은 우리를 향하신 하나님의 이루 말할 수 없는 은총이다. 하나님과 함께 일하는 자들은 우리와 마찬가지로 죄인들이고 고난을 받는 자들이다.

[2] 하나님을 위하여 보내심을 받아서 사람들에게 그 말씀들을 전하기에 적합한 자를 찾기는 어려운 일이다. 내가 누구를 보낼꼬. 누가 적당할까? 하나님을 위하여 담대하고 사람들의 영혼에 대하여 관심이 있어서 그 일을 충성스럽게 감당해 낼 자, 천국의 비밀들을 잘 알고 있어서 노련하게 그 일을 감당해 낼 자를 만나기란 정말 어렵다. 하나님의 마음을 그렇게 잘 알아서 대변할 수 있는 자는 천 명에 한 명이 될까 말까 하다(욥 33:23).

[3] 오직 하나님에 의해서 보내심을 받은 자들만이 하나님을 위해서 가는 것이 허용된다. 하나님은 스스로 지명하신 자들 외에는 그 누구도 인정하지 않으실 것이다(롬 10:15). 사람들에게 직분을 맡기시는 것은 그리스도의 일이다(딤전 1:12).

2. 이사야가 동의함. 내가 여기 있나이다 나를 보내소서. 그는 이 우울한 심부름을 하기로 작정하였다. 이 심부름은 구걸하러 가는 것이나 다름없는 것으로 보였기 때문에 누구나 다 사양했겠지만, 이사야는 스스로 그 일을 떠맡았다. 하나님을 위해서 나서는 일에 특별한 열심을 보이는 것은 영광스러운 일이다(삿 5:7). 우리는 "성공하겠다는 생각이 들면 내가 가겠나이다"라고 말하지 말고, "성공하는 것은 하나님께 맡기고 내가 가겠나이다. 내가 여기 있사오니 나를 보내소서"라고 말하여야 한다. 조금 전까지만 해도 이사야는 의심과 두려움으로 가득 차서 암울한 상태에 있었다(5절). 그러나 이제 그가 죄 사함에 대한 확신을 얻고나자 구름이 걷혔고, 그는 하나님을 섬기는 일에 적합한 자가 되어서 그 일을 맡겠다고 나서게 된 것이다. 이사야가 한 말은 다음과 같은 것을 보여준다.

(1) 그의 자원하는 마음. "나는 그 일을 꼭 해야 할 의무 아래 있지는 않지만, 자원하는 마음으로 나섭니다." 나를 보소서(원문의 의미는 이것이다). 하나님은 우리가 부르기 전에 이미 우리에게 나를 보라(사 65:1), 내가 여기 있다(사 58:9)고 말씀하신다. 하나님이 부르실 때, 우리도 하나님께 그렇게 말씀드려야 한다.

(2) 그의 결단. "아무리 어려운 난관도 다 극복할 준비를 갖춘 내가 여기 있나이다. 내가 내 얼굴을 부싯돌 같이 굳게 하였나이다. 이것을 이사야 1:4-7과 비교해 보라.

(3) 그가 자신을 하나님께 맡김. "나를 주께서 원하시는 곳으로 보내소서. 주께서 기뻐하시는 대로 나를 사용하소서. 주여, 내게 사명과 모든 지시사항을 주셔서 나를 보내소서. 나를 보내소서. 그 후에는 주께서 내 곁에 계실 것을 믿나이다." 하나님의 보내심을 받은 자들에게는 그들이 하나님을 위하여 간다는 것, 권위를 가지고 하나님의 이름으로 말하고, 하나님이 그들을 견고히 받쳐주실 것을 확신할 수 있다는 것은 큰 위로가 된다.

[9]여호와께서 이르시되 가서 이 백성에게 이르기를 너희가 듣기는 들어도 깨닫지 못할 것이요 보기는 보아도 알지 못하리라 하여 [10]이 백성의 마음을 둔하게 하며 그들의 귀가 막히고 그들의 눈이 감기게 하라 염려하건대 그들이 눈으로 보고 귀로 듣고 마음으로 깨닫고 다시 돌아와 고침을 받을까 하노라 하시기로 [11]내가 이르되 주여 어느 때까지니이까 하였더니 주께서 대답하시되 성읍들은 황폐하여 주민이 없으며 가옥들에는 사람이 없고 이 토지는 황폐하게 되며 [12]여호와께서 사람들을 멀리 옮기셔서 이 땅 가운데에 황폐한 곳이 많을 때까지니라 [13]그 중에 십분의 일이 아직 남아 있을지라도 이것도 황폐하게 될 것이나 밤나무와 상수리나무가 베임을 당하여도 그 그루터기는 남아 있는 것 같이 거룩한 씨가 이 땅의 그루터기니라 하시더라

하나님은 이사야의 말을 받아들여서, 여기서 편치 않은 심부름, 즉 자기 백성의 파멸을 예언하고 심지어 그 파멸의 때가 무르익었다는 것을 전하며 그들에게 사망에 이르게 할 사망의 냄새가 될 수도 있는 말씀을 전하는 일에 이사야를 보내신다. 이것은 메시야 시대에 완악한 마음으로 복음을 거부함으로써 하나님으로부터 버림을 받게 된 유대 교회의 상태에 대한 모형이자 비유이기도 하였다. 이 본문은 신약성경에서 여섯 차례나 부분적으로 인용되거나 언급되고 있는데, 이것은 복음 시대에 이 영적인 심판들이 가장 빈번하게 가해지리라는 것을 보여주는 것이다. 이 심판들은 소리가 나지 않고 눈으로도 볼 수 없지만 모든 심판들 중에서 가장 무섭고 소름끼치는 심판들이다. 하나님은

여기서 이사야에게 다음과 같은 네 가지를 깨우쳐 주신다.

1. 백성 중 대부분은 이사야가 전한 말씀에 귀를 막을 것이고, 이사야가 그들에게 보여주어 알게 할 하나님의 마음과 뜻에 대하여 의도적으로 눈을 감아 버리리라는 것(9절). "가서 이 백성, 이 어리석고 비참한 백성에게 그들이 얼마나 우둔한 술주정뱅이들인지를 이르라." 이사야는 그들에게 가서 말씀을 전하여야 한다. 그들은 그가 전하는 말씀을 귀로 듣기는 들어도 그것이 전부이다. 그들은 그의 말에 주의를 기울이지도 않을 것이고 그의 말을 깨닫지도 못할 것이다. 그들은 그의 말을 이해하려고 애를 쓰지도 않을 것이고 무슨 뜻인지 생각해보지도 않을 것이다. 그들은 그가 전하는 말씀이 지닌 진정한 의도와 의미에 대하여 거부감을 갖고 있기 때문에 깨닫지 못하거나, 실제로는 그 의미를 알면서도 뭔지 모르겠다는 태도를 취할 것이다. 그들은 눈으로 보기는 보아도 (삼척동자도 알 수 있도록 보여줄 것이기 때문에) 거기에 그들의 운명이 달려 있는 것이 들어 있다는 것을 알지 못할 것이다. 그가 전하는 것을 백성들은 그저 하나의 이야기로 들을 것이다. 하나님의 말씀을 귀로 듣기는 들어도 거기에 담겨 있는 능력을 알지 못하는 자들이 많다는 것을 명심하라.

2. 이사야의 사역을 통해서 그들이 더 좋아지지 않고 도리어 더 나빠지리라는 것. 의도적으로 눈을 감아버리는 자들을 하나님께서는 심판을 통해서 정말 눈멀게 해버리실 것이다(10절). "그들은 너의 말을 깨닫지도 못하고 알지도 못할 것이다. 그러므로 너는 그들의 마음을 둔하게 하며 무감각하고 관능적인 것이 되게 하여서 그들의 귀가 한층 더 막히게 하며 그들의 눈이 한층 더 감기게 하는 도구가 될 것이다. 그 결과 마침내 그들이 회복되고 회개할 가능성은 완전히 사라지고 말 것이다. 그들은 더 이상 그들에게 닥친 위험, 그들의 눈 앞에 다가와 있는 파멸, 거기에서 빠져나갈 길을 그들의 눈으로 보지 못할 것이다. 그들은 더 이상 그들에게 주어지는 경고와 교훈들을 귀로 듣지 못할 것이고, 그들의 평안에 속하는 일들을 마음으로 깨닫지 못해서 그들의 잘못된 행실에서 돌이켜 고침을 받지 못할 것이다." 명심하라. (1) 죄인들의 회심은 고침 받는 것이다. (2) 올바른 깨달음은 회심을 하는 데에 필수적이다. (3) 사람들이 진리를 사랑하지 않아서 진리를 받아들이지 않을 때(살후 2:10-12), 하나님은 종종 의로운 심판의 방법으로 그들의 마음을 눈 멀게 하고 강력한 미혹에 빠지게 만드는 방법을 사용하신다. 더러운 자는 그대로 더럽게 내버려 두라(계 22:11). (4) 하나님의 말씀

은 종종 죄인들을 완악하게 만드는 수단이 되기도 한다. 복음적인 선지자는 백성들에게 그들의 마음을 둔하게 하실 것이라고 예언하고 하나님의 이름으로 그러한 판결을 내려서 그 예언을 확실하게 인치는 것을 통해서만이 아니라, 어떤 사람들에게는 자장가처럼 편안하게 들리지만 어떤 사람들에게는 책망으로 들려서 도저히 참을 수 없어 더욱 광분하게 만드는 그런 말씀을 전하는 것을 통해서도 백성들의 마음을 둔하게 만든다. 어떤 사람들은 선지자의 말씀을 하나의 특권으로 여겼기 때문에 그것으로 말미암아 죄에 대한 그들의 자각은 질식되고 말았고(렘 7:4), 어떤 사람들은 그것을 도발로 여겼기 때문에 그것으로 말미암아 그들의 타락은 더욱 심해졌다.

3. 그 결과는 그들의 철저한 파멸이 되리라는 것(11-12절). 선지자는 이러한 심판의 선고가 옳다는 것에 대하여 이의를 제기할 것이 아무것도 없었고, 그런 심부름을 하기를 거절하지도 않았으며, 단지 주여 어느 때까지니이까(느닷없는 질문)라고 물었다. "이런 일이 항상 지속되는 것인가요? 나를 비롯해서 선지자들은 항상 그들 가운데서 헛되이 수고해야 하고, 상황은 결코 나아지지 않는 건가요?" 또는, (하나님의 대답을 고려해 본다면) "주여, 이 일은 결국 어떻게 되는 건가요? 그 결국은 어떻게 되겠습니까?" 이러한 질문에 대하여 이사야는 이 일은 결국 유대 교회와 나라의 최종적인 멸망으로 끝나게 될 것이라는 대답을 듣는다. "하나님의 말씀, 특히 복음의 말씀을 이런 식으로 악용하면, 결국 그 교회는 해체되고 그 나라는 망하게 될 것이며, 그들의 성읍과 촌락에는 사람들이 살지 않게 될 것이고, 토지는 황폐하게 되어 경작되지 않을 것이며, 가옥들을 채우고 땅을 경작하던 사람들은 칼이나 기근이나 전염병에 의해 모두 죽을 것이고, 겨우 목숨을 부지한 자들은 포로로 잡혀갈 것이다. 그래서 결국 그 땅은 대부분이 버려지게 될 것이다. 사람들이 붐비던 그 나라는 사막이 될 것이고, 온 땅의 영광이었던 그 곳은 버려지게 될 것이다." 영적인 심판은 흔히 사람들과 장소들에 대한 물리적인 심판을 수반한다는 것을 명심하라. 이 예언은 갈대아인들이 예루살렘을 멸망시켜서 그 땅이 황폐하게 되어 70년 간의 안식을 누리게 되었을 때에 성취되었다. 그러나 앞의 예언들은 신약성경에서 우리 구주의 시대에 살던 유대인들에게 명시적으로 너무도 분명하게 적용되고 있는 것으로 보아서, 의심할 여지 없이 이 본문은 로마인들이 유대 백성을 최종적으로 멸망시켰을 때에 완전히 성취되었고, 그 결과는 오늘날까지 이스라

엘 백성과 땅에 여전히 남아 있다.

4. 남은 자는 하나님의 긍휼을 보여주는 기념비가 되리라는 것(13절). 유대 나라가 최종적으로 멸망하였을 때에도 하나님은 남은 자를 남겨 두셨다(롬 11:5, 지금도 은혜로 택하심을 따라 남은 자가 있느니라). 왜냐하면, 본문에 이렇게 씌어 있기 때문이다. 그러나 그 중에 십분의 일이 아직 남아 있으리라. 불신앙으로 죽어가게 될 무수한 무리에 비하면 극소수의 사람들이 남게 될 것이다. 율법 아래에서 십분의 일은 하나님의 분깃이었다. 그들은 십일조로서 하나님께 봉헌되어서 하나님을 섬기고 존귀케 하기 위해서 사용될 것이다. 이 십일조, 즉 구원받은 남은 자에 대하여 우리는 여기서 다음과 같은 것들을 듣는다.

(1) 그들은 돌아오게 되리라는 것(13절; 10:21), 죄로부터 돌이켜서 하나님과 신앙의 본분으로 돌아오고, 포로 된 것에서 풀려나서 조국 땅으로 돌아오게 되리라는 것. 하나님께서 그들을 돌아오게 하실 때에 그들은 돌아오게 될 것이다.

(2) 그들은 하나님의 곳간에 들일 양식인 십일조(말 3:10)로서 하나님께 받아들여지게 되리라는 것(개역에서는 여기에서와는 반대의 의미로 이것도 황폐하게 될 것이나로 번역하였다). 이 남은 자가 구원받은 것은 하나님의 나라를 대망하는 자들의 믿음과 소망을 지탱시키는 양식이 될 것이다.

(3) 그들은 잎은 없지만 생명은 있는 겨울의 나무들과 같으리라는 것. 밤나무와 상수리나무가 베임을 당하여도 그 그루터기는 남아 있는 것 같이, 이 남은 자는 외적으로 잘 사는 것은 다 발가벗김을 당하고 다른 사람들과 똑같이 재앙을 당한다고 할지라도 봄이 되면 다시 나무의 모습을 되찾아서 무성하게 될 것이다. 그들은 넘어지더라도 완전히 엎드러지지는 않을 것이다. 나무는 희망이 있나니 찍힐지라도 다시 움이 나리라(욥 14:7).

(4) 이 뛰어난 남은 자가 그 땅을 견고히 지키리라는 것. 영혼 속에 있는 거룩한 씨는 인간의 알맹이이다. 인간의 마음을 다스리는 은혜라는 원소(元素)는 생명을 계속해서 유지시켜 주는 역할을 한다. 하나님께로부터 난 자는 하나님의 씨가 그의 속에 거한다(요일 3:9). 따라서 그 땅의 거룩한 씨는 그 땅의 알맹이로서 땅의 기둥을 떠받쳐서(시 75:3) 완전히 소멸되는 것을 막아준다(사 1:9을 보라). 어떤 이들은 이 본문을 이렇게 읽는다. 살래겟을 떠받치고 있는 것이 밤나무와 상수리나무이듯이 거룩한 씨는 그 땅의 알맹이이다. 왕궁에서 성전으로 이어지

는 대로(大路), 평지보다 좀 높게 만들어진 대로의 양 편 살래겟 문 곁에서 자라는 나무들(왕상 10:5; 대상 26:16)이 무너질 수도 있는 땅을 견고히 지탱해 줌으로써 대로를 떠받치고 있듯이, 신앙심 깊고 진실하며 늘 기도하는 자들로 이루어진 남은 자는 나라를 떠받치고 있어서 모든 것이 송두리째 무너져 버리는 것을 막아준다. 어떤 이들은 여기서 거룩한 씨가 그리스도를 가리키는 것이라고 보고, 본문은 유대 민족이 육신으로 하면 그들로부터 난 그리스도 때문에 당시에 완전한 파멸에서 구원을 받은 것을 말하는 것이라고 해석한다(롬 9:5). 그것을 상하지 말라 거기 복이 있느니라(사 65:8). 하지만 그 복이 왔을 때에 그것은 곧 멸망을 받았다. 하나님께서 이 말씀을 하신 것은 선지자에게 힘을 북돋워 주어서 사역을 잘 감당하게 하기 위한 것이었다. 이스라엘 백성 중에서 대다수는 불신앙 가운데서 죽을 것이지만 몇몇 사람들에게는 이사야가 전한 말씀은 생명에 이르게 하는 생명의 향기가 될 것이다. 사역자들은 한 명의 가엾은 영혼이라도 구원하는 도구가 될 수만 있다면 결코 낙심하지 않고 수고를 아끼지 않는 법이다.

제
— 7 —
장

개요

이 장은 특별한 경우에 행해진 설교인데, 여기서 선지자는 알지 못하고 깨닫지 못한 자들에 대한 긍휼과 심판을 둘 다 노래한다. 그가 그들을 향하여 피리를 불었지만, 그들은 춤추지 않았고, 그들을 향하여 애곡하였지만 그들은 울지 않았다. 여기에는 다음과 같은 내용이 나온다. I. 아람과 이스라엘의 연합군이 예루살렘을 치고자 한다는 소식을 듣고서 아하스 왕이 크게 놀람(1-2절). II. 하나님이 선지자를 통해서 연합군의 공격이 실패할 것이고 예루살렘은 보존될 것이라고 약속하시며 아하스 왕을 격려하심(3-9절). III. 아하스 왕이 표적을 구하기를 거절하자, 하나님이 그리스도께서 우리를 구속하실 것을 보여주는 표적을 왕에게 주심으로써 약속을 확증하심(10-16절). IV. 아하스 왕과 그의 나라가 이 재앙을 피한다고 하여도 그들이 여전히 악을 행하고 있기 때문에 하나님이 이 땅을 황폐케 하실 것임을 경고하심(17-25절). 이것은 우리를 위로함과 동시에 권면하기 위하여 기록된 것이다.

¹웃시야의 손자요 요담의 아들인 유다의 아하스 왕 때에 아람의 르신 왕과 르말리야의 아들 이스라엘의 베가 왕이 올라와서 예루살렘을 쳤으나 능히 이기지 못하니라 ²어떤 사람이 다윗의 집에 알려 이르되 아람이 에브라임과 동맹하였다 하였으므로 왕의 마음과 그의 백성의 마음이 숲이 바람에 흔들림 같이 흔들렸더라 ³그 때에 여호와께서 이사야에게 이르시되 너와 네 아들 스알야숩은 윗못 수도 끝 세탁자의 밭 큰 길에 나가서 아하스를 만나 ⁴그에게 이르기를 너는 삼가며 조용하라 르신과 아람과 르말리야의 아들이 심히 노할지라도 이들은 연기 나는 두 부지깽이 그루터기에 불과하니 두려워하지 말며 낙심하지 말라 ⁵아람과 에브라임과 르말리야의 아들이 악한 꾀로 너를 대적하여 이르기를 ⁶우리가 올라가 유다를 쳐서 그것을 쓰러뜨리고 우리를 위하여 그것을 무너뜨리고 다브엘의 아들을 그 중에 세워 왕으로 삼고자 하였으나 ⁷주 여호와의 말씀이 그 일은 서지 못하며 이루어지지 못하리라 ⁸대저 아람의 머리는 다메섹이요 다메섹의 머리는 르신이며 육십오년 내에 에브라

임이 패망하여 다시는 나라를 이루지 못할 것이며 ⁹에브라임의 머리는 사마리아요 사마리아의 머리는 르말리야의 아들이니라 만일 너희가 굳게 믿지 아니하면 너희는 굳게 서지 못하리라 하시니라

선지자 이사야는 웃시야 왕이 죽던 해에 다시 새롭게 사명을 받았다(사 6:1). 웃시야 왕의 아들이었던 요담은 16년 동안 나라를 잘 다스렸다. 그 기간 동안에 틀림없이 이사야는 명령을 받은 대로 예언을 하였을 것이지만, 이사야서에는 요담의 치세 기간 동안에 그가 예언한 것들이 전혀 나오지 않는다. 여기 처음으로 나오는 예언은 요담의 아들 아하스 왕 시절에 이사야가 예언한 것이다. 이사야는 수많은 뛰어나고 유익한 설교를 행하였지만, 그것들이 다 기록된 것은 아니었다. 만약 이사야가 행한 설교들을 다 기록해 놓았다면 이 세상이라도 이 기록된 책을 두기에 부족하였을 것이다(요 21:25). 아마도 악한 왕이었던 아하스의 치세 때에는 이사야가 요담 왕 때보다는 궁정에서 말씀을 전할 기회를 별로 갖지 못했을 것이기 때문에 그들을 쳐서 증언하기 위해서 더 많이 글을 썼을 것이다. 여기에는 다음과 같은 내용들이 나온다.

I. **최근에 몇 차례 유다를 침공한 적이 있던 두 인접 국가의 군주들인 아람 왕 르신과 이스라엘 왕 베가가 예루살렘을 칠 가공할 만한 계획을 세움.** 요담 시대 말기에 여호와께서 비로소 르신과 베가를 보내어 유다를 치게 하셨다(왕하 15:37). 그러나 지금 아하스 왕 제2년 또는 제3년이 되자 그들은 이전의 침공에서 성공한 것에 힘을 얻어서 유다를 치고자 동맹을 맺었다. 아하스는 자기 머리 위에 칼이 걸려 있는 것을 알면서도 자신의 치세를 우상 숭배로 시작하였기 때문에, 하나님은 그를 아람 왕과 이스라엘 왕의 손에 넘기셨고(대하 28:5), 그들은 유다를 쳐서 많은 사람들을 살육하였다(사 7:6-7). 이러한 승전에 의기양양해진 그들은 왕도(王都)인 예루살렘까지 진군해 와서 포위하여 점령하고자 하였지만 결국 뜻을 이루지는 못하였다. 한 나라의 죄는 외적의 침공을 불러들이고, 가장 좋은 고지들과 관문들을 외적에게 내주게 된다는 것을 명심하라. 하나님은 종종 어느 한 나라를 징벌하기 위해서 또 다른 악한 나라를 회초리로 사용하신다. 그러나 심판은 통상적으로 하나님의 집에서 시작된다.

II. **아하스 왕과 그의 조신(朝臣)들이 이 소식을 듣고서 크게 근심함.** 아람과 에브라임이 유다를 치려고 동맹을 맺었다는 소식이 다윗의 집에 들려왔다(2

절). 이 타락한 왕가(王家)를 다윗의 집으로 부르고 있는 것은 우리에게 하나님이 다윗과 맺은 언약에 나오는 조목을 상기시킨다(시 89:30-33). 만일 그의 자손이 내 법을 버리면 내가 회초리로 그들의 죄를 다스리며 채찍으로 그들의 죄악을 벌하리로다 그러나 나의 인자함을 그에게서 다 거두지는 아니하리로다. 이것은 이 장에서 두드러지게 성취되고 있다. 아람과 이스라엘 군대가 동맹하였다는 소식이 전해지자, 궁정과 성읍과 촌락 등 온 나라가 대경실색하여 혼란에 빠졌다. 아하스 왕의 마음이 두려움으로 요동하였다. 그러므로 그의 백성의 마음이 숲이 바람에 흔들림 같이 흔들린 것은 전혀 이상한 일이 아니었다. 백성들은 몹시 동요하여 흔들렸고, 나라는 큰 혼란에 빠져 어쩔 줄 모르고 이리저리 분주히 몰려 다녔지만 뾰족한 수는 나오지 않고 어떤 결단을 내리지도 못하고 요동하며 불안해하기만 하였다. 그들은 폭풍 전야를 맞이해서 저항해 봐야 아무 소용 없다고 결론을 내리고서 자포자기하였다. 그런데 그들이 이렇게 놀라고 기겁을 하게 된 것은 다 그들이 저지른 죄악들에 대한 죄책감 때문이었고, 그들의 신앙이 약해졌기 때문이었다. 그들은 하나님을 그들의 원수로 만들어 놓은 상태였고, 지금 와서 어떻게 하면 하나님을 다시 그들의 친구로 만들 수 있는지를 알지 못하였다. 그러므로 두려움과 공포가 그들을 지배하였다. 반면에, 양심에 거리낌이 없고 여호와를 의뢰하고 그의 마음을 굳게 정한 자들은 흉한 소문을 두려워하지 아니하고, 땅이 없어진다고 해도 두려워하지 않을 것이다. 그러나 악인들은 잎사귀가 흔들리는 소리만 들어도 도망친다(레 26:36).

Ⅲ. 하나님께서 곤경에 처한 아하스에게 가서 격려하도록 하기 위해 이사야에게 지시하신 것들. 하나님이 이렇게 하신 것은 아하스 왕 자신을 위한 것이 아니라(그는 하나님에게서 그의 근심에 고통만을 더해 줄 두려운 말씀들 외에는 다른 것을 들을 자격이 없었다) 그가 다윗의 자손이자 유다 왕이었기 때문이었다. 하나님께서는 아하스 왕의 조상을 잊어서는 안 되었고 자기 백성을 버려서는 안 되었기 때문에 아하스를 격려하면 백성이 격려를 받을 것이라 생각하셔서 그에게 호의를 베푸신 것이었다. 좀 더 살펴보자.

1. 아하스는 사람을 선지자에게 보내어 좀 만나자고 하지도 않았고 주의 뜻을 묻고자 선지자를 만나고자 하는 마음도 없었지만, 하나님은 선지자에게 명하여 아하스를 만나게 하셨다(3절). 가서 아하스를 만나라. 하나님은 종종 그를 찾지 않는 자들도 만나주시는데, 하물며 그를 부지런히 찾는 자들을 왜 만나

주시지 않으시겠는가. 하나님은 위로를 받을 가치조차 없을 뿐만 아니라 위로를 구하지도 않는 자들에게 위로를 전하시는 경우가 많다.

2. 하나님은 선지자에게 작은 아들을 데리고 가라고 명하셨다. 왜냐하면, 이사야는 스알야숩(남은 자가 돌아오리라)이라는 아들의 이름을 통해서 하나님의 말씀을 전하였기 때문이다. 선지자들은 종종 자녀들의 이름은 의미심장하게 붙임으로써 메시지를 전하였다(호 1:4, 6, 9). 그러므로 이사야의 자녀들은 징조와 예표가 되었다(사 8:18). 그는 포로로 잡혀간 하나님의 백성들을 격려하면서 적어도 그들 중에서 남은 자는 다시 돌아올 것임을 약속하는 의미에서 이 아들의 이름을 그렇게 붙였다. 당시에 하나님은 스스로 말씀하신 것 이상으로 약속을 지키셨다. 왜냐하면, 하나님은 남은 자만이 아니라 아람과 이스라엘의 연합군이 포로로 잡아간 자들을 모두 돌아오게 하셨기 때문이다(대하 28:15).

3. 하나님은 아하스를 만나기 위해서 어디로 가라고 선지자에게 지시하셨다. 이사야는 성전이나 회당이나 왕실 예배당이 아니라 윗못 수도 끝에서 아하스를 만나라는 지시를 받았다. 거기에서 아하스 왕은 아마도 많은 시종을 거느리고서 수로들을 이용해서 어떻게 도성의 식수를 확보할 것인지, 또는 외적에게서 물을 차단할 것인지를 궁리하고 있었거나(사 22:9-11; 대하 32:3-4) 도성을 최대한으로 방비하기 위하여 필요한 지시들을 내리고 있었을 것이다. 그리고 아마도 그는 모든 방비의 상태가 나쁘고 수로도 다 망가지고 그 밖의 다른 것들도 다 낡아빠진 것을 보고서 두려움이 더 커져서 이전보다 더 큰 당혹감 속에 빠져 있었을 것이다. 그래서 하나님은, 가서 거기에서 그를 만나라고 선지자에게 명하신 것이다. 하나님께서는 자기 백성에게 아주 적절한 때에 위로를 보내시고, 그들이 가장 두려워할 그 때에 그를 믿고 의지하라고 그들을 격려하신다는 것을 명심하라.

4. 하나님은 선지자의 입에 말씀을 넣어 주셨다. 그렇지 않았다면, 선지자는 사람들이 두려워하는 아주 악한 자, 시온의 죄인이었던 아하스 왕에게 어떤 말씀을 전해야 할지를 알지 못하였을 것이다. 그러나 하나님은 이스라엘 백성 중에서 신실한 자들을 붙들어 주기 위해서 이런 일을 의도하셨다.

(1) 선지자는 두려워하는 그들을 책망하고서, 결코 항복하지 말고 차분히 정신을 차리고 대처하라고 조언하여야 한다(4절). 삼가며 조용하라. 위로를 받기 위해서는 신중하고 조심하여야 한다. 마음을 가라앉히고 평안함을 얻기 위

해서는 우리를 위협하며 불안하게 만드는 것들에 주의를 기울여서 지켜보아야 한다. "너를 약하게 만들고 괴롭히는 이 경악스러운 일을 두려워하거나 낙심해서 마음이 약해지고 녹아지게 하지 말고, 도리어 용기를 내고 담대하라. 두려움으로 인해서 믿음을 갖지 못해 구원받는 일에 실패하지 않도록 하라." 하나님의 도우심을 기대하는 자들은 스스로 최선을 다해야 한다는 것을 명심하라 (시 27:14).

(2) 선지자는 교만하거나 방심해서 또는 뭘 알지도 못하면서 원수들을 멸시하는 것(이렇게 하는 것은 대단히 위험한 일이다)이 아니라 믿음으로 하나님을 의지하는 가운데 원수들을 멸시하라고 그들에게 가르쳐야 한다. 아하스는 두려움에 사로잡혀서 이 원수들을 두 명의 강력한 왕이라 불렀다. 왜냐하면, 한 명의 왕만 쳐들어와도 대적하기가 역부족인 상황에서 두 명의 왕이 동맹하였다면 그는 감히 그들을 상대할 엄두도 낼 수 없었기 때문이었다. 하지만 선지자는 이렇게 말한다. "아니다. 그들은 두 부지깽이 그루터기, 즉 다 타고 끝부분만 남아서 연기만 내고 있는 장작 토막들에 지나지 않는다. 그들은 나무 장작들처럼 화가 나 있고 사나우며 맹렬하다. 나무 장작들을 모아 놓으면 불이 더 격렬하게 타오르듯이, 그들은 서로 동맹을 맺음으로써 더욱 사나워졌다. 그러나 그들은 단지 연기만 나는 장작들에 불과하다. 연기가 나는 곳에는 어느 정도 불도 있겠지만 두려워할 정도는 아닐 수 있는데, 그들의 경우가 그렇다. 그들의 위협은 연기가 되어 사라지고 말 것이다. 애굽의 바로 왕이 요란한 소리에 불과하였던(렘 46:17) 것처럼, 아람 왕 르신도 단지 연기에 불과하다. 하나님의 교회를 대적하는 모든 원수들은 연기 나는 심지와 같아서 곧 꺼지고 만다. 아니, 그들은 나무 장작 중에서 이미 다 타고 남아서 연기만 내고 있는 토막들(개역에서는 그루터기)에 불과하다. 그들의 힘은 다 소진되었다. 그들은 혼자 화를 내느라 기력을 다 소모해 버렸다. 너는 그들을 발로 짓밟아서 뭉개버릴 수 있다." 아람 나라와 이스라엘 나라는 지금 거의 소멸되어 가고 있는 중이었다. 사람들이 아무리 광분한다고 하여도, 우리가 소멸하시는 불이신 하나님을 바라보기만 한다면, 사람들을 두려워할 이유가 없고, 나아가 사람들이 연기 나는 부지깽이로 보여서 그들을 멸시할 수 있게 된다는 것을 명심하라.

(3) 선지자는 예루살렘을 치고자 하는 이 대단한 동맹군(그들은 스스로 그렇게 생각하였다)의 계획은 반드시 좌절될 것이고 수포로 돌아가게 될 것임을

보증하여야 한다(5-7절).

[1] 아하스가 가장 두려워하였던 그것, 즉 원수들의 계획이 깊고 그 기대치가 높은 것이 바로 원수들이 패하게 되는 원인이 될 것이었다. "그들이 악한 꾀로 너를 대적하여 하나님께 범죄하였기 때문에, 그들의 계획은 좌절되고 그들은 부끄러움을 안고서 되돌아갈 것이다. 이 연기 나는 장작들은 하나님의 코 앞에 있는 연기(사 65:5)에 불과하기 때문에 꺼질 수밖에 없다." 첫째, 그들은 악의에 가득 차 있고 사악하기 때문에 결코 형통하지 못할 것이다. 유다는 그들에게 아무런 잘못도 한 적이 없다. 그들이 아하스에게 시비를 걸 이유는 전혀 없었다. 그런데도 아무런 이유도 없이 그들은 우리가 올라가 유다를 쳐서 그것을 쓰러뜨리자고 말하였다. 남을 괴롭히고자 하는 자들은 성공하기를 기대할 수 없고, 남을 해롭게 하기를 좋아하는 자들은 일이 잘 되기를 기대할 수 없다. 둘째, 그들은 대단히 방심하고 있고 성공을 자신하고 있다. 그들은 올라가서 유다를 쳐서 괴롭히고자 한다. 그렇지만 그것이 전부가 아니다. 그들은 예루살렘의 성벽을 뚫고서 그 사이로 그들의 군대가 진군해 들어가게 될 것을 의심하지 않는다. 또는, 그들은 유다 나라를 양분해서 한 쪽은 이스라엘 왕이, 다른 쪽은 아람 왕이 차지하고, 유다 나라에는 형식적으로 다브엘의 아들을 그 중에 세워 왕으로 삼고자 하였다. 다브엘은 정체가 알려져 있지 않은 인물로서 아람 사람인지 이스라엘 사람인지도 확실치 않다. 그들은 소기(所期)의 목적을 이루리라는 것을 의심치 않았기 때문에 유다를 점령하기도 전에 미리부터 전리품을 나누었다. 지극히 오만한 자들은 통상적으로 거의 성공을 거두지 못한다는 것을 명심하라. 왜냐하면, 하나님이 오만한 자들을 경멸하여 반드시 그 뜻을 이루지 못하게 하실 것이기 때문이다.

[2] 하나님께서는 친히 그들에게 그러한 시도가 성공하지 못하리라는 말씀을 주신다(7절). "나라들의 계획을 폐하시는(시 33:10) 만왕의 왕이신 주 여호와의 말씀이 그 일은 서지 못하며 이루어지지 못하리라 하신다. 그들이 취하는 조치들은 다 망가지고, 그들의 계획은 결코 이루어지지 못할 것이다." 하나님을 대적하여 서 있는 것이나 하나님 없이 서겠다고 생각하는 자들은 결코 오래 서 있을 수 없다는 것을 명심하라. 사람이 계획을 세우지만, 이루시는 분은 하나님이시다. 주의 명령이 아니면 누가 이것을 능히 말하여 이루게 할 수 있으랴(애 3:37). 사람의 마음에는 많은 계획이 있어도 오직 여호와의 뜻만이 완전히 서리라

(잠 19:21).

　(4) 선지자는 이 원수들이 지금은 공포의 대상이지만 결국 패망하게 되리라는 것을 그들에게 전해야 한다.

　[1] 그들은 더 이상 그들의 영토를 넓히지 못할 것이고 그들의 정복을 더 밀어붙이지도 못할 것이다. 대저 아람의 머리는 다메섹이요 다메섹의 머리는 르신이다. 르신은 다메섹을 자랑하는데, 그것으로 만족하여야 한다(8절). 에브라임의 머리는 오랫동안 사마리아였고, 지금 사마리아의 머리는 르말리야의 아들 베가이다. 그들은 머지않아 그들의 경계가 확정되어서 그 경계를 넘지 못할 것이며 예루살렘은 말할 것도 없고 유다의 성읍들을 지배하지 못하리라는 것을 알게 될 것이다. 하나님께서 사람들에게 그 거주의 경계를 한정하신 것과 마찬가지로(행 17:26), 왕들에게도 그 통치의 경계를 정해 주셨기 때문에 자신의 경계를 지키고 이웃 나라의 권리를 침해해서는 안 된다는 것을 명심하라.

　[2] 두 나라 중에서 유다에 대하여 더 악의적이었고 침공에 앞장섰던 원수였던 것으로 보이는 에브라임은 머지않아 완전히 뿌리뽑혀서 다른 나라의 땅을 점령하기는커녕 자신의 땅도 제대로 지킬 수 없게 될 것이다. 해석자들은 육십오 년 내에 에브라임이 패망하여 다시는 나라를 이루지 못할 것이라는 말씀 속에 나오는 65년을 어떤 식으로 계산하여야 하는지를 놓고 무척 당혹해한다. 왜냐하면, 에브라임의 열 지파가 포로로 잡혀간 것은 이 일이 있은 지 11년 후였기 때문이다. 그래서 어떤 이들은 이 본문을 필사자의 실수로 보고 육과 오년 내에, 즉 11년 내에로 읽어야 한다고 생각하지만, 동의하기 어렵다. 또 어떤 이들은 선지자 아모스가 열 지파의 나라가 멸망할 것을 처음으로 예언한 때로부터 계산해서 65년이라고 해석하기도 하고, 어떤 후대의 해석자들은 이 일이 있은지 대략 65년 후에 에살핫돈이 에브라임을 최종적으로 초토화시킨 사건을 가리키는 것으로 해석하기도 한다. 그 때에 에브라임은 완전히 부러져서 그 후로 더 이상 나라를 이루지 못하였다. 스스로 멸망의 징조가 보이고 멸망할 날이 가까운 자들이 이웃 나라를 멸망시키겠다고 덤벼드는 것만큼 이 세상에서 어리석은 일은 없다. 아람 왕과 에브라임 왕이 유다를 위협하며 의기양양해하고 있을 때에 선지자가 그들에게 무슨 말을 했는지를 보라(대하 28:10). 이제 너희가 또 유다와 예루살렘 백성들을 압제하여 노예로 삼고자 생각하는도다 그러나 너희는 너희의 하나님 여호와께 범죄함이 없느냐(대하 28:10).

(5) 선지자는 자기가 그들에게 보증한 것들을 믿음으로 받도록 그들에게 강력히 촉구하여야 한다(9절). "내가 너희에게 한 말을 만일 너희가 굳게 믿지 아니하면 너희는 굳게 서지 못하리라. 너희의 요동하고 무질서한 상태와 너희의 불안하고 안절부절 못하는 심령은 견고해지지 못할 것이다. 내가 너희에게 한 말들은 대단히 힘이 되는 말들이기는 하지만, 만약 너희가 그 말들을 믿지 않고 하나님의 말씀을 기꺼이 받아들이고자 하지 않는다면, 그 말들은 너희에게 진정으로 힘이 되지는 못할 것이다." 현재의 온갖 격동하는 사건들 속에서 마음을 차분히 가라앉히고 평정을 되찾는 데에는 믿음의 은혜가 절대적으로 필요하다는 것을 명심하라(대하 20:20).

[10]여호와께서 또 아하스에게 말씀하여 이르시되 [11]너는 네 하나님 여호와께 한 징조를 구하되 깊은 데에서든지 높은 데에서든지 구하라 하시니 [12]아하스가 이르되 나는 구하지 아니하겠나이다 나는 여호와를 시험하지 아니하겠나이다 한지라 [13]이사야가 이르되 다윗의 집이여 원하건대 들을지어다 너희가 사람을 괴롭히고서 그것을 작은 일로 여겨 또 나의 하나님을 괴롭히려 하느냐 [14]그러므로 주께서 친히 징조를 너희에게 주실 것이라 보라 처녀가 잉태하여 아들을 낳을 것이요 그의 이름을 임마누엘이라 하리라 [15]그가 악을 버리며 선을 택할 줄 알 때가 되면 엉긴 젖과 꿀을 먹을 것이라 [16]대저 이 아이가 악을 버리며 선을 택할 줄 알기 전에 네가 미워하는 두 왕의 땅이 황폐하게 되리라

여기에는 다음과 같은 내용들이 나온다.

I. 하나님은 앞서의 예언들을 확증하고 그 예언들에 대한 아하스의 믿음을 굳게 하기 위해서 그가 보고 싶은 징조나 이적을 아무거나 구하라고 선지자를 통해서 은혜로운 제안을 하신다(10-11절). 너는 네 하나님 여호와께 한 징조를 구하라. 하나님의 신실하심과 진실하심을 보라. 하나님은 하실 수 있고 언제든지 증명하실 수 있는 것 외에는 우리에게 말씀하시지 않는다. 하나님께서는 놀라울 정도로 자신을 낮추셔서 사람들의 눈높이에 맞추어 약속을 기업으로 받는 자들에게 그의 뜻이 변하지 아니함을 기꺼이 나타내시려고 하신다(히 6:17). 하나님은 우리의 체질을 아시고, 감각의 세계 속에서 살아가는 우리에게 눈에 보이는 증거들이 필요하다는 것을 아시기 때문에, 그런 것들을 배려하셔서 성례전

의 표지(標識)들을 통해서 우리에게 그러한 증거들을 보여주신다. 아하스는 비록 악한 자였지만 아브라함과 다윗의 자손이고 하나님이 그들과 맺은 언약들 때문에, 하나님은 그의 하나님 여호와라 불린다. 하나님은 악하고 감사할 줄 모르는 자들에게조차도 얼마나 은혜로우신지를 보라. 기드온이 양털 뭉치와 관련된 징조를 구하였던 것같이(삿 6:37), 하나님은 아하스에게도 어떤 징조이든 구하라고 말씀하신다. 하나님의 권능은 공중에서든지 땅에서든지 물에서든지 동일하기 때문에 하나님은 그에게 어떤 징조라도 좋으니 구하라고 말씀하신다.

II. 아하스는 무례하게도 이러한 은혜로운 제안을 거부하고, 호의를 무시해서 발로 차 버리는데, 이런 행동은 윗분에 대한 예의가 아니다(12절). 나는 구하지 아니하겠나이다. 그가 징조나 표적을 구하지 않은 진짜 이유는 앗수르인들과 그들의 군대와 신들이 도와주리라는 것을 굳게 믿고 의지하는 상황 속에서 쓸데없이 이스라엘의 하나님에게 신세를 져서 부담감을 느끼고 싶지 않았기 때문이었다. 그는 계속해서 하나님에 대한 불신앙 속에서 의심과 불신을 버리고자 하지 않았기 때문에 자신의 믿음을 확증하기 위한 표적을 구하고 싶은 마음이 없었다. 그러면서도 그는 자신의 행위가 경건한 이유를 근거로 하고 있는 체한다. 나는 여호와를 시험하지 아니하겠나이다. 그는 마치 하나님께서 친히 그에게 권유하고 지시한 일을 하는 것이 하나님을 시험하는 것이라도 되는 것처럼 말하고 있는 것이다. 하나님을 은밀하게 불신하고 배척하는 것은 흔히 하나님을 특별히 공경하는 것으로 위장된다는 것을 명심하라. 하나님을 신뢰하지 않기로 단단히 결심한 자들은 마치 그들이 하나님을 시험하고자 하지 않는 것처럼 가장한다.

III. 선지자는 그들이 예언을 멸시하고 하나님의 계시를 귀히 여기지 않고 있다고 아하스 왕과 그의 조신(朝臣)들, 그와 다윗의 집, 곧 왕가 전체를 책망한다(13절). "너희가 압제와 폭정으로 사람들을 괴롭히고서 온 인류에게 증오스러운 존재가 되고도 그것을 작은 일로 여겨 또 나의 하나님을 모욕함으로써 괴롭히려 하느냐?" 하나님을 두려워하지 않고 사람을 무시하는 불의한 재판장처럼(눅 18:2) 너희가 말로 여호와를 괴롭게 하였다(말 2:17). 불신을 받는 것보다 하늘의 하나님의 마음을 쓰라리게 하는 것은 없다. "너희가 나의 하나님을 괴롭히려 하느냐? 너희는 하나님이 지치거나 힘이 없어서 너희를 도울 수 없다거나 너희에게 선을 행하기에 싫증이 나 계신 것이라고 생각하는 것이냐? 소년이라도 피곤하며 곤비하며 너로 인하여 네 모든 친구들이 다 지쳐 나가떨어진다고 해도, 땅 끝까지 창조하신 이는 피곤하지 않으시며 곤비하지 않으신다(사 40:28-31)." 또는, "너희는 선지자들을 모욕함으로써 단지 너희와 같은 사람들을 무시한 것뿐이라고 생각하고, 그들을 보내신 하나님을 모욕하고 무시했다고는 생각지 않는구나." 선지자는 여기서 큰 기쁨으로 하나님을 "나의 하나님"이라고 부른다. 반면에, 아하스는 선지자가 "네 하나님"이라고 부르도록 권유했음에도 불구하고(11절) "나의 하나님"이라고 부르고자 하지 않았다. 그러나 이사야는 기꺼이 "나의 하나님"이라고 부른다. 다른 사람들이 어떻게 하든 우리는 단호하게 하나님을 우리의 하나님으로 고백하고 하나님께 꼭 붙어 있어야 한다는 것을 명심하라.

IV. 선지자는 하나님의 이름으로 그들에게 징조를 준다. "너희가 징조를 구하고자 하지 않지만, 사람의 불신앙이 하나님의 약속을 무효로 만들어 버리는 일은 없을 것이다. 주께서 친히 징조, 곧 이중적인 의미를 지닌 징조를 너희에게 주실 것이다(14절)."

1. 그것은 이스라엘과 다윗의 집에 대한 하나님의 선하신 뜻을 보여주는 일반적인 징조가 될 것이다. "너희는 그 징조를 보고서 너희의 현재의 환난과 위험이 아무리 크다고 하여도 하나님의 긍휼하심이 여전히 너희에게 있고 너희가 너희 하나님에게서 버림받지 않았다는 것을 알게 될 것이다. 왜냐하면, 너희 민족, 너희 가문에서 메시야가 태어날 것이고, 그 복이 너희 가운데 있는 동안에는 너희가 결코 망하지 않을 것이기 때문이다."

(1) 메시야는 영광스러운 방식으로 이 땅에 오실 것이다. "너희는 메시야가 너희 가운데서 태어나실 것이라는 말을 자주 들어 왔겠지만, 내가 이제 너희에게 한 가지 더 말해줄 것이 있으니, 메시야는 처녀에게서 태어나게 될 것이다. 이것은 메시야가 하나님의 능력과 신적인 순결함으로 이 세상에 오시리라는 것, 통상적인 출생 방식에 의해서 태어나지 않으심으로써 이례적이고 특별한 사람이 되리라는 것, 인간 본성이 공통적으로 지니고 있는 부패들에 물들지 않은 거룩한 분으로서 그의 조상 다윗이 그에게 준 보좌를 차지하기에 의심할 여지 없이 적합한 분이 되리라는 것을 의미한다." 이것은 비록 500년 후쯤에나 이루어질 일이긴 하였지만 다윗의 집(그리고 이 예언이 직접적으로 주어진 자

들, 13절)에게 아주 힘이 되는 징조이었고 하나님이 그들을 내치지 않으시리라는 보증이었다. 에브라임은 실제로 유다를 시기하였고(사 11:13) 유다를 멸망시키고자 했지만 뜻을 이룰 수 없었다. 왜냐하면, 실로가 오시기까지는 규(圭), 즉 왕권이 유다를 결코 떠나지 않게 되어 있었기 때문이다(창 49:10). 하나님이 구원하기로 계획하신 자들은 그들이 인생을 살면서 만나는 그 어떤 환난에 의해서도 삼켜지지 않으리라는 것을 그들에 대한 징조 또는 표적으로 삼을 수 있다.

(2) 메시야는 영광스러운 이름 속에 담긴 영광스러운 사명을 띠고서 이 땅에 오실 것이다. 사람들은 그의 이름을 임마누엘, 곧 우리와 함께 하시는 하나님, 우리의 본성을 입으신 하나님, 우리와 화평을 이루시고 우리와 언약을 맺으신 하나님이라 할 것이다. 이 예언은 사람들이 그를 예수(구원자)라 부름으로써 성취되었다(마 1:21-25). 왜냐하면, 그가 임마누엘, 곧 우리와 함께 하시는 하나님이 아니었다면 예수, 곧 구원자가 될 수 없으셨을 것이기 때문이다. 이것은 다윗의 집과 유다 지파에 대한 하나님의 은총을 보여주는 또 하나의 증표였다. 그들 가운데서 이 큰 구원을 이루시기로 되어 있었던 바로 그는 그 큰 구원의 모형들이자 전주곡들인 그 밖의 다른 모든 구원들을 그들을 위하여 이루실 것이었기 때문이다. "여기 너희를 위하여 깊은 데나 높은 데에서 주어진 징조가 아니라 너희와 직접적으로 연관이 있는 다윗 언약과 관련된 예언 및 약속과 관련된 징조가 있다. 너희에게 주어진 약속의 씨는 임마누엘, 곧 우리와 함께 하시는 하나님이 될 것이다. 하나님이 우리와 함께 계신다는 말씀(8절)과 너희의 땅이 임마누엘의 땅이라는 것은 너희에게 위로가 될 것이다(사 8:10). 다윗의 집의 마음은 그렇게 흔들릴 필요가 없고(2절), 유다는 다브엘의 아들을 왕으로 세우고자 하는 원수들의 말을 두려워하지 않아도 된다(6절). 그 어떤 것도 임마누엘의 약속을 받은 다윗의 자손의 대(代)를 끊을 수 없기 때문이다." 환난과 고난의 때에 가장 위로가 되는 것들은 그리스도와 그에 대한 우리의 관계, 그리스도 안에서 우리가 갖고 있는 이해관계, 그에 대한 우리의 기대와 우리에 대한 그의 기대와 관련된 것들이라는 것을 명심하라. 메시야에 대해서 또 하나의 내용이 예언되고 있는데(15절), 그것은 이 아이가 여느 아이들과 똑같은 방식으로 태어나는 것이 아니라 처녀에게서 태어나겠지만 똑같은 사람일 것이고 여느 아이들과 똑같이 양육을 받게 되리라는 것이다(15절). 그는 여느 아이들, 특

히 젖과 꿀이 흐르는 땅에 사는 아이들처럼 엉긴 젖과 꿀을 먹을 것이다. 그는 성령의 능력으로 잉태되기는 하겠지만 천사의 음식을 먹고 자라는 것이 아니라 마땅히 범사에 형제들과 같이 될 것이다(히 2:17). 또한, 그는 이례적이고 특별한 출생 방식을 통해서 태어나기는 하겠지만 곧바로 성인이 되는 것이 아니라 여느 아이들처럼 유아기와 소년기와 청년기라는 몇 단계를 거쳐서 성인이 될 것이고, 지혜와 키도 자랄 것이며, 마침내 심령이 강하여지고 성숙하여서 악을 버리며 선을 택할 줄 알게 될 것이다(눅 2:40, 52을 보라). 아이들이 작을 때에 먹이고 키우는 것은 그들이 다 자랐을 때에 가르치고 교훈하기 위한 것임을 명심하라. 먹이고 키우는 것은 교육을 위한 것이다.

2. 여기에 지금 유다에게 공포의 대상인 저 강력한 왕들이 신속하게 멸망할 것이라는 또 하나의 구체적인 징조가 주어진다(16절). "이 아이, 곧 내가 지금 팔에 안고 있는 이 아이(임마누엘이라 불릴 아이가 아니라 선지자에게 하나의 징조로 주어졌던 스알야숩이라는 아들, 3절)가 악을 버리며 선을 택할 줄 알기 전에(이 아이가 얼마나 크고 성숙했는지를 직접 보고 있던 자들은 그 때가 언제쯤이 될지를 쉽게 추측할 수 있었을 것이다), 이 아이가 서너 살쯤 되었을 때에 네가 미워하는 땅에서 네가 그토록 철천지원수처럼 대하고 있는 이스라엘과 아람의 동맹군을 이끄는 베가와 르신이 버림을 당하게 되리라(개역에서는 네가 미워하는 두 왕의 땅이 황폐하게 되리라). 그들은 마치 한 나라가 된 것처럼 아주 긴밀한 동맹을 맺고 있지만 머지않아 둘 다 죽게 될 것이다." 이 예언은 온전히 성취되었다. 이 일이 있은 지 2-3년 내에 호세아는 반역하여 베가를 죽였고(왕하 15:30), 그 일이 있기 전에 앗수르 왕이 다메섹을 점령하여 르신을 죽였다(왕하 16:9). 아니, 스알야숩이라는 선지자의 아들의 이름 속에 담겨진 예언대로 이러한 장래의 사건에 대한 보장이자 전조로서 하나의 사건이 즉시 일어났다. 스알야숩은 남은 자가 돌아오리라를 의미하는데, 이것은 분명히 베가와 르신에게 끌려간 20만 명의 포로들이 기적적으로 되돌아온 사건에 대한 예언으로서, 그들은 무력에 의해서가 아니라 만군의 하나님의 영으로 말미암아 되돌아온 것이었다(대하 28:8-15에 나오는 이야기를 보라). 이 아이의 이름 속에 담긴 예언이 이렇게 성취된 것으로 보아서 이 아이와 관련된 또 하나의 예언, 즉 아람과 이스라엘이 그들의 왕을 잃게 되리라는 예언도 머지않아 성취될 것은 틀림없는 일이었다. 하나님으로부터 한번 은혜를 받게 되면 우리는 힘을 얻어서

또 다른 은혜를 기대하게 된다.

[17]여호와께서 에브라임이 유다를 떠날 때부터 당하여 보지 못한 날을 너와 네 백성과 네 아버지 집에 임하게 하시리니 곧 앗수르 왕이 오는 날이니라 [18]그 날에는 여호와께서 애굽 하수에서 먼 곳의 파리와 앗수르 땅의 벌을 부르시리니 [19]다 와서 거친 골짜기와 바위 틈과 가시나무 울타리와 모든 초장에 앉으리라 [20]그 날에는 주께서 하수 저쪽에서 세내어 온 삭도 곧 앗수르 왕으로 네 백성의 머리 털과 발 털을 미실 것이요 수염도 깎으시리라 [21]그 날에는 사람이 한 어린 암소와 두 양을 기르리니 [22]그것들이 내는 젖이 많으므로 엉긴 젖을 먹을 것이라 그 땅 가운데에 남아 있는 자는 엉긴 젖과 꿀을 먹으리라 [23]그 날에는 천 그루에 은 천 개의 가치가 있는 포도나무가 있던 곳마다 찔레와 가시가 날 것이라 [24]온 땅에 찔레와 가시가 있으므로 화살과 활을 가지고 그리로 갈 것이요 [25]보습으로 갈던 모든 산에도 찔레와 가시 때문에 두려워서 그리로 가지 못할 것이요 그 땅은 소를 풀어 놓으며 양이 밟는 곳이 되리라

다윗의 집에 속한 아하스에게 위로가 되는 약속들이 주어진 후에 여기에서는 그 집의 타락한 자손인 그에 대한 무시무시한 경고들이 뒤따라 나온다. 왜냐하면, 하나님은 다윗을 위해서 그리고 다윗과 맺은 언약으로 인해서 자신의 인애하심을 완전히 거두지는 않으실지라도, 아하스의 죄악을 회초리로 징벌하실 것이기 때문이다. 하나님의 약속들을 믿음으로 받고자 하지 않는 자들은 하나님의 경고하시는 말씀들을 듣게 될 줄을 알아야 한다.

I. 하나님이 경고하시는 심판은 아주 엄청난 것이다(17절).   그 심판은 모두 사람들에게 두루 미치는 대규모의 심판이라는 의미에서 아주 엄청날 것이다. 그 심판은 왕 자신(그가 아무리 높은 지위에 있다고 하여도 심판을 피하지 못할 것이다)과 백성과 나라 전체와 네 아버지 집, 즉 왕가에 임하게 될 것이다. 그 심판은 후손들에게 대대로 이어지는 심판이 되어서 모든 왕손들에게 집행될 것이다. 그 심판은 이제까지 유례가 없는 당하여 보지 못한 날들이 되리라는 의미에서 아주 엄청날 것이다. 그 날들은 에브라임이 유다를 떠난 때로부터, 즉 열 지파가 반란을 일으켜서 다윗의 집에 상처를 입히고 떠난 이래로 가장 암울하고 어둡고 우울한 날들이 될 것이다. 죄 속에 오래 머물면 머물수록 징

벌도 더 무겁고 극심해지리라는 것을 명심하라. 이러한 날들을 그들에게 임하게 하실 분은 바로 주님이시다. 우리의 때들은 주님의 손에 있기 때문이다. 누가 하나님이 베푸시는 심판을 피하거나 대항할 수 있겠는가?

Ⅱ. 이 심판의 도구로 사용될 원수는 앗수르 왕이 될 것이다. 아하스는 앗수르 왕이 원군을 보내서 이스라엘과 아람의 동맹군을 막아 줄 것이라고 크게 기대하며 의지하고 있었다. 그는 앗수르 왕에게 거의 모든 것을 걸었고, 원군을 보내어 구해 주기만 한다면 기꺼이 앗수르 왕의 종이 되겠다고 비굴하게 약속하였기 때문에 하나님께서 선지자를 통해서 그를 격려하기 위해 하신 말씀에 별 신경을 쓰지 않았다. 또한, 그는 교회와 나라의 곳간을 다 털어서 앗수르 왕에게 금과 은을 예물로 보내기도 하였다(왕하 16:7-8). 이제 하나님께서는 아하스가 하나님 대신에 의지하고 있는 바로 그 앗수르 왕이 그에게 채찍이 될 것이라고 경고하신다. 이 예언은 신속하게 성취되었다. 앗수르 왕은 그에게 이르렀으나 돕지 아니하고 도리어 그를 공격하였다(대하 28:20). 아하스가 잡은 갈대가 부러져서 그의 손을 뚫어 버린 것이었다. 이후로 앗수르의 왕들은 오랫동안 유다를 괴롭히는 가시가 되었고 그들에게 큰 고통을 안겨 주었다. 우리가 피조물에 기대를 걸면 그 피조물은 결국 우리에게 해악을 끼치고 만다는 것을 명심하라. 앗수르 왕은 이 일 후에 머지않아 열 지파를 장악하고서 그들을 포로로 끌고 가고 그 땅을 황폐하게 만들어 버렸다. 이렇게 해서 여기에 나오는 예언은 온전히 성취되었다. 이 본문은 에브라임이 패망하여 다시는 나라를 이루지 못할 것이라고 한 예언(8절)에 대한 설명일 수도 있다. 선지자는 17절에서 이스라엘 왕을 향하여 말하면서 유다를 침공한 것에 대한 하나님의 심판을 선포한 것이라고 보는 것도 무리는 없다. 그러나 해석자들은 한결같이 이 본문을 아하스와 그의 나라에 관한 것으로 이해한다. 좀 더 살펴보자.

1. 하나님께서 침입자들을 불러들이심(18절). 여호와께서 파리와 벌을 부르시리라(사 5:26을 보라). 파리나 벌처럼 무시해도 좋을 것 같고 쉽게 물리칠 수 있을 것 같은 원수들도 하나님의 도구로 사용되면 젊은 사자처럼 힘 있게 일하게 된다. 애굽 하수(河水)와 앗수르 땅처럼 서로 아주 멀리 떨어져 있는 그들이라도 하나님께서 호출하시면 그 일을 함께 하기 위해서 정확한 시간에 서로 합류한다. 하나님께서 어떤 일을 하고자 하실 때에는 어떤 도구들을 사용해야 그 일을 이룰 수 있는지를 정확히 아시기 때문이다.

2. 침입자들이 그 땅을 점령함(19절). 침입을 받은 나라는 전혀 저항을 할 수 있는 상태에 있지 않은 것으로 보인다. 침입자들은 진군하는 데에 아무런 어려움도 느끼지 않고, 다 와서 거친 골짜기에 앉는다. 주민들은 외적의 침입 소식을 듣자마자 놀라서 다 달아났기 때문에, 침입자들이 그 땅을 차지하는 것은 식은 죽 먹기나 다름없었다. 그들은 파리 떼나 벌 떼처럼 낮은 지대로 와서 무수히 내려앉아서, 벌들이 흔히 그렇듯이 바위 구멍들 속에 은신함으로써 아무도 공략해 올 수 없게 하고, 모든 가시덤불 위에 앉아서 그들의 무시무시한 세(勢)를 과시할 것이다. 이렇게 해서 그 땅은 온통 그들로 뒤덮이게 될 것이다. 이 벌들은 가시덤불 위에 착 달라붙어서 아무런 방해도 받지 않은 채 휴식을 즐길 것이다.

3. 그 땅은 초토화되고 인구는 크게 줄어들 것임(20절). 주께서 머리 털과 발 털을 미실 것이요 수염도 깎으시리라. 마치 문둥병자가 정결하게 되었을 때에 모든 털을 밀듯이(레 14:8-9), 주께서는 모든 것을 밀어 버리실 것이다. 이 일은 세(稅)낸 삭도를 통해서 이루어질 것이다. 이 삭도는 하나님이 세낸 삭도라는 의미일 수도 있고(하나님은 마치 자기 소유의 삭도가 없는 것처럼 어떤 일을 하시기 위해 세를 지불하고 삭도를 빌려 사용하신다, 겔 29:18-19) 아하스가 세를 내고 빌린 삭도를 의미하는 것일 수도 있다. 하나님은 이 삭도를 그 땅을 멸망시키기 위해서 세낸 도구로 사용하실 것이다. 믿음과 기도를 통해서 값싸고 손쉽게 하나님의 도우심을 받을 수 있는데도, 사람들이 주의 팔을 의지하지 않고 아주 비싼 대가를 치르고 육체의 팔을 세내어 거기에 의지하지만 도리어 그 팔에 두들겨 맞는 일이 비일비재하다는 것을 명심하라.

4. 이렇게 인구가 크게 줄어든 결과들.

(1) 가축 떼가 모조리 죽어서, 소 떼와 양 떼를 많이 가지고 있던 사람은 모든 가축을 원수에게 빼앗기고서 한 어린 암소와 두 마리 양만을 간신히 지키고서도(21절) 다 뺏기지 않은 것만도 다행이라고 생각하며 기뻐하게 될 것이다.

(2) 이렇게 남겨진 적은 수의 가축들을 넓은 지역에 방목하다 보니 그것들이 내는 젖이 많고 그 젖의 품질도 아주 좋아서 많은 버터를 생산할 수 있게 되어 사람들이 엉긴 젖을 먹을 것이다(22절). 또한, 사람들이 별로 남아 있지 않아서 암소 한 마리와 양 두 마리가 내는 젖으로 가족 전체가 다 먹고도 남을 것이다. 예전에는 종들이 많이 있어서 많은 젖이 필요했지만 그 때에는 사람 수가 줄어

들어서 많은 젖이 필요 없게 될 것이기 때문이다.

(3) 가축들의 번식이 이루어지지 않을 것이다. 그래서 예전에는 고기를 먹던 자들(유대인들은 보통 육식을 하였다)이 그 때에는 먹을 고기가 충분하지 않아서 엉긴 젖, 곧 버터와 꿀을 먹는 것으로 만족하지 않으면 안 되게 될 것이다. 그 땅에 남아 있는 사람들이 별로 없어서 그들이 먹을 버터와 꿀은 충분하게 될 것이다.

(4) 비옥했던 땅은 온통 찔레와 가시들로 뒤덮이게 될 것이다(23절). 온 땅이 침입자들에 의해서 초토화되어서, 농부들이 은 천 개 또는 천 세겔을 지불하고서 한 해 동안 세내어 천 그루의 포도나무를 심었던 곳에는 찔레와 가시만이 무성해서 땅을 빌려준 지주나 세를 낸 농부나 아무런 이득도 보지 못하게 될 것이다. 하나님은 언제든지 비옥한 땅을 황무지로 만들어 버리실 수 있다는 것을 명심하라. 우리가 좋은 포도를 맺지 못하고 들포도만을 맺는다면, 하나님께서 포도나무들을 찔레들로 바꾸어 버리시는 것은 의로운 일이다(사 5:4).

(5) 농기구들은 전쟁을 위한 병기들로 바뀌게 될 것이다(24절). 온 땅이 찔레와 가시로 온통 뒤덮였기 때문에, 사람들은 예전에는 열매를 거두기 위해서 낫을 들고 거기로 갔지만 그 때에는 잡목 숲에서 들짐승들을 사냥하거나 덤불 속에 숨어 있는 강도들로부터 자신을 보호하기 위해서, 또는 거기에 숨어 있는 뱀과 독 있는 짐승들을 죽이기 위해서 활과 화살을 들고 가게 될 것이다. 이것은 그 아름다운 땅이 너무도 처참하게 변해 버리게 될 것임을 의미한다. 그러나 죄 지은 백성은 온갖 암울한 변화를 각오해야 하지 않겠는가?

(6) 찔레와 가시가 어떤 곳을 울타리로 둘러치는 데에 소용이 된다면, 그것들은 다 뽑혀져서 황폐화될 것이다. 찔레와 가시가 아무짝에도 쓸모없는 곳에는 그것들이 무성하게 나오게 될 것이고, 꼭 필요한 곳에는 전혀 나오지 않게 될 것이다(25절). 특별한 용도로 사용하기 위해서 보습으로 갈아서 가축들이 접근하지 못하도록 찔레와 가시를 심어 울타리를 만들어 놓았던 모든 산은 그 때에는 숲 속의 멧돼지들이 그 울타리들을 다 망가뜨려서 황폐하게 만들어 버릴 것이기 때문에(시 80:12-13) 소와 양들이 마음껏 뛰어 다니는 곳이 될 것이다. 죄의 결과와 그 저주를 보라. 인간이 끊임없이 애쓰고 수고해서 땅을 가꾸지 않았다면, 죄로 인해서 땅은 이미 온통 가시와 엉겅퀴가 무성한 숲이 되어 버렸을 것이다. 땅이 아무리 비옥하더라도 그 소산(所産)에 마음을 두는 것은 얼

마나 어리석은 일일지를 보라. 땅을 가꾸는 일을 소홀히 하거나 땅 주인이나 농부가 땅을 제멋대로 혹사시키거나 전쟁으로 땅이 초토화되면, 아무리 비옥한 땅도 곧 끔찍한 사막으로 변하게 될 것이다. 천국만이 그러한 변질을 겪지 않는 낙원이다.

제 8 장

개요

이 장과 이후의 네 개의 장(제13장까지)은 모두 하나의 연속된 강론 또는 설교인데, 그 취지는 곧 이스라엘 나라에 큰 멸망이 임하리라는 것, 앗수르 왕으로 인해서 유다 나라에 큰 소요가 있으리라는 것, 이 두 가지 일은 모두 그들의 죄 때문이라는 것을 보여주는 것이다. 그러나 특히 메시야의 날들과 관련되어 있는 저 암울한 날들에 하나님을 경외하는 자들을 위로하는 내용들이 많이 나온다. 이 장에서 우리는 다음과 같은 내용들을 볼 수 있다. I. 동맹국인 아람과 이스라엘이 앗수르 왕에 의해 멸망하리라는 예언(1-4절). II. 교만한 앗수르 왕이 의기양양하여 이스라엘과 유다 땅을 황폐케 하리라는 예언(5-8절). III. 그러한 혼란한 와중에서 하나님의 백성에게 주어지고 있는 큰 위로. 그들에게 다음과 같은 것들이 약속된다. 1. 원수들이 소기의 목적을 이루지 못하리라는 것(9-10절). 2. 하나님을 경외하는 마음을 계속해서 지니고 있고 사람을 두려워하는 마음을 버리면 하나님이 그들의 피난처가 되신다는 것을 알게 되리라는 것(11-14절)과 다른 사람들은 넘어져서 절망에 빠진다고 하여도 그들은 힘을 얻어서 하나님을 기다리게 되고 더 나은 때를 위해 보존되리라는 것(15-18절). 끝으로, 선지자는 위기에 처해 있는 모든 자들에게 신접한 자들에게 조언을 구함으로써 스스로 절망의 구렁텅이에 빠져들지 말고 하나님의 말씀을 주시하라고 꼭 필요한 주의를 준다(19-22절). 이러한 권면들과 위로들은 곤경에 처한 우리에게 여전히 유익할 것이다.

[1]여호와께서 내게 이르시되 너는 큰 서판을 가지고 그 위에 통용 문자로 마헬살랄하스바스라 쓰라 [2]내가 진실한 증인 제사장 우리야와 여베레기야의 아들 스가랴를 불러 증언하게 하리라 하시더니 [3]내가 내 아내를 가까이 하매 그가 임신하여 아들을 낳은지라 여호와께서 내게 이르시되 그의 이름을 마헬살랄하스바스라 하라 [4]이는 이 아이가 내 아빠, 내 엄마라 부를 줄 알기 전에 다메섹의 재물과 사마리아의 노략물이 앗수르 왕 앞에 옮겨질 것임이라 하시니라 [5]여호와께서 다시 내게 말씀하여 이르시되 [6]이 백성이 천천히 흐르는 실로아 물을 버리고 르신과 르말리야의 아

들을 기뻐하느니라 7그러므로 주 내가 흉용하고 창일한 큰 하수 곧 앗수르 왕과 그의 모든 위력으로 그들을 뒤덮을 것이라 그 모든 골짜기에 차고 모든 언덕에 넘쳐 8흘러 유다에 들어와서 가득하여 목에까지 미치리라 임마누엘이여 그가 펴는 날개가 네 땅에 가득하리라 하셨느니라

이 단락에는 앗수르 왕이 다메섹과 사마리아를 초토화시키고 유다를 크게 기겁을 하게 만들 것이라는 예언이 나온다. 좀 더 살펴보자.

Ⅰ. **하나님께서 선지자에게 이 예언을 기록하여 모든 사람이 보고 읽을 수 있게 공표하고 기록으로 남겨서 그 일이 일어났을 때에 하나님이 그를 보내셨다는 것을 사람들이 알 수 있게 하라고 명하심.** 이것은 예언의 목적 중의 하나였다(요 14:29). 선지자는 여기 다섯 개의 장에 걸쳐 길게 씌어진 예언을 다 담을 수 있는 큰 서판을 준비해서 거기에 앗수르 왕이 이 나라를 침공할 것에 관하여 자기가 예언한 모든 내용을 기록하여야 했다. 그는 모든 사람이 읽고 알 수 있도록 통용 문자로 써야 했다. 너는 이 묵시를 기록하여 판에 명백히 새기되 달려가면서도 읽을 수 있게 하라(합 2:2). 하나님의 일들에 관하여 말하고 쓰는 자들은 모호한 것을 피하고 누구나 이해할 수 있도록 말하고 쓰려고 노력해야 한다(고전 14:19). 사람들을 위하여 글을 쓰는 자들은 사람들이 사용하는 필기도구와 문자로 써야 하고 천사들의 필기도구나 언어를 탐내서는 안 된다. 책 앞에는 짧지만 함축적인 의미를 담는 제목을 붙이는 통상적인 관례를 따라서 하나님께서는 선지자에게 그가 쓰는 책의 제목을 마헬살랄하스바스(노략물이 속히 옮겨지리라)로 붙이도록 명하시는데, 이것은 앗수르 군대가 아주 신속하게 그들을 침략해서 크게 노략하리라는 것을 의미하는 것이다. 이 제목을 들은 자들은 그 책의 내용이 무엇일까 궁금해할 것이고, 그 책을 읽거나 들은 자들은 제목을 들으면 책의 내용과 의미를 다시 떠올리게 될 것이다. 많은 내용을 몇 단어로 압축해서 표현하는 것은 종종 많은 내용을 기억하거나 다시 기억해 내는 데에 큰 도움이 된다.

Ⅱ. **선지자가 이 기록의 증인들을 확보하는 데에 신경을 씀**(2절). 내가 진실한 증인들을 불러 증언하게 하였다. 선지자는 그들이 보는 앞에서 예언을 기록하였고 거기에 서명하게 함으로써 나중에 그럴 기회가 있을 때에 선지자가 아주 오래 전에 앗수르인들이 이 나라를 침공할 것을 예언하였다는 것을 증언할 수

있게 해두었다. 그는 이 일이 확실하다는 것을 보여주기 위해서 증인들의 이름을 구체적으로 언급하고 있기 때문에, 이후로는 누구라도 이 증인들에게 이 일의 진위(眞僞)를 확인할 수 있게 해두었다. 증인은 두 명이었는데, 이는 성경에서 두세 증인의 입으로 말마다 확증하게 하라고 명하고 있기 때문이다. 그 중 한 명은 제사장 우리야였다. 그는 아하스에 관한 이야기 속에서 언급되고 있지만 결코 선한 일을 한 것 때문이 아니라 우상의 제단을 만들어서 아하스의 환심을 산 일 때문에 언급되고 있다(왕하 16:10-11). 하지만 이 때에 선지자는 우리야를 신실한 증인으로 삼는 데에 그 어떠한 예외도 두지 않았다. 선지자들은 잘못한 사람들에게도 그들의 진실성을 다시 나타내 보일 기회를 주어서 그들의 증언을 통해서 우리가 알고 있는 바가 확실하다는 것과 교묘히 만든 이야기를 따른 것이 아니라는 것을 알게 하고자 하였다.

Ⅲ. 하나님께서 그 책의 제목을 선지자의 아들의 이름으로 삼게 하셔서 이 일이 지속적으로 기억될 수 있게 하심(3절).   이사야의 아내는 여기서 선지자의 아내이기 때문에 여선지로 불린다. 그녀는 임신하여 아들을 낳았다. 이 아들도 맏아들과 마찬가지로 그 이름 속에 예언을 담고 있지만, 스알야숩(남은 자가 돌아오리라)은 긍휼하심을 말하고 있었던 반면에 마헬살랄하스바스(노략물이 속히 옮겨지리라)는 심판을 말하고 있는 점이 서로 다르다. 이 하나의 이름을 통해서도 그 일이 반드시 이루어지리라는 예언의 확실성은 갑절로 강화된다. 내가 내 말을 속히 이루리라(렘 1:12). 이 아이의 이름이 불려질 때마다 사람들은 다가오는 심판을 떠올리게 될 것이다. 이 세상에서 우여곡절들과 환난들을 우리가 언제라도 겪을 수 있다는 것을 항상 염두에 두는 것은 좋은 일이라는 것을 명심하라. 즐거운 마음으로 자녀들을 바라볼 수 있다는 사실은 그들의 앞길에 무엇이 놓여 있는지를 우리가 알지 못한다는 불안한 생각을 어느 정도 완화시켜 줄 것이다.

Ⅳ. 이 신비스러운 이름을 설명해 주고 있는 예언의 본래 내용.

1. 지금 동맹을 맺고서 유다를 함께 치고 있는 아람과 이스라엘은 잠시 후면 앗수르 왕과 그의 용맹한 군대에 의해서 쉽게 패망하게 되리라는 것(4절). "이제 갓 태어나서 이름이 붙여진 이 아이가 내 아빠, 내 엄마라 부를 줄 알기 전에(엄마나 아빠라는 말은 아이들이 보통 맨 처음 알게 되고 말하게 되는 것들이다), 즉 1-2년 내에 지금은 그토록 자신만만하고 이웃 나라들에게 두려운 존재

들인 다메섹의 재물과 사마리아의 노략물이, 그 성읍들과 나라들을 노략질하여 가장 좋은 것들을 자신의 나라로 보내어서 승리의 트로피로 삼게 될 앗수르 왕 앞에 옮겨질 것이다." 남들을 노략질하는 자들은 결국 자신도 노략질당하게 되리라는 것을 알아야 한다(사 33:1). 왜냐하면, 주는 의로우셔서 남을 괴롭히는 자들을 괴롭게 하실 것이기 때문이다.

2. 하나님께서는 이미 예언하신 대로 앗수르 왕으로 하여금 유다를 크게 괴롭히게 하심으로써(사 7:17) 유다에 있으면서 다윗의 집에 반기를 들고 은밀하게 아람과 이스라엘을 도운 많은 자들을 혼내주시리라는 것. 좀 더 살펴보자.

(1) 유다에 있는 불만 세력의 죄는 무엇이었는가(6절). 선지자가 여기서 말하고 있는 이 백성은 천천히 흐르는 실로아 물을 버린 자들, 즉 그들 자신의 나라와 정부가 다른 나라나 왕들처럼 세상에서 국력을 떨치고 세력을 과시하지 못한다고 하여 멸시하고서 망하게 되기를 빈 자들이다. 그들은 하나님의 선지자들이 말씀에 의지해서 그들에게 작은 목소리로 전해 주는 위로들을 거부하고 무시하고, 도리어 자기 나라의 원수들이자 지금 실제로 자기 나라를 쳐들어 온 르신과 르말리야의 아들을 기뻐하고 있다. 그들은 그 왕들을 용맹한 인물들로 추켜세우며 환호하였고, 그들의 정책과 힘을 찬양하였으며, 그들의 행동에 박수갈채를 보냈고, 그들의 성공을 무척 기뻐하였으며, 그들의 목적이 이루어지기를 진심으로 원하였고, 기회가 되는 대로 조국을 배신하고 그들에게로 넘어가기로 이미 결심한 자들이었다. 많은 나라들이 그러한 독사들을 품 안에서 키우고 있는데, 그 독사들은 조국의 떡을 먹으면서도 원수들에게 붙어서 조국이 위태해지면 언제라도 조국과의 인연을 끊을 준비가 되어 있는 자들이다.

(2) 하나님께서 이 죄로 인하여 그들에게 내리실 심판. 에브라임과 아람을 황폐화시킬 바로 그 앗수르 왕은 유다에 있는 매국노들에게도 채찍과 공포가 될 것이다(7-8절). 그들은 실로아 물을 버리고 하나님께서 그들 위에 세운 권세에 순복하지 않고 도리어 반역을 꾀하고자 하기 때문에, 그러므로 주께서는 흉용하고 창일한 큰 하수, 곧 유프라테스 강으로 그들을 뒤덮을 것이다. 그들은 유다에는 유프라테스 강에 비견될 만한 강이 없다는 이유로 유다 땅을 멸시하였다. 예루살렘에 있는 강은 너무도 보잘것없는 것이었다. 하나님은 이렇게 말씀하신다. "그래, 너희가 유프라테스 강을 그토록 흠모하니 어디 한번 그 강을 실컷 맛보게 해주마. 그 강가에 있는 앗수르라는 나라의 왕, 너희가 큰 군대를 동

원할 수 없다고 하여 멸시하였던 너희의 왕과는 비교할 수 없는 큰 군대와 위력을 지녔다고 해서 소리 높여 칭송하였던 바로 그 왕이 큰 군대를 거느리고서 오게 될 것이다. 하나님이 그 군대를 너희에게 보내리라." 우리가 세상적인 부와 권력을 지닌 사람들을 너무 지나치게 소중히 여기면, 하나님은 그들을 채찍으로 삼으셔서 우리를 치신다. 하나님은 부자들로 하여금 우리를 압제하게 하심으로써 우리에게 부자들을 높이지 못하게 하신다(약 2:3). 우리는 천천히 흐르는 실로아 물을 가장 기뻐하여야 한다. 급하게 흐르는 격류는 위험하기 때문이다. 하나님은 앗수르 군대가 홍수처럼 그들을 덮쳐서 모든 것들을 무너뜨리고 모든 수로와 강둑들 위로 범람하게 될 것이라고 경고하신다. 그 홍수를 막아보려고 아무리 애써도 소용이 없을 것이다. 산헤립과 그의 군대는 거의 저항을 받지 않고 유다 전역을 휩쓸 것이기 때문에 유다를 침공했다기보다는 마치 행군해 가고 있는 것처럼 보일 것이다. 그는 목에까지 미치리라. 즉, 그는 신속히 진군하여 유다 나라의 머리인 예루살렘을 포위하기에 이를 것이고, 예루살렘 외에는 그의 손에 초토화되지 않는 것은 하나도 없을 것이다. 왜냐하면, 예루살렘은 거룩한 도성이기 때문이다. 범람하는 환난의 홍수 속에서도 하나님은 자기 백성의 머리가 계속해서 물 위로 나오게 하셔서 그들의 위로와 영적인 생명을 보존하실 수 있다는 것을 명심하라. 그들의 영혼 속으로 들어오는 물들은 목에까지 이를 수 있지만(시 69:1) 그 오만한 물결은 더 차오르지는 못하고 거기에서 머물러 있게 될 것이다. 육식조(肉食鳥)인 앗수르 왕의 날개가 펼쳐져 있고 그의 군대의 오른편 날개와 왼편 날개가 유다 땅을 다 덮고 있더라도 그곳은 임마누엘의 땅이라는 또 하나의 위로가 되는 암시가 여기에 나온다. 네 땅, 오 임마누엘이여! 그 곳은 그리스도의 땅이 될 곳이었다. 왜냐하면, 거기에서 그는 태어나서 살며 말씀을 전하고 이적들을 행하기로 되어 있었기 때문이다. 그는 시온의 왕이기 때문에 그 땅에 대하여 특별한 이해관계를 갖고 계신다. 임마누엘이 자기 땅이라고 시인하는 땅들, 임마누엘을 고백하는 모든 땅들은 비록 홍수가 범람할지라도 결코 망하지 않으리라는 것을 명심하라. 왜냐하면, 원수가 큰 물 같이 몰려 올 때에 임마누엘이 자기 땅을 안전하게 지키실 것이고 원수에 대항하여 깃발을 드실 것이기 때문이다(사 59:19).

⁹너희 민족들아 함성을 질러 보아라 그러나 끝내 패망하리라 너희 먼 나라 백성들

아 들을지니라 너희 허리를 동이라 그러나 끝내 패망하리라 너희 허리에 띠를 띠라 그러나 끝내 패망하리라 [10]너희는 함께 계획하라 그러나 끝내 이루지 못하리라 말을 해 보아라 끝내 시행되지 못하리라 이는 하나님이 우리와 함께 계심이니라 [11]여호와께서 강한 손으로 내게 알려 주시며 이 백성의 길로 가지 말 것을 내게 깨우쳐 이르시되 [12]이 백성이 반역자가 있다고 말하여도 너희는 그 모든 말을 따라 반역자가 있다고 하지 말며 그들이 두려워하는 것을 너희는 두려워하지 말며 놀라지 말고 [13]만군의 여호와 그를 너희가 거룩하다 하고 그를 너희가 두려워하며 무서워할 자로 삼으라 [14]그가 성소가 되시리라 그러나 이스라엘의 두 집에는 걸림돌과 걸려 넘어지는 반석이 되실 것이며 예루살렘 주민에게는 함정과 올무가 되시리니 [15]많은 사람들이 그로 말미암아 걸려 넘어질 것이며 부러질 것이며 덫에 걸려 잡힐 것이니라

선지자는 여기에서 다시 앞으로 돌아가서, 북 왕국의 열 지파와 아람이 동맹을 맺어서 쳐들어온다는 소식 때문에 아하스 왕과 그의 조신(朝臣)들과 온 나라가 근심에 잠겨 있는 것에 대하여 말한다. 이 단락에는 다음과 같은 내용들이 나온다.

I. 선지자는 침공하는 원수들에 대하여 이미 이겨 놓은 것처럼 의기양양해하며 그들에게 한번 할 테면 해보라고 도전한다(9-10절). "너희 민족들아, 너희 먼 나라 백성들아, 선지자가 하나님의 이름으로 너희에게 하는 말을 귀담아 들어라."

1. "우리는 너희가 이제 유다와 예루살렘을 치기 위해서 최선을 다하리라는 것을 의심치 않는다. 너희는 아주 끈끈한 동맹으로 서로 맺어져 있다(개역에서는 함성을 질러 보아라). 너희는 허리를 동이고 또 허리에 띠를 띠고 있다. 너희는 행동할 준비를 하고 있다. 너희는 결연한 의지로 침공에 착수하고 있다. 너희는 칼을 차고 허리를 동여매고 있다. 너희는 온갖 것들로 자기 자신과 서로를 격려하고 있다. 너희는 함께 계획하고 있고, 전략 회의를 소집해서, 모든 우두머리들이 유다 땅을 점령할 묘책을 찾아내려고 머리를 맞대고 있다. 너희는 말을 하고 있다. 너희는 언제까지나 숙고하고 있는 것이 아니라 행동에 옮기려고 결단하고 있다. 너희는 어떻게 할지를 결정하였고, 그 계획이 말 한 마디로 성공하리라는 것을 확신하고 있다." 교회의 원수들은 대단히 결연한 의지와 확신

과 방책으로 교회를 해칠 계획을 수행한다는 것을 명심하라. 그들은 결국 그들에게 되돌아올 돌을 굴리기 위해서 엄청나게 애를 쓴다.

2. "이 말을 하는 것은 너희의 모든 노력이 수포로 돌아가리라는 것을 너희로 알게 하기 위한 것이다. 너희는 결코 목적을 이룰 수 없다. 너희는 끝내 패망하리라. 너희가 서로 연합하여 허리를 단단히 동여매며 온갖 방책과 주의를 기울여서 일을 진행해 나가고 있지만, 나는 너희의 모든 계획들이 다 수포로 돌아가서 끝내 패망하리라는 것을 거듭거듭 말한다. 너희의 모든 시도들이 실패하게 될 뿐만 아니라 그 시도들이 너희의 패망을 촉진시키는 것들이 될 것이다. 너희는 예루살렘을 치기 위해서 너희가 세운 계획들 때문에 패망하게 될 것이다. 너희의 계획은 끝내 이루지 못하리라. 왜냐하면, 너희에게는 주를 대적할 만한 지혜나 모략이 없기 때문이다. 너희의 결정들은 시행에 옮겨지지 못할 것이다. 그것들은 시행되지 못하리라. 너희는 말을 하겠지만, 주의 명령이 아니면 누가 이것을 능히 말하여 이루게 할 수 있으랴. 하나님과 그의 뜻과 계획을 대적하여 높아진 것은 무엇이든지 설 수 없고 반드시 무너질 수밖에 없다. 이는 하나님이 우리와 함께 계심이니라(이것은 임마누엘, 즉 하나님이 우리와 함께 하신다는 이름을 가리킨다). 메시야가 우리 가운데서 태어나기로 되어 있기 때문에, 하나님은 그러한 영광을 받기로 되어 있는 백성을 완전한 멸망에 내어주실 수 없다. 지금 하나님께서는 그의 성전과 예언의 말씀과 약속들을 통해서 우리와 특별히 함께 하시는데, 이것들은 우리의 방패들이다. 하나님이 우리와 함께 계신다. 하나님이 우리 편이 되셔서 우리를 위해 싸우신다. 만일 하나님이 우리를 위하시면 누가 우리를 대적하리요." 이렇게 딸 시온은 원수들을 멸시한다.

II. 선지자는 자기가 받은 것과 동일한 위로와 격려의 말씀들을 가지고서 하나님의 백성을 위로하고 격려한다. 원수들이 그들에게 하고자 하는 시도는 가공할 만한 것이었다. 다윗의 집과 그 궁정과 왕가의 운명은 원수들 앞에서 풍전등화와 같았기 때문에(사 7:2) 그들이 대경실색을 한 것은 전혀 이상한 일이 아니었다.

1. 선지자는 자기가 하나님으로부터 백성들이 사로잡혀 있는 그러한 공포를 가지지 말며 그들과 동일한 길로 가지 말도록 가르침을 받았다는 것을 우리에게 말해 준다(11절). "여호와께서 강한 손으로 내게 알려 주시며 이 백성의 길로 가지 말 것을 내게 깨우쳐 주셨다. 이 백성이 말하는 것 같이 말하지 말고, 그들

이 행하는 대로 행하지 말며, 이 사태에 대하여 놀라고 기겁하는 그들의 모습을 따르지 말고, 어떤 조건을 내걸고 화친하고자 하거나 앗수르의 도움을 구하고자 하는 그들의 계획에 동의하지 말라고 주는 내게 말씀하셨다." 하나님은 선지자에게 이 백성의 흐름을 따라서 흘러내려가지 말도록 지시하셨다. 다음과 같은 것들을 명심하라.

(1) 아무리 훌륭한 사람들도 위협의 먹구름이 몰려오고 특히 사람들 사이에 두려움이 퍼져나갈 때에는 놀라고 겁을 집어먹기 쉽다. 우리 주변의 사람들의 길이 선한 길이 아니라고 해도, 우리는 모두 주변 사람들이 행하는 길로 행하기가 너무나 쉽다.

(2) 하나님은 자기가 사랑하시고 자기 백성이라고 시인하시는 자들에게 도도히 흐르는 타락의 물줄기, 특히 두려움과 공포의 물줄기를 거슬러 헤엄치라고 지시하심과 동시에 그렇게 할 수 있는 힘도 주신다. 하나님은 여러 방식들을 통해서 자기 백성에게 다른 사람들의 길로 행하지 말고 홀로 올바르게 행하라고 가르치신다.

(3) 부패한 본성은 선한 자들의 마음속에서조차도 종종 아주 강력하게 활동하기 때문에 그들은 하나님의 강한 손으로 그들의 마땅한 본분이 무엇인지를 가르침 받을 필요가 있다. 또한, 하나님만이 총명을 주실 수 있고 불신앙과 편견의 벽을 뛰어넘을 수 있는 힘을 주실 수 있기 때문에 그렇게 가르치시는 것은 하나님의 대권(大權)이다. 하나님은 사람들의 마음에 가르치실 수 있는데, 하나님처럼 가르칠 수 있는 자는 아무도 없다.

(4) 다른 사람들을 가르치는 자들은 스스로 자신의 본분에 대하여 잘 가르침을 받을 필요가 있다. 경험을 토대로 가르칠 때에 그 가르침은 가장 힘 있는 가르침이 된다. 마음에서 나오는 말은 다른 사람들의 마음에도 그대로 전달된다. 우리는 하나님의 은혜로 말미암아 우리 자신이 가르침을 받은 것을 할 수 있는 한 다른 사람들에게도 가르쳐야 한다.

2. 그렇다면, 선지자가 하나님의 백성에게 해야 할 말은 무엇이었는가?

(1) 선지자는 그들에게 두려워하는 것은 죄라고 주의를 준다(12절). 당시에 백성들은 두려움에 사로잡혀 있었던 것으로 보인다. 한 사람이 낙심하면 다른 사람들도 낙심하게 된다(신 20:8). 그러므로 이 백성이 반역자가 있다고 말하여도 너희는 그 모든 말을 따라 반역자가 있다고 하지 말라.

[1] "반역을 꿈꾸고 있는 자들과 연합하거나 어울리지 말라. 자신의 안위를 위해서 불신앙으로 말미암아 하나님과 그 신앙을 저버리고 앗수르인들과 동맹을 맺고자 하는 자들과 함께 하지 말라. 그러한 반역의 음모를 가까이 하지 말라." 어렵고 괴로울 때에 우리는 두려움에 사로잡혀서 자신의 안전을 확보하기 위해 온갖 인간적인 방법들을 동원하지 않도록 정말 주의해야 한다는 것을 명심하라.

[2] "반역이 있다고 사람들이 놀라고 두려워한다고 해도 너희는 두려워하지 말라. 조금만 반역의 기미가 보여도 거기에 놀라서 즉시 반역이 있다 반역이 있다고 소리치는 일이 없도록 하라. 아람이 에브라임과 동맹하였다는 절망적인 소식이 사람들의 입에서 오르내릴 때, 우리는 어떻게 해야 합당하겠는가? 우리는 싸워야 하겠는가, 아니면 도망치거나 항복해야 하겠는가? 사람들이 두려워할 때에 너희는 두려워하지 말라. 이방 사람들은 하늘의 징조를 두려워하거니와 너희는 그것을 두려워하지 말라(렘 10:2). 너희는 이 땅에서 나쁜 소식들을 들을 때에 두려워하지 말고 마음을 굳건히 하라. 사람들이 두려워하는 것을 두려워하지 말고, 그들이 두려워한다고 해서 너희도 두려워해서는 안 된다. 떨며 요동함을 불러일으키는 그러한 두려움에 빠지지 말라(원어의 의미는 이런 것이다)." 교회의 원수들이 죄악된 반역을 공모할 때에 교회의 친구들은 그러한 반역을 두려워하는 죄에 빠지지 않도록 주의하여야 한다는 것을 명심하라.

(2) 선지자는 그들에게 은혜롭고 신앙적인 경외심을 가지라고 조언한다. 만군의 여호와 그를 너희가 거룩하다 하고 그를 너희가 두려워하며 무서워 할 자로 삼으라(13절). 하나님을 믿고 경외하는 것만이 인간을 두려워하여 불안해하는 것을 막아주는 묘약이라는 것을 명심하라. 베드로전서 3:14-15은 이 말씀을 가져와서 고난받는 그리스도인들에게 적용한다.

[1] 우리는 모든 권능을 손에 쥐시고서 모든 피조물들을 손짓 하나로 움직이시는 만군의 여호와 하나님을 바라보아야 한다.

[2] 따라서 우리는 하나님을 거룩하다 하고 그 이름에 합당한 영광을 하나님께 돌리며, 그를 거룩하신 하나님으로 믿는 자들로서 그를 대하여야 한다.

[3] 우리는 하나님을 우리가 두려워해야 할 분, 무서워할 자로 삼아야 하고, 하나님의 섭리에 대한 경외심을 계속 지녀야 하며, 하나님의 주권을 항상 경외하고, 그가 진노하실 것을 두려워하여 그의 모든 처분에 묵묵히 순종하여야 한

다. 우리가 하나님의 크심과 영광에 대한 합당한 경외심을 갖고 있기만 한다면, 우리 원수들의 거창한 위세는 꺾일 것이고 그들의 모든 능력은 억제되고 통제될 것이다(느 4:14을 보라). 사람들의 비난을 두려워하는 자들은 그들을 지으신 자 여호와를 잊어버리고 있는 것이다(사 51:12-13). 내가 내 친구 너희에게 말하노니 몸을 죽이고 그 후에는 능히 더 못하는 자들을 두려워하지 말라 마땅히 두려워할 자를 내가 너희에게 보이리니 곧 죽인 후에 또한 지옥에 던져 넣는 권세 있는 그를 두려워하라 내가 참으로 너희에게 이르노니 그를 두려워하라는 누가복음 12:4-5의 말씀과 비교해 보라.

(3) 선지자는 그들에게 그렇게 하기만 하면 마음속에 거룩한 평안을 얻게 될 것이라고 보증한다(14절). "그가 성소가 되시리라. 하나님을 너희가 두려워할 자로 삼으라. 그러면 너희는 하나님이 너희의 소망, 너희의 도움, 너희의 방패, 너희의 힘 있는 구원자시라는 것을 발견하게 될 것이다. 그가 너희를 거룩하게 하시고 보존하실 것이다."

[1] "하나님은 너희를 거룩하게 하시기 위하여 성소가 되실 것이다. 그는 너희를 거룩케 하심이 되실 것이다(어떤 이들은 이렇게 읽는다)." 우리가 찬송을 통해서 하나님을 거룩하다 하면, 하나님은 그 은혜로 우리를 거룩하게 하실 것이다.

[2] "하나님은 너희를 편안하게 하시기 위하여 성소가 되실 것이다." 너희는 성소이신 하나님께로 피하여 안전할 수 있고 두려움에 붙잡히는 것으로부터 놓여날 수 있다. 너희는 하나님 안에서 침범할 수 없는 피난처와 안전함을 발견하게 될 것이고, 모든 위험에서 벗어나 있다는 것을 알게 될 것이다. 진정으로 하나님을 경외하는 자들은 그 어떤 해악도 두려워할 필요가 없다.

Ⅲ. 선지자는 유다와 이스라엘에서 경건치 않고 믿지 않는 자들이 파멸하리라고 경고한다. 그들은 앞서 그가 말한 위로들에 참여할 수 없고 그 어떤 분깃도 얻지 못할 것이다. 하나님은 그를 의뢰하는 자들에게는 성소가 되시겠지만 실로아 물을 버리고 르신과 르말리야의 아들을 기뻐하며(6절) 피조물을 두려워하고 피조물에 소망을 두는 자들에게는 걸림돌과 걸려 넘어지는 반석이 되실 것이다(14-15절). 선지자는 이스라엘의 두 집에 속한 대다수의 백성들이 만군의 여호와를 거룩하다 하지 않을 것이고 하나님은 그들에게 함정과 올무가 되실 것임을 내다본다. 하나님은 그를 의뢰한 자들에게는 의지(依支)가 되어 주시듯

이 그들에게는 두려움의 대상이 되실 것이다. 그들은 하나님의 말씀을 통해서 유익을 얻기는커녕 도리어 걸려 넘어질 것이다. 그들은 하나님의 섭리들을 보고서 그에게로 나아가는 것이 아니라 도리어 더 멀리 도망칠 것이다. 다른 사람들에게는 생명에 이르게 하는 생명의 향기였던 것이 그들에게는 사망에 이르게 하는 사망의 냄새가 될 것이다. "그래서 많은 사람들이 걸려 넘어질 것이다. 그들은 넘어져서 죄를 짓고 멸망하게 될 것이다. 그들은 칼에 넘어질 것이고 포로로 잡혀갈 것이다." 하나님의 것들이 우리를 넘어지게 하는 것이 된다면, 그것들은 우리를 망하게 하는 것들이 되리라는 것을 명심하라. 어떤 이들은 이 본문을 그리스도를 배척하였던 믿지 않는 유대인들에게 적용하는데, 그리스도는 그들에게 걸림돌이셨다. 왜냐하면, 사도 베드로는 불신앙 속에 머물면서 그리스도의 복음을 믿지 않은 모든 자들에게 이 본문을 적용하고 있기 때문이다(벧전 2:8). 그리스도는 그들에게 걸려 넘어지게 하는 반석이시다. 말씀에 불순종하는 자들은 반석이신 그리스도 앞에서 넘어지게 되기 때문이다.

[16]너는 증거의 말씀을 싸매며 율법을 내 제자들 가운데에서 봉함하라 [17]이제 야곱의 집에 대하여 얼굴을 가리시는 여호와를 나는 기다리며 그를 바라보리라 [18]보라 나와 및 여호와께서 내게 주신 자녀들이 이스라엘 중에 징조와 예표가 되었나니 이는 시온 산에 계신 만군의 여호와께로 말미암은 것이니라 [19]어떤 사람이 너희에게 말하기를 주절거리며 속살거리는 신접한 자와 마술사에게 물으라 하거든 백성이 자기 하나님께 구할 것이 아니냐 산 자를 위하여 죽은 자에게 구하겠느냐 하라 [20]마땅히 율법과 증거의 말씀을 따를지니 그들이 말하는 바가 이 말씀에 맞지 아니하면 그들이 정녕 아침 빛을 보지 못하고 [21]이 땅으로 헤매며 곤고하며 굶주릴 것이라 그가 굶주릴 때에 격분하여 자기의 왕과 자기의 하나님을 저주할 것이며 위를 쳐다보거나 [22]땅을 굽어보아도 환난과 흑암과 고통의 흑암뿐이리니 그들이 심한 흑암 가운데로 쫓겨 들어가리라

이 단락에는 다음과 같은 내용들이 나온다.

I. 하나님의 백성은 하나님의 말씀들을 받고 거룩한 글들을 맡게 된 이루 말할 수 없는 특권을 누리게 되었다는 것. 그들은 만군의 여호와를 거룩하다 말하는 자들이었기 때문에 하나님을 그들이 경외하는 분으로 삼을 수 있고 그들

의 성소임을 발견할 수 있으며 증거의 말씀을 싸맬 수 있다(16절). 하나님께서 그의 교회를 가치를 따질 수 없을 정도로 보배로운 하나님의 계시의 보고(寶庫)로 삼으신 것은 그가 교회를 얼마나 아끼시고 사랑하시는지를 보여주는 좋은 예라는 것을 명심하라.

1. 하나님의 말씀은 증거의 말씀이고 법이다. 여기에 나오는 예언만이 아니라 하나님의 모든 말씀이 다 그렇기 때문에 다가올 환난과 고난의 때에 그 속에서 하나님의 백성이 위로받을 수 있도록 안전하게 보존되어야 한다. 하나님께서 그것을 증언하셨고 명하셨다. 하나님의 말씀은 증언으로서 우리의 신앙을 지도하고 법으로서 우리의 실천을 지도한다. 그러므로 우리는 하나님의 말씀이 진리라는 것에 동의함과 동시에 그 명령들에 순복하여야 한다.

2. 증언이자 법인 하나님의 말씀은 싸매어져서 봉인된다. 우리가 거기에 무엇을 더하거나 거기에서 무엇을 빼서는 안 되기 때문이다. 이 말씀은 하나님이 사람에게 보내신 서신으로서 잘 접어서 인봉된다. 구약을 싸매서 봉인한 것은 그 예언들 중 다수에 대한 온전한 설명은 신약 시대에 가서야 이루어질 것임을 의미하는 것이었다. 마지막 때까지 이 말을 간수하고 이 글을 봉함하라(단 12:4). 그러나 그 때에 싸매어져서 봉인된 것은 지금은 개봉되고 그 봉인이 제거되어 어린 아이들에게 계시되었다(마 11:25). 그렇지만 내세 및 장래의 상태와 관련해서 증언의 말씀은 여전히 싸매어져서 봉인되어 있다. 왜냐하면, 우리는 부분적으로 알고 부분적으로 예언하기 때문이다.

3. 하나님의 말씀은 성물(聖物)로서 선지자들의 자손이자 언약의 자손인 제자들의 손에 맡겨진다(행 3:25). 이것은 그들에게 맡겨진 아름다운 것으로서 그것을 지킬 책임이 그들에게 있다(딤후 1:13-14). 선지자들을 스승으로 모셨던 자들은 계속해서 기록된 말씀을 잘 지켜야 한다.

II. 우리는 이 특권을 잘 활용하여야 한다는 것. 우리는 다음과 같은 것들을 통해서 이런 가르침을 받는다.

1. 선지자 자신의 실천과 결심을 통해서(17-18절). 그는 낙심되는 일들을 무수히 겪는 와중에서도 하나님의 법과 증언의 말씀을 소중히 붙잡음으로써 그 말씀이 주는 위로를 받았다. 하나님의 말씀에 의지해서 만족함을 얻고 있는 사역자들은 그 말씀을 다른 사람들에게 가장 잘 권할 수 있다는 것을 명심하라. 좀 더 살펴보자.

(1) 선지자를 괴롭게 한 낙심되는 일들. 그는 구체적으로 두 가지를 든다.

[1] 하나님께서 선지자에게가 아니라 선지자가 마음을 많이 쓰고 있던 그의 백성에게 눈살을 찌푸리신 것. "하나님은 야곱의 집에 대하여 얼굴을 가리시고 계시고, 현재로서는 그들을 본 체 만 체 하시며, 그들에 대하여 화가 나 계신다." 선지자는 그들에 대한 하나님의 진노를 나타내는 데에 직접 사용되고 있는 것이지만, 그의 백성에게 재앙의 날이 임하는 것을 원하지 않는 자로서 이러한 상황에 대하여 무척 근심하였다. 야곱의 집이 야곱의 하나님을 버릴 때, 하나님이 그들에게서 얼굴을 숨기는 것을 이상하게 생각해서는 안 된다.

[2] 선지자 자신만이 아니라 봉인된 증언의 말씀과 법을 맡고 있는 그의 제자들에게까지 미친 사람들의 경멸과 비난. 나와 및 여호와께서 내게 주신 자녀들이 징조와 예표가 되었다. 우리가 길거리를 걸어가면, 사람들은 우리를 마치 괴물이나 외계인이라고 되는 듯이 쳐다본다. 아마도 선지자의 자녀들에게 붙여진 예언적 의미를 지닌 이름들은 마을의 조소하는 자들에 의해서 비웃음과 조롱을 받았을 것이 틀림없다. 나는 무리에게 이상한 징조 같이 되었나이다(시 71:7). 하나님의 백성은 세상 사람들과 달리 극한 방탕으로 달음질하지 아니하고(벧전 4:4) 특이하게 행동한다는 점에서 세상의 기이한 족속이다(슥 3:8). 이 점에서 이사야 선지자는 그리스도의 모형이었다. 왜냐하면, 이 본문은 믿는 자들이 그리스도의 자녀들이라는 것을 증명하기 위해 인용되기 때문이다(히 2:13). 볼지어다 나와 및 하나님께서 내게 주신 자녀라. 부모들은 자녀들을 하나님께서 은혜로 주신 선물로 바라보아야 하는데, 야곱이 그랬다(창 33:5, 야곱이 이르되 하나님이 주의 종에게 은혜로 주신 자식들이니이다). 사역자들은 그들을 통해 회심한 자들을 자신의 자녀들로 바라보고, 하나님께서 자기에게 주신 자녀들로 여기고 돌보아야 한다(살전 2:7). 우리가 다른 사람들에게 선을 베푸는 도구로 사용된다면, 그것은 전적으로 하나님의 은혜 덕분이기 때문이다. 그리스도께서는 믿는 자들을 아버지께서 그에게 주신 자신의 자녀들로 보시고(요 17:6), 그리스도와 믿는 자들은 둘 다 비방을 받는 표적(눅 2:34), 어디서든지 반대를 받는(행 28:22) 징조와 예표이다.

(2) 선지자가 이러한 낙심되는 일들과 관련하여 받은 격려.

[1] 그는 자기를 낙심시키고 있는 모든 일들 속에서 하나님의 손길을 보았고, 그 손길을 계속해서 주시하였다. 야곱의 집이 어떤 환난 속에 있든, 그 환

난은 하나님께서 얼굴을 가리셨기 때문에 온 것이다. 아니, 선지자나 그의 친구들에게 어떤 멸시가 주어지든, 그것은 만군의 여호와로부터 오는 것이다. 하나님은 시므이에게 다윗을 저주하라 명하셨다(욥 19:13; 30:11).

[2] 그는 하나님께서 시온 산에 거하셔서 자기 백성에게 모습을 나타내시고 그들의 기도를 들으시고 그들의 충성 맹세를 받으실 준비가 되어 계시다는 것을 보았다. 현재적으로 하나님이 야곱의 집으로부터 얼굴을 가리고 계시긴 하지만, 그들은 어디에서 하나님을 찾아야 하는지, 어떻게 하면 다시 하나님을 뵈올 수 있는지를 알고 있다. 하나님은 시온 산에 계신다.

[3] 그러므로 그는 여호와를 기다리고 그를 찾겠다고 결심하고, 비록 얼굴을 가리셨을지라도 그의 움직임을 주시하면서 겸손한 확신 가운데서 그가 긍휼을 가지고서 다시 돌아오시기를 기다리겠다고 결심한다. 믿음과 기도로 하나님을 기다리는 자들은 소망과 기쁨으로 하나님을 바라볼 수 있다. 우리에게 눈에 보이는 위로가 주어지지 않을 때, 우리는 계속해서 하나님을 주시하며 순종하는 가운데 한동안 기다려야 한다. 어두워 갈 때에 빛이 있으리로다(슥 14:7).

2. 하나님으로부터 증언의 말씀과 법을 봉인하라고 명령을 받고 생생한 예언의 말씀을 맡은 제자들에게 선지자가 주는 권면과 조언을 통해서.

(1) 선지자는 자기 제자들이 고난의 날에 귀신과 거래하여 조언을 구하고 장차 있을 일들에 대하여 알고자 하는 신접한 자들에게 그들이 어떻게 해야 하는지를 묻고자 하는 유혹에 빠질 수 있다고 생각한다. 사울은 곤경에 처했을 때에 엔돌의 신접한 여인에게 찾아가 물었고(삼상 28:7, 15), 아하시야는 에그론의 신에게 물었다(왕하 1:2). 이 주술사들은 괴상하고 환상적인 몸짓과 어조를 지니고 있었다. 그들은 힐끗거리고 주절거리며 속살거렸다. 그들은 스스로 보지도 못하고 남들도 그를 볼 수 없도록 머리를 가리고서는 사람을 정면으로 쳐다보지 않고 힐끗힐끗 보았다. 또는, 여기에서 사용된 두 단어는 모두 그들의 음성과 말하는 방식을 가리키는 것일 수도 있다. 그들은 낮게 울리고 깔리면서 불분명한 목소리로 띄엄띄엄 말하곤 했고, 종종 제비나 학이나 비둘기 같이 구슬픈 어조로 말하기도 하였다(사 38:14). 그들은 여호와의 선지자들과는 달리 담대하고 명확하게 말하지 않았고, 백성들을 교훈하기보다는 기분 좋게 하고자 하는 자들처럼 말하였다. 그런데도 술에 잔뜩 취하여서 다른 사람들, 심지어 선지자의 말씀을 들어서 더 좋은 것들을 알고 있는 자들까지도 함께 끌

고서 그런 자들을 찾아가는 자들이 있었기 때문에, 선지자는 그런 자들과 함께 하지 말라고 경고한다. 이러한 사악한 일을 하지 말라고 분명하게 말하는 율법들이 있었는데도(레 19:31; 20:27), 그런 일은 이스라엘에서도 발견되었고 심지어 기독교 국가들에서도 발견된다. 그러나 신앙을 지닌 모든 자들은 그런 생각을 하는 것만으로도 기겁을 하며 놀람으로써 자신의 신앙이 참되다는 것을 보여주어야 한다. 사탄아 내 뒤로 물러가라. 주문이나 마법을 사용하는 것이나 은밀한 술수로 운명을 예언하거나 병을 치료하거나 없어진 것들을 찾는 체하는 자들에게 묻는 것을 두려워하라. 왜냐하면, 그런 일은 극악무도한 범죄이고, 위에 계신 하나님을 사실상 부인하는 것이기 때문이다.

(2) 선지자는 그들에게 이러한 유혹에 대하여 대답할 말을 그들의 입에 넣어 준다. "어떤 사람들이 너희를 유혹하여 신접한 자에게 가자고 하면, 너희는 그들에게 이렇게 대답하라. 백성이 자기 하나님께 구할 것이 아니냐. 산 자를 위하여 죽은 자에게 구하다니 그게 말이 되느냐!"

[1] "백성이 그들의 하나님께 묻고 구해야 한다는 것은 종교의 원칙이라는 것을 그들에게 말해 주라. 여호와는 우리의 하나님이시니, 우리는 마땅히 신접한 자들이 아니라 여호와께 물어야 한다. 만민이 각각 자기의 신의 이름을 의지하여 행하느니라(미 4:5). 하늘의 만상(萬象)들을 자신의 신으로 삼은 자들은 그들을 섬기며 구하였다(렘 8:2). 죄악이나 환난 중에 있는 백성은 마땅히 죄 사함과 평안을 위해서 자신의 하나님을 구해야 하는 것 아니냐? 의심이나 결핍, 위험 중에 있는 백성은 마땅히 지도와 공급과 보호를 위하여 자신의 하나님을 구해야 하는 것 아니냐? 여호와는 우리의 하나님이시고 우리는 그의 백성이기 때문에, 여호와를 구하는 것은 분명히 우리의 본분이다."

[2] "산 자들을 위하여 죽은 우상들에게 묻는 것은 세상에서 가장 어리석은 일 중의 하나라고 그들에게 말하라." 생명이 없는 우상들에게 생명과 살아 있는 위로들을 구하거나 우리의 죽은 친구들을 신격화해서 그들에게 우리의 살아 있는 친구들이 해줄 수 없는 일을 해달라고 구하고 기대하는 것보다 더 터무니없는 일이 어디 있겠는가? 죽은 자들은 아무것도 모르며, 죽은 자들에게는 일도 없고 계획도 없다(전 9:5, 10). 그러므로 산 자들이 죽은 자들에게 어떤 도움을 구하는 것은 어리석은 짓이다. 엔돌의 신접한 여인 같은 주술사들은 죽은 자들에게 물음으로써 그들의 어리석음을 만천하에 나타내었다. 우리는 죽은

자들이 아니라 산 자들을 의지해서 살아야 한다. 스스로 그 어떤 빛이나 생명도 가지고 있지 않은 자들에게서 어떤 빛이나 생명을 기대할 수 있겠는가?

(3) 선지자는 그들에게 하나님의 말씀 속에서 자문을 구하라고 명한다. 그들 가운데 있는 선지자들이 어떤 일에 대하여 직접적으로 말해 주지 않는다면, 그들에게는 기록된 말씀이 있기 때문에 당연히 그들은 그 말씀에 의지해야 한다. 성경을 잘 활용할 줄 아는 자들은 결코 주술사들에게 물으러 가지 않는다는 것을 명심하라. 어떻게 하나님께 물을 수 있고 그의 마음을 알 수 있는지 너희가 알고자 하는가? 율법과 증거의 말씀에 물으라. 거기에서 너희는 무엇이 선하고 주께서 너희에게 무엇을 원하시는지를 알게 될 것이다. 하나님의 율례들을 너희의 모사로 삼으라. 그러면 너희는 올바른 자문을 받게 될 것이다. 좀 더 살펴보자.

[1] 증언의 말씀과 법을 어떻게 사용하여야 하는가. 우리는 이 말씀에 맞게 말하여야 한다. 즉, 우리는 이것을 우리의 기준으로 삼아서, 거기에 맞추고 거기로부터 조언을 얻으며 거기에 호소하고 모든 일에서 이 말씀의 지배를 받으며 이 유익한 치유의 말씀에 동의하여야 하고(딤전 6:3) 성령이 가르치시는 말씀들을 따라서 하나님에 관한 것들을 말해야 한다. 이 말씀에 거스르는 것을 말하지 않는 것만으로는 충분하지 않기 때문에, 우리는 이 말씀을 따라 말하여야 한다.

[2] 증언의 말씀과 법을 왜 사용하여야 하는가. 우리가 그렇게 하지 않는다면, 우리는 가장 어리석은 짓을 한 것으로 단죄를 받을 것이기 때문이다. 하나님의 말씀에 동의하지 않는 자들은 그들 속에 빛이 없다는 것, 아침 빛(원어의 의미는 이것이다)이 없다는 것을 나타내는 것이다. 그들에게는 사물에 대한 올바른 인식력이 없다. 그들은 스스로 깨닫지 못하고 있고, 선과 악, 진리와 거짓을 구별하지 못한다. 하나님의 계시를 거부하는 자들은 인간적인 총명조차도 갖지 못하게 된다는 것을 명심하라. 하나님의 말씀을 받아들이고자 하지 않는 자들은 당연히 이성이 말하는 것도 받아들이지 못한다. 어떤 이들은 이 본문을 하나의 경고로 해석한다. "그들이 이 말씀에 맞게 말하지 않는다면, 그들에게는 그 어떤 빛이나 선이나 위로나 도우심도 없을 것이고, 도리어 흑암 속으로 쫓겨나서 절망하게 될 것이다(21-22절)." 사울이 신접한 여인에게 물었을 때에 어떤 빛을 얻었던가(삼상 28:18, 20)? 빛들의 아버지에게서 등을 돌린 자들이

어떤 빛을 기대할 수 있겠는가?

(4) 선지자는 신접한 자들을 찾고 하나님의 법과 증언의 말씀을 무시하는 자들이 맞게 될 운명을 들려준다. 그들에게는 빛이나 위로나 형통이 없을 뿐만 아니라 온갖 두렵고 비참한 일들이 그들을 기다리고 있을 것이다(21-22절).

[1] 그들이 두려워하였던 환난이 그들에게 닥칠 것이다. 그들은 그 어떤 곳에 정착하지 못한 채 침략하는 원수의 무시무시한 위세에 쫓겨서 이 땅의 이곳 저곳을 헤매게 될 것이다. 이 땅이 너무도 황폐케 되어서, 또는 그들 자신이나 그들의 친구들이 아주 빈곤하게 되어서 생필품을 얻지 못하여 곤고하게 될 것이다. 따라서 예전에 배불리 먹었던 자들이 굶주리게 될 것이다. 하나님에게서 멀리 떠나가는 자들은 모든 선한 길로부터 벗어나서 가고 있는 것임을 명심하라.

[2] 그들은 환난 아래에서 너무나 괴롭고 참을 수가 없어서 어쩔 줄 몰라 하며 극도의 불안감에 빠지게 될 것이다. 선한 자도 곤고함에 빠질 수 있지만 그럴 때에 그는 스스로 마음을 가라앉히고 편안한 마음을 가지고자 애쓴다. 그러나 그들은 굶주릴 때에 먹을 것이 아무것도 없다는 데에 격분하여 자신의 심령을 깎아먹는다. 왜냐하면, 격분하는 것은 그 자체로 징벌이 수반되는 죄이기 때문이다.

[3] 그들은 주변에 있는 모든 사람들, 아니 자기 위에 있는 모든 사람들에게 격분할 것이다. 곤경을 빠져나가기 위해서 그들이 한 온갖 시도들이 다 무산되고 벼랑 끝에 섰다고 느낄 때, 그들은 자신의 본분이나 품위를 다 잊어버리고, 심중에서나 침실에서만이 아니라 공공연하게 자기의 왕을 저주하여 반역죄를 범하고 자기의 하나님을 저주하여 신성모독의 죄를 범할 것이다(전 10:20). 아무리 훌륭하고 지혜로운 왕이라도 결코 해낼 수 없는 나랏일들을 제대로 해내지 못한 것이 마치 왕의 잘못이라도 되는 것처럼 그들은 왕이 나라를 잘못 다스려서 이 모양 이 꼴이라고 여겨서 왕을 저주하기 시작한다. 그러나 그들이 왕에 대한 충성 맹세를 깨뜨렸을 때에 그들의 신앙의 충성 맹세도 오래가지 못하리라는 것은 결코 이상한 일이 아니다. 그들은 다음으로 자기 하나님을 저주하고, 저주하면서 죽는다. 그들은 하나님의 섭리에 대하여 시비를 걸면서, 마치 하나님이 그들에게 잘못을 하기라도 한 것처럼 섭리를 탓하고 욕한다. 사람이 미련하므로 자기 길을 굽게 하고, 그런 후에 마음으로 여호와를 원망하느니라(잠 19:3).

우리 마음이 우리 속에서 뜨거울 때에 우리의 입에 재갈을 먹이는 것이 얼마나 중요한지를 보라. 왜냐하면, 격분하여 내뱉는 말들은 보통 대단히 공격적이고 무례한 말들이기 때문이다.

[4] 그들은 자포자기하여 절망에 빠질 것이고, 어느 쪽을 바라보아도 빠져나갈 가망성을 볼 수 없게 될 것이다. 그들은 위를 쳐다보겠지만, 하늘은 그들에게 눈살을 찌푸리고 있어서 암울하게 보일 것이다. 그들이 자기 하나님을 저주하였는데 하늘에서 어떻게 다른 것을 기대할 수 있겠는가? 그들을 땅을 굽어보겠지만, 하나님과 싸움 중인 자들에게 땅이 어떤 위로를 줄 수 있겠는가? 거기에는 환난과 흑암과 고통의 어둠 외에는 아무것도 없을 것이다. 거기에는 온통 위협적인 것들만이 존재하고 한 줄기 소망의 빛도 없을 것이다. 그들은 스스로 무서워서 주변이 온통 어둡고 무시무시한 흑암 속으로 쫓겨 들어가게 될 것이다. 이것은 선지자가 그들에게 빛이 없을 것이라고 말한 것(20절)에 대한 설명이다. 하나님의 말씀의 빛에 눈을 감아 버리는 자들은 흑암 속에 버려져서 끝없이 방황하게 될 것이고, 거기에서 그들이 아무리 화를 내고 격분한다고 해도 아무 소용이 없을 것이다.

제 9 장

개요

선지자는 이 장에서 의인들에게 그들에게는 복이 있겠지만 악인들에게는 화가 있을 것이라고 말한다(그에게 주어진 지시를 따라서, 사 3:10,11). 여기에는 다음과 같은 내용들이 나온다. I. 증언의 말씀과 법을 꼭 붙들고 있는 자들에 대한 은혜로운 약속들. 신접한 자들을 찾는 자들은 흑암 속으로 쫓겨나게 되겠지만, 그들은 환난 가운데서 큰 빛과 구원을 보게 될 것이다(이것은 복음 은혜에 대한 모형이다). 1. 메시야에 관한 가르침 속에서(1-3절). 2. 메시야의 승리들 속에서(4-5절). 3. 임마누엘로서의 메시야의 통치와 지배 속에서(6-7절). II. 다윗의 집에 반기를 들고 원수가 된 이스라엘 백성에 대한 무시무시한 경고들. 그들은 철저하게 멸망하게 되리라는 것, 그들의 교만이 끌어내려지리라는 것(8-10절), 그들의 이웃 나라들이 그들을 삼키리라는 것(11-12절), 그들의 회개치 않음과 위선으로 인하여 그들의 온갖 장식들과 의지(依支)들이 끊어지리라는 것(13-17절), 그들에 대한 하나님의 진노와 그들 서로에 대한 진노로 인해서 그들이 철저하게 멸망하게 되리라는 것(18-21절). 이것은 다윗의 자손과 그의 나라에 대적한 모든 원수들이 최종적으로 멸망할 것을 보여주는 모형이다.

[1]전에 고통 받던 자들에게는 흑암이 없으리로다 옛적에는 여호와께서 스불론 땅과 납달리 땅이 멸시를 당하게 하셨더니 후에는 해변 길과 요단 저쪽 이방의 갈릴리를 영화롭게 하셨느니라 [2]흑암에 행하던 백성이 큰 빛을 보고 사망의 그늘진 땅에 거주하던 자에게 빛이 비치도다 [3]주께서 이 나라를 창성하게 하시며 그 즐거움을 더하게 하셨으므로 추수하는 즐거움과 탈취물을 나눌 때의 즐거움 같이 그들이 주 앞에서 즐거워하오니 [4]이는 그들이 무겁게 멘 멍에와 그들의 어깨의 채찍과 그 압제자의 막대기를 주께서 꺾으시되 미디안의 날과 같이 하셨음이니이다 [5]어지러이 싸우는 군인들의 신과 피 묻은 겉옷이 불에 섶 같이 살라지리니 [6]이는 한 아기가 우리에게 났고 한 아들을 우리에게 주신 바 되었는데 그의 어깨에는 정사를 메었고 그의 이름은 기묘자라, 모사라, 전능하신 하나님이라, 영존하시는 아버지라, 평강

의 왕이라 할 것임이라 [7]그 정사와 평강의 더함이 무궁하며 또 다윗의 왕좌와 그의 나라에 군림하여 그 나라를 굳게 세우고 지금 이후로 영원히 정의와 공의로 그것을 보존하실 것이라 만군의 여호와의 열심이 이를 이루시리라

이 장의 처음에 나오는 단어들은 모든 것이 어둡고 암울하게 보였던 앞 장의 끝부분과 분명히 연결되어 있다. 환난과 흑암과 고통의 흑암뿐이다(사 8:22). 이것은 아주 나쁜 상황이지만, 의인들에게는 그렇지 않다. 정직한 자들에게는 흑암 중에 빛이 일어나나니(시 112:4) 어두워 갈 때에 빛이 있으리로다(슥 14:7). 그럼에도 불구하고 전에 있었던 것 같은 그러한 흑암(그러한 종류의 흑암이나 그러한 정도의 흑암)이 없으리라. 최악의 때에도 하나님의 백성은 그럼에도 불구하고 위로를 받아서 환난을 잘 견딜 수 있게 될 것임을 명심하라. 그들은 박해를 받아도 버림을 받지 않고(고후 4:9) 근심하는 자 같으나 항상 기뻐한다(고후 6:10). 모든 것이 암울해 보일 때에도 빛도 짓고 어둠도 창조하신(사 45:7) 분이 빛과 어둠에 각각 경계를 정하셔서 서로를 견제하게 하셨다는 것(창 4:4)은 우리에게 위로가 된다. 하나님은 "어둠은 여기까지만 있고 언제까지만 있으라 더 이상은 안 된다"고 말씀하실 수 있다.

I. 세 가지가 여기에서 약속되고 있는데, 그것들은 모두 궁극적으로 복음의 은혜를 가리킨다. 우리가 지금 환난의 때에 그리스도의 재림에 대한 소망으로 위로를 받는 것과 마찬가지로, 당시의 성도들은 흐리고 어두운 날을 맞을 때마다 복음의 은혜에 대한 소망으로 스스로 위로를 받았다 ─ 당시에는 그리스도의 초림을, 지금은 재림을 소망하였다는 것이 큰 차이이긴 하지만. 하나님께서 말일에 그의 교회를 위하여 예비해 두신 긍휼은 교회와 더불어서 현재의 재난들에 대하여 애통해하는 자들에게 큰 의지(依支)가 된다. 우리는 여기에서 다음과 같은 것들에 대한 약속을 받는다.

1. 영화로운 빛. 이 빛은 흑암을 점차 물리쳐서 예전과는 달리 이제 흑암이 없을 것이다. 전에 고통 받던 자들에게 있었던 것과 같은 흑암이 없으리로다. 옛적에는 여호와께서 스불론 땅과 납달리 땅(이 땅들은 접경지대에 있어서 이웃 나라들의 침입을 받을 위험성에 가장 크게 노출되어 있었다)이 멸시를 당하게 하셨더니 후에는 해변 길과 요단 저쪽 이방의 갈릴리를 더 심하게 멸시받게 하셨다(1절). 이것은 여호와께서 이스라엘에서 땅을 잘라내기 시작하셔서 외적(外敵)으로 하여

금 이스라엘의 모든 영토에서 공격하게 하신 날들을 가리키는 것 같다(왕하 10:32). 하지만 이전과 같은 그런 흑암의 때는 이제 없을 것이다. 하나님은 어떤 민족을 더 크게 만드시고자 하실 때에 작은 고난들을 주어서 시험하신다는 것을 명심하라. 그러나 작은 고난이 우리에게 별 효과가 없는 경우에는 우리를 낮추시고 새롭게 하기 위하여 더 심한 고난이 주어지리라는 것을 우리는 예상하여야 한다. 왜냐하면, 하나님이 심판하시는 것은 목적을 이루시고 이기시기 위한 것이기 때문이다. 스불론과 납달리 땅에는 흑암의 때가 있었고, 이방의 갈릴리에도 괴로운 흑암이 있었다. 그들이 무지하여 율법과 증거의 말씀에 따라 말하지 못하였으므로 그들 속에는 빛이 없었다고 할 수 있고(사 8:20), 외적으로도 환난에 처하여 절망적인 처지에 있었기 때문에 그들에게는 흑암이 있었다고 할 수 있다. 우리에게도 이 두 가지가 함께 있다(대하 15:3, 5). 이스라엘에는 참 신이 없고 가르치는 제사장도 없어서 그 때에 평안이 없었다. 그러나 악인들에게 경고된 그런 흑암(사 8:22)은 없을 것이다. 왜냐하면, 흑암에 행하던 백성이 큰 빛을 보았기 때문이다(2절).

(1) 선지자가 살았던 당시에 유다와 이스라엘에는 많은 선지자들이 있어서, 그들의 예언은 증언의 말씀과 법을 꼭 붙잡고 있었던 하나님의 백성에게 방향을 제시해 주고 위로를 주는 큰 빛이었다. 기록된 말씀 외에도 그들에게는 예언이 있었다. 그 중에는 환난이 얼마나 오랫동안 진행될 것인지를 보여준 예언들도 있었는데(시 74:9), 이러한 예언들은, 환난 가운데서 흑암에 앉았고 사망의 그늘진 땅에 거주하던 자들에게 큰 만족이 되었다.

(2) 이 약속은 우리 주 예수께서 선지자로 나타나셔서 스불론과 납달리 땅, 이방의 갈릴리에 복음을 전하기 시작할 때에 온전히 성취될 것이었다. 구약의 선지자들은 그리스도에 대한 증인들일 뿐만 아니라 모형들이기도 하였다. 예수께서 스불론과 납달리 지경에 와서 머무셨을 때에 이 예언이 성취된 것이라고 말해진다(마 4:13-16).

[1] 복음이 없는 자들은 흑암 속에서 걷는 자들이어서 그들이 무엇을 행하는지, 어디로 가고 있는지를 알지 못한다. 그들은 사망의 그늘진 땅, 캄캄한 어둠 속, 극도로 위험한 곳에 거주하고 있는 것이다.

[2] 복음이 어느 장소, 어느 영혼에게 다가올 때, 빛, 큰 빛, 점점 더 밝게 비치는 빛이 온 것이다. 흑암에 앉아 있는 자들이 빛을 반갑게 맞이하듯이, 우리

는 그 빛을 환영하고 흔쾌히 받아들여야 한다. 왜냐하면, 그 빛은 우리에게 놀라운 유익을 가져다 주는 빛이고, 그 자체 속에 참되다는 증거를 지니고 있는 빛이기 때문이다. 이 빛은 진정으로 달다.

2. 영화롭게 창대해지고, 거기에서 큰 즐거움이 생겨나리라는 것(3절). "오, 하나님! 주께서 긍휼을 베푸시기로 작정하신 이 나라를 창성하게 하셨나이다. 이 나라는 연이은 혹독한 심판 때문에 약화되었지만, 이제 주께서는 이 나라를 다시 창성하게 만들기 시작하셨나이다." 한 나라의 인구수는 그들이 근면하기만 하다면 국력이 되고 국부가 된다. 민족들을 커지게 하시는 분은 하나님이시다(욥 12:23). 그렇지만 다음과 같은 말씀이 뒤이어 나온다. "주께서 그 즐거움을 더하지 아니하셨나이다. 주께서는 육적인 즐거움과 환희, 그리고 통상적으로 그러한 즐거움을 가져다 주는 일들이 더 많이 일어나게 하지는 않으셨나이다. 그럼에도 불구하고, 그들이 주 앞에서 즐거워하나이다. 그들 가운데는 영적인 큰 기쁨이 많이 있고, 하나님의 임재 앞에서 즐거움이 넘쳐나나이다." 이 말씀은 앞서 얘기된(2절) 복음의 빛의 시대에 그대로 적용된다. 그 때에 하나님은 복음적인 이스라엘 백성을 창대케 하셨다. "주께서는 그에게, 즉 빛을 받아들이는 모든 자에게 즐거움을 더하셨다"(마소라 본문은 이렇게 읽는다). 이후에 나오는 말씀은 이러한 읽기가 옳음을 보여준다. "그들이 주 앞에서 즐거워하나이다. 그들이 거룩한 예배 속에서 큰 즐거움으로 주 앞에 나아오나이다. 그들의 즐거움과 환희는 포도나무와 무화과나무 아래에 있던 이스라엘의 즐거움과 같지 않으니(주께서는 그러한 즐거움을 더하지 않으셨다) 하나님의 은총 속에서 그 은혜의 증표들을 즐거워하는 것이나이다." 복음이 빛과 능력으로 올 때에 거기에는 즐거움도 따라오기 때문에, 복음을 받는 자들은 기뻐하고 즐거워하게 된다는 것을 명심하라. 그러므로 성경에서는 열방은 기뻐하고 즐겁게 노래하라(시 67:4)는 말씀으로 열방들의 회심에 대하여 예언한다(시 96:11을 보라).

(1) 그것은 거룩한 기쁨이다. 그들이 주 앞에서 즐거워하나이다. 그리스도께서 그러셨던 것처럼(눅 10:21) 그들은 영으로 기뻐하되 하나님 앞에서 기뻐한다. 세상 사람들의 눈으로 보기에는 그들은 항상 근심하는 자 같지만, 하나님이 보시기에는 항상 기뻐하는 자들이다(고후 6:10).

(2) 그것은 큰 기쁨이다. 그것은 추수하는 즐거움, 눈물로 씨를 뿌린 후에 오랫동안 인내하며 땅의 보배로운 열매들을 기다렸다가 기쁨을 거두는 자들이

누리는 바로 그 즐거움과 같다. 그것은 목숨을 건 전투에서 승리한 후에 전사들이 탈취물을 나눌 때의 기쁨과 같다. 복음은 풍성함과 승리를 동반한다. 그러나 그러한 기쁨을 누리고자 하는 자들은 농부가 추수의 기쁨을 누리기 전에 해야 하는 것과 같은 그런 고된 일을 해야 하고, 병사가 탈취물을 나누는 기쁨을 누리기 전에 해야 하는 어려운 싸움을 통과하지 않으면 안 된다. 그러나 그런 후에 오는 기쁨은 그동안의 수고를 보상해 주고도 남음이 있을 것이다(행 8:8, 39을 보라).

3. 영광스러운 자유(4-5절). "그들은 주 앞에서 즐거워하리니, 이는 그들이 무겁게 멘 멍에를 주께서 꺾으셔서 편안하게 해주어서 그들이 더 이상 종의 멍에 속에 있지 않게 될 것이기 때문이다. 미디안인들의 멍에가 기드온에 의해서 이스라엘의 목에서 벗겨진 것과 같이, 주께서는 그들의 어깨의 채찍과 그 압제자의 막대기, 오랫동안 의인들을 누르고 있던 악인들의 막대기를 꺾으실 것임이라." 하나님께서 우리를 위하여 일하실 때에 이전에 자기 백성을 구원하셨던 전례들을 기준으로 삼으신다면, 우리는 그 전례들을 생각하고 더욱 힘을 내서 하나님께 소망을 두고 하나님을 찾아야 한다(시 83:9). 주께서 미디안인들에게 하셨듯이 그들에게 행하시리라. 이 본문이 어떤 구체적인 구원 사건을 가리키는지는 불확실하지만, 아마도 하나님께서 직접 개입하셔서 미디안의 날과 같이 산헤립이 예루살렘을 점령하는 것을 막은 것을 가리키는 것 같다. 다른 전쟁들에서는 통상적으로 큰 소동과 많은 피를 흘리고서야 승리가 얻어졌던 반면에, 이 전쟁은 아주 조용히 별 소동 없이 승리를 거두게 될 것이다. 하나님께서 그의 영화 아래에 불이 붙는 것 같이 맹렬히 타게 하실 것이라(사 10:16). 사람이 피우지 않은 불이 그를 멸하리라(욥 20:26). 그러나 이 말씀은 의심할 여지 없이 더 나아가서 흑암 속에 앉아 있던 자들에게 찾아올 저 큰 빛의 복된 열매들과 효과들을 가리킨다. 그 빛은 자유, 곧 포로 된 자들에게 구원을 가져다 줄 것이다(눅 4:18).

(1) 복음의 목적과 그 은혜는 죄와 사탄의 멍에를 깨뜨리고 죄책(罪責)과 타락의 짐을 제거하며 우리를 저 압제자들의 막대기에서 자유하게 하여서 하나님의 자녀들이 누릴 영광스러운 자유 속으로 들어가게 하는 것이다. 그리스도께서는 의식법의 멍에를 깨뜨리시고(행 15:10; 갈 5:1) 원수의 손에서 우리를 건지셔서 두려움이 없이 주를 섬기게 하셨다(눅 1:74-75).

(2) 이 일은 전사들이 전투에서 서로 뒤엉켜 요란하게 싸우는 것을 통해서

가 아니라 불로 역사하시는 성령을 통해서 이루어진다(마 3:11). 또한, 우리의 병기는 육적인 것이 아니다. 그 일은 심판하는 영과 소멸하는 영으로 이루어진다(사 4:4). 그 일은 미디안의 날과 같이 하나님이 사람들의 마음에 역사하심을 통해서 이루어진다. 그리스도는 우리의 기드온이시다. 기이한 일들을 행하는 것은 그의 검이다.

Ⅱ. 그렇다면, 교회를 위하여 이 큰 일들을 행하시고 이루실 분은 누구이고 어디에 계시는가? 선지자는 이 큰 일들은 메시야, 즉 임마누엘, 이미 그가 처녀에게서 나리라고 예언한 바 있었던 바로 그 아들(사 7:14)에 의해서 이루어질 것이라고 말하면서(6-7절), 마치 그 일이 이미 이루어진 것처럼 한 아기가 났다고 예언적 완료 문체를 통해서 얘기한다. 이는 그 일이 확실해서 마치 이미 일어난 일처럼 확실했기 때문만이 아니라 교회는 그의 성육신 이전에도 이미 여자의 후손에 관한 저 최초의 약속(창 3:15) 덕분에 장차 그가 이루실 일로 인하여 큰 유익을 얻었고 맛보았기 때문이다. 창세로부터 그는 죽임을 당한 어린 양이셨던 것과 마찬가지로 아기로 태어난 분이셨다(계 13:8). 하나님께서 구약의 교회를 위하여 행하신 모든 큰 일들은 영원한 말씀이신 그에 의해서 행해진 것이었고 중보자이신 그를 위하여 행해진 것이었다. 그는 하나님과 관련이 있으신 기름 부으신 자였고(시 84:9), 하나님께서 그 얼굴 빛을 성소에 비추신 것은 주를 위한 것, 주 그리스도를 위한 것이었다(단 9:17). 유대 민족, 특히 다윗의 집이 무수히 멸망할 뻔하였다가 구원받은 것은 오직 그리스도라는 복이 그들 가운데 있었기 때문이었다. 그러므로 그 복을 보존하기 위해서 하나님께서 섭리를 통해 얼마나 특별히 교회를 돌보셨겠으며 얼마나 큰 긍휼을 베푸셔서 교회를 안전하게 지키셨겠는가? 갈대아 역본은 이 본문을 영원히 계실 자, 그리스도를 가리키는 것으로 의역한다. 이 본문은 이스라엘의 위로를 기다렸던 자들이 소중히 여기고 기쁨으로 자주 들여다보며 소망을 두었던 예언의 말씀, 메시야와 그의 나라에 관한 유명한 예언의 말씀이었다.

1. 그리스도의 겸비(humiliation)를 보라. 전능하신 하나님이신 바로 그가 아기로 나셨다. 옛적부터 계신 이가 한 뼘밖에 되지 않는 아기가 되셨다. 영존하시는 아버지가 아들이 되셨다. 이것은 그가 스스로를 낮추셔서 우리와 같이 되신 것을 보여주는 것이다. 그는 우리를 높이시고 충만히 채우시기 위해서 스스로 낮아지시고 자신을 비우셨다. 그는 우리가 사는 세상에 태어나셨다. 말씀이 육

신이 되어 우리 가운데 거하셨다. 그는 타락한 상태에 있는 우리에게 필요한 모든 것이 되시기 위해서 우리에게 거저 주어졌다. 하나님이 세상을 이처럼 사랑하셔서 그를 우리에게 주셨다. 그는 범죄한 천사들에게가 아니라 우리에게 났고 우리 인간들에게 주어졌다. 이 예언의 말씀은 승리의 분위기를 띠고 있다. 천사는 목자들에게 구주가 나셨다는 것을 알려 주면서 오늘 너희를 위하여 구주가 나셨다고 말한 것은 이 본문과 연관이 있는 것 같다(눅 2:11). 그리스도께서 우리에게 나셨고 주어졌다는 사실은 극심한 슬픔과 두려움의 때에 우리의 소망의 큰 토대가 되고 우리의 기쁨의 샘이 된다는 것을 명심하라.

2. 그리스도의 높아지심을 보라. 우리에게 주어진 이 아기, 이 아들, 이 하나님의 아들, 이 인자는 우리에게 큰 은혜를 베푸실 수 있는 역량을 가지고 계신다. 왜냐하면, 그는 가장 높은 존귀함과 능력을 부여받으신 분이어서, 그가 우리의 친구라는 것을 생각할 때에 우리는 행복할 수밖에 없기 때문이다.

(1) 그가 지닌 위엄과 모든 이름 위에 뛰어난 그의 이름을 보라. 그는 기묘자라, 모사라 등등으로 불리게 될 것이다(그러므로 우리는 그가 바로 그런 분이라는 것을 확신한다). 그의 백성은 그를 알고, 이러한 이름들로 그를 섬기게 될 것이고, 그는 이 이름들에 걸맞게 행하실 것이다.

[1] 그는 기묘자이고 모사이다. 그는 하나님이신 동시에 사람이시기 때문에 기묘자라 불리는 것이 옳다. 그의 사랑은 천사들과 영화롭게 된 성도들이 기묘하게 여기는 것이다. 그는 출생과 삶과 죽음과 부활과 승천에 있어서 기묘한 분이셨다. 일련의 기사(奇事)들, 즉 기묘한 일들이 항상 그를 따라다녔고, 그의 신성(神性)의 비밀은 큰 것이었다. 그는 모사였다. 왜냐하면, 그는 영원 전부터 하나님의 모략들을 잘 알고 있었고, 우리가 잘 되도록 하기 위하여 사람들에게 모략을 주시기 때문이다. 하나님께서는 그를 통해서 우리에게 모략을 주신다(시 16:7; 계 3:18). 그는 하나님 아버지의 지혜이시고, 하나님으로 말미암아 우리에게 지혜가 되신다. 어떤 이들은 이 두 단어를 합쳐서 하나로 이해하기도 한다. 그는 기묘한 모사, 기이하거나 경이로운 모사이다. 다른 것들에서와 마찬가지로 모략에 있어서도 그는 가장 뛰어나신 분이다. 그와 같이 잘 가르치시는 자는 없다.

[2] 그는 전능하신 하나님, 즉 전능자이다. 그는 그가 맡은 일을 해내실 수 있는 지혜를 가지고 있는 것과 마찬가지로 힘도 가지고 계신다. 그는 최대한으로

구원하실 수 있으시다. 중보자의 일은 전능하신 하나님이 지니고 계시는 능력으로만 이룰 수 있는 그런 일이다.

[3] 그는 영존하시는 아버지 또는 영원의 아버지이다. 그는 하나님이시고 성부와 하나이신 분으로서 영원부터 영원까지 존재하신다. 그는 사람들의 영생과 행복의 근원이시고, 따라서 사람들에게 복된 영원의 아버지이시다. 그는 내세의 아버지(칠십인역은 이렇게 읽는다), 천사들이 아니라 그에게 복속되어 있는 복음의 나라의 아버지이시다(히 2:5). 그는 영원 전부터 구속(救贖)의 큰 일의 아버지였다. 그의 마음은 항상 그 일에 머물러 있었다. 그 일은 모사로서의 그의 지혜와 영존하시는 아버지로서의 그의 사랑의 산물이었다.

[4] 그는 평강의 왕이다. 왕이신 그는 그의 나라에서 평강을 보존하시고 평강을 명하시며, 아니 평강을 만들어내신다. 그는 우리의 평강이시다. 자기 백성의 마음을 지키고 그 마음을 다스리는 것은 그의 평강이다. 그는 평강을 사랑하는 왕이시고 그의 통치는 평강을 가져온다. 그러나 거기에서 그치지 않고, 그는 모든 선, 모든 평강, 그의 신민(臣民)들의 현재적인 복과 장래의 지복(至福)의 근원이시기도 하다.

(2) 그의 통치와 모든 보좌 위에 뛰어난 그의 보좌를 보라(6절). 그의 어깨에는 정사를 메었다. 그는 통치자임을 나타내는 견장(肩章)을 그의 어깨 위에 찰 뿐만 아니라(다윗의 집의 열쇠, 사 22:22) 통치자로서의 짐도 짊어지실 것이다. 아버지 하나님께서 그에게 통치권을 양도하실 것이기 때문에 그는 아무도 이의를 제기할 수 없는 통치권을 갖게 되실 것이다. 그가 통치하게 될 때에 잘 통치하시리라는 것을 의심할 자가 아무도 없을 것이다. 왜냐하면, 그는 정사(政事)를 어깨에 메고서도, 모세가 나 혼자는 이 모든 백성을 감당할 수 없나이다(민 11:11, 14)라고 불평했던 것과는 달리 짐이 너무 무겁다고 결코 불평하지 않으실 것이기 때문이다. 여기에서는 그리스도의 통치와 관련된 영광스러운 것들이 언급된다(7절).

[1] 그리스도의 통치는 점점 더 흥왕해 가는 통치가 되리라는 것. 그의 나라의 경계는 점점 더 확장되고, 많은 사람들이 날마다 그 나라에 더해질 것이다. 그 나라의 광휘(光輝)는 점차 더해져서 세상에서 점점 더 밝게 빛나게 될 것이다. 이 땅의 왕조들은 세월이 갈수록 빛을 잃어서 처음에는 금으로 시작했다가도 철이나 진흙으로 바뀌며 점차 작아지고 쇠약해지는 법이다. 그러나 그리스

도의 나라는 점차 커져가는 나라로서 결국에는 완전하게 될 것이다.

[2] 그리스도의 나라는 평강의 왕이라는 그의 성품에 걸맞게 평화로운 통치가 되리라는 것. 그는 사랑으로 다스리실 것이고 사람들의 마음속에서 다스리실 것이다. 따라서 그의 통치가 미치는 곳마다 평강이 있을 것이고, 그의 통치가 확장될수록 평강도 커져갈 것이다. 그리스도께 순복하면 할수록, 우리는 더욱 안전하고 편안하게 된다.

[3] 그리스도의 나라는 정통성을 갖춘 통치가 되리라는 것. 그는 다윗의 자손으로서 다윗의 위(位)에서 그의 나라를 다스릴 자격을 갖추고 있으시다. 하나님께서 그 조상 다윗의 왕위를 그에게 주시리라(눅 1:32-33). 유대인과 이방인이 함께 있는 복음 교회는 거룩한 시온 산이고, 거기에서 그리스도는 다스리신다(시 2:6).

[4] 그리스도의 나라는 사리분별을 따라서 공평으로 다스려질 것이기 때문에 통치의 목적, 즉 나라를 견고히 세우는 목적이 달성되리라는 것. 그는 정의와 공의로 그 나라를 굳게 세우고 보존하실 것이라. 그리스도의 나라에서는 모든 일이 잘 다스려져서, 그의 백성 중에 불평하는 이가 한 사람도 없을 것이다.

[5] 그리스도의 나라는 영원한 나라가 되리라는 것. 그 정사의 더함이 무궁하고(통치가 계속해서 확장되어 가리라는 것) 그 평강의 더함도 무궁할 것이다. 왜냐하면, 이 나라의 신민(臣民)들의 행복은 영원까지 계속될 것이고 아마도 영원히 점점 더 커져갈 것이기 때문이다. 그는 지금 이후로 영원히 다스리실 것이다. 이 땅에서의 모든 세대에 걸쳐서만이 아니라 그 나라가 아버지 하나님께 바쳐진 후에도 구속주와 구속받은 자들의 영광은 영원히 지속될 것이다.

[6] 하나님께서 이 모든 일을 이루시기 위해 친히 일을 시작하셨다는 것. "모든 능력을 손에 쥐고 계시고 모든 피조물을 손짓 하나로 움직이시는 만군의 여호와께서 이를 이루실 것이고, 이 평강의 왕의 통치가 견고해질 때까지 다윗의 왕좌를 보존하실 것이다. 여호와의 열심, 즉 그의 명예와 그의 약속의 진실성과 그의 교회의 유익을 위한 여호와의 열심이 이 일을 이루실 것이다." 하나님은 그리스도의 나라를 사람들 가운데서 흥왕하게 하는 데에 마음을 많이 쏟으시는데, 이것은 그런 것을 진정으로 원하는 모든 자들에게 아주 큰 위로가 된다. 만군의 여호와의 열심은 모든 반대를 이겨낼 것이다.

⁸주께서 야곱에게 말씀을 보내시며 그것을 이스라엘에게 임하게 하셨은즉 ⁹모든 백성 곧 에브라임과 사마리아 주민이 알 것이어늘 그들이 교만하고 완악한 마음으로 말하기를 ¹⁰벽돌이 무너졌으나 우리는 다듬은 돌로 쌓고 뽕나무들이 찍혔으나 우리는 백향목으로 그것을 대신하리라 하는도다 ¹¹그러므로 여호와께서 르신의 대적들을 일으켜 그를 치게 하시며 그의 원수들을 격동시키시리니 ¹²앞에는 아람 사람이요 뒤에는 블레셋 사람이라 그들이 모두 입을 벌려 이스라엘을 삼키리라 그럴지라도 여호와의 진노가 돌아서지 아니하며 그의 손이 여전히 펴져 있으리라 ¹³그리하여도 그 백성이 자기들을 치시는 이에게로 돌아오지 아니하며 만군의 여호와를 찾지 아니하도다 ¹⁴그러므로 여호와께서 하루 사이에 이스라엘 중에서 머리와 꼬리와 종려나무 가지와 갈대를 끊으시리니 ¹⁵그 머리는 곧 장로와 존귀한 자요 그 꼬리는 곧 거짓말을 가르치는 선지자라 ¹⁶백성을 인도하는 자가 그들을 미혹하니 인도를 받는 자들이 멸망을 당하는도다 ¹⁷이 백성이 모두 경건하지 아니하며 악을 행하며 모든 입으로 망령되이 말하니 그러므로 주께서 그들의 장정들을 기뻐하지 아니하시며 그들의 고아와 과부를 긍휼히 여기지 아니하시리라 그럴지라도 여호와의 진노가 돌아서지 아니하며 그의 손이 여전히 펴져 있으리라 ¹⁸대저 악행은 불타오르는 것 같으니 곧 찔레와 가시를 삼키며 빽빽한 수풀을 살라 연기가 위로 올라가게 함과 같은 것이라 ¹⁹만군의 여호와의 진노로 말미암아 이 땅이 불타리니 백성은 불에 섶과 같을 것이라 사람이 자기의 형제를 아끼지 아니하며 ²⁰오른쪽으로 움킬지라도 주리고 왼쪽으로 먹을지라도 배부르지 못하여 각각 자기 팔의 고기를 먹을 것이며 ²¹므낫세는 에브라임을, 에브라임은 므낫세를 먹을 것이요 또 그들이 합하여 유다를 치리라 그럴지라도 여호와의 진노가 돌아서지 아니하며 그의 손이 여전히 펴져 있으리라

이 단락에는 주로 이스라엘, 열 지파의 나라인 에브라임, 사마리아에 대한 무시무시한 경고들이 나온다. 여기에서는 그들이 모두 멸망하게 될 것이고, 그에 앞서 극심한 혼란이 있으리라는 것을 예언하고 있는데, 이 모든 일은 그로부터 몇 년 이내에 일어났다. 그러나 더 나아가서 이 예언의 말씀들은 다윗의 자손 그리스도의 보좌와 나라에 대적하는 모든 원수들에 대한 것으로서 하나님을 잊어버리고 그리스도로 하여금 그들을 다스리지 못하게 하는 모든 나라들의 운명을 말하고 있다. 좀 더 살펴보자.

I. 이 예언의 말씀에 대한 서문(8절).　주께서 야곱에게 말씀을 보내시되, 그의 종들인 선지자들을 통해서 말씀을 보내셨다. 하나님께서는 무슨 일을 하시기 전에 경고를 하신다. 하나님은 자기가 무슨 일을 할 것인지를 미리 통지하심으로써 그들이 심판 중에라도 그를 만날 수 있게 하셨다. 그러나 그들은 하나님의 경고에 주의를 기울이고자 하지 않았고 하나님의 진노를 돌이키고자 하지도 않았기 때문에 그것이 이스라엘에 임하였다. 하나님의 말씀은 하나도 땅에 떨어지는 법이 없기 때문이다. 하나님의 심판은 하늘에서 내리는 폭우와 우박처럼 그들에게 임하였기 때문에 그들은 피할 수 없었다. 그것이 그들에게 임하였다. 그 일은 너무도 확실한 것이었기 때문에 선지자는 마치 그 일이 이미 일어난 것처럼 표현한다. 모든 백성은 그 일에 대하여 들을 때에는 못 들은 척할 수 있었지만 그 일이 실제로 일어날 때에는 몸으로 그 일을 겪으며 알게 될 것이다. 죄와 죄인들에 대하여 하늘로부터 나타나는 하나님의 진노를 의도적으로 모른 체하는 자들은 그 진노를 몸으로 직접 겪음으로써 알게 될 것이다.

II. 이스라엘 백성에게 돌려진 죄들.　이 죄들은 하나님의 진노를 불러일으켜서 그들에게 심판을 가져다 주었다.

1. 그들이 뻔뻔스럽게도 하나님의 공의를 무시하고 자기들이 하나님과 상대가 될 것이라고 생각한 것. "그들이 교만하고 완악한 마음으로 말하기를 하나님이 어디 한번 그들을 심판해 보라고 하는도다. 우리는 우리 힘으로 우리를 지킬 수 있고 얼마든지 하나님을 상대할 수 있다. 하나님이 우리의 집들을 파괴하신다면, 우리는 그 집들을 다시 수리해서 이전보다 더 튼튼하고 좋게 만들 것이다. 우리가 세를 지불하지 않아도 지주(地主)가 우리를 문 밖으로 쫓아내지 못하리니, 우리가 그 땅을 차지하리라. 벽돌로 지은 집들이 전쟁으로 무너지면, 다시는 쉽게 무너지지 않을 다듬은 돌로 다시 지으면 그만이다. 원수가 뽕나무들을 찍어 버린다면, 우리는 그 자리에 백향목들을 심겠노라. 이렇게 우리는 하나님의 심판의 손길을 역이용해서 도리어 이득을 얻을 것이니 얼마든지 심판에 용감히 맞설 수 있노라." 하나님께서 섭리를 통해서 마음을 낮추시고자 하여도 결코 그 마음을 낮추지 않는 자들은 멸망할 때가 무르익은 것임을 명심하라. 왜냐하면, 하나님은, 마치 그들이 하나님보다 더 강한 것처럼 생각하고서 하나님을 거슬러 행함으로써 진노를 불러일으키는 자들에 대해서는 마찬가지로 그들을 거슬러 행하실 것이기 때문이다.

2. 하나님께서 이제까지 온갖 섭리들을 통해서 무수히 책망하셨는데도 그들이 스스로를 고칠 생각을 하지 않고 구제불능인 것(13절). 그 백성이 자기들을 치시는 이에게로 돌아오지 아니하며(그들은 삶을 고치고 죄를 버리며 자신의 본분으로 돌아오려고 마음을 먹지 않는다) 만군의 여호와를 찾지 아니하도다. 그들은 무신론자들이어서 신앙이 없거나 그들 자신의 공상 속에서 생각해 내어서 그들 자신의 손으로 만들어낸 신들을 찾는 우상 숭배자들이다. 하나님께서 우리를 치시는 목적은 우리를 돌이켜서 하나님을 찾게 하고자 하시는 것임을 명심하라. 작은 심판들로 이 목적이 이루어지지 않는 경우에는 큰 심판이 오리라는 것을 우리는 알아야 한다. 하나님은 우리를 죽이기 위해서 치시는 것이 아니다.

3. 그들의 행실이 전반적으로 타락되어 있고 속되고 불경스러운 것이 넘쳐남.

(1) 그들의 삶을 고쳐 주었어야 마땅한 자들은 도리어 그들을 타락시키는 데에 한 몫을 하였다(16절). 백성을 인도하는 자가 그들의 악행을 묵인하고 악한 자들을 두둔하며 그들에게 악한 모범을 보임으로써 그들을 잘못 이끌어서 미혹하였다. 그러므로 그들의 지도를 받는 자들이 속아넘어가서 멸망을 받는다 해도, 그것은 전혀 이상한 일이 아니다. 그러나 그들을 고쳐 주어야 할 의사들이 그들이 지닌 가장 무시무시한 질병일 때에 그 백성은 참으로 불행하다. "이 백성을 축복하는 자들 또는 이 백성을 복되다고 하는 자들(난외주에서는 이렇게 읽는다), 이 백성에게 좋은 말로 아부하여 악행에 둔감해지게 만들고 이 백성에게 평강하다, 평강하다고 외치는 자들은 백성을 미혹하는 것이다. 그들로부터 복되다는 말을 듣는 자들은 그들이 미처 인식하기도 전에 멸망을 당하는도다." 우리가 악한 일을 하는데도 우리에 대하여 좋게 말해 주는 자들은 경계하는 것이 옳다(잠 24:24; 29:5을 보라).

(2) 악이 횡행하여 모든 자들이 거기에 물들어 있는 것(17절). 이 백성은 모두가 위선자이고 행악자이다(개역에서는 이 백성이 모두 경건하지 아니하며 악을 행하며). 어떤 선한 일이 있어도 그들은 행하지 않고 나서지 않는다. 왜냐하면, 그들의 입은 하나같이 어리석고 악독한 것만을 말하기 때문이다. 사람들은 하나같이 하나님에 대하여 불경스럽고(원어는 이런 뜻이다) 사람들에 대하여 행악자이다. 이 둘은 보통 함께 간다. 하나님을 경외하지 않는 자들은 사람을 무

시한다. 그들은 하나님과 사람에 대하여 어리석은 말, 거짓말, 비난하는 말을 한다. 이는 마음에 가득한 것을 입으로 말함이다.

Ⅲ. 하나님께서 그들의 악함으로 인해서 그들에게 경고하신 심판들. 그들은 아무런 벌도 받지 않고 지나갈 것이라고 생각해서는 안 된다.

1. 전체적으로 그들은 악행으로 말미암아 하나님의 진노를 사게 되었는데, 이 진노는 불 같이 삼킬 것이고 연기처럼 어두울 것이다.

(1) 하나님의 진노는 불 같이 그들을 삼킬 것이다(18절). 대저 악행은 불타오르는 것 같으리라. 죄로 인하여 촉발된 하나님의 진노는 찔레와 가시 같은 죄인들을 삼킬 것인데, 만군의 여호와 전능하신 하나님의 진노는 너무도 잘 불붙는 빽빽한 수풀을 한꺼번에 살라 버리는 불길 같을 것이다.

(2) 하나님의 진노는 연기처럼 어두울 것이다. 찔레와 가시에 불이 붙으면 연기가 위로 올라가서 온 땅이 그 연기 때문에 어두워질 것이다. 그들은 출구를 찾지 못해서 곤경에 처하게 될 것이다(19절). 백성은 불에 섶과 같을 것이라. 하나님의 진노는 거기에 연료가 되어 줄 자들에게 임할 것이고, 그들은 하나님의 공의의 희생물이 되어서, 그들이 탈 때에 나는 연기는 제물을 태울 때에 나오는 연기처럼 위로 올라가게 될 것이다.

2. 하나님께서는 이웃의 강대국들을 무장시켜서 그들을 치게 하실 것이다 (11-12절). 당시에 이스라엘은 유다에 맞서기 위해서 아람과 동맹을 맺고 있었다. 그러나 아람의 적이었던 앗수르가 아람을 정복하고 나서 이스라엘을 침공할 때에, 하나님은 이스라엘의 원수들을 격동시키셔서 서로 동맹을 맺고 이스라엘을 치게 만드실 것인데, 그들이 동맹을 맺는 일에 하나님의 손길이 개입하였다는 것을 그들은 알지 못할 것이다. 원수들이 일어나서 서로 동맹하여 한 나라를 칠 때, 하나님의 손길이 거기에 있다는 것을 우리는 알아야 한다. 아람과 이스라엘이 동맹하여 유다를 침공했던 것과 같이 죄를 저지르는 일에 서로 협력한 자들은 그 죄에 대한 벌도 함께 받아야 한다는 것을 명심하라. 당시에 이스라엘과 동맹을 맺고 있던 아람은 장차 그들에게 채찍이 되어(함께 범죄에 가담한 자들이 서로 갈라서는 일은 비일비재하다) 한쪽은 앞 쪽에서 공격해 오고 다른 한 쪽은 뒤쪽에서 공격해 오게 될 것이다. 따라서 그들은 입을 벌려 그들을 삼키고자 하는 원수들에 의해서 사방으로 둘러싸이게 될 것이다(12절). 블레셋인들은 당시로서는 두려운 원수로 여겨지지 않았고, 아람인들은 믿음직한

친구로 보아졌다. 그렇지만 장차 이 둘이 서로 힘을 합쳐 이스라엘을 삼킬 것이다. 사람들의 행실이 주를 진노케 하면, 주께서는 그들의 친구들조차도 그들과 싸우게 만드신다.

3. 하나님께서는 그들 가운데서 그들이 의지하는 자들과 도움을 기대하는 자들을 제거하실 것이다(14-15절). 백성이 하나님을 찾지 않기 때문에, 그들이 의지하고 기대고자 하는 자들은 그들에게 전혀 도움이 되지 못할 것이다. 여호와께서 이스라엘 중에서 머리와 꼬리와 종려나무 가지와 갈대를 끊으시리라. 이것이 무엇을 가리키는지는 다음 절에서 설명된다.

(1) 신분과 직책 때문에 존귀한 그들의 방백과 고관들, 백성의 장로들은 머리로 표현되고, 물심양면으로 도움을 줄 위치에 있는 자들이라는 의미에서 가지로도 표현된다. 그러나 머리인 자들로 인해서 백성이 미혹을 받았기 때문에 그들은 끊어질 것이고, 그들이 존귀한 신분과 권력을 남용한 것은 큰 진노를 불러온 원인이었기 때문에 그러한 것들은 그들을 결코 보호해 주지 못할 것이다. 방백들은 변변치 못한 자들로서 비록 본분을 다하지 못한 자들이긴 하였지만 그들을 끊어 버리는 것은 백성에 대한 심판이었다.

(2) 백성의 선지자들, 거짓 선지자들은 가장 멸시받는 존재인 꼬리와 갈대로 표현된다. 악한 사역자는 모든 것 중에서 가장 악한 존재이다. 악한 사역자는 사람들 중에서 가장 악한 자이다. 가장 좋은 것이 부패하면 가장 나쁜 것이 된다. 눈먼 자가 눈먼 자를 이끌면 둘 다 구덩이에 빠진다. 눈먼 인도자들은 구덩이에 가장 먼저 빠지고 가장 깊숙이 빠진다.

4. 타락이 그랬던 것처럼 황폐화도 모든 곳에서 진행되어서 아무도 그것을 피하지 못할 것이다(17절).

(1) 보기에 흡족한 자들도 예외가 될 수 없다. 사랑스러운 자라도 심판을 피하지 못할 것이다. 주께서 한창 때를 맞이한 꽃 같은 그들의 장정들도 기뻐하지 아니하실 것이다. 하나님은 나를 위하여 장정들을 너그러이 대하라고 말씀하지 않으실 것이고, 도리어 "그들을 나머지 사람들과 마찬가지로 진멸시켜서 다음 세대의 씨를 말려 버리라"고 말씀하실 것이다.

(2) 불쌍히 여길 자들도 예외가 될 수 없다. 불쌍하다고 해서 심판을 피할 수 있는 자는 아무도 없을 것이다. 주께서 그들의 고아와 과부를 긍휼히 여기지 아니하시리라 — 비록 하나님이 특별한 방식으로 그런 자들의 후견인이자 보호자

이시더라도. 그들의 행실은 다른 모든 사람들과 마찬가지로 타락하였기 때문이다. 가난하다는 것과 도울 자가 없다는 것이 그들로 하여금 죄를 짓지 못하게 하는 이유가 되지 못한다면, 그들이 장차 하나님 앞에서 그러한 이유를 들어서 심판을 피할 수 있을 것이라고 기대해서는 안 된다.

5. 그들은 서로를 물고 뜯어서 함께 멸망하는 데에 서로 일조할 것이며 서로를 잡아먹을 것이다. 형제가 자신의 야심이나 탐욕에 걸림돌이 되거나 앙갚음할 빌미를 주는 경우에는 사람이 자기의 형제를 아끼지 아니하리라. 그들이 이렇게 서로에 대하여 불쌍히 여기는 마음을 보여주지 않는데, 어떻게 하나님께서 그들을 아끼시기를 기대할 수 있겠는가? 사람들이 서로에 대하여 으르렁거리며 잔인하게 잡아먹고자 하는 것은 그들 모두에 대한 하나님의 진노를 불러 일으키는 것임과 동시에 하나님께서 진노하고 계시다는 것을 보여주는 증거이다. 내전(內戰)은 한 나라를 순식간에 황폐화시켜 버린다. 나라는 죄가 있으면 주관자가 많아지는데(잠 28:2) 이스라엘이 그러하였다.

(1) 이러한 내전의 소용돌이 속에서 사람들은 오른쪽으로 움킬지라도 여전히 주려서 자기 팔의 고기를 먹었고, 너무 배가 고파서 자신의 살이나 가장 가까운 혈육의 살을 먹었다(20절). 이것은 다음과 같은 것을 보여준다.

[1] 큰 기근과 식량 부족. 사람들은 힘을 다해서 모든 것을 끌어와도 먹을 것이 별로 되지 않아서 여전히 주렸다. 하나님께서 그들을 축복하지 않으셨기 때문에, 적어도 그들은 먹을지라도 배부르지 못한다(학 1:6).

[2] 심한 약탈과 탈취. 범죄는 법에 의해서 정립된다. 그런데 사람들의 재산을 보호해 주는 울타리인 소유권이라는 개념이 무너져서, 모든 사람이 자기 손으로 움켜쥘 수 있는 것은 모두 자기 것이라고 생각하게 될 것이다(그들은 탈취물에 의지해서 살아가고, 대접을 하는 관행들은 모두 무너진다). 그렇지만 사람들은 자기 것이 아닌 것들을 닥치는 대로 다 움켜쥘지라도 만족하지 못한다. 탐욕은 만족할 줄 모른다. 이러한 저주는 정당하게 얻어지지 않은 것들에 수반된다.

(2) 이러한 내전은 특정한 사람들과 가족들 사이에서만이 아니라 지파들 사이에서도 있을 것이다(21절). 므낫세는 에브라임을, 에브라임은 므낫세를 먹을 것이다 ― 비록 그들이 유다를 칠 때에는 서로 동맹을 맺었을지라도. 이 두 지파가 유다를 치기 위해서는 서로 힘을 합칠 수 있었지만 어떤 일이 없을 때에는 서로 힘을 합칠 수 없었다. 그러나 이 지파가 동맹을 맺어서 그들 곁에서 평안히

살던 이웃을 침략한 죄는 이렇게 서로 사이가 갈라진 것을 통해서 벌을 받는 것이 옳은 일이었다. 또는, 므낫세와 에브라임처럼 범죄했던 유다는 그들과 더불어서 고통을 당할 뿐만 아니라 그들에 의해서 고통을 당할 것이다. 하나님의 이스라엘의 지파들 가운데 존재하였던 서로에 대한 적대감과 증오는 그들의 멸망을 무르익게 한 죄였고 멸망이 신속하게 임하리라는 것을 보여주는 서글픈 징후였다는 것을 명심하라. 에브라임이 므낫세를 대적하고 므낫세가 에브라임을 대적하며 이 두 지파가 유다를 대적한다면, 그들은 모두 머지않아 공통의 적에 의해서 손쉽게 먹히게 될 것이다.

6. 하나님은 이 모든 심판들을 그들에게 내리실지라도 그들과의 다툼을 그만두지 않으시리라는 것. 이 노래의 암울한 후렴구가 그것을 보여준다(12, 17, 21절). 그럴지라도 여호와의 진노가 돌아서지 아니하며 그의 손이 여전히 펴져 있으리라.

(1) 그들은 하나님의 진노를 돌이키기 위하여 아무런 일도 하지 않는다. 그들은 회개하고 삶을 고치거나 스스로 낮아져서 기도하지 않고, 이 문제를 해결하려고 나서는 자도 없으며, 하나님의 부르심에 응답하거나 섭리를 통한 하나님의 뜻에 부응하는 자도 없다. 도리어, 그들은 마음이 완악해져서 별 일 아니라고 생각하고서 걱정을 하지 않는다.

(2) 그러므로 하나님의 진노는 계속해서 그들에 대하여 타오르고, 그의 손이 여전히 펴져 있다. 하나님의 심판이 길어지는 이유는 죄인들이 그 심판의 이유를 깨닫고서 회개하지 않기 때문이다. 백성이 자기들을 치시는 이에게로 돌아오지 아니하기 때문에, 하나님은 계속해서 그들을 치시는 것이다. 왜냐하면, 하나님은 심판하실 때에 반드시 이기셔서 그 뜻을 이루시고, 아무리 교만하고 완강한 죄인일지라도 구부러지거나 부러지게 될 것이기 때문이다.

제
— 10 —
장

개요

이 장에서 선지자는 다음과 같은 자들을 다룬다. I. 내부에서 권력을 남용하고 재판을 굽게 하여 하나님의 백성을 압제하는 오만한 자들. 하나님은 그들의 폭정에 대하여 책임을 물으실 것이다(1-4절). II. 외부에서 하나님의 백성을 침략하여 위협하는 앗수르 왕 산헤립. 1. 하나님이 그에게 유다를 침략하는 일을 맡기셨다는 것(5-6절). 2. 하나님이 맡기신 일을 수행하면서 그가 교만하고 오만방자하게 행하였다는 것(7-11, 13-14절). 3. 하나님이 그의 오만함을 책망하시고, 그를 세우신 목적이 다 이루어졌을 때에 그가 멸망을 당하게 될 것이라고 경고하심(12, 15-19절). 4. 하나님이 자기 백성에게 은혜를 주셔서 그들로 하여금 넉넉히 고난을 감당하고 그 고난을 통하여 유익을 얻을 수 있게 하실 것이라고 약속하심(20-23절). 5. 하나님의 백성에게 이 위협적인 폭풍우를 두려워하지 말고, 당분간은 온 백성이 이 일에 대경실색하며 놀라겠지만 결국에는 이 무시무시한 원수가 멸망하는 것으로 잘 끝나게 되리라는 소망을 가지라고 격려하심(24-34절). 여기에 나오는 말씀은 교회의 원수들이 광분하여 온갖 위협적인 시도를 하는 것과 관련해서 선한 백성의 마음을 안심시키기 위한 것이다. 하나님이 우리 편이시면, 누가 우리를 대적할 수 있겠는가? 우리에게 해악을 끼칠 자는 아무도 없다.

[1]불의한 법령을 만들며 불의한 말을 기록하며 [2]가난한 자를 불공평하게 판결하여 가난한 내 백성의 권리를 박탈하며 과부에게 토색하고 고아의 것을 약탈하는 자는 화 있을진저 [3]벌하시는 날과 멀리서 오는 환난 때에 너희가 어떻게 하려느냐 누구에게로 도망하여 도움을 구하겠으며 너희의 영화를 어느 곳에 두려느냐 [4]포로 된 자 아래에 구푸리며 죽임을 당한 자 아래에 엎드러질 따름이니라 그럴지라도 여호와의 진노가 돌아서지 아니하며 그의 손이 여전히 펴져 있으리라

선지자가 이러한 화(禍)를 선포하며 고발한 것이 이스라엘의 방백들과 재판관들에 대해서였는지 유다의 관리들에 대해서였는지, 아니면 둘 다에

대해서였지는 확실치 않다. 만약 이스라엘의 관리들에 대한 것이라면, 이 단락은 앞 장의 끝부분과 연결되어 있는데, 이 가능성이 높다. 왜냐하면, 거기에 나오는 예언의 후렴구(그럴지라도 여호와의 진노가 돌아서지 아니하리라)가 여기에서도 되풀이되고 있기 때문이다(4절). 만약 유다의 관리들에 대한 것이라면, 이 단락은 하나님이 앗수르 군대를 그들에게 보내신 구체적인 목적이 무엇이었는지를 보여주는 것이 된다 — 법적으로 책임을 물을 수 없었던 관리들의 부패를 벌하시기 위하여. 선지자는 하나님의 백성에게 위로의 말씀을 전하기 전에 먼저 그런 자들에게 화(禍)를 선포한다. 좀 더 살펴보자.

I. 이 압제자들에 대한 고발(1-2절).   그들은 다음과 같은 일들로 인해 책망을 듣는다.

1. 악한 법령을 만든 것. 그들은 자연의 형평법과 하나님의 법을 거스르는 불의한 법령을 만든다. 그들은 사람들에게 어떤 해악을 가할지를 미리 생각하고서 아랫사람들에게 그런 불의한 말을 기록하여 법으로 만들게 한다. "이렇게 악한 일들을 고안해내서 법으로 만드는 고위 권력자들에게 화 있을진저! 그들은 아무리 높은 지위에 있어도 하나님의 주관 아래에 있는 자들이다. 그러한 것들을 법령으로 만들어내기 위해서 기록하는 하급 관리들, 불의한 말을 기록하는 자들에게 화 있을진저. 그들이 아무리 미천한 지위에 있어서 그 모습이 드러나지 않는다고 하여도 하나님은 그들을 아신다. 고위 권력자들이든 하위 관리들이든 모두 동일한 화를 당하게 될 것이다." 남에게 해악을 끼치는 것은 나쁜 일이지만, 깊이 생각해서 계획을 꾸며서 그렇게 하거나 많은 사람들에게 악을 행하거나 악을 행하는 일에 많은 사람을 끌어들이는 것은 더더욱 나쁜 일이라는 것을 명심하라.

2. 그렇게 만들어진 법들을 적용할 때에 재판을 굽게 한 것. 백성들은 의로운 법령을 갖지 못하였고 의로운 재판을 받을 수 없었다. 부패한 재판관들은 가난한 자를 불공평하게 판결하여 가난한 자가 정당한 권리를 되찾을 수 있는 길을 막아 놓았다. 왜냐하면, 가난한 자에게서는 뇌물을 기대하거나 그 어떤 이익을 얻을 수 없었기 때문이다.

3. 그들에 의해서 마땅히 보호를 받아야 할 자들을 압제하여 치부한 것. 그들은 과부의 가산(家産)을 집어삼켰고, 고아의 것, 즉 고아에게 조금 남겨진 유산을 강탈하였다. 과부나 고아에게는 그들을 위해 나서줄 사람이 없기 때문이

다. 부와 권력을 쥔 자들은 먹을 것이 없는 자들을 구제하지 않거나 해악을 당한 자들의 억울함을 풀어주고 그 권리를 되찾아주지 않는 것만으로도 충분히 범죄가 된다. 그런데 압제자들에게 권력이 있고 압제당하는 자들에게 위로자나 도와줄 자가 없다는(전 4:1) 이유로 힘 없는 자들을 토색하고 강탈했다면, 그것은 인간의 본성이나 이스라엘 백성의 이름을 지닌 자로서는 도저히 상상도 할 수 없는 야만적인 범죄를 저지른 것이다.

II. 그들에게 그들이 지닌 온갖 오만함과 권력으로 하나님의 심판과 맞서 보라고 도전하심(3절). "너희가 어떻게 하려느냐 누구에게로 도망하려느냐? 너희는 과부와 고아들을 짓밟을 수는 있었다. 그러나 하나님이 일어나실 때에 너희가 어떻게 하려느냐(욥 31:14). 가난한 자들을 압제하는 힘 있는 자들은 그들이 저지른 압제에 대하여 누가 그들에게 책임을 묻거나 심문하는 일은 결코 없을 것이고, 그 일로 인해서 그들의 처지가 나빠지리라고는 전혀 생각하지 않는다. 그러나 하나님이 이 일들에 대하여 벌하지 아니하겠느냐(렘 5:29)? 남들을 처량하게 만든 자들에게 그들을 처량하게 만들 환난이 어찌 찾아오지 않겠는가? 그런 환난은 멀리서 올 수 있기 때문에 찾아오는 데에 오랜 시간이 걸릴 수는 있다. 그러나 그 환난은 반드시 올 것이고(집행을 유예해 주는 것은 결코 죄를 사해 주는 것이 아니다), 멀리서, 즉 그들이 전혀 예상하지 못했던 곳에서 올 것이다. 따라서 그 환난은 그들에게 더욱 뜻밖의 일이 될 것이고 더욱 무서운 일이 될 것이다. 그 때에 이 불의한 재판관들은 어떻게 될까? 지금 그들은 그들을 도와 줄 자가 성문에 있음을 보지만(욥 31:21), 그 때가 되면 도와달라고 누구에게 도망하겠는가? 좀 더 살펴보자.

1. 각 사람, 각 사람이 한 일을 심문하고 살펴서 백일하에 드러낼 벌하시는 날이 오고 있다.

2. 그 벌하시는 날은 모든 악인들이 비참해지는 날이 될 것이다. 그들이 지니고 있던 모든 위로들과 소망들은 다 사라져 버리고 폐허 속에 묻혀서, 오직 그들만이 쓸쓸하게 남게 될 것이다.

3. 회개치 않은 죄인들은 재앙과 환난의 날에 완전히 넋을 잃어서 어쩔 줄 모르게 될 것이다. 그들은 쏜살같이 도망하여 숨을 수도 없고, 나가서 싸워서 스스로를 지켜낼 수도 없다. 그들에게는 현재의 환난에서 그들을 보호해 주거나(너희가 누구에게로 도망하여 도움을 구하겠느냐) 이 환난의 날 후에 그들에게

더 좋은 날들을 제공해 줄 피난처가 없다. "너희의 영화를 어느 곳에 두어서, 이 폭풍이 지난 후에 다시 그것을 꺼내쓸 수 있겠는가?" 그들이 지금까지 쌓은 부(富)는 그들의 영광이었지만, 그것을 안전하게 보관해 줄 곳이 없기 때문에 그들은 그 부가 허공으로 날아가 버리는 것을 보게 될 수밖에 없다. 우리의 영혼이 우리의 영광이고 우리가 가장 소중히 여기는 것이라면, 우리는 그것을 어디에 두어야 하는지, 누구의 손에 맡겨야 하는지를 잘 알고 있다. 우리의 영혼을 맡아두실 분은 바로 신실하신 창조주이시다.

4. 벌하시는 날, 환난의 날, 죽음과 심판의 날에 우리가 아무런 해를 입지 않도록 하기 위하여 어떻게 해야 할 것인지는 우리 모두가 진지하게 숙고해 보아야 할 문제이다.

Ⅲ. 그들에게 판결이 선고됨. 이 판결을 통해서 어떤 이들은 감옥에 갇히고 포로로 잡히게 되며(포로 된 자 아래에 구푸리며; 죄악을 통해서 가장 높이 올라간 자들은 환난의 때에 가장 무거운 짐을 지고 가장 깊이 가라앉게 될 것이다) 어떤 이들은 죽임을 당할 것이다. 그들은 먼저 엎드러져서, 죽임을 당한 다른 사람들 아래에 엎드러질 것이다. 과부와 고아를 짓밟은 자들은 스스로 짓밟힘을 당할 것이다(4절). 하나님은 이렇게 말씀하신다. "이 일은 나 없이 될 것이다. 즉, 너희가 나를 버렸고 너희 가운데서 나를 내쫓았기 때문에 이런 일이 일어날 것이다." 이 세상에서 하나님 없이 사는 자들, 하나님을 등 뒤로 던져버림으로써 그들 자신을 하나님의 보호하시는 손길 밖으로 내팽개쳐 버린 자들은 철저한 파멸 외에는 아무것도 기대할 수 없다.

그럴지라도 여호와의 진노가 돌아서지 아니하리라. 이 말씀은 하나님께서 그들과의 다툼을 계속하시겠다는 것만이 아니라 그들이 계속해서 그 다툼으로 인한 두려움 속에 있게 되리라는 것을 보여준다. 그들은 이루 말할 수 없는 두려움으로 하나님의 손이 여전히 그들을 치기 위하여 펴져 있는 것을 볼 것이고, 오직 무서운 마음으로 심판을 기다리는 것만이 있을 것이다.

⁵앗수르 사람은 화 있을진저 그는 내 진노의 막대기요 그 손의 몽둥이는 내 분노라 ⁶내가 그를 보내어 경건하지 아니한 나라를 치게 하며 내가 그에게 명령하여 나를 노하게 한 백성을 쳐서 탈취하며 노략하게 하며 또 그들을 길거리의 진흙 같이 짓밟게 하려 하거니와 ⁷그의 뜻은 이같지 아니하며 그의 마음의 생각도 이같지 아니

하고 다만 그의 마음은 허다한 나라를 파괴하며 멸절하려 하는도다 ⁸그가 이르기를 내 고관들은 다 왕들이 아니냐 ⁹갈로는 갈그미스와 같지 아니하며 하맛은 아르밧과 같지 아니하며 사마리아는 다메섹과 같지 아니하냐 ¹⁰내 손이 이미 우상을 섬기는 나라들에 미쳤나니 그들이 조각한 신상들이 예루살렘과 사마리아의 신상들보다 뛰어났느니라 ¹¹내가 사마리아와 그의 우상들에게 행함 같이 예루살렘과 그의 우상들에게 행하지 못하겠느냐 하는도다 ¹²그러므로 주께서 주의 일을 시온 산과 예루살렘에 다 행하신 후에 앗수르 왕의 완악한 마음의 열매와 높은 눈의 자랑을 벌하시리라 ¹³그의 말에 나는 내 손의 힘과 내 지혜로 이 일을 행하였나니 나는 총명한 자라 열국의 경계선을 걷어치웠고 그들의 재물을 약탈하였으며 또 용감한 자처럼 위에 거주한 자들을 낮추었으며 ¹⁴내 손으로 열국의 재물을 얻은 것은 새의 보금자리를 얻음 같고 온 세계를 얻은 것은 내버린 알을 주움 같았으나 날개를 치거나 입을 벌리거나 지저귀는 것이 하나도 없었다 하는도다 ¹⁵도끼가 어찌 찍는 자에게 스스로 자랑하겠으며 톱이 어찌 켜는 자에게 스스로 큰 체하겠느냐 이는 막대기가 자기를 드는 자를 움직이려 하며 몽둥이가 나무 아닌 사람을 들려 함과 같음이로다 ¹⁶그러므로 주 만군의 여호와께서 살진 자를 파리하게 하시며 그의 영화 아래에 불이 붙는 것 같이 맹렬히 타게 하실 것이라 ¹⁷이스라엘의 빛은 불이 되고 그의 거룩하신 이는 불꽃이 되실 것이니라 하루 사이에 그의 가시와 찔레가 소멸되며 ¹⁸그의 숲과 기름진 밭의 영광이 전부 소멸되리니 병자가 점점 쇠약하여 감 같을 것이라 ¹⁹그의 숲에 남은 나무의 수가 희소하여 아이라도 능히 계수할 수 있으리라

앗수르 왕 살만에셀에 의해서 이스라엘 왕국이 멸망당하게 되리라는 것이 앞 장에서 예언되었고, 그 예언은 히스기야 제6년에 성취되었다(왕하 18:10). 그것은 총체적이고 최종적인 멸망이어서, 머리와 꼬리가 모두 잘려나가 버렸다. 이제 앗수르 왕 산헤립을 통해서 유다 왕국을 바로잡으시겠다는 예언이 이 장에 나온다. 이 예언은 히스기야 제14년에 성취되었다. 당시에 강력한 세력이었던 산헤립 왕은 선왕(先王)이었던 살만에셀이 북 왕국 열 지파를 멸망시킨 것에 힘을 얻어서 침공을 감행하여 올라와서 유다 모든 견고한 성읍들을 쳐서 점령하고 예루살렘을 포위하였다(왕하 18:13, 17). 그 결과 히스기야와 그의 왕국은 최근에 종교개혁이라는 선한 일을 하였음에도 불구하고 이 일을 보고 크게 놀랐을 것임을 우리는 쉽게 짐작할 수 있다. 그러나 이 일은 앗수르

군대가 자중지란을 일으켜 물러가고, 히스기야와 그의 백성은 용기백배하여 하나님께로 돌아옴으로써 좋은 결말로 끝이 났다.

I. 하나님은 자신의 주권 안에서 앗수르 왕 산헤립을 자신의 종으로 삼으셔서 자신의 목적을 이루기 위한 도구로 사용하셨다(5-6절). "앗수르 사람아, 너는 내 진노의 막대기라는 것을 알라. 나는 너를 내 백성을 치는 내 분노의 매로 삼아 보내노라." 좀 더 살펴보자.

1. 유대인들은 겉으로 지극히 선하게 보였지만 사실은 얼마나 악한 자들이었가. 그들은 위선적인 나라였다. 그들은 신앙을 고백하였고, 특히 이 때에는 종교개혁을 이루어내었지만, 진정으로 신앙적이지도, 진정으로 신앙을 개혁한 것도 아니어서, 히스기야는 단지 신앙을 하나의 유행으로 만든 것에 지나지 않았다. 통치자가 경건해서 신앙을 우대하게 되면, 그 나라는 위선적이 되기 쉽다. 그들은 경건하지 아니한 나라였다(어떤 이들은 이렇게 읽는다). 히스기야는 백성들 가운데서 횡행하였던 우상 숭배를 상당한 정도로 고쳐 놓자, 백성들은 이제 세속적이고 불경한 삶 속으로 빠져들었다. 아니, 위선 자체가 불경(不敬)이다. 하나님의 이름으로 불리고 그 이름을 부르면서도 죄 가운데서 살아가는 자들만큼 하나님의 이름을 더럽히는 자는 없다. 그들은 경건하지 않은 위선적인 나라였기 때문에 하나님의 진노의 백성이 될 수밖에 없었다. 그들은 하나님의 진노 아래 놓여 있고, 머지않아 그 진노로 인하여 멸망 받게 될 것이었다. 위선적인 나라는 하나님의 진노의 백성이라는 것을 명심하라. 위선적인 신앙을 갖는 것만큼 하나님의 진노를 불러일으키는 것은 없다. 죄가 어떠한 변화를 가져왔는지를 보라. 하나님에 의해서 택함 받고 거룩하게 된 백성이었던 자들은 이제 다른 어느 백성보다도 하나님의 진노의 백성이 되어 있었다(암 3:2을 보라).

2. 저 앗수르인은 지극히 위대해 보였지만 얼마나 비천한 자였는가. 그는 단지 하나님의 진노의 막대기, 하나님이 자기 백성을 징계하기 위하여 사용하신 도구에 지나지 않았다. 하나님께서 이렇게 그들을 징계하시는 것은 그들이 세상과 함께 정죄함을 받지 않게 하기 위한 것이었다. 세상의 폭군들은 하나님의 섭리의 도구들일 뿐이라는 것을 명심하라. 사람들은 하나님의 손으로서 어떤 때는 하나님의 칼이 되어서 죽이는 역할을 하기도 하고(시 17:13-14) 어떤 때는 하나님의 회초리가 되어서 바로잡는 역할을 하기도 한다. 하나님의 백성을 치

는 그들의 손의 몽둥이는 하나님의 분노이다. 그들의 손에 몽둥이를 들려주셔서 매를 맞아야 마땅한 자들을 그 몽둥이로 두들겨 팰 수 있게 하신 분은 하나님이시다. 종종 하나님은 그를 섬기되 진실하게 진리 가운데서 섬기지 않는 위선적인 백성을 징계하실 때에 그를 전혀 섬기지 않고 우상을 섬기는 나라를 회초리와 몽둥이로 사용하신다. 이 앗수르인은 하나님의 쓰임을 받고 있기 때문에 하나님의 진노의 막대기(회초리)로 불린다.

(1) 그의 권력은 하나님으로부터 나온다. 내가 그를 보내고, 내가 그에게 명령하리라. 악인들이 흔히 하나님을 대적하여 권력을 사용한다고 해도, 그들이 지닌 모든 권력은 언제나 하나님으로부터 받은 것임을 명심하라. 빌라도는 위에서 권세를 수여받지 않았다면 그리스도를 해칠 권세를 가질 수 없었을 것이다(요 19:11).

(2) 하나님은 그에게 그 권력을 행사하도록 명령하셨다. 이 앗수르인은 그 어떤 피도 흘리지 않은 채 탈취하며 노략하게 될 것이다. 우리는 그가 사람을 죽였다는 말을 듣지 못한다. 그는 온 나라와 집들을 샅샅이 뒤져서 약탈하고 가축들을 쫓아버리며 백성들에게서 재산과 장신구들을 다 빼앗아 버리고 그들을 길거리의 진흙 같이 짓밟을 것이다. 하나님의 이름을 부르는 백성이 죄의 시궁창에서 뒹굴 때, 하나님께서 원수들을 시켜서 그들을 진흙 같이 짓밟게 하시는 것은 합당한 일이다. 그러나 하나님께서 왜 이 앗수르인으로 하여금 그들을 쳐서 이렇게 사정없이 짓밟으시는 것인가? 그것은 그들을 멸망시키기 위한 것이 아니라 철저하게 고치기 위한 것이다.

Ⅱ. 이 앗수르의 왕은 오만함에 빠져서 자기는 그 누구의 통제도 받지 않는 절대자로서 무엇이든 자기 마음대로 할 수 있고 이 일도 순전히 자신의 뜻을 따라 자신의 영광을 위하여 행하는 것처럼 스스로를 높였다. 하나님은 자기 백성을 심판하기 위하여 그를 세우셨고, 전능하신 하나님은 자기 백성을 바로잡고 회개하게 하기 위한 도구로 그를 세우셨다(합 1:12). 그렇지만 그의 뜻은 이같지 아니하며 그의 마음의 생각도 이같지 아니하도다(7절).

1. 그는 자기가 하나님의 종 또는 이스라엘의 친구라고 생각하지 않고, 자기가 하나님이 허락하신 일 외에는 아무것도 할 수 없고 하나님이 자기 백성의 유익을 위하여 행하시고자 하는 일 외에는 아무것도 하지 못하리라는 것을 인정하지 않았다. 하나님의 목적은 자기 백성을 바로잡아서 그들의 위선을 치유하

여 그들로 하여금 그에게 좀 더 가깝게 나아오게 하는 것이다. 그러나 산헤립의 생각은 어떠하였는가? 산헤립의 생각은 하나님의 이러한 목적과는 완전히 딴판이었다. 그의 뜻은 이 같지 아니하였다.

(1) 지혜로우신 하나님은 흔히 사람들이 지닌 죄악된 열정들과 계획들조차도 자신의 크고 거룩한 목적을 이루시는 데에 사용하신다.

(2) 하나님께서 사람들을 그의 일을 행하기 위하여 그의 손에 들린 도구들로 사용하실 때에 하나님의 의도와 사람들의 의도는 전혀 다르거나 완전히 정반대인 경우가 비일비재하다. 요셉의 형들은 요셉을 해치고자 하였지만, 하나님은 그것을 선으로 바꾸어 놓으셨다(창 50:20; 또한, 미 4:11-12을 보라). 사람들은 나름대로의 계획이 있고, 하나님은 자신의 계획을 가지고 계신다. 그러나 우리는 여호와의 계획이 서리라는 것을 확신한다. 그렇다면, 이 오만한 앗수르인이 지니고 있던 생각은 무엇이었는가? 왕들의 마음은 헤아릴 수 없는 것이지만, 하나님은 이 앗수르인의 마음속에 무엇이 있는지를 아셨다.

2. 그의 생각은 허다한 나라를 파괴하며 멸절하여 자기가 그 나라들의 지배자가 되는 것이었다.

[1] 그는 자신의 잔인함을 충족시킬 계획이었다. 그는 모든 것을 파괴하고 멸절시키는 것 외에는 다른 생각을 가지고 있지 않았다. 그는 많은 사람을 도륙하여 피를 보는 것을 즐기고자 하였다. 사람들을 죽여서 피를 보는 것만으로는 성이 차지 않아서, 그는 나라들을 멸절시키고자 하였다. 그는 한 사람 한 사람을 죽이는 것으로는 성이 차지 않아서 사람들을 대량으로 학살하고자 하였다. 적지 않은 나라들이 겨우 명맥을 유지하고 있었을 것임에 틀림없는데, 그는 그런 나라들의 숨통을 끊어 놓는 것에서 즐거움을 느끼고자 한 것이다.

[2] 그는 자신의 탐욕과 야망을 이루어서 온 세상의 군주가 되어 모든 나라를 자기에게로 모으고자 하였다(합 2:5). 권력과 부에 대한 채워지지 않는 욕망이 그로 하여금 이 일을 하게 만든 원천이었다.

3. 선지자는 여기에서 그가 큰소리를 치며 허세를 부렸다고 말한다. 그가 그의 수하 장군을 통해서 자기 이름으로 히스기야에게 보낸 편지를 보면, 자만과 허세, 오만함이 그의 정신 속에 얼마나 깊이 들어가서 자리를 잡았는지가 잘 나타나 있다. 여기에는 오만방자함을 보여주는 그의 말이 그대로 인용되고 있는데, 이는 한편으로는 그가 얼마나 우스꽝스러운지를 보여주고, 다른 한편

으로는 하나님의 백성에게 그가 파멸을 당하게 되리라는 것을 확실히 보여주기 위한 것이다. 왜냐하면, 교만은 파멸의 선봉이라는 격언은 일반적으로 진실이기 때문이다. 또한, 이것은 누구든 하늘과 땅을 무시하는 오만하고 교만한 말을 하면 하나님께서는 그 말을 기억하시고 반드시 책임을 물으신다는 것을 보여준다. 허탄한 자랑의 말을 토하는 자들은 그 말로 인하여 책망을 듣게 될 것이다.

(1) 그는 다른 나라들에 대하여 큰 일들을 행하였다고 자랑한다.

[1] 그는 여러 왕들을 그의 신하로 삼았다(8절). "내 고관들은 다 왕들이 아니냐. 지금 나의 고관들인 자들은 이전에 왕이었던 자들이다." 또는, 그의 말은 그가 그의 종들, 그의 휘하에 있는 자들을 지극히 크게 높여서 다른 나라의 왕들처럼 큰 부귀영화를 누리며 사는 자들로 만들어 놓았다는 의미일 수도 있다. 또는, 각자의 영지(領地)를 다스리고 있는 절대 군주들이 그에게 복속되어서 충성맹세를 한 가운데 왕 노릇을 하고 있다는 의미일 수도 있다. 이것은 허세의 극치요 헛된 자랑이었다. 그러나 우리가 섬기는 하나님은 얼마나 크신 분이신가! 우리 하나님은 진정으로 만왕의 왕이시고 하나님을 섬기는 신민(臣民)들은 진정으로 왕들이다(계 1:6)!

[2] 그는 여러 나라의 성읍들의 지배자로 군림하였다. 그는 자기가 점령한 여러 성읍들의 이름을 열거한다(9절). 갈로는 갈그미스와 같이 항복하였고, 하맛은 아르밧과 같이 버티지 못하였으며, 사마리아는 다메섹과 같이 그의 성읍이 되었다. 그는 자신의 자랑을 밑받침하기 위해서 그의 전임자가 이룬 업적들을 마치 자신의 업적인 것처럼 말한다. 왜냐하면, 사마리아를 정복한 것은 산헤립이 아니라 그의 전임자였기 때문이다.

[3] 그는 여러 나라의 수호신이었던 우상들이 그를 당해낼 수 없었기 때문에 그의 손이 우상을 섬기는 나라들에 미쳤고 그 우상들을 그의 것으로 만들어 버렸다(10절). 당시에 나라들은 그들이 섬겼던 우상들의 이름을 따서 불렸기 때문에 모압 사람들은 그모스의 백성으로 불렸다(렘 48:46). 그들은 그들의 신이 그들의 후견인이자 보호자가 되어 주고 있다고 생각하였다. 그러므로 산헤립은 한 나라를 정복한 것은 곧 그 나라의 신을 정복한 것이라고 잘못 생각하여 허세를 부렸다.

[4] 그는 자신의 영토를 넓혀서 열국의 경계선을 걷어치웠다(13절). 그는 광대

한 지역을 그의 나라의 지경에 편입시켜서 선왕들이 설정해 놓았던 옛 경계들을 앞쪽으로 크게 옮겨 놓았다. 그는 옛 경계 속에 갇혀 있는 것을 견딜 수 없었기 때문에 더욱 영토를 넓혀서 강성해지고자 하였다. 화이트(White)는 열국의 경계선을 걷어치웠다는 말씀을 그가 여러 곳에 식민지를 만들어서 민족들을 거기로 강제로 이주시킨 것을 가리키는 것으로 이해한다. 당시에 이러한 강제 이주 정책은 앗수르인들이 나라들을 정복했을 때에 일관되게 시행하였던 정책이었기 때문에, 이러한 해석은 일리가 있다.

[5] 그는 여러 나라들의 재물로 치부하여서 그 재물을 자신의 금고로 가져왔다. 내가 그들의 재물을 약탈하였다. 이 말을 통해서 그는 큰 정복자들이 실은 큰 강도들과 다름없다는 속내를 내비친다.

[6] 그는 모든 반대 세력을 제압하였다. "나는 용감한 자처럼 위에 거주한 자들을 낮추었다. 높이 앉아서 스스로 안전하다고 생각한 자들을 내가 끌어내려서 낮추었다."

(2) 그는 자기가 이런 일들을 어떤 방식으로 했는지를 자랑한다.

[1] 그가 자신의 모략과 능력으로 이 모든 일을 했다는 것(13절). "나는 섭리에 의한 허락과 하나님의 축복이 아니라 내 손의 힘과 내 지혜로 이 모든 일을 행하였다. 왜냐하면, 나는 용감한 자요 총명한 자이기 때문이다." 그는 왕의 홀(笏)을 그의 손에 쥐어 주어서 현재의 그의 모습을 만들어 주신 분이 하나님이신 것을 알지 못하고 그물에 제사한다(합 1:16). "이 모든 재물과 부는 내 능력과 내 손의 힘으로 얻은 것이다(신 8:17)." 사람들이 이렇게 그들의 형통과 성공을 그들 자신의 힘으로 돌려서 스스로를 높이는 태도의 밑바닥에는 교만과 자만은 물론이고 철저한 무신론과 불경(不敬)이 자리 잡고 있다.

[2] 그는 이 모든 일을 마치 새의 보금자리에 손을 넣어서 알을 꺼내오듯이 아주 손쉽게 심심풀이로 재미 삼아 했다는 것(14절). 내 손으로 열국의 재물을 얻은 것은 새의 보금자리를 얻음 같았다. 그가 열국의 재물을 발견하였을 때에 그 재물을 손에 넣는 일은 새의 둥지를 터는 것만큼이나 쉬웠고, 수많은 가정과 성읍들을 파괴하였을 때에는 까마귀의 둥지를 파괴할 때와 마찬가지로 양심에 거리낌이나 후회함이 전혀 없다. 그에게는 아이들을 죽이는 일은 새들을 죽이는 일과 별반 다를 게 없었다. "어미가 버린 둥지에 남겨진 알을 주움 같이 나는 아주 손쉽게 온 세계를 얻었다." 그는 알렉산더 대왕처럼 세계를 정복하였다고

생각하였다. 그가 포획한 먹잇감들은 둥지를 잃은 새들처럼 날개를 치거나 입을 벌리거나 지저귀는 것이 하나도 없었다. 그들은 감히 저항하거나 불평하지 못하였다는 것이다. 이 강력한 정복자 앞에서 그들은 공포에 질려 꼼짝도 하지 못하였다. 그들은 너무나 약했기 때문에 저항해 보아야 아무 소용 없다는 것을 알고 있었고, 그는 너무나 제멋대로였기 때문에 그들은 불평하고 하소연해 보아야 아무 소용 없다는 것을 알았다. 선을 행하도록 지음 받은 인간이 이렇게 악을 행하면서 교만하고 즐거워하며 주변의 모든 사람들에게 제약 없이 해악을 가하면서 부끄러워해야 할 일을 도리어 자신의 영광으로 여기는 것은 참으로 이상한 일이다! 그러나 산 자들의 땅에서 스스로 모든 약한 자들만이 아니라 용사들에게 공포의 대상이었던 자들이 망할 날이 장차 올 것이다.

(3) 그는 그가 현재 포위하고 있는 예루살렘을 어떻게 할 것인지를 말하며 위협한다(10-11절). 그는 다른 곳들과 그 우상들, 특히 사마리아를 복속시켰듯이 예루살렘과 그 우상들을 복속시켜 그 위에 군림하겠다고 말한다.

[1] 그는 이스라엘의 하나님을 우상이라 부르며 신성모독을 행하고, 마치 그가 섬기던 태양 신 미드라스(Mithras) 외에는 참 신이 없다는 듯이 하나님을 다른 나라들의 거짓 신들과 동일한 반열에 둔다. 그가 얼마나 무지하였는지를 보라. 따라서 우리는 그가 그토록 교만한 것을 이상하게 여길 필요가 없다.

[2] 그는 이스라엘의 하나님을 섬기는 자들에게는 그 어떤 우상을 조각해서 만드는 것이 명시적으로 금지되어 있었고 만약 우상을 만든다면 숨어서 은밀하게 만들 수밖에 없기 때문에 이스라엘에서는 다른 나라들에서와는 달리 우상들이 화려하고 거창할 수 없었다는 것을 알고 있었을 것인데도 다른 나라들의 조각한 우상들이 예루살렘과 사마리아의 우상들보다 더 뛰어나다고 짐짓 얘기한다. 만약 그가 말한 예루살렘의 우상이 법궤와 시은좌(施恩座, mercy-seat)를 의미하는 것이라면, 그것은 그가 눈에 보이는 것만으로 판단함으로써 영적인 일에서 쉽게 속아넘어가는 아주 어리석은 자처럼 말하고 있는 것이다. 외적인 웅장함과 화려함으로 교회의 참 능력을 평가하는 자들도 그런 부류에 속하는 자들이다.

[3] 그는 자기가 사마리아를 이미 정복하였기 때문에 예루살렘도 당연히 함락될 것이라고 결론을 내렸다. "내가 예루살렘에게 그렇게 행하지 못하겠느냐? 내가 손쉽게 그런 일을 행할 수 있고 당연히 그렇게 할 수 있지 않겠느냐?" 그러

나 그런 결론은 성립할 수 없었다. 왜냐하면, 사마리아는 하나님을 버린 반면에 예루살렘은 하나님께 붙어 있었기 때문이다.

Ⅲ. 하나님께서 어떻게 공의로 그의 교만을 꾸짖으시고 그의 운명이 어떻게 될 것인지를 말씀하시는지를 보라. 우리는 지금까지 앗수르의 저 큰 왕이 어떤 말을 하였고 어떤 허세를 부렸는지를 잘 들었다. 이제 크신 하나님께서 그의 종 이사야 선지자를 통해서 무엇이라 말씀하시는지를 들을 차례이다. 여기서 우리는 그의 허세와 교만이 하늘을 찌를지라도 하나님은 그보다 위에 계신다는 것을 발견하게 된다.

1. 하나님은 그의 오만방자하고 뻔뻔스러운 자랑의 말들이 헛것임을 보여 주신다(15절). 도끼가 어찌 찍는 자에게 스스로 자랑하겠으며 톱이 어찌 켜는 자에게 스스로 큰 체하겠느냐. 이 교만한 자가 늘어놓는 자랑들은 이렇게 터무니없는 것들이다. 우화 속에서 수레바퀴 위에 앉은 파리가 "이런, 내가 먼지를 일으켰군"이라고 말하였고, 도끼가 "내가 숲을 망쳐 놓았군"이라고 말하였다고 한다. 도끼는 두 가지 방식으로 찍는 자에게 스스로 자랑할 수 있을 것이다.

(1) 저항하고 반대함으로써. 산헤립은 하나님께 신성모독을 행하고 모욕하며 열국의 신들과 마찬가지로 하나님도 자기를 섬겨야 할 것이라고 위협하였다. 이것은 마치 도끼가 그 도끼를 들고서 나무를 찍는 자의 얼굴을 향하여 날아드는 것과 같은 짓이었다. 도구가 일꾼에게 대드는 것은 진흙이 토기장이에게 대드는 것만큼이나 어처구니없는 짓이다. 사람이 그에게 지혜와 부와 능력을 주신 하나님과 싸우겠다고 대드는 것이 옳지 않다는 것과 고난을 받지 않는다는 것은 전혀 별개의 문제이다. 그러나 사람이 이렇게 교만하고 무모하게 모든 의롭고 거룩한 일에 도전한다면, 그는 하나님께서 그에게 장차 책임을 물으시리라는 것을 예상하여야 한다. 그 사람이 오만방자하면 할수록, 그의 파멸은 더 확실하고 심하게 될 것이다.

(2) 경쟁함으로써. 사람이 도끼를 사용해서 어떤 일을 했을 때, 도끼가 그 일을 마치 자기가 한 것처럼 자랑한다면 말이 되겠는가? 산헤립이 내 손의 힘과 내 지혜로 이 일을 행하였다(13절)고 말한 것은 참으로 몰지각하고 어처구니없는 짓이었다. 그것은 마치 사람이 회초리를 휘두를 때에 회초리가 자기를 든 손을 자기 마음대로 움직이고 있다고 자랑하는 것이나 같은 것이다. 사람이 몽둥이를 들어서 휘둘렀다고 해도, 그 사람의 손에 들려 있는 몽둥이는 여전히 나무

가 아니던가. 마지막 구절은 이렇게 해석될 수 있다. 몽둥이가 권세의 표(標)이고(백성의 귀인들이 지니고 다니던 것과 같은, 민 21:18) 약한 자를 돕거나 악한 자를 고치기 위한 섬김의 도구라고 해도, 그 몽둥이는 여전히 나무에 불과하고, 그것을 사용하는 자가 행하고자 하는 것 외에는 아무 일도 할 수 없다. 시편 기자는 하나님께서 이방 나라들이 그들은 단지 인생일 뿐인 줄을 알게 하시라고 기도한다(시 9:20). 막대기와 몽둥이는 자기가 나무일 뿐인 줄을 알아야 한다.

2. 하나님은 그의 멸망과 파멸을 미리 말씀해 주신다.

(1) 하나님께서는 그를 사용해서 자신의 일을 다 하신 후에 그에게 행하실 일을 하시겠다는 것(12절). 하나님의 백성은 지금 산헤립의 침략으로 인해서 암울한 나날을 보내고 있지만, 하나님은 그들을 위로하시기 위하여 다음과 같은 사실을 알려주신다.

[1] 하나님께서 이러한 섭리를 통해서 시온과 예루살렘을 선대하시기로 계획하셨다는 것. 하나님은 그들에게 행할 한 가지 일을 계획하셨고, 곧 그 일을 행하실 것이다. 하나님께서 그의 교회와 백성의 원수들을 풀어놓으셔서 그들로 하여금 한동안 승승장구하게 하시는 것은 하나님의 백성에게 뭔가 큰 선한 일을 행하시기 위한 것임을 명심하라. 하나님께서 그 일을 행하실 바로 그 때에 가서야 그의 백성은 구원을 받게 된다. 하나님이 자기 백성을 고난 속에 몰아넣으시는 것은 그들을 연단시킴으로써(단 11:35) 죄를 깨닫게 하고 낮추셔서, 그들의 본분을 일깨우시고 그들에게 기도하며 서로 사랑하고 돕도록 가르치시기 위함이다. 그 열매는 죄 없이함을 받는 것이다(사 27:9). 이러한 목적들이 환난을 통해서 상당한 정도로 이루어졌을 때에 하나님의 긍휼하심을 따라서 그 환난은 제거될 것이지만(레 26:41-42), 그 목적이 이루어지지 않았을 때에는 환난은 계속될 것이다. 왜냐하면, 하나님의 말씀과 마찬가지로 하나님의 매도 그것을 보낸 하나님의 뜻을 반드시 이루게 되어 있기 때문이다.

[2] 하나님께서 자기 백성을 위하여 이 은혜의 일을 행하실 때에 침략자들에게는 진노와 복수의 일을 행하시리라는 것. 주께서 앗수르 왕의 완악한 마음의 열매를 벌하시리라(사 10:12). 여기에서는 앗수르 왕의 허세가 완악한 마음에서 나온 것이라고 말한다. 허세는 완악한 마음의 열매이다. 왜냐하면, 마음에 가득한 것을 입으로 말하기 때문이다. 또한, 그것은 높은 눈의 자랑이기도 하다. 왜냐

하면, 오만한 표정은 오만한 마음을 나타내는 것이기 때문이다. 교회의 원수들은 보통 대단히 거만하고 건방지다. 그러나 조만간에 하나님께서 그들의 거만함에 대하여 책임을 물으실 것이다. 교만한 자를 발견하여 낮추시는 것은 하나님의 능력과 주권을 보여주는 움직일 수 없는 증거이기 때문에 하나님은 그 일을 통해서 영광을 받으신다(욥 40:11).

(2) 시온과 예루살렘에 대한 산헤립의 시도가 아무리 위협적이라고 할지라도 그 시도는 반드시 좌절되고 꺾이며 무효가 되어서 그는 자신의 목적을 이룰 수 없게 되리라는 것(16, 19절). 좀 더 살펴보자.

[1] 그를 멸망시키고자 하시는 장본인은 누구신가. 히스기야나 그의 고관들이나 유다와 예루살렘의 시민군들(그들이 어떻게 이 강력한 군대를 대적할 수 있겠는가)이 아니라 만군의 여호와이시고 이스라엘의 빛이신 하나님께서 직접 그 일을 행하실 것이다.

첫째, 우리는 하나님이 그 일을 하실 수 있다는 것을 확신한다. 왜냐하면, 하나님은 만군의 여호와, 하늘과 땅의 모든 군대들의 주이시기 때문이다. 모든 피조물은 하나님의 명령을 받는다. 하나님은 피조물들을 그의 기쁘신 뜻을 따라 사용하신다. 하나님은 유다 군대와 앗수르 군대의 주(主)이시기 때문에 그의 기쁘신 뜻을 따라 정해진 쪽에 승리를 주실 수 있다. 만군의 여호와께서 우리 편이라면, 우리는 그 어떤 원수의 군대도 두려워할 이유가 없다.

둘째, 우리에게는 하나님이 그 일을 하실 것이라고 소망할 이유가 있다. 왜냐하면, 하나님은 이스라엘의 빛이시고 이스라엘의 거룩하신 이이시기 때문이다. 하나님은 빛이시다. 하나님 속에는 완전한 밝음과 순전함과 행복이 있다. 하나님은 거룩하신 분이시기 때문에 빛이시다. 하나님의 거룩은 하나님의 영광이다. 하나님은 이스라엘의 빛이시기 때문에 자기 백성을 가르치시고 인도하시며 그들 편을 드시고 아무리 악한 때라도 그들을 위로하며 기쁘게 하신다. 하나님은 그들과 언약 관계에 계시기 때문에 그들의 거룩하신 이이시다. 하나님의 거룩하심은 그들을 위하여 사용된다. 하나님의 거룩하심은 성도들의 위로가 된다. 그들은 하나님의 거룩하심을 기억하고서 감사하고, 큰 기쁨으로 하나님을 그들의 거룩하신 이라 부른다(합 1:12).

[2] 그의 멸망이 어떻게 표현되고 있는가. 첫째, 그것은 질병에 의해서 몸이 소진되는 것으로 표현된다. 주께서 살진 자를 파리하게 하실 것이라. 살이 잔뜩

찐 몸과 같았던 그의 무수한 군대는 점점 소진되어 그 수가 줄어들어 해골처럼 될 것이다. 둘째, 그것은 불에 의해서 건물이나 나무, 수풀이 불타 없어지는 것으로 표현된다. 주의 영화 아래에서, 즉 하나님의 영광을 드러내게 될 바로 그 일을 통해서 주는 불이 붙는 것 같이 맹렬히 타게 하실 것이다. 거센 불길이 웅장한 저택을 순식간에 잿더미로 만들어 버리듯이, 하나님께서 보내신 불에 의해서 산헤립의 군대는 갑자기 초토화될 것이다. 어떤 이들은 이 말씀이 희생 제물들을 태우던 불을 암시하는 것으로 본다. 왜냐하면, 교만한 죄인들은 하나님의 공의의 희생 제물들로서 죽는 것이기 때문이다. 좀 더 살펴보자.

1. 이 불은 어떻게 점화될 것인가(17절). 하나님은 그를 신실하게 섬기는 자들에게는 기쁨을 주는 빛이 되시지만 그에게 시비를 걸거나 반역하는 자들에게는 삼키는 불이 될 것이다. 옛적에 홍해에서 구름 기둥이 이스라엘 백성에게는 빛이었지만 애굽 군대에게는 공포였듯이, 이스라엘의 빛은 앗수르 군대에게 불이 될 것이다. 그 불을 무엇으로 막을 수 있으며 무엇으로 끌 수 있겠는가?

2. 이 불은 어떠한 초토화를 가져올 것인가. 그의 가시와 찔레가 소멸될 것이다. 가시나무와 찔레는 아무짝에도 소용 없어서 불태워질 수밖에 없고, 또한 불길에 의해서 아주 쉽고 빠르게 타버리는 것처럼, 산헤립의 군관들과 군사들은 아무짝에도 쓸모가 없고 오직 하나님의 이스라엘을 괴롭히는 존재일 뿐이기 때문에 이 불에 타서 소멸되고 말 것이다. "찔레와 가시가 나를 대적하여 싸우고자 하는가? 그것들은 불을 멈추기는커녕 더욱 활활 타오르게 할 것이다. 내가 그것들을 밟고 모아 불사르리라(사 27:4). 그것들은 하루 사이에 소멸될 것이고 순식간에 다 없어질 것이다." 그들이 평화와 안전만이 아니라 승리를 외쳤을 때, 갑작스러운 멸망이 그들에게 찾아왔다. 그것은 전혀 예상치 않게 찾아왔고, 짧은 시간 안에 다 끝나 버렸다. "그의 숲의 영광(18절), 그의 군대 중에서 정예 부대들, 전쟁에 경험이 많은 군사들, 그의 호위 부대, 그가 보유하고 있던 가장 용맹스러운 부대들, 그가 가장 자랑스러워하고 가장 많이 의지하였던 부대들, 아름드리나무들(숲의 영광)이나 탐스러운 열매를 맺는 나무들(갈멜의 영광)처럼 소중히 여겼던 자들조차 불 앞에서 가시나무와 찔레처럼 스러져 갈 것이다. 그들의 영혼과 몸이 둘 다 완전히 소멸될 것이고, 단지 사지(四肢)만이 아니라 생명도 다 타서 소멸되어 버릴 것이다." 하나님은 영혼과 몸을 둘 다 멸하실 수 있으시다는 것을 명심하라. 그러므로 우리는 단지 몸만을 죽일 수

있는 사람이 아니라 둘 다를 멸하실 수 있는 하나님을 두려워하여야 한다. 아무리 큰 군대도 하나님 앞에서는 큰 나무들에 불과해서, 하나님은 그 기쁘신 뜻을 따라 그들을 찍어 버리거나 태워 버리실 수 있다.

[3] 이러한 큰 도륙의 결과는 어떤 것이 될 것인가. 선지자는 우리에게 다음과 같은 것들을 말해준다.

첫째, 이 일로 말미암아 산헤립의 군대는 아주 적은 수의 군대로 전락하고 말리라는 것. 그의 숲에 남은 나무의 수가 희소하리라. 극소수의 군사들만이 멸망시키는 천사의 칼을 피하게 될 것이기 때문에, 그 수가 너무 적어서 그들을 헤아리기 위해서 검열관이나 서기도 필요없게 될 것이다. 왜냐하면, 아이라도 능히 그들의 수를 계수할 수 있고 그들의 이름을 쓸 수 있을 것이기 때문이다.

둘째, 살아남게 된 소수의 군사들은 완전히 사기가 꺾이게 되리라는 것. 그들은 군기(軍旗)를 든 자가 기력이 다한 것과 같게 될 것이다. 군기를 든 자가 죽거나 줄행랑을 치면서 그가 든 군기가 적에게 빼앗기면, 군대 전체는 사기가 떨어져서 온통 혼란에 빠지게 된다. 이 일 전체와 관련해서 우리는 이 크시고 거룩하신 여호와 하나님 앞에서 누가 서리요 라고 말하지 않을 수 없다.

[20]그 날에 이스라엘의 남은 자와 야곱 족속의 피난한 자들이 다시는 자기를 친 자를 의지하지 아니하고 이스라엘의 거룩하신 이 여호와를 진실하게 의지하리니 [21]남은 자 곧 야곱의 남은 자가 능하신 하나님께로 돌아올 것이라 [22]이스라엘이여 네 백성이 바다의 모래 같을지라도 남은 자만 돌아오리니 넘치는 공의로 파멸이 작정되었음이라 [23]이미 작정된 파멸을 주 만군의 여호와께서 온 세계 중에 끝까지 행하시리라

선지자는 산헤립을 시켜 유대 땅을 침략하게 하심으로써 주께서 주의 일을 시온 산과 예루살렘에 다 행하실 것이라고 앞에서 말하였었다(12절). 이제 여기에서 우리는 그 일이 어떤 일이 될지에 대해서 듣게 되는데, 그 일은 이중적인 측면을 지닌 일이 될 것이다.

I. 회심하는 자들이 있을 것임. 그들은 당시에는 즐겁지 않고 슬프고 힘들게 보였던 이 섭리의 일을 통해서 거룩하게 되어서 화평한 의의 열매를 맺게 될 것이다. 그들은 남은 자들(22절), 이스라엘의 남은 자(20절), 야곱의 남은 자

(21절)로서 바다의 모래 같이 허다했던 이스라엘 백성에 비하면 극소수에 불과할 것이다. 회심의 역사는 다른 사람들과 구별되어서 하나님을 위하여 성별된 남은 자에게만 이루어진다는 것을 명심하라. 이스라엘 백성이 바다의 모래같이 무수히 많았고, 눈에 보이는 교회의 지체들이 무수하게 많지만, 오직 남은 자만이 구원을 얻고, 부르심을 받은 수많은 자들 중에서 오직 소수만이 택함을 받는다는 것을 생각할 때, 우리는 미치지 못할 것을 두려워하여 좁은 문으로 들어가기를 힘써야 한다. 이 이스라엘의 남은 자는 야곱 족속의 피난한 자들, 너나 할 것 없이 배교하던 시절에 야곱의 집의 타락을 피해서 자신의 온전한 신앙을 지켰던 자들로 묘사된다. 그것은 아름다운 피신이었다. 그러므로 그들은 야곱의 집이 황폐화될 때에 그 재앙도 피하게 될 것이고, 모든 사람이 재앙을 만날 때에 안전하게 될 것인데, 이것도 아름다운 피신이 될 것이다. 하나님께서는 그들의 생명을 그들에게 노략물 주듯 하실 것이다(렘 45:5). 의인도 겨우 구원을 받는다.

1. 이 남은 자는 육체의 팔에 의지했던 모든 것으로부터 벗어나게 될 것이고, 이 섭리의 일을 통해서 피조물을 의지했던 것으로부터 치유를 받게 될 것이다. "그들은 다시는 자기를 친 자를 의지하지 아니할 것이다. 그들은 앗수르 군대가 그들의 최악의 원수라는 것을 깨닫고서 다시는 이전처럼 다른 원수들을 막기 위해서 앗수르 군대에게 도움을 청하거나 의지하지 않게 될 것이다." 고생할수록 조심성을 배우는 법이다(ictus piscator sapit). "그들은 이제 비싼 대가를 치른 경험을 통해서 그들을 치는 몽둥이가 될 수도 있는 그런 몽둥이를 의지하는 것이 얼마나 어리석은 짓인지를 배웠다." 우리가 앗수르의 구원을 의지하지 아니하오리다(호 14:3)는 하나님께로 돌아온 백성이 한 약속 중의 하나였다. 우리는 고난을 통해서 피조물을 의지해서는 안 된다는 것을 배울 수 있다는 것을 명심하라.

2. 그들은 하나님, 전능하신 하나님(메시야에게 붙여진 이름들 중의 하나, 사 9:6), 이스라엘의 거룩하신 이가 얼마나 소중한 분인지를 뼈저리게 느끼게 될 것이다. "남은 자, 곧 야곱의 남은 자가 돌아오리라(이것은 이사야 선지자의 아들의 이름이었던 스알야숩이 상징하는 것이었다, 사 7:3). 그들은 예루살렘에 대한 포위가 풀린 후에 돌아와서 그들의 집과 땅을 안전하게 다시 소유하게 될 뿐만 아니라 하나님과 그들의 본분으로 돌아오게 될 것이다. 그들은 회개하고

기도하며 하나님의 얼굴을 구하며 그들의 삶을 고칠 것이다." 이 재난을 피한 남은 자는 하나님께로 돌아오는 남은 자가 될 것이다. 그들은 하나님께로 돌아와서 하나님을 의지할 것이다. 하나님께로 돌아오는 자들만이 기쁨으로 하나님을 의지할 수 있다는 것을 명심하라. 하나님에 대한 우리의 본분을 꼼꼼히 행할 때에 우리는 겸손히 하나님을 의뢰할 수 있다. 그들은 말로만 또는 겉으로만이 아니라 진실하게 이스라엘의 거룩하신 이 여호와를 의지하리라. 사도 바울은 이스라엘의 남은 자가 회심하고 구원을 받으리라는 이 약속을 복음이 처음으로 전파되었을 때에 그 복음을 받아들이고 영접한 유대인들의 남은 자에게 적용한다(롬 9:27). 또한, 하나님의 이러한 약속은 하나님께서 아브라함의 자손들 중 무수한 자들을 파멸에 이르게 하시는 것이 새삼스러운 일이 아니라는 것을 충분히 입증해 준다. 왜냐하면, 당시에 그런 일이 일어났기 때문이다. 이스라엘 자손의 수가 바다의 모래 같았지만(창 22:17) 오직 남은 자만이 구원을 받게 될 것이다.

II. 파멸을 당할 자들이 있을 것임.　주 만군의 여호와께서 파멸을 행하시리라(23절). 이 말씀은 18절의 말씀과는 달리 하나님에 의한 앗수르 군대의 파멸을 의미하는 것이 아니라 앗수르 군대에 의해서 유대인들의 수많은 가옥과 전답과 가정들이 파멸을 당하게 되리라는 것을 의미한다. 이 말씀이 여기에 나오는 것은 남은 자를 재난에서 피하게 하시는 하나님의 능력과 선하심이 얼마나 큰 것인지를 보여주고, 우리로 하여금 하나님께 돌아오고자 하지 않는 자들은 어떻게 되어야 합당한지를 알게 하기 위한 것이다. 하나님은 그들을 이 땅 한복판에서 벌어질 이 재앙을 통해서 다 쓸어버리실 것이다. 좀 더 살펴보자.

　1. 그것은 하나님께서 직접 내리시는 재앙이요 파멸이다. 그 파멸을 일으키시는 장본인은 바로 하나님이시다. 아무도 저항할 수 없는 만군의 주 여호와께서 이 파멸을 행하실 것이다.

　2. 그것은 작정되었다. 그것은 갑작스러운 결심의 산물이 아니라 이전에 이미 정해져 있던 것이었다. 그것은 결정되었다. 그러한 파멸이 있으리라는 것만이 아니라 잘라내지는(이것이 원어의 의미이다) 것도 결정되어 있었다. 그 파멸이 언제까지 지속될 것인지, 그 파멸에 의해서 누가 멸망을 당하고 누가 그렇게 되지 않을지도 구체적으로 정해져 있었다.

　3. 그것은 넘치는 파멸이 될 것이기 때문에 이 땅에 흘러넘쳐서 거센 물살

처럼 그 앞에 있는 모든 것을 다 휩쓸어가 버릴 것이다.

　4. 그것은 흘러넘칠 것이지만 결코 제멋대로가 아니라 의로 흘러넘칠 것이다. 이것은 파멸이 지혜와 공평 가운데 행해지리라는 것을 의미한다. 하나님은 당연히 진노를 불러일으킨 자들 위에 이 파멸을 임하게 하실 것이고, 지혜롭고 은혜롭게 그 파멸에 경계를 정하실 것이다. 네가 여기까지 오고 더 넘어가지 못하리라.

[24]그러므로 주 만군의 여호와께서 이르시되 시온에 거주하는 내 백성들아 앗수르가 애굽이 한 것처럼 막대기로 너를 때리며 몽둥이를 들어 너를 칠지라도 그를 두려워하지 말라 [25]내가 오래지 아니하여 네게는 분을 그치고 그들은 내 진노로 멸하리라 하시도다 [26]만군의 여호와께서 채찍을 들어 그를 치시되 오렙 바위에서 미디안을 쳐죽이신 것 같이 하실 것이며 막대기를 드시되 바다를 향하여 애굽에서 하신 것 같이 하실 것이라 [27]그 날에 그의 무거운 짐이 네 어깨에서 떠나고 그의 멍에가 네 목에서 벗어지되 기름진 까닭에 멍에가 부러지리라 [28]그가 아얏에 이르러 미그론을 지나 믹마스에 그의 장비를 두고 [29]산을 넘어 게바에서 유숙하매 라마는 떨고 사울의 기브아는 도망하도다 [30]딸 갈림아 큰 소리로 외칠지어다 라이사야 자세히 들을지어다 가련하다 너 아나돗이여 [31]맛메나는 피난하며 게빔 주민은 도망하도다 [32]아직 이 날에 그가 놉에서 쉬고 딸 시온 산 곧 예루살렘 산을 향하여 그 손을 흔들리로다 [33]보라 주 만군의 여호와께서 혁혁한 위력으로 그 가지를 꺾으시리니 그 장대한 자가 찍힐 것이요 그 높은 자가 낮아질 것이며 [34]쇠로 그 빽빽한 숲을 베시리니 레바논이 권능 있는 자에게 베임을 당하리라

　　　선지자는 말씀을 선포하면서 보배로운 자들과 악한 자들을 구별한다. 왜냐하면, 하나님은 자신의 섭리 속에서, 심지어 동일한 섭리 속에서도 그렇게 하시기 때문이다. 선지자는 산헤립의 침략이 하나님을 노하게 한 백성(6절)이었던 위선자들에게 공포가 될 것이라고 말하였지만, 여기에서는 하나님의 사랑의 백성이었던 진실한 자들에게 위로를 전한다. 심판은 전자 때문에 보내진 것이었고, 구원은 후자를 위하여 베풀어지는 것이었다. 우리는 여기에서 다음과 같은 것들을 본다.

　I. 하나님의 백성에게 이 위협적인 재난을 보고 놀라서 겁을 집어먹고 당혹

해하거나 새파랗게 질리지 않도록 권면하심.   시온의 죄인들이 떨리라(사 33:14). 그러나 시온에 거주하는 내 백성들아 앗수르가 너를 칠지라도 그를 두려워하지 말라(24절). 어떤 일이 일어날지라도 자기 백성이 두려움에 붙잡혀서 놀라고 괴로워하는 것은 하나님의 뜻이 아니라는 것을 명심하라. 하나님께서 거하시고 그의 백성이 그를 수종 드는 곳인 시온은 견고한 성채로 둘러쳐져 보호를 받고 있기 때문에(시 48:13), 시온에 거하는 자들은 그 어떤 적도 두려워할 필요가 없다. 그들의 영혼은 하나님 안에서 평안히 거할 수 있다.

Ⅱ. 하나님의 백성이 지닌 두려움을 잠재우기 위해 두려워하지 않아도 되는 여러 근거들을 제시하심.

1. 앗수르는 하나님께서 행하라고 정해 주신 것 외에는 하나님의 백성에 대하여 그 어떤 해도 끼칠 수 없을 것이다. 하나님은 여기에서 이 일이 자기 백성에게 갑자기 일어나서 그들이 놀라지 않도록 하기 위해서 앗수르가 무슨 일을 할 것인지를 미리 말씀해 주신다. "하나님의 허락 아래에서 앗수르가 너를 때릴 것이지만, 사람에게 상처를 입히고 죽이는 칼이 아니라 단지 막대기로 때릴 것이다. 아니, 앗수르가 애굽 사람들이 홍해에서 너희 조상들에게 몽둥이를 휘두르며 내가 뒤쫓아 따라잡으리라고 말했듯이(출 15:9) 애굽이 한 것처럼 너를 치려고 몽둥이를 들고서 너를 위협하고 겁주며 네 앞에서 몽둥이를 휘두르겠지만 네게 그 어떤 해도 끼칠 수 없을 것이다." 우리는 단지 우리를 겁주는 것 외에는 아무것도 할 수 없는 그런 원수들을 보고 겁을 집어먹을 필요가 없다는 것을 명심하라.

2. 폭풍우는 곧 지나가게 될 것이다(25절). 내가 오래지 아니하여(또는, 잠시 아주 잠시 후면, 이것이 원어의 의미이다) 네게 나의 분, 곧 그들의 손의 몽둥이(5절)로 표현된 나의 분을 그치리라. 그래서 하나님의 분노가 그칠 때에 그들은 무장해제되어서 더 이상 해악을 행할 수 없게 된다. 자기 백성에 대한 하나님의 진노는 잠시뿐이고(시 30:5), 그 분노가 그치고 우리에게서 떠나가게 되면, 사람들의 분노는 힘없는 감정의 표출에 지나지 않기 때문에, 우리는 그 어떤 사람의 분노도 두려워할 필요가 없게 된다는 것을 명심하라.

3. 하나님께서는 그들을 위협한 원수에게 그 책임을 물으실 것이다. 자기 백성에 대한 하나님의 분노는 그치게 될 것인데, 이것은 그들의 원수들이 멸망을 받는 것으로 표현될 것이다. 하나님께서 그의 분노를 이스라엘에게서 돌이

키실 때에 그 분노는 앗수르를 향하게 될 것이다. 하나님은 자기 백성을 바로 잡으실 때에 사용하셨던 매를 그냥 옆에 치워두시는 것이 아니라 불 속에 던져 버리실 것이다. 하나님은 시온을 치시려고 막대기를 드셨지만 앗수르를 치실 때에는 **채찍**을 드실 것이다(26절). 앗수르는 하나님의 백성에게 공포의 대상이지만, 하나님은 앗수르에게 공포의 대상이 될 것이다. 멸망의 천사가 앗수르를 치는 채찍이 될 것이기 때문에, 앗수르는 도망치지도 못하고 맞서 싸우지도 못할 것이다. 선지자는 하나님의 백성을 격려하기 위해서 선례(先例)들을 인용하면서, 하나님께서 이전에 강하고 두려운 원수들을 쳐서 멸망시키신 일들을 그들에게 상기시킨다.

(1) 앗수르의 멸망은 미디안을 쳐죽이신 것(이 일은 눈에 보이지 않는 세력에 의해서 갑작스럽게 이루어졌고 그 결과는 미디안의 철저한 패주였다) 같을 것이다. 오렙 바위에서 미디안의 한 왕이 전쟁에서 죽임을 당했듯이, 산헤립도 그의 군대가 패한 후 참혹한 죽음은 면했다고 생각했을 때에 그가 섬기던 신 니스록의 신전에서 죽임을 당하게 될 것이다. 이 본문을 그들의 귀인들이 오렙과 스엡 같게 하소서(시 83:11)라는 말씀과 비교해 보라. 하나님의 약속과 그의 백성의 기도가 얼마나 서로 일치하는지를 보라.

(2) 홍해에서 모세의 막대기가 **바다를 향하여** 들려서 처음에는 이스라엘이 피할 길을 내주기 위하여 바다가 갈라졌고 다음으로는 그들을 추격하던 애굽의 군대를 멸하기 위하여 바다가 다시 닫혔듯이, 이제 예루살렘을 구원하고 앗수르를 멸하기 위하여 하나님의 막대기가 애굽에서 하신 것 같이 들릴 것이다. 하나님께서 자기 백성을 위하고 원수들을 치시기 위하여 나타나신 일들이 서로 닮아 있다는 것을 눈여겨볼 필요가 있다.

4. 그들은 앗수르의 세력과 그것에 대한 두려움에서 완전히 건짐을 받게 될 것이다(27절). "그들은 지금 그들을 공격하기 위해서 진 치고 있는 앗수르 군대, 그들에게 무거운 멍에이자 짐인 그 군대로부터 벗어나게 될 뿐만 아니라, 이 침공 이전에 앗수르 왕에게 바쳤던 조공을 이제는 더 이상 바치지 않게 될 것이고(왕하 18:14), 이전과는 달리 더 이상 그를 섬기지도 않을 것이며, 그들의 운명이 그에 의해서 좌지우지 되는 일도 없을 것이고, 앗수르 왕은 다시는 이 나라에서 세금을 걷어가지도 못할 것이다." 어떤 이들은 이 말씀이 한 걸음 더 나아가서 유대인들이 바벨론에서의 포로 생활에서 구원을 받게 되리라는

것을 가리키고, 궁극적으로는 믿는 자들이 죄와 사탄의 폭정에서 구속받게 되리라는 것을 가리키는 것이라고 생각한다. 그 멍에는 벗어지게 될 뿐만 아니라 부러지게 될 것이다. 원수는 이전에 행하였던 해악을 가할 힘을 다시는 회복하지 못할 것인데, 이것은 **기름 부음 때문**, 즉 기름 부음에 참여한 자들 때문이다.

(1) 그것은 여호와의 기름 부음 받은 자이자 적극적인 개혁자로서 하나님의 사랑을 받았던 히스기야 때문이다.

(2) 그것은 다윗 때문이다. 이것은 특히 하나님께서 산헤립으로부터 예루살렘을 지키시고자 하시는 이유로 제시된다(사 37:35). 내가 나를 위하여 내 종 다윗을 위하여 이 성을 보호하며 구원하리라.

(3) 그것은 그의 백성 이스라엘 때문이고, 그들 가운데서 하나님의 은혜의 기름부음을 받은 선한 자들 때문이다.

(4) 그것은 메시야, 하나님의 기름 부음 받은 자 때문이다. 하나님께서는 메시야를 생각하셔서 구약 교회에 온갖 구원을 베푸셨고, 지금도 여전히 메시야를 생각하셔서 자기 백성에게 온갖 은총을 베푸신다. 하나님께서 멍에를 부수시고 우리를 진정으로 자유하게 하시는 것도 메시야 때문이다.

III. 원수의 두려운 모습과 많은 사람들이 그 모습을 보고 공포에 사로잡히게 된 것을 서술하고, 이 두 가지 모두 얼마나 어리석은 것인지를 보여줌(28-34절). 좀 더 살펴보자.

1. 앗수르 군대가 얼마나 무시무시하였고, 얼마나 저돌적이고 위협적인 모습으로 등장하였는가. 여기에는 산헤립이 이끈 군대가 어느 길을 따라서 신속하게 진군하였는지에 관한 구체적인 설명이 나온다. "그는 아무런 저항도 받지 않고 파죽지세로 아얏을 비롯한 여러 곳을 점령하였다." 그는 가는 곳마다 너무도 손쉽게 무혈입성을 하였기 때문에 마치 이제는 더 이상 무거운 병기들로 무장할 필요가 없다는 듯이 믹마스에 이르러 거기에 그의 장비를 두었다. 또는, 이 말씀은 그가 병참 기지가 있는 유다의 주요 성읍들을 점령한 후에 거기에 있는 병기고에 그의 병기들을 보관해 두었다는 뜻일 수도 있다. 그는 어떤 중요한 거점이나 길목을 차지하였다. 그들은 관문을 통과하였다(개역에서는 산을 넘어).

2. 유다 사람들, 저 사자 새끼의 타락한 자손이 얼마나 비겁하였는가. 그들은 두려워 떨었다. 적이 쳐들어온다는 말을 듣자마자 그들은 혼비백산해서 도

망하였고 적과 맞붙어 싸워볼 생각은 아예 하지도 않았다. 그들은 하나님을 떠나 배교하였기 때문에 담대함이 없어져서 한 사람이 쫓아와도 천 사람이 쫓아오는 것처럼 겁을 집어먹은 것이었다. 들리는 것은 서로에게 힘을 북돋워줄 힘 있는 함성이 아니라 서로를 약하게 하고 낙심시키는 탄식과 애곡 소리뿐이었다. 제사장의 성읍이었던 가련한 아나돗은 마땅히 담대함의 모범을 보여주었어야 했는데도 다른 어느 성읍보다도 더 겁에 질려 큰 소리로 비명을 질러댔다(30절). 사람들이 함께 모이긴 모였지만 그것은 싸우기 위해서가 아니라 한 마음으로 도망하기 위해서였다(31절). 이 말씀을 여기에서 하는 이유는 다음 둘 중의 하나이다.

(1) 적의 진군에 관한 소식이 얼마나 빨리 나라 전역에 퍼졌는지를 보여주기 위해서. 한 사람이 그가 아얏에 이르렀다고 말하자마자, 또 한 사람이 그가 미그론을 지났다고 말한다. 그렇지만 소문과는 달리 사정이 그렇게 절망적으로 나쁘지는 않았던 것 같다. 우리는 나쁜 일들에 대한 두려움만이 아니라 흔히 실제보다 더 과장되어 들려오는 나쁜 소문으로 인한 두려움도 경계하지 않으면 안 된다(시 112:7).

(2) 원수들이 예루살렘을 향하여 파죽지세로 돌진해 오고 있는데도 아무도 거기에 맞서 싸우려고 하지 않은 상황에서 예루살렘이 얼마나 절체절명의 위기에 처해 있는지를 보여주기 위해서. 교회의 원수들이 사나우면 사나울수록, 교회에 속한 자들이 비겁하면 할수록, 하나님께서 교회를 위하여 구원의 역사를 이루실 때에 하나님은 그 능력으로 인하여 더욱 높임을 받으시게 된다.

3. 예루살렘을 점령하고자 하는 앗수르 왕의 시도가 얼마나 무력하게 될 것인가. 그가 시온 산이 보이는 놉에서 쉬고 거기에 머물면서 시온 산을 향하여 손을 흔들리로다(32절). 그는 예루살렘을 위협할 것이지만, 그것이 전부가 될 것이다. 예루살렘은 안전할 것이고 그를 무시할 것이다. 딸 예루살렘은 그를 향하여 머리를 흔들 것이다(사 37:22).

4. 앗수르 왕의 시도는 결국 그 자신에게 얼마나 치명적인 결과를 가져다줄 것인가. 그가 예루살렘을 향하여 그 손을 흔들 때, 바로 그 때가 하나님께서 그를 치러 나타나실 때가 될 것이다. 왜냐하면, 시온은 하나님께서 이는 내가 영원히 쉴 곳이라고 말씀하신 그런 곳이기 때문이다. 그러므로 시온을 위협하는 자들은 하나님께 도전하는 것이다. 그 때에 여호와께서 혁혁한 위력으로 그 가지

를 꺾으시고 쇠로 그 **빽빽한 숲을 베시리라**(33-34절).

(1) 원수의 교만은 낮아질 것이고, 높이 솟아오른 가지들은 꺾일 것이며, 높고 우람한 나무들은 베어질 것이다. 즉, 높은 자들, 오만한 자들이 낮아질 것이다. 하나님과 경쟁하여, 또는 하나님을 대적하여 스스로 높아진 자들은 낮아져서 비천해질 것이다.

(2) 원수의 힘은 꺾일 것이다. 여호와께서 그 **빽빽한 숲을 베시리라.** 앗수르 군대가 갑옷을 입고 창을 곧추세우고 도열해 있을 때, 그들은 레바논의 **빽빽한** 삼림처럼 보였다. 그러나 하룻밤 사이에 그들은 모두 죽은 시체가 되어 버렸고 그들이 들고 있던 창들은 땅에 여기저기 나동그라져 있었다. 멸망의 천사가 순식간에 무수한 앗수르 군대를 베어버리자, 레바논의 삼림 같던 군대는 권능 있는 자에게 베임을 당한 것이다. 이것이 저 교만한 침략자가 퇴장할 모습이라면, 하나님의 백성이 그를 두려워할 이유는 전혀 없다. 너는 어떠한 자이기에 죽을 사람을 두려워하느냐.

제
— 11 —
장

개요

예언의 말씀이 구약 교회의 현재적인 구원에 관한 예언에서 때가 되면 예수 그리스도에 의해서 이루어질 저 큰 구원에 관한 예언으로 넘어가는 것은 아주 좋은 일이고 아주 흔한 일이다. 현재적인 구원들은 모든 선지자들이 증언하였던 저 궁극적인 구원의 모형이자 비유이기 때문이다. 그리고 옛 유대인들도 그들의 현재적인 구원들을 그렇게 이해하였다. 그렇지 않았다면, 메시야가 오셨을 때에 유대인들이 메시야에 대하여 그토록 큰 기대를 갖고 있지 않았을 것이다. 예루살렘이 산헤립으로부터 구원을 얻게 될 것에 관한 예언에 이어서 그 기회를 이용하여 여기에는 왕이신 메시야에 관한 예언이 나온다. I. 메시야가 다윗의 집에서 일어나리라는 것(1절). II. 메시야가 그의 큰 일을 할 수 있도록 능력이 주어지리라는 것(2-3절). III. 메시야의 통치가 공의롭고 공평하리라는 것(3-5절). IV. 메시야의 나라는 화평하리라는 것(6-9절). V. 이방인들이 메시야의 나라에 들어와서 유대인들 중의 남은 자들과 더불어 그 나라에서 하나가 되리라는 것(11-16절). 하나님은 곧 메시야와 관련된 이 모든 것의 모형으로서 히스기야의 탁월한 통치를 그들에게 보여주실 것이다. 유대 백성은 산헤립의 침략이 무산된 후에 히스기야 치하에서 큰 평강을 얻고, 그들이 태평성대를 누릴 때에 흩어졌던 열 지파에 속한 많은 자들이 유다 땅에 사는 형제들에게 돌아오게 되리라는 것.

[1]이새의 줄기에서 한 싹이 나며 그 뿌리에서 한 가지가 나서 결실할 것이요 [2]그의 위에 여호와의 영 곧 지혜와 총명의 영이요 모략과 재능의 영이요 지식과 여호와를 경외하는 영이 강림하시리니 [3]그가 여호와를 경외함으로 즐거움을 삼을 것이며 그의 눈에 보이는 대로 심판하지 아니하며 그의 귀에 들리는 대로 판단하지 아니하며 [4]공의로 가난한 자를 심판하며 정직으로 세상의 겸손한 자를 판단할 것이며 그의 입의 막대기로 세상을 치며 그의 입술의 기운으로 악인을 죽일 것이며 [5]공의로 그의 허리띠를 삼으며 성실로 그의 몸의 띠를 삼으리라 [6]그 때에 이리가 어린 양과 함께 살며 표범이 어린 염소와 함께 누우며 송아지와 어린 사자와 살진 짐승이

함께 있어 어린 아이에게 끌리며 ⁷암소와 곰이 함께 먹으며 그것들의 새끼가 함께 엎드리며 사자가 소처럼 풀을 먹을 것이며 ⁸젖 먹는 아이가 독사의 구멍에서 장난하며 젖 뗀 어린 아이가 독사의 굴에 손을 넣을 것이라 ⁹내 거룩한 산 모든 곳에서 해 됨도 없고 상함도 없을 것이니 이는 물이 바다를 덮음 같이 여호와를 아는 지식이 세상에 충만할 것임이니라

오랜 세월 전에 야곱이 죽으면서 애굽에서 고난을 당하는 그의 자손을 위로하기 위하여 실로가 오실 것이라고 예언하였듯이, 선지자는 이 설교 속에서 앞서 고난 가운데 있는 하나님의 백성을 위로하기 위하여 장차 태어날 한 아이, 그 어깨에 정사(政事)를 메게 될 아들에 관하여 예언하였었다. 그는 기름 부음 까닭에(개역에서는 기름진 까닭에) 멍에가 부러지리라고 말하였었는데(사 10:27), 이제 여기에서는 그 기름 부음이 누구에게 임할 것인지를 우리에게 말해 준다. 그는 다음과 같이 예언한다.

I. 때가 되면 메시야가 다윗의 집에서 일어나리라는 것. 그는 앞서 여호와의 싹이 아름답고 영화로울 것이라고 말한 바 있다(사 4:2). 여기에서 싹을 뜻하는 원어는 네체르인데, 어떤 이들은 이것이 마태복음 2:23에 나오는 말씀, 즉 선지자들이 메시야가 나사렛 사람이라 칭함을 받으리라고 한 것과 관련이 있다고 생각한다. 좀 더 살펴보자.

1. 이 싹은 어디에서 날 것인가. 이새에게서. 메시야는 다윗의 자손이 될 것이었다. 하나님께서는 다윗에게 영원한 왕권을 약속하셨고, 그 자손 중에서 한 사람, 곧 그리스도를 일으키셔서 그 위에 앉게 하시겠다고 맹세로써 약속하셨다(행 2:30). 다윗은 흔히 이새의 아들로 불렸는데, 그리스도께서도 그렇게 불리셨다. 왜냐하면, 그리스도는 단지 다윗의 자손일 뿐만 아니라 다윗 자신이 되실 것이었기 때문이다(호 3:5).

2. 메시야의 행색이 초라하리라는 것.

(1) 그는 싹 또는 가지라 불린다. 여기에서 사용된 이 두 단어는 약하고 작고 부드러운 어린 가지, 아주 쉽게 부러지는 가지를 의미한다. 조금 전에 하나님의 교회에 대적하는 원수들은 큰 수고 없이 찍혀 베어지게 될 강하고 웅장한 가지들에 비유되었지만(사 10:33), 여기에서 그리스도는 연한 싹이나 순(筍)에 비유된다(사 53:2). 그렇지만 그는 그들을 이기실 것이다.

(2) 그는 다윗이 아니라 이새에게서 나오리라고 말해진다. 왜냐하면, 이새는 비천하게 무명(無名)으로 살다가 죽은 인물이었기 때문이다. 그의 가문은 보잘것없었고(삼상 18:18), 사람들이 다윗을 종종 이새의 아들이라고 부른 것 속에는 경멸과 모욕의 의미가 담겨 있었다(삼상 22:7).

(3) 그는 이새의 줄기 또는 그루터기에서 난다. 백향목 같았던 다윗 왕가가 베어져서 오직 그루터기만이 남겨져서 들풀 가운데 덮여서 그 흔적도 잘 찾아볼 수 없을지라도(단 4:15) 그 싹이 다시 솟아날 것이다(욥 14:7). 아니, 그 싹은 땅 속에 완전히 묻혀 있어서 그 가지가 땅위로 나타나지 않는 그 뿌리에서 자라날 것이다. 요셉과 마리아가 아무 이름도 없이 가난하게 살았던 것에서 볼 수 있듯이, 그리스도께서 태어나실 때에 다윗의 집은 몰락하여 비천하게 살아가고 있었다. 메시야는 이런 식으로 낮아지신 때를 시작하실 것이었다. 왜냐하면, 이렇게 낮아지심에 순종하셔야만 그는 지극히 높임을 받으실 수 있을 것이었고, 그의 나라가 이 세상에 속하지 않았다는 것을 일찌감치 보여주실 수 있을 것이었기 때문이다. 갈대아 역본은 이 본문을 이새의 자손들로부터 왕이 나올 것이고 메시야(또는 그리스도)는 그의 자손의 아들들로부터 기름 부음을 받으리라고 의역한다.

II. 그는 그가 담당하도록 되어 있는 저 큰 일을 할 수 있는 능력을 모든 면에서 부여받게 될 것이고, 연한 순 같은 그는 하늘의 이슬로 촉촉이 적셔져서 왕의 홀(笏)로 사용될 강력한 막대기가 되리라는 것(2절).

1. 전체적으로, 그의 위에 여호와의 영이 강림하시리라. 성령은 온갖 은사와 은혜를 동반하여 그에게 오실 뿐만 아니라 그의 위에 계속해서 머물러 계실 것이다. 그는 성령을 일정 분량 받으시는 것이 아니라, 성령은 그에게 한없이 부어질 것이고, 신성(神性)의 모든 충만이 그에게 거할 것이다(골 1:19; 2:9). 그는 이 말씀, 곧 주의 성령이 내게 임하셨다는 말씀으로 복음 전파를 시작하셨다(눅 4:18).

2. 구체적으로, 이 영은 통치의 영이다. 아버지께서는 심판하는 권한(요 5:22, 27)을 그에게 주셨는데, 이 영으로 말미암아 그는 아버지께서 그에게 맡기신 저 심판을 행하기에 모든 면에서 적합한 자가 되실 것이다. 뿐만 아니라, 이 영으로 말미암아 그는 믿는 자들에게 주어질 온갖 은혜의 원천이자 보고(寶庫)가 되실 것이기 때문에, 마치 몸의 모든 지체들이 머리로부터 생기를 받듯이, 그

들은 그의 충만으로부터 은혜의 성령을 받게 될 것이다.

(1) 그는 지혜와 총명의 영, 모략과 지식의 영을 받게 될 것이다. 그는 자기가 어떤 일에 쓰임받고 있는지를 철저히 이해하게 될 것이다. 아들 외에는 아버지를 아는 자가 없느니라(마 11:27). 그가 하나님 및 그의 마음과 뜻에 관하여 인생들에게 알게 하실 것들을 그는 스스로 먼저 아시게 될 것이다(요 1:18). 그는 하나님의 영적인 나라에 속한 모든 일들을 어떻게 운영해야 하는지를 속속들이 다 아시게 될 것이기 때문에 그의 사역의 두 가지 큰 목적, 즉 하나님께 영광을 돌리고 인생들이 잘 되게 하는 것을 넉넉히 이루시게 될 것이다. 그는 지혜 가운데서 언약의 모든 조건들을 다 이루실 것이고 규례들을 제정하실 것이다. 지혜의 보화들이 그 안에 감춰져 있을 것이다. 그는 우리의 모사(謀士)가 되어 주실 것이고, 우리에게 하나님의 지혜가 되어 주실 것이다.

(2) 그는 담대함의 영 또는 불굴의 영을 받게 될 것이다. 그가 담당해야 할 일은 지극히 큰 일이었고 무수한 난관을 돌파해야 되는 일이었기 때문에 그가 쇠하지 아니하며 낙담하지 아니하도록(사 42:4) 불굴의 담대함이라는 자질을 갖추어야 했다. 그는 그 어떤 사람의 눈치도 보지 않고 오로지 하나님의 길을 참되게 가르치시는 담대함을 보여주신 것으로 유명하였다(마 22:16).

(3) 그는 여호와를 경외하는 영 또는 경건의 영을 받게 될 것이다. 그는 아버지에 대하여 종으로서 공경하고 사랑하는 마음을 지니고 있어서(사 42:1) 그의 경건하심(또는, 경외하심)으로 말미암아 들으심을 얻었을 뿐만 아니라(히 5:7), 경건에 대한 열심을 지니고 계셔서 모든 일에서 경건의 진보를 이루고자 하실 것이다. 그리스도를 믿는 우리의 믿음은 결코 여호와를 경외하는 마음을 없애거나 옆으로 제쳐버리는 것이 아니라 도리어 더 지지하고 깊게 하기 위한 것이다.

III. 그는 통치를 행하시고 그에게 맡겨진 권능을 행사하실 때에 정확하고 엄정하시리라는 것(3절). 그가 덧입게 될 성령은 모든 일에 있어서 그로 하여금 여호와를 경외하는 일에서 속히 깨닫게 해줄 것이다(개역에서는 그가 여호와를 경외함으로 즐거움을 삼을 것이며). 속히 깨닫다라는 어구는 원문에서 아주 예민하고 정확한 육감을 지니고 있다는 뜻으로 표현되어 있다. 왜냐하면, 마음에서 인식된 것들은 흔히 몸의 감각들로 표현되기 때문이다. 좀 더 살펴보자.

1. 여호와를 경외하는 자들은 경건의 일에 있어서 지극히 참되고 소중한 지

성(知性)을 지니게 된다. 왜냐하면, 여호와를 경외하는 것은 지혜의 원천이자 모퉁잇돌이기 때문이다.

2. 우리가 영적인 감각들을 사용하고 있고 여호와를 경외하는 일에서 신속한 깨달음을 지니고 있다면, 그것은 우리가 하나님의 성령을 지니고 있다는 것을 분명하게 보여주는 것이다. 자기가 마땅히 행할 바를 알고 그것을 어떻게 행해야 하는지를 아는 자들은 성령의 비추심(조명하심)을 지니고 있는 것이다.

3. 예수 그리스도께서는 성령을 한량 없이 지니고 계셨기 때문에 자기가 하는 일을 완벽하게 깨달을 수 있었다. 이것은 사람들이 그에게 던진 온갖 질문들에 대하여 그가 사람들이 놀라서 입이 벌어질 정도로 지혜로운 대답들을 하신 것을 통해서만이 아니라 그가 모든 일을 처리하신 것을 통해서도 분명하게 드러났다. 이런 일들은 그가 여호와를 경외하는 일에서 신속한 깨달음을 지니고 있었다는 것을 증명해 주는 것들이었다. 그는 경건에 속한 큰 일을 사람들이 전혀 생각지도 못한 방식으로 너무도 기가 막히게 처리하고 해결하셔서 하나님의 영광과 사람들의 복을 효과적으로 이루셨기 때문에, 우리는 그가 경건의 일을 철저하게 깨닫고 있으셨다는 것을 인정할 수밖에 없다.

IV. 그는 모든 통치의 일들 속에서 바르고 의로우실 것이고, 그의 통치 속에서는 지혜는 물론이고 공평함이 드러나게 되리라는 것. 그는 스스로 말씀하신 대로, 자기를 판단하실 때에 적용하는 것과 똑같은 잣대로 모든 것을 판단하실 것이다(요 7:24).

1. 그는 외모를 따라 판단하지 않으실 것이다(3절). 그의 눈에 보이는 대로 또는 외적으로 보이는 모습을 따라서 사람들을 심판하지 아니하며(욥 34:19) 사람들이 흔히 그러하듯이 다른 사람들의 평판이나 소문을 따라서 그의 귀에 들리는 대로 판단하지 아니하실 것이다. 또한, 그는 사람들이 주여, 주여 부르며 듣기 좋은 말을 한다고 해서 그 말을 따라서 사람들을 판단하지도 않으실 것이고, 사람들에게 보이기 위해서 세상 사람들의 눈에 보기 좋은 행동을 한다고 해서 그 행동을 따라서 판단하지도 않으실 것이다. 도리어 그는 마음의 숨은 사람, 어떤 사람을 지배하고 있는 내면의 행동원리들을 따라서 판단하실 것이다. 그는 사람들의 속마음을 한 치의 틀림도 없이 다 아시기 때문이다. 그리스도께서는 사람들의 은밀한 것들을 심판하실 것이고(롬 2:16), 그 은밀한 것들이 무엇인지를 사람이 겉으로 보여주는 모습을 따라서(이것이 눈에 보이는 대로 심판하는

것이다)나 다른 사람들이 그 사람에 대하여 갖고 있는 견해에 따라서(이것이 귀에 들리는 대로 판단하는 것이다) 결정하지 않으실 것이다. 우리는 하나님의 심판이 진리대로 되는 줄 확신한다.

2. 그는 의(義)를 따라 심판하실 것이다(5절). 의로(개역에서는 공의로) 그의 허리띠를 삼으리라. 그는 통치를 행하실 때에 의로우실 것이고, 의는 그의 허리띠가 될 것이다. 의는 그를 늘 둘러싸고 있고 그에게 늘 붙어 있을 것이며 그의 장식이자 영예가 될 것이다. 그는 모든 일에서 의를 두르실 것이고, 전쟁을 하실 때에도 그의 칼에 의를 두르실 것이다. 그의 의는 그의 힘이 되어서, 사람이 일을 매섭게 할 때에 허리띠를 졸라매듯이, 그는 의의 허리띠를 졸라매어서 모든 일을 신속하게 하실 것이다. 그리스도의 본을 따라서 제자들도 진리의 허리띠를 띠어야 하는데(엡 6:14), 그러면 그들이 사는 날 동안에 평안함이 있을 것이다.

(1) 그는 가난하고 눌린 자들을 의(義)로 변호하실 것이다. 그는 그들의 보호자가 되어 주실 것이다. 의로 가난한 자를 위하여 심판하시리라(개역에서는 공의로 가난한 자를 심판하며). 그는 세상에서 가난하더라도 그 심령이 가난한 자들, 의로운 자들 편에 서서 심판하실 것이다. 가난한 자를 옹호하고 건지는 것은 왕들이 마땅히 해야 할 본분이고(시 82:3-4) 가난한 자의 왕이신 그리스도께 영광을 돌리는 것이다(시 72:2, 4). 그는 세상의 온유한 자를 위하여 공평으로 판단하실(개역에서는 정직으로 세상의 겸손한 자를 판단할 것이며) 것이다. 사람들이 해악을 끼쳐도 그 해악을 온유함과 인내로 참고 견디는 자들은 하나님의 돌보심과 보호하심을 받을 만한 특별한 자격을 갖춘 것이다. 나는 못 듣는 자 같이 듣지 아니하니 이는 주께서 들으실 것임이라(시 38:13-14). 어떤 이들은 이 본문을 땅의 온유한 자들을 공평으로 책망하시리라(또는, 고치시리라)로 읽는다. 즉, 자기 백성인 이 땅의 온유한 자들이 잘못하는 경우에 그는 회초리로 그들의 죄를 다스리실 것이라는 의미이다.

(2) 그는 교만한 압제자들인 원수들을 의(義)로 반박하실 것이다(4절). 그가 세상, 즉 압제를 행하는 땅의 사람(시 10:18), 오직 땅의 것들만을 생각하는 세상 사람들(시 17:14)을 치실 것이다. 그는 그들을 그의 입의 막대기로, 그들에게 공포와 파멸을 말씀하시는 그의 입의 말씀으로 치실 것이다. 그의 경고의 말씀들이 그들을 사로잡아서 그들에게 집행될 것이다. 그의 입술의 기운으로, 그의 말

씀과 더불어서 그 말씀에 수반된 성령의 역사를 통해서 그는 악인을 죽일 것이다. 그는 내가 그니라고 말씀하심으로써 그를 잡으러 온 자들을 땅에 엎드러지게 하신 것처럼(요 18:6) 이 일을 말씀 한 마디로 아주 쉽게 행하실 것이다. 죽음의 공포가 그들의 양심을 사로잡을 것이고, 죽음의 심판이 그들과 그들의 힘, 그들과 관계된 모든 것들을 파괴할 것이다. 그리고 그의 가엾은 백성을 괴롭히는 자들은 저 세상에 가서도 영원한 고통이라는 응보(應報)를 받게 될 것이다. 사도 바울은 이 말씀을 그가 불법한 자라고 부른 죄의 사람이 멸망당하게 될 것에 적용한다(살후 2:8). 주 예수께서 그 입의 기운으로 그를 죽이시리라. 갈대아 역본은 이 본문을 그가 저 악한 로물루스(또는, 휴 브로우튼의 이해에 의하면 로마)를 죽이시리라로 의역한다.

V. 그의 통치 아래에서 지극한 화평과 평강이 있으리라는 것. 이것은 그가 평강의 왕이 되리라는 말씀(사 9:6)에 대한 설명이다. 평강은 두 가지를 의미한다.

1. 하나됨. 이것은 이리가 어린 양과 함께 평화롭게 살리라는 것과 같은 여기에 나오는 비유들을 통한 약속들 속에 암시되어 있다. 주변의 모든 사람들을 물어뜯고 삼키곤 하였던 아주 사납고 광분하는 자들도 그리스도의 복음과 은혜로 인하여 너무도 이상할 정도로 그 기질이 바뀌어서 이전 같으면 덥석 물어뜯어 삼켜 버렸을 아주 약한 자들과도 다정하게 잘 지내게 될 것이다. 양들이 이전과는 달리(겔 34:20) 서로를 해치는 일이 없을 것은 물론이고, 이리들조차도 양들과 잘 지내게 될 것이다. 우리의 화평이신 그리스도께서는 그를 따르는 모든 자들, 특히 유대인과 이방인 사이에 모든 적대감을 없애고 지속적인 우애를 정착시키기 위하여 오셨다. 유대인들과 이방인들의 많은 수가 회심하여 그리스도를 믿어서 한 우리 안에서 하나가 되었을 때에 이리와 어린 양이 함께 거하게 되었고, 이리는 어린 양을 위협하지 않았고 어린 양도 이리를 두려워하지 않았다. 표범이 어린 염소를 물어뜯어 죽이지 않을 뿐만 아니라 어린 염소와 함께 누울 것이고, 심지어 그것들의 새끼가 함께 엎드려서 다정하게 훈육을 받을 것이며 그 다정한 관계가 영속될 것이다. 사자가 더 이상 사납지 않고 온순해져서 소처럼 풀을 먹을 것인데, 어떤 이들은 인간의 타락 이전에 모든 사나운 짐승들이 이런 모습이었을 것이라고 생각한다. 독사도 더 이상 독을 뿜지 않아서 부모들은 아이들이 독사들과 장난하고 독사 굴에 손을 넣어도 가만 놓아둘 것이

다. 독사들의 세대는 성도들의 자손이 될 것이고, 인간은 인간에 대하여 이리이다(homo homini lupus)라는 옛적의 불평은 종지부를 찍게 될 것이다. 거룩한 산에 거하는 것들은 노아와 함께 방주에 들어갔던 피조물들처럼 평화롭게 살 것이고, 그것이 그들 스스로를 보존하는 수단이 될 것이다. 왜냐하면, 이전과는 달리 해 됨도 없고 상함도 없을 것이기 때문이다.

(1) 이것은 진실하게 복음을 받아들인 자들의 마음속에서 이루어지는 복음의 놀라운 능력을 통하여 성취된다. 복음은 사람들의 본성을 변화시켜서, 이전에 세상의 온유한 자들을 짓밟았던 자들을 온유할 뿐만 아니라 사랑이 있는 자들로 만들어 놓는다. 성도들을 박해하였던 바울이 변화되어서 성도들 속에 합류하게 되었을 때, 그것은 이리가 어린 양과 함께 살게 된 것이었다.

(2) 어떤 이들은 이 말씀이 사람들이 칼을 쳐서 보습을 만들 저 말일에 더 온전히 이루어지게 될 것이라고 생각한다.

2. 안전함. 큰 목자이신 그리스도께서 양들을 돌보실 것이기 때문에 그들을 해치고자 하는 자들이 있을지라도 양들은 해를 당하지 않을 것이다. 그들은 서로를 상하게 하지도 않을 뿐더러 밖에 있는 그 어떤 원수도 그들을 괴롭히도록 허용되지 않을 것이다. 고난이나 환난, 죽음 자체의 성격도 완전히 변화될 것이기 때문에 그것들은 시민권이 거룩한 산에 있는 자에게 그 어떤 실질적인 해악도 끼치지 못할 것이다(벧전 3:13). 너희가 열심으로 선을 행하면 누가 너희를 해하리요. 하나님의 백성은 해악으로부터만이 아니라 그것에 대한 두려움으로부터도 건짐을 받을 것이다. 젖 먹는 아이조차도 아무런 두려움 없이 독사의 구멍에서 장난할 것이다. 사도 바울도 누가 우리를 그리스도의 사랑에서 끊으리요 사망아 네가 쏘는 것이 어디 있느냐라고 말한다.

끝으로, 하나님의 은혜로 인해서 사람들의 기질이 이렇게 기이할 정도로 부드러워지고 온순해질 때에 그 결과는 무엇이고 그 원인은 무엇인지를 살펴보자. 1. 그 결과는 온순한 마음과 기꺼이 교훈을 받고자 하는 태도일 것이다. 이전에는 아무리 강한 자가 통제하려고 해도 그것을 비웃으며 그 통제에 따르고자 하지 않았던 자들을 어린 아이라도 이끌 수 있게 될 것이다. 칼빈(Calvin)은 이 말씀을 어떤 강제력을 사용해서가 아니라 어린 아이들 같이 되어서 온유함으로 가르치는 그리스도의 사역자들에게 사람들이 기꺼이 순복하게 되리라는 것을 가리키는 것으로 이해한다(마 18:3; 또한, 고후 8:5을 보라). 2. 그 원인은 하나님을 아는 지식일 것이다. 하나님을 아는 지식이 많으면 많을수록, 거기에는 더욱 화평한 성품이 존재한다. 그들은 사랑 안에서 살아가게 될 것이다. 왜냐하면, 사람들의 증오와 분노를 없애줄 여호와를 아는 지식이 세상에 충만할 것이기 때문이다. 우리가 사랑의 하나님을 더 잘 알면 알수록, 우리는 하나님을 닮은 형상으로 더 많이 변화받게 될 것이고, 하나님의 형상을 지닌 모든 사람을 더 사랑하게 될 것이다. 물이 바다를 덮음 같이, 세상은 이 지식으로 가득차게 될 것이다. 이 지식은 그렇게 폭넓고 광범위하게 아주 멀리까지 퍼져나갈 것이고, 아주 깊고 실속이 있을 것이며, 아주 오랫동안 지속될 것이다. 그리스도의 복음을 통해서 얻어질 하나님을 아는 지식은 모세의 율법을 통해서 얻어질 수 있었던 것보다 훨씬 더 많을 것이다. 그 때에는 오직 유다에서만 하나님이 알려져 있었지만, 이제는 모두가 하나님을 알게 될 것이다(히 8:11). 그러나 사람들 가운데 불화의 씨를 뿌리는 것은 거짓된 지식이다. 하나님을 아는 올바른 지식만이 화평을 가져온다.

[10]그 날에 이새의 뿌리에서 한 싹이 나서 만민의 기치로 설 것이요 열방이 그에게로 돌아오리니 그가 거한 곳이 영화로우리라 [11]그 날에 주께서 다시 그의 손을 펴사 그의 남은 백성을 앗수르와 애굽과 바드로스와 구스와 엘람과 시날과 하맛과 바다 섬들에서 돌아오게 하실 것이라 [12]여호와께서 열방을 향하여 기치를 세우시고 이스라엘의 쫓긴 자들을 모으시며 땅 사방에서 유다의 흩어진 자들을 모으시리니 [13]에브라임의 질투는 없어지고 유다를 괴롭게 하던 자들은 끊어지며 에브라임은 유다를 질투하지 아니하며 유다는 에브라임을 괴롭게 하지 아니할 것이요 [14]그들이 서쪽으로 블레셋 사람들의 어깨에 날아 앉고 함께 동방 백성을 노략하며 에돔과 모압에 손을 대며 암몬 자손을 자기에게 복종시키리라 [15]여호와께서 애굽 해만을 말리시고 그의 손을 유브라데 하수 위에 흔들어 뜨거운 바람을 일으켜 그 하수를 쳐 일곱 갈래로 나누어 신을 신고 건너가게 하실 것이라 [16]그의 남아 있는 백성 곧 앗수르에서 남은 자들을 위하여 큰 길이 있게 하시되 이스라엘이 애굽 땅에서 나오던 날과 같게 하시리라

이 단락에는 산헤립의 침략을 물리친 후 히스기야의 치세 말기에 유다 왕국이 번성할 것이라는 모형과 비유를 통해서 장차 메시야의 나라가 널리

확장되고 크게 진보할 것에 관한 추가적인 예언이 나온다.

I. 이 예언은 부분적으로 성취되었다. 하나님께서 히스기야와 자기 백성을 위하여 행하신 큰 일들이 하나의 기치(旗幟)가 되어서 열방들을 그들에게 이끌어서 이 땅에서 이루어진 기이한 일들을 묻게 만들고 바벨론의 왕이 사자들을 보내어 알아 오게 하였을 때에 말이다. 이방인들은 그들을 찾아왔다. 그 때에 예루살렘, 곧 거기에 남아 있던 유대인들이나 그들이 거한 곳이 영화롭게 되었다 (10절). 그 때에 열 지파로 이루어졌던 북 왕국에 속하였던 이스라엘 백성 중 다수, 앗수르 왕에 의해서 그 나라가 망하자 주변의 모든 나라들, 심지어 아주 멀리 떨어져 있던 바다의 섬들로 도망하여 피신할 수밖에 없었던 자들은 힘을 얻어서 고국으로 돌아와 유다 왕의 보호와 통치 아래에 그들을 의탁하고자 하였는데, 그들의 조국을 멸망시킨 것이 앗수르 군대였고, 그 군대가 아직 패퇴당하지 않고 있었기 때문에 더욱 그러하였다. 이것은 그들을 두 번째로(11절, 개역에서는 다시) 회복하시는 일, 즉 하나님의 권능과 선하심을 두 번째로 보여주시는 일, 그들을 애굽에서 처음 건지셨던 것처럼 다시 그들을 살리시는 일이라고 말해진다. 그 때에 이스라엘의 쫓긴 자들이 고국으로 모여들게 될 것이다. 또한, 앗수르 군대가 진군해 오자 살기 위해 피신하였던 유다의 흩어진 자들도 다시 모여오게 될 것이다. 그 때에 에브라임과 유다의 해묵은 불화는 없어지고 서로 힘을 모아서 블레셋 족속을 비롯한 공통의 원수들에 대항하게 될 것이다(13-14절). 환난과 긍휼, 위험과 구원을 함께 경험해 온 자들은 그런 일들을 생각해서 서로의 안전과 보호를 위하여 힘을 합쳐서 하나가 되어야 한다는 것을 명심하라. 에브라임과 유다가 하나가 되어서 블레셋 족속에게 맞설 때에 교회는 잘 될 것이다. 그 때에 흩어진 자들이 돌아오는 길에 어떤 난관이 있다고 할지라도, 여호와께서는 이스라엘을 애굽에서 이끌어 오실 때에 홍해와 요단강을 마르게 하시고(15절) 크고 황량한 광야에서 닥친 도저히 뛰어넘을 수 없을 것 같았던 난관들을 통과하여 가나안에 이르게 하셨듯이(16절) 그 모든 난관을 제거할 이러저런 방법을 반드시 찾아내실 것이다. 여호와께서는 그와 똑같은 일을 이번에 두 번째로 행하실 것이다. 자기 백성을 구원하시기로 하나님께서 정하신 때가 되면, 반대 세력이 큰 산과 같을지라도 그 산은 하나님 앞에서 평지가 되고 말 것이다. 그러므로 교회의 세력이 아주 미미해진 것처럼 보일지라도 우리는 낙심하지 않아야 한다. 하나님은 곧 암울한 날들을 영

화로운 날들로 바꾸실 수 있으시다.

Ⅱ. 이 예언은 한 걸음 더 나아가서 메시야의 날들과 그 때에 이방인들이 그의 나라로 오게 될 것에 대한 것이었다. 왜냐하면, 사도 바울은 이 예언의 말씀을 그러한 것들에 적용하고 있기 때문이다(롬 15:12). 이새의 뿌리 곧 열방을 다스리기 위하여 일어나시는 이가 있으리니 열방이 그에게 소망을 두리라. 그리스도를 이새의 뿌리 또는 그 뿌리에서 난 한 가지(1절), 마른 땅에서 나온 뿌리(사 53:2)라고 말하는 이 말씀은 여기에 나오는 예언의 열쇠이다. 그는 다윗의 뿌리(계 5:5), 다윗의 뿌리요 자손(계 22:16)이다.

1. 그가 만민의 기치로 서리라(또는, 세우심을 입으리라). 그는 십자가에 못 박히셨을 때에 모든 사람의 눈과 마음을 이끌기 위해서 땅에서 들려서 기치가 되셨다(요 12:32). 그는 영원한 복음이 전파될 때에 만민의 기치로 세우심을 입는데, 그 때에 사역자들은 깃발을 든 자들로서 그의 사랑의 깃발을 펄럭이며 우리를 그에게로 이끌고(아 1:4), 우리는 그의 진리의 깃발 아래에서 군사가 되어 죄와 사탄에 맞서 거룩한 전쟁에 참여한다. 그리스도는 기치가 되셔서 흩어진 하나님의 자녀들은 그 기치 아래 모이게 되고(요 11:52), 그들은 그들의 하나 됨의 중심이 되시는 그리스도 안에서 서로 만나게 된다.

2. 열방이 그에게로 돌아오리라. 우리는 헬라인들이 바로 그렇게 하였다는 것을 성경 속에서 읽게 되는데(요 12:21, 우리가 예수를 뵈옵고자 하나이다), 그 기회를 빌려서 그리스도께서는 모든 사람을 자기에게로 이끌기 위해서 자기가 들려야 할 것이라고 말씀하셨다. 사도 바울은 칠십인역(아마도, 그리스도께서 죽으신 후에 나온 칠십인역 판본들)을 따라서 이 본문을 열방이 그에게 소망을 두리라고 읽는다(롬 15:12). 그들은 그를 찾아서 의지하게 될 것이다.

3. 그가 거한 곳이 영화로우리라. 어떤 이들은 이 본문을 그리스도의 죽음(십자가의 승리가 그 죽음조차도 영화롭게 만들었다)을 가리키는 것으로 이해하고, 또 어떤 이들은 그리스도께서 하늘에 오르셔서 하나님의 오른편에 앉게 되신 것을 가리키는 것으로 이해한다. 하지만, 이 본문은 복음 교회, 그리스도께서 이는 내가 영원히 쉴 곳이라고 말씀하셨던 바로 그 시온 산, 그가 지금 거하고 계시는 곳을 가리킨다고 보는 것이 좋을 것이다. 그 곳은 세상 사람들은 멸시하는 곳이지만 거룩함의 아름다움이 있어서 진정으로 영화로운 곳이며 영화로우신 높은 보좌이다(렘 17:12).

4. 유대인들과 이방인들이 그에게로 모여들 것이다(11절). 유대인과 이방인 중에서 남은 자들, 비교적 소수의 남은 자들이 큰 난관과 위험을 통과하여 돌아올 것이다. 이전에 하나님께서 자기 백성을 구원하셔서 그들이 흩어져 있던 모든 나라들에서 모으셨던 것처럼(시 106:47; 렘 16:15-16), 이제는 두 번째로 말씀에 수반된 성령의 강력한 역사하심을 통해서 또 다른 방식으로 그런 일을 이루실 것이다. 하나님께서 그 일을 하시기 위해서 그의 손을 펴실 것이다. 하나님은 그의 능력을 베푸실 것이고, 그 일을 하시기 위하여 여호와의 팔이 나타날 것이다.

(1) 유대인들 중에서 남은 자들이 모여올 것이다. 하나님께서 이스라엘의 쫓긴 자들과 유다의 흩어진 자들(12절)을 그리스도에게로 이끄실 때에 그 중의 많은 수, 흩어져 있는 열두 지파(약 1:1), 흩어진 나그네들(벧전 1:1)이 그리스도에게로 무리를 지어 모여오게 될 것이다. 고국 땅에 남아 있던 자들보다는 여러 나라에 흩어져 있던 자들이 더 많이 교회로 들어오게 되었던 것 같다.

(2) 기치(旗幟)가 들릴 때에 열방, 곧 이방인들 중 다수가 교회 속으로 들어오게 될 것이다. 야곱은 실로에게 모든 백성이 모여들리로다라고 예언하였었다. 나그네와 외국인이었던 자들이 그에게 가까이 나아오게 될 것이다. 유대인들은 그리스도께서 이방인들 가운데 흩어져 사는 자들에게 가서 이방인들을 가르치는 것을 시기하였다(요 7:35).

5. 유다와 에브라임이 서로 화합하게 될 것이고, 그들은 모두 대적들로부터 안전하며 대적들을 다스리게 될 것이다(13-14절). 유다와 이스라엘이 당시에 서로 화합하게 된 것은 복음 교회에서 아주 오랫동안 사이가 나빴던 유대인과 이방인이 하나 될 것에 대한 모형이자 비유였다. 유다 족속이 이스라엘 족속과 동행하여 나와서(렘 3:18) 한 나라를 이룰 것이다(겔 37:22). 마찬가지로, 유대인과 이방인은 한 새 사람이 되어서(엡 2:15) 서로 사이좋게 지내게 되고, 그들의 대적들은 끊어지게 될 것이다. 왜냐하면, 독수리가 먹잇감을 공격하듯이 그들이 블레셋 사람들의 어깨에 날아 앉고 서방에 있는 자들을 노략하고, 그 후에 동쪽으로 정복을 확장하여 에돔과 모압과 암몬 자손을 복종시킬 것이기 때문이다. 그리스도의 복음은 모든 곳에서 성공적으로 전파될 것이고, 몇몇 나라들은 믿음에 순복하게 될 것이다.

6. 복음의 진보와 성공을 방해하는 것은 무엇이든지 제거될 것이다. 하나님

께서 이스라엘을 애굽에서 나오게 하셨을 때에 그들 앞에서 홍해와 요단강을 마르게 하셨고(사 63:11-12), 나중에 유대인들을 바벨론에서 이끌어 나오게 하셨을 때에 백성이 올 길을 닦아서 준비해 놓으셨던 것과 마찬가지로(사 62:10), 유대인들과 이방인들이 함께 복음 교회로 모여올 때에 하나님은 모든 방해물들을 제거하실 것이고(15-16절) 도저히 넘을 수 없는 것처럼 보인 난관들도 쉽게 넘을 수 있게 하시며 맹인들을 그들이 알지 못하는 길로 이끄실 것이다(사 42:15-16; 43:19-20). 하나님께서는 회심한 자들을 수레와 가마에 태워서 데려오실 것이다(사 66:20). 어떤 이들은 한 걸음 더 나아가서 유브라데 하수를 마르게 하시리라는 저 모호한 예언과 동방에서 오는 왕들의 길이 예비되리라는 것(계 16:12)이 교회로 많은 무리들이 몰려오게 될 것을 가리키는 것이라고 생각한다. 하나님께서 열방들 또는 개개인들을 자기에게로 이끌어 오실 때가 이르면, 하나님의 은혜는 모든 반대 세력을 물리치고 승리하게 되리라는 것을 명심하라. 여호와의 임재 앞에서 바다는 도망칠 것이고 요단 강은 꽁무니를 뺄 것이다. 그 얼굴을 하늘로 향한 자들은 그들이 가는 길에 그들이 생각했던 난관들이 전혀 없다는 것을 발견하게 될 것이다. 왜냐하면, 하늘로 이어진 큰 길이 나 있을 것이기 때문이다(사 35:8).

제
— 12 —
장

개요

　　앞 장에서 약속된 구원은 "이스라엘이 애굽 땅에서 나오던 날에" 받은 구원에 비유되고, 그렇게 해서 앞 장은 끝이 난다. 그 때에 모세와 이스라엘 자손이 하나님께 영광을 돌리는 찬송을 노래하였듯이(출 15:1), 이새의 뿌리가 만민의 기치로 서서 열방의 소망과 기쁨이 되실 그 날에도 하나님의 백성은 그렇게 할 것이다. 그 날에 이런 일들이 있게 될 것이다. I. 모든 믿는 자는 각각 그 구원에 자기가 참여하게 된 것을 감사하여 찬송의 노래를 부르게 될 것이다(1-3절). "네가 말하기를 여호와여 내가 주께 감사하겠나이다 하리라." 감사하는 일은 각자가 골방에서 하는 일이 될 것이다. II. 많은 사람들이 이 구원으로 인하여 다 함께 받은 은택에 감사하여 한 마음으로 하나님을 찬송하게 될 것이다(4-6절). "너희가 말하기를 여호와께 감사하라 하리라." 감사하는 일은 회중의 일이 될 것이다. 하나님을 찬송하는 노래가 정직한 자들의 회중 속에서 불려지게 될 것이다.

[1] 그 날에 네가 말하기를 여호와여 주께서 전에는 내게 노하셨사오나 이제는 주의 진노가 돌아섰고 또 주께서 나를 안위하시오니 내가 주께 감사하겠나이다 할 것이니라 [2] 보라 하나님은 나의 구원이시라 내가 신뢰하고 두려움이 없으리니 주 여호와는 나의 힘이시며 나의 노래시며 나의 구원이심이라 [3] 그러므로 너희가 기쁨으로 구원의 우물들에서 물을 길으리로다

　　이것은 찬송의 전반부로서 교회에서 사용하도록 준비된 것이다. 유대 교회는 하나님께서 그들을 위하여 큰 구원을 베푸셨을 때에 이 찬송을 사용하고, 기독 교회는 메시야의 나라가 흑암의 권세의 온갖 방해에도 불구하고 이 세상에 우뚝 세워질 때에 이 찬송을 사용하게 될 것이다. 그 날에 네가 말하기를 여호와여 내가 주께 감사하겠나이다 할 것이니라. 흩어져 있던 교회는 하나가 되어서 한 몸을 이루어 한 사람으로서 한 마음과 한 입으로 그 존재와 이름이 유일하신 여호와 하나님을 이렇게 찬송하게 될 것이다. 그 날에, 여호와께서 너를

위하여 이 큰 일들을 행하실 때에 네가 말하기를 여호와여 내가 주를 찬송하겠나이다 할 것이니라.

Ⅰ. "너는 그렇게 말할 이유를 갖게 될 것이다." 이 약속은 확실하고, 거기에 담겨 있는 축복들은 지극히 풍성하여서, 그것들이 부어질 때에 교회는 기뻐하고 감사할 일들을 풍성하게 받게 될 것이다. 복음 시대에 관한 구약의 예언들은 흔히 그 때에 있게 될 기쁨과 찬송을 통해서 표현된다. 왜냐하면, 우리는 예수 그리스도로 말미암아 누리는 헤아릴 수 없는 은택들을 생각할 때에 가장 고양되고 깊은 감사를 드릴 수밖에 없기 때문이다.

Ⅱ. "너는 그렇게 말할 마음을 갖게 될 것이다." 하나님께서 자기 백성에게 주시는 모든 은사들은 이것에서 그 절정을 이루게 된다. 하나님은 그들에게 그들이 받은 모든 영광을 하나님께 돌리고 기회가 있을 때마다 그것들에 대하여 말하며 감사함으로 하나님께 찬송을 돌리고자 하는 마음을 은혜로 주실 것이다. 너는 말하게 될 것이다. 즉, 너는 그렇게 말할 수밖에 없게 될 것이다. 그 날에, 즉 그리스도께서 이방인들에게 은혜를 베푸시는 것을 보고 유대인들이 불평하였던 것 같이 이방인들 중 다수가 다른 사람들이 그리스도로부터 은혜를 받은 것을 시기하는 것이 아니라 도리어 마치 비둘기들이 창문으로 모여들듯이 예수 그리스도께로 모여올 때에 너는 말하기를 여호와여 내가 주를 찬송하리라 할 것이다. 우리는 우리 자신에게 베푸신 하나님의 은혜만이 아니라 다른 사람들에게 베푸신 은혜에 대해서도 기뻐하고 즐거워하며 감사하여야 한다는 것을 명심하라.

1. 믿는 자들은 여기서 하나님께 그들에 대한 진노를 거두시고 은총을 다시 베푸시는 것을 감사하도록 가르침을 받는다(1절). 여호와여, 주께서 전에는 내게 노하셨사오나 내가 주께 감사하겠나이다. 하나님께서 진노하신다고 하여도 우리는 하나님을 찬송하고자 하는 마음을 잃지 않아야 한다는 것을 명심하라. 하나님께서 우리에게 화를 내시고 우리를 죽이신다고 해도, 우리는 하나님을 신뢰하고 감사하여야 한다. 하나님께서 우리에게 화를 내시는 것은 정당한 이유가 있기 때문이지만, 우리는 하나님께 화낼 이유가 전혀 없고 오직 하나님을 찬송하고 감사할 것밖에 없다. 하나님께서 우리를 책망하신다고 하여도, 우리는 하나님을 찬송하여야 한다. 주께서 전에는 내게 노하셨사오나 이제는 주의 진노가 돌아섰나이다.

　(1) 하나님은 종종 자기 백성에게 노하시고, 그의 진노의 열매들이 나타난다. 이 때에 하나님의 백성은 이것을 알아차리고서 하나님의 능하신 손 아래에서 자신을 낮추어야 한다.

　(2) 하나님은 자기 백성에게 잠시 노하시지만, 하나님의 진노는 결국에는 거두어질 것이다. 그 진노는 잠시일 뿐이고, 하나님은 결코 영원히 다투시지 않으신다. 이새의 뿌리이신 예수 그리스도로 말미암아 인류에 대한 하나님의 진노는 거두어졌다. 왜냐하면, 예수 그리스도는 우리의 화평이시기 때문이다.

　(3) 하나님은 그와 화해를 이룬 자들을 위로하신다. 하나님께서 진노를 거두시는 것만으로도 그들에게는 위로가 된다. 그렇지만 그것이 전부는 아니다. 하나님과 화평을 누리는 자들은 하나님의 영광을 바라고 즐거워할 수 있다(롬 5:1-2). 하나님께서는 종종 자기 백성을 광야로 데리고 가서서 거기에서 그들에게 위로의 말씀을 주신다(호 2:14).

　(4) 하나님의 진노가 거두어진 것, 하나님의 위로들이 우리에게 회복된 것은 우리가 기뻐하고 감사하며 찬송할 일이다.

　2. 그들은 그들이 하나님께 속한 자라는 것을 알고서 하나님 안에서 승리의 기쁨을 누리도록 가르침을 받는다(2절). "보라. 그리고 기이히 여겨라. 하나님이 나의 구원이시라는 것을. 하나님은 나를 구원하신 나의 구원자이실 뿐만 아니라 나의 구원이시기 때문에 나는 그 안에서 안전하다. 나는 나의 구원이신 하나님을 의지한다. 왜냐하면, 나는 하나님께서 나의 구원이신 것을 알았기 때문이다. 하나님은 내게 베풀어진 모든 구원들로 인한 영광을 받으실 분이시고, 나는 앞으로도 내게 필요한 구원들을 산들이 아니라 오직 하나님께 기대할 것이다. 하나님이 나의 구원이셔서 나의 영원한 구원을 이루어 가시기 때문에, 나는 하나님께서 그 구원을 나를 위하여 예비하시고 그 구원이 이루어질 때까지 나를 지키실 것을 믿고 신뢰하리라. 나는 하나님께서 모든 것이 합력하여 내게 선이 되도록 하실 것을 추호도 의심치 않고, 이 세상에서의 나의 모든 일들을 하나님께 의지할 것이다. 나는 확신을 가지리니, 항상 내 마음이 편하리라." 하나님을 자신의 구원으로 삼고 있는 자들은 마음의 거룩한 안정과 평정(平靜)을 누릴 수 있다는 것을 명심하라. 하나님을 우리의 구원으로 믿는 믿음은 다음과 같은 결과를 가져다 준다.

　(1) 우리의 두려움을 잠재움. 우리는 우리가 의지하는 하나님께서 우리를

실망시키지 않으시리라는 것을 신뢰하고 두려움이 없어야 한다. 하나님께서 우리를 실망시키는 일은 있을 수 없다. 우리는 그 어떤 피조물이 아무리 가공할 만하고 위협적이라고 할지라도 피조물을 두려워할 필요가 없다. 하나님을 믿는 믿음은 무척 고통스럽고 불안한 두려움들을 치료하는 최고의 약이라는 것을 명심하라.

(2) 우리의 소망을 든든히 받쳐줌. 주 여호와께서 우리의 구원이신가? 그렇다면, 그는 우리의 힘과 노래가 되어 주실 것이다. 우리에게는 해야 할 일들이 있고 물리쳐야 할 시험들이 있다. 그러므로 우리는 그의 성령으로 말미암아 우리의 속사람을 능력으로 강건하게 하셔서 이 두 가지를 할 수 있을 힘을 우리에게 주시도록 하나님을 의지하여야 한다. 왜냐하면, 하나님은 우리의 힘이시기 때문이다. 하나님의 은혜도 그런 역할을 하는데, 바로 그런 은혜가 우리에게 차고 넘치게 부어질 것이다. 이 눈물 골짜기인 세상을 통과하면서 우리에게는 겪어야 할 수많은 괴로움과 근심들이 있다. 따라서 우리는 그 모든 환난 속에서 우리를 위로해 주시도록 하나님을 의지해야 한다. 왜냐하면, 하나님은 우리의 노래이시기 때문이다. 하나님은 밤에 노래를 주시는 자이시다. 우리가 하나님을 우리의 힘으로 삼고 신뢰한다면, 하나님은 우리의 힘이 되어 주실 것이다. 우리가 하나님을 우리의 노래로 삼고 우리의 낙(樂)을 하나님 안에서 구한다면, 하나님은 우리의 노래가 되어 주실 것이다. 하나님을 자신의 노래로 삼고 있지 않은 선한 그리스도인들 중에도 하나님을 자신의 힘으로 삼고 있는 자들이 많다. 그들은 어둠 속에서 걸어가지만 그들에게는 빛이 비쳐진다. 하나님을 자신의 힘으로 삼고 있는 자들은 하나님을 자신의 노래로 삼아야 한다. 즉, 그들은 하나님께서 그들에게 힘이 되어 주시는 것에 감사하며 영광을 돌리고(시 68:35), 그들의 구원이 되어 주시는 것에서 위로를 받아야 한다. 여기에서 하나님이 어떤 칭호로 불리고 있는지를 주목하라. 야, 여호와. 야(Jah)는 여호와의 줄임말인데, 둘 다 그의 영원성과 불변성을 나타낸다. 이것은 여호와를 자신의 힘이자 노래로 삼고 의지하는 자들에게 큰 위로가 된다. 어떤 이들은 야(Jah)가 사람이 되신 하나님의 아들을 가리키는 것으로 이해한다. 그는 여호와이시고, 우리는 우리의 힘과 노래와 구원이 되시는 그를 자랑할 수 있다.

3. 그들은 하나님의 사랑과 그 사랑의 온갖 증표들로부터 위로를 받으라고 가르침을 받는다(3절). "주 여호와는 너희의 힘과 노래이시고 너희의 구원이

되실 것이다. 그러므로 너희가 기쁨으로 물을 길으리로다." 하나님께서 그의 사랑에 대하여 우리에게 주신 확신들, 하나님의 은혜로 인한 은택과 위로에 대하여 우리가 해 왔던 경험들은 하나님에 대한 우리의 믿음과 기대를 크게 격려해 준다. "자기 백성에게 모든 선의 원천이 되시는 하나님 안에 있는 구원의 우물들에서 너희가 기쁨으로 물을 길으리로다. 하나님의 은혜가 솟아나와 너희에게로 흘러들 것이고, 너희는 그 은혜의 위로를 받고 그 복된 열매들을 사용하게 될 것이다."

(1) 하나님의 규례들 속에서 우리에게 계시되고 확인되고 주어진 하나님의 약속들은 구원의 우물들이다. 어떤 이들은 여기서 구원의 우물들을 구주의 우물들이라고 읽는다. 왜냐하면, 이 우물들을 통해서 구주와 구원이 우리에게 알려지고 우리의 것이 되기 때문이다.

(2) 우리의 모든 신선한 샘들이 거기에 있고 우리의 모든 신선한 물줄기들이 거기로부터 나온다는 것을 인정하는 자들로서 이 우물들에서 믿음으로 물을 기르는 것, 그 우물들 속에 우리를 위하여 예비된 은혜와 위로를 우리의 것으로 취하는 것은 우리가 마땅히 행해야 할 본분이다(시 87:7).

(3) 우리는 큰 즐거움과 만족함으로 구원의 우물들에서 물을 길어야 한다. 우리가 하나님 앞에서 즐거워하고 하나님을 기뻐하며(신 26:11) 하나님의 기도하는 집에서 기뻐하고(사 56:7) 거룩한 절기들을 기쁜 마음으로 지키는(행 2:46) 것이 하나님의 뜻이다.

⁴그 날에 너희가 또 말하기를 여호와께 감사하라 그의 이름을 부르며 그의 행하심을 만국 중에 선포하며 그의 이름이 높다 하라 ⁵여호와를 찬송할 것은 극히 아름다운 일을 하셨음이니 이를 온 땅에 알게 할지어다 ⁶시온의 주민아 소리 높여 부르라 이스라엘의 거룩하신 이가 너희 중에서 크심이니라 할 것이니라

이것은 이 복음적인 노래의 후반부로서, 그 취지는 전반부와 동일하다. 전반부에서 믿는 자들은 스스로 분발하여 하나님을 찬송하지만, 여기에서는 그렇게 하라고 서로 권하고 격려하면서, 찬송을 널리 퍼뜨리고자 애쓰고, 아울러 찬송하는 일에 다른 사람들을 끌어들이고자 한다. 좀 더 살펴보자.

I. 여기에서는 하나님을 찬송하라고 누구를 부르는가. 시온의 주민들. 하나

님께서는 그들을 특별한 방식으로 산헤립의 침공으로부터 보호해 주셨었다(6절). 하나님에게서 특별한 은총을 입은 자들은 마땅히 하나님을 찬송하는 일에 가장 큰 열심으로 앞장을 서야 한다. 여기서 시온은 복음 교회이고, 시온의 왕은 그리스도이시다. 교회 속에 자신의 자리와 이름을 지니고 있는 자들은 그리스도를 아는 지식을 널리 전파하고 많은 사람을 그리스도께로 이끌어 오는 일에 힘써야 한다. 너 시온의 주민아. 여기에 나오는 단어는 여성형이다. 약한 자인 여성이 여호와 안에서 강하여질 때에 그들의 입을 통해서 찬송이 완성될 것이다.

Ⅱ. 그들은 어떻게 하나님을 찬송하여야 하는가.

1. 기도를 통해서. 그의 이름을 부르라. 이전에 베풀어주신 은혜에 대하여 감사하는 것이 앞으로도 은혜를 베풀어 주시라고 청하는 고상한 방법인 것과 마찬가지로, 앞으로도 더 은혜를 베풀어 주시라고 간구하는 것은 우리가 이제까지 받은 은혜들에 대하여 감사하는 것으로 인정되어서 하나님께 열납된다. 하나님의 이름을 부름으로써 우리는 우리의 능력 있으시고 은혜를 후히 베푸시는 분의 이름에 합당한 영광을 돌려드리는 것이 된다.

2. 말씀을 전하고 글을 써서. 우리는 하나님께 아뢸 뿐만 아니라 다른 사람들에게 하나님을 알려야 하며, 하나님의 이름을 부를 뿐만 아니라 하나님의 이름을 선포하여야(난외주에서는 이렇게 읽는다) 한다. 우리는 사람들이 하나님과 하나님이 자신을 계시하기 위하여 행하신 여러 가지 일들에 대하여 이전에 알고 있던 것보다 더 많은 것을 알 수 있도록 전하여야 한다. 그의 행하심, 그의 모략들(어떤 이들은 이렇게 읽는다)을 선포하라. 구속 사역은 하나님의 뜻과 모략에 따른 것이다. 그 일을 비롯해서 하나님께서 행하신 다른 모든 기이한 일들을 통해서 우리는 우리를 향하신 하나님의 생각을 알아차려야 한다(시 40:5). 이러한 것들을 만국 중에 이방인들 가운데 선포하여서, 그들이 이스라엘 및 이스라엘의 하나님과의 교제 속으로 들어올 수 있게 하라. 사도들이 예루살렘에서 시작하여 복음을 모든 민족에게 전파하였을 때, 하나님께서 행하신 일들이 만국 중에 선포되고 온 땅에 알려지게 되리라는 이 말씀이 성취되었다.

3. 거룩한 기쁨으로 어쩔 줄 몰라 하는 것과 가슴 터질 듯한 벅찬 감격을 통해서. "소리 높여 부르라. 승리의 함성을 지르는 자들(출 32:18)이나 왕의 대관식 때에 환호하는 자들처럼(민 23:21) 큰 소리로 환호하며 스스로 복음을 영접하

고 남들에게 그 복음을 널리 전하라."

Ⅲ. 그들은 무엇 때문에 하나님을 찬송해야 하는가.

1. 하나님께서 자신을 영화롭게 하셨기 때문에. 그의 이름이 높아졌고 점점 더 빛을 발하며 뚜렷해지고 있다는 것을 스스로 기억할 뿐만 아니라 남들에게도 말하라. 모든 선한 자는 이것을 기뻐한다.

2. 하나님께서 자기 백성을 높이셨기 때문에. 그는 그들을 위하여 극히 아름다운 일들을 하셨고, 이 일들로 인해서 열방들은 그들을 대단한 자들로 보게 되었다.

3. 하나님께서 그들 가운데서 크시고 앞으로도 크실 것이기 때문에. 거룩하신 이가 크시도다. 왜냐하면, 하나님은 거룩하심 속에서 영화로우시기 때문이다. 하나님은 거룩하시기 때문에 크시다. 참으로 선한 것이 참으로 큰 것이다. 하나님은 이스라엘의 거룩하신 이로서 크시고, 그들 가운데 스스로를 나타내시고 그들을 위하여 영광 중에 나타나심으로써 그들 중에서 찬송을 받으신다(시 76:1). 그들과 언약 관계에 계시고 그들 가운데 계시는 하나님이 무한히 크시다는 것은 이스라엘의 영광이자 행복이다.

제 13 장

개요

이사야서에 지금까지 나온 예언들은 오직 유다와 이스라엘에 관한 것이었고, 특히 예루살렘과 관련이 있는 것들이었다. 그러나 이제 선지자는 밖으로 눈을 돌려서 이웃에 있는 여러 나라들과 왕국들의 운명을 읽어내기 시작한다. 왜냐하면, 성도들의 왕이신 하나님은 만국의 왕이기도 하셔서 자기 자녀의 일들만이 아니라 인류 전체의 일들도 다스리시기 때문이다. 그러나 이 예언들에 나오는 나라들은 모두 이런저런 방식으로 하나님의 백성과 연관이 있는 나라들로서, 그 나라들은 이스라엘에게 호의적이거나 냉정하였기 때문에 하나님은 그것에 따라서 그 나라들을 은혜나 진노로 다루실 것이었다. 왜냐하면, 하나님의 분깃은 자기 백성이어서, 하나님께서 자기 백성 주변의 나라들과 관련된 섭리를 행하실 때에는 언제나 자기 백성을 염두에 두고 그렇게 하시기 때문이다(신 32:8-9). 우리가 여기에서 발견하는 바벨론, 모압, 다메섹, 애굽, 두로 등에 대한 경고들은 이스라엘 중에서 하나님을 경외하면서도 힘센 이웃들에 의해서 위협과 압제를 당하는 자들을 위로하고 이스라엘 중에서 악한 자들에게 경고를 보내기 위한 것이었다. 하나님께서 그를 알지 못하고 그의 이름을 고백하지 않은 자들에게 그들이 범한 죄악들에 대하여 이렇게 엄하게 책임을 물으신다면, 그의 이름으로 불려지면서도 그에게 반역하며 살아가는 자들에게는 얼마나 엄하게 책임을 물으시겠는가! 하나님께서 이렇게 이웃 나라들에 대하여 구체적인 예언들을 주심으로써 그 중 몇몇 나라들은 아마도 유대인들의 성경에 관심을 가지고 읽게 되어서 여호와를 믿는 신앙으로 나아오게 되었을지도 모른다. 이 장과 그 뒤에 나오는 장은 하나님께서 바벨론과 그 왕에게 하시고자 하신 말씀을 담고 있다. 당시에 바벨론은 이스라엘에게 거의 알려져 있지 않았지만, 시간이 지나면서 다른 어떤 적보다도 더 무서운 적이 될 것이었는데, 하나님은 장차 이 바벨론의 죄를 물으실 것이다. 이 장에는 다음과 같은 내용들이 나온다. I. 바벨론을 치는 데에 쓰임받게 될 군대들이 다 함께 모임(1-5절). II. 이 군대들이 바벨론에서 행하게 될 무시무시하고 피비린내 나는 일(6-18절). III. 이 일의 결말로서 바벨론이 철저히 망하고 초토화되리라는 것(19-22절).

¹아모스의 아들 이사야가 바벨론에 대하여 받은 경고라 ²너희는 민둥산 위에 기치를 세우고 소리를 높여 그들을 부르며 손을 흔들어 그들을 존귀한 자의 문에 들어가게 하라 ³내가 거룩하게 구별한 자들에게 명령하고 나의 위엄을 기뻐하는 용사들을 불러 나의 노여움을 전하게 하였느니라 ⁴산에서 무리의 소리가 남이여 많은 백성의 소리 같으니 곧 열국 민족이 함께 모여 떠드는 소리라 만군의 여호와께서 싸움을 위하여 군대를 검열하심이로다 ⁵무리가 먼 나라에서, 하늘 끝에서 왔음이여 곧 여호와와 그의 진노의 병기라 온 땅을 멸하려 함이로다

이사야서 전체의 표제는 아모스의 아들 이사야가 본 계시였다(사 1:1). 여기에는 이사야가 본 것이 나오는데, 그것은 마치 그가 그 일을 육안으로 본 것처럼 뚜렷하고 생생하게 그의 마음에 떠오른 것이었다. 여기에 나오는 설교에 붙여진 표제는 바벨론에 대하여 받은 경고이다.

1. 그것은 하나의 무거운 짐, 그들이 배워야 할 교훈(어떤 이들은 이렇게 해석한다)이지만, 그들이 그것을 배우기를 싫어한다면, 그것은 그들에게 무거운 짐, 그들을 무겁게 짓눌러서 엎드러지게 만들 짐이 될 것이다. 하나님의 말씀을 자신의 안식으로 삼고자 하지 않는 자들(사 28:12; 렘 6:16)은 그 말씀이 그들에게 무거운 짐이 되는 것을 발견하게 될 것이다.

2. 그것은 바벨론 또는 바벨의 무거운 짐이다. 바벨론은 당시에 앗수르 왕조(그 수도는 니느웨였다)의 속국이었지만 얼마 안 있어서 반란을 일으켜 스스로 하나의 왕조가 되었고 느부갓네살 시대에는 아주 강력한 왕조를 이루었다. 선지자는 나중에 유대인들이 바벨론으로 사로잡혀 가게 될 것을 예언하는데(사 39:6), 여기서는 바벨론이 하나님의 백성에게 잘못 행한 것들에 대하여 하나님께서 되갚아 주실 것임을 예언한다. 이 절들에는 하나님께서 바벨론을 멸망시키기 위하여 그의 진노의 도구들로 사용하고자 하시는 강력하고 호전적인 나라들을 호출하는 내용이 나오는데, 뒤에서 그 나라들의 이름을 언급한다(17절). 메대 사람들은 바사 사람들과 연합하여 다리오와 고레스 왕의 지휘 아래 바벨론 왕조를 멸망시켰다.

I. 멸망당하게 될 것은 바벨론이다. 바벨론은 거기에 존귀한 자들의 저택들이 무수히 많았기 때문에 여기서 존귀한 자들의 문들로 불린다(2절). 존귀한 자들의 저택들은 웅장하고 사치스러워서 풍부한 노략물을 노리는 적군을 불러

들일 것이었다. 존귀한 자들의 문들은 튼튼하고 잘 방비가 되어 있었지만, 하나님의 심판을 집행할 사명을 띠고 온 자들을 막아낼 수 없을 것이었다. 하나님의 권능과 진노 앞에서 왕궁과 궁전들은 오두막집들에 불과하다. 또한, 존귀한 자들의 문들만이 아니라 온 땅도 멸망당하게 될 것이다(5절). 왜냐하면, 존귀한 자들이 하나님의 백성을 박해하고 압제하는 일에 앞장 선 자들이긴 하지만 온 땅이 그 일에서 그들과 협력하였기 때문이다.

Ⅱ. 하나님께서 바벨론을 쳐서 초토화시키기 위해서 불러 모을 자들이 여기에 언급된다.

1. 그들은 하나님께서 거룩하게 구별한 자들(3절), 하나님의 목적과 섭리를 따라서 이 일을 위하여 구별된 자들, 이 일을 위하여 다른 일들로부터 손을 떼게 하신 자들로 불린다. 이것은 그들이 부르심을 받은 이 일을 할 수 있는 자격을 갖춘 자들로서 자신을 이 일에 온전히 바치도록 하기 위한 것이다. 하나님은 사람들을 어떤 일에 사용하실 때에 그들이 그 일에 합당하도록 준비시키신다. 또한, 이것은 그들의 의도 속에서는 그렇지 않았지만 하나님의 의도 속에서는 이 일이 성전(聖戰)이었다는 것을 암시하는 것이다. 그들은 단지 그들 자신의 제국을 확장하고자 하는 의도만을 지니고 있었지만, 하나님은 자기 백성을 놓여나게 함과 동시에 신약의 바벨론의 멸망에 대한 모형으로서 이 일을 계획하신 것이었다. 이 일을 주도하게 되어 있었던 고레스는 거룩하게 구별한 자로 불리는 것이 옳았다. 왜냐하면, 그는 하나님의 기름 부음을 받은 자로서(사 45:1) 장차 오시게 되어 있는 분의 모형으로 행한 것이기 때문이다. 모든 군사들, 특히 여호와의 싸움을 싸우는 자들은 아주 엄밀한 의미에서 거룩하게 구별된 자들인데도 그들이 그들의 목숨을 그 손에 쥐고 계시는 분을 모독하는 불경스러운 자들로 행한다는 것은 애석한 일이고 이상한 일이다.

2. 그들은 하나님에게서 힘을 받아서 하나님을 위하여 그 힘을 사용할 것이었기 때문에 하나님의 용사들로 불린다. 하나님은 고레스에 대하여 이 전쟁에서 내가 그의 오른손을 붙들었다고 말씀하신다(사 45:1). 하나님께서 거룩하게 구별한 자들은 하나님의 용사들이다. 하나님은 그가 부르신 자들에게 그 부르신 일을 할 수 있는 능력도 주신다. 하나님은 그가 거룩하게 하신 자들에게 그 심령도 강하게 만들어 주신다.

3. 그들은 하나님의 위엄을 기뻐하는 자들, 즉 아주 용맹스럽게 하나님의 영

광을 위한 일들에 봉사하는 자들이라고 말해진다. 고레스는 하나님을 알지 못하였고, 실제로 하나님의 영광을 위하여 일한 것은 아니었지만, 하나님은 그를 자신의 종으로 사용하셨고(사 45:4, 너는 나를 알지 못하였을지라도 네게 나의 종이라는 칭호를 주었노라) 그의 성공들을 통해서 자신의 이름을 드높이셨다.

4. 그들은 그 수가 무수히 많은 무리, 많은 백성, 열국 민족으로서(4절), 문물이 잘 정비된 나라들에서 파견된 자들답게 야만적인 오합지졸이 아니라 잘 훈련된 정규군들이다. 크신 하나님은 열방의 군대들을 지휘하신다.

5. 그들은 먼 곳에서 왔다. 무리가 먼 나라에서, 하늘 끝에서 왔다. 앗수르 제국의 광대한 땅은 바벨론과 바사 사이에 놓여 있었다. 하나님은 아주 멀리 떨어져 있어서 별 위협이 되지 못할 것 같은 자들을 불러오셔서 자신의 채찍으로 사용하여 원수들을 파멸시키실 수 있으시다.

III. 그들에 대한 하나님의 호출은 효력을 발휘하여, 그들은 즉시 순종하여 가공할 만한 위용을 갖추고 나타난다. 민둥산 위에 기치가 세워진다(2절). 하나님의 군기(軍旗), 바벨론을 치기 위하여 내걸린 선전포고의 깃발이 세워진다. 그 기치는 모든 사람이 볼 수 있도록 높은 곳에 세워진다. 그 깃발 아래로 모여와서 군사로 자원하는 자들은 누구나 즉시 하나님의 군사로서 삯을 받게 될 것이다. 지원병들을 모집하는 자들은 사람들이 군사로 지원하도록 격려하기 위해서 소리를 높여야 한다. 그들은 군사로 지원한 자들에게 이리로 오라고 손짓하고 그들의 사기를 높여주기 위해서 손을 흔들어야 한다. 그들이 이렇게 하는 것은 헛되지 않을 것이다. 하나님은 그가 사용하실 자들을 부르셨고 명령하셨는데(3절), 하나님의 부르심과 명령에는 아무도 저항할 수 없는 능력이 수반된다. 하나님은 사람들로 하여금 그를 섬길 수 있게 만드실 수 있을 뿐만 아니라, 마음만 먹는다면 사람들로 하여금 그것을 자원하도록 만드실 수도 있으시다. 싸움을 위하여 군대를 소집하여 검열하시는 분은 만군의 여호와이시다(4절). 여호와께서는 그들을 불러 모으셔서 부대로 편성하시고, 징병부(徵兵簿)를 따라 검열하시며 정확히 그 수를 세시고, 그들이 모두 제자리에 있는지를 살피셔서 그들 각자에게 필요한 지시를 내리신다. 전쟁을 위한 모든 군대는 만군의 주(主)이신 여호와의 지휘 아래 있다는 것을 명심하라. 이 군대가 진정으로 가공할 만한 군대인 것은 그들이 바벨론을 치러 올 때에 여호와께서 직접 그들을 그의 진노의 병기들로 데려오시는 것이기 때문이다(5절). 큰 왕들과 군대들은 하나님의 손에 들린 도구들, 하나님이 그 기쁘신 뜻을 따라 자신의 일을 이루기 위하여 사용하시는 병기들이고, 그들을 무장시키고 그들로 하여금 성공하게 하는 것은 하나님의 진노라는 것을 명심하라.

[6]너희는 애곡할지어다 여호와의 날이 가까웠으니 전능자에게서 멸망이 임할 것임이로다 [7]그러므로 모든 손의 힘이 풀리고 각 사람의 마음이 녹을 것이라 [8]그들이 놀라며 괴로움과 슬픔에 사로잡혀 해산이 임박한 여자 같이 고통하며 서로 보고 놀라며 얼굴이 불꽃 같으리로다 [9]보라 여호와의 날 곧 잔혹히 분냄과 맹렬히 노하는 날이 이르러 땅을 황폐하게 하며 그 중에서 죄인들을 멸하리니 [10]하늘의 별들과 별 무리가 그 빛을 내지 아니하며 해가 돋아도 어두우며 달이 그 빛을 비추지 아니할 것이로다 [11]내가 세상의 악과 악인의 죄를 벌하며 교만한 자의 오만을 끊으며 강포한 자의 거만을 낮출 것이며 [12]내가 사람을 순금보다 희소하게 하며 인생을 오빌의 금보다 희귀하게 하리로다 [13]그러므로 나 만군의 여호와가 분하여 맹렬히 노하는 날에 하늘을 진동시키며 땅을 흔들어 그 자리에서 떠나게 하리니 [14]그들이 쫓긴 노루나 모으는 자 없는 양 같이 각기 자기 동족에게로 돌아가며 각기 본향으로 도망할 것이나 [15]만나는 자마다 창에 찔리겠고 잡히는 자마다 칼에 엎드러지겠고 [16]그들의 어린 아이들은 그들의 목전에서 메어침을 당하겠고 그들의 집은 노략을 당하겠고 그들의 아내는 욕을 당하리라 [17]보라 은을 돌아보지 아니하며 금을 기뻐하지 아니하는 메대 사람을 내가 충동하여 그들을 치게 하리니 [18]메대 사람이 활로 청년을 쏘아 죽이며 태의 열매를 긍휼히 여기지 아니하며 아이를 애석하게 보지 아니하리라

이 단락에는 메대 사람들과 바사 사람들이 바벨론을 기습해 왔을 때에 바벨론에서 일어나게 될 엄청난 혼란과 초토화에 관한 아주 격조 높고 생생한 묘사가 나온다. 여기에서는 지금 안일하고 편안하게 살고 있는 자들에게 애곡하고 슬프게 통곡하라고 명하는데, 그 이유는 다음과 같다.

I. 하나님은 곧 그들을 치러 진노 가운데 나타나실 것이고, 하나님의 손에 빠져드는 것은 두려운 일이기 때문이다. 여호와의 날, 하나님께서 그와 그의 백성의 상처 입은 마음과 관련하여 의롭게 원수 갚는 자로서 행하실 작은 심판의 날이 가까웠다(6절). 그 날이 가까웠을 때에 두려워 떨 수밖에 없는 자들이

있다. 여호와의 날이 이르리라(9절). 사람들은 지금 자신의 날을 가지고 있고, 그 날이 계속될 것이라고 생각한다. 그러나 하나님은 그의 날이 다가옴을 보시기 때문에 그들을 비웃으신다(시 37:13). 지금은 하나님께서 분노하지 않으시지만, 하나님이 바벨론 사람들의 책임을 물으실 날은 잔혹히 분냄과 맹렬히 노하는 날이 될 것이다. 바벨론 사람들이 하나님의 백성에게 잔혹하게 행하였듯이, 그 날에 하나님은 그들을 잔혹하게 다루실 것이다. 하나님은 못된 자들에게는 못된 것으로 갚아주시고 잔혹한 자들에게는 잔혹한 것으로 갚아주시며, 피에 굶주린 자들에게는 피를 주어 마시게 하실 것이다.

Ⅱ. 그들의 마음은 실의(失意)에 빠지고, 그들에게는 용기나 위로가 남아 있지 않게 될 것이다. 그들은 임하는 심판에 저항하거나 그 심판 아래에서 견뎌 낼 수 없을 것이고, 적군에 대항하거나 스스로 힘을 지탱할 수 없을 것이다(7-8절). 평화로웠던 때에 교만하고 오만하며 강포하였던(11절) 자들은 환난이 닥치면 낙심하여서 어쩔 줄 몰라 하게 될 것이다. 모든 손의 힘이 풀려서 병기를 잡을 수도 없을 것이고, 각 사람의 마음이 녹아서 두려움 때문에 사색이 되고 말 것이다. 두려움으로 인한 그들의 고통은 해산하는 여인의 고통과 같을 것이고, 그들은 서로 보고 놀랄 것이다. 그들은 혼자서도 겁을 집어먹고 놀랄 것이고 서로를 보고서도 겁을 집어먹고 놀랄 것이다. 그들은 평소에 담대하고 무서운 것을 몰랐던 자들이 두려워 떠는 것을 보고 이상히 여길 것이다. 또는, 그들은 너나 할 것 없이 어쩔 줄 몰라 하며 넋이 나간 채 서로를 바라보기만 할 것이다(창 42:1). 그들의 얼굴은 두려움으로 인하여 불꽃처럼 창백하거나 겁을 집어먹은 자신의 모습을 창피해 해서 불꽃처럼 빨개질 것이다. 또는, 그들의 얼굴은 불길에 그을리거나 불 속에서 일한 자들의 얼굴 같아서 숯보다 검거나 연기 속의 가죽 부대 같을 것이다(시 119:83).

Ⅲ. 모든 위로와 소망이 사라지게 될 것이다(10절). 하늘의 별들이 그 빛을 내지 아니하고 구름에 덮여 어두울 것이다. 해가 돋아도 어두우며, 해가 밝히 떠 올랐어도 곧 어두워질 것이다. 이것은 기상(氣象)이 좋지 않을 것임을 보여주는 확실한 증표이다. 그들은 해도 별도 보이지 않을 때에 바다에서 풍랑을 만난 자들 같을 것이다(행 27:20). 그 날은 하늘의 모든 광명들이 저 최후의 심판의 날과 마찬가지로 어둠으로 변하고 해가 어두워질 때에 이 땅의 모습처럼 무시무시한 때가 될 것이다. 이렇게 하늘이 눈살을 찌푸리는 것은 하늘의 하나님

께서 진노하셨음을 보여주는 것이다. 이 땅의 것들이 어두워진다고 하여도, 우리가 하늘을 우러러 깨끗하다면, 그것으로 충분하다. 그러나 그 때에 하늘로부터 오는 위로가 우리에게 없다면, 우리는 무엇으로 위로를 받겠는가?

IV. 하나님께서는 그들의 죄로 인하여 그들을 벌하실 것이다. 이 모든 것은 죄, 특히 교만의 죄를 벌하기 위한 것이다(11절). 환난과 비참한 일들은 이 죄 때문에 쓰디쓴 것이 된다.

1. 죄는 이제 벌을 받아야 한다는 것. 바벨론은 작은 세계이지만 악한 세계이기 때문에 벌을 받지 않은 채로 그냥 넘어가는 일은 없을 것이다. 죄는 경건치 않은 자들의 세계에 멸망을 가져다 준다. 땅의 나라들이 서로 으르렁거리는 것은 하나님께서 그들 모두와 다투시는 결과이다.

2. 교만은 이제 낮아져야 한다는 것. 강포한 자, 특히 거만하게 하나님의 백성을 짓밟으며 그들에게 공포의 대상으로 군림하였던 느부갓네살과 그의 아들 벨사살의 거만은 이제 낮추어져야 한다. 사람이 교만하면 낮아지게 되리라(잠 29:23).

V. 사람들이 희소하게 될 정도로 큰 살육이 있을 것이다(12절). 내가 사람을 순금보다 희소하게 하리로다. 너희가 상당한 정도의 돈을 지불한다고 하여도 나라의 일을 맡길 사람이나 군대에서 복무할 사람이나 가정을 이루기 위하여 딸과 짝지어 줄 사람을 구할 수 없게 될 것이다. 이웃 나라들은 모든 일이 바벨론 왕에게 불리하게 돌아가는 것을 보았기 때문에 그 왕에게 군대를 빌려 주려고 하지 않을 것이다. 인구가 많았던 나라들은 전쟁으로 인해서 곧 인구가 거의 없게 될 것이다. 하나님은 모든 사람들로부터 부러움과 구애(求愛)를 받았던 나라를 순식간에 마치 쓰러져 가는 집이나 침몰해 가는 배처럼 모든 사람들이 기피하고 꺼려하는 나라로 만들어 버리실 수 있다.

VI. 모든 것이 극도의 혼란에 빠지고 사람들이 대경실색하여, 그 혼란함이 무시무시한 우레로 하늘이 진동하고 무시무시한 지진으로 땅이 떠나는 것과 같을 것이다. 만군의 여호와가 노하는 날에 모든 사람이 무시무시한 고통을 당하며 파멸하게 될 것이다(13절). 바벨론 사람들이 대경실색하고 혼비백산하여, 주변의 모든 나라들에 대하여 포효하는 사자와 성난 곰 같았던 바벨론은 쫓기는 노루나 모으는 자 없는 양 같이 될 것이다(14절). 바벨론이 전장(戰場)에 내보낼 군대, 여러 나라의 군대들로 이루어진 다국적군(대군은 흔히 그러하였다)은

지레 겁을 집어먹고 적들의 칼에 놀라 뿔뿔이 흩어져서 각기 자기 동족에게로 돌아갈 것이다. 각 사람은 자기 목숨을 부지할 궁리만을 할 것이다. 장사들도 모두 그들에게 도움을 줄 손을 만날 수 없어서(시 76:5) 줄행랑을 칠 것이다.

VII. 창과 칼이 난무하는 곳이 보통 그렇듯이, 그 곳은 피와 공포로 뒤덮일 것이다. 가장 잔혹한 살육자들도 보통 무장을 하지 않은 민간인들은 살려주는 법인데, 이 정복자는 그 어떤 자비도 베풀지 않고 군사는 물론이고 민간인조차 모조리 다 칼로 죽이기 때문에, 각자가 최선을 다해서 자기 살 길을 찾아가는 것은 전혀 이상한 일이 아니다(15절). 만나는 자마다 그가 바벨론 사람이라는 것이 밝혀지자마자 창에 찔릴 것이다. 아니, 칼은 사람을 가리지 않고 닥치는 대로 죽이기 때문에 잡히는 자마다 칼에 엎드러질 것이다. 바벨론을 돕기 위해서 온 다른 나라 사람들도 마찬가지로 칼에 죽임을 당하게 될 것이다. 나쁜 자들의 무리 속에 끼거나 하나님께서 멸하고자 하는 자들을 돕는 것은 위험한 일이다. 특히 바벨론에 합류하는 자들은 바벨론에게 임한 재앙들을 똑같이 받게 될 것을 예상해야 한다(계 18:4). 가장 신성한 자연과 인간의 법들도 전쟁의 광기에 의해서 유린되는 것이 보통이기 때문에, 정복자들은 가장 야만적이고 짐승 같이 행하여 어린 아이들을 메어쳐서 부숴버리고 부인들을 욕보일 것이다(16절). 악행은 거침이 없는 법이다(jusque datum sceleri). 그들은 하나님의 백성을 이런 식으로 다루었기 때문에(애 5:11) 이제 그들이 행한 대로 되갚음을 받게 될 것이다(계 13:10). 성경에서는 특히 바벨론의 어린 것들이 바위에 메어쳐지리라고 예언하였다(시 137:9). 사람들이 잔인하고 불의한 일들을 행하였을 때, 그 일들이 그들의 목전에서 그들에게 일어나게 하셔서 그들로 하여금 더 큰 공포와 참담함을 겪게 하시는 하나님은 의로우시다. 자신의 집을 이스라엘에서 약탈해 온 것들로 가득 채운 자들의 집이 약탈당하게 하시는 하나님도 마찬가지로 의로우시다. 약탈을 통해서 얻어진 것은 흔히 동일한 방식으로 잃는 법이다.

VIII. 하나님께서는 그들을 치기 위해 보내실 군대로 하여금 그들에 대하여 몹시 격분하여 무자비하게 행하게 하실 것이다. 또는, 그러한 격분이 어떤 식으로 일어나든지 간에, 그것은 하나님께서 친히 메대 사람을 충동하여 바벨론 사람들에게 무자비하게 행하도록 하시는 것이 될 것이다. 하나님은 그들의 기질이나 의도를 사용하여 자신의 목적을 이루시고자 하실 뿐만 아니라, 바벨론을 멸망시키되 그 일을 광분(狂奔)하여 행하고자 하는 마음을 그들의 마음속에 넣어주실 것이다. 하나님은 죄의 원천이 아니시지만, 그 죄를 통해서 스스로 영광을 받으시기 위하여 그 죄를 허용하시는 것이다. 이 메대 사람들은 바사 사람들과 연합하여 이 일을 철저히 행할 것인데, 그 이유는 다음과 같다.

1. 그들에게는 뇌물이 통하지 않을 것이다(17절). 사람들은 목숨을 부지할 수만 있다면 자기가 가진 모든 것을 내어주고자 하겠지만, 메대 사람들은 은을 돌아보지 아니할 것이다. 그들은 금에 목마른 것이 아니라 피에 목말라 있기 때문이다. 부자가 금은을 다 내놓아도 그들에게서 목숨을 건질 수 없을 것이다.

2. 그들은 무자비할 것이다(18절). 그들은 인생의 한창때에 있는 청년들을 활로 쏘아 죽이고 그것도 모자라서 땅에 메어쳐서 산산조각을 내버릴 것이다. 아이들이 겁에 질려 놀라서 큰 소리로 울부짖으면 아무리 목석같은 자라도 마음이 약해지고 불쌍히 여기는 마음이 드는 것이 인지상정인데도, 그들은 인생에서 아무것도 모르는 시기에 있는 자들, 곧 태의 열매를 긍휼히 여기지 아니하며 아이를 애석하게 보지 아니할 것이다. 여기서 잠깐 다음과 같은 것들을 생각해 보자.

(1) 사람들은 이렇게 잔인하고 비인간적이며, 불쌍히 여기는 마음이 조금도 없는 모습을 보일 수 있다는 것. 이러한 모습 속에서 우리는 인간의 본성이 어디까지 타락하고 부패할 수 있는지를 본다.

(2) 무한하신 긍휼을 지니신 하나님께서 그의 공의를 집행하실 때에 이런 일이 일어나게 하실 수 있다는 것. 이것은 하나님은 은혜로우시지만 원수 갚는 것도 하나님께 있다는 것을 보여준다.

(3) 실제적인 죄를 전혀 범하지 않은 어린 아이들도 이렇게 학대당할 수 있다는 것. 이것은 사람에게는 원죄가 있어서 잉태되자마자 사람은 하나님께서 주신 생명을 상실한 상태에 있다는 것을 보여준다.

[19]열국의 영광이요 갈대아 사람의 자랑하는 노리개가 된 바벨론이 하나님께 멸망당한 소돔과 고모라 같이 되리니 [20]그 곳에 거주할 자가 없겠고 거처할 사람이 대대에 없을 것이며 아라비아 사람도 거기에 장막을 치지 아니하며 목자들도 그 곳에 그들의 양 떼를 쉬게 하지 아니할 것이요 [21]오직 들짐승들이 거기에 엎드리고 부르짖는 짐승이 그들의 가옥에 가득하며 타조가 거기에 깃들이며 들양이 거기에서 뛸

것이요 ²²그의 궁성에는 승냥이가 부르짖을 것이요 화려하던 궁전에는 들개가 울 것이라 그의 때가 가까우며 그의 날이 오래지 아니하리라

이 단락에서는 메대 사람들과 바사 사람들에 의해서 바벨론에 대하여 행해질 것이라고 이미 예언된 큰 재앙과 파멸은 결국 바벨론의 멸망으로 끝날 것이라고 말한다.

1. 바벨론이 굉장한 성읍이었다는 것이 인정되고 있다. 바벨론은 열국의 영광이요 갈대아 사람의 자랑하는 노리개였다. 바벨론은 저 금 머리였다(단 2:37-38). 바벨론은 여러 왕국의 여주인(사 47:5), 온 세상의 칭찬 받는 성읍(렘 51:41), 빼어난 노루(이것이 원어의 의미이다)로 불렸지만, 장차 쫓긴 노루(14절) 같이 될 것이다. 갈대아 사람들은 이 거대한 성읍이 지닌 아름다움과 부를 자랑하였다.

2. 바벨론이 소돔과 고모라 같이 완전히 멸망당하리라는 것이 예언되고 있다. 바벨론은 어떤 기적에 의해서 한순간에 멸망당하는 것이 아니라 느리지만 확실하게 멸망당할 것이다. 소돔이 그랬듯이 사람들이 먹고 마시며 안일하게 살고 있을 때에 멸망이 그들에게 임할 것이다(눅 17:28-29). 바벨론은 벨사살이 주연(酒筵)을 베풀고 있을 때에 점령당하였다. 고레스와 다리오는 바벨론을 완전히 파괴하지 않았지만, 바벨론은 차츰 황폐화되어 갔고 세월이 흐르자 완전히 폐허로 변하고 말았다. 여기에서는 그 곳에 거주할 자가 없을 것이라고 예언되어 있다(20절). 아드리아누스 시대에는 성벽 외에는 아무것도 남아 있지 않았다. 저 큰 성읍이었던 니느웨에 대해서는 그 곳이 버려지고 황폐화되더라도 여전히 양 떼가 그 곳에 누워 있을 것이라고 예언되고 있는 반면에, 여기에서는 바벨론에 대하여 목자들이었던 아라비아 사람도 그들의 양 떼를 쉬게 하지 아니할 것이라고 예언하고 있다. 주변의 땅이 너무도 황폐하여 불모지가 되어서 거기에서 양 떼가 풀을 뜯을 수 없게 되리라는 것이다. 아니, 그 곳은 황량한 곳을 좋아하는 들짐승들의 소굴이 될 것이다. 선남선녀들이 서로 만나곤 했던 바벨론의 가옥들에는 부르짖는 짐승, 타조와 들양이 가득할 것인데, 이 짐승들도 겁이 나서 그들에게 적합한 그 곳으로 뛰어들 것이고, 이 짐승들이 뛰어들자 거기에 있던 다른 모든 짐승들은 깜짝 놀라서 거기에서 나올 것이다. 역사가들은 이 예언이 문자 그대로 성취되었다고 말한다. 베냐민 바요나(Benjamin

Bar-Jona)는 자신의 여행기에서 바벨(또는, 바벨론)에 대하여 이렇게 말한다. "이 곳은 옛적에 사방으로 50km나 뻗어 있었던 저 바벨인데, 지금은 황폐화되어 있다. 느부갓네살의 왕궁의 폐허가 아직 남아 있기는 할 것인데, 사람들은 그 곳을 장악하고 있는 뱀과 전갈들이 무서워서 감히 들어가지를 못한다." 아무도 자신의 으리으리한 궁전이나 저택을 자랑하지 말라. 그 곳이 언제 오두막보다 못하게 될지 아무도 모르기 때문이다. 아무도 그들의 집은 영원히 있을 것이라고 생각하지 말라(시 49:11). 그들의 집의 폐허와 수치(羞恥) 외에는 아무 것도 남아 있지 않을 날이 올 것이기 때문이다.

3. 이 멸망이 곧 오리라는 것이 암시되어 있다(22절). 그의 때가 가까우며 그의 날이 오래지 아니하리라. 바벨론의 멸망을 말하는 이 예언은 거기에 사로잡혀 가서 심한 압제를 받고 있던 하나님의 백성을 위로하고 붙들어 주기 위한 것이었다. 이 예언은 선지자에 의해서 선포된 때로부터 200여년 후에 이루어졌지만, 하나님께서는 바벨론이 나라를 이룬 직후에 이 예언을 자기 백성에게 주셨다. 이것은 그들의 오만방자한 압제자들이 지독하게 오만하고 교만할 때에 이스라엘 백성이 바벨론의 폭정의 무거운 멍에 아래에서 신음하며 바벨론 강가에 앉아 눈물을 흘리고 시온의 노래들로 스스로를 자책하면서도(11절), 바벨론의 때, 즉 바벨론이 망할 때가 다가오고 있고, 바벨론이 형통할 날들은 오래 지속되지 않을 것임을 알고서 위로를 받게 하기 위한 것이었다. 하나님은 바벨론이 시작될 때에 이미 그 끝을 작정하셨다. 신약의 바벨론의 멸망에 대해서 한 시간에 네 심판이 이르렀다고 말해진다. 구약의 바벨론은 신약의 바벨론의 모형이었다.

제
— 14 —
장

개요

이 장에서는 I. 바벨론을 가라앉히기에 충분할 정도로 연자맷돌 같이 무거운 짐이 바벨론에게 추가된다. 1. 하나님께서 이렇게 바벨론과 다투시는 것은 이스라엘을 변호하시기 위한 것이다(1-3절). 2. 바벨론 왕은 당분간 연전연패하며 현저하게 낮아지게 될 것이다(4-20절). 3. 바벨론 사람들은 모두 끊어지고 멸절될 것이다(21-23절). II. 먼 훗날의 일인 바벨론의 멸망에 관한 예언이 여기에서 이 땅을 침공했던 앗수르 군대가 머지않아 멸망하게 되리라는 예언을 통해서 다시 한 번 확인된다(24-27절). III. 히스기야가 블레셋 족속을 물리치리라는 것이 여기에서 예언되고 있는데, 이를 통해서 그의 백성은 여러 유익을 얻게 될 것이다(28-32절).

[1]여호와께서 야곱을 긍휼히 여기시며 이스라엘을 다시 택하여 그들의 땅에 두시리니 나그네 된 자가 야곱 족속과 연합하여 그들에게 예속될 것이며 [2]민족들이 그들을 데리고 그들의 본토에 돌아오리니 이스라엘 족속이 여호와의 땅에서 그들을 얻어 노비로 삼겠고 전에 자기를 사로잡던 자들을 사로잡고 자기를 압제하던 자들을 주관하리라 [3]여호와께서 너를 슬픔과 곤고와 및 네가 수고하는 고역에서 놓으시고 안식을 주시는 날에

여기에 나오는 것은 바벨론이 전복되고 멸망당하여야 하는 이유로 제시되고 있다. 하나님은 자기 백성을 위하여 긍휼을 예비해 두고 계시기 때문에 다음과 같은 것들이 행해져야 한다. 1. 하나님께서는 자기 백성이 당한 해악에 대하여 반드시 책임을 물으시고 자기 백성을 박해하는 자들에게 원수를 갚으신다. 야곱에 대한 긍휼은 바벨론 같은 야곱의 뉘우치지 않는 불구대천의 원수들에게는 진노와 파멸이 될 것이다. 2. 바벨론이 하나님의 백성에게 오랫동안 지웠던 압제의 멍에는 꺾여져야 하고, 하나님의 백성은 해방되어야 한다. 3. 이것을 위해서는 하나님의 백성이 종살이 하던 집에서 구원받기 위해서 애굽

과 바로가 패퇴하는 것이 필요했던 것과 마찬가지로 바벨론이 멸망하는 것이 반드시 필요하였다. 하나의 동일한 섭리가 이스라엘에게는 좋은 것이었지만 애굽 사람들에게는 나쁜 것이었듯이, 하나의 동일한 예언의 말씀은 하나님의 백성에게는 약속의 말씀이 되고 원수들에게는 경고의 말씀이 된다. 좀 더 살펴 보자.

I. **하나님께서 이런 은총들을 야곱과 이스라엘에게 베푸시는 이유.** 그것은 하나님께서 그들에 대하여 인자하심을 지니고 계시고 그들을 선택하셨기 때문 이다(1절). "여호와께서 야곱, 곧 지금 바벨론에 포로로 잡혀 있는 야곱의 자손 을 긍휼히 여기실 것이다. 하나님은 그들을 불쌍히 여기는 마음을 갖고 계시고 그들을 위해 긍휼을 예비해 두고 계시며 그들과 영원히 다투시지 않으시고 그 들을 다시 택하여 다시 그들에게 돌아오시리라는 것을 분명하게 보여주실 것이 다. 하나님은 잠시 그들을 거부하고 버리신 것처럼 보였을지라도 그들이 그의 택함 받은 백성이라는 것과 그 택하심은 확실한 것임을 보여주실 것이다." 우 리에게 어떻게 보이든지 간에, 하나님의 긍휼하심은 없어지지 않고 하나님의 약속도 폐해지지 않는다(시 77:8).

II. **하나님께서 그들을 위하여 계획하신 특별한 은총들.**

1. 하나님은 그들을 다시 그들의 산하(山河)로 데려오실 것이다. 여호와께서 그들을 그들이 쫓겨났던 그들의 땅에서 두시리라. 그들이 거룩한 땅, 약속의 땅 에 정착한 것은 하나님의 특별한 긍휼하심의 열매이다.

2. 많은 사람들이 야곱 족속의 거룩한 신앙으로 개종하여서 함께 돌아오게 될 것이다. 많은 사람들이 그렇게 하는 것은 하나님이 야곱 족속과 함께 하셔 서 그 가운데서 은혜를 베푸시고 섭리로 인도하시는 것을 보여주는 명백한 증 표들 때문이다. 하나님이 너희와 함께 하심을 들었나니 우리가 너희와 함께 가려 하 노라(슥 8:23)고 말하며 나그네 된 자들이 야곱 족속과 연합할 것이다. 나그네 된 자들이 야곱 족속에게 합류하고 교회에 밖으로부터 많은 사람들이 더해질 때 에 이스라엘의 존귀함과 힘은 더욱 강화된다(행 2:47). 교회에 속한 자녀들은 외부 사람들을 꺼리지 말고 도리어 하나님께서 받으시는 자들을 받아들이며 야곱 족속에게 꼭 붙어 있고자 하는 자들을 받아들여야 한다.

3. 이 개종자들은 하나님의 백성이 지닌 신앙에 힘을 실어줄 뿐만 아니라 그들이 고국으로 돌아오는 일에도 큰 도움이 될 것이다. 그들과 함께 살았던

사람들(개역에서는 민족들)이 그들을 데리고 그들을 돌봐 줄 것이며 그들을 불쌍히 여겨서 그들의 본토에 돌아올 것이다 — 마치 좋은 사람들과 헤어지기 싫어하는 친구들이나 최선을 다해서 온갖 선한 일들을 다 해주고자 하는 종들처럼. 하나님의 백성은 어느 곳에 있게 되든지 모든 일에서 이렇게 모범적이고 사람을 얻는 행실을 통해서 주변 사람들의 사랑을 얻고 사람들이 신앙에 대하여 좋은 생각을 갖게 만들도록 애써야 한다. 이 말씀은 유대인 포로들이 바벨론에서 돌아올 때에 주변의 모든 사람들이 애굽인들의 경우와는 달리 고레스의 포고(布告)를 따라서 유대인들이 잘 떠날 수 있도록 도와주었을 때에 성취되었는데(스 1:4, 6), 그들은 유대인들에 대하여 넌더리를 냈기 때문이 아니라 유대인들을 사랑하였기 때문에 그렇게 한 것이었다.

4. 그들은 고국으로 돌아와서도 이 개종자들의 섬김을 통해서 유익을 얻게 될 것이다. 왜냐하면, 그들 중 다수는 단지 유대인들을 따라서 오는 것이 아니라 아주 비천한 지위를 스스로 맡아서 그들과 함께 올 것이기 때문이다. 하나님의 백성은 여호와의 땅에서 그들을 얻어 노비로 삼을 것이다. 그 땅의 법들은 종들을 압제하는 것을 금지할 것이기 때문에 그 땅이 종들에게 지옥이 아닐 것임과 마찬가지로, 그 땅의 은택들로 인하여 그 땅은 약속의 언약들에 대하여 외인이었던 종들에게 낙원이 될 것이다. 왜냐하면, 본토인에게나 거류하는 이방인에게 법이 동일할 것이기 때문이다. 여호와의 땅, 빛의 땅에 거하는 자들은 그들의 남종이나 여종들이 그 땅의 은택을 공유할 수 있도록 신경을 써야 한다. 그럴 때에 그들은 다른 땅에서 주인이 되기보다는 여호와의 땅에서 종이 되는 것이 더 낫다는 것을 알게 될 것이다.

5. 그들은 원수들을 이기게 될 것이고, 그들과 화해하고자 하지 않았던 자들은 쇠락하게 되고 낮아지게 될 것이다. 이스라엘 족속이 전에 자기를 사로잡던 자들을 사로잡고 자기를 압제하던 자들을 보복하는 방식으로가 아니라 의롭게 주관하리라. 유대인들은 바벨론 포로들을 메대 사람과 바사 사람들의 손에서 사서 종으로 삼았던 것 같다. 또는, 이 말씀은 마카베오 시대에 유대인들이 원수들에 대하여 승리를 거두었을 때에 성취된 것일 수도 있다. 이 말씀은 복음이 성공을 거둔 것(바울 같이 복음을 지독히 반대하였던 자들이 복음에 순종하게 되었을 때), 그리스도께서 영적인 원수들에 대하여 승리를 거두셔서 사로잡던 자를 사로잡았을 때에 믿는 자들이 거기에 동참하게 된 것, 믿는 자들이 그들의

타락한 본성을 제압할 힘을 얻게 된 것, 정직한 자들이 아침에 원수들을 다스리게 된 것(시 49:14)에 적용될 수 있다.

6. 그들은 그들의 온갖 곤고함이 끝나는 복된 날을 보게 될 것이다(3절). 여호와께서 너를 슬픔과 곤고와 및 네가 수고하는 고역에서 놓으시고 안식을 주시리라. 하나님께서는 친히 다음과 같은 것에서 복된 변화를 가져오도록 행하실 것이다.

(1) 그들의 형편에 있어서. 그들은 종살이에서 놓여나 쉼을 얻게 될 것이다. 그들의 환난의 날은 비록 길긴 하였지만 마침내 끝이 날 것이다. 악인들에 의한 매는 비록 오랫동안 계속되긴 하겠지만 언제까지나 계속되지는 않을 것이다.

(2) 그들의 심령에 있어서. 그들은 슬픔과 두려움, 현재의 무거운 짐들과 처지가 더 나빠지지는 않을까 하는 걱정에서 벗어나 쉼을 얻게 될 것이다. 종종 두려움은 슬픔만큼이나 영혼을 극히 불안하게 만드는데, 하나님께서 이 두 가지로부터 쉼을 주신 자들은 아주 편안함을 느끼게 된다. 죄에게 종살이하는 것에서 놓여나 자유하게 된 자들은 슬픔과 두려움에서 벗어나 참된 쉼을 얻을 토대를 마련한 것이다.

[4]너는 바벨론 왕에 대하여 이 노래를 지어 이르기를 압제하던 자가 어찌 그리 그쳤으며 강포한 성이 어찌 그리 폐하였는고 [5]여호와께서 악인의 몽둥이와 통치자의 규를 꺾으셨도다 [6]그들이 분내어 여러 민족을 치되 치기를 마지아니하였고 노하여 열방을 억압하여도 그 억압을 막을 자 없었더니 [7]이제는 온 땅이 조용하고 평온하니 무리가 소리 높여 노래하는도다 [8]향나무와 레바논의 백향목도 너로 말미암아 기뻐하여 이르기를 네가 넘어져 있은즉 올라와서 우리를 베어 버릴 자 없다 하는도다 [9]아래의 스올이 너로 말미암아 소동하여 네가 오는 것을 영접하되 그것이 세상의 모든 영웅을 너로 말미암아 움직이게 하며 열방의 모든 왕을 그들의 왕좌에서 일어서게 하므로 [10]그들은 다 네게 말하여 이르기를 너도 우리 같이 연약하게 되었느냐 너도 우리 같이 되었느냐 하리로다 [11]네 영화가 스올에 떨어졌음이여 네 비파 소리까지로다 구더기가 네 아래에 깔림이여 지렁이가 너를 덮었도다 [12]너 아침의 아들 계명성이여 어찌 그리 하늘에서 떨어졌으며 너 열국을 엎은 자여 어찌 그리 땅에 찍혔는고 [13]네가 네 마음에 이르기를 내가 하늘에 올라 하나님의 뭇 별 위에 내

자리를 높이리라 내가 북극 집회의 산 위에 앉으리라 ¹⁴가장 높은 구름에 올라가 지극히 높은 이와 같아지리라 하는도다 ¹⁵그러나 이제 네가 스올 곧 구덩이 맨 밑에 떨어짐을 당하리로다 ¹⁶너를 보는 이가 주목하여 너를 자세히 살펴 보며 말하기를 이 사람이 땅을 진동시키며 열국을 놀라게 하며 ¹⁷세계를 황무하게 하며 성읍을 파괴하며 그에게 사로잡힌 자들을 집으로 놓아 보내지 아니하던 자가 아니냐 하리로다 ¹⁸열방의 모든 왕들은 모두 각각 자기 집에서 영광 중에 자건마는 ¹⁹오직 너는 자기 무덤에서 내쫓겼으니 가증한 나무 가지 같고 칼에 찔려 돌구덩이에 떨어진 주검들에 둘려싸였으니 밟힌 시체와 같도다 ²⁰네가 네 땅을 망하게 하였고 네 백성을 죽였으므로 그들과 함께 안장되지 못하나니 악을 행하는 자들의 후손은 영원히 이름이 불려지지 아니하리로다 할지니라 ²¹너희는 그들의 조상들의 죄악으로 말미암아 그의 자손 도륙하기를 준비하여 그들이 일어나 땅을 차지하여 성읍들로 세상을 가득하게 하지 못하게 하라 ²²만군의 여호와께서 말씀하시되 내가 일어나 그들을 쳐서 이름과 남은 자와 아들과 후손을 바벨론에서 끊으리라 나 여호와의 말이니라 ²³내가 또 그것이 고슴도치의 굴혈과 물 웅덩이가 되게 하고 또 멸망의 빗자루로 청소하리라 나 만군의 여호와의 말이니라 하시니라

바벨론의 왕들은 대대로 하나님의 백성을 압제하는 큰 원수들이었다. 그러므로 여기에서는 바벨론의 멸망, 왕의 몰락, 왕가의 몰락을 구체적으로 언급하면서 그러한 일들을 기뻐한다. 하나님께서 이스라엘에게 쉼을 주신 날에 그들은 바벨론 왕에 대하여 이 노래를 짓게 될 것이다. 우리는 우리 자신의 개인적인 원수가 넘어졌을 때에 기뻐해서는 안 된다. 그러나 하나님과 이스라엘의 공동의 원수인 바벨론이 무너졌을 때에는 하늘과 성도들과 사도들과 선지자들은 그로 말미암아 즐거워한다(계 18:20). 바벨론 왕조는 온 세상을 다스리는 절대 권력으로서 영원할 것 같아 보였고, 그런 식으로 행세하면서 전능자에게 도전하였다. 그러므로 바벨론이 무너져서 기가 꺾일 뿐만 아니라 모욕을 당하는 것은 지극히 당연한 일이다. 바벨론이 점령되던 그 날 밤에 마지막 왕이었던 벨사살이 죽임을 당하였을 뿐만 아니라(단 5:30) — 여기에서는 이 일에 대하여 기뻐한다 — 그와 더불어서 바벨론 왕조 전체가 몰락하였다. 여기에는 이 왕조가 전성기였을 때에 왕이었던 느부갓네살에 대해서는 특별한 언급이 나오지 않는다. 좀 더 살펴보자.

I. 바벨론 왕의 몰락을 기뻐함. 여기에서는 대단히 흥미롭고 격조 높은 글이 준비되고 있는데, 이것은 바벨론 왕의 묘비나 기념비를 장식하기 위한 것이 아니라 그에 대한 사람들의 기억을 남겨서 그가 얼마나 악명 높은 자였는지를 영원토록 알리기 위한 것이다. 이 글은 이 강력한 군주의 삶과 죽음, 그가 산 자들의 땅에서 용사들의 두려움의 대상이었지만(겔 32:27) 어떻게 죽어서 구덩이에 내려갔는지를 우리에게 설명해 주고 있다. 이 이야기 속에서 우리는 다음과 같은 것들을 살펴볼 수 있다.

1. 이 왕과 왕조가 축적한 막대한 부와 권력. 바벨론은 황금성(개역에서는 강포한 성, 이 단어는 원문에는 갈대아어로 되어 있는데, 이것은 바벨론이 스스로 그렇게 부르곤 하였다는 것을 보여준다)이었다(4절). 황금이 다른 모든 광물을 능가하듯이, 바벨론은 그 부에 있어서 다른 모든 성읍을 훨씬 능가하였다. 바벨론은 황금에 목마른 자 또는 황금을 착취하는 자(어떤 이들은 이렇게 읽는다)였다. 다른 사람들이 가진 것들을 쥐어짜내지 않고서야 사람이 어떻게 이토록 막대한 부를 모을 수 있겠는가? 새 예루살렘은 유일하게 참된 황금성이다(계 21:18, 21). 엄청난 부를 소유하고서 그 부를 마음대로 사용할 수 있었던 바벨론 왕은 그 부를 이용해서 열방들을 다스렸고(6절) 그들에게 법을 주었으며 그들의 운명을 좌지우지하였고 마음 내키는 대로 열방들을 뒤엎었기(12절) 때문에 열방들은 그에게 대항할 수 없었다. 그는 승승장구하는 엄청난 대군을 이끌고 전장에 나갔기 때문에 그가 어느 쪽을 보든 그는 땅을 진동시키며 두려워 떨게 하고 열국을 놀라게 하여 요동하게 만들었다(16절). 모든 이웃 나라들이 그를 두려워하였고 그에게 복종하지 않을 수 없었다. 한 사람이 지닌 힘만으로 이렇게 할 수 있는 자는 아무도 없다. 그가 그렇게 할 수 있었던 것은 그가 많은 군대를 자기 마음대로 부릴 수 있었기 때문이다. 큰 폭군은 일부 사람들을 그의 뜻대로 부림으로써 다른 사람들을 그의 뜻에 따르지 않을 수 없게 만든다. 인류는 이렇게 서로 뭉쳐서 스스로를 파괴하고 자신의 권리와 자유를 파괴하니, 인류의 처지가 얼마나 가련한가!

2. 바벨론 왕이 이 모든 부와 권력을 지독하게 악용하는 죄를 두 가지로 범함.

(1) 큰 압제와 잔혹함. 그는 압제하던 자로 유명하였다(4절). 그는 통치자의 규를 가지고 있어서(5절) 자기 주변의 모든 왕들을 지배하고 있었다. 그러나

그것은 악인의 몽둥이였다. 그는 그 몽둥이로 자신을 보호하기 위해 악행을 일삼았고 주변의 모든 사람들을 쳤다. 그는 여러 민족을 바로잡고 개혁하기 위해서 공의로 친 것이 아니라, 자신의 괴팍한 적개심을 만족시키기 위하여 노하여 치되 치기를 마지아니하였고(6절), 군대로 그들을 추격하였으며, 그들에게 숨 쉴 틈이나 무장을 스스로 해제할 틈도 주지 않았다. 그는 열방들을 다스렸지만 분노로 다스렸고, 그가 말하고 행한 모든 것은 감정적인 것이었다. 이렇게 주변의 모든 나라와 사람들을 다스렸던 그는 스스로를 다스리지는 못하였다. 그는 마치 자기가 그의 세대의 전염병이 되고 인류의 저주가 되는 것에 자부심이라도 지니고 있다는 듯이 세계를 황무하게 만들었다(17절). 큰 왕들은 보통 자기가 성읍들을 지었다고 자랑하는데, 그는 성읍들을 파괴하였다고 자랑하였다(시 9:6을 보라). 다른 무엇보다도 그의 폭정을 더 분명하게 보여주는 두 가지 악한 사례가 여기에 나온다.

[1] 그가 포로들에게 가혹하였다는 것(17절). 그는 그에게 사로잡힌 자들을 집으로 놓아 보내지 아니하였다. 그는 그들을 가둬놓고 한 사람도 고향 땅으로 돌아가게 하지 않았다. 이것은 특히 유대 백성과 관련된 것으로서, 바벨론 왕이 하나님의 백성을 포로로 잡아두고서 놓아주고자 하지 않은 것은 그의 죄악의 분량을 채우는 짓이었다. 아니, 바벨론 왕은 예루살렘에 있는 하나님의 성전에서 사용되던 그릇들을 불경스럽게 더럽힘으로써 사실상 그 그릇들이 다시는 이전처럼 성전에서 사용되지 못할 것이라고 말한 것이나 다름없었다(단 5:3). 그런 까닭에 그는 포로로 잡혀 있던 하나님의 백성을 집으로 돌아가게 하고 성전의 그릇들을 예루살렘으로 돌려보내는 일을 최우선적으로 하기로 되어 있던 다른 왕으로 신속하게 교체되어야 했다.

[2] 그가 그의 신민들을 압제하였다는 것(20절). 네가 네 땅을 망하게 하였고 네 백성을 죽였다. 그 땅의 부와 무수한 백성이 왕의 힘이자 존귀함이기 때문에, 왕은 백성의 마음을 얻는 방향으로 다스려야 하는데도, 그렇게 하지 않고 이와 같이 압제를 행하였다면, 그가 도대체 무엇을 얻었겠는가? 폭군들은 자신의 욕망과 감정을 따라 행함으로써 자신의 힘을 약화시킨다. 하나님께서는, 자신의 권세 아래에 있는 자들을 자기 마음대로 다루어도 된다고 생각하여 학대하는 자들에게 반드시 책임을 물으실 것이다.

(2) 큰 교만과 오만함. 그의 영화, 그의 시종(侍從)들의 화려함이 여기에서

언급된다(11절). 그는 사람들 앞에서 지극히 위풍당당한 모습으로 보이는 것을 좋아하였다. 그러나 이것이 그의 최악의 모습인 것은 아니었다. 그의 파멸을 무르익게 만든 것은 그의 성정(性情), 하늘 높은 줄 모르고 교만한 그의 마음이었다(13-14절). 네가 네 마음에 이르기를 루시퍼처럼 내가 하늘에 오르리라 하는도다. 여기에는 그의 허영에 관한 묘사가 나오는데, 이러한 묘사는 타락한 천사들에 관한 묘사에서 빌려온 것으로 보인다. 타락한 천사들은 그들에게 처음에 주어진 지위와 신분에 만족하지 못하고 하나님과 겨루어서 하나님에게서 독립할 뿐만 아니라 하나님과 동등하게 되고자 하였다. 또는, 이것은 느부갓네살에 관한 이야기와 연관이 있는 것일 수도 있다. 느부갓네살은 인간 이상의 존재가 되고자 하였을 때에 즉시 짐승으로 변하고 말았다(단 4:30). 바벨론 왕은 여기에서 다음과 같이 다짐한다.

[1] 그가 영화와 권력에 있어서 모든 이웃 나라들을 능가하여, 이 땅에서 최고의 영화에 이르고, 이 세상에서 가장 위대하고 행복하게 되리라는 것. 이것은 육적인 마음의 천국인데, 그는 바로 그 곳으로 올라가고자 하고, 하늘이 땅보다 높듯이 주변의 모든 사람들보다 지극히 높아지고자 한다. 왕들은 이 어두운 세상에 일정 정도 빛을 주는 하나님의 별들이다(마 24:29). 그러나 그는 자신의 보좌가 모든 왕들보다 높아지기를 원한다.

[2] 그가 특히 하나님의 시온 산을 모욕하리라는 것. 벨사살은 그의 마지막 주연(酒筵)에서 특별히 하나님의 시온 산을 모욕하며 예루살렘 성전에서 가져온 그릇들을 내오게 하여서 더럽혔던 것으로 보인다(단 5:2을 보라). 그는 여기에서도 동일한 취지로 내가 북극 집회(거룩한 성회를 가리킬 때에 사용되는 것과 동일한 단어)의 산 위에 앉으리라고 말한다. 시온 산은 바로 그 북방에 있다고 말해진다(시 48:2). 아마도 벨사살은 하나님께서 그를 끊어내실 때에 예루살렘으로 원정하여 그 폐허 위에서 기쁨을 만끽할 계획을 세우고 있었던 것 같다.

[3] 그가 이스라엘의 하나님과 겨루리라는 것. 그는 실제로 하나님과 관련된 영광스러운 일들을 들어 왔었고, 하나님이 가장 높은 구름 위에 그 거처를 두고 계신다는 것을 들었었다. 그는 이렇게 말한다. "그 곳으로 내가 올라가 하나님만큼 높아지리라. 나는 사람들이 지극히 높은 이라 부르는 하나님과 같아지리라." 지극히 거룩하신 이와 같게 되고자 하는 것은 은혜로운 야망이다. 왜냐하

면, 하나님께서는 내가 거룩하니 너희도 거룩하라고 말씀하셨기 때문이다. 그러나 지극히 높으신 이와 같아지고자 하는 것은 죄악된 야망이다. 왜냐하면, 하나님께서는 누구든지 자기를 높이는 자는 낮아지리라고 말씀하셨고, 마귀는 우리의 첫 조상에게 그들이 하나님처럼 될 것이라는 말로 꼬드겨서 금지된 과실을 먹게 유혹하였기 때문이다.

[4] 그가 죽은 후에 신이 되리라는 것. 앗수르 왕조의 첫 창건자들 중 일부는 죽어서 신격화되었고, 별들의 이름조차도 그들의 이름을 따서 명명되기도 하였다. "그러나 내가 그들 모두 위에 내 자리를 높이리라"고 그는 말한다. 이것은 그의 교만으로서, 그의 파멸을 예고해 주는 분명한 징조였다.

3. 그에게 닥칠 철저한 파멸. 다음과 같은 것이 예언되고 있다.

(1) 그의 부와 권력이 무너지고, 그의 영화와 즐거움이 마침내 끝나게 되리라는 것. 그는 오랫동안 압제자로 살아 왔지만, 곧 그것이 끝나게 될 것이다(4절). 만약 그가 다니엘이 느부갓네살에게 해준 조언을 따라서 참된 회개와 삶을 고침으로써 압제자로서의 삶을 청산하고자 했더라면, 그의 삶과 평안은 더 연장되었을 것이다. 그러나 범죄하기를 그치고자 하지 않는 자들이 있다면, 하나님이 그런 자들을 끝장내실 것이다. "사람들이 영원히 지속될 것이라고 생각하였던 황금성이 끝장이 났다(개역에서는 강포한 성이 어찌 그리 폐하였는고). 바벨론의 종말이 왔다. 의로우신 하나님 여호와께서 저 악한 왕의 몽둥이를 꺾으셨고, 그의 직위를 박탈한다는 표시로 그의 머리 위에서 그것을 부러뜨리셨다. 하나님은 그에게서 권력을 빼앗아서, 그가 더 이상 남에게 해를 끼칠 수 없게 만드셨다. 하나님은 왕들의 규를 꺾으신다. 왜냐하면, 왕들조차도 하나님 앞에서는 너무도 쉽게 꺾이는 존재들이기 때문이다."

(2) 그가 붙잡히게 되리라는 것. 그가 박해를 받으리라(6절:KJV). 그에게 폭력이 가해져도 아무도 막을 자가 없을 것이다. 벗으로 여겼던 자들, 아부하던 자들의 배신에 의해서 원수들의 손에 넘겨지는 것은 폭군들의 공통된 운명이다. 성경에서는 이와 같은 운명을 맞은 또 다른 원수에 대해서도 이렇게 예언하고 있다. 그의 종말이 이르리니 도와 줄 자가 없으리라(단 11:45). 티베리우스(Tiberius)와 네로(Nero)도 이런 운명을 맞이하였다.

(3) 그가 죽임을 당해서 다시 기억되지 않는 죽임 당한 자로서 죽은 자의 회중에게로 내려가게 되리라는 것(시 88:5). 그는 죽은 자들 같이 연약하게 되고 그들 같

이 될 것이다(10절). 그의 영화는 스올에 떨어졌다(11절). 즉, 그의 영화는 그와 더불어 망하였다. 그가 생전에 누렸던 영화는 여느 사람들과는 달리 화려한 장례식에서 끝나지 않을 것이다. 참된 영화(즉, 참된 은혜)는 영혼과 더불어서 천국으로 올라갈 것이지만, 헛된 영화는 몸과 더불어서 스올(또는, 무덤)로 내려가게 될 것이고, 거기에서 그 영화는 끝이 난다. 그의 비파 소리는 이제 더 이상 들리지 않는다. 죽음은 이 세상의 영화와 즐거움에 고하는 작별인사이다. 그는 비단 금침에 누워 자고 값비싼 카펫을 밟고 다니며 화려한 천개(天蓋)로 낮의 열기를 피하곤 하였던 이 강력한 왕이었지만, 이제 그의 부패한 시신에서 생겨난 구더기가 그 아래에 깔리고 지렁이가 그를 덮었다. 이것은 그가 신이라고 헛된 공상을 했지만 결국에는 다른 사람들과 하나도 다를 것이 없는 죽을 인간임을 보여주는 것이었다. 우리가 우리의 몸이 원하는 것을 다 채워주고 우리의 몸을 아름답게 장식할 때에 우리의 몸은 곧 구더기의 식사거리가 되리라는 것을 한 번쯤 기억해 보는 것이 좋다.

(4) 그가 예를 갖추어 장사되지 못할 것이고 조상들의 무덤에 묻히지 못하리라는 것. 열방의 모든 왕들은 영광 중에 잔다(18절). 옛적에 애굽인들 가운데서 그랬듯이 왕들의 시신은 부패되지 않도록 방부처리가 되었고, 왕들을 기리는 비석도 무덤 앞에 세워졌다(우리도 그렇게 하고 있듯이). 이렇게 왕들은 마치 죽음이라는 불명예에 도전이라도 하는 듯이 희미한 영광 중에 각각 자기 집에서, 즉 각자 묻혀서 자는 곳(무덤은 모든 산 자들이 반드시 가서 머물러야 할 집이다)에서 누워 있다. 이 세상에서 분주하고 괴로워했던 자들은 거기에서 고요히 누워 있고, 괴롭고 힘든 삶을 보낸 자들은 거기에서 누워 쉬고 있다. 그러나 이 바벨론 왕은 자기 무덤에서 내쫓겨서 무덤을 갖지 못할 것이다(19절). 그의 시신은 아무도 만지려 하지 않는 독이 있는 가증한 나무 가지 같이 또는 사형 선고를 받고 칼에 찔려 죽임을 당한 행악자들의 옷 같이 구덩이나 거름더미 속에 던져질 것이다. 사람들은 행악자들의 시신 위에 돌무더기를 쌓거나 그 시신을 돌 구덩이 속에 내던졌다. 아니, 바벨론 왕의 시신은 전장(戰場)에서 죽임을 당한 후에 말과 군사들의 발에 밟혀서 산산조각이 난 시체들과 같게 될 것이다. 이렇게 해서 그는 조상들과 함께 안장되지 못할 것이다(20절). 예를 갖추어 장사되지 못한다는 것은 수치이고 불명예이지만, 그것이 의(義)를 위해 그렇게 된 것이라면(시 79:2) 다른 비슷한 수치들과 마찬가지로 기뻐하고 즐거워해야 할

일이다(마 5:12). 그것은 요한계시록에 나오는 두 증인이 당한 일이기도 하였다(계 11:9). 그러나 여기에서처럼 범죄에 대한 의로운 징벌인 경우에는 그것은 회개치 않은 죄인들에게는 죽음보다 더한 해악이 죽음 이후에까지 계속되어서 그들은 영원히 수치와 부끄러움을 당하게 되리라는 것을 보여준다.

4. 그가 망할 때에 많은 사람들이 크게 기뻐하리라는 것.

(1) 그가 폭군으로서 학정(虐政)을 행하여 사람들에게 공포의 대상이었을 때에 그에게 피해를 본 자들은 그가 제거된 것을 기뻐하게 될 것이다(7-8절). 그가 없어진 지금 온 땅이 조용하고 평온하다. 왜냐하면, 그는 평온을 크게 흐트러뜨려 놓은 자였기 때문이다. 이제 무리가 소리 높여 노래한다. 악인이 패망하면 사람들이 기뻐 외치는 법이기 때문이다(잠 11:10). 레바논의 향나무와 백향목은 이제 자기들이 안전하다고 생각한다. 이제 그의 대군이 지나갈 길을 만들기 위해서 또는 그에게 목재를 공급해 주기 위해서 그 나무들이 베어질 위험은 없어졌다. 향나무와 백향목에 비유된 이웃 나라의 왕들과 큰 자들(슥 11:2)은 이제 그들의 지위가 박탈당할지도 모른다는 걱정을 덜었기 때문에 안심할 수 있다. 왜냐하면, 온 세계의 망치(렘 50:23), 찍는 자에게 스스로 자랑하였던 도끼(사 10:15)가 꺾여 부서졌기 때문이다.

(2) 죽은 자들의 무리, 특히 그가 야만적인 행위를 통해서 스올로 먼저 보내었던 자들이 그가 그들에게 오는 것을 환영하리라는 것(9-10절). "아래의 스올이 너로 말미암아 소동하여 네가 오는 것을 영접하되 네가 그들이 있는 어둡고 무시무시한 곳에 오는 것을 열렬히 환영하리라." 세상의 모든 영웅은 살아 있을 때에는 그에게 꼼짝을 못하고 감히 그에게 다가가지도 못하며 그들의 보좌에서 일어나 그 보좌들을 그에게 내주었지만 이제 그가 죽은 자의 나라에 이르자 그 일로 그를 신랄하게 비난하며 몰아세울 것이다. 그가 자신이 지배하던 성읍들로 행차하였을 때에 그랬던 것처럼 그들은 그를 맞으러 나올 것이고, 무리를 이루어서 그를 에워싸서 저 무시무시한 곳으로 인도할 것인데, 이것으로 인해서 그의 수치와 고통은 더욱 가중될 것이다. 그들은 그를 비웃으며 그들이 앉아 있던 보좌에서 일어나, 땅에서 그랬던 것처럼 그 보좌들에 앉고 싶으냐고 그에게 물을 것이다. 그들이 다음과 같이 그를 조롱할 때에 그는 당혹감에 휩싸이게 될 것이다. "너도 우리 같이 연약하게 되었느냐. 그렇게 되리라고 누가 생각이나 했겠는가. 네가 모든 것에서 우리와 비교도 되지 않을 정도로 막강하였

을 때에는 네 스스로도 이렇게 되리라고는 생각지도 못했을 것이다. 네 스스로를 불멸의 신들과 동일한 반열에 두었던 너, 네가 우리 같이 가련한 죽을 인간들과 똑같은 운명을 맞게 되다니. 도대체 너의 영화는 지금 어디로 갔고, 너의 지극한 즐거움은 어디로 갔느냐? 너 아침의 아들 계명성이여, 어찌 그리 하늘에서 떨어졌는고(11-12절). 바벨론 왕은 계명성처럼 밝게 빛났고, 그가 가는 곳마다 밝은 빛을 가져다 준다고 공상하였었다. 그렇게 빛나던 왕이 어찌 떨어졌으며, 그토록 빛나던 별이 어찌 진흙 덩어리가 되고 말았는가? 그렇게 지극히 높은 영광과 권력에서 이렇게 깊은 수치와 비참함의 나락으로 떨어진 자가 과연 있었던가?" 이것은 흔히 새벽 별들 같았던 천사들이 어떻게 떨어져서 타락하였는지를 보여주기 위한 묘사로서(욥 38:7) 여기에서는 너 열국을 엎은 자가 어떻게 죽임을 당하여 땅에 묻히게 되었는지를 보여주기 위한 비유로 사용되고 있다. 하나님은 성도들의 왕이시자 열국의 왕이시기 때문에 인류의 권리들을 침해하고 인류의 평화를 어지럽힌 자들에게 그 책임을 물으실 것이다. 여기에서는 바벨론 왕이 죽은 자들의 땅으로 내려가는 모습을 묘사하고 있는데, 이것은 단순한 공상 이상의 것으로서 다음과 같은 확고한 진리들을 가르치기 위한 것이다.

[1] 눈에 보이지 않는 세계, 영들의 세계가 있다는 것. 사람들의 영혼은 죽고 나서 그 세계로 옮겨져서 몸과 분리된 상태로 거기에서 존재하고 활동한다.

[2] 우리 산 자들은 죽은 자들과 대화를 할 수 없지만, 몸에서 분리된 영혼들은 서로 알아보고 대화를 한다는 것. 부자와 나사로의 비유는 이것을 잘 보여준다.

[3] 죽음과 지옥은 이 세상에서 지극한 영화와 즐거움을 누리다가 거룩하게 되지 못하고 죽은 자들에게 진정으로 죽음과 지옥이 되리라는 것. 애, 이것을 기억하라(눅 16:25).

(3) 지켜보던 자들이 그가 망한 것을 보고 놀라게 되리라는 것. 그가 스올 곧 구덩이 맨 밑에 떨어져서 거기에 거주하게 되었을 때에 그를 보는 이들이 주목하여 그를 자세히 살펴볼 것이다(15-16절). 그들은 자신의 눈을 믿으려 하지 않을 것이다. "죽고 나서 신변의 변화가 그만큼 큰 사람은 지금까지 없었다. 몇 시간 전만 해도 지극히 위대하고 신수가 훤하였으며 그토록 휘황찬란하게 장식을 하고서 수많은 시종들의 호위를 받으며 다녔던 사람이 이렇게 송장 같고 형편없는 모습으로 사람들에 의해 방치되어 벌거벗은 채로 누워 있다는 것이 과

연 가능한 일인가? 이 사람이 땅을 진동시키며 열국을 놀라게 한 자란 말인가? 그가 이렇게 되리라고 누가 생각할 수 있었겠는가(시 82:7)."

5. 여기에는 이 모든 것으로부터 이끌어낸 결론이 나온다(20절). 악을 행하는 자들의 후손은 영원히 이름이 불려지지 아니하리로다. 바벨론 왕조의 왕들은 모두 악을 행하는 자들의 후손, 하나님의 백성을 억압한 압제자들이었기 때문에, 그러한 오명(汚名)이 그들을 따라다녔다. 그들은 영원히 유명해지지 못할 것이다(어떤 이들은 이렇게 읽는다). 그들은 잠시 위대한 자인 것처럼 보이겠지만, 결국 그들의 모든 영화(榮華)는 장차 그들이 당할 수치를 더 부끄럽게 만드는 역할만을 할 것이다. 죄악된 길에는 명예를 가져다 주는 것은 아무것도 없다.

II. 여기에서는 왕도(王都)가 황폐화될 뿐만 아니라 왕가도 완전히 몰락하리라는 것이 예언된다.

1. 이 왕가는 철저히 멸절될 것이다. 하나님께서 바벨론을 멸망시킬 때에 사용하시게 될 메대 사람들과 바사 사람들은 벨사살을 죽일 때에 그의 자손 도륙하기를 준비하여 한 사람도 살려두지 말라는 명령을 받는다(21절). 바벨론의 어린 것들은 바위에 메어침을 당하여야 했다(시 137:9). 이러한 명령들은 아주 가혹하게 들린다.

(1) 그들은 그들의 조상들의 죄악으로 말미암아 그런 일을 당해야 했다. 하나님은 조상들의 죄악을 흔히 자녀들에게 갚으신다. 이것은 하나님이 얼마나 죄를 미워하고 진노하시는지를 보여주고, 죄인들이 징벌을 다 받고 난 후에 죄를 그만두게 만들기 위한 것이다. 느부갓네살은 시드기야의 아들들을 죽였는데(렘 52:10), 바로 그 죄 때문에 하나님은 그의 자손에게 똑같이 되갚아 주실 것이다.

(2) 그들은 이제 끊어져야 한다. 이것은 그들이 일어나 땅을 차지하여 조상들과 마찬가지로 사람들에게 해악을 끼치지 못하게 하고, 조상들이 성읍들을 파괴함으로써 그렇게 하였듯이 그들의 폭정을 밑받침하기 위하여 성읍들을 건설함으로써(이것은 니므롯의 정책이었다, 창 10:10-11) 세상을 괴롭히는 자들이 되지 않도록 하기 위한 것이다. 바로는 애굽에서 이스라엘 백성에게 성읍을 건설하게 함으로써 그들을 압제하였다(출 1:11). 하나님께서는 섭리를 통해서, 살려두면 많은 사람들에게 해악을 끼칠 몇몇 사람들을 끊으심으로써 우리가

생각하는 것보다 더 많이 열국이 잘 되는 일에 관심을 갖고 계신다. 원수들의 자손이 끊어지는 것은 합당한 일이다. 만군의 여호와께서 말씀하시되 내가 일어나 그들을 쳐서 아들과 후손을 바벨론에서 끊으리라 하시니라(22절). 하나님께서 그 일을 이루시는 것이 그의 뜻임을 밝히셨다면, 아무도 그 일을 방해할 수 없고 아무도 그 일을 더 빨리 이루려고 속을 끓일 필요도 없다. 바벨론은 아마도 왕손이 많다는 것을 자랑하였던 것 같지만, 하나님은 바벨론의 이름과 남은 자를 끊으리라고 결심하셨기 때문에, 왕의 아들과 손자는 다 죽임을 당하고 아무도 살아남지 못할 것이었다. 그렇지만 우리는 하나님이 그 어떤 피조물에게도 결코 잘못을 하거나 해악을 끼치지 아니하셨고 앞으로도 그러시리라는 것을 확신한다.

2. 왕도는 철저히 파괴되어 버려질 것이다(23절). 그 곳은 홀로 다니는 무서운 새들, 특히 해오라기(개역에서는 고슴도치), 가마우지와 올빼미의 소굴이 될 것이다(사 24:11). 이렇게 신약의 바벨론의 철저한 멸망이 예시되고 있다(계 18:2). 큰 성 바벨론이여 귀신의 처소와 각종 더러운 영이 모이는 곳과 각종 더럽고 가증한 새들이 모이는 곳이 되었도다. 바벨론은 낮은 곳에 있었기 때문에 사람들로부터 버려졌을 때에 그 땅의 물을 빼는 사람이 없어서 곧 악취가 나고 더러운 물웅덩이가 되어 버렸다. 이렇게 하나님은 그 곳을 멸망의 빗자루로 청소하실 것이다. 어느 백성이 그 가운데 더럽고 가증한 것 외에는 아무것도 가지고 있지 않는데도 개혁의 빗자루로 쓸어서 스스로 깨끗하게 되고자 하지 않는다면, 멸망의 빗자루로 청소되어서 지면에서 쓸려나가는 것 이외에 무엇을 기대할 수 있겠는가?

[24]만군의 여호와께서 맹세하여 이르시되 내가 생각한 것이 반드시 되며 내가 경영한 것을 반드시 이루리라 [25]내가 앗수르를 나의 땅에서 파하며 나의 산에서 그것을 짓밟으리니 그 때에 그의 멍에가 이스라엘에게서 떠나고 그의 짐이 그들의 어깨에서 벗어질 것이라 [26]이것이 온 세계를 향하여 정한 경영이며 이것이 열방을 향하여 편 손이라 하셨나니 [27]만군의 여호와께서 경영하셨은즉 누가 능히 그것을 폐하며 그의 손을 펴셨은즉 누가 능히 그것을 돌이키랴 [28]아하스 왕이 죽던 해에 받은 이 경고가 임하니라 [29]블레셋 온 땅이여 너를 치던 막대기가 부러졌다고 기뻐하지 말라 뱀의 뿌리에서는 독사가 나겠고 그의 열매는 날아다니는 불뱀이 되리라 [30]가난

한 자의 장자는 먹겠고 궁핍한 자는 평안히 누우려니와 내가 네 뿌리를 기근으로 죽일 것이요 네게 남은 자는 살육을 당하리라 ³¹성문이여 슬피 울지어다 성읍이여 부르짖을지어다 너 블레셋이여 다 소멸되리로다 대저 연기가 북방에서 오는데 그 대열에서 벗어난 자가 없느니라 ³²그 나라 사신들에게 어떻게 대답하겠느냐 여호와께서 시온을 세우셨으니 그의 백성의 곤고한 자들이 그 안에서 피난하리라 할 것이니라

바벨론과 갈대아 제국의 멸망은 먼 훗날의 일이었다. 여기에서 그 멸망이 예언되고 있는 이 제국은 아직 상당한 세력으로 커 있지도 않았다. 바벨론의 멸망에 관한 이 예언은 거의 200년 후에야 이루어졌다. 따라서 이사야가 이러한 예언을 했을 때에 유대 백성들은 이렇게 반문할 수 있었다. "그 일이 우리와 무슨 상관이 있고, 우리가 그 예언 때문에 나아지는 것이 무엇이 있겠으며, 그 예언을 어떻게 확신할 수 있겠는가?" 이사야는 이 단락에서 당시에 그들을 못살게 굴었던 원수들이었던 앗수르 사람들과 블레셋 족속이 멸망해서 그들이 그 사건을 목격하며 그 사건으로 인해 유익을 얻게 될 것이라는 예언을 통해서 이 두 질문에 대해서 대답해 준다. 이러한 일들은 그들에게 현재적으로 위로가 되고 장차 있을 구원에 대한 보증이 될 것이며 그들의 후손들의 믿음을 굳게 해주는 증거들이 될 것이다. 하나님은 자기 백성에게 어제나 오늘이나 영원토록 동일하시다. 하나님은 어제나 오늘이나 영원토록 동일하신 분이기 때문이다.

I. 앗수르를 멸망시킬 것이라는 약속(25절). 내가 앗수르를 나의 땅에서 파하리라. 산헤립은 엄청난 규모의 대군을 이끌고 유다 땅을 침공하였지만, 거기에서 하나님은 그 군대를 파하시되 멸망시키는 천사의 칼을 통해서 산헤립의 모든 군대를 파하셨다. 정당한 이유 없이 하나님의 땅을 침공하는 자들은 도리어 그들 자신이 위험에 처하게 되었다는 것을 발견하게 되리라는 것을 명심하라. 거룩하지 못한 발로 하나님의 거룩한 산을 짓밟는 자들은 거기에서 그들 자신이 발 아래에 짓밟히게 될 것이다. 하나님의 백성은 그들을 치러 온 대군을 막을 힘이 없기 때문에, 하나님께서 그 일을 직접 하신다. "내가 앗수르를 파하리라. 천사들, 천군천사들을 마음대로 부리는 내가 직접 그 일을 행하리라." 앗수르 세력을 파하는 것은 하나님의 백성의 목에 걸려 있던 멍에를 부수는 것이

될 것이다. 그의 짐, 즉 저 엄청난 대군을 유지하는 비용을 대고 공물을 바치는 짐이 그들의 어깨에서 벗어질 것이다. 유다와 예루살렘이 편안하게 되기 위해서 앗수르는 파해져야 한다. 하나님의 백성에게 멍에와 짐이 되고 있는 자들은 그들이 장차 어떻게 될 것인지를 한번 생각해 보아야 한다. 좀 더 살펴보자.

1. 이 예언은 여기에서 맹세로써 인준되고 확증된다(24절). 만군의 여호와께서 맹세하여 이르시되 그의 계획과 뜻이 변하지 않는다는 것을 보여주실 것이고 자기 백성이 강력한 위로를 받게 될 것이라고 말씀하셨다(히 6:17-18). 하나님께서 당시에 이 구체적인 일과 관련하여 여기에서 말씀하신 것은 하나님의 모든 뜻에도 그대로 적용된다. 내가 생각한 것이 반드시 되리라. 그는 뜻이 일정하시니 누가 능히 돌이키랴. 사람들은 그들이 미처 예상하지 못했던 일들이 일어나면 흔히 계획을 바꾸지만, 하나님은 계획을 바꾸거나 새로운 수단을 취해야 할 필요가 없으시다. 하나님의 뜻을 따라 부르심을 입은 자들은 하나님이 생각한 것이 반드시 되리라는 말씀을 위로로 삼아야 한다. 그들은 바로 그 말씀에 의지해서 견고히 설 수 있다.

2. 앗수르라는 세력을 파하시는 것은 하나님께서 그와 그의 교회에 대적하는 열방의 모든 권세들을 어떻게 하실 것인지를 보여주는 하나의 표본이다(26절). 이것이 온 땅(칠십인역에서는 온 세계, 갈대아 역본에서는 땅의 모든 주민들)을 향하여 정한 경영이다. 이 말씀은 앗수르 제국(나중에 로마 제국이 그랬듯이 [눅 2:1], 이 제국은 어떤 의미에서는 온 세계를 대표하는 것으로 여겨졌는데, 이 제국이 멸망하자 이 제국에 의존해 있었던 수많은 나라들도 망하였다)만이 아니라 하나님의 땅, 하나님의 산을 공격하는 모든 나라들과 군주들에 대한 것이다. 그런 나라들이 있다면, 그들의 운명은 앗수르의 운명과 같게 될 것이다. 그들은 괜히 참견하였다가 자기만 다치게 되었다는 것을 곧 깨닫게 될 것이다. 예루살렘은 앗수르에게만이 아니라 모든 민족에게 무거운 돌, 부담스러운 돌이 될 것이다. 그것을 드는 모든 자는 크게 상할 것이다(슥 12:3, 6). 하나님의 백성을 침략하였다는 이유로 이제 앗수르를 치기 위하여 펴시게 될 권능과 공의의 손은 동일하게 행하는 모든 민족에게 펴질 것이다. 하나님의 이스라엘을 저주하는 자마다 저주를 받을지로다(민 24:9)라는 말씀은 여전히 참되고 앞으로도 영원히 참될 것이다. 하나님은 자기 백성의 원수들에게 원수가 되실 것이다(출 23:22).

3. 땅의 그 어떤 권세도 하나님의 뜻을 바꿀 수 없다(27절). "만군의 여호와

께서 앗수르의 멍에를 꺾으시기로 경영하셨고, 의인들의 운명에 드리워져 있었던 악인들의 온갖 매를 꺾으시기로 계획하셨은즉, 누가 능히 그것을 폐하며, 누가 하나님을 설득해서 그 계획을 취소하게 하겠는가? 이 계획을 집행하기 위해서 하나님의 손이 펴졌다. 누가 이 계획을 돌이키거나 그의 심판을 멈추는 데에 충분한 힘을 가지고 있는가?"

II. 블레셋과 그들의 세력이 망하게 되리라는 약속. 그들에게 무거운 짐이 될 이 예언, 그들의 국가가 망하게 되리라는 경고가 아하스 왕이 죽던 해에(28절), 즉 히스기야 원년에 임하였다. 악한 왕이 죽고 선한 왕이 그 자리를 대신하게 되자, 이 기분 좋은 메시지가 그들에게 왔다. 우리가 삶을 고칠 때, 바로 그 때에야 우리는 하늘로부터의 좋은 소식을 기대할 수 있다. 좀 더 살펴보자.

1. 웃시야 왕의 죽음을 기뻐한 것에 대하여 블레셋을 책망하심. 그는 그들에게 뱀과 같은 존재로서(사 14:29) 그들을 물어뜯었고 아주 낮추어 놓았었다(대하 26:6). "웃시야가 나가서 블레셋 사람들과 싸우고 가드 성벽과 야브네 성벽과 아스돗 성벽을 헐고 아스돗 땅과 블레셋 사람들 가운데에 성읍들을 건축하였다." 그랬기 때문에 웃시야가 죽었을 때, 아니 그가 폐위되었을 때, 가드와 아스글론 거리에서 블레셋 사람들은 그 소식을 기뻐하여 전파하였다. 이렇게 이웃의 죽음이나 몰락을 기뻐하는 것은 비인간적인 일이다. 그러나 블레셋 사람들은 안심해서는 안 된다. 왜냐하면, 웃시야 왕이 죽고 나자 그들은 아하스에게 보복하여 유다의 많은 성읍들을 빼앗았지만(대하 28:18) 웃시야의 뿌리에서는 웃시야보다 더 가공할 만한 원수인 독사가 나겠고, 그의 후임인 히스기야는 믿을 수 없을 정도의 신속함과 맹렬함으로 그들을 쳐서 그들에게 날아다니는 불뱀이 될 것이기 때문이다. 우리는 성경에서 히스기야가 실제로 그랬다는 것을 발견하게 된다(왕하 18:8). 그가 블레셋 사람들을 쳐서 가사와 그 사방에 이르렀더라. 하나님은 그가 사용하시던 한 유용한 도구를 거두어 가실 때에 그를 사용하여 시작하였지만 아직 끝내지 못한 그 일을 계속해서 수행하여 완성시키기 위하여 다른 도구들을 세우실 수 있고, 또 그렇게 하실 것임을 명심하라.

2. 기근과 전쟁으로 블레셋이 멸망할 것을 예언하심.

(1) 기근으로 인해서(30절). "블레셋 사람들이 괴롭게 하고 못살게 굴며 곤궁하게 만든 하나님의 백성이 다시 풍요로움을 누리게 되어" 그 백성 중에서 가난한 자의 장자가 먹을 때(아무리 가난한 자라도 음식을 마음껏 먹게 될 것이

다), 블레셋 사람들에 대해서 하나님은 그들의 **뿌리**를 **기근**으로 죽이실 것이다. 그들의 힘이었던 것, 그들이 나무로서 견고히 세움을 입도록 해준 그들의 뿌리는 마치 기근에 의해서 사람들이 죽어가듯이 점차 굶주려서 말라버리게 될 것이다. 이렇게 하나님은 그들의 남은 자를 죽일 것이다. 하나의 재앙에서 죽음을 모면한 자들은 또 다른 재앙을 만나서 죽게 될 것이다. 소수가 살아남았다고 하여도 그 소수도 결국에는 다 끊어지고 말 것이다. 왜냐하면, 하나님께서 그들을 다 멸절시키기로 작정하셨기 때문이다.

(2) 전쟁으로 인해서. 하나님의 백성 중에서 궁핍한 자들이 전쟁의 소식을 듣고 두려워 떨지 않고 도리어 평화의 노래를 부르며 기뻐하고 평안히 누워 있을 때, 블레셋 사람들의 모든 성문과 성읍은 슬피 울며 부르짖을 것이고(31절) 그들의 나라는 철저히 소멸될 것이다. 왜냐하면, 블레셋의 북방에 놓여 있던 유대 땅에서 연기(자욱한 먼지를 일으키는 대군, 삼키는 불이 가까이 오고 있음을 알려주는 연기)가 오는데 그 대열 중에서 벗어난 자가 없을 것이기 때문이다. 그들이 접전하고자 돌진해 올 때에 대열에서 이탈하는 자는 아무도 없을 것이고, 정해진 때가 되자 그들은 모두 한 마음으로 공동의 원수를 맹렬히 공격할 것이다. 드보라 시대에 르우벤이 양의 우리 가운데에 앉아 있었고 아셀이 해변에 있었던 것과는 달리(삿 5:16-17), 그들 중에서 군역(軍役)을 거부하는 자는 아무도 없을 것이다. 하나님께서는 어떤 일을 행하고자 하실 때에 기이하게도 사람들에게 그 일을 하고자 하는 마음과 재능을 주신다.

Ⅲ. 하나님의 백성을 격려하기 위해 이 모든 일들을 선용하여야 함(32절). 그 나라 사신들에게 어떻게 대답하겠느냐.

1. 이 말씀은 다음과 같은 의미를 함축하고 있다.

(1) 하나님이 자기 백성을 위하여 행하시는 큰 일들은 그들의 이웃들이 알아차릴 수밖에 없다는 것. 이교도들 가운데서도 그 큰 일들에 관한 이야기가 입에 오르내린다(시 126:2).

(2) 그 큰 일들이 어찌 된 것인지를 알아보기 위하여 사신들이 오리라는 것. 야곱과 이스라엘은 오랫동안 다른 모든 민족과 구별된 민족, 하나님의 이례적인 은총들로 위엄을 갖춘 민족이었었다. 그러므로 어떤 이들은 선의에서, 어떤 이들은 악의에서, 어떤 이들은 호기심에서 그 큰 일들을 알고 싶어한다.

(3) 하나님의 은혜와 섭리 안에서 우리가 갖고 있는 소망에 관한 이유를 묻

는 모든 자에게 온유와 두려움으로 대답할 준비를 항상 갖추고 있도록 신경을 써야 한다는 것(벧전 3:15). 우리는 그러한 이유를 하나님의 말씀의 거룩한 진리 외에 다른 곳에서 찾을 필요가 없다. 왜냐하면, 하나님께서 행하시는 모든 일은 성경을 이루시는 것이기 때문이다.

(4) 하나님께서 자기 백성과 관련하여 행하시는 일들의 결과는 너무도 분명하고 뚜렷하게 영광스러운 것이기 때문에 누구라도 그 일들에 대하여 묻는 자들에게 설명해 줄 수 있으리라는 것.

2. 열국의 사신들에게 해줄 대답은 이런 것이다.

(1) 하나님은 그의 교회와 백성에게 신실하신 친구가 되실 것이고 그들의 유익을 안전하게 지키시며 더하시리라는 것. 그들에게 여호와께서 시온을 세우셨다고 말하라. 이것은 하나님께서 행하신 일 자체와 그 이유를 동시에 설명해 준다. 하나님께서 이 세상에서 무엇을 행하고 계시는 것인가? 하나님께서 세상의 모든 나라들의 흥망성쇠 속에서 무엇을 계획하고 의도하고 계시는 것인가? 하나님은 이 모든 일 속에서 시온을 세우고 계신다. 하나님은 그의 교회가 잘 되도록 하는 목적을 두시고 모든 일을 운행하신다. 하나님은 목적하신 일을 반드시 이루신다. 열국의 사자들은 히스기야가 블레셋을 이긴 일에 대하여 알아보고자 왔을 때에 그가 이 전쟁에서 어떠한 책략과 모략과 전술을 사용해서 소기의 목적을 달성할 수 있었는지를 배우기를 기대하였다. 그러나 그들이 들은 말은 이러한 승리는 히스기야의 뛰어난 전략이나 전술 덕분이 아니라 하나님께서 그의 교회와 교회 속에 그가 가진 권익을 돌아보셨기 때문에 가능하였다는 것이었다. 여호와께서 시온을 세우셨기 때문에, 블레셋은 패할 수밖에 없었다.

(2) 하나님의 교회는 하나님을 의지하고 있고 앞으로도 의지하게 되리라는 것. 그의 백성의 곤고한 자들, 최근까지 아주 비천하게 낮아져서 지극히 곤고하고 가난하였던 그의 백성이 그 안에서 피난하리라. 그들은 다른 것을 의지할 것이 없기 때문에 다른 사람들보다도 더 많이 하나님을 의지할 것이다(습 3:12-13). 가난한 자에게 복음이 전파된다(마 11:5). 그들은 이 큰 진리, 즉 여호와께서 시온을 세우셨다는 진리를 의지할 것이다. 그들은 육신의 팔이 아니라 이 진리 위에 소망을 세울 것이다. 이 말씀은 공적인 일들과 관련해서 우리에게 차고 넘치는 만족감을 준다. 공적인 일들이 특정한 사람이나 정파나 이해관계에 의

해서 좌지우지되는 것처럼 보인다고 해도, 하나님께서 교회를 세우시고 그리스도께서 교회의 토대인 반석이 되시기 때문에 교회는 견고히 설 수밖에 없다. 그의 백성의 곤고한 자들이 이 일에 헌신하리라(어떤 이들은 이렇게 읽는다). 그들은 하나님의 교회에 합류하여 교회의 유익을 위하여 일을 하게 될 것이다. 그들은 자기 백성을 세우고자 하시는 하나님의 뜻에 마음을 합하여 동일한 계획 속에서 모든 일을 수행할 것이고, 그들의 온갖 작은 관심과 일들도 그런 방향으로 향하게 할 것이다. 하나님의 백성을 자기가 속한 백성으로 삼는 자들은 기꺼이 그들과 운명을 함께 하고자 하여야 한다. 열방의 사자들은, 하나님을 의지하는 가난한 이스라엘 백성이 시온과 마찬가지로 거룩한 산에 그 터전을 갖고 있어서(시 87:1) 시온처럼 흔들리지 아니하고 영원히 있기(시 125:1) 때문에 사람들이 그들에게 무슨 짓을 하든 결코 두려워하지 않을 것임을 알아야 한다.

제 — 15 — 장

개요

이 장과 다음 장은 모압에 관한 경고, 모압이 장차 크게 황폐화되리라는 예언이다. 모압 사람들은 아브라함의 친척이자 동료였던 롯의 후손들이었고, 이스라엘 백성은 이웃 나라들과 더불어서 모압 사람들을 쉽게 멸망시킬 수 있었지만 하나님의 정하심을 따라서 그들을 멸망시키지 않았었다. 그런데도 이스라엘과 국경을 접하고 있었던 모압은 자주 이스라엘에 해를 끼치고 괴롭게 하였었다. 이 장에는 다음과 같은 내용들이 나온다. I. 모압 사람들의 큰 탄식과 그들을 위한 선지자의 탄식(1-5절). II. 그러한 탄식을 불러올 큰 재난들(6-9절).

[1]모압에 관한 경고라 하룻밤에 모압 알이 망하여 황폐할 것이며 하룻밤에 모압 기르가 망하여 황폐할 것이라 [2]그들은 바잇과 디본 산당에 올라가서 울며 모압은 느보와 메드바를 위하여 통곡하는도다 그들이 각각 머리카락을 밀고 각각 수염을 깎았으며 [3]거리에서는 굵은 베로 몸을 동였으며 지붕과 넓은 곳에서는 각기 애통하여 심히 울며 [4]헤스본과 엘르알레는 부르짖으며 그들의 소리는 야하스까지 들리니 그러므로 모압의 군사들이 크게 부르짖으며 그들의 혼이 속에서 떠는도다 [5]내 마음이 모압을 위하여 부르짖는도다 그 피난민들은 소알과 에글랏 슬리시야까지 이르고 울며 루힛 비탈길로 올라가며 호로나임 길에서 패망을 울부짖으니

모압 땅은 그 크기는 작았지만 매우 비옥하였고, 요단 저편과 사해를 사이를 두고 르우벤의 지경(地境)과 국경을 접하고 있었다. 나오미는 가나안에 기근이 들었을 때에 모압 땅으로 가서 잠시 머물렀다. 여기에서는 그 모압 땅이 완전히 멸망당하지는 않겠지만 심하게 황폐화될 것이라고 예언한다. 우리는 다른 곳에서(렘 48장) 모압의 멸망에 관한 예언을 보게 되는데, 이 예언은 느부갓네살에 의해서 성취되었다. 여기에 나오는 예언은 삼 년 내에 이루어질 것이라고 되어 있는데(사 16:14), 여러 해 동안 모압 땅을 약탈하여 그 탈취물

로 부요해진 앗수르 군대가 마침내 모압을 대대적으로 초토화시킴으로써 이 예언은 성취되었다. 이 일은 살만에셀의 군대가 히스기야 제4년에 사마리아를 함락시킨 때에 이루어졌거나(이 가능성이 가장 높다), 그로부터 10년 후에 산헤립의 군대가 유다를 침공했을 때에 이루어졌다. 선지자가 모압 사람들 가운데로 직접 가서 이 설교를 그들에게 전하였을 가능성은 없어 보인다. 그는 다음과 같은 목적으로 이 설교를 자기 백성에게 전하였을 것이다.

1. 심판이 하나님의 집에서 시작되긴 하지만 거기에서 끝나지 않을 것이고, 세상과 만국을 총괄하는 섭리가 존재하며, 거짓된 신들을 섬기는 자들은 이스라엘의 하나님께 책임을 져야 하기 때문에 하나님의 심판을 받게 되리라는 것을 하나님의 백성에게 보여주기 위해서.

2. 하나님께서 하나님의 백성을 돌보시고 그들에게 열심을 가지고 계시다는 증거를 보여주고, 하나님이 그들의 원수들에 대하여 대적이 되신다는 것 — 모압 사람들에게 자주 그러셨듯이 — 을 그들에게 확신시켜 주시기 위하여.

3. 이 예언이 이제 속히(삼 년 내에) 성취되게 하심으로써 선지자의 사명과 그의 모든 다른 예언들이 참이라는 것을 확증해 주시고, 신실한 자들이 그 예언들을 믿고 의지할 수 있도록 격려하시기 위하여. 이제 여기에는 모압에 관하여 다음과 같은 것들이 예언되어 있다.

I. 그들의 주요한 성읍들이 적군에 의해서 하룻밤에 기습적으로 함락을 당하게 되리라는 것. 이것은 아마도 모압의 주민들이 라이스 사람들처럼 안일함과 사치에 빠져서 방심하였기 때문일 것이다(1절). 하룻밤에 이 왕국의 두 주요한 성읍들인 모압 알과 모압 기르가 황폐할 것이기 때문에 큰 슬픔이 있게 될 것이다. 이 성읍들이 함락되던 밤에 모압은 멸망하였다. 이 두 큰 성읍이 함락되자 모압 땅 전체가 완전히 뚫려서 적군은 파죽지세로 모압 땅을 휩쓸어서 그 모든 부를 약탈하였다.

1. 아주 짧은 기간 내에 큰 변화, 아주 절망적인 변화가 일어날 수 있다. 여기를 보면, 모든 것이 고요한 한밤중에 두 성읍이 졸지에 함락을 당한다. 그러므로 우리는 하룻밤 사이에 무슨 일이 일어날지 모르는 자들로서 납작 엎드려 있어야 한다.

2. 시골은 성읍들을 먹여 살리고, 성읍들은 시골을 보호해 준다. 따라서 어느 한 쪽이 다른 쪽에게 내게는 네가 필요 없다고 말할 수 없다.

II. 이 일로 인해서 모압 사람들은 대경실색 하여서 그들이 섬기던 우상 앞에서 통곡하며 자신들을 구해 달라고 애걸하게 되리라는 것(2절). 그들(즉, 모압, 특히 모압 왕)은 바잇(또는, 그모스의 신전)에 올라갔고, 디본, 즉 디본의 주민들은 그들이 우상을 섬겼던 산당에 올라갔는데, 이것은 그들이 하소연하기 위한 것이었다. 곤경에 처한 백성이 그들의 신을 찾는 것은 당연한 일이다. 그들이 그들의 신들 앞에서 눈물을 흘리며 하소연해 보아야 아무 소용이 없지만, 하나님 앞에서 우리가 흘리는 눈물은 헛되지 않을 것이기 때문에, 우리는 여호와 우리 하나님의 이름으로 행하고 환난의 때에 하나님의 이름을 불러야 하지 않겠는가?

III. 모압 땅 전체에 걸쳐서 모든 사람들이 슬퍼하는 소리가 울려 퍼지게 되리라는 것. 그것은 여기에서 우아하고 매우 감동적으로 묘사되고 있다. 모압은 눈물 골짜기가 되어서, 이 세상의 축소판이 될 것이다(2절). 모압 사람들은 그들의 두 큰 성읍인 느보와 메드바가 약탈당하고 불타버린 것을 탄식하며 통곡할 것이다. 그들은 슬픔을 견디지 못해서 각각 머리카락을 밀고 수염을 깎을 것이다. 이것은 당시에 애곡의 관행적인 표현이었다. 그들은 밖에 나갈 때에 예쁘게 보이고자 하는 엄두도 내지 못하게 될 것이어서, 거리에서는 굵은 베로 몸을 동일 것인데(3절), 이것은 아마도 적군이 그들의 집을 다 약탈하여서 저 보잘것없는 옷 외에는 다른 입을 것을 하나도 남겨놓지 않았기 때문일 것이다. 그들은 집에 돌아와서는 자신의 일에 몰두하는 대신에 평평하게 되어 있는 그들의 집의 지붕으로 올라가서 그들의 신들에게 부르짖으며 애통하여 심히 울 것이다. 성심으로 하나님을 부르지 아니하는 자들은 오직 침상에서 슬피 부르짖을 수밖에 없다(호 7:14; 암 8:3). 그들은 울며 내려올 것이다(난외주에서는 이렇게 읽는다). 그들은 산당과 지붕에 올라가면서 울었던 것과 마찬가지로 내려오면서도 울 것이다. 참 하나님께 기도하면 마음이 편해지지만(삼상 1:18), 거짓 신들에게 기도해 보아야 마음은 편해지지 않는다. 여기에서는 여러 곳을 언급하며 도처에서 애곡하고 통곡하는 소리가 차고 넘치는 모습을 그리고 있는데(4절), 고통당하고 애곡하는 자들이 아주 많다는 것조차도 그들에게는 별 위로가 되지 못한다. 도리어, 많은 사람들이 재앙을 당하였다는 사실은 그들의 고통을 가중시킬 뿐이다.

IV. 그들의 군대도 그들을 실망시키리라는 것. 그들은 군인으로 길러진 자들이었고 잘 무장이 되어 있었지만 공포에 질려서 크게 부르짖으며 비명을 지를 것이고, 위험을 즐기는 것이 군인의 생명인데도 그들의 혼은 속에서 떨 것이다(4절). 하나님께서는 아무리 강건한 자들의 사기도 얼마나 쉽게 꺾어버리실 수 있고, 백성이 가장 크게 의지하는 힘 있는 자들을 얼마나 쉽게 무력화시키실 수 있는지를 보라. 모압 사람들은 모두 슬픔과 근심에 짓눌려서 사는 것 자체가 그들에게 짐으로 여겨질 것이다. 하나님께서 그 무엇보다도 삶에 애착을 지닌 자들로 하여금 그들의 삶을 지긋지긋하게 느끼도록 만드시는 것은 손쉬운 일이다.

V. 이러한 재난을 당하여 울부짖는 소리가 퍼져나가서 인근 사방에도 슬픔이 전파되리라는 것(5절).

1. 선지자 자신도 이 예언으로 인해서 심령에 깊은 영향을 받는다. "내 마음이 모압을 위하여 부르짖는도다. 그들은 이스라엘의 원수들이지만 우리와 같은 인간이고 피조물들이다. 그러므로 그들이 그러한 곤경에 처하는 것을 보는 것은 우리에게 슬픔이 아닐 수 없다. 이는 우리도 언제 우리 차례가 되어서 저 두려운 잔을 마시게 될지 모를 일이기 때문이다." 하나님의 사역자들은 부드러운 심령을 가져서 사람들에게 재앙의 날이 임하기를 원하지 않고, 도리어 예루살렘을 멸망에 내어 주시면서도 우셨던 주님과 죄인들이 죽기를 원하지 아니하시는 하나님을 닮은 자들이 되는 것이 마땅하다는 것을 명심하라.

2. 이웃의 모든 성읍들도 모압의 애곡함에 영향을 받게 될 것이다. 어떻게든 살 길을 찾아 도망한 그 피난민들은 그 울부짖음을 소알까지 전파할 것이다. 소알은 그들의 조상 롯이 소돔의 불길을 피해 살기 위해서 도망친 성읍으로서 롯 때문에 멸망당하지 않았다. 그들은 송아지 때문에 길을 갈 때에 음메 하고 울어대는(삼상 6:12) 삼 년 된 암소처럼 울며 큰 소리를 낼 것이다. 그들은 루힛 비탈길을 올라가며(많은 사람들이 지친 발걸음을 이끌고 우는 가운데 다윗이 감람산 길로 올라갔던 것처럼, 삼하 15:30), 호로나임 길로 올라갈 것이다 ― 이 길은 두 벧 호론, 즉 윗 벧 호론과 아래 벧 호론으로 통하는 길이었다(수 16:3, 5). 울부짖음은 거기로 전파되어서, 그 먼 곳에서도 패망의 울부짖음이 있을 것이다. 그것은 "불이야, 불이야! 우리는 모두 망했다"는 울부짖음과 같은 것이 될 것이다. 슬픔이나 두려움은 전염성이 있어서, 한번 시작되면 어디서 끝날지는 아무도 모른다.

⁶니므림 물이 마르고 풀이 시들었으며 연한 풀이 말라 청청한 것이 없음이로다 ⁷그러므로 그들이 얻은 재물과 쌓았던 것을 가지고 버드나무 시내를 건너리니 ⁸이는 곡성이 모압 사방에 둘렸고 슬피 부르짖음이 에글라임에 이르며 부르짖음이 브엘엘림에 미치며 ⁹디몬 물에는 피가 가득함이로다 그럴지라도 내가 디몬에 재앙을 더 내리되 모압에 도피한 자와 그 땅에 남은 자에게 사자를 보내리라

선지자는 여기에서 모압이 앗수르 군대의 먹잇감이 될 때에 모압 온 땅에 울려 퍼지게 될 끔찍한 애곡을 추가적으로 묘사한다. "이 때에 곡성이 모압 사방에 둘렸다(8절)." 모압 땅 방방곡곡은 이 경보를 전해 듣고서 극심한 혼란에 빠져든다. 울부짖는 소리는 모압의 한쪽 끝에 있던 성읍인 에글라임과 다른 쪽 끝에 있던 성읍인 브엘엘림에 이르렀다. 죄가 만연하여 모든 육체가 타락한 곳에서 우리는 전반적인 황폐화 외에 무엇을 기대할 수 있겠는가? 여기에서는 이러한 애곡의 원인으로 두 가지를 언급한다.

I. 니므림 물이 말랐다(6절).   즉, 승리한 적군에 의해서 모압 땅이 약탈당하여 빈곤해졌으며, 그 모든 부와 재물은 다 빼앗겼다. 기근은 통상적으로 전쟁의 서글픈 결과이다. 물이 풍부했던 들판들, 아름다운 풍광을 자랑하며 좋은 소산들을 내었던 비옥한 목장들은 약탈자들에 의해서 초토화되었고, 나머지는 그들의 말발굽에 의해 짓밟혀서 먼지로 변하였다. 군대가 푸른 초장에 진을 세우면, 그 푸르른 초장은 다 사라지고 만다. 집안을 들여다보라. 집들도 다 약탈되기는 마찬가지였다(7절). 그들이 열심히 일하고 재능을 사용해서 얻은 재물과 애지중지 모아서 쌓았던 것을 가지고 버드나무 시내를 건너리라. 이것은 아마도 그들이 재물을 숨겨 놓기 위해서 거기로 가져가는 것이거나 적군이 탈취한 재물을 포장해서 수로를 통해 고국으로 보내기 위하여 거기로 가져가는 것이다. 좀 더 살펴보자.

1. 이 세상의 재물을 많이 얻고자 애쓰고 그렇게 얻은 것을 쌓아두는 데에 골몰하는 자들은 그 재물이 어떻게 될지, 그 모든 재물을 남에게 순식간에 빼앗기게 될 수도 있다는 것을 거의 생각하지 않는다. 큰 재물은 강도를 불러들이고 주인을 위태롭게 만든다. 재물이 자신을 보호해 줄 것이라고 믿는 자들은 곧 배신감을 느끼게 될 것이다.

2. 환난의 때에 큰 재물은 흔히 큰 짐이 될 뿐이고, 주인의 근심을 더할 뿐이

며, 원수들의 탐욕을 부추길 뿐이다. 돈 한푼 없이 여행하는 자는 강도를 만났을 때에 자기가 빈털터리라는 것을 크게 기뻐하게 될 것이다.

Ⅱ. 디몬 물에는 피가 가득하도다(9절). 즉, 디몬에 거주하던 자들이 너무도 많이 죽임을 당하여서, 성읍들의 인근에 있던 강이나 하천들의 물은 죽은 사람들의 피로 물들게 될 것이다. 디몬은 피투성이를 의미한다. 그 곳은 그 이름에 걸맞는 곳이 될 것이다. 모압 사람이 물이 붉어 피와 같음을 본(왕하 3:22-23) 곳은 바로 그 곳이었을 것이다. 그런데 지금 하나님께서는 내가 디몬에 재앙을 더 내려서 당시에 흘려졌던 것보다 더 많은 피를 흘리게 하실 것이라고 말씀하신다. 하나님은 그들에게 아직 더 많은 심판들을 예비해 놓고 계신다. 그럴지라도 하나님의 노가 돌아서지 아니하였다. 하나님은 심판하실 때에 반드시 이기셔서 그 뜻을 이루신다. 저주의 두루마리에는 그 같은 말이 많이 더해질 것이다(렘 36:32). 하나님께서 모압을 피바다로 만드시고서도 모자라서 이제 디몬에 더 내리실 재앙이 무엇인지를 보라. 모압 사람들 중 어떤 이들은 도망쳐서 피신하고, 어떤 이들은 꼼짝 않고 숨어서 적군의 눈을 피함으로써 그들은 그 땅에 남은 자가 된다. 그러나 이 두 부류의 사람들에게 하나님은 맹수인 **사자들**을 보내실 것이다(사자는 하나님의 네 가지 심판 중의 하나로 여겨진다, 겔 14:21). 사자들은 적군의 칼을 피한 자들을 이삭 줍듯 삼켜버릴 것이다. 죄 가운데 있으면서 계속해서 회개치 않는 자들은 하나의 심판에서 살아남는다고 하여도 또 다른 심판을 만나게 된다.

제
— 16 —
장

개요

　　이 장은 모압에 관한 경고를 이어받아서 끝맺고 있다. I. 선지자는 모압 사람들 가운데 잘못된 것을 고치고 특히 하나님의 백성을 인자하게 대하는 것이 앞에서 경고한 심판들을 막을 수 있는 최선의 길이라고 그들에게 선한 조언을 해준다(1-5절). II. 선지자는 그들이 너무도 교만한 자들이어서 이 조언을 받아들이지 않을 것을 염려하여, 계속해서 삼 년 내에 그들의 땅이 통탄스러울 정도로 초토화될 것이고 그들이 큰 혼란에 빠지게 될 것임을 예언한다(6-14절).

　　¹너희는 이 땅 통치자에게 어린 양들을 드리되 셀라에서부터 광야를 지나 딸 시온 산으로 보낼지니라 ²모압의 딸들은 아르논 나루에서 떠다니는 새 같고 보금자리에서 흩어진 새 새끼 같을 것이라 ³너는 방도를 베풀며 공의로 판결하며 대낮에 밤 같이 그늘을 지으며 쫓겨난 자들을 숨기며 도망한 자들을 발각되게 하지 말며 ⁴나의 쫓겨난 자들이 너와 함께 있게 하되 너 모압은 멸절하는 자 앞에서 그들에게 피할 곳이 되라 대저 토색하는 자가 망하였고 멸절하는 자가 그쳤고 압제하는 자가 이 땅에서 멸절하였으며 ⁵다윗의 장막에 인자함으로 왕위가 굳게 설 것이요 그 위에 앉을 자는 충실함으로 판결하며 정의를 구하며 공의를 신속히 행하리라

　　하나님께서는 앞에서 그들이 어떻게 해야 멸망을 미리 막을 수 있을지를 그들에게 말해주심으로써 그가 죄인들의 멸망을 기뻐하지 않으신다는 것을 분명히 하셨었다. 이제 하나님은 여기에서 모압에게 그렇게 하신다.

　　I. 하나님은 그들에게 다윗의 집에 올바르게 행하고 그들이 이전에 다윗 왕가의 왕들에게 바치기로 약조하였던 조공을 바치라고 조언하신다(1절).　너희는 이 땅 통치자에게 어린 양들을 드리라. 다윗은 모압 사람들이 그에게 조공을 바치게 만들었다(삼하 8:2). 그들은 다윗의 종들이 되어 조공을 드렸다. 그 후로 그들은 이스라엘의 왕들에게 조공을 바쳤는데(왕하 3:4) 어린 양들을 공물로

바쳤다. 이제 선지자는 그들에게 그 조공을 히스기야에게 바칠 것을 요구한다. 모압의 한쪽 국경 도시인 셀라에서부터 모압의 다른 쪽 경계인 광야에 이르기까지 방방곡곡에서 공물을 모아라. 그렇게 모은 공물을 다윗의 도성인 딸 시온 산으로 보내라. 어떤 이들은 이 본문을 땅의 통치자(이렇게 읽는 것도 가능하다), 온 땅, 곧 이스라엘 땅만이 아니라 모압 땅의 주인이자 통치자이신 하나님께 드리는 희생 제사에 사용할 어린 양을 보내라는 조언으로 해석한다. "어린 양을 시온 산 위에 세워진 성전으로 보내라." 어떤 이들은 모압 사람들이 스스로 회개하여 하나님과 화해하기를 미루는 어리석음을 범하였음을 책망하기 위하여 이 본문이 그런 의미로 반어법적으로 말해지고 있는 것이라고 생각한다. "너는 이제라도 이스라엘의 하나님을 너희의 친구로 삼기 위하여 시온 산에 어린 양을 보내고 싶을 것이다. 그러나 때가 너무 늦어 버렸다. 하나님의 영(슈)이 내려졌고, 너희의 멸망은 정해졌다. 모압의 딸들은 떠다니는 새 같이 내쳐질 것이다(2절)." 하지만, 나는 이 본문을 다니엘이 느부갓네살의 파멸할 운명을 읽어내고서 그에게 진지하게 조언했던 것과 같은 선한 조언으로 해석하여야 한다고 본다(단 4:27). "공의를 행함으로 죄를 사하고 가난한 자를 긍휼히 여김으로 죄악을 사하소서 그리하시면 왕의 평안함이 혹시 장구하리이다." 그리고 이 말씀은 복음에 의해서 우리에게 주어진 이 땅의 통치자이자 우리의 통치자이신 그리스도께 순복하여야 하는 우리의 큰 도리에 적용될 수 있다. "그리스도께 너희가 가지고 있는 것 중에서 가장 좋은 어린 양을 보내고, 너희 자신을 산 제물로 보내라. 너희가 큰 통치자이신 하나님께 나아올 때에 어린 양, 하나님의 어린 양의 이름으로 나아오라. 그렇지 않으면 떠다니는 새가 보금자리에서 내쳐지듯이 모압의 딸들도 그리 되리라(본문은 이렇게 읽을 수도 있다). 너희가 유다의 왕에게 마땅히 바쳐야 할 지세(地稅)를 내지 않는다면, 너희는 너희의 집에서 쫓겨나게 될 것이다. 모압의 딸들(모압의 촌락들 또는 그 땅의 여자들)은, 털이 반밖에 나지 않은 채로 보금자리에서 흩어진 새 새끼 같이 다른 곳으로 피신하기 위해서 아르논 나루에서 서성거리게 될 것이다." 그리스도께 순복하지 않거나 그의 날개 그늘 아래 모이지 않는 자들은 보금자리에서 흩어져서 다른 사나운 새에게 잡혀가거나 끊임없이 싸우며 끝없이 떠도는 새 같이 될 것이다. 하나님을 두려워하지 않는 자들은 다른 모든 것으로 인한 두려움에 사로잡히게 될 것이다.

Ⅱ. 하나님은 그들에게 이스라엘 자손에게 인자하라고 권면하신다(3절). "회의를 소집해서, 이 중차대한 상황에서 어떻게 하는 것이 합당한지를 서로 상의해 보라. 그러면, 너희는 공의를 베풀어서, 하나님의 백성을 힘들게 하기 위해 너희가 만들었던 온갖 불의한 법령들을 원래대로 돌이키고, 그들에게 회개한다는 표시로 이제 그들을 어떻게 대해야 하는지를 궁리하는 것이 가장 좋은 방법임을 발견하게 될 것이다. 너희의 그러한 행위는 온갖 번제와 희생 제물보다 더 하나님께 열납될 것이다."

1. 선지자는 하나님의 백성, 아마도 열 지파 또는 모압 땅과 인접해 있었던 요단 저편의 두 지파와 반 지파의 선한 백성에게 먹구름이 몰려오는 것을 내다보았다. 그들은 하나님의 자비하신 섭리에 의해서 사나운 앗수르 군대를 피하여 목숨을 부지할 수는 있었지만 살아남기 위해서는 피신해야 하는 극단적인 상황에 내몰렸다. 그들이 처해 있던 위험과 환난은 대낮에 찌는 듯한 열기와 같았다. 약탈자는 그들에게 맹위를 떨쳤고, 압제자와 탈취자는 그들이 가진 것을 다 빼앗은 후에 그들을 삼켜 버리고자 하였다.

2. 선지자는 그들의 땅이 그들에게 너무 뜨겁게 되었을 때에 모압 땅으로 피신하라고 조언한다. 모압 사람들은 이러한 공의를 베풀어야 한다. 그들은 그들 자신을 위하여 이렇게 현명하게 처신하여야 하고, 이렇게 하나님의 백성에 대하여 인자하게 대하여야 한다. 그들이 계속해서 그들의 거처에서 살고자 한다면, 그들은 환난을 당하여 흩어진 하나님의 교회의 지체들에게 그들의 집 문을 활짝 열어서, 종일 수고하며 더위를 견딘 자들에게 시원한 그늘이 되어 주어야 한다. 그들은 그들 속으로 피신한 자들을 발각되게 하거나 그들을 찾아서 추격하는 자들에게 넘겨서는 안 된다. "도망한 자들을 발각되게 하지 말며 그들을 넘기지 말고(에돔 사람들이 그랬듯이, 옵 1:13-14), 쫓겨난 자들을 숨겨 주어라." 기생 라합은 이러한 선행을 통해서 그녀의 믿음이 진실하다는 것을 입증하였다(히 11:31). "아니, 그들을 잠시 숨겨줄 뿐만 아니라, 기회가 된다면 그들이 그 곳에 잘 적응해서 살게 해주어라. 나의 쫓겨난 자들이 너와 함께 있게 하되 그들에게 묵을 곳을 마련해 주고 너 모압은 멸절하는 자 앞에서 그들에게 피할 곳이 되라(4절). 비록 그들이 가난해서 너에게 짐이 될 뿐이라고 해도, 너는 그들을 정부의 보호 아래 있게 하라."

(1) 실제로 박해나 전쟁에 의해서 집을 잃고 쫓겨나 이리저리 떠도는 것은

흔히 이스라엘 백성인 자들의 운명이다(히 11:37).

(2) 사람들이 그들을 부정하고 배척할 때에 하나님은 그들을 시인하고 인정하신다. 그들은 쫓겨난 자들이긴 하지만 나의 쫓겨난 자들이다. 아무도 그들을 알아주지 않을지라도 하나님은 자기 백성인 자들이 어디에 있든 그들을 알아보신다.

(3) 하나님은 쫓겨난 자기 사람들이 쉴 곳과 피할 곳을 찾아주신다. 왜냐하면, 그들은 박해를 받고 있지만 버림을 받은 것은 아니기 때문이다. 그들에게 피할 곳이 없을 때에는 하나님께서 직접 그들의 거처가 되어 주실 것이고, 그들은 하나님 안에서 편히 거하게 될 것이다.

(4) 그들이 이스라엘의 온 땅에서 그들을 피신시켜 줄 자를 찾을 수 없을 때, 하나님은 자기 사람들을 도울 친구들을 모압 사람들 가운데서도 일으키신다. 땅은 흔히 여자를 돕는다(계 12:16, 땅이 여자를 도와 그 입을 벌려 용의 입에서 토한 강물을 삼키니).

(5) 곤경에 처했을 때에 호의를 받기를 기대하는 자들은 곤경에 처한 자들에게 스스로 호의를 베풀어야 한다. 쫓겨난 하나님의 사람들을 돕는 행위는 틀림없이 이런저런 방식으로 보상을 받게 될 것이다.

3. 선지자는 그들에게 하나님께서 자기 백성을 위하여 긍휼을 예비해 두고 계신다는 것을 확신시킨다.

(1) 그들이 모압 사람들에게 오랫동안 신세를 지거나 폐를 끼치는 일은 없으리라는 것. 대저 토색하는 자가 이미 거의 망하였고 멸절하는 자가 그쳤다. 하나님의 백성은 오랫동안 쫓겨난 자들로 있지는 않을 것이다. 그들은 십 일 동안 환난을 받을 것이고(계 2:10), 그것으로 끝이다. 멸절하는 자, 약탈하는 자는 힘이 있는 한은 결코 멸절하거나 약탈하는 일을 쉬지 않으려 할 것이지만, 하나님께서 그를 쇠사슬로 묶어 꼼짝 못하게 만드실 것이다. 그가 여기까지 오고 더 넘어가지 못하리라.

(2) 그들은 머지않아 모압 사람들에게 진 신세를 갚을 수 있는 위치에 있게 되리라는 것(5절). "열 지파의 보좌는 무너지고 엎어질지라도, 그들이 하나님에게서 받는 긍휼과 그들이 남들에게 보여준 긍휼로 말미암아 다윗의 위는 인자함으로 굳게 설 것이다. 마찬가지로, 네가 원한다면, 너의 보좌도 굳게 설 수 있다." 큰 자들이 하나님의 백성에게 인자하면 그러한 행위가 그들의 나라와 가

문에 얼마나 자주 하나님의 축복을 가져다 주는지를 보기만 한다면, 그들은 그렇게 하고자 애쓸 것이다. "히스기야를 너의 친구로 삼아라. 왜냐하면, 너는 히스기야 속에 있는 하나님의 은혜와 그에게 있는 하나님의 임재로 인하여 그렇게 하는 것이 너에게 유익이라는 것을 발견하게 될 것이기 때문이다. 히스기야는 진실로 그 위에 앉게 될 것이고, 그런 후에 그 위는 영광 중에 견고할 것이다. 그는 그 위에 앉아 충실함으로 판결하여, 하나님의 백성에게 피할 곳이 되어 주었던 자들에게 보호자가 되어 줄 것이다." 히스기야 속에서 선한 방백의 모습을 보라.

[1] 그는 정의를 구할 것이다. 즉, 그는 피해를 당한 자들을 구제하고자 할 것이고, 그들이 하소연하기 전에라도 그들에게 해를 가한 자들을 벌할 것이다. 또는, 그는 정의를 찾아내어 구현하기 위해서 자기에게 들어온 온갖 소송을 부지런히 살필 것이다.

[2] 그는 의를 신속히 행하고, 공의를 행하는 일에 지체하지 않을 것이며, 억울함을 풀어달라고 그에게 하소연한 자들을 오랫동안 기다리게 하지 않을 것이다. 그는 공의를 구하여 심사숙고하겠지만 심사숙고한다는 미명 하에 공의를 행하는 일을 지체하지 않을 것이다. 모압 사람들은 이것을 모범으로 삼아서, 그들의 나라가 견고히 설 수 있게 하여야 한다.

[6]우리가 모압의 교만을 들었나니 심히 교만하도다 그가 거만하며 교만하며 분노함도 들었거니와 그의 자랑이 헛되도다 [7]그러므로 모압이 모압을 위하여 통곡하되 다 통곡하며 길하레셋 건포도 떡을 위하여 그들이 슬퍼하며 심히 근심하리니 [8]이는 헤스본의 밭과 십마의 포도나무가 말랐음이라 전에는 그 가지가 야셀에 미쳐 광야에 이르고 그 싹이 자라서 바다를 건넜더니 이제 열국의 주권자들이 그 좋은 가지를 꺾었도다 [9]그러므로 내가 야셀의 울음처럼 십마의 포도나무를 위하여 울리라 헤스본이여, 엘르알레여, 내 눈물로 너를 적시리니 너의 여름 실과, 네 농작물에 즐거운 소리가 그쳤음이라 [10]즐거움과 기쁨이 기름진 밭에서 떠났고 포도원에는 노래와 즐거운 소리가 없어지겠고 들에는 포도를 밟을 사람이 없으리니 이는 내가 즐거운 소리를 그치게 하였음이라 [11]이러므로 내 마음이 모압을 위하여 수금 같이 소리를 발하며 내 창자가 길하레셋을 위하여 그러하도다 [12]모압이 그 산당에서 피곤하도록 봉사하며 자기 성소에 나아가서 기도할지라도 소용없으리로다 [13]이는 여호와께서

오래 전부터 모압을 들어 하신 말씀이거니와 14이제 여호와께서 말씀하여 이르시되 품꾼의 정한 해와 같이 삼 년 내에 모압의 영화와 그 큰 무리가 능욕을 당할지라 그 남은 수가 심히 적어 보잘것없이 되리라 하시도다

이 단락에서 우리는 다음과 같은 내용들을 본다.

I. 모압이 범한 죄들(6절). 선지자는 모압 사람들이 그의 조언을 받아들이지 않을 것이라고 결론을 내리고서 그들에게 선한 조언을 주는 것을 주저하는 것으로 보인다. 그는 그들에게 그들이 마땅히 행해야 할 도리를 말해 주었지만(그들이 듣든지 말든지), 그들에게 좋은 말을 해주어보았자 아무 소용이 없다는 것을 알고서 낙심한다. 그는 그들을 고쳐주고자 했지만, 그들은 고침을 받고자 하지 않았다. 조언을 듣고자 하지 않는 자들을 도울 수는 없는 노릇이다. 그들의 죄는 다음과 같은 것들이었다.

1. 교만함. 이것은 가장 역설되는 죄이다. 왜냐하면, 그 어떤 정욕이나 죄보다도 교만에 의해서 더 많은 소중한 영혼들이 멸망을 받기 때문이다. 모압 사람들은 교만함으로 악명이 높았다. "우리가 모압의 교만을 두 귀로 들었다. 이 교만함 때문에 모압은 주변의 모든 나라들로부터 심한 비난을 받았다. 그가 심히 교만하도다. 모압 사람들은 출신이 비천하고, 모압 사람을 여호와의 총회에 영원히 들어오지 못하게 금하신 하나님의 율법에 의해서 오명의 낙인이 찍혀 있었음에도 불구하고(신 23:3), 그러한 사실을 잊어버리고 몹시 교만하였다. 우리는 그의 거만함과 교만함에 대하여 들었다. 이것은 모압에 대하여 일부 사람들이 입에 올린 경솔하고 가혹한 비난이 아니었고, 모압을 아는 모든 사람들이 그들에 대하여 한결같이 하는 말이었다. 그들은 교만한 백성이다. 그러므로 누가 그들에게 선한 조언을 해준다고 해도, 그들은 결코 그 조언을 받아들이려 하지 않을 것이다. 그들은 스스로 아주 지혜로워서 남의 조언을 들을 필요가 없다고 생각한다. 그러므로 그들은 히스기야가 공의를 따라 행하고 긍휼을 사랑하는 것을 본받고자 하지 않을 것이다. 그들은 히스기야를 본받으라는 말을 들으면 코웃음을 칠 것이다. 왜냐하면, 그들은 도리어 그들이 히스기야를 가르쳐야 한다고 생각하기 때문이다. 그들은 교만해서 하나님께 머리를 숙이거나 하나님께서 그들에게 주시는 경고를 귀담아 듣고자 하지 않을 것이다. 악인은 그의 교만한 얼굴로 하나님을 찾고자 하지 않는다. 그들은 교만해서, 자기 땅에서

쫓겨난 하나님의 사람들을 받아들이거나 보호해 주려고 하지 않을 것이다. 그들은 쫓겨난 자들과 상관하는 것을 체면이 깎이는 일로 여겨서 경멸할 것이다." 그러나 이것이 다가 아니었다.

2. "우리는 모압의 분노함, 특히 하나님의 백성에 대한 분노함에 대해서도 들었다(심히 교만한 자들은 보통 화를 잘 내기 때문이다). 그러므로 모압은 하나님의 백성을 보호해 주는 것이 아니라 도리어 박해할 것이다."

3. "모압이 자신의 교만과 분노를 만족시키는 것은 그의 거짓말들(개역에서는 그의 자랑)을 통해서이다. 그러나 그의 거짓말들은 헛될 것이다. 그는 그의 교만하고 분노어린 모략들을 그가 희망한 대로 이루지 못할 것이다." 어떤 이들은 이 본문을 그의 거만함, 그의 교만, 그의 분노함은 그의 힘보다 더 크다로 읽는다. "우리는 우리의 목숨이 그의 자비에 달려 있다면 우리가 그에게서 그 어떤 자비도 발견하지 못하리라는 것을 알고 있지만, 그는 그가 지닌 악의를 이룰 만한 힘을 갖고 있지 않다. 그의 교만은 도리어 그의 파멸을 자초할 뿐이다. 왜냐하면, 교만은 멸망의 선봉이고, 그에게는 그가 멸망당하지 않도록 자신을 지킬 힘이 없기 때문이다."

II. 모압이 당할 슬픔(7절).   그러므로 모압이 모압을 위하여 통곡하리라. 모든 주민들이 그들의 나라가 멸망한 것을 슬퍼하며 심하게 통곡할 것이다. 그들은 서로에게 하소연할 것이다. 모압이 다 절망 속에서 통곡할 것이기 때문에, 옆 사람을 격려하고자 하는 마음을 지닌 사람이 한 사람도 없을 것이다. 좀 더 살펴보자.

1. 이러한 슬픔을 가져온 원인들.

(1) 그들의 성읍들이 파괴됨. 네가 길하레셋의 터(개역에서는 건포도 떡)를 위하여 슬퍼하리라. 아무리 강력한 군대도 막아냈었던 저 크고 튼튼한 성읍(왕하 3:25)이 이제 불에 타거나 무너져서 평평해져 버릴 것이고, 그 터도 공격을 당하여 상하고 무너질 것이다. 그들은 웅장했던 성읍들이 잿더미로 변해 버린 것을 보고서 통곡할 것이다.

(2) 그들의 땅이 초토화됨. 모압은 밭과 포도원으로 유명하였다. 그러나 그것들은 모두 침략군에 의해서 황폐화될 것이다(8, 10절).

[1] 그들의 땅은 여호와의 동산처럼 얼마나 물이 넉넉하고 비옥하였던가(창 13:10). 거기에는 최상급의 포도나무들이 심겨져 있었고, 그 가지들은 갓 지파

의 성읍인 야셀까지 뻗어 있었다. 그 포도나무들의 무성한 가지들은 산기슭을 다 덮고도 모자라서 심지어 모압의 광야에 이르렀다. 거기에 포도원들이 있었다. 아니, 포도나무들은 그 싹이 자라서 심지어 바다, 곧 사해에까지 이르렀다. 최상급의 포도들이 자라서 그들의 땅을 둘러서 울타리 역할을 하고 있었다.

[2] 그들이 자기 땅에서 얼마나 즐겁고 유쾌하였던가. 시골 사람들이 모든 곡식을 다 베고 나서 종종 그렇게 하듯이, 그들이 그들의 여름 실과, 그들의 농작물에 즐거운 비명을 질렀던 적이 얼마나 많았던가. 그들은 그들의 밭과 포도원에서 즐거움과 기쁨을 누렸고, 포도를 밟으면서 노래와 즐거운 소리가 그치지 않았다. 본문에는 그들이 풍성한 수확에 대하여 하나님을 찬양하고 영광을 돌렸다는 말은 단 한 마디도 나오지 않는다. 만약 그들이 풍성한 수확을 그들의 감사 제목으로 삼았다고 하더라도, 그것은 단지 그들의 정욕을 채우기 위한 것이었을 뿐이다.

[3] 그들이 어떻게 모든 것을 빼앗기게 될 것인지. "밭들이 시름에 잠길(개역에서는 말라버릴) 것이고, 그 밭의 모든 소산들은 빼앗기거나 짓밟히게 될 것이다. 밭들은 이제 예전처럼 주인을 부요하게 해줄 수 없기 때문에 근심하게 된다. 여기서 열국의 주권자들로 불리는 군사들이 와서 밭에 심겨진 최상급의 나무들을 모두 꺾어버릴 것이다. 이제 여름 실과들을 수확하며 사람들이 기뻐 소리쳤던 그 즐거운 소리는 이제 그것들을 잃어버린 슬픔에 통곡으로 변하게 될 것이다. 수확의 기쁨은 그쳤다. 포도를 밟으며 노래하고 기뻐 소리치는 일은 이제 없어지고 말았다. 그들에게는 이제 기뻐할 일이 없어졌고 기뻐할 마음도 없어졌다. 그들의 땅이 폐허로 변함으로써 그들의 즐거움도 사라졌다." 다음을 명심하라.

첫째, 하나님은 큰 기쁨과 즐거움에 취해 있는 자들의 기분을 손쉽게 바꾸어 놓으실 수 있고, 그들의 웃음을 애곡으로, 그들의 기쁨을 암울한 슬픔으로 순식간에 바꾸어 놓으실 수 있다. 둘째, 하나님 안에서의 기쁨은 그 누구도 우리에게서 빼앗아갈 수 없다는 점에서 수확의 기쁨보다 훨씬 낫다(시 4:6-7). 포도나무와 무화과나무들을 파괴함으로써 너는 육적인 마음의 온갖 즐거움을 그치게 만들 수 있다(호 2:11-12). 그러나 은혜를 받은 영혼은 무화과나무가 무성하지 못하고 포도나무에 열매가 없어도 여호와 하나님을 구원의 하나님으로 여기고 즐거워할 수 있다(합 3:17-18). 그러므로 우리는 거룩한 당당함 속에서 항상 하나님을 기뻐하여야 하고, 다른 일들에 있어서는 두렵고 떨림으로 항상 기뻐하되 마치 기뻐하지 않는 자처럼 기뻐하여야 한다.

2. 선지자가 그들의 이 슬픔에 동참함. "내가 야셀의 울음처럼 십마의 포도나무를 위하여 울며, 이 비옥한 땅이 황폐화된 것을 불쌍히 여기는 마음으로 보리라. 헤스본이여, 내 눈물로 너를 적시고, 너의 눈물에 나의 눈물을 합치리라(11절)." 이것은 내적인 슬픔인 것으로 보인다. 내 마음이 모압을 위하여 수금 같이 소리를 발하리라. 이 일은 그에게 감응을 불러일으켜서, 그는 수금을 탈 때에 그 줄들이 떨림 같이 내적인 떨림을 느꼈을 것이다. 하나님의 선지자들이 슬픔을 안다는 것은 지극히 합당한 일이다. 저 큰 선지자이신 그리스도께서도 슬픔을 잘 알고 계셨다. 교회의 환난만이 아니라 세상의 환난도 우리에게 괴로운 일이 되어야 한다(사 15:5을 보라).

III. 이 장의 끝부분에는 다음과 같은 내용들이 나온다.

1. 모압의 신들, 그 거짓된 신들은 그들을 도울 수 없으리라는 것(12절). "모압은 곧 그 산당에서 피곤해질 것이다. 모압은 자신의 우상들에게 기도하느라 심혈을 기울이며 온 힘을 쏟겠지만 아무 소용 없을 것이다. 그 우상들은 모압을 도울 수 없을 것이고, 모압은 그 우상들이 그들을 도울 수 없다는 것을 확실히 깨닫게 될 것이다." 본문에서는 이 땅의 높은 곳들(산당)에서 구원을 기대해 보아야 아무 소용이 없다는 것을 보여준다. 구원은 높은 산들 위에 있는 곳으로부터 오기 때문이다. 사람들은 대체로 너무도 어리석어서, 우상들이 헛되고 피조물들을 의지하는 것이 헛되다는 것을 직접 겪어볼 때까지는 그런 사실을 믿으려 하지 않고, 우상들은 그들을 피곤하게 할 뿐이라는 것을 직접 깨닫게 될 때까지는 우상들로부터 떨어지고자 하지 않는다. 그러나 그들은 자신의 산당에서 지쳐 피곤해져도, 하나님의 성소로 가는 것이 아니라 모압의 주신(主神)인 그모스의 신전으로 향한다. 그들은 거기에서 기도할지라도, 산당에서 그랬듯이 거기에서도 아무 소용이 없어서 자신의 문제를 해결하지 못할 것이다. 왜냐하면, 그들이 우상들에게 아무리 큰 존귀함을 돌린다고 하여도 그렇게 해서 우상들이 그들을 더 잘 도울 수 있게 만들 수 없기 때문이다. 우상들은 높은 지위의 신들이든 낮은 지위의 신들이든 모두 똑같이 사람들의 공상 속에서 만들어지고 사람들의 손으로 만들어진 것들에 불과하다. 또는, 이 본문은 그들이 하나님의 성소에 나아간 것을 말하는 것일 수도 있다. 그들은 그들의 산당으로

부터 구원을 얻을 수 없을 때에 예루살렘에 있는 하나님의 성전으로 가서 기도 하겠지만 아무 소용이 없을 것이다. 하나님은 그들을 그들이 섬겨 왔던 신들에 게 되돌려 보내실 것이다(삿 10:14).

2. 유일하게 참되신 하나님인 이스라엘의 하나님은 그들을 쳐서 하신 말씀 을 실현시키실 힘을 가지고 계시다는 것.

(1) 이 일은 오래 전에 이미 결정된 일이었다(13절). 이는 여호와께서 오래 전 부터, 즉 모압이 지극히 교만하고 오만방자해져서 하나님의 백성을 학대하기 시작했을 때부터 모압을 들어 하신 말씀이요 모압에 대하여 작정하신 일이다. 모압의 멸망은 오래 전에 정해진 일이었다. 이것이 여호와께서 하신 말씀이라는 것은 그 일이 확실히 이루어질 것임을 보여주는 충분한 근거였다. 하나님께서 는 말씀하신 것을 결코 취소하지 않으시고, 음부와 땅의 모든 권세도 그 말씀 을 무효화시키거나 그 집행을 가로막을 수 없다.

(2) 이 일이 언제 이루어질지가 이제 알려진다. 그 시기는 하나님의 모략 속 에서는 이미 확정되어 있었지만, 지금 계시된 것이었다. 여호와께서 말씀하여 이르시되 삼 년 내에 이 일이 이루리라 하시도다(14절). 때와 기한은 하나님께서 우리에게 계시하셔서 우리가 아는 것이 좋겠다고 생각하신 것 이상으로 우리가 알 수 없고, 또한 알려고 해서도 안 된다. 하나님께서 그의 마음을 점진적으로 나타내 오셨다는 것을 보라. 하나님의 계시의 빛이 날이 갈수록 점점 더 밝게 빛나듯이, 우리 마음속에 비치는 하나님의 은혜의 빛도 마찬가지이다.

[1] 모압에게 내려진 선고. 모압이 자랑하였던 모든 것들이 무(無)로 돌아가 게 될 때에 모압의 영화가 능욕을 당하고 경멸을 받게 될 것이다. 이 세상의 영화 는 그런 것이어서 세월이 가면 그 빛을 잃고 언제 사라질지 모르는 것이기 때 문에 잠시 사람들의 찬사를 받다가 곧 멸시를 받게 된다. 그러므로 우리는 사 람들이 곧 멸시하게 될 것들을 지극히 큰 영광의 중한 것에 비추어서 항상 멸시 하는 마음을 지녀야 한다. 모압의 영광은 그들 나라의 사람들이 지극히 많다는 것과 그들의 군대가 용맹하다는 것이었다. 그러나 그 큰 무리가 이런저런 심판 을 받아서 다 죽고 없어져서 남은 작은 수의 무리가 심히 적고 보잘것없어서 적 에 대항하기는커녕 스스로의 슬픔조차 제대로 가눌 수 없게 될 때에 모압의 영 광은 과연 어디에 있겠는가? 그러므로 강한 자는 자신의 강함을 자랑하지 말 고, 큰 무리는 자신의 수를 자랑하지 말라.

[2] 이 선고의 집행을 위하여 정해진 때. 품꾼의 정한 해와 같이 삼 년 내에, 즉 정확히 삼 년이 끝나는 날까지. 왜냐하면, 일정 기간 동안 품꾼으로 고용된 하인은 그 기간이 끝나는 날에 품삯을 계산하는 법이기 때문이다. 모압은 자신의 파멸이 아주 가까이 다가왔다는 것을 알고서 거기에 대비하여야 한다. 공평하게 경고가 주어졌고, 아울러 회개할 시간도 주어졌다. 만약 모압 사람들이 니느웨처럼 회개하였다면, 하나님께서 경고하신 심판은 임하지 않았을 것이다.

제
— 17 —
장

개요

아람과 에브라임은 동맹을 맺고 유다를 공격하여서(사 7:1-2) 이 둘 사이는 매우 밀접하였기 때문에, 이 장은 "다메섹에 관한 경고"(다메섹은 아람의 수도였다)라는 표제가 붙어 있긴 하지만 이스라엘의 파국에 대해서도 말한다. I. 아람과 이스라엘의 견고한 성읍들이 파괴되리라는 것이 여기에 예언됨(1-5, 9-11절). II. 심판의 와중에서도 이스라엘에 대한 긍휼하심이 기억되어서, 남은 자가 이 재난들에서 살아남으리라는 은혜로운 약속이 주어짐(6-8절). III. 앗수르 군대가 예루살렘 앞에서 무너지리라는 것(12-14절). 연대기적인 순서로 보면, 이 장은 9장 뒤에 와야 한다. 왜냐하면, 여기에서 예언되고 있는 다메섹의 멸망은 아하스 왕 때에 일어났기 때문이다(왕하 16:9).

¹다메섹에 관한 경고라 보라 다메섹이 장차 성읍을 이루지 못하고 무너진 무더기가 될 것이라 ²아로엘의 성읍들이 버림을 당하리니 양 무리를 치는 곳이 되어 양이 눕되 놀라게 할 자가 없을 것이며 ³에브라임의 요새와 다메섹 나라와 아람의 남은 자가 멸절하여 이스라엘 자손의 영광 같이 되리라 만군의 여호와의 말씀이니라 ⁴그 날에 야곱의 영광이 쇠하고 그의 살진 몸이 파리하리니 ⁵마치 추수하는 자가 곡식을 거두어 가지고 그의 손으로 이삭을 벤 것 같고 르바임 골짜기에서 이삭을 주운 것 같으리라

이 단락에는 다메섹에 관한 경고가 나온다. 갈대아 역본에서는 이 표제를 다메섹이 마실 저주의 잔에 관한 경고라고 의역한다. 이스라엘의 열 지파는 아람과 동맹을 맺고 있었기 때문에, 그들도 다메섹의 다음 차례로 이 두렵고 떨리는 잔, 비틀걸음치게 하는 잔을 마시게 되리라는 것을 예상하여야 한다.

1. 아람의 수도인 다메섹은 멸망당할 것이다. 집들이 불탈 것이고, 적어도 성벽과 성문들, 요새들이 파괴될 것이며, 주민들은 포로로 끌려갈 것이기 때문에, 다메섹은 장차 성읍을 이루지 못하고 일개 촌락으로 전락하고 말 뿐만 아니

라 무너진 무더기로 변해 버릴 것이다(1절). 성읍들이 이와 같이 초토화되는 것은 죄 때문이다.

2. 주민들은 적의 침입에 놀라서, 또는 침략자들에 의해서 어쩔 수 없이 마을들을 버리게 될 것이다. 아로엘(아람의 한 지방)의 성읍들이 버림을 당하리라(2절). 정복을 당한 쪽에서는 감히 그 성읍들에 거주하지 못하고, 정복자들은 그 성읍들이 필요해서가 아니라 그저 막무가내로 파괴한 것이어서 거기에 거주할 처지가 되지 못한다. 그래서 사람들이 살아야 할 성읍과 마을들은 양 떼가 눕는 곳이 될 것이고, 양 떼가 거기에 누워도 방해하거나 쫓아낼 자가 아무도 없을 것이다. 으리으리한 저택들은 양 떼가 눕는 우리로 변할 것이다. 위대한 정복자들이 인류의 공적(公敵)이 되는 일을 하면서도 스스로 자랑하고 자부심을 느낀다는 것은 이상한 일이다. 그러나 그들이 아무리 불의하더라도, 성읍들로 하여금 악행으로 말미암아 스스로 악해진 주민들을 토해내게 만드시는 하나님은 의로우시다. 하나님에 대하여 공개적으로 반기를 들고서 악덕을 행하는 그런 자들이 성읍들을 자신의 본거지로 삼는 것보다는 차라리 양 떼들이 거기에 눕는 것이 더 낫다.

3. 열 지파의 나라 이스라엘의 요새들이 폐허로 변하게 될 것이다. 에브라임의 요새가 멸절되리라(3절). 사마리아와 다른 모든 곳의 요새들이 파괴될 것이다. 그들은 아람과 동맹을 맺고 유다를 침략하는 천인공노할 짓을 저질렀다. 죄에 동참했던 자들은 이제 멸망에도 함께 동참하게 될 것이다. 에브라임의 요새가 멸절되어 이스라엘이 약화되고, 다메섹의 나라도 멸절되어 아람이 멸망하게 될 것이다. 아람 사람들은 유다를 침략하기 위한 이 동맹에 있어서 주모자였기 때문에 가장 먼저 가혹한 벌을 받을 것이다. 그들은 이스라엘과 동맹을 맺은 것을 자랑하였기 때문에, 이스라엘이 약화된 지금에 있어서 그러한 자랑에 대하여 신랄한 힐책을 당한다. "아람의 남은 자가 이스라엘 자손의 영광 같이 되리라. 아람 사람들 가운데서 남은 자는 극소수여서 이스라엘 자손의 처지처럼 초라할 것이고, 이스라엘의 영광이 그들에게 아무런 위로나 힘이 되지 못할 것이다." 하나님의 심판이 임할 때, 죄악된 동맹은 그 동맹을 맺은 자들에게 아무런 힘도, 의지처도 되지 못할 것이다. 여기에는 하나님께서 야곱과 다투실 때에 야곱의 영광이 어떤 것인지, 아람이 야곱의 영광을 닮은 것을 자랑할 이유가 전혀 없다는 것이 나와 있다.

(1) 야곱의 영광은 폐병에 걸려서 기력이 다 소진된 사람처럼 쇠잔하게 될 것이다(4절). 야곱의 영광은 그들의 수가 많다는 것, 바다의 모래처럼 그 수가 무수하다는 것이었다. 그러나 많은 사람들이 죽고 소수만이 남겨졌을 때에 이 영광은 쇠할 것이다. 그 때에 그들의 살진 몸(이것은 그들의 자부심과 안전을 뜻한다)이 파리하리니, 이스라엘 백성은 오직 뼈와 가죽만이 남은 완벽한 해골이 되고 말 것이다. 이스라엘은 오랫동안 끌어온 지병(持病)으로 죽었다. 열 지파의 나라는 점진적으로 그 기력이 소진되었다. 하나님은 그들에게 좀 같으셨다 (호 5:12). 이 세상의 모든 영광은 그런 것이다. 그것은 곧 시들어서 쇠한다. 그러나 야곱의 영적인 자손들에게는 훨씬 크고 영원한 영광의 중한 것이 예비되어 있는데, 이 영광은 결코 썩지 않는다. 하나님의 살진 집은 결코 파리해지지 않을 것이다.

(2) 농부가 밭에서 곡식을 거두어 가듯이(5절), 앗수르 군대는 야곱의 영광을 모두 거두어 가버릴 것이다. 곡식은 밭의 영광이다(시 65:13). 그러나 사람이 곡식을 추수하여 가져가 버리면, 밭의 영광은 어디에 있겠는가? 이스라엘 백성은 그들의 죄로 말미암아 멸망의 때가 무르익었기 때문에, 농부가 밭에서 곡식을 거두어 가듯이 그들의 영광은 원수가 와서 신속하고 손쉽게 가져가 버렸다. 하나님의 심판은 곡식이 다 익어 거둘 때가 이르렀을 때에 낫을 휘둘러 거두는 것(계 14:15)에 비유된다. 세심한 농부가 곡식이 풍부하게 생산되는 르바임 골짜기에서 이삭까지 다 거두어 가는 것 같이, 승리를 거둔 적군은 할 수 있는 한 그들이 손에 넣은 것은 무엇이든지 하나도 남김없이 다 가져가고자 할 것이다.

⁶그러나 그 안에 주울 것이 남으리니 감람나무를 흔들 때에 가장 높은 가지 꼭대기에 과일 두세 개가 남음 같겠고 무성한 나무의 가장 먼 가지에 네다섯 개가 남음 같으리라 이스라엘의 하나님 여호와의 말씀이니라 ⁷그 날에 사람이 자기를 지으신 이를 바라보겠으며 그의 눈이 이스라엘의 거룩하신 이를 뵙겠고 ⁸자기 손으로 만든 제단을 바라보지 아니하며 자기 손가락으로 지은 아세라나 태양상을 보지 아니할 것이며

여기에서는 삽입구를 통해서 하나님의 심판의 와중에서도 열 지파의

나라의 전반적인 파멸 가운데서 남은 자들이 긍휼하심을 입어서 그 파멸을 모면하리라는 말씀이 주어진다. 앗수르인들은 한 사람도 그들의 손아귀에서 빠져나가지 못하도록 전력을 기울였지만, 땅의 온유한 자들은 여호와의 분노의 날에 숨김을 받아서 유다 땅으로 물러가 거기 하나님의 궁정에서 자유를 누렸다.

1. 심판을 피하여 살아남게 될 자들은 극소수가 될 것이다(6절). 그 안에 주울 것이 남으리라. 백성 중 대부분은 포로로 끌려갔지만, 여기저기에 한 사람씩 남아 있었다. 이것은 밤에 둘이 한 자리에 누웠는데 한 사람은 데려감을 당하고 한 사람은 버려둠을 당한 것과 같았다(눅 17:34). 이 세상을 극심하게 초토화시키는 그 어떤 심판도 모든 것을 남김없이 쓸어버릴 최후의 심판에 비하면 아무것도 아니다. 아무리 타락한 때에도 일부는 여전히 순수한 채로 남아 있듯이, 아무리 극심한 재앙의 때에도 일부는 안전하게 살아남는다. 그러나 재난을 피하여 살아남을 자들이 극소수라는 것은 거의 대부분이 포로로 끌려가게 될 것임을 보여주는 것이다. 이렇게 남겨진 자들은 주인이 감람나무를 세심하게 흔들어 열매를 따고났을 때에 나무에 남아 있는 얼마 안 되는 열매와 같을 따름이다. 그것은 감람나무를 흔든 주인의 손이 닿지 않는 가장 높은 가지 꼭대기에 과일 두세 개가 남음 같겠는데, 그것이 전부이다. 은혜로 택하심을 따라 남은 자도 마찬가지여서, 넓은 길로 가는 큰 무리에 비해서 극소수가 될 것이다.

2. 그들은 거룩함을 입은 남은 자가 될 것이다(7-8절). 이렇게 살아남은 소수는 심판이 다가오는 것을 보고서 자신의 죄를 회개하고 자신의 삶을 고쳐서 다행히 타다 남은 나무 조각들처럼 불길에서 얼른 꺼내진 자들이거나, 재난을 피하여 다른 나라로 피신하였다가 자신이 처한 곤경 속에서 하나님의 구원의 특별한 긍휼하심을 깨달아서 정신을 차리고 하나님께로 돌아온 자들이다.

(1) 그들은 그들의 창조주를 바라보며, 이러한 환난의 밤에 노래를 주시는 자, 나를 지으신 하나님은 어디 계시냐(욥 35:10-11)고 물을 것이다. 그들은 그들을 둘러싼 긍휼과 환난의 온갖 사건들 속에서 하나님의 손길을 인정하고서 그 손길에 복종할 것이다. 그들은 하나님께 그 이름에 합당한 영광을 돌리고, 하나님의 섭리에 감사할 것이다. 그들은 하나님으로부터 구원을 기대할 것이고, 하나님의 도우심을 의지할 것이다. 그들의 눈은 상전의 손을 바라보는 종들의 눈 같이 하나님을 경외함으로 바라볼 것이다(시 123:2). 우리를 지으신 이(우리의 존

재의 근원이시자 자연의 하나님)이자 이스라엘의 거룩하신 이, 우리와 언약을 맺으신 하나님, 은혜의 하나님이신 하나님을 경외함으로 바라보고 우리의 눈을 항상 하나님을 향하는 것은 우리의 마땅한 도리라는 것을 명심하라. 특히, 우리가 환난 가운데 있을 때에 우리의 눈은 우리의 발을 그물에서 벗어나게 하실 여호와를 향하여야 한다(시 25:15). 우리를 이렇게 만드는 것은 우리를 지으신 이이신 하나님의 섭리의 목적이자 이스라엘의 거룩하신 이이신 하나님의 은혜의 역사(役事)이다.

(2) 그들은 그들 자신의 공상 속에서 만들어낸 우상들을 외면하게 될 것이고, 더 이상 우상들을 섬기거나 찾거나 그것들로부터 구원을 기대하지 않게 될 것이다. 왜냐하면, 하나님께서 홀로 경외함을 받으실 것이기 때문이다. 그들이 그렇게 하지 않는다면, 하나님은 스스로 경외함을 받는다고 여기지 아니하실 것이다. 자기를 지으신 이를 바라보는 자는 자기 손으로 만든 제단들을 바라보지 않고, 그것들을 버려야 하며, 자기 손가락으로 지은 것에 대한 존경심을 조금이라도 가지고 있어서는 안 되고, 그것들이 자기 손으로 만든 아세라나 태양상일지라도 그것들을 산산이 부숴버려야 한다. 이 단어는 태양을 기려서 만든 우상들을 의미하는데, 이것은 가장 오래되고 유력하였던 우상 숭배였다(신 4:19; 욥 31:26). 환난들은 우리와 우리의 죄 사이를 갈라놓고, 저 큰 우상인 이 세상이 헛되다는 것을 확실히 깨닫게 하여 이 세상에 대한 우리의 애정을 식게 해주며 이 세상에 대한 우리의 기대를 낮추어주기 때문에, 우리는 그러한 환난들을 복된 것으로 여겨야 한다.

[9]그 날에 그 견고한 성읍들이 옛적에 이스라엘 자손 앞에서 버린 바 된 수풀 속의 처소와 작은 산꼭대기의 처소 같아서 황폐하리니 [10]이는 네가 네 구원의 하나님을 잊어버리며 네 능력의 반석을 마음에 두지 아니한 까닭이라 그러므로 네가 기뻐하는 나무를 심으며 이방의 나무 가지도 이종하는도다 [11]네가 심는 날에 울타리를 두르고 아침에 네 씨가 잘 발육하도록 하였으나 근심과 심한 슬픔의 날에 농작물이 없어지리라

선지자는 여기서 이스라엘 땅이 앗수르 군대에 의해서 초토화되는 재난을 당하리라고 예언하는 것으로 되돌아간다.

1. 성읍들이 버려지게 되리라는 것. 나라를 보호해야 할 견고한 성읍들은 자기 자신조차도 보호할 수 없게 될 것이다. 그 성읍들은 버려진 가지와 썩어 버려서 나뭇잎들이 다 떨어지고 그 꼭대기에 죽어서 마른 채로 남아 있는 오래된 나무의 꼭대기의 가지 같을 것이다. 주민들이 다 떠나고 승승장구한 적군이 유린하고 약탈하고 나면, 그들의 견고한 성읍들이 그런 모습이 될 것이다(9절). 그 성읍들은 하나님께서 강력한 손길로 이스라엘 자손을 이끄셔서 저 좋은 땅, 그들이 짓지 않은 성읍들을 차지하게 하셨을 때에 그 땅의 옛 주민들인 가나안 사람들이 떠나버린 성읍들 같을 것이다. 그 때에 가나안 사람들이 이스라엘 앞에서 도망쳤듯이, 이제는 이스라엘이 앗수르 사람들 앞에서 도망치게 될 것이다. 이스라엘 백성이 가증스러운 일들을 범하면 그 땅이 그들이 있기 전의 주민을 토함 같이 그들을 토하겠고(레 18:28), 그들이 하나님 편에 서 있는 동안에는 그들 중 한 사람이 천 명을 쫓겠지만, 그들이 하나님을 원수로 만들었을 때에는 한 사람이 꾸짖은즉 그들 중 천 사람이 도망하리라는 하나님의 말씀이 이 일을 통해서 성취되었다. 따라서 율법에 나와 있는 경고의 말씀에 따라서 성읍들이 황폐화될 것이다(레 26:31; 신 28:51).

2. 그 땅이 황폐화되리라는 것(10-11절). 좀 더 살펴보자.

(1) 하나님을 진노케 하여 저 아름다운 땅에 그토록 큰 멸망을 초래한 죄. 그것은 거기에 거하는 자들의 죄악 때문이었다. "그것은 네가 네 구원의 하나님과 하나님이 너를 위하여 베푸신 온갖 큰 구원들을 잊어버리고, 네가 하나님께 의존되어 있다는 것과 하나님께 마땅히 행해야 할 의무들을 잊어버리며, 네 능력의 반석, 즉 스스로 든든한 반석이실 뿐만 아니라 무수히 너의 힘이 되어 주셔서 네가 무너져 오랫동안 일어서지 못하게 될 것을 막아주신 너의 반석을 마음에 두지 아니한 까닭이다." 우리 구원의 하나님은 우리의 능력의 반석이시라는 것을 명심하라. 우리가 저지르는 온갖 죄의 밑바탕에는 우리가 하나님을 잊어버리고 마음에 두지 않는 것이 자리 잡고 있다. 우리가 우리 하나님 여호와를 잊어버린 까닭에 우리의 행실을 굽게 하였고, 그 때문에 우리는 망하게 되었다.

(2) 멸망 그 자체. 이 멸망은 그들이 그들의 땅을 개선하고 더 아름답게 가꾸려고 무진 애를 썼기 때문에 한층 더 뼈저린 것이 될 것이었다.

[1] 씨를 뿌리는 시기에 이 땅을 보았을 때, 이 땅은 동산이나 포도원처럼 온통 아름다웠다. 이 아름다운 땅은 스스로 자라나는 온갖 아름다운 식물과 나무

들로 가득 차 있었다. 아니, 그 땅에 거주하는 자들은 기호(嗜好)가 까다롭고 호기심이 많아서 그 땅에서 자생하는 나무들로는 만족하지 못하고, 모든 이웃 나라들에 사람을 보내서 진귀한 묘목들을 비싼 값을 주고 사들여왔다 ― 자생하는 나무들이 이방의 나무들에 비해서 손색이 없었는데도. 이것은 그들의 교만과 허영, 열방과 같이 되고자 한 그들의 열망(이것은 그들에게 파멸을 가져다 준 잘못이었다)을 보여주는 한 가지 예였다. 밀과 꿀과 기름은 그들의 일상적인 식단이었다(겔 27:17). 그러나 그들은 이러한 것들로 만족하지 못하고, 이국적인 꽃과 식물들을 다른 나라들에서 수입해 와서, 온실을 지어 이 식물들이 잘 자라게 하기 위하여 지극정성을 들였다. 그들은 좋은 흙을 가져와서 유리로 그 흙을 덮어야 했고, 정원사들은 아침 일찍 일어나서 씨가 잘 발육하도록 살펴야 했다. 이렇게 그들이 그러한 꽃과 식물들을 돌보는 데에 들인 정성은 이웃 나라 사람들과는 비교도 할 수 없는 것이었다. 자연을 가꾸는 일을 완전히 무시해서는 안 되겠지만, 그런 일에 지나치게 탐닉해서 적당한 정도를 넘어서서 과도한 시간과 비용과 수고를 들이는 것은 어리석은 일이다. 그런데도 많은 사람들이 그렇게 한다. 하지만 이 본문 속에 나오는 예는 그들이 땅을 일구고 가꾸는 일에 많은 땀을 흘린 것과 그 결과 그 땅으로부터 많은 것을 기대하였다는 것을 일반적으로 서술하고 있는 것인 것 같다. 그들은 그들이 애써 가꾼 식물과 나무들이 잘 자라리라는 것을 의심하지 않았다.

[2] 수확의 시기에 그 땅을 보았을 때, 그 땅은 임자들에게는 말할 것도 없고 지나가는 행인들에게조차 온통 극도로 황폐화된 황무지 같을 것이다. 왜냐하면, 근심과 심한 슬픔의 날에 농작물이 없어질 것이기 때문이다. 수확의 때는 보통 노래하고 기뻐 소리치는 즐거운 때이다(사 16:10). 그러나 주린 자들이 이 수확물을 먹어 치워서(욥 5:5), 그 날은 근심의 날이 될 것이다. 더구나 그 식물들은 최상급의 값비싼 것들이어서 그들의 기대도 컸기 때문에 그 근심은 더욱 클 것이다(10절). 곡식의 수확량이 적고 기후가 불순하였을 때에는 종종 수확의 때는 근심의 날이 되기도 하였었다. 그렇지만 그 경우에도 다음 번 수확기에는 더 나을 것이라는 소망이 있었다. 그러나 이번의 경우는 심한 슬픔의 날이 될 것이다. 왜냐하면, 그들은 원수들이 그 해의 소작을 다 가져가 버리는 것을 봐야 할 뿐만 아니라, 그 땅의 소유자도 변경되어서 정복자들이 그 땅의 주인이 될 것이기 때문이다. 난외주에서는 이 본문을 물려받을 날에(즉, 네가 그

것을 물려받고자 할 때에) 농작물이 원수의 땅이나 진영으로 옮겨지겠고(신 28:33), 극심한 슬픔이 있으리라로 읽는다. 이런 이유로 우리는 우리의 보화를 이 땅에 쌓아두지 말고 저 좋은 곳 하늘에 쌓아두어야 한다. 이 땅에 쌓아둔 보화는 곧 약탈당할 수 있지만, 하늘에 쌓아둔 보화는 우리가 결코 빼앗기지 않을 것이기 때문이다.

[12]슬프다 많은 민족이 소동하였으되 바다 파도가 치는 소리 같이 그들이 소동하였고 열방이 충돌하였으되 큰 물이 몰려옴 같이 그들도 충돌하였도다 [13]열방이 충돌하기를 많은 물이 몰려옴과 같이 하나 주께서 그들을 꾸짖으시리니 그들이 멀리 도망함이 산에서 겨가 바람 앞에 흩어짐 같겠고 폭풍 앞에 떠도는 티끌 같을 것이라 [14]보라 저녁에 두려움을 당하고 아침이 오기 전에 그들이 없어졌나니 이는 우리를 노략한 자들의 몫이요 우리를 강탈한 자들의 보응이니라

이 단락은 하나님의 백성에게 속한 것들을 약탈하고 빼앗아간 자들이 맞게 될 파국에 대하여 말한다. 앗수르 사람들과 이스라엘 사람들이 유다를 침략하여 약탈하고, 앗수르 군대가 하나님의 백성을 포로로 잡아가고 이 땅을 황폐화시킨다면, 그들은 파멸이 그들의 운명이자 분깃이 되리라는 것을 알아야 한다.

1. 그들은 하나님의 백성을 짓밟는 것을 기뻐하며 의기양양해하였다. 그들은 그들의 수를 의지하였다. 앗수르 군대는 여러 나라 군대들로 구성되어 있어서 많은 민족의 허다한 무리로 표현된다(12절). 이러한 수를 믿고서 그들은 소기의 목적을 이룰 수 있을 것이라고 희망에 부풀어 있었다. 그들은 파도치는 소리처럼 아주 소란하였다. 그들은 하나님의 백성에게 겁을 주어서 저항하지 못하게 하고 그 동맹국들이 구원군을 보낼 엄두를 내지 못하게 하기 위하여 큰 소리로 말하며 허풍을 떨고 위세를 부리며 위협하였다. 산헤립과 랍사게는 말과 글로써 요란을 떨어서 히스기야와 그 백성에게 공포를 심어주고자 하였다. 그들을 뒤따른 열방들은 자기 앞을 가로막는 모든 것을 다 무너뜨리고 휩쓸어 가 버리는 큰 물이 몰려옴 같이 몰려왔다. 큰 물이 그 소리를 높였으니 큰 물이 그 물결을 높이나이다. 이방 나라들이 분노할 때에 그들은 이렇게 소란하다(시 2:1; 93:3).

2. 그들은 하나님의 심판에 의해서 짓밟히게 될 것이다. 그들은 소란을 일으킴으로써 소기의 목적을 이룰 수 있을 것이라고 생각하였다. 그러나 그들에게 장차 닥칠 것은 재앙이 될 것이다(12절). 왜냐하면, 하나님께서 그들을 꾸짖으실 것이기 때문이다. 그들은 하나님을 생각하거나 공경하거나 두려워하지 않았으므로, 하나님은 그들을 꾸짖으실 것이다. 하나님은 그들을 보이지 않는 손길을 통해 억제하실 것이다. 그러면 그들은 멀리 도망할 것이다. 산혜립과 랍사게와 패잔병들은 기겁을 하고 도망칠 것이고 스스로 겁을 집어먹고서 줄행랑칠 것인데, 이것은 산에서 겨가 바람 앞에 흩어짐 같겠고 폭풍 앞에 떠도는 티끌 같을 것이다. 그들은 스스로 바람 앞에 겨와 같이 될 것이고(시 35:5), 그들 중 많은 수를 죽였던 바로 그 천사, 여호와의 천사가 패잔병들을 추격할 것이다. 하나님은 그들을 굴러가는 검불이나 바퀴 같게 하신 후에, 주의 광풍으로 그들을 쫓으시며 폭풍으로 그들을 두렵게 하실 것이다(시 83:13, 15). 하나님은 교회의 원수들의 사기가 하늘을 찌르고 용기백배할 때에 그 원수들의 사기를 꺾어놓으실 수 있으시고, 그들이 아무리 똘똘 뭉쳐 있는 듯이 보일지라도 그들을 뿔뿔이 흩어놓으실 수 있으시다는 것을 명심하라. 이런 일이 졸지에 일어나게 될 것이다(14절). 저녁에 그들이 몹시 말썽을 부리며 하나님의 백성을 위협한다고 할지라도, 아침이 오기 전에 없어질 것이다. 잠자는 시간에 하나님께서는 그들을 깊은 잠에 빠지게 하실 것이다(시 26:5-6). 여호와의 천사가 앗수르 군대를 패주시킨 때는 밤이었다. 하나님은 교회의 원수들이 아무리 가공할 만한 힘을 가지고 있는 듯이 보일지라도 그들의 힘을 한순간에 부수실 수 있으시다. 이것은 모든 세대에 있어서 하나님의 백성이 스스로 그들의 원수에게 도저히 적수가 되지 못한다고 생각할 때에 그들의 힘을 북돋워주기 위해 기록된 것이다. 이는 우리를 노략한 자들의 몫이다. 즉, 그들 자신이 노략을 당하게 될 것이다. 하나님은 그의 교회를 신원하실 것이고, 그것을 방해하는 자들은 그 자신이 다치게 될 것이다.

제
— **18** —
장

개요

여기에서 말하는 "날개 치는 소리 나는 땅"이 어느 나라를 가리키든, 이 장에서는 그 나라에 대하여 재앙이 선포된다. 왜냐하면, 하나님은 자기 백성을 인하여 그 나라와 다투실 것이기 때문이다. I. 그들은 하나님의 백성을 위협한다(1-2절). II. 이 일에 있어서 그 결과가 어떻게 될지를 보라고 모든 이웃 나라들이 호출된다(3절). III. 하나님은 한동안 자기 백성의 고통에 별 관심이 없는 듯 보이지만 마침내 그 모습을 나타내셔서 그들의 원수들을 치시고 끊어내실 것이다(4-6절). IV. 이 일은 하나님의 영광을 드러내는 데에 큰 기여를 하게 될 것이다(7절).

[1]슬프다 구스의 강 건너편 날개 치는 소리 나는 땅이여 [2]갈대 배를 물에 띄우고 그 사자를 수로로 보내며 이르기를 민첩한 사절들아 너희는 강들이 흘러 나누인 나라로 가되 장대하고 준수한 백성 곧 시초부터 두려움이 되며 강성하여 대적을 밟는 백성에게로 가라 하는도다 [3]세상의 모든 거민, 지상에 사는 너희여 산들 위에 기치를 세우거든 너희는 보고 나팔을 불거든 너희는 들을지니라 [4]여호와께서 내게 이르시되 내가 나의 처소에서 조용히 감찰함이 쬐이는 일광 같고 가을 더위에 운무 같도다 [5]추수하기 전에 꽃이 떨어지고 포도가 맺혀 익어갈 때에 내가 낫으로 그 연한 가지를 베며 퍼진 가지를 쪄어 버려서 [6]산의 독수리들과 땅의 들짐승들에게 던져 주리니 산의 독수리들이 그것으로 여름을 지내며 땅의 들짐승들이 다 그것으로 겨울을 지내리라 하셨음이라 [7]그 때에 강들이 흘러 나누인 나라의 장대하고 준수한 백성 곧 시초부터 두려움이 되며 강성하여 대적을 밟는 백성이 만군의 여호와께 드릴 예물을 가지고 만군의 여호와의 이름을 두신 곳 시온 산에 이르리라

해석자들은 구스의 강 건너편에 있는 이 땅이 어느 나라를 가리키는지를 정하지 못해 몹시 당혹해한다. 어떤 이들은 그 땅이 애굽을 가리킨다고 해석한다. 애굽은 바다에 인접한 국가로서 강들이 많았다. 이스라엘은 어려울

때에 애굽을 의지하고자 했지만, 애굽은 결국 부러진 갈대임이 증명되었다. 그러나 이러한 해석에 대하여 다음 장이 애굽에 관한 경고라는 표제를 통해서 이 장과 구별되어 있다는 강력한 반론이 제기되고 있다. 어떤 이들은 그 땅이 구스(즉, 에디오피아)를 가리킨다고 해석하고, 본문을 구스의 강들 가까이에 있는 으로 읽는다. 즉, 그 나라는 애굽의 남쪽에 있었던 아프리카에 속한 나라가 아니라 가나안의 동쪽에 있던 나라, 우리가 아라비아로 부르는 나라라는 것이다. 당시에 그 나라의 왕은 디르하가였다. 디르하가는 앗수르 왕이 예루살렘을 공격하고 있을 때에 자기가 앗수르를 침공함으로써 앗수르 왕의 주의(注意)를 돌려놓음으로써 유대인들을 보호해 줄 수 있다고 생각하였다(왕하 19:9). 디르하가는 사자들을 보내서 앗수르 왕에게 도전함과 아울러서 유대인들에게 자기를 의지하라고 격려하였지만, 하나님은 선지자를 통해서 그의 말을 반박하시면서 그와 함께 하지 않으실 것이라고 말씀하신다. 디르하가는 자기가 구상한 조치를 취하겠지만, 하나님은 디르하가의 시도를 잘못되게 하시고 그의 군대가 패주하게 하심과 동시에 또 다른 조치를 취하여 예루살렘을 보호하실 것이다. 왜냐하면, 앗수르 군대는 구스 왕 디르하가의 손이 아니라 천사의 손에 의해서 만군의 여호와와 그의 이름을 두신 곳에 드려질 예물 또는 제물이 될 것이었기 때문이다(7절). 이것은 이 장에 대한 매우 유력한 해석이다. 그러나 나는 라이트푸트(Lightfoot) 박사가 「구약의 조화」(*Harmony of the Old Testament*)에서 말한 것을 토대로 이 장을 앗수르를 치는 예언, 그러니까 앞 장의 마지막 세 절 (12-14절)에 나오는 예언의 연속으로 이해하고자 한다. 이렇게 이해하면, 이 장은 앞 장과 연결되어 있다고 보아야 한다. 앞 장은 유다를 침공한 앗수르 군대를 치는 예언이었다면, 이 장은 아라비아의 강들, 즉 아라비아 사막과 인접한 유프라테스 강과 티그리스 강 너머에 있던 앗수르 땅 자체를 치는 예언이다. 선지자가 그 나라를 날개 치는 소리 나는 땅이라 부르는 것으로 보아서 그 나라는 그가 앞서 이미 언급했던 나라인 것으로 보인다(사 8:8). 임마누엘이여, 그가 펴는 날개가 네 땅에 가득하리라. 사도 바울이 그의 예언 속에서 로마 제국을 우회적으로 표현하고 있는 것(살후 2:7, 그것을 막는 자)과 동일한 이유로 선지자는 앗수르의 이름을 직접 언급하지 않고 이러한 암울한 표현을 통해서 표현하고 있는 것 같다. 여기에는 다음과 같은 내용들이 나온다.

I. **이 나라**(어느 나라이든지 간에)**가 흩어지고 껍질이 벗겨진 나라**(개역에

서는 강들이 흘러 나누인 나라)에 대하여 행하고자 하는 것(2절).   민첩한 사자
들은 하나님의 섭리에 의해서 말발굽에 짓밟히도록 정해져서 분할되어 있는 나
라에 대하여 선전포고를 하기 위하여 수로를 통해 보내진다. 이 본문이 구스가
앗수르와 싸우기 위한 것을 가리키든 앗수르가 유다와 싸우기 위한 것을 가리
키든, 그것은 우리에게 다음과 같은 것들을 가르친다.

1. 처음에는 강성하여 그 이름을 날리고 주변 나라들을 휘어잡았던 백성도
흩어져서 그 껍질이 벗겨지고, 농부와 상인을 부유하게 해주어야 마땅한 그들
땅의 강들에 의해서 유린당하여 망할 수 있다는 것. 무시무시한 세력을 지니고
있어서 주변의 모든 나라들에게 두려움을 주었던 나라들도 일련의 사소한 사
건들을 통해서 그 세력이 크게 약화되어 보잘것없어져서 그들이 전에 모욕하
였던 이웃 나라들에 의해서 쉽게 먹히게 될 수 있다.

2. 자신의 영토를 넓히고자 하는 야심을 지닌 왕들과 국가들은 항상 이런저
런 핑계를 대고서 그들이 눈독을 들이고 있는 땅의 지배자들에게 싸움을 걸리
라는 것. "그 나라는 지금까지 두려운 나라였다. 그러므로 우리는 그 나라에
대하여 복수를 하여야 한다. 그 나라는 지금 흩어지고 껍질이 벗겨졌으며 분할
되고 짓밟힌 나라이다. 그러므로 그 나라는 우리의 손쉬운 먹잇감이 될 것이
다." 아마도 그 나라는 그들이 말한 정도만큼 그렇게 비참해져 있지는 않았을
것이다. 하나님의 백성은 흩어지고 껍질이 벗겨진 나라로서 짓밟힌다. 그러나
그들을 삼키고자 하는 자들은 누구나 그들이 처음과 마찬가지로 지금도 여전
히 두려운 존재들이라는 것을 발견하게 된다. 그들은 넘어질 수 있지만 버림을
당하거나 멸망을 당하지는 않는다.

**Ⅱ. 하나님이 장차 무슨 일을 하실지를 보라고 주변의 나라들에게 경보를 울
림**(3절).   구스 사람들 또는 앗수르 사람들은 마음속에 깊이 숨겨둔 모략과 계
획을 가지고 있고, 그 계획을 실행에 옮기기 위하여 많은 기대를 가지고서 사
자들을 이곳저곳으로 보낸다. 그러나 우리는 크신 하나님께서 이 모든 것에 대
하여 무엇이라 말씀하시는지를 물어야 한다.

1. 하나님은 산들 위에 기치를 세우시고 나팔을 부신다. 이것을 통해서 하나님
은 교회의 원수들에 대하여 선전포고를 하시고, 교회가 잘 되기를 바라는 모든
친구들을 불러 교회를 돕게 하신다(3절). 하나님은 **만군의 여호와**로서 곧 큰 일
을 행하실 것임을 알리신다.

2. 하나님은 온 세상 사람들에게 이 일을 보라고 명하신다. 이 땅에 거주하는 모든 자들은 그 기치를 보고 그 나팔소리를 들어야 하며, 하나님의 섭리가 어떻게 움직이는지, 하나님의 뜻이 어느 방향을 향하는지를 눈여겨보아야 한다. 모든 사람들은 하나님의 기치 아래 모여서 하나님 편에 서고, 분명한 소리를 내는 하나님의 말씀의 나팔소리에 귀를 기울여야 한다.

III. 하나님께서 잠시 무관심한 방관자로 곁에 앉아 있는 것처럼 보였을지라도 때가 되면 반드시 나타나서 자기 백성을 위로하시고 원수들로 하여금 낭패를 당하게 하시리라는 약속을 그의 선지자에게 주시고, 선지자를 통하여 자기 백성에게 주심(4절).   여호와께서 내게 이르셨다. 사람들은 각자 할 말이 있겠지만, 하나님도 하실 말씀이 있으시다. 우리는 하나님의 말씀이 반드시 서리라는 것을 확신할 수 있는데, 하나님은 자주 그의 종인 선지자들의 귀에 말씀을 속삭이신다. 하나님께서 내가 쉬면서라고 말씀하시는 것은 하나님이 이 세상을 다스리느라 지치셨다거나 그런 일을 잠시 멈추고 물러나 쉴 필요가 있거나 쉬고자 하신다는 것을 나타내는 것이 아니고, 크신 하나님께서 이 세상의 온갖 소란하고 변화무쌍한 일들 와중에서도 전혀 흐트러짐이 없이 완전한 평정을 누리고 계신다는 것을 나타내는 것이다(여호와께서는 큰 물 위에도 요동치 않으시고 앉아 계시고, 영원하신 정신[Eternal Mind]이신 하나님은 항상 편안하시다). 하나님은 종종 자기 백성이 보기에 이 아랫 세상에서 일어나는 일을 모르시는 것처럼 보일지라도(그들은 하나님이 주무시는 자나 놀란 자 같다고 생각하기 쉽다, 시 44:23; 렘 14:9) 사람들이 무엇을 행하고 있는지, 하나님 자신이 무엇을 행하고자 하시는지를 아주 잘 아신다.

1. 하나님은 자기 백성을 돌보시고 그들에게 피난처가 되어 주실 것이다. 하나님은 그의 처소를 주시하신다. 하나님의 눈과 마음은 그의 처소를 계속해서 잘 되게 하는 것에 두어져 있다. 시온은 하나님이 거하시는 곳, 하나님이 영원히 쉴 곳이다. 하나님은 그 곳을 보살피실 것이다(어떤 이들은 이렇게 읽는다). 하나님은 그의 얼굴을 드셔서 그 빛을 그 곳에 비추실 것이고, 그 곳에 무슨 일을 행하실지를 숙고하실 것이며, 그 곳을 잘 되게 하는 일이라면 무엇이든 다 반드시 하실 것이다. 하나님은 자기 백성이 위급한 상황에 처할 때마다 그들에게 새로운 힘과 위로를 주실 것이다. 그러한 것들은 때를 따라 적절하게 베풀어질 것이기 때문에 만족스러운 것들이 될 것이다. (1) 그것은 새로운 힘

과 활기를 주고 식물들을 잘 자라게 만드는 비온 후의 청명한 일광 같을 것이다(난외주에서는 이렇게 읽는다). (2) 그것은 가을 더위에 이슬과 운무, 즉 땅에는 이슬, 일꾼들에게는 구름 같아서 너무도 반가운 일일 것이다. 하나님 안에는 변화무쌍한 기후 속에서 자기 백성에게 피난처와 새 힘이 되어 주고 상황이 아무리 불리하게 변해도 그 모든 상황들로부터 그들을 지켜줄 것이 존재한다는 것을 명심하라. 날씨가 추운가? 하나님의 은총 속에는 그들을 따뜻하게 해줄 것이 존재한다. 날씨가 더운가? 하나님의 은총 속에는 그들을 시원하게 해줄 것이 존재한다. 큰 자들은 겨울 별장과 여름 별장을 소유하고 있다(암 3:15). 그러나 하나님과 친한 자들은 하나님 안에서 이 둘을 다 가지고 있다.

2. 하나님은 그와 그들의 원수들에게 책임을 물으실 것이다(5-6절). 앗수르 군대가 예루살렘을 점령해서 그 부유한 도성을 약탈하여 큰 수확을 거두리라는 기대로 부풀어 있을 때, 그러한 계획의 꽃망울이 다 무르익어 꽃이 떨어져서 수확을 거두어들이기 직전일 때, 히스기야와 그 백성에 대한 그들의 적대감이라는 신 포도가 무르익어서 그 신포도를 막 따려고 할 때, 하나님은 포도가 시어서 아무짝에도 쓸모가 없고 다른 방법으로 고칠 수 없을 때에 농부가 전지(剪枝) 용 가위로 포도나무 가지들을 잘라버리고 그 연한 가지를 베며 퍼진 가지를 찍어 버리듯이 앗수르 군대를 손쉽게 멸하실 것이다. 이것은 멸망의 천사가 앗수르 군대를 쳐서 군사들의 죽은 시체가 마치 농부가 베어내 버린 들포도나무의 가지들처럼 널브러져 있는 모습을 가리키는 것으로 보인다. 그들을 산의 독수리들과 땅의 들짐승들에게 던져 주리니, 산의 독수리들이 그것으로 여름을 지내며 땅의 들짐승들이 다 그것으로 겨울을 지내리라. 왜냐하면, 하나님의 백성은 연중 내내 추위와 더위로부터 보호를 받는 것과 마찬가지로(4절), 그들의 원수들은 연중 내내 추위와 더위에 노출될 것이기 때문이다. 그들이 완전히 멸망할 때까지 산의 맹금류들과 들의 맹수들은 그들의 시체를 먹고 여름과 겨울을 날 것이다.

IV. 이 모든 일을 인하여 하나님께 드려지게 될 찬송의 예물(7절). 이 일이 다 이루어질 그 때에 만군의 여호와께 예물이 드려질 것이다.

1. 어떤 이들은 이 본문을 구스 사람들이 말일에 회심하여 그리스도를 믿게 될 것에 대하여 말하는 것으로 이해하는데, 우리는 빌립이 에디오피아 내시에게 세례를 준 사건 속에서 이 일의 시초와 사례를 본다(행 8:27 이하). 흩어지고

껍질이 벗겨지며 분할되고 짓밟힌 백성(2절)이었던 자들이 여호와께 예물이 될 것이다. 그들은 아무짝에도 소용 없는 무가치한 자들로 보이겠지만 하나님께서 열납하시는 예물이 될 것이다. 하나님은 사람들을 그들의 외적인 조건이나 겉보기에 화려한 외관에 따라서가 아니라 그들의 믿음과 사랑이 진실한지에 따라서 판단하시기 때문이다. 이방인들을 제물로 드리는 것이 받으실 만하게 하려고 복음이 이방인들에게 전해진 것이었다(롬 15:16). 성경에는 구스인이 하나님을 향하여 그 손을 신속히 들리라고 예언되어 있다(시 68:31).

2. 어떤 이들은 이 본문을 산헤립의 군대로부터 탈취한 물건들이 관행을 따라 만군의 여호와께 예물로 드려지게 될 것을 말하는 것으로 이해한다(민 31:50). 그것은 흩어지고 껍질이 벗겨진 백성이 드리는 예물이었다.

(1) 이 예물은 앗수르 사람들로부터 탈취한 것이었다. 그들은 유다의 처지를 경멸하며 비웃었지만 이제는 그들 자신이 그런 처지로 전락하였다(1절). 남들을 부당하게 짓밟는 자들은 스스로 짓밟힘을 당해도 마땅하다.

(2) 이 예물은 이전에 흩어지고 껍질이 벗겨진 백성이라고 경멸적으로 불렸던 하나님의 백성에 의해서 드려졌다. 사람들은 하나님의 백성을 멸시한다고 해도, 하나님은 자기 백성에게 존귀함을 더하실 것이다.

끝으로, 만군의 여호와께 드려지는 예물은 만군의 여호와의 이름을 두신 곳에서 드려져야 한다. 하나님께 드려지는 것은 하나님이 정하신 대로 드려져야 한다. 우리는 반드시 하나님께서 자기 이름을 기록해 두신 곳에서 하나님께 나아가야 하고, 그럴 때에 하나님께서 우리를 만나주실 것을 기대할 수 있다.

제 19 장

개요

앗수르가 하나님께서 유다를 치기 위한 막대기(또는, 회초리)였다면, 애굽은 의지했다가는 낭패를 당할 것이 뻔한 상한 갈대(또는, 부러진 갈대)였다. 그러므로 하나님은 이 둘 모두와 다투셨다. 우리는 앞에서 앗수르의 파국에 대하여 읽었다. 이제 여기에서 우리는 애굽에 관한 경고, 애굽이라는 나라에 관한 예언을 본다. I. 하나님께서 애굽에 내릴 여러 가지 심판들로 인해서 강성했던 애굽은 크게 약화되고 보잘것없어져서 열방들 가운데서 멸시를 받는 존재가 되리라는 것(1-17절). II. 마침내 하나님에 대한 거룩한 신앙이 애굽으로 들어가서 거기에서 자리를 잡게 되리라는 것. 이 일은 부분적으로는 피신하기 위해 거기로 도망친 유대인들에 의해서 이루어질 것이지만, 그리스도의 복음을 전하는 자들이 메시야의 허락 하에서 애굽에 교회들을 세움으로써 좀 더 온전히 이루어질 것이다(18-25절). 이 일은 여기에서 경고되고 있는 온갖 재난들을 충분히 상쇄시키고도 남음이 있는 일이 될 것이다.

¹애굽에 관한 경고라 보라 여호와께서 빠른 구름을 타고 애굽에 임하시리니 애굽의 우상들이 그 앞에서 떨겠고 애굽인의 마음이 그 속에서 녹으리로다 ²내가 애굽인을 격동하여 애굽인을 치리니 그들이 각기 형제를 치며 각기 이웃을 칠 것이요 성읍이 성읍을 치며 나라가 나라를 칠 것이며 ³애굽인의 정신이 그 속에서 쇠약할 것이요 그의 계획을 내가 깨뜨리리니 그들이 우상과 마술사와 신접한 자와 요술객에게 물으리로다 ⁴그가 애굽인을 잔인한 주인의 손에 붙이리니 포학한 왕이 그들을 다스리리라 주 만군의 여호와의 말씀이니라 ⁵바닷물이 없어지겠고 강이 잦아서 마르겠고 ⁶강들에서는 악취가 나겠고 애굽의 강물은 줄어들고 마르므로 갈대와 부들이 시들겠으며 ⁷나일 가까운 곳 나일 언덕의 초장과 나일 강 가까운 곡식 밭이 다 말라서 날려가 없어질 것이며 ⁸어부들은 탄식하며 나일 강에 낚시를 던지는 자마다 슬퍼하며 물 위에 그물을 치는 자는 피곤할 것이며 ⁹세마포를 만드는 자와 베 짜는 자들이 수치를 당할 것이며 ¹⁰그의 기둥이 부서지고 품꾼들이 다 마음에 근심하리라 ¹¹소안

의 방백은 어리석었고 바로의 가장 지혜로운 모사의 책략은 우둔하여졌으니 너희가 어떻게 바로에게 이르기를 나는 지혜로운 자들의 자손이라 나는 옛 왕들의 후예라 할 수 있으랴 12너의 지혜로운 자가 어디 있느냐 그들이 만군의 여호와께서 애굽에 대하여 정하신 뜻을 알 것이요 곧 네게 말할 것이니라 13소안의 방백들은 어리석었고 놉의 방백들은 미혹되었도다 그들은 애굽 종족들의 모룽잇돌이거늘 애굽을 그릇 가게 하였도다 14여호와께서 그 가운데 어지러운 마음을 섞으셨으므로 그들이 애굽을 매사에 잘못 가게 함이 취한 자가 토하면서 비틀거림 같게 하였으니 15애굽에서 머리나 꼬리며 종려나무 가지나 갈대가 아무 할 일이 없으리라 16그 날에 애굽이 부녀와 같을 것이라 그들이 만군의 여호와께서 흔드시는 손이 그들 위에 흔들림으로 말미암아 떨며 두려워할 것이며 17유다의 땅은 애굽의 두려움이 되리니 이는 만군의 여호와께서 애굽에 대하여 정하신 계획으로 말미암음이라 그 소문을 듣는 자마다 떨리라

애굽 땅은 옛적에 하나님의 백성이 종살이 하던 집이었고 애굽 사람들은 가혹하게 하나님의 백성을 학대하였었지만, 믿지 않는 유대인들 가운데는 우리가 한 지휘관을 세우고 애굽으로 돌아가자라고 말했던 조상들의 분위기가 여전히 많이 남아 있었다. 그들은 일이 있을 때마다 애굽을 의지하여 거기에 도움을 청하였고(사 30:2), 그들의 땅에서 궁지에 몰리면 하나님의 분명한 명령에 불순종하여 애굽으로 도망치기 바빴다(렘 43:7). 랍사게는 유대인들의 이러한 행태를 들어 히스기야를 힐난하였다(사 36:6). 그들이 애굽과의 동맹을 유지하면서 애굽이 강력한 동맹국으로 있는 동안에는 하나님의 심판을 두려워하지 않았다. 왜냐하면, 그들은 하나님께서 그들을 심판하신다고 하여도 애굽이 그들을 보호해 줄 것이라고 믿었기 때문이다. 또한, 그들이 곤경에 처해 있을 때에도 그들은 결코 하나님의 권능을 의지하지 않았다. 왜냐하면, 애굽이 그들의 의지처였기 때문이다. 이 모든 잘못된 것을 바로잡기 위해서는 애굽을 눌러주는 것이 꼭 필요하였다. 그래서 하나님은 여기에서 그가 애굽을 눌러 주리라고 여러 가지로 말씀하신다.

I. 애굽의 신들의 진면목, 곧 그 신들이 애굽 사람들을 전혀 도울 수 없다는 것이 드러나게 될 것이다(1절). "여호와께서 빠른 구름을 타고 애굽에 임하시리라. 재판관이 행악자들을 심문하여 단죄하기 위해서 당당한 모습으로 법정에

나오듯이, 또는 장군이 반도(叛徒)들을 쳐부수기 위하여 자신의 부대를 이끌고 전장(戰場)에 나가듯이, 하나님께서 심판하시기 위하여 애굽에 임하실 것이다. 하나님은 임하실 때에 반드시 이기셔서 그 뜻을 이루실 것이다." 여기에 나오는 애굽에 대한 경고의 말씀 속에는 외적이 애굽을 침략하리라는 언급이 전혀 없다. 하나님께서 친히 임하셔서 그들을 치실 것이고, 그들이 스스로 자중지란을 일으켜서 자멸하게 하실 것이다. 하나님은 구름을 타고 임하실 것이기 때문에 그들이 대적하거나 저항할 수 없다. 하나님은 빠른 구름을 타고 신속하게 임하실 것이다. 왜냐하면, 때가 이르렀을 때에 그들에 대한 심판은 지체되지 않을 것이기 때문이다. 하나님은 이 땅의 왕들이 보여주는 가장 웅장하고 휘황찬란한 행차보다 훨씬 더 뛰어난 위엄으로 바람 날개를 타고 다니신다. 하나님은 구름으로 자기 수레를 삼으신다(시 18:9; 104:3). 하나님께서 임하실 때, 애굽의 우상들이 그 앞에서 떨겠고, 다곤이 법궤 앞에서 그랬듯이 쓰러질 것이다. 애굽 사람들이 섬겼던 우상들인 이시스(Isis), 오시리스(Osiris), 아피스(Apis)가 그 숭배자들을 구해줄 수 없다는 것이 드러나서, 그들이 그 우상들을 부정하고 배척할 것이다. 우상 숭배는 다른 어느 나라에서보다도 애굽에서 깊이 뿌리를 내리고 있었고, 그것은 너무도 터무니없는 우상 숭배였다. 그렇지만 이제 그 우상들이 하나님 앞에서 떨겠고, 애굽 사람들은 그 우상들을 부끄러워할 것이다. 여호와께서 이스라엘을 애굽에서 나오게 하실 때에 애굽인들의 신들에게도 벌을 주셨다(민 33:4). 그러므로 여호와께서 임하실 때에 애굽의 신들이 떨기 시작하리라는 말씀은 전혀 이상할 것이 없다. 애굽 사람들은 위기에 처할 때에 우상과 마술사와 신접한 자와 요술객에게 물을 것이지만(3절), 그래보았자 아무 소용이 없을 것이다. 그들은 그들의 파멸이 그들에게 신속히 다가오는 것을 볼 것이다.

II. 용맹스러운 것으로 이름을 날렸던 애굽 군대는 완전히 사기를 잃고 낙담하게 될 것이다. 유사 이래로 이 세상에서 애굽 사람들보다 상비군을 유지하는 더 좋은 방법을 갖고 있었던 나라는 없었다. 그러나 이제 용맹함으로 이름을 떨쳤던 그들의 영웅들은 겁쟁이들로 낙인찍히게 될 것이다. 애굽인의 마음이 불 앞에서의 밀랍처럼 그 속에서 녹으리로다(1절). 애굽인의 정신이 쇠약할 것이다(3절). 그들은 그들의 조국, 그들의 자유와 재산을 지키기 위하여 일어날 마음이나 결연한 의지를 갖지 못하고, 도리어 침략자와 압제자에게 모두 순순히 비굴하게 항복하게 될 것이다. 애굽 사람들은 부녀와 같을 것이다(16절). 그들은 전쟁 소식을 듣기만 해도 겁을 집어먹고 혼란에 빠질 것이다. 나라의 심장부에 거주하여서 위험으로부터 아주 멀리 떨어져 있는 자들조차도 변방에 있는 자들만큼이나 잔뜩 겁을 집어먹게 될 것이다. 담대하고 용감한 자들은 자만하거나 방심하지 말아야 한다. 왜냐하면, 하나님은 쉽게 고관들의 기를 꺾으시고(시 76:12) 우두머리들의 총명을 빼앗으실(욥 12:24) 수 있으시기 때문이다.

Ⅲ. 애굽 사람들은 스스로 끊임없는 알력과 분쟁에 휘말리게 될 것이다. 그들을 멸망시키기 위해서 그들에게 외적을 보낼 필요도 없게 될 것이다. 그들은 서로를 죽일 것이다(2절). 내가 애굽인을 격동하여 애굽인을 치리라. 이러한 분열과 증오가 그들의 죄들이지만, 그 죄들은 하나님으로부터 나온 것이 아니라 애굽 사람들의 욕심과 정욕에서 나온 것이다. 재판장이신 하나님께서는 그들을 벌하시기 위하여 그러한 죄들을 허용하셨고, 그들이 분열되어 서로를 죽이는 것을 허용하심으로써 그들이 일치하여 죄악을 범하는 것을 바로잡고자 하셨다. 그들은 마땅히 제 몸처럼 사랑하고 서로를 도우며 자기 자리에서 공동의 선을 위하여 행하여야 함에도 불구하고 각기 형제를 치며 각기 이웃을 칠 것이요 성읍이 성읍을 치며 나라가 나라를 치리라. 당시에 애굽은 12개의 속주 또는 왕조들로 나뉘어 있었다. 그런데 그 중의 한 속주를 다스리고 있던 프사메티쿠스(Psammetichus)가 여러 왕조들을 서로 반목하게 만들어서 마침내 스스로 그들 모두의 지배자가 되었다. 이렇게 스스로 분열하는 나라는 곧 황폐화될 수밖에 없다. 스스로 불화하는 백성에게는 비참함이 임한다. 여호와께서 여러 가지 성분이 뒤섞인 독한 술 같이 어지러운 마음, 반목하는 마음을 애굽인들 가운데 섞으심으로써 이런 일이 일어나게 될 것이다(14절). 한 분파는 어떤 일에 대하여 다른 분파가 반대한다는 이유만으로 그 일에 찬성할 것이다. 바로 이것이 어지러운 마음, 뒤틀린 마음이다. 이것이 공적인 일들에 섞이게 되면 공공의 이익을 직접적으로 망쳐 놓고 만다.

Ⅳ. 그들의 정치는 모두 엉망이 되어서 어리석은 짓으로 변할 것이다. 하나님은 어떤 나라를 멸망시키고자 하실 때에 정치인들에게서 지혜를 빼앗으시거나(욥 12:20) 서로 반목하게 하시거나(후새와 아히도벨처럼) 틀림없이 이루어질 것으로 생각되었던 그들의 방책들을 섭리를 통해서 망쳐지게 하심으로써 그 나라의 계획을 깨뜨리신다(3절). 따라서 소안의 방백들은 어리석은 자들이다.

그들은 서로를 어리석은 자로 만들고, 각자는 자신의 어리석음을 드러내며, 하나님은 섭리를 통해서 그들 모두를 어리석은 자로 만드신다(11절). 바로(파라오)에게는 지혜로운 모사들이 있었다. 애굽은 모사들로 유명하였다. 그러나 그들의 책략은 모두 우둔하여졌다. 그들은 모두 예지력을 상실하였다. 그들은 백치가 되어 버렸고 상식조차 잃어버렸다고 사람들이 생각할 지경이 되었다. 그러므로 아무도 자신의 지혜를 자랑하거나 의지하지 말아야 하고, 자기 주변 사람들의 지혜를 의지하지 말아야 한다. 왜냐하면, 총명을 주시는 하나님께서는 언제든지 그 총명을 빼앗아 가실 수 있으시기 때문이다. 바로의 모사들은 여기에 나와 있는 대로 그들의 방책을 자랑한 것, 그들이 공직을 맡기에 적합한 자라는 것을 나타내기 위하여 그들의 큰 총명을 자랑하거나(어떤 자는 "나는 지혜로운 자들 자손, 지혜의 하나님의 자손이니, 내 아버지는 당대에 지혜로 유명했던 모사였다"고 말한다), 그들의 가문이 전통 있고 존귀한 가문이라는 것을 자랑한 것(어떤 자는 "나는 옛 왕들의 후예이다"라고 말한다)을 빼앗기게 될 것이다. 애굽의 귀족들은 무려 만 년이 넘게 이어져 내려왔다는 것을 보여주는 터무니없는 족보를 들이대며 자신의 가문이 아주 오래되었다는 것을 자랑하였다. 헤로도투스(Herodotus)가 보여주듯이, 당시에 이러한 분위기는 애굽 사람들 가운데 팽배해 있었는데, 그들의 공통된 자랑은 애굽이라는 나라가 그 어느 나라보다도 수천 년 앞서 세워졌다는 것이었다. "그러나 너의 지혜로운 자가 어디 있느냐(12절). 이제 그들로 하여금 그들의 나라에 어떤 파멸이 다가오고 있는지를 예견하고서 할 수 있는 한 그 파멸을 미리 막음으로써 그들의 지혜를 보이도록 하라. 그들로 하여금 그들이 지닌 온갖 재주를 다 동원해서 만군의 여호와께서 애굽에 대하여 정하신 뜻을 알아내어서 거기에 대비하도록 하라. 그들은 결코 그렇게 할 수 없을 뿐만 아니라, 도리어 그들의 소행 자체가 애굽의 파멸을 재촉하고 있는 것이다(13절). 놉의 방백들은 스스로 미혹되어 있을 뿐만 아니라, 모사들은 그들의 왕에게 잘못된 조언을 해줌으로써 애굽을 그릇 가게 하여, 그들 자신과 백성을 모두 망하게 만들었다. 애굽 종족들의 모퉁잇돌이자 의지처인 방백들이 스스로 애굽을 갉아먹고 있다." 지도자들이 백성의 안전을 위하여 일한다고 하는데도 도리어 백성의 파멸을 재촉하고 있고, 나라를 고쳐야 할 의사들이 도리어 나라의 가장 흉악한 질병이며, 나랏일을 맡은 자들이 백성을 평안하게 해줄 수 있는 일들을 바로 보지 못하고 하는 일마다 실수하고 잘못된 조치를 취할 때, 그 나라의 백성은 참으로 불쌍하다. 애굽이 바로 그러하였다(14절). 그들이 애굽을 매사에 잘못 가게 하였다. 그들이 하는 일들은 하나하나가 다 그릇된 일이었다. 술 취한 사람이 무슨 말을 할지, 어디로 갈지를 몰라 하며 더듬거리고 비틀거리며 토하는 것과 같이, 그들이 세운 목적이나 그들이 취한 조치들은 언제나 잘못된 것들이었고, 그들의 계획은 모두 허황되고 불안한 것들이었다. 이것이 바로 우리가 나라의 모사들과 일꾼들을 위하여 기도해야 하는 이유이다. 하나님께서 그들에게 지혜의 영을 주시면, 그들은 나라의 큰 의지(依支)와 축복이 되지만, 하나님께서 그들의 마음을 가리셔서 총명을 잃게 하시면, 그들은 정반대의 존재들로 전락하고 만다.

V. 통치의 홀(笏)은 폭정과 압제의 뱀으로 변할 것이다(4절).   "그가 애굽인을 잔인한 주인, 곧 외국인이 아니라 그들 자신의 민족에 속한 자로서 왕위를 계승하여 그들을 가혹하게 다스릴 폭군의 손에 붙이리라." 이것은 세돈(Sethon)에 이어 왕위에 올랐던 열두 명의 폭군들을 가리킬 수도 있지만, 아마도 그 왕조를 다시 회복하였던 프사메티투스(Psammetichus)를 가리키는 것 같다. 왜냐하면, 본문에서는 한 명의 잔인한 주인에 대하여 말하고 있기 때문이다. 하나님께서는 오래 전에 애굽의 십장들이 하나님의 백성 이스라엘을 가혹하게 학대하였던 것을 기억하시고서, 이제 애굽 사람들이 또 한 명의 잔인한 바로에 의해서 똑같은 일을 겪게 만드셨다. 하나님께서 경고를 주시기 위하여 왕의 제도가 어떠하리라는 것을 말씀하셨듯이(삼상 8:11), 백성의 덕을 세우기 위하여 세움을 입은 권세들이 도리어 백성을 파멸시키고, 백성이 그들을 다스리는 자들에 의해서 파멸을 당한다면, 그 나라의 백성은 참으로 불쌍하다.

VI. 애굽은 나일 강으로 유명하였는데, 나일 강은 애굽의 부이자 힘, 자랑거리였기 때문에 애굽 사람들에 의해서 우상화되었다.   이제 여기에는 바닷물이 없어지겠고 강이 잦아서 마르리라(5절)는 경고가 나온다. 자연은 이제 예전과는 달리 그들에게 호의적이지 않을 것이다. 애굽은 결코 하늘에서 내리는 비를 통해서 물을 공급받지 않았기 때문에(슥 14:18), 그 나라의 풍작은 전적으로 나일 강에 의해서 좌우되었다. 그러므로 나일 강이 말라 버리면, 그들의 비옥한 땅은 곧 불모지로 변하여 그들의 수확은 그치게 된다. 당연히 나일 강 가까운 곡식밭이 다 말라서 날려가 없어질 것이다(7절). 나일 강 어귀에 있는 하천들에 서식하는 파피루스 갈대들이 다 시들어서 말라버린다면, 그보다 훨씬 더 멀리 떨어져 있으면서도 나일 강으로부터 물을 끌어와야 했던 곡물들이 어찌 될지는 말해 무엇하겠는가. 그렇지만 이것이 전부가 아니다. 애굽의 강들이 말라 버리면, 다음과 같은 일들이 일어날 것이다.

1. 그들의 요새들이 없어져 버릴 것이다. 왜냐하면, 그 요새들이라는 것이 적군이 접근하기 어렵게 만드는 방어용 하천들이었기 때문이다(6절). 깊은 강들은 가장 강력한 방어선으로서 적군이 뚫기가 무척 어려운 요새들이다. 성경에서는 바로가 자기의 강들 가운데에 누운 큰 악어로서 그 강들의 보호를 받으면서 주변의 모든 나라들에 대하여 큰소리를 친다고 말한다(겔 29:3). 그러나 그 강들은 줄어들고 마를 것이다. 자기 발바닥으로 애굽의 모든 하수를 말리리라고 말한 산헤립(사 37:25)이나 유프라테스 강물을 많은 지류들로 흘려보내 말려버림으로써 바벨론을 함락시킨 고레스 같은 적군에 의해서가 아니라 종종 샘이 변하여 마른 땅이 되게 하시는(시 107:33) 하나님의 섭리에 의해서 그렇게 될 것이다.

2. 그들의 물고기가 없어질 것이다. 이스라엘 자손들의 악한 회상이 보여주듯이(민 11:5), 애굽에서 물고기는 주된 음식이었다. 우리가 애굽에 있을 때에는 값없이 생선을 먹은 것이 생각난다. 강들이 말라 버리면, 물고기가 죽게 될 것이고(시 105:29), 다음과 같은 일을 생업으로 삼고 있던 자들은 망하게 될 것이다.

(1) 낚시를 통해서 또는 그물로 물고기를 잡던 자들(8절). 그들은 생업을 잃어버리고서 슬퍼하며 시름에 잠기게 될 것이다. 이 세상의 자녀들은 그들로 하여금 돈벌이가 되게 해주었던 생업을 잃게 되었을 때에 가장 마음 아파하며 슬퍼한다. 돈을 잃었을 때에 흘리는 눈물이야말로 진짜 눈물이다(ploratur lachrymis amissa pecunia veris).

(2) 물고기를 찾는 사람이 있을 때에 공급해 주기 위하여 물고기를 보관해 두던 자들. 물고기를 둘 저수조와 연못을 만들어 놓은 자들이 있었지만, 그것들이 다 못쓰게 되리라(10절, 개역에서는 그의 기둥이 부서지고 품꾼들이 다 마음에 근심하리라). 그들이 만들어 놓은 생업은 저수조나 연못을 채울 물과 물고기가 없어서, 그들의 생업은 망하게 될 것이다. 하나님은 한 나라로부터 그들의 생필품조차 박탈해 버릴 수 있는 길들을 알고 계신다. 애굽 사람들은 그들이 이전에 값없이 먹었던 생선을 기억하겠지만, 이제는 돈 주고도 먹을 수 없게 될 것이다. 강들이 주는 이러한 유익을 상실해 버린 것을 더욱 마음 아프게 만드는 것

은 그것이 그들 자신이 자초한 일이라는 것이다(6절). 그들은 강물을 아주 멀리 끌어갈 것이다(개역에서는 강들에서는 악취가 나겠고). 그들의 왕들과 큰 자들은 그들의 욕심을 채우기 위해 사리사욕을 공적인 유익보다 앞세워서 강물을 아주 멀리 떨어져 있는 그들의 저택과 토지로 끌어갈 것이고, 이 때문에 강물은 점차 눈에 띄게 줄어들게 될 것이다. 이렇게 다음과 같이 행하는 자들은 그들이 생각하는 것보다 훨씬 더 우둔한 짓을 하게 된다.

[1] 자기가 자연보다 더 지혜롭기 때문에 자연이 해주는 것보다 자신의 생각대로 행하는 것이 자기에게 더 이로울 것이라고 여기는 자들.

[2] 공적인 유익보다 사적인 이익을 더 따지는 자들. 그런 자들은 자신의 욕심을 채울 수는 있을지 몰라도 결코 스스로를 만족시킬 수는 없다. 그들의 그러한 행동은 공적인 재난을 초래하게 되고, 결국에는 그들 자신도 그 재난을 피할 수 없게 되기 때문이다. 헤로토투스(Herodotus)는 바로느고가 닐루스(Nilus)에서 홍해로 통하는 수로를 열 계획을 세우고서 그 수로를 파기 위해 엄청난 인력을 동원하였지만 결국은 강을 심각하게 손상시키고 12만 명이나 되는 백성을 잃고서도 그 일을 완성시키지 못하였으며 이 일 후에 왕위를 오래 지키지 못하였다는 이야기를 우리에게 들려준다.

VII. 애굽은 베 짜는 업으로 유명하였다. 그러나 그러한 생업은 망하게 될 것이다. 솔로몬의 상인들은 베옷을 짜기 위한 실을 애굽에서 들여왔다(왕상 10:28). 애굽에서는 베옷의 재료가 되는 최상급의 아마(亞麻)가 생산되었고, 그 실을 이용해서 베옷을 짜는 최상급의 숙련된 기술자들도 애굽에 있었다. 그러나 세마포를 만드는 자들이 그 재료를 구할 수 없거나, 그들이 만든 세마포를 사고자 하는 사람이 없거나, 수출할 기회를 얻지 못해서 낭패(개역에서는 수치)를 당할 것이다(9절). 생업과 교역이 붕괴되고 약화되면, 나라는 쇠약해지고 점차 망해가는 법이다. 애굽에서 아무 할 일이 없을 것이기 때문에 애굽의 경제는 무너질 수밖에 없다(15절). 할 일이 없는 곳에서는 얻을 것도 없다. 나라 전체에서 모든 일이 중단되어서, 머리나 꼬리며 종려나무 가지나 갈대가 아무 할 일이 없을 것이다. 높은 자나 낮은 자나 약한 자나 튼튼한 자나 다 할 일이 없을 것이고, 삯을 받는 일이 없을 것이다(슥 8:10). 한 나라가 번영하는 것은 많은 것이 백성들이 열심히 일하고 있느냐에 달려 있다는 것을 명심하라. 모든 사람들의 손길이 바쁘게 움직이고, 머리나 윗가지들은 노동하는 것을 멸시하지 않고,

꼬리나 갈대의 노동이 멸시받지 않을 때, 그 나라는 잘 될 것이다. 그러나 많이 배운 전문가들이 고용이 되지 못하고, 큰 상인들이 팔 물건이 없으며, 물건을 만드는 장인들이 할 일이 없을 때, 그 나라의 백성에게는 빈궁이 강도 같이 오며 곤핍이 군사 같이 온다.

VIII. 애굽 사람들이 모두 경악하게 될 것이다. 그들은 떨며 두려워할 것인데(16절), 이것은 이 나라의 전반적인 붕괴의 증거이자 완전한 파멸의 조짐이 될 것이다. 두 가지가 그들을 경악으로 몰아넣게 될 것이다.

1. 그들이 유다 땅으로부터 듣게 될 소식. 그것은 애굽에게 두려움이 될 것이다(17절). 산헤립의 군대에 의해서 유다가 초토화되었다는 소식을 들을 때, 그들은 유다가 그들에게서 아주 가까운 이웃 나라이자 동맹국이라는 점을 생각하고서 저 승승장구하는 군대의 먹잇감이 될 다음 차례는 그들이 될 것임에 틀림없다고 결론을 내리게 될 것이다. 이웃 집에 불이 났다면, 자기 집도 위험하다는 것을 모를 사람이 어디 있겠는가. 그러므로 유다에 대하여 말하는 애굽 사람들마다 쓴 잔이 머지않아 자기 손에 쥐어지게 되리라는 것을 예상하고서 저절로 두려워하게 될 것이다.

2. 그들이 그들의 땅에서 보게 될 일. 그들은 만군의 여호와께서 흔드시는 손이 그들 위에 흔들림으로 말미암아 두려워할 것이며(16절), 여호와께서 흔드시는 손을 보고서 만군의 여호와께서 유다만이 아니라 애굽을 치시려고 정하신 계획으로 말미암아 두려워할 것이다(17절). 심판이 하나님의 집에서 시작된다면, 그 심판은 어디에서 끝나겠는가? 푸른 나무에도 이같이 하거든 마른 나무는 어떻게 되리요. 우리는 여기에서 다음과 같은 것들을 알아야 한다.

(1) 하나님께서 이전에 막강하여 주변의 모든 사람들에게 공포의 대상이 되었던 자들로 하여금 스스로 겁을 집어먹고 두려워하게 만드시는 것이 얼마나 손쉬운 일인지. 하나님께서 그들 위에 손을 흔드시거나 그들의 몇몇 이웃들 위에 그 손을 얹으시기만 하면, 아무리 강심장을 가진 자들이라도 즉시 두려워 떨 수밖에 없다.

(2) 하나님께서 그의 능하신 손 아래에서 우리를 낮추시기 위하여 경고의 목적으로 그의 손을 우리 위에서 흔드실 때, 특히 우리를 치시고자 하는 하나님의 계획이 정해졌다는 것을 우리가 알았을 때, 우리는 하나님 앞에서 두려워하는 것이 얼마나 합당한 일인지. 왜냐하면, 하나님의 계획을 바꿀 수 있는 자

는 아무도 없기 때문이다.

[18]그 날에 애굽 땅에 가나안 방언을 말하며 만군의 여호와를 가리켜 맹세하는 다섯 성읍이 있을 것이며 그 중 하나를 멸망의 성읍이라 칭하리라 [19]그 날에 애굽 땅 중앙에는 여호와를 위하여 제단이 있겠고 그 변경에는 여호와를 위하여 기둥이 있을 것이요 [20]이것이 애굽 땅에서 만군의 여호와를 위하여 징조와 증거가 되리니 이는 그들이 그 압박하는 자들로 말미암아 여호와께 부르짖겠고 여호와께서는 그들에게 한 구원자이자 보호자를 보내사 그들을 건지실 것임이라 [21]여호와께서 자기를 애굽에 알게 하시리니 그 날에 애굽이 여호와를 알고 제물과 예물을 그에게 드리고 경배할 것이요 여호와께 서원하고 그대로 행하리라 [22]여호와께서 애굽을 치실지라도 치시고는 고치실 것이므로 그들이 여호와께로 돌아올 것이라 여호와께서 그들의 간구함을 들으시고 그들을 고쳐 주시리라 [23]그 날에 애굽에서 앗수르로 통하는 대로가 있어 앗수르 사람은 애굽으로 가겠고 애굽 사람은 앗수르로 갈 것이며 애굽 사람이 앗수르 사람과 함께 경배하리라 [24]그 날에 이스라엘이 애굽 및 앗수르와 더불어 셋이 세계 중에 복이 되리니 [25]이는 만군의 여호와께서 복 주시며 이르시되 내 백성 애굽이여, 내 손으로 지은 앗수르여, 나의 기업 이스라엘이여, 복이 있을지어다 하실 것임이라

앞에 나온 예언의 짙게 드리운 경고의 먹장구름 사이로 여기에서는 위로의 해가 솟아오른다. 그것은 의(義)의 해이다. 하나님은 애굽을 위하여 여전히 긍휼하심을 예비해 두고 계시는데, 그들의 경제를 부활시키고 그들의 강에 다시 물을 풍부하게 채우시는 것을 통해서가 아니라 그들 가운데 참된 신앙을 들여오셔서 유일하게 살아계시고 참되신 하나님을 예배하도록 그들을 부르시고 받아들이심을 통해서 그 긍휼하심을 보여주시고자 하신다. 이러한 은혜의 축복들은 애굽을 풍요롭게 해주었던 자연의 온갖 축복들보다 훨씬 더 소중한 것들이었다. 무엇보다도 이 예언은 복음서 기자인 마가가 애굽에 복음을 전하여 그 곳에 수많은 기독 교회들을 세워서 그 교회들이 오랜 세월 동안 번영함으로써 온전히 성취되었다고 할 수 있다. 이사야서에 나오는 많은 예언들은 메시야의 날들을 가리키고 있는데, 이 예언이라고 해서 그렇게 해석하지 못할 이유가 어디 있겠는가? 구약의 제도들에 관한 표현을 통해서 복음의 은혜들과

규례들을 말하고 있는 것은 전혀 이례적인 일이 아니다. 여기에 나오는 예언들 속에서 그 날에라는 표현은 항상 문맥상으로 직전에 나오는 어느 날을 가리키는 것이 아니고, 아주 오랫동안 확정되어 있었고 아주 자주 말해져 왔던 그 날, 위로부터 의의 해가 떠올라 이 어두운 세상을 비추게 될 그 날을 가리키는 특별한 의미를 지니는 것 같다. 그렇지만 산헤립이 유다를 침략하였을 때에 일부 유대인들이 조국을 버리고 애굽으로 피신하면서 신앙도 함께 가져가서 그들이 처한 환난을 통해서 제정신을 차리고서 거기에서 공개적으로 열심히 신앙생활을 하여 많은 애굽인들이 신앙을 받아들이는 데에 도구로 사용된 것을 통해서 이 예언이 부분적으로 성취되었다고 보는 것도 가능하다. 이러한 부분적인 성취는 그리스도의 복음이 전파됨으로써 무수한 영혼들이 하나님께로 돌아오는 풍성한 수확이 이루어질 일의 전조(前兆)이자 맛보기였다. 실제로 요세푸스(Josephus)는 애굽의 알렉산드리아에서 불법체류자로 살고 있던 대제사장 오니아스(Onias)의 아들 오니아스가 당시의 왕이었던 프톨레미 필로메테르(Ptolemy Philometer)와 왕후인 클레오파트라의 허락을 얻어서 애굽의 부바스티스(Bubastis)에 예루살렘에 있던 것과 같은 이스라엘의 하나님의 성전을 지으면서, 그가 근거로 든 성경 본문이 바로 이사야서에 나오는 이 예언, 즉 애굽 땅에 여호와를 위하여 제단이 있을 것이라는 예언이었다고 우리에게 전해준다. 애굽의 이 성전에서 하나님을 섬기는 일은 로마 군대가 예루살렘을 파괴한 직후에 파울리누스(Paulinus)가 그 성전을 폐쇄할 때까지 대략 333년 동안 지속되었다고 요세푸스는 말한다(*Antiq*. 13. 62-79; *Jewish War* 7. 426-436을 보라). 그러나 경건한 유대인들은 내내 이 성전을 정도에서 크게 벗어난 것이자 예루살렘 성전에 대한 도전으로 보았기 때문에, 우리는 이 일을 통해서 이 예언이 성취된 것으로 볼 수는 없다.

애굽의 회심이 여기에서 어떻게 묘사되고 있는지를 살펴보자.

I. 그들은 거룩한 언어이자 성경의 언어인 가나안 방언을 말하게 될 것이다. 그들은 그 방언을 이해할 뿐만 아니라 직접 사용할 것이다(18절). 그들은 그 언어를 들여와서 그들 가운데서 사용하게 될 것이기 때문에, 예전에 그랬듯이 통역을 세워서 하나님의 백성과 대화하는 것이 아니라(창 42:23), 그들과 직접 자유롭게 대화할 것이다. 은혜를 받아서 회심하여 마음이 달라지면 언어도 바뀐다는 것을 명심하라. 이는 마음에 가득한 것을 입으로 말함이라. 애굽 땅에 있는

다섯 성읍이 이 방언을 말하게 될 것이다. 많은 유대인들이 애굽으로 건너와서 거주하며 자손을 많이 퍼뜨려서 순식간에 다섯 성읍을 가득 채우게 될 것인데, 그 중의 한 성읍은 태양의 성읍, 즉 애굽의 모든 성읍들 중에서 태양을 숭배하는 우상 숭배로 가장 악명이 높았던 헬리오폴리스가 될 것이다. 바로 그 악명 높던 성읍에서조차도 기적 같은 개혁이 일어나서, 그 주민들이 가나안 방언을 말하게 될 것이다. 또는, 이 본문은 우리가 번역한 대로 다음과 같이 해석될 수도 있다. 애굽의 여섯 성읍 중 다섯은 신앙을 받아들일 것이고, 나머지 한 성읍은 신앙을 배척함으로써 구원의 길을 거부하여 멸망의 성읍이라 불리게 되리라는 것.

II. 그들은 만군의 여호와께 맹세를 하게 될 것이다. 그들은 다른 모든 열방들이 자신이 섬기는 신에게 하듯이 하나님의 이름으로 맹세함으로써 하나님께 존귀함을 돌릴 뿐만 아니라, 엄숙한 맹세와 서약으로써 하나님을 존귀케 하는 일에 헌신하며 하나님을 섬기는 일에 그들 자신을 묶어두게 될 것이다. 그들은 진심으로 하나님을 좇겠다고 맹세할 것이고, 가끔씩이 아니라 끊임없이 하나님을 예배할 것이다. 그들은 그들의 왕이신 분, 하나님으로부터 모든 심판의 권세를 위임받으신 그리스도께 충성을 맹세할 것이다.

III. 그들은 하나님에 대한 공예배를 그들의 땅에 세우게 될 것이다(19절). 애굽 땅 중앙에는 여호와를 위한 제단, 그들이 제물과 예물을 드릴 제단(21절)이 있을 것이다. 이 본문은 영적으로 해석되어야 한다. 모든 제물과 예물을 거룩하게 하시는 큰 제단이신 그리스도가 거기에서 고백될 것이고, 복음적인 제사들인 기도와 찬송이 거기에서 드려지게 될 것이다. 왜냐하면, 모세의 율법에 의하면 예루살렘 이외의 곳에는 희생 제사를 드릴 제단이 있어서는 안 되기 때문이다. 그리스도 예수 안에서 열방들에 대한 이 모든 차별은 제거된다. 애굽 땅 중앙에 세워질 영적인 제단, 복음 교회는 이스라엘 땅 중앙에 있는 제단과 마찬가지로 하나님께 열납될 것이다. 믿음과 사랑, 통회하는 마음 같은 영적인 제사들은 소 곧 황소를 드림보다 여호와를 더욱 기쁘시게 한다.

IV. 그들의 땅에는 하나님에 대한 신앙을 나타내는 표지(標識)가 있어서, 그들을 찾아오는 모든 자들에게 그 공개적인 신앙고백을 알아보게 될 것이다. 그 땅의 중앙만이 아니라 변경에도 여호와를 위하여 기둥이 있을 것이다. 이전에는 거짓된 신들을 기리는 기둥들이 세워져 있었지만, 이제는 여호와를 위하여라는 글귀가 새겨진 기둥들이 세워져서 여호와를 기리게 될 것이다. 나그네와 이방인들이 애굽의 변경에 발을 들여놓게 되자마자, 그들은 애굽 사람들이 하나님을 섬기고 있다는 것을 알아보게 될 것이다. 하나님을 섬기는 자들은 하나님을 고백하기를 부끄러워해서는 안 되고, 도리어 만군의 여호와를 위하여 징조와 증거가 될 수 있는 일이라면 무슨 일이든 적극적으로 나서서 행해야 한다. 애굽 땅에서조차도 여호와를 신실하게 섬기는 자들이 있어서, 그들은 자기가 여호와께 속하였다는 것을 자랑하며, 그들이 거주하는 변방에서 여호와의 이름을 모든 침략자들을 물리쳐줄 견고한 요새로 삼게 될 것이다.

V. 곤경에 처할 때에 그들은 하나님을 찾을 것이고, 하나님은 그들을 만나주실 것이다. 하나님께 나아오는 모든 육체의 기도를 들으신다(시 65:2)는 것은 만군의 여호와를 위하여 징조와 증거가 될 것이다(20절). 그들이 그들을 압제하는 자들, 그들을 다스릴 포학한 왕 때문에 하나님께 부르짖으면(4절), 하나님은 그들의 간구함을 들으실 것이다(22절). 반면에, 하나님께서는 스스로 왕의 제도를 선택했던 자기 백성 이스라엘에게는 그들이 그들의 왕으로 말미암아 부르짖는다고 해도 그들에게 응답하지 아니하실 것이라고 말씀하셨었다(삼상 8:18).

VI. 그들은 큰 구속주 안에서 분깃을 갖게 될 것이다. 그들이 포학한 왕들의 압제 아래에 있었을 때에 하나님은 사사 시대에 이스라엘을 위하여 그랬듯이 종종 그들을 위하여 강력한 구원자들을 일으키셨던 것 같다. 하나님은 비록 애굽 땅을 치시긴 했지만 그 구원자들을 통해서 다시 그 땅을 치유하셨다. 그들이 하나님께로 돌아와서 마땅히 행할 본분을 다하자, 하나님께서도 그들에게 돌아오셔서 긍휼을 베푸셔서, 비틀거리는 그들의 나라의 갈라진 틈새들을 메꾸어 주셨다. 왜냐하면, 회개한 애굽 사람들은 회개한 니느웨 사람들과 마찬가지로 하나님으로부터 동일한 은총을 받게 되어 있었기 때문이다. 그러나 하나님께서 그들을 위하여 베푸신 이 모든 구원들은 이스라엘에게 베푸신 구원들과 마찬가지로 단지 복음에 의한 구원을 예표(豫表)하는 것들에 지나지 않았다. 여기에서 말하고 있는 구원자이자 큰 자(개역에서는 보호자)는 예수 그리스도를 가리키는 것이 틀림없다. 하나님은 예수 그리스도의 기쁜 소식을 애굽 사람들에게 보내실 것이고, 예수 그리스도를 통해서 그들을 원수의 손에서 건지심으로써 그들로 하여금 두려움이 없이 그를 섬기게 하실 것이다(눅 1:74-75). 예수 그리스도께서는 이방 나라들을 말 못하는 우상들을 섬기는 것에서 구하셨고, 사로잡힌 자들을 직접 값 주고 사셔서 그들에게 자유를 전하셨다.

Ⅶ. 하나님을 아는 지식이 그들 가운데 편만하게 될 것이다(21절).

1. 그들은 하나님을 알 수 있는 수단을 갖게 될 것이다. 오랜 세월 동안 하나님은 오직 유다에서만 알려져 있었다. 왜냐하면, 오직 거기에만 살아 있는 생생한 하나님의 말씀이 있었기 때문이다. 그러나 이제 여호와께서 자기 이름과 뜻을 애굽에 알게 하실 것이다. 아마도 이것은 부분적으로 칠십인역을 통해서 히브리 성경이 헬라어로 번역될 것을 가리키는 것 같다. 칠십인역의 번역은 애굽 왕 프톨레마이오스의 명으로 애굽의 알렉산드리아에서 이루어졌는데, 이것은 성경이 다른 언어로 번역된 최초의 일이었다. 애굽을 다스렸던 헬라 왕조가 이런 식으로 그들의 언어를 애굽 땅에 소개한 덕분에 여호와는 애굽에 알려졌고, 이것은 여호와가 더욱 널리 알려지게 되는 복된 계기이자 징후가 되었다.

2. 그들은 은혜를 받아서 그러한 수단들을 잘 활용할 수 있게 될 것이다. 여기에는 여호와께서 애굽에 알려지게 되리라는 것뿐만 아니라 애굽 사람들이 여호와를 알게 될 것이라는 약속도 나온다. 그들은 그들에게 허락된 빛을 기쁜 마음으로 받아들이게 될 것이고, 스스로 그 빛의 권능에 순복하게 될 것이다. 여호와는 우리나라에도 알려져 있지만, 아직도 우리나라 사람들 중에서 많은 수가 여호와를 알지 못하는 것이 아닌가 싶다. 그러나 새 언약의 약속은 낮은 자로부터 높은 자까지 다 여호와를 알게 되리라는 것이다. 이 약속은 모든 자손들에게 확실한 약속이다. 이렇게 하나님을 알게 된 결과는 그들이 여호와께 서원하고 그대로 행하리라는 것이다. 왜냐하면, 여호와를 섬기는 데 있어서 마땅한 의무들에 의한 속박을 기꺼이 받아들이고자 하지 않거나 그러한 의무들을 제대로 이행하지 않는 자들은 하나님을 올바르게 알고 있는 것이 아니기 때문이다.

Ⅷ. 그들은 성도들의 교통 속으로 들어오게 될 것이다. 여호와께 속하게 된 그들은 교회에 더해지고 모든 성도들과 하나가 될 것이다.

1. 모든 적대감이 사라지게 될 것이다. 애굽과 앗수르는 불구대천의 앙숙 관계였다. 그들은 자주 서로에 대하여 전쟁을 벌이곤 하였다. 그러나 이제 애굽에서 앗수르로 통하는 대로가 있어서(23절) 두 나라 사람들은 사이좋게 서로 왕래하게 될 것이다. 그들은 서로 왕래하며 교역을 하게 될 것이고, 그들 사이에는 모든 것이 우호적으로 오고가게 될 것이다. 애굽 사람이 앗수르 사람과 함께 참된 하나님을 경배하리라. 그러므로 앗수르 사람들은 애굽으로 갈 것이고,

애굽 사람들은 앗수르로 갈 것이다. 동일한 하나님과 교통하는 자들은 동일한 중보자를 통해서 서로 사랑의 교제를 지켜나가는 것이 합당한 일임을 명심하라. 우리가 동일한 은혜의 보좌 앞에서 서로 만나고, 동일한 신앙으로 서로를 섬긴다는 것을 생각할 때, 모든 분노와 적대감을 그치고 거룩한 사랑 안에서 우리의 마음을 하나 되게 하는 것이 합당하다.

2. 이방 나라들은 목자장이신 그리스도 아래에서 복음의 우리 안에서 서로 하나 될 뿐만 아니라 유대인들과도 하나가 될 것이다. 애굽과 앗수르가 손을 잡고 하나님을 섬기게 될 때, 이스라엘은 그들과 더불어 세 번째가 될 것이다(24절). 그들은 쉽게 끊어지지 않는 세 겹 줄이 될 것이다. 오랫동안 유대인과 이방인을 갈라놓았던 장벽이었던 예식법은 허물어질 것이고, 그 때에 그들은 한 목자 아래에서 한 양 떼가 될 것이다. 이렇게 하나가 된 그들은 세계 중에 복이 될 것이고, 만군의 여호와께서 그들을 복 주실 것이다(24-25절).

(1) 이스라엘은 그들 모두에게 복이 될 것이다. 왜냐하면, 육신으로 하면 그리스도가 이스라엘에게서 나셨고, 이스라엘은 참감람나무의 자연스러운 가지들이고, 이방인들은 이스라엘에 접붙임이 되어 참감람나무 뿌리의 진액을 함께 받는 자들이 된 것이기 때문이다(롬 11:17). 이스라엘은 애굽과 앗수르 사이에 놓여 있어서, 예루살렘에서 나온 여호와의 말씀과 이스라엘 땅에 처음으로 세워진 교회를 통해서 애굽과 앗수르를 서로 만나게 해줌으로써 그들 모두에게 복이 되었다. 제3자를 통해서 만나는 자들은 서로 만나는 것이다. 이스라엘은 애굽과 앗수르를 서로 만나게 해준 제3자여서 그들 모두에게 복이 된 것이다. 왜냐하면, 서로 반목하던 자들을 하나 되게 하는 데에 도구가 되는 자들은 그들의 세대에게 진정으로 큰 축복들이 되기 때문이다.

(2) 그들은 모두 세상에 대하여 복이 될 것이다. 유대인들과 이방인들로 이루어진 기독 교회는 세상의 복이다. 기독 교회는 세상의 아름다움이자 부요함이요 세상을 떠받치고 있는 존재이다.

(3) 그들은 모두 여호와의 축복을 받게 될 것이다.

[1] 하나님은 그들을 모두 자기 백성으로 인정하실 것이다. 애굽은 이전에 하나님의 백성이 종살이 하던 집이었고, 앗수르는 불의하게 하나님의 백성을 침략하였던 나라였지만, 하나님은 이제 이 모든 것을 용서하고 잊으실 뿐만 아니라, 그들을 이스라엘처럼 영접하실 것이다. 그들은 모두 똑같이 하나님께서

그의 보호 아래 두시는 하나님의 백성이 될 것이다. 그들은 모두 하나님에 의해서 지음받은 자들이다. 왜냐하면, 그들은 하나님의 손으로 지은 자들이기 때문이다. 그들은 하나의 백성으로 지음받았을 뿐만 아니라 하나님의 백성으로 지음받았다. 그들은 하나님을 위하여 지음받았다. 왜냐하면, 그들은 하나님이 보시기에 보배롭고 사랑스러운 하나님의 기업이고, 하나님은 이 아래세상에서 그들로부터 영광을 받으시기 때문이다.

[2] 하나님은 그들을 한 묶음으로 자기 백성으로 인정하실 것이다. 그들은 모두 하나의 동일한 축복에 참여하게 될 것이다. 하나님의 사랑과 축복 안에서 하나가 된 자들은 바로 그런 까닭에 서로를 불쌍히 여기며 하나가 되어야 한다는 것을 명심하라.

$$제\ -\ 20\ -\ 장$$

개요

이 장은 애굽과 구스의 많은 사람들이 앗수르 왕에 의해서 포로로 끌려가게 되리라는 예언이다. 여기에는 다음과 같은 내용들이 나온다. I. 하나님께서는 선지자로 하여금 한동안 가련한 포로처럼 벗은 발과 거의 벗은 몸으로 다니게 하는 예표를 통해서 이러한 예언을 주심(1-2절). II. 이 예표를 애굽과 구스에 적용하여 설명하심(3-5절). III. 하나님의 백성은 이 일을 거울 삼아서, 결국 그들을 속이게 될 육신의 팔을 의지하지 말아야 함(6절).

¹앗수르의 사르곤 왕이 다르단을 아스돗으로 보내매 그가 와서 아스돗을 쳐서 취하던 해니라 ²그 때에 여호와께서 아모스의 아들 이사야에게 말씀하여 이르시되 갈지어다 네 허리에서 베를 끄르고 네 발에서 신을 벗을지니라 하시매 그가 그대로 하여 벗은 몸과 벗은 발로 다니니라 ³여호와께서 이르시되 나의 종 이사야가 삼 년 동안 벗은 몸과 벗은 발로 다니며 애굽과 구스에 대하여 징조와 예표가 되었느니라 ⁴이와 같이 애굽의 포로와 구스의 사로잡힌 자가 앗수르 왕에게 끌려갈 때에 젊은 자나 늙은 자가 다 벗은 몸과 벗은 발로 볼기까지 드러내어 애굽의 수치를 보이리니 ⁵그들이 바라던 구스와 자랑하던 애굽으로 말미암아 그들이 놀라고 부끄러워할 것이라 ⁶그 날에 이 해변 주민이 말하기를 우리가 믿던 나라 곧 우리가 앗수르 왕에게서 벗어나기를 바라고 달려가서 도움을 구하던 나라가 이같이 되었은즉 우리가 어찌 능히 피하리요 하리라

하나님은 여기서 열방의 왕으로서 애굽과 구스에 심각한 재난을 내리시고자 하시지만, 성도들의 왕으로서 자기 백성에게는 이 일을 통해서 유익을 얻게 하시고자 하신다. 좀 더 살펴보자.

I. 이 예언이 행하여진 때. 블레셋의 견고한 성읍이었던 아스돗(그러나 어떤 이들은 히스기야가 최근에 가사에 이르기까지 블레셋을 쳐서 이 성읍을 회

복하였다고 생각한다, 왕하 18:8)이 앗수르 군대에 의해서 포위되어 함락된 해에 이 예언이 주어졌다. 히스기야의 재위 몇 년에 이 일이 있었는지는 확실하지 않지만, 이 사건은 아주 큰 일이었기 때문에 당시에 살았던 사람들은 이렇게만 표현해도 그 해가 언제인지를 알 수 있었을 것이다. 여기에서 앗수르 왕인 자는 사르곤으로 불리는데, 어떤 이들은 사르곤이 산헤립과 동일 인물이라고 보고, 어떤 이들은 사르곤이 산헤립의 바로 직전의 전임자로서 살만에셀의 뒤를 이어 왕이 된 인물이라고 본다. 이 원정에서 총사령관이었던 다르단은 산헤립의 군관들 중의 한 사람으로서, 산헤립은 랍사게와 마찬가지로 다르단을 보내서 히스기야를 야유하였다(왕하 18:17).

Ⅱ. 이사야로 하여금 밖에 나가 다닐 때에 이상한 옷을 입게 함으로써 이사야가 하나의 예표가 됨. 그는 한동안 베옷을 만들어 걸치고 다님으로써 자기 백성들에게 닥쳐왔고 또한 장차 닥쳐올 암울한 시대의 예표가 되었었다. 어떤 이들은 이사야가 열 지파가 포로로 끌려갔을 때에 그 일을 슬퍼하여 애곡하는 자의 복장을 하게 된 것이라고 생각한다. 또, 어떤 이들은 베옷은 그가 세상에 대하여 죽었다는 것을 보여주고자 선지자로서 통상적으로 입었던 것이고, 이것은 그가 힘든 삶을 견딜 수 있었다는 것을 보여주는 것이라고 생각한다. 부드러운 옷은 하나님의 심부름을 하는 자들보다는 왕궁에서 왕을 모시는 자들에게 더 잘 어울린다(마 11:8). 엘리야와 세례 요한은 낙타털 옷을 입었고(왕하 1:8; 마 3:4), 선지자인 체하고자 했던 자들은 거친 옷을 입음으로써 자기가 선지자라는 것을 과시할 수 있었다(슥 13:4). 그러나 이사야는 그의 허리에서 베를 끄르고 더 좋은 옷으로 갈아입는 것이 아니라 아무것도 입지 말라는 하나님의 지시를 받는다. 그는 웃옷이나 외투 같은 것들은 다 벗어버리고, 오직 속옷만 입었을 것이다. 또한, 그는 신을 벗고 맨발로 다녀야 했다. 따라서 다른 사람들이 입은 옷이나 그가 통상적으로 입고 있던 옷에 비한다면, 그는 벗은 몸으로 다녔다고 말할 수 있었다. 이것은 선지자에게 정말 힘든 일이었다. 그것은 그의 명성에 흠집을 내는 일이었고, 그는 사람들로부터 멸시와 조롱을 받았을 것이다. 거리의 소년들은 그를 야유하였을 것이고, 그를 공격할 기회를 노리고 있던 자들은 이 때다 하고 선지자가 어리석고 신에 감동된 자가 미쳤다(호 9:7)고 비난했을 것이다. 또한, 그것은 그의 건강에도 좋지 않은 영향을 미쳤을 것이다. 그는 감기에 걸려서 열이 올라 생명이 위태로울 수도 있었다. 그러나 하나

님께서 그에게 그렇게 하라고 명하신 것은, 그가 하나님이 주신 아주 어려운 명령을 이행하여 하나님에 대하여 순종한다는 증거를 보여줌으로써 아주 쉽고 건전한 명령들조차도 따르지 않는 하나님의 백성의 불순종을 부끄럽게 하시기 위한 것이었다. 우리는 우리가 마땅히 행해야 할 길로 행할 때에는 우리의 명성과 안전을 책임져 주실 것을 하나님께 의뢰할 수 있다. 하나님의 백성의 마음은 이상하리 만큼 우둔하여서 말로 해서는 도무지 받아들이려 하지 않아서 예표들을 통해서 가르쳐야 했기 때문에, 이사야는 그들의 덕을 세우기 위하여 이 일을 하지 않으면 안 되었다. 복장은 망측했지만 의도는 영광스러운 것이었기 때문에, 여호와의 선지자라면 그것을 부끄러워할 이유가 없었다.

III. 이 예표에 대한 설명(3-4절).　　그것은 애굽과 구스 사람들이 이사야가 한 복장처럼 누더기를 걸치고 거의 벌거벗은 몸으로 앗수르 왕에 의해서 포로로 끌려가게 되리라는 것을 보여주기 위한 것이었다. 하나님은 이사야를 그의 종 이사야라고 부르신다. 왜냐하면, 특히 이 일에 있어서 이사야는 하나님의 충성되고 순종하는 종이라는 것을 스스로 증명하였기 때문이다. 바로 이 일로 인해서 사람들은 이사야를 비웃었겠지만 하나님은 그를 자랑스럽게 여기셨다. 순종이 제사보다 낫다. 순종은 하나님을 기쁘시게 해드리고 더 큰 찬송을 올려드리는 것이기 때문에, 하나님은 순종을 더 칭찬하신다. 이사야는 선지자로 활동하던 삼 년 동안 벗은 몸과 벗은 발로 다녔다고 한다. 그러나 어떤 이들은 여기서 삼 년은 이사야가 그렇게 다닌 날수가 아니라 이 예표를 통해서 나타내고자 했던 날수를 가리키는 것이라고 본다. 그는 벗은 몸과 벗은 발로 다녔다. 히브리어 원문에는 한 문장이 여기에서 끝난다. 이사야가 그런 복장으로 다닌 것이 단 한 번이었다고 해도, 그것은 주변 사람들이 그가 그렇게 하고 다니는 이유와 의미가 무엇인지를 그에게 묻는 데에 충분한 시간이었을 것이라고 그들은 주장한다. 또는, 어떤 이들은 이사야가 하루를 일 년으로 쳐서 삼 일 동안 그렇게 다녔다고 생각한다. 이것은 삼 년 동안의 징조와 예표를 나타내는 것으로서 삼 년 후에 일어날 일 또는 삼 년 동안 진행될 일에 대한 예표였다는 것이다. 앗수르 군대는 세 번의 연속적인 원정을 통해서 애굽과 구스를 약탈하고 그 백성들, 전쟁터에서 사로잡은 군사들만이 아니라 남녀노소의 주민들까지 이렇게 야만적인 방식으로 포로로 끌고 가게 될 것이다. 평생 좋은 옷을 입고 다녔던 자들이 이제는 누더기를 입고서 거의 벌거벗은 몸으로 끌려가는 모습은 너무도 처참한 광경이어서 남을 불쌍히 여기는 마음이 거의 남아 있지 않은 자들 속에서도 연민을 불러일으킬 수밖에 없기 때문에, 하나님께서는 이 예언을 받는 자들에게 좀 더 효과적으로 그 뜻을 전달하시기 위하여 이사야를 통해서 특별히 그들이 포로로 끌려가는 상황을 재연하는 방식으로 예언을 전하신다. 이 예언은 특히 애굽의 수치를 보이기 위한 것이다(4절). 왜냐하면, 애굽 사람들은 교만한 백성이어서 그들이 불명예스러운 모욕을 당하게 된다면 그것은 그들에게 더 큰 수치가 될 것이었기 때문이다. 그들은 스스로를 한껏 높이고 자고하였기 때문에, 그들의 무너짐은 그들 자신의 눈과 다른 사람들의 눈으로 보기에 더욱 심할 것이었다.

IV. 이 예표의 적용(5-6절).

1. 애굽과 구스를 의지하거나 이 두 나라와 교류하였던 모든 나라들은 이제 그들을 부끄러워하며, 그들과 어떤 관계를 맺는 것을 두려워하게 될 것이다. 앗수르 사람들에 의해서 유린될 위험에 처해 있었던 나라들은 구스 왕 디르하가가 그의 대군을 이끌고 와서 앗수르 군대의 진군을 저지하고 그의 이웃 나라들을 보호해 줄 방어막이 되어 주기를 기대하였다. 또한, 그 나라들은 뛰어난 지혜와 용맹함으로 유명하였던 나라인 애굽이 자신의 몫을 충분히 다 해주어서 앗수르 군대로 하여금 아스돗에 대한 포위를 풀고 황급히 물러가게 해줄 것이라고 확신하였다. 그러나 애굽과 구스는 앗수르 왕을 대적하여 물리친 것이 아니라 도리어 스스로를 위험에 노출시켜서 앗수르 군대의 먹잇감이 되고 말았다. 그러자 주변의 모든 나라들은 이토록 허약하고 겁 많은 두 나라로부터 도움을 기대하였다는 것에 대하여 부끄러워하게 되었고, 이제는 점차 강성해지고 있는 앗수르 왕을 이전보다 더욱 두려워하게 되었다. 앗수르 왕 앞에서 애굽과 구스는 찔레와 가시덤불에 불과하여서 불길을 멈추기는커녕 도리어 더 활활 타오르게 만들 뿐이었음이 드러났기 때문이다. 하나님 대신에 피조물에게서 뭔가를 기대하고 자랑하는 자들은 조만간에 그 피조물로 인하여 부끄러움을 당하게 되고, 그 피조물에 대하여 실망할 때에 그들의 두려움은 더욱 커지리라는 것을 명심하라(겔 29:6-7을 보라).

2. 유대인들은 특히 그러한 상한 갈대들을 의지했던 그들의 어리석음을 깨닫게 될 것이고, 그 나라들로부터 구원을 받을 수 없으리라는 것을 알고서 절망하게 될 것이다(6절). 이 해변 주민(바다에 의해서 둘러싸여 있지는 않지만

바다에 접해 있었던 유다 땅, 난외주에서는 이 땅의 해변 주민)이 다 이제 눈을 동그랗게 뜨고 이렇게 말할 것이다. "우리가 믿던 나라가 결국 이같이 되었은즉, 우리의 기대가 이토록 허망하였고 이토록 어리석은 것이었던가. 우리는 애굽과 구스에게로 달려가 도움을 청하였고, 그들이 우리를 앗수르 왕에게서 구원해 줄 것을 희망하였었다. 그런데 이제 그들이 이렇게 허망하게 무너졌으니, 그들처럼 군대조차 전쟁터로 내보낼 수 없는 우리가 어찌 능히 피하리요."

(1) 피조물을 의지하는 자들은 실망하게 되고, 그들이 의지한 것으로 인하여 부끄러움을 당하게 될 것이다. 이는 사람의 도움이 헛되고, 작은 산들과 큰 산들에게서 구원을 바라는 것도 헛되기 때문이다.

(2) 피조물을 의지했다가 실망했을 때에 여기에서처럼 우리는 절망에 빠지는 것이 아니라(우리가 어찌 능히 피하리요) 하나님을 바라보아야 한다. 왜냐하면, 우리가 도우심을 구하러 하나님께 달려가면, 우리의 기대는 결코 좌절되지 않을 것이기 때문이다.

제
— 21 —
장

개요

이 장에는 슬프고 힘든 시기가 오리라는 예언, 암울한 경고의 말씀들이 나온다. I. 여기에서 "해변 광야"라 불린 바벨론에 관한 경고. 바벨론은 메대와 바사 군대에 의해서 철저하게 파괴되어 망할 것이고, 이 일은 하나님의 백성에게 유익을 가져다 줄 것이다(1-10절). II. 두마 또는 에돔에 관한 경고(11-12절). III. 아라비아 또는 게달에 관한 경고. 이 나라의 황폐화가 아주 가까이 다가왔다(13-17절). 이스라엘의 왕들이나 백성과 밀접한 관계에 있었던 이 나라들에 대하여 이스라엘의 선지자들은 뭔가 말할 것이 있을 수밖에 없었다. 나라 안의 일들만이 아니라 나라 밖의 일들도 알아야 하고, 나라 안의 소식만이 아니라 나라 밖의 소식에도 관심을 기울여야 한다.

[1]해변 광야에 관한 경고라 적병이 광야에서, 두려운 땅에서 네겝 회오리바람 같이 몰려왔도다 [2]혹독한 묵시가 내게 보였도다 속이는 자는 속이고 약탈하는 자는 약탈하도다 엘람이여 올라가고 메대여 에워싸라 그의 모든 탄식을 내가 그치게 하였노라 하시도다 [3]이러므로 나의 요통이 심하여 해산이 임박한 여인의 고통 같은 고통이 나를 엄습하였으므로 내가 괴로워서 듣지 못하며 놀라서 보지 못하도다 [4]내 마음이 어지럽고 두려움이 나를 놀라게 하며 희망의 서광이 변하여 내게 떨림이 되도다 [5]그들이 식탁을 베풀고 파수꾼을 세우고 먹고 마시도다 너희 고관들아 일어나 방패에 기름을 바를지어다 [6]주께서 내게 이르시되 가서 파수꾼을 세우고 그가 보는 것을 보고하게 하되 [7]마병대가 쌍쌍이 오는 것과 나귀 떼와 낙타 떼를 보거든 귀 기울여 자세히 들으라 하셨더니 [8]파수꾼이 사자 같이 부르짖기를 주여 내가 낮에 늘 망대에 서 있었고 밤이 새도록 파수하는 곳에 있었더니 [9]보소서 마병대가 쌍쌍이 오나이다 하니 그가 대답하여 이르시되 함락되었도다 함락되었도다 바벨론이여 그들이 조각한 신상들이 다 부서져 땅에 떨어졌도다 하시도다 [10]내가 짓밟은 너여, 내가 타작한 너여, 내가 이스라엘의 하나님 만군의 여호와께 들은 대로 너희에게 전하였노라

바벨론에 관한 경고의 말씀은 앞에서도 한 번 나왔었다(사 13장). 여기에는 바벨론의 멸망에 관한 또 한 번의 예언이 나온다. 하나님은 이렇게 자기 백성에게 이 일에 대해서 자세하게 가르쳐 주어 믿게 하는 것이 합당하다고 생각하셨다. 왜냐하면, 이것을 통해서 바벨론이 종종 그들에게 친구인 척하였을 때에(사 39:1) 하나님은 그들에게 그러한 우정을 의지하지 말라고 경고하고자 하셨고, 바벨론이 종종 그들에게 원수가 되었을 때에 하나님은 그들에게 바벨론의 적의(敵意)을 두려워하지 말라고 경고하고자 하셨기 때문이다. 바벨론은 멸망당하게 되어 있다. 육신의 눈으로 볼 때에는 바벨론이 번영하고 있고 여왕으로 군림하고 있는 것처럼 보일지라도, 하나님의 선지자들은 비록 거울을 통해서이기는 하지만 바벨론이 비틀거리며 두려워 떠는 모습을 볼 수 있다. 바벨론은 여기서 **해변 광야** 또는 **해변 평지**라 불린다. 왜냐하면, 바벨론은 작은 바다 같은 호수들이 지천으로 널려 있는 평지의 나라로서 유프라테스 강의 많은 지류들을 통해서 많은 물들을 공급받고 있었기 때문이다. 니느웨가 앗수르 사람들의 수중에 있는 동안에는 바벨론보다 더 번영하였기 때문에, 바벨론은 최근에 와서야 유명해지기 시작하였다. 그렇지만 얼마 지나지 않아 바벨론은 열방의 여주인이 되었다. 바벨론이 느부갓네살 시대에 최전성기를 맞아 강성해지기 전에 하나님은 선지자 이사야를 통해서 바벨론이 멸망할 것을 거듭거듭 분명하게 예언하셨는데, 이것은 그의 백성이 바벨론의 출현에 겁을 집어먹지 않게 하고, 그들이 바벨론에 포로로 잡혀갈 때에 때가 되면 구원받으리라는 것을 알고서 절망하지 않게 하기 위한 것이었다(욥 5:3; 시 37:35-36). 어떤 이들은 바벨론이 여기서 광야로 불리는 이유는 그 곳이 지금은 사람들이 많이 사는 성읍이지만 언젠가는 광야로 변하게 될 것이었기 때문이라고 생각한다. 이 복음적인 선지자가 바벨론의 멸망을 이토록 자주 예언하고 있는 것은 그것이 요한계시록에서 이 예언들에 나오는 많은 표현들을 빌려서 예언한 죄의 사람, 즉 신약 교회의 큰 원수의 멸망을 보여주는 모형이었기 때문이다. 그러므로 이사야서의 이 예언을 이해하고자 하는 자들은 반드시 요한계시록을 참조하고 함께 살펴보아야 한다.

I. 메대와 바사가 바벨론을 강력하게 기습해 오리라는 것(1-2절). 그들은 광야에서, 두려운 땅에서 올 것이다. 메대와 바사의 대부분의 군사들의 출신지였던 북쪽 지방은 황폐한 산악지대여서 나그네들은 그 곳을 지나가기를 두려

위하였고, 그 곳에서는 아주 가공할 만한 군사들이 길러졌다. 엘람(즉, 바사)은 올라가서 바벨론을 치고 메대 군대와 힘을 합쳐서 바벨론을 에워싸라는 호출을 받는다. 하나님은 이런 유의 하실 일이 있으실 때에는 그 곳이 비록 광야나 두려운 땅이라고 해도 거기에서 그 일에 사용할 적합한 도구들을 찾아내신다. 이 군대는 네겝, 즉 남방의 회오리바람 같이 돌연히 강력하고도 무시무시하게 큰 소리를 내며 와서, 그 길을 가로막는 모든 것을 쓰러뜨릴 것이다. 그러한 경우에 통상적으로 그렇듯이, 바벨론의 일부 변절자들이 그들에게 붙을 것이다. 속이는 자는 속이리라(기만적으로 행하는 자들은 기만적으로 행하리라). 역사가들은 바벨론 왕의 장군이었던 가다타스(Gadatas)와 고브리아스(Gobryas)가 변절하여 고레스에게 붙었다고 우리에게 말해준다. 그들은 바벨론 성읍의 모든 길들을 속속들이 잘 알고 있었기 때문에 메대와 바사의 군대를 왕궁으로 곧장 길안내를 하였고, 거기에서 벨사살은 죽임을 당하였다. 이렇게 속이는 자들의 도움을 받아서 약탈하는 자는 약탈하였다. 어떤 이들은 이 본문을 이렇게 읽는다. 저 속이는 자 바벨론을 속이는 자, 저 약탈하는 자를 약탈하는 자가 있으리라. 또는, 속이는 자가 속이는 자를 찾아내었고, 약탈하는 자가 약탈하는 자를 찾아내었도다(사 33:1). 바사 사람들은 바벨론 사람들에게 그들이 했던 대로 되갚아주게 될 것이다. 속임수와 폭력, 기만과 약탈, 불의한 전쟁과 기만적인 조약을 통해서 이웃 나라들을 삼켜 버렸던 자들은 그들의 천적을 만나서 똑같은 방식으로 당하게 될 것이다.

II. 이 일이 바벨론과 이해관계가 있는 자들에게 주게 될 서로 다른 영향들.

1. 그동안 압제받았던 가련한 포로들에게 이 일은 환영할 만한 소식이 될 것이다. 왜냐하면, 그들은 바벨론을 멸망시키는 자가 그들의 구원자가 되리라는 말을 오래 전에 들었기 때문이다. "엘람과 메대가 올라와서 바벨론을 에워쌀 때에 그들의 모든 탄식이 그치게 되리라. 그들은 더 이상 유프라테스 강물에 그들의 눈물을 섞지 않고 수금을 다시 타게 될 것이며, 시온을 생각할 때에 이전에는 울었지만 이제 웃음을 짓게 될 것이다." 긍휼에 풍성하신 하나님은 궁핍한 자들의 탄식으로 말미암아 적절한 때에 일어나실 것이다(시 12:5). 하나님은 그들의 목에서 멍에를 꺾으시고 악한 자들의 채찍을 그들에게서 제하심으로써 그들의 탄식을 그치게 하실 것이다.

2. 교만한 압제자들, 특히 당시의 바벨론 왕에게 이 일은 혹독한 묵시가 될

것이다(2절). 여기에서 자신의 피할 수 없는 운명을 슬프게 탄식하는 모습으로 묘사되고 있는 자는 다름 아닌 바로 그 바벨론 왕인 것으로 보인다(3-4절). 이러므로 나의 요통이 심하여 해산이 임박한 여인의 고통 같은 고통이 나를 엄습하였으므로 내가 괴로워서 듣지 못하며 놀라서 보지 못하도다. 이것은 벨사살에게서 문자 그대로 성취되었다. 왜냐하면, 바벨론 성읍이 함락되고 그 자신도 죽임을 당하였던 바로 그 밤에 손이 나타나서 벽에 이상한 글자들을 쓰는 광경을 보고서 왕의 즐기던 얼굴 빛이 변하고 그 생각이 번민하여 넓적다리 마디가 녹는 듯하고 그의 무릎이 서로 부딪쳤기(단 5:6) 때문이다. 그렇지만 이것은 그의 슬픔과 고통의 시작에 불과하였다. 다니엘이 이 글자들을 해독하자 그의 공포는 점점 커질 수밖에 없었고, 곧이어서 성문을 지키던 자들이 알려온 소식은 그의 공포를 극에 달하게 하였을 것이다. 나의 쾌락의 밤이 변하여 내게 두려움이 되었도다(개역에서는 희망의 서광이 변하여 내게 떨림이 되도다)라는 표현은 벨사살이 주연(酒宴)을 베풀어서 수많은 후궁과 영주들을 불러다놓고 함께 흥청거리며 그 흥이 최고조에 달했던 바로 그 밤에 바벨론의 함락과 더불어 죽임을 당하였다는 사실이 그의 공포를 더욱 가중시켰다는 것을 분명하게 보여준다. 그가 지상에서 맛볼 수 있는 쾌락의 극치를 아무런 방해도 없이 마음껏 누리면서 성전의 그릇들을 더럽히며 하나님과 그 신앙을 욕보이고 있었던 바로 그 쾌락의 밤은 극도의 공포가 엄습한 밤이 되어 버린 것이었다. 우리는 이 사건을 교훈으로 삼아서 헛된 즐거움과 감각적인 쾌락을 피하여야 하고, 그러한 것들에 목매는 일이 없어야 한다. 우리는 그러한 쾌락이 어떤 쓰라린 일로 끝나게 될지, 언제 웃음이 통곡으로 변하게 될지를 알지 못한다. 그러나 우리가 아는 것은 이 모든 일로 인하여 하나님은 우리를 심판에 붙이시리라는 것이다. 그러므로 우리는 기뻐할 때에는 항상 두렵고 떨리는 마음으로 기뻐하지 않으면 안 된다.

III. 적군이 기습해 올 때에 바벨론은 온통 축제의 즐거움 속에 빠져 있으리라는 것에 관한 묘사(5절). "온갖 산해진미로 식탁을 마련하고 파수꾼을 세워라. 파수꾼들이 망대에서 지키는 동안에 우리는 안심하고 기분 좋게 먹고 마시자. 적군이 쳐들어왔다는 보고가 들어오면, 고관들이 일어나서 방패에 기름을 바르고 기꺼이 적군을 맞이할 것이다." 그들은 이렇게 방심하고 안일하였으며, 무장(武裝)을 다 벗어던지고 온통 쾌락으로 띠를 띠었다.

**IV. 고레스와 다리오가 이끄는 군대가 쳐들어왔다는 소식이 바벨론에 전해

지리라는 것에 관한 묘사. 여호와께서는 묵시를 통해서 선지자에게 파수꾼이 위기의 때에 보통 그러하듯이 망대와 왕궁 가까이에 세워져 있는 모습을 보여 주셨다. 왕은 신하들에게 적군이 쳐들어오는 것을 가장 잘 볼 수 있는 곳에 파수꾼을 세우고서, 그가 보는 것을 보고하게 하라고 명령하였다(6절). 우리는 다윗(삼하 18:24)과 예후(왕하 9:17)의 이야기 속에서도 정보를 얻기 위해서 이렇게 파수꾼을 세워 놓은 것을 본다. 여기에 나오는 파수꾼은 마병 두 사람이 탄 병거를 발견하였는데, 아마도 이 병거에는 적군의 대장이 타고 있었을 것이다. 그런 후에 파수꾼은 다시 바사 사람들이 많이 사용하였던 나귀나 노새가 끄는 병거 한 대와 메대 사람들이 많이 사용하였던 낙타가 끄는 병거 한 대를 보았다. 이 두 대의 병거는 바벨론을 치기 위해 동맹을 맺은 두 나라를 의미하는 것일 수도 있고(그로티우스는 이렇게 생각한다), 왕궁에 전쟁 소식을 전하기 위해 오고 있는 병거들일 수도 있다(렘 51:31-32을 참조하라). 보발꾼은 보발꾼을 맞으려고 달리며 전령은 전령을 맞으려고 달려가 바벨론의 왕에게 전하기를 그 성읍 한쪽이 함락되었다 하리라. 이때에 왕은 바벨론 성읍의 다른 한쪽에서 주연을 베풀고 흥겹게 놀고 있었기 때문에 이 일을 전혀 알지 못하였다. 파수꾼은 이 병거들이 멀리서 오는 것을 보고서 최초의 보고를 받아 전하기 위해서 귀 기울여 자세히 들었다. 그리고 파수꾼이 사자라고 소리쳤다(8절). 파수꾼의 입에서 나온 이 말의 의미를 우리는 알지 못하지만, 당시 사람들은 누구나 알고 있었을 것임에 틀림없다. 이 말은 사람들의 주의를 환기시키기 위한 말이었을 가능성이 있다. 사자가 포효할 때처럼 들을 귀 있는 자는 들으라. 또는, 파수꾼이 사자 같이 부르짖었다. 그는 상황이 아주 급박해서 있는 힘을 다해서 아주 큰 소리로 외쳤다. 그는 무엇을 전했는가?

1. 그는 자기에게 맡겨진 임무에 자기가 충실했다고 공언한다. "주여, 내가 낮에 늘 망대에 서 있었지만, 지금까지는 아무것도 발견하지 못하였고, 모든 것이 평온해 보였나이다." 어떤 이들은 이 본문을 하나님의 백성이 예언을 믿고 오랫동안 바벨론의 멸망을 기다려 왔지만 아직도 그 멸망이 임하지 않았다고 하소연하는 말로 해석한다. 그러나 이 말 속에는 계속해서 기다리겠다는 결심도 아울러 들어있다. 현재의 섭리들의 결과가 무엇이 될지를 보기 위해서 내가 내 파수하는 곳에 서며 성루에 서리라(합 2:1).

2. 그는 자기가 발견한 것들을 알린다(9절). 마병대가 쌍쌍이 오나이다. 이것

은 적군의 모든 군대가 바벨론 성으로 진격해 들어가는 것을 보여주는 묵시이거나 그 일을 왕궁에 전하는 보고이다.

V. 마침내 바벨론의 멸망에 관한 묘사가 나온다. 병거에 있던 자가 (파수꾼이 말하는 것을 듣고서) 대답하여 이르되 함락되었도다 함락되었도다 바벨론이여라고 하였다. 또는, 이 일들의 결과에 대하여 묻는 선지자에게 하나님은 이렇게 대답하셨다. "바벨론이 확실하고 돌이킬 수 없게 함락되는 일이 마침내 일어났다. 이제 바벨론이 할 일은 끝났다. 그들이 조각한 신상들이 다 부서져 땅에 떨어졌도다." 바벨론은 창기들(즉, 우상 숭배)의 어미였고, 이것은 하나님께서 바벨론과 싸우신 이유들 중의 하나였다. 그러나 그 우상들은 바벨론을 전혀 보호해 주지 못할 것이고, 도리어 그 우상들 중 일부는 부서져 땅바닥에 떨어질 것이고, 가져갈 만한 가치가 있는 일부 우상들은 먼 길을 끌려가느라 짐승들에게 짐이 될 것이다(사 46:1-2).

VI. 당시 바벨론에서 포로 생활을 하고 있던 하나님의 백성에게 바벨론의 멸망에 관한 이 예언은 특히 그들을 위로하고 격려하기 위한 것임을 알리고, 이 예언이 때가 되면 이루어지라는 것을 믿으라고 권함(10절). 좀 더 살펴보자.

1. 선지자가 하나님의 이름으로 그들에게 부여한 칭호. 내가 짓밟은 너여, 내가 타작한 너여. 선지자는 그들을 그의 타작마당, 그의 타작마당의 낟알이라고 부르는데, 이것은 그들이 그의 동포여서, 그가 그들에 대하여 특별한 관심과 이해관계를 지니고 있었기 때문이다. 그러나 그는 하나님께서 그들을 그런 칭호로 부르시는 것처럼 말하고 있고, 진정으로 이스라엘 백성인 자들, 이 땅에서 신실한 자들에게 하나님으로부터 들은 말씀을 전한다.

(1) 교회는 하나님의 타작마당이다. 하나님은 이 땅에서 가장 소중한 열매들과 소산들을 그의 타작마당인 교회로 모으시고 거기에 쌓아두신다.

(2) 참된 믿는 자들은 하나님의 타작마당의 낟알이다. 위선자들은 겨와 지푸라기에 불과해서 많은 공간을 차지하고 있지만 가치는 별로 없다. 이 겨는 지금은 알곡과 뒤섞여 있지만, 머지않아 영원히 분리될 것이다.

(3) 하나님의 타작마당의 낟알은 환난과 박해를 통해서 타작되어야 한다. 옛적의 하나님의 백성 이스라엘은 흔히 밭가는 자의 쟁기(시 129:3)와 타작하는 자의 도리깨 아래에서 초창기부터 환난을 겪었다.

(4) 낟알이 타작되고 있는 동안에도 하나님은 그들을 자기 백성으로 시인하신다. 여전히 그 낟알은 그의 백성이다. 아니, 낟알이 타작되는 것은 하나님이 정하신 것으로서 그의 지시와 제약 아래에서 이루어진다. 타작하는 자들은 위로부터 그들에게 주어진 권세 외에는 그 낟알을 어찌 할 수 있는 그 어떤 권세도 가질 수 없다.

2. 선지자가 그들에게 자기가 전한 말씀이 참이라는 것을 확신시키고 그들의 소망을 거기에 두라고 권함. 내가 내 멋대로 생각해낸 것이 아니라 이스라엘의 하나님 만군의 여호와께 들은 대로 너희에게 전하였노라. 교회와 관련된 과거와 현재와 미래의 모든 사건들 속에서 우리는 만군의 여호와이자 이스라엘의 하나님이신 분, 그의 교회를 위한 일이라면 무엇이든 하실 수 있는 능력과 교회의 유익을 위한 모든 일을 행하시기에 충분한 은혜를 가지고 계시는 하나님을 바라보아야 하고, 여호와로부터 받은 말씀들인 선지자들의 말씀들을 바라보아야 한다. 선지자들은 알리라고 위임받은 것을 그 어떤 것이라도 은폐해서는 안 되는 것과 마찬가지로, 하나님께서 그들에게 알게 하시지 않은 것을 마치 하나님의 말씀인 양 전해서도 안 된다(고전 11:23).

11두마에 관한 경고라 사람이 세일에서 나를 부르되 파수꾼이여 밤이 어떻게 되었느냐 파수꾼이여 밤이 어떻게 되었느냐 12파수꾼이 이르되 아침이 오나니 밤도 오리라 네가 물으려거든 물으라 너희는 돌아올지니라 하더라

두마에 관한 이 예언은 아주 짧고, 모호하고 난해해서 이해하기도 어렵다. 어떤 이들은 두마가 아라비아의 일부였고, 게달의 주민들(16-17절)이 이스마엘의 둘째 아들의 후손들인 것과 마찬가지로(창 25:13-14) 두마의 주민들은 이스마엘의 여섯째 아들이었던 두마의 후손들이었다고 생각한다. 어떤 이들은 여기에 세일 산이 언급되어 있는 것을 근거로 들어서 두마를 에돔 사람들의 땅인 이두매로 이해한다. 여기서 이스라엘의 이웃 나라들 중 몇몇을 거론하며 그들의 환난에 대하여 예언하고 있는 것은 그 나라들로 하여금 환난에 대비하도록 경고하기 위한 것일 뿐만 아니라 이스라엘에게 위급한 때에 구원받기 위해서 이 나라들이나 주변 나라들을 의지하지 말고 오직 하나님만을 의지하라고 경고하기 위한 것이다. 우리는 여기에서 피조물을 의지하면 반드시 실망

하게 된다는 것을 똑똑히 보고, 피조물들이 우리 아래에서 산산이 부서진다는 것을 똑똑히 알고서, 피조물들이 감당할 수 있는 것 이상으로 그것들에 짐을 지워서는 안 된다. 역사 속에서 이 예언이 성취된 사건을 알아낼 수 없기 때문에 이 예언을 해석하는 것이 어렵기는 하지만, 그 적용은 그리 어렵지 않다.

1. 한 에돔 사람이 파수꾼에게 던진 질문. 이 사람은 세일에서 파수꾼을 불렀다. 그는 나라의 운명에는 별 관심도 없이 안일하게 지냈던 나머지 사람들보다도 나라의 안전과 미래에 더 많은 관심을 지녔던 사람이었다. 마게도냐 사람 하나가 환상 중에서 바울에게 마게도냐로 건너와서 그들을 도와 달라고 청하였듯이(행 16:9), 세일 산의 이 사람도 환상 중에서 선지자에게 그들을 가르치고 깨우쳐 달라고 청하였다. 그는 많은 사람들을 부르지 않는다. 모두가 다 백성의 평안에 속한 일들에 관심을 갖고 있는 것은 아니기 때문에, 그런 사람이 한 사람이라도 있다면, 그것은 다행스러운 일이다. 하나님의 백성 이스라엘에 속한 많은 사람들이 하나님의 선지자들의 말에 귀를 기울이고자 하지 않을 때에 세일 산의 어떤 사람이 선지자들에게 조언을 부탁하고 그들로부터 기꺼이 가르침을 받고자 한다. 그가 던진 질문은 진지하다. 밤이 어떻게 되었느냐. 이 질문은 적절한 사람, 즉 파수꾼에게 던져진다. 파수꾼의 임무는 바로 그러한 물음에 대답해 주는 것이다. 그는 정말 진지하게 대답을 듣고 싶어서 질문을 두 번 반복한다.

(1) 하나님의 선지자들과 사역자들은 파수꾼이 되도록 임명을 받았고, 우리도 그들을 파수꾼으로 여겨야 한다. 그들은 평안한 때에는 성읍의 파수꾼이 되어서, 모두가 안전한가를 살피고 집집마다 문을 두드려서 안전을 확인하며("문을 잘 잠겼나요? 불조심은 제대로 되었나요?") 길 잃은 자들에게 길을 찾아주고 질서를 어지럽히는 자들을 통제하는 일을 한다(아 3:3; 5:7). 그들은 전시(戰時)에는 진영에서 파수꾼 역할을 담당한다(겔 33:7). 그들은 적군의 동태를 면밀히 감시하다가 그 움직임들을 알아내서 아군에게 경고하여야 한다. 그들은 자신을 부인하고서 이 일을 하지 않으면 안 된다.

(2) 밤이 어떻게 되었느냐라고 파수꾼에게 반복해서 물어보는 것이 우리가 마땅히 해야 할 일이다. 왜냐하면, 다른 사람들이 잠잘 때에 파수꾼은 깨어 있기 때문이다.

[1] 지금이 밤 몇 시인가? 죄와 안일함 속에서 오랜 잠을 잔 후에 지금은 일

어날 때, 잠에서 깨어날 때가 아닌가(롬 13:11)? 우리에게는 해야 할 많은 일들이 있고 가야 할 긴 여정이 있다. 지금은 힘을 내서 분발해야 할 때가 아닌가? "파수꾼이여, 지금이 몇 시인가? 기나긴 어두운 밤이 지나고 동이 터올 어떤 희망이 있는가?"

[2] 밤새 무슨 소식이 있는가? "선지자가 밤새 무슨 묵시라도 보았는가? 우리는 기꺼이 그 묵시를 받을 준비가 되어 있다." 또는, "밤새 무슨 일이 일어났는가? 기후는 어떠하였으며, 무슨 새로운 소식이라도 있는가?" 우리는 결코 안일하게 있어서는 안 되고, 전쟁의 소식이 있을지도 모른다고 예상하고 있어야 한다. 주의 날이 도둑 같이 이르리라. 우리는 전쟁의 소식에 대비해서 제자리를 지키고, 전쟁의 기미가 느껴지자마자 즉시 영적인 병기로 무장하여야 한다.

2. 이 질문에 대한 파수꾼의 대답. 파수꾼은 잠을 자거나 졸지 않았다. 그를 부른 자는 세일 산의 어떤 사람이었지만, 그는 기꺼이 그에게 대답을 해주었다. 아침이 온다.

(1) 예언의 방식을 통해서. "먼저 빛과 평화와 기회의 아침이 올 것이고, 너는 위로의 한 날을 누리게 될 것이다. 그러나 그 후에 환난과 재난의 밤이 오리라." 하나님의 섭리의 운행 속에서 아침과 밤은 번갈아 오는 것이 보통이라는 것을 명심하라. 지금이 밤인가? 그렇지만 아침이 오리니, 새벽은 자신의 자리를 안다(시 30:5). 지금이 낮인가? 그렇지만 밤도 오리라. 지금이 젊음과 건강이 있는 아침이라면, 질병과 노년이 있는 밤이 올 것이다. 지금이 가문이 번성하는 아침이라면, 우리는 상황이 곧 변하리라는 것을 알아야 한다. 그러나 하나님은 자기 백성이 폭풍우에 대비할 수 있게 하고 그렇지 못했을 때에 변명할 말이 없게 하기 위하여 통상적으로 재난의 밤을 보내기에 앞서 먼저 기회의 아침을 주신다.

(2) 격려의 방식을 통해서. 네가 물으려거든 물으라. 현재의 아침을 잘 활용해서 곧 다가올 밤을 대비하는 것이 우리의 지혜이다. "물으라, 돌아오라. 궁금한 것을 캐묻고, 참회하고, 자원하여 순종하라." 표현의 방식이 매우 주목할 만하다. 왜냐하면, 우리가 어떻게 할 것인지를 우리 스스로 선택하도록 되어 있기 때문이다. "네가 물으려거든 물으라. 네가 묻지 않는다면, 무슨 위험이 닥치든 그 책임은 네게 있다. 너는 공정한 기회가 너에게 주어지지 않았다고 변명할 수 없다." 또한, 우리는 태도를 확실하게 하라는 주문을 받는다. "네가 묻고

자 한다면 그렇다고 말하고 머뭇거리지 말라. 낭비할 시간이 없으니, 네가 하고자 하는 대로 속히 행하라." 하나님께 돌아오는 자들은 그들에게 할 일이 아주 많고 시간은 부족하다는 것을 발견하게 될 것이다. 그러므로 그들은 부지런히 움직이지 않으면 안 된다.

¹³아라비아에 관한 경고라 드단 대상들이여 너희가 아라비아 수풀에서 유숙하리라 ¹⁴데마 땅의 주민들아 물을 가져다가 목마른 자에게 주고 떡을 가지고 도피하는 자를 영접하라 ¹⁵그들이 칼날을 피하며 뺀 칼과 당긴 활과 전쟁의 어려움에서 도망하였음이니라 ¹⁶주께서 이같이 내게 이르시되 품꾼의 정한 기한 같이 일 년 내에 게달의 영광이 다 쇠멸하리니 ¹⁷게달 자손 중 활 가진 용사의 남은 수가 적으리라 하시니라 이스라엘의 하나님 여호와의 말씀이니라

아라비아는 가나안 땅의 동쪽과 남쪽으로 길게 뻗어 있던 큰 땅이었다. 그 땅의 많은 부분은 아브라함의 자손이 차지하고 있었다. 여기에 언급된 드단 대상들(13절)은 아브라함이 그두라에게서 낳은 아들인 드단의 후손들이었다. 데마와 게달의 주민들은 이스마엘의 후손들이었다(창 25:3, 13, 15). 아라비아 사람들은 일반적으로 장막에서 살았고 가축을 키웠으며 노동으로 단련된 강인한 사람들이었다. 아마도 유대인들은 아라비아 사람들을 좀 더 호전적인 동방 민족들을 중간에서 막아주는 방어벽으로 여겼던 것 같다. 그러므로 유대인들은 아라비아에 관한 경고를 듣고, 아라비아가 자신의 짐에 눌려서 망하는 것을 보아야 할 것이었다.

I. **멸망시키는 군대가 칼, 곧 뺀 칼과 이미 당긴 활과 온갖 전쟁의 어려움을 가지고서 그들에게 들이닥칠 것이다**(15절). 앗수르 왕은 그의 승승장구하는 무시무시한 군대를 이끌고 원정을 행하다가 도중에 아라비아를 지나면서 거의 저항을 받지 않은 채로 그들을 쉽게 삼켜 버렸을 가능성이 크다. 전쟁의 심각성을 생각하면, 우리는 평화의 축복에 대하여 저절로 감사하게 된다.

II. **아라비아의 가엾은 사람들은 이 일로 인해서 피난처가 될 만한 곳이면 어디로든 도망치지 않을 수 없게 될 것이다.** 그래서 평소에는 큰 길로 다니곤 하였던 드단 대상들은 큰 길을 버리고서 아라비아 수풀에서 유숙함으로써(13절) 장막을 치고 편히 자지를 못하고 가엾게도 밖에서 추위에 떨며 지내게 될 것이

다.

Ⅲ. 그들은 침략해 온 군대를 피하여 달아나면서 양식이 부족해서 거의 죽게 될 지경에 이르러 힘을 차리기 위해 물과 떡이 필요하게 될 것이다. "데마 땅의 주민들아(이들은 드단 대상들 가까이에 살고 있었을 것이다) 물을 가져다가 목마른 자에게 주고 떡을 가지고 도피하는 자를 영접하라. 그들은 너희가 불쌍히 여겨야 할 대상들이기 때문이다. 그들은 유랑하는 것이 좋아서 유랑하는 것도 아니고, 지나친 사치와 낭비 때문에 곤경에 처하게 된 것도 아니고, 단지 칼날을 피하여 도망하는 것뿐이다." 데마는 물이 부족하였던 땅이었기 때문에(욥 6:19), 이것은 이 곤경에 처한 불쌍한 피난민들에게 너무도 고마운 일이었을 것이다. 여기에서 우리는 다음과 같은 것을 배워야 한다.

1. 스스로 곤경에 익숙해져야 한다는 것. 우리는 죽기 전에 어떤 곤경에 처하게 될지를 알지 못한다. 성읍들에 살던 자들이 수풀 속에서 유숙해야 하는 일이 일어날 수도 있다. 지금 배부르게 떡을 먹는 자들이 양식이 떨어져서 굶주리게 될 수도 있다. 우리의 산은 결코 옮겨지지 않을 만큼 그렇게 견고하지 못하고, 저울에 달지 못할 정도로 그렇게 높이 솟아 있지 않다. 이 아라비아 사람들은 지금까지 곤경과 역경에 익숙한 삶을 살아 왔기 때문에 차라리 이러한 재난들을 견뎌내는 편이 더 나을 것이었다.

2. 곤경에 처한 자들을 불쌍히 여겨서 기쁜 마음으로 구조하여야 한다는 것. 이것은 우리도 언제 그들과 같은 처지가 될지 모르기 때문이다. "물을 가져다가 목마른 자에게 주고, 떡이 필요해서 원하는 자들에게 떡을 줄 뿐만 아니라, 떡이 필요한 자들이 떡을 구걸하는 일이 없도록 미리 방지하기 위해서 그들이 청하지 않아도 먼저 그들에게 떡을 주라." 그렇게 행하는 자들의 덕은 사람들 가운데서 오래도록 기억될 것이다. (우리의 읽기에 의하면) 데마 땅의 사람들은 그들이 목마른 자들에게 물을 가져다 주고 심지어 전쟁에서 패한 자들까지 구조한 일로 인해서 성경에 기록되어 사람들 가운데서 기억되고 칭송을 받고 있다.

Ⅳ. 게달의 영광과 자랑이었던 모든 것이 사라질 것이다. 그들이 무수한 가축떼를 자랑하였던가? 그것들은 모두 적군이 몰고 가버릴 것이다. 그들은 다른 나라들에게 전쟁에서 활을 사용하는 것으로 유명하였던 것으로 보인다. 그러나 그들의 궁수들은 적군을 타격하기 전에 스스로 무너지게 될 것이다. 그들의 남은 수가 적으리라(17절). 그들이 보유하고 있었던 강건하고 힘센 자들, 용

맹스럽던 자들은 극소수만이 남게 될 것이다. 왜냐하면, 그들은 조국을 지키려고 가장 앞장서다 보니 위험에 가장 많이 노출되어서 적군의 칼날이나 손에 가장 먼저 죽어갔기 때문이다. 아무리 궁수들이 노련해서 과녁을 정확히 맞추는 자들이고 용사들이 용맹스럽다고 하여도 하나님의 심판으로부터 백성을 보호해 줄 수 없다는 것을 명심하라. 도리어, 그런 자들은 위험에 노출될 뿐이다. 이렇게 그들의 보잘것없는 영광과 자랑은 너무도 허망하게 사라져 버리고 말 것이다.

V. 이 모든 일은 짧은 시간 안에 이루어질 것이다. "품꾼의 정한 기한 같이 일 년 내에(정확히 일 년 내에) 이러한 심판이 게달에 임할 것이다." 이렇게 기한을 못 박은 것이 지금의 우리에게는 별 소용이 없겠지만(이 예언이 언제 행하여졌고 언제 성취되었는지를 알지 못하기 때문에), 당시의 아라비아 사람들을 일깨워서 하나님의 심판이 이렇게 바로 문 앞에 이르렀다는 말을 듣고서 니느웨 백성처럼 회개하여 심판을 미리 막는 데에 큰 역할을 했을 것이다. 또는, 이 예언이 성취되기 시작할 때, 그 일은 일 년 내에 끝나게 될 것이다. 하나님은 원하시기만 한다면 짧은 시간 안에 큰 일을 행하실 수 있다.

VI. 선지자는 이 모든 예언이 하나님의 진리라는 것을 다시 확인해 준다(16절). "주께서 이같이 내게 이르셨다. 너는 내가 한 말을 하나님의 말씀으로 받아들여도 좋다." 우리는 하나님의 말씀은 일점일획이라도 땅에 떨어지지 않으리라는 것을 확신할 수 있다. 이스라엘의 하나님 여호와의 말씀이니라(17절). 이것은 이스라엘의 하나님께서 그들에 대한 그의 은혜로운 뜻을 따라 말씀하신 것이다. 우리는 이스라엘의 지존자는 거짓이 없으시다는 것을 확신할 수 있다.

제 — 22 — 장

개요

우리는 이 장에서 마침내 본론에 가까이 다가왔다. 왜냐하면, 이 장은 예루살렘의 "환상의 골짜기에 관한 경고"이기 때문이다. 다른 나라들에 대한 경고는 그 나라들이 이런저런 식으로 예루살렘과 관련되어 있었기 때문에 주어진 것이었고, 그 나라들은 하나님의 백성에 대하여 앙심을 품은 원수들 또는 거짓 친구들로 여겨졌다. 그러나 이제 예루살렘은 여기서 자신의 운명에 대하여 듣게 된다. 이 장은 다음과 같은 것들에 관한 내용들을 다루고 있다. I. 예루살렘 도성 자체와 도성에 의존하고 있던 주변. 1. 산헤립이 유다를 침략하여 도성을 포위함으로써 도성과 그 주변이 곧 극심한 곤경에 처하게 되리라는 예언(1-7절). 2. 그들이 그러한 곤경 속에서 두 가지로 잘못한 것에 대한 책망. (1) 그들을 살리기 위한 수단들을 사용함에 있어서 하나님을 바라보지 않은 것(8-11절). (2) 하나님의 능하신 손 아래에서 스스로를 낮추지 않은 것(12-14절). II. 히스기야의 궁정과 그 궁정에 속한 조신(朝臣)들. 1. 악한 자 셉나가 국고를 맡은 자리에서 쫓겨나리라는 것(15-19, 25절). 2. 나라를 더 잘 섬길 엘리아김이 그 자리를 맡게 되리라는 것(20-24절).

¹환상의 골짜기에 관한 경고라 네가 지붕에 올라감은 어찌함인고 ²소란하며 떠들던 성, 즐거워하던 고을이여 너의 죽임을 당한 자들은 칼에 죽은 것도 아니요 전쟁에 사망한 것도 아니라 ³너의 관원들도 다 함께 도망하였다가 활을 버리고 결박을 당하였고 너의 멀리 도망한 자들도 발견되어 다 함께 결박을 당하였도다 ⁴그러므로 내가 말하노니 돌이켜 나를 보지 말지어다 나는 슬피 통곡하겠노라 내 딸 백성이 패망하였음으로 말미암아 나를 위로하려고 힘쓰지 말지니라 ⁵환상의 골짜기에 주 만군의 여호와께로부터 이르는 소란과 밟힘과 혼란의 날이여 성벽의 무너뜨림과 산악에 사무쳐 부르짖는 소리로다 ⁶엘람 사람은 화살통을 메었고 병거 탄 자와 마병이 함께 하였고 기르 사람은 방패를 드러냈으니 ⁷병거는 네 아름다운 골짜기에 가득하였고 마병은 성문에 정렬되었도다

이 예언의 말씀에 붙어 있는 표제는 매우 주목할 만하다. 그것은 유다와 예루살렘의 환상의 골짜기에 관한 경고이다. 이 표제는 전적으로 옳다. 예루살렘이 골짜기라 불리는 것은 너무도 지당하다. 왜냐하면, 예루살렘은 산들로 둘러싸여 있었고, 유다 땅에는 비옥한 골짜기들이 많았기 때문이다. 예루살렘과 그 주변 성읍들은 높이 솟아 있는 산 같았지만, 하나님의 심판에 의해서 낮아져서 골짜기처럼 깊이 가라앉아 어둡고 더럽게 될 것이다. 그러나 여기에서는 좀 더 강조해서 예루살렘을 환상의 골짜기라 부른다. 왜냐하면, 거기에서 하나님이 알려지셨고 그의 이름이 위대해졌으며, 거기에서 선지자들이 환상들을 통해서 하나님의 마음을 알게 되었고, 백성들은 그들의 하나님이자 왕이신 여호와께서 그의 성소에서 역사하시는 것을 보았기 때문이다. 바벨론은 비록 부강한 나라였지만 하나님을 모르는 나라였기 때문에 해변 광야라 불렀다. 그러나 예루살렘은 하나님의 말씀들을 맡고 있었기 때문에 환상의 골짜기이다. 그들의 눈은 봄으로 복이 있도다. 그들 가운데는 직업적인 선견자들이 있었다. 성경과 사역자들이 존재하는 곳에는 환상의 골짜기가 있고, 우리는 거기로부터 열매를 기대할 수 있다. 그러나 여기에 나오는 것은 환상의 골짜기에 관한 경고이고, 그것은 엄중한 경고의 말씀이다. 교회에 특권들이 주어져 있지만, 교회가 그 특권들을 잘 선용하지 않는다면 사람들을 하나님의 심판으로부터 안전하게 지켜줄 수 없다는 것을 명심하라. 내가 땅의 모든 족속 가운데 너희만을 알았나니 그러므로 내가 너희 모든 죄악을 너희에게 보응하리라. 환상의 골짜기는 특별한 책임을 지니고 있다. 너, 가버나움아(마 11:23). 특별한 은혜와 은사를 더 많이 받은 사람일수록, 그가 그러한 것들을 악용한다면, 그의 파국은 더욱 심할 것이다.

여기에 나오는 환상의 골짜기에 관한 경고는 유다를 완전히 멸망시키고자 하는 것이 아니라 단지 경고하기 위한 것이다. 왜냐하면, 이 경고의 말씀은 느부갓네살에 의해서 예루살렘이 멸망한 사건이 아니라 산헤립이 예루살렘을 함락시키고자 했던 사건(이 사건에 대한 예언은 이사야 10장에 나오고, 그 구체적인 이야기는 36장에 나온다)을 언급하고 있기 때문이다. 이 사건이 여기에서 다시 예언되고 있는 이유는 앞의 장들에서 예언되었던 많은 이웃 나라들의 황폐화가 앗수르 군대에 의해서 일어나게 되어 있었기 때문이었다. 이제 예루살렘은 이 잔이 차례로 한 순배 돌아갈 때에 마침내 그의 손에 쥐어지게 되리라는 것을 알아야 한다. 그 잔은 예루살렘에게 치명적인 잔은 아닐 것이지만 두렵고 떨리는 잔이 될 것이다. 여기에서는 다음과 같은 것들이 예언되고 있다.

I. 산헤립의 군대가 다가올 때에 예루살렘이 크게 놀라게 되리라는 것. 예루살렘은 활기가 넘쳤던 성읍, 활발한 교역이 이루어져 사람들이 각기 자신의 일을 따라 분주하게 움직였던 성읍, 많은 사람들이 소란스럽게 떠들던 성읍이었다. 교역이 활발하게 이루어지는 곳에는 큰 소란이 있다. 예루살렘은 사람들이 즐거워하며 흥청거리던 성읍이었다. 그런데 많은 사람들이 모여들어 한쪽에서는 일로 바쁘고 한쪽에서는 흥청거리며 즐거워했던 소란한 성읍은 어찌 되었는가? "그런데 이제 상점들은 다 문을 닫고 거리에는 다니는 사람이 없는 가운데 네가 홀로 조용히 울거나 적군을 피하거나 너를 구하러 누가 오는지 또는 적군의 동태가 어떠한지를 멀리까지 살펴보기 위해서 지붕에 올라감은 어찌 된 영문인가(1절)." 일하거나 운동을 즐기는 자들은 비록 기쁘더라도 기쁘지 않은 자 같이 하여야 한다. 왜냐하면, 그들이 생각지도 못했던 일이 곧 일어나서 그들의 즐거움이 그치고 그들의 일을 그만두고서 지붕 위의 외로운 참새 같이 밤을 새울(시 102:7) 날이 올 것이기 때문이다. 그러나 예루살렘은 왜 그렇게 경악하며 크게 놀라게 되는 것인가? 너의 죽임을 당한 자들은 칼에 죽은 것이 아니다 (2절).

1. 그들은 기근으로 죽을 것이다(어떤 이들은 이렇게 해석한다). 왜냐하면, 산헤립의 군대가 이 땅을 황폐케 하고 땅의 소산들을 다 파괴하여서, 도성에 먹을 것이 귀해지고, 가난한 자들이 굶어 죽거나 몸에 해로운 것들로 연명하다가 죽어갈 수밖에 없게 될 것이기 때문이다.

2. 그들은 두려움 때문에 거의 죽은 자들 같이 될 것이다. 도성 사람들 중에서 전투를 벌이다가 적군에 의해 죽임을 당한 자는 아무도 없었지만, 그들은 두려움에 빠져 낙심해서, 마치 칼에 찔린 것처럼 두려움에 찔린 것처럼 보였다.

II. 유다의 관원들은 불명예스럽게도 방방곡곡에서 예루살렘으로 도망해 오리라는 것(3절). 그들은 마치 짜기라도 한 것처럼 하나 같이 마땅히 돌보아야 할 각자의 성읍을 버리고서 예루살렘으로 모여들었다. 이 때문에 앗수르 군대는 아무런 저항도 받지 않은 채 유다의 모든 견고한 성을 쳐서 손쉽게 취하였다 (사 36:1). 이 관원들은 활을 버렸다. 그들은 겁쟁이처럼 각자의 성을 버렸을 뿐만 아니라, 극도로 위축되고 혼란에 빠져서 예루살렘에 와서도 마치 손이 묶여서 활을 쏘지 못하는 양 전쟁에서 아무런 역할도 하지 않았다. 그들은 너무도 두려워서 떨었기 때문에 활 시위를 당길 수조차 없었다. 하나님은 얼마나 쉽게 사람들의 사기를 꺾어놓으실 수 있는지, 두려움에 사로잡히면 사람들이 얼마나 확실하게 사기가 꺾이는지를 보라.

III. 그들 가운데서 모든 진지하고 지각 있는 자들이 이 일 때문에 크게 슬퍼하게 되리라는 것. 이것은 선지자가 이 일로 인하여 그의 심정이 어떠할 것인지를 토로하는 방식으로 묘사된다. 그는 살아서 이 일을 직접 눈으로 보고, 자기 백성의 슬픔에 동참하였다(4-5절). 그는 자기가 슬퍼하는 모습을 사람들에게 보이기를 원치 않았기 때문에 주변 사람들에게 자기에게서 눈을 돌려줄 것을 요청한다. 그는 슬픔에 잠겨서 은밀히 비통하게 울 것이고, 그의 슬픔이 너무 커서 스스로 고통당하는 것을 피하려 하지 않을 것이기 때문에 그 누가 와도 그를 위로하지 못할 것이다. 그런데 그로 하여금 이토록 슬퍼하게 만든 일은 과연 무엇이었는가? 이 가난한 선지자는 사실 잃을 것이 거의 없었고, 벗은 발과 벗은 몸으로 다니면서 고생하는 것에도 익숙해져 있었다. 그가 슬퍼한 것은 그의 딸 백성이 패망하였기 때문이다. 그 날은 소란과 밟힘과 혼란의 날이 될 것이다. 우리의 원수들은 우리를 괴롭히고 짓밟을 것이고, 우리의 친구들은 혼란스럽고 당혹하여서 우리를 어떻게 도와야 할지를 모르게 될 것이다. 만군의 하나님 여호와께서는 지금 환상의 골짜기와 다투고 계신다. 원수들이 파성퇴(破城槌)를 가지고 성벽을 부수고 있을 때에 우리가 산들에게 원수를 막아 달라거나 우리 위에 떨어져서 우리를 은폐해 달라고 소리쳐도 소용없을 것이고, 산들을 향하여 변론하여 우리와 침략군 사이를 판단하라고 호소해서 산들로 하여금 우리의 목소리를 듣고 도와주러 달려올 것을 기대해도 소용없을 것이다(미 6:1).

IV. 무수하고 막강한 적군이 그들의 땅을 침략하여 그들의 도성을 에워싸게 되리라는 것(6-7절). 엘람 사람들(즉, 바사 사람들)은 화살이 가득한 화살통을 메고서, 병거 탄 자들 및 마병들과 함께 올 것이다. 기르 사람들(즉, 메대 사람들)은 그들의 무기를 점검하여 칼을 빼들고 방패를 드러내며, 전투를 위한 모든 준비, 예루살렘을 에워쌀 모든 준비가 마쳐졌음을 과시할 것이다. 그 때에 가축 떼와 곡물로 뒤덮여 있던 예루살렘 주변의 아름다운 골짜기들은 전쟁을 위한 병거들로 가득할 것이고, 성문 앞에는 예루살렘으로 들어가는 모든 양식을 차단하고 그들이 성문을 뚫고 들어가기 위해서 마병이 성문에 정렬될 것이다. 그러한 적군에 의해서 사방으로 포위된 도성의 처지가 어떠할지는 뻔한 노릇이 아닌가!

8그가 유다에게 덮였던 것을 벗기매 그 날에야 네가 수풀 곳간의 병기를 바라보았고 9너희가 다윗 성의 무너진 곳이 많은 것도 보며 너희가 아랫못의 물도 모으며 10 또 예루살렘의 가옥을 계수하며 그 가옥을 헐어 성벽을 견고하게도 하며 11너희가 또 옛 못의 물을 위하여 두 성벽 사이에 저수지를 만들었느니라 그러나 너희가 이를 행하신 이를 앙망하지 아니하였고 이 일을 옛적부터 경영하신 이를 공경하지 아니하였느니라 12그 날에 주 만군의 여호와께서 명령하사 통곡하며 애곡하며 머리털을 뜯으며 굵은 베를 띠라 하셨거늘 13너희가 기뻐하며 즐거워하여 소를 죽이고 양을 잡아 고기를 먹고 포도주를 마시면서 내일 죽으리니 먹고 마시자 하는도다 14 만군의 여호와께서 친히 내 귀에 들려 이르시되 진실로 이 죄악은 너희가 죽기까지 용서하지 못하리라 하셨느니라 주 만군의 여호와의 말씀이니라

이 단락의 처음에서 벗겨질 것이라고 말해지고 있는 유다에게 덮였던 것이 무엇인지에 대해서는 해석자들 간에 의견이 일치하지 않는다. 유다의 견고한 성읍들은 유다를 보호해 주고 있던 엄호물이었다. 그러나 이 견고한 성읍들은 앗수르 군대에 의해서 점령되어서 더 이상 유다를 보호해 주는 것이 될 수 없었기 때문에 온 나라는 약탈의 위험에 그대로 노출되어 있었다. 유다의 연약함, 유다가 벌거벗겨져서 더 이상 스스로를 지킬 수 없다는 것은 그 어느 때보다도 이제 더 뚜렷하게 드러났다. 이렇게 유다를 덮어주고 있던 것이 벗겨졌다. 그동안 굳게 잠겨 있었던 유다의 병기고와 창고들은 이제 모든 사람이 볼 수 있게 공개되어 버렸다. 라이트푸트 박사는 이 본문을 다르게 해석해서, 하나님은 유다를 이러한 곤경 속으로 몰아넣으심으로써 그들을 덮고 있던 것 (즉, 그들의 위선)을 벗기시고, 다른 경우에 히스기야에 대하여 그러하셨듯이 (대하 32:31) 그들의 마음속에 있는 모든 것을 드러내시리라는 것을 말하고 있다고 본다. 이렇게 이런저런 방법을 통해서 에브라임의 죄와 사마리아의 악이 드러나게 될 것이다(호 7:1).

그들은 이제 크게 놀라고 두려워하는 가운데 있었는데, 이러한 상황 속에서 두 가지 크게 잘못된 태도를 보여주었다.

I. 하나님의 선하심과 그들을 도우실 수 있는 하나님의 능력을 크게 멸시함. 그들은 그들이 살 길이라고 생각한 모든 방법들을 다 사용하여 보았다. 그들이 책망받고 있는 것은 그 일 때문이 아니라 그렇게 하면서 하나님을 인정하지 않았기 때문이었다. 좀 더 살펴보자.

1. 그들은 그들의 안전에 도움이 될 만한 온갖 수단들을 얼마나 세심하게 활용하고자 했던가. 산헤립이 유다의 모든 견고한 성읍들을 다 점령하고 오직 예루살렘만이 포도원의 원두막처럼 남겨졌을 때, 그들은 지금이 그들 자신을 위한 대책을 강구할 때라고 생각하였다. 전쟁을 위한 회의가 즉시 소집되었고, 거기에서 그들은 순순히 항복하지 않고 끝까지 저항하기로 결정하였다. 이 결정에 따라서 그들은 그들의 안전을 보장할 수 있을 것으로 보여지는 온갖 지혜로운 조치들을 다 취하였다. 위험이 닥쳤을 때에 우리가 우리 자신을 위하여 할 수 있는 최선의 것을 다하지 않는다면, 그것은 하나님을 시험하는 것이 된다.

(1) 그들은 무기와 탄약이 많이 비축되어 있는지를 알아보기 위하여 무기고와 창고들을 살폈다. 그들은 솔로몬이 무기를 보관하기 위해서 예루살렘에 지어 놓았던 수풀 곳간의 병기를 살펴보았다(왕상 10:17). 갑자기 위급한 상황이 벌어져서 무기가 필요할 때를 위해서 평화로운 때에 전쟁을 준비해 놓는 것은 왕들의 지혜이다.

(2) 그들은 요새들을 둘러보고, 다윗 성의 무너진 곳을 살펴보았다. 그들은 성벽을 돌아다니며, 때를 맞춰 수리를 해주지 않았거나 이전의 공격에 의해서 무너진 곳들이 어디어딘지를 눈여겨보았다. 이렇게 무너진 곳들이 많았다. 그들이 다윗 성을 돌보는 일을 이렇게 게을리했다는 것은 다윗 가문에 더 수치를 안겨주는 일이었다. 그들은 아마도 자주 이 무너진 곳들을 보아 왔을 것이지만, 이제 와서야 그들 자신을 위하여 어떤 조치를 취해야 할지를 곰곰이 생각하다 보니 무너진 곳들이 그들의 눈에 들어오게 된 것이었다. 공적인 환난은 우리에게 그러한 유익을 가져다 준다. 우리는 환난을 계기로 정신을 차려서 우리의 무너진 곳들을 수리하고 잘못된 것들을 고칠 수 있어야 한다.

(3) 그들은 도성에 물이 잘 공급되고 있는지를 확인하였고, 도성을 포위한

자들이 물을 공급받을 수 없도록 최선의 조치를 취하였다. 너희가 아랫못의 물도 모았다. 아랫못에 저장된 물은 아주 많지는 않았을 것이었기 때문에, 그들은 물을 절약하는 데에 더 큰 관심을 기울였다. 인간의 생명을 유지하는 데에 물보다 더 절실하게 필요한 것이 없는데, 물이 그 어떤 것보다도 가장 싸고 흔하다는 것은 얼마나 큰 자비인가. 그러나 여기에서처럼 물이 귀한 것이 되어 버릴 때에 상황은 극도로 심각해진다.

(4) 그들은 한 집이나 머릿수를 따라 군사나 군비를 차출하기 위하여 예루살렘의 가옥을 계수하였다.

(5) 공적인 안전이 사적인 재산권보다 우선되어야 했기 때문에, 성벽을 요새화하는 데에 방해가 되는 집들을 헐었는데, 이와 같이 공적인 필요에 의해서 집을 허는 것은 불이 나서 집을 잃는 것과 마찬가지로 집 주인에게 해를 끼치는 일이 아니었다.

(6) 그들은 도성을 더 안전하게 하기 위하여 외성(外城)과 내성(內城) 사이에 도랑 모양의 수로를 만들어서, 옛 못의 물을 그리로 끌어오고자 했는데, 이것은 그들이 풍부한 물을 보유함과 동시에 도성을 포위한 자들에 대한 물의 공급을 차단하기 위한 것이었다. 그들이 이렇게 한 것은 앗수르 군대가 와서 많은 물을 얻어(대하 32:4) 포위공격을 더 오래할 수 있도록 내버려 두지 않기 위한 것으로 보인다. 적군을 곤경에 빠뜨리고 굶주리게 하기 위하여 말이 먹을 꼴을 없애는 것이 정당하듯이 물줄기의 방향을 돌려서 적군에 대한 물의 공급을 차단하는 것도 정당하다.

2. 그들은 이러한 모든 준비를 하면서 얼마나 하나님을 무시하고 전혀 안중에 두지 않았던가. 그러나 너희가 그토록 방어하고자 애를 쓰고 있는 예루살렘 도성과 자연이 도성의 방어를 위해서 제공해 준 온갖 천혜의 혜택들, 곧 예루살렘을 두른 산들(시 125:2)과 도성의 주민들이 편리한 대로 이용할 수 있었던 강들을 만드신 이를 앙망하지 아니하였다.

(1) 아주 오래 전에 자신의 계획을 따라 예루살렘을 만드시고 조형하신 분은 하나님이셨다. 유대인 저술가들은 이 곳과 관련해서 하나님이 창세 전에 만드신 것(하나님이 세상을 지으실 때에 미리 염두에 두고 계셨던 것)이 일곱 가지가 있었다고 말한다. 에덴 동산, 율법, 의인들, 이스라엘, 영광의 보좌, 예루살렘, 왕이신 메시야. 복음 교회를 만드신 분은 하나님이시다.

(2) 우리는 하나님의 예루살렘을 위하여 그 어떤 섬김의 일을 할 때에 예루살렘을 만드신 하나님을 염두에 두고 그를 바라보는 가운데 그 일을 행하여야 한다. 그렇게 하지 않는다면, 하나님은 그 일을 선한 것으로 보지 않으신다. 여기에서 유다 사람들은 하나님을 바라보지 않았다는 책망을 듣는다.

[1] 그들은 여러 가지 일들을 진행할 때에 하나님의 영광을 염두에 두지 않았다. 그들이 예루살렘을 요새화한 것은 예루살렘이 거룩한 도성이고 하나님의 전이 거기에 있었기 때문이 아니라 그 곳이 부요한 도성이고 그들의 집이 거기에 있었기 때문이었다. 우리가 교회를 지키는 일을 심혈을 기울여 행할 때, 우리는 그 일 속에서 우리 자신의 유익이 아니라 하나님의 유익을 구하여야 한다.

[2] 그들은 하나님께서 그들이 하는 일들을 축복해 주시도록 하나님을 의지하여야 함에도 불구하고 그렇게 하지 않았고, 그럴 필요성도 느끼지 못하였기 때문에 하나님을 찾지도 않았다. 그들은 그들 자신의 힘과 방책들만으로도 충분하다고 생각하였다. 하지만 성경에서는 히스기야에 대해서는 특히 이 경우에(대하 32:8) 그가 하나님을 의지하였다(왕하 18:5)고 말한다. 그러나 히스기야 주변에 있던 유명한 정치가들과 군사들은 거의 신앙을 갖고 있지 않았던 것으로 보인다.

[3] 그들은 도성을 요새화하는 데에 있어서 그들이 지니고 있었던 천혜의 혜택들, 특히 아주 오래 전에 만들어진 옛 못의 물(기손 강이 옛 강으로 불리듯이, 삿 5:21)에 의한 혜택에 대하여 하나님께 감사하지 않았다. 어느 때라도 우리가 자연의 혜택을 받게 될 때에 그 때마다 우리는 그것을 아주 오래 전에 만드셔서 그 규례를 따라 오늘날까지 있게 하신 자연의 하나님의 선하심을 인정하여야 한다. 모든 피조물은 하나님이 우리를 위하여 만드신 것이다. 그러므로 피조물이 우리에게 유익하게 사용될 때마다 우리는 그것을 지으신 하나님을 바라보고, 그것으로 인하여 하나님을 찬송하며, 그것을 하나님을 위하여 사용하여야 한다.

II. 그들과 다투시는 하나님의 진노와 공의를 크게 멸시함(12-14절). 좀 더 살펴보자.

1. 그들에게 이러한 재난을 내리신 하나님의 의도는 무엇이었는가. 그것은 그들을 낮추셔서 회개케 하시며 진지하고 진실하게 만들기 위한 것이었다. 환

난을 당하고 짓밟히며 당혹스러운 저 날에 여호와께서 그들에게 명하신 것은 통곡하며 애곡하며 심지어 머리 털을 뜯으며 굵은 베를 띠며 온갖 슬픔의 표현들을 보이는 것이었는데, 이 모든 것은 하나님의 이러한 심판을 그들의 땅에 불러들인 원인이 되었던 그들의 죄악을 애통해하고, 그들이 열렬히 기도함으로써 하나님의 심판이 더 이상 이어지지 않게 하며, 하나님의 말씀 아래에서 거룩하고 진실하고 부드러운 마음을 가져서 그들의 삶을 고칠 마음을 품게 하기 위한 것이었다. 하나님께서는 선지자로 하여금 그의 섭리들을 설명하고 그의 섭리들을 통해서 그들을 정신차리게 하여 선지자들이 말한 것에 주의를 기울이도록 하시는 방식으로 그들에게 이것을 명령하셨다. 하나님께서 그의 심판들을 통해서 우리에게 경고하실 때에 기대하시고 요구하시는 것은 우리가 그의 능하신 손 아래에서 스스로를 낮추고, 사자가 포효할 때에 두려워 떨며, 역경의 날에 깊이 생각하는 것임을 명심하라.

2. 그들이 하나님의 이러한 의도를 얼마나 거슬러 행하였는가(13절). 너희가 기뻐하며 즐거워하여 잔치를 베풀고 흥청망청하며 온갖 환락을 다 즐기고 쾌락을 누리는도다. 그들은 마치 그들의 변방에 적군이 없거나 적군의 수중에 그들의 땅이 떨어질 위험이 전혀 없다는 듯이 여느 때처럼 안일하게 흥청망청댔다. 그들은 그들이 안전하기 위해 꼭 필요한 조치들을 취한 후에는 죽음이나 위험은 그들과는 아무 상관이 없다는 듯이 그들에게 무슨 일이 벌어질 것인지는 아랑곳하지 않고서 즐기기에 여념이 없었다. 마땅히 애곡하는 자들 가운데 있어야 할 자들이 술을 즐겨 하는 자들과 고기를 탐하는 자들 가운데 있었다. 그들이 무슨 말을 했는지를 들어보라. 내일 죽으리니 먹고 마시자. 이것은 그들이 지금 처해 있는 구체적인 위험과 선지자가 그들에게 그 위험에 대하여 경고한 것과 관련 있는 말일 수도 있고, 인간의 생명이 일반적으로 짧고 불확실해서 언제 죽을지 모른다는 것을 말하는 것일 수도 있다. 이것은 하나님의 사신들을 비웃고 그의 선지자들을 욕하였던 교만한 자들의 언어였다.

(1) 그들은 선지자가 죽음에 대하여 말하자 그 말을 비웃었다. "우리가 곧, 아니 내일 죽을 것이니 오늘 애통해하고 회개해야 한다고 선지자가 우리에게 말한다. 그렇지만 우리는 먹고 마시자. 오늘 잘 먹어 두어야 내일 죽더라도 우리 얼굴 빛깔이 고울 것이고 편한 마음으로 죽음을 맞이할 수 있지 않겠는가. 이왕 살 날이 얼마 남지 않았다면, 남은 날들을 즐겁게 살자."

(2) 그들은 사람이 죽은 이후의 장래의 상태에 관한 가르침을 조롱하였다. 사도 바울은 만약 그런 장래의 상태가 존재하지 않는다면 그들이 한 말은 어느 정도 일리가 있을 것임을 인정한다(고전 15:32). 만약 죽을 때에 우리의 모든 것이 끝난다고 한다면, 살아 있는 동안에 될 수 있는 한 편안하고 즐겁게 사는 것이 당연히 좋을 것이다. 그러나 하나님이 이 모든 일로 말미암아 우리를 심판하시는 것이 사실이라면, 우리 마음에 원하는 길들과 우리 눈이 보는 대로 행하면 우리는 장차 큰 위험에 처하게 될 것이다(전 11:9). 옛적에 세상 사람들이 홍수 전에 먹고 마셨던 것처럼 무수한 사람들이 육적으로 안일하고 정욕을 따라 방탕한 삶을 살아감으로써 죄를 짓고 수치와 파멸을 당하게 되는 것의 밑바닥에는 현세 후에 내세가 존재한다는 것을 실제로 믿지 않는 불신앙이 자리 잡고 있다는 것을 명심하라.

3. 하나님께서 그들의 그러한 행태에 대하여 얼마나 진노하셨는가. 하나님은 그것을 미워하신다는 것을 선지자에게 나타내셨고, 친히 그의 귀에 들려 밝히셔서, 그로 하여금 지붕에 올라가서 그것을 선포하게 하셨다. 진실로 이 죄악은 너희가 죽기까지 용서하지 못하리라(14절). 그 죄악은 엘리 집의 죄악과 마찬가지로 결코 제물이나 예물로 속함을 받지 못할 것이다(삼상 3:14). 그들의 죄악은 하나님이 그들을 고치시고자 하신 것을 거스른 죄, 죄를 깨닫게 하기 위한 최선의 수단들을 무력화시켜 버린 죄이다. 그러므로 그들은 그 죄악을 회개하는 일은 결코 없을 것이고, 그 죄악은 결코 용서를 받지 못할 것이다. 갈대아 역본에서는 이 본문을 이 죄악은 너희가 둘째 사망으로 죽기까지 용서받지 못하리라로 읽는다. 제멋대로 하나님의 뜻을 거슬러 행하는 자들에게 하나님도 제멋대로라는 것을 보여주실 것이다.

[15]주 만군의 여호와께서 이르시되 너는 가서 그 국고를 맡고 왕궁 맡은 자 셉나를 보고 이르기를 [16]네가 여기와 무슨 관계가 있느냐 여기에 누가 있기에 여기서 너를 위하여 묘실을 팠느냐 높은 곳에 자기를 위하여 묘실을 팠고 반석에 자기를 위하여 처소를 쪼아내었도다 [17]나 여호와가 너를 단단히 결박하고 장사 같이 세게 던지되 [18]반드시 너를 모질게 감싸서 공 같이 광막한 곳에 던질 것이라 주인의 집에 수치를 끼치는 너여 네가 그 곳에서 죽겠고 네 영광의 수레도 거기에 있으리라 [19]내가 너를 네 관직에서 쫓아내며 네 지위에서 낮추리니 [20]그 날에 내가 힐기야의 아들 내

종 엘리아김을 불러 ²¹네 옷을 그에게 입히며 네 띠를 그에게 띠워 힘 있게 하고 네 정권을 그의 손에 맡기리니 그가 예루살렘 주민과 유다의 집의 아버지가 될 것이 며 ²²내가 또 다윗의 집의 열쇠를 그의 어깨에 두리니 그가 열면 닫을 자가 없겠고 닫으면 열 자가 없으리라 ²³못이 단단한 곳에 박힘 같이 그를 견고하게 하리니 그가 그의 아버지 집에 영광의 보좌가 될 것이요 ²⁴그의 아버지 집의 모든 영광이 그 위에 걸리리니 그 후손과 족속 되는 각 작은 그릇 곧 종지로부터 모든 항아리까지니 라 ²⁵만군의 여호와께서 이르시되 그 날에는 단단한 곳에 박혔던 못이 삭으리니 그 못이 부러져 떨어지므로 그 위에 걸린 물건이 부서지리라 하셨다 하라 나 여호와 의 말이니라

이 단락에는 왕궁의 고관이었던 셉나를 그 직위에서 물러나게 하고 엘리아김을 그 존귀한 자리에 앉히리라는 예언이 나온다. 왕궁에서 이런 일은 다반사로 일어난다. 그러므로 여기서 선지자가 이 일에 아주 많은 관심을 가지 고 주목한 것은 이상한 일이다. 그러나 하나님은 이 특정한 인물들에 대하여 예언된 것을 이루심으로써 그 밖의 다른 더 큰 사건들에 대하여 이사야의 입을 빌려 알리신 그의 말씀이 반드시 이루어지리라는 것을 확인해 주고자 하셨다. 또한, 하나님은 그의 교회와 백성을 공개적으로 대적한 원수들인 그러한 나라 들에 대하여 경고의 말씀들을 예비해 두신 것과 마찬가지로, 그의 교회와 백성 에게 거짓 친구들이 되어서 그들을 배신하였던 내부의 적들에 대해서도 경고 의 말씀들을 예비해 두고 계시다는 것을 보여주고자 하셨다. 또한, 이것은 우 리에게는 우연한 일로 보이고 왕들의 뜻과 변덕에 좌지우지되는 것처럼 보이 는 이런 유의 모든 사건들 속에는 하나님의 섭리의 손길이 존재한다는 것을 확 인해 주기 위한 것이기도 하다. 무릇 높이는 일이 동쪽에서나 서쪽에서 말미암지 아니하며 남쪽에서도 말미암지 아니하고 오직 재판장이신 하나님이 이를 낮추시고 저를 높이시느니라(시 75:6-7). 이 예언은 이 장의 앞 부분에 나왔던 예언과 동 시에 전달되어서 산헤립이 침공하기 전에 성취되기 시작하였을 가능성이 높 다. 왜냐하면, 지금은 왕궁 맡은 자가 셉나이지만, 그 때에는 엘리아김이기 때문 이다(사 36:3). 셉나는 점점 그 직위가 낮아져서 나중에는 평서기관이 되었다.

I. 셉나가 불명예스러운 일을 당하게 되리라는 예언. 여기서 그는 나라의 재정을 운용하는 책임이 지워진 그 국고 맡은 자로 불린다. 또한, 그는 왕궁 맡은

자로도 불린다. 그의 야심과 탐욕은 끝이 없어서 그는 왕궁에서 가장 중요한 직책들에 속하였던 이 두 가지로도 성이 차지 않았을 것이다. 이기적인 자들은 이렇게 그들이 해낼 수 있는 것보다 더 많은 감투를 쓰고서는 맡은 일들은 제대로 하지 않고 소홀히 하면서 오로지 거드름을 피우고 이익을 챙기는 데에 온통 신경을 쓰는 것이 보통이다. 셉나가 직책을 수행하면서 잘못들을 저질렀기 때문에 하나님은 여기서 이사야를 보내 그를 쳐서 예언하도록 하셨지만, 셉나가 잘못한 것이 구체적으로 어떤 것들이었는지는 본문에 나와 있지 않다. 그러나 유대인들은 "그가 앗수르 왕과 비밀히 내통하여 연락을 주고받으며 도성을 그에게 넘겨주기로 약조하는 반역죄를 저질렀다"고 말한다. 이 말이 사실이든 아니든, 그는 외국인이었고(그의 아비의 이름이 어디에도 나오지 않는 것으로 보아서) 유다와 예루살렘의 진정한 이익을 배신한 원수였던 것은 사실인 것 같다. 그는 아하스 왕에 의해서 처음으로 총애를 받고 높은 직책을 맡게 되었을 가능성이 높다. 히스기야 자신은 훌륭한 왕이었다. 그러나 왕이 훌륭하다고 해서 신하들까지 훌륭하다는 보장은 없다. 우리는 왕들을 위하여 기도할 때에 왕들이 신하들을 선택할 때에 지혜롭고 복이 있게 해달라고 기도해야 한다. 당시는 개혁의 시기였지만, 악한 자 셉나는 현실에 잘 적응해서 왕궁에서의 자신의 자리를 잘 지킬 수 있었다. 또한, 많은 사람들이 그를 좋아하였던 것 같다. 이 때문에 성경에서는 하나님이 경건하지 아니한 나라, 위선적인 나라를 치게 하기 위하여 산헤립을 보내셨다고 말한다(사 10:6). 셉나에 대한 메시지 속에는 다음과 같은 것들이 나온다.

1. 그의 교만과 허영과 안일함에 대한 책망(16절). "네가 여기와 무슨 관계가 있느냐 여기에 누가 있느냐. 네가 여기서 왜 소란을 피우고 법석을 떠는 것이냐. 여기에서 태어나지도 않은 네가 여기에 무슨 재산을 가지고 있느냐. 여기에 누가 있느냐. 너의 가족과 친척이 여기에 있기라도 한 것이냐. 너는 비천하고 미미한 집안에서 난 서민에 불과하고, 우리는 네가 어디에서 왔는지도 모르지 않느냐. 그런데도 네가 네 자신을 위하여 좋은 집을 짓고 자기를 위하여 처소를 쪼아내었으니, 너의 그런 행동은 무엇을 의미하는 것이냐." 그의 처소는 너무도 멋져서 석공이나 목수가 아니라 조각가의 솜씨인 것처럼 보였고, 반석을 쪼개어서 거기에 견고하게 세운 것이라 난공불락의 요새처럼 보였다. "아니, 너는 마치 네가 죽은 후에도 너의 화려했던 영화가 지속되기를 바라는 것처럼 너를

위하여 묘실을 팠다." 예루살렘은 그의 조상들의 묘실이 있는 성읍(느헤미야는 지극한 애정을 가지고 이런 표현을 사용하였다, 느 2:3)이 아니었지만, 그는 예루살렘을 그 자신의 성읍으로 삼고자 했기 때문에 생전에 자신을 위한 묘실을 웅장하게 만들었다. 자기를 위하여 웅장한 묘실을 만드는 자들은 그 묘실이 겉으로 보기에 아무리 아름답게 지어졌다고 해도 그 안에는 죽은 자들의 **뼈로 가득** 차게 되리라는 것을 잊고 있는 것이다. 그러나 묘비가 무덤을 잊는다면, 그것은 더욱 불쌍한 일이다.

2. 그가 죽을 것이고 그의 영광이 더럽혀질 것이라는 예언.

(1) 그가 신속하게 자리에서 쫓겨나 지위가 낮아지리라는 것(19절). 내가 너를 네 관직에서 쫓아내리라. 높은 관직은 손에서 쉽게 빠져나가는 자리이다. 자신의 존귀함을 자랑하고 거들먹거리는 자들에게서 그 존귀함을 빼앗는 것은 합당하고, 자신의 권세를 가지고 남을 해치는 자들에게서 그 권세를 빼앗는 것은 합당하다. 하나님이 그렇게 하실 것이고, 하나님은 교만한 자들을 발견하여 모두 낮추심으로써 그가 하나님이심을 나타내실 것이다(욥 40:11-12). 25절이 이것을 보여준다. "지금 단단한 곳에 박혔던 못(즉, 자신의 자리가 확고부동할 것이라고 스스로 믿고 있는 셉나)이 삭으리니 그 못이 부러져 떨어지리라." 이 세상에서 얻은 어떤 자리가 확고부동한 자리라고 생각하거나 자기가 거기에 단단히 박혀 있는 못이라고 생각하는 자들은 큰 착각을 하고 있는 것이다. 이 세상에는 불확실하지 않은 것이 아무것도 없기 때문이다. 못이 부러질 때에 거기에 걸어두었던 짐도 떨어질 것이다. 셉나가 자리에서 쫓겨나는 불명예스러운 일을 당할 때에 그에게 의지해 있던 모든 것도 멸시를 받게 될 것이다. 높은 자리에 있는 자들에게는 사람들이 많이 붙고, 그들은 자기에게 사람들이 많이 붙는 것을 자신의 힘으로 여기고 자랑한다. 그러나 그런 사람들은 그들에게 짐이 되고, 아마도 그런 사람들의 무게 때문에 못이 부러져서 둘 다 함께 떨어질 수 있다. 그들은 서로를 속임으로써 서로를 망쳐 놓는데, 이것이 서로에게 서로가 할 수 있는 것보다 더 많은 것을 기대하는 큰 자들과 그 큰 자들에게 아부하는 자들의 공통된 운명이다.

(2) 그는 얼마 후에 관직에서 쫓겨날 뿐만 아니라 그의 나라에서도 쫓겨나게 되리라는 것. 여호와가 너를 용사에게 사로잡혀 끌려가게 하시리라(17-18절, 개역에서는 여호와가 너를 단단히 결박하고 장사 같이 세게 던지되). 어떤 이들은 그

가 앗수르 군대를 돕겠다고 약속해 놓고 도리어 그들을 대적하였기 때문에 앗수르 군대가 그를 사로잡아 끌고 간 것이라고 생각한다. 또는, 히스기야가 그의 기만적인 행위를 알아내고서 그를 국외로 추방하여 다시는 돌아오지 못하도록 하라고 엄명을 내린 것일 수도 있다. 또는, 그가 스스로 백성에게 몹시 미움을 받는 자가 되었다는 것을 알고서 다른 나라로 가서 거기에서 은둔하며 여생을 보냈을 수도 있다. 그로티우스(Grotius)는 그가 문둥병에 걸린 것이라고 생각한다. 통상적으로 문둥병은 미리암과 웃시야의 경우처럼 특히 하나님께서 진노하여 교만한 자를 벌하기 위하여 직접 손을 쓰셨을 때에 발병하는 것으로 여겨진 질병이었다. 이 병 때문에 그는 예루살렘 밖으로 공 같이 내던져졌다. 권세를 쥐고 있을 때에 다른 사람들을 이리저리 돌리고 던진 자들은 그들이 몰락하였을 때에 그들 자신도 이리저리 돌려지고 던져지는 것은 합당한 일이다. 자기가 못 같이 단단히 박혀 있다고 생각한 많은 자들이 공 같이 내던져지게 될 것이다. 왜냐하면, 여기에는 영원한 도성이 없기 때문이다. 셉나는 자기 자리가 자기에게 너무 좁아서 더 뻗어갈 여지가 없다고 생각하였다. 그러므로 하나님은 그를 광막한 곳에 보내실 것이고, 거기서 그는 마음껏 유랑하게 되겠지만, 돌아오는 길을 다시는 찾지 못할 것이다. 그가 거기에서 죽겠고, 그가 자기를 위하여 파놓은 묘실이 아니라 그 광막한 곳에 자신의 뼈를 묻을 것이기 때문이다. 그의 영광의 수레, 그가 예루살렘 거리를 요란한 소리를 내며 달릴 때에 사용하였던 그 수레, 그가 추방되면서 함께 가져온 그 수레도 거기에 있어서 주인의 집, 곧 그를 밀어주었던 아하스 왕에게 수치를 끼치는 데에 한 몫을 할 것이다.

Ⅱ. 엘리아김이 높은 자리에 오르게 되리라는 예언(20절 이하).   그는 하나님의 종으로서 다른 일들을 통해서 스스로 충성되다는 것을 입증하였기 때문에, 하나님은 그에게 이 높은 관직을 주실 것이다. 낮은 지위에서 자신의 본분을 충실히 행한 자들은 하나님의 승진 명단에 최우선순위로 기록된다. 엘리아김은 셉나의 권세를 훼손하거나 그에게 대적하여 자신의 이익을 챙기거나 그의 관직을 빼앗고자 하지 않았지만, 하나님께서는 엘리아김을 그 관직으로 부르실 것이다. 하나님이 우리를 어떤 자리로 부르신다면, 그것은 하나님이 그 자리가 우리에게 합당하다는 것을 인정하시는 것이다. 여기에는 다음과 같은 것들이 예언되고 있다.

1. 엘리아김이 셉나가 차지하고 있던 자리, 즉 왕궁 맡은 자, 국고 맡은 자, 나라의 총리라는 자리를 맡게 되리라는 것. 선지자는 셉나에게 이것을 전해야 한다(21절). "엘리아김은 존귀함의 상징인 네 옷과 권세의 상징인 네 띠를 소유하게 될 것이다. 왜냐하면, 그는 네 정권을 갖게 될 것이기 때문이다." 이 말을 듣게 되면 셉나는 몹시 상심하게 될 것이고, 그 말이 이루어지는 것을 볼 때에는 더욱 그러할 것이다. 큰 자는 특히 그가 교만한 자라면 자신의 뒤를 잇는 후임자를 잘 용납하지 못한다. 하나님께서 직접 이 일을 하실 것이다. 하나님은 히스기야의 마음을 움직여서 그렇게 하도록 하실 것이다. 하나님은 왕들의 마음에 그의 손을 두시고 그 마음을 인도하여 사람들을 어떤 자리에 올리기도 하시고 내리기도 하신다(잠 21:1). 높은 자리이든 낮은 자리이든 모든 권세는 하나님께서 정하신 것이다. 왕들에게 그 옷을 입혀 주시는 분은 하나님이시다. 그러므로 우리는 주를 위하고 주를 바라보는 가운데 왕들에게 순종하여야 한다(벧전 2:13). 정권을 그들의 손에 맡기신 분은 하나님이시기 때문에, 왕들은 하나님의 뜻을 따라 하나님의 영광을 위하여 권세를 행사하여야 한다. 왕들은 하나님을 대신하여 치리하고 공의를 세우는 것이기 때문에 하나님의 편에 서서 치리를 행하여야 한다(잠 8:15). 왕들은 하나님이 하신 다음과 같은 약속을 따라서 그들에게 그렇게 행할 수 있는 힘을 주실 것이라고 기대할 수 있다. 내가 그에게 옷을 입히며 힘 있게 하리라. 권세를 담당하는 자리로 부르심을 받은 자들은 그들이 그 자리에서 마땅히 행해야 할 일을 행할 수 있도록 은혜를 주시라고 하나님께 구하여야 한다. 왜냐하면, 바로 그것이 그들이 가장 신경을 써야 하는 것이기 때문이다. 엘리아김이 높은 자리에 오르게 되리라는 것은 하나님이 다윗의 집의 열쇠를 그의 어깨에 두시리라는 표현을 통해서 다시 한 번 묘사된다(22절). 이것은 아마도 엘리아김의 어깨에 그가 맡은 관직을 상징하는 표시로서 황금 열쇠가 달려 있었거나 그의 옷에 황금 열쇠가 수 놓아져 있는 것을 가리키는 것 같다. 그는 왕궁을 맡은 자로서 열쇠를 지니고 있을 것이기 때문에 그가 열면 닫을 자가 없겠고 닫으면 열 자가 없을 것이다. 그는 보물 창고, 곧 은금과 향료, 모든 무기고(사 39:2)에 접근할 수 있었고, 거기에 쌓여 있는 것들을 공적인 일을 위하여 적절하게 사용할 수 있었다. 그는 자신의 뜻을 따라서 사람들을 하위직에 임명하거나 해고할 수 있었다. 우리 주 예수께서는 이 본문을 사용해서 중보자로서의 자신의 권세를 설명하신다(계 3:7). 다윗의 열쇠를

가지신 이 곧 열면 닫을 사람이 없고 닫으면 열 사람이 없는 그. 천국에서 예수께서 가지고 계시는 권세, 천국의 모든 일들을 운용하시는 그의 권세는 절대적이고 누구도 저항하거나 통제할 수 없는 권세이다.

2. 엘리아김이 그 자리를 맡게 되었을 때에 그의 지위는 견고해지리라는 것. 그는 내킬 때에만 일시적으로 그 자리를 맡게 될 것이 아니라 평생 동안 그 자리에 있게 될 것이다(23절). 내가 못이 단단한 곳에 박힘 같이 그를 견고하게 하리니, 그가 그 자리에서 물러나거나 해직되는 일은 없을 것이다. 이렇게 권세를 하나님을 위하여 사용하는 모든 자들에게 하나님께서 주시는 존귀함은 영원히 지속될 것이다. 우리 주 예수는 단단한 곳에 박힌 못 같아서, 그의 나라는 요동하지 않고, 그는 어제나 오늘이나 영원토록 동일하실 것이다.

3. 엘리아김이 그 자리를 맡게 된 것이 사람들에게 큰 복이 되리라는 것. 여기에서 그에게 주어진 은총들 중에서 최고의 것은 바로 이것이다. 하나님은 그의 이름을 창대하게 하실 것이다. 왜냐하면, 그는 복이 될 것이기 때문이다(창 12:2).

(1) 그는 그의 나라에 복이 될 것이다(21절). 그가 예루살렘 주민과 유다의 집의 아버지가 될 것이다. 그는 왕궁의 일들만이 아니라 예루살렘과 유다의 온갖 공적인 일들도 돌보게 될 것이다. 통치자들이나 관원들은 자신의 통치 아래 있는 자들의 아버지가 되어서, 그들을 지혜로 가르치며, 사랑으로 다스리고, 잘못된 것을 온유함으로 바로잡으며, 그들을 보호하고 그들에게 필요한 것들을 공급해 주며, 자식이나 가족에게 하듯이 그들을 세심하게 돌보아야 한다는 것을 명심하라. 왕궁과 도시와 시골의 이해관계가 서로 나뉘지 않고 모두 동일하여서 조신(朝臣)들은 진정한 애국자들이고 왕궁에서 칭찬받는 자들이 시골에서도 칭찬을 받을 때, 왕도(王都)인 예루살렘에 대하여 아버지인 자들이 유다의 집에 대해서도 똑같이 아버지 역할을 할 때에 그 나라의 백성은 복이 있다.

(2) 그는 그의 가문에 복이 될 것이다(23-24절). 그가 그의 아버지의 집에 영광의 보좌가 될 것이요. 그로 하여금 이 높은 자리에 오르게 만들어 주었던 최고의 지혜와 미덕은 그를 그의 가문의 영광으로 만들어 주었다. 그의 가문은 이전에도 지극히 고귀한 가문이었을테지만 이제는 더욱더 그런 가문이 되었다. 자녀들은 부모와 친척의 자랑거리가 되고자 하여야 한다. 사람은 자신의 가문의 이름과 명성으로 인하여 득을 보려고 하기보다는 자신의 경건과 재능으로 인해

서 자신의 가문에 존귀함을 더하도록 힘써야 한다. 엘리아김이 높은 지위에 오르게 됨으로써 그의 아버지의 집의 모든 영광은 그에게 걸려 있게 되었다. 그들은 모두 그에게 잘 보이고자 하였고, 그의 형제들의 볏단은 그의 볏단에 절하였다. 이 세상의 영광은 어떤 사람에게 본질적인 가치나 고귀함을 부여해 주지 못한다는 것을 명심하라. 그 영광은 단지 하나의 부속물로서 그에게 걸려 있었고, 언제라도 그에게서 떨어져나갈 것이었다. 앞에서 엘리아김은 단단한 곳에 박힌 못에 비유되었다. 그 비유의 연속선상에서 그의 가문에 속한 모든 사람들(그 수가 많았던 것 같고, 자손이 많은 것은 가문의 영광이었다)은 손잡이가 달려 있는 집안의 그릇들이 못에 걸려 있는 것처럼 그에게 걸려 있는 것으로 묘사된다. 또한, 이것은 그가 그들 모두를 아낌없이 돌보고 그들의 짐을 기꺼이 지리라는 것을 보여주는 것이기도 하다. 각 작은 그릇 곧 종지로부터 모든 항아리까지 그의 가문에 속한 가장 비천한 자들조차도 그의 돌봄을 받게 될 것이다. 큰 직책을 맡은 자들은 얼마나 큰 짐을 지게 되는지를 보라. 그들은 자신에게 맡겨진 임무를 충실히 수행하고자 결심하기만 한다면 얼마나 많은 사람과 얼마나 많은 일들이 그에게 주어지든 상관하지 않는다. 우리 주 예수께서는 다윗의 집의 열쇠를 가지신 분으로서 단단한 곳에 박힌 못 같으셨으며, 그의 아버지의 집의 모든 영광은 그에게 걸려 있고 그로부터 나온다. 그의 교회에 속한 자는 아무리 비천한 자일지라도 그에게 환영받고, 그는 그들 모두의 힘든 짐을 다 짊어지실 수 있다. 짐이 아무리 무겁다고 하여도, 믿음으로 말미암아 그리스도에게 걸려 있는 자들의 영혼은 멸망할 수 없고, 그들에게 유익한 것은 땅에 떨어질 수 없다.

제
— 23 —
장

개요

이 장은 두로에 관한 것이다. 두로는 해변에 위치해 있었던 옛적의 부유한 성읍로서 오랜 세월 동안 그 근방에서 교역과 상업으로 가장 유명한 성읍들 중의 하나였다. 아셀 지파의 지경(地境)은 두로와 접해 있었다. 여호수아 19:29을 보라. 거기에서 두로는 "견고한 성읍 두로"라 불린다. 다윗과 솔로몬 시대에서 볼 수 있듯이, 두로는 이스라엘에 대하여 위험한 적이 아니라 종종 맹방 역할을 하였다. 왜냐하면, 교역이 발달된 성읍들은 이웃 성읍들을 정복해서가 아니라 그들과 교역을 함으로써 자신의 부를 유지하는 법이기 때문이다. 이 장에는 다음과 같은 것들이 예언되어 있다. I. 두로가 느부갓네살과 갈대아 군대에 의해서 예루살렘이 파괴되던 그 무렵에 형편없이 초토화되리라는 것. 에스겔서 29:18이 보여주듯이, 두로를 함락시키는 것은 아주 힘든 일이어서, 그들은 "두로를 힘들게 쳤지만" 그 수고한 대가를 두로에서 얻지 못하였다고 한다(1-14절). II. 두로가 칠십 년 후에 회복되고, 두로 사람들이 포로 생활에서 돌아와 다시 교역 활동을 하게 되리라는 것(15-18절).

¹두로에 관한 경고라 다시스의 배들아 너희는 슬피 부르짖을지어다 두로가 황무하여 집이 없고 들어갈 곳도 없음이요 이 소식이 깃딤 땅에서부터 그들에게 전파되었음이라 ²바다에 왕래하는 시돈 상인들로 말미암아 부요하게 된 너희 해변 주민들아 잠잠하라 ³시홀의 곡식 곧 나일의 추수를 큰 물로 수송하여 들였으니 열국의 시장이 되었도다 ⁴시돈이여 너는 부끄러워할지어다 대저 바다 곧 바다의 요새가 말하기를 나는 산고를 겪지 못하였으며 출산하지 못하였으며 청년들을 양육하지도 못하였으며 처녀들을 생육하지도 못하였다 하였음이라 ⁵그 소식이 애굽에 이르면 그들이 두로의 소식으로 말미암아 고통 받으리로다 ⁶너희는 다시스로 건너갈지어다 해변 주민아 너희는 슬피 부르짖을지어다 ⁷이것이 옛날에 건설된 너희 희락의 성 곧 그 백성이 자기 발로 먼 지방까지 가서 머물던 성읍이냐 ⁸면류관을 씌우던 자요 그 상인들은 고관들이요 그 무역상들은 세상에 존귀한 자들이었던 두로에 대하여

누가 이 일을 정하였느냐 ⁹만군의 여호와께서 그것을 정하신 것이라 모든 누리던 영화를 욕되게 하시며 세상의 모든 교만하던 자가 멸시를 받게 하려 하심이라 ¹⁰딸 다시스여 나일 같이 너희 땅에 넘칠지어다 너를 속박함이 다시는 없으리라 ¹¹여호와께서 바다 위에 그의 손을 펴사 열방을 흔드시며 여호와께서 가나안에 대하여 명령을 내려 그 견고한 성들을 무너뜨리게 하시고 ¹²이르시되 너 학대 받은 처녀 딸 시돈아 네게 다시는 희락이 없으리니 일어나 깃딤으로 건너가라 거기에서도 네가 평안을 얻지 못하리라 하셨느니라 ¹³갈대아 사람의 땅을 보라 그 백성이 없어졌나니 곧 앗수르 사람이 그 곳을 들짐승이 사는 곳이 되게 하였으되 그들이 망대를 세우고 궁전을 헐어 황무하게 하였느니라 ¹⁴다시스의 배들아 너희는 슬피 부르짖으라 너희의 견고한 성이 파괴되었느니라

두로는 항구 도시였기 때문에 두로의 멸망에 관한 이 예언은 거기에 어울리게 다시스의 배들아 너희는 슬피 부르짖을지어다라는 말로 시작되고 끝난다. 왜냐하면, 두로의 모든 일과 부와 존귀함은 그 배들에 있었기 때문이다. 배들이 잘못된다면, 그들은 모든 것을 잃게 될 것이다. 좀 더 살펴보자.

I. 두로의 번영. 이것을 말하는 것은 두로의 몰락이 한층 더 비참해 보이도록 하기 위한 것이다.

1. 두로는 처음에 바다를 왕래하여 교역하였던 시돈 상인들로 말미암아 부요하게 되었다(2절). 시돈은 같은 해변에 위치해 있던 좀 더 오래된 성읍으로서 두로에서 북쪽으로 몇 마일 정도 떨어져 있었다. 처음에는 두로는 시돈의 식민지에 불과하였다. 그러나 딸이 자라서 어머니를 능가하여 훨씬 더 부유하고 유명하게 되었다. 큰 성읍들은 처음에 그들이 얼마나 번성하였는지를 뒤돌아보면 마음이 쓰린 법이다.

2. 두로를 일으키는 데에는 애굽이 큰 공헌을 하였었다(3절). 시홀은 애굽의 강 이름이다. 바다와 인접해 있던 그 강을 통해서 애굽 사람들은 두로와 교역을 하였다. 그 강의 수확물은 두로의 수입이 되었다. 건초와 곡물이 땅의 수확물이듯이, 바다에서 나는 수산물들, 물건들의 수출입을 통해서 얻는 이득은 교역 도시들의 수확물이다. 강의 수확물(개역에서는 나일의 추수)은 종종 땅의 수확물보다 수입이 더 짭짤하다. 또는, 이것은 애굽 땅에서 난 모든 소산물들을 가리키는 것일 수 있다. 그 소산물들은 나일 강이 범람해서 생긴 비옥한 땅에

서 난 것들이었기 때문에 나일 강의 수확물로 불릴 수 있었는데, 두로 사람들은 그 소산물들을 가지고 교역을 하였다.

3. 두로는 열국의 시장, 그 지역의 교역 중심지가 되었었다. 특히 상인들이 대거 몰렸던 한 해의 특정한 시기에는 그 곳에서 온갖 나라의 사람들을 다 만날 수 있었다. 또 다른 선지자는 이것을 좀 더 자세하게 얘기한다(겔 27:2-3). 부지런한 자의 손이 그 손에 내리시는 하나님의 축복으로 말미암아 부(富)를 만들어내는 것을 보라. 두로는 쟁기나 농기구를 갖고 있지 않았고 단지 물살을 가르는 일만을 했을 뿐이지만 근면함을 통해서 부강해졌다.

4. 두로는 사람들이 흥청거리며 즐거워하는 희락의 성이었다(7절). 사람들은 마음만 있다면 거기에서 온갖 종류의 놀이와 오락들, 남녀노소를 불문하고 모두를 즐겁게 해주는 온갖 것들, 무도회와 연극, 오페라, 사람이 생각할 수 있는 그런 유의 온갖 것들을 다 즐길 수 있었다. 그랬기 때문에 두로 사람들은 안일하고 교만해져서, 그런 유의 것들을 즐길 줄 몰랐던 촌 사람들을 무시하였다. 그랬기 때문에 그들은 하나님이 그의 종들을 통해서 그들에게 어떠한 경고를 주시고 계시는지를 생각하기를 몹시 싫어하였다. 그들은 인생이 너무도 즐거워서 하나님의 경고를 생각하고자 하는 마음이 없었다. 또한, 두로는 옛날에 건설되었기 때문에, 그들은 그러한 사실을 자랑스러워하였고, 이것은 그들이 안일한 마음을 갖는 데에 일조하였다. 그들은 두로가 아주 옛적부터 성읍을 이루고 번성하였기 때문에 두로의 번영이 영원무궁토록 계속될 것이라고 생각하였다.

5. 두로는 면류관을 씌우던 성읍이었다(8절). 두로를 다스리던 방백들의 권세와 영화(榮華)는 아주 대단하였기 때문에 두로를 의지하고 두로와 교역하고 있던 자들에게 면류관을 씌워 주었다. 이것은 그 다음에 나오는 말들을 통해서 설명되고 있다. 그 상인들은 고관들이요, 왕들처럼 편안하고 으리으리하게 살아간다. 그 무역상들은 어느 나라를 가든 모든 사람의 존경을 받는 세상에 존귀한 자들이었다. 지금은 일부 사람들이 상인들을 아무리 멸시한다고 해도, 예전에 가장 지혜로운 나라들 가운데서는 상인들과 무역상들은 땅에서 존경받는 존귀한 자들이었다.

II. 두로의 몰락. 두로는 이웃 나라들에게 시비를 걸어서 화나게 함을 통해서가 아니라 자신의 부가 그들에게 유혹이 됨으로써 재난을 당하게 되었던 것으로 보인다. 그러나 이것이 느부갓네살로 하여금 두로를 치도록 유인했던 것이라면, 그는 실망했을 것이다. 왜냐하면, 두로는 느부갓네살 군대의 포위공격을 막아내며 13년 간을 버티다가 더 이상 도저히 버틸 수 없게 되었을 때에 주민들이 각자 가족과 물건을 가지고 바다를 통해서 그들에게 연고가 있던 다른 곳들로 빠져나갔고, 느부갓네살이 두로를 함락시켰을 때에는 단지 빈 껍질만 남아 있었기 때문이다. 월터 롤리(Walter Raleigh) 경이 쓴 『세계사』에 나오는 두로의 역사를 보라. 그의 글은 이 예언과 에스겔서에 나오는 두로에 관한 예언에 대하여 많은 빛을 던져준다.

1. 두로의 멸망이 여기에서는 어떤 식으로 예언되고 있는지를 보라.

(1) 두로의 항구는 온통 황무하게 되어서 집도 없고 배들이 정박해 있을 부두도 없고 선원들이 묵을 여관이나 음식점도 없고 항구로 들어가는 길도 막혀서, 다시스의 배들이 정박할 만한 곳이 되지 못할 것이다(1절). 그 곳은 모래톱이나 적군에 의해 막혀 있고 봉쇄되어 있을 것이다. 또는, 두로는 파괴되어 황폐화되어 있어서, 다시스와 깃딤에서 이 항구로 왕래하였던 배들이 이제 더 이상 들어오지 않게 될 것이다. 왜냐하면, 두로가 파괴되고 황폐해졌다는 참담한 소식이 그들에게 전파되었기 때문이다. 따라서 이제 더 이상 그들이 그 곳에서 볼 일은 없어졌다. 이 세상에서 산다는 것이 어떤 것인지를 보라. 원수들에 의해서 약탈을 당한 자들은 보통 그들의 옛 친구들에 의해서도 무시를 당하는 것이 세상 인심이다.

(2) 두로의 주민들은 경악하게 될 것이다. 두로는 섬이었다. 세상에서 가장 시끌벅적하였고 환호성을 지르며 흥청대었던 두로의 주민들은 이제 잠잠하고 침묵하게 될 것이다(2절). 그들은 너무도 큰 슬픔에 압도되어서 땅에 주저앉아 통곡하다가 나중에는 기운이 없어서 소리내어 울지도 못하게 될 것이다. 그들이 스스로를 자랑하고 이웃 나라들을 비웃으며 떠들던 소리는 침묵으로 바뀔 것이다. 하나님께서는 이 세상에서 바쁘게 움직이며 소란하던 자들을 금방이라도 잠잠하게 만드시고 말문이 막히게 하실 수 있으시다. 잠잠하라. 하나님이 역사(役事)하시면(시 46:10; 슥 2:13), 아무도 거기에 맞서거나 저항할 수 없기 때문이다.

(3) 이웃 나라들은 얼굴을 붉히며 깜짝 놀라고, 그들로 인하여 고통스러워할 것이다. 처음에 두로를 번성하게 해주었던 시돈은 부끄러워할 것이다(4절).

왜냐하면, 바다의 파도가 이 소식을 두로로부터 시돈에게 전해주었기 때문이다. 거기에서 바다의 요새, 즉 높은 파도는 이렇게 말할 것이다. "이제는 내가 예전처럼 산고를 겪지 못하고 출산하지 못할 것이라. 이제는 내가 예전처럼 젊은 선주들을 두로로 데리고 와서 거기에서 양육하며 교역과 장사를 배우도록 하지 못할 것이다." 이것은 두로를 그토록 부유하고 유명하게 만들었던 바로 그것이었다. 또는, 많은 배들로 왕래하였던 두로 주변의 바다는 자녀들을 모두 사별하고 더 이상 양육할 자식이 없게 된 처량한 과부처럼 황량해질 것이다. 애굽은 두로보다 훨씬 더 크고 강성한 나라였다. 그렇지만 두로는 교역 활동이 활발해서 많은 나라들과 관계를 맺고 있었기 때문에 주변의 모든 나라들은 두로가 망했다는 소식을 듣고서 고통스러워 할 것이고, 오래지 않아 애굽 온 땅이 멸망했다는 소식에 고통스러워 할 것이다(5절). 또는, 어떤 이들은 이 본문을 그 소식이 애굽에 이르면 그들이 두로의 소식으로 말미암아 몹시 고통을 받으리로다로 읽는다. 이렇게 애굽이 고통받는 것은 한편으로는 그들의 중요한 교역지였던 성읍을 상실하였기 때문이고 다른 한편으로는 그들 자신의 멸망도 한 걸음 성큼 다가왔기 때문이었다. 이웃 집에 불이 나면, 자기 집도 위험에 처하게 되는 법이다.

(4) 상인들은 그들이 부를 축적하였던 두로를 버리고, 자신의 재물을 될 수 있으면 많이 다른 곳으로 옮기게 될 것이다(6절). "지금은 오랫동안 해변 주민(두로는 뭍에서 1km 가량 떨어진 해변에 있었기 때문에)이었던 너희가 슬피 부르짖을 때이다. 왜냐하면, 너희는 다시스로 건너가야 하기 때문이다. 네가 할 수 있는 최선의 선택은 바다를 통해 다시스(어떤 이들은 스페인에 있던 성읍인 타렛수스)나 그 밖의 다른 연고지로 신속하게 가는 것이다." 자신의 산은 견고해서 결코 요동하지 않을 것이라고 생각했던 자들은 여기서 그들에게는 영원한 도성이 없다는 것을 알게 될 것이다. 산들이 떠나며 언덕들은 옮겨지리라.

(5) 피신할 수 없었던 자들은 포로로 끌려가는 길 외에는 다른 도리가 없게 될 것이다. 왜냐하면, 당시에는 정복자들이 피정복민들을 자기 나라로 끌고가서 종으로 삼는 것이 관례였기 때문이다(7절). 두로의 백성이 자기 발로 먼 지방까지 가서 머물게 될 것이다. 그들은 포로로 잡혀서 길을 재촉하게 될 것이고, 종이 되어 비참한 삶을 살러 지친 발걸음을 내딛게 될 것이다. 지극히 영화롭고 화려한 삶을 살아 온 자들은 그들이 죽기 전에 어떤 역경이 그들에게 닥쳐

올지 모르는 일이다.

(6) 피신하고자 했던 자들 중에서 많은 수가 적의 추격을 받고 사로잡히게 될 것이다. 적군이 두로 땅에 강처럼 쇄도하여 많은 사람들을 차례로 비참한 심연(深淵) 속으로 몰아넣을 것이다. 또는, 그들은 위험을 피하려고 아주 신속하게 강물처럼 급히 달려가겠지만, 더 이상 힘이 없을 것이다(개역에서는 너를 속박함이 다시는 없으리라). 그들은 이내 지쳐서 더 이상 앞으로 나아갈 수 없게 되어, 적군의 수중에 쉽게 떨어지게 될 것이다. 두로에게 더 이상 힘이 없을 것임과 마찬가지로, 그 자매인 시돈에게는 더 이상 희락이 없을 것이다(12절). "이제 승승장구하는 갈대아 군대에 의해서 짓밟힐 위험에 놓여 있게 된 너 학대받은 처녀 딸 시돈아, 네게 다시는 희락이 없으리라. 다음 차례는 네가 될 것이다. 그러므로 일어나 깃딤으로 건너가라. 너의 목숨을 건질 수 있는 곳이라면 헬라든 이탈리아이든 거기로 도망치라. 그렇지만 거기에서도 네가 평안을 얻지 못하리라. 너는 거기에서 한숨 돌리겠다 싶겠지만, 원수들이 너를 가만두지 않을 것이고, 두려움으로 인하여 너 스스로 불안해하리라." 이 세상에서 평안을 기대하는 것은 스스로를 속이는 일임을 명심하라. 한 곳에서 평안하지 않은 자들은 다른 곳에 가도 평안하지 못할 것이다. 죄인들에게는 그들이 가는 곳마다 하나님의 심판이 그들을 따라잡는다.

2. 그렇다면, 이 모든 환난은 어디에서 오는 것인가?

(1) 하나님이 그 환난의 근원이시다. 그것은 전능자에게서 임한 멸망이다. 사람들은 이렇게 물을 것이다. "두로에 대하여 누가 이 일을 정하였느냐(8절). 누가 이 일을 계획하였느냐. 누가 이 일을 결정하였느냐. 누가 이토록 웅장하고 아름다운 성읍을 폐허로 만들 생각을 할 수 있는가. 두로를 멸망시키는 것이 어떻게 가능한가." 이러한 질문들에 대하여 본문은 이렇게 대답한다.

[1] 무한히 지혜롭고 의로우시며, 그 어떤 피조물에게도 결코 잘못된 일을 하지 않으셨고 앞으로도 영원히 하지 않으실 하나님께서 이 일을 계획하셨다(9절). 만물을 자기 뜻대로 부리시고 자기가 한 일에 대해서 해명하지 않으시는 만군의 여호와께서 그것을 정하셨다. 그 일은 하나님의 뜻을 따라 이루어질 것이다. 이 일을 통해서 하나님께서 의도하시는 것은, 모든 누리던 영화를 욕되게 하시고 그들의 교만을 땅에 던져 짓밟아서, 세상의 모든 교만하던 자들이 멸시를 받게 하고, 그들이 스스로를 높이거나 사람들의 높임을 받지 못하게 하는 것

이다. 하나님이 이러한 재난들을 두로에 보내신 것은 하나님의 주권(主權), 아무도 저항할 수 없는 그의 권세를 보여주기 위한 것이 아니라, 두로 사람들의 교만을 벌하기 위한 것이었다. 그들 가운데는 우상 숭배, 호색, 압제 같은 그 밖의 다른 죄들도 틀림없이 있었겠지만, 하나님이 두로와 다투시는 특별한 이유로 역설되고 있는 것은 그들의 교만의 죄였다. 왜냐하면, 하나님은 교만한 자를 대적하시기 때문이다. 온 세상이 두로의 황폐화를 지켜보고 깜짝 놀라게 될 것인데, 여기에는 그것에 대한 설명이 나온다. 하나님은 온 세상을 향하여 그가 무슨 의도로 이 일을 하셨는지를 말씀하신다.

첫째, 하나님은 아무리 부강한 성읍이라도 얼마나 쉽게 힘이 기울어 망하게 되는지를 보여주심으로써 사람들에게 이 땅의 모든 영광이 얼마나 헛되고 허망한지를 깨닫게 해주시고자 하셨다. 두로의 멸망이라는 아주 큰 희생이 있더라도, 사람들이 이 일을 통해서 그러한 교훈을 철저히 가르침 받을 수만 있다면, 그것은 잘 된 일일 것이다. 학식과 부, 화려한 영화와 권세, 주변의 모든 사람들에 대한 영향력이 그들의 영광인가? 으리으리한 저택, 비싼 가구, 멋진 외모가 그들의 영광인가? 두로의 멸망을 보고서, 이 모든 영광이 더럽혀지고 짓밟혀서 먼지 속에 묻혀 버리게 된 것을 알라. 하늘의 존귀한 자들은 영원히 존귀할 것이다. 그러나 두로의 존귀한 자들은 일부는 먼 곳으로 도망쳤고 일부는 포로로 잡혀갔으며 모두 빈곤하게 되어 버린 것을 보라. 이 세상의 존귀한 자들은 그들이 아무리 존귀하다고 하더라도 언제 멸시를 받게 될지 모르는 일이다.

둘째, 하나님은 이 일을 통해서 그들이 그러한 영광을 자랑하고 거들먹거리며 그 영광이 지속될 것을 자신만만해하는 것을 막고자 하셨다. 두로의 멸망은 온 세상 사람들에게 교만하지 말라는 하나님의 경고이다. 왜냐하면, 이 일은 스스로를 높이는 자는 비천해지리라는 것을 온 세상에 널리 선포하기 때문이다.

[2] 모든 권능을 그 손에 쥐고 계시고 이 일을 효과적으로 해 내실 수 있으신 하나님께서 이 일을 하실 것이다(11절). 여호와께서 바다 위에 그의 손을 펴셨다. 홍해를 가르시고 바로를 그 속에 수장(水葬)시키신 일이 보여주듯이, 하나님은 그런 일을 무수히 행해 오셨다. 하나님은 가끔씩 지극히 탄탄한 나라들을 흔들어 놓으셨다. 하나님은 이제 이 교역 도시인 두로의 요새들을 파괴하라는 명령

을 내리신다. 두로의 아름다움은 이 성읍을 구해내지 못하고 도리어 더럽혀지게 될 것인 것과 마찬가지로, 두로의 힘도 이 성읍을 보호해 내지 못하고 도리어 꺾이게 될 것이다. 이토록 잘 요새화된 성읍, 그토록 많은 강력한 동맹국들을 가진 성읍이 이토록 철저하게 멸망당한 것을 이상하게 생각하는 사람이 있다면, 그는 그 성읍의 요새들을 파괴하라고 명령하신 분이 바로 만군의 여호와시라는 것을 알아야 한다. 누가 하나님의 명령을 무효화시키거나 그 명령의 집행을 방해할 수 있단 말인가?

(2) 갈대아 사람들은 이 일을 이룸에 있어서 도구가 될 것이다(13절). 갈대아 사람의 땅을 보라. 그들과 그들의 땅은 얼마나 쉽게 앗수르 사람들에 의해 멸망을 당했던가. 그들은 자기 손으로 그 곳을 건설하고 바벨론의 망대와 왕궁을 세웠지만, 앗수르 사람들은 그 곳을 폐허로 만들었다. 이 일을 통해서 두로 사람들은 옛적의 갈대아 사람들이 앗수르 사람들에 의해서 쉽게 정복당했듯이 두로도 이 새로운 갈대아 사람들에 의해서 쉽게 멸망당하리라는 것을 추론할 수 있었을 것이다. 바벨론은 광야에 거주하던 자들을 위하여 앗수르 사람들에 의해서 건설되었다. 이 어구는 배들을 위하여로 번역될 수도 있고(앗수르 사람들은 저 드넓은 티그리스 강과 유프라테스 강을 통해서 페르시아만과 인도양으로 가는 배들과 선원들을 위하여 바벨론을 건설하였다), 광야 사람들을 위하여로 번역될 수도 있다(바벨론은 해변 광야라 불렸다, 사 21:1). 마찬가지로, 두로는 비슷한 목적을 위해서 해변에 건설되었다. 그런데 앗수르 사람들은 최근에 히스기야의 시대에 바벨론을 초토화시켰고(라이트푸트 박사의 말에 의하면), 두로도 나중에 느부갓네살에 의해서 초토화될 것이었다. 다른 사람들이 망하고 몰락하는 것을 좀 더 유의해서 바라본다면, 우리는 우리의 부와 지위가 계속되리라고 자만하지 못하게 될 것이다.

[15]그 날부터 두로가 한 왕의 연한 같이 칠십 년 동안 잊어버린 바 되었다가 칠십 년이 찬 후에 두로는 기생의 노래 같이 될 것이라 [16]잊어버린 바 되었던 너 음녀여 수금을 가지고 성읍에 두루 다니며 기묘한 곡조로 많은 노래를 불러서 너를 다시 기억하게 하라 하였느니라 [17]칠십 년이 찬 후에 여호와께서 두로를 돌보시리니 그가 다시 값을 받고 지면에 있는 열방과 음란을 행할 것이며 [18]그 무역한 것과 이익을 거룩히 여호와께 돌리고 간직하거나 쌓아 두지 아니하리니 그 무역한 것이 여호와

앞에 사는 자가 배불리 먹을 양식, 잘 입을 옷감이 되리라

이 단락에는 다음과 같은 내용들이 나온다.

I. 두로는 영원히 황폐화되어 있을 것은 아니고 일정 기간만 지속되리라는 것. 두로가 칠십 년 동안 잊어버린 바 될 것이라(15절). 두로는 아주 오랫동안 방치되어서 사람들의 기억 속에서 잊혀질 것이다. 두로는 느부갓네살에 의해서 예루살렘과 거의 동시에 멸망당하였고, 오랫동안 폐허로 남겨졌다. 저 교만하고 야심 있는 정복자의 어리석음을 보라. 그는 두로의 모든 주민들을 다 그 성읍에서 몰아내고나서 자신의 신민(臣民)들을 그 성읍에 두고 그 곳을 재건하여 다시 번영하게 하지 않았기 때문에 스스로 두로의 지배자가 된 후에도 조금도 더 부해지거나 강해진 것이 없었다. 사람들이 성읍들을 파괴하고서 그 성읍들에 대한 기억이 그 성읍들과 함께 사라지게 만드는 것에서 즐거움을 느낄 수 있다는 것은 놀라운 일이다(시 9:6). 그는 두로의 교만을 짓밟음으로써 하나님의 목적에 기여하였지만, 더 큰 교만을 지니고 있었기 때문에, 얼마 후에 하나님은 그를 낮추실 것이었다.

II. 두로가 그 영광을 다시 회복하리라는 예언. 한 왕 또는 한 왕조, 느부갓네살의 연한 같이 칠십 년이 찬 후에 두로는 황폐화의 기간을 끝내고 회복되었다. 아마도 고레스는 유대인들을 고국으로 돌아가게 해서 그들로 하여금 예루살렘을 재건하게 하였을 때에 두로 사람들도 놓아주면서 그들로 하여금 두로를 재건하도록 하였던 것 같다. 하나님은 한 성읍이든 사람이든 형통한 날과 곤고한 날, 이 두 가지를 병행하게 하셨기 때문에, 아무리 번영하는 성읍도 안심해서는 안 되고 아무리 황폐해진 성읍도 절망할 필요가 없다. 여기에서는 다음과 같은 것들이 예언되고 있다.

1. 하나님의 섭리가 이 폐허로 변해 버린 성읍에게 다시 미소를 짓게 되리라는 것(17절). 여호와께서 긍휼하심으로 두로를 돌보시리라. 왜냐하면, 하나님은 다투시지만 영원히 다투시지는 않으시기 때문이다. 본문에서는 두로와 오랫동안 친분이 있던 성읍들, 즉 두로가 세운 식민지들이나 두로와 교역하였던 성읍들이 두로를 돌보리라고 말하지 않는다(그 성읍들은 이미 두로를 잊었다). 그러나 여호와께서는 생각지도 않은 때에 두로를 돌보실 것이다. 하나님은 두로에 대한 진노를 거두실 것이고, 그러면 두로의 모든 것들은 이전처럼 잘 돌

아가게 될 것이다.

2. 두로가 이전의 교역 활동을 다시 회복하기 위하여 최선의 노력을 하게 되리라는 것. 두로는 기생처럼 노래하게 될 것이다. 하나님은 두로의 음란함을 교정하기 위해서 두로가 한동안 음녀의 노래를 부르지 못하게 하셨었다. 그러나 자유의 몸이 될 때에 두로는 타락의 성향이 너무 깊어서 다시 옛적에 사람들을 유혹할 때에 사용하였던 솜씨를 다시 사용하게 될 것이다. 두로 사람들은 포로 생활에서 돌아와 다시 힘을 내어 교역 활동을 재개해서, 최고의 상품들을 가져다가 이웃 성읍들에 싼 값으로 팔아서 고객들을 다시 끌어모으고자 애쓸 것이다. 사람들에게 잊어버린 바 되었던 음녀인 두로는 밤에 수금을 가지고 성읍에 두루 다니며 기묘한 곡조로 많은 노래를 불러서 많은 사람들에게 자신의 존재를 다시 기억시킬 것이다. 기분 전환을 위한 오락들은 건전하게 적당히 사용한다면 아무런 해가 없기 때문에 허용될 수 있다. 그러나 덕을 추구하고 소중히 여기는 자들은 그러한 것들을 너무 좋아하거나 남들보다 뛰어나려고 해서는 안 된다. 왜냐하면, 그런 것들은 예나 지금이나 음녀들이 어리석은 자들을 유혹할 때에 사용하였던 미끼 중의 하나이기 때문이다. 두로는 이제 점차 다시 열국의 시장이 되어갈 것이다. 두로는 다시 값을 받고, 예전에 그가 번성하였을 때에 그와 거래하였던 지면에 있는 열방과 음란을 행할 것이다(즉, 두로가 교역 활동을 활발히 하게 되리라는 것인데, 선지자는 음녀의 비유를 이어가기 위해서 이런 표현을 사용하고 있다). 세상의 재물을 사랑하는 것은 영적인 간음이다. 그래서 탐욕스러운 자들은 간음한 자들과 간음한 여인들로 불리고(약 4:4), 탐욕은 영적인 우상 숭배이다.

3. 두로가 교역 활동을 다시 재개한 후에는 그 이득을 이전보다 더 잘 선용하게 되리라는 것. 두로는 재난을 당한 경험을 통해서 이러한 교훈을 얻게 될 것이다(18절). 그 무역한 것과 이익을 거룩히 여호와께 돌리리라. 두로의 무역과 그 무역에서 남긴 모든 이득은 하나님께 바쳐지고 하나님을 섬기고 영광을 돌리는 데에 사용될 것이다. 그들은 그 모든 이득을 이전처럼 모아두거나 쌓아두고서, 그 재물을 의지하여 교만해지거나 육(肉)에 의지하는 그들의 마음을 뒷받침해 주는 것으로 삼지 않을 것이고, 도리어 경건과 구제의 일에 내놓을 것이다. 그들이 그들 자신과 가족들을 부양하고 남은 것들은 여호와 앞에 사는 자들, 예루살렘 성전에서 섬기는 여호와의 사역자들인 제사장들을 위한 것이 될

것이다. 제사장들은 그 재물로 호화롭게 사치스럽게 사는 것이 아니라, 배불리 먹을 양식을 구할 수 있게 되어서 끼니를 걱정하느라 사역을 제대로 감당할 수 없게 되는 일이 일어나지 않을 것이고, 비싸고 좋은 옷이 아니라 튼튼하고 질겨서 오래가는 옷(개역에서는 잘 입을 옷감), 또는 노인들을 위한 옷(어떤 이들은 이렇게 읽는다)을 입을 수 있게 될 것이다(제사장들은 나이가 젊지만 노인들이 입는 것 같은 무명옷을 입게 되리라는 것).

(1) 이것은 새로운 두로에 하나님을 믿는 신앙이 세워져서 그들이 참 하나님을 알게 되고 하나님의 백성인 이스라엘과 교류를 하게 되리라는 것을 보여준다. 아마도 그들은 바벨론에서 선지자들을 보유하고 있었던 유대인들과 함께 포로 생활을 하면서 유대인들과 마찬가지로 우상 숭배로부터 돌이켜서 하나님을 예배하는 데에 참여하게 되었을 것이다. 그들은 유대인들과 함께 포로 생활에서 놓여나서 두로에 다시 정착하게 되었을 때에 유대인들 덕분에 신앙을 갖게 된 것을 감사해서 예루살렘 성전에 예물을 바치고 제사장들에게는 선물을 보냈던 것 같다. 우리는 당시에 두로 사람들이 유다 땅에 거주하고 있었다는 것을 발견한다(느 13:16). 두로와 시돈은 그리스도께서 활동하던 시기에 이스라엘의 성읍들보다도 더 잘 신앙을 받아들일 수 있는 성향을 지니고 있었다. 왜냐하면, 그리스도께서는 만약 자기가 그들 가운데로 갔더라면 그들이 벌써 회개하였으리라고 말씀하셨기 때문이다(마 11:21). 바울 시대에 두로에는 그리스도인들이 있었고(행 21:3-4), 그로부터 오랜 세월 후에 거기에서 기독교가 번성하였다. 몇몇 랍비들은 두로의 회심에 관한 이 예언을 메시야의 날과 연관시킨다.

(2) 이것은 재산이 있는 자들에게 그 재산을 하나님과 그 신앙을 섬기는 일에 사용할 것을 교훈하고, 그렇게 재산을 사용하는 것이야말로 가장 잘 저축해 두는 것임을 보여준다. 상인들의 무역과 일꾼들의 삯은 하나님께 바쳐질 것이다. 그 무역한 것(우리의 직업)과 이익(우리의 직업에서 번 것)은 여호와께 거룩한 것이 되어야 한다. 이것은 대제사장의 흉패에 새겨진 글귀(출 39:30, 여호와께 성결), 율법에 따라 십일조를 떼서 바치는 것(레 27:30)과 관련이 있는 것 같다. 복음 시대와 관련된 이와 비슷한 약속을 보라(슥 14:20-21, 그 날에는 말 방울에까지 여호와께 성결이라 기록될 것이라). 우리가 행하거나 갖거나 얻은 것이 거룩하려면, 우리는 먼저 우리 자신을 여호와께 바쳐서 거룩하게 되어야 한다.

우리가 우리의 직업들 속에서 하나님 안에 거하고 평범한 일들을 경건하게 행하며, 경건과 구제의 일을 많이 행하고 가난한 자들에게 후하게 나누어주며, 사역자들을 든든히 잘 받쳐주고 복음이 흥왕하도록 힘을 보태며, 우리의 직업과 우리의 삶 속에서 진실로 하나님의 영광을 바라본다면, 우리의 직업과 삶은 여호와께 거룩한 것이 된다. 우리는 재물을 땅에 보관해 두거나 쌓아둘 필요가 없다. 왜냐하면, 우리의 재물은 하늘의 낡아지지 아니하는 배낭 속에 보관되고 쌓여져 있기 때문이다(눅 12:33).

제
— **24** —
장

개요

여기에서 새로운 설교가 시작되어서 27장 끝까지 계속된다. 이 설교 속에서 선지자는 그가 받은 명령들에 따라 많은 보배로운 약속들을 통해서 "의인들에게 그들이 잘 되리라고 말하고," 많은 두려운 경고들을 통해서 "악인들에게 화가 있으리니 그들이 잘 되지 못하리라"고 말한다(사 3:10-11). 이것들은 서로 섞여 짜있어서 서로를 조명해 준다. 이 장에는 대체로 경고의 말씀이 나온다. 선지자가 경고하는 심판들은 지극히 혹독하고 중대한 것들이고, 그러한 심판들로 경고를 받고 있는 자들은 그 수가 많다. 여기에 나오는 경고의 말씀은 앞에 나온 것들과는 달리 어느 특정한 성읍이나 나라에 관한 경고가 아니라 온 땅에 관한 경고이다. 영어에서 온 땅(earth)이라는 말은 사실 자기 나라 땅을 의미한다. 왜냐하면, 통상적으로 우리에게는 우리 나라 땅이 온 땅이나 마찬가지이기 때문이다. 그러나 여기에서 사용된 이 어구는 그런 식으로 해석될 수 없는 또 하나의 말에 의해서 보충적으로 설명되고 있다. 온 땅은 세계이다(4절). 그러므로 우리는 이 어구를 적어도 주변의 모든 나라들을 가리키는 것으로 해석하여야 한다. 1. 어떤 이들은 이것이 산헤립이 이끄는 앗수르 군대가 이제 곧 그 지역의 많은 나라들에게 큰 재앙을 가하리라는 예언이라고 생각하는데, 이것은 대단히 유력한 견해이다. 2. 어떤 이들은 이 예언이 100여년 후에 느부갓네살이 이끄는 군대가 그 지역의 많은 나라들을 차례차례로 정복할 뿐만 아니라 다 파괴하여서 초토화시켜 버린 일을 말하는 것이라고 본다. 동방의 나라들은 전쟁을 통해서 정복한 나라들을 이렇게 초토화시켜 버리는 것이 하나의 관행이었다. 경고의 말씀들 가운데 뒤섞여 있는 약속의 말씀들은 그러한 지독한 재난의 때에 하나님의 백성을 위로하고 붙잡아 주기 위한 것이다. 여기에는 그러한 초토화가 어느 나라에 의해서 어느 나라들에 대하여 이루어질 것인지 그 구체적인 나라 이름들이 나오지 않기 때문에, 나는 이 예언이 앞에서 말한 두 가지 사건을 둘 다 가리킬 수 있다고 본다. 아니, 성경에는 이 예언이 성취된 것으로 볼 수 있는 많은 사건들이 나오기 때문에, 우리는 이 예언을 폭넓게 해석하여야 한다. 그러므로 나는 선지자가 구체적으로 염두에 두고 있었던 사건들을 통해서 여기에서 인류가 처한 재난 같은 처지, 인간의 삶, 특히 열방들의 전쟁에 참여하는 자들이 겪는 수많은 참상들을 일반적으로 나타내고자 한 것이라고 생각하고 싶다. 선지자들은 분명히 특정한 사건들을 예언하기 위해서만이 아니라 사람들의 마음이 덕과 경건을 추구하도록 하기 위하여 보내심을 받았다. 선지자들의 예언은 그런 목적을 위하여 기록되고 보존되었기 때문에 사사롭게 해석되어서는 안 된다. 이 세상이 헛되고 우리를 행복하게 만들어 줄 수 없다는 것을 철저하게 깨닫게 되면 우리는 하나님께 더욱 가까이 나아갈 수 있게 되고 내세에 대한 열망이 더욱 강해질 수 있기 때문에, 선지자는 여기에서 우리가 세상의 것들 속에서 안식을 구하거나 하나님이 주시는 만족을 찾을 수 없는 이 세상 속에서 만족을 기대하지 않도록 하기 위하여 세상의 것들을 추구할 때에 우리의 영혼이 얼마나 괴롭게 될지를 보여준다. 이 장에는 다음과 같은 내용들이 나온다. I. 죄로 인하여 황폐케 하는 심판이 있으리라는 경고(1-12절). 거기에 그 심판의 와중에서 선한 자들은 위로를 받게 되리라는 약속이 덧붙여진다(13-15절). II. 그와 비슷한 황폐화에 관한 추가적인 경고(16-22절). 거기에 이 모든 것을 통해서 하나님이 영광을 받으시게 되리라는 약속이 덧붙여진다.

[1]보라 여호와께서 땅을 공허하게 하시며 황폐하게 하시며 지면을 뒤집어엎으시고 그 주민을 흩으시리니 [2]백성과 제사장이 같을 것이며 종과 상전이 같을 것이며 여종과 여주인이 같을 것이며 사는 자와 파는 자가 같을 것이며 빌려 주는 자와 빌리는 자가 같을 것이며 이자를 받는 자와 이자를 내는 자가 같을 것이라 [3]땅이 온전히 공허하게 되고 온전히 황무하게 되리라 여호와께서 이 말씀을 하셨느니라 [4]땅이 슬퍼하고 쇠잔하며 세계가 쇠약하고 쇠잔하며 세상 백성 중에 높은 자가 쇠약하며 [5]땅이 또한 그 주민 아래서 더럽게 되었으니 이는 그들이 율법을 범하며 율례를 어기며 영원한 언약을 깨뜨렸음이라 [6]그러므로 저주가 땅을 삼켰고 그 중에 사는 자들이 정죄함을 당하였고 땅의 주민이 불타서 남은 자가 적도다 [7]새 포도즙이 슬퍼하고 포도나무가 쇠잔하며 마음이 즐겁던 자가 다 탄식하며 [8]소고 치는 기쁨이 그치고 즐거워하는 자의 소리가 끊어지고 수금 타는 기쁨이 그쳤으며 [9]노래하면서 포도주를 마시지 못하고 독주는 그 마시는 자에게 쓰게 될 것이라 [10]약탈을 당한 성읍이 허물어지고 집마다 닫혀서 들어가는 자가 없으며 [11]포도주가 없으므로 거리에서 부르짖으며 모든 즐거움이 사라졌으며 땅의 기쁨이 소멸되었도다 [12]성읍이 황무하고 성문이 파괴되었느니라

이 예언이 우리의 시야에 펼쳐 보이는 것은 대단히 암울한 광경이다. 우리가 눈을 어디로 향하더라도, 모든 것은 암울해 보인다. 선지자가 경고하는 황폐화는 여기에서 아주 다양한 표현으로 묘사되고 있지만, 그 뜻은 동일하고, 이 모든 것이 합쳐져서 암울함은 더욱 가중된다.

I. 땅을 장식하고 있던 모든 것들이 벗겨져서, 땅은 그 토대가 제거된 듯 보일 것이다. 땅은 마치 그 처음의 혼돈으로 되돌아가서 혼돈과 공허(토후와 보후)만 있는 듯(창 1:2) 공허하고 황폐하게 될 것이다(1절). 여기에서 사용된 히브리어 에레츠(3절)는 종종 지구 전체를 나타내는 온 땅(earth)이 아니라 어느 특정 지역을 나타내는 땅(land)을 나타내는 데에도 종종 사용된다는 것은 사실이다. 땅이 온전히 공허하게 되고 온전히 황무하게 되리라. 그러나 1절의 에레츠를 온 땅으로 번역하듯이 3절도 온 땅으로 번역하지 못할 이유는 없다고 본다. 왜냐하면, 항상은 아니지만 대체로 이 단어는 어느 특정한 지역의 땅을 가리킬 때에도 그 속에 온 땅이라는 의미를 내포하기 때문이다(애굽 땅, 가나안 땅, 이 땅, 우리 땅 등등). 이 단어는 사실 어느 특정한 지역이나 나라를 가리킬 수 있고, 모호한 단어를 사용하고 있다는 것 자체가 이 단어를 그런 식으로 적용하는 것이 가능하다는 것을 인정해 주는 것일 수 있다. 또한, 우리는 이 예언 속에서 말하고 있는 모든 일들이 일어날 때에 사람들의 심령이 괴롭고 공허해지리라고 일반적으로 말씀되고 있는 것들을 우리 자신에게 구체적으로 적용하는 것이 좋을 수도 있다. 그러나 이 예언은 많은 나라들에 무슨 일이 자주 일어나고 있고, 앞으로 세상이 존재하는 동안에 무슨 일이 일어날 것인지(그 일은 우리에게 곧 닥칠 수 있는 일이다), 세상에 속한 모든 것들이 지닌 일반적인 성격이 무엇인지를 말해주고자 하는 의도를 지닌 것으로 보인다. 세상의 것들은 모두 확고한 위로와 만족이 결여되어 있다. 작은 일만 일어나도 세상의 것들은 황무해지고 만다. 우리는 번성하였던 가문들, 무수한 전답들이 이런저런 심판을 통해서, 또는 눈에 보이지 않게 점진적으로 쇠락의 길을 걸음으로써 온데간데 없이 완전히 사라져 버리는 것을 자주 목격한다. 죄는 이 땅을 뒤집어엎어 놓았다. 죄가 들어온 후에 인간에게 땅은 하나님이 인간이 거주하도록 처음 만드셨을 때의 땅과는 완전히 다른 것이 되어 버렸다. 또한, 죄는 그 주민을 흩어 버렸다. 바벨탑을 쌓으며 인간이 벌였던 하나님에 대한 반역은 인간이 지면에 흩어지는 계기가 되었다. 마을과 집에 살고 있던 주민들은 뿔뿔이 다 흩어져

버려서 가까운 친척이나 오래된 이웃들도 서로를 전혀 알아보지 못하게 되었다! 4절의 말씀도 동일한 취지이다. 땅이 슬퍼하고 쇠잔하리라. 그리하여 땅에서 행복을 찾고자 하고 땅에 큰 기대를 걸었던 자들은 그들의 기대가 깨진 것을 보고서 실망하게 된다. 온 세계가 쇠약하고 쇠잔하며 신속하게 소멸의 길로 달려갈 것이다. 세계는 기껏해야 사람들이 너무 좋아해서 그 품에 품고 있는 동안에 시들어 버리는 꽃과 같다. 땅 자체가 쇠잔해지는 것과 마찬가지로, 거기에 거주하는 자들도 고적(孤寂)하게 된다. 사람들은 미치광이 같고 병든 몸을 이끌고 살아가며, 흔히 고독하고, 환난에 의해 제약을 받는다(6절). 땅이 쇠잔해져서 예전처럼 비옥하지 못하게 될 때, 거기에 거주하는 자들, 땅을 자신의 본향이자 안식처, 분깃으로 삼는 자들은 처량하게 된다. 하지만 믿음으로 하나님 안에 거하는 자들은 무화과나무에 열매가 없을 때에도 하나님을 기뻐할 수 있다. 우리가 이 세상을 두루 살펴서, 얼마나 많은 곳에서 전염병과 열병이 창궐하고, 얼마나 많은 사람들이 짧은 시간 안에 그 질병들에 의해서 죽어감으로써, 종종 산 자들이 죽은 자들을 묻기에도 일손이 부족할 정도인 것을 보게 된다면, 우리는 선지자가 땅의 주민이 이런저런 질병에 의해서 불타서, 즉 죽어나가서 남은 자가 적도다라고 말한 의미가 무엇인지를 깨닫게 될 것이다. 우리가 살고 있는 세계는 절망의 세계, 눈물 골짜기, 사멸해 가는 세계라는 것을 명심하라. 이 세계 속에서 인생들은 짧은 날수를 살아가지만 그 날수는 괴로움으로 가득 차 있다

Ⅱ. 이 모든 재난을 땅에 내리시는 분은 하나님이시다. 땅을 지으시고 비옥하고 아름답게 하셔서 인간을 섬기고 위로하게 하신 여호와께서 이제 땅을 공허하게 하시며 황폐하게 하신다(1절). 왜냐하면, 땅을 심판하실 수 있으신 분은 땅을 지으신 분이기 때문이다. 하나님은 땅에 대하여 판결을 내리실 움직일 수 없는 권한과 그 판결을 집행하실 저항할 수 없는 권능을 가지고 계신다. 이 말씀을 하신 분은 여호와이시기 때문에, 여호와께서 그 일을 하실 것이다(3절). 하나님의 저주가 땅을 삼켰는데(6절), 죄가 사람으로 말미암아 땅에 전반적인 저주를 가져다 주었고(창 3:17), 가족과 나라들은 그들의 무수한 행악으로 인하여 스스로 온갖 저주들을 자초하였다. 모든 것을 공허하고 황무하게 만드시는 하나님의 저주의 엄청난 권능을 보라. 하나님께서 내리시는 저주를 받는 자들은 정말 저주를 받은 것이다.

Ⅲ. 온갖 신분과 처지의 사람들이 이 재난을 받게 될 것이다(2절). 백성과 제사장이 같은 것이며 … 이자를 받는 자와 이자를 내는 자가 같을 것이라. 이 말씀은 인간의 삶에 닥쳐오는 여러 공통적인 재난들에 그대로 적용된다. 모든 사람이 육신의 질병들, 마음의 슬픔들, 인간 관계의 괴로움들을 동일하게 겪는다. 사람들은 각기 다른 신분이나 처지에 있지만 한결같은 일들을 겪는다. 시간과 기회는 그들 모두에게 주어진다. 이 말씀은 하나님께서 종종 죄악된 나라들에게 내리시는 멸망의 심판들에 대해서는 특히 그대로 적용된다. 하나님은 마음만 먹으시면 멸망의 심판을 모든 사람들에게 미치게 해서 아무도 그 심판을 피하거나 면제받지 못하게 하실 수 있으시다. 사람들이 적게 가졌든 많이 가졌든, 그들은 자기가 가진 모든 것을 잃게 될 것이다. 미천한 산분에 속한 자들이 기근에 의해서 가장 먼저 해를 입을 것이기는 하지만, 높은 신분에 속한 자들도 가장 먼저 포로로 끌려가게 되고, 이 땅의 가난한 자들은 남겨질 것이다. 이 일은 다음과 같은 사람들에게 똑같이 일어나게 될 것이다.

1. 높은 자와 낮은 자. 백성과 제사장 또는 방백이 같을 것이다. 방백들과 사역자들이 지닌 위엄, 그들이 누리는 존경이 그들을 안전하게 해주지 못할 것이다. 장로들의 얼굴도 존경을 받지 못한다(애 5:12). 제사장들은 백성들만큼이나 부패하고 악해졌다. 그들의 높은 지위가 그들이 죄를 범하는 것을 막아주는 데에 아무런 힘도 되지 못했다면, 어떻게 그들이 그들의 지위가 심판으로부터 그들을 안전하게 보호해 줄 것이라고 기대할 수 있겠는가? 범죄하는 것과 심판을 받는 것에서 백성과 제사장이 같을 것이다(호 4:8-9).

2. 묶인 자와 자유자. 종과 상전이 같을 것이며, 여종과 여주인이 같을 것이다. 그들의 행실은 너나할 것 없이 다 타락하였기 때문에, 땅이 황무하게 될 때에 그들은 모두 똑같이 비참하게 될 것이다.

3. 부자와 가난한 자. 모아놓은 돈이 있어서 물건을 사고 이자를 받고 돈을 꾸어주는 자들이라고 해도 가난해서 자신의 집이나 전답을 팔며 이자를 내고 돈을 꿀 수밖에 없는 자들보다 더 낫지 못할 것이다. 저 심판의 날에는 미치지 못하지만, 부자나 가난한 자나 매한가지로 겪게 되는 심판들이 있다. 이 세상에서 출세한 자들은 미천한 자들과 너무 거리를 두어서는 안 된다. 왜냐하면, 그들도 언제 미천한 자들처럼 될지 모르는 일이기 때문이다. 부자의 재물은 그의 견고한 성이라고 제딴에는 생각하지만, 언제나 그런 것은 아니다.

IV. 이 재난들이 땅에 임하게 되는 것은 죄 때문이다. 땅은 그 주민 아래서 더럽게 되었기 때문에 공허하게 되고 쇠잔하게 된다(5절). 땅은 사람들의 죄 때문에 더럽혀졌기 때문에 하나님의 심판에 의해서 황폐화된다. 죄는 본질상 더러운 속성을 지니고 있어서, 죄악된 주민으로 말미암아 땅 자체를 더럽히기 때문에, 땅은 하나님과 선한 자들의 눈에 추한 모습으로 변해 버린다(레 18:25, 27-28을 보라). 특히, 피는 땅을 더럽힌다(민 35:33). 주민들이 먼저 그들의 죄로 말미암아 땅을 더럽히기 전까지는 땅은 결코 주민들을 토해내지 않는다. 주민들은 무슨 이유로 무슨 짓을 행한 것인가?

1. 그들은 그들의 창조에 맞게 주어진 법들을 범하였고, 그들이 창조된 목적에 부응하지 못하였다. 그들은 자연의 법이라는 구속(拘束)들을 깨뜨렸고, 이를 통해서 자연의 하나님에 대하여 그들이 마땅히 행해야 할 의무들을 내벗어 던져버렸다.

2. 그들은 계시 종교의 율례들, 계시 종교의 은택을 담고 있던 율례들을 어겼다. 그들은 율례들을 무시하였고(어떤 이들은 이렇게 읽는다), 그 율례들을 지키는 일에 아무런 신경도 쓰지 않았다. 그들은 죄를 범함으로써 율법을 어겼고, 의무를 행하지 않음으로써 율례를 어겼다.

3. 이렇게 함으로써 그들은 영원한 언약, 그 언약을 지키는 자들에게 영원한 축복이 될 영원한 언약을 깨뜨렸다. 하나님께서 언약(또는, 계약)이라는 방식으로 사람들과 관계를 맺으시고 그들을 선대(善待)하시며 그들로 하여금 그를 섬기게 하신 것은 하나님의 놀라운 겸양이시다. 하나님이 아브라함과 맺은 언약을 통해서 은택을 얻지 못한 자들조차도 하나님이 노아 및 그의 아들들과 맺은 언약, 즉 하나님이 낮과 밤과 맺은 영원한 언약을 통해서 은택을 얻었다. 그러나 그들은 노아의 아들들의 명령을 지키지 않고, 낮과 밤 속에서 하나님의 선하심을 인정하지 않으며, 하나님의 은혜를 갚고자 애쓰지 않고, 그렇게 함으로써 영원한 언약을 깨뜨리고 그 언약의 은혜로운 의도와 목적들을 무효화시켜 버린다.

V. 이러한 심판들은 사람들의 교만을 낮추고 그들의 즐거움을 망쳐 놓을 것이다. 땅이 공허하게 될 때, 그것은 다음과 같은 결과를 가져올 것이다.

1. 그것은 사람들의 교만을 크게 억제할 것이다(4절). 세상 백성 중에 높은 자가 쇠약하리라. 왜냐하면, 그들은 그들의 교만을 떠받쳐 주었던 것들, 그들을 높

여 주었던 것들을 잃어버릴 것이기 때문이다. 하나님은 머리를 꼿꼿이 세우고 다니던 자들을 머리를 푹 숙이고 다니게 만드실 수 있다.

2. 그것은 사람들의 즐거움에 큰 타격을 안겨줄 것이다. 이것은 7-9절에서 자세하게 설명된다. 마음이 즐겁던 자가 다 탄식하리라. 육신의 즐거움은 다 그런 것이어서 솥 밑에서 가시나무가 타는 소리 같을 뿐이다(전 7:6). 큰 웃음소리는 보통 한숨으로 끝나는 법이다. 세상을 자신의 주된 기쁨으로 삼고 있는 자들은 언제까지나 즐거워할 수는 없다. 하나님께서 이 땅에 심판들을 보내시는 것은 즐거움과 쾌락에 완전히 매몰되어 있는 자들로 하여금 제정신을 차리게 하시기 위한 것이다. 너희 웃음을 애통으로 바꿀지어다. 땅이 공허하게 될 때, 즐거워하는 자의 소리가 끊어질 것이다. 육신의 즐거움은 소란스러운 것이다. 그러나 그 소리는 곧 끊어질 것이고, 그 끝은 무거운 정적(靜寂)이 될 것이다. 육신의 즐거움이 헛되다는 것을 표현하기 위해서 여기에서 두 가지가 사용되고 있다. 즐거워하는 자들은 다음 두 가지를 박탈당하게 될 것이다.

(1) 술 마시는 것. 새 포도즙이 슬퍼하리라. 술 마시는 자들이 없어져서, 새 포도즙은 시어져 버릴 것이다. 왜냐하면, 마음에 근심하는 자에게 포도주가 아무리 좋다고 하여도(잠 31:6), 마음이 즐거운 자들에게만큼 근심하는 자들에게는 포도주가 맛이 없어질 것이기 때문이다. 포도나무가 쇠잔하여 포도 수확을 제대로 할 수 없을 것이기 때문에, 마음이 즐겁던 자가 탄식할 것이다. 왜냐하면, 그들은 곡식과 포도주와 기름이 풍성한 것 외에는 다른 즐거움을 알지 못하므로(시 4:7), 그들의 포도나무와 무화과나무를 멸한다면, 그들의 모든 즐거움도 그치게 될 것이기 때문이다(호 2:11-12). 이제 그들은 예전처럼 건배하고 노래하면서 포도주를 마시지 못하고, 한숨을 쉬며 포도주를 마시게 될 것이다. 아니, 그들은 눈물을 흘리며 술을 마셔야 하기 때문에 독주는 그 마시는 자에게 쓰게 될 것이다. 또는, 그들은 질병으로 인해서 술맛을 잃어 버린 것일 수도 있다. 하나님은 포도주와 독주를 좋아해서 사족을 못쓰는 자들에게 그 술이 쓰게 만드실 수 있는 많은 방법들을 가지고 계신다. 몸은 아프고 병들었으며 마음은 울적하고 시름에 잠겼고 집과 전답과 나라는 다 망하였기 때문에, 독주를 마셔도 쓰디쓰고 온갖 감각의 쾌락들은 즐겨도 아무런 흥취가 없어 시들해진다.

(2) 음악. 그들은 예전에는 연회에서 풍악을 울리며 즐겼지만(사 5:12), 이제 소고 치는 기쁨이 그치고 수금 타는 기쁨이 그쳤다. 바벨론에 포로로 잡혀간 자

들은 그들이 가져갔던 수금을 버드나무 가지에 걸어 놓았다. 요컨대, 모든 즐거움이 사라졌다. 어디를 둘러보아도 즐거운 것은 없고, 그들을 웃게 만들 것은 아무것도 없었다. 땅의 모든 기쁨이 소멸되었다(11절). 그러한 기쁨이 솔로몬이 미친 짓이라고 불렀던 바로 그런 것이라면, 그것을 잃었다고 해서 손해 날 것은 없다.

VI. 땅이 이렇게 황폐화됨으로써 성읍들이 큰 피해를 입게 될 것이다(10절). 혼돈의 성읍이 깨져서 무너졌다(우리는 이렇게 읽는다, 개역에서는 약탈을 당한 성읍이 허물어지고). 성읍은 그 성벽이 무너지는 것만이 아니라 주민들의 극심한 혼란으로 인해서 침략군에 의한 위험에 그대로 노출된다. 집마다 닫혔다. 이것은 아마도 주민들을 휩쓴 전염병 때문인 것 같은데, 이 전염병으로 인해서 남은 자가 적었다(6절). 전염병에 걸린 자들이 사는 집들은 아무도 들어가지 못하도록 폐쇄되는 것이 보통이다. 또는, 집들이 닫혀 있는 것은 집들이 버려지고 거기에 아무도 살지 않기 때문일 수도 있다. 수확한 포도를 약탈당하여 포도주가 하나도 남아나지 않아서 포도주를 달라고 아우성치는 소리가 있을 것이다(개역에서는 포도주가 없으므로 거리에게 부르짖으며). 그토록 많은 사람들이 왕래하였던 예루살렘 성읍에는 황무함 이외에는 아무것도 남아 있지 않게 될 것이다. 거리에는 풀이 자라날 것이고, 성문은 파괴되었다(12절). 성문을 통과하던 모든 것들은 다 끊어져 버렸고, 성읍의 모든 힘도 아울러 다 끊어졌다. 하나님은 질서정연하였던 성읍을 순식간에 혼돈의 성읍으로 만들어 버리실 수 있다. 그 때에 그 성읍은 황무한 성읍으로 변해 버릴 것이다.

[13]세계 민족 중에 이러한 일이 있으리니 곧 감람나무를 흔듦 같고 포도를 거둔 후에 그 남은 것을 주움 같을 것이니라 [14]무리가 소리를 높여 부를 것이며 여호와의 위엄으로 말미암아 바다에서부터 크게 외치리니 [15]그러므로 너희가 동방에서 여호와를 영화롭게 하며 바다 모든 섬에서 이스라엘의 하나님 여호와의 이름을 영화롭게 할 것이라

우리는 여기 진노의 와중에서 긍휼하심을 본다. 유다와 예루살렘, 인접한 나라들이 산헤립이나 느부갓네살이라는 적군에 의해서 유린되었을 때에 전반적인 파멸에서 보존된 남은 자, 경건하고 독실한 남은 자가 있을 것이다.

하나님은 광범위하게 심판을 행하실 때에 통상적으로 이러한 방법을 사용하신다. 하나님은 심판을 통해서 하나도 남김없이 멸절시키지는 않으신다(사 6:13). 또는, 우리는 이것을 이렇게 해석할 수도 있다. 인류의 대다수가 땅이 공허하게 되고 황무하게 됨으로써 그들의 모든 위로를 잃게 된다고 하더라도, 이 땅에는 그들의 참된 유익이 무엇인지를 잘 깨달아서 그들의 보화를 이 땅이 아니라 하늘에 쌓아둠으로써 땅이 슬퍼하고 쇠잔할 때에도 그들의 위로와 기쁨을 하나님 안에서 지킬 수 있다. 좀 더 살펴보자.

I. 이 남은 자가 소수이리라는 것(13절). 모든 것이 초토화된다고 해도, 감람나무를 흔듦 같고 포도를 거둔 후에 그 남은 것을 주움 같이, 모든 피조물에 의지한 위로들을 잿더미로 만들어 버린 대재앙을 피하고서, 모든 사람들의 얼굴이 새파랗게 질린 가운데서도 기쁨으로 그들의 얼굴을 들어서(눅 21:26, 28) 여호와를 기뻐하는 자가 여기저기에 있을 것이다(합 3:16-18). 이 소수의 남은 자들은 감람나무에 남은 것들이 듬성듬성 있듯이 서로 멀리 떨어져서 한참을 가야 한 사람씩 발견될 것이다. 그들은 잎사귀 아래에 숨겨질 것이다. 오직 여호와만이 누가 자기 백성인지를 아시고, 세상은 알지 못한다.

II. 이 남은 자의 큰 헌신. 그들은 이 큰 재앙에서 겨우 피한 자들이기 때문에, 그들의 헌신은 더 클 것이다(14절). 무리가 소리를 높여 부를 것이다.

1. 그들은 구원받은 것으로 인하여 기뻐 노래할 것이다. 육신적이고 세상적인 자들의 즐거움이 그칠 때, 성도들의 기쁨은 변함없이 생생할 것이다. 마음이 즐겁던 자들이 포도나무가 쇠잔해져서 한숨을 쉬며 탄식할 때, 마음이 정직한 자들은 그들의 위로의 원천이자 그들의 소망의 토대인 은혜의 언약이 결코 그들을 실망시키지 않을 것이기 때문에 노래하며 즐거워할 것이다. 여호와를 기뻐하는 자들은 환난 속에서 기뻐할 수 있고, 주변의 모든 사람들이 눈물 속에 있을 때에 승리할 것을 믿으며 기뻐할 수 있다.

2. 그들은 노래를 불러 하나님을 찬양하고 영광을 돌릴 것이며, 여호와의 긍휼하심만이 아니라 여호와의 위엄으로 말미암아 노래할 것이다. 그들의 노래는 굉장하고 진지하여, 그들이 찬송으로 하나님을 섬길 때에 그들은 영적인 기쁨 속에서 하나님의 크심을 앙모하고 겸손히 하나님을 우러러볼 것이다. 여호와의 위엄은 악인들에게는 두려운 것이지만 성도들에게는 찬송의 제목이 된다. 그들은 심판과 긍휼 속에서 보여진 여호와의 지극히 크고 엄위하심을 노래할

것이다. 이렇게 우리는 심판과 긍휼, 이 둘 모두에 대하여 여호와를 찬양하여야 한다(시 101:1). 공허하게 되고 황무하게 된 땅에서 바다와 섬들로 피신한 자들은 거기에서 크게 외칠 것이다. 그들이 여기저기로 멀리 흩어짐으로써 하나님을 아는 지식은 널리 퍼져나가게 될 것이고, 그들은 아무리 멀리 떨어져 있는 해변에도 하나님을 찬송하는 노래가 울려퍼지게 만들 것이다. 하나님을 경외하는 자들이 가장 암울한 시기에도 하나님을 기뻐하고 찬송한다면, 그것은 하나님을 크게 존귀하게 해드리는 것이 된다.

Ⅲ. 다른 사람들에게도 자기와 같이 헌신하라고 북돋우는 그들의 거룩한 열심(15절). 그들은 그들과 함께 고통을 겪는 다음과 같은 자들에게 자기들처럼 행하라고 격려한다.

1. 환난의 용광로 속에서 땅의 주민을 태우는 불 가운데 있는 자들(6절), 또는 골짜기들, 낮고 어둡고 더러운 곳들에 있는 자들.

2. 바다의 섬들에 있는 자들. 그 곳은 그들이 추방을 당한 곳이거나 피신을 위해 도망할 수밖에 없었던 곳이거나 그들의 모든 친구들로부터 멀리 떨어져 자신을 숨긴 곳이다. 그들은 불과 물을 통과하였다(시 66:12). 그렇지만 그들은 불 속에서나 물 속에서나 여호와께 영광을 돌려야 하고, 이스라엘의 하나님으로서 여호와께 영광을 돌려야 한다. 은혜로 말미암아 환난 속에서 기뻐할 수 있는 자들은 환난 속에서 하나님께 영광을 돌리고, 극한 환난 속에서 이루 말할 수 없는 위로를 주신 것에 대하여 하나님께 감사하여야 한다. 우리는 아무리 뜨거운 불 속에서나 아무리 먼 섬에서도 항상 하나님을 찬양하여야 한다. 하나님께서 우리를 죽게 하신다고 하여도 우리가 하나님을 신뢰하고, 하나님을 위하여 우리가 온종일 죽임을 당한다고 하여도 그 모든 일에도 불구하고 우리의 마음이 요동하지 않을 때, 우리는 불 속에서 여호와께 영광을 돌리는 것이다. 이렇게 다니엘과 세 친구, 그리고 순교자들은 불 속에서도 찬송하였다.

[16]땅 끝에서부터 노래하는 소리가 우리에게 들리기를 의로우신 이에게 영광을 돌리세 하도다 그러나 나는 이르기를 나는 쇠잔하였고 나는 쇠잔하였으니 내게 화가 있도다 배신자들은 배신하고 배신자들이 크게 배신하였도다 [17]땅의 주민아 두려움과 함정과 올무가 네게 이르렀나니 [18]두려운 소리로 말미암아 도망하는 자는 함정에 빠지겠고 함정 속에서 올라오는 자는 올무에 걸리리니 이는 위에 있는 문이 열

리고 땅의 기초가 진동함이라 ¹⁹땅이 깨지고 깨지며 땅이 갈라지고 갈라지며 땅이 흔들리고 흔들리며 ²⁰땅이 취한 자 같이 비틀비틀하며 원두막 같이 흔들리며 그 위의 죄악이 중하므로 떨어져서 다시는 일어나지 못하리라 ²¹그 날에 여호와께서 높은 데에서 높은 군대를 벌하시며 땅에서 땅의 왕들을 벌하시리니 ²²그들이 죄수가 깊은 옥에 모임 같이 모이게 되고 옥에 갇혔다가 여러 날 후에 형벌을 받을 것이라 ²³그 때에 달이 수치를 당하고 해가 부끄러워하리니 이는 만군의 여호와께서 시온 산과 예루살렘에서 왕이 되시고 그 장로들 앞에서 영광을 나타내실 것임이라

이 단락은 앞 단락과 마찬가지로 다음과 같은 것들을 분명하게 말하고 있다.

I. 성도들에게는 위로. 그들은 그들이 살고 있던 곳들에 닥친 전반적인 재난들 때문에 땅 끝으로 내몰리거나 신앙을 지키기 위해서 그리로 갈 수밖에 없을 수도 있다. 그러나 그들은 거기에서도 한숨 쉬며 탄식하는 것이 아니라 노래하며 찬송한다. 땅 끝에서부터 들리는 찬송을 듣는 것, 선한 자들이 지극히 먼 곳에 이를지라도 거기까지 자신의 신앙을 가지고 갔다는 것을 듣는 것, 하나님께서 거기에서 그들을 만나셔서 그가 그들을 거기서 모으시리라는 소망을 갖도록 그들을 격려하시는 것을 듣는 것(시 30:4)은 우리에게 큰 위로가 된다. 그들이 부른 노래는 이것이다. 의로우신 이에게 영광을 돌리세. 의로우신 이를 나타내는 단어는 단수형으로 되어 있기 때문에 우리에게 오직 의로운 일만을 하시는 의로우신 하나님을 가리키는 것일 수 있다. 그렇다면, 이것은 불 속에서 여호와께 영광을 돌리는 것이 된다. 또는, 이 단어의 의미는 이렇게 해석될 수도 있다. "이 노래들은 그 노래를 부르는 의인들에게 영광 또는 아름다움으로 되돌아갈 것이다." 우리는 하나님을 영화롭게 하고 존귀하게 해드리는 일에 우리 자신을 사용할 때에 우리 자신에게 가장 존귀한 일을 행하는 것이다. 이 것은 메시야 시대에 우리 섬나라(영국)처럼 멀리 떨어져 있는 땅 끝까지 복음이 전파되어서 거기에서 복음을 전해 들은 자들이 교회를 이루어 찬송을 되돌려 드려서 지극히 높으신 곳에서는 하나님께 영광이라고 노래한 천사들의 노래처럼 의로우신 하나님께 영광을 돌려 드리고 모든 의로운 자들도 영광을 받게 되리라는 것을 가리키는 것일 수 있다. 왜냐하면, 구속의 역사(役事)는 우리의 영광을 위하여 창세 전에 정해진 일이기 때문이다.

Ⅱ. 죄인들에게는 두려움.　선지자는 남은 자가 구원받으리라는 전망으로 자기 자신을 비롯해서 다른 사람들을 위로한 후에 다시 비참한 일들이 격류처럼 이 땅에 엄습해 올 것을 보고서 탄식한다. "그러나 나는 이르기를 나는 쇠잔하였고 나는 쇠잔하였으니 내게 화가 있도다. 그 일을 생각만 해도 내 속이 타서 내가 말라가는도다(16절)." 그는 다음과 같은 것들을 내다본다.

1. 죄가 팽배해서 범죄함이 차고 넘치리라는 것(16절). 배신자들은 배신하고 배신자들이 크게 배신하였도다. 이것은 그 자체가 심판이고, 하나님을 진노케 하여 또 다른 심판들을 불러온다.

(1) 사람들은 서로에 대하여 거짓되다. 사람들 속에는 신의(信義)가 없어서 모두가 정직하지 못하다. 사회를 하나로 묶어주는 신성한 끈인 진실함은 떠났고, 사람들의 행위 속에는 오직 속임수 외에는 아무것도 없다(렘 9:1-2을 보라).

(2) 그들은 모두 그들의 하나님에 대하여 거짓되다. 하나님에 대하여, 그리고 하나님과 맺은 언약에 대하여 인생들은 모두 속이는 자들로서, 그들의 하나님을 지극히 기만적으로 대하며 하나님에 대한 충성에서 멀어졌다. 이것이 세상의 죄의 원형(原型)이다. 사람들이 그들의 하나님에 대하여 거짓되다면, 그들이 어떻게 다른 그 어떤 사람이나 일에 대하여 참될 수 있겠는가?

2. 그 죄로 인하여 진노와 심판이 가득하리라는 것.

(1) 땅의 주민들에게는 때를 따라 이곳저곳에서 이런저런 재앙을 맞게 될 것이다(17-18절). 두려움과 함정과 올무(함정과 올무에 대한 두려움)가 그들이 가는 곳마다 그들에게 임하리라. 왜냐하면, 사람들은 어떠한 재앙이라는 올무에 느닷없이 걸리게 될지 알지 못하기 때문이다(전 9:12). 이 세 단어는 유운법(類韻法)이라는 수사학적 장치를 위해서 선택된 것으로 보인다. 파하드, 파하트, 파흐. 그러나 그 의미는 분명해서(18절), 재앙은 죄인을 따른다는 것(잠 13:21), 불순종하는 자들에게 저주가 임하리라는 것(신 28:15), 한 가지 심판을 피했다고 해서 안심하고 있는 자들에게 언제 또 다른 심판이 임할지 모르는 일이라는 것이다. 이 선지자가 땅의 모든 주민들에게 경고할 때에 사용하고 있는 표현은 예레미야 선지자가 모압에 대한 심판을 경고할 때에도 그대로 사용한 표현이다(렘 48:43-44). 그러나 하나의 재앙을 피했다 싶으면 더 나쁜 재앙을 만나게 되고, 하나의 재앙이 끝나면 또 다른 재앙이 시작되는 것은 인생의 재

난스러운 상태를 보여주는 보편적인 일례일 뿐이다. 그러므로 우리는 가장 안전할 때에도 전혀 안전하지 않은 것이다.

(2) 땅 자체가 요동하여 산산조각날 것이다. 물질이 뜨거운 불에 풀어지고 땅과 그 중에 있는 모든 일이 드러나게 될 때에 이것은 마침내 문자 그대로 실현될 것이지만, 그 때 이전에는 자주 비유적으로 사용된다. 대홍수 때처럼 위에 있는 문이 열리고 진노가 쏟아질 것이다. 하나님은 악인에게 올무를 비처럼 내리시리라(시 11:6). 깊음의 샘들이 깨질 때에 당연히 땅의 기초가 진동할 것이고, 자연의 골조가 무너지게 되면, 모든 것이 혼란에 빠지게 된다. 이것이 얼마나 우아하게 표현되고 있는지를 보라(19-20절). 땅이 깨지고 깨지며 땅이 갈라지고 갈라지며 땅이 흔들리고 흔들려서 제자리에서 빠져나온다. 하나님은 하늘과 땅을 진동시키신다(학 2:6). 땅에 자신의 보화를 쌓아두고서 거기에 마음을 뺏긴 자들의 비참한 모습을 보라. 그들은 머지않아 곧 완전히 깨져서 풀어져 버릴 것을 의지하고 있는 것이다. 땅이 취한 자 같이 비틀비틀하리라. 땅의 모든 움직임은 이렇듯 너무도 불안정하고 불확실하다. 세상적인 자들은 땅을 마치 궁전이나 요새나 난공불락의 성채처럼 여기며 땅에서 살아간다. 그러나 땅은 원두막 같이 너무도 허망하게 느닷없이 흔들리며 무너질 것이고, 그렇다고 해도 땅의 주인이신 하나님에게는 손실이 없다. 하나님께서 땅을 무너뜨리시는 것은 어떤 원두막에 거지들이 득실거린다는 이유로 나라에서 그 원두막을 제거하기 위해 무너뜨리는 것만큼이나 쉬울 것이다. 그러므로 그것을 재건할 엄두도 내지 못할 것이다. 땅은 무너져서(개역에서는 떨어져서) 다시는 일어나지 못하리라. 그러나 새 하늘과 새 땅이 있을 것이고, 거기에는 의로운 것 외에는 아무것도 거하지 못할 것이다. 그렇다면, 땅을 이토록 요동하게 하고 무너지게 만드는 것은 무엇인가? 그것은 땅을 그 위에서 무겁게 짓누르고 있는 죄악이다. 죄는 온 피조 세계에 무거운 짐이라는 것을 명심하라. 죄는 무거운 짐이고, 땅은 그 짐 아래에서 지금 신음하고 있고 나중에는 마침내 무너지게 될 것이다. 죄는 나라와 가문을 망치는 장본인이다. 나라와 가문들은 저 둥근 납 조각의 무게를 견디지 못하고 무너진다(슥 5:7-8).

(3) 하나님은 특히 땅의 왕들이나 큰 자들과 다투실 것이다(21절). 여호와께서 높은 자들의 군대를 벌하시리라. 왕들의 군대는 하나님 앞에서 보통 사람들의 군대와 별반 다를 바가 없다. 지극히 높으신 이, 만군의 여호와께서 높은 자들

의 콧대를 꺾어 놓으시고 그들의 군대를 흩으시며 그들의 모든 동맹을 깨뜨리시기 위하여 그들과 다투실 때, 높은 자들의 군대가 아무리 힘을 합친들 무엇을 할 수 있겠는가? 높은 데에 있는 높은 자들은 그들의 위세와 세도 때문에 한껏 높아져 있어서 자기는 아주 높아서 그 어떤 위험도 그들을 건드릴 수 없다고 생각하지만, 하나님은 그들이 모든 교만과 잔혹함으로 이웃 나라들과 신민(臣民)들을 압제하고 해친 것으로 인하여 그들을 벌하실 것이고, 그들이 행한 짓은 고스란히 그들의 머리로 되돌아갈 것이다. 하나님께서는 이 땅에서 심판을 행하시는 하나님이 참으로 계셔서 아무리 교만한 왕들이라도 그들의 행위의 열매를 따라 그들에게 갚아 주신다는 것을 보여주시기 위하여 이제 **땅에서 땅의 왕들에게** 그 책임을 물어서 그들을 벌하실 것이다. 땅의 높은 자들에 의해서 짓밟힘을 당하는 자들은 그들이 그런 자들에게 감히 대항할 수 없다고 하더라도, 그런 자들에게 책임을 물으셔서 그런 자들을 거름더미에 던져 넣으실 하나님이 계시다는 것으로 위로를 삼아야 한다. 왜냐하면, 그런 자들은 땅의 왕들이지만, 하나님께서 보시기에는 보통 사람과 조금도 다르지 않기 때문이다. 이상은 단지 일반적인 예언일 뿐이고, 그런 자들에 대한 좀 더 구체적인 예언이 이어진다(22절). 그런 자들은 죄수가 단죄되어 깊은 옥이나 지하 감옥에 모임 같이 모이게 되고 완전히 밀폐된 곳에서 갇히게 될 것이다. 스스로는 온갖 자유를 다 누리면서 다른 사람들을 옥에 가두는 것을 즐겨하였던 왕들과 높은 자들은 이제 그들 자신이 갇히게 될 것이다. 자유인들은 자신의 자유를 자랑하지 말고, 용사들은 자신의 힘을 자랑하지 말아야 한다. 왜냐하면, 그들 앞에는 어떤 속박이 기다리고 있는지 아무도 모르기 때문이다. 그들은 여러 날 후에 형벌을 받을 것이다. 이 본문은 다음 둘 중의 한 가지 의미이다.

[1] 그들은 진노 가운데서 벌을 받게 될 것이다. 여기에서 사용된 단어는 앞절에서는 여호와께서 땅의 왕들을 벌하시리라는 의미로 사용되었다(21절). 단죄된 죄수들이 형의 집행을 기다리고, 타락한 천사들이 큰 날의 심판까지 흑암에 갇혀 있는(유 1:6) 것과 마찬가지로, 그들은 집행의 날까지 갇혀 있게 될 것이다. 이것은 하나님께서 원수 갚으시는 날이 지체되고 있는 이유를 설명해 준다. 판결이 선고되었다고 해서 곧바로 형이 집행되는 것은 아니다. 형을 집행할 날이 아직 오지 않았고, 그 날은 여러 날이 지난 후에야 올 것이기 때문이다. 그러나 확실한 것은 악인은 멸망의 날을 기다리고 있고, 그동안에는 목숨

을 부지하고 있긴 하겠지만, 진노의 날을 향하여 끌려가고 있다는 것이다(욥 21:30). 그러므로 우리는 그 날이 오기 전까지는 아무것도 판단하지 말아야 한다.

[2] 그들은 긍휼하심 가운데서 옥에 갇힌 것에서 풀려나서 다시 자유를 얻게 될 것이다(그들이 이전에 지녔던 높은 지위와 위엄을 다시 얻지는 못하겠지만). 느부갓네살은 수많은 정복 전쟁을 통해서 많은 왕과 왕족들을 포로로 잡아와서 바벨론의 지하 감옥에 가둬 놓았는데, 그 중에는 유다 왕 여호야긴도 있었다. 그러나 여러 날 후에 느부갓네살이 죽자 그의 아들은 지하 감옥에 갇혀 있던 그들을 찾아와서 그들 모두를 풀어주고 어느 정도 이전의 지위를 회복시켜 주었고, 여호야긴의 자리를 그와 함께 바벨론에 있는 왕들의 자리보다 높임으로써 여호야긴에게 특별한 호의를 베풀었다(렘 52:32). 우리가 이 말씀을 인생에 적용한다면, 그것은 사람의 삶은 돌고 돈다는 인생유전(人生流轉)의 교훈을 우리에게 말해준다. 높은 자리에 있던 자들이 벌을 받았지만, 벌을 받은 자들은 여러 날 후에 다시 회복되었다. 이 세상에서는 자신의 처지가 아무리 형통하고 잘 나간다고 하여도 안심할 수 없고, 자신의 처지가 아무리 통탄스러워도 절망할 필요가 없다.

3. 이 모든 것을 통해서 하나님이 영광을 받으시리라는 것(23절). 이 모든 일이 일어나서, 하나님의 교회를 대적하는 교만한 원수들이 낮아질 때, 다음과 같은 결과가 있게 될 것이다.

(1) 그 때에 여호와께서 다스리신다는 것이 명명백백하게 드러날 것이다. 이것은 언제나 참이지만, 항상 분명하게 드러나는 것은 아니다. 땅의 왕들이 그들의 폭정과 압제로 인해서 벌을 받을 때, 하나님이 만왕의 왕이시기 때문에 왕들은 하나님께 책임을 져야 한다는 것, 하나님은 만군의 여호와, 세상의 왕들의 모든 군대의 주(主)로서 다스리신다는 것, 하나님은 약속하신 말씀을 따라서 그의 교회를 잘 되고 존귀하게 하기 위하여 시온 산과 예루살렘에서 다스리시고 그의 말씀과 규례를 통해서 다스리신다는 것, 하나님은 그 장로들 앞에서, 즉 그의 모든 성도들, 특히 그의 온갖 능력과 섭리를 주시하면서 이 모든 사건 속에서 그의 손길을 알아보는 그의 사역자들, 그의 교회의 장로들 앞에서 다스리신다는 것이 온 세상에 널리 알려지고 밝히 드러나게 된다. 뭔가 잘 모르는 일이 있을 때마다 시온 산과 예루살렘에 있는 하나님의 성소로 가서 거기에서

하나님께서 자신을 나타내신 일들을 경험해 온 하나님의 장로들, 옛 제자들, 경험 많은 그리스도인들은 다른 사람들보다도 더 잘 하나님의 이러한 섭리의 역사(役事)들 속에서 하나님의 통치권과 주권(主權)을 보게 될 것이다.

(2) 그 때에 여호와께서 지극히 밝은 광채 속에서 영광을 나타내시며 다스리셔서 달이 수치를 당하고 해가 부끄러워하는 일이 일어날 것이다. 작은 광명들은 큰 광명 앞에서 빛을 잃는 법이다. 해와 달처럼 밝은 광휘(光輝)와 광대한 통치권을 지니고 있다고 생각하였던 큰 자들은 하나님께서 그들을 대적하여 나타나실 때에 부끄러워하게 될 것이다. 그 때에 그들의 얼굴에 수치가 가득하여 그들은 하나님의 이름을 찾게 될 것이다. 동방의 나라들은 해와 달을 숭배하였다. 그러나 하나님께서 자기 백성을 위하여 원수들을 대적하여 지극한 영광을 나타내실 때, 신으로 숭배되었던 해와 달은 지금까지 숭배자들을 기만하여 충성맹세를 받아 왔던 일을 부끄러워하게 될 것이다. 아무리 밝은 빛을 가진 피조물이라 하여도, 피조물의 영광은 창조주의 영광 앞에서는 그 빛을 잃을 수밖에 없다. 하늘과 땅의 심판자이신 분이 그의 영광의 빛을 발하실 저 큰 날에 그의 지극한 광채로 인하여 해가 어두워지고 달이 핏빛 같이 변할 것이다.

제 25 장

개요

앞 장에서 진노의 경고들이 나온 후에 여기에는 다음과 같은 것들이 나온다. I. 하나님께서 행하신 일에 대하여 선지자는 교회의 이름으로 하나님께 감사의 찬송을 올려드리고, 우리에게도 그와 같이 하도록 가르침(1-5절). II. 하나님께서 장차 그의 교회를 위하여 행하실 일, 특히 복음의 은혜에 대한 보배로운 약속들(6-8절). III. 이 약속들에 의거해서 교회가 하나님 안에서 원수들에 대하여 승리할 것을 믿고 기뻐함(9-12절). 앞 장이 세상에 대하여 두려운 말씀이었다면, 이 장은 교회에 대하여 유쾌한 말씀이다.

¹여호와여 주는 나의 하나님이시라 내가 주를 높이고 주의 이름을 찬송하오리니 주는 기사를 옛적에 정하신 뜻대로 성실함과 진실함으로 행하셨음이라 ²주께서 성읍을 돌무더기로 만드시며 견고한 성읍을 황폐하게 하시며 외인의 궁성을 성읍이 되지 못하게 하사 영원히 건설되지 못하게 하셨으므로 ³강한 민족이 주를 영화롭게 하며 포학한 나라들의 성읍이 주를 경외하리이다 ⁴주는 포학자의 기세가 성벽을 치는 폭풍과 같을 때에 빈궁한 자의 요새이시며 환난 당한 가난한 자의 요새이시며 폭풍 중의 피난처시며 폭양을 피하는 그늘이 되셨사오니 ⁵마른 땅에 폭양을 제함 같이 주께서 이방인의 소란을 그치게 하시며 폭양을 구름으로 가림 같이 포학한 자의 노래를 낮추시리이다

앞 장의 끝부분에서는 만군의 여호와께서 영광을 나타내실 것이라고 말하였었다. 이제 선지자는 그러한 말씀에 따라서 여기에서 주의 나라의 위엄 있는 영광에 대하여 말하고(시 145:12), 그것으로 인하여 하나님께 영광을 돌린다. 이 예언은 바벨론이 멸망을 당하고 유대인들이 포로 생활에서 건짐을 받은 일을 통해서 성취되었다고 할 수 있지만, 좀 더 나아가서 복음 교회가 그리스도께서 우리의 영적인 원수들을 이기시고 모든 믿는 자들에게 주신 위로들을 인하여 하나님께 올려드릴 찬송을 보여준다고 할 수 있다. 좀 더 살펴보자.

I. 선지자는 스스로 하나님을 찬송하기로 결심한다. 왜냐하면, 다른 사람들을 떨쳐 일어나서 하나님을 찬송하게 하고자 하는 자들은 자기가 먼저 떨쳐 일어나서 하나님을 찬송하지 않으면 안 되기 때문이다(1절). "여호와여, 주는 나의 하나님, 나와 언약을 맺으신 하나님이시라." 하나님께서 땅에서 땅의 왕들을 벌하셔서 그들로 하여금 자기 앞에서 벌벌 떨게 만드실 때, 선지자는 하나님께 나아가서 겸손하지만 담대한 마음으로 여호와여 주는 나의 하나님이시라 내가 주를 높이고 주의 이름을 찬송하오리라고 말할 수 있다. 여호와를 자신의 하나님으로 삼은 자들은 여호와를 찬송하지 않으면 안 된다. 왜냐하면, 여호와께서 우리를 그의 백성으로 삼으신 것은 우리로 여호와의 이름과 찬송이 되게 하기 위한 것이기 때문이다(렘 13:11). 하나님을 찬송할 때, 우리는 하나님을 높이는 것이다. 우리는 하나님을 본래의 모습보다 더 높게 만들 수는 없기 때문에, 하나님께서 우리를 비롯한 사람들에게 그 본래의 모습을 드러내시게 하여야 한다(출 15:2을 보라).

II. 선지자는 다른 사람들도 하나님을 찬송하게 될 것이라는 생각 때문에 기뻐한다(3절). "하나님께서 그 섭리를 통해서 땅을 황무지로 만드셨고(시 46:8) 원수들에 대하여 의로운 복수를 행하신 것을 인하여 강한 민족이 한 마음으로 주를 영화롭게 하며 포학한 나라들의 성읍이 주를 경외하리이다." 강한 민족이라는 말은 다음과 같은 두 가지 의미 중의 하나로 이해될 수 있을 것이다.

1. 하나님을 대적하여 강하고 포학했던 자들. 큰 힘과 포학함으로 하나님의 나라에 대하여 원수 노릇을 해 왔고 그 나라에 대적하여 싸워 왔던 자들은 회심하여 하나님의 백성과 더불어서 하나님을 예배함으로써 영화롭게 하거나 적어도 죄를 깨닫고서 스스로 굴복하게 될 것이다. 용사들의 두려움의 대상이었던 자들은 하나님의 심판 앞에서 두려워 떨지 않을 수 없게 될 것이고, 바위와 산들에게 그들을 숨겨 달라고 애원하며 부르짖어도 소용없을 것이다.

2. 전에는 약해서 짓밟힌 자들이었지만 이제 하나님을 위하여 및 하나님으로 말미암아 강하고 두려운 존재가 될 자들. 하나님은 그를 경외하고 영화롭게 하는 자들을 위하여 너무도 똑똑히 나타나실 것이기 때문에, 모든 사람들이 그들이 강한 민족이라는 것을 인정하고서 그들을 두려워하게 될 것이다. 본토 백성이 유다인을 두려워하여 유다인 되는 자가 많았고(에 8:17), 하나님을 아는 백성이 강하여 용맹을 떨쳤고 이로 인하여 하나님께 영광을 돌렸던(단 11:32) 때가

있었다.

Ⅲ. 선지자는 무엇이 이러한 찬송의 제목인지를 자세히 얘기한다. 우리를 비롯한 사람들은 다음과 같은 이유들로 인하여 하나님을 높이고 찬송하여야 한다.

1. 하나님은 그가 정하신 뜻을 따라서 기이한 일들을 행해 오셨기 때문에(1절). 우리는 하나님께서 행하신 일들은 그 어떤 피조물도 행할 수 없는 일을 행하시는 그의 권능을 보여주는 진정으로 놀라운 증거들이자 우리 같은 죄악된 피조물이 기대하는 것을 뛰어넘는 그의 선하심을 보여주는 놀라운 증거들이라고 찬양함으로써 하나님을 높인다. 우리에게 새롭고 놀라우며 우리가 도저히 생각할 수조차 없는 이 기이한 일들은 하나님께서 지혜로써 그의 영광과 자기 백성의 위로를 위하여 옛적에 정하신 뜻대로 행하신 일들이다. 모든 섭리의 역사(役事)들은 하나님의 영원한 계획(과 성실함과 진실함)을 따라 이루어지는 것으로서, 모두가 하나님의 성품에 일치하고 일관되며 때를 따라 반드시 이루어진다.

2. 하나님은 특히 땅의 강한 자들의 교만을 낮추시고 그 권력을 깨뜨리셨기 때문에(2절). "주께서 성읍, 많은 성읍을 돌무더기로 만드셨다. 자연물과 인공 건조물, 수가 많고 용맹스러운 군대에 의해서 방비가 잘 갖추어졌다고 생각되는 수많은 견고한 성읍을 주께서는 폐허로 만드셨다." 어떠한 만들어진 힘이 전능자를 대적하여 버텨낼 수 있겠는가? "너무도 화려하게 지어져서 궁성이라 불리고 사방으로부터 수많은 귀인들이 자주 드나들어서 외인의 궁성이라 불릴 수 있는 많은 성읍을 주께서는 더 이상 성읍이 되지 못하게 하셨다. 그 성읍은 완전히 파괴되어서 평지가 되어 버려 돌 하나도 돌 위에 남지 않게 되었고, 영원히 다시 건설되지 못할 것이다." 이것은 세계의 여러 곳, 특히 우리 나라에 있는 많은 성읍들의 운명이었다. 한때 번영하였던 성읍들이 쇠락하여 망하게 되면, 그 자취조차도 찾기 어렵게 되는 경우가 흔하다(터를 팠을 때에 토기 조각이나 곡식 알갱이들이 발견되는 것을 제외한다면). 이스라엘에서도 얼마나 많은 성읍들이 오랜 세월 동안 돌무더기와 폐허로 남아 있었던가! 이것을 통해서 하나님은 여기에는 영구한 도성이 없으니 결코 폐허가 되지도 않고 쇠락하지도 않을 장차 올 것을 찾아야 한다는 것을 우리에게 가르치신다.

3. 하나님은 빈궁하고 환난 당한 그의 백성을 때를 따라 구하셨기 때문에(4

절). 주는 빈궁한 자의 요새이셨고 가난한 자의 요새이셨다. 하나님은 교만하고 안일한 강한 자들을 약하게 만드시는 것과 마찬가지로, 겸손하고 진실하며 하나님을 의지하는 약한 자들을 강하게 하신다. 하나님은 그들을 강하게 하실 뿐만 아니라, 하나님 자신이 그들의 힘이 되어 주신다. 왜냐하면, 그들은 하나님 안에서 힘을 얻고, 하나님의 은총은 그들의 마음의 힘이다. 환난 당한 가난한 자에게 힘이 필요하고 그의 환난이 그를 하나님께로 내몰 때에 하나님은 그에게 힘과 요새이시다. 하나님은 그들에게 힘을 주셔서 그들의 마음이 무너지는 것을 막아주시고, 외부의 공격들로부터 그들을 보호해 주신다. 하나님은 비바람이 몰아치거나 우박이 떨어지는 폭풍 중의 피난처시고, 여름에 뜨겁게 내리쬐는 폭양을 피하는 그늘이 되신다. 하나님은 뜨거우나 춥거나 비가 오나 눈이 오나 모든 기후 속에서 자기 백성을 넉넉히 지켜주시는 보호막이시다. 의(義)의 무기는 좌우에서 제역할을 한다(고후 6:7). 하나님의 백성이 어떤 위험이나 환난에 처할지라도, 하나님은 그들이 실질적으로 다치는 일이 없도록 효과적으로 그들을 세심하게 돌보신다. 위험이 몹시 위협적일 때에 하나님은 자기 백성을 안전하게 보호하기 위하여 나타나실 것이다. 포학자의 기세가 성벽을 치는 폭풍과 같을 때에(이것은 큰 소리를 내긴 하지만 실제로 성벽을 무너뜨릴 수는 없다) 하나님은 자기 백성의 요새가 되어 주신다. 하나님의 가엾은 자들을 압제하는 원수들은 그들에게 공포를 불러일으키고자 하는 포학자들이다. 그들은 하나님의 백성이 그들에 대하여 공포를 느끼게 만들려고 온갖 짓을 다 한다. 그들의 기세는 거세고 사납게 큰 소리를 내며 몰아치는 폭풍과 같다. 그러나 바람과 마찬가지고 그들의 기세도 하나님의 통제 아래에 있다. 왜냐하면, 하나님은 바람을 그 장중에 모으시는 자이시기 때문이다. 하나님은 자기 백성에게 그러한 피난처가 되시기 때문에 그들은 얼마든지 그 충격을 이겨내고 몸을 지탱하여 평안함을 유지할 수 있게 된다. 배를 치는 폭풍은 배를 요동케 할 수 있지만, 성벽을 치는 폭풍은 성벽을 결코 요동케 할 수 없다(시 76:10; 138:7).

4. 하나님께서는 그를 의지하는 자들을 교만한 압제자들의 오만방자함에서 보호하실 것이기 때문에(5절). 주께서 이방인의 소란을 그치게 하시며, 메마른 곳의 폭양을 구름으로 가려서 열기를 식히시는 것처럼 그 소란을 잠잠하게 하실 것이다. 주는 포학한 자의 노래를 낮추셔서 그들의 목소리가 잦아들게 하실 것이다. 좀 더 살펴보자.

(1) 하나님의 백성을 압제하는 자들은 이방인들이라 불린다. 왜냐하면, 그들은 그들이 압제하는 자들도 그들과 동일한 모습으로 지음받았고 동일한 피를 지니고 있다는 사실을 잊고 있기 때문이다. 그들은 포학한 자들, 공포를 불러일으키는 무시무시한 자들이라 불린다. 왜냐하면, 그들은 사랑스러운 자들이 아니라 무시무시한 자들이 되는 것을 좋아하기 때문이다. 그들은 사람들에게 사랑을 받기보다는 두려움의 대상이 되고자 한다.

(2) 하나님의 백성을 향한 그들의 오만방자함은 시끄럽고 뜨겁지만, 그것이 전부이다. 그것은 단지 이방인들의 소란에 불과한 것이다. 그들은 그들의 길을 가로막는 모든 자들을 큰 소리로 겁주고 위협하고 괴롭혀서 자신의 목적을 달성하고자 한다. 애굽의 바로 왕은 시끄러운 소음일 뿐이다(렘 46:17). 그것은 대낮에 찌는 듯이 내리쬐는 폭양(曝陽)과 같다. 해가 지고나면, 그 폭양은 온데간데 없지 않던가?

(3) 그들의 소란과 열기, 온갖 의기양양함은 그들의 희망이 좌절되고 그들의 모든 존귀함이 먼지 속에 묻힐 때에 잦아들게 될 것이다. 포학한 자들의 가지들은 비록 윗가지들일지라도 부러져서 거름더미에 던져질 것이다.

(4) 하나님의 포도원에서 일하는 자들은 수고하며 더위를 견디도록 어느 때에 부르심을 받았든지 구름으로든 그 무엇으로든 보호를 받아 새 힘을 얻어서 도가 지나치게 고생하는 일이 없을 것이다.

⁶만군의 여호와께서 이 산에서 만민을 위하여 기름진 것과 오래 저장하였던 포도주로 연회를 베푸시리니 곧 골수가 가득한 기름진 것과 오래 저장하였던 맑은 포도주로 하실 것이며 ⁷또 이 산에서 모든 민족의 얼굴을 가린 가리개와 열방 위에 덮인 덮개를 제하시며 ⁸사망을 영원히 멸하실 것이라 주 여호와께서 모든 얼굴에서 눈물을 씻기시며 자기 백성의 수치를 온 천하에서 제하시리라 여호와께서 이같이 말씀하셨느니라

이 단락에 나오는 내용이 앗수르 군대가 천사에 의해서 패주당한 후에, 또는 유대인들이 바벨론에서의 포로 생활로부터 놓여났을 때에, 또는 그러한 사건들과 비견될 수 있는 그 밖의 다른 놀라운 구원의 사건이 있은 후에 시온과 예루살렘에 큰 기쁨이 있게 될 것을 가리킨다고 하여도, 우리는 이 단락

이 한 걸음 더 나아가서 복음의 은혜와 그 은혜의 절정인 영광을 가리킨다고 보지 않을 수 없다. 왜냐하면, 여기에 기록된 말씀이 이루어지는 것은 우리가 그리스도로 말미암아 부활할 때이기 때문이다. 그 때가 되어서야 비로소 그 말씀은 온전히 성취될 것이다(우리가 사도 바울의 말을 믿는다면). 사망을 삼키고 이기리라(고전 15:54). 이 말씀은 여기에서 서로 연결되어 있는 나머지 약속들을 해석할 수 있는 열쇠이다. 따라서 우리는 여기에서 선지자들이 연구하고 부지런히 살폈던 것(벧전 1:10), 즉 예수 그리스도께서 우리에게 가져다 주신 구원과 은혜에 관한 예언을 본다.

I. 복음의 은혜는 모든 사람을 위해 베푸는 왕의 잔치가 되리라는 것. 이 잔치는 오직 성대하게 잔치를 열어서 자기가 다스리는 나라의 부함과 혁혁한 위엄을 과시하고자 했던 아하수에로 왕의 잔치와는 다를 것이다(에 1:4). 왜냐하면, 아하수에로 왕의 잔치는 모든 것이 다 보이기 위한 것이었던 반면에 이 잔치는 손님들을 실질적으로 만족시키기 위한 것이기 때문이다. 참회하고 간구하는 자들이 하나님의 따뜻한 영접을 받을 수 있도록 하기 위하여 복음 속에서 준비된 것들은 신약성서에서 흔히 잔치라는 비유를 통해서 설명되는데, 마태복음 22:1의 잔치 비유는 여기에 나오는 예언에서 가져온 것으로 보인다.

1. 이 잔치의 주인은 하나님 자신이기 때문에, 우리는 받는 것이 어울리는 우리와는 달리 주는 것이 어울리는 하나님의 성품에 맞게 그 잔치가 준비될 것이라고 확신할 수 있다. 만군의 여호와께서 이 잔치를 베푸신다.

2. 초대받은 손님들은 유대인과 이방인 모두를 포함한 만민이다. 너희는 온 천하에 다니며 만민에게 복음을 전파하라. 모두가 와도 충분할 정도로 준비되어 있다. 오고자 하는 자는 누구든지 올 수 있고 거저 참여할 수 있다. 하나님은 큰 길에서건 골목길에서건 사람들을 불러 모으신다.

3. 잔치가 열리는 장소는 시온 산이다. 복음은 시온 산에서 나온다. 복음을 전파하는 자들은 예루살렘에서 시작하여야 한다. 복음 교회는 위에 있는 예루살렘이다. 거기에서 이 잔치가 베풀어지고, 모든 초대받은 손님들은 거기로 가야 한다.

4. 잔치에 차려진 음식은 아주 풍부하고, 모든 것이 극상품이다. 온갖 것이 차고 넘치는 것이 바로 잔치의 속성이다. 그것은 믿는 자들에게 연일 계속되는 잔치이다. 만약 그렇지 못하다면, 그것은 전적으로 믿는 자들 자신의 잘못이

다. 이 잔치는 골수가 가득한 기름진 것이 차려진 잔치이다. 잔치에 참여해서 먹는 모든 자들에게 복음의 위로들은 너무도 맛있고 영양분이 가득하다. 돌아온 탕자를 위해서 아버지는 살진 송아지를 잡아서 환대하였다. 다윗은 하나님과의 교통 속에서 그러한 즐거움을 누렸는데, 그의 영혼은 골수와 기름진 것을 먹을 때처럼 만족하였다. 이 잔치는 오래 저장하여 두었다가 잘 짜내서 맑고 깨끗한 포도주가 나오는 잔치이다. 포도주를 적당히 마시면 마음이 유쾌해지고 기운이 나는데, 복음 속에는 바로 그와 같은 것이 들어 있어서, 죄를 깨닫고 죄 때문에 애통해하는 마음이 무거운 자들이 복음을 영접하면, 그들은 자신의 비참함을 잊어버릴 수 있다(이것이 포도주를 마시는 이유이다). 복음은 사람들로 하여금 자신의 죄가 사함을 받았다는 것을 알고서 마음이 기뻐지게 하고, 포도주로 기운을 차린 용사처럼 영적인 일과 전쟁에서 용감히 행하게 만든다(잠 31:5-6).

II. 세상이 무지와 잘못의 저 어둠에서 벗어나게 되리라는 것. 세상은 무지와 오류의 안개 속에서 너무도 오랫동안 길을 잃고 헤매었었다(7절). 주께서 이 산에서 모든 민족을 덮고 있던 얼굴 가리개를 제하시리라. 그들의 눈을 가리고 있던 가리개 때문에 그들은 올바른 길을 볼 수 없었고 자신의 일을 제대로 할 수 없었으며, 그 대신에 끝없이 방황할 수밖에 없었다. 그들은 사형수들처럼 그 얼굴이 가리워져 있었다. 열방 위에 덮개가 덮여 있었다. 왜냐하면, 그들은 모두 흑암 속에 앉아 있기 때문이다. 유대인들 가운데서는 하나님이 알려져 있었는데도 그들조차도 수건이 그 마음을 덮고 있었다는 것은 결코 이상한 일이 아니다(고후 3:15). 그러나 이 덮개, 이 수건을 여호와께서 이 세상에서 빛나는 그의 복음의 빛과 복음을 받아들이도록 사람들의 눈을 열어주는 그의 성령의 능력을 통해서 제하실 것이다. 여호와께서는 범죄와 죄로 인하여 오랫동안 죽어 있었던 자들을 다시 일으키셔서 영적으로 살아나게 하실 것이다.

III. 사망이 정복되고, 그 권능이 깨뜨려지며, 그 속성이 바뀌게 되리라는 것. 주께서 사망을 삼키고 이기시리라(8절, 개역에서는 사망을 영원히 멸하실 것이라).

1. 그리스도께서는 친히 부활을 통해서 사망을 이기시고, 그 속박과 빗장을 산산이 부수시며, 그 모든 끈들을 다 던져버리실 것이다. 무덤이 그를 삼킨 것처럼 보였지만, 실은 그리스도께서 무덤을 삼켜 버리신 것이었다.

2. 사망은 이 세상에서 사람이 누리는 모든 것들에 종지부를 찍고 그 달콤한 것들을 쓰디쓰게 만들고 훼손시키지만, 성도들이 누리는 행복은 사망의 손길이 닿지 못할 것이다.

3. 믿는 자들은 사망을 이길 수 있고, 사망을 이미 정복된 원수로 여길 수 있다. 사망아, 네가 쏘는 것이 어디 있느냐.

4. 성도들의 죽은 몸이 저 큰 날에 다시 일으키심을 받고, 그 몸이 지니고 있었던 사망이라는 속성이 생명에 의해서 삼킨 바 될 때, 사망은 영원히 삼켜지게 될 것이다. 사망은 최후의 원수이다.

IV. 슬픔은 사라지고, 온전하고 끝없는 기쁨이 있으리라는 것. 주 여호와께서 모든 얼굴에서 눈물을 씻기시리라. 죄로 인하여 애통하는 자들은 위로를 받을 것이고, 그 양심이 평안함을 얻을 것이다. 은혜의 언약 속에서 현세의 온갖 슬픔을 상쇄시키고 우리의 눈물을 씻어주며 우리에게 새 힘을 주기에 충분한 것이 공급될 것이다. 특히, 그리스도를 위하여 고난을 받는 자들에게는 그들이 받는 고난만큼이나 차고 넘치는 위로가 주어질 것이다. 그러나 이 말씀은 앞에 나오는 말씀과 마찬가지로 성도들이 하늘에서 누리는 기쁨 속에서 온전히 이루어질 것이다. 왜냐하면, 하나님께서 모든 눈물을 씻기실 곳은 바로 그 곳이기 때문이다(계 7:17; 21:4). 거기에는 다시는 사망이 없을 것이기 때문에 애통하는 것이 다시 있지 아니하리라. 이러한 소망은 지금 여기에서도 모든 지나친 눈물을 씻어줄 것이고, 씨 뿌리는 것을 방해할 정도로 우는 것을 막아줄 것이다.

V. 신앙과 독실한 신자들에게 주어졌던 온갖 수치가 영원히 제거되리라는 것. 하나님께서 오랫동안 지속되었던 자기 백성의 수치, 그들에게 오명을 안겨 주었던 비방과 음해, 그들을 짓밟았던 박해자들의 오만방자함과 잔혹함을 제하시리라. 그들의 의가 빛을 발하여서, 온 세상이 그 빛을 보고서, 그들이 사람들이 비방하였던 것과 같은 악한 자들이 아니었다는 것을 깨닫게 될 것이다. 따라서 그들을 악한 자로 몰아부쳤던 온갖 음해들로부터 그들이 건짐을 받게 될 것이다. 이 세상에서 종종 하나님은 자기 백성을 위하여 사람들 가운데서 그들의 수치를 제하시는 일을 하신다. 하지만, 그런 일은 저 큰 날에 온전히 이루어질 것이다. 왜냐하면, 그와 같은 일을 이루실 수 있고 또한 이루시는 여호와께서 이같이 말씀하셨기 때문이다. 우리는 지금 여기에서 슬픔과 수치를 인내로 잘 견디면서 그러한 것들을 선용하여야 한다. 머지않아 그러한 것들은 곧 제거

될 것이다.

⁹그 날에 말하기를 이는 우리의 하나님이시라 우리가 그를 기다렸으니 그가 우리를 구원하시리로다 이는 여호와시라 우리가 그를 기다렸으니 우리는 그의 구원을 기뻐하며 즐거워하리라 할 것이며 ¹⁰여호와의 손이 이 산에 나타나시리니 모압이 거름물 속에서 초개가 밟힘 같이 자기 처소에서 밟힐 것인즉 ¹¹그가 헤엄치는 자가 헤엄치려고 손을 폄 같이 그 속에서 그의 손을 펼 것이나 여호와께서 그의 교만으로 인하여 그 손이 능숙함에도 불구하고 그를 누르실 것이라 ¹²네 성벽의 높은 요새를 헐어 땅에 내리시되 진토에 미치게 하시리라

　　　이 단락에는 다음과 같은 내용들이 나온다.

I. 앞 단락에서 약속된 축복들을 교회가 환영하게 되리라는 것(9절). 　그 날에 겸손하고 거룩한 승리의 큰 기쁨으로 말하기를 이는 우리의 하나님이시라 우리가 그를 기다렸도다 하리라. 교회는 오랫동안의 혹독한 환난에서 건짐을 받게 된 것을 이렇게 송축할 것이다. 그것은 죽은 자가 다시 살아 돌아온 것과 같을 것이다. 구속주를 기다렸고 구속주에 의해서 예루살렘이 구속받을 것을 기다려 왔던 자들은 그러한 큰 기쁨과 찬송으로 복음을 영접할 것이다. 영광을 받은 성도들은 이와 같은 승리의 노래를 부르며 그들의 하나님의 기쁨에 참여하게 될 것이다.

　1. 이 모든 것으로 인하여 영광을 받으셔야 할 분은 바로 하나님이시다. "이는 우리의 하나님이시라 이는 여호와시라. 이 이루어진 일은 여호와께서 하신 일이고, 그 일은 우리 눈에 기이하도다. 여호와께서는 이 일을 그답게 행하셔서, 그의 지혜와 능력과 선하심을 크게 드러내셨다. 여호와께서는 이 일을 우리 하나님, 우리와 언약을 맺으신 하나님, 우리가 섬기는 하나님답게 우리를 위하여 행하셨다." 우리의 승리의 기쁨은 하나님이 우리를 위하여 행하시고 우리에게 주신 것들에서 머물지 않고, 거기에서 더 나아가 그것들의 원천이시자 그것들을 주신 분이신 하나님에게까지 미쳐야 한다는 것을 명심하라. 이는 우리의 하나님이시라. 세상의 어느 나라에 이렇게 의지할 수 있는 하나님이 계시던가? 결코 그렇지 않다. 그들의 반석은 우리의 반석과 같지 않고, 신들 중에 예루살렘의 하나님 같은 자가 없나이다.

2. 기다림이 오랠수록 반가움도 큰 법이다. "이는 우리가 그의 약속의 말씀에 의지해서 때가 되면 그가 반드시 오시리라는 것을 온전히 확신하고서 기다려 왔던 그분이다. 그러므로 그가 오시는 때가 늦어져도 기꺼이 기다려 왔다. 이제 그를 기다린 것이 헛되지 않았다는 것이 밝혀졌다. 마침내 긍휼하심이 임하였고, 그가 오시는 것이 지체된 것에 대하여 차고 넘치는 보상이 이루어졌기 때문이다."

3. 이 일은 말할 수 없이 기쁜 일이다. "우리는 그의 구원을 기뻐하며 즐거워하리라. 그 구원의 은택들에 함께 참여한 우리는 기쁜 마음으로 감사도 함께 할 것이다."

4. 이 구원이 지속되고 온전해질 것에 대한 소망은 큰 힘이 된다. 우리가 그를 기다렸으니 그가 우리를 구원하시고 그가 시작하신 일을 이루실 것이다. 왜냐하면, 우리 하나님, 그가 하신 일은 완전하기 때문이다.

II. 이 축복들을 안전하게 확보하고 지속시키기 위하여 또 다른 축복들이 주어지리라는 약속.

1. 하나님의 능력이 그들을 위하여 개입하여 계속해서 그들 편을 들게 될 것이다. 여호와의 손이 이 산에 나타나시리라(10절). 교회와 하나님의 백성은 하나님이 그들과 함께 하시고 그들 가운데 거하신다는 지속적인 증거들을 갖게 될 것이다. 하나님의 손이 계속해서 그들 위에 계셔서 그들을 보호하시고 지키시며, 계속해서 그들에게 뻗치셔서 그들에게 필요한 것들을 공급하실 것이다. 시온 산은 하나님의 영원히 쉴 곳이다. 거기에 하나님은 거하실 것이다.

2. 그들을 대적하는 원수들의 힘은 깨어질 것이다. 여기서 모압은 하나님의 백성을 괴롭히는 모든 대적들을 대표하는 존재로 등장한다. 모압은 온통 짓밟혀 타작된 후에(곡물은 밟아서 타작을 하기 때문에) 아무짝에도 쓸모 없는 초개처럼 거름더미에 던져질 것이다. 여호와의 손이 이 산에 나타나셨고, 그 손은 힘 없이 축 늘어져 있는 그런 손이 되지 않을 것이다. 도리어, 하나님은 헤엄치는 자가 헤엄치려고 손을 폄 같이 자기 백성 속에서 그의 손을 펴실 것이다. 이것은 하나님이 자기 백성을 위하여 그의 권능을 힘 있게 행사하실 것이고, 사방으로 그들을 위하여 행하실 것이며, 그들을 위한 그의 은혜로운 뜻을 가로막는 자들을 손쉽게 효과적으로 제압하시며 그들 가운데서 더욱 힘 있게 선하신 일을 해나가실 것이고, 그들을 위하여 지속적으로 역사하시리라는 것을 보여준다. 왜

냐하면, 헤엄치는 자는 바로 그렇게 하기 때문이다. 하나님께서 그들을 위하여 무엇을 행하실지가 구체적으로 예언되고 있다.

(1) 하나님은 원수들을 낮추시는 심판을 차례로 보내셔서 그들의 교만을 꺾으시고 그들이 자랑하던 것들을 그들에게서 벗겨내실 것이다(모압은 교만의 죄로 악명이 높았다, 사 16:6).

(2) 하나님은 그들의 손의 탈취물들, 즉 그들이 노략질과 약탈을 통해서 얻은 것들을 그들에게서 빼앗으실 것이다. 하나님은 하나님의 백성 이스라엘을 대적하여 들어올려진 그들의 손에 들린 무기들을 제하실 것이다. 하나님은 그들의 힘을 완전히 깨뜨리셔서, 그들로 하여금 그 어떤 해악도 가할 수 없게 하실 것이다.

(3) 하나님은 그들의 모든 요새를 헐어 버리실 것이다(12절). 모압에는 높은 성벽들과 요새들이 있었고, 모압 사람들은 그 요새들이 그들을 지켜줄 것이라고 믿었으며, 요새들을 이용해서 하나님의 백성을 괴롭혀 왔다. 그러나 하나님은 그들의 성벽의 높은 요새를 헐어 땅에 내리시되 진토에 미치게 하시리라. 그래서 요새들을 의지했던 자들은 벌거벗은 것 같이 그대로 노출될 것이다. 전능자에게 난공불락인 요새는 없고, 여호와의 손이 미쳐서 헐어버릴 수 없을 만큼 높은 요새는 없다. 모압의 이러한 멸망은 그리스도께서 사망을 이기시고(8절), 십자가를 통해서 통치자들과 권세들을 무력화하여 탈취하시며(골 2:15), 복음을 전파함으로써 사탄의 견고한 진과 요새들을 무너뜨리고(고후 10:4), 그의 모든 원수들이 그의 발판이 될 때까지 그가 다스리실 것(시 110:1)을 보여주는 모형이 되는 사건이다.

제
— 26 —
장

개요

이 장은 앞 장에서 하나님께서 자기 백성을 위하여 원수들에 대하여 행하신 큰 일들을 송축하는 거룩한 기쁨과 찬송의 노래이다. 이 찬송은 그 예언이 이루어질 때에 불려지도록 준비된 것이다. 왜냐하면, 하나님께서 그의 긍휼하심으로 우리를 향하여 오고 계실 때에 우리는 마땅히 감사 찬송을 가지고 하나님을 맞으러 나가야 하기 때문이다. 하나님의 백성은 여기에서 다음과 같은 가르침을 받는다. I. 하나님의 보호하심 아래에서 교회와 그 지체들이 안전하고 거룩한 평안을 누리는 것을 기뻐하라는 것(1-4절). II. 그들을 대적하는 모든 세력들에 대하여 이길 것을 믿고 기뻐하라는 것(5-6절). III. 아무리 힘들고 암울한 때에도 하나님과 동행하고 하나님을 기다리라는 것(7-9절). IV. 긍휼이든 환난이든 하나님의 섭리를 무시하는 자들의 우둔함을 안타까워하라는 것(10-11절). V. 하나님께서 그들에게 계속해서 선을 행하시리라는 소망을 가지고 스스로 힘을 내고 서로를 격려하며(12, 14절), 하나님을 섬기는 일을 계속하는 데에 힘쓰라는 것(13절). VI. 그들이 비천하고 괴로운 처지에 있을 때에 그들을 향하신 하나님의 선하신 섭리들과 그러한 섭리들 아래에서의 그들의 행실을 기억해 보라는 것(15-18절). VII. 그들에게 부활이나 다름없을 영광스러운 구원을 소망 중에 기뻐하고(19절), 그 구원을 기대하며 조용히 물러나 있으라는 것(20-21절). 이것은 모든 세대의 하나님의 백성의 믿음과 소망을 붙들어 주기 위하여 기록된 것으로서, 세상의 종말을 맞은 자들이라고 할지라도 이 글의 도움을 받아서 믿음과 소망을 잃지 않아야 한다.

¹그 날에 유다 땅에서 이 노래를 부르리라 우리에게 견고한 성읍이 있음이여 여호와께서 구원을 성벽과 외벽으로 삼으시리로다 ²너희는 문들을 열고 신의를 지키는 의로운 나라가 들어오게 할지어다 ³주께서 심지가 견고한 자를 평강하고 평강하도록 지키시리니 이는 그가 주를 신뢰함이니이다 ⁴너희는 여호와를 영원히 신뢰하라 주 여호와는 영원한 반석이심이로다

복음 은혜에 관한 예언들에 찬송의 노래가 덧붙여지는 것은 너무도 합당한 일이고, 우리는 이 찬송의 노래를 통해서 하나님께 영광을 돌림과 동시에 우리 스스로도 그 은혜로 인한 위로를 받을 수 있다. 그 날에, 곧 복음의 날에 이 노래를 부르리라(구약 교회가 승리하고 해방되는 날은 복음의 날의 모형인데, 이 찬송은 일차적으로는 구약 교회의 그러한 모습과 연관되어 있다). 이 노래를 부르는 자들이 있을 것이고, 이 노래를 부르게 만들 일이 있을 것이다. 이 노래는 유다 땅에서 불려질 것인데, 유다는 복음 교회의 상징이었다. 왜냐하면, 성경에서는 복음 언약을 유다 집과 더불어 맺어진 것이라고 말씀하고 있기 때문이다(히 8:8). 여기에서는 하나님의 교회와 관련된 영광스러운 일들을 말한다.

I. 하나님의 교회는 견고하게 요새화되어 있어서 악한 자들이 이기지 못하리라는 것(1절).   우리에게 견고한 성읍이 있음이여. 그 성읍은 영원한 언약에 따라 세워진 것으로서 그 언약에 의해서 자유하게 된 모든 자들을 받아들여서 그들로 하여금 마음껏 누릴 수 있게 하기에 합당한 성읍이다. 그 성읍은 예루살렘과 마찬가지로 견고한 성읍이다. 예루살렘이 견고한 성읍으로서 하나님께서 친히 그 성읍 주변을 둘러싼 불 성벽이셨을 때에는 아주 견고하여서 원수가 예루살렘 성문으로 들어갈 수 있으리라고는 아무도 믿지 않았었다(애 4:12). 교회는 견고한 성읍이다. 왜냐하면, 교회에는 하나님이 친히 세우신 성벽과 외벽이 있는데, 하나님은 그의 약속을 따라서 구원을 교회의 방어막으로 정하셨기 때문이다. 구원받기로 되어 있는 자들은 구원이 그들을 보호해 주고 있다는 것을 알게 될 것이다(벧전 1:4).

II. 하나님의 교회는 선한 자들로 차고 넘칠 것인데, 그들이 요새들을 대신하리라는 것.   왜냐하면, 예루살렘의 주민들은 본래의 모습을 갖추고 있기만 하다면 예루살렘의 힘이기 때문이다(슥 12:5). 성문들은 여기에서 신의를 지키는 의로운 나라가 들어오게 열리라는 명령을 받는다(2절). 그들은 이전의 죄악으로 말미암아 추방당하고 쫓겨났었지만, 이제는 그들을 정죄하였던 율법들이 폐기되었기 때문에, 그들은 다시 들어올 수 있는 자유를 얻게 된다. 또는, 그들이 어느 나라에 속해 있든 모든 의인들을 전체적으로 받아들이는 하나님의 법이 제정되어서, 그들은 예루살렘에 와서 정착하라는 권면을 받는다. 하나님은 어느 곳 또는 어느 민족을 위해 큰 일들을 행하셨을 때에 그들이 이렇게 그들에게 주어진 은택에 보답하기를 기대하신다. 그들은 하나님의 백성에게 인자하여야 하고, 하나님의 백성을 그들의 보호 아래 두고 그들의 품에 품어야 한다. 좀 더 살펴보자.

1. 하나님의 진리들을 지키는 것은 의로운 자들의 특성이다. 하나님의 진리에 대한 견고한 믿음은 그들의 모든 행실이 한결같을 수 있도록 하는 데에 지대한 영향을 미친다. 머릿속에 견고하게 심어진 선한 원칙들은 마음속에서의 선한 결단들과 삶 속에서의 선한 행위들을 낳는다.

2. 의로운 자들을 소중히 여기고 밑받침해 주는 것은 나라에 유익한 일이다. 왜냐하면, 그들은 나라에 복을 가져다 주기 때문이다.

Ⅲ. 하나님의 교회에 속한 모든 자들은 안전하고 편안하며, 하나님의 은총에 대한 확신 속에서 거룩한 평안과 마음의 평정을 누리게 된다.

1. 이것은 약속이다(3절). 주께서 그를 모든 사건 속에서 언제나 평강하고 평강하도록 지키시리니 하나님과 더불어 평화를 누리고 양심의 평안을 누리게 하실 것이다. 심지가 견고한 자, 즉 그 마음이 하나님께 고정되어 있는 자는 이러한 평강 속으로 들어가고 그 평강을 계속해서 유지하게 될 것인데, 이는 그가 주를 신뢰하기 때문이다. 하나님을 신뢰하고 하나님의 인도하심과 통치 아래 자신을 두며 하나님을 의지하는 것은 모든 선한 자의 특성인데, 그렇게 함으로써 그는 큰 유익을 얻게 된다. 하나님을 신뢰하는 자들은 그 마음을 하나님께 고정하고, 모든 사건 속에서 언제나 하나님을 신뢰하여야 하며, 하나님 안에서 온전히 만족하는 가운데 견고하고 신실하게 하나님께 붙어 있어야 한다. 그렇게 하는 자들을 하나님은 평강에서 평강으로 지켜주실 것이고, 그 평강이 그들을 지켜줄 것이다. 흉한 소문이 들려올 때도 여호와를 의뢰하고 그 마음을 굳게 정한 자들은 기겁을 하고 놀라서 어쩔 줄 몰라 하는 것이 아니라 조용히 그 사건을 지켜본다(시 112:7).

2. 이것은 명령이다(4절). "우리는 여호와를 영원히 신뢰함으로써 마음을 편히 가져야 한다. 하나님은 견고하게 그를 바라보는 자들에게 평강을 약속하셨기 때문에, 우리는 그 약속의 은택을 잃어버리지 말고 하나님께 온전한 신뢰를 두어야 한다. 네게 신뢰할 것이 아무것도 없을 때, 언제든지 영원히 하나님을 신뢰하라. 영원히 있을 저 평강, 저 분깃을 바라거든 하나님을 신뢰하라." 우리가 세상을 신뢰한다면, 세상으로부터 받는 것은 단지 잠시 동안만 유효할 뿐이

다. 우리가 그것으로부터 기대할 수 있는 모든 것은 시간에 의해 제약되어 있다. 그러나 우리가 하나님을 신뢰한다면, 하나님에게서 받는 것은 우리가 존재하는 한 지속될 것이다. 왜냐하면, 어제도 오늘도 영원토록 계시는 주 여호와는 만세반석, 우리의 믿음과 소망을 세우기에 합당한 견고하고 영원한 토대이시기 때문이다. 그 반석 위에 세워진 집은 폭풍우 속에서도 견고하게 서 있게 될 것이다. 하나님을 신뢰하는 자들은 영원한 힘, 그들을 영원한 생명, 저 영원한 복된 삶으로 데려다 줄 힘을 하나님 안에서 발견할 뿐만 아니라 하나님으로부터 받게 될 것이다. 그러므로 우리는 영원히 하나님을 신뢰하고, 그 신뢰를 내팽개치거나 바꾸어서는 결코 안 된다.

[5]높은 데에 거주하는 자를 낮추시며 솟은 성을 헐어 땅에 엎으시되 진토에 미치게 하셨도다 [6]발이 그것을 밟으리니 곧 빈궁한 자의 발과 곤핍한 자의 걸음이리로다 [7]의인의 길은 정직함이여 정직하신 주께서 의인의 첩경을 평탄하게 하시도다 [8]여호와여 주께서 심판하시는 길에서 우리가 주를 기다렸사오며 주의 이름을 위하여 또 주를 기억하려고 우리 영혼이 사모하나이다 [9]밤에 내 영혼이 주를 사모하였사온즉 내 중심이 주를 간절히 구하오리니 이는 주께서 땅에서 심판하시는 때에 세계의 거민이 의를 배움이니이다 [10]악인은 은총을 입을지라도 의를 배우지 아니하며 정직한 자의 땅에서 불의를 행하고 여호와의 위엄을 돌아보지 아니하는도다 [11]여호와여 주의 손이 높이 들릴지라도 그들이 보지 아니하오나 백성을 위하시는 주의 열성을 보면 부끄러워할 것이라 불이 주의 대적들을 사르리이다

선지자는 여기에서 계속해서 우리에게 여호와를 영원히 신뢰하고 지속적으로 기다리라고 격려하는데, 그 이유는 다음과 같다.

I. 하나님은 그를 신뢰하는 겸손한 영혼들이 그들의 교만한 원수들을 이기게 하실 것이기 때문에(5-6절). 스스로 높아진 자들은 낮아지게 될 것이다. 왜냐하면, 하나님은 높은 데에 거주하는 자를 낮추시기 때문이다. 그들이 교만하게 행하는 곳에서 하나님은 그들 위에 계시고, 또한 그들 위에 계실 것이다. 바벨론이나 니느웨 같은 높이 솟은 성이라 할지라도 하나님은 그 성을 헐어 버리신다(사 25:12). 그 성이 아무리 잘 요새화되어 있다고 할지라도, 하나님은 그렇게 하실 수 있으시고, 흔히 그렇게 해오셨다. 하나님은 교만한 자를 대적하

시는 분이기 때문에 그렇게 하실 것이다. 그렇게 하시는 것은 하나님의 영광이다. 왜냐하면, 하나님은 모든 교만한 자를 발견하여 낮아지게 하심으로써 자신이 하나님이라는 것을 증명하시기 때문이다(욥 40:12). 그러나 반대로 스스로 낮아진 자들은 높임을 받게 될 것이다. 왜냐하면, 빈궁한 자들의 발이 높이 솟은 성읍들을 밟을 것이기 때문이다(6절). 하나님은 큰 군대가 높이 솟은 성읍들을 밟을 것이라고 말씀하시지 않고, 하나님께서 그 일을 행하고자 하실 때에 빈궁한 자들의 발이 그 일을 행하게 될 것이라고 말씀하신다(말 4:3). 너희가 악인을 밟을 것이다. 가까이 와서 이 왕들의 목을 발로 밟으라. 시편 147:6과 로마서 16:20을 보라.

II. 하나님은 자기 백성의 길을 아시고, 그것을 기뻐하시기 때문에(7절). 의인의 길은 평탄함이여(본문은 이렇게 읽을 수도 있다). 변함 없는 순종과 거룩한 행실로 하나님과 동행하는 것은 의인들이 항상 애쓰는 일이다. 내 발이 평탄한 데에 섰고, 평탄한 길로 가나이다(시 26:12). 하나님께서 그들의 길을 평탄하고 쉽게 해주시는 것은 그들의 행복이다. 주께서 그들 앞에서 장애물이 될 만한 것들을 미리 막아주시거나 제거하셔서 아무것도 그들을 방해할 수 없게 만드심으로써 의인의 첩경을 평탄하게 하시도다(시 119:165). 하나님은 의인의 첩경을 달아 보신다(우리는 이렇게 읽는다). 하나님은 의인의 길을 지켜보시다가, 그들이 그 길에서 만날 수 있는 온갖 어려움들을 극복하기에 충분한 은혜를 그들에게 주신다. 이렇게 정직한 자들에게 하나님은 스스로 정직하시다는 것을 보여주신다.

III. 아무리 암울하고 낙심되는 때에도 하나님을 향한 거룩한 소원을 지키고 하나님을 기다리는 것은 우리의 본분이고 우리의 위로가 될 것이기 때문에(8-9절). 하나님께서 눈살을 찌푸리실 때에도 하나님의 백성은 항상 이렇게 해야 한다.

1. 끊임없이 하나님을 의지하라는 것. "주께서 심판하시는 길에서 우리가 여전히 주를 기다렸나이다. 주께서 우리를 바로잡고자 하실 때에 우리는 은혜 베풀어 주시기를 기다리며 상전의 손을 바라보는 종들의 눈 같이(시 123:2) 우리를 구원하실 주의 손만을 바라보았나이다." 우리는 하나님의 공의에 호소할 수는 없고 하나님의 긍휼하심에 호소할 수밖에 없다. 하나님의 심판이 오랫동안 지속된다면, 지금이 심판하시는 길이라면, 우리는 지쳐서 나가떨어지지 말고 계속해

서 기다려야 한다.

2. 하나님께 거룩한 소원을 올려보내라는 것. 우리의 환난이 아무리 지독하더라도 우리는 우리의 신앙에 진저리를 내거나 하나님에게서 등을 돌려서는 안 되고, 주의 이름을 위하여 또 주를 기억하려고 우리 영혼이 계속해서 사모하여야 한다. 아무리 긴 환난의 밤 속에서도 우리의 영혼은 주를 사모하여야 한다.

(1) 우리와 우리의 이름은 어찌 되든지, 우리의 최대 관심사는 오직 하나님의 이름이 되어야 하고, 하나님의 이름이 영광을 받으시는 것이 우리가 간절히 소원하는 것이 되어야 한다. 이것이 우리가 기다리고 기도하는 것이 되어야 한다. "아버지여, 아버지의 이름을 영광스럽게 하옵소서. 그러면 우리가 만족하겠나이다."

(2) 하나님께서 여러 가지 일들을 통해서 계시해 주신 그 이름, 자신을 알게 하신 모든 일을 기억하는 것이 우리의 큰 위로가 되어야 한다. 하나님을 기억하는 것은 우리에게 큰 힘과 기쁨이어야 한다. 우리가 종종 하나님을 염두에 두지 않는다고 하여도, 우리는 여전히 하나님을 기억하는 것을 사모하여야 하고, 하나님을 항상 마음에 두고자 진심으로 애써야 한다.

(3) 하나님을 향한 우리의 사모함은 우리 마음의 중심에서 이루어지는 열렬하고 진실한 것이 되어야 한다. 우리의 영혼으로 우리는 하나님을 사모하고 하나님을 찾기에 갈급하여야 하며(시 42:1), 우리 속 깊은 곳에 있는 마음 중심에서 하나님을 찾아야 한다. 우리의 신앙고백이 무엇이든지 간에, 우리가 그것을 진심에서 우러나와서 하지 않는다면, 우리의 신앙은 아무것도 아니게 된다.

(4) 아무리 암울한 환난의 밤에도 우리의 사모함은 우리의 태양이시고 방패이신 하나님을 향해 있어야 한다. 왜냐하면, 하나님께서 우리를 어떻게 다루기를 기뻐하시든, 우리는 하나님을 나쁘게 생각하거나 하나님을 향한 우리의 사랑이 식어서는 결코 안 되기 때문이다.

(5) 우리의 사모함이 진정으로 하나님을 향해 있다면, 우리는 하나님을 찾고자 하고 하나님을 잃어버리면 어쩌나 하고 염려하는 자들처럼 아침 일찍이 하나님을 찾음으로써 우리가 하나님을 사모한다는 증거를 보여야 한다. 하나님을 찾고 발견하고자 하는 자들은 늦기 전에 일찍이 찾아야 하고 간절하게 찾아야 한다. 우리가 하나님을 찾으려고 아무리 일찍 나선다고 하더라도, 우리는 하나님이 벌써 우리를 맞을 준비를 다 해 놓고 계시다는 것을 발견하게 될 것

이다.

IV. 심판을 보내셔서 그 심판으로 말미암아 사람들로 하여금 그를 찾고 섬기게 하시는 것은 하나님의 은혜이기 때문에. 주께서 땅에서 심판하셔서 모든 것을 황폐화시키실 때에 우리는 하나님을 고백하는 자들만이 아니라 세계의 거민조차도 의를 배우고, 자신의 잘못을 바로잡고 삶을 고치며, 그들을 벌하신 하나님이 의로우시다는 것을 인정하게 되고, 하나님을 거역한 그들의 불의함을 회개하여, 옳은 길로 행하게 될 것임을 기대할 수 있다. 그들은 그렇게 할 것이다. 즉, 심판은 그들을 그렇게 만들기 위한 것으로서 그러한 효과를 낳는 내재적인 성향을 지니고 있다. 세계의 거민들 중에서 다수는 여전히 완악하겠지만, 그 중 일부는 심판을 통한 하나님의 치리(治理)를 통해 유익을 얻고 의(義)를 배울 것이다. 분명히 그들은 그렇게 할 것이다. 만약 그들이 그렇게 하지 않는다면, 그들은 이상하리 만큼 우둔한 것이다. 환난과 고난의 목적은 우리에게 의를 가르치는 것임을 명심하라. 하나님으로부터 이렇게 징벌을 통해서 가르침을 받는 자는 복이 있다(시 94:12). 이러한 책망을 통해서 너희는 의(義)를 계발하고 신들을 멸시하는 것을 그치는 법을 배울지니라(베르길리우스).

V. 하나님께서 사람들을 복종시키고 고치기 위하여 취하시는 은혜로운 방법들에 의해서도 변화되고자 하지 않는 자들은 진정으로 악한 것이기 때문에. 하나님이 심판이라는 가혹한 방법을 통해서 그들을 다루시는 것은 절대적으로 필요하다. 심판은 다른 방법을 사용해서는 도무지 낮아지고자 하지 않는 자들을 낮추는 데에 효과가 있기 때문이다. 좀 더 살펴보자.

1. 죄인들은 하나님을 거슬러 행하고, 그들을 고치기 위하여 사용된 수단들을 순순히 받아들이기를 거부한다(10절).

(1) 악인들도 은총을 입는다. 그들은 하나님으로부터 수많은 긍휼을 받는다. 하나님은 악인들에게도 햇빛을 비춰주시고 비를 내려주신다. 아니, 하나님은 그들을 번영하게 하시고, 그들의 수중에 많은 재물을 안겨 주신다. 하나님의 무수한 심판에 의해서 그들보다 덜 악한 자들이 죽어갔을 때에도 그들은 여러 차례 그러한 심판을 피한다. 몇몇 구체적인 일들에서 그들은 이웃들보다 두드러지게 은총을 입는 것처럼 보이기도 하는데, 하나님께서 이 모든 것을 행하시는 의도는 그들의 마음을 얻어서 그들로 하여금 그들에게 이토록 은총을 베푸시는 그런 하나님을 사랑하고 섬기게 하기 위한 것이다. 그렇지만 하나님께서

그렇게 해보아야 아무 소용이 없다. 악인들은 의를 배우려 하지 아니하며, 하나님의 선하심을 보고도 회개하려 하지 않는다. 그러므로 사람들이 하나님의 긍휼하심을 악용하는 것에 대하여 책임을 물으시기 위하여 하나님께서 이 땅에 심판을 보내시는 것은 어쩔 수 없는 일이다.

(2) 악인들은 정직한 자의 땅, 신앙이 고백되고 널리 알려져 있으며 하나님의 말씀이 전파되고 수많은 선한 모범들이 있는 땅, 다른 곳들과는 달리 그렇게 많은 장애물들이 있지 않은 평탄한 땅, 악덕과 불경이 처벌받는 징계의 땅에서 살아간다. 그렇지만 그들은 거기에서 불의를 행하고, 고집스럽게 계속해서 악한 길로 행하고자 한다. 악행을 하는 자들은 그들 자신의 영혼만이 아니라 하나님과 사람도 제대로 대접하지 못하는 것이다. 나라의 사법제도에 의해서 고침을 받지 않은 자들은 하나님의 심판이 그들에게 임할 것을 예상하여야 한다. 또한, 지금 정직한 자의 땅에서의 법과 관례들을 따르지 않고 그 땅의 특권과 이점들을 잘 활용하지 않는 자들은 나중에 복된 자의 땅에서 한 자리를 기대할 수 없다. 왜 그들은 불의를 행하는 것인가? 그것은 그들이 여호와의 위엄을 돌아보지 아니하고, 계속해서 하나님의 법과 공의를 멸시하면서, 그가 얼마나 두려운 위엄을 지니신 하나님이신지를 믿지도 않고 생각하지도 않기 때문이다. 하나님의 위엄은 그가 베푸시는 온갖 섭리들 속에서 드러난다. 그러나 그들은 그 위엄을 눈여겨보지 않기 때문에 그 섭리들의 목적에 부응하고자 애쓰지 않는다. 우리는 여호와의 긍휼하심을 받을 때조차도 여전히 여호와의 위엄과 그 선하심을 바라보아야 한다.

(3) 하나님께서는 그들이 회개와 기도를 통해서 그와 화해하도록 만들기 위해서 손을 들어 그들에게 경고하신다. 그러나 그들은 그 손을 보지도 못하고, 하나님이 그들에게 화가 나셨다거나 그들을 치러 오시고 계시다는 것도 알지 못한다. 그들은 보고자 하지 않는다. 보고자 하지 않는 자들보다 더 눈먼 자는 없다. 그들은 죄와 진노를 너무도 분명하게 깨우쳐 주는 것에 대하여 눈을 감아버리고서, 그것이 명백하게 하나님의 책망임에도 불구하고 그것을 우연이나 인간이면 누구나 겪어야 할 운명으로 돌려 버린다. 그들은 의로우신 하나님이 그들에게 싸움을 걸어오실 때에도 그들의 파멸의 징후들을 눈여겨보지 않고 그들 자신에게 평강을 외친다.

2. 하나님은 결국 그들이 감당할 수 없을 정도로 너무나 버거운 분임이 드

러날 것이다. 왜냐하면, 하나님은 심판하실 때에 반드시 이기시는 분이기 때문이다. 그들은 보고자 하지 아니하겠지만, 하나님께서 그들에게 화가 나 계시다는 것을 그들이 원하든 원치 않든 보게 될 것이다. 무신론자들, 오만한 자들, 안일한 자들은 지금 그들이 믿고자 하지 않는 것, 즉 살아계신 하나님의 손에 빠져 들어가는 것이 무서운 일이라는 것을 머지않아 느끼게 될 것이다. 그들은 죄의 악(惡), 특히 하나님의 백성을 미워하고 박해하는 죄를 보고자 하지 않는다. 그러나 그들은 그들의 죄에 대한 하나님의 진노와 자기 백성을 신원하기 위한 하나님의 구원을 나타내는 표징들을 통해서 그들이 하나님의 백성을 대적하여 행한 일을 하나님은 자기 자신에게 대적한 일로 여기시고 그 일에 대한 책임을 물으실 것임을 보게 될 것이다. 그들은 하나님의 백성에게 수많은 잘못을 저질러 왔다는 것을 보게 될 것이고, 그 때문에 하나님의 백성에 대한 그들의 적대감과 시기, 더 나은 대우를 받았어야 할 자들을 그들이 학대한 것을 부끄러워하게 될 것이다. 하나님의 백성에 대하여 악의를 품는 것은 너무도 터무니없고 어이없는 일이기 때문에, 그런 일을 하는 자들은 그 일을 부끄러워할 이유가 충분하다는 것을 명심하라. 조만간에 그들은 그 일을 부끄러워하게 될 것이고, 그 일을 기억할 때마다 당혹감으로 어쩔 줄 몰라 하게 될 것이다. 어떤 이들은 이 본문을 그들은 백성을 위하시는 주의 열성, 즉 하나님이 자기 백성을 위하여 보이실 열심을 보면 당혹해할 것이라고 읽는다. 그들이 하나님께서 자기 백성이 존귀하게 되고 잘 되기를 얼마나 바라시고 열심이신지를 알게 될 때, 그들은 그들 자신도 하나님의 백성에 속했어야 하는데 그러지 못했다는 것을 생각하고서 곤혹스러워하게 될 것이다. 그러므로 그들의 운명은 그들이 하나님의 벗들의 행복을 무시했기 때문에 불이 주의 대적들을 사르는 것이 될 것이다. 이 불은 하나님의 원수들을 위하여 예비된 불, 마귀와 그의 사자(使者)들을 사르기 위한 불이다. 하나님의 백성을 대적하고 시기하는 원수들을 하나님은 자신의 원수들로 여기시고 그에 따라서 다루실 것임을 명심하라.

[12]여호와여 주께서 우리를 위하여 평강을 베푸시오리니 주께서 우리의 모든 일도 우리를 위하여 이루심이니이다 [13]여호와 우리 하나님이시여 주 외에 다른 주들이 우리를 관할하였사오나 우리는 주만 의지하고 주의 이름을 부르리이다 [14]그들은 죽었은즉 다시 살지 못하겠고 사망하였은즉 일어나지 못할 것이니 이는 주께서 벌하

여 그들을 멸하사 그들의 모든 기억을 없이하셨음이니이다 ¹⁵여호와여 주께서 이 나라를 더 크게 하셨고 이 나라를 더 크게 하셨나이다 스스로 영광을 얻으시고 이 땅의 모든 경계를 확장하셨나이다 ¹⁶여호와여 그들이 환난 중에 주를 앙모하였사오며 주의 징벌이 그들에게 임할 때에 그들이 간절히 주께 기도하였나이다 ¹⁷여호와여 잉태한 여인이 산기가 임박하여 산고를 겪으며 부르짖음 같이 우리가 주 앞에서 그와 같으니이다 ¹⁸우리가 잉태하고 산고를 당하였을지라도 바람을 낳은 것 같아서 땅에 구원을 베풀지 못하였고 세계의 거민을 출산하지 못하였나이다 ¹⁹주의 죽은 자들은 살아나고 그들의 시체들은 일어나리이다 티끌에 누운 자들아 너희는 깨어 노래하라 주의 이슬은 빛난 이슬이니 땅이 죽은 자들을 내놓으리로다

선지자는 이 단락에서 하나님께서 긍휼하심과 심판 둘 모두를 통해서 하나님의 교회에 행하신 일을 되돌아보고, 긍휼하심과 심판 둘 모두를 인하여 하나님을 찬송한 후에, 하나님께서 하나님의 교회를 위하여 행하기를 그가 소망하였던 일을 바라다본다. 좀 더 살펴보자.

I. 선지자의 회고와 반성이 뒤섞여 나온다. 그는 교회의 상태를 되돌아보면서 다음과 같은 것들을 발견한다.

1. 하나님께서는 많은 일들에서 그들에게 지극히 은혜로우셨고 그들을 위하여 큰 일들을 행하셨다는 것.

(1) 일반적으로(12절). 주께서 우리의 모든 일도 우리 안에서 또는 우리를 위하여 이루셨나이다. 우리가 어떤 선한 일을 행하였든지, 그것은 우리 안에서 하나님의 은혜로 말미암아 이루어진 선한 일 덕분이다. 선한 생각과 감정이 언제라도 우리 마음속에 있다면, 그런 것들을 우리 마음속에 두셔서 자기의 기쁘신 뜻을 위하여 우리에게 소원을 두고 행하게 하시는 분은 바로 하나님이시다. 하나님께서 우리에게 작용하셨기 때문에 우리가 행하는 것이다. 우리가 어떤 인자함을 입거나 우리의 어떤 일이 형통하고 성공한다면, 우리를 위해서 그런 일을 행하시는 분은 바로 하나님이시다. 어떤 식으로든 우리에게 위로가 되는 온갖 피조물과 온갖 일은 다 하나님께서 그렇게 되도록 역사하신 것이다. 하나님은 종종 우리를 대적할 것처럼 보였던 것을 움직이셔서 우리를 위하여 일하도록 하시기도 한다.

(2) 구체적으로(15절). "여호와여, 주께서 이 나라를 더 크게 하셨으므로, 이 작

은 나라가 아주 큰 나라가 되었고(그들은 처음에는 애굽에서, 그 후에는 가나안에서 자손들이 크게 번성하여 그 땅을 채웠다), 이 일을 통해서 스스로 영광을 얻으셨나이다." 왜냐하면, 백성이 번성한 것은 왕의 영광이고, 이 일로 하나님은 열국의 아비가 되게 하겠다고 아브라함과 맺으신 언약에 신실하신 분으로서 영광을 얻으셨기 때문이다. 하나님께서 다스리시는 나라는 점점 더 흥왕해 가는 나라가 되고, 그렇게 하시는 것은 하나님의 영광이 된다는 것을 명심하라. 저 거룩한 나라, 교회가 흥왕한 것은 이 세상에서 하나님을 영화롭게 하는 것을 자신의 일로 삼는 자들이 늘어나는 것이기 때문에 기뻐하고 즐거워해야 할 일이다.

2. 그렇지만 하나님께서는 그들을 그의 책망 가운데 두셨다는 것.

(1) 이웃 나라들은 종종 그들을 압제하고 그들 위에 군림하여 폭정을 행하였다(13절). "여호와 우리 하나님이시여, 우리를 다스리실 유일한 권한을 지니고 계시고 우리를 신민(臣民)과 종으로 삼으신 여호와께 우리가 주 외에 다른 주들이 우리를 관할하였다고 하소연하나이다(우리가 하나님 외에 어디다가 하소연하겠나이까)." 사사 시대만이 아니라 그 이후에도 하나님은 자주 그들을 원수들의 손에 파셨다. 아니, 그들은 자신의 죄악으로 인하여 스스로 팔렸다(사 52:3-5). 그들이 하나님을 섬기는 일에 소홀하였을 때에 하나님은 그들로 하여금 하나님을 섬기는 것과 세상 나라들을 섬기는 것이 어떻게 다른지를 알게 하기 위하여 원수들이 그들을 관할하고 다스리게 하셨다. 이 본문은 그들이 다른 신들을 섬기고 이웃 나라들의 미신적인 법과 관습에 복종함으로써 하나님 외에 다른 주들(이방인들은 그들의 우상들을 바알들, 주들이라 불렀다)이 그들을 관할하게 하였다는 죄의 고백으로 해석될 수도 있다. 그러나 이제 그들은 다시는 그런 일이 없을 것이라고 다짐한다. "이후로 우리는 주만 의지하고 주의 이름을 부르리이다. 우리는 오직 주만을 예배하고, 오직 주께서 정하신 대로 예배하리이다." 이것은 우리의 참회의 반성이 될 수도 있다. 주 외에 다른 주들이 우리를 관할하였나이다. 온갖 욕망이 우리의 주(主)였고, 우리는 그 욕망의 포로가 되어 왔다. 우리는 이렇게 너무도 오랫동안 하나님과 우리 자신에게 잘못을 해 왔다. 그러므로 우리의 경건한 결단은 본문에서처럼 이런 것이 되어야 한다. 우리는 하나님만 의지하고 하나님의 이름을 부를 것이고, 하나님을 더욱 가까이 하여 우리의 본분에 충실할 것이고 결코 그 본분을 저버리지 않을 것이다.

(2) 그들을 종종 원수들 앞에서 포로로 끌려갔다(15절). "주께서 처음에 번성하게 하셨고 뿌리를 내리게 하셨던 그 나라 백성을 이제는 경고하신 말씀을 따라서 줄이시고 뽑으시며 땅의 모든 끝으로 옮기셨고 하늘가로 쫓겨가게 하셨다(신 30:4; 28:64)." 그러나 그들을 번성하게 하신 것에 대한 언급과 그들을 옮기신 것에 대한 언급 사이에 주께서 스스로 영광을 얻으셨다는 말씀이 나온다는 것을 주목하라. 왜냐하면, 하나님께서 자기 백성에게 그들의 죄로 인하여 가하시는 심판들은 그의 약속을 따라서 그들에게 베푸시는 긍휼들과 마찬가지로 하나님의 영광을 위한 것이기 때문이다.

(3) 선지자는 그들이 이렇게 압제를 받고 포로로 끌려갈 때에 하나님께 부르짖었다는 것을 기억한다. 이것은 그들이 하나님을 완전히 버리지 않았고 하나님으로부터 완전히 버림받지도 않았다는 것, 그들에게 임한 심판 속에는 하나님의 긍휼히 여기시는 뜻이 담겨 있었다는 것을 보여주는 선한 증거였다(16절). 여호와여, 그들이 환난 중에 주를 앙모하였나이다. 사사기의 이야기 속에서 자주 볼 수 있듯이, 이런 일은 이스라엘 백성에게 통상적인 일이었다. 다른 주들이 그들을 관할하고 지배하였을 때에 그들은 스스로 겸비하여 이르되 여호와는 의로우시다 하였다(대하 12:6). 여기서 우리는 다음과 같은 것들을 볼 수 있다.

[1] 우리는 환난을 겪을 필요가 있다는 것. 환난은 우리로 하여금 분발하여 기도에 힘을 쏟게 만드는 데에 꼭 필요하다. 그들이 환난 중에 주를 앙모하였나이다라는 말씀 속에는 그들이 평안하고 형통할 때에는 하나님을 낯선 이처럼 대하고 멀리하였으며, 마치 세상이 그들에게 미소짓고 있기 때문에 하나님의 은총은 필요없다는 듯이 하나님께 가까이 나아가지 않았다는 의미가 내포되어 있다.

[2] 환난이 우리에게 주는 유익. 환난은 우리를 하나님 앞으로 데려다 주고, 우리에게 우리의 본분이 무엇인지를 일깨워주며, 우리가 하나님께 의존되어 있다는 것을 우리에게 보여준다. 전에는 하나님을 거의 쳐다보지 않았던 자들이 환난을 통해서 이제는 하나님을 찾게 된다. 그들은 뻔질나게 하나님 앞을 드나들며, 하나님께 우호적이 되며, 하나님의 비위를 맞추며 구애한다. 전에는 드문드문 기도하였으나, 이제는 쏟아붓듯이 간절히 기도한다. 이제 그들의 기도는 잔잔한 물 같지 않고 샘에서 솟아나오는 물 같다. 그들은 은밀한 말을 쏟아냈다(난외주에서는 이렇게 읽는다). 기도하는 것은 하나님께 말하는 것이지만,

그것은 은밀한 말이다. 왜냐하면, 그것은 마음에서 우러나오는 언어이고, 그렇지 않다면 기도하는 것이 아니기 때문이다. 환난은 우리로 하여금 은밀한 기도를 하게 만든다. 우리는 공적인 기도에서보다도 은밀한 기도를 통해서 좀 더 허심탄회하고 구체적으로 하나님께 우리의 사정을 아뢸 수 있다. 전에는 하나님을 찾는 데에 주저하였던 자들이 환난을 당하면 일찌감치 새벽에 하나님을 찾게 된다(호 5:15). 환난은 사람들로 하여금 열렬하고 유창하게 기도하게 만든다. "주의 징벌이 그들에게 임하였을 때에 그들은 마치 전제(奠祭)를 붓듯이 기도를 쏟아내었다." 그러나 염려되는 것은 징벌이 그들에게서 물러갔을 때에 그들은 점점 이전의 부주의한 모습으로 되돌아가리라는 것인데, 실제로 그들은 자주 그리하였다.

(4) 선지자는 자유를 위한 그들의 싸움은 극히 고통스럽고 위험한 것이었지만 그 싸움은 성공하지 못했다고 하소연한다(17-18절).

[1] 그들은 그들이 두려워하였던 극심한 고통을 당하였다. "우리는 산고를 겪으며 고통스러워서 부르짖는 산모와 같았나이다. 모세가 이스라엘 백성을 고역에서 건지고자 시도하였을 때에 도리어 백성이 만들어 바쳐야 할 벽돌이 곱절로 가중되었듯이, 우리는 많은 염려와 땀으로 스스로를 돕고자 애썼지만, 도리어 그러한 시도 때문에 우리의 환난은 더욱 가중되었나이다." 그들의 고통이 극심해지자 그들의 기도는 되살아났고, 극심한 산고 속에서 산모가 부르짖는 소리처럼 격렬해졌다. 여호와여, 우리가 주 앞에서 그와 같았나이다. 하나님께서 그들에게서 눈을 떼지 않으시고 그들이 겪는 모든 참상을 다 보고 계시다는 것은 환난 중에 있던 그들에게 위로와 만족이 되었다. 하나님은 그들의 극심한 고통이나 기도를 모르는 체하지 않으셨다. 주여, 나의 모든 소원이 주 앞에 있사오며, 나의 탄식이 주 앞에 감추이지 아니하나이다(시 38:9). 그들이 와서 여호와 앞에 서서 탄원과 간청을 드릴 때마다 그들은 산통을 겪는 여인처럼 몹시 고통스러웠다.

[2] 그들은 그들이 원하고 바랐던 결과를 얻지 못하였다. "우리가 잉태하였고, 우리는 곧 아기를 낳는 복된 결과를 보게 될 것이라고 크게 기대하였으며, 소망으로 부풀어 있었고, 고통이 심할 때에도 아기를 낳은 기쁨으로 말미암아 우리의 고통을 다 잊어버리게 될 것이라는 말로 스스로를 위로하였다(요 16:21). 그러나 이를 어쩌랴! 우리는 바람을 낳은 것 같이 되었다. 그것은 상상 임신임이

밝혀졌다. 우리의 기대는 좌절되었고, 우리의 고통은 산고가 아니라 죽어가는 고통이었음이 드러났다. 우리는 유산하는 모태와 메마른 유방을 지니고 있었다. 우리의 모든 노력은 실패로 끝나고 말았다. 우리는 우리 자신이나 우리의 친구들과 동맹들을 위하여 땅에 구원을 베풀지 못하였고, 도리어 우리와 그들의 처지를 더욱 악화시켰다. 우리가 싸워 왔던 세계의 거민이 지니고 있던 힘이나 희망은 우리 앞에서 결코 무너지지 않았고(개역에서는 세계의 거민을 출산하지 못하였나이다), 도리어 그들은 여전히 이전처럼 오만하고 교만하다.” 믿는 자들이 기도와 수고함을 통해서 하나님과 사람을 상대로 의로운 주장을 끈질기게 펼친다고 하여도, 그 의로운 주장은 오랫동안 비난을 받으며 이루어지지 않을 수 있다는 것을 명심하라.

II. 선지자의 전망과 소망은 지극히 유쾌하다. 일반적으로, “주께서 우리를 위하여 평강을 베푸시오리니(12절), 우리의 처지에서 꼭 필요한 모든 선한 것을 우리에게 베풀어주실 것이다.” 교회에 어떤 평강이 있다면, 그 평강은 하나님께서 베푸신 것이다. 우리는 하나님의 백성에게 한동안 어떠한 환난이 정해져 있다고 할지라도 결국에는 하나님께서 그들에게 평강을 베푸시리라는 것으로 스스로 위로받을 수 있다. 왜냐하면, 이런 자들의 결국은 평강이기 때문이다. 하나님은 성령을 통해서 우리 안에서 우리의 모든 일을 행하신다면 우리를 위해 평강을 베푸실 것이다(의의 일은 평강이 될 것이기 때문에). 하나님이 주시는 평강은 세상이 주거나 빼앗아갈 수 없는 참되고 영원한 평강이다. 왜냐하면, 그 평강을 받은 자들에게 그 평강은 낮과 밤의 규례처럼 변할 수 없는 것이 될 것이기 때문이다. 게다가, 우리는 하나님께서 우리를 위해 행해 오신 일들로 미루어서 앞으로도 우리를 선대(善待)하시리라는 소망을 가질 수 있고, 그 소망을 통해 힘을 얻을 수 있다. “주께서는 겸손한 자들의 소원을 들으셨사오니, 앞으로도 들으시리로다(시 10:17). 이 평강이 우리에게 베풀어질 때, 우리는 주만 의지하고 주의 이름을 부르리이다(13절). 우리는 그 영광을 다른 이에게가 아니라 오직 주께만 드리겠고, 우리로 하여금 그렇게 할 수 있게 해 달라고 오직 주의 은혜에만 매달리겠나이다.” 우리는 하나님께서 힘을 주시지 않는다면 하나님의 이름을 찬송할 수 없다. 선지자는 여기에서 특히 두 가지를 전망하면서 교회를 위로한다.

1. 교회의 원수들이 기이하게도 멸망하리라는 것(14절). 그들, 즉 우리를 관

할하였던 다른 주들은 죽었다. 그들의 세력은 회복할 수 없을 정도로 깨어졌다. 그들은 완전히 베어졌고 소멸되었다. 그들은 다시 살지 못하겠고, 다시는 머리를 꼿꼿이 들 수 없을 것이다. 그들은 사망하였은즉 일어나지 못할 것이니, 하만처럼 유대인들 앞에서 무너지기 시작했을 때에 돌처럼 가라앉게 될 것이다. 그러므로 그들이 이러한 최종적인 멸망의 선고를 받았기 때문에, 하나님은 그 선고를 따라서 의로운 재판장으로서 친히 진노로 그들을 벌하셔서, 그들을 멸하실 뿐만 아니라 그들에 대한 기억도 없애 버리셨다. 그들과 그들의 이름은 둘 다 티끌 속에 묻혀 버렸다. 하나님은 그들에 대한 모든 기억을 없이하셨다. 그들은 사람들로부터 완전히 잊혀지거나 혐오스러운 자들로 입에 오르내리게 되었다. 하나님과 그의 나라에 대적하여 제기된 주장은 한동안 힘을 얻는 것 같아도 결국에는 반드시 무너지고, 그 주장을 좇는 모든 자들은 그 주장과 더불어서 망하게 되리라는 것을 명심하라. 유대인 랍비들은 이 본문을 19절과 비교한 것을 근거로 해서 죽은 자들의 부활은 오직 유대인들에게만 일어나고 이방 나라에 속한 자들은 부활하지 못할 것을 말하고 있는 것이라고 추론한다. 그러나 우리는 이 본문에 대하여 더 잘 알고 있다. 우리는 무덤에 있는 모든 자들이 하나님의 아들의 음성을 듣게 되리라는 것과 이것이 그리스도의 원수들이 최종적으로 멸망을 당하는 때, 즉 둘째 사망에 대하여 말하고 있다는 것을 안다.

2. 교회의 친구들이 기이하게도 부활하리라는 것(19절). 교회는 산고로 고생하였어도 아기를 낳는 기쁨을 누리지 못하였고, 도리어 **바람을 낳은 것 같았지만**(18절), 그러한 실망감은 다른 방식으로 보상될 것이다. 주의 죽은 자들이 살아나리라. 죽은 것으로 생각되었던 자들, 자기 자신 안에 사망선고를 받았던 자들, 자연사한 것처럼 여겨져서 내버려진 자들이 이전의 생기를 지니고서 다시 나타날 것이다. 하나님으로부터 생기가 죽임을 당한 증인들에게 들어갈 것이고, 그들은 다시 예언할 것이다(계 11:11). 마른 **뼈들이 살아나서 극히 큰 군대가 될 것이다**(겔 37:10). 그들의 시체들은 일어나리이다. 욥이 그랬고, 선지자가 여기에서 그런 것처럼, 죽은 자들의 부활, 마지막 날에 우리의 시체가 부활할 것을 믿는다면, 우리는 이 세상에서 교회의 영광과 세력이 회복되리라는 약속도 믿게 될 것이다. 하나님의 때가 이르면, 그들이 아무리 낮아져 있다고 할지라도, 그들은 일어날 것이고, 심지어 지금은 죽은 시체처럼 누워 있어서 그 위에 독수리들이 모여드는 처지가 되어 있는 하나님의 도성 예루살렘도 다시 일어

날 것이다. 하나님께서는 죽은 예루살렘일지라도 여전히 자신의 것으로 인정하시고, 선지자도 그렇게 한다. 예루살렘은 다시 일어나서 재건될 것이고 다시 왕성하게 될 것이다. 그러므로 그 주민들 중에서 살아남아 티끌에 누운 것처럼 가엾고 쓸쓸하며 암울한 처지에 있는 자들은 깨어 노래하라. 왜냐하면, 그들은 절기의 시온 성, 안정된 처소인 예루살렘을 다시 보게 될 것이기 때문이다(사 33:20). 예루살렘을 향한 하나님의 은총의 이슬은 하루 종일 뜨거운 햇빛 때문에 메말라버렸던 풀들을 다시 생기 있게 살아나게 할 저녁 이슬과 같을 것이다. 봄 이슬이 땅을 촉촉히 적셔주어서 땅에 묻혀 있던 풀들이 싹을 틔우게 만들듯이, 주의 이슬이 다시 임할 때에 마치 땅이 초목들을 그 뿌리에서 내듯이 땅이 죽은 자들을 내놓을 것이다. 죽은 자들은 땅 속에서 없어져 버린 것처럼 보였을지라도 땅은 그들의 부활에 기여하게 될 것이다. 교회와 그 세력이 회복될 때가 되었을 때, 하늘의 이슬이나 땅의 비옥함은 교회를 회복시킬 때에 그들이 맡은 역할을 하기에 부족함이 없을 것이다. 이제 이 본문은 다음과 같은 것들에 적용될 수 있다(에스겔의 환상이 이 본문에 대한 해설인 것처럼).

(1) 죄로 죽었던 자들이 그리스도의 복음과 은혜의 능력으로 말미암아 살아나는 영적인 부활. 라이트푸트(Lightfoot) 박사는 이 본문을 그런 식으로 적용한다. "이방인들이 살아나리라. 내 몸과 더불어 그들이 일어나리라. 즉, 그리스도의 부활 후에 그들이 부르심을 받고서 그와 더불어 일어나서 천국에서 그와 함께 앉으리라. 아니, 그들이 내 몸으로서 일어나리라. 그들은 그리스도의 신비의 몸이 되어서 그리스도의 일부가 되어 일어나리라."

(2) 죽은 성도들이 그리스도의 죽은 몸과 더불어 부활하여 살아나게 될 마지막 부활. 왜냐하면, 그리스도께서 첫 열매로서 다시 살아나셨고, 믿는 자들은 그와 연합하여 그의 부활에 참여함으로써 다시 살아나게 될 것이기 때문이다.

²⁰내 백성아 갈지어다 네 밀실에 들어가서 네 문을 닫고 분노가 지나기까지 잠깐 숨을지어다 ²¹보라 여호와께서 그의 처소에서 나오사 땅의 거민의 죄악을 벌하실 것이라 땅이 그 위에 잦았던 피를 드러내고 그 살해 당한 자를 다시는 덮지 아니하리라

이 단락에 속한 두 절은 이 장의 나머지 부분을 차지하고 있는 찬송에 속하지 않고 새로운 내용을 시작하는 것이기 때문에 이 장의 결론부라기보다는 다음 장의 도입부라고 보아야 할 것이다. 앞의 찬송에서 하나님의 백성은 자신의 고통을 하소연하며 하나님께 말씀을 아뢰었던 반면에, 여기서는 하나님께서 그들의 하소연에 대하여 대답을 해주신다.

I. 하나님은 그들에게 그들의 골방으로 들어가라고 명령하신다(20절). "내 백성아, 올지어다(개역에서는 갈지어다). 내게 와서 나와 함께 있으라(하나님이 자기 백성을 어느 곳으로 부르실 때에는 하나님 자신도 거기에 함께 계신다). 다른 모든 것들을 흩어버리는 폭풍일지라도 너희는 그 폭풍으로 인하여 서로 더 가까워져야 한다. 오라. 그리고 너희 밀실에 들어가라. 애굽 사람들이 들에 있다가 우박에 죽었듯이, 너희가 폭풍에 붙잡히지 않기 위해서 밖에 머물지 말라(출 9:21)."

1. "구별된 방으로 오라. 너희 자신의 골방으로 오고, 더 이상 바벨론 사람들과 뒤섞이지 말라. 너희는 그들 중에서 나와서 따로 있으라(고후 6:17; 계 18:4)." 하나님께서 경건한 자들을 자신을 위하여 구별하셨다면, 그들은 스스로를 구별하지 않으면 안 된다.

2. "가장 험악한 때에도 그 은밀함이나 튼튼함으로 너희를 안전하게 지켜줄 방으로 오라." 하나님의 성품들은 그의 장막 은밀한 곳이고(시 27:5), 하나님의 이름은 우리가 달려가서 안전함을 얻을 수 있는 견고한 망대이다(잠 18:10). 우리는 믿음으로 이러한 방들로 들어가는 길을 발견하고서, 거기에 숨어야 한다. 즉, 거룩한 평안과 마음의 평정 속에서 우리는 우리 자신을 하나님의 보호하심 아래에 두어야 한다. 노아가 방주에 들어갔듯이, 너희는 그 방으로 들어가서 문을 닫아야 한다. 위험이 닥쳐오고 있을 때에는 엘리야가 그릿 시냇가에 숨었듯이 뒤로 물러나서 몸을 숨기는 것이 좋다.

3. "기도의 방으로 오라. 네 골방으로 들어가서 문을 닫고 은밀한 중에 계신 하나님께 기도하라(마 6:6). 네 밀실로 들어가서 스스로를 살피고 네 마음과 대화를 나누고 기도하며 하나님 앞에서 스스로를 낮추라." 이런 일은 곤경과 위험에 처해 있을 때에 행해져야 한다. 우리는 이렇게 숨는다. 즉, 우리는 우리를 숨겨 달라고 하나님께 우리 자신을 맡겨야 한다. 그러면 하나님은 우리를 하늘 아래에서나 하늘에서나 우리를 숨겨주실 것이다. 죽음의 사자가 애굽의 장자

들을 죽이고 있는 동안에는 이스라엘은 문을 걸어잠그고 집 안에 있어야 한다. 그렇지 않으면, 문설주에 피를 발라두었다고 해도 그것이 그들을 안전하게 지켜주지 못할 것이다. 라합과 그녀의 가족은 여리고가 멸망당하고 있을 때에 그렇게 하여야 한다. 눈에 띄지 않게 숨는 것이 가장 안전하다. 적절히 몸을 숨기는 자가 별 탈 없이 잘 사는 법이다.

II. 하나님은 환난이 금방 지나갈 것이고 그들에게 닥친 놀랄 일이나 위험은 오래 가지 않을 것이라고 약속하신다. "잠깐 숨을지어다. 물질을 구성하는 원자처럼 우리가 인식할 수 있는 시간의 가장 작은 단위만큼만 숨어 있으라. 그것은 순간보다 더 짧은 시간인 아주 잠깐일 것이다. 그 때가 지나가고 나면, 그것은 너희에게 아무것도 아닌 것으로 느껴질 것이다. 너희는 어떻게 이렇게 빨리 지나갔나 하고 의아해할 것이다. 너희는 오랫동안 갇혀 지내거나 오랫동안 몸을 숨길 필요가 없을 것이다. 분노는 순식간에 과거사가 되어 버릴 것이다. 즉, 너희를 대적하는 원수들의 분노, 너희로 하여금 몸을 숨기게 만들었던 그들의 극심한 박해는 곧 지나갈 것이다. 악인이 일어나면 사람이 숨는다. 이런 일은 곧 지나갈 것이다. 하나님은 그들을 없애버리시고 그들의 세력을 꺾으시며 그들의 계획을 좌절시키시고 너희가 어깨를 펴고 살 수 있는 길을 열어 놓으실 것이다."

아타나시우스(Athanasius)가 율리아누스 황제의 칙령에 따라 알렉산드리아에서 추방당하였을 때에 그의 친구들은 이 일을 크게 슬퍼하였지만 그는 그들에게 이렇게 말하며 걱정말라고 하였다고 한다. 이것은 곧 바람에 실려 없어질 작은 구름일 뿐이다. 너희가 십 일 동안 환난을 받으리라(계 2:10). 그것이 전부이다. 고난받은 하나님의 백성은 그 고난이 잠시일 뿐이라는 사실 때문에 그들의 고난을 가벼운 것이라고 부를 수 있다.

III. 하나님은 원수들이 전쟁이나 박해를 통해서 칼로 하나님의 백성에게 자행하였던 온갖 위해(危害)들에 대하여 그들에게 책임을 물으실 것임을 약속하신다(21절). 여호와께서는 그들이 흘리게 만든 사람들의 피로 인하여 그들을 벌하실 것이다.

1. 심판이 시작됨. 여호와께서 그의 처소에서 나오사 그들 주변의 모든 것을 엉망으로 망쳐놓은 땅의 거민의 죄악을 벌하실 것이라. 땅의 거민들 가운데는 엄청난 죄악이 존재한다. 그러나 그들 모두가 힘을 합쳐서 손에 손을 잡고 그 죄

악을 범하였다고 할지라도, 그 죄악으로 인하여 그들은 형벌을 면하지 못할 것이다. 악인들이 나중에 받게 될 영원한 형벌 외에도, 이 세상에는 잔인함과 압제와 박해에 대한 분명한 형벌들이 자주 있다. 사람들의 분노가 지나가고 그들의 발악이 끝나고 나면, 그들은 하나님의 진노를 예상하여야 한다. 왜냐하면, 주께서는 그의 날이 다가옴을 보고 계시기 때문이다(시 37:13). 하나님은 벌하시기 위하여 그의 처소에서 나오신다. 하나님은 그의 권능의 궁창, 은혜가 거하는 그의 성소, 하늘에서 지극히 큰 위엄으로 모습을 나타내신다. 하나님은 이전에 몸을 숨기고 계셨던 그의 거룩한 처소에서 일어나신다(슥 2:13). 이제 하나님은 보좌에 앉으러 가거나 전장(戰場)에 나가는 왕처럼 그의 지혜롭고 의로우며 은밀한 모략을 따라 큰 일을 행하실 것이다. 어떤 이들은 하나님의 처소는 시은좌(施恩座, mercy-seat)라고 말한다. 하나님은 시은좌에 계시기를 좋아하신다. 하나님은 벌하실 때에 그의 처소에서 나오신다. 왜냐하면, 하나님은 죄인들이 죽는 것을 기뻐하지 않으시기 때문이다.

2. 범죄자들이 지면(地面)의 살벌한 증거를 통해서 유죄로 입증됨. 땅이 그 위에 잦았던 피를 드러내리라. 물 같이 땅 위에 뿌려져서 땅 속으로 스며들어 땅에 의해서 숨겨지고 덮여져 있던 무죄한 피, 성도들과 순교자들의 피는 백일하에 드러나서 그 피를 흘린 자들의 책임을 물을 것이다. 왜냐하면, 하나님은 그 피를 흘린 자들을 조사하고 심문하여 그들에게 피를 마시게 하실 것이기 때문이다. 은밀하게 저질러진 살인이나 악행은 조만간에 곧 드러나게 될 것이다. 땅은 오랫동안 덮어주어 왔던 죽은 자들을 이제는 더 이상 덮어주지 않고, 살인자들을 치는 증거로 그 죽은 자들을 드러낼 것이다. 아벨의 피는 땅으로부터 소리친다(창 9:10-11; 욥 20:27). 하나님은 결산의 날, 책임을 물으시는 날이 올 때에 은밀히 묻혀져 버린 것 같았던 죄악들을 다시 불러내시고 상기시키실 것이다. 보라, 재판장께서 문 앞에 서 계신다. 그러므로 하나님의 백성은 인내로써 잠시 기다려야 한다.

제 27 장

개요

선지자는 이 장에서 계속해서 하나님이 그의 교회와 백성을 위하여 행하실 큰 일들을 보여준다. 이 일은 이제 하나님이 산헤립에게서 예루살렘을 구원하시고 앗수르 군대를 멸하심으로써 곧 이루어질 것이다. 그러나 이 일은 후대의 교회를 격려하기 위하여 교회의 원수들의 세력을 일반적으로 묘사하는 방식으로 표현된다. 1. 교만한 압제자들에게 책임을 물으시리라는 것(1절). 2. 하나님의 포도원인 교회를 돌보시리라는 것(2-3절). 3. 하나님의 백성이 돌아온다면, 그들과의 다툼을 그치시리라는 것(4-5절). 4. 하나님의 백성을 크게 번성하게 하시리라는 것(6절). 5. 환난을 통해서 하나님의 백성이 변화되어서(7절) 온순해지고(8절) 거룩해지리라는 것(9절). 6. 교회는 잠시 황폐화되고 황량하게 된다고 할지라도(10-11절) 다시 회복되고 그 흩어진 지체들은 다시 모여들게 되리라는 것(12-13절). 이 모든 것은 복음의 은혜, 기독 교회와 거기에 속한 자들에 대한 하나님의 약속과 섭리에 적용될 수 있다.

¹그 날에 여호와께서 그의 견고하고 크고 강한 칼로 날랜 뱀 리워야단 곧 꼬불꼬불한 뱀 리워야단을 벌하시며 바다에 있는 용을 죽이시리라 ²그 날에 너희는 아름다운 포도원을 두고 노래를 부를지어다 ³나 여호와는 포도원지기가 됨이여 때때로 물을 주며 밤낮으로 간수하여 아무든지 이를 해치지 못하게 하리로다 ⁴나는 포도원에 대하여 노함이 없나니 찔레와 가시가 나를 대적하여 싸운다 하자 내가 그것을 밟고 모아 불사르리라 ⁵그리하지 아니하면 내 힘을 의지하고 나와 화친하며 나와 화친할 것이니라 ⁶후일에는 야곱의 뿌리가 박히며 이스라엘의 움이 돋고 꽃이 필 것이라 그들이 그 결실로 지면을 채우리로다

선지자는 여기에서 심판과 긍휼을 노래한다.

I. 하나님의 교회의 원수들에 대한 심판(1절).   하나님은 교회로 환난을 받게 하는 자들에게는 환난으로 갚으시리라(살후 1:6). 여호와께서 그의 처소에서 나오

사 땅의 거민의 죄악을 벌하실(21절) 때에 반드시 리워야단, 바다에 있는 용, 또한 용사들의 공포의 대상으로서 리워야단처럼 너무도 사나워서 아무도 건드리지 못하고, 그 마음이 돌처럼 굳으며, 그가 일어나면 용사라도 두려워하는(욥 41:10, 24-25) 모든 교만한 압제자들을 벌하실 것이다. 교회의 원수들은 많지만, 보통 여느 원수들보다 특별히 더 가공할 만한 원수가 존재하는데, 산헤립, 느부갓네살, 안티오쿠스가 바로 그런 존재였다. 또한, 바로(파라오)도 예전에 그런 존재여서 리워야단이나 용으로 불렸다(사 51:9; 시 74:13-14; 겔 29:3). 신약 교회를 괴롭혔던 리워야단들도 있었다. 성경에서는 한 붉은 용이 교회를 삼키려 한다고 말한다(계 12:3).

여기에서는 큰 세력을 이루어서 악의를 가지고 교회를 박해하며 소동을 벌이는 자들이 리워야단에 비유되고, 그들의 격동하고 날뛰는 모습은 용들에 비유되며, 일단 머릿속에서 계획이 서면 재빨리 행동에 옮기는 그들의 모습이 날랜 뱀에 비유되고, 모든 이웃들의 길을 막아서서 그 길을 방해하는 그들의 모습은 빗장처럼 가로막는 뱀(난외주에서는 이렇게 읽는다)에 비유되며, 교묘하고 간사하며 뒤틀려 있고 악의가 가득한 그들의 모습은 꼬불꼬불한 뱀에 비유된다. 크고 힘 있는 왕들이 하나님의 백성을 대적한다면, 하나님은 그들을 용과 뱀들, 인류의 전염병들로 여기시고, 때가 되면 그들을 벌하실 것이다. 그들은 세력이 너무 커서 사람들이 다루거나 책임을 묻기에는 역부족이기 때문에, 크신 하나님께서 이 문제를 직접 다루실 것이다. 하나님은 견고하고 크고 강한 칼을 지니고 계시고, 그들의 죄의 분량이 차고 그들의 날이 다했을 때에 그 칼로 그들을 치실 것이다. 이것은 히브리어 원문에는 강조적으로 표현되어 있다. 여호와께서 그의 칼, 저 잔혹한 것, 저 큰 것, 저 강한 것으로 말을 듣지 않고 제멋대로 방자하게 구는 이 범죄자를 벌하시리라. 그 자에 대한 형벌은 사형이 될 것이다. 여호와께서 바다에 있는 용을 죽이시리라. 왜냐하면, 죄의 삯은 사망이기 때문이다. 이것은 사나운 짐승을 죽이듯이 그 자가 다시는 해(害)를 가하지 못하도록 막는 것일 뿐만 아니라, 반역자를 사형에 처하듯이 그 자가 지금까지 행한 온갖 해악에 대한 합당한 징벌이 될 것이다. 하나님은 원수들 중에서 아무리 교만한 자라도 낮추시고 아무리 힘 있는 자라도 꺾으시기에 충분한 강력한 칼, 여러 가지 다양한 심판들을 갖추어 놓고 계신다. 처형의 날이 오면, 하나님은 그 일을 행하실 것이다. 하나님께서는 다가올 그 날, 그의 날에 형벌을 집행하실 것이다(시 37:13). 이것은 우리 주 예수께서 흑암의 권세들을 이기시고 영적인 승리를 거두신 것에 적용될 수 있다. 주께서는 이 세상의 임금을 무장 해제시키고 약탈하며 내쫓으셨을 뿐만 아니라, 그의 강한 칼, 즉 그의 죽음의 효력과 그의 복음의 전파를 통해서 죽음의 세력을 잡은 자 곧 마귀, 저 큰 리워야 단, 저 옛 뱀, 저 용을 멸하시고 계시고, 앞으로도 멸하실 것이다. 하나님은 마 귀를 결박하여 두어서 다시는 열국을 속이지 못하게 하실 것인데, 이것은 마귀 에 대한 형벌이 될 것이다(계 20:2-3). 그리고 결국, 열국을 속인 죄로 마귀는 불 못에 던져질 것이다(계 20:10).

II. 교회에 대한 긍휼하심.　하나님께서 리워야단을 벌하실 바로 그 날에 교 회와 교회의 모든 벗들은 편한 마음으로 즐거워하여야 한다. 교회의 편을 드는 자들은 다음과 같은 하나님의 약속들로 노래하여 교회를 위로해 주어야 한다. 교회의 회중에서 이 노래를 부르라.

1. 교회는 하나님의 포도원이고 그의 특별한 보살핌 아래에 있다는 것(2-3 절). 하나님이 보시기에 교회는 아름다운 포도원이고, 세상은 열매를 맺지 못하 고 아무짝에도 쓸모 없는 황무지이다. 하나님은 교회 주변에 울타리를 두르시 고, 교회를 포도원, 특별하고 소중한 곳으로 만드셔서, 많은 수고와 관심으로 그 곳을 돌보신다. 하나님은 그 포도원에서 보배로운 열매들을 모으시고, 교회 는 그 열매들로 하나님과 사람을 영화롭게 만든다. 그 곳은 극상품의 포도들을 내는 아름다운 포도원이다. 이것은 교회가 변화되어서 이전에는 열매를 내지 못하거나 들포도를 맺었지만 이제는 하나님께 좋은 포도를 내게 된 것을 가리 킨다(사 5:4). 이제 하나님은 다음과 같은 것들을 돌보신다.

(1) 이 포도원이 안전하도록. 나 여호와가 이 포도원을 지키리라. 하나님은 그가 이스라엘을 지키시는 자가 되신 것이 자랑스러우시다는 듯이 말씀하신 다. 하나님께 열매를 내는 자들은 항상 하나님의 보호하심 아래에 있을 것이 다. 하나님은 그가 지키실 것임을 우리에게 약속하시고 다짐하시듯이 말씀하 신다. 모든 것을 할 수 있고 속이거나 거짓말할 수 없는 나 여호와가 그것을 지 키리라. 아무든지 이를 해치지 못하게 내가 밤낮으로 지키리라(개역에서는 간수하 여). 이 세상에서 하나님의 포도원은 해악을 입기 쉽다. 그 포도원을 해치고자 하고 짓밟아서 황폐하게 하고자 하는 자들이 많다(시 80:13). 그러나 하나님은 포도원이 실제로 해를 입게 하지 않으실 것이고, 도리어 그 모든 일이 합력하

여 선을 이루게 하실 것이다. 하나님은 밤낮으로 끊임없이 포도원을 지키실 것인데, 이렇게 하는 것은 전혀 불필요한 일이 아니다. 왜냐하면, 원수들은 끊임없이 포도원을 망쳐 놓으려고 음모를 꾸미고, 밤낮으로 호시탐탐 해악을 가할 기회만을 노리고 있기 때문이다. 하나님은 환난과 박해의 밤에도 포도원을 지키실 것이고, 평안과 형통의 낮(이 때의 시험들은 밤과 마찬가지로 위험하다)에도 포도원을 지키실 것이다. 하나님의 백성은 어두울 때 퍼지는 전염병으로부터 보호를 받을 뿐만 아니라 밝을 때 닥쳐오는 재앙으로부터도 보호를 받을 것이다(시 91:6). 하나님은 울타리를 잘 쳐서 이 포도원을 보호하실 것이다.

(2) 이 포도원이 열매를 잘 맺도록. 내가 순간순간마다(개역에서는 **때때로**) 물을 주리라. 그렇지만 너무 많은 물을 주지는 않을 것이다. 많은 열매를 낼 수 있도록 하나님의 은혜와 축복의 이슬이 소리 없이 조용히 끊임없이 포도원에 내릴 것이다. 우리는 끊임없이 지속적으로 하나님의 은혜의 물로 촉촉히 적셔져야 한다. 왜냐하면, 그 물이 언제라도 끊어지면, 우리는 시들어서 말라버리기 때문이다. 하나님은 그의 종들인 선지자들에 의한 말씀 사역을 통해서 그의 포도원에 물을 주시는데, 하나님의 말씀은 이슬처럼 떨어질 것이다. 바울은 심고 아볼로는 물을 주지만, 자라게 하시는 분은 하나님이시다. 왜냐하면, 하나님이 없이는 파수꾼이 깨어 있고 농부가 물을 주어도 헛되기 때문이다.

2. 하나님은 종종 자기 백성과 다투시지만 그들이 순복(順服)하기만 하면 곧 그들과 화해하신다는 것(4-5절). 나는 포도원에 대하여 노함이 없다. 포도원에는 하나님을 화나게 하는 일들이 많지만, 하나님은 그 일들을 핑계로 포도원을 치고자 하거나 잘못한 일들을 지나치게 꾸짖지는 않으신다. 물론, 하나님께서는 포도원에서 포도나무 대신에 찔레와 가시를 발견하고 그것들이 그를 대적하여 싸운다면(포도원에서 그를 위하지 않는 것은 그를 대적하는 것이다) 그것들을 밟고 불사르신다는 것은 사실이다. 그러나 "내가 내 백성에게 화가 나 있다면, 그들은 스스로 어떻게 해야 할지를 안다. 그들은 스스로 낮아져서 기도하고 내 얼굴을 구하며, 나와 화친하고자 하는 진실한 소원으로 내 힘을 의지하여야 한다. 그러면 나는 곧 그들과 화해할 것이고, 모든 것이 잘 될 것이다." 하나님은 자기 백성의 죄악들을 보시고 화를 내신다. 그러나 그들이 회개하면, 하나님은 그 진노를 거두신다. 이것은 하나님이 복음의 말씀으로 교회에 순간순간마다 물을 주시는 것에 대한 요약으로 해석하는 것이 좋을 것이다.

(1) 여기에서는 하나님과 인간 사이에 싸움이 있다는 것이 전제된다. 왜냐하면, 여기에는 싸움이 나오고 화친이 나오기 때문이다. 이것은 죄가 최초로 들어온 이래로 항상 계속되어 온 오래된 싸움이다. 이것은 하나님 편에서는 의로운 싸움이지만, 인간 편에서는 아주 불의한 싸움이다.

(2) 여기에서는 이 싸움을 해결하기 위한 은혜로운 초대가 우리에게 주어진다. "하나님과 화해하고자 하는 자는 죄인을 쳐서 죽이기 위하여 들려진 하나님의 힘, 하나님의 강한 팔을 붙잡아야 한다. 그는 탄원과 간구를 통해서 그 일격이 가해지지 않도록 나의 팔을 꼭 붙들어 두어야 한다. 그는 야곱이 그랬듯이 축복해주시지 않는다면 보내드릴 수 없다는 결연한 의지로 나와 씨름하여야 한다. 그는 이스라엘, 즉 하나님과 함께 왕 노릇 하는 왕이 될 것이다." 죄를 용서하시는 긍휼하심은 우리 여호와의 힘이자 권능이라 불린다. 그는 바로 그것을 굳게 붙잡아야 한다. 그리스도는 여호와의 팔이다(사 53:1). 십자가에 못 박히신 그리스도는 하나님의 능력이다(고전 1:24). 물에 빠진 자가 나뭇가지나 줄이나 널빤지 등과 같이 손으로 잡을 수 있는 것이면 무엇이든 붙잡고, 행악자가 오직 제단의 뿔만이 자기를 구원해 줄 수 있고 화해하게 해 줄 수 있다고 믿고서 그 뿔을 붙잡듯이, 그는 산 믿음으로 그리스도를 붙잡아야 한다.

(3) 여기에서는 우리에게 그렇게 하라고 설득하기 위하여 삼중의 근거들이 제시된다.

[1] 우리가 그렇게 할 수 있도록 시간과 공간이 주어져 있다는 것. 왜냐하면, 하나님 안에는 노함이 없기 때문이다. 하나님은 종이 잘못을 하였을 때에 화가 난 상전이 종에게 화풀이 하듯이 우리에게 그런 식으로 노하지 않으신다. 화가 난 상전은 종의 사정 등등을 깊이 고려해 볼 시간을 갖지 않고 분풀이를 한다. 한번 화가 나면 그 화를 달랠 수 있는 것은 없다. 작은 일로 화가 났다고 하더라도, 그 화를 누그러뜨리는 것은 작은 일이 아니다. 그러나 하나님은 그렇지 않으시다. 하나님은 우리의 체질을 아시기 때문에 그 체질을 깊이 고려하시고, 노하기를 더디하시며, 화를 있는 대로 다 내지 않으시고, 언제나 호되게 야단치시지도 않으신다.

[2] 우리가 하나님과 다투어 보리라고 생각하는 것은 소용없는 짓이라는 것. 우리가 하나님과의 싸움을 계속하면서 우리가 옳다는 것을 입증해 볼 생각이라면, 그것은 마치 찔레와 가시나무를 타는 불 속에 던져 넣는 것과 같다. 그렇

게 하면, 불길은 멈춰지기는커녕, 도리어 더 활활 타오르게 된다. 우리는 전능자의 상대가 되지 못한다. 그러므로 자기를 지으신 이와 더불어 다투는 자에게 화 있을진저. 그런 자는 하나님의 노여움의 능력을 알지 못하는 자이다.

[3] 화해만이 유일한 길이고 확실한 길이라는 것. "그는 나와 화해하는 길을 택하여야 한다. 그러면 그가 나와 화친할 것이고, 모든 좋은 일이 그에게 일어날 것이다." 우리가 하나님과 화해하고자 하기만 한다면, 하나님은 기꺼이 우리와 화해하신다.

3. 이 세상에서 하나님의 교회는 그 몸이 점점 자라서 마침내 큰 몸이 되리라는 것(6절). 후일에는, 즉 이 재난들이 지나가고나서, 또는 복음 시대에는 야곱의 뿌리가 이전보다 더 깊이 박히리라. 왜냐하면, 복음 교회는 유대 교회보다 더 견고하게 뿌리를 내리고 더 멀리 퍼져 나갈 것이기 때문이다. 또는, 하나님은 포로 생활에서 돌아온 야곱의 자손들 또는 야곱에게서 나온 자들이 아래로 뿌리를 박고 위로 열매를 맺게 하시리라(사 37:31). 그들은 견고해져서 형통하게 될 것이고, 그런 후에 움이 돋고 꽃이 피어서, 장차 크게 번성할 것이라는 소망스러운 전망을 보여줄 것이고, 반드시 그렇게 될 것이다. 왜냐하면, 그들은 그 결실로 지면을 채울 것이기 때문이다. 많은 사람들이 교회로 들어오고, 개종자들도 많을 것이다. 모든 나라에서 몇몇 사람들이 이스라엘의 하나님에게 이름과 찬송이 될 것이다. 회심한 자들은 의의 열매로 풍성한 열매를 맺을 것이다. 전파된 복음은 온 천하에서 열매를 맺었고(골 1:6), 그 열매는 항상 있을 것이다(요 15:16).

[7] 주께서 그 백성을 치셨던들 그 백성을 친 자들을 치심과 같았겠으며 백성이 죽임을 당하였던들 백성을 죽인 자가 죽임을 당함과 같았겠느냐 [8] 주께서 백성을 적당하게 견책하사 쫓아내실 때에 동풍 부는 날에 폭풍으로 그들을 옮기셨느니라 [9] 야곱의 불의가 속함을 얻으며 그의 죄 없이함을 받을 결과는 이로 말미암나니 곧 그가 제단의 모든 돌을 부서진 횟돌 같게 하며 아세라와 태양상이 다시 서지 못하게 함에 있는 것이라 [10] 대저 견고한 성읍은 적막하고 거처가 황무하며 버림 받아 광야와 같은즉 송아지가 거기에서 먹고 거기에 누우며 그 나무 가지를 먹어 없이하리라 [11] 가지가 마르면 꺾이나니 여인들이 와서 그것을 불사를 것이라 백성이 지각이 없으므로 그들을 지으신 이가 불쌍히 여기지 아니하시며 그들을 조성하신 이가 은혜를

베풀지 아니하시리라 ¹²너희 이스라엘 자손들아 그 날에 여호와께서 창일하는 하수에서부터 애굽 시내에까지 과실을 떠는 것 같이 너희를 하나하나 모으시리라 ¹³그 날에 큰 나팔을 불리니 앗수르 땅에서 멸망하는 자들과 애굽 땅으로 쫓겨난 자들이 돌아와서 예루살렘 성산에서 여호와께 예배하리라

선지자는 여기에서도 긍휼과 심판을 노래하는데, 원수들에 대한 심판과 교회에 대한 긍휼을 노래했던 앞 단락에서와는 달리 교회에 대한 심판과 긍휼을 노래한다.

I. 여기에는 야곱과 이스라엘에 대한 심판의 경고가 나온다. 그들은 움이 돋고 꽃이 피겠지만(6절), 다음과 같은 것들도 있을 것이다.

1. 하나님께서 그들을 치시고 죽이실 것이다(7절). 그들 중 일부는 그렇게 될 것이다. 하나님은 그들 중에서 잘못된 것을 발견하시는 경우에는 자신의 진노의 표징들 아래에 그들을 두실 것이다. 심판은 하나님의 집에서 시작될 것이다. 하나님은 땅의 모든 족속 중에서 유일하게 알아 오셨던 자들을 가장 먼저 벌하실 것이다.

2. 그들의 견고한 성읍 예루살렘은 적막하게 될 것이다(10-11절). "하나님께서는 그들을 새롭게 고치시기 위하여 여러 가지 다양한 방법들을 시도하셨지만 그것이 다수에게 아무런 소용이 없었다는 것이 밝혀졌기 때문에 한동안 그들의 땅을 황폐하게 하실 것이다." 이것은 예루살렘이 갈대아 사람들에 의해서 멸망당했을 때에 이루어졌다. 그 때에 그들의 거처는 오랜 동안 버려졌다. 작은 심판이 별 소용이 없을 경우에 하나님은 더 큰 심판을 보내신다. 왜냐하면, 하나님은 심판하실 때에 반드시 이기시기 때문이다. 예루살렘은 인위적인 구조물이나 자연 때문이 아니라 은혜와 하나님의 보호하심 때문에 견고한 성읍이었었다. 그러나 하나님께서 진노하여 물러가시자, 예루살렘의 방비(防備)는 떠나버린 것이기 때문에, 예루살렘은 광야와 같이 남겨졌다. "예루살렘의 아름다운 뜰에서 가축떼가 풀을 뜯거나 누워 있어도, 그것들을 방해하거나 쫓아낼 자가 아무도 없을 것이다. 거기에서 가축떼는 비스듬히 드러누워 머리를 들고서 과실수들의 연한 가지를 먹을 것이다." 이것은 아마도 예루살렘 주민들이 원수들에게 손쉬운 먹잇감이 될 것임을 보여주는 것인 것 같다. "가지가 나무에서 자라다가 바람이나 서리를 맞아서 마르고 시들면 땔감으로 쓰기 위해 꺾

이나니 여인들과 아이들이 와서 그것을 불사를 것이라. 나무 자체를 없애버릴 것이기 때문에 모든 것이 다 파괴될 것이다." 이것은 포도원이 들포도를 맺었을 때에(사 5:2) 처참한 상태가 될 것에 대한 비유이다(2절). 우리 구주께서 자기 안에 거하지 아니하는 포도나무 가지들은 밖에 버려져 마르나니 사람들이 그것을 모아다가 불에 던져 사르느니라(요 15:6)고 말씀하셨을 때에 바로 이 본문을 염두에 두셨던 것으로 보이는데, 이 말씀은 특히 믿지 않는 유대인들에게서 성취되었다. 본문에 나오는 비유는 다음과 같은 말로 설명된다. 백성이 그 안에 수액이 없는 마른 가지처럼 지각이 없고 짐승 같으며 술에 절어 있고 하나님을 아는 지식이 없으며 하나님에 속한 것들에 끌리는 그 어떤 성향도 지니고 있지 않다. 그들로 하여금 하나님으로부터 버림받아 적막하게 되도록 만든 우상 숭배와 불신앙 같은 그들의 모든 죄들의 밑바탕에는 바로 그러한 것이 존재하고 있었다.

악한 백성은 다른 일들에서는 아무리 대단한 지략자들이라고 할지라도 그들에게 가장 크게 이해관계가 있는 일에서 지각이 없는 것이다. 그들의 무지(無知)는 고의적인 것이어서 그 어떤 핑계도 될 수 없을 뿐만 아니라 도리어 그들에 대한 정죄의 근거가 될 것이다. 그러므로 그들을 지으신 이, 그들을 존재하게 하신 이가 그들을 불쌍히 여기지 아니하시며, 그들에게 임할 파멸에서 그들을 구원하지 아니하실 것이다. 그의 찬송이 되게 하기 위하여 그들을 하나의 민족으로 조성하신 이가 그들이 그들을 조성하신 목적에 부응하지 않고 도리어 삶을 고쳐서 환골탈태하기를 싫어하는 것을 보시고, 그들을 거부하시며 은혜를 베풀지 아니하실 것이다. 그 때에 그들은 망하게 될 것이다. 왜냐하면, 우리를 그 능력으로 지으신 이가 우리에게 은총을 베푸셔서 우리를 복되게 하지 않으신다면, 우리는 차라리 애초에 지음받지 않는 편이 나았을 것이기 때문이다. 죄인들은 하나님은 긍휼이 풍성하시고 그들을 지으신 분이기 때문에 그들이 벌을 받지 않거나 적어도 사역자들이 그들에게 말해준 것과는 달리 하나님이 그들을 그렇게 심하게 다루지 않으실 것이라고 내심 생각한다. 그러나 여기에서 우리는 그러한 생각이 얼마나 터무니 없는 것인지를 보게 된다. 왜냐하면, 그들을 지으신 이는 비록 그들을 지으셨고 자기가 지으신 것을 그 어느 것도 미워하지 않으시며 지음받은 목적을 알고서 그 목적에 잘 부응하는 자들에게는 풍성한 긍휼을 예비해 두고 계시지만, 만약 그들에게 지각이 없을 때에는 그는 그들을 불쌍히 여기지 않으시고 은혜를 베풀지 않으시기 때문이다.

II. 여기에서는 이러한 심판 속에 아주 큰 긍휼하심이 뒤섞여 나온다. 왜냐하면, 하나님의 백성 중에는 부패하고 타락한 자들만이 있는 것이 아니라 선한 자들, 은혜로 택하심을 따라 남은 자도 섞여 있어서, 하나님은 그들에게 긍휼과 은총을 베푸실 것이기 때문이다. 이러한 약속들은 교회가 온갖 재난을 당하는 중에도 하나님께서 은혜로 그들의 고난을 완화시켜 주시리라는 것을 보여주는 것 같다.

1. 하나님께서는 자기 백성을 치시고 죽이시겠지만 그 정도가 원수들을 치시고 죽이실 때와는 비할 바 없이 약하리라는 것(7절). 하나님은 야곱을 치셨고, 야곱은 죽임을 당하였다. 백성 중에 지혜로운 자들이 칼날과 불꽃에 의해 많은 날 동안 몰락하리라(단 11:33). 그러나 그것은 다음과 같이 치심을 받아서 죽임을 당한 자들과 같지 않을 것이다.

(1) 이전에 하나님의 진노의 막대기가 되어서 야곱을 친 자들, 하나님께서 자기 백성을 바로잡고 고치시기 위하여 사용하셨던 자들. 하나님은 이제 그들의 죄에 더하여 자기 백성을 지나치게 다룬 것까지 그들에게 책임을 물으셔서, 자녀는 아끼시고 막대기는 불사르실 것이다.

(2) 나중에 야곱이 군림하여 되갚아 줄 때에 야곱에 의해서 죽임을 당하거나 야곱의 탄원을 따라 하나님에 의해서 죽임을 당하게 될 자들. 하나님의 백성과 하나님의 원수들은 여기에서 다음과 같이 묘사된다.

[1] 서로 싸움. 여자의 후손과 뱀의 후손은 과거에나 현재에나 장래에나 그런 관계에 있다. 이 싸움에서 양 쪽이 다 죽임을 당한다. 하나님은 악인들을 사용하셔서, 자기 백성을 치실 뿐만 아니라 죽이기도 하신다. 왜냐하면, 악인들은 하나님의 칼이기 때문이다(시 17:13). 그러나 두렵고 떨리게 하는 잔이 그들의 손에 들려지게 될 때, 그들의 형편은 하나님의 백성이 극심한 곤경에 처해 있었을 때보다 훨씬 더 나쁘게 될 것이다. 여자의 후손은 단지 발뒷꿈치만 상할 뿐이지만, 뱀은 그 머리가 부숴진다. 하나님의 박해받는 백성이 잠시 동안은 패자요 고통받는 자일 수 있지만, 결국에는 그들을 압제한 자들이 현세 또는 내세에서 더 큰 패자요 고통받는 자라는 것이 밝혀질 것임을 명심하라. 왜냐하면, 하나님은 그들에게 갑절로 갚아주실 것이기 때문이다(계 18:6).

[2] 현세의 재난들을 함께 받음. 그들은 둘 다 하나님의 손에 의해서 치심을 받

고 죽임을 당한다. 왜냐하면, 모든 사람에게 임하는 그 모든 것이 일반이기 때문이다. 그렇다면, 야곱은 그의 원수들과 똑같이 치심을 받은 것인가? 결코 그렇지 않다. 야곱에게 있어서는 그 치심의 성격이 바뀌기 때문에, 그 치심은 전혀 다른 것으로 변한다. 우리에게는 어떻게 보이든지 간에, 실제로 선한 자들의 환난과 죽음은 악인들의 환난과 죽음과는 하늘과 땅 차이라는 것을 명심하라.

2. 하나님께서는 그들과 다투시겠지만 적당하게 정도껏 하실 것이고, 그들이 지쳐 죽을 때까지가 아니라 그들의 힘에 맞게 환난을 약하게 주시리라는 것(8절). 하나님은 환자에게 약을 처방하면서 정확히 각각의 약제를 얼마 만큼 넣어야 할지를 결정하거나 얼마 만큼의 피를 뽑아야 할지를 지시하는 지혜로운 의사처럼 그들이 감당할 수 있을 정도의 환난을 주신다. 이렇게 하나님은 자기 백성이 당할 환난의 분량을 정해 주시고, 감당하지 못할 시험 당함을 허락하지 않으신다(고전 10:13). 하나님은 환난을 한 번에 조금씩 주심으로써 그들이 너무 심한 환난에 짓눌리는 일이 없게 하신다. 왜냐하면, 하나님은 그들의 체질을 아시고, 판단하심에 있어서 옳으시며, 진노를 있는 대로 다 쏟아붓지 않으시기 때문이다. 하나님은 어떤 목적을 가지고 환난을 보내실 때에 정도껏 하시고 극단적으로 하지 않으신다. 하나님은 우리를 바로잡고자 하실 때에 우리가 어느 정도까지 감당할 수 있는지를 고려하신다.

하나님이 자기 백성과의 다툼을 진행하시는 날은 여기에서 동풍 부는 날로 표현되고 있다. 동풍은 요란한 소리를 내며 거세게 몰아칠 뿐만 아니라 모든 것을 닥치는 대로 파괴하는 해로운 바람이기 때문이다. 그렇지만 하나님은 그가 보내신 이 거친 바람을 주시하고 계시다가 통제하시고 한계를 정해 주셔서 그 바람이 너무 강하게 불지 않게 하신다. 하나님은 곡물을 까부르실 때에 오직 겨만이 날라가고 알곡은 그대로 남아 있도록 가벼운 바람으로 하신다. 하나님은 바람을 마음대로 부리시고, 모든 환난을 통제하신다. 여기까지 오고 더 넘어가지 못하리라. 우리는 최악의 상황 속에서도 절망하지 말아야 한다. 바람이 아무리 거칠고 아무리 거세게 분다고 하여도, 하나님은 바람에게 잠잠하라 고 요하라고 말씀하실 수 있으시다.

3. 하나님은 그들에게 환난을 겪게 하시겠지만, 아버지가 자녀에게 그러하듯이 그 환난을 이용해서 그들을 바로잡아 그들의 영혼을 잘 되게 하고 그들의 마음을 얽어매고 있는 어리석음을 몰아내시리라는 것(9절). 이로 말미암아 야곱

의 불의가 속함을 얻으리라. 이것이 환난의 목적이다. 환난은 이러한 목적을 이루기 위하여 적절히 사용되고, 하나님의 은혜가 거기에 작용할 때에 이러한 복된 결과를 낳게 된다. 환난은 죄의 습관을 없애줄 것이다. 이를 통해서 영혼의 더러운 것들은 깨끗해진다. 환난은 그들에게서 죄를 짓는 것을 끊어줄 것이다. 그들의 죄 없이함을 받을 결과는 이로 말미암는다. 이것이 하나님께서 의도하신 것이다. 환난은 비록 그들에게 고통을 안겨주기는 하겠지만 결국에는 그들로부터 하나님의 더 큰 은총을 빼앗아갔던 죄를 없애줄 것이다. 하나님은 그들에게 주시는 환난을 적당하게 하시고 거친 바람을 적절히 통제하시는 것으로 보아서, 우리는 하나님의 의도는 그들의 멸망이 아니라 그들의 삶을 고치는 것이라고 결론지을 수 있다. 하나님께서 우리를 이렇게 온유하게 다루시는 것을 생각하고서, 우리는 하나님께서 우리에게 환난을 주시는 목적에 부응하고자 애써야 한다.

하나님께서 그들에게 환난을 보내셔서 고치고자 하셨던 그들의 죄는 그의 백성이 너무도 쉽게 빠져 들곤 하였고 이상할 정도로 중독되어 있었던 우상 숭배의 죄였다. 에브라임이 우상과 연합하였다. 그러나 그들은 한 번 바벨론에 포로로 끌려간 경험을 하고 나서는 우상 숭배의 죄를 버렸을 뿐만 아니라 그 죄에 과감하게 맞서게 되었다. 에브라임의 말이 내가 다시 우상과 무슨 상관이 있으리요 할지라. 야곱은 우상을 섬기던 제단의 모든 돌, 소중하고 신성하게 여겼던 그 돌들을 부서진 횟돌 같게 할 때에 그가 좋아하던 죄에서 깨끗함을 받게 될 것이다. 야곱은 그 돌들을 멸시하고 횟돌처럼 별 볼일 없는 것들로 여기게 될 뿐만 아니라, 그 돌에 대하여 거룩한 분노를 품고서 마치 횟돌을 산산조각 내듯이 그 돌들을 부숴버리게 될 것이다. 아세라와 태양상이 이 참회한 자 앞에서 서지 못할 뿐만 아니라, 엎드러져서 다시 서지 못할 것이다. 이것은 모든 우상을 깨뜨리고 파괴하라는 율법에 따른 것이다(신 7:5). 이 약속을 따라서 이 세상에서 바벨론 포로 생활 이후에 유대 백성만큼 우상과 우상 숭배를 뿌리 깊이 증오하고 피한 민족은 없었다. 환난의 목적은 우리와 죄, 특히 우리 자신의 불의였던 죄를 떼어놓는 것임을 명심하라. 환난을 당한 후에 우리가 죄를 지을 기회를 멀리하고, 다시는 죄에 빠져들지 않는 것은 물론이고 죄의 유혹을 받지 않도록 하기 위하여 온갖 주의를 기울인다면, 그것은 환난이 우리에게 유익이 되었다는 증거가 된다(시 119:67).

4. 예루살렘은 한동안 적막하게 되고 버려질 것이지만, 모든 나라로 흩어졌던 주민들이 다시 예루살렘으로 돌아오게 될 날이 오리라는 것(12-13절). 이스라엘 백성은 하나의 민족으로서는 지각이 없는 백성으로서 버림을 받았지만, 그 가운데 진정으로 이스라엘의 자손들인 자들은 백성의 목자들이 심판을 받은 후에는 다시 양무리로서 모아질 것이다(겔 34:10-19). 이제 이 흩어진 이스라엘 백성과 관련해서 다음과 같은 것들을 살펴보자.

(1) 하나님께서 그들을 어디로부터 데려오실 것인가. 여호와께서 나무에서 과실을 떠는 것 같이, 또는 이삭에서 알곡을 떠는 것 같이 그들을 떠실 것이다. 하나님은 창일하는 하수, 북동쪽의 유프라테스 강에서부터 애굽 시내, 남서쪽의 나일 강까지 자기 백성, 곧 앗수르 땅으로 내몰려서 그 원수의 땅에서 포로 생활을 하면서 생활 필수품이 없어서 죽을 뻔하였고 구원에 대한 소망을 잃고 절망할 뻔하였던 자들과 애굽 땅으로 쫓겨난 자들(바벨론으로 끌려가지 않고 남아 있던 자들 중 다수는 하나님의 분명한 명령을 거역하고(렘 43:6-7) 애굽으로 가서 거기에서 추방자들로 살았다)을 찾아내서 원주민들로부터 구별해내실 것이다. 하나님은 그들 모두를 위해 긍휼을 예비해 놓고 계시고, 그들은 비록 쫓겨나긴 했지만 내팽개쳐지지는 않았다는 것을 분명하게 보여주실 것이다.

(2) 그들은 어떤 식으로 돌아오게 될 것인가. "여호와께서 너희를 하나하나 모으시리라. 너희는 무리를 이루거나 군대를 이루어서 돌아오게 되는 것이 아니라, 조용히 마치 몰래 빠져나오는 것처럼 한 사람 한 사람씩 나오게 될 것이다." 이것은 구원받게 될 남은 자가 소수에 불과하게 될 것이고 불길에서 빠져나오듯이 어렵게 구원을 받게 되리라는 것을 보여준다. 그들은 무리를 이루어 나오게 되는 것이 아니라, 하나님께서 그들 각자의 심령에 감동을 주실 때에 한 사람씩 나오게 될 것이다.

(3) 하나님께서 어떤 방법으로 그들을 모으실 것인가. 큰 나팔을 불리니 그들이 돌아오리라. 이 큰 나팔은 포로들에게 자유를 선포한 고레스의 칙령을 가리킨다. 노예의식 속에서 잠들어 있었던 유대인들은 이 나팔 소리를 듣고서 정신을 차리고 다시 힘을 내게 되었다. 그것은 종들이 놓여나는 해임을 선포하는 희년의 나팔 소리 같았다. 이것은 복음의 전파에 적용될 수 있다. 복음이 울려 퍼지자 그동안 쫓겨나서 죽을 뻔하였던 죄인들은 하나님의 은혜로 모여든다(멀리 있던 자들이 가까이 오게 되었는데, 복음은 주의 은혜의 해를 선포한다).

또한, 이것은 마지막 날에 울려 퍼질 천사장의 나팔에 적용될 수 있다. 그 나팔 소리에 성도들은 각자의 무덤에서 쫓겨난 자들로 누워 있다가 하나님의 영광 앞으로 모여들 것이다.

(4) 하나님께서 그들을 무슨 목적으로 모으실 것인가. 그들은 예루살렘 성산에서 여호와께 예배하리라. 포로들이 다시 고국으로 돌아왔을 때에 그들이 가장 우선적으로 해야 할 일은 바로 하나님을 예배하는 것이었다. 거룩한 성전은 폐허가 되어 있었지만, 그들에게는 거룩한 곳, 즉 제단을 쌓은 곳이 있었다(창 13:4). 하나님을 자유롭게 예배할 수 있다는 것은 가장 소중하고 바람직한 자유이다. 우리에게는 속박과 흩어짐 후에 하나님의 집에 자유롭게 갈 수 있다는 것은 우리 자신의 집에 자유롭게 갈 수 있다는 것보다 더 반가운 일이 되어야 한다. 복음의 나팔 소리를 듣고서 모여든 자들은 교회에 더해져서 하나님을 예배하게 된다. 그 큰 나팔은 성도들을 모아서 그의 성전에서 밤낮 하나님을 섬기게 할 것이다.

제

— 28 —

장

개요

이 장에는 다음과 같은 내용들이 나온다. I. 에브라임 사람들은 그들의 교만함과 술 취함, 안일함과 방탕함으로 인하여 책망과 경고를 받는다(1-8절). 그러나 이 와중에서 하나님께서 자기 백성의 남은 자들에게 은총을 베푸실 것이라는 은혜로운 약속이 나온다(5-6절). II. 또한, 그들은 그들의 둔함과 어리석음, 선지자들이 하나님의 이름으로 그들에게 준 교훈들을 통해서 유익을 얻고자 하지 않는 것으로 인하여 책망과 경고를 받는다(9-13절). III. 예루살렘의 관원들은 하나님의 심판을 오만방자하게 멸시하고 무시한 것으로 인하여 책망과 경고를 받는다. 하나님께서는 그리스도와 그의 은혜에 관한 은혜로운 약속을 주신 후에, 그들이 아부해서 하나님의 심판을 피할 수 있을 것이라고 헛된 소망을 가져 보았자, 그러한 소망은 반드시 그들을 실망시키게 될 것임을 그들에게 알려주신다(14-22절). IV. 이 모든 것은 농부가 자신의 땅과 곡식에 대하여 행하는 방식에서 빌어온 비유를 통해서 다시 한 번 확증된다. 그들은 하나님께서 아주 최근에 자신의 타작마당의 곡식이라고 지칭하였던(사 21:10) 자기 백성을 이러한 방식을 따라서 다루실 것임을 예상하여야 한다(23-29절). 이것은 우리에게 권면하기 위한 목적으로 기록된 것으로 우리를 책망하고 경계하는 데에 유익하다.

¹에브라임의 술취한 자들의 교만한 면류관은 화 있을진저 술에 빠진 자의 성 곧 영화로운 관 같이 기름진 골짜기 꼭대기에 세운 성이여 쇠잔해 가는 꽃 같으니 화 있을진저 ²보라 주께 있는 강하고 힘 있는 자가 쏟아지는 우박 같이, 파괴하는 광풍 같이, 큰 물이 넘침 같이 손으로 그 면류관을 땅에 던지리니 ³에브라임의 술취한 자들의 교만한 면류관이 발에 밟힐 것이라 ⁴그 기름진 골짜기 꼭대기에 있는 그의 영화가 쇠잔해 가는 꽃이 여름 전에 처음 익은 무화과와 같으리니 보는 자가 그것을 보고 얼른 따서 먹으리로다 ⁵그 날에 만군의 여호와께서 자기 백성의 남은 자에게 영화로운 면류관이 되시며 아름다운 화관이 되실 것이라 ⁶재판석에 앉은 자에게는 판결하는 영이 되시며 성문에서 싸움을 물리치는 자에게는 힘이 되시리로다 ⁷그

리하여도 이들은 포도주로 말미암아 옆 걸음 치며 독주로 말미암아 비틀거리며 제사장과 선지자도 독주로 말미암아 옆 걸음 치며 포도주에 빠지며 독주로 말미암아 비틀거리며 환상을 잘못 풀며 재판할 때에 실수하나니 [8]모든 상에는 토한 것, 더러운 것이 가득하고 깨끗한 곳이 없도다

이 단락에는 다음과 같은 내용들이 나온다.

I. 선지자는 열 지파의 나라, 즉 북 왕국 이스라엘에게 그들의 죄로 말미암아 그들에게 임하게 될 심판을 경고한다. 이 심판은 얼마 되지 않아서 앗수르의 왕에 의해서 집행되었는데, 그는 북 왕국 이스라엘을 초토화시키고 그 백성을 포로로 끌고 갔다. 에브라임이라는 이름은 비옥함이라는 의미를 지니고 있었는데, 그들의 땅은 아주 비옥해서 거기에서는 최고 품질의 곡물들이 풍성하게 생산되었다. 거기에는 기름진 골짜기가 무수히 많았고(1, 4절), 언덕 위에 위치해 있었던 사마리아는 기름진 골짜기 꼭대기에 있었다. 그들의 땅은 풍요롭고 아름다워서, 가히 여호와의 동산이라 할 수 있었다. 가나안 땅이 모든 땅의 영광이었다면, 그들의 땅은 가나안의 영광이었다. 그들이 곡물 수확기와 포도 수확기에 거두어들인 곡식과 포도는 그들의 땅을 온통 뒤덮고 있었기 때문에 그들의 골짜기의 꼭대기에 씌워진 영화로운 관이었다. 좀 더 살펴보자.

1. 그들은 그들의 풍요로움을 어떤 식으로 악하게 사용하였는가. 그들은 하나님께서 그를 섬기라고 그들에게 주신 것들을 그들의 욕망을 채우는 데에 사용함으로써 그릇되게 악용하였다.

(1) 그들은 그들의 풍요로움을 자랑하며 한껏 교만함으로 우쭐대었다. 하나님께서 선하심으로 그들을 풍요롭게 하신 것은 하나님께 찬송의 면류관으로 다시 되돌아왔어야 했음에도 불구하고 도리어 그들에게 교만한 면류관이 되어 버렸다. 이 세상에서 부한 자들은 마음이 높아지기 쉽다(딤전 6:17). 면류관을 쓴 그들의 왕은 자기가 이토록 부유한 나라를 다스린다는 것을 자랑하였다. 그들의 왕도였던 사마리아는 교만함으로 악명이 높았다. 아마도 그들은 통상적으로 절기나 연회에서 꽃이나 곡식 이삭으로 만들어진 화관을 썼던 것 같은데, 이것은 그들의 비옥한 땅을 기리기 위해서 썼던 것으로 보인다. 교만은 그들 가운데서 전체적으로 팽배해 있었던 죄악이었기 때문에 교만한 자들을 대적하시는 하나님의 이름으로 교만한 면류관은 화 있을진저라고 담대하게 선포한

다. 면류관을 썼다고 자랑하며 교만한 자들은 이러한 저주를 피할 수 있을 것이라고 생각해서는 안 된다. 사람들이 자랑하는 것은 그것이 아무리 보잘것없는 것이라고 할지라도 그들에게는 면류관이 된다. 교만한 자는 자기 자신을 왕처럼 위대하다고 생각하는 법이다. 그러나 이렇게 스스로를 높이는 자들에게는 화가 있을 것이다. 왜냐하면, 그들은 낮아지게 될 것이기 때문이다. 그들의 교만은 멸망의 전주곡이다.

(2) 그들은 방탕에 빠져 있었다. 에브라임은 술에 취해서 왁자지껄하며 떠들고 소란을 피우는 것으로 악명이 높았다. 기름진 골짜기들의 머리인 사마리아는 술에 빠진 자들, 또는 술로 망한(난외주에서는 이렇게 읽는다) 자들로 가득하였다. 술에 취한 자들이 얼마나 어리석게 행하는지를 보라. 그들이 술에 취해서 죄악을 범하며 그들 스스로를 어리석은 자와 짐승 같은 자로 만들고 있는 것은 전혀 이상한 일이 아니다.

[1] 그들은 죄악에 정복되어 굴복한다. 죄는 그들을 이기고서 종으로 삼는다(벧후 2:19). 그들은 죄의 포로가 되어서 끌려가는데, 이렇게 포로가 된 것은 자발적인 것이기 때문에 한층 더 수치스럽고 불명예스러운 것이다. 이러한 비참한 종들 중에서 일부는 이 세상에서 술을 지나치게 마시는 것보다 더 큰 고역은 없다고 스스로 고백하곤 한다. 그들은 술에 지는 것이 아니라 술을 좋아해서 끌리는 마음에 지는 것이다.

[2] 그들은 술 때문에 망한다. 그들은 술 때문에 빈털터리가 되고 패가망신을 한다. 술 때문에, 그들의 몸과 마음은 다 망가지고 만다. 그들은 직장도 잃고 재산도 잃을 뿐만 아니라, 그들의 영혼은 영원히 망할 위험에 처해 있는데, 이 모든 것은 그들이 악한 욕망에 이끌렸기 때문이다. 에브라임의 술 취한 자들에게 화 있을진저! 사역자들은 특정한 장소와 사람들을 구체적으로 언급하면서 그들에게 이러한 화를 선포하여야 한다. 어떤 사람이 술주정뱅이라면, 우리는 이 사람 또는 저 사람에게 화 있을진저라고 말하여야 한다. 본문에서는 아주 구체적으로 에브라임의 술 취한 자들에게 화를 선포한다. 왜냐하면, 그들은 하나님을 믿는다고 고백한 자들이므로, 술 취하는 것이 다른 어느 사람들보다도 그들에게 더욱 합당치 않은 일이기 때문이다. 그들은 더 잘 알고 있기 때문에, 더 좋은 모범을 보여주어야 한다. 어떤 이들은, 여기에서 **교만한 면류관**은 누가 더 술을 잘 마시는지 겨루는 시합에서 다른 모든 사람들을 누르고 승리한 자들

에게 씌워준 화관을 가리키는 것으로 해석한다. 그들은 자기가 다른 사람들보다도 더 많은 술을 마실 수 있는 것을 자랑스러워하였다. 그러나 이렇게 부끄러워해야 할 일을 도리어 자랑스러워하는 자들에게 화가 있을 것이다.

2. 그들의 풍요로움을 그들에게서 빼앗아서 그들을 낮추시는 하나님의 공의. 그들의 영화로운 관, 그들이 그토록 자랑스러워하였던 그들의 풍요로움은 쇠잔해 가는 꽃 같은 것일 뿐이다. 그것은 썩어가는 고기와 같다. 아무리 실한 열매들이라도 하나님께서 그것들 위에 바람을 보내셔서 치시면 단지 시들어가는 꽃들이 될 뿐이다(1절). 하나님은 그들의 곡식, 그들이 바알에게 바치기 위하여 준비한 하나님의 곡식을 그것이 익을 계절에 도로 찾으셔서(호 2:9), 그동안 소외되어 황폐화되었던 땅을 다시 회복시키실 수 있다. 하나님은 고개를 한 번 끄덕하기만 하면 그를 위하여 이 일을 할 강하고 힘 있는 자를 준비해 두고 계시는데, 바로 그 자, 곧 앗수르의 왕은 그들이 그토록 자랑하고 기뻐하던 모든 것을 손을 한 번 휘젓는 것으로 아주 쉽고 효과적으로 다 파괴하고 손으로 그 면류관을 땅에 던질 것이다(2절). 그 강하고 힘 있는 자는 그들이 도저히 저항할 수 없는 강한 손으로 그들의 면류관을 땅에 던져서 산산조각 내버리고 말 것이다. 그 때에 에브라임의 술 취한 자들의 교만한 면류관이 발에 밟힐 것이다(3절). 그들은 모든 것이 발가벗겨져서 멸시를 당하게 될 것이고 다시는 회복되지 못할 것이다. 술 취한 자들은 어리석음에 빠져서 교만하게 말하기 쉽고, 스스로 몹시 창피해 해야 할 상황인데도 허풍을 떨며 스스로 자랑을 한다. 그러나 그렇게 함으로써 더욱더 자기자신을 웃음거리로 만들고 있는 것이다. 그들이 그토록 자랑하였던 너무도 아름답고 비옥한 그들의 골짜기 들은 다음과 같이 될 것이다.

(1) 쇠잔해 가는 꽃(1절에서와 마찬가지로). 그들이 누렸던 풍요와 영화는 그 속에 스스로 부패해가는 원리를 지니고 있어서 저절로 시들게 될 것이다. 그것은 때가 되면 좀이나 동록에 의해서 사라져버리게 될 것이다.

(2) 처음 익은 무화과. 사람들은 처음 익은 무화과를 발견하면 즉시 따서 먹어버린다. 마찬가지로, 이 세상의 부와 재물은 저절로 없어지기 쉬울 뿐만 아니라, 사람들이 몹시 먹고 싶어하는 처음 익은 과실처럼 사람들이 몹시 탐을 내서 삼켜버리기 쉽다(미 7:2). 도둑이 구멍을 뚫고 도둑질한다. 세상 사람들은 추수를 다하고서 그 추수한 것을 뿌듯해 하며 자랑하지만, 주린 자들은 그것을

먹어치운다(욥 5:5). 그들은 먹잇감을 보자마자 손으로 움켜잡고, 그들의 손이 닿는 모든 것을 먹어 치워버린다. 세상의 재물과 부는 이와 같이 다 자라기도 전에 익어버려서 그 크기가 아주 작아 얼른 먹어버릴 수 있는 과실과 같아서 쉽게 먹혀버리고 만다. 이렇게 세상의 좋은 것들은 별 가치가 없고 금방 사라지며, 모아지는 것이 아니라 순식간에 사용되어 버린다.

Ⅱ. 선지자는 다음으로 남왕국 유다로 눈을 돌린다. 그는 유다를 자기 백성의 남은 자라고 부른다(5절). 왜냐하면, 그들은 전체 이스라엘 백성 중에서 북왕국을 이루고 있던 열 지파를 뺀 나머지 두 지파에 불과하였기 때문이다.

1. 선지자는 그들에게 하나님의 은총이 있으리라는 것, 에브라임의 면류관이 발가벗겨져서 그대로 드러나 짓밟히고 먹히게 될 때에 유다는 하나님의 인도하심과 보호하심 아래에 있게 될 것이라고 약속한다(5-6절). 앗수르 군대가 이스라엘을 초토화시키고, 유다가 그들의 이웃집이 불타고 있으니 그들의 집도 위험하다고 생각할 바로 그 날에, 모든 것이 짓밟히고 모든 사람이 어쩔 줄 몰라 하며 당황해할 바로 그 날에, 하나님께서는 자기 백성의 나머지에게 그들이 필요로 하고 원하는 모든 것이 되어 주실 것이다. 그 날에 하나님은 남 왕국 유다에게만이 아니라, 죄를 짓지 않고 자신을 지켜서 유다 땅으로 피신하여 선한 왕 히스기야에게 자신을 의탁하였던 북왕국 이스라엘의 백성들에게도 은총을 베푸실 것이다. 저 강한 자 앗수르 왕이 이스라엘에서 요란한 소리를 내며 모든 것을 때려부수는 쏟아지는 우박 같고 특히 바다에서 그 앞에 있는 모든 것을 무너뜨리는 파괴하는 광풍 같으며 이 땅에 넘치는 큰 물 같을 때(2절), 바로 그 날에 만군의 여호와께서 하나님에 대한 변함없고 특별한 충성을 통해서 자신을 구별해 왔던 자기 백성을 특별한 은총으로 구별하셔서, 그들에게 그들이 가장 필요로 하는 것이 되어 주실 것이다. 자기 백성에게 모든 것을 채워주시는 하나님이 되시겠다고 언약하신 하나님께서 이제 자신이 그들에게 그들이 원하는 모든 것이 되어 주시겠다고 하신 것은 하나님의 약속들의 가치를 훨씬 더 높여주는 것이다.

(1) 하나님은 그들을 멸시당하는 것에서 구하실 뿐만 아니라 그들로 하여금 존경과 좋은 평판을 얻게 하기 위하여 꼭 필요한 온갖 신용과 명예를 그들에게 주실 것이다. 하나님은 그들에게 영화로운 면류관이 되시며 아름다운 화관이 되어 주실 것이다. 교만의 면류관을 쓰고 있던 자들은 하나님의 백성을 멸시하는 눈

으로 바라보았고 그들을 짓밟았다. 왜냐하면, 하나님의 백성은 에브라임의 술 취한 자들이 취중에 부르는 노래 속에 나오는 조롱거리였기 때문이다 그러나 하나님은 그의 섭리를 통해서 그들을 위하여 나타나셔서, 그의 은총이 그들에게 있고, 그것이 그들에게 영광의 면류관이 되어 주리라는 것을 분명하게 보여주실 것이다. 어떤 백성에게 하나님께서 그들을 자기 백성이라고 인정하시는 것보다 더 큰 영광이 어디에 있겠는가? 또한, 하나님은 그의 은혜를 통해서 그들 속에 자기를 나타내셔서 그의 형상이 그들 가운데서 새롭게 되었고, 그것이 그들에게 아름다운 화관이 되리라는 것을 분명하게 보여주실 것이다. 어떤 사람에게 거룩함의 아름다움보다 더 큰 아름다움이 어디에 있겠는가? 하나님을 자신의 하나님으로 모시고 있는 자들은 영광의 면류관과 아름다운 화관을 지니고 있는 것임을 명심하라. 왜냐하면, 그들은 하나님에게 왕과 제사장이 된 것이기 때문이다.

(2) 하나님은 그들에게 자기 자리에서 해야 할 일들을 제대로 수행해내는 데에 꼭 필요한 온갖 지혜와 은혜를 주실 것이다. 하나님은 스스로 재판석에 앉은 자들에게 판결하는 영이 되어 주실 것이다. 모사들은 지혜와 분별력을 얻어서 일하게 될 것이고, 재판관들은 공의와 공평에 의해서 지배를 받게 될 것이다. 권력을 맡은 공직으로 부르심을 받은 자들이 그들의 직책을 수행하는 데에 필요한 자질을 갖추고 있고, 재판석에 앉은 자들이 판결의 영, 통치의 영을 지니고 있을 때, 그것은 그 나라의 백성에게 하나님의 크신 긍휼하심이 아닐 수 없다.

(3) 하나님은 그들에게 온갖 어려움들과 반대들을 결연하게 헤쳐 나가는 데에 꼭 필요한 모든 용기와 담대함을 주실 것이다. 하나님은 성문에서, 즉 그들이 포위하고 있는 성읍에 거주하는 원수의 성문에서, 또는 그들의 성을 포위하고 있는 적군을 물리치기 위하여 쇄도해나가는 그들 자신의 성문에서 싸움을 물리치는 자들에게 힘이 되어 주실 것이다. 군대의 힘은 방백의 지혜와 마찬가지로 하나님께 달려 있다. 하나님께서 이 두 가지를 다 주시는 곳에서 하나님은 그 백성에게 영광의 면류관이 되신다. 이 말씀은 그리스도를 가리키는 것으로 해석될 수도 있는데, 갈대아 역본은 이 말씀을 이렇게 의역한다. 그날에 메시야가 영광의 면류관이 되실 것이다. 시므온은 예수를 자기 백성의 이스라엘 영광이라고 부른다. 하나님께서는 그리스도를 우리에게 지혜와 의와 힘이 되게 하신다.

2. 선지자는 그들 가운데서 부패함이 발견되었고 그들 가운데 부패한 자들이 많다고 탄식한다(7절). 그리하여도, 유다의 많은 자들, 이들은 포도주로 말미암아 옆걸음쳤다. 에브라임의 술 취한 자들이 있었던 것과 마찬가지로 술 취한 자들이 있었다. 따라서 하나님께서는 당연히 에브라임에게 하셨던 것처럼 유다의 영광도 날려버리셨어야 했음에도 불구하고 그렇게 하지 않으셨기 때문에, 하나님의 긍휼하심은 더욱더 칭송을 받아야 마땅하다. 마땅히 죽어야 할 자에게 지극한 긍휼하심을 베푸셔서 살려주시는 은혜를 하나님께 받았다면 우리는 하나님께 특별한 빚을 진 것이다. 에브라임이 저질렀던 죄악들은 유다에서도 발견되었지만, 에브라임에게 임한 멸망은 유다에게는 임하지 않았다. 그들은 포도주로 말미암아 어그러진 길로 갔다. 그들이 지나치게 술을 마신 것 자체가 사실상 잘못된 것이었다. 그들은 더 좋은 생각과 아이디어를 얻기 위해서 술을 마시는 것이라고 생각하였지만, 술은 그들이 행하는 재판을 망쳐 놓았고, 그들을 속였다. 그들은 몸을 건강하게 하고 소화에 도움이 될 것이라고 생각하여 술을 마셨지만, 술은 그들의 몸과 마음을 다 망쳐놓아서 질병과 죽음을 재촉할 뿐이었다. 또한, 지나치게 많이 술을 마신 것은 원칙적으로 많은 큰 잘못들을 저지르게 된 원인이기도 하였다. 술로 인해서 그들의 총명은 어두워졌고 그들의 양심은 부패하였다. 그러므로 술의 힘을 받아서 그들은 부패하고 타락한 생각들을 지지하게 되었고, 그들의 정욕과 욕심을 좋게 여기는 마음을 형성하게 되었다. 일부 사람들은 포도주와 독주를 좋아해서 그런 것들이 널려 있는 우상을 위한 축제에 참여하게 됨으로써 우상을 숭배하는 죄에 빠져들기도 했을 것이다. 또한, 그들은 술 때문에 잘못되어서, 이스라엘처럼 모압의 딸들을 사랑한 나머지 그녀들을 따라서 바알브올을 섬겼다. 여기에서는 이러한 죄를 가중시킨 것들로 두 가지를 언급하고 있다.

(1) 다른 사람들에게 술을 마시지 말라고 경계하며, 그들을 더 잘 가르쳐서 좋은 길로 인도하는 것을 업으로 삼고 있었기 때문에 더 좋은 모범을 보여주었어야 할 자들이 도리어 그러한 죄를 범하였다는 것. **제사장과 선지자도 포도주에 빠졌다.** 그들은 술독에 빠져서 그들의 책무를 완전히 망각해버렸다. 제사장들은 희생 제사를 드릴 때에 술을 마시지 않은 온전한 정신으로 드려야 한다는 것이 율법에 의해서 규정되어 있었고(레 10:9) 포도주를 마시는 것은 관원들과 방백들에게는 마땅하지 않은 것이었다(잠 31:4). 선지자들은 일종의 나실인들

이었고(암 2:11이 보여주듯이), 직책상 다른 사람들을 책망하는 자리에 있는 자들로서 다른 사람들이 술 취하는 죄를 범하였을 때에 그들을 책망해야 하기 때문에 스스로 술 취하는 죄를 아예 멀리하여야 했다. 그런데도 선지자들 중에는 이러한 죄에 걸려든 자들이 많이 있었다. 제사장이나 선지자나 사역자나 누구 할 것 없이 술에 취해 비틀거리다니 이 무슨 말이란 말인가! 이 일을 가드에 알리지 말라. 그것은 그들이 입고 있는 성스러운 제복을 더럽히는 짓이다.

(2) 그들이 보여주는 나쁜 모범의 악영향으로 인해서만이 아니라 선지자가 술에 취해서 환상을 잘못 풀었기 때문에 술 취한 것의 결과는 지극히 해로운 것이었다는 것. 거짓 선지자들은 그들이 술에 취해 있을 때에 그들 자신이 환상을 잘못 풀고 있다는 것을 분명히 드러내었다. 제사장은 술에 취해서 법을 잊어버리고 송사를 굽게 하였다(잠 31:5). 그는 몸을 움직일 때뿐만이 아니라 생각을 할 때에도 이리저리 비틀거렸다. 독주를 좋아하는 것과 같은 아주 나쁜 욕망을 채우기 위해서 이성과 미덕과 양심, 그 밖의 모든 소중한 것들을 희생시키는 자들에게서 그 어떤 지혜나 정의를 기대할 수 있겠는가? 왕들이 취하지 아니하고 기력을 보하려고 정한 때에 먹고 마시는 그런 나라는 복이 있다(전 10:17).

(3) 이 질병은 전염성이 강해서, 한 상에서 먹었던 모든 자들이 감염되었다는 것. 모든 상에는 토한 것이 가득하다(8절). 술 취하는 죄가 얼마나 가증스러운 것이고, 그것이 인간 사회에 얼마나 큰 모욕이 되는지를 보라. 보는 자들로 하여금 구역질나게 만드는 것은 충분히 무례하고 버릇없는 짓이다. 왜냐하면, 그들이 식사를 했던 상은 죄인들이 소돔이라고 부르는 이 죄의 흔적들로 더럽게 점철되어 있기 때문이다 그들의 상은 토한 것들로 가득 차 있어서, 승리자는 자신의 면류관을 자랑스러워 할 것이 아니라, 도리어 마땅히 부끄러워하여야 했다. 술 취하는 죄가 민족적인 죄가 되었다면 그것은 그 나라의 백성에게 불길한 죄다.

⁹그들이 이르기를 그가 누구에게 지식을 가르치며 누구에게 도를 전하여 깨닫게 하려는가 젖 떨어져 품을 떠난 자들에게 하려는가 ¹⁰대저 경계에 경계를 더하며 경계에 경계를 더하며 교훈에 교훈을 더하며 교훈에 교훈을 더하되 여기서도 조금, 저기서도 조금 하는구나 하는도다 ¹¹그러므로 더듬는 입술과 다른 방언으로 그가 이 백성에게 말씀하시리라 ¹²전에 그들에게 이르시기를 이것이 너희 안식이요 이것이

너희 상쾌함이니 너희는 곤비한 자에게 안식을 주라 하셨으나 그들이 듣지 아니하였으므로 [13]여호와께서 그들에게 말씀하시되 경계에 경계를 더하며 경계에 경계를 더하며 교훈에 교훈을 더하며 교훈에 교훈을 더하고 여기서도 조금, 저기서도 조금 하사 그들이 가다가 뒤로 넘어져 부러지며 걸리며 붙잡히게 하시리라

선지자는 여기에서 이 백성이 지독하게 우둔하여, 말을 잘 듣지 않아서 가르치기 어렵고 그들에게 주신 은혜의 수단들을 제대로 선용할 줄 모르는 자들이었다고 한탄한다. 그들은 지금도 여전히 이전과 다르지 않아서, 자신의 잘못을 바로잡아 고치지 않고, 마음을 새롭게 하지도 않으며, 삶을 고치지도 않았다. 좀 더 살펴보자.

I. 이 백성의 선지자들과 사역자들이 의도하고 목적하였던 것은 무엇이었는가. 그것은 그들에게 지식, 곧 하나님과 그의 뜻을 아는 지식을 가르치고 그들에게 도를 전하여 깨닫게 하려는 것이었다(9절). 사람들의 마음을 먼저 그의 진리를 아는 지식으로 밝게 깨우치셔서, 그들의 마음을 얻고, 그들이 자발적으로 그의 법에 순복하게 하는 것이 하나님께서 사람들을 다루시는 방식이다. 이렇게 하나님은 문을 통해서 들어가지만, 도둑과 강도는 다른 식으로 담을 넘어서 들어간다.

II. 그들은 그러한 목적을 이루기 위해서 어떤 방법을 취하였는가. 그들은 이 백성에게 유익이 되게 하기 위하여 온갖 방법과 수단을 다 써보았고, 마치 아이들, 곧 이제 젖을 떼고 어머니의 품을 떠나 배우기 시작한 꼬마 아이들을 가르치듯이 이 백성을 가르쳤다(9절). 왜냐하면, 유대인들 사이에서는 아이들이 3살이 되어서 학교 갈 준비가 거의 다 될 때까지는 어머니가 아이들을 맡아서 기르는 것이 관례였기 때문이다. 아이들에게는 가능하다면 일찍부터 여호와를 아는 선한 지식을 가르치기 시작하고, 젖을 갓 뗀 직후부터 가르치는 것이 좋다. 선지자들은 이 백성을 이렇게 아이들을 가르치듯 가르쳤는데, 그 이유는 다음과 같다.

1. 그들은 이 백성을 가르치는 일에 있어서 변함없이 성실하고 부지런하였다. 그들은 이 백성을 가르치는 일에 많은 수고를 하였고, 아주 현명하게 이 백성에게 필요하고 그들이 감당할 수 있는 정도만큼 그들을 가르쳤다(10절). 경계에 경계를 더하는도다, 또는 경계에 경계를 더하였도다(어떤 이들은 이렇게 읽

는다). 이 백성은 아이들이 읽기를 배울 때처럼 경계에 경계를 더하여 가르침을 받았고, 아이들이 쓰기를 배울 때처럼 교훈에 교훈을 더하여 여기서도 조금 저기서도 조금 가르침을 받았다. 즉, 선지자들과 사역자들은 이 백성이 여러 가지 교훈들을 배우다 보면 즐거움을 느낄 수 있도록 하기 위하여 이런 것에 관하여 조금, 저런 것에 관하여 조금 가르쳤고, 그들이 잘 기억할 수 있도록 하기 위하여 한 번에 조금씩 가르쳤으며, 누구나 다 존경하여야 할 선지자들을 알고 기뻐할 수 있도록 하기 위하여 이번에는 이 선지자로부터 조금, 다음 번에는 저 선지자로부터 조금 가르쳤다. 하나님께 속한 일들에 대하여 가르침을 받을 때에는 경계에 경계를 더하고 교훈에 교훈을 더하는 식으로 계속해서 경계와 교훈을 잇따라 배움으로써 그 배운 것들이 계속해서 강화되도록 하여야 한다는 것을 명심하라. 경건에 관한 경계를 배웠다면 공의에 관한 경계를 배워야 하고, 공의에 관한 경계 위에 구제에 관한 경계를 배워야 한다. 또한, 우리가 경계와 교훈을 더 잘 깨닫고, 그것들이 필요할 때에 더 쉽게 기억해 낼 수 있도록 하기 위해서는 동일한 경계와 동일한 교훈을 자주 되풀이해서 가르침을 받아야 한다는 것을 명심하라. 선생들은 배우는 자들의 능력에 맞춰서 그들이 가장 필요로 하고 잘 감당할 수 있는 것을 가르쳐야 하고, 한 번에 조금씩 가르쳐야 한다(신 6:6-7).

2. 그들은 이 백성에게 배울 것을 호소하고 설득하였다(12절). 하나님께서는 선지자들을 통해서 그들에게 이렇게 말씀하셨다. "우리가 너희에게 가르쳐 주고 있는 이것이 안식이요 유일한 안식이기 때문에, 이것을 통해서 너희는 곤비한 자에게 안식을 줄 수 있다. 이것은 너희의 영혼을 상쾌하게 해줄 것이고, 너희 나라를 오랫동안 괴롭혀 왔던 전쟁과 여러 재난들로부터 안식을 가져다 줄 것이다." 하나님은 그의 말씀을 통해서 진정으로 우리에게 유익이 되는 것을 우리에게 주신다는 것을 명심하라. 하나님을 섬기는 것은 죄를 섬기는 일에 지치고 곤비한 자들에게 유일하게 참된 안식이고, 주 예수의 쉬운 멍에를 메는 것 외에는 영혼을 상쾌하게 해주는 것은 없다.

Ⅲ. 이 모든 것이 이 백성에게 효과가 거의 없었다는 것. 이 백성은 갓 젖을 뗀 아이들처럼 배우고자 하지 않았기 때문에, 그들에게 어떤 하나라도 제대로 가르치는 것은 불가능하였다(9절). 아니, 그들을 가르치느니 차라리 두 살배기 어린 아이를 가르치는 편이 더 나았다. 왜냐하면, 그들은 어린 아이들처

럼 가르침을 받을 수 있는 역량을 갖추지 못했을 뿐만 아니라, 그 가르침에 대하여 편견과 반감을 지니고 있었기 때문이다. 어린 아이들처럼 그들은 단단한 음식은 못 먹고 젖이나 먹어야 할 자들이었다(히 5:12).

1. 그들은 듣지 아니하였다(12절). 선지자들이 그들에게 가르친 것은 그들에게 안식과 상쾌함을 가져다 줄 것이었는데도, 그들은 듣고자 하지 않았다. 그들에게는 가르침을 듣고자 하는 마음이 없었다. 하나님의 말씀은 그들의 진지한 경청을 요구하였지만, 그들은 그렇게 하려 하지 않았다. 그들은 선지자들이 가르치는 바로 그 곳에 와 있었지만, 정작 가르침에는 귀를 막아 버리거나 한 쪽 귀로 듣고서는 다른 쪽 귀로 흘려 버렸다.

2. 그들은 주의를 기울이고자 하지 않았다. 선지자들의 가르침은 그들에게 경계에 경계를 더하며 교훈에 교훈을 더하는 것이었다(13절). 그들은 외적인 종교적 행위들을 수행하는 길로 계속해서 갔다. 그들은 선지자가 말씀을 전하는 곳에 참석하는 옛 관습을 그대로 지켰다. 따라서 선지자가 전하는 말씀은 계속해서 그들의 귀에 울려 퍼졌지만, 그것이 전부였다. 그들은 그 가르침에 아무런 감화도 받지 못했다. 그들은 경계와 교훈을 담은 소리를 듣긴 들었지만, 그것이 담고 있는 권능과 정신을 경험하지는 못하였다. 그 가르침은 끊임없이 그들을 두드렸지만, 그들 속으로 파고 들어가지는 못하였다.

3. 아니, 그들은 선지자가 전하는 말씀을 조롱하였던 것으로 보인다. 여호와의 말씀은 그들에게 차브 라차브 카브 라카브였다. 히브리어 원문을 보면, 이 구절은 운율이 붙어 있다. 그들은 선지자가 전한 말씀들을 노래로 만들어서, 술을 마시다가 흥겨워지면 그 노래를 불렀다. 술 취한 자들은 다윗의 시편들을 노래로 부르곤 하였다. 거룩한 것들을 이런 식으로 농지거리로 삼거나 진지하게 받아들여야 할 것들을 실없이 애기하는 것은 큰 불경건이자 하나님에 대한 큰 모독이다.

Ⅳ. 하나님께서 이 일로 인하여 그들에게 아주 혹독하게 책임을 물으시리라는 것.

1. 하나님은 그들에게서 명료하게 말씀을 가르침받는 특권을 박탈하시고, 더듬는 입술과 다른 방언으로 그들에게 말씀하실 것이다(11절). 그들의 수준에 맞춰서 쉽게 전해 주는 말씀을 듣고서는 그것을 시시하고 하찮은 것으로 여겨서 이해하려 들지 않고 멸시하는 자들은 차라리 그들이 도저히 이해할 수 없는

말씀을 들으며 고고한 척 즐기도록 하는 것이 합당하다. 또는, 하나님은 그들이 알아 들을 수 없는 언어를 사용하는 이방 군대들을 그들에게 보내셔서 그들의 땅을 황폐하게 하실 것이다. 위로를 가져다 주는 하나님의 말씀의 음성을 듣고자 하지 않는 자들은 하나님께서 회초리를 치시는 두려운 소리를 듣게 될 것이다. 또는, 여기에 나오는 말씀은 하나님께서 그들의 수준에 맞춰서 스스로를 낮추셔서 그들과 상대하시겠다는 것을 가리키는 것으로 해석될 수도 있다. 하나님은 유모가 아이에게 하듯이 그들의 수준에 맞춰서 그들 자신의 언어를 사용하셔서서 더듬거리는 입술로 그들에게 혀짧은 소리로 말씀하실 것이다. 하나님은 사람들이 알아들을 수 있도록 처음에는 이런 식으로 다음에는 저런 식으로 그의 음성을 여러 가지로 바꾸셔서 말씀하신다. 사도 바울은 여기에 나오는 말씀을 은총의 말씀으로 보고 방언의 은사에 적용해서, 이 모든 것에도 불구하고 이 백성이 듣지 아니하였다고 한탄한다(고전 14:21).

2. 하나님은 그들에게 철저한 파멸을 가져다 주실 것이다. 그들이 불경스럽게 하나님과 그의 말씀을 멸시하는 것은 단지 그들 자신의 파멸을 재촉하는 것일 뿐이고 파멸의 때를 무르익게 하는 것일 뿐이다. 그들은 가다가 뒤로 넘어지고 점점 더 악화되며 하나님에게서 점점 더 멀어져서 이런저런 죄를 끊임없이 짓다가, 마침내 완전히 부러지며 걸리며 붙잡혀 멸망하게 될 것이다(13절). 그들은 여기에서 조금, 저기에서 조금 하나님의 말씀에 대하여 가르침을 받았다. 그들은 그것으로 이미 충분하다고 생각하여, 선견자들에게 이르기를 선견하지 말라 한다. 그러나 그들이 받은 가르침은 그들을 회심시키기에는 너무 적은 분량이지만 그들을 단죄하는 데에는 충분한 분량임이 입증될 것이다. 그들이 들은 말씀은 생명으로부터 생명에 이르는 냄새가 되지 못하면 사망으로부터 사망에 이르는 냄새가 될 것이다.

[14]이러므로 예루살렘에서 이 백성을 다스리는 너희 오만한 자여 여호와의 말씀을 들을지어다 [15]너희가 말하기를 우리는 사망과 언약하였고 스올과 맹약하였은즉 넘치는 재앙이 밀려올지라도 우리에게 미치지 못하리니 우리는 거짓을 우리의 피난처로 삼았고 허위 아래에 우리를 숨겼음이라 하는도다 [16]그러므로 주 여호와께서 이같이 이르시되 보라 내가 한 돌을 시온에 두어 기초를 삼았노니 곧 시험한 돌이요 귀하고 견고한 기촛돌이라 그것을 믿는 이는 다급하게 되지 아니하리로다 [17]나

는 정의를 측량줄로 삼고 공의를 저울추로 삼으니 우박이 거짓의 피난처를 소탕하며 물이 그 숨는 곳에 넘칠 것인즉 [18]너희가 사망과 더불어 세운 언약이 폐하며 스올과 더불어 맺은 맹약이 서지 못하여 넘치는 재앙이 밀려올 때에 너희가 그것에게 밟힘을 당할 것이라 [19]그것이 지나갈 때마다 너희를 잡을 것이니 아침마다 지나가며 주야로 지나가리니 소식을 깨닫는 것이 오직 두려움이라 [20]침상이 짧아서 능히 몸을 펴지 못하며 이불이 좁아서 능히 몸을 싸지 못함 같으리라 하셨느니라 [21]대저 여호와께서 브라심 산에서와 같이 일어나시며 기브온 골짜기에서와 같이 진노하사 자기의 일을 행하시리니 그의 일이 비상할 것이며 자기의 사역을 이루시리니 그의 사역이 기이할 것임이라 [22]그러므로 너희는 오만한 자가 되지 말라 너희 결박이 단단해질까 하노라 대저 온 땅을 멸망시키기로 작정하신 것을 내가 만군의 주 여호와께로부터 들었느니라

선지자는 하나님의 말씀을 농지거리로 삼은 자들을 책망한 후에 여기서는 계속해서 하나님의 심판을 조롱하고 무시한 자들을 책망한다. 왜냐하면, 하나님은 질투하시는 하나님이시어서 그의 규례들이나 섭리들이 멸시를 받은 것을 그대로 두고 보시지 않으실 것이기 때문이다. 선지자는 예루살렘에서 이 백성을 다스리는 오만한 자들, 도성의 방백들을 향하여 말씀을 전한다(14절). 백성을 재판하는 자리들에 오만한 자들이 앉아 있고, 백성을 다스리는 관원들이 오만한 자들일 때, 그 나라의 백성은 불행하다. 예루살렘의 관원들이 바로 그러한 자들이어서 하나님의 심판을 경시하고 하나님의 진노의 징표들을 보고서도 코웃음을 쳤다는 것은 지극히 서글픈 일이 아닐 수 없다. 그들이 오만한 자들이라면, 도대체 시온에서 누가 애곡하는 자들이 될 것인가? 좀 더 살펴보자.

I. 이 오만한 자들은 육적인 안일함에 푹 빠져서, 심지어 전능하신 하나님께 어디 한번 극심한 심판을 해보시라고 도전하기까지 하였다는 것(15절). 너희가 말하기를 우리는 사망과 언약하였고 스올과 맹약하였도다 하는도다. 그들은 마치 그들이 꽤 괜찮은 방식으로 사망과 협상을 해서 나이가 들어 죽기까지는 어떤 폭력적인 방법으로 사망이 그들을 데려가지 못하게 되어 있다는 듯이 심지어 극렬한 심판이 도처에 임하여 모든 것을 멸한다고 하여도 그들 자신이 확실히 살아남게 될 것이라고 생각하였다. 우리가 하나님과 화목하여 평화를 누리고 언약을 맺었다면, 사실상 우리는 죽음이 가장 적절한 때에 올 것이고, 죽음

이 올 때에도 그 죽음은 우리에게 그 어떤 두려움도 되지 않고 그 어떤 실제적인 해악도 끼치지 못하리라는 언약을 사망과 맺은 것이다. 우리가 그리스도의 것이라면, 사망은 우리의 것이다(고전 3:22-23). 그러나 우리가 죄로 인하여 하나님을 우리의 원수로 삼아서 하나님과 싸우고 있는데도, 사망을 우리의 벗으로 삼고 있다거나 사망과 동맹을 맺고 있다고 생각한다면, 그것은 세상에서 가장 터무니없는 생각이다. 본문에 나오는 오만한 자들이 지니고 있었던 어리석은 자만심은 이런 것이었다. "넘치는 재앙이 밀려와 우리 땅을 휩쓸어서, 다른 모든 사람들이 그 재앙 때문에 죽어간다고 하여도, 그 재앙은 우리에게 미치지 못하리니, 그 재앙이 아무리 구석구석까지 미친다고 하여도 우리에게 이르지 못하고 우리를 넘어뜨리지 못할 것이다." 회개하지 않은 죄인들이 이 세상에서나 내세에서 그들이 다른 사람들보다도 더 나은 대접을 받고 잘 살아가게 될 것이라고 생각하는 것은 어리석음의 극치이다. 그렇다면, 그들이 이토록 자신만만해 하는 이유는 과연 무엇이었는가? 그것은 우리는 거짓을 우리의 피난처로 삼았다는 것이다. 이것은 다음 둘 중의 하나를 의미한다.

1. 그들은 선지자들이 그들에게 전해준 것들을 거짓된 것들이라고 생각했지만, 그것들을 실질적인 방패막이로 여겼다는 것. 그들의 우상들에 의한 보호, 그들의 거짓 선지자들이 그들을 달래면서 해준 약속들, 그들의 방책, 그들의 부, 백성 가운데서의 그들의 세력 — 그들은 하나님이 아니라 바로 이런 것들을 신뢰하고 의지하였다. 아니, 그들은 이런 것들을 의지하여 하나님을 대적하였다.

2. 하나님의 채찍인 넘치는 재앙이었던 원수를 속일 거짓된 것들. 그들은 전쟁에서 술책을 써서 원수를 속이거나 거짓으로 항복하여 평화 조약을 맺어서 스스로의 안전을 확보하고자 하였다. 유다의 나머지 성읍들은 완강히 저항하다가 함락을 당하였다. 그러나 예루살렘의 관원들은 이 위기를 모면할 더 좋은 방법이 있다고 생각하였다. 그들은 다른 성읍의 관원들보다 그들이 더 훌륭한 모사이자 정치가라고 생각한다. 그들은 항복하겠다거나 조공을 바치겠다는 약속으로 앗수르 왕과 타협을 해서 일단 위기를 모면한 후에, 그들이 거짓말쟁이라는 말을 듣든 말든 상관하지 않고, 위기 상황이 지나가고 나면 곧바로 앗수르 왕의 멍에를 벗어버리고자 하였다(신 33:29). 남을 속여서 자신의 목적을 달성하겠다고 생각하는 자들은 스스로를 속이는 것임을 명심하라. 술수나 사

기(詐欺), 비열한 잔꾀를 통해서 자신의 목적을 이루고자 하는 자들은 목적을 이룰 수는 있을 망정 결코 평안함을 기대할 수는 없다. 정직은 최선의 방책이다. 그러나 하나님을 떠나서 하나님의 보호하심 밖으로 스스로를 내던져 버린 자들은 술수나 사기 같은 그러한 수단들을 사용하지 않을 수 없는 처지로 내몰리게 된다.

II. 하나님께서 선지자를 통해서 이 백성을 그러한 미몽에서 깨어나게 하시고 그들의 안일함이 얼마나 어리석은 것인지를 보여주심.

1. 하나님은 그들에게 그들이 어떤 근거들 위에 서야 안심할 수 있는지를 말씀해 주신다. 하나님은 먼저 그들이 마음 놓고 의지해서 쉴 수 있는 견고한 토대를 보여주시기 전까지는 그들이 잘못 의지하고 있는 것들을 휘저어놓지 않으신다(16절). 보라, 내가 한 돌을 시온에 두어 기초를 삼았노라. 이 기초 또는 토대는 다음과 같은 것들이다.

(1) 일반적으로는, 하나님의 약속들, 하나님께서 자기 백성으로 하여금 소망을 갖게 하신 근거가 된 그의 말씀, 하나님께서 아브라함에게 하나님이 되어 주실 것이라고 하시며 맺으신 언약. 이것은 믿음이 서 있는 견고하고 영원한 토대이자 초석이다. 그것은 시험한 돌이다. 왜냐하면, 이 초석은 그것을 의지했던 모든 성도들을 결코 실망시킨 적이 없었기 때문이다.

(2) 구체적으로는, 그리스도에 관한 약속. 왜냐하면, 신약에서 이 본문은 명시적으로 그리스도께 적용되고 있기 때문이다(벧전 2:6-8). 그리스도는 모퉁이의 머릿돌이 되신 바로 그러한 돌이다. 예루살렘에서 시작될 메시야와 그의 나라에 관한 이 큰 약속은 하나님의 백성을 가장 악한 때에도 평안하게 만들어 주기에 충분한 것이었다. 왜냐하면, 그들은 그리스도께서 오실 때까지는 규가 유다를 떠나지 않으리라는 것을 잘 알고 있었기 때문이다. 이 초석이 시온에 놓여질 때까지는 시온은 지속될 것이다. "거짓을 피난처로 삼지 않고, 내가 한 돌을 시온에 두는 일을 착수했다고 여기는 자들을 위로하기 위하여 주 여호와께서 이같이 이르신다." 예수 그리스도는 하나님이 놓으신 초석이다. 이는 여호와께서 행하신 것이다. 그리스도는 시온, 교회, 성산(聖山)에 두어지신다. 그리스도는 시험을 마친 검증된 돌, 또는 참과 거짓을 구별할 시험하는 돌(어떤 이들은 이렇게 읽는다), 시금석이다. 새 예루살렘의 기초석들은 모두 보석들로 되어 있기 때문에(계 21:19) 그리스도는 보석이고, 건물의 모든 면들을 하나로 이어 주

는 모퉁이의 머릿돌이다. 이 약속을 믿고 의지하는 자는 다급하게 되지 않을 것이니, 벼랑끝에 몰린 자들처럼 어쩔 줄 몰라 하며 이리 뛰고 저리 뛰고 하지 않을 것이고, 자신의 안전을 확보하기 위해서 이리저리 옮겨다니지 않을 것이며, 악인에게처럼 사방에서 두려운 것들이 그의 뒤를 쫓아오지 아니할 것이고(욥 18:11), 도리어 평안하고 확고한 마음을 가지고서 하나님의 뜻이 이루어지리이다라고 말하며 일이 어떻게 되어갈지를 조용히 기다릴 것이다. 그는 오실 이가 오시리니 지체하지 아니하시리라는 것을 알기 때문에 마음이 다급해져서 하나님의 계획 속에서 정해진 때보다 앞서 나가 서두르지 않고, 비록 그 때가 지체되더라도 하나님이 정하신 때를 기다릴 것이다. 믿는 자는 서두르지 않고, 도리어 하나님께서 정하신 때가 가장 좋은 때라는 것을 믿기 때문에 그 때를 인내로써 기다린다. 사도 베드로는 칠십인역 본문에 의거해서 여기에 나오는 말씀을 설명한다(벧전 2:6). 믿는 자는 부끄러움(또는, 낭패)을 당하지 아니하리라. 그의 기대는 좌절되지 않을 것이고, 도리어 차고 넘치게 충족될 것이다.

2. 하나님은 그들에게 그들이 지금 서 있는 토대들 위에서는 결코 안전할 수 없고 그들이 의지하고 있는 것들은 반드시 그들을 실망시키게 될 것이라고 말씀해 주신다(17절). 나는 공의를 측량줄로 삼고 의를 다림줄로 삼는다(개역에서는 나는 정의를 측량줄로 삼고 공의를 저울추로 삼는다). 이것은 다음과 같은 것을 의미한다.

(1) 그의 교회를 세우시리라는 것. 하나님은 건축자들이 그러는 것처럼 기초석을 놓은 후에(16절) 측량줄과 다림줄로 구조물을 세우실 것이다(슥 4:10). 공의가 측량줄이 될 것이고, 의(義)가 다림줄이 될 것이다. 그리스도의 터 위에 세워진 교회는 공의와 의의 잣대인 성경에 의해서 형성되고 개혁될 것이다. 심판이 의로 돌아가리라(시 94:15). 또는,

(2) 교회의 원수들을 벌하시리라는 것. 하나님은 율법에 나오는 경고의 말씀들을 따라서 엄격하게 공의대로 그들에 대한 벌을 진행하실 것이다. 하나님은 그들이 행한 대로 그들에게 갚아 주시고, 그들이 도전하였던 그 심판을 그들에게 내리실 것이지만, 가라지와 함께 알곡이 뽑히는 일이 없도록 지혜로써 정확하게 그 심판을 행하실 것이다.

[1] 하나님께서 이렇게 심판을 집행하기 위하여 오실 때에 이 오만한 자들은 스스로 속아넘어갔던 저 헛된 소망들로 인하여 부끄러움을 당하게 될 것이다.

첫째, 그들은 거짓을 그들의 피난처로 삼고자 하였다. 그러나 우박, 즉 앞에 나왔듯이(2절) 광풍 같은 우박이 거짓의 피난처를 소탕할 때에 그것은 거짓된 피난처임이 확실하게 드러나게 될 것이다. 거짓을 자신의 피난처로 삼는 자들은 모래 위에 집을 짓는 것이기 때문에, 폭풍이 몰아치면 그 집이 무너져서, 그 건축자는 폐허 더미에 묻히게 될 것이다. 그리스도 외에 다른 어떤 것을 자신의 숨는 곳으로 삼는 자들은 대홍수 때에 물이 방주를 제외한 다른 모든 피난처를 덮쳤듯이 자신의 숨는 곳에 물이 차고 넘치게 되는 것을 보게 될 것이다. 위선자가 기대하고 바라는 소망은 바로 그런 것이다. 이런 일은 그가 의지했던 모든 것에 일어나게 될 것이다.

둘째, 그들은 사망과 맺은 언약, 스올과 맺은 맹약을 자랑하였다. 그러나 이러한 협정은 음부와 사망에 대한 열쇠와 지배권을 지니고 계시는 분의 동의 없이 이루어진 것이어서 폐하여질 것이다. 어떤 간계나 농간을 통해서 하나님의 심판을 피해 보겠다고 생각하는 자들은 스스로를 속이고 있는 것일 뿐이다.

셋째, 그들은 넘치는 재앙이 이 땅을 휩쓸 때에 그들에게는 가까이 오지 못할 것이라고 제멋대로 공상하였다. 그러나 선지자는 그들에게 이 땅 전체를 휩쓰는 재앙에 의해서 다른 사람들이 죽어갈 때에 그들은 그 재앙 속에서 똑같이 죽어갈 뿐만 아니라 그 재앙에 의해서 짓밟힘을 당하게 될 것이라고 말해준다. "너희는 그 재앙이 밟고 지나가기 위해 존재하는 자들이 될 것이다. 재앙은 다른 사람들과 마찬가지로 너희도 짓밟고 지나갈 것이고, 너희는 그 재앙의 손쉬운 먹잇감이 되고 말 것이다." 그들은 추가적으로 다음과 같은 말씀들을 듣는다(19절).

a. 재앙이 그들에게 시작되리라는 것. 그들은 재앙을 피하기는커녕 제일 먼저 그 재앙으로 인해 죽게 될 것이다. "마치 재앙이 너희를 잡으려고 의도적으로 겨냥이라도 한듯이, 그것이 지나갈 때마다 너희를 잡을 것이다."

b. 재앙이 그들을 바싹 그들을 뒤쫓아오리라는 것. "아침마다 지나가리라. 아침이 주기적으로 찾아오듯이, 너희는 재앙으로 인해서 이 사람이 죽었다느니 저 사람이 죽었다느니 하는 소식을 아침마다 접하게 될 것이다. 왜냐하면, 하나님의 공의가 그 재앙을 뒤따를 것이기 때문이다. 너희는 밤이나 낮이나 결코 안전하지도 편안하지도 못할 것이다. 역병이 어둠 속을 어슬렁거리며, 파멸이 대낮에 활개치며 다닐 것이다."

c. 재앙을 피할 방법이 없으리라는 것. "재앙이 가까이 오고 있다는 소식을 알았다고 해도 너희는 피할 기회를 얻지 못할 것이다. 왜냐하면, 너희 앞에 나 있는 피할 길은 없을 것이기 때문이다. 너희는 재앙이 다가오고 있는 것을 보고도 어떻게 해야 할 줄을 모를 것이기 때문에, 그런 소식을 전해들어 보았자 괴로움만 가중될 뿐일 것이다." 또는, "멀리서 들려오는 재앙에 관한 소식 자체가 너희에게 두려움과 공포가 될 것이다. 그러니 그 재앙이 막상 닥치면, 그때는 어떠하겠는가?" 나쁜 소식은 오만한 자들에게는 공포와 괴로움이 되지만, 마음이 정해져서 하나님을 의뢰하는 자는 두려워하지 않는다. 반면에, 넘치는 재앙이 임할 때에 오만한 자들이 의지하였던 모든 것들은 그들을 실망시킬 것이다(20절).

(a) 그들이 안심하고 믿을 수 있다고 생각하였던 것들은 그들의 기대에 미치지 못할 것이다. 침상이 짧아서 능히 몸을 펴지 못하기 때문에, 그들은 몸을 웅크린 채 쪼그리고 누울 수밖에 없다.

(b) 그들이 피난처로 생각하였던 것들은 그들의 의도에 부응하기에 불충분한 것으로 판명날 것이다. 이불이 좁아서 능히 몸을 싸지 못하리라. 그리스도를 초석으로 삼아서 집을 짓지 않고 그들 자신의 의(義)에 의지하는 자들은 결국에는 이렇게 자기 자신을 속였다는 것이 드러나게 될 것이다. 그들은 결코 편안하거나 안전하거나 따뜻할 수 없다. 침상은 너무 짧고 이불은 너무 좁다. 우리의 첫 조상들이 몸을 가리는 데에 사용하였던 무화과 나뭇잎들처럼, 그것들은 그들을 가려주지 못할 것이기 때문에 그들의 벌거벗은 수치는 그대로 드러나게 될 것이다.

[2] 하나님은 그의 모략이 이루어짐으로써 영광을 받게 되실 것이다(21절). 하나님께서 이 오만한 자들과 다투실 때, 첫째로, 하나님은 자기의 일을 행하시고 자기의 사역을 이루실 것이다. 즉, 하나님은 자신의 목적을 따라서 자신의 존귀와 영광을 위하여 일하실 것이다. 그 일을 보는 모든 자들은 그 일이 이 땅의 의로운 재판장이신 하나님께서 하신 일임을 알게 될 것이다. 둘째로, 하나님은 이전에 원수들에 대하여 이 일을 행하셨던 것처럼 이제는 그 일을 자기 백성에 대하여 행하실 것이고, 이를 통해서 그의 공의는 불공평하지 않다는 것이 드러날 것이다. 하나님은 다윗 시대에 브라심 산에서 블레셋 족속을 치러 일어나시고(삼하 5:20) 여호수아 시대에 기브온 골짜기에서 가나안 족속을 치러 일어나

셨듯이 이제는 예루살렘을 치러 일어나실 것이다. 하나님의 교회에 속한 지체들이라고 공언하면서도 교만함과 오만함으로 스스로 블레셋 사람과 가나안 사람같이 행하는 자들은 하나님으로부터 위에서 말한 것 같은 대우를 받을 각오를 하여야 한다. 셋째로, 그의 일은 비상할 것이며 그의 사역은 기이할 것이다. 하나님께서 하실 이 일은 낯설고 이상한 일이 될 것이다. 이 일은 하나님께서 하기 싫어하시는 일이다. 하나님은 긍휼을 베푸시기를 기뻐하시고, 인생으로 고생하게 하심은 그의 본심이 아니다. 이 일은 하나님의 백성에게와 마찬가지로 하나님께도 익숙한 일이 아니다. 하나님은 그들을 보호하시고 은혜를 베푸시는 분이다. 그런 하나님께서 돌이켜 그들의 대적이 되사 친히 그들을 치신다면(사 63:10), 그것은 이상한 일이 아닐 수 없다. 이 일은 모든 이웃 나라들이 깜짝 놀랄 일이다(신 29:24). 그래서 예루살렘의 멸망은 놀램(렘 25:18), 즉 깜짝 놀랄 일이라고 말해졌다.

끝으로, 본문에는 이 모든 것을 적용하는 말씀이 나온다(22절). "그러므로 너희는 오만한 자가 되지 말라. 하나님의 책망의 말씀이나 심판이 다가왔다는 말씀을 감히 조롱하지 말라." 여호와의 사자를 조롱한 것은 예루살렘이 스스로 죄의 분량을 채운 행위였다. 오만하여 말씀을 조롱하는 자들은 그들과 같은 위선적인 신앙인들에게 하나님의 심판이 다가오고 있다는 말씀을 들을 때에 그 말씀을 깊이 숙고하여서 입을 다물고 진지해져야 한다. "너희는 오만한 자가 되지 말라 너희 결박, 곧 너희가 죄의 지배 아래에서 묶여 있는 결박(오만한 자들이 회심할 가망은 거의 없기 때문에)과 너희가 하나님의 심판에 의해서 묶이게 될 결박이 단단해질까 하노라." 하나님은, 그의 율법의 모든 결박을 풀어서 다 찢어버리고 그의 모든 끈을 내던져버린 자들을 꽁꽁 묶을 수 있을 정도로 튼튼한 공의의 결박을 가지고 계신다. 이러한 오만한 자들은 하나님의 경고의 말씀을 가볍게 여겨서는 안 된다. 왜냐하면, 선지자(여호와의 비밀을 맡은 자들 중의 한 사람)는 만군의 여호와 하나님께서 온 땅을 멸망시키기로 작정하셨다는 것을 들었다고 그들에게 확실하게 말하고 있기 때문이다. 그들은 하나님의 심판을 피할 수 있을 것이라고 생각하는 것인가? 아니면, 그들이 믿지 않으니 하나님의 경고의 말씀은 무효가 될 것이라고 생각하는 것인가?

²³너희는 귀를 기울여 내 목소리를 들으라 자세히 내 말을 들으라 ²⁴파종하려고 가

는 자가 어찌 쉬지 않고 갈기만 하겠느냐 자기 땅을 개간하며 고르게만 하겠느냐 ^{25} 지면을 이미 평평히 하였으면 소회향을 뿌리며 대회향을 뿌리며 소맥을 줄줄이 심으며 대맥을 정한 곳에 심으며 귀리를 그 가에 심지 아니하겠느냐 ^{26} 이는 그의 하나님이 그에게 적당한 방법을 보이사 가르치셨음이며 ^{27} 소회향은 도리깨로 떨지 아니하며 대회향에는 수레 바퀴를 굴리지 아니하고 소회향은 작대기로 떨고 대회향은 막대기로 떨며 ^{28} 곡식은 부수는가, 아니라 늘 떨기만 하지 아니하고 그것에 수레바퀴를 굴리고 그것을 말굽으로 밟게 할지라도 부수지는 아니하나니 ^{29} 이도 만군의 여호와께로부터 난 것이라 그의 경영은 기묘하며 지혜는 광대하니라

농사일에서 빌려온(우리 구주의 많은 비유들처럼) 이 비유 앞에는 경청할 것을 촉구하는 강력한 서두(序頭)인 귀 있는 자는 들으라, 듣고 깨달으라(23절)는 어구가 나온다.

I. 여기에 나오는 비유는 아주 분명하다. 그것은 농부가 자기 일을 하는 데에 있어서 법칙을 따라 지혜롭게 큰 수고를 하고, 자신의 판단을 따라 방법과 순서를 지켜 일을 해나간다는 것이다.

1. 땅을 갈고 파종하는 일에서. 파종하려고 가는 자가 어찌 쉬지 않고 갈기만 하겠느냐. 아니다. 농부는 소망을 가지고 밭을 갈고 소망을 가지고 씨를 뿌리는 것이다(고전 9:10). 자기 땅을 개간하며 고르게만 하겠는가. 아니다. 농부는 밭이 씨를 뿌리기에 알맞게 되도록 하기 위하여 그렇게 하는 것이다. 지면을 이미 평평히 하였으면, 농부는 그 밭에 적합한 씨를 뿌리지 않겠는가? 농부는 진흙 땅에는 어떤 씨가 적합하고, 모래 땅에는 어떤 씨가 적합한지를 알기 때문에 각각 땅에 맞게 씨를 뿌린다. 농부는 주요한 곳에는 소맥을 심고(난외주에서는 이렇게 읽는다) 정한 곳에는 대맥을 심는다. 왜냐하면, 소맥(밀)은 가나안 주민들의 주된 곡물로서 주식(主食)이었기 때문이다(겔 27:17). 우리는 여기에서 피조물들로 하여금 다양한 소산들을 낼 수 있도록 해주기 위해서 다양한 종류의 흙들을 준비해 놓으신 자연의 하나님의 지혜와 선하심을 찾아볼 수 있다.

2. 타작하는 일에서(27-28절). 농부는 타작할 곡물이 어떤 종류의 것이냐에 맞춰서 타작하는 방법을 달리한다. 껍질이나 이삭에서 쉽게 알곡이 빠져 나오는 소회향과 대회향은 단지 작대기와 막대기로 떨면 된다. 그러나 곡식을 타작하려면 좀 더 힘을 가하여야 하기 때문에, 쇠가 입혀진 썰매 모양의 타작 기구를

앞뒤로 왔다갔다 하면서 끌어서 곡물 껍데기를 으깨어 거기에서 알곡을 빼내야 한다. 그렇지만 농부는 알곡이 겨에서 빠져나올 정도로만 그렇게 하지, 그이상으로 과도하게 타작하지는 않는다. 농부는 수레바퀴를 굴려서 곡식을 부수거나 말굽으로 밟게 하여 곡식을 상하게 하지는 않는다. 곡식을 가루로 만드는 것은 또 다른 공정(工程)에 속한다. 어쨌든 농부가 생계를 유지하기 위해서만 아니라 우리에게 꼭 필요한 양식을 준비해 주기 위해서 얼마나 큰 수고를 해야 하는지를 주목하라. 그렇지만 결국 그것은 썩어질 양식이다. 그렇다면, 우리가 영원히 있을 양식을 위하여 훨씬 더 많은 수고를 한다고 해도 그것을 불평할 수 있겠는가? 곡식은 부숴진다. 그리스도께서도 그렇게 되셨다. 여호와께서는 그리스도가 우리에게 생명의 양식이 되게 하기 위하여 그에게 상함을 받게 하시기를 원하셨다.

Ⅱ. 이 비유에 대한 해석은 그리 분명하지 않다. 대부분의 해석자들은 이 비유를 하나님의 심판을 무시하는 자들에 대한 추가적인 대답이라고 본다. "그들은 농부가 항상 밭을 갈고 있는 것이 아니라 결국에는 씨를 뿌리는 것과 마찬가지로 하나님께서도 언제나 경고만 하시는 것이 아니라 결국에는 그 경고를 집행하셔서 죄인들을 심판하실 것임을 알아야 한다. 그러나 하나님은 그들이 멸망을 당하는 것이 아니라 심판을 통해서 회개하고 삶을 고칠 수 있도록 하기 위하여 그들의 힘에 맞게 적절히 지혜롭게 심판을 행하신다." 그러나 나는 이 비유를 상당히 폭넓게 해석하는 것이 가능하다고 생각한다.

1. 일반적으로, 농부에게 이러한 지혜를 주시는 하나님은 의심할 여지 없이 스스로도 무한히 지혜로우시다는 것. 농부를 가르치셔서 분별력이 있게 하시는 (개역에서는 농부에게 적당한 방법을 보이사 가르치시는) 분은 그의 하나님이신 여호와이시다(26절). 농부가 농사를 잘 짓기 위해서는 분별력이 있어야 하고, 농사를 어느 정도 알게 되기 전까지는 농사일을 시작해서는 안 된다. 농부는 세심한 관찰과 경험을 통해서 농사에 관한 지식을 습득할 수 있도록 애써야 한다. 왕도 밭의 소산을 받아서 살아가기 때문에, 농사 기술을 발전시키는 것은 다른 어떤 기술을 발전시키는 것보다 더 많이 인류에게 도움이 된다. 각양 좋고 완전한 은사와 마찬가지로, 농부의 기술도 하나님에게서 온다. 하나님께서 아담을 죄로 인하여 심판하시면서 아담으로 하여금 땅을 경작하게 하셨을 때에 만약 그대로 내버려 두셨다면 아담은 지독한 어리석음 속에서 영원히 해변의

모래를 경작하며 헛수고만을 했을 터인데 어떻게 하면 아담에게 가장 이로운 방식으로 땅을 경작할 수 있는지를 가르쳐 주셨다는 것을 생각하면, 죄로 인하여 인간에게 선고된 판결의 중압감과 두려움은 어느 정도 덜어진다. 사람에게 농사를 지을 수 있는 능력, 농사를 짓고자 하는 마음, 농사를 짓는 것을 기뻐하는 마음을 주신 분은 바로 하나님이다. 하나님께서 섭리에 의해서 누군가 이 일을 하도록 정해 놓지 않으시고, 농사꾼들의 지파인 잇사갈처럼 이 일을 무척 기뻐하는 자들을 정해 놓지 않으셨다면, 우리가 먹을 양식은 곧 떨어지게 될 것이다. 어떤 사람들이 이런저런 일을 하는 데 있어서 다른 사람들보다 더 분별력 있고 현명하다면, 그렇게 정하신 분은 하나님이시라는 것을 우리는 인정하여야 한다. 농부들은 농사를 짓는 일에서 분별력을 달라고 하나님께 구하여야 한다. 왜냐하면, 농부들은 다른 사람들보다도 더 직접적으로 하나님의 섭리에 의존되어 있기 때문이다. 곡식을 타작할 때에 농부가 보여주는 지혜로운 행동을 놓고서 본문에서는 이도 만군의 여호와께로부터 난 것이라(29절)고 말한다. 우리는 아주 간단한 감(感)과 이성의 작용조차도 만군의 여호와께로부터 난 것이라고 고백하지 않으면 안 된다. 사람들이 지혜롭고 분별력 있게 일들을 하는 것이 하나님께로부터 온 것이라면, 우리는 하나님의 경영은 기묘하며 지혜는 뛰어나시다(개역에서는 광대하시다)고 인정하지 않을 수 없다. 하나님께서 하시는 일은 그의 뜻을 따른 것이다. 하나님은 사람들과는 달리 자신의 뜻을 거슬러서 행하시는 법이 없고, 하나님의 전체적인 뜻 속에는 모략 또는 경영이 존재한다. 하나님의 경영 또는 모략은 기묘하기 때문에 하나님이 하시는 일은 기가 막히게 뛰어나다.

2. 하나님의 교회는 하나님의 밭이고(고전 3:9), 하나님은 자기 교회를 상대로 농사를 지으신다는 것. 그리스도는 참 포도나무이시고, 아버지 하나님은 농부이시다(요 15:1). 하나님은 그의 말씀과 규례를 통해서 끊임없이 그 밭을 일구고 계신다. 농부가 하루 종일 밭을 갈고 그의 땅의 흙덩어리들을 깨뜨려서 고르게 하는 것은 씨를 뿌리기 위한 것이 아닌가? 하나님께서도 그의 사역자들을 통해서 묵은 땅을 개간하며 고르게 하고 계시는 것이 아니던가? 씨를 뿌려도 될 정도로 땅이 잘 골라졌다면, 농부는 그 땅에 적합한 씨를 뿌리지 않던가? 농부가 그렇게 씨를 뿌리듯이, 크신 하나님은 사역자들의 손을 빌려서 그의 말씀을 뿌리시고(마 13:19), 진리의 말씀을 모든 사람에게 각자의 분량을 따라 골고

루 나누어 주신다. 마음 밭이 어떠하든지, 말씀 속에는 각각의 밭에 적합한 이런저런 씨가 존재한다. 또한, 하나님의 말씀과 마찬가지로 하나님의 회초리도 이런 식으로 지혜롭게 사용된다. 환난들은 우리를 세상에서 떼어놓고 우리에게서 허접쓰레기 같은 겨를 골라내어 버리고 우리를 사용하기에 적합하도록 준비시키기 위한 하나님의 타작 기계들이다. 하나님은 이 타작기계들을 기회 있으실 때마다 사용하시지만, 우리가 감당할 수 있을 정도만큼만 그렇게 하신다. 이 타작기계들이 필요 이상으로 무겁거나 심한 일은 없을 것이다. 작대기와 막대기로 목적을 달성할 수 있다면, 하나님은 굳이 수레바퀴와 말굽을 사용하지 않으신다. 곡식을 부수어 껍데기에서 알곡을 꺼내기 위하여 수레바퀴와 말굽을 꼭 사용해야 하는 경우에도 하나님은 곡식이 완전히 다 으깨어질 때까지 계속해서 타작하지 않으신다. 하나님은 항상 호되게 질책하시는 것이 아니라 잠시 동안만 화를 내신다. 하나님은 세상에 있는 모든 갇힌 자들을 발로 밟지 않으신다. 이 점에서 우리는 하나님의 경영은 기묘하며 그 일하시는 것이 기가 막히다는 것을 인정하지 않을 수 없다.

제
— 29 —
장

개요

이 장에 나오는 아리엘에 대한 화(禍) 선포는 "환상의 골짜기에 관한 경고"(사 22:1)와 동일한 것으로서 둘 다 동일한 사건, 즉 앗수르 군대가 예루살렘을 포위했다가 천사에 의해서 패주한 사건을 가리키는 것일 가능성이 크다. 그렇지만 이 장에 나오는 내용은 갈대아 사람들에 의한 예루살렘의 멸망, 그리고 로마인들에 의한 예루살렘의 최종적인 멸망에 적용될 수 있다. 여기에는 다음과 같은 내용들이 나온다. I. 예루살렘이 곤경에 처하여 크게 괴로워할 것이지만(1-4, 6절), 그들을 괴롭게 하였던 원수들이 패주하게 될 사건 자체가 예언됨(5, 7-8절). II. 세 부류의 죄인들에 대한 책망. 1. 우둔하여서 선지자가 전해 준 경고들을 무시한 자들(9-12절). 2. 형식적으로 종교적인 행위들을 수행한 위선적인 자들(13-14절). 3. 신앙이 없어서 불경스럽게도 하나님의 섭리를 멸시하고, 그 대신에 그들 자신의 계획을 앞세운 정치가들(15-16절). III. 하나님께서 믿음을 지닌 남은 자에게 은혜와 긍휼을 베푸셔서 그들을 거룩하게 하시고, 원수들과 박해자들이 끊어질 때에 그들을 통하여 거룩히 여김을 받으시게 될 것이라는 보배로운 약속들(17-24절).

¹슬프다 아리엘이여 아리엘이여 다윗이 진 친 성읍이여 해마다 절기가 돌아오려니와 ²내가 아리엘을 괴롭게 하리니 그가 슬퍼하고 애곡하며 내게 아리엘과 같이 되리라 ³내가 너를 사면으로 둘러 진을 치며 너를 에워 대를 쌓아 너를 치리니 ⁴네가 낮아져서 땅에서 말하며 네 말소리가 나직이 티끌에서 날 것이라 네 목소리가 신접한 자의 목소리 같이 땅에서 나며 네 말소리가 티끌에서 지껄이리라 ⁵그럴지라도 네 대적의 무리는 세미한 티끌 같겠고 강포한 자의 무리는 날려 가는 겨 같으리니 그 일이 순식간에 갑자기 일어날 것이라 ⁶만군의 여호와께서 우레와 지진과 큰 소리와 회오리바람과 폭풍과 맹렬한 불꽃으로 그들을 징벌하실 것인즉 ⁷아리엘을 치는 열방의 무리 곧 아리엘과 그 요새를 쳐서 그를 곤고하게 하는 모든 자는 꿈 같이, 밤의 환상 같이 되리니 ⁸주린 자가 꿈에 먹었을지라도 깨면 그 속은 여전히 비고 목마른 자가 꿈에 마셨을지라도 깨면 곤비하며 그 속에 갈증이 있는 것 같이 시

온 산을 치는 열방의 무리가 그와 같으리라

여기에서 아리엘이라 불리고 있는 것이 예루살렘이라는 데에는 아무런 이견이 없다. 왜냐하면, 아리엘은 다윗이 거주한 성읍으로 나오기 때문이다. 아리엘 중에서 시온으로 불린 부분은 특별한 방식으로 다윗의 성읍이었는데, 거기에는 성전과 왕궁이 있었다. 그러나 그 곳이 왜 아리엘로 불렸는지는 아주 불확실하다. 아마도 당시에는 이 이름과 그렇게 불린 이유가 사람들 사이에서 잘 알려져 있었을 것이다. 사람들과 마찬가지로 성읍들도 별명을 갖고 있는 경우가 있다. 아리엘은 하나님의 사자(獅子) 또는 강한 사자를 의미한다. 사자가 짐승들 중에서 왕이듯이, 예루살렘은 성읍들 중에서 왕이어서 주변의 모든 성읍들 위에 군림하였다. 예루살렘은 크신 왕의 성이었다(시 48:1-2). 예루살렘은 사자 새끼라 불린 유다의 도성(都城)이었는데(창 49:9), 유다의 상징은 사자였다. 유다 지파의 사자이신 분은 이 지파의 영광이었다. 예루살렘은 주변 나라들에게 종종 두려움의 대상이었고, 의로운 성으로 있는 한 사자처럼 담대하였다. 어떤 이들은 아리엘이 사자가 먹잇감을 삼키듯이 희생 제사에서 제물로 드려진 짐승들을 삼킨 번제단을 가리킨다고 본다. 다윗이 거주한 성읍에 있는 저 제단에 화 있을진저. 그 제단은 갈대아 사람들에 의해서 성전과 함께 파괴되었다. 하지만, 나는 아리엘이 예루살렘을 가리키는 것으로 해석하고자 한다. 사람들로 하여금 더욱더 정신을 바싹 차리게 하기 위하여 여기에서는 마태복음 23:37에서와 마찬가지로 아리엘이여 아리엘이여가 반복되어 나온다. 좀 더 살펴보자.

I. 예루살렘이 괴롭게 될 것이라는 예언. 예루살렘은 사자처럼 든든한 성읍이고 하나님의 사자(獅子)로서 거룩한 성읍이지만, 거기에서 죄악이 발견된다면, 그 곳에 화가 있을진저. 그 곳은 다윗이 진 친 성읍이었다. 예루살렘의 영광인 것을 그 곳으로 가져와서, 그 곳을 복음 교회의 모형으로 만든 것은 다윗이었다. 그 곳에 있는 다윗의 거처는 하나님의 교회 속에 있는 그리스도의 임재에 대한 모형이었다. 예루살렘에 이스라엘의 증언과 다윗 집의 보좌가 세워져 있었다는 것이 언급된 것은 예루살렘의 죄가 더욱 가중될 수밖에 없다는 것을 보여주기 위한 것이다.

1. 예루살렘은 그들이 겉으로 아무리 종교적인 행위들을 열심히 행한다고

하여도 결코 하나님의 심판으로부터 면제받을 수 없다는 것을 알아야 한다(1절). "한 해에 한 해를 더하라(개역에서는 해마다). 해마다 절기가 돌아오면 너희는 그 절기를 지키려고 습관적으로 길을 떠나고, 너희 중 남자들은 율법과 관습을 따라서 여호와 앞에 한 해에 세 번씩 나아오되 빈 손으로 오지 아니하며, 이 절기들 중 그 어디에도 결코 빠지지 않고, 성전에서 지금까지 해오던 대로 희생 제물들을 잡는구나. 그러나 너희의 삶이 변화되지 않고 너희의 마음이 낮아지지 않았다면, 너희는 이런 식으로 해서 진노하신 하나님을 달래어 그의 진노를 가라앉힐 수 있다고 생각해서는 안 된다." 위선자들은 끊임없이 계속해서 경건한 활동들을 행하고, 종교적인 행위들을 무수히 행하며 거기를 떠나지 않는다. 그들은 이런 행위들을 통해서 스스로 만족할 수 있을지는 몰라도, 하나님을 기쁘시게 해드리거나 하나님과 화목하게 될 수는 없다.

2. 예루살렘은 하나님께서 그들에게 진노하셔서 그들을 치러 나오실 것이고, 만군의 여호와께서 그들을 징벌하실 것임을 알아야 한다(6절). 하나님은 그들을 심문하셔서 그들이 저지른 죄악들로 인하여 그들을 벌하실 것이다. 하나님은 지독한 심판과 대경실색할 일들과 전쟁으로 인한 처참한 황폐화를 통해서 그들을 벌하실 것인데, 이것은 특히 그 큰 소리 때문에 우레와 지진과 회오리 바람과 폭풍과 맹렬한 불꽃 같을 것이다. 외적이 국경선에서가 아니라 그들의 나라 한복판에서 큰 소리를 지르며 약탈하고 모든 것을 초토화시킬 때(특히, 랍사게가 보여준 행동에서 잘 드러나듯이, 그 대장들이 너무도 오만방자하다면, 일반 군사들은 말할 것도 없이 훨씬 더 잔인하고 추악했을 것인데, 바로 이러한 앗수르 군대 같은 그런 군대가 이렇게 할 때), 그들은 이 군대의 주(主)이신 여호와께서 우레와 폭풍으로 그들을 벌하고 계신 것을 보게 될 것이다. 그렇지만 본문에서 큰 소리라고 표현하고 있는 것으로 보아서, 그들이 해를 입는 측면보다는 너무도 놀라서 겁에 질리게 될 측면이 더 부각되고 있는 것으로 보인다. 구체적으로 살펴보자.

(1) 예루살렘은 포위될 것이고, 단단히 포위될 것이다. 하나님께서는 내가 아리엘을 멸하리라고 말씀하시는 것이 아니라 내가 아리엘을 괴롭게 하리라고 말씀하신다. 그러므로 하나님께서 예루살렘을 괴롭게 하시는 것은 그들을 멸하기 위한 것이 아니라 정신을 차려서 회개하고 삶을 고치게 하기 위한 것이다. 내가 너를 사면으로 둘러 진을 치리라(3절). 실제로 예루살렘을 둘러 진을 친 것은

적군의 군대였다. 그러나 하나님은 자기가 그 일을 하실 것이라고 말씀하신다. 왜냐하면, 적군의 군대는 하나님의 손이고, 하나님이 그들을 통해서 그 일을 하시는 것이기 때문이다. 하나님께서는 오랜 세월 동안 그들을 보호하시고 구원하시기 위해서 천군천사들을 보내셔서 그들을 둘러 진을 치게 하셨었다. 그러나 이제 하나님은 그들의 적으로 돌아서셔서 그들과 싸우실 것이다. 적군이 그들을 치기 위하여 포위한 것은 사실 하나님께서 그들을 포위하신 것이었고, 적군이 그들을 치기 위하여 대(臺)를 쌓은 것은 하나님께서 쌓으신 것이었다. 사람들이 우리를 거슬러 싸울 때, 우리는 그들을 통해서 하나님께서 우리와 다투시고 계시는 것을 보아야 한다는 것을 명심하라.

(2) 예루살렘은 나라의 온 땅이 초토화되고 유다의 모든 견고한 성읍이 원수의 수중에 떨어진 것을 볼 때에 큰 슬픔에 잠기게 될 것이다. 무거움과 슬픔이 있으리라(2절, 개역에서는 슬퍼하고 애곡하리라, 앞의 두 단어는 종종 이렇게 번역된다). 항상 즐겁고 유쾌하게 지냈던 사람들은 곤경에 처하게 되면 무거운 마음과 슬픔에 완전히 짓눌리고 마는 것이 보통이다. 그 때가 되면 그들의 웃음은 애곡으로 바뀐다. "그 때에 모든 예루살렘은 내게 아리엘, 즉 그 위에 타오르는 불과 죽은 제물들이 있는 번제단과 같이 되리라." 예루살렘이 갈대아 사람들에 의해서 파괴되었을 때에 바로 그런 일이 벌어졌다. 예루살렘이 앗수르 군대에 의해서 포위되었을 때에 분명히 많은 사람들이 죽임을 당했을 것이다. "도성 전체가 제단이 될 것이고, 거기에서 도성 전체에 임한 심판으로 인해 죽임을 당한 죄인들은 하나님의 공의를 위해 드려진 제물들이 될 것이다." 또는, "무거움과 슬픔이 있으리라. 그들은 회개하고 삶을 고치고서 하나님께로 돌아올 것인데, 그 때에 예루살렘은 내게 아리엘과 같이 되리라. 예루살렘은 본래의 모습을 되찾게 될 것이고, 다시 거룩한 성읍이 될 것이다(사 1:26)."

(3) 예루살렘은 낮아져서 죽은 자 같이 되어 순종하는 자가 될 것이다(4절). "네가 극에 달했던 오만방자함에서 낮아질 것이다. 하나님께서 차례차례 보내신 섭리들을 통해서 너의 교만한 표정과 교만한 언어는 낮아질 것이다." 하나님의 심판을 멸시하는 자들은 그 심판에 의해서 낮아질 것이다. 왜냐하면, 지극히 교만한 죄인들은 하나님 앞에서 몸을 굽히거나 깨뜨려질 것이기 때문이다. 그들은 기고만장하여 허풍을 떨었고, 뿔을 높이 들었으며 교만한 목으로 말하였었다(시 75:5). 그러나 이제 네 말소리가 티끌에서 날 것이라 네 목소리가 신접한

자의 목소리 같이 땅에서 나며 네 말소리가 티끌에서 지껄이리라. 이것은 다음과 같은 것들을 의미한다.

[1] 그들은 기진맥진하게 되어서 목소리를 높여서 말할 수도, 그들이 하고자 하는 말을 다 할 수도 없게 되리라는 것. 그들의 말소리는 병든 자나 정신이 가물가물한 자의 말소리 같이 속으로 기어들어가듯이 나직할 것이고 더듬더듬할 것이다.

[2] 그들은 대경실색하여 겁에 질려서, 혹시나 적군이 그들의 말을 엿듣고서 그들을 잡아갈 것을 염려하여 나지막한 목소리로 얘기할 수밖에 없게 되리라는 것.

[3] 그들은 유순해져서 정복자들에게 복종하지 않을 수 없게 되리라는 것. 히스기야가 앗수르 왕에게 항복하면서 내가 범죄하였으므로 왕이 내게 지우시는 것을 내가 당하리이다(왕하 18:14)라고 말하였을 때, 그의 말소리는 티끌에서 나는 것처럼 기어들어가는 것이었다. 하나님은 아무리 용맹스러운 자들일지라도 그들의 사기를 완전히 꺾어 놓으셔서 벌벌 기게 만드실 수 있다.

II. 이와 같은 곤경 속에서 예루살렘이 잘 되기를 바라는 모든 자들을 위로하기 위하여 원수들이 멸망을 당하게 될 것이 예언됨(5, 7절). "네가 낮아져서 네 목소리가 티끌에서 날 것이라(4절). 너는 이렇게 낮아질 것이다. 그럴지라도 네 대적의 무리와 강포한 자의 무리, 저 무수한 적군은 세미한 티끌 같아서 전혀 말하지 못하거나 속삭일 수도 없을 것이고, 날려가는 겨 같으리라. 너는 낮아질 것이지만, 그들은 다른 방식을 따라서 모두 흩어지고 치심을 받아 죽임을 당하게 되리라(사 27:7). 그들은 날려갈 것이고, 그 일은 순식간에 갑자기 일어날 것이다. 원수는 갑자기 망하고, 너는 순식간에 구원을 받게 될 것이다." 앗수르 군대는 천사에 의해서 그 자리에서 순식간에 갑자기 죽임을 당하였다. 복음의 예루살렘을 대적하는 원수들의 패망함도 그럴 것이다. 한 시간에 그들의 심판이 이르리라(계 18:10). 또한, "너는 우레와 큰 소리로 징벌을 받을 것이고(6절), 기겁을 하며 깜짝 놀라게 될 것이다. 그러나 아리엘을 치는 열방의 무리는 꿈 같이, 밤의 환상 같이 되리라(7절). 그들과 그들이 이루었던 번영과 성공은 이내 사라져서, 아무도 그것을 기억하지 못하게 되리라." 시온을 치는 열방의 무리는 먹는 꿈을 꾸었지만 여전히 배가 고픈 주린 자 같을 것이다.

1. 그들은 예루살렘을 집어삼켜서 저 부유한 성읍을 약탈하여 부유하게 되

고자 하는 꿈을 꾸었지만, 그들의 희망은 헛된 꿈임이 드러날 것이고, 이러한 공상으로 그들의 마음은 잠시 즐거웠을지 몰라도 결국에는 실망하게 될 것이다. 그들은 그들이 예루살렘의 지배자가 될 것이라고 공상하였지만, 그 공상은 결코 이루어지지 않을 것이다.

2. 그들 자신과 그들의 모든 영화(榮華)와 권세, 그들의 번영은 사람이 깬 후에 사라지는 꿈 같이 흔적도 없이 사라질 것이고, 오직 잠시 동안만 존재하는 별 볼일 없는 것이 될 것이다(시 73:20). 그들은 꿈 같이 지나갈 것이다(욥 20:8). 꿈이 그 꿈을 꾸는 사람의 머리를 가득 채우고, 특히 먹는 꿈이 굶주린 자의 머리를 가득 채우듯이, 산헤립의 군대는 비록 유다 땅을 가득 채웠었을지라도 신속하게 사라지고 말았다. 많은 이들은 이 구절들을 하나님께서 진노 가운데서 예루살렘을 괴롭게 하기 위하여 포위하겠다고 하신 경고의 말씀의 일부로 본다.

(1) 예루살렘이 그 무수한 벗들에게 도움을 요청해도 그들은 전혀 도움이 되지 못할 것이다. 왜냐하면, 그들은 비록 두려운 자들이라고 해도 티끌과 같이 되어서 사라질 것이기 때문이다.

(2) 무수한 원수들은 예루살렘에 대하여 아무리 해악을 가해도 결코 만족하지 않을 것이고, 예루살렘을 많이 집어삼켰어도, 먹는 꿈을 꾸는 자 같이 여전히 굶주려서 더 많은 것을 삼키려고 게걸스럽게 달려들 것이다.

[9]너희는 놀라고 놀라라 너희는 맹인이 되고 맹인이 되라 그들의 취함이 포도주로 말미암음이 아니며 그들의 비틀거림이 독주로 말미암음이 아니니라 [10]대저 여호와께서 깊이 잠들게 하는 영을 너희에게 부어 주사 너희의 눈을 감기셨음이니 그가 선지자들과 너희의 지도자인 선견자들을 덮으셨음이라 [11]그러므로 모든 계시가 너희에게는 봉한 책의 말처럼 되었으니 그것을 글 아는 자에게 주며 이르기를 그대에게 청하노니 이를 읽으라 하면 그가 대답하기를 그것이 봉해졌으니 나는 못 읽겠노라 할 것이요 [12]또 그 책을 글 모르는 자에게 주며 이르기를 그대에게 청하노니 이를 읽으라 하면 그가 대답하기를 나는 글을 모른다 할 것이니라 [13]주께서 이르시되 이 백성이 입으로는 나를 가까이 하며 입술로는 나를 공경하나 그들의 마음은 내게서 멀리 떠났나니 그들이 나를 경외함은 사람의 계명으로 가르침을 받았을 뿐이라 [14]그러므로 내가 이 백성 중에 기이한 일 곧 기이하고 가장 기이한 일을 다시

행하리니 그들 중에서 지혜자의 지혜가 없어지고 명철자의 총명이 가려지리라 ¹⁵자기의 계획을 여호와께 깊이 숨기려 하는 자들은 화 있을진저 그들의 일을 어두운 데에서 행하며 이르기를 누가 우리를 보랴 누가 우리를 알랴 하니 ¹⁶너희의 패역함이 심하도다 토기장이를 어찌 진흙 같이 여기겠느냐 지음을 받은 물건이 어찌 자기를 지은 이에게 대하여 이르기를 그가 나를 짓지 아니하였다 하겠으며 빚음을 받은 물건이 자기를 빚은 이에게 대하여 이르기를 그가 총명이 없다 하겠느냐

이 단락에는 다음과 같은 내용들이 나온다.

I. 선지자는 유대 백성의 대다수가 우둔해진 것에 대하여 무척 놀란다. 그들에게는 여호와를 아는 선한 지식을 가르치는 레위인들이 있었고, 히스기야 왕도 레위인들에게 그런 일을 잘 하도록 격려하였었다(대하 30:22). 그들에게는 하나님에게서 직접 말씀을 받아서 그들에게 전해주는 선지자들, 하나님께서 그들에게 진노하시는 원인이 무엇이고 그 결과가 무엇일지를 설명해 주는 선지자들이 있었다. 하나님의 계시와 관련하여 이 모든 이점들을 지닌 이 큰 나라 사람들은 과연 지혜와 지식이 있는 백성일 것이라고 사람들이 생각하는 것은 당연한 일일 것이다(신 4:6). 그러나 서글프게도 실상은 정반대였다(9절). 선지자는 그들 중에서 그래도 건전한 정신을 지닌 몇 안 되는 사람들에게 수많은 이웃들이 부주의하고 태평한 자들이 되어 버린 것을 애통해하라고 말한다. 본문은 이렇게 해석할 수 있다. "그들은 회개하는 것을 지체하고 미루지만, 그들이 이토록 술 취함과 방탕에 빠져 있는 것을 너희는 놀라워 해야 한다. 그들은 스스로에게 속아서 히히덕거리며 즐거워하고, 연회를 열어서 술 취하여 떠들며 논다. 그러나 너희는 그들의 어리석음을 탄식하며 그들을 위하여 하나님께 부르짖어 기도하라. 그들이 그들을 치기 위하여 뻗쳐진 하나님의 손길에 대하여 무감각하면 할수록 너희는 이러한 일들을 더 깊이 마음에 새겨야 한다." 죄인들이 죄악된 길로 행하며 안일하게 살아가는 것은 모든 진지한 사람들이 마땅히 이상히 여겨 탄식해야 할 일이기 때문에, 그들은 스스로를 위해서 기도하지 않는 자들을 위하여 기도하는 일을 담당해야 한다는 것을 명심하라. 그렇다면, 무엇이 문제인 것인가? 우리는 무엇을 이상히 여겨야 하는가?

1. 우리는 거의 모든 사람들이 이렇게 술 취하여 짐승 같이 되고, 마치 독주에 취한 자들처럼 이렇게 얼이 빠져 있는 것을 이상히 여기는 것이 당연하다.

그들의 취함이 포도주로 말미암음이 아니고(비록 그들은 자주 포도주에 취하기는 하지만, 단지 포도주 때문에 취해 있는 것이 아니다), 그들은 포도주로 말미암아 옆걸음 치며 그릇 행하였다(사 28:7). 그들은 쾌락에 취해 있었고, 신앙에 대한 편견에 취해 있었으며, 그들을 온통 물들여 놓은 부패한 원리들(사고와 행동의 원리들)에 취해 있었다. 그들은 술 취한 자들처럼 어떻게 행하고 말해야 하는지, 어디로 가야 하는지를 알지 못한다. 그들은 하나님의 책망을 받고 있는 가운데 있으면서도 그러한 현실을 깨닫지 못한다. 술 취한 자는 사람들이 나를 때려도 나는 아프지 아니하고 나를 상하게 하여도 내게 감각이 없도다(잠 23:35)고 말한다. 하나님께서는 그들을 향해서 한 번도 아니고 여러 번 말씀하신다. 그러나 그들은 술 취한 자들처럼 알지 못하고 깨닫지 못하며, 하나님의 법을 까맣게 잊어버린다. 그들은 그들의 모략과 생각 속에서 비틀거리고 견고치 못하며 불안정하고, 그들의 앞길에 놓여 있는 모든 일에서 걸려 넘어진다. 그들에게는 영적인 술 취함 같은 것이 존재한다.

2. 하나님께서 깊이 잠들게 하는 영을 그들에게 부어 주사 그들의 눈을 감기셨다는 것(10절), 그들에게 깨어서 눈을 뜨라고 명하신 분이 그들로 하여금 잠들게 하고 눈을 감게 하시리라는 것은 한층 더 이상하다. 그러나 바로 이것은 의로운 심판으로서 빛보다 어둠을 사랑하고 잠자는 것을 사랑하는 자들을 벌하시는 하나님의 방식이다. 하나님께서 선지자들을 통해서 그들을 부르셨을 때에 그들은 좀 더 자자, 좀 더 졸자고 말하였다. 그러므로 하나님은 그들을 극심한 미혹(迷惑)에 넘겨주시며, 이제는 자라고 말씀하셨다. 이것은 그리스도의 복음을 배척함으로써 극렬한 진노가 그들에게 임할 때까지 그들이 불신앙 속에서 완악하게 된 믿지 않는 유대인들에게 적용된다. 하나님이 그들에게 혼미한 심령을 주셨다(롬 11:8). 우리는 이것이 복음의 빛 가운데서 살아가는 많은 자들의 비참한 실상(實狀)인 것은 아닌지 두려워해야 한다.

3. 그들의 선지자, 관원, 선견자인 자들이 그럴 것이라는 것, 그들을 지도해 주어야 할 자들이 눈이 멀었다는 것은 너무도 서글픈 일이다. 눈먼 자가 눈먼 자를 인도할 때에 어떤 치명적인 결과가 있을지는 말하지 않아도 뻔하다. 이 말씀은 유대 교회의 말기에 대제사장들과 서기관들과 백성의 장로들이 그리스도와 그의 복음을 가장 심하게 반대한 자들이 됨으로써 그들 스스로 심판을 자초하였을 때에 성취되었다.

4. 이것의 서글픈 결과는 죄를 깨닫게 하고 지식과 은혜를 얻게 하기 위하여 그들에게 주어진 온갖 수단들이 아무런 힘도 발휘하지 못하게 되고 그 목적에 부응하지 못하리라는 것이었다(11-12절). "모든 선지자들 ― 참 선지자든 거짓 선지자든 ― 의 계시가 너희에게는 봉한 책이나 서신의 말처럼 되었다. 너희는 진짜 묵시와 가짜 묵시를 분간해낼 수 없게 되었다." 또는, 특히 이 선지자가 그들을 위하여 지금까지 보고 전해 주었던 온갖 묵시는 그들이 알아들을 수 없게 되어 버렸다. 그들에게는 여전히 묵시들이 주어져 있었지만, 그들은 그 묵시들을 깨달을 수 있을 만큼 지혜롭지 못하게 되어 버렸다. 그들에게 있는 묵시들은 봉인이 그대로 있는 봉한 책을 전해 받은 것과 같아서, 아무리 훌륭한 학자라도 그 내용을 알 수가 없다. 그들은 그것이 책이라는 것만을 알 뿐이고, 그것이 전부이다. 그들은 그 책 속에 어떤 내용이 있는지를 전혀 알지 못한다. 그들은 이사야가 그들에게 말해 준 것이 묵시요 예언이라는 것은 알았지만, 그 내용은 그들에게 감춰져 있었다. 그것은 그들에게는 단지 말소리에 불과한 것이어서, 그들에게 전혀 경종을 울려주거나 감화를 줄 수가 없었다. 그것은 그들에게 그 어떤 영향도 끼치지 못하였기 때문에 그 목적을 이루지 못하였다. 많이 배운 자라고 해서 하나님께서 그의 종들인 선지자들을 통해서 그들에게 보내신 온갖 말씀들을 더 잘 깨달을 수 있는 것도 아니었고, 그렇게 하고자 원하지도 않았다. 글을 배우지 못한 사람들은 마치 그들이 학자로 길러지지 않았기 때문에 하나님의 뜻을 알고 행하는 것이 그들의 본분이 아니기라도 한 듯이 자기가 배우지 못했다는 것을 핑계로 삼아서 선지자들이 전해준 말씀들에 귀를 기울이지 않았다. 나는 글을 모르니 그것은 내게 아무 소용이 없다. 글을 배운 자들은 선지자가 특별한 방식으로 말을 전하기 때문에 비록 그들이 글을 읽고 배움이 있다고 해도 선지자가 하는 말에 익숙치 않아서 그 말을 알아들을 수 없다고 핑계를 댔다. 남이 깨닫도록 말하지 않는다면 그 자신이 무시당하는 것이 마땅하다. 이렇게 글을 배운 자나 배우지 못한 자가 둘러대는 말들은 둘 다 근거 없는 핑계들이다. 왜냐하면, 하나님의 선지자들은 지혜 있는 자나 어리석은 자에게 다 빚진 자들로서 그 빚을 갚기 위해 최선을 다하는 자들이었기 때문이다(롬 1:14). 또는, 우리는 이 본문을 이렇게 해석할 수도 있다. 예언의 책은 그들에게 봉해진 채로 주어졌기 때문에, 그들은 그 책을 읽을 수 없었는데, 이것은 그들에 대한 의로운 심판이었다. 왜냐하면, 예언의 책은 흔히 봉해진

채로 그들에게 전해졌고, 그들은 그 책의 언어를 배우고자 애도 써보지 않고서는, 그들이 배움이 없어서 그 책을 읽지 못한다고 핑계를 대기에 급급하였기 때문이다. 그러나 명심하라. "계시가 이 세상의 신에 의해서 마음이 눈먼 너희에게 왔을 때에 그 계시는 너희에게 봉한 책이나 다름없었다. 그러나 계시 자체가 봉한 책인 것은 아니고, 모든 사람에게 계시는 그 자체로 결코 봉한 책이 아니다. 너희에게는 사망으로부터 사망에 이르는 냄새인 바로 그 계시가 다른 사람들에게는 생명으로부터 생명에 이르는 냄새가 된다." 지식은 깨닫는 자에게는 쉬운 법이다.

Ⅱ. 선지자는, 형식적이고 위선적으로 신앙 행위들을 행한 자들에게 하나님의 이름으로 경고한다(13-14절). 좀 더 살펴보자.

1. 선지자가 여기에서 그들을 고소하는 죄는 그들이 종교적인 행위들에 있어서 하나님께 위선적으로 행하였다는 것이다(13절). 하나님은 사람의 중심을 아시고 외식(外飾)이나 가식(假飾)에 속아넘어가지 않으시기 때문에 그들의 마음이 그런 위선적인 행위로 인하여 그들을 정죄하든 말든 그들에게 그 죄를 물으신다. 마음보다 더 크시고 모든 것을 아시는 하나님은 그들이 입으로는 그를 가까이 하며 입술로는 그를 공경한다고 해도 그들이 진실한 예배자들이 아니라는 것을 아신다. 하나님을 예배하는 것은 하나님께 가까이 나아가서 경배를 드리는 것이다. 그것은 하나님께 볼 일이 있어서 하나님을 존귀하게 해드리기 위한 의도로 가까이 나아가는 것이다. 우리는 이 일을 우리의 입과 입술을 사용하여 해야 하기 때문에 하나님에 대하여 말하고 하나님께 말씀을 드린다. 우리는 하나님께 입술의 열매를 드려야 한다(호 14:2). 하나님을 사랑하고 경외하는 것이 마음속에 가득하다면, 마음에 가득한 것이 입을 통해서 말로 나오는 법이다. 그러나 오직 입술로만 신앙을 말하는 자들이 많다. 그들은 하나님을 가까이 하고 공경하는 것을 표현하는 말을 하지만, 그것은 마음에서가 아니라 단지 입에서 나가는 것일 뿐이다.

(1) 그들은 하나님을 섬기는 어떤 일을 하더라도 거기에 마음을 담지 않는다. 겉으로 그들의 입술은 하나님을 향하여 말하고 있지만 사실은 속으로 그들의 마음은 온갖 불경스럽고 더러운 것들을 생각하고 있다. 그들의 마음은 내게서 멀리 떠났다. 이것은 그들이 기도에 그들의 마음이 끌려들어가거나 그들의 마음이 말씀의 영향을 받는 것은 막기 위한 것이다. 하나님을 위한 일을 할 때

에는 당연히 거기에 마음이 실려야 함에도 불구하고, 그들은 일부러 자기 마음을 땅 끝으로 보내 버린다.

(2) 그들은 하나님의 말씀을 그들의 예배의 준칙으로 삼지도 않고, 하나님의 뜻을 그들이 따라야 할 도리(道理)로 삼지도 않는다. 그들이 나를 경외함은 사람의 계명으로 가르침을 받았을 뿐이라. 그들은 하나님께서 정하신 대로가 아니라 그들 자신이 만들어낸 규칙들, 그들의 거짓 선지자들이나 우상을 숭배한 왕들의 지시, 그들의 주변 나라들의 관행을 따라서 이스라엘의 하나님을 예배하였다. 그들에게는 장로들이 전해준 것(즉, 전통)이 하나님께서 모세에게 명하셨던 율법보다도 더 가치 있고 유효한 것이었다. 또는, 그들이 위대한 개혁자였던 히스기야 시대에 그가 제정한 제도를 따라서 제대로 하나님을 예배하였다고 하더라도, 이것은 하나님의 명령을 따른 것이라기보다는 왕의 명령을 따른 것이었다. 우리 구주께서는 이 말씀을 형식적인 신앙 행위들을 행하고 그들 자신이 만들어낸 것들에 집착하였던 주후 1세기의 유대인들에게 적용하여, 그들이 하나님을 헛되이 공경하고 있다고 선포하신다(마 15:8-9).

2. 하나님께서는 그들의 영적인 악에 대하여 그들을 영적인 심판으로 벌하시겠다고 경고하신다(14절). 내가 기이한 일을 다시 행하리라. 그들은 한 가지 기이한 일을 행하였는데, 그것은 그들이 그들의 마음에서 스스로 모든 진실함을 제거해 버린 것이었다. 이제 하나님께서는 또 한 가지 기이한 일을 행하시고자 하시는데, 그것은 그들의 머리에서 모든 지혜로움을 제거하시는 것이다. 그들 중에서 지혜자의 지혜가 없어지리라. 그들은 위선자로서 행하여서 하나님을 속여먹고자 하였는데, 이제 하나님께서는 그들이 그런 바보 같은 짓을 하도록 내버려 두셔서, 그들이 스스로 속아넘어갈 뿐만 아니라 주변의 모든 사람들에 의해서도 쉽게 속아넘어가게 하실 것이다. 자신의 이익을 챙기기 위한 목적으로 경건이나 신앙을 가식으로 행하는 자들은 방책이 곧 고갈되어 버릴 것이다. 하나님께서 정직함과 결별한 자들에게서 그들의 총명을 빼앗으시는 것은 마땅하다. 이것은 유대 민족이 그리스도의 복음을 배척한 후에 비참한 처지에 빠지게 됨으로써 성취되었다. 그들은 그들의 마음을 하나님에게서 아주 멀리 옮겨 버렸다. 그러므로 하나님께서 지혜를 그들에게서 멀리 옮겨 버리셔서 심지어 이 세상에서의 평안에 속하는 일들까지도 그들의 눈에서 감춰 버리신 것은 합당한 일이었다. 이것은 기이한 일이다. 지혜자들이 갑자기 지혜를 잃어버리고 극

심한 미혹에 빠지게 된다는 것은 아주 깜짝 놀랄 뜻밖의 일이다. 마음에 임하는 심판들은 알아보기는 힘들지라도 가장 기이한 일들이다.

Ⅲ. 선지자는, 하나님을 떠나서 은밀하게 행하고자 하고 하나님과 무관한 계획을 수행하고자 하면서 그 모든 것을 하나님의 눈에 띄지 않게 숨기고자 하는 자들이 얼마나 어리석은지를 보여준다.

1. 그들의 방책에 대한 설명(15절). 그들은 자기의 계획을 여호와께 깊이 숨기려 하고, 그들이 무엇을 하는지, 그들이 무엇을 계획하는지를 하나님이 알지 못하게 하고자 한다. 그들은 이렇게 말한다. "누가 우리를 보리요? 아무도 볼 수 없다. 그러므로 하나님조차도 보실 수 없다." 그들은 자신의 안전을 위하여 궁리한 것들을 자기 속에만 담아 두고, 그것들에 대하여 하나님의 조언을 결코 구하지 않았다. 아니, 그들은 그들이 머리로 짜낸 것들을 하나님께서 기뻐하지 않으시리라는 것을 알고 있었고, 그들이 궁리해낸 것들을 얼마든지 하나님에게 숨길 수 있다고 생각하였으며, 하나님이 그들의 계획들을 알지 못하신다면 좌절시킬 수도 없으실 것이라고 생각하였다. 죄인들이 그들의 죄악된 길로 행하면서 얼마나 어리석고 열매 없는 수고를 하는지를 보라. 그들은 그들의 계획을 여호와께 숨기기 위해서 그들 마음속에 아주 깊숙이 숨겨두지만, 여호와께서는 하늘에 앉으셔서 그들을 비웃으신다. 위선자들이 육적인 예배를 드리고 육(肉)을 의지하는 것의 밑바닥에는 하나님의 전지(全知)하심에 대한 실질적인 불신앙이 깔려 있다는 것을 명심하라(시 94:7; 겔 8:12; 9:9).

2. 그들의 방책이 터무니없는 것임을 보임(16절). "너희의 패역함이 심하도다. 너희가 이렇게 너희의 온갖 계획들을 뒤집는 것, 즉 너희의 일들을 너희 마음대로 조작하기 위해서 이런저런 식으로 뒤집는 것, 아니 너희가 일들의 질서를 뒤집어서 너희의 계획에 하나님의 섭리가 함께 하는 것이라고 생각하는 것은 토기장이를 진흙 같이 여기는 짓이다. 하나님은 너희가 합당하다고 여기는 대로 따라주어야 한다고 생각하는 것은 순리를 뒤집는 것이고 머리를 꼬리에 갖다 붙이는 것이다. 토기장이가 진흙을 마음대로 빚듯이, 하나님은 절대적인 능력으로 아주 쉽게 너희와 너희의 모든 계획을 다시 뒤집어 놓으실 것이다." 하나님 없이 행하는 자들, 특히 하나님을 대적하여 행하는 자들이 궁리해 낸 계략들은 하나님이 멸시하시는 것들이기 때문에, 우리는 그런 자들의 계략을 두려워할 이유가 전혀 없다.

　　(1) 자신의 계획을 하나님에게서 숨길 수 있다고 생각하는 자들은 사실상 하나님이 그들의 창조주이심을 부정하는 것이다. 그것은 마치 어떤 물건이 자기를 만든 자에 대하여 "그가 나를 만들지 않았고 내가 나 자신을 만들었다"고 말하는 것과 같다. 시편 기자가 보여주듯이(시 139:1, 13-16), 하나님께서 우리를 지으셨다면, 반드시 우리를 잘 알고 계신다. 그러므로 하나님이 그들을 보지 못하신다고 말하는 자들은 하나님이 그들을 짓지 않으셨다고 말하는 것이나 다름없다. 악인들이 저지르는 많은 악행은 바로 이것, 즉 그들이 하나님께서 그들을 지으셨다는 사실을 잊은 데서 생겨난다(신 32:18). 또는,

　　(2) 동일한 얘기이긴 하지만, 그들은 하나님이 지혜로운 창조주이시라는 것을 부정한다. 빚음을 받은 물건이 자기를 빚은 이에게 대하여 이르기를 그가 총명이 없다 하겠느냐. 왜냐하면, 그가 총명이 있어서 우리를 이렇게 지적인 존재로 지었고 내면에 총명을 둔 것이라면(욥 38:36), 틀림없이 그에게는 우리를 알고 우리가 말하고 행하는 모든 것을 알 수 있는 총명이 있을 것이기 때문이다. 하나님과 싸우는 자들과 마찬가지로 스스로를 하나님에게서 숨길 수 있다고 생각하는 자들은 사실상 하나님을 어리석다고 말하는 것이다. 그러나 눈을 만드신 이가 보지 아니하시랴(시 94:9).

17오래지 아니하여 레바논이 기름진 밭으로 변하지 아니하겠으며 기름진 밭이 숲으로 여겨지지 아니하겠느냐 18그 날에 못 듣는 사람이 책의 말을 들을 것이며 어둡고 캄캄한 데에서 맹인의 눈이 볼 것이며 19겸손한 자에게 여호와로 말미암아 기쁨이 더하겠고 사람 중 가난한 자가 이스라엘의 거룩하신 이로 말미암아 즐거워하리니 20이는 강포한 자가 소멸되었으며 오만한 자가 그쳤으며 죄악의 기회를 엿보던 자가 다 끊어졌음이라 21그들은 송사로 사람에게 죄를 씌우며 성문에서 판단하는 자를 올무로 잡듯 하며 헛된 일로 의인을 억울하게 하느니라 22그러므로 아브라함을 구속하신 여호와께서 야곱 족속에 대하여 이같이 말씀하시되 야곱이 이제는 부끄러워하지 아니하겠고 그의 얼굴이 이제는 창백해지지 아니할 것이며 23그의 자손은 내 손이 그 가운데에서 행한 것을 볼 때에 내 이름을 거룩하다 하며 야곱의 거룩한 이를 거룩하다 하며 이스라엘의 하나님을 경외할 것이며 24마음이 혼미하던 자들도 총명하게 되며 원망하던 자들도 교훈을 받으리라 하셨느니라

하나님은 앞에서 자신의 계획을 여호와께 숨길 수 있다고 생각한 자들은 일을 거꾸로 뒤집는 것이며, 그들의 의도는 하나님 몰래 자신의 계획을 행하고자 하는 것이라고 말씀하였는데(16절), 여기서는 그들의 계획을 다시 뒤집으실 것이라고 그들에게 말씀하신다. 우리는 하나님의 말씀과 그들의 말 중 어느 쪽이 서게 될지를 똑똑히 보아야 한다. 그들은 하나님의 섭리를 믿지 않는다. 하나님은 이렇게 말씀하신다. "잠깐 기다려라. 너희는 세상을 다스리시는 하나님이 계시고, 세상과 그 속에서의 온갖 변화들을 그의 교회의 유익을 위하여 운행하신다는 것을 너희 눈으로 똑똑히 보고 깨닫게 될 것이다." 여기에 예언된 기이한 반전(反轉)은 일차적으로 산헤립의 시도가 좌절된 후에 유다와 예루살렘의 모든 일들이 좋은 쪽으로 해결되어서 그 때에 선한 자들이 전쟁과 박해의 칼날로부터 구원을 받아서 기뻐하며 안식을 누리게 될 것을 가리키는 것으로 보인다. 그러나 이 말씀은 한 걸음 더 나아가서 유대인들이 그들에게 먼저 전해진 복음을 배척하고 나서(그들의 위선과 불신앙이 여기에서 예언되고 있는 것으로 보아서, 13절) 이방인들이 교회로 들어오게 된 것을 내다보고 있는 것 같다.

I. 일반적으로, 여기에서 예언되고 있는 것은 크고 놀라운 변화이다(17절). 숲이었던 레바논이 기름진 밭으로 변하리라. 기름진 밭이었던 갈멜은 숲이 될 것이다. 이것은 입장이 뒤바뀌는 변화이다. 더 좋은 쪽으로든 더 나쁜 쪽으로든 큰 변화는 흔히 졸지에 이루어진다는 것을 명심하라. 평년보다 더 큰 수확을 거두게 되리라는 것이 산헤립이 패주하게 되리라는 것을 보여주는 징표로서 그들에게 주어졌다(사 37:30). 너희가 올해는 스스로 난 것을 먹을 것이다. 땅에서 저절로 난 소산물(所産物)들이 사람의 양식이 될 것이다(짐승의 양식과 마찬가지로). 그 때에 레바논은 기름진 밭이 될 것이기 때문에 너무도 기름져서, 지금까지 기름진 밭으로 여겨졌던 갈멜은 숲이나 다름없는 곳으로 보아지게 될 것이다. 이방인들 가운데서 그리스도께로 모여드는 자들이 무수히 많아서 큰 수확이 거두어질 때, 그것은 광야나 황무지가 기름진 밭으로 변한 것이다. 오랫동안 기름진 밭이었던 유대 교회는 버려진 황폐한 숲이 되었다(사 54:1).

II. 구체적으로

1. 무식한 자들은 유식하게 될 것이다(18절). 이 예언을 깨닫지 못하였던 자들(그들에게 이 예언은 단지 봉한 책이었다, 11절)은 이 예언이 성취될 때에 그

사건 속에서 하나님의 손길을 인정할 뿐만 아니라 그 사건에 대한 예언 속에 하나님의 음성이 있었다는 사실을 깨닫게 될 것이다. 그 날에 못 듣는 사람이 책의 말을 들을 것이다. 예언의 성취는 그 예언에 대한 최고의 설명이다. 그 때에 가련한 이방인들에게 하나님의 계시가 임할 것이다. 흑암 속에 앉아 있던 자들은 큰 빛을 볼 것이고, 눈먼 자들은 어둡고 캄캄한 데서 보게 될 것이다. 왜냐하면, 복음이 그들에게 전해져서 그들의 눈을 뜨게 할 것이기 때문이다(행 26:18). 사람들이 선한 마음과 행위에 있어서 기름지고 풍성해지기 위해서는 하나님의 은혜가 그들에게 함께 있어서 그들의 총명을 열어 주셔서 하나님의 책에 나오는 말씀들을 들을 수 있게 해주어야 한다는 것을 명심하라.

2. 어그러진 길로 갔던 자들은 올바른 길로 돌아오게 될 것이다(24절). 마음이 혼미하던 자들, 하나님의 책에 있는 말씀들과 그 의미에 대하여 오해와 실수가 있었던 자들은 총명하게 되어서 그것들을 올바르게 이해하게 될 것이다. 진리의 성령은 그들의 잘못을 바로잡아 주고, 그들을 모든 진리 가운데로 인도해 주실 것이다. 이러한 말씀은 우리에게 어그러진 길로 가고 스스로 속고 있는 자들을 위하여 하나님께서 그들에게 총명을 주시라고 기도할 수 있는 힘을 준다. 하나님의 진리의 말씀이 너무 어렵다고 불평하고 그 말씀을 놓고 툭 하면 시비를 벌이기를 좋아하였던 자들은 그 말씀들의 참된 의미를 알게 되어서 말씀을 더욱 잘 받아들일 수 있게 될 것이다. 공적인 일들과 관련해서 하나님의 섭리에 대하여 그릇되게 생각하고 하나님께서 베푸신 섭리들에 대하여 불평했던 자들은 그 일들의 결말을 보게 될 때에 섭리들을 더 잘 이해하게 되고, 하나님께서 모든 섭리 속에서 무엇을 의도하고 계시는지를 잘 알게 될 것이다(호 14:9).

3. 우울했던 자들은 즐겁고 유쾌하게 될 것이다(19절). 겸손한 자에게 여호와로 말미암아 기쁨이 더하리라. 세상에서 가난하고 심령이 가난한 자들, 환난을 당할 때에 그 환난에 잘 적응함으로써 완전히 수동적이 되고 혈기가 없어진 자들은 하나님께서 그들을 위하여 나타나시는 것을 볼 때에 여호와로 말미암아 기쁨이 더할 것이다. 이것은 심지어 곤경 속에서조차도 여호와를 기뻐하였던 자들에게 이제 여호와로 말미암아 그 기쁨이 더하리라는 것을 의미한다. 환난 속에서 진정으로 하나님을 기뻐할 수 있는 자들에게는 머지않아 하나님을 더 크게 기뻐할 수 있는 일이 생기리라는 것을 명심하라. 세상의 기쁨은 점점 줄어

들어 사라지고 말지만, 하나님께서 주시는 기쁨은 점점 더 커져서 충만해진다. 이 빛은 점점 더 밝게 비치게 될 것이다. 왜냐하면, 하나님께서 뜻하시는 것은 이러한 기쁨이 충만하게 되는 것이기 때문이다. 심지어 사람들 중 가난한 자도 이스라엘의 거룩한 이를 기뻐할 것이고, 그들의 가난이 그들에게서 그 기쁨을 빼앗지 못할 것이다(합 3:17-18). 온유한 자, 겸손한 자, 인내하는 자, 혈기가 없어진 자에게는 이 기쁨이 점점 더 커질 것이다. 온유함을 가져다 주는 은혜는 우리의 거룩한 기쁨이 커지는 데에 아주 큰 기여를 하리라는 것을 명심하라.

4. 가공할 정도로 무시무시하고 대단해 보였던 원수들은 보잘것없는 자들이 될 것이다. 저 강포한 자 산헤립과 그의 큰 군대는 이 나라를 경악으로 몰아넣었었지만 이제는 아무것도 아니게 되어서(개역에서는 소멸되어서) 더 이상 그 어떤 해악도 가할 수 없게 될 것이다(20절). 저 무시무시한 사탄의 권능은 그리스도의 복음이 널리 전파됨으로써 깨뜨려지게 될 것이다. 죽음의 세력을 잡은 자를 두려워하여 그 자에게 종살이 하였던 자들은 구원을 받게 될 것이다(히 2:14-15).

5. 남들을 괴롭혔던 박해자들은 조용해질 것이고, 괴롭힘을 당했던 자들은 그들을 두려워하는 것에서 벗어나 안식과 평안을 얻게 될 것이다. 하나님의 백성에게 주실 안식과 평안을 완성하기 위해서 하나님은 외부의 강포한 자를 보잘것없는 자로 만들어 버리실 뿐만 아니라, 내부에 있는 오만한 자들도 히스기야의 개혁을 통해서 끊어내 버리실 것이다. 하나님께서 외부의 강포한 적들을 물리치고 승리할 수 있게 해주실 때에 스스로 알아서 내부에 있는 더 위험한 적들인 악덕과 불경스러움과 박해의 기운을 억누르는 데에 심혈을 기울이는 나라는 복된 나라이다. 또는, 그들은 본보기로 골라내져서, 하나님의 심판에 의해 소멸되고 끊어내질 것이다. 또는, 그들은 그들이 그토록 조롱하였던 예언들이 성취되는 것을 보고서 큰 혼란에 빠져서 서서히 기력을 잃어가게 될 것이다. 이 오만한 자들을 끊어지게 만든 악행이 무엇이었었는지를 똑똑히 잘 보아라. 그들은 하나님의 백성과 선지자들, 특히 이사야 선지자를 박해하는 자들이었을 것이다. 그러므로 이사야 선지자는 그들과 그들의 교묘한 악의에 대하여 이렇게 기탄없이 하소연하고 있는 것이다. 그들 중에서 어떤 자들은 밀고자나 박해자로, 어떤 자들은 재판자들로 나서서 그의 목숨, 또는 적어도 그의 자유를 빼앗기 위하여 최선을 다하였다. 이것은 그리스도와 그의 사도들을 박해하

였던 대제사장들과 바리새인들에게도 그대로 적용될 수 있다. 오만한 자들이었던 그들과 그들의 나라는 바로 그 죄 때문에 끊어지고 소멸되었다.

(1) 그들은 선지자들이나 진지하게 신앙을 고백한 자들을 조롱하였다. 그들은 참된 신앙을 지닌 자들을 멸시하였고, 온갖 방법을 다 동원해서 사람들로부터 경멸을 당하게 만들었다. 그들은 조롱하고 멸시하는 자들로서 오만한 자의 자리에 앉아 있었다.

(2) 그들은 참된 신앙을 지닌 자들을 칠 기회를 호시탐탐 노렸다. 그들은 밀정들을 보내서 참된 신앙을 지닌 자들에게서 죄악된 말이나 행위로 몰아부칠 수 있는 빌미를 찾아내기 위해서 죄악의 기회를 엿보는 자들이었다. 또는, 유다가 우리 주 예수를 배신하기 위하여 했던 것처럼, 그들은 해악을 가할 기회를 스스로 엿보고 있었다.

(3) 그들은 참된 신앙을 지닌 자들의 하는 말 속에서 그들을 치기 위한 꼬투리를 잡아내기 위해서 혈안이 되어 있었다. 조금이라도 말에 실수가 있다면, 그들은 그것을 그들을 고발하는 근거로 삼았다. 어떤 사람이 아무리 지혜롭고 선한 사람이고 하나님의 사람이라고 할지라도, 그들은 그 사람을 말 한 마디로 범죄자로 만들어서(그 말이 선한 의도였다는 것을 뻔히 알면서도) 송사로 그 사람에게 죄를 씌웠다(21절). 선지자들이 그들을 모욕할 그 어떤 의도도 없이 너무도 순수하게 한 말이라고 해도, 그들은 선지자들이 그들을 권면하기 위하여 한 모든 말들을 하나하나 트집잡았다. 그들은 선지자들이 한 말들을 가장 악의적으로 해석해서, 억지로 짜맞추고 갖다 붙여서 그 말을 죄악된 말로 만들어 버렸다. 우리 모두가 얼마나 경솔하게 말하기 쉽고, 다른 사람들의 말을 얼마나 잘못 듣기 쉬운지를 생각할 때, 말 한 마디로 사람을 범죄자로 만들어 버리는 것은 너무도 불의하고 부당한 일이다.

(4) 그들은 그들에게 신실하게 대해 주고 그들의 잘못들을 말해준 사람들을 어떻게든 곤경에 빠뜨리려고 온갖 짓을 다하였다. 성문에서 판단하는 자들, 선지자, 재판관, 방백들 같이 직무상 그들을 책망하고 그들의 잘못을 백성들에게 보일 수밖에 없었던 자들을 그들은 미워하였고 올무를 놓아 함정에 빠뜨렸다. 바리새인들이 보낸 자들도 우리 구주 예수를 말의 올무에 걸리게 하여 백성들과 위정자들에게 미움을 사서 벌을 받도록 하기 위하여 예수를 감시하였었다(마 22:15). 그들은 선지자들을 이같이 박해하였다. 아무리 신중한 사람이라도 그러

한 올무를 피할 수 있게 자신의 말에 한 치의 실수도 없게 하는 것은 사실상 불가능한 일이다. 악한 자들은, 그들에 대한 선의를 가지고 그들의 영혼을 사망에서 구하고자 하는 자들에게 악의를 품고서 얼마나 비열하게 행하는지를 보라. 또한, 그들을 책망하는 자들은 자신의 본분을 다할 수 있는 용기와 그들이 쳐놓은 올무를 피할 수 있는 지혜로움을 동시에 가질 필요가 얼마나 절실한지를 보라.

(5) 그들은 재판을 왜곡시켜서, 정직한 자의 정직한 주장을 결코 들어주지 않는다. 그들은 헛된 일로 의인을 억울하게 하느니라. 그들은 그 어떤 증거도 없이 그가 죄를 지었다는 어떤 기미도 없는 데도 그를 쳐서 송사하거나 단죄한다. 그들은 우리 구주께 그랬듯이 그들이 고안해 낼 수 있는 온갖 사소한 계략들과 속임수들을 사용해서 한 사람을 모함하여 짓밟아 버린다. 아주 선한 자들이 이런 일을 당한다고 해도, 우리는 그것을 이상하게 생각하지 않아야 한다. 제자가 그 선생보다 크지 못하다. 그러나 잠깐만 기다려라. 하나님께서 그들의 의를 나타내실 뿐만 아니라 이 오만한 자들을 끊어버리고 멸하실 것이다.

6. 원수들의 모욕을 받아서 얼굴이 붉어졌고 원수들의 위협 때문에 두려워 떨었던 야곱은 이제 하나님께서 그들의 수치를 굴려버리시고 그 위협을 좌절시키심으로써 모욕과 두려움에서 구원을 받게 될 것이다(22절). 그러므로 아브라함을 구속하신 여호와, 즉 아브라함을 갈대아 우르에서 부르셔서 그의 조상들의 우상 숭배로부터 건져내시고 불에서 꺼낸 그슬린 나무처럼 그를 꺼내신 여호와께서 이같이 말씀하신다. 아브라함을 그의 올무와 곤경들에서 구속하신 하나님은 믿음으로 말미암아 아브라함의 진정한 자손이 된 모든 자들을 그들의 올무와 곤경들에서 구속하실 것이다. 교회와 교회의 구속주께서 아직 아브라함의 허리에 있었을 때부터 아브라함의 구속을 통해서 그의 교회를 돌보기 시작하셨던 하나님은 지금도 교회를 돌보시는 일을 내팽개치지 않으실 것이다. 원수들이 하나님의 백성을 음해하고 겁주기 위해서 저토록 끈질기게 애를 쓰고 있기 때문에, 하나님은 야곱 집을 위하여 나타나실 것이고, 그들은 이전과는 달리 부끄러움을 당하지 않을 것이다. 도리어, 하나님의 백성은 그들을 모욕하는 자들에게 대답할 말을 갖게 될 것이고, 그 얼굴이 이제는 창백해지지 아니할 것이다. 그들은 용기를 얻어서, 얼굴빛 하나 변하지 않은 채 원수들의 얼굴을 똑바로 쳐다보게 될 것인데, 아브라함의 하나님을 자기 편으로 둔 자들은 얼마

든지 그럴 수 있다.

7. 자기 가문과 신앙이 완전히 끊어져서 소멸될 것이라고 생각하였던 야곱은 많은 자손들이 하나님께 헌신되는 것을 볼 때에 만족하게 될 것이다(23절).

(1) 그는 그의 자손들, 무수한 믿는 자들과 기도하는 자들, 믿음의 조상 아브라함과 (천사와 씨름하여 이긴) 야곱의 영적인 자손들을 보게 될 것이다. 그의 화살통에 이러한 화살들이 가득 있어서, 그는 부끄러워하지 아니하겠고(22절), 성문에서 원수와 담판할 때에 수치를 당하지 아니할 것이다(시 127:5). 그리스도께서는 그의 씨를 보게 되실 것이기 때문에(사 53:10) 수치를 당하지 아니하실 것이다(사 50:7). 야곱은 그의 자손들이 무리를 지어 교회로 몰려가서 거기에 거하는 것을 본다.

(2) 그의 자손들은 하나님의 손이 만드신 자들이다. 그들은 하나님이 만드신 자들, 선한 일을 위하여 지으심을 받은 자들이다. 자신의 자녀들이 하나님께서 만드신 자들, 그의 은혜의 손길로 지음받은 자들이라는 것은 부모에게 큰 위로가 된다.

(3) 그와 그의 자손들은 그들의 하나님이자 야곱의 거룩한 이이신 하나님의 이름을 거룩하다 하며, 이스라엘의 하나님을 경외하고 예배하게 될 것이다. 이것은 그가 부끄러워하고 창백해졌던 것과는 정반대의 모습이다. 그는 원수들로부터의 멸시와 위험으로부터 건짐을 받았을 때에 스스로를 높이는 것이 아니라 야곱의 거룩한 이를 거룩하다 할 것이다. 하나님께서 우리의 처지를 편안하게 해주시면, 우리는 하나님의 이름을 영광스럽게 만들기 위해서 애써야 한다. 부모와 자녀는 함께 힘을 합쳐서 하나님의 이름을 거룩히 할 때에는 진정으로 서로에 대하여 광채를 더해 주는 장식물과 위로가 된다. 부모가 자녀들을 하나님께 바치고 자녀들은 자신을 하나님께 드려서 하나님께 이름과 찬송이 된다면, 숲과 삼림은 이내 기름진 밭이 될 것이다.

제

— 30 —

장

개요

이 장의 예언은 산헤립의 침공에 의해서 예루살렘의 위험과 유다의 황폐화가 다가온 것과 관련이 있는 것으로 보인다(앞 장의 예언과 마찬가지로). I. 그러한 곤경 속에서 애굽을 의지하여 도움을 요청하고 애굽으로부터 원군을 불러오기 위해 부산하게 움직였던 자들에 대한 합당한 책망(1-7절). II. 하나님께서 그러한 곤경 속에서 그들의 마음에 평안을 주기 위하여 선지자들을 통해서 그들에게 주신 선한 권면을 무시한 자들에게 다른 사람들은 어떻게 되든지 그들에게는 반드시 심판이 임할 것이라고 무시무시한 경고를 하심(8-17절). III. 하나님을 의지한 자들에게 주어진 은혜로운 약속. 그들은 이 환난을 무사히 통과할 뿐만 아니라 환난 후에 복된 나날들, 즉 기쁨과 개혁, 많은 은혜의 수단들과 외적인 좋은 일들, 넘치는 기쁨과 승리의 기쁨의 나날들을 맞게 될 것이다(18-26절). 이 약속들 중 다수는 복음의 은혜에 그대로 적용될 수 있다. 앗수르 군대가 철저하게 궤멸될 것이고, 이것은 하나님의 백성에게 큰 기쁨과 저 복된 나날이 시작되었다는 신호탄이 되리라는 것(27-33절).

¹여호와께서 이르시되 패역한 자식들은 화 있을진저 그들이 계교를 베푸나 나로 말미암지 아니하며 맹약을 맺으나 나의 영으로 말미암지 아니하고 죄에 죄를 더하도다 ²그들이 바로의 세력 안에서 스스로 강하려 하며 애굽의 그늘에 피하려 하여 애굽으로 내려갔으되 나의 입에 묻지 아니하였도다 ³그러므로 바로의 세력이 너희의 수치가 되며 애굽의 그늘에 피함이 너희의 수욕이 될 것이라 ⁴그 고관들이 소안에 있고 그 사신들이 하네스에 이르렀으나 ⁵그들이 다 자기를 유익하게 하지 못하는 민족으로 말미암아 수치를 당하리니 그 민족이 돕지도 못하며 유익하게도 못하고 수치가 되게 하며 수욕이 되게 할 뿐임이니라 ⁶네겝 짐승들에 관한 경고라 사신들이 그들의 재물을 어린 나귀 등에 싣고 그들의 보물을 낙타 안장에 얹고 암사자와 수사자와 독사와 및 날아다니는 불뱀이 나오는 위험하고 곤고한 땅을 지나 자기에게 무익한 민족에게로 갔으나 ⁷애굽의 도움은 헛되고 무익하니라 그러므로 내가 애

굽을 가만히 앉은 라합이라 일컬었느니라

유다 백성이 흔히 저질렀던 잘못과 어리석음은 그들이 어느 이웃 나라에 의해서 욕을 당하면 하나님을 바라보고 의뢰하는 것이 아니라 또 다른 이웃 나라에게 구원을 요청하곤 하였다는 것이다. 그들은 북왕국 이스라엘로부터 위협을 당하자 아람 사람들에게 구원을 요청하였고(대하 16:2-3), 아람으로부터 위협을 당하자 앗수르 사람들에게 구원을 요청하였으며(왕하 16:7), 앗수르로부터 위협을 당하자 이번에는 애굽 사람들에게 구원을 요청하였다. 랍사게는 이렇게 한 것에 대하여 유다인들을 신랄하게 힐책하였다(왕하 18:21). 좀 더 살펴보자.

I. 그들이 저지른 이러한 죄가 어떻게 묘사되고 있고, 무엇이 하나님을 진노케 하였는지. 그들은 그들이 위험과 곤경에 처하게 된 것을 보았을 때에 다음과 같이 하였다.

1. 그들은 하나님께 묻고자 하지 않았다. 그들은 얼마든지 우림이나 선지자들을 통해서 하나님께 물을 수 있었음에도 불구하고 그렇게 하지 않았고, 오직 그들 자신의 머리로 생각해낸 일들만을 하고자 하였다. 그들은 그들 자신이 생각해낸 조치들이 지혜로운 것들임을 자신만만해했기 때문에 하나님께 물어서 신탁(神託)을 받는 것은 불필요하다고 생각하였다. 아니, 그들은 이 문제를 하나님께 물을 생각이 아예 없었다. "그들은 그들끼리 모여 모의해서 이런저런 계교를 베푼다. 그들은 내게 모략을 구하지 않고, 내가 주는 모략을 베풀려고는 더더욱 하지 않는다. 그들은 엄호물로 그들 자신을 덮지만(그들은 그들이 생각해낸 이런저런 피난처를 통해서 폭풍으로부터 안전할 수 있다고 생각한다), 나의 영으로 말미암지 아니한 것이라(하나님께서 그의 영으로 말미암아 선지자들의 입을 통해서 그들에게 지시하시지 아니한 것). 그러므로 그것은 너무나 부족한 엄호물이자 거짓된 피난처라는 것이 밝혀지게 될 것이다."

2. 그들은 하나님을 신뢰하고자 하지 않았다. 그들은 하나님을 자기 편으로 삼아 보았자 그것만으로 충분하지 않다고 생각하였거나, 하나님을 그들의 벗으로 삼고자 하는 간절함이 없었고, 그 대신에 바로의 세력 안에서 스스로 강하려 하였다. 그들은 애굽을 강력한 동맹국으로 생각하였고, 애굽만 그들 편이 되어 준다면 앗수르를 충분히 상대할 수 있다는 것을 의심하지 않았다. 애굽의 그들

(사실, 애굽은 단지 그늘, 즉 실체가 없는 그림자에 불과한 존재였다)은 그들이 그들의 몸을 의지하였던 엄호물이었다.

Ⅱ. 그들이 저지른 이 죄가 왜 악한 것인지.

1. 이 죄는 그들이 패역한 자식들이라는 것을 보여주는 것이었다. 여기에서는 그런 패역한 자들에게 화가 선포된다(1절). 그들은 스스로 하나님의 자녀들이라고 고백한 자들이었지만, 하나님을 의뢰하거나 신뢰하지 않았기 때문에, 하나님께서 그들을 패역한 자식들이라고 낙인 찍으신 것은 합당한 것이었다. 왜냐하면, 우리가 하나님의 섭리를 불신한다면 우리는 사실상 하나님에 대한 우리의 충성 맹세를 거두는 것이기 때문이다.

2. 그들은 죄에 죄를 더하였다. 그들을 곤경에 빠뜨린 것은 바로 죄였다. 그런데도 그들은 회개하기는커녕 더욱 여호와께 범죄하였다(대하 28:22). 그들에게 베푸신 하나님의 긍휼들을 악용하여 그들의 정욕을 채우는 데에 사용하였던 그들은 그들에게 주어진 환난도 악용하여 그 환난을 그들이 하나님을 불신하는 핑계로 사용하였다. 이렇게 그들은 더욱 나빠졌고, 죄에 죄를 더하였다. 그들이 그렇게 하여 그들 자신의 사슬을 무겁게 하였기 때문에, 하나님께서 그들의 괴로움을 더 크게 하신 것은 합당한 일이다. 그들의 죄를 더욱 가중시킨 것은 다음과 같은 것들이었다.

(1) 그들이 애굽을 자신의 동맹으로 안전하게 확보하기 위해서 무진 애를 썼다는 것. 그들이 애굽으로 내려갔다. 그들은 거기로 내려가는 좋은 길을 찾아내기 위해서 수없이 그 길을 왔다갔다 하였다. 그러면서도 그들은 나의 입에 묻지 아니하였고, 하나님께서 그 일을 허락하시는지 그렇지 않은지를 결코 생각하지 않았다.

(2) 그들은 그 일을 위해서 막대한 비용을 들였다는 것(6절). 겁에 질린 자들이 흔히 그렇듯이, 그들은 다른 곳으로 가면 지금 그들이 있는 곳보다는 더 안전할 것이라는 헛된 생각 속에서 네겝 짐승들(유대 땅에서 남쪽에 있었던 애굽에서 가져온 말들)에 그들의 재물을 실었다. 아니면, 그들은 그들의 청을 들어주도록 하기 위해서, 또는 애굽 군대를 위한 비용을 지불하기 위해서 바로의 궁정에 보낼 뇌물로서 그들의 재물을 짐승들에 실었다. 하나님은 거저 또는 은혜로(gratis) 그들을 도와주실 것이었는데도 말이다. 그러나 그들이 애굽으로부터 도움을 받고자 한다면, 그에 대한 비싼 대가를 치러야 할 것이었는데, 그들

은 기꺼이 그런 대가를 치르고자 하는 것 같았다. 이렇게 많은 재물을 허비하게 되면 재정은 파탄이 나게 될 것이다. 그들은 수사자와 날아다니는 불뱀이 나오는 위험하고 곤고한 땅(신 8:15), 가나안과 애굽 사이에 놓여 있던 저 광대하고 황량한 광야를 통과해서 애굽으로 그들의 재물과 보화들을 실어날랐다. 그들은 그들이 지니고 있던 재물을 몽땅 애굽에 건네주기 위해서 이 위험한 광야를 통과하는 모험을 마다하지 않았다. 또는, 여기서 위험하고 곤고한 땅은 애굽 자체를 의미하는 것일 수도 있다. 애굽은 이스라엘에게 종살이 하던 집이었고, 따라서 괴로움과 고뇌의 땅, 사납고 독 있는 짐승들이 많은 땅이었다. 하나님을 버린 자들이 어떤 위험들 속으로 뛰어들어가는지, 그들이 육체를 신뢰하고 피조물에 기대를 둘 때에 어떤 위험들 속으로 달려가게 되는지를 똑똑히 보라.

Ⅲ. 그 결과가 무엇일지.

1. 애굽 사람들은 유다의 사자(使者)들을 영접하여 아주 공손히 대할 것이다(4절). 그 고관들이 소안에 있었다. 유다의 고관들은 바로의 왕궁이 있는 소안에 이르러 바로를 알현하였고, 바로는 그들에게 자기만 믿으라고 격려하며 원군을 보내겠다고 약속하였다.

2. 그러나 애굽 사람들은 유다 백성의 기대에 부응하지 못할 것이다. 애굽 사람들은 그들을 유익하게 할 수 없을 것이다(5절). 왜냐하면, 하나님께서 애굽 사람들이 그들에게 무익한 민족이 될 것이라고 말씀하셨고(6절), 하나님께서 그렇게 말씀하시면 그 어떤 피조물도 우리에게 무익한 것이 될 수밖에 없기 때문이다(6절). 애굽 군대는 때를 맞춰서 제때에 조직되어 파병될 수 없었다. 또는, 바로는 유다를 돕는 원군으로 정예병을 보내고자 하지 않았기 때문에, 애굽 군대가 조직이 되었을 때에도 전쟁을 하기에 적합하지 않았다. 또는, 애굽 군대는 유다 땅으로 오는 데에 너무 많은 시간이 걸려서 꼭 필요할 때에 당도할 수 없었다. 또는, 애굽 사람들은 이스라엘에 대하여 우호적이지 않았기 때문에, 이런저런 이유로 은밀하게 앗수르 편을 들었다. 애굽의 도움은 헛되고 무익하니라(7절). 그들은 도움이 되기보다는 방해가 되고 상처만 줄 것이다.

3. 그러므로 지금 애굽을 그토록 좋아한 자들은 결국 그들로 인하여, 즉 그들에게 걸었던 모든 기대와 신뢰로 인하여 수치를 당하게 될 것이다(3절). "너희의 자랑이었던 바로의 세력이 너희의 수치가 될 것이다. 너희가 바로를 의지한

어리석은 짓을 범한 것 때문에 너희의 모든 이웃들이 너희를 심하게 힐책할 것이고, 너희도 너희 자신을 힐책하게 될 것이다. 애굽의 그늘, 날개 치는 소리 나는 땅(사 18:1)에 피함이 이전에는 너희의 의지처(依支處)였지만 머지않아 너희의 수욕, 너희가 낭패당하는 원인이 될 것이다. 그것은 너희를 실망시키고 너희로 하여금 수치를 당하게 하는 원인이 될 뿐만 아니라, 너희의 모든 다른 의지처들을 약화시켜서 너희가 해악을 당하는 원인이 될 것이다." 하나님은 나중에 바로 이 일 때문에 애굽이 멸망하게 될 것이라고 경고하신다. 왜냐하면, 그들은 이스라엘을 기만적으로 대하였고 이스라엘에 대하여 갈대 지팡이가 되었었기 때문이다(겔 29:6-7). 애굽과 동맹을 맺기 위해서 아주 적극적으로 활동하였던 이스라엘의 고관들과 사자(使者)들은 막상 애굽 군대가 원군으로 왔을 때에 그들의 너무나 약한 모습, 아니 그들의 형편없는 모습을 목격하고서 그들을 유익하게 하지 못하고 단지 수치와 수욕이 되게 할 뿐인 민족으로 말미암아 수치를 당하게 될 것이다(5절). 하나님, 그의 권능과 섭리와 약속을 의지하는 자들은 그들의 소망으로 인하여 결코 부끄러움을 당하지 않는다. 그러나 피조물을 의지하는 자들은 조만간에 그렇게 한 것이 그들에게 수치로 돌아오는 것을 보게 될 것이다. 하나님은 참되시기 때문에 우리가 의지할 수 있지만, 사람은 모두 거짓말쟁이이기 때문에 의심스러울 수밖에 없다. 창조주는 만세반석이신 반면에, 피조물은 상한 갈대에 불과하다. 사람에게는 기대를 안 하면 안 할수록 좋고, 하나님에게는 아무리 많은 기대를 해도 좋다.

Ⅳ. 이 모든 것의 활용과 적용(7절). "그러므로 내가 이 문제, 그들의 이러한 계획에 대하여 이렇게 외쳤느니라(개역에서는 일컬었느니라). 모든 사람이 알 수 있도록 나는 이것을 널리 공표하였고, 간절한 심정을 지닌 자 같이 그것을 간곡히 알렸다. 그들의 힘은 가만히 앉아 있는 것이다(개역에서는 애굽은 가만히 앉은 라합이라). 이런저런 피조물에게서 도움을 구하기 위해서 여기저기 돌아다니며 무진 애를 쓰는 것이 아니라 겸손히 하나님과 그의 선하심을 의지하고 하나님의 뜻에 조용히 순복하는 것이야말로 그들의 힘이 될 것이다." 환난의 날에 우리가 여호와의 구원을 소망하며 조용히 기다리는 가운데 오직 우리 자신을 보존하기 위한 합법적이고 정상적인 방법들만을 사용하며 조용히 앉아 있다면, 우리 영혼은 하나님을 섬기고 고난을 감당하는 데에 필요한 힘을 얻게 될 것이고, 하나님께서 그 권능으로 우리를 위하여 그 환난에 개입하실 것이

다. 만약 우리가 육체를 우리의 무기로 삼는다면, 그것은 우리 마음이 여호와께로부터 떠난 것임을 보여주는 것이기 때문에, 우리는 더욱 힘을 잃고 약해지고, 하나님은 진노하셔서 우리에게서 물러가시게 된다. 우리가 피조물들로부터 도움을 구하느라 지쳤다면 하나님을 의지하는 가운데 편히 지켜 보는 것이 가장 좋은 길임을 발견하게 될 것이다. 내가 여기 있사오니 주께서 기뻐하시는 대로 내게 행하소서.

8이제 가서 백성 앞에서 서판에 기록하며 책에 써서 후세에 영원히 있게 하라 9대저 이는 패역한 백성이요 거짓말 하는 자식들이요 여호와의 법을 듣기 싫어하는 자식들이라 10그들이 선견자들에게 이르기를 선견하지 말라 선견자들에게 이르기를 우리에게 바른 것을 보이지 말라 우리에게 부드러운 말을 하라 거짓된 것을 보이라 11너희는 바른 길을 버리며 첩경에서 돌이키라 이스라엘의 거룩하신 이를 우리 앞에서 떠나시게 하라 하는도다 12이러므로 이스라엘의 거룩하신 이가 이같이 말씀하시되 너희가 이 말을 업신여기고 압박과 허망을 믿어 그것을 의지하니 13이 죄악이 너희에게 마치 무너지려고 터진 담이 불쑥 나와 순식간에 무너짐 같게 되리라 하셨은즉 14그가 이 나라를 무너뜨리시되 토기장이가 그릇을 깨뜨림 같이 아낌이 없이 부수시리니 그 조각 중에서, 아궁이에서 불을 붙이거나 물 웅덩이에서 물을 뜰 것도 얻지 못하리라 15주 여호와 이스라엘의 거룩하신 이가 이같이 말씀하시되 너희가 돌이켜 조용히 있어야 구원을 얻을 것이요 잠잠하고 신뢰하여야 힘을 얻을 것이거늘 너희가 원하지 아니하고 16이르기를 아니라 우리가 말 타고 도망하리라 하였으므로 너희가 도망할 것이요 또 이르기를 우리가 빠른 짐승을 타리라 하였으므로 너희를 쫓는 자들이 빠르리니 17한 사람이 꾸짖은즉 천 사람이 도망하겠고 다섯이 꾸짖은즉 너희가 다 도망하고 너희 남은 자는 겨우 산꼭대기의 깃대 같겠고 산마루 위의 기치 같으리라 하셨느니라

이 단락에는 다음과 같은 내용들이 나온다.

I. 서두에 나오는 말씀은 아주 무시무시하다. 선지자는 이 말씀을 전해야 할 뿐만 아니라 서판에 기록해서(8절) 걸어두어 백성들이 다 볼 수 있게 하여야 했다. 그는 잃어버리거나 찢겨질 수도 있는 낱장의 종이들이 아니라 이 악한 세대를 치는 영속적인 증언으로서 영원히 후세에 있게 하기 위하여 그 말씀을

책에 주의깊게 써야 했다. 그는 후대의 몇몇 세대들에게만이 아니라 세상이 존속하는 한 영원히 이 말씀이 남아 있게 하여야 했는데, 실제로 그렇게 될 것이었다. 왜냐하면, 성경은 의심할 여지 없이 세상 끝날까지 존속되어 사람들에게 읽혀질 것이기 때문이다. 하나님께서 이 말씀을 기록하게 하신 것은 다음과 같은 목적들 때문이다.

1. 하나님의 말씀이 선포되었을 때에 그 말씀을 주의해서 듣고자 하지 않은 당대의 사람들을 부끄럽게 하기 위하여. 이 말씀은 잃어버려지지 않도록 하기 위하여 기록되어야 했다. 그들은 이 말씀으로 유익을 얻지 못했지만, 그들의 후손들은 이 말씀으로 유익을 얻게 될 수도 있다.

2. 하나님께서 이제 그들에게 알리실 심판들을 후에 행하실 때에 옳다 하심을 얻기 위해서. 만약 사람들이 그들이 얼마나 악했고, 얼마나 지독하게 하나님을 진노케 하였는지, 하나님이 이런 극단적인 조치를 취하시기 전에 여러 가지 방법을 동원하여 얼마나 간곡하게 그들을 설득하셨는지를 알지 못한다면, 심판이 임했을 때에 사람들은 하나님이 그들에게 너무 가혹하고 심하셨다고 생각하기 쉬울 것이었다.

3. 다른 사람들도 그들처럼 심판을 받도록 하지 않기 위해서 그들처럼 행하지 말도록 경고하기 위하여. 그것은 아주 먼 곳의 사람들, 아주 먼 후세의 사람들, 심지어 말세를 만난 자들을 깨우치기 위한 것이다(고전 10:11). 하나님의 사역자들은 말씀을 전할 뿐만 아니라 기록하는 것이 유용할 수 있다. 기록된 것은 오래 남아 있기 때문이다.

Ⅱ. 불경스럽고 악한 유대인들에 대한 묘사는 아주 서글프다. 선지자는 그들을 곧이 곧대로 묘사한다면 그들에 대하여 이렇게 써야 했다(하나님의 판단은 진리를 따른 것이기 때문에, 우리는 선지자가 그들에 대하여 거짓 증언을 했다거나 그들의 실제 모습보다 과장하여 나쁘게 쓰지 않았다는 것을 확신한다). 이는 패역한 백성이요(9절). 우리가 알기로는, 유대인들은 당시에 이 세상에서 하나님을 믿는다고 고백했던 유일한 백성이었지만, 그들 중 다수는 패역한 자들, 반역하는 자들이었다.

1. 그들은 그들 자신의 확신과 언약을 배반하여 반역하였다. "그들은 거짓말하는 자식들, 그들이 말한 것을 지키지 않는 자들, 번지르르하게 약속은 하지만 실천은 전혀 하지 않는 자들이다." 하나님께서는 그들을 택하사 그들과 언약

을 맺으실 때에 그들에 대하여 그들은 실로 나의 백성이요 거짓을 행하지 아니하는 자녀라(사 63:8)고 말씀하셨었다. 그러나 그들은 그렇지 않다는 것이 증명되었다.

2. 그들은 하나님의 권위에 대하여 반역하였다. "그들은 여호와의 법을 듣기 싫어하는 자식들이다. 하나님께서 무어라 말씀하시든, 그들은 경청하고자 하지 않고 그들 마음대로 행하고자 한다."

III. 그들에 대한 고소는 아주 강도 높고, 그들에게 내려진 선고는 아주 무시무시하다. 그들에게 대한 고소는 여기에서 두 가지로 나오고, 각각의 고소에 대하여 그들에게 내려진 판결은 두려운 것이다.

1. 그들은 선지자들에게 하나님의 이름으로 그들에게 말하고 신실하게 그들을 대하는 것을 금지시켰다.

(1) 그들의 죄는 이렇게 묘사된다(10-11절). 그들은 선지자들을 폭력적으로 위협하여 하나님의 말씀을 전하는 것을 방해하거나 적어도 설교를 통해서 그들의 문제를 직접적으로 다루지 말게 하였고, 선지자들을 조롱하며 은근히 협박하여, 사실상 선견자들에게 이르기를 선견하지 말라고 말하였다. 그들에게는 빛이 있었지만, 그들은 빛보다 어둠을 더 사랑하였다. 그들에게 선견자들이 있는 것은 그들에게 주어진 특권이었지만, 그들은 있는 힘을 다해서 선견자들의 눈을 감겨 버렸고, 그들에게는 선지자들이 있었지만, 그들은 있는 힘을 다해서 선지자들의 입을 막아 버렸다. 왜냐하면, 그들은 선견자들과 선지자들을 악한 방식으로 괴롭혔기 때문이다(계 11:10). 선한 사역자들을 침묵시키거나 선한 말씀에 대하여 언짢은 표정을 짓는 자들은 하나님을 반역한 자들이라 불리는 것이 마땅하다. 선지자들이 전한 말씀 중에서 그들의 심기를 불편하게 만든 것이 무엇이었는지를 보라.

[1] 선지자들은 그들의 잘못을 지적하였고, 죄로 인하여 그들이 빠져 있는 참상과 위험에 대하여 경고하였는데, 그들은 그런 말씀을 견딜 수 없었다. 그들은 선지자들에게 부드러운 말을 하고 그들의 죄에 대하여 괜찮다고 듣기 좋은 말만을 하며 그들이 잘 하였고 그들이 살아온 삶 속에는 그 어떤 해악이나 위험도 없다고 말하라고 협박하였다. 선지자들이 하는 말씀이 아무리 옳고 참되다고 하여도 그것이 부드러운 것이 아니라면, 그들은 듣고자 하지 않았다. 그러나 선지자들이 전하는 말씀이 그들이 그들 자신에 대하여 갖고 있던 좋은

견해와 일치하고 그것을 확인해 주는 것이라면, 그 말씀이 아무리 틀리고 그들을 크게 속이는 것이라고 하여도, 그들은 그런 예언의 말씀을 기꺼이 듣고자 하였다. 이렇게 스스로 속기를 바라는 자들은 속임을 당해 마땅하다.

[2] 선지자들은 그들이 죄악을 따라 행하는 일들을 중단시켰고, 발람의 길을 막아선 천사와 같이 하나님의 진노의 칼을 빼어들고서 그들의 길을 막아섰다. 그러므로 그들은 두려움 없이는 앞으로 나아갈 수 없었다. 그들은 이것을 그들에 대한 커다란 모욕으로 받아들였다. 그들은 마음 내키는 대로 악을 자행하면서 선지자들에게 이렇게 말하였다. "너희는 길에서 나가고 길에서 비켜 서라(개역에서는 너희는 바른 길을 버리며 첩경에서 돌이키라). 우리 길을 막다니, 너희가 무슨 짓을 하는 것이냐? 우리가 내키는 대로 하도록 내버려 두지 못하겠느냐?" 악을 행하고자 하는 마음으로 가득찬 자들은 그들을 악에서 지키고자 하는 신실한 감시자들에게 그들의 길에서 비켜나라고 명령하는 법이다. 그치라, 어찌하여 맞으려 하느냐(대하 25:16).

[3] 선지자들은 끊임없이 그들에게 이스라엘의 거룩하신 이에 대하여 말씀을 전하며, 하나님이 얼마나 죄를 싫어하시는지, 죄인들을 얼마나 혹독하게 벌하실 것인지에 대하여 전하였다. 그들은 이런 말씀을 듣고 있는 것을 참을 수 없었다. 선지자들이 다루고 있는 내용이나 그 표현은 그들에게는 너무나 무겁고 진지한 것이었다. 그래서 그들은 선지자들이 계속해서 그들에게 그런 말씀을 전한다면 그들이 하나님을 이스라엘의 거룩하신 이라 부르지 않을 것이라고 위협하며 협상카드로 내놓았다. 왜냐하면, 하나님의 거룩하심은 악인들이 그 무엇보다도 두려워하는 하나님의 속성이기 때문이다. "당신의 주제넘은 긴 열변에 그런 위엄 있는 서두를 붙임으로써 더 이상 우리를 괴롭히지 말라." 자신의 죄에 대하여 책망을 들음으로써 그들 마음속에 두려움이 불러일으켜지는 것을 못 참아하는 자들은 만약 그들이 계속 그런 반응을 보인다면 그들의 죄 가운데서 죽을 수밖에 없게 되리라는 것을 알고 두려워해야 한다.

(2) 그렇다면, 이 죄로 인하여 그들에게 내려진 판결은 무엇인가. 우리는 여기에서 그 판결의 내용을 본다(12-13절). 좀 더 살펴보자.

[1] 그들에게 심판을 내리시는 분은 누구인가. 이스라엘의 거룩하신 이가 이같이 말씀하신다. 선지자는 그들이 특히 싫어하던 하나님의 칭호를 여기에서 사용한다. 신실한 사역자들은 죄인들이 그런 표현들을 싫어한다고 해도 그들을

일깨우는 데에 적합하다고 판단되면 그런 표현들을 주저없이 사용할 수 있어야 한다. 우리는 사람들에게 그들이 듣든지 아니 듣든지 하나님은 이스라엘의 거룩하신 이이시고 결국 그들도 그렇다는 것을 알게 될 것이라고 말해 주어야 한다.

[2] 심판의 근거는 무엇인가. 그들이 이 말을 업신여기기 때문에. 여기에서 이 말은 선지자들이 그들에게 전해 준 모든 말씀을 가리킨다고 볼 수도 있고, 구체적으로 하나님을 이스라엘의 거룩하신 이로 선포한 말씀을 가리킨다고 볼 수도 있다. "그들은 이 말씀을 멸시한다. 즉, 그들은 이 말씀을 두려움으로 받아서 그 앞에서 경외함을 보이지도 않고, 이 말씀을 소망으로 삼아서 의지하려고 하지도 않는다. 그들은 이스라엘의 거룩하신 이를 의지하기보다는 압박과 허망, 거짓 술수와 폭력을 통해서 그들이 얻은 재물과 세력, 또는 그들이 하나님과 그의 뜻을 거슬러서 자신의 안전을 위하여 취해 왔던 죄악된 방법들을 믿고 의지하였다. 그들이 이런 것들에 기대고 의지하였으니, 넘어지는 것은 당연한 일이다."

[3] 그들에게 내려진 심판은 무엇인가. "이 죄악이 너희에게 마치 무너지려고 터진 담 같게 되리라. 너희가 이렇게 의지하는 것은 모래 위에 지은 집 같아서 비바람이 불면 무너져서 그 폐허더미 안에 건축자가 매장될 것이다. 너희가 마땅히 하나님의 말씀 위에 집을 세워야 함에도 그 말씀을 멸시하였기 때문에 너희가 의지하는 다른 모든 것은 조금만 건드리면 무너져 내리는, 아니 제 무게를 못 이기고 내려앉는 불쑥 튀어나온 담 같을 것이다." 이 때문에 그들이 자초하게 된 파멸은 다음과 같은 것이 될 것이다.

첫째, 순식간에 임하는 파멸. 그 무너짐이 갑자기 순식간에 임하리라. 이 무너짐은 그들이 전혀 예상하지 못한 것이어서 그들은 더욱 놀라게 될 것이고, 그들이 전혀 대비하고 있지 않은 것이어서 더 치명적인 것이 될 것이다.

둘째, 돌이킬 수 없을 정도로 철저하고 총체적인 파멸. "너희가 의지하는 모든 것들은 토기장이의 진흙처럼 약한 것들일 뿐만 아니라(사 29:16) 토기장이가 그릇을 깨뜨림 같이 부숴질 것이다. 철장(鐵杖)을 지닌 분이 그것을 부수시되(시 2:9) 아끼시지 아니하실 것이고, 인정사정 두지 아니하실 것이며, 그것의 어느 부분도 온전한 채로 남겨 놓지 아니하실 것이다. 하나님께서 그것을 부수셔서 사용할 수 없게 만드신 후에는 땅에 내동댕이쳐서 산산조각이 나게 하실 것이기 때문에, 그 조각 중에서 작은 불을 붙이거나 물을 뜰 것도 남아 있지 않게 될 것이다 ― 불과 물은 우리가 매일 필요로 하는 두 가지 것들인데, 가난한 자들은 흔히 부숴진 토기 조각에 불과 물을 담아오곤 하였다. 그들은 넘어지는 담 같을 뿐만 아니라(시 62:3), 아무짝에도 소용없고 다시는 온전케 될 수 없는 부숴진 토기나 유리잔 같을 것이다.

2. 그들은 어떻게 하면 안온하고 안전할 수 있는지만이 아니라 어떻게 하면 마음을 안정시키고 편히 가질 수 있는지에 대해서 하나님께서 그들에게 은혜로 주신 명령들을 무시하였다. 그들은 그들 자신의 길을 가고자 하였다(15-17절). 좀 더 살펴보자.

(1) 하나님께서 그들에게 제시하신 구원과 힘을 얻는 방법. 그들을 잘 알고 계시고 그들에게 무엇이 적합한지를 아시며 그들이 잘 되기를 바라신 하나님은 그들에게 다음과 같은 처방을 주셨는데, 이것은 우리 모두에게 권면하시는 것이기도 하다.

[1] 우리가 온갖 재앙의 해악(害惡)에서 구원을 받고, 거기로 이끌리는 것을 차단하며, 해악 속에 들어 있는 저주로부터 안전하려면 어떻게 해야 하는가. 그것은 돌이켜 조용히 있는 것, 하나님께 돌아와서 우리의 안식이신 그를 의지하고 그의 안에서 쉬는 것이다. 우리는 우리가 빠져 들어갔던 우리의 악한 길들로부터 돌이켜서, 하나님의 길과 우리의 마땅한 본분에 착념하고 조용히 있어야 한다. 이것이 구원받는 길이다. "애굽으로 내려가려는 너희의 계획에서 돌이켜서 하나님의 뜻에 만족하며 조용히 의지하라. 그러면 너희는 하나님을 의지하여 안전하리라. 돌이켜(너희의 마음과 삶을 철저하게 고쳐야 한다는 것) 조용히 있어야(너희의 영혼이 하나님께 전적으로 순복하고 그의 안에서 만족하여야 한다는 것) 너희가 구원을 얻을 것이다."

[2] 우리가 하나님께서 우리에게 요구하시는 것을 행하고 우리에게 주어진 것을 감당하기 위하여 힘을 얻으려면 어떻게 해야 하는가? 그것은 잠잠하고 신뢰하는 것이다. 우리는 하나님과 그의 권능, 그의 선하심을 끊임없이 의지함으로써 우리 영혼을 언제나 고요하고 평안한 상태로 지켜야 한다. 우리는 거룩한 잠잠함 가운데 우리 자신 속으로 물러나서, 온갖 요동하며 소란스러운 정념(情念)들을 억누르고 마음의 평안을 유지하여야 한다. 우리는 거룩한 신뢰를 가지고 하나님을 의지함으로써 하나님께서 하시고자 하시는 일을 하시게 하고, 자

기 백성에게 가장 좋은 일을 하시게 하여야 한다. 이것이 우리의 힘이 될 것이다. 이것이 우리에게 거룩한 강인함을 주어서, 우리로 하여금 평안함과 담대함을 지니고서 우리가 만나는 온갖 난관들을 돌파할 수 있게 해줄 것이다.

(2) 하나님의 이러한 처방을 그들이 멸시함. 하나님의 권면은 그들에게 너무도 유익한 것이었지만, 그들은 그 권면을 받아들이려 하지 않았다. 의사이신 하나님을 받아들이지 않는 자들이 그들의 병으로 인하여 죽게 될 것은 뻔한 일이다. 우리는 하나님의 신민(臣民)이 되고자 하지 않는다면 반드시 우리 자신에 대하여 원수가 되고 만다. 그들은 하나님이 처방해 주신 방법을 시도해 보는 것조차 하지 않았다. "그러나 너희는 이르기를 아니라 우리가 마음을 가라앉히고 가만히 있지 아니하리니, 이는 우리가 말 타고 도망해야 하고 빠른 짐승을 타야 하기 때문이다(16절). 우리는 다른 나라들에게 원병을 요청하기 위해서 서둘러 이리 달리고 저리 달려야 한다." 그들은 그들 자신이 하나님보다 더 지혜롭다고 생각하였고, 하나님보다 그들 자신이 자기 자신에게 무엇이 좋은지를 더 잘 알고 있다고 생각하였다. 산헤립이 유다의 모든 견고한 성읍들을 취하였을 때에 이 패역한 자녀들은 가만히 앉아서 하나님이 그들을 위하여 나타나시는 것을 참고 기다리라는 권면을 받아들이고자 하지 않았다. 하나님께서는 마침내 그들을 위하여 나타나시는 놀라운 일을 행하셨는데도 말이다. 도리어, 그들은 그들 자신의 안전을 확보하기 위해서 이리저리 분주하게 뛰어다녔고, 그렇게 함으로써 그들 자신을 더욱더 큰 위험에 노출시켰다.

(3) 이 일로 인하여 그들에게 내려진 선고. 그들은 그들이 지은 죄의 모양을 따라 바로 그러한 벌을 받게 될 것이다. "너희는 도망하고자 한다. 그러므로 너희가 도망하게 될 것이다. 너희는 전속력으로 도망하고자 한다. 그러므로 너희를 추격하는 적군이 전속력으로 너희 뒤를 쫓게 될 것이다." 개들은 빨리 달리는 자를 따라가며 계속해서 짖는 법이다. 정복자들은 가만히 앉아 있는 자들에게는 손을 대지 않았지만, 도망하는 자들에 대해서는 전속력으로 추격하였다. 이렇게 그들이 살아남고자 하여 추진하였던 바로 그 계획이 그들을 파멸시키는 계획이 되어 버렸다. 가장 많이 죄를 지은 자들이 가장 큰 고통을 당하였다. 본문에는 다음과 같이 예언되어 있다(17절).

[1] 그들이 쉽게 끊어지게 되리라는 것. 그들은 도망을 가면서 더욱 두려움에 사로잡혀 사기가 떨어져서, 적군 한 사람이 그들 천 명을 무찌르고 적군 다

섯 명이 그들 모두를 도망치게 만들 것이다. 그들의 반석이 그들을 팔지 아니하였다면(신 32:30), 이런 일은 결코 있을 수 없다.

[2] 그들은 거의 다 죽임을 당해서, 단지 여기저기에 한 사람씩 남아서 구경거리가 될 것이다. 그 남은 자들은 산꼭대기의 깃대 같아서 다른 사람들에게 그들과 같은 죄악된 길을 걷고 육체를 의지하는 일을 피하라는 경고가 될 것이다.

[18]그러나 여호와께서 기다리시나니 이는 너희에게 은혜를 베풀려 하심이요 일어나시리니 이는 너희를 긍휼히 여기려 하심이라 대저 여호와는 정의의 하나님이심이라 그를 기다리는 자마다 복이 있도다 [19]시온에 거주하며 예루살렘에 거주하는 백성아 너는 다시 통곡하지 아니할 것이라 그가 네 부르짖는 소리로 말미암아 네게 은혜를 베푸시되 그가 들으실 때에 네게 응답하시리라 [20]주께서 너희에게 환난의 떡과 고생의 물을 주시나 네 스승은 다시 숨기지 아니하시리니 네 눈이 네 스승을 볼 것이며 [21]너희가 오른쪽으로 치우치든지 왼쪽으로 치우치든지 네 뒤에서 말 소리가 네 귀에 들려 이르기를 이것이 바른 길이니 너희는 이리로 가라 할 것이며 [22]또 너희가 너희 조각한 우상에 입힌 은과 부어 만든 우상에 올린 금을 더럽게 하여 불결한 물건을 던짐 같이 던지며 이르기를 나가라 하리라 [23]네가 땅에 뿌린 종자에 주께서 비를 주사 땅이 먹을 것을 내며 곡식이 풍성하고 기름지게 하실 것이며 그 날에 네 가축이 광활한 목장에서 먹을 것이요 [24]밭 가는 소와 어린 나귀도 키와 쇠스랑으로 까부르고 맛있게 한 먹이를 먹을 것이며 [25]크게 살육하는 날 망대가 무너질 때에 고산마다 준령마다 그 뒤에 개울과 시냇물이 흐를 것이며 [26]여호와께서 자기 백성의 상처를 싸매시며 그들의 맞은 자리를 고치시는 날에는 달빛은 햇빛 같겠고 햇빛은 일곱 배가 되어 일곱 날의 빛과 같으리라

앞 단락의 마지막에 나오는 말씀(너희 남은 자가 겨우 산꼭대기의 깃대 같으리라)을 어떤 이들은 그들 중에서 남은 자들이 하나님의 긍휼하심을 보여주는 기념비들로 보존될 것이라는 약속으로 이해한다. 여기에서 선지자는 이러한 재앙들에 이어서 어떤 좋은 시절이 오게 될 것인지를 그들에게 말해준다. 또는, 이 단락의 처음에 나오는 말씀은 역접(逆接)으로 읽어서 이 일에도 불구하고 여호와께서 기다리시나니 은혜를 베풀려 하심이요라고 할 수도 있다(흠정역에

는 순접으로 되어 있다 — 역주). 선지자는 애굽을 의지처로 삼은 자들이 그 일로 인하여 부끄러움을 당하게 될 것임을 보여준 후에 여기에서는 조용히 앉아서 하나님만을 의지처로 삼은 자들은 그것으로 인하여 위로와 기쁨을 얻게 되리라는 것을 보여준다. 악인들에게는 모든 것이 잘 안 될 것이지만, 하나님을 경외하는 자들에게는 모든 일이 잘 되리라는 것은 시절이 아주 악한 때에 하나님의 백성에게 큰 위로가 된다.

I. 하나님은 그들에게 은혜를 베푸시고 그들을 긍휼히 여기실 것이다. 이것은 모든 선한 것의 토대이다. 우리가 하나님에게서 은총을 받고 하나님께서 우리를 긍휼히 여기신다면, 우리는 환난을 당한 만큼 위로를 얻게 될 것이다.

1. 그들을 위해 예비된 하나님의 긍휼하심은 지극히 애정어린 표현으로 묘사된다.

(1) "하나님은 은혜를 베푸시기 위하여 기다리고 계신다(18절). 하나님은 너희가 돌아와서 하나님의 얼굴을 구할 때까지 기다리고 계시고, 너희가 돌아오면 기꺼이 너희를 긍휼로 맞이하실 것이다. 하나님은 가장 좋고 적절한 때, 즉 그의 영광이 가장 극대화되고 너희에게 뜻밖의 큰 기쁨을 안겨줄 그 때에 긍휼을 베푸시기 위하여 기다리고 계신다. 하나님은 너희에 대한 은총을 가지고서 끊임없이 너희를 좇고 있기 때문에, 너희에게 은혜를 베풀 기회가 찾아온다면 그 기회를 결코 그냥 흘려보내지 않으실 것이다."

(2) "하나님은 너희를 구원하시기 위하여 떨쳐 일어나실 것이고, 보통 때보다 더 큰 권능과 선하심으로 너희를 위하여 나타나시기 위하여 그의 거룩한 처소에서 일어나실 것이다(슥 2:13). 그렇게 해서 하나님은 높임을 받으실 것이다. 즉, 하나님은 그의 이름을 영화롭게 하실 것이다. 이것이 하나님께서 자기 백성에게 긍휼을 베푸시는 목적이다."

(3) 하나님은 지극히 은혜로우실 것인데(19절), 이렇게 은혜를 베푸시는 것이 기도에 대한 응답으로 온다는 점에서 하나님의 인자하심은 갑절이 된다. "하나님은 네 부르짖는 소리, 곧 네가 곤경에 처해서 가장 절박할 때에 부르짖는 소리, 네가 열렬히 기도하며 부르짖는 소리로 말미암아 네게 은혜를 베푸시리라. 그가 들으실 때에 네게 더 이상 다른 아무것도 필요없게 된다. 네가 첫 마디를 꺼내자마자 그는 네게 응답하셔서 내가 여기 있노라고 말씀하실 것이다." 그런 점에서 하나님은 진실로 지극히 은혜로우시다. 구체적으로 살펴보자.

[1] 자기가 살고 있던 땅을 침해받은 자들은 다시 그 땅을 차지하여 평안히 누리게 될 것이다. 위험이 물러갔을 때, 백성은 예전처럼 **시온과 예루살렘에 거주하게** 될 것이다. 그들은 해악에 대한 온갖 두려움에서 벗어나 안전하게 거주하게 될 것이다.

[2] 온통 눈물 범벅이 되었던 자들은 즐거워할 이유를 갖게 될 것이고, 더 이상 눈물을 흘리지 않게 될 것이다. 거룩한 성 시온에 거주하는 자들은 거기에서 그들의 눈에서 눈물을 씻어줄 차고 넘치는 이유들을 발견하게 될 것이다.

2. 이러한 약속의 근거로 두 가지 큰 진리가 제시된다.

(1) 여호와는 정의의 하나님이시라는 것. 하나님은 온갖 섭리를 베푸심에 있어서 지혜롭고 공의로우시며, 그의 말씀에 있어서 참되시고, 자기 백성에게 자애로우시다. 하나님께서 자신의 자녀들을 바로잡기 위하여 징계하실 때에는 그들의 체질을 고려하셔서 사려 깊게 적정하게 하신다(렘 10:24). 우리는 우리 자신을 공의로운 사람에게 맡길 때에 안심할 수 있다. 하물며, 우리가 우리의 길을 공의의 하나님께 맡기지 못할 이유가 어디 있겠는가?

(2) 그러므로 여호와를 기다리는 자들, 즉 기도로써 그를 기다릴 뿐만 아니라 자신의 곤경에서 빠져나오거나 구원을 기대하면서 다른 인간적인 방법을 사용하지 않고 소망을 가지고 그를 기다리며 하나님께서 친히 정하신 방법과 때에 그들을 위하여 나타나실 것을 인내로써 기다리는 자들은 복이 있다는 것. 하나님은 무한히 지혜로우시기 때문에, 자신의 사정을 하나님께 온전히 의뢰하고 맡기는 자들은 진실로 복이 있다.

II. 그들에게는 다시는 은혜의 수단들이 부족하지 않게 될 것이다(20-21절).

1. 이러한 구원이 그들에게 베풀어진 후에도 그들이 곤경과 환난 속으로 들어갈 수 있다는 것이 전제되고 있다. 그들은 다시 통곡하지 않을 것이고, 하나님은 그들에게 은혜를 베푸실 것이라는 약속이 앞에서 주어졌었다(19절). 그렇지만 여기에서는 하나님이 그들에게 환난의 떡과 고생의 물, 즉 죄수들이 먹는 음식(왕상 22:27)이자 가난한 자들이 먹는 거칠고 형편없는 음식을 주실 수도 있다는 것이 당연시된다. 하나의 환난이 지나갔을 때에 얼마나 빨리 또 다른 환난이 뒤를 이을지 우리는 알지 못한다. 우리가 하나님의 은총을 받고 있다는 것 자체가 우리에게는 더 이상 울거나 통곡하지 않아도 되는 충분한 위로가 된다. 그렇지만 우리에게는 환난의 떡과 고생의 물이 주어질 수 있다. 그러므로

우리는 우리에게 현재 닥친 일을 통해서 우리에 대한 하나님의 사랑이나 미움을 판단해서는 안 된다.

2. 그들의 눈이 그들의 스승을 볼 것이라는 약속, 즉 그들은 신실한 스승들을 갖게 될 것이고 이전과는 달리 그들을 무시하지 않고 존중하는 마음을 갖게 될 것이라는 약속이 주어진다. 그래서 그들은 환난의 떡과 고생의 물을 이전보다 훨씬 더 잘 처리해 나가게 될 것이다. 옛 청교도들 가운데서는 검은 떡과 복음은 훌륭한 식사이다라는 속담이 있었다. 떡이 없어 주리는 기근은 하나님의 말씀이 없어 주리는 기근만큼 그리 큰 심판이 아니다(암 8:11-12). 그들의 스승들은 이전에는 아하스 치세 하에서 목숨을 부지하기 위하여 산골 오지로 피신하지 않을 수 없었던 것으로 보이지만, 이제는 더 이상 그럴 필요가 없게 될 것이다. 진리는 숨기 위해서 후미진 곳을 찾지 않는다. 그러나 진리를 가르치는 스승들은 종종 피신을 위해서 후미진 곳으로 내몰린다. 그런 일이 벌어지거나 열두 별의 면류관을 쓴 여자가 광야로 도망칠 수밖에 없게 되거나(계 12:6), 선지자들이 오십 명씩 굴에 숨겨지는 일이 일어나는(왕상 18:4) 것은 교회에 불길한 징조이다. 그러나 하나님은 그 스승들을 후미진 곳에서 다시 불러내어 성회에 세우실 것이고, 이때에 사람들은 그들의 스승을 보고, 회당에 있는 모든 자들의 눈이 그 스승들을 주목하여 보게 될 것이다(눅 4:20). 이런 일이 있게 될 때에 그들은 한동안 가르침을 받지 못한 혼란스러운 상태에 있어 보았기 때문에 마치 어둠에서 빛으로 나오거나 죽은 자 가운데서 다시 살아난 것처럼 더욱 기뻐하게 될 것이다. 하나님과 그들 자신의 영혼을 사랑하는 모든 자들에게는 이렇게 신실한 스승들이 후미진 곳에서 다시 돌아오리라는 것, 특히 그들이 후미진 곳으로 다시 숨기지 아니하리라는 약속은 그들에게 주어진 구원 중에서 가장 기쁜 일로서 앞으로 닥칠 환난의 떡과 고생의 물을 얼마든지 달게 받아 먹고 마실 수 있게 해줄 정도로 충분한 위로를 그 속에 지니고 있다. 그러나 이것이 전부가 아니다.

3. 그들이 공적 사역의 유익만이 아니라 사적이고 특별한 권면과 조언의 유익도 받게 될 것이라는 약속이 주어진다(21절). "어떤 사람이 여행자의 뒤에서 길을 잘못 가고 있다고 소리치듯이, 네가 어느 쪽으로 치우쳤다면, 그것을 지적해 주는 말 소리가 네 뒤에서 네 귀에 들리리라." 좀 더 살펴보자.

(1) 이 말 소리는 어디에서 오는 것인가. 그것은 네 뒤에서, 즉 네게는 보이

지 않지만 너를 보고 있는 어떤 사람에게서 온다. "네 눈은 너의 스승들을 본다. 그러나 이 말 소리는 네 눈에 보이지 않는 어떤 스승에게서 오는데, 그 스승은 바로 하나님께서 이제 은혜로 깨우치셔서 그런 일을 할 수 있게 하신 네 자신의 양심이다."

(2) 이 말 소리의 내용은 무엇인가. "이것이 바른 길이니 너희는 이리로 가라. 네가 어떤 길이 바른 길인지 알 수 없어 혼란스러워할 때, 양심은 네게 마땅히 가야 할 길을 지시해 줄 것이다. 네가 둔감해지고 게을러질 때, 양심은 너를 일깨워서 바른 길로 가게 할 것이다." 하나님은 증언을 반드시 남겨 두시는 것과 마찬가지로, 우리에게 바른 길을 보여줄 인도자들을 반드시 남겨 놓으신다.

(3) 이 말 소리는 적시(適時)에 오리라는 것. 그것은 너희가 오른쪽으로 치우치든지 왼쪽으로 치우치든지 할 때에 올 것이다. 우리는 길을 잃기가 참 쉽다. 우리의 오른쪽과 왼쪽에는 사람들이 많이 가서 훤하게 뚫려 있는 것같이 보이는 길들이 있어서, 우리는 그 길들이 바른 길이라고 오해하기 십상이다. 오른쪽으로 치우친 잘못된 길도 있고 왼쪽으로 치우친 잘못된 길도 있다. 이것들은 한쪽으로 극단적으로 치우친 것들이다. 시험하는 자는 우리를 그러한 샛길들로 유혹해서 끌어들이기 위하여 무척 분주하다. 그럴 때에 신실한 사역자나 친구의 구체적인 조언이나 양심의 통제나 하나님의 영의 분별을 통해서 우리가 제대로 중심을 잡고서 잘못된 길로 가지 않게 된다면, 그것은 복된 일이다.

(4) 이 말 소리가 그 목적을 이루리라는 것. "이 말 소리가 발해질 뿐만 아니라, 네 귀가 그 말 소리를 듣게 될 것이다. 이전에는 하나님이 한 번 말씀하시고 다시 말씀하시되 너는 깨닫지 못하였지만(욥 33:14), 이제는 네가 이 은밀한 속삭임을 주의 깊게 듣게 될 것이고 순종하는 귀로 그 말 소리를 들을 것이다." 하나님께서 우리에게 말씀만이 아니라 들을 귀도 주시고, 은혜의 수단들만이 아니라 그 수단들을 선하게 활용할 수 있는 마음도 주신다면, 우리는 하나님께서 우리에게 지극히 은혜로우시다고 말할 이유가 있고, 하나님께서 우리를 위하여 더 많은 긍휼을 예비해 두고 계신다는 소망을 품을 이유가 있다.

Ⅲ. 그들은 우상 숭배로부터 고침받게 되고, 우상들과 사이가 틀어지게 되며, 결코 다시는 우상들과 잘 지내는 일은 없게 될 것이다(22절). 하나님께서 그들에게 구원을 베풀어주시면, 그들은 오직 하나님만을 섬기는 것이 그들의 본분이자 유익이라는 것을 깨닫게 될 것이다. 그들은 우상 숭배로 인하여 그들

에게 환난이 닥쳐왔던 것과 마찬가지로 그들이 다시는 우상들에게로 돌아가지 않는다는 조건 하에 환난이 제거되었다는 것을 시인하게 될 것이다. 이러한 것도 그들이 그들의 스승을 다시 보게 되고 그들 뒤에서 들려오는 말 소리를 들은 선한 효과이다. 이것을 통해서 그들에게 주어진 은혜의 수단들을 그들이 이전보다 훨씬 더 잘 선용하고 있고, 그들이 그토록 좋아하였던 죄를 끊어냈다는 것이 입증될 것이다. 좀 더 살펴보자.

1. 그들이 이전에 배교하던 날에 얼마나 어리석게 우상들에게 미쳐(mad) 있었는가. 성경에서는 우상 숭배자들이 우상들을 보고 실성하였고(렘 50:38), 넋이 빠져 미친 듯이 좋아하였다고 말한다. 그들에게는 조각한 은 우상과 부어 만든 금 우상이 있었고, 금에는 뭔가를 덧입힐 필요가 없음에도 불구하고, 그들은 금 우상들에 여러 가지 것들을 덧입히고 장식하였다. 그들은 우상들을 숭배하는 일에는 비용을 아끼지 않았다.

2. 그들이 이제 회개한 날에 우상들에 대하여 얼마나 지혜롭게 성이 나(mad) 있고(나는 이렇게 말하고 싶다), 얼마나 거룩한 분노를 품게 되었는가. 그들은 우상들을 끌어내릴 뿐만 아니라 내던져 버렸고, 내던져 버릴 뿐만 아니라 욕되게 하고 더럽히기까지 하였다. 그들은 우상들의 형상을 망쳐 놓았을 뿐만 아니라, 금과 은은 값비싼 것이어서 얼마든지 녹여서 다른 선한 용도로 사용할 수 있음에도 불구하고, 거룩한 분노가 극에 달하여 금은 우상들을 내던져 버렸다. 그들은 금은 우상들을 녹여서 존귀한 그릇을 만들고자 하는 마음이 추호도 없었다. 그들은 우상들에게 입혔던 값비싼 옷들을 그것을 만지는 자마다 저녁까지 부정하게 만드는 부정한 옷(레 15:23)으로 여겨서 내던져 버렸다. 참되게 회개하는 모든 자들에게 죄는 지독하게 고약한 것이 된다는 것을 명심하라. 그들은 죄를 혐오하고, 죄로 인하여 스스로를 혐오한다. 그들은 죄를 거름더미에 던져 버리는데, 죄를 위해 가장 적합한 곳은 바로 거름더미이다. 아니, 그들은 죄를 십자가에 던져 버린다. 왜냐하면, 그들은 육체를 십자가에 못 박은 것이기 때문이다. 죄에 대하여 그들이 외친 소리는 죄를 십자가에 못 박으소서 죄를 십자가에 못 박으소서라는 것이다. 그들은 죄에 대하여 나가라고 말한다. 그들은 다시는 죄를 받아들이거나 품지 않겠다고 단단히 결심한다. 그들은 올바른 눈과 올바른 손을 가지게 되어서, 에브라임이 했던 것처럼 내가 다시 우상과 무슨 상관이 있으리요(호 14:8)라고 항변함과 아울러서, 온 힘을 다해서 죄를

지을 온갖 기회나 유혹들을 멀리한다. 아마도 이 말씀은 예루살렘이 산헤립의 군대로부터 구원받는 역사(役事)를 보고서 수많은 사람들이 그들의 우상 숭배가 어리석은 짓임을 깨닫고서 우상 숭배를 버렸을 때에 성취되었을 것이다. 또한, 이 말씀은 유대 민족의 무리가 바벨론에서의 포로 생활로부터 다시 고국으로 돌아왔을 때에 성취되었다. 왜냐하면, 그들은 그 이후로는 우상들을 몹시 혐오하였기 때문이다. 또한, 이 말씀은 하나님의 은혜의 능력으로 말미암아 영혼들이 영적인 우상 숭배에서 떠나서 하나님을 경외하고 사랑하는 것으로 회심할 때에 날마다 성취되고 있다. 여호와와 합한 자들은 온갖 죄를 다 버리고, 죄에게 나가라고 말하여야 한다.

IV. 그 때에 하나님께서 그들에게 온갖 선한 것들을 풍성하게 주실 것이다. 하나님이 그들에게 스승들을 주시고 그들이 하나님께 그들의 마음을 드림으로써 그들이 하나님의 나라와 그 의를 구할 때, 그 때에 그 밖의 다른 모든 것이 그들에게 더해질 것이다(마 6:33). 그들이 하나님을 찬송하게 될 때, 그 때에 땅이 그의 소산을 내어 주겠고 하나님 곧 우리 하나님이 우리에게 복을 주실 것이다(시 67:5-6). 따라서 여기에 다음과 같은 말씀이 나온다. "너희가 우상들을 버릴 때에 하나님은 네가 뿌린 종자에 비를 주실 것이다"(23절). 우리가 하나님께로 돌아가서 본분을 다할 때, 하나님은 은총으로 우리를 맞이해 주실 것이다.

1. 하나님은 네가 뿌린 종자에 비를 주시되, 꼭 필요한 때에 꼭 필요한 만큼 비를 주실 것이다. 사람이 있는 힘을 다하고 거기에 하나님께서 축복하심으로써 지금 우리가 삶과 관련하여 누리고 있는 선한 것들이 만들어진다는 것을 명심하라. 네가 땅에 뿌린 종자에(이것은 네가 해야 할 부분이다) 주께서 비를 주신다(이것은 하나님께서 하실 부분이다). 영적인 열매를 맺는 것도 마찬가지이다. 우리는 온 마음을 다해서 수고하여야 하고, 그런 후에 하나님의 은혜를 기다려야 한다.

2. 땅의 소산은 풍성하고 선할 것이고, 그 소산의 모든 것들이 극상품일 것이다. 그 소산은 기름지고 기름지며, 지극히 기름지고 지극히 선할 것이고, 기름지고 풍성할(우리는 이렇게 읽는다) 것이다. 너의 땅은 진실로 젖과 꿀이 흐르는 가나안이 될 것이다. 산헤립이 패퇴한 후에 이 땅은 실제로 하나님의 특별한 축복으로 말미암아 두드러지게 그렇게 되었다(사 37:30). 하나님은 산헤립의 침공으로 인하여 땅이 초토화되어 그들이 감당하여야 했던 손실들을 이런

식으로 회복시켜 주셨다.

3. 경작지만이 아니라 목장도 두드러지게 비옥해질 것이다. 가축이 광활한 목장에서 먹을 것이요. 풀을 뜯어 먹고 사는 짐승들은 넓은 공간을 갖게 될 것이고, 땅을 가는 데에 사용되는 소와 나귀는 그들이 하는 일 때문에 더 잘 먹어야 하므로 맛있게 한 먹이를 먹게 될 것이다. 소와 나귀에게는 여느 때처럼 겨가 섞인 곡물이 주어지는 것이 아니라, 거기에서 한 단계 더 가공을 하여 키와 쇠스랑으로 까부르고 겨를 골라내어 사람이 먹어도 될 정도로 깨끗하고 좋은 곡물이 주어지게 될 것이다. 이렇게 짐승들조차도 이 풍요로움의 혜택을 입게 될 것이다. 짐승들이 이런 혜택을 입는 것은 합당한 일이다. 왜냐하면, 짐승들은 사람이 지은 죄 때문에 땅이 받은 저주 아래에서 신음하고 있는 것이기 때문이다.

4. 불모지였던 고산지대조차도 하늘에서 내리는 비 때문에 물이 많아져서 거기에 개울과 시냇물이 생겨 아래쪽 계곡으로 흐를 것인데(25절), 이 일은 하나님의 천사가 앗수르 군대의 진영에서 크게 살육하는 날, 그들이 예루살렘을 포위하기 위하여 세웠던 망대가 무너질 때에 있을 것이다. 이 말씀은 문자 그대로 성취되었을 것이다. 즉, 앗수르 군대가 무수히 죽어가던 때에 이 땅에는 하나님의 긍휼을 담은 많은 비가 내렸을 것이다.

V. 이 모든 일로 인하여 하나님의 백성에게는 놀라운 위로와 기쁨이 있을 것이다(26절). 빛이 더할 것이다. 즉, 지식이 더할 것이다(예언들이 성취될 때에 사람들은 그 예언들을 온전히 이해하게 될 것이다). 또는, 승리의 기쁨이 더할 것이다. 의인들이 뿌린 기쁨의 빛의 씨앗은 이제 몇 갑절로 결실을 맺게 될 것이다. 달빛은 햇빛 같이 밝고 강하게 될 것이고, 햇빛도 그에 비례해서 늘어나서 일곱 날의 빛과 같을 것이다. 모든 사람이 평상시보다 훨씬 더 유쾌해 할 것이고 훨씬 더 기분 좋아 보일 것이다. 여호와께서 앗수르 군대를 패주시키시고, 자기 백성의 상처를 싸매실 때, 즉 그들을 구원하셔서 더 상처받는 것을 막으실 뿐만 아니라 산헤립의 침공으로 인하여 그들이 받은 상처들을 치유하시고 그들의 모든 손실을 회복해 주실 때, 유다와 예루살렘에는 큰 기쁨이 있을 것이다. 그들이 몹시 괴로운 처지에 있었다는 것, 구원받을 가능성에 대하여 절망하였었다는 것, 그들의 구원이 예기치 않게 갑자기 임하였다는 것은 그들의 기쁨을 한층 더 배가시켜 줄 것이다. 많은 사람들이 이 말씀을 복음이 이 세상에

들어와서 흑암에 앉아 있던 자들에게 가져다 준 빛에 적용한 것은 옳다. 햇빛이 달빛에 비할 수 없듯이, 복음의 빛은 구약의 빛을 훨씬 능가하는 것으로서 마음이 상한 자를 고치며 그들의 상처를 싸매준다.

[27]보라 여호와의 이름이 원방에서부터 오되 그의 진노가 불 붙듯 하며 빽빽한 연기가 일어나듯 하며 그의 입술에는 분노가 찼으며 그의 혀는 맹렬한 불 같으며 [28]그의 호흡은 마치 창일하여 목에까지 미치는 하수 같은즉 그가 멸하는 키로 열방을 까부르며 여러 민족의 입에 미혹하는 재갈을 물리시리니 [29]너희가 거룩한 절기를 지키는 밤에 하듯이 노래할 것이며 피리를 불며 여호와의 산으로 가서 이스라엘의 반석에게로 나아가는 자 같이 마음에 즐거워할 것이라 [30]여호와께서 그의 장엄한 목소리를 듣게 하시며 혁혁한 진노로 그의 팔의 치심을 보이시되 맹렬한 화염과 폭풍과 폭우와 우박으로 하시리니 [31]여호와의 목소리에 앗수르가 낙담할 것이며 주께서는 막대기로 치실 것이라 [32]여호와께서 예정하신 몽둥이를 앗수르 위에 더하실 때마다 소고를 치며 수금을 탈 것이며 그는 전쟁 때에 팔을 들어 그들을 치시리라 [33]대저 도벳은 이미 세워졌고 또 왕을 위하여 예비된 것이라 깊고 넓게 하였고 거기에 불과 많은 나무가 있은즉 여호와의 호흡이 유황 개천 같아서 이를 사르시리라

앗수르 군대의 패망에 관한 이 무시무시한 예언은 그들에 대한 경고의 말씀이기는 하지만, 한편으로는 하나님께서 앗수르 군대가 이스라엘 백성에게 행한 해악으로 인하여 그들을 벌하실 뿐만 아니라 그들이 다시는 그 같은 짓을 하지 못하게 하시겠다고 이스라엘 백성에게 주시는 약속의 일부이기도 하다. 이 예언은 이제 곧 성취됨으로써 말일에 성취될 앞서의 약속들을 확증해 주는 역할을 하게 될 것이었다. 여기에는 다음과 같은 내용들이 나온다.

I. 전능하신 하나님께서 진노하셔서 앗수르 군대를 치러 나오시리라는 것. 하나님은 여기에서 극히 권능 있으시고 두려운 모습을 띤 진노하시는 하나님으로 소개된다(27절). 앗수르인들이 자신들에게는 그 손길이 미칠 수도 없고 아무런 해도 끼칠 수 없다고 여겨서 멸시하였던 여호와의 이름이 원방에서부터 온다. 여호와의 이름을 지닌 사자(使者)는 하늘 그 자체만큼이나 먼 곳에서 온다. 그는 진노가 불 붙듯 하는 진노의 사자이다. 랍사게가 이스라엘의 하나님을 이방의 신쯤으로 취급하여 모독한 것으로 인하여 하나님의 입술에는 분노가 차

있다. 하나님의 혀는 맹렬한(또는, 삼키는) 불 같다. 왜냐하면, 하나님은 말씀 한 마디로 교만한 원수들을 멸망시킬 수 있기 때문이다. 하나님의 호흡은 흘러 넘치는 하수(河水) 같이 힘이 있어서, 하나님은 그 호흡으로 악인들을 죽이실 것이다(사 11:4). 사람들은 이유가 없거나 힘이 없을 때에는 분노를 억눌러두지만, 하나님은 그의 분노를 억눌러두거나 덮어두지 않으신다. 하나님께서는 그를 무시하고 도전하는 원수에게 전쟁을 선포하실 때에 그의 장엄한 목소리를 듣게 하신다(30절). 하나님은 혁혁한 진노, 곧 극도의 진노를 발하실 것이다. 그 진노는 앞에 모든 것을 태워 버리는 맹렬한 화염과 폭풍과 폭우와 우박 같을 것이다. 이러한 것들은 모두 자연의 무시무시한 현상들로서 자연의 전능하신 하나님의 무시무시한 모습을 표현하기에 안성맞춤인 현상들이다.

Ⅱ. 여호와의 이러한 진노를 따라 집행이 이루어지리라는 것. 사람들은 흔히 화가 날 때에 말로만 위협하고 허풍을 떨 뿐이지만, 하나님께서 그의 장엄한 목소리를 내실 때에는 단지 그것으로 끝나지 않고, 그의 팔의 치심을 보이신다(30절). 하나님은 섭리를 주무르셔서 그가 발하신 경고의 말씀들을 이루신다. 그의 손이 높이 들릴지라도 보고자 하지 않는(사 26:11) 자들은 그 팔이 내리쳐지는 것을 느끼게 될 것이고, 그 팔이 너무 무거워서(27절) 견뎌내지 못하고 그 아래에서 부숴져 가라앉아 버릴 수밖에 없다는 것을 알게 될 것이다. 누가 주의 노여움의 능력을 알며, 진노하신 하나님께서 무슨 일을 하실 수 있는지를 상상이나 할 수 있겠는가? 본문을 보면, 집행을 위하여 다섯 가지가 준비된다.

1. 창일하여 목에까지 미치는 하수. 이 하수는 군대 전체를 집어삼킬 것이고, 오직 군대의 머리인 산헤립만이 물 위로 목을 내밀어 이 재앙을 피하겠지만, 그의 신 니스롯(Nisroch)의 전에서 또 다른 재앙이 그를 기다리고 있을 것이다. 앗수르 군대는 목에까지 미치는 창일한 큰 하수(사 8:7-8)로서 유다 땅으로 몰려 왔지만, 이제 하나님의 진노의 호흡이 그들에게 창일한 하수가 될 것이다.

2. 멸하는 키. 하나님은 이 키로 앗수르 군대를 구성하고 있던 열방들을 까부르실 것이다(28절). 크신 하나님은 열방들을 까부르실 수 있다. 왜냐하면, 열방은 모두 하나님 앞에서 저울의 작은 티끌 같기 때문이다. 하나님께서 그들을 까부르시는 것은 그들 가운데서 뭔가 쓸모 있는 것들을 얻어내기 위한 것이 아니라 그들을 흔들어서 서로 대적하게 만들어 그들 가운데서 큰 혼란을 일으켜

마침내 그들 모두를 쓸어버리시기 위한 것이다. 왜냐하면, 하나님이 그들을 까부르시는 데에 사용하시는 것은 멸하는 키, 겨 외에는 아무것도 남지 않는 멸하는 키이기 때문이다.

3. 미혹하는 재갈. 하나님은 그들이 원하는 악을 행하는 것을 억제시키고 그들의 의지와는 반대로 하나님의 목적을 이루는 일을 할 수밖에 없도록 그들의 입에 재갈을 물리실 것이다(사 10:7). 하나님은 특히 산헤립에 대하여 그의 코를 갈고리로 꿰고 그의 입에 재갈을 물리겠다고 말씀하신다(사 37:29). 이 재갈은 미혹하는 재갈, 즉 그들이 넋이 나가서 반드시 스스로 자멸할 수밖에 없는 일을 하도록 만들 그런 재갈이다. 하나님은 말씀 한 마디로 자기 백성을 바른 길로 인도하시지만(21절), 원수들에게는 재갈을 물리셔서 자멸하는 길로 내닫게 만드신다.

4. 막대기와 몽둥이, 그리고 앗수르를 낙담하게 만들 여호와의 목소리(31절). 앞서 앗수르 사람들은 하나님의 손에 들린 막대기와 몽둥이가 되어서 하나님의 백성을 쳤었다(사 10:5). 그들은 하나님께서 잠시 사용하신 회초리였다. 그러나 하나님은 앗수르 사람들을 치기 위하여 예정하신 몽둥이, 즉 서서히 밀착하여 가격하여 치명상을 입힐 몽둥이를 보내실 것이다. 그것은 원수들의 변절과 하나님의 단호한 모략에 토대를 둔 몽둥이이다. 그것은 작정된 파멸이기 때문에(사 10:23), 그것을 피할 길은 없고 거기에서 빠져나갈 길도 없다. 이 일은 앗수르 사람이 발견되는 모든 곳에서 일어날 것이고, 여호와께서 예정하신 몽둥이를 앗수르 위에 더하실 것이다(32절). 이것은 하나님을 끝까지 적대하는 자들이 맞게 될 끔찍한 재앙이다. 하나님의 진노가 그들 위에 머물러 있다.

5. 그들을 위하여 세워졌고 예비된 도벳(33절). 예루살렘 근방에 있었던 힌놈의 아들의 골짜기는 도벳으로 불렸다. 바로 그 골짜기에는 무수한 앗수르 군대가 진을 치고 있었고, 그들은 바로 거기에서 멸망의 천사에 의해서 죽임을 당한 것으로 추정된다. 또는, 그렇게 죽임을 당한 자들의 시신이 거기에 매장된 것일 수도 있다. 히스기야는 도벳을 최근에, 즉 어제부터(원어는 이런 의미이다) 세웠다. 어떤 이들은 히스기야가 우상 숭배자들이 자기 자녀들을 불태워 공양하였던 곳인 도벳에 세워져 있던 우상들을 다 철폐하고서, 그 곳을 원수들의 죽은 시신들을 태울 곳으로 미리 준비하여 두었던 것이라고 말한다. 도벳은 앗수르 왕을 위하여(즉, 그의 군대를 위하여) 예비된 것이라. 거기에는 그들 모두

의 시신을 불태우기에 충분한 땔감이 이미 준비되어 있었다. 여호와의 호흡, 그의 말씀과 그의 진노가 유황 개천이 되어서 그 곳으로 흘러들 것이기 때문에, 그들은 활활 타오르는 불길 속에서 순식간에 불타버리게 될 것이다. 선지자는 앞에 나온 약속들을 통해서 자기도 모르게 복음의 은혜와 위로에 관한 약속들로 쓸쩍 넘어갔던 것과 마찬가지로, 여기에서는 산헤립의 군대가 멸망하리라는 경고의 말씀을 통해서 모든 회개치 않은 죄인들이 최후에 맞이하게 될 영원한 멸망을 보여주고 있다. 우리 구주께서는 저주받은 자들이 장차 들어가서 참혹한 괴로움을 겪게 될 곳을 힌놈의 골짜기에 빗대서 게헨나라 부르신다. 또한, 요한계시록에서는 자주 그 곳을 불과 유황으로 타는 못이라 부른다. 이런 것들은 여기에 나오는 본문을 장차 죄인들이 들어가 고통 받게 될 곳에 적용하는 것이 옳다는 것을 보여준다. 본문에서는 그 곳을 마귀와 그의 사자들, 극악무도한 죄인들, 가장 교만한 자들, 자기가 말하고 행한 것에 대하여 그 어떤 변명도 할 수 없는 자들을 위하여 옛적에 마련된 곳이라고 말한다. 또한, 그 곳은 왕들을 위하여 예비된 것이기도 하다. 그 곳은 모든 불경건한 자들을 다 수용하기에 충분할 정도로 깊고 넓다. 거기에는 불과 많은 나무가 있다. 하나님의 진노는 불이고, 죄인들은 그 불을 활활 타오르게 만드는 땔감이다. 여호와의 호흡(그의 진노의 능력)이 그 곳에 불을 붙이고, 그 불이 계속 타오르게 할 것이다 (사 66:24을 보라). 그러므로 너희는 떨며 범죄하지 말지어다.

III. 이 일이 하나님의 백성에게 가져다 줄 큰 기쁨. 앗수르 사람들의 패망은 예루살렘의 승리가 된다(29절). 너희가 여호와의 성전에서 밤을 지키는 자들이 밤에 노래를 주시는 분께 영광을 돌리기 위하여 노래하는 것과 같은 그런 찬송을 밤에 노래할 것이다. 그 노래는 헛된 환희에 사로잡혀서 부르는 노래가 아니라, 거룩한 절기를 엄숙하고 경건하게 지킬 때에 부르는 것과 같은 그런 거룩한 노래가 될 것이다. 교회의 원수들이 패망하였을 때의 우리의 기쁨은 피리를 불며(선지자의 무리가 예언할 때에 흔히 그러하였듯이, 삼상 10:5) 여호와의 산으로 가서 이스라엘의 반석을 찬송하며 송축하는 자 같이 즐거워하는 거룩한 기쁨이어야 한다. 아니, 하나님께서 앗수르 사람들을 추격하여 원수를 갚으시는 모든 곳에서 사람들은 그들이 죽어가는 것을 애통해하지 않을 뿐만 아니라, 그들의 모든 이웃들은 하나님께서 그들을 흔들어서 세상에서 쫓아내시는 전쟁 때에 그들과 어떻게 싸우시는지를 보고 기뻐하며, 그들이 죽어갈 때마다 소고를 치며 수금을 탈 것이다(32절). 왜냐하면, 악인이 패망하면 사람들이 기뻐 외치기 때문이다. 지혜롭고 선한 자들은 앗수르 사람들처럼 오만방자하게 하나님을 무시하고 온 인류를 짓밟은 자들이 패망하는 것을 볼 때에 특별한 기쁨을 갖게 된다.

제
― 31 ―
장

개요

이 장은 앞 장에 대한 요약으로서 주요 내용들은 거의 똑같다. I. 앗수르 군대가 침략하였을 때에 하나님이 아니라 애굽을 의지하여 구원을 얻고자 한 자들에게 화(禍)가 선포됨(1-3절). II. 위험하고 괴로운 때에 하나님께서 예루살렘을 돌보시겠다고 약속하심(4-5절). III. 회개하고 삶을 고치라는 부르심(6-7절). IV. 앗수르 군대가 패망하고 앗수르 왕이 이 일로 경악하게 되리라는 예언(8-9절).

¹도움을 구하러 애굽으로 내려가는 자들은 화 있을진저 그들은 말을 의지하며 병거의 많음과 마병의 심히 강함을 의지하고 이스라엘의 거룩하신 이를 앙모하지 아니하며 여호와를 구하지 아니하나니 ²여호와께서도 지혜로우신즉 재앙을 내리실 것이라 그의 말씀들을 변하게 하지 아니하시고 일어나사 악행하는 자들의 집을 치시며 행악을 돕는 자들을 치시리니 ³애굽은 사람이요 신이 아니며 그들의 말들은 육체요 영이 아니라 여호와께서 그의 손을 펴시면 돕는 자도 넘어지며 도움을 받는 자도 엎드러져서 다 함께 멸망하리라 ⁴여호와께서 이같이 내게 이르시되 큰 사자나 젊은 사자가 자기의 먹이를 움키고 으르렁거릴 때에 그것을 치려고 여러 목자를 불러 왔다 할지라도 그것이 그들의 소리로 말미암아 놀라지 아니할 것이요 그들의 떠듦으로 말미암아 굴복하지 아니할 것이라 이와 같이 나 만군의 여호와가 강림하여 시온 산과 그 언덕에서 싸울 것이라 ⁵새가 날개 치며 그 새끼를 보호함 같이 나 만군의 여호와가 예루살렘을 보호할 것이라 그것을 호위하며 건지며 뛰어넘어 구원하리라 하셨느니라

이 장은 "화 있을진저"로 시작되는 일련의 네 개의 장 중에서 마지막 장이다. 네 개의 장들은 모두 하나님의 백성이라고 하는 자들 가운데서 발견된 죄인들, 즉 에브라임의 술취한 자들(사 28:1), 아리엘(사 29:1), 패역한 자식들(사 30:1), 도움을 구하러 애굽으로 내려가는 자들(사 31:1)을 향하여 화(禍)를 선포하

는 내용으로 되어 있다. 왜냐하면, 하나님의 백성이라고 해도 하나님의 율법을 멸시하는 삶을 산다면 결코 하나님이 내리시는 화(禍)로부터 안전하지 못할 것이기 때문이다. 좀 더 살펴보자.

I. 선지자가 여기에서 책망하고 있는 죄는 무엇이었는가(1절).

1. 마치 애굽을 자신의 친구이자 동맹으로 둔 백성은 복된 자인 듯이 애굽을 우상화하고 애굽에게 구애한 것. 그들은 마치 거짓 신들을 숭배하는 자들이 살아계시고 참되신 하나님의 종들보다 하늘에서 그 호소가 더 잘 먹히고 땅에서도 성공을 거둘 가능성이 더 많다는 듯이 위급할 일이 생길 때마다 도움을 구하러 애굽으로 내려간다. 그들이 애굽에 끌렸던 이유는 애굽은 많은 병거들을 지니고 있었고 강한 말과 마병들을 보유하고 있었기 때문이었다. 그들은 애굽으로부터 상당한 규모의 군대를 지원받을 수 있다면 앗수르 왕과 그 대군을 상대할 수 있을 것이라고 생각하였다. 하나님은 그들의 왕들에게 왕과 병거를 늘리는 것을 금하셨고, 그런 것들을 의지하는 것은 어리석은 일이라고 말씀하셨었다(시 20:7). 그러나 그들은 하나님의 말씀인 성경보다 그들 자신이 더 똑똑하다고 생각한다.

2. 이스라엘의 하나님을 무시한 것. 그들은 마치 이스라엘의 거룩하신 이가 그들의 이러한 곤경을 굳이 알 필요도 없다는 듯이 여호와를 구하지 아니한다. 그들은 하나님의 조언을 구하지도 않고, 하나님의 은총을 찾지도 않으며, 하나님을 그들의 친구로 만들 생각을 아예 하지 않는다.

II. 그러한 죄를 범하는 것은 너무나 어이없고 어리석은 짓이라는 것.

1. 그들은 그들이 하나님께 소망을 두지 않는다면, 하나님은 그들이 마땅히 두려워해야 할 분이라는 것을 알아야 했지만, 도리어 하나님을 무시하였다. 그들은 여호와를 구하지도 않고 앙모하지도 않지만, 여호와는 지혜로우시다(2절). 그들은 애굽이 술수에 능한 백성으로 정평이 나 있었기 때문에 어떻게 해서든지 그들을 동맹으로 끌어들이기 위해서 안간힘을 쓴다. 그렇지만, 하나님도 지혜로우시지 않는가? 하나님은 애굽의 온갖 술수보다 더 지혜로운 무한한 지혜를 가지고서 그들 편에 서서 그들을 도와주고자 하고 계시지 않는가? 그들은 하늘을 쳐다보았더라면 애굽으로부터 받는 것보다 더 나은 조언과 도움을 받을 수 있었을 터인데도 그렇게 하지 않고, 도리어 애굽으로 내려가기 위해서 길고 긴 지루한 여정을 떠나는 수고를 마다하지 않았다. 그러나 그들은 하나님

께 그들을 도와달라고 하나님의 지혜를 구하지 않는 것 자체가 그들에게 불리한 일이라는 것을 나중에 깨닫게 될 것이다. 하나님은 지극히 지혜로우셔서 그들의 지혜로는 도저히 당할 수 없는 분이시고, 또한 하나님은 이런 식으로 그를 모욕한 자들에게 재앙을 내리실 것이다. 하나님은 사람들과는 달리 그가 하신 말씀들을 거두어들이지 않으실 것이고(사람들처럼 변덕스럽고 어리석지 않으시기 때문에), 도리어 악행하는 자들, 즉 애굽으로 내려가는 비밀 사절단들의 집을 치실 것이다. 하나님은 이미 하신 말씀대로 그들을 당혹스럽게 만드실 것이고, 행악을 위해 일하는 자들을 통해서 그들이 기대하는 구원을 막으실 것이다. 어떤 이들은 애굽이 그들과 동맹을 맺는 조건 중의 하나로 그들이 애굽의 신들을 섬길 것을 요구하였고, 그들이 이에 동의하였기 때문에, 그들은 악행하는 자들과 행악하는 자들로 불리고 있는 것이라고 생각한다.

2. 그들은 그들을 도울 수 없는 자들을 의지하였고, 그런 사실을 곧 밝혀지게 될 것이었다(3절). 그들은 그들이 그토록 매달리고 의지한 애굽이 사람이요 신이 아니라는 사실을 알아야 한다. 사람들이 그들 자신이 사람일 뿐임을 아는 것은 좋은 일이다(시 9:20). 마찬가지로, 우리가 사랑하고 의지하는 자들도 사람에 불과하다는 사실을 염두에 두는 것은 좋은 일이다. 그러므로 사람들은 하나님 없이는 아무것도 할 수 없고, 하나님을 거슬러서는 아무것도 할 수 없으며, 하나님과 견줄 만한 것은 아무것도 없다. 그들은 사람일 뿐이어서 변덕스럽고 어리석으며 변하기 쉬우며, 오늘 살아 있다가 내일이면 죽어서 사라질 무상한 자들이다. 그들은 사람일 뿐이기 때문에, 우리는 사람을 우리의 소망과 의지로 삼음으로써 신으로 만들어서는 안 되고, 오직 하나님에게서만 기대할 수 있는 것을 사람에게서 기대해서도 안 된다. 그들은 하나님이 아니기 때문에, 우리가 하나님을 의지할 때에 하나님이 우리를 위해서 해주실 수 있는 것을 그들은 해줄 수 없다. 그러므로 우리는 사람에게 도움을 구하기 위해서 하나님을 무시하는 그런 짓을 하지 말아야 한다. 우리는 상한 갈대에게 구애하기 위해서 만세반석을 버려서는 안 되고, 깨져서 구멍 난 저수조(貯水槽)를 확보하기 위해서 생수의 근원을 버려서는 안 된다. 애굽인들은 정말 아주 튼튼한 말들을 지니고 있었다. 그러나 그 말들은 육체요 영이 아니기 때문에, 먼 거리를 가다 보면 지쳐서 쓸모없게 될 수도 있고, 전장(戰場)에서 상처를 입거나 칼에 베임을 당해 죽을 수도 있으며, 그 위에 탄 자를 떨어뜨려서 짓밟을 수도 있다. 애굽인들이

하나님이 아니고 그들의 말들이 영이 아니라는 것은 삼척동자도 다 아는 사실이지만, 도움을 구하러 그들에게 내려가는 자들은 그런 사실을 잊어버린 듯하다. 만약 그들이 그런 사실을 염두에 두었더라면, 결코 애굽인들을 의지하지 않았을 것이다. 죄인들은 그들이 부정할 수 없는 너무도 명백하고 자명한 진리들을 통해서 그들의 어리석음을 충분히 깨달을 수 있는 데도, 믿으려 하지 않는다.

3. 그들은 그들이 그토록 의지하였던 애굽인들과 함께 반드시 망하게 될 것이었다(3절). 여호와께서는 단지 그의 손을 펴서서, 너무나 쉽게 그들이 애굽을 의지했던 것으로 인하여 부끄러움을 당하게 하시고, 애굽인들이 유다 사람들에게 자신을 의지하라고 큰소리쳤던 것으로 인하여 부끄러움을 당하게 하실 것이다. 왜냐하면, 돕는 자도 넘어지며 도움을 받는 자도 엎드러져서 다 함께 멸망할 것이고, 유다와 애굽은 유익을 얻고자 서로 동맹을 맺었지만 결국 함께 공멸(共滅)하게 될 것이기 때문이다. 애굽에 관한 경고(사 19장)에 나오는 것처럼, 애굽인들은 곧 심판을 받게 되었고, 그 때에 목숨을 부지하기 위해서 애굽으로 도망간 자들은 애굽인들과 함께 멸망하였다. 하나님의 심판을 피할 자는 없다. 재앙은 죄인을 따르고, 하나님께서 우리가 우상으로 삼고 있는 바로 그 피조물을 우리를 치는 채찍으로 삼으시는 것은 의로우신 일이다.

4. 그들은 하나님께서 하실 일을 하나님에게서 빼앗아 갔다. 그들은 예루살렘을 보존하는 데에 아주 큰 관심을 지니고 있는 체하며, 애굽과 동맹을 맺을 것을 조언하였다. 그러고 나서, 다른 사람들이 그들의 조언을 따르려 하지 않자, 그들은 스스로 나서서 애굽으로 내려갔다. 이제 선지자는 여기에서 그들에게 예루살렘이 애굽의 도움 없이 보존될 것이고, 거기에 남아 있는 자들도 안전할 것이지만, 애굽으로 도망간 자들은 망하게 될 것이라고 말해 준다. 예루살렘은 하나님의 보호하심 아래에 있었기 때문에, 애굽의 보호 아래로 들어갈 이유가 없었다. 우리가 하나님을 떠나서 피조물을 의지하는 모든 죄악들의 밑바닥에는 실제로 하나님은 모든 것을 하실 수 있다는 것을 믿지 못하는 불신이 깔려 있다. 선지자는 그들에게 자기가 하나님의 입으로부터 직접 들었다고 말한다. 여호와께서 이같이 내게 이르시되. 따라서 그들은 다음과 같은 것들을 믿어야 했다.

(1) 하나님께서 큰 사자나 젊은 사자가 자기의 먹이를 움키고 으르렁거릴 때처

럼 예루살렘의 원수들을 치시리라는 것(4절). 사자가 나타나서 자신의 먹이를 움켜쥐면, 그 사자를 치려고 여러 목자가 나선다. 사람이나 물건이 위험에 처하게 되면, 이웃들이 서로를 돕는 것은 인지상정이기 때문이다. 이 목자들은 감히 사자에게 가까이 접근하지 못한다. 그들이 할 수 있는 것이라고는 사자를 겁주어서 쫓아내기 위하여 소리를 지르는 것이 전부이다. 그렇다면, 사자는 그 소리를 듣고 도망가는가? 사자는 그들의 소리로 말미암아 놀라지 아니할 것이고, 그들의 떠드는 소리에 굴복하여 먹이를 포기하거나 보통 때보다 더 서두르다가 먹이를 놓치는 일도 없을 것이다. 만군의 여호와가 이렇게 그 어떤 반대에도 요동치 않고 끄떡도 하지 않는 단호한 태도로 강림하여 시온 산에서 싸울 것이다. 하나님은 사자가 어린 양을 갈기갈기 찢어 놓듯이 앗수르 군대를 저항할 수 없게 아주 쉽게 멸하실 것이다. 하나님을 거슬러 나타나는 자들은 사자를 보고서 소리만 질러대는 저 한 무리의 목자들과 같을 뿐이어서, 사자는 그들을 본체만체하고 무시해 버리며 그들 때문에 자신의 행보를 바꾸지 않는다. 그러한 보호자를 지닌 자들이 도움을 구하러 애굽으로 내려갈 필요가 없다는 것은 너무도 자명한 일이다.

(2) 하나님께서 새가 날개 치며 그 새끼를 자상하게 보호함 같이 예루살렘의 친구들을 위해 나타나시리라는 것(5절). 하나님은 암탉이 그 새끼를 날개 아래에 모음 같이 예루살렘을 보호할 준비를 다 갖추신 채로 예루살렘 사람들을 모으고자 하셨다(마 23:37). 그러나 애굽을 의지했던 자들은 모이고자 하지 않았다. 새가 자신의 둥지가 공격받는 것을 보았을 때에 전속력으로 날개 치며 날아와서 새끼를 보호하기 위해서 큰 안타까움과 애정으로 둥지 근처를 맴돌며 있는 힘을 다해서 공격자들을 쫓아내고자 하는 것 같이, 만군의 여호와가 예루살렘을 보호할 것이다. 독수리가 새끼가 위험에 처한 것을 보았을 때에 새끼 위에 너풀거리며 그 날개를 펴서 새끼를 받으며 그의 날개 위에 업는 것 같이, 여호와께서는 이스라엘을 애굽으로부터 인도해 내셨다(신 32:11-12). 지금도 하나님은 그들에 대하여 그 때 가졌던 것과 동일한 애정과 관심을 가지고 계시기 때문에, 그들은 또다시 피난처를 구하여 애굽으로 도망갈 필요가 없다. 만군의 여호와가 예루살렘을 호위하며 건지실 것이다. 하나님은 예루살렘의 안전이 지속되도록 하기 위하여 호위하시는 것이지, 잠시 동안만 호위하다가 결국에는 버리시려는 것이 아니다. 하나님은 예루살렘이 원수들의 수중에 떨어지지 않도

록 호위하시고 보호하실 것이다. 내가 이 성을 보호하며 구원하리라(사 37:35). 여호와가 뛰어넘어 예루살렘을 구원하리라. 뛰어넘다를 가리키는 단어는 오직 여기에서와 출애굽기 12:12, 23, 27에서만 멸망의 천사가 애굽인들의 모든 장자를 죽일 때에 이스라엘 백성의 집을 건너뛴 것을 가리키는 의미로 사용된다. 따라서 이 구절은 바로 그 이야기를 간접적으로 인용하고 있는 것이다. 앗수르 군대는, 예루살렘을 건너뛰고 오직 예루살렘을 포위한 자들에 대해서만 칼을 뽑을 멸망의 천사에 의해서 패주하게 될 것이었다 ─ 사실은 예루살렘도 멸망당해야 마땅한데도. 앗수르 군대는 전염병이 돌아서 몰사를 당하게 될 것이지만, 포위당한 예루살렘에 거주하는 자들은 한 사람도 그 전염병에 걸리지 않을 것이다. 이런 식으로 하나님은 자기 백성의 집들을 건너뛰어서 그들을 안전히 거하게 하실 것이다.

⁶이스라엘 자손들아 너희는 심히 거역하던 자에게로 돌아오라 ⁷너희가 자기 손으로 만들어 범죄한 은 우상, 금 우상을 그 날에는 각 사람이 던져 버릴 것이며 ⁸앗수르는 칼에 엎드러질 것이나 사람의 칼로 말미암음이 아니겠고 칼에 삼켜질 것이나 사람의 칼로 말미암음이 아닐 것이며 그는 칼 앞에서 도망할 것이요 그의 장정들은 복역하는 자가 될 것이라 ⁹그의 반석은 두려움으로 말미암아 물러가겠고 그의 고관들은 기치로 말미암아 놀라리라 이는 여호와의 말씀이라 여호와의 불은 시온에 있고 여호와의 풀무는 예루살렘에 있느니라

이 단락은 앞에 나온 예루살렘의 구원에 관한 약속을 설명하는 내용이다. 예루살렘은 구원받기에 적합한 상태로 될 것이고, 그 때에 예루살렘을 위하여 구원이 베풀어질 것이다. 왜냐하면, 이것이 하나님께서 구원하시는 방법이기 때문이다.

I. 예루살렘은 새롭게 개혁되어서, 성내에 있는 원수들로부터 구원을 받게 될 것이다(6-7절).

1. 회개하라는 은혜로운 부르심. 이것은 성내에서 외치는 여호와의 음성, 막대기와 칼이 부르짖는 소리, 심판을 해석하는 선지자들의 음성이었다. "이스라엘 자손들아, 너희는 이제 너희의 악한 길에서 하나님에게로 돌아오라. 이스라엘 자손들이 심히 반역하여 떠났던 하나님에게로 돌아와서 하나님에 대한 충성을

회복하라." 선지자는 그들에게 그들의 태생과 혈통, 즉 그들이 이스라엘의 자손들이라는 것, 따라서 이스라엘의 하나님에 대하여 지극히 높은 의무들을 지고 있다는 것을 일깨워준다. 이것은 그들이 하나님에게 반역하여 떠난 것이 얼마나 막중한 죄인지를 깨우치기 위한 것임과 동시에, 그들에게 하나님께 돌아오라고 격려하기 위한 것이다. "그들은 타락한 자녀들이었지만, 그래도 여전히 자녀들이다. 그러므로 그들은 돌아와야 한다. 그러면, 그들의 타락은 고침을 받게 될 것이다. 그들은 저 건방진 말을 늘어놓으며 깊이 반역하고 패역하였다(호 5:2). 그러나 결과는 그들의 반역은 위험천만한 것이었음이 드러나게 될 것이다. 그들의 죄의 흔적은 에디오피아인의 검은 피부처럼 그들의 본성 속으로 깊이 들어가서 쉽게 없어지지 않는다. 그들은 심히 부패하였다(호 9:9). 그들은 비참한 상태로 깊이 빠져 들어가서 쉽게 회복될 수 없다. 그러므로 너희는 서둘러서 하나님에게로 돌아와야 한다."

2. 이 부르심이 상당한 성공을 거두게 되리라는 은혜로운 약속(7절). 앗수르의 침공으로 경각심을 갖게 되기 전까지는 많은 사람들이 우상을 버리기를 거부하였지만, 그 날에는 각 사람이 히스기야의 지시를 따라서 자신의 우상들을 던져 버릴 것이다. 우리의 죄로 인하여 우리가 기겁을 하고 깜짝 놀라게 되는 것은 복된 일이다.

(1) 그것은 전반적인 개혁이 될 것이다. 각 사람이 자신의 우상들을 던져 버릴 것이다. 각 사람이 스스로 알아서 개혁을 할 것이기 때문에 다른 사람들이 굳이 나서서 남들이 지닌 우상들을 부술 필요가 없을 것이다.

(2) 그것은 철저한 개혁이 될 것이다. 왜냐하면, 그들은 그들이 그토록 좋아했던 죄인 우상 숭배와 결별할 것이고, 그들이 그토록 좋아했던 은 우상, 금 우상과 결별할 것이기 때문이다. 많은 사람들은 은과 금을 자신의 우상으로 섬기고, 그 우상에 대한 사랑 때문에 하나님에게 반역한다. 그러나 하나님에게 돌아오는 자들은 자신의 마음으로부터 그 우상을 던져 버리고, 하나님이 부르실 때에 그 우상과 기꺼이 결별한다.

(3) 그것은 올바른 원리, 즉 술수가 아니라 경건의 원리에 의거한 개혁이 될 것이다. 그들은 우상들이 그들로 하여금 범죄하게 만드는 계기를 제공해 왔다는 것을 깨닫고서, 우상들을 던져 버리게 될 것이다. 비록 우상들은 그들이 자기 손으로 만든 것들이었고, 바로 그런 이유로 그 우상들을 특히나 좋아하였던

것이지만, 이제 우상들은 그들과 아무런 상관이 없게 될 것이다. 죄는 우리 자신의 손으로 만들어낸 것이지만, 죄를 만들어내는 것은 곧 우리 자신의 멸망을 만들어내는 것이기 때문에, 우리는 죄를 던져 버려야 한다. 이상하게도 사람들은 죄를 던져 버리지 않으면 그들 자신이 던져 버려지게 되는 꼴을 당하게 되리라는 것을 뻔히 알면서도 죄를 던져 버리지를 못하고 죄에 연연해한다. 어떤 이들은 이 본문을 우상들을 의지하던 자들이 막상 우상들이 그들에게 전혀 도움이 되지 못하는 것을 알게 되자 격분하여 우상들을 던져 버리게 될 것에 관한 예언에 불과한 것이라고 해석한다. 그러나 이 본문은 이사야 30장 22절과 아주 정확히 일치하기 때문에, 나는 이 본문을 진지한 개혁에 관한 약속으로 해석하고자 한다.

II. 예루살렘을 포위하고 있던 자들은 패주하게 될 것이고, 그 결과 예루살렘은 외부의 원수들로부터 구원을 받게 될 것이다. 앞에 나온 내용은 이것을 위한 준비였다. 하나님에게로 돌아오고 나면, 백성들은 원수들을 무찔러서 그들을 변호해 주는 일을 하나님께 맡길 수가 있게 된다. 그들이 그들의 우상들을 던져 버릴 때, 앗수르는 엎드러질 것이다(8-9절).

1. 앗수르 군대는 그 자리에서 칼에 엎드러질 것이지만, 용사의 칼이나 평범한 군사의 칼도 아니고 이스라엘 사람이나 애굽인의 칼도 아니며, 용사의 강력한 칼이나 평범한 군사의 은밀한 칼도 아니고, 용사보다 더 강력하게 내리치고 평범한 군사보다 더 은밀하게 내리치는 천사의 칼, 여호와의 칼, 천사의 손에 들려진 여호와의 능력과 진노의 칼에 의해서 엎드러질 것이다. 이렇게, 앗수르 군대의 장정들은 패주하여 죽음의 제물이 되고 눈 녹듯이 없어져 버릴 것이다. 하나님이 그의 교회의 원수들을 치실 때에 우리는 그 일을 용사나 평범한 자들, 즉 군관들이나 일반 병사들을 통해서 하실 것이라고 기대한다. 그러나 하나님은 용사나 일반 병사 없이도 그 일을 해내실 수 있으시다. 열두 군단도 더 되는 천사들을 부리실 수 있으신 하나님께는 사람들로 이루어진 군대는 필요하지 않다(마 26:53).

2. 앗수르 왕은 저 눈에 보이지 않는 칼에 죽지 않기 위해서 도망할 것이다. 앗수르 왕은 유다인들이 자신의 군대를 패주시킨 지금 그를 붙잡기 위해서 추격해 올 것을 염려하여 죽을 힘을 다하여 자신의 영지로 되돌아오고 자신의 요새로 피신하기 위하여 애를 쓸 것이다. 산헤립은 자기가 예루살렘의 지배자가

되리라는 것을 자신했었기 때문에, 하나님과 히스기야에게 대단히 오만불손하게 도전했었다. 그렇지만 이제 그는 하나님과 히스기야를 두려워하여 떨게 될 것이다. 하나님은 지극히 오만한 자를 두려움에 사로잡히게 하실 수 있고, 지극히 담대한 자를 떨게 만드실 수 있다(욥 18:11; 20:24을 보라). 산헤립을 따라다니던 고관들은 기치로 말미암아 놀랄 것이고, 공중에 나타난 기치(旗幟)를 생각할 때마다 깜짝깜짝 놀랄 것이다. 이것으로 보건대, 멸망의 천사는 아마도 치명적인 일격을 가하기 전에 이 기치를 그들 앞에 나타내 보였던 것 같다. 또는, 산헤립의 고관들은 기치가 눈에 보일 때마다 그 기치가 혹시 그들을 추격해 오는 유다 군대는 아닐까 의심하여 매번 소스라치게 놀랐던 것일 수도 있다. 하나님께서 자기 백성을 격려하고 힘 주시기 위하여 내거신 깃발(시 60:4)은 원수들에게는 공포의 대상이 된다. 이렇게 하나님은 고관들의 기를 꺾으시리니, 그는 세상의 왕들에게 두려움이 되신다. 이 일을 행하시는 분은 누구신가? 그는 그의 불이 시온에 있고 그 풀무가 예루살렘에 있는 여호와이시다.

(1) 하나님의 거처는 예루살렘에 있고, 사람이 자신의 불과 화덕이 있는 곳을 지키듯이 하나님은 예루살렘에 있는 자신의 집을 지키신다. 예루살렘은 저 큰 왕의 성이기 때문에, 앗수르인들은 하나님에게서 그의 집을 빼앗으려는 생각을 하지 말아야 한다.

(2) 하나님은 예루살렘에서 그의 모든 원수들을 소멸시키는 불이어서, 그의 진노의 날에 그들을 불타는 화덕으로 만들어 버리실 것이다(시 21:9). 하나님은 예루살렘을 둘러싼 불 성곽이시기 때문에, 예루살렘을 공격하는 자는 누구든지 불에 삼켜져서 소멸될 위험을 감수해야 한다(슥 2:5; 계 11:5).

(3) 하나님은 예루살렘에 자신의 제단을 갖고 계신다. 거기에서는 거룩한 불이 끊임없이 타오르고, 하나님을 존귀하게 하기 위하여 희생 제사가 날마다 드려지는데, 그 제단을 하나님은 기뻐하신다. 그러므로 하나님은 특히 장차 드려지게 될 저 큰 희생 제사를 염두에 두시고, 이 도성을 지키실 것이다. 구약의 모든 희생 제사들은 장차 있을 저 큰 희생 제사의 모형들일 뿐이었다. 우리의 마음과 집에서 거룩한 사랑과 헌신의 불을 꺼뜨리지 않고 계속 타오르게 한다면, 우리는 하나님이 우리와 우리의 집을 지켜 주실 것을 기대할 수 있다.

— 제
32
장 —

개요

이 장은 히스기야의 치세(治世)에 관한 예언으로서 결과적으로 히스기야에 관한 역사를 요약해 놓은 것으로 보이지만, 이 장이 염두에 두고 있는 것은 메시야의 나라이다. 메시야의 통치는 다윗의 집의 보좌들을 모형으로 삼아서 묘사되었기 때문에, 메시야는 흔히 "다윗의 자손"이라 불린다. I. 히스기야가 그의 치세 초기에 저 선한 개혁 작업을 시작하게 될 것이고, 그 개혁 작업은 선왕들의 치세 때에 극심하게 타락하고 방탕하였던 백성들에게 복된 영향을 미치게 되리라는 예언(1-8절). II. 히스기야의 치세 중반에 앗수르의 침공으로 인해서 온 나라가 발칵 뒤집히게 되리라는 예언(9-14절). III. 히스기야의 치세 말기는 경건과 평화 양쪽에서 더 나아진 시대가 되리라는 예언(15-20절). 더 나아가, 이 약속의 말씀은 메시야 시대를 내다본 것이라고 할 수 있다.

[1]보라 장차 한 왕이 공의로 통치할 것이요 방백들이 정의로 다스릴 것이며 [2]또 그 사람은 광풍을 피하는 곳, 폭우를 가리는 곳 같을 것이며 마른 땅에 냇물 같을 것이며 곤비한 땅에 큰 바위 그늘 같으리니 [3]보는 자의 눈이 감기지 아니할 것이요 듣는 자가 귀를 기울일 것이며 [4]조급한 자의 마음이 지식을 깨닫고 어눌한 자의 혀가 민첩하여 말을 분명히 할 것이라 [5]어리석은 자를 다시 존귀하다 부르지 아니하겠고 우둔한 자를 다시 존귀한 자라 말하지 아니하리니 [6]이는 어리석은 자는 어리석은 것을 말하며 그 마음에 불의를 품어 간사를 행하며 패역한 말로 여호와를 거스르며 주린 자의 속을 비게 하며 목마른 자에게서 마실 것을 없어지게 함이며 [7]악한 자는 그 그릇이 악하여 악한 계획을 세워 거짓말로 가련한 자를 멸하며 가난한 자가 말을 바르게 할지라도 그리함이거니와 [8]존귀한 자는 존귀한 일을 계획하나니 그는 항상 존귀한 일에 서리라

이 단락에는 번영하는 왕국에 관한 묘사가 나온다. "왕들과 방백들과 백성들이 각기 제자리에서 각자 마땅히 해야 할 본분을 다할 때, 나라여 네게 복

이 있도다.” 이 단락은 방백들과 신하들이 마땅히 해야 할 일들을 지시하는 내용으로 해석될 수도 있고, 나라를 잘 다스려서 자신의 선한 통치의 복된 결과들을 어느 정도 직접 확인하였던 히스기야 왕에 대한 칭송의 글로 해석될 수도 있다. 이 단락은 백성들로 하여금 히스기야 왕의 통치 아래에서 그들이 얼마나 행복하였는지, 그들의 그러한 복된 상태를 어떻게 주의 깊게 잘 선용해야 하는지를 알게 하여, 그들을 그리스도의 나라와 그 나라가 가져올 개혁의 때를 구하도록 이끌기 위한 것이다. 이 단락에서는 교회를 위로하고 힘을 주기 위하여 다음과 같은 것들을 약속하는데, 직분을 맡은 자들은 여기에서 약속하고 있는 대로 그 본분을 행하여야 한다.

I. 방백들은 자기가 있는 자리에서 자신의 본분을 다하고, 권세를 지닌 자들은 하나님으로부터 위임받은 큰 목적에 부응하리라는 것(1-2절).

1. 나라를 다스리고 통치할 왕과 방백들이 있을 것이다. 왜냐하면, 이스라엘에 왕이 없을 때에는 모든 일이 잘 되어갈 수가 없기 때문이다. 방백들에게는 왕이 있어야 하고, 한 왕은 군주로서 방백들을 하나로 묶는 중심이 되어야 한다. 왕은 그 아래에 방백들이 관리로 있어야 일을 할 수가 있다(벧전 2:13-14). 이렇게 왕과 방백들은 각자의 위치를 잘 알아서 그 자리를 다 채울 것이다. 왕은 통치할 것이고, 방백들은 왕의 대권(大權)을 손상시킴이 없이 왕보다 낮은 자리에서 다스릴 것인데, 왕이나 방백들은 모두 백성들의 선을 위하여 다스릴 것이다.

2. 왕과 방백들은 법에 따라서 권세를 사용할 것이고, 법을 어기면서 권세를 휘두르지는 않을 것이다. 그들은 의(義)와 공의, 지혜와 공평으로 다스림으로써 선한 자를 보호하고 악한 자를 벌할 것이다. 그리스도께서는 공의를 세우는 그런 왕과 방백들을 자기를 의지하여 통치하는 것으로 인정하실 것이다(잠 8:15). 그리스도 자신이 바로 그러한 왕이요 그러한 방백이시다. 그리스도께서는 공의로 다스리실 것이고, 의로 세상을 심판하실 것이다(사 9:7; 11:4).

3. 왕과 방백들은 이렇게 백성에게 큰 복이 될 것이다(2절). 의로 다스리는 왕, 바로 그 사람은 광풍을 피하는 곳 같을 것이다. 왕이 왕으로서의 본분을 다할 때, 백성들도 백성으로서의 본분을 다하게 된다.

(1) 왕과 방백들은 백성들의 피난처가 되어서 여러 재앙들로부터 그들을 보호해 준다. 이 선한 왕 또는 방백은 신민(臣民)들을 가려줘서 폭우로 인한 상해

로부터 보호해 준다. 왕이나 방백은 가난한 자와 고아를 보호해 줌으로서 그들이 강한 자들의 먹잇감이 되지 않게 해준다. 압제받는 무죄한 자가 욕(辱)을 당하거나 폭력으로 짓밟힐 때에 그들의 피난처인 왕이나 방백 이외에 어디로 피하겠는가? 그들은 왕이나 방백에게 호소하고, 왕이나 방백을 통해서 그들의 권리를 구제받는다.

(2) 왕과 방백들은 많은 축복으로 백성들에게 새 힘과 위로를 준다. 이 선한 왕 또는 방백은 가난하고 곤경에 처한 자들을 보호하고 지지해 주며, 칭찬할 만한 모든 일을 격려해 주는 자이기 때문에, 마른 땅에 냇물 같아서 땅을 시원하게 적셔주어 비옥하게 만들고, 곤비한 땅에 큰 바위 그늘 같아서 가난한 여행자가 태양의 뜨거운 열기를 피할 수 있게 해준다. 사람들의 경멸과 반대 속에서도 양심에 한 점 부끄러움 없이 자신의 본분을 다하는 선한 자에게는 선한 왕이나 방백이 마침내 그를 지지해 주고 은총을 베풀며 웃음으로 맞아주는 것만큼 큰 힘이 되는 것이 없다. 예수 그리스도는 그의 나라의 모든 신실한 신민들에게 바로 그런 사람일 뿐만 아니라, 그런 사람보다 훨씬 더 복된 분이다. 단순한 바람이 아니라 광풍 같은 아주 큰 재앙이 우리에게 닥칠 때, 죄책(罪責)과 진노의 폭풍우가 우리를 덮칠 때, 그러한 것들은 우리를 그리스도에게로 몰아가고, 우리는 그리스도 안에서 안전할 뿐만 아니라, 우리가 그런 과정을 거쳐서 그리스도 안으로 들어오게 된 것에 만족한다. 그리스도 안에서 우리는 의에 주리고 목마른 자들을 위한 시냇물을 발견하고, 곤경에 처한 자들이 바라는 온갖 새로운 힘과 위로를 발견하며, 뜨거운 햇빛이나 비가 새어 들어오는 나무의 그늘이 아니라 여행자가 몸을 피하기에 아주 좋은 큰 바위 그늘을 발견한다. 어떤 이들은 여기에서 피하는 곳, 가리는 곳, 큰 바위가 자기에게로 피한 자들을 보호해 주기 위해서 스스로 바람과 폭풍우를 다 직접 맞아야 하는 것처럼, 그리스도께서는 광풍과 폭우로부터 우리를 지켜주시기 위하여 스스로 그 폭풍우를 담당하셨다는 것을 지적한다.

Ⅱ. 신민(臣民)들은 각자의 위치에서 본분을 다하리라는 것.

1. 그들은 기꺼이 가르침을 받고자 하고, 모든 일들을 올바르게 이해하고자 할 것이다. 그들은 관리들과 교사들에 대하여 지니고 있던 편견들을 버리고, 진리의 빛과 능력에 순복하게 될 것이다(3절). 이 복된 개혁의 일이 제대로 이루어지고 사람들이 그 개혁을 위하여 자신의 몫을 다할 때, 하나님은 아낌없이

그의 일을 하실 것이다. 그 때에 보는 자들, 즉 선지자들과 선견자들의 눈이 감기지 아니할 것이요, 어두워지지 않을 것이다. 도리어, 하나님은 그들을 복 주셔서 묵시들을 보게 하실 것이고, 그들을 통해서 묵시들을 백성들에게 전하실 것이다. 이 기록된 말씀을 읽는 자들은 더 이상 그들의 마음에 베일이 씌워져 있지 않을 것이기 때문에 모든 것을 분명하게 보게 될 것이다. 그 때에 선포되는 말씀을 듣는 자들이 부지런히 귀를 기울여서 그들이 듣는 말씀을 기꺼이 받아들일 것이고, 이전과는 달리 듣기에 둔하지 않을 것이다. 이 일은 하나님의 은혜, 특히 복음의 은혜를 통해서 이루어질 것이다. 왜냐하면, 들을 줄 아는 귀와 볼 줄 아는 눈을 여호와께서 지으셨고, 또한 새롭게 하실 것이기 때문이다.

2. 그들은 가르침을 받고서 놀라운 변화를 경험하게 될 것이다(4절).

(1) 그들은 명석한 머리를 지니게 되어서, 서로 다른 것들을 잘 분별하고 구분할 수 있게 될 것이다. 성급하고 조급한 자들이어서 충분한 시간을 갖고 어떤 일들을 잘 숙고할 수 없었던 자들의 마음이 이제는 그 조급함을 치유받고서 지식을 깨닫게 될 것이다. 왜냐하면, 하나님의 성령이 그들의 지각(知覺)을 열어줄 것이기 때문이다. 그리스도께서는 장차 그가 그의 모든 백성을 위하여 어떤 일을 하실지를 하나의 표본으로 보여주시기 위하여 부활 후에 그의 제자들 속에 이 복된 일을 하셔서(눅 24:45) 그들의 마음을 열어 깨닫게 하셨다(요일 5:20). 선한 왕이나 방백의 경건한 의도들은 그들의 신민들이 사물들을 올바르게 인식하기 위하여 깊이 사고하고 생각할 자유를 지니게 될 때에 효과를 나타내게 될 것이다.

(2) 그들은 자신의 의사를 말로 잘 표현하는 자들이 될 것이다. 하나님의 일들에 대하여 말할 때마다 우물우물하곤 했던 어눌한 자들이 이제는 그들이 믿는 바를 어떻게 말해야 하는지를 잘 깨닫고 있는 자들처럼 그 혀가 민첩하여 말을 분명히 하게 될 것이다. 하나님의 일들에 대한 명확하고 분명하고 체계적인 지식이 크게 늘어나서, 어눌하고 똑똑치 못하였던 자들이 사람들의 예상과는 전혀 딴판으로 하나님의 일들에 대하여 너무도 유식하게 잘 말을 하여서, 하나님께 큰 영광을 돌리고 다른 사람들의 덕을 많이 세우게 될 것이다. 그들의 마음은 이 선한 일로 가득 채워질 것이고, 그들의 혀는 글솜씨가 뛰어난 서기관의 붓끝과 같을 것이다(시 45:1).

3. 선과 악, 미덕과 악덕의 차이가 뚜렷하게 구분되어서, 어둠을 빛이라 하

고 빛을 어둠이라 하는 자들에 의해서 더 이상 휘둘리는 일이 없을 것이다(5 절). 악한 자를 다시는 교양 있는 자라 부르지 아니하리라(개역에서는 어리석은 자를 다시 존귀하다 부르지 아니하겠고).

(1) 왕이나 방백은 더 이상 악한 자들을 선호하지 않을 것이다. 공의로 통치할 때, 왕은 존귀와 권세가 주어지는 자리들에 악하고 비열하며 탐욕스러운 자들, 자신의 목적을 달성하기 위해서라면 다른 사람들에게 어떤 해(害)를 가하더라도 개의치 않는 자들을 앉히지 않을 것이다. 아무리 악한 자들(안티오쿠스는 이렇게 불렸다, 단 11:21)일지라도 출세하게 되면 후하고 너그러운 자들이라 불리고, 은인들이라 불린다(눅 22:25). 그러나 항상 그런 것은 아니다. 세상이 점점 성숙해져 갈수록, 지혜로운 자들이 그들의 장점을 따라서 선호되고, 그런 자들이 존귀함을 받게 될 것이다(이것은 미련한 자에게 적절한 것으로는 결코 생각되지 않았다, 잠 26:1).

(2) 악한 자들이 백성 가운데서 명성을 얻는 일이 더 이상 없을 것이고, 악덕이 미덕으로 위장되는 일도 없을 것이다. 더 이상 나발에게 당신은 너그러운 사람이다라고 말하는 일이 없을 것이다. 나발 같은 탐욕스러운 구두쇠는 자신의 재물만을 챙기는 어리석은 자일 뿐이고, 신사나 귀인(貴人)이라는 칭호로 불리지 않을 것이다. 사람들은 오직 자기 외에는 아무도 생각하지 않고 자기가 가진 것으로 그 어떤 선도 행하지 않으며 세상의 무익한 짐만 될 뿐인 수전노를 내 주라 부르지 않을 것이다. 또는, 사람들은 그를 부요하다(원어는 이런 의미이다)고 말하지 않을 것이다. 선한 일들을 행함에 있어서 부요한 자들, 즉 재물을 많이 가진 자들이 아니라 자기가 가진 재물을 잘 쓰는 자들만이 부요한 자로 여김을 받게 될 것이다. 요컨대, 사람들의 가치를 일반적으로 그들이 가진 재물이나 명예로운 직함들이 아니라 그들이 지닌 미덕, 인류에 대한 그들의 유익성과 자선 행위를 기준으로 평가하는 백성은 복된 백성이라는 말이다. 이것이 히스기야 치세 때에 성취되었던 것인지, 이러한 내용이 어느 정도나 그리스도의 나라를 언급하고 있는 것인지(그리스도의 나라에서는 사람들은 그들이 가진 것에 의해서가 아니라 그들의 됨됨이에 의해서 평가를 받고, 어떤 사람의 사람됨이 잘못 평가되는 일도 없다)에 대해서는 우리는 말할 수 없다. 그러나 이것이 왕과 백성 양쪽 모두에게 적용되는 최고의 원칙, 즉 사람들을 그들 각자가 지닌 공로를 따라 평가해야 한다는 원칙을 규정하고 있다는 것은 확실하

다. 이러한 원칙을 더욱 강조하기 위해서 여기에서는 악한 자와 너그러운 자에 관한 각각의 묘사가 나온다. 우리는 이 묘사를 통해서 둘 사이에는 거대한 차이가 존재한다는 것을 알 수 있기 때문에, 제정신으로는 악한 자나 수전노에게 오직 너그러운 자에게만 합당한 그런 존경을 바치는 일을 하지 못할 것이다.

[1] 악한 자와 인색한 자는 해악을 행할 것이고, 그들이 출세하거나 권세를 손에 넣는다면 그 정도는 더욱 심해질 것이다. 그런 자들이 존귀함을 얻게 되면 더 선해지는 것이 아니라 더 악해진다(6-7절). 이러한 비열하고 악질적인 자들의 사람됨이 어떤지를 잘 보라.

첫째, 그런 자들은 언제나 이런저런 불의한 일을 꾸미고, 특정한 사람들이나 백성들을 해칠 궁리를 하며, 그러한 음모나 술수를 실천에 옮기려고 애쓴다. 그들은 아무것도 아닌 일들에 끊임없이 화풀이를 하고 비열하게 앙갚음하고자 애쓰기 때문에 그들 속에는 한 점의 너그러움도 찾아볼 수 없다. 그런 자들의 마음은 이런저런 악행을 쉴 새 없이 궁리해 내는 일을 하고 있다. 손으로 하는 일이 있는 것과 마찬가지로 마음으로 하는 일이 있다는 것을 주목하라. 생각이 하나님을 향한 말인 것처럼, 계획이나 궁리는 마음의 일들이다. 죄인들이 범죄하기 위해서 얼마나 큰 수고를 하는지를 보라. 그들은 범죄하기 위해서 애를 쓴다. 그들의 마음은 항상 범죄를 골똘히 생각해 내고, 대단한 기술과 응용력으로 죄악을 만들어낸다(개역에서는 불의를 품어). 그들의 마음은 옛 뱀이 지니고 있던 온갖 사특함과 엄청난 궁리를 통해서 악한 계획들을 고안해(개역에서는 악한 계획을 세워) 내는데, 이것이 그들의 죄를 한층 더 죄악되게 만든다. 어떤 죄와 관련해서 그 계획이 치밀하면 할수록, 그 죄 속에는 사탄이 더 많이 개입되어 있는 것이다.

둘째, 그런 자들은 속임수와 위선으로 그들의 계획을 실행에 옮긴다. 그들은 속으로는 죄악을 골똘히 생각하고 있으면서도 겉으로는 위선을 행하여(개역에서는 간사를 행하며) 의로운 자들인 것처럼 위장한다(눅 20:20). 그들은 그들이 계획하고 있는 너무도 가증스러운 범죄들을 하나님에 대한 깊은 헌신, 인간에 대한 깊은 존중, 어떤 공통적인 선에 대한 깊은 관심으로 위장한다. 입으로는 아름다운 말을 하면서 속으로는 너무도 흉악한 범죄를 계획하고 있는 자들은 가장 악독한 자들이다.

셋째, 그런 자들은 악독한 것을 말한다(개역에서는 어리석은 것을 말하며). 그들은 감정이 올라와서 흥분 상태에 있을 때에 주변 사람들에게 존귀하고 품위 있는 자들에게는 어울리지 않는 비열하고 상스러우며 악독한 말들을 쏟아내기 때문에, 우리는 그것을 보고서 그들의 본 모습이 어떤 것인지를 알 수 있다. 또는, 그들은 평결이나 판결을 내릴 때에 공의를 굽게 하기 위해서 악의적으로 일들을 왜곡시켜서 사람들에게 누명을 뒤집어씌운다.

넷째, 그런 자들은 의로우신 하나님, 의를 사랑하시는 하나님을 모욕한다. 그들은 패역한 말로 여호와를 거스르며 불경(不敬)을 행한다. 우리가 위선(개역에서는 간사)으로 번역한 단어는 원어로 그런 불경스러운 행위를 의미하는 말이다. 그들은 불의한 판결을 내리면서, 하나님의 이름을 망령되이 사용하여 마치 그 판결이 하나님의 재가를 받은 것처럼 말한다. 재판은 하나님께 속한 것이기 때문에(신 1:17), 그들이 내린 거짓되고 불의한 판결도 마치 하나님이 내린 판결인 것처럼 말이다. 이것은 하나님을 대신하여 진리와 공의를 대변하는 것처럼 위장한 가운데 여호와를 거슬러 그릇된 것을 말하는 것이다. 하나님의 이름을 빌려서 악행을 후원하고 지지하는 것만큼 하나님에 대하여 뻔뻔스럽게 행하는 것은 없다.

다섯째, 그런 자들은 인류, 특히 그들이 마땅히 보호하고 구제하여야 할 자들을 학대한다. (i) 그들은 가난한 자들에게 필요한 것들을 공급해 주기는커녕 도리어 그들에게 남아 있는 양식조차도 빼앗아가거나 그들에게 마땅히 돌아가야 할 양식을 주지 않음으로써 그들을 더욱 빈곤하게 만들어서 주린 자의 속을 비게 한다. 또한, 그들은 목마른 자에게서 마실 것을 없어지게 한다. 그들은 가난한 자들에게 돌아가야 할 구호 물품들을 중도에서 착복해 버린다. 이렇게 비열한 방식으로 이득을 취하는 자들은 정말 악한 자들이다. (ii) 가난한 자들이 그들에게 재판을 청구하면, 그들은 가난한 자들의 권리를 구제해 주는 것이 아니라, 도리어 그들의 관할 아래 있는 법정에서 부자들의 편을 들어서 가난한 자들을 망하게 하고자 애쓴다. 가난하고 가련한 자들이 아무리 바른 말을 하고, 그들의 주장이 옳다는 증거가 너무나 명백해도, 재판을 맡은 자들을 움직이는 것은 옳고 그름이 아니라 뇌물이다.

여섯째, 이 인색하고 악한 자들은 언제나 그들의 악독한 계획을 이루기 위한 도구들을 주변에 갖추어 두고 있다. 그들의 모든 종들은 악하다(개역에서는 그 그릇이 악하여). 악한 계획을 실행하기 위한 도구들을 주변에 두고 있다는 것은 그들의 계획이 너무도 명백하게 악하고 불의하다는 것을 보여주는 것이다. 악한 자의 도구들은 악하다. 우리는 이와 다른 것을 기대할 수 없다. 그러나 그들은 하나님이 허락하시는 것 이상으로 해악을 가할 수 없다는 사실은 우리에게 큰 위로가 된다.

[2] 진정으로 너그럽고, 또한 그렇게 불릴 자격이 충분히 있는 자는 힘이 닿는 대로 모든 사람에게 선을 행하는 것을 자신의 일로 삼는다(8절).

첫째, 그런 자는 선을 행하는 데에 관심을 쏟고 끊임없이 궁리한다. 그는 남들에게 후히 베풀 존귀한 일들을 계획한다. 인색한 자나 구두쇠는 어떻게 돈을 아껴서 자신을 위해 모아둘까를 궁리하는 것과 마찬가지로, 구제하기를 좋아하는 선한 자는 자기가 가진 재물을 다른 사람들의 선을 위해서 어떻게 사용하고 베풀어야 가장 좋을지를 궁리한다. 구제하는 자들의 의도가 제대로 이루어지고, 구제가 잘못 되지 않도록 하기 위해서, 구제는 지혜롭게 행해져야 하고, 후히 베푸는 일들은 심사숙고해서 이루어져야 한다. 너그러운 자는 자기가 가진 모든 것으로 힘이 닿는 대로 베푸는 일을 다한 후에는 다른 사람들이 각자의 힘닿는 대로 할 수 있는 너그러운 일들을 궁리해 내서, 사람들로 하여금 그 일들을 하게 만들고자 애쓴다.

둘째, 그런 자는 선을 행하는 데서 위로를 받고 유익을 얻는다. 그는 존귀한 일로 말미암아 서리라(또는, 굳게 서리라). 하나님의 섭리는 후히 베푸는 자에게 그가 하는 일들을 형통하게 해주고 그로 하여금 확고한 명성을 얻게 해주는 상급을 준다. 하나님의 은혜는 그런 자에게 차고 넘치는 만족감을 주고, 그의 품 속에 견고한 평안을 준다. 다른 사람들을 뒤흔들어서 불안하게 만드는 그 무엇도 그런 자의 평안을 흩뜨려 놓지 못할 것이다. 그의 마음은 확정되어 있다. 이것이 구제하는 자에 대한 보상이다(시 112:5-6). 어떤 이들은 이 본문을 존귀한 자는 존귀한 일을 계획하나니 그는 항상 존귀한 일로 말미암아 서리라로 읽는다. 존귀한 자들이 진정으로 존귀함을 지닌 자들이어서 비열한 일을 하기를 멸시하고, 왕이 이런 존귀한 자들의 아들일 때, 그 나라는 복된 나라이다.

⁹**너희 안일한 여인들아 일어나 내 목소리를 들을지어다 너희 염려 없는 딸들아 내 말에 귀를 기울일지어다** ¹⁰**너희 염려 없는 여자들아 일 년 남짓 지나면 너희가 당황하리니 포도 수확이 없으며 열매 거두는 일이 이르지 않을 것임이라** ¹¹**너희 안일한**

여자들아 떨지어다 너희 염려 없는 자들아 당황할지어다 옷을 벗어 몸을 드러내고 베로 허리를 동일지어다 [12]그들은 좋은 밭으로 인하여 열매 많은 포도나무로 인하여 가슴을 치게 될 것이니라 [13]내 백성의 땅에 가시와 찔레가 나며 희락의 성읍, 기뻐하는 모든 집에 나리니 [14]대저 궁전이 폐한 바 되며 인구 많던 성읍이 적막하며 오벨과 망대가 영원히 굴혈이 되며 들나귀가 즐기는 곳과 양 떼의 초장이 되려니와 [15]마침내 위에서부터 영을 우리에게 부어 주시리니 광야가 아름다운 밭이 되며 아름다운 밭을 숲으로 여기게 되리라 [16]그 때에 정의가 광야에 거하며 공의가 아름다운 밭에 거하리니 [17]공의의 열매는 화평이요 공의의 결과는 영원한 평안과 안전이라 [18]내 백성이 화평한 집과 안전한 거처와 조용히 쉬는 곳에 있으려니와 [19]그 숲은 우박에 상하고 성읍은 파괴되리라 [20]모든 물 가에 씨를 뿌리고 소와 나귀를 그리로 모는 너희는 복이 있느니라

이 단락에서 우리는 하나님께서 악한 자들을 심판하시고 악행을 인하여 그들을 벌하러 일어나시고, 마침내 너그러운 자들, 후히 베푸는 자들에게 긍휼로 돌아오셔서 후한 구제를 인하여 그들에게 상을 주시는 모습을 본다.

I. 풍속이나 예의범절이 너무도 타락되어 있고, 거룩하신 하나님을 진노하게 하는 일들이 많이 벌어질 때에는 장차 악한 시절이 올 것이 충분히 예상될 수 있는데, 여기에는 그러한 악한 시절이 올 것이라는 경고가 주어진다. 경종(警鐘)은 자신의 오만과 허영, 사치를 충족시키기 위해서 남편과 아버지들을 득달하여 가난한 자들을 착취하여 굶주려 죽게 만든 안일한 여인들, 염려 없는 딸들(9절)을 향해 울려 퍼진다. 그들은 이 선지자가 하나님의 이름으로 그들에게 말하고자 하는 것을 들어야 한다. "옷깃을 여미고서 일어나 공경하는 마음으로 귀 기울여 들을지어다."

1. 그들은 하나님께서 이제 그들이 사치하고 방종하게 살았던 땅을 초토화시키는 심판을 보내고자 하신다는 것을 알아야 한다. 이것은 일차적으로 산헤립이 군대를 이끌고 와서 유다의 모든 견고한 성읍들을 점령하여 초토화시킨 일을 가리키는 것으로 보인다. 그러나 그렇게 해석하려면, 많은 날들과 해들이라는 어구는 난외주에서 읽고 있는 것처럼 일년 남짓으로 읽어야 한다. 즉, 이러한 재앙이 일년 남짓한 기간 동안 지속될 것이라는 말이다. 산헤립의 군대가 유다 땅으로 처음 들어온 때로부터 유다 땅에서 물러난 때까지의 기간은 일년

남짓이었다. 그러나 이 기간은 세상에 마음을 두고서 세상 속에서 행복을 찾았던 자들이 낭패를 당하게 될 기간을 가리키는 것일 수도 있다. 너희 염려없는 여자들아, 너희가 괴로움을 겪고 당황하리라. 우리가 편안할 때에 걱정이나 염려를 다 벗어던져 버린다고 해서, 우리에게 괴로움이 찾아오지 않는 것이 아니다. 아니, 아무 염려 없이 살기를 좋아한 자들일수록 아주 작은 괴로움조차도 그들에게는 큰 괴로움이 되어서 그들을 크게 짓누르는 법이다. 그들은 충분한 돈을 가지고 있었고 충분한 환락을 누리고 있었기 때문에 아무 염려도 없이 편안하게 지낼 수 있었다. 그러나 이 선지자는 그들에게 이렇게 말한다.

(1) 그들의 장막이 있어서 그들이 진수성찬을 먹었던 바로 그 땅이 곧 황폐화되리라는 것. "포도 수확이 없으리라. 그 때에 너희는 포도주 대신에 무엇으로 즐기려느냐? 거둘 것이 없을 것이기 때문에 열매 거두는 일이 이르지 않을 것이고 (10절), 너희는 열매가 없다는 것을 알게 될 것이다. 너희에게는 젖소로부터 나오는 좋은 우유, 좋은 밭, 거기에서 나는 소산들이 없게 될 것이다." 인간의 삶에 도움이 되는 유익한 밭들은 좋은 밭들, 기분 좋은 밭들이다. "너희에게는 열매 많은 포도나무, 그 나무에서 나는 포도들이 없게 될 것이다." 하나님께서 풍성히 주신 것들을 악용하거나 남용한 죄를 지었을 때에는 결핍과 궁핍이라는 벌을 받는 것이 합당하다. 하나님께서 삶을 위해 필요한 것들을 주셨는데 그것들을 정욕을 위해 사용하거나 바알의 제사 음식으로 바친 자들은 그러한 것들이 궁핍한 상태를 겪는 것이 마땅하다.

(2) 그들이 소작료를 받아서 편안한 삶을 살며 진수성찬을 즐겼던 곳인 유다의 성읍들도 황폐화되리라는 것(13-14절). 경작되지 못한 채로 있게 될 내 백성의 땅만이 아니라 기뻐하는 모든 집 — 오락실과 도박장, 선술집 등 — 과 흥청대는 성읍들에도 죄와 저주의 열매들인 가시와 찔레가 날 것이다. 외적이 온 나라를 약탈하였을 때에 기쁨의 집들은 애곡(哀哭)의 집이 되어 버렸다. 그 때에 귀인들이 살던 저택들은 그 주인들이 목숨을 부지하기 위해서 애굽으로 도망가는 바람에 버려지게 되었고, 관원들이 성을 버리고 자기 한 목숨 살겠다고 도망치는 바람에 인구 많던 성읍이 버려졌다. 그 때에 힘과 웅장함을 자랑하였던 요새들과 망대들은 영원히 굴혈이 되어 버릴 것이다. 그 곳들은 버려지게 될 것이다. 주인들은 결코 그 곳들로 돌아오지 않게 될 것이다. 모든 사람이 그 곳들이 여리고처럼 저주를 받은 모습을 보게 될 것이다. 그렇기 때문에, 평화가

다시 찾아온다고 해도, 그 곳들은 다시 재건되지 못하고 폐허로 남게 될 것이다. 그 곳들은 들나귀가 즐기는 곳과 양 떼의 초장이 될 것이다. 이렇게, 수많은 집들이 죄로 인하여 폐허로 변하게 될 것이다. 트로이의 폐허 위에서 곡식이 자라난다.

2. 그들은 이 모든 것을 미리 내다보고서, 떨며 괴로워하고 옷을 벗어 몸을 드러내고 베로 허리를 동여야 한다(11절). 이것은 이런 재앙이 임할 때에 그들이 이렇게 떨며 옷을 벗지 않을 수 없게 되고, 하나님의 심판이 그들의 옷을 벗겨서 그들을 벌거벗게 만들 것임을 보여줄 뿐만 아니라, 다음과 같은 것들도 보여주는 것이다.

(1) 이러한 고통과 괴로움을 미리 막는 가장 좋은 방법은 그들의 죄를 인하여 스스로 회개하고 낮아져서 하나님 앞에서 참된 뉘우침과 경건한 슬픔을 지닌 채 티끌 속에 눕는 것이고, 그렇게 하면 그들의 평화가 더 오래 가리라는 것. 이것은 심판하러 오시는 하나님을 맞이하는 우리의 자세로서, 우리 자신의 잘못들을 고침으로써 하나님의 징계를 피하는 방법이다. 굽히지 않는 자들은 결국 부러지게 될 것이다.

(2) 이러한 고통과 괴로움을 대비하는 가장 좋은 방법은 스스로를 부인하고 자신의 육성(肉性)을 죽이며 온갖 감각의 쾌락들에 무관심한 삶을 사는 것이라는 것. 이미 이 세상에 대한 거룩한 멸시를 통해서 자기 자신을 벗어 버린 자들은 환난과 죽음이 왔을 때에 자신을 쉽게 벗어버릴 수 있는 법이다.

II. 흠 없는 삶을 유지하였던 남은 자들이 여전히 존재하고 있었기 때문에, 그들은 결국에는 좋은 시절이 오리라는 소망을 품을 수 있는 이유가 있었으므로, 선지자는 여기에서 그들에게 그런 좋은 시절에 대한 기분 좋은 전망을 보여준다. 그들은 그런 시절을 히스기야의 치세 말기에 보았다. 그러나 이 예언은 한 걸음 더 나아가서 의의 왕이자 평강의 왕이시고 모든 선지자들이 증언하고 있는 메시야의 시대를 얘기하고 있는 것으로 보는 것이 좋을 것이다. 좀 더 살펴보자.

1. 이 복된 시절은 어떤 식으로 시작될 것인가. 그 시절은 하나님께서 위에서부터 영을 부어주심으로써 개시될 것이다(15절). 이것은 우리를 향한 하나님의 선하신 뜻만이 아니라 우리 안에서의 하나님의 선하신 역사(役事)를 말하는 것이기도 하다. 왜냐하면, 그 때에 가서야 비로소 하나님께서 사람들에게 은혜

를 베푸셔서 선한 마음을 주시는 복된 시절이 시작될 것이기 때문이다. 그러므로 하나님이 구하는 자들에게 성령을 주시는 것은 사실상 모든 좋은 것을 그들에게 주시는 것이다(눅 11:13과 마 7:11을 비교해 보면, 이 점이 확인된다). 성령을 그들에게 부어 주시리라는 것, 황폐해진 교회를 일으켜 세우기 위하여 은혜의 성령이 이전보다 더 충만하게 부어지리라는 것은 하나님의 백성이 위로로 삼을 만한 큰 소망이다. 이것은 위로부터 임하는 것이기 때문에, 그들은 그것을 얻기 위해서 하늘에 계신 아버지를 바라보아야 한다. 하나님은 그의 교회에 은총들을 내리기로 계획하셨을 때에는 자기 백성이 그의 은총들을 받을 수 있도록 준비시키고 그의 은총의 도구들로 사용할 자들이 제대로 일을 해낼 수 있도록 하기 위하여 그의 성령을 부어 주신다. 왜냐하면, 성령이 그들에게 부어질 때까지는 황폐한 교회를 일으켜 세우고자 하는 그들의 수고가 모두 헛되고, 성령이 부어지고 나서야 그 일이 순식간에 이루어지기 때문이다. 성령이 부어짐으로써 메시야의 나라가 도래하여 세워졌고(행 2장), 지금도 여전히 유지되고 있으며, 앞으로도 끝까지 존속할 것이다.

2. 그 때에 어떤 기이하게 복된 변화가 일어나게 될 것인가. 메마르고 척박한 광야였던 곳이 비옥하고 아름다운 밭이 되며, 그렇게 되었을 때에 우리는 지금 비옥하고 아름다운 밭으로 여겼던 곳을 숲으로 여기게 될 것이다. 그 때에 땅이 그 소산을 풍성히 내어줄 것이다. 메시야 시대에는 땅의 열매가 레바논 같이 흔들리리라(시 72:16)는 약속이 주어져 있다. 어떤 이들은 광야가 아름다운 밭이 된다는 것은 이방인들이 복음의 교회로 들어오게 되는 것을 뜻하고, 아름다운 밭이었던 곳이 숲으로 된다는 것은 유대인들이 버림을 받아서 배제되리라는 것을 뜻하는 것이라고 해석한다. 이방인들에게는 생명의 영이 부어졌지만, 유대인들에게는 잠자게 하는 영이 부어졌다. 어떤 영혼에 성령이 부어졌음을 보여주는 증거와 효과가 무엇인지를 보라. 성령이 부어진 영혼은 열매를 맺는데, 특히 거룩함의 열매를 맺게 된다. 이 복된 시절의 특징은 세 가지로 제시된다.

(1) 공의와 의(16절). 성령이 어느 땅에 부어지면, 그 때에 정의가 광야에 거하여 광야를 비옥한 밭으로 바꾸어 놓고, 공의가 아름다운 밭에 거하여 그 밭을 더욱 비옥하게 만든다. 목회자들은 하나님의 법을 잘 가르치고 위정자들은 그 법을 집행하되 아주 지혜롭고 신실하게 그 일들을 하여서, 이 두 부류의 사역자들을 통해서 악한 자는 선하게 되고 선한 자는 더욱 선하게 될 것이다. 온갖 부

류의 사람들, 즉 광야처럼 무시당하며 살아왔던 가난하고 비천하며 배우지 못한 자들이나 비옥하고 아름다운 밭처럼 대우를 받으며 살아왔던 부하고 크며 배운 자들이나 모두 똑같이 똑바른 생각을 지니고 선한 도덕을 따라 살아가며 양심으로 선과 악, 죄와 도리를 분별하여 행하게 될 것이다. 또는, 평야이든 분지이든, 시골이든 도시이든, 벽촌이든 좀 더 개발되고 세련된 곳이든 그 땅의 모든 곳들에서 공의가 시행될 것이다. 그리스도의 법은 우리를 다스리는 기준이 되는 공의를 가져오고, 그리스도의 복음은 우리를 구원하는 의(義)를 가져온다. 성령이 부어지는 곳마다, 이 두 가지는 영원한 의로 거한다.

(2) 화평과 평안(17-18절). 여기에서는 두 종류의 평화가 약속된다.

[1] 내적인 평안(17절). 의가 거할 때에 이 평안은 뒤따라온다(16절). 어떤 사람의 내면에서 의가 이루어질 때에 그는 그 의의 복된 결과인 평안을 경험하게 된다. 의는 그 자체가 평안이고, 의의 결과는 영원한 평안과 안전, 즉 마음의 거룩한 평정(平靜)과 안정감이다. 이것을 통해서 영혼은 스스로 즐거워하고 하나님을 즐거워한다. 세상은 영혼이 지닌 이 평안을 깨뜨릴 힘이 없다. 의(義)가 일하는 곳에서는 평안과 평정과 안전이 기대될 수 있고, 또한 발견되리라는 것을 명심하라. 참된 만족은 오직 참된 경건 속에만 있고, 참된 경건 속에는 어김없이 참된 만족이 있다. 모든 경건과 단정함으로 사는 삶은 고요하고 평안한 삶이다(딤전 2:2).

첫째, 의의 일은 평안이다. 본분을 다할 때에 우리는 풍성한 참된 기쁨을 누리게 되고, 순종할 때에 순종이 가져오는 현세에서의 큰 상을 누리게 될 것이다. 의의 일은 힘들고 값비싼 희생을 치르는 일이며 우리에게 멸시를 가져다 주는 일이라고 할지라도, 우리가 그런 대가를 기꺼이 치러도 아깝지 않은 그런 평안을 가져다 준다.

둘째, 의의 결과는 평정과 안전이고, 이 평정과 안전은 현세에서 그치는 것이 아니라 영원까지 끝없이 이어질 것이다. 진정한 거룩은 현세에 있어서는 진정한 거룩이고, 장차 영원히 완전한 행복, 완전한 거룩이 될 것이다.

[2] 외적인 화평(18절). 하나님의 은혜로 말미암아 고요하고 평안한 심령을 지니게 된 자들이 하나님의 섭리로 말미암아 조용하고 화평한 집에 거하여 그들의 집이나 성회가 훼방을 받지 않게 되는 것은 하나님의 큰 긍휼하심이다. 산헤립의 침공으로 인한 공포가 지나갔을 때, 백성들은 틀림없이 전쟁의 경보로

훼방을 받지 않는 조용한 거처가 얼마나 큰 긍휼인지를 이전보다 더 실감했을 것이다. 모든 가족은 안으로부터 다툼이나 불화가 일어나서 집안에서 셋이 뭉쳐서 둘과 싸우고 둘이 뭉쳐서 셋과 싸우지 않도록 하여 고요한 삶을 유지한 후에, 하나님의 보호하심에 맡겨서 밖으로부터의 재앙의 두려움이 없이 안전히 거할 수 있도록 힘써야 한다. 예루살렘은 화평한 거처가 될 것이다(사 33:20과 비교해 보라). 그 숲은 우박에 상하고 격렬한 폭풍우가 황량한 숲에 내리쳐도, 예루살렘은 조용히 쉬는 곳이 될 것이다. 왜냐하면, 그 성읍은 낮은 곳에 낮게 있어서 바람을 피하며 격렬한 폭풍우에 노출되지 않을 것이고, 도리어 예루살렘을 두르고 있는 산들에 의해서 보호를 받게 될 것이기 때문이다(시 125:2). 높은 요새들과 망대들도 무너지겠지만(14절), 낮은 곳에 있는 예루살렘은 조용히 쉬는 곳이 될 것이다. 겸손하여 낮은 곳에 처하고자 하는 자들은 가장 안전하고 가장 편히 거할 수 있다(19절). 평화로운 집에 거하고자 하는 자들은 기꺼이 낮은 곳에 거하고자 하여야 한다. 어떤 이들은 이 말씀이 애굽 땅을 초토화시켜 놓았던 우박 재앙으로부터 고센 땅이 안전하게 보호를 받은 것을 넌지시 암시하고 있는 것이라고 생각한다.

(3) 풍성함. 아무데서나 해마다 곡식들이 풍성히 수확될 것이기 때문에, 모든 물가에 씨를 뿌리고(20절) 파종하기에 적합한 모든 땅에 씨를 뿌리며 그들의 떡 또는 떡을 만들 때에 사용하는 곡식의 씨를 물 위에 던지는(전 11:1) 농부들이 복이 있을 것이다. 하나님은 풍성한 수확을 주실 것이지만, 그렇게 되려면 농부들이 부지런하여야 하고, 농사일에 마음을 쏟아야 하며, 모든 물가에 씨를 뿌려야 한다. 농부들이 그렇게만 한다면, 곡식이 아주 무성하게 올라올 것이기 때문에, 그들은 소와 나귀 같은 자신의 가축을 몰고 와서 그 곡식의 아랫부분은 남겨둔 채 윗부분을 먹여도 아무 탈이 없을 것이다. 이 말씀은 다음과 같은 것들에 적용될 수 있다.

[1] 말씀을 전파하는 일. 어떤 이들은 이 말씀이 농부들로서 밭에 나가서 씨를 뿌리는 사도들의 사역을 가리키는 것이라고 생각한다(마 13:3). 그들은 모든 물가에 씨를 뿌렸다. 그들은 가는 곳마다 복음을 전하였다. 물은 사람들을 의미하는데, 사도들은 많은 무리들에게 말씀을 전하였다. 그들은 사람들의 마음이 부드러워져 있고 물기가 젖어 있으며 말씀을 받아들일 준비가 되어 있는 곳마다 가서 좋은 씨를 뿌렸다. 반면에, 모세 율법은 유대인들에게 소와 나귀를

거리하여 갈지 말 것(신 22:10)을 명하였는데, 이것은 유대인과 이방인이 서로 뒤섞여서는 안 된다는 것을 의미하는 것이었다. 그런데 이제 그런 구별은 제거 될 것이기 때문에, 소와 나귀, 즉 유대인과 이방인은 둘 다 복음 농사에 쓰임을 받게 될 것이고, 그 유익을 함께 누리게 될 것이다.

[2] 구제의 일. 하나님께서 이 복된 시절을 허락하실 때, 그 시절을 잘 활용 해서 자신이 가진 모든 것으로 선을 행하는 자들, 즉 궁핍한 자들을 구제할 모 든 기회를 놓치지 않고 모든 물가에 씨를 뿌리는 자들은 복이 있다. 왜냐하면, 그렇게 씨를 뿌리는 자들은 때가 되면 거둘 것이기 때문이다.

제 33 장

개요

이 장은 앞 장에 나온 것과 동일한 사건들, 즉 산헤립의 침공으로 인해서 유다와 예루살렘이 곤경에 처하게 되지만 결국 앗수르 군대의 패주로 그 곤경에서 구원을 받게 되리라는 것에 대하여 말하고 있다. 이러한 내용들은 여기에 나오는 예언 속에 핀다로스 (Pindaros)가 사용한 방식을 따라 서로 뒤섞여 있다. I. 그 때에 유다와 예루살렘이 큰 곤경에 처하게 되리라는 것(7-9절). II. 그 때에 시온의 죄인들이 특히 기겁을 하게 되리라는 것(13-14절). III. 이러한 곤경 속에서 선한 백성들이 하나님께 드리는 기도(2절). IV. 그들이 이 환난 가운데서 거룩한 평안을 누리게 되리라는 것(15-16절). V. 앗수르 군대의 패주(1-3절)와 이로 인하여 하나님이 크게 영광을 받으시리라는 것(5, 10-12절). VI. 유다인들이 앗수르 군대의 진영에서 얻은 노략물로 부요하게 되리라는 것(4, 23-24절). VII. 예루살렘이 평안을 되찾고, 이에 따라 유다도 평화롭게 되리라는 것. 백성들의 신앙이 지극히 좋아질 것이고(6절), 따라서 그들의 나라도 번영하게 될 것이다(17-22절). 이 일은 곧 성취될 일이었지만, 우리의 교훈을 위하여 기록된 것이다.

[1]너 학대를 당하지 아니하고도 학대하며 속이고도 속임을 당하지 아니하는 자여 화 있을진저 네가 학대하기를 그치면 네가 학대를 당할 것이며 네가 속이기를 그치면 사람이 너를 속이리라 [2]여호와여 우리에게 은혜를 베푸소서 우리가 주를 앙망하오니 주는 아침마다 우리의 팔이 되시며 환난 때에 우리의 구원이 되소서 [3]요란한 소리로 말미암아 민족들이 도망하며 주께서 일어나심으로 말미암아 나라들이 흩어졌나이다 [4]황충의 떼 같이 사람이 너희의 노략물을 모을 것이며 메뚜기가 뛰어오름 같이 그들이 그 위로 뛰어오르리라 [5]여호와께서는 지극히 존귀하시니 그는 높은 곳에 거하심이요 정의와 공의를 시온에 충만하게 하심이라 [6]네 시대에 평안함이 있으며 구원과 지혜와 지식이 풍성할 것이니 여호와를 경외함이 네 보배니라 [7]보라 그들의 용사가 밖에서 부르짖으며 평화의 사신들이 슬피 곡하며 [8]대로가 황폐하여 행인이 끊어지며 대적이 조약을 파하고 성읍들을 멸시하며 사람을 생각하지 아니하

며 ⁹땅이 슬퍼하고 쇠잔하며 레바논은 부끄러워하고 마르며 사론은 사막과 같고 바산과 갈멜은 나뭇잎을 떨어뜨리는도다 ¹⁰여호와께서 이르시되 내가 이제 일어나며 내가 이제 나를 높이며 내가 이제 지극히 높아지리니 ¹¹너희가 겨를 잉태하고 짚을 해산할 것이며 너희의 호흡은 불이 되어 너희를 삼킬 것이며 ¹²민족들은 불에 굽는 횟돌 같겠고 잘라서 불에 사르는 가시나무 같으리로다

이 단락에는 다음과 같은 내용들이 나온다.

I. 교만하고 거짓된 앗수르인들은 마땅히 그들의 온갖 속임과 폭력으로 인하여 심판을 받게 되고 재앙 아래 놓이게 되리라는 것(1절). 좀 더 살펴보자.

1. 이 원수가 범하였던 죄. 이 원수는 하나님의 백성과 맺은 평화조약을 깨뜨리고 속임수를 사용해서, 하나님의 백성을 먹잇감으로 삼아서 노략하였었다. 진실과 긍휼은 두 가지 대단히 성스러운 것들이고, 그 안에는 하나님의 성품을 닮은 것들이 많이 들어 있기 때문에, 진실이나 긍휼을 아랑곳하지 않는 자들, 자신들이 어떤 해악을 자행하고 있는지, 어떤 노략을 일삼고 있는지, 어떤 위선의 죄를 짓고 있는지, 어떤 엄숙한 약속을 파괴하고 있는지를 개의치 않고 오직 자신의 악한 목적만을 이루고자 하는 자들은 하나님의 진노 아래 있을 수밖에 없다. 피 흘리는 것과 속임수를 좋아하는 자들은 가장 악한 자들이다.

2. 그 죄를 더욱 가중시킨 요인들. 이 원수는 그들에게 한 번도 해를 끼친 적이 없었던 자들, 그들과 싸울 마음이 전혀 없었던 자들을 약탈하였고, 그들에게 언제나 신실하게 대하였던 자들을 속임수로 대하였다. 우리가 어떤 사람에게 해악을 가한 경우에, 그 사람이 우리에게 별로 잘못한 것이 없을수록, 우리는 하나님을 더욱 진노하게 만드는 것임을 명심하라.

3. 그 죄로 인하여 이 원수가 받게 될 형벌. 유다의 성읍들을 약탈한 죄로 이 원수의 군대는 하나님의 천사에 의해서 멸망을 당하고, 그 진영은 그들이 먹잇감으로 삼았던 자들에 의해서 약탈을 당하게 될 것이다. 갈대아인들은 앗수르인들을 속임수로 대하여 반란을 일으킬 것이다. 산헤립의 아들들 중에서 두 명이 그를 기만적으로 대하여, 비열하게도 그가 기도하고 있을 때에 그를 살해할 것이다. 의로우신 하나님은 흔히 죄인들에게 그들이 행한 대로 갚아 주신다는 것을 명심하라. 다른 사람들을 사로잡아 간 자는 스스로 사로잡힐 것이다

(계 13:10; 18:6).

4. 이 원수가 그렇게 다루어질 때는 언제인가. 그가 회개하고 행실을 고치기로 마음먹어서가 아니라 — 만약 그랬다면 그가 멸망하는 일은 방지되었을 것이다(단 4:27) — 온갖 극악무도한 짓을 다해서 더 할 짓이 없었기 때문에 약탈하고 속이기를 그칠 때, 그가 하나님께서 그에게 허락하신 것 이상으로 나아가서 그의 권한을 벗어났을 때, 두렵고 떨리게 하는 잔이 그의 손에 쥐어지게 될 것이다. 그의 불경(不敬)이 극에 달하고 그의 죄악의 분량이 다 채워졌을 때, 하나님은 그의 책임을 물으실 것이다. 그가 자신의 일을 다 하였을 때, 하나님은 자신의 일을 시작하실 것이다. 왜냐하면, 바로 그 때가 하나님의 때이기 때문이다.

II. 하나님의 백성이 이러한 환난 속에서 은혜의 보좌 앞에서 그 땅에 긍휼을 베풀어 주시라고 간절히 기도하게 되리라는 것(2절). "여호와여, 우리에게 은혜를 베푸소서. 사람은 잔인하되, 주는 은혜로우시나이다. 우리는 주의 진노를 받아 마땅한 자들이었지만, 주의 은총을 간구하나이다. 만약 우리가 주의 호의를 받을 수만 있다면, 그것은 우리의 복이옵나이다. 그렇게만 된다면, 우리가 처해 있는 환난이 우리를 해칠 수 없을 것이고, 우리는 망하지 않을 것이나이다. 피조물에게서 구원을 기대하는 것은 헛된 일이나이다. 우리는 애굽을 의지하지 아니하고, 오직 주를 앙망하였사옵고, 이 환난의 결과가 어떻게 끝나든, 그것은 복된 결과가 되리라는 것을 소망하며, 주의 뜻에 따르기로 결심하였나이다." 믿음을 가지고서 겸손히 하나님을 바라며 기다리는 자들은 반드시 하나님의 은혜를 얻게 될 것이다. 그들은 이렇게 기도하였다.

1. 그들은 그들을 위하여 군사로 복무하는 자들을 위하여 기도하였다. "주는 아침마다 우리의 팔이 되어 주소서. 히스기야와 그의 고관들, 모든 군사들은 주로부터 끊임없이 공급되는 힘과 용기를 필요로 하나이다. 그러므로 그들의 필요를 채워주시고, 그들에게 모든 것을 차고 넘치게 공급하시는 하나님이 되어 주소서. 그들이 그 날의 일을 하기 위해 매일 아침 나갈 때마다 그들이 만나게 될 새로운 일과 새로운 난관들을 헤쳐 나갈 수 있도록 새 힘을 불어넣어 주시고 새로운 용기를 얻게 하소서. 그 날에 족한 힘을 주소서." 영적인 싸움을 하기에는 우리 자신의 힘만으로는 역부족이고, 하나님이 우리의 팔에 힘을 주지 않으시거나(창 49:24) 우리의 팔이 되어 주지 않으시면 우리는 그 어떤 일도 해

낼 수 없다. 우리는 아침마다 우리의 팔이신 하나님을 전적으로 의지하고, 아침마다 새로운 하나님의 긍휼하심과 그 능력을 끊임없이 의지하여야 한다(애 3:23). 어느 한 날 아침이라도 하나님이 우리를 내버려 두시면, 우리는 망하고 만다. 그러므로 우리는 아침마다 하나님께 우리 자신을 드려야 하고, 하나님이 주시는 힘을 의지하고 나아가서 그 날의 일을 하여야 한다.

2. 그들은 백성들을 위하여 기도하였다. "주는 환난 때에 우리의 구원이 되소서. 우리는 가만히 앉아 있기만 하고 어지러운 전쟁터에 나갈 엄두를 내지 못하나이다." 그들은 하나님을 그들을 구원해 주실 그들의 구주로만 여긴 것이 아니라 그들의 구원 자체로 여겼다. 왜냐하면, 현실 속에서 그들의 일이 어떻게 되어 가든지 간에, 하나님이 그들의 하나님이 되어 주시기만 한다면, 그들은 그들 자신이 안전하고, 또한 구원받은 것으로 여길 것이었기 때문이다. 하나님이 그들의 구주가 되어 주시기로 수락하기만 하신다면, 하나님은 이미 그들의 구원이 되신다. 하나님의 일은 완전하기 때문이다. 어떤 이들은 이 본문을 이렇게 읽는다. "주는 끊임없이 우리 선조들의 힘과 도움이 되셔서 아침마다 그들의 팔이 되셨사오니, 이제 또한 환난의 때에 우리의 구원이 되소서. 주께서 그들을 도우셨듯이 우리를 도우소서. 그들은 주를 앙망하고 광채를 내었나이다(시 34:5). 그러므로 우리로 흑암 가운데서 걷게 하지 마소서."

Ⅲ. 앗수르 군대는 패망하고, 그들의 진영은 유다와 예루살렘에게 아주 수월하게 노략을 당하게 되리라는 것. 기도가 드려지자마자(2절) 그 기도는 응답되었다(3절). 아니, 기도 제목대로 일이 이루어졌다. 그들은 하나님께서 그들을 원수들에게서 구원해 주시라고 기도하였다. 그러나 하나님은 그 이상의 것을 이루셨다. 하나님은 그들에게 원수들에 대한 승리를 주셨고, 크게 기뻐할 풍성한 이유들을 주셨다.

1. 멸망의 천사가 앗수르 군대를 무수히 도륙하자, 그 진영은 무너졌다(3절). 요란한 소리, 즉 죽어가는 자들이 내지르는 비명소리(그들은 소리 없이 죽지는 않았을 것이기 때문에)로 말미암아 사람들(개역에서는 민족들)이 도망하였고, 각자 목숨을 부지하기 위하여 줄행랑을 쳤다. 하나님께서 이렇게 일어나시자, 앗수르 군대를 구성하고 있던 여러 민족들 또는 씨족들은 혼비백산하여 흩어졌다. 유례 없는 전염병이 그들 가운데서 발생하였을 때가 바로 하나님께서 떨쳐 일어나신 때였다. 하나님께서 일어나시면, 원수들은 흩어진다(시 68:1).

2. 유다인들은 앗수르 군대가 유다의 모든 견고한 성읍들을 초토화시킨 것에 대한 보복으로 그 진영의 노략물들을 탈취하였다(4절). 황충의 떼 같이, 메뚜기가 뛰어오름 같이 예루살렘 주민들이 너희의 노략물을 모을 것이다. 즉, 황충이나 메뚜기 떼가 밭 하나 또는 나무 한 그루를 순식간에 발가벗겨 버리듯이, 노략하는 자들은 앗수르 군대가 가지고 있던 재물들을 순식간에 탈취해 가버릴 것이다. 이렇게, 죄인의 재물은 의인을 위하여 쌓이는 법이고, 이스라엘은 애굽인들로부터 탈취한 노략물로 부하게 된다. 어떤 이들은 여기에서 앗수르인들을 황충과 메뚜기로 표현하는 것으로 해석하기도 한다. 앗수르 군사들은 애굽의 개구리들처럼 죽임을 당하여서 무더기로 쌓이고, 예루살렘 주민들은 그 무더기를 밟고 지나간다.

IV. 이 일을 통해서 하나님과 그의 백성 이스라엘이 영광을 받고 높임을 받게 되리라는 것. 하나님의 원수인 앗수르 군대의 노략물이 이렇게 탈취될 때에 다음과 같은 일이 있게 될 것이다.

1. 하나님은 그 일로 인하여 찬송을 받게 될 것이다(5절). 여호와께서는 지극히 존귀하시다. 이렇게, 교만한 자들을 낮추시고, 그런 자들을 티끌 속에 완전히 묻어 버리시는 것은 하나님의 존귀하심이 드러나는 일이다. 하나님은 이런 식으로 그의 이름을 높이시고, 그의 백성은 애굽인들이 물에 익사하였을 때에 이스라엘이 그랬던 것처럼(출 15:1-2) 그 일로 인하여 하나님께 영광을 돌린다. 하나님은 그들의 신성모독이 닿지 않는 저 높은 곳에 계시는 분, 그들을 다스리는 막강한 권능을 지니고 계신 분, 그들이 교만하게 행할 때에 자기가 그들 위에 계시다는 것을 나타내시기를 기뻐하시는 분, 자기가 기뻐하는 대로 행하실 때에 그들이 거역할 수 없는 그런 분으로서 높임을 받으신다.

2. 하나님의 백성은 그 일로 인한 축복을 얻게 될 것이다. 하나님께서 일어나셔서, 예루살렘을 치기 위하여 동맹을 맺은 민족들을 흩으실 때에(3절) 그 일을 위한 준비 또는 그 일의 결과로서 공의와 의를 시온에 충만하게 하셨고, 정의감만이 아니라 정의에 대한 열심과 정의가 잘 시행되고 있는지를 두루 살피는 분위기를 시온에 충만하게 하셨다. 예루살렘은 다시 의의 성읍이라 불리게 될 것이다(사 1:26). 앗수르 군대의 멸망으로 인하여 하나님의 섭리가 높임을 받은 것과 마찬가지로, 이 일을 통해서 하나님의 은혜가 높임을 받게 될 것이다. 하나님께서 자기 백성에게 공의와 의를 충만하게 하시고 온갖 부류의 사람

들 및 그들의 모든 행위와 일들이 그들의 지배를 받게 하시며 하나님의 백성이 공의와 의로 충만하여 다른 것들이 그들의 마음속에 들어와서 그들을 흔들어 놓을 수 없게 하실 때에, 우리는 하나님이 자기 백성을 위하여 긍휼을 베푸실 준비를 하고 계신다고 결론지어도 된다. 히스기야와 그의 백성은 하나님이 그들의 환난 속에서 그들 곁에 계실 것이라는 약속으로 격려를 받는다(6절). 여기에는 다음과 같은 것들이 나온다.

(1) 그들이 평안히 거하게 되리라는 하나님의 은혜로운 약속. 네 시대에 평안함이 있으며 구원과 지혜와 지식이 풍성할 것이다. 여기에 바람직한 목표가 나온다. 우리 시대의 평안함, 즉 국내적으로 모든 일이 혼란스럽지 않는 것과 구원의 힘, 즉 외적들을 잘 막아내고 나라를 구할 수 있는 힘이 바로 그것이다. 하나님께서 자기 백성을 위하여 정하신 구원 속에는 힘이 있다. 그것은 구원의 뿔이다. 또한, 여기에는 그 목표를 이룰 수 있는 방법과 수단도 나오는데, 지혜와 지식, 즉 단순한 경건이 아니라 현명함과 사려분별을 갖춘 경건이 바로 그것이다. 하나님의 축복으로 말미암아 우리 시대의 평안함과 구원의 힘이 되는 것, 즉 우리 시대를 태평성대로 만들어 주는 것은 먼저 순결하고 다음으로 화평하며 공공의 선을 위하여 사적인 이익을 희생하는 그런 지혜이다. 이와 같은 지혜로움은 진실과 화평을 견고히 해주고, 그러한 것들을 수호하기 위한 요새들을 견고히 세운다.

(2) 히스기야와 그의 백성이 통치의 기본으로 삼아야 할 국시(國是). 여호와를 경외함이 그의 보배니라. 여호와를 경외하는 것은 세상에 있는 여호와의 보물창고이기 때문에, 왕은 이 보물창고로부터 하나님의 선물을 받는다. 또는, 여호와를 경외하는 것은 왕의 보배이다. 선한 왕은 여호와를 경외하는 것을 보배로 여기고(지혜는 금보다 더 귀하기 때문에), 실제로 그렇다는 것을 알게 될 것이다. 참된 경건은 왕이나 백성들의 진정한 보물창고 또는 보배라는 것을 명심하라. 참된 경건은 그들을 부요하게 만들어준다. 수많은 성경과 목회자들과 진정으로 선한 자들이 많은 곳은 진정으로 부요한 곳이다. 또한, 참된 경건은 한 나라를 이 세상에서 부요하게 만드는 데에 기여한다. 그러므로 백성들 가운데서 경건을 후원하고 경건을 훼방하거나 위협하는 것은 무엇이든지 경계하는 것은 백성들에게 큰 유익이 된다.

V. 예루살렘이 큰 환난에 처하게 될 것이고, 선지자의 말을 믿은 자들은 어

떤 환난이 오게 될지를 미리 알고서 대비하게 될 것이며, 앞서 약속된 구원이 그들에게 이루어질 때에 그들이 얼마나 극심한 환난에 있었는지를 기억하고서 하나님을 더욱 높이고 더 많이 감사하게 되리라는 것(7-9절). 여기에는 다음과 같은 것들이 예언되어 있다.

1. 이 원수는 극히 오만방자하고 가혹해서, 평화조약을 통해서나 전쟁 준비를 통해서나 그를 막아낼 길은 전혀 없으리라는 것. 왜냐하면, 이 원수는 자기가 한 말을 지키지 않아도 별일 아니라는 듯이 주저 없이 조약을 파하였고, 성읍들을 멸시하였기 때문이다. 유다 백성들이 공의에 호소하거나 자비를 베풀어 달라고 애원해도 그는 그런 말들을 코웃음 치며 들은 척도 하지 않는다. 유다의 성읍들은 견고한 성읍들이라고 불렸지만, 그는 너무도 쉽게 그 성읍들을 함락시켰고 거의 저항을 받지도 않았기 때문에, 유다의 성읍들을 멸시하였고, 모든 사람을 다 칼로 죽이고도 성이 차지 않았다. 왜냐하면, 그는 자기에게 맡겨진 사람들에 대해서 그 어떤 동정심이나 관심도 지니고 있지 않았고, 사람을 무시하였기 때문이다. 그는 하나님을 두려워하지도 않았고 사람을 존중하지도 않았으며, 오직 모든 사람에 대하여 오만하고 안하무인으로 행하였다. 온 인류를 짓밟는 것에서 자부심을 느끼고, 존귀한 자들을 존중하지도 않고 가련한 자들을 불쌍히 여기지도 않는 자들이 있다.

2. 이 원수는 화해를 위한 그 어떤 조건도 받아들이지 않으리라는 것. 예루살렘의 용사들은 이 원수와 싸우기에 역부족이어서 이전에 만만한 대적을 만나서 나라에 공을 세웠던 것과는 달리 지금은 그럴 수 없기 때문에 밖에서 부르짖는 것으로 만족할 수밖에 없게 될 것이다. 히스기야가 조약을 맺기 위해 보낸 평화의 사신들은 이 원수가 너무도 오만하고 고분고분하지 않다는 것을 알고서 협상이 결렬되자 크게 실망하고 화가 나서 슬피 곡할 것이다. 그들은 이 원수를 달랠 그 어떤 방도도 찾아낼 수 없는 것에 절망하고서 어린아이들처럼 구슬피 울 것이다.

3. 이 나라가 원수의 군대에 의해서 한동안 초토화되리라는 것.

(1) 아무도 길로 다닐 엄두를 내지 못할 것이다. 따라서 교역과 상업은 완전히 중단되었고, 아무도 절기를 지키기 위해서 예루살렘으로 안전하게 올라갈 수 없었다(이것은 더 고약한 일이었다). 대로가 황폐하였다. 밭들이 황폐해 있을 때에 사람들이 그리로 다녀서 대로가 되는 것과 마찬가지로, 대로들은 황폐

해져서 아무도 밟지 않는 밭 같이 되어 버릴 것이다. 왜냐하면, 행인이 끊어질 것이기 때문이다.

(2) 아무도 땅에서 그 어떤 유익도 얻지 못할 것이다(9절). 지금까지 땅은 그 소산을 통해서 하나님의 백성 이스라엘을 섬기는 것을 기뻐하였지만, 이제는 이스라엘의 원수들이 그 소산을 먹어치워 버리거나 짓밟아 버린다. 땅이 슬퍼하고 쇠잔하며 시름시름 앓고 있다. 이 땅은 암울해 보이고, 이 땅의 백성들은 그들 자신과 가족들이 먹을 양식이 없어서 그 몰골이 말이 아니다. 추수 때에 즐거이 떠들며 놀던 그 기쁨은 애곡으로 변하였다. 이렇게, 세상의 모든 기쁨들은 일정함이 없고 시들어갈 수밖에 없다. 황폐함이 도처에 널려 있다. 이 땅에서 열 지파에 속하였던 지역은 이미 황폐화되어 있었다. "백향목으로 유명하였던 레바논, 장미로 유명하였던 샤론, 가축 떼로 유명하였던 바산, 곡물로 유명하였던 갈멜은 모두 지극히 비옥하였던 곳이었지만 이제는 사막처럼 변해서 이전과 같지 않아 옛 이름으로 불리는 것을 부끄러워하도다. 예전에는 주인들이 그 땅들에서 소산을 거두어 들였지만, 이제 그 땅들은 때가 이르기도 전에 그 소산을 떨어뜨리고, 그 소산은 약탈자의 손에 들어가는구나."

VI. 하나님께서 이 교만한 침략자를 치시러 영광중에 나타나시리라는 것 (10-12절). 이렇게, 일이 최후의 극단에까지 이르게 될 때, 다음과 같은 일들이 있을 것이다.

1. 하나님은 자신을 높이실 것이다. 하나님은 지금까지 수수방관하는 구경꾼처럼 옆에서 앉아 있기만 하는 것처럼 보였었다. "그러나 내가 이제 일어나리라고 여호와께서 말씀하신다. 내가 이제 모습을 나타내서 행하리니, 이 일을 통해서 나를 나타낼 뿐만 아니라 높임을 받으리라." 하나님은 이 땅을 심판하시는 하나님이 계시다는 것만이 아니라 그는 만물 위의 하나님이시고 지극히 높은 자보다 더 높으시다는 것을 나타내실 것이다. "이제 내가 일어나서 행하되 격렬히 행하겠고, 그 일로 영광을 받으리라." 하나님께서 자기 백성을 위하여 나타나시는 때는 그들의 일이 가장 퇴조해 있을 때, 즉 그들의 힘이 다 빠져서 무력하고 갇힌 자나 놓인 자가 없을 때이다(신 32:36). 다른 모든 도움이 실패했을 때, 바로 그 때가 하나님이 도우실 때이다.

2. 하나님은 앗수르인들을 무너뜨리실 것이다. "너희, 앗수르인들이여! 너희가 예루살렘의 모든 부(富)를 너희 자신의 것으로 만들 꿈에 부풀어서 그 일

이 이룰 때까지 무진 애를 쓰는구나. 그러나 너희의 모든 꿈과 희망은 수포로 돌아갈 것이다. 너희 자신의 호흡, 즉 너희의 죄악의 호흡으로 말미암아 도발된 하나님의 진노의 숨, 너희가 하나님의 백성을 향하여 내뿜었던 악의적인 호흡, 위협과 살육의 호흡, 하나님과 그의 이름을 모독하는 너희의 호흡이 불이 되어 너희를 삼킬 때, 너희는 아무짝에도 쓸모가 없고 오직 불을 지피는 데에 적절한 땔감으로 사용될 수 있을 뿐인 겨를 잉태하고 짚을 해산할 것이다.” 하나님은 그들이 한 말들이 그들 자신에게 임하게 만드실 것이고, 그들의 호흡이 불이 되어 그들을 삼키게 만드실 것이다. 그 때에 민족들이 한꺼번에 모두 불이 붙어서 불에 굽는 횟돌 같을 것이고, 잘 말라서 쉽게 불이 붙고 순식간에 타버리는 잘린 가시나무 같으리라는 것은 전혀 이상한 일이 아니다. 앗수르 군대는 그런 식으로 멸망하였다. 그것은 잘 말려 두었던 가시나무들을 태우는 것과도 같았고, 어떤 것에 쓰기 위해서 횟돌을 굽는 것과도 같았다. 앗수르 군대를 태우고 굽는 불은 온 세상을 하나님의 능력을 알게 하는 지식으로 밝게 비추었고, 하나님의 이름이 밝게 빛나게 만들었다.

[13]너희 먼 데에 있는 자들아 내가 행한 것을 들으라 너희 가까이에 있는 자들아 나의 권능을 알라 [14]시온의 죄인들이 두려워하며 경건하지 아니한 자들이 떨며 이르기를 우리 중에 누가 삼키는 불과 함께 거하겠으며 우리 중에 누가 영영히 타는 것과 함께 거하리요 하도다 [15]오직 공의롭게 행하는 자, 정직히 말하는 자, 토색한 재물을 가증히 여기는 자, 손을 흔들어 뇌물을 받지 아니하는 자, 귀를 막아 피 흘리려는 꾀를 듣지 아니하는 자, 눈을 감아 악을 보지 아니하는 자, [16]그는 높은 곳에 거하리니 견고한 바위가 그의 요새가 되며 그의 양식은 공급되고 그의 물은 끊어지지 아니하리라 [17]네 눈은 왕을 그의 아름다운 가운데에서 보며 광활한 땅을 눈으로 보겠고 [18]네 마음은 두려워하던 것을 생각해 버리라 계산하던 자가 어디 있느냐 공세를 계량하던 자가 어디 있느냐 망대를 계수하던 자가 어디 있느냐 [19]네가 강포한 백성을 보지 아니하리라 그 백성은 방언이 어려워 네가 알아듣지 못하며 말이 이상하여 네가 깨닫지 못하는 자니라 [20]우리 절기의 시온 성을 보라 네 눈이 안정된 처소인 예루살렘을 보리니 그것은 옮겨지지 아니할 장막이라 그 말뚝이 영영히 뽑히지 아니할 것이요 그 줄이 하나도 끊어지지 아니할 것이며 [21]여호와는 거기에 위엄 중에 우리와 함께 계시리니 그 곳에는 여러 강과 큰 호수가 있으나 노 젓는 배

나 큰 배가 통행하지 못하리라 ²²대저 여호와는 우리 재판장이시요 여호와는 우리에게 율법을 세우신 이요 여호와는 우리의 왕이시니 그가 우리를 구원하실 것임이라 ²³네 돛대 줄이 풀렸으니 돛대의 밑을 튼튼히 하지 못하였고 돛을 달지 못하였느니라 때가 되면 많은 재물을 탈취하여 나누리니 저는 자도 그 재물을 취할 것이며 ²⁴그 거주민은 내가 병들었노라 하지 아니할 것이라 거기에 사는 백성이 사죄함을 받으리라

이 단락에는 주의를 끄는 서문이 붙어 있다. 가까이 있는 자나 먼 데 있는 자나 모두가 하나님이 말씀하시고 행하시는 것을 주목하는 것이 마땅하다(13절). 장소적으로나 시간적으로나 너희 먼 데 있는 자들아 들으라. 먼 곳에 있는 자들이나 미래의 세대들은 하나님이 행하신 일을 들어야 하고, 그들은 실제로 그 일을 듣는다. 그들은 가까이 있었던 자들, 즉 이웃 나라들이나 당시에 살아 있었던 자들만큼 확실하게 성경으로부터 그 일을 들을 수 있다. 그러나 가까이 있는 자나 먼 데 있는 자나 하나님이 하신 일을 듣는 자는 누구나 하나님의 권능을 고백하여야 하고, 아무도 그 권능을 거역할 수 없다는 것과 하나님은 모든 것을 하실 수 있으시다는 것을 고백하여야 한다. 하나님이 하신 일을 듣고도 하나님의 권능을 인정하고자 하지 않는 자들은 지극히 어리석은 자들이다. 그러면, 하나님이 행하신 일, 즉 우리가 알아야 하고 그 속에서 하나님의 권능을 인정하여야 하는 하나님의 역사(役事)는 과연 어떤 일인가?

Ⅰ. 하나님은 시온의 죄인들을 두렵게 하신다(14절). 경건하지 아니한 자들이 떨었다. 시온에는 죄인들, 곧 위선자들이 있다. 그들은 시온의 특권들을 다 누리고 시온의 일들에 참여하지만 그들의 마음은 하나님 보시기에 올바르지 않은 자들이다. 그들은 겉으로는 신앙을 고백하면서 신앙의 외투 아래에서 계속해서 은밀하게 죄를 쫓아다니는 자들이기 때문에 위선자로 단죄된다. 시온의 죄인들에게는 위에서 다른 죄인들에 대하여 말한 내용들 중 상당수가 적용될 것이다. 그들이 시온에 참여하고 있다는 것 자체는 그들을 안전하게 지켜주는 방패막이가 되어주지 못할 뿐더러 도리어 그들의 죄와 형벌을 가중시키는 요인으로 작용할 것이다. 시온의 이 죄인들은 언제나 은밀한 놀람과 두려움을 지니고 있긴 했지만, 이제 다음과 같은 일을 당하였을 때에 그들의 양심의 정죄로 인해서 평소보다 더 큰 두려움에 사로잡혀 대경실색하였다.

1. 그들은 앗수르 군대가 예루살렘을 포위해서 거기에 불을 질러서 잿더미로 만들고자 하고 벌집에 들어 있는 말벌들을 태워버리려 하는 것을 보자 대경실색하였다. 그들은 일부 사람들이 그랬듯이 애굽으로 피신하고자 했지만 그럴 수 없게 되었다는 것을 알고서는, 하나님이 그들을 구원하시겠다고 그의 선지자들을 통해서 주신 약속들을 불신한 채로, 위기감에 사로잡혀서 정신 나간 사람들처럼 이리 뛰고 저리 뛰어다니며 이렇게 소리를 질러댔다. "우리 중에 누가 삼키는 불과 함께 거하겠는가. 그러므로 우리는 목숨을 부지하기 위해서는 도성을 버리고 다른 곳으로 피해야 한다. 여기에 머물러 사는 것은 영원한 불길 속에서 사는 것과 같다." 어떤 이들은 이 본문을 누가 우리를 위해 이 삼키는 불에 맞서겠는가라고 읽기도 한다. 하나님의 심판이 도처에 임하자, 시온의 죄인들이 어떤 모습을 보이는지를 보라. 하나님께서 단지 심판의 경고만을 하셨을 때에는 그들은 그 말씀들을 무시하였고 아랑곳하지 않았다. 그러나 그 경고의 말씀들이 집행되자, 그들은 그 말씀들을 과장하고 가장 나쁜 쪽으로 해석하는 또 다른 극단적인 모습을 보인다. 그들은 하나님의 심판을 삼키는 불이자 영영히 타는 것이라 부르면서, 그들이 구원받을 가망이 전혀 없다는 듯이 절망한다. 하나님의 말씀을 거슬러 반역하는 자들은 곤경에 처했을 때에 그 말씀으로부터 위로를 얻을 수 없다. 또는,

2. 그들은 앗수르 군대가 멸망당하는 것을 보자 대경실색하였다. 왜냐하면, 그 군대를 멸망시킨 것은 바로 앞서 말한 그 불이었기 때문이다(11-12절). 시온의 죄인들은 하나님의 진노가 임한 결과가 얼마나 무시무시한지를 보았을 때에 그들 자신이 은밀히 다른 신들을 섬김으로써 하나님을 진노케 하였다는 것을 알고 있었기 때문에 크게 두려워하였다. 그래서 그들은 우리 중에 누가 저 무수한 대군을 한낱 가시나무들처럼 삼키는 불과 함께 거하겠으며, 앗수르 군대를 불에 굽는 횟돌 같이 만들어 버린(12절) 이 영영히 타는 것과 함께 거하리요라고 소리친다. 그들은 이렇게 말했거나 말했어야 했다. 시온의 원수들에 대한 하나님의 심판은 시온의 죄인들에게 공포를 안겨 주리라는 것을 명심하라. 다윗조차도 하나님의 심판 앞에서 두려워 떨었다(시 119:120). 하나님 자신이 바로 이 삼키는 불, 소멸하는 불이시다(히 12:29). 누가 하나님 앞에 설 수 있겠는가(삼상 6:20)? 하나님의 진노는 스스로 그 불의 연료가 된 자들을 영원히 태워 버리실 것이다. 그 불은 결코 끌 수 없는 불이고, 저절로 꺼지는 법이 없는

불이다. 왜냐하면, 그 불은 영원히 죽지 않는 영혼의 양심을 괴롭히는 영원하신 하나님의 진노이기 때문이다. 아무리 뻔뻔스러운 죄인들이라도 그 진노를 견딜 수 없기 때문에, 그 진노가 집행되는 것을 감당할 수도 없고 그런 생각을 하는 것에서 오는 두려움을 감당할 수도 없다. 우리는 이것을 빨리 깨닫고서, 우리의 피난처가 되시는 그리스도께로 피함으로써 다가올 진노를 피하여야 한다.

II. 하나님은 그를 의지하는 자기 백성을 은혜로 안전히 거하게 하신다. 공의롭게 행하는 자, 정직히 말하는 자를 높은 곳에 거하게 하시는 것을 보고서, 하나님의 능력을 알라(15-16절).

1. 선한 자의 성품. 선한 자는 사람들이 다 죄를 지을 때조차도 여러 가지 방식으로 자신의 성품을 그대로 간직한다.

(1) 그는 의롭게 행한다. 그는 자신의 모든 행실 속에서 공평(公平)의 법을 지켜 행하며, 하나님께는 하나님에게 합당한 공경을 드리고 모든 사람에게는 각 사람에게 합당한 존경을 드린다. 그가 행하는 것은 의(義) 그 자체이다. 그는 절대로 의도적으로 불의한 일을 하지 않는다.

(2) 그는 정직하게 말한다. 그의 말은 정직(원어는 이런 의미이다) 그 자체이다. 그는 참되고 옳은 것을 말하고, 정직한 의도를 가지고 말한다. 그는 생각하는 것과 말하는 것이 다르지 않고, 생각은 이쪽에 있으면서 다른 쪽을 말하는 일이 없다. 그에게 있어서 그의 말은 그의 맹세만큼이나 성스러운 것이어서 예라고 했다가 아니라고 말하는 법이 없다.

(3) 그는 불의하게 얻는 이득을 결코 탐내지 않고, 도리어 그러한 이득을 가증스럽게 여긴다. 그는 이웃에게 해를 입혀서 부자가 되는 것을 비열하고 탐욕스러운 일로 생각하고 명예를 아는 사람에게 합당치 못한 일로 여긴다. 그는 잘못된 일을 하거나 남에게 가혹한 일을 해서 이득을 얻는 것을 멸시한다. 그는 이득 자체를 지나치게 소중히 여기지 않기 때문에, 정직하게 벌지 않은 이득을 쉽게 혐오할 수 있다.

(4) 공의를 굽게 하기 위하여 사람들이 뇌물을 그의 손에 쥐어주면, 그는 지극한 혐오감으로 손사래를 치며 그 뇌물을 받지 아니하고, 뇌물이 그에게 주어졌다는 것 자체를 모욕이라고 여긴다.

(5) 사람들이 잔인한 일이나 피 흘리는 일, 그로 하여금 복수를 하도록 부추

기는 말을 하면, 그는 귀를 막아 그런 말을 듣지 아니한다(욥 31:31). 그는 싸우기를 좋아하고 그들 가운데 한 몫 끼라고 유혹하는 자들의 말에 귀를 막아 버린다(잠 1:14, 16).

(6) 그는 눈을 감아 악을 보지 아니한다. 그는 죄를 너무도 혐오하기 때문에, 다른 사람들이 죄를 짓는 것을 차마 보지를 못하고, 스스로도 죄를 지을 수 있는 그 어떤 기회도 만들지 않기 위해 조심하고 조심한다. 자신의 영혼을 순전하게 보전하고자 하는 자들은 자신의 몸의 감각 기관들을 지속적으로 엄격하게 지켜야 한다. 그들은 귀를 막아 유혹하는 말들을 듣지 않아야 하고, 눈을 돌려서 헛된 것을 보지 않아야 한다.

2. 선한 자에게 주어지는 위로. 선한 자는 사람들이 다 재앙을 당하는 때에도 이러한 위로를 보존할 수 있다(16절).

(1) 그는 안전할 것이다. 그는 삼키는 불과 영원히 타는 것을 피하게 될 것이다. 그는 삼키는 불이신 저 하나님께 나아가서 교통할 것이고, 하나님은 그에게 기쁨의 빛이 되어 주실 것이다. 또한, 현재의 환난들과 관련해서 그는 그 환난들이 닿지 않고 그 소란한 소리가 들리지 않는 높은 곳에 거할 것이다. 그는 그 환난들로 인해서 해를 입지 않을 것이고, 그 환난들에 그리 놀라지도 않을 것이다. 홍수가 범람할지라도 그에게 미치지 못하리라. 또는, 환난들이 그를 공격해 온다고 할지라도, 인공물이나 자연물에 의해서 견고하게 요새화된 난공불락의 견고한 바위가 그의 요새가 되어 줄 것이다. 하나님의 능력이 그를 안전하게 지켜줄 것이고, 그 능력을 믿는 그의 믿음이 그를 편안하게 해줄 것이다. 만세반석이신 하나님은 그의 높은 망대가 되어 주실 것이다.

(2) 그는 양식을 공급받을 것이다. 그는 그에게 필요한 것은 하나도 부족하지 않게 될 것이다. 원수의 포위가 아무리 촘촘하고 양식이 다 떨어졌다고 해도, 그의 양식은 공급될 것이다. 그의 물은 끊어지지 아니할 것이기 때문에, 즉 그에게는 물이 계속 공급될 것이 확실하기 때문에, 그는 제한된 분량을 정하거나 걱정하는 마음으로 물을 마시는 일이 없을 것이다. 여호와를 경외하는 자들은 그들에게 유익한 그 어떤 것도 부족함이 없을 것이다.

Ⅲ. 하나님은 예루살렘을 보호하셔서 침략자들의 손에서 구해 내실 것이다. 그들을 위협했던 이 폭풍우는 결국 지나갈 것이고, 그들은 다시 번영을 누리게 될 것이다. 여기에는 그러한 번영을 보여주는 여러 경우들이 나온다.

1. 히스기야는 베옷과 슬픈 기색을 벗어버리고, 왕의 옷을 입고 아름다운 풍채와 기쁜 기색으로 백성 앞에 그 모습을 드러낼 것이고(17절), 이것은 그의 모든 사랑하는 신민(臣民)들의 큰 기쁨이 될 것이다. 올바르게 행하는 자들에게는 양식이 주어지고 물이 끊어지지 않을 뿐만 아니라, 그들은 믿음의 눈으로 만왕의 왕의 아름다우신 모습, 그 거룩한 아름다움을 보게 될 것이고, 그 아름다움은 그들에게도 입혀질 것이다.

2. 그들을 예루살렘 성벽 안에 꽁꽁 묶어 두었던 포위망이 풀리면서, 그들은 이제 원수들에게 붙잡힐 염려 없이 일을 하거나 놀러 밖으로 나갈 자유를 얻게 될 것이다. 그들은 아주 멀리 떨어져 있는 땅(개역에서는 광활한 땅)을 눈으로 보리라. 그들은 나라에서 가장 후미진 변방들을 찾아가서 이웃 나라들을 보게 될 것이고, 이것은 오랫동안 갇힌 후에 보는 것이라 한층 더 유쾌한 일이 될 것이다. 이렇게, 믿는 자들은 아주 멀리 떨어져 있는 저 땅, 하늘의 가나안을 바라보고서, 악한 때에라도 그 땅에 대한 소망으로 위로를 받는다.

3. 그들은 혼비백산했던 이전 일을 기억하고서 그들이 구원받은 일을 말할 수 없이 즐거워하게 될 것이다(18절). 그 두려운 일이 지나간 후에, 네 마음은 두려워하던 것을 생각해 내고, 기쁨으로 그 때를 회상하리라. 전쟁 경보가 울리는 소리, 사방에 온통 부르짖는 소리가 너의 귀에 여전히 쟁쟁할 것이다. "무장하라, 무장하라! 각기 제 위치로 가라. 서기(개역에서는 계산하던 자)가 어디 있느냐? 얼른 나와서, 소집명부를 작성하라. 군대의 경리를 담당한 자(개역에서는 공세를 계량하던 자)는 어디 있느냐? 군비를 지출하기 위해서 얼마나 돈이 남아 있는지를 살펴보아라. 망대를 계수하던 자가 어디 있느냐? 각각의 망대에 충분한 인원을 배치하기 위해서 망대가 얼마나 되는지 세어 보아라." 또는, 여기에 나오는 말들은 패배한 앗수르 군대에 대하여 승리를 거두고 나서 예루살렘이 의기양양하여 하는 말들로 해석될 수도 있다. 왜냐하면, 사도 바울은 이 세상의 학문이 그리스도의 복음에 의해서 낭패를 당하게 되었을 때에 의기양양하여 이 말들을 간접적으로 인용하고 있기 때문이다(고전 1:20). 즉, 이 말들은 처녀 딸 시온이 그들의 온갖 군비(軍備)들을 멸시하는 말들이라는 것이다. 앗수르 군대의 서기 또는 징집관은 어디 있느냐? 그들의 경리관은 어디 있으며, 망대들을 세던 공병장교들은 어디에 있느냐? 그들은 모두 죽거나 도망쳤다. 그들은 모두 끝장났다.

4. 그들은 더 이상 천성이 사나웠고 유대인들에게 특히 사나웠던 앗수르인들을 두려워하지 않을 것이다. 앗수르인들은 이상한 언어를 사용해서 그들의 청원이나 하소연을 이해할 수 없었고 그들의 말을 알아듣지 못했으며 스스로도 자신의 뜻을 전달할 수 없었던 자들이었다. "앗수르인들은 방언이 어려워 네가 알아듣지 못했기 때문에 네게 더욱 무서운 자들이었다(19절). 하지만, 너의 눈은 더 이상 그들이 그렇게 사나운 것을 보지 못할 것이다. 그들은 모두 죽어 시신이 되어 버려서, 그 기색이 변하였기 때문이다."

5. 그들은 더 이상 예루살렘, 곧 시온, 거기에 있는 성전의 위험을 걱정하지 않아도 될 것이다(20절). "우리 절기의 시온 성, 우리의 엄숙하고 거룩한 절기들이 지켜졌던 성(城), 우리가 성회를 열어서 하나님을 예배하기 위하여 함께 만나곤 했던 그 도성을 보라." 환난의 때에 선한 자들이 시온을 생각하고서 크게 가슴 아파했던 이유는 시온은 그들의 절기가 지켜졌던 성인데 혹시라도 정복자들이 그들의 성전을 불태워서 다시는 절기를 지킬 수 없게 될까봐 염려했기 때문이었다. 나라가 위험에 처했을 때에 우리의 최대의 관심사는 우리의 신앙에 관한 것이어야 하고, 우리가 절기를 지켰던 성읍들이 우리의 견고한 성들이나 우리의 국고성들보다 우리에게 더 소중한 것이 되어야 한다. 하나님께서 예루살렘을 위하여 구원을 베푸시는 것도 그 곳이 거룩한 절기들이 지켜지는 성이기 때문이다. 우리는 거룩한 절기들을 한 민족의 영광으로 세심하게 지켜야 한다. 그럴 때에, 우리는 하나님을 의지하여 그 영광을 지켜낼 수 있다. 여기에는 예루살렘에 대하여 두 가지가 약속되어 있다.

(1) 토대가 견고한 안정. 예루살렘은 하나님의 백성을 위한 안정된 처소가 될 것이다. 그들은 이전과는 달리 전쟁이나 박해의 칼날을 알리는 경보(警報) 때문에 방해나 훼방을 받지 않을 것이다(사 29:20). 예루살렘은 우리의 절기의 성답게 고요하고 안정된 처소가 될 것이다. 우리가 사는 집이 안정되고 고요한 것은 바람직한 일이지만, 하나님의 전이 고요하고 안정되어 거기에서는 우리가 두려워할 자가 아무도 없다는 것은 더더욱 바람직한 일이다. 예루살렘이 그렇게 될 것이다. 눈들이 그것을 보리니, 이것은 선한 자에게 큰 만족이 될 것이다(시 128:5-6). "너는 예루살렘의 번영을 보겠고, 이스라엘에게는 평강이 있으리라. 너는 살아서 그것을 보고 거기에 동참하리라."

(2) 요동치 않는 견고함. 우리의 절기의 성인 예루살렘은 새 예루살렘에 비

하면 하나의 장막에 지나지 않는다. 현재에 나타난 하나님의 영광과 은혜는 장래를 위해 예비된 것들과 비교하면 아무것도 아니다. 그러나 예루살렘은 옮겨지지 아니할 그런 장막이다. 이 환난이 지난 후에 예루살렘은 오랫동안 확고한 평화를 누리게 될 것이다. 이 장막의 말뚝과 줄들로 표현된 예루살렘의 거룩한 특권들은 결코 제거되지 않을 것이고, 예루살렘에서 드려지는 예배들은 전혀 방해를 받지 않을 것이다. 이 땅에 있는 하나님의 교회는 이 곳에서 저 곳으로 옮겨질 수는 있지만 세상이 존속하는 한 뽑히지 않을 장막이다. 왜냐하면, 모든 세대 속에는 반드시 그리스도를 섬길 후손이 있을 것이기 때문이다. 언약의 약속들은 결코 뽑히지 않을 말뚝들이고, 복음의 규례들과 제도들은 결코 끊어지지 않을 줄들이다. 그것들은 천지가 요동한다고 할지라도 결코 요동하지 않고 영원히 존속할 것들이다.

6. 하나님은 친히 그들의 보호자와 구주가 되실 것이다(21-22절). 이것은 그들의 확신의 주된 근거이다. "영광의 주이신 분이 우리를 위해 그의 영광을 드러내실 것이고, 그와 경쟁하던 원수는 그 빛을 잃을 것이다." 은혜의 주이신 하나님은 영광의 주이시기도 하다. 왜냐하면, 그의 선하심은 그의 영광이기 때문이다. 하나님은 예루살렘의 구주가 되시고, 예루살렘의 영광의 주가 되셔서 다음과 같이 하실 것이다.

(1) 하나님은 밖에 있는 그들의 대적을 막아주실 것이다. 하나님은 넓은 강들과 호수들을 거느린 곳이 되실 것이다. 예루살렘에는 대부분의 큰 성들과는 달리 변변한 강이 하나도 없었고, 단지 기드론 시내만이 있어서, 교역과 상업이 발달할 수 있는 조건이나 천혜의 요새로서의 조건 중 하나를 갖추지 못하였기 때문에, 원수들은 예루살렘을 멸시하여 얼마든지 그 곳을 점령해 버릴 수 있다는 것을 의심치 않았었다. 그러나 피조 세계 속에서 천혜의 조건들 및 그 힘과 아름다움이 결여되어 있다고 할지라도, 우리에게는 어느 때든지 하나님의 임재와 능력이 그 모든 결핍들을 벌충하고도 남는다. 우리는 하나님 안에 우리가 필요로 하거나 바라는 모든 것을 가지고 있다. 예루살렘은 다른 큰 성들이 지니고 있었던 외적인 많은 이점들을 지니고 있지 못하였지만, 하나님 안에는 그런 이점들보다 더한 이점들이 무수히 많이 있다. 그러나 예루살렘 주변에 넓은 강들과 호수들이 있다면, 침략자의 함대가 쉽게 접근해 올 수 있지 않는가? 결코, 그렇지 않다. 이 강들과 호수들로는 군사들을 실은 노 젓는 배나 큰

배가 통행하지 못할 것이다. 하나님 자신이 바로 그 강이시라면, 원수가 그 곳으로 접근할 수 없는 것은 당연한 일이다. 원수들은 그 강을 타고 들어오는 길을 발견할 수도 없고 무력으로 밀고 들어올 수도 없다.

(2) 하나님은 안으로 그들의 일을 이끌어 주는 인도자가 되실 것이다. "대저 여호와는 우리 재판장이시기 때문에, 우리는 그에게 책임을 져야 하고, 그의 판단에 우리 자신을 맡겨야 하며, 그의 판단을 따라야 한다. 그러면, 그는 우리를 위해 판단하실 것이다. 여호와는 우리에게 율법을 세우신 이다. 그의 말씀은 우리에게 법이기 때문에, 우리 안의 모든 생각은 그에게 복종시켜야 한다. 여호와는 우리의 왕이시니, 우리는 그에게 충성을 맹세하고 조공을 바쳐야 하며, 변치 않는 충성을 드려야 한다. 그러면, 그는 우리를 구원하실 것이다." 왜냐하면, 보호를 받으면 충성을 바치게 되듯이, 충성을 바치면 보호를 기대할 수 있는데, 그 보호하심은 하나님께 있기 때문이다. 우리는 믿음으로 그리스도를 우리의 왕이자 구주로 영접하여서, 그리스도를 의지하고 헌신한다. 하나님의 영광스러운 이름에 얼마나 큰 의기양양함이 묻어나고, 얼마나 큰 강조가 두어지고 있는지를 주목하라. 그들은 이런 말씀으로 위로를 받는다. 여호와는 우리의 재판장이시요 여호와는 우리의 입법자이시요 여호와는 우리의 왕이시니, 그는 스스로 존재하시고 스스로 충족하시며 우리에게 모든 것을 채워 주시는 분이심이라.

7. 원수들은 완전히 넋이 나갈 것이고, 그들의 모든 세력과 계획은 바다에서 풍랑을 만나 헤쳐 나가지 못하고 돛대 줄이 풀리고 돛대가 쪼개져서 수리할 수 없을 지경이 되어 결국 좌초되고만 배와 같이 무너질 것이다(23절). 앗수르인들의 돛대 줄이 풀렸다. 그들은 선원들이 돛대를 지탱할 수 없을 것을 알고서 돛대 줄을 놓아 버린 배와 같다. 그들은 예루살렘을 반드시 함락시킬 수 있을 것이라고 생각하였었다. 그러나 그들은 목적지인 항구에 들어섰을 때에 모든 것이 그들의 수중에 있는 것처럼 생각되었지만 곧 바람이 자서 돛을 달 수 없었고, 하나님께서 그들 위에 맹렬한 진노를 퍼부으실 때까지 꼼짝도 할 수 없었다. 하나님의 교회의 원수들은 그들의 목적을 거의 다 이루었다고 생각할 즈음에 무장해제를 당하고 발가벗겨지는 일이 비일비재하다.

8. 원수들의 진영이 지니고 있던 재물은 유다인들에게 풍성한 전리품이 될 것이다. 때가 되면 많은 재물을 탈취하여 나누리라. 앗수르 군대의 상당수가 죽임을 당하고 나머지는 혼비백산하여 도망칠 때에 그들은 너무도 황급하여 (수리

아 군대처럼) 그들의 장막을 그대로 내버려둔 채 도망쳤기 때문에, 그들에게 있던 모든 재물은 포위를 당하였던 유다인들의 수중에 떨어지게 되었다. 심지어 저는 자도 그 재물을 취할 것이다. 뒤늦게 현장에 도착한 자들도 탈취물을 나누는 일에 참여할 수 있었다. 탈취물을 얻는 일은 너무도 쉬워서, 튼튼한 자들만이 아니라 손이나 발을 절어서 싸우거나 추격할 수 없었던 자들조차도 탈취물을 얻을 수 있었다. 그들은 그 어떤 위험을 감수하지 않고도 승리를 거두었던 것처럼, 그 어떤 수고를 드리지 않고도 탈취물을 취하게 될 것이다. 앗수르 군대가 두고 간 재물이 너무도 차고 넘치게 많았기 때문에, 가장 먼저 도착한 자들이 마음껏 다 가지고 간 후에도 나중에 도착한 저는 자들이 충분한 탈취물을 가져갈 수 있을 것이었다. 이렇게, 하나님은 나쁜 일을 좋은 것으로 바꾸시는 분이시기 때문에, 예루살렘을 건지셨을 뿐만 아니라 부요하게 하셨고, 그들이 입은 손실을 풍성하게 보상해 주셨다. 하나님의 백성이 당한 두려운 일들과 환난들은 흔히 이런 식으로 결국에는 그들이 잘 되고 위로받는 쪽으로 끝이 난다.

9. 질병과 죄가 사라질 것이다. 그 때에는 하나님의 긍휼하심 속에서 사람들은 질병에서 회복되어 질병이 사라질 것이고, 심지어 죄도 제거될 것이다.

(1) 그 거주민은 내가 병들었노라 하지 아니할 것이다. 저는 자도 그 재물을 취할 것이듯이, 병든 자도 몸이 약함에도 불구하고 앗수르 군대가 버려둔 진영으로 가서 얼마간 재물을 취할 것이다. 또는, 이 일이 모든 사람들에게 큰 기쁨을 가져다주어서, 심지어 병든 자들조차도 잠시 자신의 질병과 그로 인한 슬픔을 잊어버리고서 사람들의 기쁨에 동참하게 될 것이다. 그들의 성이 구원받은 것이 그들에게는 그들의 병이 나은 것이나 같은 것이 될 것이다. 또는, 이것은 예루살렘이 오랜 기간 포위된 결과로 전염병이 창궐했지만 이제는 그런 전염병이 사라지고, 그 주민들은 승리와 평화를 맛보고서 건강하게 되어서, 다시는 성문 안에서 아프다고 하소연하는 사람이 없게 되리라는 것을 의미하는 것일 수 있다. 또는, 병든 자들이 예루살렘이 잘 되는 것을 보고서는 아무런 불평 없이 자신의 병을 잘 견디게 되리라는 뜻일 수도 있다. 우리는 나라가 잘 되는 것을 보면 그것에 감사하는 마음 때문에 사적인 근심이나 걱정을 잊어버릴 수 있어야 한다.

(2) 거기에 사는 백성이 사죄함을 받을 것이다. 나라 전체가 민족적인 심판에

서 벗어나 민족적인 죄를 사함 받을 뿐만 아니라, 거기에 사는 개개인들도 회개하고 삶을 고쳐서 자신의 죄를 사함 받게 될 것이다. 이것은 그 밖의 다른 모든 은총들의 토대가 되는 은총으로서 약속되고 있다. 하나님은 그들의 불의를 긍휼히 여기실 것이기 때문에 그들을 위하여 이런저런 일들을 행하실 것이다(히 8:12). 죄는 영혼의 질병이다. 하나님은 죄를 사하실 때에 질병도 고쳐 주신다. 죄의 질병들이 하나님의 죄 사하시는 긍휼로 인하여 고침을 받을 때, 육체의 질병을 일으킨 독침도 제거된다. 따라서 그 거주민들은 병들지 않을 것이고, 적어도 내가 병들었노라고 말하지 않을 것이다. 죄악이 제거된다면, 외적인 질병에 대해 불평할 이유는 없어지는 것이다. 작은 자야, 안심하라 네 죄 사함을 받았느니라(마 9:2).

제34장

개요

    이 장에는 하나님의 교회와 백성을 대적하는 원수들인 모든 나라들이 파국을 맞게 될 것에 관한 내용이 나온다. 여기에는 야곱에 대한 에서의 해묵은 적대감으로 인해서 오직 에돔만이 언급되고 있지만, 그 적대감은 아벨에 대한 가인의 더 오래된 적대감과 마찬가지로 여자의 후손에 대하여 뱀이 품고 있었던 저 원래의 적대감의 한 전형적인 예일 뿐이다. 이 예언은 이스라엘에게 이런저런 식으로 해악을 끼쳤던 이웃 나라들을 처음에는 앗수르 군대, 얼마 후에는 느부갓네살의 군대가 와서 크게 초토화시킨 일을 통해서 성취되었다고 할 수 있을 것이다. 강력한 정복자였던 느부갓네살은 사람들의 피를 흘리고 나라들을 초토화시키는 데서 자부심을 느꼈는데, 그런 일 속에서 그의 의도와는 상관없이 하나님께서 여기에서 원수들에 대하여 경고하셨던 일을 성취하고 있었던 것이다. 그러나 이 예언은 사람들 가운데 있는 하나님의 나라에 대적하여 싸우는 모든 자들에게 하나님의 진노가 있을 것이라는 경고의 말씀으로 주어진 것으로서, 나라들 간의 전쟁이나 그 밖의 다른 황폐화시키는 심판들에 의한 대재앙을 통해서 자주 성취되고 있고, 결국에는 불경건한 자들이 심판을 받아 영원한 형벌에 처해질 그 날에 만물이 다 풀어 없어짐으로써 온전히 성취될 것이다. 여기에는 다음과 같은 내용들이 나온다. I. 모두가 주목하라는 요구(1절). II. 피비린내 나고 아비규환인 무시무시한 광경에 대한 묘사(2-7절). III. 이러한 심판의 이유가 제시됨(8절). IV. 이러한 황폐화가 지속되어서, 그 나라가 소돔의 연못처럼 되고(9-10절), 성읍들은 버려져서 들짐승과 구슬피 우는 새들의 거처가 되리라는 것(11-15절). V. 이 모든 일이 틀림없이 일어나리라는 엄숙한 확인(16-17절). 우리는 이것을 듣고 두려워하여야 한다.

¹열국이여 너희는 나아와 들을지어다 민족들이여 귀를 기울일지어다 땅과 땅에 충만한 것, 세계와 세계에서 나는 모든 것이여 들을지어다 ²대저 여호와께서 열방을 향하여 진노하시며 그들의 만군을 향하여 분내사 그들을 진멸하시며 살육 당하게 하셨은즉 ³그 살육 당한 자는 내던진 바 되며 그 사체의 악취가 솟아오르고 그 피에

산들이 녹을 것이며 ⁴하늘의 만상이 사라지고 하늘들이 두루마리 같이 말리되 그 만상의 쇠잔함이 포도나무 잎이 마름 같고 무화과나무 잎이 마름 같으리라 ⁵여호와의 칼이 하늘에서 족하게 마셨은즉 보라 이것이 에돔 위에 내리며 진멸하시기로 한 백성 위에 내려 그를 심판할 것이라 ⁶여호와의 칼이 피 곧 어린 양과 염소의 피에 만족하고 기름 곧 숫양의 콩팥 기름으로 윤택하니 이는 여호와를 위한 희생이 보스라에 있고 큰 살육이 에돔 땅에 있음이라 ⁷들소와 송아지와 수소가 함께 도살장에 내려가니 그들의 땅이 피에 취하며 흙이 기름으로 윤택하리라 ⁸이것은 여호와께서 보복하시는 날이요 시온의 송사를 위하여 신원하시는 해라

우리는 다른 곳에서 여호와의 전쟁들에 관한 역사를 볼 수 있듯이 여기에서는 여호와의 전쟁들에 관한 예언을 보는데, 그 전쟁들은 의로울 뿐만 아니라 반드시 이기는 전쟁이라는 것을 우리는 확신한다. 이 세상은 하나님의 피조물이기 때문에, 하나님은 이 세상에 대하여 선을 행하신다. 그러나 이 세상이 이 세상의 신이라 불리는 사탄의 수중에 들어가 그의 편을 들면, 하나님은 이 세상에 맞서 싸우신다.

I. 나팔 소리가 울려 퍼지고, 전쟁이 선포된다(1절). 모든 나라가 이것을 듣고 귀를 기울여야 하는 것은 하나님께서 이제 행하고자 하시는 일은 그들이 주목해야 할 일일 뿐만 아니라(사 33:13) 그들이 모두 연루되어 있는 일이기 때문이다. 하나님은 지금 그들과 다투고 계신다. 하나님은 그들을 치러 진노 가운데 오고 계신다. 그들은 모두 크신 하나님이 그들에게 화가 나셨다는 것을 알아차려야 한다. 하나님의 진노는 모든 나라들 위에 있기 때문에, 모든 나라들은 하나님의 말씀을 듣기 위해 가까이 나아와야 한다. 성읍에서 나팔이 울리고(암 3:6), 성벽 위에서 파수꾼들이 나팔 소리를 들으라고 외친다(렘 6:17). 땅과 거기에 충만한 것들은 들으라(시 24:1). 왜냐하면, 그것들은 다 여호와의 것이므로 그 지으신 자이자 주인이신 분의 말씀에 귀를 기울이는 것이 마땅하기 때문이다. 세계와 세계에서 나는 모든 것, 흙에서 나와서 결국 흙으로 돌아가야 할 흙으로 지음 받은 인생들은 하나님의 말씀에 귀를 기울여야 한다. 또는, 이것은 마음이 완악해져서 하나님의 부르심을 듣고자 하지 않는 죄인들보다는 더 귀를 기울일 가능성이 있는 이 땅의 생명 없는 것들을 부르는 말씀일 수도 있다. 너희 산들아, 너희는 여호와의 변론을 들으라(미 6:2). 여호와의 변론은 온 세

상을 불러서 그 변론의 공평성을 따져보도록 해도 좋을 정도로 지극히 옳은 변론이다.

Ⅱ. 하나님의 성명서가 발표된다.

1. 하나님은 누구와 맞서 전쟁을 벌이시는가(2절). 여호와께서 열방을 향하여 진노하신다. 그들은 모두 하나로 똘똘 뭉쳐서 마귀의 이익을 위하여 하나님과 신앙을 대적하였기 때문에, 하나님은 비록 그들이 하나님을 모른다고 하여도 그들 모두에 대하여 진노하신다. 하나님은 오랜 세월 동안 모든 민족으로 자기들의 길들을 가게 방임하셨으나(행 14:16), 이제 더 이상은 침묵하지 않으실 것이다. 그들은 모두 하나님의 인내로 인한 혜택을 누려왔지만, 이제는 하나님의 진노를 예감하여야 한다. 하나님은 그들의 만군을 향하여 특별한 방식으로 분내시는데, 그 이유는 다음과 같다.

(1) 그들은 그들의 군대로 하나님의 백성에게 해악을 끼쳐 왔기 때문에. 그들은 하나님의 백성으로 하여금 피 흘리게 하였기 때문에 그들이 피를 마실 차례라는 것을 알아야 한다.

(2) 그들은 하나님의 공의와 능력에 맞서서 그들의 뜻을 이루고자 할 때에 그들의 군대가 그들을 보호해 줄 것이라고 믿었기 때문에. 그러므로 하나님의 분노는 무엇보다도 먼저 그들의 군대 위에 임할 것이다. 하나님의 분노 앞에서 군대들은 아무리 그 수가 많고 용맹하다고 할지라도 활활 타오르는 불 앞에서의 마른 덤불과 같을 뿐이다.

2. 하나님은 누구를 위하여 전쟁을 하시고, 그렇게 전쟁을 하시는 근거와 이유는 무엇인가(8절). 이것은 여호와께서 보복하시는 날이고, 원수 갚는 것은 하나님께 있으며, 진노를 내리시는 하나님은 결코 불의하지 않으시다(롬 3:5). 여호와께서 인내하신 날이 있었던 것과 마찬가지로, 장차 보복하시는 날, 원수 갚는 날도 반드시 있을 것이다. 왜냐하면, 하나님은 오래 참으시지만 언제까지나 참으시지는 않으실 것이기 때문이다. 이것은 시온의 송사를 위하여 신원하시는 해이다. 시온은 거룩한 성, 우리의 절기의 성이고, 세상에 있는 하나님의 교회의 모형이자 상징이다. 이웃 나라들이 시온에 대하여 행한 잘못들, 즉 그를 속이고 야만적으로 학대하며 그의 거룩한 것들을 더럽히고 그의 궁전들을 초토화시키며 그의 아들들을 죽인 것에 대하여 시온이 그들과 다투는 것은 정당한 일이다. 시온은 자신의 송사를 하나님께 맡긴 상태이고, 하나님은 시온에게 은총

을 베풀기로 정해진 때가 오면 반드시 그렇게 하실 것이다. 그 때에 하나님은 시온을 박해하고 압제하였던 자들이 시온에게 행한 온갖 해악들로 인하여 그들에게 합당한 벌을 내리실 것이다. 이 송사는 시온이 부당한 대우를 받았고, 그로 인해 시온의 하나님 자신도 욕을 당했다는 쪽으로 결정이 나게 될 것이다. 이 결정에 따라서 판결이 내려지고 집행될 것이다. 하나님의 계획 속에는 교회를 구원하고 그 원수들을 멸할 때, 구속받은 자들의 해가 정해져 있어서, 시온의 송사를 위하여 신원하시는 해가 반드시 오리라는 것을 명심하라. 우리는 그 때까지 인내로써 기다려야 하고, 때가 이르기 전에는 아무것도 판단하지 말아야 한다.

III. 이 전쟁에서 사용될 작전들과 방법들이 정해지고, 이 전쟁은 절대적으로 성공할 것이다.

1. 여호와의 칼은 하늘에서 담금질되었다(개역에서는 하늘에서 족하게 마셨다). 여기에서는 전쟁을 위한 준비로 오직 이것만이 언급되고 있는데(5절), 이것은 아마도 전쟁을 위하여 칼을 단단하게 하거나 윤을 내기 위하여 기름 같은 것에 담갔던 당시의 관습을 말하는 것 같다. 이것은 칼을 번쩍거리게 하기 위하여 광낼 때에 했던 것과 동일하다(겔 21:9-11). 하나님의 칼은 하늘에서 하나님의 모략과 작정(作定), 하나님의 공의와 권능으로 담금질되었기 때문에, 그 앞에 설 자가 없다.

2. 여호와의 칼이 내려올 것이다. 하나님께서 정하신 일은 어김없이 집행될 것이다. 그 칼은 하늘로부터 내려올 것이고, 그 칼이 내려오는 곳이 높으면 높을수록, 그 칼이 떨어질 때의 무게는 더욱 무거울 것이다. 그 칼은 진멸하시기로 한 백성, 하나님의 저주 아래 있어서 멸망할 운명에 처해 있는 에돔 위에 내릴 것이다. 자신의 죄로 말미암아 하나님의 저주를 받은 백성이 된 자들은 비참하되 영원히 비참할 것이다. 왜냐하면, 여호와의 칼은 반드시 여호와의 저주를 수반하여 그 저주의 판결들을 집행할 것이기 때문이다. 하나님이 저주하는 자들은 반드시 저주를 받는다. 여호와의 칼은 죄인들을 심판하기 위하여 내려온다. 하나님의 전쟁의 칼은 언제나 공의의 칼이라는 것을 명심하라. 하나님의 입에서는 날선 칼이 나오고, 하나님은 그 칼로 공의로 심판하며 싸우신다(계 19:11, 15).

3. 열방과 그들의 군대는 칼에 붙여질 것이다(2절). 여호와께서 그들을 진멸

하시며 살육당하게 하셨다. 그러므로 그들은 스스로를 구해낼 수 없고, 그들의 모든 친구들도 그들을 구해낼 수 없다. 하나님이 살육에 넘기시는 자들만이 죽임을 당한다. 생사의 열쇠가 하나님의 수중에 있기 때문이다. 하나님은 그들을 살육에 넘기셔서 진멸하셨다. 하나님께서 그들의 멸망을 정하셨기 때문에, 그들의 멸망은 확실한 것이어서, 그들은 마치 이미 진멸당한 것처럼 말해진다. 하나님은 칼로 죽이는 자는 자기도 칼에 죽을 것이다(계 13:10)라는 말씀을 통해서 그의 교회의 모든 잔혹한 원수들을 살육에 넘기신다. 왜냐하면, 하나님은 의로우시기 때문이다.

4. 판결에 따라서 무시무시한 살육이 그들 가운데 있을 것이다(6절). 여호와의 칼은 임무를 부여받고 하늘에서 내려와서 광범위한 살육을 집행한다. 여호와의 칼은 죽임을 당한 자들의 피에 물리도록 만족하고 그들의 기름으로 윤택해졌다. 하나님의 긍휼과 인내를 악용한 자들의 날이 다 지나면, 하나님의 공의의 칼은 한 치의 관대함도 없이 죄인들을 남김없이 해치울 것이다. 사람들은 죄로 인하여 인간으로서의 존엄을 상실하였고, 스스로 죽어 없어질 짐승 같은 존재가 되어 버렸다. 그러므로 하나님이 인간에 대한 연민과 존중을 그들에게는 적용하지 않고 그들을 짐승으로 취급하여 죽이는 것은 정당한 일이다. 하나님은 어린 양이나 염소를 도살하고 숫양의 콩팥 기름을 먹듯이 그들의 군대를 도살하실 것이다. 아니, 여호와의 칼은 어린 양과 염소들, 즉 그들의 군대에 속한 보병들, 가련한 일반 병졸들을 신속히 해치울 뿐만 아니라, 힘이 세고 교만하며 사나운 들소와 송아지와 수소(장군들과 부자들과 강한 자들, 계 6:15)도 그들과 함께 내려갈 것이다. 사람들 중에서 가장 큰 자도 크신 하나님의 진노 앞에서는 아무것도 아니다. 어떤 피비린내 나는 일이 벌어질 것인지를 잘 보라. 그들의 땅이 이전에 많이 내리는 비에 흠뻑 젖었듯이 그 때에는 피에 흠뻑 젖어 취하게 될 것이다. 그들의 메마른 땅이 이전에는 비료로 인해 기름졌던 것과 마찬가지로 이제는 그 흙이 죽은 자들의 기름으로 윤택하게 될 것이다. 아니, 암석으로 뒤덮인 단단한 산들조차도 그들의 피에 녹을 것이다(3절). 이러한 과장된 표현들(요한이 환상 중에 피가 말굴레에까지 닿은 것을 보았다고 말한 것처럼, 계 14:20)이 사용되고 있는 것은 사람들이 그러한 표현들을 들으면 두려워서 몸서리치게 될 것이어서(우리는 사람들이 죽어서 흘린 피가 그렇게 엄청나다는 것을 생각만 해도 두려워 떨게 된다) 인간의 개념이나 표현으로는 그 무

시무시함을 도저히 표현할 수 없는 하나님의 진노의 공포를 어느 정도 나타낼 수 있기 때문이다. 죄와 진노가 이 세상에서조차도 어떤 일을 만들어 내는지를 보고, 들소들을 지옥의 문턱까지 내려가게 만들 장래의 진노가 얼마나 더 무시무시할지를 생각해 보라.

5. 이 대살육은 하나님의 공의에 바쳐지는 큰 희생 제사가 될 것이다(6절). 여호와를 위한 희생이 보스라에 있다. 크신 구속주께서 피로 물든 옷을 입고 보스라에 계신다(사 63:1). 희생 제사는 하나님의 존귀를 위한 것으로서 하나님이 죄를 미워하시고 죄에 대하여 속죄를 요구하신다는 것, 피 외에는 죄를 속할 수 있는 것이 아무것도 없다는 것을 나타내기 위한 것이었다. 바로 그런 목적을 위하여 살육이 행해진다. 이 살육은 하나님의 진노가 사람들, 특히 하나님의 백성에 대한 불경건하고 불의한 적대감을 지닌 것으로 악명 높았던 에돔인들의 모든 경건하지 않음과 불의에 대하여 하늘로부터 나타나는 것이다. 이 큰 희생 제사에서는 수많은 짐승들이 도살되어 바쳐졌고, 그 짐승들의 피는 제단 앞에 쏟았다. 여호와께서 복수하시는 날에도 그럴 것이다. 만약 위대한 화목제물이신 예수 그리스도께서 우리를 위하여 자신의 피를 흘리지 않으셨다면, 그 날에 온 땅은 죄인들의 피로 흠뻑 젖을 것이었다. 그러나 다행히도 예수 그리스도를 배척하고 그 희생 제물에 의지하여 하나님과 언약을 맺고자 하지 않았던 자들만이 그 날에 하나님의 진노의 희생자들이 될 것이다. 저주받은 죄인들은 영원한 희생 제물들이다(막 9:48-49). 지금 제사를 드리지 않는 자들(이것은 불경건한 자들의 특성이다, 전 9:2)은 그 날에 희생 제물로 드려지게 될 것이다.

6. 이렇게 살육을 당한 자들은 인류에게 혐오스러운 자들이 될 것이고, 그들이 이전에는 공포의 대상이었지만 이제는 구역질나는 대상이 될 것이다(3절). 그들은 내던진 바 될 것이고, 예를 갖추어 그들의 장례를 치러주고자 하는 자는 아무도 없을 것이다. 그들의 사체에서 악취가 솟아올라서, 모든 사람들이 그 소름끼치는 광경과 악취 때문에 죄에 대한 분노와 하나님의 진노에 대한 두려움을 갖게 될 것이다. 이 살육을 당한 자들은 매장되지 못한 채로 누워 있어서 하나님의 공의를 보여주는 기념비들이 될 것이다.

7. 이 살육은 마치 자연의 틀 전체가 해체되고 녹아버린 것처럼 만유(萬有)가 온통 뒤죽박죽이 되어 버리고 초토화되는 결과를 가져올 것이다(4절). 하늘의 만상이 수척해지고 쇠잔해지리라(원어는 이런 의미이다). 해는 어두워지고 달

은 검어지거나 핏빛으로 변할 것이다. 하늘들이 두루마리 같이 말리거나 그 위에 글을 다 기록한 후에 말아서 보관해 두는 양피지 같이, 또는 불의 열기에 오그라든 양피지 같이 말릴 것이다. 별들은 가을 낙엽처럼 떨어질 것이다. 패배한 나라의 모든 아름다움과 기쁨과 낙(樂)은 사라질 것이고, 방백의 지위와 정부, 모든 통치권은 폐지될 것이며, 오직 전쟁의 칼날만이 그들 위에 떨어질 것이다. 당시에는 정복자들이 그들이 정복한 나라들을 초토화시키는 것이 관례였다. 그러한 완전한 초토화는 여기에서 종말에 만물이 해체되어 소멸함으로써 문자 그대로 온전히 성취될 최후의 심판의 날에 관한 비유적인 표현들을 통해서 묘사되는데, 하나님께서 지금 종종 죄악된 나라들에 대하여 집행하시는 심판들은 바로 그 최후의 심판을 보여주는 맛보기이자 전조(前兆)에 불과하다. 이러한 예비적인 심판들을 통해서 우리는 정신을 차리고서 최후의 심판을 생각하여야 하고, 여기에서와 요한계시록 6장 12-13절에서 무슨 이유로 이러한 표현들을 사용하고 있는지를 곰곰이 생각해 보아야 한다. 그러나 성경에서 하늘이 큰 소리로 떠나가고 물질이 뜨거운 불에 풀어지리로다(벧후 3:10)라고 말씀할 때에 이러한 표현들은 은유가 아닌 하나의 사실을 나타내는 표현으로 사용된다.

[9]에돔의 시내들은 변하여 역청이 되고 그 티끌은 유황이 되고 그 땅은 불 붙는 역청이 되며 [10]낮에나 밤에나 꺼지지 아니하고 그 연기가 끝임없이 떠오를 것이며 세세에 황무하여 그리로 지날 자가 영영히 없겠고 [11]당아새와 고슴도치가 그 땅을 차지하며 부엉이와 까마귀가 거기에 살 것이라 여호와께서 그 위에 혼란의 줄과 공허의 추를 드리우실 것인즉 [12]그들이 국가를 이으려 하여 귀인들을 부르되 아무도 없겠고 그 모든 방백도 없게 될 것이요 [13]그 궁궐에는 가시나무가 나며 그 견고한 성에는 엉겅퀴와 새품이 자라서 승냥이의 굴과 타조의 처소가 될 것이니 [14]들짐승이 이리와 만나며 숫염소가 그 동류를 부르며 올빼미가 거기에 살면서 쉬는 처소로 삼으며 [15]부엉이가 거기에 깃들이고 알을 낳아 까서 그 그늘에 모으며 솔개들도 각각 제 짝과 함께 거기에 모이리라 [16]너희는 여호와의 책에서 찾아 읽어보라 이것들 가운데서 빠진 것이 하나도 없고 제 짝이 없는 것이 없으리니 이는 여호와의 입이 이를 명령하셨고 그의 영이 이것들을 모으셨음이라 [17]여호와께서 그것들을 위하여 제비를 뽑으시며 그의 손으로 줄을 띠어 그 땅을 그것들에게 나누어 주셨으니 그

들이 영원히 차지하며 대대로 거기에 살리라

　　　이 예언은 지극히 암울해 보이지만, 에돔과 보스라에 대한 심판 그 이상을 내다보고 있는 것이 틀림없다.

　1. 이 예언은 하나님의 섭리에 의해서 나라들이나 성읍들, 왕궁들이나 가정들에서 흔히 일어나는 암울한 변화들을 묘사한다. 한때 번영하였고 많은 사람들이 빈번하게 왕래하였던 곳들이 이상하게도 쇠락해 간다. 우리는 역사상에서 유명하였던 수많은 큰 성읍들이 과거에 있었던 장소들을 알 길이 없는 경우가 많다. 비옥한 땅들이 세월이 흐르면서 불모지로 변하고, 인구가 많았던 화려한 성읍들이 폐허더미로 변한다. 쇠락한 옛 성들은 으스스하고, 그 폐허들은 스산하다.

　2. 이 예언은 하나님의 진노의 결과인 멸망의 심판들과 하나님의 백성을 대적하였던 원수들에 대한 의로운 징벌을 묘사한다. 구속할 해와 시온의 송사를 위하여 신원하시는 해가 왔을 때에 하나님은 그러한 심판과 징벌을 행하실 것이다. 교회를 망하게 하고자 하는 자들은 결코 그 목적을 이룰 수 없을 것이고, 도리어 그들 자신이 반드시 망하고 말 것이다.

　3. 이 예언은 하나님이 심판의 날에 불사르기 위하여 보존하여 두신 이 악한 세상이 마침내 최종적으로 황폐화되는 모습을 묘사한다(벧후 3:7). 이 땅과 거기에 있는 모든 것들이 불태워질 때에 이 땅 자체는 땅에 속한 것들에 애착을 두었던 모든 자들에게 지옥으로 변하게 될 것이다(내가 아는 한). 하지만, 이 예언은 하나님의 저주를 받은 세대의 운명이 어떻게 될 것인지를 우리에게 보여준다.

　I. 그 나라는 소돔의 연못 같이 될 것이다(9-10절).　에돔 땅에 물을 대주어서 그 주민들을 기쁘게 하고 생기를 불어넣어 주었던 시내들은 이제 역청이 되어 서로 엉겨서 검은 빛을 띠고 서서히 움직여 가거나 아예 움직이지 않게 될 것이다. 블랙모어(R. Blackmore)는 이 본문을 이렇게 읽는다. 그들의 시내들은 천천히 움직이는 역청 시내들로 변할 것이고, 그 티끌은 유황이 될 것이다. 죄는 그들의 땅을 너무도 불이 잘 붙게 만들어 놓았기 때문에, 하나님의 진노의 불꽃이 닿자마자 그 땅은 불이 붙게 될 것이다. 또한, 불이 붙었을 때에 그 땅은 불타는 역청이 될 것이다. 집 한 채 또는 한 성읍이 불에 타는 것이 아니라 그 땅

전체가 불에 탈 것이고, 그 불을 진압하거나 끌 자가 아무도 없을 것이다. 그 불은 계속해서 타오르고 영원히 타올라서, 낮에나 밤에나 꺼지지 아니할 것이다. 지옥에 있는 자들이나 자신의 양심 속에 지옥을 지닌 자들이 겪는 괴로움은 끊임이 없다. 이 불의 연기가 끊임없이 떠오를 것이다. 이 땅에 하나님을 진노케 하는 죄인들이 대대로 있고, 죄악된 자들이 점점 늘어나 여호와의 노를 더욱 심하게 하는 한(민 32:14), 하늘에는 그들을 벌하실 의로우신 하나님이 계실 것이다. 사람들이 계속해서 죄인들을 배출해 내는 한, 하나님은 그들에게 계속해서 재앙들을 보내실 것이고, 하나님의 진노 아래 있는 자는 누구든지 결코 자신을 구할 수 없을 것이다. 사람들이 하나님의 진노를 아무리 가볍게 여긴다고 하여도, 살아 계신 하나님의 손에 빠져 들어가는 것이 무섭다는 것이 결국 밝혀질 것이다. 그 땅이 멸망 받기로 되어 있다면, 아무도 그 곳을 지나가지 않을 것이다. 여행자들은 그 땅을 지나며 멸망의 냄새를 맡으려 하기보다는 차라리 먼 길일지라도 돌아가는 쪽을 택할 것이다.

II. 그 성읍들은 오래 전에 주인들이 버리고 떠나버려서 맹수들이나 불길한 새들이 차지하게 된 아주 으시시한 쓰러져 가는 집들과 같게 될 것이다. 원수들의 왕궁과 저택들이 얼마나 음산한 곳이 되어 버렸는지를 보라. 여기에 나오는 묘사는 특히 우아하고 정교하다.

1. 하나님은 그 성읍들을 멸망시키기 위하여 표시를 해두실 것이다. 여호와께서 그 위에 혼란의 줄과 공허의 추를 드리우실 것이다(11절). 이것은 그 위에 내려진 판결이 공평하다는 것을 의미한다. 심판은 공의의 법에 따라 이루어지고, 그 집행은 판결과 정확히 일치할 것이다. 심판은 임의대로 행하여지는 것이 아니라 줄과 추에 의거해서 행하여진다. 에돔 땅의 표면을 전부 뒤덮게 될 혼란과 공허는 태초에 혼돈하고 공허하였던(히브리어로 '토후' 와 '보후'; 여기에서는 바로 이 단어들이 사용되고 있다) 땅의 모습과 같을 것이다(창 1:2). 죄는 낙원을 곧 혼돈(chaos)으로 바꾸어 놓을 것이고, 피조 세계 전체의 아름다움을 손상시킬 것이다. 혼돈이 있는 곳에는 곧 공허가 뒤따르는 법이다. 그러나 이 두 가지는 세상의 통치자에 의해서 정해지는 것이고, 그 정도(程度)는 정확히 죄에 비례한다.

2. 그들의 큰 자들은 모두 끊어질 것이고, 큰 자들 중 나서려 하는 자는 아무도 없을 것이다(12절). 그들이 국가를 이으려 하여 그들 앞에 산적한 어렵고 힘

든 일들을 처리하도록 귀인들을 부를 것이지만, 이 폐허더미를 맡고자 하는 자는 아무도 없을 것이고, 그 모든 방백들도 아무런 힘도 없어서 슬픈 소식을 접하고 어쩔 줄을 몰라 하며 그들을 위해 나서거나 그들을 멸망으로부터 보호해 줄 수 없을 것이다.

Ⅲ. 관청들이나 요새들도 황무지처럼 될 것이다(13절). 그 궁궐에는 풀만 자라나는 것이 아니라 가시나무가 나며 그 견고한 성에는 엉겅퀴와 새품이 자라날 것이지만, 그것들을 베거나 밟을 자가 아무도 없을 것이다. 우리는 종종 버려져서 폐허가 되어 버린 건물들에 이렇게 쓰레기나 하찮은 것들이 수북이 쌓여 있는 모습을 본다. 이것은 법정이 열리곤 했던 궁궐이 사람이 살지 않고 인적이 드문 곳이 되어 버릴 뿐만 아니라 하나님의 저주 아래 있게 되리라는 것을 보여준다. 왜냐하면, 가시나무와 엉겅퀴는 저주의 산물이기 때문이다(창 3:18).

Ⅳ. 그 곳들은 무시무시한 맹수들과 새들의 처소가 될 것이다. 그런 곳은 아무런 방해 없이 머물 수 있고 사람들의 접근으로 놀랐을 때에는 사람들에게 겁을 주기에 적합한 곳이기 때문에, 맹수들과 불길한 새들은 그런 음산한 곳을 자주 찾는다. 이렇게 폐허가 된 모습은 사람들의 마음에 공포와 전율을 심어주기가 쉽기 때문에 여기에서 자세하게 묘사되고 있다(11절). 당아새 또는 홀로 있기를 좋아하는 올빼미나 부엉이가 그 곳을 차지할 것이다(시 102:6). 소름끼치는 소리를 내는 알락해오라기(개역에서는 고슴도치), 음침한 새인 부엉이, 육식조인 까마귀(13절) 같이 사람에게 전혀 도움이 되지 않는 온갖 부정(不淨)한 새들이 죽은 시체들에 이끌려서 거기에 살게 될 것이다(블랙모어는 공중의 온갖 불길한 괴물들이라고 표현한다). 그 땅은 사람에게 해로운 용들의 소굴(개역에서는 승냥이의 굴)이 될 것이다.

> 알랑거리는 아첨꾼들이 서성대고
> 나랏일을 논하던 고상한 궁궐에서
> 용들이 쉿쉿 소리를 내고 굶주린 이리들이 울리라.
> 권세 있는 귀족들이 차지했던 궁궐에서
> 뱀이 얼룩덜룩한 볏을 세우거나
> 쉬기 위해 또아리를 틀리라.

— 블랙모어

고관들이 드나들던 궁궐은 이제 올빼미나 타조의 처소가 될 것이다(14절). 메마르고 모래투성이인 땅에 사는 들짐승들이 약속이나 한 듯이 습하고 추축한 섬에 사는 들짐승들과 만나서, 완벽하게 폐허가 되어 버린 곳을 찾아낸 것을 기뻐하며 그 곳에서 마음껏 즐기게 될 것이다.

> 평지를 뛰어다니거나 숲 속에 웅크리고 있던
> 표범들과 온갖 야수들은
> 각자 서로를 오라고 불러서
> 이 폐허가 되어 버린 곳을 처소로 삼을 것이다.
> 무시무시한 모습과 크기를 지닌 온갖 맹수들이
> 그 곳을 피의 식민지로 삼아 정착할 것이다.

— 블랙모어

숫염소가 이 폐허가 된 곳으로 함께 가자고 그 동류를 부르거나, 이렇게 좋은 처소를 발견했다고 기뻐할 것이다. 밤의 새이자 불길한 새인 올빼미가 거기에 살면서 그 곳을 쉬는 처소로 삼을 것이다. 부엉이가 거기에 깃들이고 알을 낳아 깔 것이고(15절), 이 폐허를 물려주기 위해서 그 새끼들을 잘 기를 것이다. 시체를 먹는 솔개들도 각각 제 짝과 함께 거기에 모일 것이다. 좀 더 살펴보자.

1. 사람들이 버리고 멀리한 곳들은 어떻게 되는가? 그러한 곳들은 짐승들의 거처가 된다. 하나님은 그런 짐승들을 내버려 두시는 것이 아니라, 섭리를 통해서 돌보시기 때문이다.

2. 까다롭고 뚱하며 사람들과 잘 어울리지 못하고 말 붙이기가 쉽지 않으며 우울하게 혼자 있는 것을 좋아하는 자들은 무엇과 같은가? 그들은 황폐한 곳이나 폐허를 좋아하는 고적한 짐승이나 새들과 같다.

3. 죄는 어떠한 참담한 변화를 가져오는가? 죄는 비옥한 땅을 불모지로 바꾸어 놓고, 사람들이 많이 왕래하던 성읍을 황무지로 바꾸어 놓는다.

V. 이 예언이 하나도 빠짐없이 세세한 부분까지 다 이루어지리라는 약속 (16-17절). "너희는 여호와의 책에서 찾아 읽어 보라. 이 멸망이 임할 때에 그 사

건을 이 예언과 비교해 보라. 그러면, 너희는 이 예언이 정확히 이루어졌다는 것을 알게 될 것이다." 선지자들의 책은 여호와의 책이기 때문에, 우리는 그 책을 신적인 기원과 권위를 지닌 책으로 여기고 부지런히 살피고 참조하여야 한다는 것을 명심하라. 우리는 그 책을 읽어야 할 뿐만 아니라, 그 책을 샅샅이 뒤져 보고, 본문들을 서로 비교해 보아야 한다. 이렇게 성경을 부지런히 살피고 뒤지다 보면, 피상적으로 읽을 때에 얻을 수 없었던 풍성하고 유익한 지식을 얻을 수 있게 된다. 여호와의 책에 나오는 예언을 읽었을 때, 너희는 다음과 같은 것들을 알게 될 것이다.

1. 너희가 읽은 대로 보게 되리라는 것. 짐승이든 새이든 이것들 중 그 어느 하나도 실패하지 않을 것이다(개역에서는 이것들 가운데서 빠진 것이 하나도 없고). 그것들이 대대로 그 황폐한 땅을 차지하리라고 예언되어 있기 때문에, 짐승들과 새들이 번식할 수 있도록 하기 위하여 제 짝이 없는 것이 없으리라. 그 땅이 황폐화되었음을 보여주는 이 짐승들과 새들은 그 땅에서 번식하여 그 땅을 가득 채우게 될 것이다.

2. 아담이 짐승들의 이름을 불렀을 때에 그 짐승들이 본능적으로 아담에게로 모여들고 노아가 지은 방주 속으로 들어왔듯이, 하나님의 입이 이 무시무시한 소집을 명하신 것이기 때문에, 그의 영이 이것들을 모으실 것이다. 하나님의 영은 하나님의 말씀이 정하신 것을 이루는 일을 한다. 왜냐하면, 하나님의 말씀은 결코 땅에 떨어지는 법이 없기 때문이다. 하나님의 약속의 말씀도 마찬가지로 성령의 역사(役事)를 통해서 이루어질 것이다.

3. 이 경고의 말씀은 각자가 맡은 몫에 의해서 정확한 순서를 따라 이루어질 것이다. 여호와께서 이 새들과 짐승들을 위하여 제비를 뽑으셨기 때문에, 그것들은 마치 선을 그어 놓은 것처럼 자신의 자리를 잘 알고 있을 것이다. 그들이 줄을 이탈하지 아니하며 피차에 부딪치지 아니하리라(욜 2:7-8). 이교도들 중에 있는 점쟁이들은 마치 사람들의 운명이 새들이 어떤 모양으로 나느냐에 따라 좌우되는 듯이 그 모양을 보고서 장래의 사건들을 예언하였다. 그러나 우리는 여기에서 새들이 어떤 모양으로 나느냐 하는 것은 이스라엘의 하나님의 지시 아래에 있다는 것을 발견하게 된다. 여호와께서 그것들을 위하여 제비를 뽑으셨다.

4. 이 황폐화는 영속적이 되리라는 것. 그들이 영원히 차지하리라. 하나님의

도성 예루살렘은 폐허더미로 남아 있을 수도 있었지만, 옛적의 예루살렘은 그 폐허에서 다시 회복하여 복음적 예루살렘에게 자리를 내어줄 때까지 존속하였다. 마찬가지로, 이 복음적 예루살렘은 비록 낮아질 수는 있지만 다시 재건되어서, 하늘의 예루살렘에 자리를 내어줄 때까지 존속할 것이다. 그러나 교회의 원수들은 영원히 황폐화되어 있을 것이고, 영원한 멸망의 벌을 받게 될 것이다.

제
— 35 —
장

개요

　　세상에 대한 하나님의 심판에 관한 예언(24장) 뒤에 하나님의 교회를 위해 예비된 큰 긍휼에 관한 약속(25장)이 나오는 것과 마찬가지로, 여기에서도 앞 장에서의 암울하고 무시무시한 혼돈의 장면 뒤에 밝고 유쾌한 장면이 나온다. 이 장은 히스기야의 치세 말기에 나라가 번성하리라는 것을 예언하는 내용이기는 하지만, 앞 장에 나오는 예언이 에돔족의 멸망 이상의 것을 내다보고 있는 것과 마찬가지로 이 장에 나오는 예언도 분명히 그 너머를 바라보고 있음에 틀림없다. 이 둘은 모두 장차 있을 그리스도의 나라와 천국에 대한 모형이기 때문에, 우리가 가장 관심을 쏟아야 할 것은 이 모형들을 통해서 약속되고 있는 것들을 바라보는 것이다. 악함 속에 잠겨 있는 세상이 폐허가 되어 있고 불신앙을 고집하던 유대 교회가 황폐화될 때, 복음 교회는 세워져서 번성하게 될 것이다. I. 이방인들이 복음 교회 속으로 들어오게 되리라는 것(1-2, 7절). II. 복음 교회가 잘 되기를 바라던 자들은 이전에는 약하고 겁이 많았지만 그 때에는 힘을 얻게 되리라는 것(3-4절). III. 사람들의 영혼과 몸, 둘 모두에 이적들이 일어나게 되리라는 것(5-6절). IV. 복음 교회가 거룩함의 길로 인도하심을 받게 되리라는 것(8-9절). V. 복음 교회가 마침내 끝없는 기쁨에 이르게 되리라는 것(10절). 이렇게, 우리는 이 장에서 우리가 구약에서 기대했던 것 이상으로 그리스도와 천국에 대하여 많은 것을 발견한다.

[1]광야와 메마른 땅이 기뻐하며 사막이 백합화 같이 피어 즐거워하며 [2]무성하게 피어 기쁜 노래로 즐거워하며 레바논의 영광과 갈멜과 사론의 아름다움을 얻을 것이라 그것들이 여호와의 영광 곧 우리 하나님의 아름다움을 보리로다 [3]너희는 약한 손을 강하게 하며 떨리는 무릎을 굳게 하며 [4]겁내는 자들에게 이르기를 굳세어라, 두려워하지 말라, 보라 너희 하나님이 오사 보복하시며 갚아 주실 것이라 하나님이 오사 너희를 구하시리라 하라

　　이 단락에서 우리는 다음과 같은 내용들을 본다.

I. 황무지에 꽃이 피게 되리라는 것. 앞 장에서 우리는 인구가 많고 비옥했던 땅이 무시무시한 황무지로 변해 버릴 것이라는 예언을 들었는데, 이제 여기에서는 그 반대로 황무지가 기름진 땅으로 변하리라는 예언을 듣게 된다. 유다 땅이 앗수르 군대로부터 놓여나 자유하게 되자, 앗수르인들의 약탈과 만행으로 인해서 황무지가 되어 버렸던 곳들이 회복되어 다시 제 모습을 조금씩 되찾기 시작해서 백합화처럼 피어나게 되었다. 오랫동안 황무지로 있어서 하나님에 대하여 아무런 열매도 맺지 못하였던 이방 나라들이 복음을 받아들이게 되자, 그들에게는 복음과 함께 기쁨이 찾아왔다(시 67:3-4; 96:11-12). 그리스도가 사마리아에 전파되었을 때에 그 성에 큰 기쁨이 있었다(행 8:8). 흑암 속에 앉아 있었던 자들이 크고 기쁜 빛을 보았을 때에 그들은 풍성한 열매를 맺을 소망으로 피어났다. 왜냐하면, 복음을 전하는 자들이 목표로 삼았던 것(요 15:16)은 바로 그것, 즉 가서 열매를 맺게 하려는 것이었기 때문이다(롬 1:13; 골 1:6). 활짝 핀 꽃은 아직 열매가 아니고 흔히 열매를 맺지 못하는 수도 있긴 하지만 어쨌든 열매를 맺기 위하여 존재한다. 하나님의 회개케 하시는 은혜는 광야였던 영혼으로 하여금 무성하게 피어 기쁜 노래로 즐거워하게 만든다. 이렇게 활짝 피어난 광야는 웅장하고 힘 있는 백향목으로 인한 레바논의 영광, 곡식과 가축 떼로 인한 갈멜과 사론의 아름다움을 모두 갖게 될 것이다. 소중하고 가치 있는 것들은 모두 복음 속으로 들어오게 될 것이다. 사도가 자신의 서신에서 보여주었듯이, 유대 교회의 온갖 아름다움은 기독 교회 속으로 들어왔고, 기독 교회 속에서 완전한 모습으로 나타났다. 모세 시대 속에서 아름답고 좋았던 모든 것은 복음 교회 속으로 그대로 들어온다.

II. 하나님의 영광이 빛나게 되리라는 것. 그것들이 여호와의 영광을 보리로다. 하나님은 이전의 그 어느 때보다도 사람들에게 그 은혜와 사랑을 나타내실 것이고(이것이 바로 하나님의 영광이자 아름다움이기 때문에), 사람들에게 그것을 보고 감화를 받을 수 있는 마음을 주실 것이다. 이것이 바로 광야에 꽃이 피게 만드는 것이다. 우리가 믿음으로 여호와의 영광과 우리 하나님의 아름다움을 보면 볼수록, 우리는 더욱 기뻐하고 더 많은 열매를 맺게 될 것이다.

III. 여리고 약한 마음을 지닌 자들이 힘을 얻게 되리라는 것(3-4절). 하나님의 선지자들과 사역자들은 그들에게 맡겨진 직분으로 인해서 약한 손들을 강하게 하며, 하나님이 이제 그들에게 다시 긍휼을 베푸시리라는 약속으로 앗수르 군대 때문에 크게 놀라고 겁을 집어먹었다가 아직 거기에서 회복하지 못한 자들을 위로하라는 명령을 받는다. 복음의 목적은 다음과 같은 것들이다.

1. 약한 자들, 즉 일하거나 싸울 수 없고 거의 기도를 올려드리지도 못하는 약한 손들과, 서거나 걸을 수 없고 우리 앞에 놓여 있는 경주를 할 수도 없는 떨리는 무릎들을 강하게 하고 견고하게 하는 것. 복음은 우리에게 힘이 될 것들을 제공해 주고, 우리를 위한 힘이 어디에 예비되어 있는지를 보여준다. 참된 그리스도인들 가운데는 약한 손과 떨리는 무릎을 지닌 자들, 즉 그리스도 안에서 아직 어린아이들인 자들이 많이 있다. 그러나 우리 형제들에게 힘을 주어 강하게 하는 것(눅 22:32), 즉 약한 자들의 약점을 담당할 뿐만 아니라 그들을 굳게 하기 위하여 우리가 할 수 있는 것을 하는 것(롬 15:1; 살전 5:14)이 우리의 본분이다. 또한, 하나님께서 우리에게 주신 힘을 활용하고 그 힘을 사용해서, 우리 자신을 강하게 하여 피곤한 손, 축 늘어진 손을 일으켜 세우는 것도 우리가 마땅히 해야 할 일이다(히 12:12).

2. 겁이 많고 낙심한 자들에게 용기와 생기를 불어넣어 주는 것. 그들 자신이 약하고 원수들이 강하기 때문에 두려운 마음을 지니고서 겁내는 자들, 전쟁 경보가 울리자마자 아예 처음부터 전의(戰意)를 상실하고서 허둥대며(원어는 이런 의미이다) 도망갈 궁리를 하며 성급하게 "우리가 죽게 되었고 망하게 되었도다"(시 31:22)고 하는 자들에게 복음 속에는 그러한 두려움들을 잠재우기에 충분한 것들이 있다고 말하라. 복음은 그들에게 굳세어라 두려워하지 말라고 말한다. 그러므로 그들도 그들 자신과 서로에게 그렇게 말하여야 한다. 두려움은 사람을 약하게 만든다. 우리가 두려움과 맞서서 힘써 싸우면 싸울수록, 우리는 적극적으로 행하는 일과 소극적으로 참는 일에 더욱더 강해진다. 우리에게 굳세어라고 말씀하시는 하나님은 우리로 하여금 용기를 내어 분투하도록 하기 위하여 강하신 자 예수 그리스도를 통하여 우리를 위한 도움을 예비해 놓으셨다.

IV. 구주가 곧 오시리라는 약속. "너희 하나님이 오사 보복하시리라. 하나님께서 너희를 위하여 나타나사 너희 원수들을 치실 것이고, 그들이 저지른 해악들과 너희가 입은 손실들을 다 갚아 주실 것이다." 때가 차면, 메시야가 오셔서 흑암의 권세들에게 보복하시고 그들을 약탈하시며 그들을 만천하에 공개적으로 드러내어 구경거리가 되게 하고 시온에서 우는 자들에게 풍성한 위로로 보상해 주실 것이다. 하나님이 오사 너희를 구하시리라. 구약의 성도들은 이러한 소망으로 그들의 약한 손을 강하게 하였다. 하나님은 종말의 때에 다시 오시되 활활 타오르는 불로 오셔서, 자기 백성을 괴롭힌 자들에게는 환난으로 갚으시고, 환난을 당한 자들에게는 그들의 모든 환난의 끝이 될 뿐만 아니라 그 환난에 대한 충분한 보상이 될 안식으로 갚으실 것이다(살후 1:6-7). 하나님의 법궤를 인하여 두려워 떠는 마음을 지닌 자들, 이 세상에서 하나님의 교회에 관심을 두는 자들은 하나님이 그 일을 직접 맡으셔서 자기 손으로 처리하시리라는 것을 아는 것으로 그들의 두려움을 잠재울 수 있다. 너희의 송사를 변호해 주시고 너희의 일을 인정하시는 너희 하나님께서 오실 것이고, 홀로 하나님이신 분이 친히 오실 것이다.

⁵그 때에 맹인의 눈이 밝을 것이며 못 듣는 사람의 귀가 열릴 것이며 ⁶그 때에 저는 자는 사슴 같이 뛸 것이며 말 못하는 자의 혀는 노래하리니 이는 광야에서 물이 솟겠고 사막에서 시내가 흐를 것임이라 ⁷뜨거운 사막이 변하여 못이 될 것이며 메마른 땅이 변하여 원천이 될 것이며 승냥이의 눕던 곳에 풀과 갈대와 부들이 날 것이며 ⁸거기에 대로가 있어 그 길을 거룩한 길이라 일컫는 바 되리니 깨끗하지 못한 자는 지나가지 못하겠고 오직 구속함을 입은 자들을 위하여 있게 될 것이라 우매한 행인은 그 길로 다니지 못할 것이며 ⁹거기에는 사자가 없고 사나운 짐승이 그리로 올라가지 아니하므로 그것을 만나지 못하겠고 오직 구속함을 받은 자만 그리로 행할 것이며 ¹⁰여호와의 속량함을 받은 자들이 돌아오되 노래하며 시온에 이르러 그들의 머리 위에 영영한 희락을 띠고 기쁨과 즐거움을 얻으리니 슬픔과 탄식이 사라지리로다

"모든 선지자들, 특히 이 복음주의적인 선지자가 이 땅에서의 교회의 구원들에 관한 예언을 마무리하면서 증언하였듯이, 너희 하나님, 곧 그리스도께서 오셔서 그의 나라를 이 세상에 세우실 그 때에 너희는 큰 일들을 보리라."

I. 자연의 나라와 은혜의 나라 양쪽 모두에서 기이한 일들이 벌어지고, 하나님의 긍휼하심을 보여주는 기이한 일들이 인생들에게 베풀어져서, 우리에게 오시는 분이 다름 아닌 하나님이시라는 것을 분명하게 보여줄 것이다.

1. 사람들의 몸에 기이한 일들이 베풀어질 것이다(5-6절). 맹인의 눈이 밝을

것이다. 이 일은 우리 주 예수께서 이 땅에 계실 때에 말씀 한 마디로 자주 행하셨던 일로서 한 번은 날 때부터 소경된 자를 고치셔서 보게 하시기도 하셨다(마 9:27; 12:22; 20:30; 요 9:6). 또한, 주님의 능력으로 말씀 한 마디에 못 듣는 사람의 귀가 열리기도 하였다(막 7:34). 에바다(열리라). 다리를 절던 많은 사람들도 그 사지(四肢)가 온전히 회복되어서 걸어갈 뿐만 아니라 뛰어갈 수도 있었다. 걸을 수 없었던 그들은 너무도 기쁜 나머지 뛰지 않고는 배길 수 없었다(행 3:8). 또한, 말 못하는 자들도 말할 수 있게 되었기 때문에, 그들이 기뻐서 노래할 마음이 생긴 것은 전혀 이상한 일이 아니었다(마 9:32-33). 그리스도께서 이러한 이적들을 행하신 것은 그가 하나님으로부터 보내심을 받으셨다는 것을 증명하기 위한 것이었다(요 3:2). 아니, 그리스도께서는 그의 능력과 그의 이름으로 그런 이적들을 행하심으로써 그가 태초에 인간의 입과 듣는 귀와 보는 눈을 지으신 바로 그 하나님이시라는 것을 증명하셨다. 그는 요한의 제자들에게 그가 하나님께로부터 보내심을 받은 자라는 것을 증명하고자 하셨을 때에 여기에 나오는 성경 말씀을 성취하는 사건들이었던 이런 이적들을 행하셨다.

2. 사람들의 영혼에 기이한 일들, 더 큰 기이한 일들이 베풀어질 것이다. 영적으로 눈멀었던 자들은 그리스도의 말씀과 영으로 말미암아 눈을 떠서 빛을 보았고(행 26:18), 귀가 먹어서 하나님의 부르심을 듣지 못하였던 자들은 그 부르심을 금방 알아듣게 되었다. 그래서 주께서 루디아의 마음을 여시자 그녀는 바울의 말을 따랐다(행 16:14). 하나님의 은혜로 말미암아 주어진 온갖 선한 일들에 대하여 무능하였던 자들은 그런 일들을 할 수 있게 되었을 뿐만 아니라 능동적으로 그 일들을 하게 되었고, 하나님께서 명하신 길로 뛰어갈 수 있게 되었다. 말을 못하는 벙어리여서 어떻게 하나님에 대하여, 또는 하나님을 향하여 말해야 할지를 몰랐던 자들도 하나님을 아는 지각이 열리게 되면 그들의 입도 열려서 하나님을 찬송하게 될 것이다. 말 못하는 자의 혀가 하나님의 구원을 기뻐하며 노래할 것이다. 갓난아기들과 젖먹이들의 입을 통해서 찬송이 온전해질 것이다.

Ⅱ. 성령이 하늘에서 부어질 것이다. 물과 시내, 생수의 강이 있을 것이다. 우리 구주께서 이러한 것들을 성경, 아마도 십중팔구는 여기에 나오는 성경 말씀의 성취로 얘기하셨을 때, 이사야 선지자와 마찬가지로(사 32:15) 그 복음서

기자는 우리에게 이는 그를 믿는 자들이 받을 성령을 가리켜 말씀하신 것이라고 설명해 준다(요 7:38-39). 여기에서는 광야에서 물이 솟는 아무도 예상치 못했던 일이 벌어질 것이라고 예언한다(6절). 이 예언은 성령이 말씀을 듣는 이방인들에게 내려오셨을 때에 성취되었다(행 10:44). 그 때에 생명의 샘이 열려서, 거기로부터 물줄기가 흘러나와서 온 땅을 적셨다. 이 물은 솟아날 것이라고 말해지는데, 이것은 마치 이방 세계를 새로운 세상으로 바꾸어 놓는 것과 같은 그런 놀랍고 기쁜 일이 그들에게 벌어질 것임을 의미한다. 그렇게 되면, 메마른 땅이 변하여 원천이 되는 복된 결과가 있게 될 것이다(7절). 죄책(罪責)의 짐 아래에서 무거운 짐을 지고 수고하며 하나님의 진노에 대한 감(感)으로 타들어가던 자들은 복음 속에서 안식과 새로운 힘과 차고 넘치는 위로를 발견하였다. 물도 없고 규례도 없는 마르고 황폐한 땅(시 63:1)에 원천(源泉), 즉 복음의 사역이 있을 것이고, 그로 인해 복음의 모든 규례들이 순전하고 풍성하게 시행될 것인데, 바로 이것이 우리 하나님의 성을 기쁘게 하는 시내이다(시 46:4). 뜨겁고 황량한 땅에 살기로 작정한 용들(개역에서는 승냥이)의 눕던 곳에(사 34:9, 13) 이 물이 흘러들어가서 그들을 다 쫓아낼 것이기 때문에, 용들이 눕던 모든 곳에 풀과 갈대와 부들, 곧 땅의 유익한 소산들이 아주 풍성히 날 것이다. 수많은 세월 동안 용들의 거처였던 바벨론 같은 이방인들의 성읍들에 기독 교회가 세워져서 크게 흥왕할 때에 그렇게 될 것이다(계 18:2). 우상들의 신전과 거기에 속하였던 재물이 기독교를 위하여 사용되게 되었을 때, 용들의 거처는 비옥한 밭이 된 것이었다.

III. 신앙과 경건의 길이 활짝 열리게 될 것이다. 그 길은 여기에서 거룩한 길(8절), 거룩한 예배와 거룩한 행실의 길로 불린다. 거룩은 인간의 본성과 의지가 하나님의 본성과 의지에 합하여 올바른 것이다. 거룩의 길은 사람이 하나님의 영광 및 하나님을 모시는 데서 오는 그들 자신의 지복(至福)을 바라보면서 신앙의 본분들을 행하는 것이다. "우리 하나님께서 우리를 구원하러 오실 때에 그의 복음을 통해서 우리에게 이 길을 알려주실 것이기 때문에, 이 길은 이전에는 한 번도 설명된 적이 없었다."

1. 그 길은 하나님이 정하신 길이다. 그 길은 고난과 인내의 길이 아니라 대로이다. 우리는 하나님의 권세로 말미암아 그 길로 인도하심을 받고, 그 길 속에서 하나님의 보장(保障)으로 말미암아 보호를 받는다. 그 길은 왕의 대로, 만

왕의 왕의 대로이고, 우리는 그 길에서 공격을 받을 수는 있겠지만, 아무도 우리가 그 길을 가는 것을 막지는 못한다. 거룩한 길은 하나님의 계명들의 길이다. 그 길은 (대로들이 흔히 그렇듯이) 옛적 길 곧 선한 길이다(렘 6:16).

2. 그 길은 하나님께로 나아가는 길이다. 하나님은 그가 택하신 자들을 그 길을 통해서 그에게로 이끌어 오시지만, 깨끗하지 못한 자는 지나가지 못하겠고, 그 길을 더럽히거나 그 길로 행하는 자들을 방해하지도 못할 것이다. 그 길은 세상의 길과 구별되는 독자적인 길이다. 왜냐하면, 그 길은 이 세상과 맞지 않고 이 세상으로부터 분리되어 있는 길이기 때문이다. 그 길은 여호와께서 자기를 위하여 구별하신 자들을 위하여 있게 될 것이고(시 4:3), 그들을 위하여 예비될 것이다. 구속함을 받은 자들이 거기에서 걸을 것이고, 그들이 그 즐거운 길에서 얻는 만족은 악한 세상이 방해할 수 없을 것이다. 그 길은 깨끗하고 흠 없는 길이기 때문에, 깨끗하지 못한 자는 지나가지 못할 것이다. 그 길로 행하는 자들은 세상에 있는 더러움을 피하여 그 행위가 온전한 자들이다.

3. 그 길은 곧은 길이다. 그 길로 행하기로 작정한 행인들은 다른 일들에서는 별다른 능력이 없는 우매한 자들이라고 할지라도 하나님의 말씀과 성령으로부터 분명한 인도하심을 받아서 그 곳에서 길을 잃지 않을 것이다. 그들은 그들의 행실에 아무런 잘못이 없을 것이고, 그 어떤 치명적인 잘못을 범하지도 않을 것이며, 길을 잠시 잃는다고 하여도 곧 다시 돌아와서 이 여정의 끝까지 무사히 다다르게 될 것이다. 좁은 길로 가는 자들은 모두가 똑같이 항상 올바른 길로 가는 것은 아니고, 그들 중에는 이런저런 샛길로 빠지는 자들도 있을 수 있지만, 결국에는 모두가 동일한 종착지에서 만나게 될 것이고, 다시 넓은 길로 나가는 자는 없을 것이다. 진리의 성령은 그들에게 필요한 모든 진리 가운데로 그들을 인도해줄 것이다. 천국으로 가는 길은 분명한 길이어서 다다르기가 쉬운 길이라는 것을 명심하라. 하나님께서는 세상의 미련한 것들을 택하사 구원에 대하여 지혜롭게 하셨다. 명철한 자는 지식 얻기가 쉬우니라(잠 14:6).

4. 그 길은 안전한 길이다. 거기에는 사자가 없고 사나운 짐승도 없으며(9절), 해할 자나 상하게 할 자도 없을 것이다. 이 길을 따라서만 가는 자들에게는 울부짖는 사자인 사탄의 마수가 미칠 수 없고, 그 악한 자는 그들을 만지지도 못한다. 거룩한 길로 다니는 자들은 아무것도 그들을 진정으로 해칠 수 없다는 것을 알기 때문에 마음의 거룩한 평정과 안정을 지닌 채로 이 길을 갈 수 있다.

그들의 마음은 재앙에 대한 두려움이 없이 평온할 것이다. 하나님은 열 지파가 포로로 잡혀간 얼마 후인 히스기야 때에 그들이 정착하였던 곳들에 대하여 진노하셔서 사자들을 그들 가운데에 보내셨다(왕하 17:25). 그러나 유다는 자신의 흠 없는 행실을 지켰기 때문에, 거기에는 사자가 없을 것이다. 거룩한 길로 행하는 자들은 더럽고 사나운 자들로부터 스스로를 구별하여야 하고, 이 패역한 세대에서 구원을 받아야 한다. 그들은 구속함을 받은 자들에 속하기를 소망하는 가운데 그 길로 행하는 구속함을 받은 자들과 함께 다녀야 한다.

IV. 이 길의 끝은 영원한 기쁨일 것이다(10절). 평화에 관한 이 소중한 약속은 곧 영혼에게 끝없는 기쁨과 안식을 가져다주게 될 것이다. 여기에 시온의 시민들을 위한 좋은 소식, 즉 지친 자들에게 안식을 주시리라는 약속이 나온다. 여호와의 속량함을 받은 자들, 그러므로 주께서 어디를 가시든지 그를 따라야 하는 자들(계 14:4)이 돌아오되 시온에 이를 것이다.

1. 전투하는 교회 속에서 하나님을 섬기고 예배하기 위해서. 그들은 바벨론으로부터 구원을 받을 것이고(슥 2:7), 시온으로 가는 길을 물을 것이며(렘 50:5), 그 길을 발견할 것이다(사 52:12). 하나님은 그들이 포로 생활에서 벗어날 수 있도록 문을 열어 주실 것이고, 수많은 대적들이 있을지라도 그들은 그 문을 통해서 반드시 빠져나와서, 복음 교회, 시온 산, 저 살아 계신 하나님의 도성에 합류하게 될 것이다(히 12:22). 그들은 시온을 기억하며 수도 없이 울었던 바벨론에서 구원받은 것으로 인하여 기쁨과 찬송의 노래를 부르며 오게 될 것이다(시 137:1). 믿음으로 복음적 시온의 시민들이 된 자들은 기쁘게 길을 갈 수 있다(행 8:39). 그들은 여호와의 길에서 노래할 것이고, 계속해서 여호와를 찬송할 것이다. 그들은 예수 그리스도를 기뻐할 것이고, 죄를 깨닫고 뉘우치는 그들의 슬픔과 탄식은 하나님의 위로하심으로 말미암아 저 멀리 사라질 것이다. 애통하는 자들은 복이 있다. 왜냐하면, 그들은 위로를 받을 것이기 때문이다.

2. 승리한 교회 속에서 하나님을 뵈옵고 누리기 위하여. 구속주의 인도하심 아래에서 거룩한 길로 행하는 자들은 마침내 시온, 즉 하늘의 시온에 다다라서, 모두가 한 몸이 되어 그리스도의 영광 앞에 흠이 없이 더할 나위 없는 기쁨으로 서게 될 것이다(유 1:24; 계 7:17). 그들은 노래를 부르며 시온에 이를 것이다. 하나님의 백성은 바벨론에서 나와서 시온으로 돌아올 때에는 울면서 왔지만(렘 50:4), 천국을 향하여 갈 때에는 아무도 배울 수 없는 새 노래를 부르며 갈

것이다(계 14:3). 그들이 그들의 주인의 즐거움에 참여하게 될 때에 그 즐거움은 이 세상이 줄 수 없는 영영한 희락, 불순물이 조금도 섞여 있지 않고 중단되는 일도 없으며 어떤 기간이 정해져 있지도 않은 즐거움이 될 것이다. 그 희락은 그들의 심령을 가득 채워서, 그들로 하여금 완전하고 영속적인 만족을 얻게 할 뿐만 아니라, 은혜의 장식물이자 영광의 면류관, 승리했음을 나타내는 표(標)로 쓰는 월계관으로 그들의 머리 위에 있을 것이다. 그들의 기쁨은 그들이 이 세상에 있을 때와는 달리 눈에 보이는 가시적인 것이 될 것이고, 더 이상 은밀한 것이 되지 않을 것이다. 그 기쁨은 널리 선포되어서 하나님께 영광이 되게 하고 그들 서로 간에는 힘이 되게 할 것이다. 그 때에 그들은 천국의 이 편, 곧 이 땅에서는 결코 기대할 수 없었던 기쁨과 즐거움을 얻을 것이고, 떠오르는 해 앞에서 밤의 그림자가 꽁무니를 빼듯이 슬픔과 탄식은 영원히 사라질 것이다. 앗수르의 침략에 대하여 말하고 있는 이 예언들은 그 재난을 당하는 하나님의 백성을 붙들어 주고 그 재난에서 구원을 받았을 때에 그들의 기쁨을 더 높은 차원의 것으로 이끌기 위해서 이런 식으로 끝이 난다. 우리는 영생에 대한 기쁜 소망과 전망을 품고서, 현재에 있어서의 온갖 슬픔과 기쁨들에 연연해하지 말아야 한다.

제
— 36 —
장

개요

선지자 이사야는 이 장과 그 뒤에 나오는 세 개의 장 속에서는 역사가로서의 역할을 담당한다. 왜냐하면, 성경에 나오는 역사는 성경에 나오는 예언과 마찬가지로 하나님의 감동으로 된 것으로서 거룩한 자들에게 기록하게 하신 것이기 때문이다. 앞의 여러 장들에 나온 예언들 중 다수는 산헤립이 유다를 침공해서 예루살렘을 포위했다가 기적적으로 패배당함으로써 성취되었다. 그러므로 그 이야기가 여기에 삽입된 것은 그 예언들을 해설하고 확증하기 위한 것이다. 예언의 열쇠는 역사 속에서 찾아질 수 있다. 여기에 나오는 역사 속에는 예언의 열쇠가 들어 있다. 앞 장들에 나왔던 예언의 정확한 성취는 하나님의 백성이 더 먼 장래에 성취될 다른 예언들을 더욱 견고하게 믿는 데에 도움을 줄 수 있다. 여기에 나오는 이야기가 열왕기에서 가져와서 여기에 덧붙여 놓은 것인지, 아니면 이사야가 먼저 이 이야기를 썼고 그런 후에 그것이 열왕기 속으로 편입된 것인지는 그리 중요하지 않다. 그러나 여기에 나오는 이야기는 열왕기에 나오는 것과 단어들까지 거의 동일하다. 이 이야기는 꼭 기억해 두어야 할 사건이었기 때문에, 두 번이나 기록되고(왕하 18-19장), 또 한 번은 요약되어서 기록되기에(대하 32장) 충분한 가치가 있었다. 우리는 열왕기를 다룰 때에 이 이야기를 이미 자세하게 살펴보았기 때문에, 여기에서는 간략하게 살펴보고 지나갈 것이다. 이 장에는 다음과 같은 내용들이 나온다. I.. 앗수르 왕이 유다를 침공하여 모든 견고한 성읍들을 점령함(1절). II. 앗수르 왕이 히스기야와 담판하기를 원하였고, 양쪽 진영에서 대표들이 나섬(2-3절). III. 랍사게가 히스기야에게 겁을 주어 무조건 항복하게 만들고자 하는 심산으로 하나님을 모독하는 말들을 쏟아냄(4-10절). IV. 랍사게가 직접 유다 백성들을 설득하여 히스기야를 버리라고 선동함으로써 히스기야에게 항복하도록 압박을 가함(11-20절). V. 히스기야가 대표들을 통해서 이 소식을 들음(21-22절).

¹히스기야 왕 십사년에 앗수르 왕 산헤립이 올라와서 유다의 모든 견고한 성을 쳐서 취하니라 ²앗수르 왕이 라기스에서부터 랍사게를 예루살렘으로 보내되 대군을

거느리고 히스기야 왕에게로 가게 하매 그가 윗못 수도 곁 세탁자의 밭 큰 길에 서매 [3]힐기야의 아들 왕궁 맡은 자 엘리아김과 서기관 셉나와 아삽의 아들 사관 요아가 그에게 나아가니라 [4]랍사게가 그들에게 이르되 이제 히스기야에게 말하라 대왕 앗수르 왕이 이같이 말씀하시기를 네가 믿는 바 그 믿는 것이 무엇이냐 [5]내가 말하노니 네가 족히 싸울 계략과 용맹이 있노라 함은 입술에 붙은 말뿐이니라 네가 이제 누구를 믿고 나를 반역하느냐 [6]보라 네가 애굽을 믿는도다 그것은 상한 갈대 지팡이와 같은 것이라 사람이 그것을 의지하면 손이 찔리리니 애굽 왕 바로는 그를 믿는 모든 자에게 이와 같으니라 [7]혹시 네가 내게 이르기를 우리는 우리 하나님 여호와를 신뢰하노라 하리라마는 그는 그의 산당과 제단을 히스기야가 제하여 버리고 유다와 예루살렘에 명령하기를 너희는 이 제단 앞에서만 예배하라 하던 그 신이 아니냐 하셨느니라 [8]그러므로 이제 청하노니 내 주 앗수르 왕과 내기하라 내가 네게 말 이천 필을 주어도 너는 그 탈 자를 능히 내지 못하리라 [9]그런즉 네가 어찌 내 주의 종 가운데 극히 작은 총독 한 사람인들 물리칠 수 있으랴 어찌 애굽을 믿고 병거와 기병을 얻으려 하느냐 [10]내가 이제 올라와서 이 땅을 멸하는 것이 여호와의 뜻이 없음이겠느냐 여호와께서 내게 이르시기를 올라가 그 땅을 쳐서 멸하라 하셨느니라 하니라

우리는 여기에서 몇 가지 실천적인 교훈들만을 살펴볼 것이다.

1. 어떤 민족은 그들의 본분을 행하고 있는데도 불구하고 환난과 곤경을 만날 수 있다. 히스기야는 개혁을 실천하고 있었고, 그의 백성은 어느 정도 개혁이 되어 있었다. 그런데도, 그들의 땅은 당시에 외적의 침략을 받아서 상당 부분이 황폐화되었다. 이 외적의 침략 직전에 그들은 아마도 한창 진행 중이었던 개혁 사업에 대하여 무기력하고 냉랭해지기 시작하였을 것이고, 철저한 개혁을 이루어내지 못하고 도중에 주저앉아 버리고자 하는 심정이 점차 커지기 시작하였을 것이다. 그래서 하나님은 그 선한 사업에 대한 열정을 다시 그들에게 불어넣어 주시기 위하여 이러한 심판을 그들에게 보내셨다. 우리가 잘하고 있는데도 하나님께서 우리로 하여금 더 잘하고 우리의 최선을 다하며 완전한 마무리를 향하여 더욱 매진할 수 있도록 정신차리게 하기 위하여 우리에게 환난을 보내실 때, 우리는 이상히 여겨서는 안 된다.

2. 우리는 이 세상에서 우리의 평화가 영원히 지속될 것처럼 결코 안일하게

살아서는 안 되고, 우리 곁에 있는 산은 아주 튼튼해서 결코 옮겨질 수 없을 것이라고 생각해서도 안 된다. 히스기야는 경건한 왕이었을 뿐만 아니라 내정(內政)과 외교, 둘 모두에 있어서도 현명하게 처신하였다. 그가 한 일들은 제대로 되어 가는 것 같았고, 앗수르 왕과의 관계는 특히 좋아 보였다. 왜냐하면, 그는 최근에 많은 예물을 앗수르 왕에게 바침으로써 두 나라 간의 우호관계를 돈독히 해놓았었기 때문이다(왕하 18:14). 그렇지만, 저 음흉한 왕은 느닷없이 유다에 군대를 퍼부어서 그 땅을 초토화시켜 놓았다. 그러므로 우리는 환난이 찾아왔을 때에 그것이 우리에게 느닷없는 기습이 되지 않고 덜 두려운 일이 될 수 있도록 항상 환난이 닥칠 것을 염두에 두는 것이 좋다.

3. 하나님은 종종 원수들, 심지어 극히 불경건하고 기만적인 자들이 그의 백성을 이기고 사정없이 짓밟는 것을 허용하신다. 앗수르 왕은 유다의 견고한 성읍들을 모두 또는 대부분 점령하였고, 따라서 유다는 앗수르 왕 앞에서 풍전등화와 같았다. 악은 잠시 형통할 수 있지만 영원히 형통할 수는 없다.

4. 교만한 자들은 큰소리치며 허풍떨고, 자기가 누구이고 무슨 일을 해왔으며 앞으로 무슨 일을 할지를 말하며 스스로를 과시하며, 남들에게 모욕을 주고, 온 인류를 무시하기를 좋아한다 — 물론, 그들은 그렇게 함으로써 스스로를 모든 지혜로운 자들의 조롱거리로 만들고 교만한 자를 대적하시는 하나님의 진노를 사게 될 뿐이지만. 그들은 그들이 그런 식으로 나오면 사람들이 겁을 집어먹게 될 것이라고 생각하고 — 물론, 그들은 그렇게 함으로써 미움을 받을 뿐이지만 — 아무 근거도 없는 허풍을 떠는 말을 통해서 그들의 목적을 이룰 수 있다고 생각한다(유 1:16).

5. 원수들은 하나님의 백성에게 겁을 주어 특히 하나님에 대한 신뢰를 버리게 만들어서 그들을 정복하고자 애쓴다. 랍사게도 여기에서 그런 식으로 큰소리를 치고 허풍을 떨면서, 히스기야를 앗수르 왕을 도저히 당해낼 수 없고 적어도 막아낼 수 없는 자라고 몰아 부치며 짓밟는다. 그러므로 우리는 우리 영혼의 원수들에 맞서서 우리의 땅을 견고히 지켜내고, 하나님에 대한 우리의 소망을 흔들림 없이 간직함으로써 우리의 심령을 지켜내는 데에 관심을 가져야 한다.

6. 하나님을 섬기기를 포기한 자들은 하나님의 보호하심을 잃는다는 것은 모든 사람이 인정한다. 만약 히스기야가 하나님의 제단들을 헐어 버렸다는 랍

사게의 주장이 사실이라면, 히스기야가 하나님의 도움을 받아서 구원받을 수 없을 것이라고 추론한 랍사게의 말은 옳을 것이다(7절). 우리는 주와 주의 긍휼하심을 의지한다고 말하는 죄인들에게 그런 식으로 말할 수 있다. "너희들은 주의 명령들을 멸시하고, 주의 이름을 욕되게 하며, 주의 규례들을 무시하고 살아오지 않았느냐? 그런데, 어떻게 너희들이 하나님의 은총을 기대할 수 있겠느냐?"

7. 교회와 하나님의 백성을 박해하는 자들이 마치 하나님의 위임을 받아서 그렇게 하는 것인 양 말하는 것은 아주 쉬운 일이고 너무도 흔한 일이다. 랍사게는 사실 여호와를 거슬러 유다를 침공하였음에도 불구하고(사 37:28), 천연덕스럽게 내가 이제 올라와서 이 땅을 멸하는 것이 여호와의 뜻이 없음이겠느냐고 말할 수 있었다. 여호와의 종들을 죽이는 자들은 자기가 여호와를 섬겨서 그런 일을 하고 있다고 생각하고서, 여호와여, 영광을 받으소서라고 말한다. 그러나 그들은 조만간에 그들의 잘못을 알게 되어서 그 대가를 치르고 당혹스러워하게 될 것이다.

[11]이에 엘리아김과 셉나와 요아가 랍사게에게 이르되 우리가 아람 방언을 아오니 청하건대 그 방언으로 당신의 종들에게 말하고 성 위에 있는 백성이 듣는 데에서 우리에게 유다 방언으로 말하지 마소서 하니 [12]랍사게가 이르되 내 주께서 이 일을 그 하나님 네 주와 네게만 말하라고 나를 보내신 것이냐 너희와 함께 자기의 대변을 먹으며 자기의 소변을 마실 성 위에 앉은 사람들에게도 하라고 보내신 것이 아니냐 하더라 [13]이에 랍사게가 일어서서 유다 방언으로 크게 외쳐 이르되 너희는 대왕 앗수르 왕의 말씀을 들으라 [14]왕의 말씀에 너희는 히스기야에게 미혹되지 말라 그가 능히 너희를 건지지 못할 것이니라 [15]히스기야가 너희에게 여호와를 신뢰하게 하려는 것을 따르지 말라 그가 말하기를 여호와께서 반드시 우리를 건지시리니 이 성이 앗수르 왕의 손에 넘어가지 아니하리라 할지라도 [16]히스기야의 말을 듣지 말라 앗수르 왕이 또 이같이 말씀하시기를 너희는 내게 항복하고 내게로 나아오라 그리하면 너희가 각각 자기의 포도와 자기의 무화과를 먹을 것이며 각각 자기의 우물 물을 마실 것이요 [17]내가 와서 너희를 너희 본토와 같이 곡식과 포도주와 떡과 포도원이 있는 땅에 옮기기까지 하리라 [18]혹시 히스기야가 너희에게 이르기를 여호와께서 우리를 건지시리라 할지라도 속지 말라 열국의 신들 중에 자기의 땅을 앗

수르 왕의 손에서 건진 자가 있느냐 [19]하맛과 아르밧의 신들이 어디 있느냐 스발와 임의 신들이 어디 있느냐 그들이 사마리아를 내 손에서 건졌느냐 [20]이 열방의 신들 중에 어떤 신이 자기의 나라를 내 손에서 건져냈기에 여호와가 능히 예루살렘을 내 손에서 건지겠느냐 하셨느니라 하니라 [21]그러나 그들이 잠잠하여 한 말도 대답하지 아니하였으니 이는 왕이 그들에게 명령하여 대답하지 말라 하였음이었더라 [22]그 때에 힐기야의 아들 왕궁 맡은 자 엘리아김과 서기관 셉나와 아삽의 아들 사관 요아가 자기의 옷을 찢고 히스기야에게 나아가서 랍사게의 말을 그에게 전하니라

우리는 이 본문들로부터 다음과 같은 교훈들을 배울 수 있다.

1. 왕들과 모사들이 공적인 일들을 논의하면서 백성들에게 호소하는 것은 옳지 않다. 히스기야의 전권대사들이 이 협상을 백성들이 알아듣지 못하는 언어로 할 것을 요구한 것은 이치에 맞는 것이었다(11절). 왜냐하면, 국가의 큰 일들은 은밀한 일들이어서 비밀이 지켜져야 하고, 일반 백성들은 국가의 큰 일들을 제대로 판단하기에는 부적합한 자들이기 때문이다. 그러므로 신민(臣民)들을 비열한 말로 은근히 부추겨서 그들의 통치자들에 대하여 분노하고 대적하게 만드는 것은 옳지 않은 일이고 사람으로서 하지 말아야 할 일이다.

2. 오만하게 코웃음을 치는 교만한 자들은 사람들이 그들에게 정중하게 말할수록 더욱 비열하고 더러운 말들을 쏟아내는 것이 보통이다. 히스기야가 보낸 사신들은 랍사게에게 지극히 정중하고 공손하게 말하였다. 그들이 요구했던 것 자체도 옳은 것이었을 뿐만 아니라, 그들은 스스로를 랍사게의 종들이라고 부르며 그들의 요구를 들어줄 것을 간청하였다. 청하건대, 말하소서. 그러나 이것은 랍사게를 더욱 기고만장하게 만들었다. 우리에게 부드러운 말로 대답하는 자들에게 거친 말로 응수하는 것은 선을 악으로 갚는 일 중의 하나이다. 보통 사람들의 경우에는 분노를 사그라지게 만드는 그런 말을 듣고도 더욱 악해져서 길길이 날뛰는 자들이 있다면, 그들은 정말 악한 자들이고 도저히 고칠 수 없는 자들일 수 있다.

3. 사탄은 사람들을 유혹해서 하나님을 믿지 못하게 하고 자기에게 붙도록 하고자 할 때에는, 자기 말을 따르면 그들의 형편이 더 좋아질 것이라고 교묘하게 부추기는 방법을 사용한다. 그러나 그것은 거짓되고 터무니없는 제안이기 때문에, 우리는 그런 제안을 극도의 혐오감을 가지고 거부하여야 한다. 세

상과 육체가 우리에게 "너희는 내게 항복하고 내게로 나아와서 우리의 통치에 복종하고 우리 편이 된다면 너희가 각각 자기의 포도를 먹을 것"이라고 말한다면, 그들은 겉으로는 우리에게 자유를 약속하면서 실제로는 가장 지독한 포로 생활과 노예생활 속으로 우리를 이끌어가고자 하여 우리를 속이는 것일 뿐이다. 사람들은 순진해서 그들의 경우에 비추어 보아서 랍사게의 말을 호의적인 말이자 공정한 제안으로 받아들일 수도 있다. 그러므로 우리는 그들이 좋은 말을 할지라도 그들의 말을 믿지 말아야 한다. 그들이 무슨 말을 하든 내버려 두라. 약속의 땅, 거룩한 땅만한 그런 땅은 그 어디에도 없다.

4. 참되고 살아 계신 하나님을 이방의 신들과 비교하는 것만큼 터무니없는 말이 없고 큰 모독이 없다. 하맛과 아르밧의 신들은 헛되고 거짓된 것들임에도 불구하고, 랍사게는 그 신들이 그들의 백성을 보호할 수 없었던 것처럼 이스라엘의 하나님도 자기를 예배하는 자들을 보호할 수 없고, 자기가 그 신들을 쉽게 정복했던 것처럼 이스라엘의 하나님을 정복해 버리는 일도 아주 쉬운 일이라는 듯이 말한다. 이방의 신들은 아무것도 아닌 존재이지만, 하나님은 스스로 계신 자이다. 그 신들은 사람들의 생각 속에서 만들어진 피조물들이자 사람들의 손으로 만든 것들이지만, 하나님은 만물을 지으신 창조주이다.

5. 주제를 모르는 죄인들은 그들을 당할 인간들이 지금까지 없었다는 것을 근거로 해서 그들이 그들을 지으신 창조주조차도 상대할 수 있다고 생각하기 쉽다. 그들은 이런저런 나라들을 복속시켰기 때문에, 아무리 여호와라고 할지라도 예루살렘을 그들의 손에서 구해내지 못할 것이라는 것이 그들의 생각이다. 그러나 토기들은 흙으로 만들어진 토기들과는 다툴 수 있을지라도 토기장이와 다투려고 해서는 안 된다.

6. 미련한 자에게는 그의 어리석음을 따라 대답하는 것이 종종 현명하지 않을 때가 있다. 히스기야는 자기가 내보낸 사자들에게 이렇게 명령하였다. "대답하지 말라. 대답하면, 그의 화를 돋우어서, 그가 더욱 길길이 날뛰며 온갖 상스러운 말과 욕을 쏟아낼 것이다. 그의 입을 막는 일은 너희가 할 수 없으니 하나님께 맡겨두라." 그들에게는 할 말이 많이 있었지만, 말이 통하지 않는 대적을 상대로 조금도 감정을 섞지 않은 채로 말을 하는 것은 어려운 일이었을 것이다. 만약 그들이 랍사게처럼 맹렬히 비난을 퍼붓는다고 해도, 그런 일에 있어서 그들은 랍사게의 상대가 되지 못하였을 것이다.

7. 악한 자들이 하나님을 모독하는 말들을 할 때에 거기에 대꾸하는 것은 현명한 일이 아니지만, 하나님의 백성은 악한 자들의 신성모독적인 말들에 의해서 하나님의 존귀가 손상된 것을 기억해 두는 것이 합당하다. 히스기야가 보낸 사자들은 잠잠하여 한 말도 대답하지 아니하였지만, 하나님의 이름의 영광에 대한 거룩한 열심과 그 영광이 멸시를 당했을 때의 거룩한 분노 때문에 자신의 옷을 찢었다. 랍사게의 신성모독적인 발언에 의해서 하나님의 존귀하심이 욕을 당하자, 그들은 그들 자신의 체통은 전혀 상관하지 않고서 그들의 옷을 찢었다.

제 — 37 — 장

개요

이 장에서는 앞서 열왕기에 나왔던 산헤립에 관한 이야기가 계속해서 반복되고 있다. 우리는 앞 장에서 산헤립이 유다의 성읍들을 정복하고서 이제 예루살렘을 정복하고자 위협하고 있는 모습을 보았지만, 이 장에서는 기도에 대한 응답과 우리가 앞의 여러 장들에서 만났던 많은 예언들의 성취로 산헤립이 마침내 무너지는 모습을 보게 된다. I. 랍사게의 불경한 말들을 히스기야가 경건하게 받음(1절). II. 히스기야가 이사야에게 은혜로운 메시지를 보내서 기도를 요청함(2-5절). III. 이사야가 하나님으로부터 받은 힘이 되는 응답, 즉 하나님께서 히스기야의 청을 들어주어 앗수르 왕을 치시겠다고 약속하셨다는 응답을 히스기야에게 보냄(6-7절). IV. 앗수르 왕이 랍사게가 한 말과 동일한 취지의 오만방자한 서신을 히스기야에게 보냄(8-13절). V. 히스기야가 이 서신을 받고서 겸손히 하나님께 기도함(14-20절). VI. 하나님께서 이사야를 통해서 히스기야에게 좀 더 상세한 응답을 전하시면서, 이 일이 복된 결과로 끝나게 되겠고 폭풍이 지난 후에는 모든 것이 밝고 청명하게 되리라고 약속하심(21-35절). VII. 앗수르 군대가 패망하고(36절) 앗수르 왕 자신도 죽음으로써(37-38절) 이 예언이 즉시 성취됨. 이 모든 것은 열왕기하 19장을 다루면서 대체로 설명된 것들이다.

¹히스기야 왕이 듣고 자기의 옷을 찢고 굵은 베 옷을 입고 여호와의 전으로 갔고 ² 왕궁 맡은 자 엘리아김과 서기관 셉나와 제사장 중 어른들도 굵은 베 옷을 입으니라 왕이 그들을 아모스의 아들 선지자 이사야에게로 보내매 ³그들이 이사야에게 이르되 히스기야의 말씀에 오늘은 환난과 책벌과 능욕의 날이라 아이를 낳으려 하나 해산할 힘이 없음 같도다 ⁴당신의 하나님 여호와께서 랍사게의 말을 들으셨을 것이라 그가 그의 상전 앗수르 왕의 보냄을 받고 살아 계시는 하나님을 훼방하였은즉 당신의 하나님 여호와께서 혹시 그 말로 말미암아 견책하실까 하노라 그런즉 바라건대 당신은 이 남아 있는 자를 위하여 기도하라 하시더이다 하니라 ⁵그리하여 히스기야 왕의 신하들이 이사야에게 나아가매 ⁶이사야가 그들에게 이르되 너희는 너

희 주에게 이렇게 말하라 여호와께서 이같이 말씀하시되 너희가 들은 바 앗수르 왕의 종들이 나를 능욕한 말로 말미암아 두려워하지 말라 [7]보라 내가 영을 그의 속에 두리니 그가 소문을 듣고 그의 고국으로 돌아갈 것이며 또 내가 그를 그의 고국에서 칼에 죽게 하리라 하셨느니라 하니라

우리는 이 단락에서 다음과 같은 것들을 볼 수 있다.

1. 우리를 해치고자 하는 원수들의 악의적인 의도들을 좌절시키는 가장 좋은 방법은 우리가 그 의도들을 듣고서 떨쳐 일어나서 하나님 앞에 나아가고 우리의 본분을 더욱 충실히 행함으로써 먹는 자에게서 먹는 것을 가져오는(삿 14:14) 것이다. 랍사게는 히스기야에게 겁을 집어먹게 해서 여호와를 떠나게 만들고자 하였지만, 히스기야는 겁이 나자 여호와에게로 달려갔다. 바람은 행인의 외투를 강제로 벗길 수 없고, 도리어 행인으로 하여금 외투를 더욱 단단히 그의 몸에 붙이게 만든다. 랍사게가 하나님을 능욕하는 말을 하면 할수록, 히스기야는 하나님을 더욱 공경하고자 애쓰면서, 하나님이 모욕을 당하시는 것을 분해하며 자신의 옷을 찢고 하나님의 마음을 알기 위해서 성전에 붙어 있는다.

2. 큰 자들은 선한 자들과 선한 사역자들에게 기도를 요청하는 것이 합당하다. 히스기야는 고관들과 존귀한 자들을 사자로 삼아서 이사야에게 보내어, 최근에 그가 했던 예언들이 현재의 사건들을 얼마나 분명하게 내다본 것인지를 상기시키며 그에게 기도해 줄 것을 요청하였다. 이것으로 보건대, 히스기야는 이 사건들이 좋은 결과로 끝나게 될 것이지만, 기도에 대한 응답으로 그렇게 되리라는 것을 의심하지 않았던 것으로 보인다. 오늘은 환난의 날이다. 그러므로 오늘은 기도의 날이 되어야 한다.

3. 우리는 위급한 상황에 빠져 있을수록 더욱 간절히 기도하여야 한다. 아이를 낳으려 하나 해산할 힘이 없는 때는 기도해야 할 때이고 도움이 절실한 때이다. 고통이 극심할 때에 가장 열렬한 기도가 있어야 한다. 우리가 지독한 어려움을 만났을 때는 우리 자신이 떨쳐 일어나서 하나님을 굳게 붙잡을 뿐만 아니라 다른 사람들에게도 떨쳐 일어나게 하여서 하나님을 굳게 붙잡도록 하여야 한다. 기도는 하나님의 긍휼을 낳는 데에 도움을 주는 산파이다.

4. 우리에게 하나님의 긍휼하심을 받을 만한 약간의 소망만 있다고 하더라

도, 그것은 우리에게 기도할 힘을 준다(4절). 당신의 하나님 여호와께서 들으셨을 것이라. 주께서 혹시 마음과 뜻을 돌이키실지 누가 아느냐. 축복의 항구를 볼 수 있다는 일말의 소망만 있어도, 우리는 기도의 노를 두 배나 열심히 저을 힘을 얻게 된다.

5. 오직 소수만이 남아 있다고 할지라도, 남은 자가 있을 때에는 그 남은 자를 위하여 기도하는 것이 우리의 본분이다(4절). 하늘에 도달하는 기도가 되려면, 강한 믿음과 간절한 소원과 하나님께 영광을 돌리려는 솔직한 의도에 의해서 기도가 드려져야 하는데, 이러한 기도는 우리가 죽을 각오로 기도에 임할 때에야 가능해진다.

6. 우리는 하나님을 원수로 삼은 자들을 두려워할 이유가 조금도 없다. 그들은 멸망 받기로 정해져 있는 자들이기 때문이다. 그들은 소름끼치는 소리를 내어 위협할 수는 있지만 해칠 수는 없다. 랍사게는 하나님을 모독하는 말들을 늘어놓았다. 그러므로 히스기야는 그를 두려워하지 말아야 한다(6절). 랍사게는 하나님께 독설을 퍼부음으로써 하나님을 적으로 돌려놓았기 때문에, 그에게는 반드시 심판이 임하게 되어 있었다. 하나님은 반드시 자기가 옳다는 것을 입증해 보이실 것이다.

7. 죄인들이 느끼는 두려움은 그들의 멸망의 서곡일 뿐이다. 앗수르 왕 산헤립은 그의 군대가 도륙을 당했다는 소문을 듣고 고국으로 돌아갈 수밖에 없을 것이고, 그 자신도 고국에서 칼에 죽게 될 것이다(7절). 산헤립을 뒤쫓던 공포는 그를 마침내 공포의 왕에게 데려다 줄 것이다(욥 18:11, 14). 죄인들에게 임한 저주들은 결국 그들을 덮칠 것이다.

8앗수르 왕이 라기스를 떠났다 함을 듣고 랍사게가 돌아가다가 그 왕을 만나니 립나를 치고 있더라 9그 때에 앗수르 왕이 구스 왕 디르하가의 일에 관하여 들은즉 사람들이 이르기를 그가 나와서 왕과 싸우려 한다 하는지라 이 말을 듣고 사자들을 히스기야에게 보내며 이르되 10너희는 유다의 히스기야 왕에게 이같이 말하여 이르기를 너는 네가 신뢰하는 하나님이 예루살렘이 앗수르 왕의 손에 넘어가지 아니하리라 하는 말에 속지 말라 11앗수르 왕들이 모든 나라에 어떤 일을 행하였으며 그것을 어떻게 멸절시켰는지 네가 들었으리니 네가 구원을 받겠느냐 12나의 조상들이 멸하신 열방 고산과 하란과 레셉과 및 들라살에 있는 에덴 자손을 그 나라들의 신들이 건졌더냐 ¹³하맛 왕과 아르밧 왕과 스발와임 성의 왕과 헤나 왕과 이와 왕이 어디 있느냐 하라 하였더라 ¹⁴히스기야가 그 사자들의 손에서 글을 받아 보고 여호와의 전에 올라가서 그 글을 여호와 앞에 펴 놓고 ¹⁵여호와께 기도하여 이르되 ¹⁶그룹 사이에 계신 이스라엘 하나님 만군의 여호와여 주는 천하 만국에 유일하신 하나님이시라 주께서 천지를 만드셨나이다 ¹⁷여호와여 귀를 기울여 들으시옵소서 여호와여 눈을 뜨고 보시옵소서 산헤립이 사람을 보내어 살아 계시는 하나님을 훼방한 모든 말을 들으시옵소서 ¹⁸여호와여 앗수르 왕들이 과연 열국과 그들의 땅을 황폐하게 하였고 ¹⁹그들의 신들을 불에 던졌사오나 그들은 신이 아니라 사람의 손으로 만든 것일 뿐이요 나무와 돌이라 그러므로 멸망을 당하였나이다 ²⁰우리 하나님 여호와여 이제 우리를 그의 손에서 구원하사 천하 만국이 주만이 여호와이신 줄을 알게 하옵소서 하니라

우리는 이 단락에서 다음과 같은 것들을 볼 수 있다.

1. 하나님이 우리로 하여금 그의 약속을 믿고 내적으로 만족하게 하신다면, 우리는 힘을 얻어서 남들의 모욕들을 묵묵히 참아낼 수 있게 된다. 하나님은 히스기야에게 응답하셨지만, 히스기야는 깊이 숙고한 후에 랍사게에게 그 어떠한 답변도 보내지 않고, 도리어 하나님이 이 일을 직접 맡으신 것을 알고서는 이 문제를 조용히 하나님께 맡겨 두었다. 그래서 랍사게는 새로운 지시를 받으려고 그의 주인인 앗수르 왕에게 돌아갔다.

2. 전쟁을 좋아하는 자들은 지겹도록 전쟁을 하게 될 것이다. 산헤립은 그 어떤 도발이나 도전을 받지 않았는데도 유다를 치기 위해 전쟁에 나섰다. 그러자 이제 구스 왕이 아무런 선전포고도 없이 산헤립을 치기 위해서 전쟁에 나선다(9절). 싸움하기를 좋아하는 자는 남들도 그에게 싸움을 걸어올 것임을 예상할 수 있다. 하나님은 종종 원수들의 분노를 다른 쪽으로 돌리는 방법을 사용해서 그 분노를 제어하신다.

3. 교만하고 불경스럽게 말하는 것은 악한 일이지만, 그렇게 글을 쓰는 것은 더욱 악한 일이다. 왜냐하면, 글을 쓴다는 것은 더 많이 숙고하고 계획했다는 것을 뜻하고, 글로 씌어진 것은 더 멀리 퍼져나가고 더 오랫동안 지속되며 더 많은 해악을 끼치기 때문이다. 무신론적인 사상과 불신앙을 옹호하는 글을 썼다면, 그것은 언젠가는 반드시 심판을 받게 될 것이다.

4. 죄악된 일들이 큰 성공을 거두게 되면, 흔히 죄인들의 마음은 더욱 굳어져서 죄악된 일들을 더욱 과감하게 행하게 된다. 앗수르 왕은 모든 나라(사실은 그들의 수중에 들어온 나라는 몇 나라가 되지 않았지만)의 땅을 멸망시켰기 때문에 하나님의 땅도 멸망시킬 수 있으리라는 것을 의심하지 않았다. 열방의 신들이 자기 백성들을 도울 수 없었다는 것을 직접 보았기 때문에, 앗수르 왕은 이스라엘의 하나님도 그럴 것이라고 결론을 내렸다. 우상들을 숭배하였던 하맛과 아르밧의 왕들은 앗수르 군대의 손쉬운 먹잇감이 되었기 때문에, 앗수르 왕은 하나님의 땅을 멸망시킬 수 있다는 것을 의심하지 않았고, 신앙심이 깊고 개혁을 추진한 유다의 왕도 당연히 그렇게 되리라고 생각하였다. 이렇게, 이 교만한 자는 형통의 햇빛을 통해서 멸망의 때가 무르익게 되었다.

5. 은혜의 보좌 앞에 나아갈 수 있는 자유, 거기에서 하나님께 아뢸 수 있는 자유는 언제든지, 그리고 특히 곤경과 위험에 처해 있을 때에 하나님의 백성에게 주어진 이루 말할 수 없는 특권이다. 히스기야는 산헤립이 직접 쓴 것을 근거로 하나님께 하소연하기 위해서 그 편지를 하나님 앞에 펼쳐 놓았다. 사실로 하여금 스스로 말하게 하라. 여기에 산헤립이 쓴 편지가 있나이다. 여호와여, 눈을 뜨고 보시옵소서. 하나님은 그의 기도하는 백성이 겸손히 그에게 자유롭게 나아와서, 입다가 그랬던 것처럼 그들이 하고 싶은 모든 말을 다 하고, 친구의 편지이든 원수의 편지이든 편지를 자기 앞에 펴놓고서, 그 내용을 그에게 맡기도록 허락하신다.

6. 믿음으로 말미암아 각 개인에게 적용되고 기도를 통해서 활성화되는 우리의 신앙의 기본적인 큰 원리들은 우리가 구체적으로 만나는 위기상황들과 곤경들 — 그것들이 무엇이든 상관없이 — 속에서 우리에게 대단한 힘을 발휘하게 될 것이다. 그러므로 우리는 그러한 원리들에 의지해야 하고 그 원리들에 꼭 붙어 있어야 한다. 히스기야도 여기에서 그렇게 하였다. 히스기야는 이스라엘의 하나님은 만군의 여호와이시라는 것, 즉 이스라엘의 군대의 주로서 그 군대에 사기를 불어넣으시고 원수들의 군대의 주로서 그 군대의 사기를 꺾어놓고 제어하실 수 있는 분이라는 것, 여호와만이 유일하신 하나님이시기 때문에 여호와와 경쟁하여 살아남을 수 있는 자는 아무도 없다는 것, 여호와는 천하 만국의 하나님이시기 때문에 만국을 그의 뜻대로 움직이시는 분이라는 것 등과 같은 우리 신앙의 원리를 통해서 힘을 얻었다. 하나님은 천지를 지으셨기 때문

에, 그 어떤 일도 하실 수 있고 실제로 모든 일을 하신다.

7. 우리는 위대한 파괴자들이 두려워질 때에 위대한 구원자이신 하나님께 나아가서 겸손하고 담대하게 호소할 수 있다. 이 파괴자들은 사실 거짓 신들을 섬김으로써 참 하나님의 보호하심을 내팽개쳐 버렸던 나라들을 파괴시켰지만, 우리는 여호와 유일하신 하나님을 우리의 하나님, 우리의 왕, 우리의 입법자로 모시고 있기 때문에, 믿는 자의 구주이신 그가 우리를 구원하실 것이다.

8. 우리의 일이 하나님의 영광과 관련되어 있어서, 우리가 짓밟힌다면 하나님의 이름이 더럽혀지고 우리가 구원을 받는다면 하나님의 이름이 영화롭게 된다는 것을 우리가 자신 있게 제시할 수 있는 경우에는 하나님을 꼭 붙들고 기도를 통해서 하나님과 씨름할 충분한 이유가 있는 것이다. 그러므로 우리의 가장 큰 호소는 "주의 영광을 위하여 그것을 행하소서"가 되어야 한다.

[21]아모스의 아들 이사야가 사람을 보내어 히스기야에게 이르되 이스라엘의 하나님 여호와께서 말씀하시되 네가 앗수르의 산헤립 왕의 일로 내게 기도하였도다 하시고 [22]여호와께서 그에 대하여 이같이 이르시되 처녀 딸 시온이 너를 멸시하며 조소하였고 딸 예루살렘이 너를 향하여 머리를 흔들었느니라 [23]네가 훼방하며 능욕한 것은 누구에게냐 네가 소리를 높이며 눈을 높이 들어 향한 것은 누구에게냐 곧 이스라엘의 거룩하신 이에게니라 [24]네가 네 종을 통해서 내 주를 훼방하여 이르기를 내가 나의 허다한 병거를 거느리고 산들의 꼭대기에 올라가며 레바논의 깊은 곳에 이르렀으니 높은 백향목과 아름다운 향나무를 베고 또 그 제일 높은 곳에 들어가 살진 땅의 수풀에 이를 것이며 [25]내가 우물을 파서 물을 마셨으니 내 발바닥으로 애굽의 모든 하수를 말리리라 하였도다 [26]네가 어찌하여 듣지 못하였느냐 이 일들은 내가 태초부터 행한 바요 상고부터 정한 바로서 이제 내가 이루어 네가 견고한 성읍들을 헐어 돌무더기가 되게 하였노라 [27]그러므로 그 주민들이 힘이 약하여 놀라며 수치를 당하여 들의 풀 같이, 푸른 나물 같이, 지붕의 풀 같이, 자라지 못한 곡초 같이 되었느니라 [28]네 거처와 네 출입과 네가 나를 거슬러 분노함을 내가 아노라 [29]네가 나를 거슬러 분노함과 네 오만함이 내 귀에 들렸으므로 내가 갈고리로 네 코를 꿰며 재갈을 네 입에 물려 너를 오던 길로 돌아가게 하리라 하셨나이다 [30]왕이여 이것이 왕에게 징조가 되리니 올해는 스스로 난 것을 먹을 것이요 둘째 해에는 또 거기에서 난 것을 먹을 것이요 셋째 해에는 심고 거두며 포도나무를 심고 그 열매

를 먹을 것이니이다 ³¹유다 족속 중에 피하여 남은 자는 다시 아래로 뿌리를 박고 위로 열매를 맺으리니 ³²이는 남은 자가 예루살렘에서 나오며 피하는 자가 시온 산에서 나올 것임이라 만군의 여호와의 열심이 이를 이루시리이다 ³³그러므로 여호와께서 앗수르 왕에 대하여 이같이 이르시되 그가 이 성에 이르지 못하며 화살 하나도 이리로 쏘지 못하며 방패를 가지고 성에 가까이 오지도 못하며 흉벽을 쌓고 치지도 못할 것이요 ³⁴그가 오던 길 곧 그 길로 돌아가고 이 성에 이르지 못하리라 나 여호와의 말이니라 ³⁵대저 내가 나를 위하며 내 종 다윗을 위하여 이 성을 보호하며 구원하리라 하셨나이다 하니라 ³⁶여호와의 사자가 나가서 앗수르 진중에서 십팔만 오천인을 쳤으므로 아침에 일찍이 일어나 본즉 시체뿐이라 ³⁷이에 앗수르의 산헤립 왕이 떠나 돌아가서 니느웨에 거주하더니 ³⁸자기 신 니스록의 신전에서 경배할 때에 그의 아들 아드람멜렉과 사레셀이 그를 칼로 죽이고 아라랏 땅으로 도망하였으므로 그의 아들 에살핫돈이 이어 왕이 되니라

우리는 이 단락에서 다음과 같은 것들을 볼 수 있다.

1. 사람들이 위협하는 메시지들을 인내로써 받고 기도를 통해서 하나님께 믿음의 메시지를 보내는 자들은 비록 그들이 거의 쓰러지기 일보 직전인 상황에서도 하나님으로부터 그들을 위로하시기 위한 은혜와 평안의 메시지를 기대할 수 있다. 이사야는 히스기야의 기도에 대한 긴 응답을 하나님의 이름으로 보냈는데, 글로 써서 보내진 이 응답(입으로 전하기에는 너무 길었기 때문에)은 히스기야의 기도에 대한 답변이었다. "네가 내게 기도하였으니, 네 기도가 응답되었다는 것을 알고 위로를 받으라." 이사야는 히스기야에게 자기가 이미 전한 예언들(특히, 사 10장)을 살펴보고 거기에서 응답을 찾아내라고 말해 주어도 되었을 것이지만, 히스기야가 차고 넘치는 위로를 받을 수 있도록 하기 위해서 일부러 메시지를 글로 써서 그에게 보낸다. 땅과 하늘 간의 통신은 하나님 편에서는 결코 끊어지는 법이 없다.

2. 스스로를 높이고, 특히 하나님과 그의 백성을 대적하여 스스로를 높이는 자들은 사실 모든 지혜로운 자들의 눈에 스스로를 천하게 만들고 멸시받게 만든다. "처녀 딸 시온이 산헤립, 그리고 그의 모든 무력한 악의와 위협을 멸시하였다. 시온은 자기가 흠 없는 행실을 보존하고 있는 한 하나님의 보호하심을 확신할 수 있고, 원수가 짖을지라도 결코 물 수는 없다는 것을 잘 안다. 원수의

모든 위협들은 익살부리는 짓일 뿐이다. 그런 것들은 모두 단지 순간적으로 번쩍거렸다가 사라지는 섬광일 뿐이다."

3. 하나님의 백성을 욕하는 자들은 하나님을 모욕하는 것이다. 하나님은 자기 백성을 대적하여 말하고 행한 것들을 하나님 자신을 대적하여 말하고 행한 것으로 여기신다. "네가 훼방하며 능욕한 것은 누구에게냐. 곧 이스라엘의 거룩하신 이에게니라. 그러므로 너는 거룩하신 이를 훼방한 것이다." 산헤립이 하나님을 훼방하고 능욕한 죄가 더욱 무거워진 것은 그가 스스로 하나님을 훼방하였을 뿐만 아니라 그의 종들을 시켜서 동일한 짓을 하게 하였기 때문이었다. 네가 비천한 자들인 네 종들을 통해서 나를 훼방하였다.

4. 자기 자신과 자기가 이룬 업적을 자랑하는 자들은 하나님과 그의 섭리를 손상시킨다. "네가 이르기를 내가 우물을 파서 물을 마셨노라 하였도다. 내가 엄청난 일들을 행하였고 더 엄청난 일들을 앞으로도 행할 것인데도, 너는 내가 그 일들을 이루었다는 것을 인정하고자 하지 않는다"(24-26절). 아무리 위대한 업적을 이루는 자들이라도 하나님께서 그들에게 허락하신 것 이상의 일을 하지 못하고, 하나님은 그들로 하여금 태초에 그들에게 허락하시기로 정하신 것 외의 일들을 하지 못하게 하신다. "이 일들은 내가 상고부터 영원한 모략 속에서 정한 바로서 이제 내가 이루어(하나님은 모든 일을 그의 모략에 따라 행하시기 때문에) 네가 견고한 성읍들을 헐어 황폐화시킨 것이니라. 그러므로 이 일들을 네 자신이 행한 것처럼 얘기하는 것은 도저히 용납될 수 없는 오만이다."

5. 교회의 원수들의 온갖 악의, 온갖 행위들과 계획들은 교회의 하나님의 인식과 통제 아래에 놓여 있다. 산헤립은 신출귀몰하게 여기저기에 나타나서 활동하였지만, 하나님은 그의 출입을 아셨고 항상 그를 주목하고 계셨다(28절). 그것이 전부가 아니었다. 하나님은 산헤립을 엄격한 손, 강한 손으로 다스리고 계셔서, 갈고리로 그의 코를 꿰며 재갈을 그의 입에 물려 놓으셨기 때문에, 산헤립이 아무리 제멋대로 천방지축 날뛰더라도 언제든지 그를 오던 길로 돌아가게 하실 수 있으시다(29절). 그가 여기까지 오고 더 넘어가지 못하리라. 하나님은 산헤립에게 유다를 치는 사명을 주셨었다(사 10:6). 하지만 하나님은 여기에서 이전에 산헤립에게 맡기신 사명을 거두어들이신다. 산헤립은 유다 사람들에게 겁을 집어먹게 하였지만, 그들을 해쳐서는 안 되었다. 그러므로 여기에서 하나님은 산헤립이 더 이상 선을 넘지 않도록 하기 위하여 그에게 주신 사명을 거

두어들이시는 것이다. 아니, 하나님은 산헤립이 자신의 사명을 넘어서서 행한 것에 대하여 책임을 물으시기 위하여 여기에서 그의 사명을 급히 거두어들이시는 것이다.

6. 하나님은 자기 백성의 강력한 보호자이자 아낌없이 베푸시는 은인이시고, 그를 의지하는 자들에게 해와 방패가 되신다. 예루살렘은 보호를 받을 것이고(35절), 포위한 자들은 예루살렘으로 들어오지 못할 것이며 제대로 공격 한 번 해보지 못하고, 포위를 시작하기도 전에 패주하게 될 것이다(33절). 그러나 이것이 다가 아니다. 하나님은 긍휼 가운데서 자기 백성에게 돌아오셔서, 그들에게 선을 행하실 것이다. 그들의 땅은 이전보다 더욱 비옥하게 되어서, 그들이 입은 손실들을 다 만회하고도 남을 것이다. 그들은 원수들이 나라를 초토화시키고 그들 자신이 농사를 짓지 못하게 된 것이 가져다 주는 악영향들과 후유증을 전혀 느끼지 못할 것이다. 도리어, 그 땅은 처음처럼 스스로 소산들을 낼 것이고, 그들은 땅이 스스로 낸 소산들을 먹고 풍요롭게 살게 될 것이다. 하나님은 마음만 먹으시면 부지런한 자들의 손길이 없어도 얼마든지 사람들을 풍요롭게 만드실 수 있으시다. 그들은 이 땅이 황폐화되었으니 안식년을 지키지 않아도 될 것이라고 생각해서는 안 된다. 실제로, 전쟁이 있는 이듬해가 바로 쟁기질을 하거나 씨를 뿌려서는 안 되는 안식년이었던 것으로 보인다. 그들은 여느 때와는 달리 안식년에 먹을 양식을 미리 준비해 두지 못하였지만, 그래도 경건하게 안식년을 지키면서, 하나님께서 그들에게 양식을 공급해 주실 것을 의지해야 한다. 우리는 상황이 어려운 때에도 하나님을 의지하여 우리의 본분을 다하여야 한다.

7. 하나님으로부터 위임받은 심판 앞에서는 아무도 설 자가 없다.

(1) 사람들의 수가 아무리 많아도 하나님의 심판 앞에서 설 수 없다. 하나님께서 천사에게 심판을 맡기시면, 한 천사는 하룻밤 사이에 그 자리에서 무수한 대군을 싸늘한 시체로 만들어 버릴 것이다(36절). 십팔만 오천 명이나 되는 군사들이 순식간에 땅에 널린 시체가 되어 버렸다. 많은 사람들은 시편 76편이 바로 이 사건을 두고서 씌어졌다고 생각한다. 이 시편은 마음이 강한 자들이 가진 것을 빼앗기고 긴 잠에 빠진 것을 두고서(5절) 하나님은 약탈한 산에서 영화로우시며 존귀하시고(4절), 또한 경외 받을 이시라(7절)고 노래한다. 천사들은 우리가 알고 있는 것보다 더 많이 하나님의 공의를 집행하는 일꾼들로 쓰임을 받아

서, 교만한 자들을 벌하고 악한 자들의 힘을 꺾어 놓는다.

(2) 아무리 위대하고 큰 자들이라도 하나님의 심판 앞에서 설 수 없다. 큰 왕이었던 앗수르 왕이 승리를 호언장담하며 벌였던 전쟁에서 목적을 이루지 못한 수치감과 그의 대군을 멸망시켜 버린 천사가 자기까지 죽일지 모른다는 공포와 두려움에 사로잡혀서 회군할 수밖에 없었을 때에 그의 모습은 너무나 초라해 보였을 것이다. 그렇지만, 앗수르 왕이 자기가 섬기는 우상의 보호를 받기 위해 신전에 있을 때에 당연히 그를 보호해 주었어야 할 아들들이 오히려 그를 죽여서 그의 우상에게 제물로 바쳤을 때에 그의 모습은 더더욱 초라해 보였을 것이다(37-38절). 하나님은 자기 백성을 대적하여 위협과 살기가 등등한 자들의 호흡을 얼마든지 순식간에 끊어놓으실 수 있으시고, 그들의 죄악의 분량이 다 채워졌을 때에 그렇게 하실 것이다. 사람들은 하나님께서 심판하실 때에 그가 여호와인 줄을 알며 교만한 자들을 대적하시는 하나님이신 줄을 알게 된다. 이러한 섭리 속에서 많은 예언들이 성취되었는데, 이것은 우리에게 큰 힘을 준다. 왜냐하면, 이 예언들은 한 걸음 더 나아가, 하나님을 의지하여 그 예언들이 성취될 것을 기대하는 모든 자들과 교회가 안전하리라는 것에 대한 일반적인 약속으로서 주어진 것들이기 때문이다. 과거에 자기 백성을 구원하신 하나님은 자기 백성을 지금도 구원하시고 앞으로도 구원하실 것이다. 여호와여, 우리의 원수들을 용서하소서. 그러나 여호와여, 주의 원수들은 다 이와 같이 망하게 하소서.

제 38 장

개요

이 장은 계속해서 히스기야에 관한 이야기를 이어간다. I. 그가 병들어서 사망 선고를 받음(1절). II. 그가 병 가운데서 기도함(2-3절). III. 하나님께서 그 기도에 대하여 평안의 응답을 주시면서, 그가 병에서 회복되어 십오 년을 더 살게 될 것이며 예루살렘은 앗수르 왕에게서 구원을 받을 것이고, 이 예언에 대한 그의 믿음을 견고히 하기 위한 징표로 해의 그림자가 십 도 뒤로 물러가리라고 약속하심(4-8절). 우리는 이러한 내용에 대해서는 이미 열왕기하 20장에서 본 바 있다. IV. 여기에는 그가 자신의 병이 회복된 것에 대하여 감사 기도를 올리는 것이 나오는데(9-20절), 이 내용은 우리가 앞에서 보지 않은 것이다. 그리고 그가 병에서 나을 때에 사용되었던 수단(21절)과 이 선한 왕이 병에서 회복되기를 바랐던 목적(22절)이 덧붙여져 있다. 이 장은 육신의 질병으로 인해서 꼼짝할 수 없게 된 자들에게 믿음과 소망을 주고 기도할 힘을 주며 그 마음에 기쁨을 주는 장으로서 질병의 방문을 받은 자들을 찾아간다.

¹그 때에 히스기야가 병들어 죽게 되니 아모스의 아들 선지자 이사야가 나아가 그에게 이르되 여호와께서 이같이 말씀하시기를 너는 네 집에 유언하라 네가 죽고 살지 못하리라 하셨나이다 하니 ²히스기야가 얼굴을 벽으로 향하고 여호와께 기도하여 ³이르되 여호와여 구하오니 내가 주 앞에서 진실과 전심으로 행하며 주의 목전에서 선하게 행한 것을 기억하옵소서 하고 히스기야가 심히 통곡하니 ⁴이에 여호와의 말씀이 이사야에게 임하여 이르시되 ⁵너는 가서 히스기야에게 이르기를 네 조상 다윗의 하나님 여호와께서 이같이 말씀하시기를 내가 네 기도를 들었고 네 눈물을 보았노라 내가 네 수한에 십오 년을 더하고 ⁶너와 이 성을 앗수르 왕의 손에서 건져내겠고 내가 또 이 성을 보호하리라 ⁷이는 여호와께로 말미암는 너를 위한 징조이니 곧 여호와께서 하신 말씀을 그가 이루신다는 증거이니라 ⁸보라 아하스의 해시계에 나아갔던 해 그림자를 뒤로 십 도를 물러가게 하리라 하셨다 하라 하시더니 이에 해시계에 나아갔던 해의 그림자가 십 도를 물러가니라

우리는 여기에서 특히 다음과 같은 선한 교훈들을 살펴볼 수 있다.

1. 사람이 위대하거나 선하다고 해서 병이나 죽음에서 면제되는 것은 아니다. 히스기야는 이 땅에서 강력한 군주였고 하늘의 강력한 은총을 받은 자였지만 이적이 없었더라면 반드시 죽었을 질병에 걸리게 된다. 그것도 그가 한창 즐거움을 누리며 나라와 백성들에게 유익을 끼치던 바로 그런 때에 말이다. 주여, 보시옵소서 사랑하시는 자가 병들었나이다. 앗수르 군대가 패주하고 나서 히스기야가 한창 승리감에 도취되어 있을 때에 병에 걸리게 된 것은 우리에게 기뻐할 때에는 항상 두렵고 떨림으로 기뻐하라고 가르치기 위한 것인 것 같다.

2. 죽음이 다가오는 것을 볼 때에 우리는 죽음을 미리 준비하는 것이 좋다. "너는 네 집을 정리하고(개역에서는 너는 네 집에 유언하라), 특히 네 마음을 정리하라. 너의 감정들과 너의 일들을 할 수 있는 한 가장 정돈된 상태로 정리해 두어서, 주께서 오실 때에 네가 하나님이나 네 양심이나 모든 사람들과 화평한 상태에 있는 모습으로 발견되어 죽는 것 외에는 다른 아무것도 할 필요가 없도록 해두어라." 우리가 죽음을 준비해 두면, 죽음이 우리에게 더 빨리 찾아오는 것이 아닐 뿐더러, 죽음이 올 때에 훨씬 수월하게 맞이할 수 있다. 죽을 준비가 잘 되어 있는 자들은 사는 데에도 잘 준비가 되어 있는 것이다.

3. 병으로 고난당하는 자가 있느냐? 그는 기도하여야 한다(약 5:13). 기도는 개인적인 일이든 공적인 일이든 모든 염증에 바르는 연고이다. 히스기야는 원수들로 인해서 고통을 당하였을 때에도 기도하였고, 이제 병들어서도 기도하였다. 어떤 것이 그를 괴롭히고 아프게 할 때, 아이가 자기 아버지 외에 누구에게로 가겠는가? 하나님께서 우리에게 환난을 보내시는 것은 우리를 성경 앞으로 이끄시고 우리로 하여금 무릎을 꿇게 하시기 위한 것이다. 히스기야는 건강했을 때에는 기도하기 위해서 여호와의 전으로 올라갔다. 당시에 여호와의 전은 기도하는 집이었기 때문이다. 그는 병들어 침상에 누웠을 때에는 얼굴을 벽으로 향하고(아마도 성전을 향하고) 여호와께 기도하였다. 성전은 우리가 기도할 때마다 믿음으로 바라보아야 하는 그리스도의 모형(type)이었기 때문이다.

4. 우리가 죽음에 직면하였을 때, 우리의 양심이 우리가 하나님의 은혜로 말미암아 선한 삶을 살아 왔고 겸손히 하나님과 동행하는 삶을 살았다는 것을 증언해 준다면, 그것은 우리에게 큰 힘과 위로가 될 것이다. 우리는 우리의 양심을 우리의 의(義)로 제시하여 하나님 앞에서 의롭다 하심을 받을 수는 없지만,

우리 양심의 선한 증언을 우리가 중보자의 의를 힘입어 살아 왔음을 보여주는 증거로 하나님 앞에 겸손히 내어놓을 수 있다. 히스기야는 그의 선한 섬김들에 대하여 상을 줄 것을 하나님께 요구하는 것이 아니라, 어떻게 그가 나라를 개혁하였고 산당들을 제거하였으며 성전을 깨끗하게 하였고 무시되어 왔던 규례들을 다시 부활시켰는지를 하나님께서 기억해 달라고 떼를 쓴 것이 아니라, 어떻게 그가 이 훌륭한 일들에서만이 아니라 일상적인 거룩한 삶 속에서도 진실과 전심으로 하나님 앞에서 행하였는지 — 이런 것은 모든 번제물과 기타 제물보다 나은 것이었다 — 를 겸손히 아뢴다. 내가 주 앞에서 진실과 성심으로, 그리고 온전한 마음, 즉 정직한 마음으로 행하였나이다. 왜냐하면, 정직은 우리의 복음적 완전이기 때문이다.

5. 하나님은 고난당하는 그의 백성의 기도에 대하여 그의 은혜로우신 귀를 열어 두고 계신다. 이사야 선지자를 히스기야에게 보내셔서 죽음을 준비하라고 경고하셨던 하나님께서는 이제 다시 그 동일한 선지자를 히스기야에게 보내셔서 그가 회복될 뿐만 아니라 완전히 건강을 되찾아서 앞으로 십오 년을 더 살게 될 것이라는 약속을 주신다. 예루살렘이 환난을 겪고 히스기야가 병에 걸린 것은 하나님이 그런 것들에서 그들을 구원하심으로써 영광을 받으시기 위한 것이었고, 히스기야의 기도도 그 구원을 위한 도구로 사용되는 영광을 받게 하시기 위한 것이었다. 우리가 병에 걸렸을 때에 기도하면, 하나님은 여기에서 히스기야에게 주셨던 것과 같은 응답을 우리에게 주시지는 않는다고 하여도, 그의 성령을 통해서 우리에게 기뻐하라고 하시며, 우리의 죄가 사함을 받았고 그의 은혜가 우리에게 족하며 우리가 살든지 죽든지 우리는 그의 것이기 때문에 우리의 기도가 헛되었다고 말할 수 없다는 것을 우리에게 확신시켜 주신다. 하나님께서 우리 영혼에 힘을 주어 우리를 강하게 하신다면, 비록 우리의 육신이 힘을 얻지 못한다고 하여도, 하나님은 우리의 기도에 응답해 주신 것이다(시 138:3).

6. 선한 자는 하나님의 교회가 잘 되고 형통하는 것을 보지 못하면 비록 자기가 건강하고 형통하다고 하여도 거기에서 그리 위로를 얻을 수 없다. 그러므로 하나님은 히스기야가 무슨 생각을 하고 있는지를 아시고, 그가 더 살게 될 뿐만 아니라 그의 평생에 예루살렘의 번영을 보게 될 것이라고 약속하셨다(시 128:5) — 그렇지 않으면, 그가 편히 살 수 없을 것이기 때문에. 지금 구원을 받

은 예루살렘은 앞으로도 계속해서 공격을 해올 앗수르인들로부터 보호를 받게 될 것이다. 이렇게, 하나님은 모든 면에서 히스기야의 마음을 편하게 해주시는 은혜를 베푸신다.

7. 하나님은 약속을 기업으로 받는 자들에게 약속에 대한 흔들림 없는 믿음을 갖게 하여 강력한 위로를 받도록 하기 위하여 그 뜻이 변하지 아니함을 충분히 나타내시고자 하신다. 하나님은 히스기야에게 그의 은총이 변함없을 것에 대하여 거듭거듭 확약을 주셨다. 그런데도, 히스기야가 이 모든 것을 별일 아닌 것으로 생각할까봐 그로 하여금 놀라운 은총들을 기대하도록 하기 위하여, 하나님은 그에게 놀라운 징조를 보여주신다. 우리가 알고 있는 한, 히스기야처럼 앞으로 몇 년을 더 살게 되리라는 절대적인 약속을 받은 자들 중에서 하나님이 이 전례 없는 은총을 이적으로써 확증해 주신 자는 아무도 없었다. 그 징조는 해시계의 그림자가 뒤로 물러가는 이적이었다. 해는 시간을 재는 충직한 척도로서 그의 길을 달리기 기뻐하는 장사 같이 어김없이 달린다. 그러나 시계를 가게 하시는 하나님은 그의 기쁘신 뜻을 따라서 시계를 거꾸로 가게 하실 수도 있으시다. 왜냐하면, 모든 광명의 아버지이신 하나님은 그 광명들을 지시하시는 분이시기도 하기 때문이다.

⁹유다 왕 히스기야가 병들었다가 그의 병이 나은 때에 기록한 글이 이러하니라 ¹⁰내가 말하기를 나의 중년에 스올의 문에 들어가고 나의 여생을 빼앗기게 되리라 하였도다 ¹¹내가 또 말하기를 내가 다시는 여호와를 뵈옵지 못하리니 산 자의 땅에서 다시는 여호와를 뵈옵지 못하겠고 내가 세상의 거민 중에서 한 사람도 다시는 보지 못하리라 하였도다 ¹²나의 거처는 목자의 장막을 걷음 같이 나를 떠나 옮겨졌고 직공이 베를 걷어 말음 같이 내가 내 생명을 말았도다 주께서 나를 틀에서 끊으시리니 조석간에 나를 끝내시리라 ¹³내가 아침까지 견디었사오나 주께서 사자 같이 나의 모든 뼈를 꺾으시오니 조석간에 나를 끝내시리라 ¹⁴나는 제비 같이, 학 같이 지저귀며 비둘기 같이 슬피 울며 내 눈이 쇠하도록 앙망하나이다 여호와여 내가 압제를 받사오니 나의 중보가 되옵소서 ¹⁵주께서 내게 말씀하시고 또 친히 이루셨사오니 내가 무슨 말씀을 하오리이까 내 영혼의 고통으로 말미암아 내가 종신토록 방황하리이다 ¹⁶주여 사람이 사는 것이 이에 있고 내 심령의 생명도 온전히 거기에 있사오니 원하건대 나를 치료하시며 나를 살려 주옵소서 ¹⁷보옵소서 내게 큰 고통

을 더하신 것은 내게 평안을 주려 하심이라 주께서 내 영혼을 사랑하사 멸망의 구덩이에서 건지셨고 내 모든 죄를 주의 등 뒤에 던지셨나이다 ¹⁸스올이 주께 감사하지 못하며 사망이 주를 찬양하지 못하며 구덩이에 들어간 자가 주의 신실을 바라지 못하되 ¹⁹오직 산 자 곧 산 자는 오늘 내가 하는 것과 같이 주께 감사하며 주의 신실을 아버지가 그의 자녀에게 알게 하리이다 ²⁰여호와께서 나를 구원하시리니 우리가 종신토록 여호와의 전에서 수금으로 나의 노래를 노래하리로다 ²¹이사야가 이르기를 한 뭉치 무화과를 가져다가 종처에 붙이면 왕이 나으리라 하였고 ²²히스기야도 말하기를 내가 여호와의 전에 올라갈 징조가 무엇이냐 하였더라

이 단락에는 히스기야가 병이 나은 후에 하나님의 지시하심으로 쓴 감사의 노래가 나온다. 그는 그의 조상 다윗의 몇몇 시편들을 가져와서 이 노래를 쓰는 데에 사용하였을 것이다. 그는 다윗의 시편들에 나오는 많은 내용들이 자기에게 얼마나 꼭 들어맞는지를 발견하였을 것이다. 그는 레위 사람을 임명하여 다윗의 시로 여호와를 찬송하게 하였다(대하 29:30). 그러나 여기에서 그가 겪은 일은 너무나 놀라운 일이었기 때문에 그의 마음은 깊은 경건의 감정들로 가득 차서, 그는 비록 하나님의 감동으로 된 것이라고 할지라도 이전에 있던 시편들로는 성이 차지 않아서, 자기 자신의 말로 자신의 심정을 하나님께 올려드리고자 하였는데, 이러한 태도는 너무도 자연스럽고 진실한 것이다. 그가 이 감사의 찬송을 글로 기록해 둔 것은 나중에 하나님의 섭리로 말미암아 그가 받은 선한 감화들을 다시 떠올려보고, 다른 사람들도 자기와 같은 일을 겪었을 때에 이 찬송을 사용하도록 권하기 위한 것이었다. 우리가 병이 들었다가 회복된 후에 꼭 써두어야 할 글들이 있다는 것을 명심하라. 환난을 겪은 일과 그 때에 우리의 마음이 어떠하였는지를 글로 써두는 것, 우리가 병들었을 때에 생각났던 것들과 우리 안에서 일어났던 감정들을 기록해 두는 것, 병상에 있었을 때에 우리에게 주어진 긍휼들과 우리가 병에서 놓여난 일을 결코 잊지 않기 위해서 글로 써두는 것, 하나님에 대한 감사 찬송을 글로 쓰고 하나님과의 확실한 언약을 글로 써서 봉인해 두는 것, 우리가 다시는 어리석은 짓을 하지 않겠다는 다짐으로 그 일을 기록해 두는 것은 좋은 일이다. 히스기야는 병에서 회복된 후에 여기에 뛰어난 글을 남겼다. 그렇지만, 우리는 그가 그 받은 은혜를 보답하지 아니하였다는 것을 발견하게 된다(대하 32:25). 하나님께로부

터 받은 감화들은 영원히 지워지지 않을 것처럼 생각되었지만, 사실은 그렇지 않았던 것으로 보인다. 하나님께 감사를 드리는 것은 좋은 일이지만, 감사의 삶을 사는 것은 더 좋은 일이다. 히스기야는 이제 이 글을 통해서 다음과 같은 것들을 기록하여 보존해 둔다.

I. 그가 중병에 걸려서 회복할 가망성이 없게 되었을 때의 비참한 처지(10-13절).

1. 그는 자기가 최악의 상황에 처했을 때에 자기 자신에 대하여 무슨 생각을 했는지를 우리에게 말해 주면서, 이렇게 회상한다.

(1) 그는 생명이 있는 동안에는 소망이 있어서, 우리에게는 기도할 여지가 있고 하나님의 긍휼을 기다릴 여지가 있는데도, 그가 낙담하여 자포자기한 것을 스스로 탓한다. 병에 걸렸을 때에 그것을 하나님께서 부르시는 것으로 여겨서 다시 정신을 차리고 내세로 가기 위한 준비를 하는 것은 좋은 일이지만, 우리는 우리의 처지를 지나치게 나쁜 쪽으로 해석하거나 병에 걸린 사람은 누구나 곧 죽을 수밖에 없다고 생각해서는 안 된다. 낮아진 자는 높아질 수 있다.

(2) 그는 자신의 연약함과 언젠가는 죽을 인생이라는 것을 항상 염두에 두고 있었기 때문에 비록 자기가 십오 년 간의 유예를 받기는 했어도 그것은 어디까지나 유예일 뿐이고 그가 그토록 두려워하였던 치명적인 일격이 마침내 찾아오고야 말았구나라고 생각하며 죽음이 가까이 왔다고 스스로 인정해 버렸다고 회상한다.

(3) 그는 자신의 병이 나을 가망이 없었는데도 그를 회복시켜 주신 하나님의 능력과 그의 두려움보다 훨씬 크셨던 하나님의 선하심을 높이고 찬송한다. 이렇게, 다윗은 종종 환난에서 건짐을 받은 후에 자기가 환난 가운데 있었을 때에 자신의 처지에 대하여 암울하게 생각했던 것들, 당시에 자기가 놀라고 경황이 없어서 말했던 것들(시 31:22; 77:7-9)을 회상하였다.

2. 히스기야는 자기 자신에 대하여 어떤 생각을 하였는지를 보자.

(1) 그는 자기가 수명을 다 채우지 못하고 한창 때에 죽는다고 생각하였다. 그는 당시에 서른아홉 내지 마흔 살이었기 때문에 앞으로도 수많은 행복한 세월을 남겨두고 있는 상태였다. 그에게 갑자기 닥친 이 질병을 그는 그의 날수를 끊어 버리고 그의 여생을 빼앗는 것이 될 것이라고 결론을 내렸다. 병에 걸리지 않았다면, 그는 천수를 다 누렸을 터인데(그는 자기가 마땅히 천수를 누려야

한다고 생각했던 것이 아니라 그의 강건한 체질을 고려하건대 천수를 기대할 만하다고 여긴 것이었다), 병 때문에 인생의 낙(樂)들만이 아니라 하나님과 자기 세대의 사람들을 섬길 모든 기회들까지 빼앗겨 버릴 처지가 되었다. 그 뒤에 나오는 말도 그 취지가 동일하다(12절). "나의 거처는 나를 떠나 목자의 장막을 걷음 같이 옮겨졌도다. 장막이 순식간에 무너짐으로써 나는 어쩔 수 없이 거처를 옮길 수밖에 없게 되었구나." 우리의 현재의 거처는 목자의 장막처럼 형편없고 초라하고 차가운 거처이다. 우리는 거기에서 목자처럼 당번을 서고 있고, 우리에게 맡겨진 일에 대해서는 장차 책임을 져야 한다. 우리의 거처는 말뚝 한두 개만 뽑아 버려도 금세 무너질 그런 거처이다. 그러나 우리의 장막이 옮겨진다고 해서 그것으로 우리의 수한(壽限)이 끝나 버리는 것은 아니고, 단지 다른 세상으로 그 거처가 옮겨지는 것일 뿐이다. 거칠고 검고 비바람에 단련된 게달의 장막들은 새 예루살렘에서는 솔로몬의 휘장처럼 아름다운 장막들로 다시 세워질 것이다. 히스기야는 또 다른 비유를 든다. 직공이 베를 걷어 말음 같이 내가 끊어졌도다(개역에서는 내 생명을 말았도다). 그는 스스로의 행위를 통해서 그의 생명줄을 끊은 것이 아니었다. 그러나 그가 죽을 수밖에 없다는 말을 들었을 때, 그는 그가 생각하고 계획했던 모든 것들을 끊어버릴 수밖에 없었고, 욥의 경우처럼 그의 계획, 그의 마음의 소원은 다 끊어졌다(욥 17:11). 우리의 날들은 아주 빠르게 왔다 갔다 하면서 한 번 왕복할 때마다 실을 남기는 베틀의 북에 비유된다(욥 7:6). 일이 다 끝났을 때, 직공은 실을 끊어내고서 베틀에서 짠 베를 우리 주인에게 보여드리고, 과연 잘 짜여졌는지 그렇지 않은지를 판단 받고서, 우리는 각각 선악 간에 그 몸으로 행한 것을 따라 받게 된다. 그러나 직공이 실을 끊으면 자신의 일을 마치고 수고가 끝난 것임과 마찬가지로, 선한 자는 그의 생명이 끊어질 때에 그의 염려와 피곤함도 함께 끊어져서 자신의 수고로부터 쉬게 된다. "그러나 나는 내가 내 생명을 끊었는가라고 말하였다. 아니다, 나의 연한은 내 손에 있지 않고 하나님의 손에 있고, 나를 틀에서 끊으실(난외주에서는 이렇게 읽는다) 이는 하나님이시라. 하나님께서 피륙의 길이를 얼마로 할지를 정하셨으니, 그 길이가 다 되면 그것을 끊으실 것이라."

(2) 그는 자기가 스올의 문, 항상 열려 있는 음부의 문에 들어갈 것이라고 생각하였다. 스올은 지금도 여전히 다오 다오라고 소리치고 있다. 여기에서 스올은 그의 몸이 장엄한 장례 예식을 거쳐서 매장되게 될 조상들의 묘실을 나타

낼 뿐만 아니라(그는 병들었을 때에 그런 데에 관심도 없었고 그런 명령을 내린 적도 없었지만, 왕들의 묘실 중 높은 곳에 장사되었고, 그의 죽음에 온 유다가 그에게 경의를 표한 것으로 보아서, 대하 32:33), 죽은 자들이 가는 곳, 즉 눈에 보이지 않는 세계인 스올이나 음부를 나타내는 것이기도 하다(그는 자기 영혼이 거기로 가는 것을 보았다).

(3) 그는 자기가 세상에서 하나님을 섬기고 선한 일을 할 수 있는 온갖 기회들을 다 빼앗겨 버렸다고 생각하였다(1절).

[1] "내가 다시는 성전에서와 그의 예언이나 규례들을 통해서 스스로를 나타내시는 여호와를 뵈옵지 못하리니 이 곳 산 자의 땅에서 다시는 여호와를 뵈옵지 못하리라." 히스기야는 죽음 저편에서 여호와를 뵈옵기를 소망하면서도, 죽음 이편의 성소에서 다시는 여호와를 볼 수 없다는 생각에 절망한다(시 63:2). 그는 산 자들의 땅, 하나님의 나라와 사탄의 나라가 싸우는 이 땅, 이 전쟁터에서 다시는 여호와를 뵈옵지(즉, 섬기지) 못할 것이다. 그는 이 점을 상당히 강조한다. 내가 다시는 여호와를 뵈옵지 못하리니 다시는 여호와를 뵈옵지 못하리라. 왜냐하면, 선한 자는 다른 목적이 아니라 하나님을 섬기고 하나님과 교통하기 위한 목적에서 살고자 하기 때문이다.

[2] "내가 사람도 다시는 보지 못하리라." 그는 그가 보호해 주고 공의를 베풀어 주어야 할 그의 신민(臣民)들을 다시는 보지 못할 것이고, 그가 구제해 주어야 할 사람들을 다시는 보지 못할 것이며, 쇠가 쇠에 의해서 날카로워지듯이 흔히 그의 지지(支持)를 받고서 날카로워졌던 그의 친구들을 다시는 보지 못할 것이다. 죽음은 사람들 간의 사귐에 종지부를 찍고, 우리가 아는 자들을 흑암 속으로 옮겨 놓는다(시 88:18).

(4) 그는 죽음의 고통이 아주 통렬하고 매서울 것이라고 생각하였다. "여호와께서 나를 병으로 수척하게 만드셔서 끊으실 것이고, 그 병은 나를 순식간에 기진맥진하게 만들어 버릴 것이다." 그의 병은 하루가 다르게 밤낮으로 중단 없이 아주 급속하게 나빠졌기 때문에, 그는 곧 위기의 순간이 닥쳐와서 자기가 죽게 될 것이고, 모든 병을 종으로 부리시는 하나님께서 이 병을 통해서 뼈가 부서지는 고통으로 사자 같이 그의 모든 뼈를 꺾으실 것이라고 결론을 지었다(사 38:13). 그는 그러한 고통과 극심한 병증으로 보건대 오래 살아야 다음 날 아침까지 살 수 있을 것이라고 생각하였다. 첫 날을 무사히 넘겼을 때에 그는 이

틑날에도 똑같은 두려움을 반복하면서, 또다시 오늘밤이 마지막 밤이 될 것이라고 결론을 내렸다. 주께서 조석 간에 나를 끝내시리라. 우리는 아플 때에 이렇게 우리가 언제 죽게 될지를 계산하기 십상이다. 하지만, 우리가 언제 죽을지는 여전히 불확실하다. 그 때에 우리는 우리가 이 세상에서 얼마나 더 오래 살 수 있을까가 아니라 어떻게 하면 안전하게 다른 세상에 다다를 수 있을까를 고민해야 한다.

Ⅱ. 이러한 상황 속에서 그가 행한 하소연들(14절). "나는 제비 같이, 학 같이 지저귀나이다. 나는 겁을 집어 먹은 제비나 학 같이 소리를 질렀나이다." 병 때문에 짧은 시간 안에 어떤 변화가 일어났는지를 보라. 그는 어제까지만 해도 위엄 가운데서 아주 자유롭게 말을 했었지만, 오늘은 극심한 고통과 두려움에 사로잡혀서 제비 같이, 학 같이 지저귄다. 어떤 이들은 이 본문이 그가 괴로움 속에서 기도하는 모습을 나타내는 것이라고 생각한다. 그의 기도는 아파서 내는 신음소리 때문에 간간이 중단되어서 평상시의 기도가 아니라 제비나 학이 지저귀는 것과 같았다. 그는 자신의 기도에 대하여 이렇게 초라한 생각을 하고 있었지만, 그 기도는 하나님께 열납되었고 하나님의 마음을 움직이는 기도가 되었다. 그는 비둘기 같이 아픔을 참으며 조용히 흐느끼며 슬퍼 울었다. 그는 하나님이 평소에 그의 기도에 속히 응답해 주셨다는 것을 알고 있었기 때문에, 구원을 기대하며 하늘을 바라보았지만 아무 소용이 없었다. 그의 눈은 쇠하였고, 그는 그 어떤 희망적인 징후도 볼 수 없었으며, 그의 병이 나아질 기미를 전혀 느낄 수 없었다. 그래서 그는 이렇게 기도한다. "내가 압제를 받사옵고 완전히 눌려서 무너지게 생겼사오니, 여호와여, 나의 중보가 되옵소서. 나의 보증이 되사 나로 하여금 나를 체포한 옥졸의 손에서 풀려나게 하소서. 주의 종을 보증하사 복을 얻게 하소서(시 119:122). 내가 지금 끌려가고 있는 음부의 문에 다다르기 전에 나를 구해내소서." 우리가 병에서 회복되면, 그것은 하나님이 우리를 불쌍히 여기셔서 옥졸에게 부탁하여 우리에게 한 날을 더 허락하신 것이고, 우리가 더 사는 날 동안에 반드시 그 빚을 갚을 것이라고 보증하신 것이다. 우리가 우리 안에서 사망 선고를 받았을 때, 하나님이 우리에게 은혜를 주셔서 이 사망의 골짜기를 무사히 통과하여 죽음 너머에 있는 천국에 흠 없는 상태로 다다르도록 우리를 지키시지 않는다면, 또한 그리스도께서 우리를 심판대로 데리고 가셔서 아버지께 우리를 보이시며 우리 스스로 할 수 없지만 우

리에게 너무나 필요한 모든 것들을 우리를 위해 행하시지 않는다면, 우리는 망할 수밖에 없게 된다. 내가 압제를 받사오니 나를 편하게 해주소서(어떤 이들은 이렇게 읽는다). 왜냐하면, 우리가 죄책감과 진노에 대한 두려움으로 몹시 괴로워할 때에 우리를 편안하게 해줄 수 있는 것은 그리스도께서 우리를 맡으셔서 보증해 주시는 것뿐이기 때문이다.

III. 그가 자신의 병을 회복시켜 주신 하나님의 선하심에 대하여 감사함.

그는 자신의 심정을 어떻게 표현해야 좋을지 막막해하며 이 부분을 쓰기 시작한다(15절). "내가 무슨 말씀을 하오리이까. 주께서 내게 말씀하셔서 나의 모든 하소연을 다 잠잠하게 하셨사온대, 내가 이제 와서 또 무슨 하소연을 늘어 놓겠나이까? 주께서는 그의 선지자를 내게 보내셔서 내가 나아서 앞으로 십오 년을 더 살게 될 것이라고 말씀하셨나이다. 주께서 그 일을 친히 이루셨나이다. 그 일은 이미 이루어진 것이나 다름없이 확실하니이다. 하나님께서는 말씀하신 것을 친히 행하실 것이나이다. 왜냐하면, 주의 말씀은 하나라도 땅에 떨어지는 법이 없기 때문이나이다." 하나님께서 말씀하셨기 때문에, 그는 그 말씀을 확신한다(16절). "나를 치료하시며 나를 살려 주옵소서. 나를 이 병에서 낫게 하실 뿐만 아니라, 나로 내게 맡겨진 햇수 동안 살게 하소서." 이 소망을 가지고서 그는 다음과 같이 한다.

1. 그는 자기가 겪은 환난을 항상 기억하며 살아가겠다고 다짐한다(15절). "내가 환난을 당하는 동안에 행하였던 죄악된 불신과 불평을 가슴 아파하는 자로서, 어떻게 하면 하나님께서 내게 베푸신 은총에 보답할까를 늘 생각하며 살아가고 하나님의 섭리들 덕분에 내가 나음을 입었다는 것을 드러내 보이는 데에 늘 신경을 쓰는 자로서 내 영혼의 고통으로 말미암아 종신토록 조심조심 살아가겠나이다(개역에서는 종신토록 방황하리이다). 많은 사람들이 병이 낫고 나면 이전처럼 별 생각 없이 살아가지만, 나는 무슨 일이든 심사숙고해서 조심조심 살아가겠나이다." 또는, "내가 즐겁게 살아가겠나이다(어떤 이들은 이렇게 해석한다). 하나님께서 나를 건지셨으므로, 내가 하나님이 은혜로우시다는 것을 맛본 자로서 모든 거룩한 행실 가운데서 하나님과 동행하며 기쁘게 행하겠나이다." 또는, "내가 내 영혼의 고통을 겪은 후에도 조심조심 살아가겠나이다(이 본문을 이렇게 읽을 수도 있다). 환난과 괴로움이 끝나고 나서도 나는 그 때의 일을 앞으로 계속해서 간직하고, 그 때 품었던 생각들을 항상 간직하고자 애쓰

겠나이다."

2. 그는 자기가 체험한 하나님의 선하심을 얘기하며 자기 자신과 다른 사람들을 격려하고자 한다(16절). "주께서 나를 위해 행하신 이 일들로 인하여 사람들이 살고 나라가 사나이다(왕의 생명은 곧 나라의 생명이었기 때문에). 이 일들을 들은 자들은 모두 살아나고 위로를 받으리이다. 나를 치료하셨던 바로 그 능력과 선하심으로 인해서 모든 사람들이 목숨을 부지하고 살아가고 있다는 것을 그들은 인정할 수밖에 없으리이다. 내 심령의 생명도 온전히 이 일들에 있사오니, 나의 영적인 생명도 하나님이 나의 목숨을 보존해 주시기 위하여 행하셨던 일들에 의해서 지탱되고 유지되나이다." 우리는 모든 섭리 속에서 하나님의 인자하심을 맛보면 맛볼수록, 우리의 마음은 더욱 넓어져서 하나님을 더 많이 사랑하게 되고 하나님과 더 가까이 살아가게 되는데, 이것은 우리의 영혼의 생명이 된다. 이렇게 우리 영혼이 살아나면, 우리 영혼은 하나님을 찬송하게 될 것이다.

3. 그는 몇 가지 근거를 대면서 그를 치료해 주신 하나님의 긍휼하심을 높이고 찬양한다.

(1) 그가 극한 속에서 일으키심을 받았다는 것(17절). 보옵소서, 내게 큰 고통을 더하신 것은 내게 평안을 주려 하심이라. 산헤립이 패주하여 물러가자, 그는 자기 자신과 그의 나라에 오직 평화와 평안만이 지속될 것이라고 기대하였지만, 갑자기 병에 걸리는 바람에, 그에게 찾아 왔던 모든 즐거움들은 한순간에 죽음의 고통, 담즙이나 쑥처럼 쓰디 쓴 것(개역에서는 큰 고통)이 되고 말았다. 하나님이 적절한 시기를 골라 그를 치료하셨을 때에 그의 상태는 바로 그런 것이었다.

(2) 하나님의 긍휼하심은 그의 영혼에 대한 하나님의 사랑에서 나왔다는 것. 어떤 사람들은 그들의 죄악의 분량이 다 채워졌을 때에 더 큰 심판을 받도록 하기 위하여 진노하심에서 살아나고 그 심판이 연기되는 경우가 있다. 그러나 우리가 현세에서의 긍휼하심들 속에서 하나님의 사랑을 맛보았을 때에 그 긍휼하심들은 우리에게 정말 달다. 주께서 나를 기뻐하시므로 나를 구원하셨도다(시 18:19). 여기에 나오는 말씀은 지극한 사랑의 마음을 나타낸다. 주께서 내 영혼을 사랑하사 썩어짐의 구덩이에서 건지셨나이다. 원문은 그렇게 되어 있다. 하나님의 사랑은 한 영혼을 썩어짐의 구덩이에서 건지시기에 충분하다. 이 말

씀은 그리스도께서 우리를 구속하신 것에 적용될 수 있다. 그리스도께서 우리 영혼을 무저갱에서 건지시고 타다 남은 나무 조각 같은 우리 영혼을 영원히 타오르는 불길로부터 건져내신 것은 멸망 받을 수밖에 없는 우리의 불쌍한 영혼에 대한 사랑 때문이었다. 주께서 그의 사랑과 그의 자비로 우리를 구속하셨다. 하나님께서 우리 육신에 필요한 것들을 공급해 주시고 우리 육신을 잘 보존해 주신 것은 그것이 우리 영혼에 대한 하나님의 사랑으로 말미암아 이루어졌다는 것, 하나님께서 집을 수리해 주신 것은 거기에 거주하는 자에 대한 인자하심 때문이라는 것을 깨달을 때에 갑절로 위로가 된다.

(3) 하나님의 긍휼하심은 죄 사함의 결과였다는 것. "내 영혼에 대한 사랑으로 말미암아 주께서 내 모든 죄를 주의 등 뒤에 던지셨고, 그렇게 하심으로써 내 영혼을 멸망의 구덩이에서 건지셨나이다."

[1] 하나님은 죄를 사하실 때에 다시는 그 죄를 공의와 질투의 눈으로 보시지 않으려 하여 그의 등 뒤로 던져 버리신다. 하나님께서 그 죄를 다시 기억해 내서 벌하시는 일은 결코 없다. 죄 사함이라는 것은 그 죄가 처음부터 없었던 것처럼 여기시는 것이 아니고 처음부터 죄가 아니었던 것으로 여기시는 것도 아니며, 그 죄로 인하여 마땅히 받아야 할 형벌을 면제해 주시는 것이다. 우리가 우리의 죄를 우리 등 뒤로 던져 버리고서 그 죄에 대하여 회개할 생각을 하지 않으면, 하나님은 우리의 죄를 똑바로 주목하시고 그 죄에 대한 책임을 물어서 벌하실 준비를 하신다. 그러나 다윗이 자신의 죄가 자기 앞에 있을 때에 그랬던 것처럼 우리가 우리의 죄를 똑똑히 주목하고서 진정으로 회개하면, 하나님은 우리의 죄를 그의 등 뒤로 던져 버리신다.

[2] 하나님은 죄를 사하실 때에 비록 그 죄가 주홍 같고 진홍 같을지라도 그 죄를 모두 사하셔서 그의 등 뒤로 던져 버리신다.

[3] 죄를 사하신다는 것은 영혼을 멸망의 구덩이, 썩어짐의 구덩이에서 건져 내신다는 것이다.

[4] 우리가 병에서 회복된 것이 죄 사함에서 흘러나온 것임을 알게 될 때에 그것은 참으로 기쁜 일이다. 이렇게 하여, 병의 원인이 제거된 것인데, 그것은 모두 우리의 영혼에 대한 하나님의 사랑 덕분이다.

(4) 하나님의 이 긍휼하심은 그로 하여금 이 세상에서 하나님을 영화롭게 할 기회를 연장해 주신 것이었다는 것. 그는 지금까지 이 세상에서 하나님께

영광을 돌리는 것은 자신의 일이자 기쁨이자 삶의 목적으로 삼아 왔었다.

[1] 만약 그가 이 병으로 죽었다면, 하나님의 영광과 교회의 유익을 위하여 그가 이제까지 섬겨 왔던 일은 이제 끝나게 되었을 것이다(18절). 하늘은 진정으로 하나님을 찬송하고, 신실한 자들의 영혼은 죽어서 천국에 가서 거기에서 천사들과 더불어서 바로 그 하늘의 일을 행한다. 그러나 천국에서 그런다고 해서, 이 세상이 더 좋아질 것이 무엇이 있겠는가? 그것이 이 세상의 싸움터에서 사람들 가운데서 하나님의 나라를 붙들어 주고 진보시키는 데에 무슨 기여를 하겠는가? 스올이 주께 감사하지 못하며, 무덤에 누워 있는 죽은 시체들이 하나님을 찬송할 수는 없다. 사망이 주를 찬양하지 못하며, 다른 사람들에게 하나님을 섬기도록 권하기 위하여 하나님의 완전하심과 은총들을 선포할 수도 없다. 구덩이에 들어가서 더 이상 시험기간 중에 있지도 않고 하나님의 약속들에 대한 믿음으로 살아가지도 못하는 자들은 하나님의 진실하심을 소망하는 것을 통해서 하나님께 영광을 돌릴 수도 없다. 무덤에 누워서 썩어가는 자들은 하나님의 긍휼하심을 더 이상 받을 수도 없고 하나님께 더 이상 찬송을 올려드릴 수도 없다. 오직 마지막 날에 다시 살리심을 받고나서야, 그들은 스스로 영광을 받음과 동시에 하나님께 영광을 돌릴 수 있게 될 것이다.

[2] 그는 병에서 회복된 후에 하나님을 찬송하고 섬기는 일을 계속해서 할 뿐만 아니라 더욱 풍성하게 할 것을 결심한다(19절). 오직 산 자 곧 산 자는 주께 감사하리이다. 산 자들은 그렇게 할 수 있다. 그들은 하나님을 찬송할 기회를 갖고 있고, 그것이 바로 선한 자에게 생명이 소중하고 바라는 것이 되는 주된 이유이다. 히스기야가 더 살 수 있게 된 것을 기뻐한 것은 왕으로서의 위엄과 그의 뒤늦은 성공들로 인한 존귀와 기쁨을 계속해서 누릴 수 있게 되었기 때문이 아니라 계속해서 하나님을 찬송할 수 있을 것이었기 때문이었다. 산 자들은 하나님을 찬송하여야 한다. 그렇게 하지 않는다면, 그들은 헛되이 살고 있는 것이다. 죽을 뻔하였다가 살아난 자들은 죽었다가 다시 생명을 받은 것이나 다름없기 때문에 하나님의 선하심을 깊이 체험한 자로서 남들보다 더 특별하게 하나님을 찬송하지 않으면 안 된다. 히스기야는 병에서 회복된 후에 하나님을 찬송하는 것을 자신의 일로 삼기로 결심한다. "오늘 내가 그것을 행하듯이, 다른 사람들도 비슷한 방식으로 그것을 행하라." 선한 권면을 하는 자들은 선한 모범을 보여야 하고, 자기가 남들로부터 기대하는 것을 자기가 직접 행해야 한

다. 히스기야는 이렇게 말한다. "나와 관련해서 여호와께서는 나를 구원하실 준비를 다 갖추어 두고 계셨다. 하나님은 나를 구원하셨을 뿐만 아니라, 내가 극한 상황 속에 있었을 때에 즉시 나를 구원하실 준비를 다 갖추어 두고 계셨다. 하나님의 도우심은 때를 맞춰 왔다. 하나님은 나를 구원하고자 하신다는 적극적인 의향을 친히 나타내셨다. 여호와께서는 나를 구원하실 준비를 하고 계셨기 때문에 때가 되자 즉시 나를 구원하셨다. 그래서 히스기야는 이렇게 결심한다.

첫째, "내가 하나님을 널리 찬송할 것이다. 나와 내 가족, 나와 내 친구, 나와 내 백성이 모두 한 목소리로 찬송하여 하나님께 영광을 돌릴 것이다. 우리가 수금으로 나의 노래를 노래하여서, 여호와의 전에서 아주 경건하고 진지한 상태에 있는 사람들이 그 노래에 감화를 받아 동참할 수 있게 할 것이다." 하나님의 특별한 긍휼하심들, 특히 회중(會衆)에게 베풀어주신 긍휼하심들은 하나님의 영광과 그의 교회의 덕 세움을 위하여 회중이 부르는 찬송을 통하여 널리 알려져야 한다(시 116:18-19).

둘째, "내가 하나님을 찬송하는 일을 끝까지 계속할 것이다." 우리는 종신토록 하나님을 찬송하여야 한다. 왜냐하면, 우리의 삶의 하루하루가 그 자체로 새로운 긍휼이고 많은 새로운 긍휼들을 수반하기 때문이다. 새로 받은 긍휼하심에 대해서 새롭게 찬송해야 하는 것과 마찬가지로, 이전에 받은 특별한 긍휼하심들에 대해서는 거듭거듭 반복해서 찬송을 드려야 한다. 우리가 살아 있는 것 자체가 하나님의 긍휼하심 덕분이기 때문에, 우리는 살아 있는 동안 호흡이 있고 숨만 붙어 있다면 계속해서 하나님을 찬송하여야 한다.

셋째, "내가 하나님의 찬송을 대대로 전할 것이다." 우리는 종신토록 하나님을 찬송하여야 할 뿐만 아니라, 후세들이 그 찬송에 의지하여 하나님의 신실하심에 영광을 돌릴 수 있도록 하기 위하여 주의 신실을 아버지가 그의 자녀에게 알게 하여야 한다. 자녀들이 하나님의 신실하심을 의지하여서 하나님의 길로 더 가까이 나아갈 수 있게 해주는 것은 부모의 의무이다. 히스기야는 틀림없이 그렇게 하였겠지만, 그의 아들 므낫세는 아버지의 자취를 따라 걷지 않았다. 부모는 자녀에게 많은 선한 것들, 선한 교훈들, 선한 모범들, 선한 책들을 줄 수 있지만, 은혜를 줄 수는 없다.

IV. 이 장의 마지막 두 절에 나오는 내용은 여기에 나오는 이야기 속에는 생략되어 있지만 열왕기하 20장에 나오는 이야기 속에는 들어 있는 내용이다.

따라서 우리는 이 두 절과 관련해서는 두 가지 교훈만을 간략하게 살펴보고자 한다.

1. 하나님의 약속들은 수단들 또는 방편(方便)들의 사용을 막는 것이 아니라 도리어 그런 것들을 일깨워주고 사용하도록 격려하는 역할을 한다는 것. 하나님께서는 히스기야가 반드시 나으리라고 약속하셨었다. 그런데도 히스기야는 한 뭉치 무화과를 가져다가 종처에 붙여야 하였다(21절). 우리가 하나님께 나아가서 도와 달라는 기도를 드리고서도 우리 편에서 아무런 노력도 하지 않는다면, 그것은 하나님을 의지하고 신뢰하는 것이 아니라 시험하는 것이 된다. 우리는 하나님 대신에 의사나 약을 의지해서는 안 되지만, 하나님의 역사하심을 바라는 가운데 그런 것들을 부차적으로 사용하여야 한다. 하나님은 스스로 돕는 자를 도우실 것이다.

2. 우리가 더 살기를 바라고 건강하게 살기를 바라는 주된 목적은 하나님을 영화롭게 하고 선한 일을 하며 하나님을 아는 지식과 은혜에서 더 자라고 천국에 들어갈 준비를 하기 위한 것이 되어야 한다는 것. 히스기야는 내가 나을 징조가 무엇이냐라는 의미로 내가 여호와의 전에 올라갈 징조가 무엇이냐, 즉 내가 여호와의 전에 올라가서 하나님께 영광을 돌리고 하나님과의 교제를 지속하며 다른 사람들에게 하나님을 섬기라고 격려하게 될 것임을 보여주는 징조가 무엇이냐고 물었다(22절). 하나님께서 그의 병을 낫게 하셔서 건강하게 해주신다면, 그가 즉시 성전으로 올라가서 감사제를 드릴 것은 너무도 당연한 일로 전제된다. 그리스도께서는 전에 그가 고쳐 주신 오랫동안 병을 앓고 있었던 자를 거기에서 만나셨다(요 5:14). 신앙 활동들은 선한 자가 본분으로 삼는 일이요 기쁨이기 때문에 그런 활동을 할 수 없다는 것이 병이 주는 가장 큰 고통이고, 그런 활동을 다시 할 수 있게 된다는 것이 병 나은 것이 가져다 주는 가장 큰 위로이다. 내 영혼을 살게 하소서 그리하시면 주를 찬송하리이다.

— 제 39 장 —

개요

이 장에 나오는 이야기도 열왕기하 20장 12절 이하에 이미 나온 바 있다. 이 이야기가 여기에 다시 반복해서 나오는 것은 그것이 기억해 두어야 할 만한 이야기이기 때문만이 아니라 바벨론에 포로로 잡혀갈 것이라는 예언으로 끝나기 때문이다. 이사야서의 예언의 전반부는 산헤립의 침략 및 패주와 자주 관련되어 있었기 때문에 그것에 관한 역사가 그 예언에 덧붙여지는 것이 아주 적절했던 것과 마찬가지로, 이사야서의 후반부는 유다인들이 바벨론으로 포로로 잡혀갈 것과 거기에서 그들이 구원받을 것에 관하여 많이 말하고 있기 때문에 그 사건이 일어나게 된 계기와 아울러서 그 사건에 대한 최초의 예언이 후반부가 시작되기 직전에 언급되는 것이 아주 적절하다. 이 장에는 다음과 같은 내용들이 나온다. I. 병이 나은 것을 축하하기 위하여 온 바벨론 왕의 사자들에게 자신의 보물창고를 보여준 히스기야의 교만과 어리석음(1-2절). II. 이사야가 하나님의 이름으로 그 일에 대하여 히스기야에게 물었고, 히스기야가 사실대로 고백함(3-4절). III. 이 일로 인해서 히스기야에게 언젠가 그의 모든 보물들이 바벨론으로 옮겨지게 될 것이라는 선고가 내려짐(5-7절). IV. 히스기야가 참회하면서 이 선고를 받아들임(8절).

[1]그 때에 발라단의 아들 바벨론 왕 므로닥발라단이 히스기야가 병 들었다가 나았다 함을 듣고 히스기야에게 글과 예물을 보낸지라 [2]히스기야가 사자들로 말미암아 기뻐하여 그들에게 보물 창고 곧 은금과 향료와 보배로운 기름과 모든 무기고에 있는 것을 다 보여 주었으니 히스기야가 궁중의 소유와 전 국내의 소유를 보이지 아니한 것이 없은지라 [3]이에 선지자 이사야가 히스기야 왕에게 나아와 묻되 그 사람들이 무슨 말을 하였으며 어디서 왕에게 왔나이까 하니 히스기야가 이르되 그들이 원방 곧 바벨론에서 내게 왔나이다 하니라 [4]이사야가 이르되 그들이 왕의 궁전에서 무엇을 보았나이까 하니 히스기야가 대답하되 그들이 내 궁전에 있는 것을 다 보았나이다 내 창고에 있는 것으로 보이지 아니한 보물이 하나도 없나이다 하니라

이 단락에서 우리는 다음과 같은 교훈들을 배울 수 있다.

1. 친구들과 이웃들이 기뻐할 때에 함께 기뻐하고, 그들이 곤경에서 벗어났을 때, 특히 병에서 회복되어 나았을 때에 축하하는 것은 사람으로서의 도리이고 사람들 간의 예의라는 것. 바벨론 왕은 히스기야가 중병에 걸렸다가 나았다는 소식을 듣고서 축하하기 위해서 사절을 보냈다. 그리스도인이 되어서 이웃에게 마땅한 도리를 다하지 않는다면, 이교도들이 그리스도인들을 부끄럽게 만들 것이다.

2. 우리 하나님께서 존귀를 더하신 자들을 우리가 존귀하게 여기고 공경하는 것이 마땅하다는 것. 해는 바벨론 사람들의 신이었다. 그런데 히스기야의 병과 관련해서 그 날에 해가 십 도씩이나 뒤로 물러갔다는 말을 듣고서, 그들은 경악을 금치 못하였고, 히스기야에게 그들이 할 수 있는 가장 극진한 예를 갖추어 축하하지 않으면 안 되겠다고 생각하였다. 만민이 자기가 섬기는 신의 이름으로 이렇게 행하는데, 하물며 우리가 그렇게 하지 않아서야 되겠는가?

3. 선한 자들을 선하다는 이유만으로는 소중히 여기지 않는 자들일지라도 다른 이유들, 특히 그들의 세속적인 이해관계 때문에 선한 자들에게 큰 공경을 드리게 될 수 있다는 것. 바벨론 왕이 히스기야의 환심을 사고자 했던 것은 히스기야가 경건했기 때문이 아니라, 마치 여호와께서 이삭과 함께 하시는 것을 보고서 블레셋족이 이삭과 동맹을 맺고자 했던 것과 마찬가지로(창 26:28) 히스기야가 형통하였기 때문이었다. 바벨론 왕은 앗수르 왕의 적이었기 때문에 히스기야에게 호감을 지니고 있었다. 앗수르는 히스기야가 섬기는 하나님의 능력에 의해서 크게 약화되었기 때문이다.

4. 크게 출세하고 모든 일이 잘 되어갈 때에 마음을 낮추기는 어려운 일이라는 것. 히스기야가 바로 그 본보기이다. 그는 지혜롭고 선한 인물이었다. 하지만, 이적이 계속해서 이어지자, 그는 그의 마음이 높아지는 것을 막는 것이 어렵다는 것을 알았다. 그 때에 그는 작은 일 때문에 교만의 덫에 걸리고 말았다. 복된 바울조차도 여러 계시를 받은 것이 지극히 크므로 너무 자만하지 않게 되기 위해서는 육체에 가시가 필요하였다.

5. 우리는 우리가 가진 것들, 우리가 행한 일들, 우리가 얻은 것들을 친구들에게 보여주고자 할 때에는 마치 우리의 힘이나 공로로 그러한 것들을 얻은 것인 양 우리가 그러한 것들을 자랑하려고 그러는 것은 아닌지 우리의 심령을 잘

살펴볼 필요가 있다는 것. 우리가 누리는 것들을 바라보고 그것들에 대하여 애기할 기회가 있을 때에 우리는 다른 사람들이 이룬 것들에 대해서는 정당하게 평가하되, 우리 자신은 그런 것들을 누릴 자격이 없는 자라는 것을 겸손히 인정하고 그런 것들이 오직 하나님의 선하심 때문이라는 것을 감사함으로 인정하여야 하며, 우리의 산이 아주 견고해서 결코 옮겨질 수 없을 것이라는 헛된 꿈을 꾸지 말고 우리가 누리고 있는 것들이 곧 없어지고 변하리라는 것을 예상하여야 한다.

6. 선한 자들이 이 세상의 아들들에 의해서 세상적인 존경을 받는 것을 근거로(물론, 그들에게는 뭔가 특별하고 잘난 구석이 있기는 하겠지만) 자기 자신이 큰 인물이라도 되는 듯이 여기고 사람들로부터 인정받는 것을 좋아하는 것은 큰 약점이 된다는 것. 하나님으로 말미암아 그토록 존귀해진 히스기야가 이방의 왕이 그에게 경의를 표하자 마치 그것이 그에게 무엇을 더해 주기라도 한 듯이 우쭐하여 교만해진 것은 얼마나 불쌍한 일인가! 사람들이 우리에게 예를 갖추어 경의를 표할 때에 우리도 마찬가지로 그들을 정중하게 대해야 하지만, 그런 것들로 인하여 우쭐해지거나 교만해져서는 안 된다.

7. 우리의 마음이 교만해져서 행한 일들은 비록 은밀히 행해진 것이거나 전혀 해악이 없는 것이라고 생각되는 경우에도 하나님께서 그 일들에 대하여 책임을 물으시리라는 것을 각오하고 있어야 한다는 것. 그러므로 우리는 그러한 일들에 대하여 우리 자신에게 책임을 물어야 한다. 우리를 떠받드는 무리들이 있어서 우리가 그들의 칭찬으로 기분이 좋아져서 여러 가지 자랑을 했다면, 우리 마음이 높아지지 않도록 하기 위하여 우리는 하나님에 대한 열심으로 우리 자신을 나무라고 책망하여야 한다. 이 교활하고 영악한 교만의 죄가 우리의 가슴속으로 몰래 숨어들어 와서 우리의 행실 속에 섞여 있다고 의심할 만한 이유가 있을 때에는 우리는 그 죄를 부끄러워하고, 히스기야가 여기에서 그랬던 것처럼 그 죄를 솔직하게 고백하고, 그 죄에 대한 수치를 스스로 담당하여야 한다.

[5]이사야가 히스기야에게 이르되 왕은 만군의 여호와의 말씀을 들으소서 [6]보라 날이 이르리니 네 집에 있는 모든 소유와 네 조상들이 오늘까지 쌓아 둔 것이 모두 바벨론으로 옮긴 바 되고 남을 것이 없으리라 여호와의 말이니라 [7]또 네게서 태어날 자

손 중에서 몇이 사로잡혀 바벨론 왕궁의 환관이 되리라 하셨나이다 하니 ⁸히스기야가 이사야에게 이르되 당신이 이른 바 여호와의 말씀이 좋소이다 하고 또 이르되 내 생전에는 평안과 견고함이 있으리로다 하니라

이 단락에서 우리는 다음과 같은 것들을 살펴볼 수 있다.

1. 하나님께서 우리를 사랑하시면 우리를 낮추실 것이고, 우리의 마음이 정도 이상으로 높아져 있을 때에 이런저런 방법을 사용하셔서 우리의 심령을 끌어내리시리라는 것. 하나님은 히스기야의 교만한 마음을 낮추시고 그가 행한 일이 얼마나 어리석은 일이었는지를 깨우치시기 위해서 이사야를 시켜서 히스기야에게 굴욕적인 메시지를 전하신다. 왜냐하면, 하나님은 사람의 마음속에 있는 모든 것을 알고 계신다는 것을 증명하시기 위하여 여기에서 히스기야의 경우처럼 자기 백성을 죄에 빠지도록 허용하시기는 하지만 그들이 계속해서 죄 속에 머물도록 내버려 두고자 하지는 않으시기 때문이다.

2. 하나님께서 우리가 교만의 재료로 삼고 육체를 의지하는 빌미로 삼는 것들을 우리에게서 빼앗아 가시는 것은 정당한 일이라는 것. 다윗이 자기 백성의 수가 많음을 자랑하자, 하나님은 그 백성의 수를 줄이는 조치를 취하셨다. 히스기야가 자신의 보물들을 자랑하고 흡족한 마음으로 바라보자, 하나님은 히스기야에게, 그가 강도에게 자신의 돈과 금을 보여줌으로써 강도로 하여금 그것들을 강탈하고자 하는 유혹을 받게 한 어리석은 여행자처럼 행하였다고 책망하신다.

3. 우리가 장래에 일들이 어떻게 될지를 알 수만 있다면, 그 일들에 대한 우리의 현재의 생각들을 부끄러워하게 되리라는 것. 히스기야는 만약 그가 이 바벨론 왕의 자손과 후계자들이 나중에 그의 가문과 나라를 멸망시키리라는 것을 알았더라면 그 왕의 사자들에게 지금처럼 행하지는 않았을 것이다. 이사야 선지자가 장차 일이 어떻게 될지를 그에게 알려주었을 때, 우리는 그가 자신이 한 행동에 대하여 얼마나 당혹해했을지를 충분히 상상할 수 있다. 우리는 장래의 일을 확실하게 내다볼 수는 없지만, 하나님으로부터 모든 것이 헛되다는 말씀을 들었기 때문에, 우리가 온갖 헛된 것을 의지하고 거기에 만족하는 것은 헛된 일이다.

4. 불경건한 자들과 사귀거나 동맹을 맺기를 좋아하는 자들은 조만간에 그

대가를 치르고 후회하게 되리라는 것. 바벨론은 창녀들과 우상 숭배자들의 어미였음에도 불구하고, 히스기야는 바벨론과 우호관계를 맺게 된 것이 아주 다행이라고 생각하였다. 그러나 바벨론은 지금은 예루살렘의 환심을 사려 했지만 세월이 지난 후에는 예루살렘을 정복하고 그 주민들을 포로로 끌고 갔다. 죄인들과 어울리고 죄와 어울리면, 그 끝이 이렇게 된다. 그러므로 죄인들을 멀리하는 것이 지혜로운 일이다.

5. 자신의 죄를 진정으로 회개하는 자들은 그 죄에 대하여 책망을 듣는 것을 당연한 것으로 여기고 기꺼이 자신의 잘못에 대하여 듣고자 한다는 것. 히스기야는 그에게 그의 죄를 드러내 주고 그가 미처 깨닫지 못했던 잘못을 알 수 있게 해준 여호와의 바로 그 말씀을 좋게 여겼다. 참된 회개자의 입에서 나오는 말은 의인이 나를 칠지라도 은혜로 여길지라는 것이다. 율법이 선한 것은 율법이 신령하여 죄를 죄로 드러내고 극히 죄악되다는 것을 드러내기 때문이다.

6. 참된 회개자들은 자신의 죄에 대하여 말씀의 책망만이 아니라 섭리에 의한 책망도 순순히 받아들이고자 한다는 것. 히스기야는 자기가 저지른 죄에 대한 징벌에 대하여 들었을 때에 여호와의 말씀이 좋소이다라고 말하고서, 선고를 경감시켜 주신 것만이 아니라 선고 자체도 순순히 받아들였다. 그는 하나님의 선고가 공평하다는 것에 대하여 아무런 이의도 제기할 것이 없었기 때문에, 경고의 말씀에 아멘으로 대답한다. 죄의 악성(惡性)을 잘 알고 죄를 지으면 어떤 벌을 받아야 마땅한지를 잘 아는 자들은 그 죄로 인하여 하나님께서 그들에게 내리시는 모든 것이 정당하다는 것을 시인하고, 자기가 지은 죄에 비하면 하나님의 징벌은 너무 가볍다는 것을 인정한다.

7. 우리는 후손들에 대하여 신경을 쓰지 않아서는 안 되지만, 우리의 생전에 평안과 견고함이 있어서 우리가 예상했던 것보다 하나님의 징벌이 가볍다면, 하나님께서 우리를 많이 생각해 주신 것이라고 여겨야 한다는 것. 폭풍이 곧 올 것이라면, 우리는 폭풍이 오기 전에 항구로 들어가고 평안 중에 무덤으로 들어가는 것을 하나님의 은총으로 여겨야 한다. 그렇지만, 우리는 하나님의 모든 뜻 가운데서 온전히 서고 무슨 일이 생기든 잘 대처하기 위해서는 결코 안일해서는 안 되고, 우리 시대의 변화들에 대하여 대비하여야 한다.

제 — 40 — 장

개요

이 장에서 이사야에서의 예언의 후반부가 시작되는데, 이 후반부는 전반부와의 사이에 역사적 사건을 다루는 장들이 나오는 것을 통해서 서로 구분될 뿐만 아니라 예언의 목적과 문체에 있어서도 서로 구별되는 것으로 보인다. 전반부에서는 선지자의 이름이 전체적인 표제 외에도 특정한 설교들 앞에 자주 언급되었다(사 2:1; 7:3; 13:1). 그러나 후반부는 모두 하나로 연결된 강론(講論)이고, 선지자의 이름은 한 번도 언급되지 않는다. 전반부는 수많은 경고와 화(禍)에 관한 예언의 말씀들로 이루어져 있었지만, 후반부는 수많은 축복의 예언들로 이루어져 있다. 전반부에서는 하나님의 백성이 앗수르의 침략에 의해서 고통을 받다가 거기에서 구원을 받으리라는 것이 주로 예언되었지만, 후반부에서는 그런 일은 이미 지나간 과거의 일로 이야기된다(사 52:4). 훨씬 더 중요한 사건들이었던 바벨론의 포로로 잡혀가는 것과 거기에서 구원을 받는 것이 더 광범위하고 지속적인 관심을 받아서 후반부에서는 주로 그런 것들이 예언된다. 하나님께서는 자기 백성을 포로로 잡혀가게 하시기 전에 그들이 고난과 환난 중에서 힘을 얻고 위로를 받을 수 있도록 그들에게 소중한 약속들을 해 주셨다. 우리는 이 예언이 지닌 영화롭고 은혜로운 빛이 저 암울하고 어두운 날에 그들에게 얼마나 큰 힘이 되었고, 바벨론 강가에서 그들이 흘린 눈물을 닦아주는 데에 얼마나 큰 도움이 되었을지를 충분히 짐작할 수 있다. 그러나 한 걸음 더 나아가서 더 큰 일들을 가리키고 있다. 우리는 이사야서의 전반부에서도 그리스도와 복음의 은혜에 관한 많은 것들을 만났지만, 이 후반부에서는 그러한 것들을 훨씬 더 많이 발견하게 될 것이다. 이 후반부는 마치 신약성서를 예언적으로 의역하고자 하는 것인 양 복음서들과 마찬가지로 "광야에서 외치는 자의 소리여"(사 40:3)라는 말씀으로 시작되고, 요한계시록과 마찬가지로 "새 하늘과 새 땅"(66:22)이라는 말씀으로 끝난다. 심지어 화이트(White)조차도, 하나님께서 유대 민족에게 보이신 모든 긍휼들이 우리 구주께서 인간의 구속을 위하여 행하신 저 영광스러운 일들을 상당 부분 닮은 것과 마찬가지로 하나님께서 유대 민족에게 베푸신 긍휼들은 선지자가 유대인들의 구속에 관하여 말하고 있는 가운데에서도 그의 사고 속에서 더 영광스러운 구원을 염두에 두고 있었음을 분명하게 보여주는 그러한 표현들로 하나님의 성령에 의해서 진술되고 있다는 것을 인정한다. 우리는 이 예언들이 장차 이루어질 것이라고 생각해서 미래를 내다볼 필요가 없다. 왜냐하면, 이사야서에서 예언하고 있는 오실 자가 예수이고 그의 나라라면, 우리는 더 이상 다른 것을 찾아서는 안 되고, 오직 기독교가 이 세상에서 처음으로 전파되고 세워지기 시작하였던 저 복된 일을 계승하여 완성시키고자 하기만 하면 되기 때문이다. 이 장에는 다음과 같은 내용들이 나온다.

I. 구속의 기쁜 소식을 전하고 널리 알리라는 명령(1-2절). II. 이 기쁜 소식은 광야에서 외치는 소리에 의해서 소개되는데, 그 광야의 소리는 모든 장애물들이 제거되리라는 것(3-5절)과 모든 피조물들은 실패하고 시들지만 하나님의 말씀은 견고히 서고 이루어지리라는 것(5-8절)을 약속한다. III. 이 구속이 복을 가져다 줄 것이라는 즐거운 전망이 하나님의 백성에게 주어짐(9-11절). IV. 이러한 구속을 이루시기 위하여 일을 시작하시는 하나님의 주권과 권능을 찬양함(12-17). V. 우상들은 아무것도 아니며 우상 숭배자들은 어리석은 자들이라고 책망함(18-26절). VI. 두려워하고 의기소침해하는 것에 대하여 하나님의 백성을 책망하면서, 몇 마디 말씀으로 그러한 두려움을 잠재움(27-31). 우리는 성경의 이러한 본문이 주는 위로와 인내를 통해서 소망을 가질 수 있다.

¹너희의 하나님이 이르시되 너희는 위로하라 내 백성을 위로하라 ²너희는 예루살렘의 마음에 닿도록 말하며 그것에게 외치라 그 노역의 때가 끝났고 그 죄악이 사함을 받았느니라 그의 모든 죄로 말미암아 여호와의 손에서 벌을 배나 받았느니라 할지니라 하시니라

우리는 여기에서 하나님의 백성에게 위로를 선포하라는 위임과 명령이 이 선지자에게만이 아니라 그와 더불어서 모든 주의 선지자들, 아니 그리스도의 모든 사역자들에게 주어지고 있음을 본다. 1. 하나님의 이러한 위임은 이 선지자가 당시에 살고 있던 선한 자들을 격려할 수 있는 근거가 되었을 뿐만 아니라 그렇게 하라는 명령이기도 하였다. 왜냐하면, 당시의 선한 자들은 유다와 예루살렘이 그들의 뻔뻔스러운 불경건으로 인하여 멸망할 때가 신속히 무르익고 있었고 하나님께서도 섭리를 통해서 그들에 대한 멸망을 서두르고 계신다는 것을 보면서 당시의 상황에 대하여 매우 암울한 인식을 가질 수밖에 없었기 때문이다. 선지자는 그들에게 이 모든 상황에도 불구하고 하나님께서는

그들을 위하여 긍휼을 예비하고 계신다는 것을 확신시켜 주어야 했다. 2. 이 예언은 예루살렘이 폐허가 된 상태에서 포로기를 살아야 했던 선지자들에게 특별히 주어진 명령이었다. 그들은 포로된 자들에게 때가 되면 그들이 자유를 얻게 될 것이라고 격려하여야 했다. 3. 이 예언은 찬송 받으실 성령께서 그리스도인들의 기쁨을 돕는 자와 위로하는 자로 세우신 복음의 사역자들에게 그들이 해야 할 일이 무엇인지를 상기시켜 준다. 이 단락에는 다음과 같은 내용들이 나온다.

I. 하나님의 백성 전체를 향한 위로의 말씀(1절). 선지자들은 하나님으로부터 하나님의 백성을 위로하라는 명령을 받는다(하나님은 거룩한 선지자들의 주 하나님이기 때문이다, 계 22:6). 너희는 위로하라. 내 백성을 위로하라고 명령이 두 번 반복되고 있는 것은 선지자들이 그렇게 하기를 달가워하지 않기 때문이 아니라(그 반대로, 그 일은 그들이 가장 기뻐하는 일들 중의 하나이다) 하나님의 백성의 영혼들은 종종 위로받기를 거부해서 그들을 위로하는 자들은 그들이 받아들일 때까지 계속해서 반복하여 위로의 말씀을 전하여야 하기 때문이다. 좀 더 살펴보자.

1. 이 세상에는 하나님의 백성인 자들이 존재한다. 2. 자기 백성이 가장 괴롭고 약한 때에도 위로를 받게 하고자 하시는 것이 하나님의 뜻이다. 3. 하나님의 백성을 위로하기 위하여 최선을 다하는 것이 사역자들이 해야 할 일이다. 4. 이사야서의 전반부에서 나왔던 것과 같은 죄를 깨닫게 하시는 말씀들 다음에는 반드시 여기 후반부에 나오는 것과 같은 위로의 말씀들이 뒤따라야 한다. 왜냐하면, 하나님은 우리를 찢으시는 분임과 동시에 우리를 고치시는 분이시기도 하기 때문이다.

II. 특히 예루살렘을 향한 위로의 말씀. "너희는 예루살렘의 마음에 닿도록 말하라(2절). 예루살렘 주민들의 마음에 생기를 되찾아주고 그들과 그들에게 속한 모든 것이 힘을 얻게 하며 그들이 잘되기를 바라는 그런 말을 속삭이듯 말하지 말고 예루살렘에게 외치라. 죄인들에게 그들의 죄악을 보이기 위해서 그랬던 것과 마찬가지로 성도들에게 위로를 전하기 위하여 큰 소리로 외치라. 그들로 하여금 그 외치는 소리를 듣게 만들어라."

1. 그들의 고난의 날들이 다 끝났다는 것. "그 노역의 때, 즉 그들이 종살이하기로 되어 있던 정해진 때가 끝났다. 전쟁은 이제 거의 끝나가서 그들이 진

영으로 돌아가서 쉴 때가 다가오고 있다." 인생은 노역이고 전쟁이다(욥 7:1). 그리스도인들의 삶은 그러하다. 그러나 그 싸움은 언제까지나 계속되지는 않을 것이다. 전쟁은 끝나게 될 것이고, 그때가 되면 잘 싸운 병사들은 안식을 얻을 뿐만 아니라 상급을 받게 될 것이다.

2. 그들에게 고난을 가져다준 원인이 제거되었기 때문에 그로 인한 결과도 그치게 되리라는 것. "그 죄악이 사함을 받았고, 하나님께서 그들과 화해하셨기 때문에, 그들은 더 이상 하나님 앞에서 죄인 취급을 받지 않을 것이라고 말하라." 아들아, 기운을 내라. 네 죄악이 사함을 받았느니라는 말보다 더 위로가 되는 말은 없을 것이다. 죄악이 사함을 받으면, 사랑 안에서 고난도 제거된다.

3. 그들에 대한 고난의 목적이 달성되었다는 것. "그의 모든 죄로 말미암아 여호와의 손에서 벌을 배나 받았고, 그들을 우상들로부터 떼어놓기 위한 하나님의 목적도 충분히 성취되었다." 하나님은 우상 숭배의 죄 때문에 그들과 다투셨고, 그들을 우상으로부터 떼어내서 다시 찾아오기 위하여 바벨론으로 포로가 되어 잡혀가게 하셨다. 그들에 대한 하나님의 이러한 목적은 충분히 효과를 거두었다. 바벨론에서의 포로 생활은 그들 속에 뿌리깊이 우상 숭배에 대한 반감을 심어 주었고, 그러한 죄악을 깨끗이 털어내는 데에 갑절의 효력을 발휘한 아주 강력한 치료제였다. 또는, 이 말씀은 하나님께서 그들을 불쌍히 여기시는 마음을 표현한 언어로 해석될 수도 있다. 여호와께서 이스라엘의 곤고로 말미암아 마음에 근심하셨다(삿 10:16) 하나님은 자애로운 아버지처럼 그들을 책망하여 말할 때마다 너무도 마음이 안타까워서(렘 31:21), 그들이 충분히 고쳐졌다고, 이제는 되었다고 말할 준비가 되어 있었다. 그들은 충분히 회개하였기 때문에 하나님께서 그들의 죄악으로 인해서 마땅히 받아야 할 벌보다 더 적게 벌을 주셨다는 것을 인정하였다. 그러나 하나님은 그들을 너무도 불쌍히 여기셨기 때문에 그들이 충분히 벌을 받았다고 말씀하신다. 사실, 진정으로 회개하는 자들은 그리스도와 그의 고난을 통해서 그들의 모든 죄로 말미암아 여호와의 손에서 벌을 배나 받은 것이다. 왜냐하면, 그리스도께서 그의 죽음을 통해서 이루신 대속은 무한한 가치를 지니고 있어서 죄로 인한 과실들을 충분히 상쇄하고 남음이 있기 때문이다. 하나님은 자기 아들을 아끼지 않으셨다.

³외치는 자의 소리여 이르되 너희는 광야에서 여호와의 길을 예비하라 사막에서 우

리 하나님의 대로를 평탄하게 하라 ⁴골짜기마다 돋우어지며 산마다, 언덕마다 낮아지며 고르지 아니한 곳이 평탄하게 되며 험한 곳이 평지가 될 것이요 ⁵여호와의 영광이 나타나고 모든 육체가 그것을 함께 보리라 이는 여호와의 입이 말씀하셨느니라 ⁶말하는 자의 소리여 이르되 외치라 대답하되 내가 무엇이라 외치리이까 하니 이르되 모든 육체는 풀이요 그의 모든 아름다움은 들의 꽃과 같으니 ⁷풀은 마르고 꽃이 시듦은 여호와의 기운이 그 위에 붊이라 이 백성은 실로 풀이로다 ⁸풀은 마르고 꽃은 시드나 우리 하나님의 말씀은 영원히 서리라 하라

하나님께서 시온에게 은혜를 베풀기로 정하신 때가 왔기 때문에, 하나님의 백성은 회개와 믿음을 통해서 그들에게 예정된 은혜들을 받을 준비를 하여야 한다. 우리는 이 단락에서 하나님의 백성에게 회개와 믿음을 촉구하기 위하여 광야에서 외치는 자의 소리가 등장하는 것을 본다. 이 광야의 소리는 포로된 자들과 더불어서 광야의 상태 속에 있으면서 그들의 구원의 날이 동터오는 것을 보고서 그들에게 그날을 준비하도록 진지하게 촉구하고 그들의 구원의 길을 가로막고 있었던 모든 난관들이 제거되었다는 것을 그들에게 확신시킨 선지자들을 가리키는 것이라 할 수 있다. 하나님께서 은혜로 우리를 준비시키시는 것을 우리가 발견하게 된다면, 그것은 우리를 위하여 긍휼하심이 준비되고 있다는 것을 보여주는 좋은 징조이다(시 17편). 그러나 이 광야의 소리는 구체적으로 세례 요한을 가리키는 것이라고 보아야 한다. 왜냐하면, 말씀하시는 분은 하나님이셨지만, 세례 요한은 광야에서 외치는 자의 소리였고, 그가 할 일은 사람들이 그리스도의 복음을 기꺼이 받아들일 수 있도록 그 마음을 준비시킴으로써 주의 길을 예비하는 것이었기 때문이다. 주의 길은 다음과 같은 것들을 통해서 준비된다.

I. 죄에 대한 회개를 통해서. 이것은 세례 요한이 온 유다와 예루살렘을 향하여 외쳤던 것으로서(마 3:2, 5), 그는 이러한 선포를 통해서 주를 위하여 세운 백성을 준비하였다(눅 1:17).

1. 경보가 주어진다. 모든 사람들은 이 경보를 알아듣고서 그들이 위험에 처해 있다는 것을 깨달아야 한다. 하나님께서 긍휼을 베푸시기 위하여 오고 계시는 중이기 때문에, 우리는 하나님을 영접할 준비를 하여야 한다(3-5절). 이 말씀을 바벨론의 포로로 잡혀간 자들에게 적용한다면, 이 말씀은 그들이 돌아

오는 길에 어떤 난관들이 놓여 있다고 할지라도 그것들은 모두 제거될 것이라는 약속으로 해석될 수 있다. 광야에서 외치는 소리(그 소리에 수반된 하나님의 능력)는 길들을 평평하게 하는 선구자적인 역할을 수행한다. 그러나 이 말씀은 그들의 본분이 무엇인지를 가르쳐 주는 말씀으로 해석될 수도 있는데, 그들의 본분은 우리의 본분과 마찬가지로 그리스도께서 그들의 영혼 속으로 들어오시도록 하기 위하여 스스로 준비하는 것이었다.

(1) 우리는 우리의 마음을 그리스도와 그의 복음을 받아들이기에 적합한 심령의 상태로 만들어 놓아야 한다. "너희는 여호와의 길을 예비하라. 너희는 주를 영접할 준비를 하고, 주께서 들어오시는 데에 방해가 될 만한 모든 것을 제거하라. 그리스도께서 들어오실 공간을 만들어 놓아라. 그리스도를 위한 대로를 평탄하게 하라." 주께서 우리를 위하여 긍휼을 준비하고 계시다면, 우리는 당연히 주를 영접할 길을 준비하지 않으면 안 된다. 구주를 받아들일 준비를 하라. 문들아 너희 머리를 들지어다(시 24:7, 9). 구원, 저 큰 구원, 그리고 그 밖의 다른 작은 구원들을 받아들일 준비를 하라. 우리가 적절히 준비될 때에만 하나님은 그 구원들을 이루실 것이다. 우리는 스스로 나서서 주께서 들어오시는 것을 가로막거나 우리 마음문의 빗장을 걸어서는 안 되고, 비록 사막일지라도 거기에 주께서 오실 대로를 만들어 놓아야 한다. 주께서는 우리에게 은혜를 베푸시기 위하여 우리가 그렇게 하기만을 기다리고 계신다.

(2) 우리는 하나님의 은혜로 우리의 마음을 평탄하게 하여야 한다. 그리스도 안에 있는 위로를 받지 못하도록 방해하는 낙심과 의기소침은 돋우어져야 할 골짜기들이고, 그리스도 안에 있는 위로를 받지 못하게 방해하는 마음의 교만, 즉 자신의 공로와 가치를 자랑하며 자부심을 갖는 것은 낮아져야 할 산과 언덕들이다. 하나님의 말씀과 길들에 대하여 편견을 품고 있어서 유순하지 않은 마음들, 그들의 부패한 심성과 세속적인 관심사에 맞지 않는다고 해서 너무도 명백하고 쉬운 하나님의 말씀조차도 거스르고 뒤엎어 버리고자 하는 마음들은 평탄하게 되어야 할 고르지 아니한 곳들이고 평지가 되어야 할 곳들이다. 그리스도의 복음을 사심 없이 듣기만 한다면, 사람들은 반드시 그 복음을 받아들일 수밖에 없게 된다. 이것이 주의 길을 준비하고 예비하는 것이다. 하나님은 이런 식으로 그의 은혜를 통해서 루디아의 경우에서와 마찬가지로 사람들의 마음을 여심으로써 모든 긍휼의 그릇들 속에서 자신의 길을 예비하신다.

2. 이런 준비가 다 되었을 때에 여호와의 영광이 나타날 것이다(5절).

(1) 포로된 자들이 구원을 받아들일 준비가 다 되었을 때, 고레스는 그 구원을 선포하게 될 것이고, 주께서 그 마음을 움직이셔서 그들의 길 앞에 놓인 낙심되는 일들을 과감히 헤쳐 나가고, 그들 앞에 놓여 있는 산들과 골짜기들과 모든 험한 곳들을 아무것도 아닌 것으로 여길 수 있는 담대함과 결연한 의지를 갖게 하신 자들만이 그 구원의 기회를 통해 유익을 얻게 될 것이다.

(2) 세례 요한이 한동안 회개와 금욕과 삶의 개혁을 전하여서 사람들이 주를 받아들일 수 있도록 다 준비시켜 놓았을 때(눅 1:17), 메시야가 직접 그의 영광중에 나타나셔서 요한이 행하지 못한 이적들을 행하시며 그의 은혜를 통해서 요한이 죄를 깨닫게 하는 사역을 통해 상처를 준 자들을 싸매어주고 위로하며 고쳐주실 것이다. 이렇게 나타나신 하나님의 영광은 이방을 비추는 빛이 될 것이다. 단지 유대인들만이 아니라 모든 육체가 그것을 함께 보리라. 포로된 자들이 돌아오는 것을 이웃 나라들이 볼 때(시 126:2), 그들은 그것을 보고 여호와를 칭송하며 그것을 보고 여호와를 환영하게 될 것이다. 그 일은 하나님의 말씀이 일점일획이라도 땅에 떨어지지 않으리라는 약속의 말씀의 성취가 될 것이다. 여호와의 입이 말씀하셨다. 그러므로 여호와의 손이 그것을 이루실 것이다.

Ⅱ. 그 어떤 피조물이 아니라 주의 말씀을 신뢰함을 통해서 여호와의 입이 말씀하셨기 때문에 광야에서 외치는 자의 소리는 그것을 이어받아서 우리 하나님의 말씀은 영원히 서리라(8절)**고 외친다**(들을 귀 있는 자는 들을지어다).

1. 이렇게 예언들과 구원의 약속들이 성취되고, 그것들이 때가 되면 온전히 이행됨으로써 하나님의 말씀이 확실하고 믿고 의지할 만한 것임이 증명된다. 우리가 하나님의 말씀을 전적으로 의지하고, 우리의 모든 소망을 거기에 두며, 하나님의 말씀이 우리를 부끄럽게 만들지 않을 것이라고 확신할 때에 우리는 구원받을 준비가 된 것이다. 우리는 하나님의 말씀에 의지할 때에 모든 육체는 풀이어서 마르고 시든다고 고백하지 않을 수 없게 된다.

(1) 인간의 힘이 구원을 가로막고 있는 것처럼 보인다고 할지라도 두려워할 필요가 없다. 왜냐하면, 인간이나 인간의 힘은 하나님의 말씀 앞에서 풀과 같을 것이기 때문이다. 그것은 시들고 짓밟히게 될 것이다. 바벨론인들은 오만방자하여 예루살렘을 영원히 초토화시킬 것이라고 굳게 믿었지만, 그들은 풀과

같아서 주의 영이 그 위에 불면 그들의 모든 영광은 흔적도 없이 사라지고 만다. 왜냐하면, 예루살렘을 구원하시겠다고 약속하신 하나님의 말씀이 영원히 설 것이고, 원수들의 힘으로는 하나님의 말씀이 시행되는 것을 가로막을 수 없기 때문이다.

(2) 인간의 힘이 구원을 가져다 줄 것처럼 보인다고 해도 그것을 의지해서는 안 된다. 왜냐하면, 인간의 힘은 주의 말씀에 비하면 풀과 같아서, 우리의 소망을 세울 유일하게 확고한 토대는 주의 말씀뿐이기 때문이다. 하나님께서는 자기 백성을 구원하는 일에 착수하실 때에는 그들의 피조물들을 의지하거나 산들과 언덕들로부터 도움을 받지 못하도록 막으신다. 그들은 피조물들에게서 실망하게 될 것이고, 피조물들에게 걸었던 그들의 기대는 좌절될 것이다. 여호와의 성령(개역에서는 여호와의 기운)이 그 위에 붊이라. 왜냐하면, 하나님은 자기 백성이 피조물을 의지하고 거기에 소망을 두는 것을 용납하지 않으실 것이기 때문이다. 오직 하나님의 말씀만이 영원히 설 것이기 때문에, 그 말씀을 믿는 우리의 믿음만이 영원히 설 것이다. 우리가 그런 믿음을 갖게 될 때까지는 긍휼을 받기에 합당한 자가 되어 있지 않은 것이다.

2. 우리 하나님의 말씀, 이제 나타나실 바로 그 주의 영광, 복음, 복음에 수반되는 은혜와 복음을 통해서 우리 안에서 이루어질 은혜는 영원히 설 것이다. 이것만이 모든 믿는 자들을 만족시켜 주는 것이기 때문에 그들은 피조물들에게서 오는 온갖 위로와 낙들이 풀 같이 마르고 시든다는 것을 발견하게 된다. 그래서 사도 베드로는 이 말씀을 적용하여 이렇게 말한다(벧전 1:23-25). 오직 주의 말씀은 세세토록 있도다 하였으니 너희에게 전한 복음이 곧 이 말씀이니라 너희가 거듭난 것은 썩어질 씨로 된 것이 아니요 썩지 아니할 씨로 된 것이니 살아 있고 항상 있는 하나님의 말씀으로 되었느니라. 주의 길을 예비하기 위해서는 우리가 다음과 같은 것을 확실히 깨달아야 한다.

(1) 피조물은 헛되고, 모든 육체는 마르고 시든 풀이라는 것. 우리 자신은 그런 존재이기 때문에 스스로 구원할 수 없다. 우리의 모든 친구들도 그런 존재이기 때문에 우리를 구원할 수 없다. 사랑스러워 보이는 피조물들의 온갖 아름다움은 단지 풀의 꽃과 같아서 곧 시들어 버리기 때문에, 그것들을 통해서 우리는 하나님께 나아가거나 열납될 수 없다. 우리는 죽어가는 피조물들이다. 우리가 이 세상에서 누리는 온갖 낙(樂)들은 결국 사라져 없어질 낙들이기 때

문에 영원히 죽지 않는 우리의 영혼을 행복하게 해줄 수 없다. 우리는 피조물 너머에 있는 구원과 분깃을 바라보아야 한다.

(2) 하나님의 약속은 유효하다는 것. 우리는 주의 말씀은 모든 육체가 할 수 없는 것을 우리를 위하여 해주실 수 있다는 것, 주의 말씀은 영원히 서 있기 때문에 마찬가지로 영원히 살 우리 영혼에게 필요한 행복을 끝까지 제공해줄 수 있다는 것을 확신하여야 한다. 왜냐하면, 눈에 보이지 않고 믿어야 하는 것들이 영원하기 때문이다.

⁹아름다운 소식을 시온에 전하는 자여 너는 높은 산에 오르라 아름다운 소식을 예루살렘에 전하는 자여 너는 힘써 소리를 높이라 두려워하지 말고 소리를 높여 유다의 성읍들에게 이르기를 너희의 하나님을 보라 하라 ¹⁰보라 주 여호와께서 장차 강한 자로 임하실 것이요 친히 그의 팔로 다스리실 것이라 보라 상급이 그에게 있고 보응이 그의 앞에 있으며 ¹¹그는 목자 같이 양 떼를 먹이시며 어린 양을 그 팔로 모아 품에 안으시며 젖먹이는 암컷들을 온순히 인도하시리로다

여호와의 영광이 나타나리라(5절)고 약속되었다. 하나님의 백성은 이 약속에 대한 소망으로 위로를 받아야 한다. 이제 우리는 여기에서 다음과 같은 것들에 대하여 듣는다.

I. 여호와의 영광이 어떻게 나타날 것인가(9절).

1. 여호와의 영광은 시온과 예루살렘에 나타날 것이다. 시온과 예루살렘에 남아 있는 자들, 포도원을 관리하며 농사를 짓고 있던 이 땅의 가난한 자들, 즉 남은 자들에게 여호와의 영광이 나타날 것이다. 그들은 그들의 형제들이 다시 돌아오게 되리라는 말을 듣게 될 것이다. 또한, 시온과 예루살렘에 속하여 있었고 그 곳에 대한 애정을 여전히 지니고 있는 포로된 자들도 그런 말을 듣게 될 것이다. 시온은 바벨론 성에 거주할 것이란 말을 듣는다(슥 2:7). 거기에서 시온은 포로 귀환을 허락한 고레스의 영을 듣게 될 것이다. 따라서 난외 주에서는 너, 아름다운 소식을 시온에 전하는 자여로 읽는데, 이것은 그 소식을 전하는 데에 사용될 자들을 가리킨다. 선한 뜻으로 그 일을 행하고, 그 소식을 방방곡곡에 전하며, 시온의 아들들에게 그들의 언어로 그 소식을 알려서, 그들에게 이르기를 너희의 하나님을 보라고 말하라.

2. 이 소식은 시온과 예루살렘에 의해서 전해질 것이다(본문은 이렇게 되어 있다). 거기에 남아 있던 자들, 이미 돌아온 자들은 구원이 확실하게 다가오고 있음을 발견하고서 유다의 모든 성읍에 사는 자들이 잘 들을 수 있도록 사람들이 가장 많이 모이는 곳들에서 그 소식을 전하게 될 것이다. 최대한으로 목청을 높여서 큰 소리로 그 소식을 전하라. 너무 무리하는 것이 아닌가 걱정하지 말고 힘써 소리를 높이라. 원수가 그 소리를 듣고서 시비를 걸어오지는 않을까, 그들이 전했던 것과는 달리 그렇게 좋은 소식이 아니라는 것이 밝혀지거나 사실과 다르다는 것이 밝혀지게 되면 어쩌나 걱정하지 말라. 유다의 성읍들과 온 나라의 주민들에게 너희의 하나님을 보라고 말하라. 하나님께서 자기 백성을 구원하시는 일을 진행하고 계실 때, 그의 백성들은 그들의 친구들에게 그 소식을 부지런히 전파하여야 하고, 그 일을 행하신 분이 하나님이시라는 것을 알려야 한다. 누가 도구로 사용되었든지 간에 그 일을 하시는 분은 하나님이시다. 그는 그들의 하나님, 그들과 언약을 맺으신 하나님으로서 행하시는 것이기 때문에, 그 일로 인해서 유익과 위로를 거둘 자들은 바로 그들이다. "그 분을 보라. 그 일 속에서 그의 손길을 알아차리라. 도구들로 사용되고 있는 자들 너머에 계시는 그를 보라. 너희가 오랫동안 기다렸던 그 하나님께서 마침내 오셨다(사 25:9). 이는 우리의 하나님이시라. 우리가 그를 기다렸도다." 이 말씀은 포로 생활에서 돌아온 자들이 예루살렘으로 돌아오자마자 제단을 세우고서 희생제사를 드리는 데에 합류하라고 유다의 성읍들에 초청장을 보낸 것을 가리킬 수 있다 (스 3:2-4). "하나님에 대한 예배가 다시 개시될 때, 그것을 너희의 모든 형제들에게 알려서 그들도 너희와 더불어서 그 예배에 참석하여 위로를 얻게 하라." 그러나 이 말씀은 사도들이 예루살렘에서 시작하여 복음을 모든 나라들에 두려움 없이 담대하게 널리 전하게 되었을 때에 온전히 성취되었다. 광야에서 외치는 소리는 그가 오실 것이라고 알렸지만, 여기에서는 그가 이미 오셨다고 말한다. 보라 하나님의 어린 양이로다. 너희의 구속주를 똑똑히 보라. 너희의 왕, 너희의 하나님을 보라.

II. 장차 나타날 그 영광은 무엇인가. "너희의 하나님이 오셔서 그 모습을 나타내실 것이다."

1. 그는 왕의 권능과 위엄으로 오실 것이다(10절). 주 여호와께서 장차 강한 자로 임하실 것이다. 그는 반대를 받기는 하겠지만 아주 강하셔서 그 앞길을 가

로막을 자가 없을 것이다. 그는 강한 손으로 자기 백성을 복종케 하실 것이고, 원수들을 억제하며 정복하실 것이다. 자기 앞에 놓여 있는 온갖 난관들을 다 쳐부술 수 있을 정도로 강하신 분이 오실 것이다. 우리 주 예수는 권능으로 충만하신 강하신 구주였다. 어떤 이들은 이 본문을 그가 강한 자를 치러 임하실 것이다로 읽기도 하는데, 이것은 그가 강한 자를 이기실 것임을 의미하는 것으로 해석된다. 사탄은 무장한 강한 자이다. 그러나 우리 주 예수는 사탄보다 더 강하신 분이고, 그가 그런 분이시라는 것이 증명될 것이다.

(1) 그는 모든 반대에 구애받지 않고 다스리실 것이다. 친히 그의 팔로 다스리실 것이다. 그는 모든 반대를 다 제압하고서 친히 그의 뜻을 이루심으로써 영광을 받으실 것이다. 왜냐하면, 그 자신이 목적이시기 때문이다.

(2) 그는 의로우신 재판장으로서 모든 사람을 각자의 행위에 따라서 보응하실 것이다 상급이 그에게 있도다. 그는 왕으로 다시 돌아오셔서 반역자들에게는 벌을, 충성스러운 자들에게는 상을 내리실 것이다.

(3) 그는 자신의 일을 끝까지 수행하여 자신의 목적을 이루실 것이다. 그의 일이 그의 앞에 있도다. 즉, 그는 자기가 무슨 일을 해야 하는지, 그 일을 이루려면 어떻게 해야 하는지를 잘 알고 계신다. 그는 자기가 무엇을 하고자 하는지를 아신다.

2. 그는 목자가 지닌 불쌍히 여기는 마음과 자애로운 마음을 지니고 오실 것이다(11절). 하나님은 이스라엘의 목자이시다(시 80편). 그리스도는 선한 목자이시다(요 10:11). 왕의 강한 손으로 다스리시는 그는 목자의 인자한 손길로 양 떼를 인도하시고 먹이신다.

(1) 그는 그에게 속한 양 떼, 작은 무리들을 돌보신다. 그는 목자 같이 양 떼를 먹이실 것이다. 그의 말씀은 그의 양 떼가 먹는 양식이다. 그의 규례들은 그의 양 떼가 그의 안에서 꼴을 먹는 초장이다. 그의 사역자들은 그의 양 떼를 돌보도록 임명받은 작은 목자들이다.

(2) 그는 그의 돌보는 손길을 가장 필요로 하는 자들, 약해서 스스로 어떻게 할 수 없고 곤경을 헤쳐 나가는 데에 익숙하지 않은 어린 양들, 몸이 무거워서 어떤 위험이 닥치면 새끼들을 버릴 수도 있는 젖 먹이는 암컷들을 특별히 돌보신다. 그는 양 떼에서 낙오하거나 이탈하는 양이 없는지 특별히 신경을 쓰신다. 선하신 목자는 전도유망하고 희망이 있는 자녀들, 이제 막 천국으로 가는

길에 들어선 초심자들, 믿음이 약한 신자들, 심령에 근심이 있는 자들을 따뜻하게 돌보신다. 이들은 그의 양 떼에 속한 어린 양들이고, 그는 각각의 양들이 조금도 부족함이 없도록 그들을 돌보실 것이다.

[1] 그는 그들을 그의 권능의 칼로 모으실 것이다. 그의 능력은 그들의 약함 속에서 온전하여질 것이다(고후 12:9). 그는 그들이 길을 잃고 방황할 때에 그들을 모아들이실 것이고, 그들이 넘어질 때에 일으켜 세우실 것이며, 그들이 흩어질 때에 그들을 한데 모으실 것이고, 마침내 그들을 자기 자신에게로 영원히 모으실 것이다. 아무도 그의 팔로 모아들인 양들을 빼앗아가지 못할 것이다(요 10:28).

[2] 그는 그들을 그의 사랑의 품에 안으셔서 거기에서 그들을 품으실 것이다. 그들이 지치거나 피곤할 때에, 아파서 기운이 없어지거나 험한 길을 만날 때, 그는 그들을 품에 안고 가셔서 그들이 뒤처지지 않게 하실 것이다.

[3] 그는 그들을 온순히 인도하실 것이다. 그는 말씀을 통해서 그들에게 적절한 섬김 이외의 것을 요구하지 않으시고, 섭리를 통해서 그들에게 필요한 고난 이외의 것을 주지 않으신다. 왜냐하면, 그는 그들의 체질을 아시기 때문이다.

[12]누가 손바닥으로 바닷물을 헤아렸으며 뼘으로 하늘을 쟀으며 땅의 티끌을 되에 담아 보았으며 접시 저울로 산들을, 막대 저울로 언덕들을 달아 보았으랴 [13]누가 여호와의 영을 지도하였으며 그의 모사가 되어 그를 가르쳤으랴 [14]그가 누구와 더불어 의논하셨으며 누가 그를 교훈하였으며 그에게 정의의 길로 가르쳤으며 지식을 가르쳤으며 통달의 도를 보여 주었느냐 [15]보라 그에게는 열방이 통의 한 방울 물과 같고 저울의 작은 티끌 같으며 섬들은 떠오르는 먼지 같으리니 [16]레바논은 땔감에도 부족하겠고 그 짐승들은 번제에도 부족할 것이라 [17]그의 앞에는 모든 열방이 아무것도 아니라 그는 그들을 없는 것 같이, 빈 것 같이 여기시느니라

이 단락의 목적은 이스라엘의 하나님이자 구원자이신 주 여호와가 얼마나 크시고 영화로우신 존재인지를 보여주는 것이다. 여기에서 이러한 내용이 나오는 것은 다음과 같은 목적을 위해서이다. 1. 바벨론의 포로로 잡혀 있는 하나님의 백성이 아무리 약하고 그들을 압제하는 자들이 아무리 강하다고

할지라도, 그들이 하나님께 소망을 두고 하나님을 의지하도록 격려하기 위해서. 2. 그들이 하나님께 꼭 붙어있고 다른 신들을 쫓아가지 않도록 하기 위해서. 왜냐하면, 주 여호와와 비할 수 있는 존재는 아무도 없기 때문이다. 3. 그리스도에 의한 구속에 관한 기쁜 소식을 거룩한 경외심과 하나님을 공경하는 마음으로 받아들이는 모든 자들을 자기 소유로 삼기 위해서. 하나님께서는 그 은혜로 스스로를 낮추시고 겸비하셔서 너희의 하나님을 보라(9절)고 말씀하셨고, 그가 목자 같이 양 떼를 먹이시리라(11절)고 말씀하셨지만, 우리는 하나님께서 그러한 겸비를 보여주셨다고 해서 모든 것 위에 뛰어나신 그의 영광이 줄어들었다고 생각해서는 결코 안 된다. 우리의 하나님이 얼마나 크신 분인가를 똑똑히 보고서, 그 앞에서 두려워하라.

I. 하나님의 권능은 한이 없으시고, 그 어떤 피조물도 하나님과 비할 수 없으며, 하물며 하나님과 다툴 수는 더더욱 없다(12절).

1. 하나님의 권능은 모든 것에 미친다. 하늘을 보라. 얼마나 광대한가. 그러나 크신 하나님은 뼘으로 하늘을 재신다. 하나님께는 하늘은 단지 한 뼘의 길이밖에 되지 않을 정도로, 하나님은 그렇게 큰 손을 가지고 계신다. 땅을 보라. 하나님은 땅도 마음대로 갖고 노신다. 우리는 손바닥으로 단지 작은 양의 물만을 담을 수 있지만, 하나님은 세상의 모든 물을 손바닥으로 헤아리실 수 있으시다. 하나님은 육지도 마음대로 다루신다. 왜냐하면, 땅의 티끌을 되에 또는 그의 세 손가락 속에 담아내실 수 있기 때문이다. 하나님께 이 땅은 한 줌밖에 되지 않는 것, 또는 엄지손가락과 다른 두 손가락으로 담을 수 있는 것에 불과하다.

2. 하나님은 엄청난 힘을 지니고 계셔서 장사하는 사람들이 접시저울에 올려놓았다가 다시 거기에서 꺼내는 것처럼 산들과 언덕들을 쉽게 옮기실 수 있다. 하나님은 마치 산과 언덕들을 막대저울로 달듯이 그의 손으로 그것들을 정확하게 균형을 잡으신다. 이러한 말씀은 하나님의 창조 사역을 가리키는 것일 수 있는데, 하나님은 하늘을 정확히 뼘으로 재서 펼쳐 놓으셨고, 땅과 물들을 정확히 그 분량을 재서 알맞은 비율로 배치하셨으며, 이 지구의 바닥짐으로서의 역할을 하도록 육중한 산들을 만들어 놓으셨다. 또한, 이 말씀은 섭리의 사역(이것은 창조 사역의 연속이다)을 가리키는 것으로서 모든 피조물들이 서로서로 잘 부합하고 맞아떨어진다는 것을 보여주는 것일 수 있다.

**II. 하나님의 지혜는 측량할 수 없어서, 그 어떤 피조물도 정보를 제공하거

나 훈수를 둘 수 없다(13-14절).   아무도 하나님께서 행하셨거나 행하시고 계신 일을 할 수 없는 것과 마찬가지로, 아무도 하나님께서 행하시는 일을 돕거나 하나님이 미처 생각하지 못하셨던 것을 옆에서 지적해 줄 수 없다. 하나님께서 그의 영을 통해서 세상을 만드셨을 때(욥 26:13), 무엇을 할 것인가, 또는 어떻게 할 것인가에 대하여 그의 성령을 지시하거나 그에게 어떤 조언을 주는 자는 아무도 없었다. 또한, 이 세상의 가장 지혜로운 왕이라 할지라도 규례와 법률을 아는 자들에게 조언을 구하지만(에 1:13), 하나님은 이 세상을 통치하시는 데에 그에게 조언을 해줄 그 어떤 모사도 필요로 하지 않으시고, 하나님이 자문을 구하시는 그 어떤 자도 존재하지 않는다. 하나님은 어떤 일이 일어났는지를 완벽하게 알고 계시기 때문에 그런 것에 대하여 보고를 들을 필요도 없으시다. 또한, 하나님은 올바른 목표와 적절한 수단 둘 모두를 잘 알고 계시기 때문에 어떤 일을 어떤 방식으로 해야 할 것인지에 대하여 조언을 들으실 필요도 없으시다. 이런 말씀을 여기에서 몹시 강조하여 역설하고 있는 것은 가련한 포로된 자들이 그들 중에 그들을 대변해서 궁정에서 로비를 벌이거나 그들에게 자유를 얻게 해줄 길을 모색하기 위해서 그들을 도와줄 모사나 정치가가 없었기 때문이었다. "아무런 걱정을 하지 말라. 너희에게는 모사나 정치가들의 도움을 전혀 필요로 하지 않으시는 하나님이 계신다." 하나님을 정의의 길로 가르칠 자가 아무도 없었던 창세 전에 그리스도에 의한 구속 사역을 통해서 우리에 관한 모든 문제가 해결되도록 이미 정해져 있었다(고전 2:7).

III. 세상의 열방은 하나님에 비하면 아무것도 아니다(15, 17절).   이 땅의 모든 강대한 나라들, 가장 막강한 권세를 누리고 으리으리한 영화 속에서 살아가는 왕들과 인구가 많고 가장 부유한 나라들을 다 합쳐놓아 보라. 수많은 섬들, 이방의 섬들을 다 모아놓아 보라. 그것들이 하나님과 경쟁하거나 하나님을 반대할 때에 하나님 앞에서 그것들은 거대한 대양과 비교되는 통의 한 방울 물과 같고 땅의 모든 티끌과 비교되는 저울의 작은 티끌과 같다(저울의 티끌은 저울 눈금에 아무런 영향도 주지 못할 정도로 아주 작아서 무시된다). 하나님께 그것들은 아주 작은 것으로서 말할 가치조차 없는 것들이다. 그것들은 모두 다 합쳐놓는다고 하여도 하나님 보시기에는 없는 것, 전혀 존재하지 않는 것이다. 왜냐하면, 그것들은 완전하시고 모든 것에 충족하신 하나님께 더해 주는 것이 없기 때문이다. 하나님은 그것들을 없는 것으로 여기시기 때문에, 우리도 그것들을 하나님과 비교해서 없는 것으로 여겨야 한다. 하나님은 처음에 그것들을 아무 것도 없는 것에서 만들어 내셨던 것처럼 언제든지 그것들을 쉽게 무로 돌아가 게 하실 수 있다. 하나님께서 어떤 일을 하실 때에 그 어떤 피조물이 돕거나 저 항하는 것을 전혀 안중에 두지 않으신다. 그것들은 모두 없는 것, 빈 것이다. 여 기서 빈 것으로 번역된 단어는 창세기에서 혼돈하고 공허한 상태를 가리키는 데에 사용된 것인데(창1:2) 모든 피조물들은 그 공허로 돌아가게 될 것이다. 이 러한 것을 생각할 때에, 우리는 하나님을 높이고 이 세상을 하찮게 여길 수밖 에 없고, 사람이 아니라 하나님을 우리가 두려워하고 소망을 둘 분으로 삼지 않을 수 없다. 이 세상이 하나님께 그토록 보잘것없고 미미한 것인데도 불구하 고 하나님께서 이 세상을 구속하기 위하여 독생자를 주신(요 3:16) 것은 이 세 상에 대한 하나님의 사랑이 얼마나 큰 것인지를 잘 보여준다.

Ⅳ. 교회의 섬김은 하나님께 더해 주는 것이 아무것도 없고, 하나님의 무한 하신 완전하심에 그 어떤 것도 기여할 수 없다(16절).   레바논은 땔감에도 부족 하다. 레바논의 산림은 백향목으로 빽빽하게 채워져 있지만 제단의 땔감으로 사용하기에도 부족하다. 또한, 레바논에는 무수한 짐승들이 있지만, 그것들은 번제에 사용하기에도 부족하다(16절). 우리가 무엇으로 하나님을 존귀하게 한 다고 하여도, 그것은 하나님의 완전하심을 기리는 데에 턱없이 부족하다. 왜냐 하면, 하나님은 모든 송축이나 찬양, 번제와 희생제사보다 훨씬 높이 계시기 때 문이다.

[18]그런즉 너희가 하나님을 누구와 같다 하겠으며 무슨 형상을 그에게 비기겠느냐 [19] 우상은 장인이 부어 만들었고 장색이 금으로 입혔고 또 은 사슬을 만든 것이니라 [20] 궁핍한 자는 거제를 드릴 때에 썩지 아니하는 나무를 택하고 지혜로운 장인을 구 하여 우상을 만들어 흔들리지 아니하도록 세우느니라 [21]너희가 알지 못하였느냐 너 희가 듣지 못하였느냐 태초부터 너희에게 전하지 아니하였느냐 땅의 기초가 창조 될 때부터 너희가 깨닫지 못하였느냐 [22]그는 둥근 땅 위에 앉으시나니 땅에 사는 사 람들은 메뚜기 같으니라 그가 하늘을 차일 같이 펴셨으며 거주할 천막 같이 치셨 고 [23]귀인들을 폐하시며 세상의 사사들을 헛되게 하시나니 [24]그들은 겨우 심기고 겨 우 뿌려졌으며 그 줄기가 겨우 땅에 뿌리를 박자 곧 하나님이 입김을 부시니 그들 은 말라 회오리바람에 불려 가는 초개 같도다 [25]거룩하신 이가 이르시되 그런즉 너

희가 나를 누구에게 비교하여 나를 그와 동등하게 하겠느냐 하시니라 [26]너희는 눈을 높이 들어 누가 이 모든 것을 창조하였나 보라 주께서는 수효대로 만상을 이끌어 내시고 그들의 모든 이름을 부르시나니 그의 권세가 크고 그의 능력이 강하므로 하나도 빠짐이 없느니라

선지자는 여기에서 다음과 같은 자들을 책망한다. 1. 하나님을 피조물의 형상을 지닌 우상으로 표현하여서, 하나님의 진리를 거짓으로 바꾸어 놓고 하나님의 영광을 부끄러운 것으로 바꾸어 놓은 후에, 그 우상들이 하나님을 닮았다고 말하여, 그 우상들에게 충성을 맹세한 자들. 2. 하나님의 자리에 피조물들을 앉혀 놓고서, 마치 그것들이 하나님의 상대가 되기라도 하는 것처럼 여겨서 하나님보다 그것들을 더 두려워하고, 마치 그것들이 하나님과 경쟁자가 되기에 적합하기라도 하다는 듯이 하나님보다 그것들을 더 사랑한 자들. 그들에 대한 힐책은 여기에서 두 번 반복된다. 선지자는 18절에서 너희가 하나님을 누구와 같다 하겠느냐고 힐책하고, 25절에서는 거룩하신 이가 직접 너희가 나를 누구에게 비교하겠느냐고 힐책하신다. 이것은 다음과 같은 것이 얼마나 어리석고 터무니없는 것인지를 보여준다. (1) 눈에 보이지 않는 분을 눈에 보이는 형상으로 만들어서, 그 형상이 신에 의해서 생명이 부여된 것으로 생각하여, 그 형상을 신으로 섬기는 우상 숭배. 이것은 인간의 본성이 얼마나 부패했는지를 보여주는 예일 뿐만 아니라 하나님의 본성에 대한 참을 수 없는 침해이다. (2) 피조물을 하나님과 동등한 것으로 여겨서 사랑하는 영적인 우상 숭배. 교만한 자들은 자기 자신을 하나님과 동등한 것으로 여기고, 탐욕스러운 자들은 돈을 하나님과 동등한 것으로 여긴다. 우리가 어떤 것을 하나님보다 더 공경하거나 사랑하고 두려워하거나 소망을 건다면, 우리는 그 피조물을 하나님과 동등한 것으로 여기는 것인데, 이것은 만물 위에 계시는 하나님에 대한 가장 큰 모욕이다. 이제 선지자는 이런 짓을 하는 것이 얼마나 터무니없고 어리석은 것인지를 보여주기 위해서 다음과 같이 한다.

I. 우상들은 가장 큰 경멸을 받아야 마땅한 천하고 비루한 것들이라고 말한다(19-20절). "부자들이 세워 놓고 예배하는 그럴듯한 우상들을 보라. 그 우상들은 장인이 금속을 사용해서 어떤 형상으로 만들어 금박을 입혀서 금 우상이 된 것들이다. 그것들은 장인이 만든 것이기 때문에 피조물이고 결코 신이 아

니다(호 8:6). 그것이 신이 될지 안 될지, 어떤 형상을 지닐지는 장인의 뜻에 달려 있다. 그것은 순전히 속임수이다. 왜냐하면 그것은 겉에만 금으로 되어 있을 뿐 그 안은 납이나 동이고, 진정으로 신을 나타내지 않는 것이어서 그 신을 숭배하는 자들을 속이는 것일 뿐이기 때문이다. 하물며, 우상들 중에서 가장 열악한 종류의 것들, 즉 가난한 자들이 섬기는 우상들은 얼마나 초라하고 비루한 것들인가! 자기가 섬기는 신에게 희생제물조차도 드릴 수 없을 정도로 궁핍한 자도 자신의 우상을 만들어서 모셔놓지 않으면 불안해한다. 그래서 그는 청동이나 돌을 살 수 있는 돈을 갖고 있지 못하기 때문에 나무로 만든 우상을 갖고자 하여, 썩지 아니하는 나무를 택해서 새긴 우상을 만든다. 하지만 부자이든 가난한 자든 둘 다 그들의 우상을 너무도 소중히 여겨서 결코 빼앗기고자 하지 않는다는 점에서는 똑같다. 부자는 자신의 금 우상을 도둑맞지 않기 위해서 은 사슬로 묶어놓고, 가난한 자는 비록 나무로 만든 새긴 우상을 모셔 놓고 있지만 그 우상이 도둑맞지 않도록(개역에서는 흔들리지 아니하도록) 신경을 쓴다." 여기서 잠깐 멈추고서 다음과 같은 것들을 살펴보자.

1. 이러한 우상 숭배자들이 그들 자신이 만든 신들(느후스단, 청동 조각들 또는 나무토막들)이 좋은 일을 가져다 줄 수 있을 것이라고 허황된 꿈을 꿈으로써 얼마나 스스로를 부끄럽게 만들고 그들 자신의 이성에 얼마나 수치를 끼치고 있는지. 그들의 생각은 이토록 헛된 것이었다. 그들의 어리석은 마음이 얼마나 어두워졌는가!

2. 이러한 우상 숭배자들이 유일하게 살아 계시고 참되신 하나님을 섬기는 우리를 얼마나 부끄럽게 만드는지. 그들은 자신의 우상을 만들고 섬기는 데에 아낌없이 돈을 사용한다. 그런데 우리는 하나님을 섬기는 데에 드는 돈과 시간을 쓸데없는 낭비라고 불평한다. 그들은 자신의 우상이 도둑맞을까봐 무척 신경을 쓴다. 하지만 우리는 의도적으로 우리 하나님을 화나게 하여서 우리로부터 떠나가게 만든다.

II. 선지자는 하나님이 무한히 크시고 가장 지극한 숭배를 받을 가치가 있는 분이라고 말한다. 따라서 우상들은 하나님과 경쟁할 수는 있겠지만 감히 비교할 수는 없다. 하나님의 크심을 증명하기 위해서 선지자는 다음과 같은 것들을 증거로 제시한다.

1. 그들이 하나님에 대하여 귀로 들은 것과 모든 세대와 모든 나라가 하나님

에 대하여 한 목소리로 말하는 것(21절). "본성의 빛에 의해서 너희는 알지 못하였느냐. 너희의 조상들과 선생들이 태초부터(하나님에 관한 소식은 세상의 역사만큼이나 오래된 것이다) 그들의 선조들과 전임자들로부터 받은 끊임없이 내려오는 전승을 따라서 너희에게 전하지 않았느냐. 땅의 기초가 창조될 때부터 항상 고백되어 왔듯이, 하나님은 크신 하나님이시고 모든 신들 위에 뛰어나신 크신 왕이라는 것을 너희가 깨닫지 못하였느냐." 모든 존재의 원천이신 무한하신 분이 존재한다는 것은 보편적으로 인정된 진리였다. 사람들은 창세 이래로 그것을 깨닫고 있었을 뿐만 아니라 만유의 창조 자체를 통해서 그것을 깨닫고 있었다. 이 진리는 땅의 창조라는 사실 위에 세워져 있는 것이다. 하나님의 보이지 않는 것들은 창세로부터 그가 만드신 만물에 분명히 보여 알려져 있다(롬 1:20). 네 아버지에게 물으라 그가 네게 설명할 것이요 네 어른들에게 물으라 그들이 네게 말하리로다(신 32:7). 뿐만 아니라, 너희가 길 가는 사람들에게 묻고(욥 21:29) 너희가 처음 만나는 사람에게 물으라, 그가 너희에게 똑같은 말을 해줄 것이다. 어떤 이들은 이 본문을 너희가 알고자 하지 않느냐, 너희가 듣고자 하지 않느냐라고 읽는다. 왜냐하면, 이러한 진리에 무지한 자들은 의도적으로 알고자 하지 않는 것이기 때문이다. 빛이 그들의 얼굴에 비추지만 그들은 의도적으로 그 빛에 대하여 눈을 감아버린다. 이제 여기에서는 하나님에 대하여 다음과 같은 것들을 말해준다.

(1) 하나님은 모든 피조물을 부리신다는 것. 하늘과 땅은 하나님의 관리 아래에 있다. 하나님은 둥근 땅 위에 앉아 계신다(22절). 윗 세상을 자신의 영광의 특별한 거처로 삼고 계시는 하나님은 이 아래 세상도 계속해서 통치하고 계시고, 이 아래 세상에 법을 주시며, 이 아래 세상의 모든 움직임을 자신의 영광을 위하여 지휘하신다. 하나님은 아무런 방해도 받지 않는 채로 이 땅 위에 앉아 계셔서 이 땅을 견고히 세우신다. 하나님은 하늘들을 펼쳐 놓으시고, 자신의 권능과 섭리를 통해서 하늘들이 계속해서 펼쳐 있게 하시는데, 하늘들이 두루마리처럼 말리게 될 그 날이 올 때까지 그렇게 하실 것이다 하나님은 우리가 밤이 되면 커튼을 내려서 닫고 아침이 되면 다시 올려서 여는 것처럼 아주 쉽게 하늘들을 펼쳐 놓으신다. 하늘은 하나님이 이 땅 위에 치신 거주할 천막과 같다. 하늘은 우리 머리 위에 드리워진 차일 같아서 만물을 둘러싸고 있다(시 104:2을 보라).

(2) 아무리 훌륭하고 힘 있는 사람일지라도 하나님 앞에서는 아무것도 아니라는 것. 이 땅에 살아가는 무수한 거민(居民)들은 하나님의 눈에는 미미하고 별 볼일 없으며 별 가치도 없고 쓸모도 없고 아주 쉽게 소멸하는 메뚜기와 같다. 교만한 자들이 스스로를 높이는 것은 단지 메뚜기가 한 번 폴짝 뛰는 것과 같다. 메뚜기는 한 번 뛰었다가 곧 다시 땅에 엎드릴 수밖에 없다. 여호수아가 보낸 정탐꾼들이 아낙 자손의 거인들 앞에서 메뚜기 같다고 생각했다면(민 13:33), 우리는 크신 하나님 앞에서 무엇과 같아 보일까? 메뚜기는 개미와는 달리 잠시잠깐 살면서 부주의하게 별 생각 없이 사는데, 대부분의 사람들도 그렇게 살아간다.

(3) 하나님을 대적하는 자들은 같은 피조물들에게는 아무리 가공할 만한 존재일지라도 하나님의 손에 의해서 반드시 낮아지고 끌어내려지게 되리라는 것(23-24절). 세상에서 큰 권세를 지닌 방백들과 사사들은 그 권세를 악용해서 사람들을 압제하고 불의를 저지르며 주변 사람들을 무시한다. 그들은 모든 대적들을 멸시하는 것처럼 주변사람들을 멸시한다(시 10:5; 12:5). 그러나 크신 하나님께서 그들을 책망하실 때에는 그들은 하나님 앞에서 아무것도 아닌 존재가 된다. 하나님은 그들을 낮추시고 유순하게 하셔서 아무것도 아닌 자들, 사람들이 두려워하거나 존중하거나 사랑할 가치가 없는 자들로 만드신다. 하나님은 그들을 그의 심판 앞에서 도저히 설 수 없는 자들로 만들어 버리신다.

[1] 하나님은 그들의 권세가 견고해지지 못하게 만드신다. 그들은 심겨지지 못할 것이고 뿌려지지 못할 것이다(개역에서는 그들은 겨우 심기고 뿌려졌으며). 이것들은 식물들이 증식하는 두 가지 방식, 즉 씨앗을 통해서 번식하는 것이나 접붙임을 통해서 번식하는 것이 불가능해지리라는 것을 말하는 것이다. 아니, 그들이 겨우 심기고 뿌려졌다고 해도, 그들의 줄기는 땅에 뿌리를 내리지 못해서 오래가지 못하게 될 것이다. 엘리바스는 어리석은 자들이 뿌리를 내리기는 하지만 그들의 거처가 곧 저주를 받는 것을 보았다. 예수께서 무화과나무를 저주하시자, 그 나무는 얼마나 신속하게 말라버렸던가!

[2] 그들이 뿌리를 내리고 정착했다고 생각했을 때에 하나님은 그들을 바람으로 날려버리신다. 하나님은 단지 그들에게 입김을 부신 것에 불과한데도, 그들은 말라서 사그라지고 회오리바람에 초개 같이 날려간다. 왜냐하면, 하나님의 진노는 처음에는 그들 위에 산들바람처럼 부는 듯하지만 이내 강력한 회오리바

람이 되기 때문이다. 하나님은 심판하실 때에 반드시 그 심판을 이루어 내실 것이다. 하나님 앞에 무릎을 꿇고자 하지 않는 자들은 그 앞에 설 수 없다.

2. 선지자들은 그들의 눈으로 하나님에 대하여 본 것을 근거로 제시한다(26절). "너희는 항상 이 땅만을 뚫어져라 쳐다보지 말고 눈을 높이 들라(타락한 마음은 그 속에 하늘에 속한 것을 갖고 있지 않기 때문에 땅을 향하는 경향성을 지닌다). 종종 하늘을 올려다보라(하나님께서 사람을 서서 걷는 존재로 만드셔서 사람에게 하늘을 쳐다보도록 명하셨다). 하늘의 영광스러운 광명들을 보고서, 누가 그것들을 창조하셨는지를 곰곰이 생각해보라. 그것들은 스스로 만들어지거나 배열되어 있는 것이 아니다. 그러므로 의심할 여지 없이 그것들에게 존재와 권능과 움직임을 주신 하나님이 존재한다." 피조물을 보게 되면 우리는 창조주를 생각하지 않을 수 없게 된다. 우상 숭배자들은 그들의 눈을 들어서 하늘의 만상을 보았을 때에 그 경이로움에 완전히 넋이 나가서 거기에 있는 해와 달과 별들, 하늘 위의 모든 천체를 숭배하기 시작하였다(신 4:19; 욥 31:26). 그러므로 선지자는 여기에서 우리에게 우리의 이성만이 아니라 감각 기관들도 사용하여서, 누가 하늘 위의 천체들을 창조하셨는지를 곰곰이 생각하여, 그것들을 지으신 분에게 충성 맹세를 하라고 권면한다. 하늘 위의 만상을 다스리시는 분께 영광을 돌려라. 장군이 자신의 군대에서 기병 부대와 전투 부대들을 뽑아내듯이, 하나님은 수효대로 만상을 이끌어 내신다. 하나님은 그것들을 다 아시기 때문에, 그것들이 있는 위치와 힘에 따라서 그것들을 다 이름대로 부르신다(시 147:4). 하나님은 그것들을 부리시고 사용하신다. 하나님께서 그를 섬기도록 그것들을 불러내실 때, 그것들은 하나님의 권세가 크다는 것을 너무도 잘 알기 때문에 하나도 빠짐이 없다. 별들이 하늘에서부터 싸우되 그들이 다니는 길에서 시스라와 싸울 때에 모든 별이 각자 정해진 자리에서 그 싸움을 수행하였다. 그러므로 하나님의 충직한 종들인 이러한 피조물들을 하나님과 동등한 존재로 삼는 우상 숭배는 하나님에 대한 모욕이자 그 피조물들에 대한 해악이다.

[27]야곱아 어찌하여 네가 말하며 이스라엘아 네가 이르기를 내 길은 여호와께 숨겨졌으며 내 송사는 내 하나님에게서 벗어난다 하느냐 [28]너는 알지 못하였느냐 듣지 못하였느냐 영원하신 하나님 여호와, 땅 끝까지 창조하신 이는 피곤하지 않으시며 곤비하지 않으시며 명철이 한이 없으시며 [29]피곤한 자에게는 능력을 주시며 무능한

자에게는 힘을 더하시나니 ³⁰소년이라도 피곤하며 곤비하며 장정이라도 넘어지며 쓰러지되 ³¹오직 여호와를 앙망하는 자는 새 힘을 얻으리니 독수리가 날개치며 올라감 같을 것이요 달음박질하여도 곤비하지 아니하겠고 걸어가도 피곤하지 아니하리로다

이 단락에는 다음과 같은 내용들이 나온다.

I. 선지자는 그들의 불신앙과 하나님에 대한 불신으로 인해서 바벨론에서 포로로 생활하고 있으면서 그들이 겪는 고난 때문에 실의에 빠져서 의기소침해 있는 하나님의 백성을 책망한다(27절). "야곱아 어찌하여 네가 네 자신과 주변 사람들에게 내 길은 여호와께 숨겨졌다고 하느냐? 어찌하여 너는 너의 현재의 상황이 마치 절망적이기라도 한 것처럼 암울한 결론들을 내리고 있는 것이냐?"

1. 선지자가 여기에서 그들을 부르고 있는 칭호들은 그들로 하여금 하나님에 대하여 그들이 가진 불신을 부끄럽게 하기에 충분하였다. 야곱아, 이스라엘아. 그들은 이러한 이름들을 어떻게 얻었는지를 기억하여야 한다. 그들은 하나님께서 그의 모든 곤경 속에서 그에게 신실하시고 은혜를 베푸셨다는 것을 깨달은 자 야곱으로부터 그 이름들을 얻었다. 그들은 어떤 이유로 그러한 이름들을 지니게 되었던가? 그들은 하나님께서 자기 것으로 인정하신 백성, 하나님과 언약을 맺은 백성으로서의 자격으로 그러한 이름들을 지니게 되었다.

2. 선지자는 그들과 더불어서 이치를 따지는 방식으로 그들을 책망한다. "너희는 왜 그렇게 말하는 것이냐? 너희가 그렇게 말하는 것이 과연 근거가 있는 것인지를 한번 곰곰이 생각해 보라." 우리가 지니고 있는 어리석은 두려움들과 공포들은 그 원인을 찬찬히 따져보면 그 대부분이 사라지고 만다.

3. 그들이 책망을 받게 된 이유는 마치 하나님께서 그들을 버리신 것처럼 그들이 하나님에 대하여 심기가 뒤틀려서 싫은 내색을 하며 불평을 하였기 때문이다. 여기에서 강조점은 그들이 그렇게 말하였다는 것에 두어지고 있는 것으로 보인다. 어찌하여 너는 그렇게 말하고 이르는 것이냐? 마음속으로 악한 생각을 하는 것은 나쁘지만, 그 생각을 확고하게 재가하여서 악한 말로 표현하는 것은 더 나쁘다. 다윗은 환난 가운데 자기가 경솔하게 말했던 것을 회고하며 후회한다.

4. 그들이 했던 나쁜 말은 그들의 현재의 비참한 상태에 대하여 절망하는 말이었다. 그들은 주저없이 다음과 같이 결론을 내렸다.

(1) 하나님께서 그들을 쳐다보지도 않으신다는 것. "내 길은 여호와께 숨겨졌다. 하나님은 우리의 곤경을 알지 못하시고 더 이상 우리에게 관심을 갖지도 않으신다. 우리의 상황은 너무도 난감하고 어렵기 때문에 하나님의 지혜와 권능으로도 어쩔 수가 없다." 그 길이 숨겨져 있는 사람은 하나님에게 둘러싸여 있는 자이다(욥 3:23).

(2) 하나님이 그들을 도우실 수 없다는 것. "내 송사는 내 하나님에게서 벗어나 있다. 나의 상황은 이미 엎질러진 물이기 때문에 하나님도 그것을 되돌리실 수 없다. 우리의 뼈들이 말랐다(겔 37:11)."

II. 선지자는 그들에게 하나님이 어떤 분이신지를 상기시켜 줌으로써 그들이 조금만 더 적절히 생각해 본다면 그들이 지닌 온갖 두려움과 불씨는 다 사라지게 될 것임을 보여준다. 그는 우상 숭배자들을 깨우실 때와 마찬가지로 (21절) 여기에서도 하나님의 백성을 깨우치기 위해서 그들이 지금까지 알았던 것과 들었던 것을 근거로 제시한다. 야곱과 이스라엘은 하나님을 아는 백성이었고, 하나님을 아는 그들의 지식은 들음으로써 왔다. 왜냐하면, 지혜는 사람들이 많이 모이는 주요한 곳들에서 소리쳤기 때문이다. 다른 무엇보다도 그들은 권능은 하나님께 속하였다는 말씀을 하나님이 한두 번 하신 것이 아니라는 것을 무수히 들어왔었다(시 62:11).

1. 하나님은 전능하신 하나님이시다. 하나님은 영원하신 하나님 여호와이시기 때문에 그런 분이실 수밖에 없다. 하나님은 영원 전부터 계셨고 영원까지 계실 것이다. 그러므로 하나님께는 부족한 것이나 소멸하는 것이 전혀 없다. 하나님은 스스로 존재하는 분이시기 때문에, 그의 모든 완전함들은 끝이 없을 수밖에 없다. 하나님은 시작도 없으시고 끝도 없으시기 때문에, 하나님께는 변하는 것이 하나도 없다. 또한, 하나님은 땅 끝까지 창조하신 이, 즉 온 땅과 거기에 있는 모든 것을 창조하신 분이다. 그러므로 하나님은 만물의 합법적인 소유자이자 통치자이시다. 그렇기 때문에 우리는 하나님이 만물에 대하여 절대적인 권능을 가지고 계시고, 자기 백성이 아무리 큰 곤경에 처해 있다고 할지라도 그들을 충분히 도우실 수 있다는 결론을 내리지 않을 수 없다. 의심할 여지 없이, 하나님은 처음에 세상을 창조하실 수 있으셨던 것과 마찬가지로 그의 교

회를 구원하실 수 있으시다.

(1) 하나님은 구원을 이루어낼 수 있는 지혜를 갖고 계시고, 그 지혜는 결코 막히는 법이 없다. 하나님의 명철은 헤아릴 수 없기 때문에 그 누구도 하나님의 모략을 방해할 수 없고 그 의도를 무너뜨릴 수 없다. 또한, 하나님의 길들은 오직 혼자만 아시기 때문에 하나님이 무엇을 하고자 하시는지를 알 사람이 없다. 우리는 무엇을 해야 할지를 알지 못하지만 하나님께서는 아시기 때문에, 아무도 "하나님의 지혜는 여기까지가 끝이다"라고 말할 수 없다.

(2) 하나님은 구원을 이루어내실 수 있는 능력을 갖고 계시고, 그 능력은 결코 다함이 없다. 그는 피곤하지 않으시며 곤비하지 않으신다. 하나님은 온 피조세계를 붙들고 계시고 모든 피조물들을 다스리지만 결코 피곤해하시거나 지치지 않으신다. 그러므로 의심할 여지 없이 환난 속에서 낮아져 있는 그의 교회를 별 어려움 없이 구원하실 능력을 갖고 계신다.

2. 하나님은 자기 백성에게 힘과 능력을 주셔서, 그들로 하여금 스스로 일어설 수 있도록 도우신다. 강하신 하나님은 이스라엘의 힘이시다.

(1) 하나님은 약한 자들을 도우실 수 있으시다(29절). 하나님은 무수히 피곤한 자들, 즉 피곤해서 기절하기 직전인 자들에게 능력을 주신다. 또한, 하나님은 힘이 없는 자들(개역에서는 무능한 자)에게 힘을 주실 뿐만 아니라 기회를 따라서 힘을 더하신다. 많은 사람들이 하나님의 섭리를 통해서 육체적 약함을 기적적으로 극복하고서 강해진다. 정신적으로 약하고 겁이 많고 마음이 여려서 어떤 일을 하거나 고난을 받기에 적합하지 않은 많은 사람들이 속사람을 강건케 하시는 하나님의 은혜로 말미암아 강건해진다. 스스로 약하다는 것을 알고서 기꺼이 그들에게 힘이 없다는 것을 고백하는 자들에게 하나님은 특별한 방식으로 힘을 더하신다. 왜냐하면, 우리가 약할 때에 우리는 주 안에서 강해지기 때문이다.

(2) 하나님은 스스로 하고자 하는 자, 겸손히 하나님을 의지해서 스스로 애쓰는 자들을 도우시고, 최선을 다하는 자들이 잘 되도록 도우신다(30-31절). 여기에서 소년과 장정은 자신의 힘으로 충분히 할 수 있다고 믿고서 너무도 자신만만하여 최선을 다하지 않거나 하나님의 은혜를 구하지 않는 자들을 가리킨다. 그들은 힘이 강하지만 그들 자신이 실제로 갖고 있는 것보다 더 강하다고 생각하는 경향이 있다. 그런 자들은 피곤하며 곤비하며, 그들의 일과 싸움과

짐 아래에서 넘어지며 쓰러지게 될 것이다. 그들은 곧 자기 자신을 믿고 의지했던 것이 얼마나 어리석은 짓이었는지를 알게 될 것이다. 그러나 여호와를 앙망하는 자, 그에 대한 자신의 도리와 본분을 잘 깨달아서 믿음으로 그를 의지하며 그의 인도하심에 자신을 맡기는 자들은 하나님께서 그들을 결코 실망시키지 않으시리라는 것을 알게 될 것이다.

[1] 그들은 차고 넘치는 은혜를 받을 것이다. 새로운 일이 주어지고 새로운 기회가 주어질 때마다 그들은 새 힘을 얻을 것이다. 그들은 기름 부음을 받아서 그들의 등은 새로운 기름으로 가득 채워질 것이다. 하나님은 아침마다 그들의 팔이 되어주실 것이다(사 33:2). 그들은 좌절하고 약해질 때마다 다시 회복되어 새 힘을 얻을 것이다. 히브리어로 이 본문은 그들은 힘을 갈아입을 것이다라는 의미이다. 그들의 일이 바뀔 때마다 거기에 맞춰서 그들의 힘도 달라질 것이다. 그들은 애쓰며 수고하는 힘, 씨름하는 힘, 저항하고 버티는 힘, 견디는 힘을 얻을 것이다. 세월이 흐를수록 그들의 힘도 강해질 것이다.

[2] 그들은 이러한 은혜를 가장 선한 목적을 위하여 사용할 것이다. 첫째, 그들은 새 힘을 얻어서 하나님을 향하여 위로 위로 올라갈 것이다. 그들은 독수리가 날개 치며 올라감 같이 아주 강력하고 신속하게 하늘을 향하여 높이 날아오를 것이다. 하나님께서 주신 은혜의 힘으로 그들의 영혼은 이 세상을 뛰어넘어서 위로 올라갈 것이고, 심지어 가장 거룩한 곳에까지 들어갈 것이다. 경건하고 독실한 감정들은 은혜를 받은 영혼이 날아오를 때에 타는 독수리의 날개들이다(시 25:1). 둘째, 그들은 하늘을 향하여 거침없이 나아갈 것이다. 그들은 하나님께서 명령하신 길을 즐거운 마음으로 민첩하게(그들은 곤비하지 않을 것이다) 인내로써 끈질기게(그들은 피곤하지 아니할 것이다) 걸어갈 것이고 달려갈 것이다. 그러므로 때가 되면 그들은 열매를 거둘 것이다. 야곱과 이스라엘은 아무리 괴롭고 힘들다고 하여도 계속해서 하나님을 앙망하고, 하나님께서 때가 되면 그들을 구원하시리라는 것을 믿어야 한다.

제 41 장

개요

이 장은 앞 장과 마찬가지로 우상 숭배자들을 깨우치고 하나님의 신실한 모든 예배자들을 위로하기 위한 것이다 왜냐하면, 하나님은 사람들에게 죄를 깨우치고 위로하시기 위하여 성령을 보내시고 사역자들을 사용하시기 때문이다. 이 장은 일차적으로 바벨론 사람들의 죄를 깨우치고 이스라엘 백성을 위로하기 위한 것, 또는 이스라엘 백성 가운데서 우상 숭배에 빠져 있었던 수많은 자들을 깨우치고 온전한 신앙을 지킨 자들을 위로하기 위한 것이라고 할지라도 의심할 여지 없이 우리에게 우상을 멀리하라고 권면하며 하나님을 신뢰하라고 격려하기 위한 것이다. 여기에는 다음과 같은 내용들이 나온다.

I. 하나님은 선지자를 통해서 우상을 숭배하는 자들, 특히 그들의 우상이 하나님과 필적할 수 있다고 생각하는 것이 얼마나 어리석은 것인지를 보여준다(1-9절). II. 하나님은 그의 신실한 자들에게 그가 그들 편이 되어서 그들의 원수들을 물리치고, 그들로 하여금 원수들에 대하여 승리를 거두게 하시며, 그들의 일이 좋은 쪽으로 바뀔 수 있게 해줄 것이라고 약속하시면서 그를 신뢰하라고 격려하신다(10-20절). III. 하나님은 사람들의 경배를 받기 위해서 자기와 다투는 경쟁자인 우상들에게 어디 한번 지식과 능력에 있어서 그를 이길 수 있는지, 또는 장차 될 일을 보이거나 선악 간에 일을 할 수 있는지를 보이라고 도전하신다(21-29절). 따라서 이 장의 내용은 "여호와가 만일 하나님이면 그를 따르고 바알이 만일 하나님이면 그를 따를지니라"는 엘리야의 말, 엘리야와 바알의 선지자들이 벌인 시합이 어떤 결과로 끝났는지를 보고서 마침내 백성들이 "여호와 그가 하나님이시다 여호와 그가 하나님이시다"라고 한 고백으로 요약될 수 있다.

¹섬들아 내 앞에 잠잠하라 민족들아 힘을 새롭게 하라 가까이 나아오라 그리고 말하라 우리가 서로 재판 자리에 가까이 나아가자 ²누가 동방에서 사람을 일깨워서 공의로 그를 불러 자기 발 앞에 이르게 하였느냐 열국을 그의 앞에 넘겨 주며 그가 왕들을 다스리게 하되 그들이 그의 칼에 티끌 같게, 그의 활에 불리는 초개 같게 하매 ³그가 그들을 쫓아가서 그의 발로 가 보지 못한 길을 안전히 지났나니 ⁴이 일

을 누가 행하였느냐 누가 이루었느냐 누가 처음부터 만대를 불러내었느냐 나 여호와라 처음에도 나요 나중 있을 자에게도 내가 곧 그니라 [5]섬들이 보고 두려워하며 땅 끝이 무서워 떨며 함께 모여 와서 [6]각기 이웃을 도우며 그 형제에게 이르기를 너는 힘을 내라 하고 [7]목공은 금장색을 격려하며 망치로 고르게 하는 자는 메질꾼을 격려하며 이르되 땜질이 잘 된다 하니 그가 못을 단단히 박아 우상을 흔들리지 아니하게 하는도다 [8]그러나 나의 종 너 이스라엘아 내가 택한 야곱아 나의 벗 아브라함의 자손아 [9]내가 땅 끝에서부터 너를 붙들며 땅 모퉁이에서부터 너를 부르고 네게 이르기를 너는 나의 종이라 내가 너를 택하고 싫어하여 버리지 아니하였다 하였노라

여기에서는 하나님께서 자기 백성 이스라엘을 돌보셔서 고레스를 일으켜 그들의 구원자가 되게 하신 일이야말로 하나님이 모든 우상들보다 뛰어난 주권과 자기 백성을 보호하시는 능력을 가지고 계시다는 것을 아주 잘 보여주는 증거라고 역설한다. 여기에는 다음과 같은 내용들이 나온다.

I. 우상을 섬기고 숭배하는 자들에게 우상들이 과연 하나님과 겨룰 능력이 있는지를 증명해 보이라고 도전하심(1절). 이러한 도전은 21절에도 다시 나온다. 너희 우상들은 소송하라. 법정이 세워지고, 아주 멀리 있는 섬들에게 소환장이 보내진다. 그 섬들은 아무리 멀리 있어도 하나님의 관할권 밖에 있지 않다. 왜냐하면, 땅 끝까지 창조하시고 천지의 주재이신 하나님은 그 섬들에게 법정에 출석할 것을 명하시기 때문이다. 재판이 진행되고 있는 동안에 보통 그렇듯이 침묵할 것이 명령된다. "내 앞에서 잠잠하고, 때가 되기 전에 섣불리 아무것도 판단하지 말라." 모든 사람들은 하나님 나라와 사탄의 나라 사이에 재판이 진행되고 있는 동안에 섣불리 나서서 하나님의 재판 절차를 방해하지 말고 하나님께서 이기시리라는 것을 확신하는 가운데 그 결과를 묵묵히 기다리는 것이 합당하다. 하나님은 우상 숭배를 옹호하는 자들에게 그들의 입장을 변호하는 말을 해보라고 요구하신다. "사람들아, 하나님에 반대하여 너희의 힘을 새롭게 하여, 그 힘이 과연 하나님을 앙망하는 자들이 얻는 새 힘과 똑같은지를 살펴보라(사 40:41). 너희는 가까이 나와서 무력으로든 논리적인 말로든 너희의 최선을 다해보라 너희는 하나님께서 그 위엄으로 우리를 두렵게 하여서(욥 13:21) 너희가 우상들을 변호하여 하고 싶은 말들을 제대로 할 수 없다고 불평

하지 말고, 허심탄회하게 말하라. 우리가 서로 재판 자리에 가까이 나아가자." 다음과 같은 점을 명심하라.

1. 하나님과 그의 나라의 대의는 공정한 재판을 두려워하지 않는다. 재판이 공정하게 진행되기만 한다면, 하나님의 대의는 반드시 이기게 될 것이다.

2. 하나님의 교회와 그의 거룩한 종교를 대적하는 원수들은 그들의 불의한 목적을 이루기 위해서 가장 악독한 말과 행위를 하겠지만, 우리는 그런 것들을 두려워할 필요가 없다. 하늘에 앉아 계신 이가 그들을 비웃으시고, 딸 시온이 그들을 멸시한다. 왜냐하면, 진리는 크고 반드시 이길 것이기 때문이다.

II. 하나님이 그를 예배하는 자들과 그 원수들에 대하여 행하셨고 행하고자 하시는 그런 일을 우상들이 그들을 숭배하는 자들과 그들에게 반대하는 자들에게 할 수 있느냐고 도전하심. 2절에 나오는 동방에서 나오는 의인을 일으켜서(개역에서는 동방에서 사람을 일깨워서)라는 어구는 서로 다르게 해석되고 있다. 우리는 어느 것이 옳은지를 결정할 수 없기 때문에 모두 옳은 것으로 여기고 해석해 나갈 것이다.

1. 증명될 수 있는 것은 다음과 같은 것들이다.

(1) 처음에도 나중에도 오직 여호와만이 하나님이시라는 것(4절), 하나님은 무한하시고 영원하시고 변함이 없으시다는 것, 하나님은 태초부터 세상을 다스리셨고 세상 끝나는 날까지 다스리시리라는 것. 하나님은 옛적부터 다스려오셨고 영원토록 다스리실 것이다. 하나님 나라에 대한 계획은 영원 전부터 있었고, 하나님 나라는 영원까지 계속될 것이다.

(2) 이스라엘은 하나님의 종이라는 것(8절). 하나님은 이스라엘을 자기 소유로 삼으셔서 보호하시고 사용하시며, 이스라엘 속에서 영광을 받으시고 앞으로도 영광을 받으실 것이다. 하늘에 하나님이 계시듯이 이 땅에는 하나님의 특별한 보호를 받는 교회가 존재한다. 엘리야는 주께서 하나님이신 것과 내가 주의 종인 것을 알게 하옵소서라고 기도한다(왕상 18:36).

2. 이것을 증명하기 위해서 하나님은 다음과 같은 것들을 보여주신다.

(1) 이 보잘것없는 민족의 조상인 아브라함을 부르셔서 우상을 숭배하는 나라에서 나오게 하시고, 무수한 은총을 보여주는 수많은 일들을 통해서 그의 이름을 창대하게 하신(창 12:2) 분은 하나님이셨다는 것. 아브라함은 하나님이 동방에서 일으키신 의인이다. 갈대아 역본은 이 본문이 아브라함에 대한 것이라고

명시적으로 의역한다. 누가 동방에서 아브라함을 공개적으로 불러왔느냐. 이스라엘 백성이 얼마나 존귀한지를 나타내기 위해서는 그들의 위대한 조상이 당시에 어떤 인물이었는지를 보여주는 것은 지극히 합당한 일이었다. 하나님께서 이스라엘을 나의 벗 아브라함의 자손이라고 부르고 있는 8절은 이 본문에 대한 설명인 것으로 보인다. 또한, 하나님은 처음부터 만대(즉, 이스라엘의 여러 세대들)를 불러내셨다(4절). 우상 숭배, 특히 갈대아의 우상 숭배가 아무것도 아니라는 것을 나타내기 위해서 하나님이 아브라함을 우상 숭배하는 자들로부터 불러내셨다는 것을 보여주심으로써(수 24:2-3) 우상 숭배가 오래된 전통이라는 것을 자랑한 자들을 반박한 것은 합당한 일이었다. 또한 바벨론의 포로로 잡혀 있는 자들에게 하나님께서 그들이 조국으로 돌아올 길을 내실 것이라는 소망을 품도록 격려하기 위해서 하나님이 애초에 그들의 조상 아브라함을 갈대아 땅에서 불러내셔서 이 땅으로 오게 하시고 이 땅을 그들에게 유업으로 주셨다는 것을 그들에게 상기시키신 것은 합당한 일이었다(창 15:7). 이제 여기에서 아브라함에 대하여 무엇이라고 말하고 있는지를 살펴보자.

[1] 그는 의인 또는 의, 의의 사람이었다는 것. 그가 하나님을 믿으매 그것이 그에게 의로 여겨진 바 되었다. 이렇게 해서 그는 그리스도를 믿는 믿음으로 말미암아 그를 통해서 하나님의 의가 된 모든 자들의 조상이 되었다(롬 4:3, 11; 고후 21). 그는 당시에 의의 위대한 모범이었고, 그 권속에게 공의와 정의를 행하라고 가르쳤다(창 18:19).

[2] 하나님이 그를 동방에서, 즉 처음에는 우르에서 나중에는 하란에서 그를 일으키셨다는 것. 우르와 하란은 둘 다 가나안에서 동쪽에 놓여 있었다. 하나님은 그가 동방에 속한 이 두 곳에 정착하기를 원하지 않으셨기 때문에, 마치 독수리가 새끼들에게 하는 것처럼 둥지를 어지럽혀서 그로 하여금 거기에서 나오게 하셨다. 하나님은 그를 범죄의 소굴에서 나오게 하셔서 경건하게 만드셨고, 후미진 곳에서 이름도 없이 살고 있던 그를 부르셔서 유명하게 만드셨다.

[3] 하나님은 그를 불러 자기 발 앞에 이르게 하셨고 절대적인 믿음으로 하나님을 따라오게 하셨다는 것. 그는 부르심을 받았을 때에 순종하여 나아갈새 갈 바를 알지 못하고 나아갔다(히 11:8). 하나님은 그가 부르시고자 하는 자들을 어김없이 자기 발 앞에 이르게 하시고 그에게 순종하며 그를 모시고 어린 양이 어디로 인도하든지 따라가게 하신다. 우리는 모두 하나님의 발 앞에 나아가거나 하

나님의 발등상이 되어 드려야 한다.

[4] 하나님은 열국, 즉 가나안의 여러 나라들을 그의 앞에 넘겨주셨다는 것. 하나님은 그에게 열국의 아비가 되게 하시겠다고 약속하셨고, 실제로 그는 열국의 아비가 되어서, 헷 족속은 그가 그들 가운데에 하나님이 세우신 지도자임을 인정하였다(창 23:6). 하나님은 아브라함이 그의 조카 롯을 구하기 위하여 정복한 왕들을 그로 하여금 다스리게 하셨다(창 14장). 하나님께서 그들이 그의 칼에 티끌 같게, 그의 활에 불리는 초개 같게(즉, 그의 지시를 받은 종들에게 손쉬운 먹잇감이 되게) 하셨기 때문에, 그가 그들을 쫓아가서, 그 길이 비록 그가 전혀 알지 못하는 길이었음에도 불구하고 하나님의 보호하심 아래에서 그의 발로 가 보지 못한 길을 안전히 지났다. 이 전쟁에서의 승리는 아주 대단한 것이었기 때문에 멜기세덱이 직접 와서 승전을 축하하였다. 크신 여호와 외에 누가 이런 일을 하셨겠는가? 이교의 어떤 신이 그렇게 할 수 있겠는가?

(2) 하나님이 머지않아 동방에서 고레스를 일으키시리라는 것. 이 일은 때가 되면 일어날 것이 너무도 분명하였기 때문에 예언의 어법에 따라서 이미 일어난 과거의 일로 표현된다. 하나님이 그를 의로 일으키셔서(본문은 이렇게 읽을 수도 있다, 사 45:13) 그를 불러 자기 발 앞에 이르게 하시겠고, 그를 자신의 뜻대로 사용하셔서, 그로 하여금 그가 왕위에 오르는 것을 반대하는 모든 나라들에 대하여 승리하게 하시며, 모든 전쟁에서 이기게 하실 것이다. 고레스는 의 자체, 우리의 의이신 주 그리스도의 모형이 될 것이다. 하나님께서는 때가 차면 그리스도를 일으키셔서 흑암의 권세들에 대하여 승리를 거두게 하실 것이다. 그 때에 그리스도는 흑암의 권세들을 노략질하여 사람들 앞에서 공개적으로 구경거리가 되게 하실 것이다.

III. 하나님께서 우상 숭배자들의 어리석음을 드러내심. 이스라엘의 하나님만이 유일하게 하나님이시라는 설득력 있는 증거들이 주어졌음에도 불구하고 그들은 여전히 완악하게 우상 숭배를 계속하며 그 속에서 한층 더 마음이 굳어져 있었다(5절). 이방의 섬들은 하나님이 아브라함을 위하여 하신 일뿐만 아니라 아브라함으로 말미암아 그의 자손들에게 하신 일, 즉 그들을 애굽에서 불러내셔서 왕들을 다스리게 하신 것을 보고 두려워하였다(출 15:14-16). 섬들은 두려워하였고, 하나님의 호출에 따라서 함께 모여 왔다. 그들은 하나님이 아브라함과 그의 자손을 위하여 행하신 일을 잘 알고 있었다. 그러나 그들은 올바른 것이 무엇인지를 깨우쳐 주어서 우상 숭배로부터 빠져나오게 한 것이 아니라 도리어 서로 우상 숭배를 견고히 하도록 부추겼다(6-7).

1. 그들은 하나님의 이러한 개입을 그들의 종교에 위업이 되는 것으로 보았다. 그들은 그들의 종교를 감싸는 데에 열심이었고, 옳든 그르든 그들의 종교에 충성하기로 결심하고 있었기 때문에, 마치 에베소 사람들이 아데미 여신에 대하여 그랬듯이 그들의 종교를 옹호하기 위하여 서로 힘을 모았다. 하나님께서 자기 백성을 위하여 이적들을 통해서 개입하셔서 그들로부터 우상들을 떼어놓고자 하셨을 때에, 그들은 더욱더 우상들에게 매달리며 서로에게 이렇게 말하였다. "힘을 내라. 우리는 마음을 모아서 우리 신들의 명성을 지켜내야 한다. 다곤 신이 법궤 앞에서 쓰러지긴 했지만 다시 제자리에 세워질 것이다." 한 장인은 또 다른 장인을 격려하며 신을 만드는 고상한 일을 계속해 나갈 수 있도록 서로 힘을 모으자고 말한다. 사람들을 더 선하게 만들고자 하시는 하나님의 말씀과 역사들을 통해서 사람들은 종종 죄를 깨닫기는 하지만, 그들의 부패함은 죄를 깨닫는 것보다 훨씬 더 강력해서, 그들은 흔히 더 나아지는 것이 아니라 더 나빠지고 만다.

2. 그들은 하나님의 이러한 개입을 그들 자신에 대한 위협으로 보았다. 그들은 우상 숭배를 버리고 회심한 아브라함과 우상 숭배로부터 분리되어 있는 이스라엘 백성이 점점 더 잘 되는 것이 그들 자신에게 큰 위협이라고 생각하였다 그래서 그들은 그들이 지금까지 섬겨온 신들에게만이 아니라 새로운 신들을 만들어서 그들을 보호해줄 것을 구하였다(신 32:17). 따라서 목공은 목재를 다듬는 자신의 일을 다 한 후에 금장색을 격려하여 거기에 금박을 잘 입히라고 힘을 북돋워 주었다. 금장색의 손으로 넘어오자, 망치로 고르게 하는 자는 그 우상을 두들겨서 얇게 만들거나 광택을 낸 후에, 메질꾼을 격려하며 신속하게 일하라고 주문하고 땜질할 준비가 되어 있다고 말한다. 아마도 땜질하는 것은 우상을 만드는 작업에서 마지막 일이었던 것 같다. 그런 후 우상은 못을 단단히 박아 흔들리지 않게 함으로써 완성되었다. 이렇게 죄인들은 죄를 짓는 일에서 서로를 격려하며 신속하게 하라고 힘을 북돋운다. 하물며 살아계신 하나님의 종들은 서로를 격려하고 힘을 주어서 하나님을 더욱 열심히 섬기도록 북돋아 주어야 하지 않겠는가? 어떤 이들은 이 본문을 반어법적으로 해석하기도 한다. 그들로 하여금 각기 이웃을 돕게 하라. 목공으로 하여금 금장색을 격려하게 하라. 그러

나 그렇게 해보았자 아무 소용이 없을 것이다. 결국 우상들은 그들의 온갖 노력에도 불구하고 망하고 말 것이다.

IV. 하나님은 자기 백성에게 하나님을 믿고 의지하라고 격려하신다(8-9절). "그러나 나의 종 너 이스라엘아, 그들은 나를 모르지만, 너는 나를 안다. 너는 그들과 같이 무지하고 얼빠진 자들과 어울리지 않을 정도로 충분히 나를 안다(하나님의 이러한 말씀은 자기 백성이 이방인들의 길로 행하지 않도록 경고하기 위한 것이기 때문에). 그들은 이러한 아무런 힘도 없는 신들에게 보호해 달라고 구하지만, 너는 나의 보호 아래 있다. 우상들을 만드는 자들과 그것을 의지하는 자들이 다 그와 같다. 그러나 너 이스라엘아, 너는 더 나은 주인의 종이다." 하나님의 백성이 위협을 받고 모욕을 당하고 있을 때에 그들을 격려하기 위하여 하나님께서 여기에서 무엇을 말씀하고 계신지를 주목해 보라.

1. 그들은 하나님의 종들이다. 그렇기 때문에 하나님은 그들이 특히 그를 섬긴다는 이유로 모욕을 당하는 것을 그냥 두고 보시지 않는다. 너는 나의 종이다(8절). "내가 네게 이르기를 너는 나의 종이라 하였노라 나는 내가 한 말을 다시 주워 담고자 하지 않는다."

2. 하나님은 그들을 택하셔서 자기 소유의 백성으로 삼으셨다. 그들은 하나님께 그의 백성이 되게 해달라고 생떼를 쓴 것이 아니라, 하나님이 자신의 선한 뜻을 따라서 그들을 구별하셨다.

3. 그들은 하나님의 벗인 아브라함의 자손들이었다. 아브라함이 하나님의 벗이라 칭함을 받은 것은 영광이었다(약 2:23). 하나님은 아브라함을 벗으로 여기셔서 대화하시고 그와 언약을 맺으셨다. 아브라함은 하나님이 대화를 나누신 그런 인물이었다. 모든 성도들은 그러한 영광을 갖는다(요15:15). 이스라엘 백성은 그들의 조상 아브라함 덕분에 사랑을 받았다. 하나님은 그들을 그의 옛 친구의 후손으로 여기시고 잘 대해 주셨다. 왜냐하면, 하나님께서 맺으신 언약은 아브라함과 그의 자손 둘 다를 상대로 해서 맺어진 것이었기 때문이다.

4. 그들이 이방 나라 가운데 흩어져 있었을 때에 하나님은 그들을 종종 땅 끝에서 데려오셨고 유력한 자들의 손에서 그들을 빼내 오셨기 때문에, 지금도 그들을 버리지 아니하실 것이다. 하나님은 그들의 조상 아브라함을 아주 먼 곳에서 그들이 아직 그의 허리에 있을 때에 데려오셨다. 하나님은 이렇게 멀리서 데려오신 사랑스러운 자들을 쉽게 버리실 수 없다.

5. 그들은 자주 하나님을 진노케 하였지만, 하나님은 아직 그들을 버리지 않으셨다. 따라서 하나님은 지금도 그들을 버리지 아니하실 것이다. 하나님이 자기 백성을 위하여 행하여 오셨던 일, 그리고 앞으로 행하기로 약속하신 일은 그들로 하여금 언제라도 하나님을 의지할 수 있도록 힘을 북돋워준다.

[10]두려워하지 말라 내가 너와 함께 함이라 놀라지 말라 나는 네 하나님이 됨이라 내가 너를 굳세게 하리라 참으로 너를 도와주리라 참으로 나의 의로운 오른손으로 너를 붙들리라 [11]보라 네게 노하던 자들이 수치와 욕을 당할 것이요 너와 다투는 자들이 아무것도 아닌 것 같이 될 것이며 멸망할 것이라 [12]네가 찾아도 너와 싸우던 자들을 만나지 못할 것이요 너를 치는 자들은 아무것도 아닌 것 같고 허무한 것 같이 되리니 [13]이는 나 여호와 너의 하나님이 네 오른손을 붙들고 네게 이르기를 두려워하지 말라 내가 너를 도우리라 하실 것임이니라 [14]버러지 같은 너 야곱아, 너희 이스라엘 사람들아 두려워하지 말라 나 여호와가 말하노니 내가 너를 도울 것이라 네 구속자는 이스라엘의 거룩한 이이니라 [15]보라 내가 너를 이가 날카로운 새 타작기로 삼으리니 네가 산들을 쳐서 부스러기를 만들 것이며 작은 산들을 겨 같이 만들 것이라 [16]네가 그들을 까부른즉 바람이 그들을 날리겠고 회오리바람이 그들을 흩어 버릴 것이로되 너는 여호와로 말미암아 즐거워하겠고 이스라엘의 거룩한 이로 말미암아 자랑하리라 [17]가련하고 가난한 자가 물을 구하되 물이 없어서 갈증으로 그들의 혀가 마를 때에 나 여호와가 그들에게 응답하겠고 나 이스라엘의 하나님이 그들을 버리지 아니할 것이라 [18]내가 헐벗은 산에 강을 내며 골짜기 가운데에 샘이 나게 하며 광야가 못이 되게 하며 마른 땅이 샘 근원이 되게 할 것이며 [19]내가 광야에는 백향목과 싯딤 나무와 화석류와 들감람나무를 심고 사막에는 잣나무와 소나무와 황양목을 함께 두리니 [20]무리가 보고 여호와의 손이 지으신 바요 이스라엘의 거룩한 이가 이것을 창조하신 바인 줄 알며 함께 헤아리며 깨달으리라

이 단락의 목적은 곤경 가운데 처해 있는 하나님의 종들의 두려움을 잠재우고 그들의 믿음을 격려하는 것이다. 아마도 이 단락은 무엇보다도 먼저 포로 생활 가운데 있었던 하나님의 이스라엘에게 힘을 주기 위한 것이다. 그러나 하나님을 신실하게 섬기는 모든 자들은 인내로 또는 성경의 위로로 소망을 가질 수 있다. 여기에서는 이스라엘을 한 사람으로 여기고서 말을 하는데, 이것은

이스라엘 백성 한 사람 한 사람이 자기 자신에게 쉽게 적용하게 하기 위한 것이다. 이것은 주의를 주고 권면하며 위로하는 말씀이어서 두려워하지 말라는 어구가 아주 자주 반복된다(13절). "버러지 같은 너 야곱아, 두려워하지 말라(14절). 원수의 위협을 두려워하지 말고, 네 하나님의 약속을 의심하지 말라. 네가 환난 속에서 죽지나 않을까 너를 구원하시겠다는 하나님의 약속이 실패하지는 않을까 두려워하지 말라." 자기 백성이 겁 많은 백성이 되는 것은 하나님의 뜻이 아니다. 하나님은 그들의 두려움을 잠재우기 위해서 다음과 같이 약속하신다.

I. 그들은 하나님께서 그들의 하나님으로서 그들 가운데 임재해 계시고 아무리 상황이 나빠도 그들에게 모든 것을 차고 넘치게 공급해 주시는 하나님이 되시리라는 것을 믿을 수 있으리라는 것. 하나님께서 어떠한 사랑과 자애로운 마음으로 말씀하고 계시는지, 약속의 자손들에게 자신의 뜻이 변치 않으리라는 것을 알게 하기 위하여 얼마나 애쓰고 계시는지, 그들로 하여금 쉽게 알아들을 수 있도록 하기 위하여 얼마나 애쓰고 계시는지를 주목해 보라 "두려워하지 말라. 내가 너와 함께 함이라. 부르심 안에서만이 아니라 실제로 너와 함께 있으니 두려워하지 말라 너를 대적하는 자들의 강한 힘을 보고서 낙심하거나 놀라지 말라. 나는 네 하나님이 되고 너를 위해 개입할 것이기 때문이다. 네가 약하냐? 내가 너를 굳세게 하리라. 네게 친구들이 없느냐? 네가 곤경에 처해 있을 때에 내가 너를 도와주리라. 네가 가라앉으려고 하고 넘어지려고 하느냐? 내가 나의 의로운 오른손, 의로 충만하여서 상벌을 나누어주는 저 오른손으로(시 48:10) 너를 붙들리라." 이러한 약속은 13절에도 다시 나온다.

1. 하나님이 그들의 손을 굳세게 하시리라는 것, 즉 그들을 도우시리라는 것. "내가 너의 오른손을 붙들리라"(어떤 이들은 이렇게 해석한다). 하나님은 우리 손을 잡으셔서 우리의 안내자가 되셔서 길을 인도해 주실 것이고 우리가 넘어지지 않도록 도와주시고 우리가 넘어졌을 때에는 우리를 도와 일으켜 주실 것이다. 우리가 약할 때에 우리를 견고히 붙들어 주시고, 우리가 요동할 때에 하나님은 우리를 흔들리지 않도록 붙잡아 주시며, 우리가 두려워 떨 때에 하나님은 우리에게 담대함을 주실 것이다. 이렇게 하나님은 오른손으로 우리를 붙들고 계신다(시 73:23).

2. 하나님이 그들의 두려움을 잠재우시리라는 것. 네게 말하노니 두려워하지

말라. 하나님께서는 이 말씀을 거듭거듭 하심으로써 두려움에 대한 최고의 해독제들을 공급해 주셨다. 그러나 하나님은 거기에서 그치지 않고 한 걸음 더 나아가신다. 하나님은 성령을 통해서 그들의 마음에 대고, 두려워하지 말라고 말씀하심으로써 그들의 마음이 그 말씀을 듣고서 힘을 얻게 하신다.

II. 그들의 원수들은 지금은 몹시 무서우며 오만방자하고 잔혹하다고 할지라도, 하나님께서 그들에게 책임을 물으셔서 그들을 이기실 날이 오고 있다는 것. 하나님의 백성을 모욕하며 그들과 다투고(11절) 그들을 쳐서 싸우며(12절) 그들을 미워하고 그들이 망하기만을 바라며 끊임없이 그들에게 시비를 걸어오는 자들이 있다. 그러나 하나님의 백성은 그들을 욕하거나 그들과 다투거나 악을 악으로 갚아서는 안 되고, 다음과 같은 것들을 믿고서 하나님께서 정하신 때를 기다려야 한다.

1. 그들은 하나님의 백성과 다투는 것이 죄라는 것, 적어도 그런 짓은 어리석은 일이라는 것을 깨닫게 되리라는 것. 그들은 그들의 도발이 아무런 소용도 없다는 것을 발견하고서 수치와 욕을 당할 것이다. 이것 때문에 그들은 마땅히 회개를 해야 함에도 불구하고 실제로는 도리어 격분하게 될 것이다.

2. 그들이 완전히 패망하게 되리라는 것(11절). 그들은 하나님의 공의와 권능 앞에서 아무것도 아닌 것 같이 될 것이다. 하나님은 그의 교만한 원수들을 다루실 때에 그들을 흔적도 없게 만들어 버리신다. 때문에, 그들은 마치 그들이 이전에 결코 존재하지 않았던 자들인 것처럼 아무것도 아닌 자 같이 될 것이다. 이 말씀은 12절에서 다시 반복된다. 그들은 아무것도 아닌 것 같고 허무한 것 같이 될 것이다. 몹시 두렵고 가공할 만한 존재들이었던 자들이 결국은 하찮은 존재로 되어 버릴 것이다. 무슨 일이라도 할 수 있다고 자신만만해하던 자들은 결국 아무런 일도 할 수 없게 될 것이다. 이 세상에서 큰소리를 치며 이름을 날렸던 자들은 무(無)로 돌아가서 침묵 속에 묻히게 될 것이다. 그들은 망해서 아무것도 아닌 자가 될 뿐만 아니라 비참한 자가 될 것이다. 다윗이 말했던 것처럼 네가 그들을 찾아도, 그들이 어떻게 되었는지를 알아보기 위해서 찾아보아도 그들을 발견하지 못할 것이다(시 37:36). 네가 찾아도 발견하지 못하였도다.

III. 지금 그들에게 두려움의 대상이 되었던 자들에게 장차 그들 자신이 두려움의 대상이 되고, 승리는 그들에게 돌아오리라는 것(14-16절).

1. 야곱과 이스라엘이 얼마나 낮아졌는가. 야곱은 버러지가 되었다. 버러지

는 아주 작고 약하며 스스로를 방어할 수 있는 힘이 없고 멸시를 받으며 모든 사람에게 짓밟히고 살아남기 위해서 땅 속으로 기어들어갈 수밖에 없는 그런 존재이다. 우리는 야곱이 벌레가 된 것을 이상하게 여겨서는 안 된다. 심지어 야곱의 참된 왕조차도 자기 자신을 벌레요 사람이 아니라고 말한다(시 22:6). 하나님의 백성은 종종 스스로를 낮추어서 벌레라고 부르거나 그들의 오만한 원수들에 의해서 벌레라 불리기도 한다. 그러나 하나님의 백성은 원수들과는 달리 독사이거나 뱀의 자손이 아니고 벌레일 뿐이다. 하나님은 야곱의 비천한 처지를 주목해 보시고서 이렇게 말씀하신다. "버러지 같은 너 야곱아, 두려워하지 말라. 네가 원수들에게 짓밟혀서 부서지고 뭉개지지 않을까 두려워하지 말라. 너희 이스라엘 사람들아(어떤 이들은 너희 작은 무리들아 또는 너희 죽은 자들아로 읽기도 한다) 이미 죽은 목숨이라고 자포자기하지 말라." 너무도 명백하게 두려워해야 할 이유가 있다고 보인다고 할지라도 하나님의 은혜는 모든 두려움을 잠재울 수 있다는 것을 명심하라. 우리가 답답한 일을 당하여도 낙심하지 아니한다(고후 4:8).

2. 야곱과 이스라엘이 이러한 비천한 처지에서 얼마나 높이 올려져서 이전에 하찮은 존재였던 것과는 달리 얼마나 엄청난 존재가 되었는가. 야곱이 미약하오니 어떻게 서리이까. 우리는 여기에서 다음과 같은 말씀을 듣는다. 나 여호와가 말하노니 내가 너를 도울 것이라. 약한 자를 도우시는 것은 하나님의 영광이다. 하나님은 그들을 도우실 것이다. 왜냐하면, 하나님은 그들의 구속자로서 그들을 구원하기 원하셔서 이미 그 일을 시작하셨기 때문이다. 그리스도는 구속주이시기 때문에, 우리는 그에게서 도움을 발견할 수 있다. 하나님은 그들을 도우실 것이다. 왜냐하면, 하나님은 이스라엘의 거룩한 이로서 그들 가운데서 거룩함으로 예배를 받으시고 약속을 통해서 그들과 관계를 맺고 계시기 때문이다. 하나님은 그들을 도우셔서 그들로 하여금 스스로 힘을 내게 하시고 야곱을 타작기가 되게 하실 것이다. 야곱은 단지 하나님께서 사용하시고 싶으신 대로 사용하시는 도구, 하나님의 손에 들린 도구에 불과하다는 것을 명심하라. 야곱은 하나님께서 만드신 도구 그 이상도 그 이하도 아니다. 그러나 하나님께서 그를 타작기로 만드셨다면, 그를 장차 타작기로 사용하실 것이다. 따라서 하나님은 그를 사용하기에 합당한 타작기, 즉 이가 날카로운 새 타작기로 만드실 것이다. 그런 후에 하나님의 명령과 능력으로 말미암아 네가 산들을 쳐서 부

스러기를 만들 것인데, 아무리 높고 튼튼하며 다부진 원수들이라도 부스러기가 되고 말 것이다. 원수들은 타작한 곡물, 즉 가치가 있어서 창고에 보관되는 그런 곡물이 되지는 않을 것이다(하나님의 백성은 타작되어서 그런 곡물이 된다, 사 21:10, 내가 짓밟은 너여, 내가 타작한 너여, 너는 멸망받지 않을 것이다). 원수들은 겨 같이 되어서 없는 것이나 다름없는 존재, 농부들이 기꺼이 내버리고자 하는 존재가 된다. 하나님은 은유를 계속해서 사용하신다(16절). 그들을 타작한 후에 내가 그들을 까불은즉 바람이 그들을 날릴 것이다. 이 말씀은 마카베오 시대에 유대인들이 그들의 원수들을 쳐부수고 승리한 것을 통해서 부분적으로 성취된 것이라고 할 수 있다. 그러나 이 말씀은 전체적으로 하나님의 교회를 끈질기게 대적한 모든 원수들이 최종적으로 맞게 될 운명에 대하여 애기한 것으로서 그리스도의 십자가, 그리스도의 복음, 그리스도를 따르는 모든 신실한 자들이 어둠의 세력에 대하여 거둔 승리를 통해서 성취되었다고 할 수 있다. 어둠의 세력들은 우두머리이든 졸개이든 모두 흩어지고, 그리스도 안에서 모든 믿는 자들은 넉넉히 이기는 자들이 될 것이며, 이기는 자는 만국을 다스리는 권세를 얻게 될 것이다(계 2:26).

IV. 그 때에 그들은 하나님 안에서 풍성한 위로를 받게 될 것이고, 하나님은 그들로부터 풍성한 영광을 받게 되시리라는 것. 너는 여호와로 말미암아 즐거워할 것이다(16절). 우리가 우리의 기쁨을 가로막고 있던 것으로부터 자유롭게 되고 기뻐할 일로 축복을 받았을 때에 우리는 하나님이 우리의 최고의 기쁨이시라는 것과 우리의 모든 기쁨은 하나님께 있다는 것을 기억하여야 한다. 우리는 우리의 원수들을 물리친 것을 기뻐할 때에 하나님 안에서 기뻐하여야 한다. 왜냐하면, 우리에게 주어진 모든 자유들과 승리들은 모두 오직 하나님 덕분이기 때문이다. "또한, 너는 이스라엘의 거룩한 이로 말미암아 자랑하고, 하나님 안에 있는 너의 분깃과 하나님에 대한 너의 관계, 하나님이 너를 위하여 행하신 일을 자랑하게 될 것이다." 이렇게 우리가 하나님을 우리의 찬송이자 영광으로 삼는다면 우리는 하나님께 자랑거리와 영광이 될 것이다.

V. 그들이 곤경에 처해 있을 때에 그들에게 꼭 필요한 모든 것을 제때에 공급받게 되리라는 것. 기회가 될 때마다 하나님은 애굽에서 가나안을 향하여 광야를 통과했던 이스라엘에게 행하셨던 것을 그들에게도 다시 행하실 것이다(17-19절). 바벨론에 있는 포로들이나 고국으로 돌아오는 중에 있는 포로들이

물이나 쉴 곳이 없어서 고통을 당할 때, 하나님은 그들을 돌보아 주실 것이고 여러 방법으로 광야의 길이 그들에게 편안한 길이 되도록 만들어 주실 것이다. 그러나 의심할 여지 없이 이러한 약속의 말씀은 사적인 해석 이상의 의미를 지니고 있다. 그들이 바벨론에서 돌아오는 것은 우리가 그리스도로 말미암아 구속받는 것의 모형이었다.

1. 이 약속들이 지닌 내용들은 그리스도의 복음에 의해서 공급되었다. 하나님의 사랑을 영광스럽게 드러낸 저 그리스도의 복음은 이 기쁜 소식을 듣는 모든 자들에게 하나님이 모든 결핍을 채우고도 남을 만한 위로, 그들의 온갖 슬픔을 상쇄시키고도 남을 만한 위로, 그들의 모든 기도에 응답하여 헤아릴 수 없는 위로를 공급해 주셨다는 온전한 확신을 주었다.

2. 이러한 약속들은 그리스도의 은혜와 성령에 의해서 모든 믿는 자들에게 적용되었기 때문에, 그들의 길에서 강력한 위로를 얻을 수 있고, 결국에 가서 완전한 행복을 얻을 수 있다. 우리가 천국으로 가는 길에는 이 세상이라는 광야가 놓여 있다.

(1) 여기에서는 하나님의 백성은 이 세상을 통과할 때에 흔히 곤경에 처한다는 것을 전제하고 있다. 가련하고 가난한 자가 물을 구하되 물이 없다. 심령이 가난한 자는 의에 주리고 목마르다. 사람의 심령은 스스로 공허하고 무언가 결핍되어 있다는 것을 발견하고서 어디에선가 자신의 영혼을 만족시킬 만한 것을 찾지만 이 세상에는 영혼을 만족시켜 줄 만한 것이 없기 때문에 곧 절망한다. 피조물들은 물을 가두지 못할 터진 웅덩이들이기 때문에 갈증으로 그들의 혀가 마른다. 그들은 이 세상에서 영혼의 갈증을 풀어줄 것을 찾느라 애쓰지만, 이 세상에는 그러한 것이 없다. 그들의 슬픔과 근심은 그들을 갈증 나게 만들고, 영혼의 만족을 구하기 위하여 그들이 흘리는 땀도 그들을 갈증 나게 만든다.

(2) 여기에서는 그들의 모든 근심들을 하나님이 없애주실 것이고 그들은 평안을 얻게 될 것이라고 약속한다.

[1] 그들이 하나님의 이름을 부를 때에 하나님은 직접 그들에게 가까이 가실 것이다. 하나님의 모든 기도하는 백성은 이것을 알고서 위로로 삼아야 한다. 하나님은 이렇게 말씀하셨다. "나 여호와가 그들에게 응답하겠고, 그들의 말을 들어줄 것이다. 나 이스라엘의 하나님이 그들을 버리지 아니할 것이다. 내가 항상 그들과 함께 있었던 것처럼 그들의 곤경 가운데서도 그들과 함께 하리라." 우

리는 이 세상이라는 광야 가운데 있지만, 하나님께서 은혜로 우리와 함께 하시겠다는 이 약속은 우리에게 이스라엘과 함께 하였던 구름 기둥과 불 기둥과 같은 것이다.

[2] 그들은 광야에서의 이스라엘이 그랬듯이 전혀 물이 나지 않을 것 같은 곳에서조차도 끊임없이 생수를 공급받게 될 것이다(18절). 내가 헐벗은 산에 강, 은혜의 강, 기쁨의 강, 생수의 강을 내리라. 성경에서는 성령에 대하여 생수의 강이라고 말하였는데(요 7:38-39), 성령은 헐벗은 산처럼 메마르고 아무 열매도 내지 못하며 주어진 은사 이상으로 스스로 높아져 있던 이방인에게 부어질 것이었다. 또한, 골짜기 가운데, 즉 모래가 많고 고단한 눈물 골짜기 가운데(시 84:6) 또는 이방의 산들과 비교해서 열매를 맺는 골짜기와 같았던 유대인들 가운데 샘이 나게 하실 것이다. 이 세상에 복음이 전파됨으로써 광야는 풍부한 물이 흐르는 곳으로 변하여서 그 임자에게는 열매를 내고 그 곳을 지나가는 자들에게는 안식을 준다.

[3] 이스라엘이 엘림에 이르렀을 때에 거기에 샘들만이 아니라 종려나무도 있었던 것과 같이(출 15:27), 그들은 해의 뜨거운 열기로부터 그들을 보호해 줄 시원한 그늘을 갖게 될 것이다. "내가 광야에는 백향목을 심으리라(19절). 내가 광야를 이러한 기분 좋은 나무들을 심는 과수원이나 동산으로 변하게 하여서, 그들이 마치 동산을 거니는 것처럼 편안하고 즐겁게 이 광야를 통과할 수 있게 하리라. 구름 기둥이 광야에서 이스라엘을 열기에서 보호해 준 그늘막이 되었던 것처럼 이 나무는 이스라엘에게 그런 그늘막이 되어 줄 것이다." 그리스도와 그의 은혜는 믿는 자들에게 큰 바위 그늘 같다(사 32:2). 하나님이 이방의 광야 속에 그의 교회를 세우실 때, 마치 가시나무와 엉겅퀴가 백향목과 잣나무와 화석류로 변하듯이 그의 교회로 말미암아 사람들의 성품에 큰 변화가 있게 될 것이다. 이러한 변화는 이 나무들에 관한 비유로 묘사된다(사 55:13).

[4] 그들은 이런 일 속에서 하나님의 손길 및 그의 능력과 은총을 보고서 깨닫게 될 것이다(20절). 하나님께서 이러한 기이하고 놀라운 일을 하시고자 하는 것은 그들로 하여금 모든 것 속에 하나님의 손길이 있음을 깨닫게 하기 위한 것이다. 무리가 이 기이한 변화를 보고 이 일이 통상적인 자연의 순리와 능력을 벗어나 있다는 것을 알고서 이 일이 더 높은 능력으로부터 왔다는 것을 헤아리고서 이 일에 대한 생각들을 서로 나누는 가운데 여호와의 손, 자기 백성

⁵하늘을 창조하여 펴시고 땅과 그 소산을 내시며 땅 위의 백성에게 호흡을 주시며 땅에 행하는 자에게 영을 주시는 하나님 여호와께서 이같이 말씀하시되 ⁶나 여호와가 의로 너를 불렀은즉 내가 네 손을 잡아 너를 보호하며 너를 세워 백성의 언약과 이방의 빛이 되게 하리니 ⁷네가 눈먼 자들의 눈을 밝히며 갇힌 자를 감옥에서 이끌어 내며 흑암에 앉은 자를 감방에서 나오게 하리라 ⁸나는 여호와이니 이는 내 이름이라 나는 내 영광을 다른 자에게, 내 찬송을 우상에게 주지 아니하리라 ⁹보라 전에 예언한 일이 이미 이루어졌느니라 이제 내가 새 일을 알리노라 그 일이 시작되기 전에라도 너희에게 이르노라 ¹⁰항해하는 자들과 바다 가운데의 만물과 섬들과 거기에 사는 사람들아 여호와께 새 노래로 노래하며 땅 끝에서부터 찬송하라 ¹¹광야와 거기에 있는 성읍들과 게달 사람이 사는 마을들은 소리를 높이라 셀라의 주민들은 노래하며 산꼭대기에서 즐거이 부르라 ¹²여호와께 영광을 돌리며 섬들 중에서 그의 찬송을 전할지어다

이 단락에는 다음과 같은 내용들이 나온다.

I. 하나님이 메시야와 맺은 언약, 그리고 하나님이 메시야에게 주신 사명(5-7절).   이것은 1절에 나온 내가 붙드는 나의 종이라는 어구에 대한 설명이다.

1. 크신 하나님이 여기에서 자신을 알리시고 모든 거짓 신들과 자신을 구별하기 위해서 사용하고 계시는 왕적인 칭호들은 하나님의 영광에 대해서 아주 많은 것들을 말해준다(5절). 하나님 여호와께서 이 같이 말씀하신다. 주여, 당신은 어떤 분이시나이까? 주 하나님은 모든 존재의 근원이시고 모든 능력의 근원이시다.

(1) 하나님은 윗 세상에 있는 모든 존재의 근원이시다. 왜냐하면, 그는 하늘을 창조하여 펴시고(사 40:22) 그 광대한 하늘이 계속해서 펼쳐져 있도록 유지시키고 계시기 때문이다.

(2) 하나님은 아래 세상에 있는 모든 존재의 근원이시다. 왜냐하면, 그는 땅을 펼치셔서 넓은 거주지로 만드셨고 그의 능력으로 그 소산을 내시기 때문이다.

(3) 하나님은 인간 세상에 있는 모든 존재의 근원이시다. 그는 땅 위의 백성에게 호흡을 주시며, 사람들이 호흡할 공기만이 아니라 생명의 호흡 자체와 그것을 숨쉴 수 있는 기관들도 주신다. 또한, 그는 땅에 행하는 자들에게 이성적으

로 생각하는 혼의 능력이자 기능인 영을 주신다. 이렇게 하나님과 메시야의 언약, 하나님이 메시야에게 주신 사명 앞에 이런 말들이 나오는 것은 하나님이 그러한 언약을 맺으시고 그러한 사명을 주실 권세를 지니고 계시며 메시야를 견고히 붙들어 줄 수 있는 충분한 능력을 지니고 계시다는 것을 보이고 계실 뿐만 아니라 구속사역의 목적이 창조주의 영광을 유지시키고 인간을 회복시켜서 그를 만드신 하나님께 충성을 하도록 하기 위한 것임을 보여주고자 하는 것이다.

2. 하나님이 메시야가 행하는 모든 일에서 그와 함께 하시겠다고 하신 약속들은 메시야에게 큰 힘이 되었다는 것을 말해준다(6절).

(1) 하나님은 메시야가 중보자가 되는 영광을 스스로 취한 것이 아니라 하나님의 부르심을 받은 것이기 때문에 메시야는 참칭하는 자가 아니라 정당한 절차를 거쳐서 그 직임을 맡게 된 것이라고 인정하신다(히 5:4). 나 여호와가 의로 너를 불렀다. 메시야는 하나님의 제안을 자원하여 받아들인 것이기 때문에 하나님은 결코 그를 이 힘든 섬김의 일에 부름으로써 그에게 잘못을 한 것이 아니었을 뿐만 아니라, 자신의 영광을 위하여 이런 일을 계획하시고 그가 전에 하신 말씀을 이루신 것은 옳은 일이었다.

(2) 하나님의 메시야가 그 일을 할 때에 그의 곁에 서서 그에게 힘을 더해 주며, 그의 일만이 아니라 그의 손도 붙잡아 주어서 그 일이 흔들리거나 실패하지 않도록 그를 보호해 주시겠다고 약속하신다. 메시야가 고뇌 가운데 있을 때에 하나님께서 천사를 하늘로부터 보내셔서 그의 힘을 더하시며 친히 그와 함께 계심으로써 이 약속은 성취되었다. 하나님은 그가 부르신 자들을 자기 사람으로 인정하시고 도우시며 그들의 손을 잡아주시리라는 것을 명심하라.

3. 하나님이 메시야에게 맡기신 사명이 지닌 큰 목적은 사람들에게 차고 넘치는 위로가 된다. 메시야는 백성의 언약, 자기 속에 집약되어 있는 은혜의 언약의 중보자 또는 보증인이 되기 위하여 세움을 입으셨다. 하나님은 우리에게 그리스도를 주심으로써 그와 함께 새 언약의 모든 축복들을 우리에게 거저 주셨다. 그의 복음을 통해서 이방 세계에 가져다 주시는 두 가지 영광스러운 축복은 빛과 자유이다.

(1) 그는 이방인들에게 그들이 꼭 알아야 될 것, 그가 전해 주지 않는다면 그들이 도저히 알 수 없는 것을 계시할 뿐만 아니라 눈먼 자들의 눈을 열어서

그것을 알 수 있게 하기 위하여 이방의 빛이 되도록 세우심을 입었다. 그는 성령을 통해서 말씀 속에서 대상을 제시하시고, 성령을 통해서 마음속에 그 기관을 준비하셨다. 복음이 왔을 때, 흑암에 앉은 자들에게 큰 빛이 임하였다(마 4:16; 요3:19). 사도 바울이 이방인들에게 보내심을 받는 것은 그들의 눈을 뜨게 하기 위한 것이다(행 26:18). 그리스도는 세상의 빛이시다.

(2) 그는 고레스가 그랬던 것처럼 포로된 자들에게 자유를 선포하며 갇힌 자를 감옥에서 이끌어내기 위하여 보내심을 받았다. 고레스가 할 수 있었던 것은 감옥 문을 열고서 갇힌 자들로 하여금 나가게 하는 것이었지만, 메시야는 그들을 이끌어 내어서 그들로 하여금 그들에게 주어진 자유를 사용할 수 있게 하신다. 이런 일은 하나님께서 그 심령을 감동시킨 자들 외에는 아무도 할 수 없다. 그리스도는 그의 은혜를 통해서 이런 일을 하신다.

II. 이러한 약속에 대한 확증. 하나님은 그의 이러한 약속이 유효하다는 것을 우리에게 확신시키기 위하여 우리에게 다음과 같은 것들을 생각하게 하신다.

1. 이러한 약속을 하신 분이 지니고 계시는 권세(8절). 나는 여호와이니 이는 내 이름이라. 여호와라는 이름은 하나님께서 족장들에게 하신 약속을 이행하시기 위하여 시작하신 때에 자신을 알리기 위하여 사용하신 이름이었다. 반면에, 하나님은 그 이전에는 자기 자신을 전능의 하나님이라는 이름으로 나타내셨다(출 6:3). 하나님이 만물의 존재를 부여하시는 주 여호와이시라면, 그는 이 약속에도 존재를 부여하셔서 반드시 이루어지게 하실 것이다. 하나님의 이름이 오직 그만이 홀로 하나님이라는 것을 말해주는 여호와라면 우리는 하나님의 이름이 질투하시는 하나님이라는 것도 확신할 수 있다. 하나님은 자신의 자리를 그 누가 다투든지 그의 영광을 다툰 자, 특히 우상에게 주지 아니하실 것이다. 하나님은 메시야를 보내셔서 사람들의 눈을 열게 하셔서, 사람들로 하여금 말 못하는 우상들을 섬기는 것에서 돌이켜 살아계신 하나님을 섬기게 만드실 것이다. 왜냐하면, 하나님은 사람들이 알지 못하던 때에는 오랫동안 눈감아 주셨지만 이제는 자신의 대권을 주장하셔서 그의 영광을 새긴 우상들에게 주지 아니하실 것이기 때문이다. 하나님은 자기가 한 말에 진실하다는 영광을 잃지 않으시고 거짓 신들을 섬기는 자들로부터 거짓말했다는 비난을 듣지 않기 위하여 자기가 한 말을 반드시 지키실 것이다. 만약 하나님이 자기를 섬기는 자들을

우상 숭배자들에게 내어 주신다면 그의 찬송을 새긴 우상들에게 내어주는 꼴이 될 것이기 때문에, 하나님은 자기 백성을 우상 숭배자들의 압제로부터 건져 내실 것이다.

2. 하나님이 이전에 그의 교회에 대하여 하신 약속들을 이루심. 이것은 하나님의 말씀이 진실하다는 것과 하나님이 자기 백성에게 인자하시다는 것을 보여주는 증거들이다(9절). "보라, 전에 예언한 일이 이미 이루어졌느니라. 주 하나님은 이제까지 그의 교회를 도와 오셨고 이전의 무거운 짐들 아래에서 신음하던 그의 교회를 붙들어 주셨으며 이전의 곤경들 속에서 그의 교회를 건져내셨다. 이것은 하나님이 조상들에게 하신 약속들을 이행하신 것이다. 약속이 하나도 이루어지지 아니함이 없도다(왕상 8:56). 이제 내가 새 일을 알리노라. 이제 내가 새로운 약속들을 할 것인데, 이 약속들은 이전의 약속들이 그랬듯이 때가 되면 반드시 성취되리라. 이제 내가 이전에 주어지지 않았던 새로운 은총들을 주리라. 너희는 구약의 축복들을 차고 넘치게 받아왔다. 이제 내가 신약의 축복들을 알리노니, 이것은 젖과 꿀이 흐르는 땅이나 이웃 나라들을 지배하는 그런 축복들이 아니라 하늘에 속한 신령한 복들이다. 복음 전파를 통해서 그 일이 시작되기 전에라도 이전 일들의 모형과 비유를 통해서 내가 너희에게 이르노라." 이전에 하나님이 베푸시는 긍휼들을 받아 본 적이 있는 자들은 이후에도 하나님의 긍휼들을 소망할 담력을 얻을 수 있다는 것을 명심하라. 왜냐하면, 하나님은 자기 백성을 돌보시는 일에 변함이 없으시고, 자기 백성을 불쌍히 여기시는 일도 변함이 없으시기 때문이다.

Ⅲ. 이러한 약속을 하신 하나님께 영광을 돌리기 위하여 기쁨과 찬송의 노래를 부르라고 권함(10절). 여호와께 새 노래, 신약의 노래로 노래하라. 돌보시는 일에 변함이 없으시고, 자기 백성을 불쌍히 여기시는 일도 변함이 없으시기 때문이다. 하나님께서 그리스도를 이방의 빛으로 주신 것(6절)은 너무 놀라운 새 일이었다. 사도 바울은 이방인들이 복음으로 말미암아 그리스도 예수 안에서 함께 상속자가 되는 것은 다른 세대에서는 알려지지 않았고 이제야 계시된 것은 신비라고 말한다(엡 3:5-6). 이것은 하나님께서 말씀하시는 새 일인데, 이때에 불려지게 될 노래가 새롭다는 것은 이전에는 주를 찬송하는 노래들이 예루살렘 성전에 대체로 국한되어 있었던 반면에(다윗의 시편들은 오직 유대인들의 언어로 되어 있었고 오직 그들 나라에서만 그들에 의해서 불려졌다; 왜냐하면,

그들이 낯선 땅에 포로로 잡혀갔을 때에는 그들의 수금을 버드나무에 걸어두고 더 이상 주를 찬송하는 노래를 부를 수 없었기 때문이다, 시 137:2-4), 이제 거룩한 기쁨과 찬송의 노래들이 온 세상에 불려지게 될 것이기 때문이다. 이방 나라들은 유대인들과 더불어서 동일하게 신약의 축복들에 참여하게 될 것이다. 그러므로 그들은 신약의 찬송들과 예배에도 동참할 것이다. 이방 나라들 가운데 교회들이 세워질 것이고, 그들은 새 노래를 부르게 될 것이다. 이방인들의 회심은 흔히 이러한 비유를 통해서 예언된다(롬 15:9-11). 여기에서는 하나님의 은혜를 기리는 찬송들이 기쁨과 감사함으로 다음과 같은 자들에 의해서 불려지게 될 것이라고 말한다.

1. 땅 끝, 즉 예루살렘에서 가장 멀리 떨어져 있는 나라들에서 사는 자들에 의해서. 땅 끝에서부터 노래하는 소리가 우리에게 들렸다(사 24:16). 이 말씀은 기독교가 우리 땅에 심겨졌을 때에 성취되었다.

2. 항해하는 자들과 상인들, 바다로 내려가서 큰 물에서 일을 하여 바다의 풍성한 것들을 통해서 이득을 얻고 거기에 충만한 것과 바다 가운데 있는 모든 것을 지배하는 자들에 의해서. 그들은 이 모든 것을 인하여 하나님을 찬송하게 될 것이다. 왜냐하면, 그것은 모두 하나님의 것이기 때문이다(시 24:1; 95:5). 유대인들은 바다를 이용하여 무역을 하는 일이 거의 없었다. 따라서 하나님을 찬송하는 노래가 바다로 내려가는 자들에 의해서 불려진다면, 그들은 이방인들임에 틀림없다. 시편에서는 바다에서 일하는 자들에게 하나님을 찬송하라고 권면한다(시 107:23).

3. 섬들과 거기에 사는 사람들에 의해서(10절). 12절에서도 섬들 중에서 그의 찬송을 전할지어다라고 말한다. 여기에서 섬들은 이방인들의 섬들로서 아마도 헬라의 섬들을 가리키는 것 같다.

4. 광야와 거기에 있는 성읍들과 게달 사람이 사는 마을들에 의해서. 앞에 나온 섬들은 예루살렘에서 서방에 있었고 여기에 언급되고 있는 곳들은 동방에 있었다. 따라서 복음의 노래들은 해 뜨는 곳에서부터 해 지는 곳에까지 불려지게 될 것이다. 이방 세계 전체는 하나님의 교회와의 소통으로부터 단절되어 있었던 섬과 같았고, 경작이 되지 못하여서 하나님께 아무런 열매도 바칠 수 없었던 광야와 같았다. 그러나 이제 그 섬들과 광야는 하나님을 찬송하게 될 것이다.

5. 바위 위에 거하는 자들(개역에서는 셀라의 주민들)과 산꼭대기에 거하는 자들에 의해서. 이방인들만이 아니라 가장 가난하고 비천하며 멸시받을 만한 자들, 성읍과 촌락에 거하는 자들만이 아니라 초가집에 거하는 자들도 하나님을 찬송하게 될 것이다. 산에 사는 사람들처럼 가장 야만적이고 상스러운 자들도 복음에 의해서 가르침을 받아 계몽될 것이다. 또는, 여기에서 바위 위에 거하는 자들은 페트라이아(바위투성이인 곳이라는 의미)라 불리는 아라비아의 한 지역에 사는 주민들을 의미하는 것일 수도 있다. 이스라엘 백성이 바벨론에서 돌아올 때에 인근 주민들이 그들의 기쁨에 동참해서 그들과 더불어 하나님을 찬송하며 그 중 일부가 귀환 행렬에 합류하였을 가능성이 있다. 하지만 우리는 과연 이 두드러진 예언의 성취라고 할 정도로 그런 일이 있었을 것인지는 확인할 수 없기 때문에, 이 예언의 말씀은 열방의 기쁨에 관한 그 밖의 다른 많은 예언들과 마찬가지로 신약에서 이방인들이 회심하여 그리스도를 믿게 된 사건을 통하여 성취하게 되었다고 보는 것이 옳은 것 같다. 그들은 교회 속으로 들어오게 되자 주 하나님께 영광을 돌리게 되었다. 그러자 그들은 하나님께 하나님의 이름을 지니고 하나님을 찬송하는 자들이 되었고, 하나님을 찬송하는 것을 그들의 일로 삼았다. 하나님은 그들 가운데서와 그들에 의해서 영광을 받으신다.

¹³여호와께서 용사 같이 나가시며 전사 같이 분발하여 외쳐 크게 부르시며 그 대적을 크게 치시리로다 ¹⁴내가 오랫동안 조용하며 잠잠하고 참았으나 내가 해산하는 여인 같이 부르짖으리니 숨이 차서 심히 헐떡일 것이라 ¹⁵내가 산들과 언덕들을 황폐하게 하며 그 모든 초목들을 마르게 하며 강들이 섬이 되게 하며 못들을 마르게 할 것이며 ¹⁶내가 맹인들을 그들이 알지 못하는 길로 이끌며 그들이 알지 못하는 지름길로 인도하며 암흑이 그 앞에서 광명이 되게 하며 굽은 데를 곧게 할 것이라 내가 이 일을 행하여 그들을 버리지 아니하리니 ¹⁷조각한 우상을 의지하며 부어 만든 우상을 향하여 너희는 우리의 신이라 하는 자는 물리침을 받아 크게 수치를 당하리라

이 단락을 이방 세계가 부르게 될 노래 자체로 보든(어떤 이들이 해석하듯이) 하나님께서 그 노래, 즉 복음적인 새 노래를 부르도록 하기 위하여 어

떤 식으로 길을 여실 것인지에 대한 예언으로 보든 의미는 마찬가지이다.

I. 하나님은 어느 때보다도 더 큰 능력과 영광으로 나타나실 것이다. 하나님은 그의 복음을 전하실 때에 그렇게 나타나셨는데, 복음을 전파함에는 하나님의 능력과 힘이 수반되었다. 그렇기 때문에 복음전파는 사탄의 요새를 무너뜨리는 일에서 놀라운 성공을 거두었다(13-14절). 하나님은 오랫동안 조용하며 잠잠하고 참으셨고, 이방 세계가 알지 못하던 시대에는 간과하셨고(행 17:30) 지나간 세대에는 모든 민족으로 자기들의 길을 가게 방임하셨다(행 14:16). 그러나 이제 하나님은 마귀의 나라를 공격해서 치명적인 일격을 가하기 위하여 용사 같이 나가시며 전사 같이 나가실 것이다. 복음을 전파하는 일은 이와 같이 묘사된다(계 6:2). 그리스도께서는 복음을 전파하러 나가셔서 이기고 또 이기셨다. 사도들의 사역은 싸움으로 불린다. 그들은 예수 그리스도의 군사들이었다. 하나님은 우상 숭배에 반대하여 자신의 이름의 영광을 위하여 그 어느 때보다도 더 큰 질투를 발하여 더 큰 열심으로 나타나실 것이다.

1. 그는 말씀을 전하실 때에 외쳐 크게 부르시며 해산하는 여인 같이 부르짖을 것이다. 왜냐하면, 그리스도의 사역자들은 사람들의 영혼 속에 그리스도의 형상이 이루어진 것을 볼 때에 같이 해산하는 수고를 하는 자들처럼 말씀을 전하였기 때문이다(갈 4:19). 그는 사자가 포효하는 소리보다 더 무시무시한 소리로 복음을 받아들이지 않았을 때의 저주를 외쳐 크게 부르짖을 것이다. 잠자는 세상을 깨우기 위해서는 복음을 받아들이지 않았을 때의 저주들도 복음의 축복들과 더불어서 선포되어야 한다.

2. 그는 성령의 능력을 힘입어서 이기실 것이다. 그는 그 대적을 크게 치셔서 그들을 친구로 만드는 데에 성공하실 것이다(골 1:21). 그는 복음에 반대하고 욕하는 자들을 이기셔서 잠잠하게 하고 부끄럽게 만드실 것이다. 그는 흑암의 권세들의 모든 반대를 단번에 멸하시고 삼켜버리실 것이다. 사탄은 하늘로부터 번개처럼 떨어질 것이고, 사망의 권세를 지녔던 그는 멸망받을 것이다. 이러한 복음 사건의 모형이자 비유로서 유대인들을 바벨론에서 구속하시기 위하여 하나님은 압제자들의 교만을 낮추시고 그들의 능력을 깨뜨리셔서 바벨론 군주를 단번에 멸하시고 삼키실 것이다. 고레스의 지휘 아래 있는 바사 군대를 통해서 이렇게 바벨론을 멸망시킴으로써 하나님은 산들과 언덕들을 황폐하게 하며, 하나님은 그 나라를 평평하게 하고, 그 모든 초목들을 마르게 하실 것이다. 보

통 그렇듯이, 적군은 말의 먹이가 되는 꼴들을 그들이 사용하기 위해 실어가 버리거나 아예 못쓰도록 불태워 버리고, 강들 위에 배들을 연결해 놓아서 강을 섬으로 만들어 버리며, 군대가 지나갈 수 있도록 하기 위하여 연못과 저지대에 있는 물을 뺄 것이다. 이렇게 복음이 전파될 때, 복음은 거침없이 나아가게 될 것이고, 그 길을 방해하는 것들은 무엇이든지 제거될 것이다.

Ⅱ. 그는 심령에 감동을 받아서 그를 따르는 자들에게 그의 은총과 은혜를 나타내실 것이다(스 1:5).   그는 시온으로 가는 길을 묻는 자들에게 그 길을 보여주고 그 길에서 그들을 인도하실 것이다(16절). 본성적으로 눈먼 자들, 죄와 진노 아래 있다는 것을 깨닫고서 어찌할 바를 모르고 당황해하는 자들을 하나님은 그들이 알지 못하는 길로 이끌며, 그들에게 길이신 예수 그리스도에 의한 생명과 행복의 길을 보여줄 것이고, 그들이 알지 못하였던 그 길로 그들을 인도하실 것이다. 바울을 회심시키실 때에 하나님은 먼저 그를 눈멀게 하신 후에 그의 아들을 그에게 계시하셨고 비늘이 그의 눈에서 떨어지게 하셨다. 그들은 하나님을 아는 지식이 별로 없어서, 처음에는 하나님의 진리들이 도무지 이해할 수 없는 것으로 보인다. 그러나 하나님은 암흑이 그들 앞에서 광명이 되게 하여 하나님을 아는 지식이 그들에게 쉬워지게 하실 것이다. 그들은 자신의 본분을 행하는 데에 약하기 때문에 하나님의 명령들이 도저히 실천할 수 없는 것으로 보이고 하나님의 명령을 순종하는 것이 뛰어넘을 수 없는 난관으로 보인다. 그러나 하나님은 굽은 데를 곧게 하실 것이다. 따라서 그들의 길은 평평해질 것이고 그들의 멍에는 쉬워질 것이다. 하나님은 사람들을 옳은 길로 데려오실 뿐만 아니라 그 길에서 그들을 인도하신다. 이것의 모형으로서 하나님은 유대인들을 포로 생활에서 돌아오게 하실 때에 그들의 조국으로 통하는 이미 마련된 길 속에서 그들을 인도하실 것이고, 그들의 여행길에서 그들을 당황하게 하거나 난처하게 하는 일들은 전혀 일어나지 않을 것이다. 이러한 것들은 지극히 큰 일이고 지극히 인자하신 일들이다. 그러나 "그러한 일들은 지극히 크고 인자하여서 유대 민족 같은 아무런 자격 없는 민족이나, 이방인들 같은 아무런 자격 없는 사람들이 하나님에게서 기대할 수 없는 일들"이라고 말하는 자들이 없도록 하기 위하여 내가 이 일을 행하겠고 내가 말한 그대로 이루어서 그들을 버리지 아니하리라는 말씀을 덧붙이신다. 이러한 큰 긍휼을 보이기 시작하신 하나님은 계속해서 그들을 선하게 대하실 것이다.

Ⅲ. 그는 복음을 전하여서 우상 숭배로부터 돌이키게 하고자 애썼음에도 불구하고 여전히 우상들을 숭배하는 그런 자들을 낭패를 당하게 하실 것이다(17절).   조각한 우상을 의지하는 자는 물리침을 받아 크게 수치를 당하리라. 우상들을 멸시하고 오직 하나님만을 섬긴 유대인들이 구원을 받는 것을 볼 때에 바벨론 사람들이 크게 수치를 당하게 될 것이고, 우상 숭배가 복음 앞에서 무너져서 햇빛 앞에서 어둠이 흩어지며 열기 앞에서 눈이 녹듯이 하는 것을 볼 때에 이방인들이 크게 수치를 당하게 될 것이다. 그들은 구워 만든 우상들에게 너희는 우리의 신이라 말하였던 것을 부끄러워하게 될 것이다. 왜냐하면 그 우상들은 우상 숭배자들이 스스로 어찌할 수 없을 때에 그들을 도울 수 없고, 멸시받는 것으로부터 그들을 구원해 낼 수 없기 때문이다. 많은 사람들이 죄악에서 돌이키고, 죄가 사람들에게 인기가 없게 되어서 전반적으로 버려지는 개혁의 때에 이제까지 우상을 숭배하며 죄악을 저질러왔던 자들은 그러한 대세에 밀려서 자기가 한 짓을 부끄러워하게 될 가능성이 있다.

[18]너희 못 듣는 자들아 들으라 너희 맹인들아 밝히 보라 [19]맹인이 누구냐 내 종이 아니냐 누가 내가 보내는 내 사자 같이 못 듣는 자겠느냐 누가 내게 충성된 자 같이 맹인이겠느냐 누가 여호와의 종 같이 맹인이겠느냐 [20]네가 많은 것을 볼지라도 유의하지 아니하며 귀가 열려 있을지라도 듣지 아니하는도다 [21]여호와께서 그의 의로 말미암아 기쁨으로 교훈을 크게 하며 존귀하게 하려 하셨으나 [22]이 백성이 도둑 맞으며 탈취를 당하며 다 굴 속에 잡히며 옥에 갇히도다 노략을 당하되 구할 자가 없고 탈취를 당하되 되돌려 주라 말할 자가 없도다 [23]너희 중에 누가 이 일에 귀를 기울이겠느냐 누가 뒤에 올 일을 삼가 듣겠느냐 [24]야곱이 탈취를 당하게 하신 자가 누구냐 이스라엘을 약탈자들에게 넘기신 자가 누구냐 여호와가 아니시냐 우리가 그에게 범죄하였도다 그들이 그의 길로 다니기를 원하지 아니하며 그의 교훈을 순종하지 아니하였도다 [25]그러므로 여호와께서 맹렬한 진노와 전쟁의 위력을 이스라엘에게 쏟아 부으시매 그 사방에서 불타오르나 깨닫지 못하며 몸이 타나 마음에 두지 아니하는도다

　　　　선지자는 이스라엘의 위로를 기다리고 있던 믿는 유대인들을 위로하고 격려하는 말을 전한 후에 여기에서는 그들 가운데서 여전히 믿지 않는 자들

을 깨우치고 낮추기 위하여 그들을 향하여 말씀을 전한다. 바벨론의 포로로 잡혀간 자들 중에는 예레미야가 환상 가운데서 본 악한 무화과 같은 자들이 있었다. 하나님이 그들을 거기로 보내신 것은 세상 모든 나라 가운데 흩어서 그들에게 환난을 당하게 하고 부끄러움을 당하게 하고 말거리가 되게 하기 위한 것이었다(렘 24:9). 그들은 그리스도를 버림으로써 그리스도에 의해서 버림을 받아서 그 어느 때보다도 더 심한 저주 아래 떨어진 유대인들의 모형이었다. 왜냐하면, 그들은 분쇄되고 패망하여 오늘날까지 여전히 세상의 모든 나라 가운데 흩어져 있기 때문이다. 좀 더 살펴보자.

I. **이 백성에게 주어진 부르심**(18절). "너희 못 듣는 자들아 들으라. 기쁜 소리에 귀를 기울이라 너희 맹인들아 저 기쁜 빛을 밝히 보라." 이 명령 속에는 그 어떤 불합리한 것도 없고, 우리에게 우리 스스로의 힘으로는 충분히 해낼 수 없는 것을 하라고 부르시는 것은 하나님의 지혜와 선하심에 합당하지 않은 것도 아니다. 왜냐하면, 비록 선한 일을 할 수 없는 도덕적인 무능력 상태 속에 있을지라도 노력하고 애를 쓴다면 그들이 할 수 있는 것보다 더 나은 것을 할 수 있는 자연적인 능력이 그들에게 있고 초자연적인 은혜를 받을 수도 있기 때문이다. 듣지 못한 자들에게 들으라고 하고, 보지 못하는 자들에게 보라고 하는 이러한 명령은 말라비틀어진 손을 지니고 있던 자에게 그 손을 내밀라고 한 명령과 같다. 그 사람은 손이 말라비틀어져 있었기 때문에 주의 명령대로 손을 내밀 수 없었지만, 만약 그가 그렇게 하려고 시도조차 하지 않았더라면, 그는 고침을 받지 못하였을 것이다. 따라서 그가 고침을 받은 것은 그의 행위 때문이 아니라 하나님의 능력이었다.

II. **그들이 어떤 자인지를 드러내심**(19-20절). 맹인이 누구냐, 내 종이 아니냐 누가 내가 보내는 내 사자 같이 못 듣는 자겠느냐. 유대 백성들은 하나님의 종들이었고, 그들의 제사장과 장로들은 하나님의 사자들이었다(말 2:7). 그러나 그들은 못 듣는 자가 되었고 못 보는 자가 되었다. 앞의 절은 우상을 숭배하는 이방인들에게 하신 말씀으로 볼 수 있다. 거기에서 이방의 우상 숭배자들은 듣지 못하고 보지 못하는 신들을 섬기는 자들이었기 때문에 하나님은 그들을 못 듣는 자와 맹인들이라 부르셨다 하나님은 이렇게 말씀하신다. "그러나 내 백성조차도 너희만큼 악하여서 많은 자들이 우상 숭배에 몰두하니, 너희가 듣지 못하고 보지 못하는 것은 하나도 이상할 것이 없구나."

1. 하나님은 그들이 얼빠져 있는 것을 한탄하신다. 그들은 눈이 멀었다. 또한, 하나님은 그들의 완악함을 한탄하신다. 그들은 귀가 먹었다. 그들은 이방인들보다도 한층 더 나쁜 상태였다. 가장 좋은 것이 부패하면 가장 나쁜 것이 되는 법이다. "나의 종과 나의 사자, 나의 종인 야곱(사 41:8), 나의 사자들인 선지자들과 선생들만큼 그렇게 악의적이고 추하게 눈멀고 귀먹은 자가 누가 있겠느냐? 직업상 완전해야 할 자들, 다른 사람들보다 완전에 더 가까워야 할 자들인 제사장들과 선지자들만큼 눈먼 자가 누가 있겠는가? 선지자들은 거짓 예언을 하고, 제사장들은 그들 멋대로 다스린다. 자신의 얼굴에 빛이 비치고 있는데도 그 빛을 보고자 하지 않는 자만큼 눈먼 자가 누가 있겠느냐?"

(1) 하나님의 종이요 사자라고 공언하는 자들이 영적인 일들에 눈멀고 귀가 먹어서 무지하고 오류투성이이며 지극히 부주의한 것은 너무도 흔한 일이지만 지극히 서글픈 일이다.

(2) 다른 사람들보다도 하나님의 종이자 사자라고 스스로 자처하는 자들이 영적인 일들에 눈멀고 귀먹은 것은 더 나쁘다. 그것은 그들에게는 더 큰 죄와 수치가 되고 하나님께는 더 큰 욕이 되며 그들 자신에게는 더 큰 저주가 된다.

2. 선지자는 우리 구주께서 그러셨듯이(마 13:14-15) 계속해서 유대 민족이 눈이 멀고 완악하다고 말한다(20절). 네가 많은 것을 볼지라도 유의하지 않는다. 많은 사람들이 그들에게 뻔히 보이는 것을 눈여겨보지 못함으로써 파멸을 자초한다. 그들은 무지해서가 아니라 단지 주의를 기울이지 않고 경솔해서 망하는 것이다. 우리 구주께서 활동하시던 시대에도 유대인들은 그가 하나님의 보내심을 받고 오셨다는 것을 보여주는 많은 증거들을 보았지만 그것들에 유의하지 않았다. 그들은 우리 구주의 말씀을 얼마든지 들을 수 있는 귀를 가지고 있었지만, 그 말씀을 유의해서 깨달을 수도 믿을 수도 순종할 수도 없었다. 그러므로 그들은 구주의 말씀을 전혀 듣지 않은 것과 매한가지였다.

III. 그들이 하나님의 모든 이름 위에 뛰어나게 하신 그의 말씀에 대하여 눈이 멀고 귀가 먹었다고 할지라도, 하나님께서는 자신의 이름을 영화롭게 하시겠다고 함. 어떤 자들이 믿지 않았으면 어찌 하리오 그 믿지 아니함이 하나님의 미쁘심을 폐하겠느냐(롬 3:3-4). 비록 그들이 눈이 멀고 귀가 먹었다고 할지라도, 하나님은 자신의 영광을 드러내실 것이다(21절). 여호와께서 그의 의로 말미암아 기뻐하신다. 하나님은 그들의 죄를 기뻐하시는 것이 아니라, 큰 구원을 거부한 그들을 버리심으로써 자신의 의를 나타내시는 것을 기뻐하신다. 하나님은 기뻐하시는 자처럼 말씀하신다(사 1:24). 슬프다 내가 장차 내 대적에게 보응하여 내 마음을 편하게 하리라. 또한, 에스겔 5장 13절에서는 내 노가 다한즉 그들을 향한 분이 풀려서 내 마음이 가라앉으리라고 말씀하신다. 이 말씀은 유대인들을 버리고 이방인들을 불러들이는 것을 통해서 성취되었고, 주 하나님은 그 일을 기뻐하셨다. 그는 교훈(하나님의 온갖 계시)을 크게 하며 존귀하게 하실 것이다 하나님의 법은 진정으로 존귀하고, 거기에서 말하고 있는 내용들은 지극히 큰 일들이다. 사람들이 하나님의 법에 순종하지 않음으로써 그 법을 존귀하게 하지 않는다면, 하나님은 직접 나서서 그 법에 불순종하는 자들을 벌하심으로써 자신의 법을 존귀하게 하실 것이다. 하나님은 자신의 법에 기록되어 있는 것들을 이루심으로써 그 법을 존귀하게 하실 것이고 그 법이 권세가 있고 능력이 있으며 공평하다는 것을 널리 드러내실 것이다. 하나님은 모든 사람을 자유의 법에 의해서 심판하실 때에 그렇게 하실 것이다(약 2:12). 하나님은 그런 일을 매일 매일 하고 계신다. 하나님께서 자신의 법을 존귀하게 하시고 크게 하시는 일 외에 이 세상에서 하고 계시는 일이 무엇이겠는가?

IV. 유대 민족이 의도적으로 하나님의 법에 눈멀고 귀먹은 것에 대하여 하나님이 그들에게 내리실 재앙들(22절).   그들은 도둑맞으며 탈취를 당할 것이다. 바벨론에서 회개를 통하여 삶을 고치지 않은 자들은 영원히 포로 생활을 하도록 선고를 받았다. 그들이 조국에서만이 아니라 원수의 땅에서조차 그들이 가진 모든 소유를 탈취당한 것은 그들의 죄 때문이었다. 그들 중의 일부는 굴 속에 잡히고 일부는 옥에 갇혔다. 그들은 덫에 걸린 것이기 때문에 스스로 어찌할 수 없었다. 그들은 옥에 갇혀서 감추어져 있었기 때문에 그들의 친구들도 도울 수 없었다. 원수들은 그들이 감옥에 있는 것을 까맣게 잊어버리고 있었다. 그들과 그들이 가진 모든 것은 도둑맞으며 탈취당하기 위한 것이다. 무력을 사용해서 또는 속전을 지불하고서 그들을 건져줄 자가 아무도 없고, 되돌려 주라고 오만한 압제자들에게 감히 말할 자도 아무도 없다. 거기에 그들은 누워 있다. 이 말씀은 로마인들에 의해서 유대 민족이 최종적으로 멸망을 당한 것을 통해서 온전히 성취되었는데, 로마 군대는 하나님께서 유대인들이 그리스도의 복음을 거부한 것에 대한 징벌로 그들에게 보내신 자들이었다.

V. 하나님이 그들이 구원받기 위해서 무엇을 해야 하는지를 조언해주심.

왜냐하면, 그들의 처지는 비록 서글프지만 절망적인 것은 아니기 때문이다.

1. 그들 중 대부분은 귀가 먹었다. 하나님이 말씀하시는 음성에 귀를 기울이고자 하지 않는다. 그러므로 하나님은 매를 쳐서 그들 중에 누가 이 일에 귀를 기울이는지 보실 것이다(23절). 우리는 오랫동안 설득했지만 아무런 소용이 없었던 자들에 대하여 절망하거나 낙심해서는 안 된다. 그들 중의 일부는 마침내 귀를 기울여서 듣게 될 수도 있기 때문이다. 이런 방법이 효과가 없었다면 저런 방법을 사용해서, 결국 죄인들이 변명할 핑계를 대지 못하게 하여야 한다. 좀 더 살펴보자.

(1) 우리는 모두 마음만 먹는다면 하나님의 음성을 들을 수 있다. 우리는 음성을 들으라고 부르심을 받고 있고 초청받고 있다.

(2) 하나님이 자기에게 말씀하고 계시는 것을 깨닫고서 기꺼이 하나님의 말씀을 듣고자 하는 자들이 대체 어떤 자들인지를 조사해 보는 것은 가치 있는 일이다.

(3) 하나님의 음성을 듣는 많은 자들 중에서 그 뜻이 무엇인지 나에게 어떤 식으로 적용되는지를 곰곰이 생각하면서 귀를 기울여 경청하는 자는 극소수이다.

(4) 하나님의 말씀을 들을 때에 우리는 장래의 일에 마음을 써야 한다. 우리는 우리가 이 세상에서 살아가는 동안에 장차 무슨 일이 생길지에 대하여 관심을 두고서 하나님의 음성을 들어야 한다. 우리는 특히 영원에 관한 일들을 귀 기울여서 들어야 한다. 우리는 내세를 염두에 두고서 하나님의 말씀을 들어야 한다.

2. 하나님이 그들에게 주신 조언은 다음과 같은 것들이다.

(1) 그들이 당한 환난 속에서 하나님의 손길을 깨닫고, 하나님이 사용하신 도구가 누가 되었든지 간에 그 환난을 보내신 하나님을 바라보라는 것(24절). "하늘과 맺어져 있는 저 백성, 이 땅에서 통치권을 가지고 있는 저 백성인 야곱과 이스라엘이 탈취를 당하게 하시고 바벨론 사람들이나 로마인들과 같은 약탈자들에게 그들을 넘기신 자가 누구냐 여호와가 아니시냐. 너희는 여호와께서 그렇게 하셨다는 것을 안다. 그러므로 그것을 곰곰이 생각하고, 이 심판들 속에서 하나님의 음성을 들으라."

(2) 그들이 하나님의 진노를 불러일으켜서 그들을 버리시게 하였고 이 모든

재앙들을 자초하였다는 것을 인정하라는 것.

[1] 이러한 징벌들은 그들이 하나님의 법에 불순종하였기 때문에 그들에게 가해진 것이었다. 우리가 그에게 범죄하였도다. 선지자는 자기 자신을 그 죄인들 속에 포함시킨다(단 9:7-8). "우리가 범죄하였도다. 우리 모두가 불에 기름을 붓는 일에 일조하였다. 우리 가운데는 악의적으로 하나님의 길들로 행하기를 거부한 자들이 있다." 야곱과 이스라엘은 만약 그들의 죄악들로 인해서 그들 자신을 팔지만 않았다면 결코 약탈자들에게 넘겨지지 않았을 것이다. 그러므로 하나님께서 그들에게 율법의 저주들을 임하게 하신 것은 그들이 율법의 명령들을 어겼기 때문이다. 하나님은 맹렬한 진노와 전쟁의 위력을 그들에게 쏟아 부으셨고, 전쟁으로 인한 황폐화는 도처에서 진행되어 사방에서 불타올랐다. 왜냐하면, 하나님은 악인들을 그의 은총들로 둘러싸고 계셨기 때문이다. 하나님의 진노의 위력을 보라. 거기에 대항하거나 그것을 피할 자는 아무도 없다. 죄가 불러온 재앙을 보라. 죄는 하나님을 진노케 하여, 한 백성에 대한 하나님의 진노는 사방에 불을 붙여 온통 타오르게 만든다.

[2] 이러한 심판들이 그들에게 지속된 것은 하나님의 매를 맞고서도 그들이 정신을 차리지 못하고 행실을 고치지 않았기 때문이다. 하나님의 진노의 불이 그들 위에 불붙었지만, 그들은 깨닫지 못하며, 이런 일들이 하나님의 심판이라는 것, 적어도 그 심판 속에 하나님의 손길이 있다는 것을 전혀 눈치 채지 못하였다. 아니, 하나님의 심판으로 인해서 그들의 몸이 불에 타서 그들은 그것을 알고 느낄 수밖에 없었는데도, 그들은 하나님의 맹렬한 책망들을 마음에 두지 않았고 정신을 차리지 못하였다. 작은 심판들을 통해서 낮아지지 않는 자들은 더 큰 심판을 예상하여야 한다. 왜냐하면, 하나님은 심판하실 때에 반드시 이기시고 그 목적을 이루실 것이기 때문이다.

제 43 장

개요

이 장에 나오는 내용은 앞 장에 나온 내용과 거의 같아서 가깝게는 유대인들이 포로 생활에서 놓여나는 것을 말하고 있지만, 좀 더 멀리는 그 일을 넘어서서 예수 그리스도에 의한 인간의 구속이라는 저 큰 일과 믿는 자들이 그리스도로 말미암아 참여하는 복음의 은혜를 내다본다. 여기에는 다음과 같은 내용들이 나온다. I. 환난 가운데 있는 하나님의 백성들에게 주어진 보배로운 약속들, 즉 하나님께서 환난을 당하는 그들과 함께 하셔서 그들을 붙들어 주시고 환난에서 그들을 건져내 주시겠다는 것(1-7절). II. 우상들에게 하나님의 전지전능하심과 겨루어 보라고 도전하심(8-13절). III. 하나님께서 그들의 조상들을 애굽에서 건져내신 것을 생각하고서 그들이 바벨론에서 구원받을 것이라는 소망을 갖도록 하나님의 백성을 격려하심(14-21절). IV. 하나님의 백성을 건져내시기 위하여 먼저 그들이 죄를 범하여 하나님을 진노케 함으로써 하나님이 그들을 포로로 잡혀가게 하셔서 거기에서 계속 포로 생활을 하게 하신 것임을 깨닫게 하여 그들로 하여금 회개하고 죄 사하시는 긍휼을 하나님께 구하게 하심(22-28절).

¹야곱아 너를 창조하신 여호와께서 지금 말씀하시느니라 이스라엘아 너를 지으신 이가 말씀하시느니라 너는 두려워하지 말라 내가 너를 구속하였고 내가 너를 지명하여 불렀나니 너는 내 것이라 ²네가 물 가운데로 지날 때에 내가 너와 함께 할 것이라 강을 건널 때에 물이 너를 침몰하지 못할 것이며 네가 불 가운데로 지날 때에 타지도 아니할 것이요 불꽃이 너를 사르지도 못하리니 ³대저 나는 여호와 네 하나님이요 이스라엘의 거룩한 이요 네 구원자임이라 내가 애굽을 너의 속량물로, 구스와 스바를 너를 대신하여 주었노라 ⁴네가 내 눈에 보배롭고 존귀하며 내가 너를 사랑하였은즉 내가 네 대신 사람들을 내어 주며 백성들이 네 생명을 대신하리니 ⁵두려워하지 말라 내가 너와 함께 하여 네 자손을 동방에서부터 오게 하며 서방에서부터 너를 모을 것이며 ⁶내가 북방에게 이르기를 내놓으라 남방에게 이르기를 가두어 두지 말라 내 아들들을 먼 곳에서 이끌며 내 딸들을 땅 끝에서 오게 하며 ⁷내

이름으로 불려지는 모든 자 곧 내가 내 영광을 위하여 창조한 자를 오게 하라 그를 내가 지었고 그를 내가 만들었느니라

이 장은 앞 장의 끝부분과 분명한 연결 관계를 가지고 있지만, 그 연결 관계는 참으로 놀라운 것이다. 앞 장의 끝부분에서는 야곱과 이스라엘이 하나님의 길로 행하고자 하지 않았고, 하나님이 그들의 불순종을 바로잡고자 했을 때에 마음이 완고하여 완악하게 거부하고 마음에 두지 않았다고 말하였다. 따라서 우리는 이 장의 첫 머리에서 하나님이 그들을 완전히 버리시고 멸하실 것이란 내용이 뒤따를 것이라는 것을 예상할 수 있다. 그러나 전혀 그렇지 않다. 여기 첫머리에 나오는 말씀은 야곱아, 너는 두려워하지 말라. 이스라엘아, 내가 너를 구속하였고 너는 내 것이라는 것이다. 그들 중에 다수는 아무리 바로잡으려 해도 말을 듣지 않아서 구제불능이 되었지만, 하나님은 여전히 계속해서 자기 백성을 사랑하시고 돌보시고자 하시며, 이 민족에게 여전히 긍휼을 베푸시고자 하신다. 인간의 악함으로 인해서 하나님의 선하심은 한층 더 두드러지게 부각될 기회를 얻는다. 죄가 더한 곳에 은혜가 더욱 넘쳤다(롬 5:20). 긍휼은 심판을 이기고 자랑한다(약 2:13). 이렇게 짙고 어두운 구름 뒤에서 갑자기 해가 솟아나옴으로써 그 빛은 더욱 밝고 사람들은 뜻밖의 햇빛에 기뻐한다. 하나님이 여기에서 자기 백성에게 나타내 보이신 은총과 선의는 지극히 큰데, 이것은 정직한 야곱과 기도하는 이스라엘의 모든 영적인 자손에게 차고 넘치는 위로가 된다. 왜냐하면, 바벨론의 포로로 잡혀간 자들과 같이 우리도 복음 전함을 받은 자이기 때문이다(히 4:2). 여기에는 다음과 같은 내용들이 나온다.

I. 하나님이 자기 백성을 돌보시며 관심을 가지시는 이유들과 하나님의 교회와 그의 나라가 사람들 가운데서 지니고 있는 세력. 하나님은 야곱과 이스라엘이 비록 죄악되고 비참한 상태에 있을지라도 그들을 돌보실 것이다. 그 이유는 다음과 같다.

1. 그들은 하나님이 만드신 바이고 선한 일을 위하여 지으심을 받은 자이다(엡 2:10). 하나님은 그들을 만드시고 그 형태를 조성하셔서 그들에게 존재를 부여하셨을 뿐만 아니라, 그들을 하나의 민족으로 형성하시고 그들의 정부를 구성하시며 그와의 언약을 통해서 그들을 하나로 묶어 놓으셨다. 새 피조물은 어디에 있든지 하나님께서 지으신 존재이다. 하나님은 자기 손으로 지으신 자를 버리

지 아니하실 것이다.

2. 그들은 하나님께서 값 주고 사신 백성이다. 하나님은 그들을 구속하셨다. 하나님은 먼저 애굽 땅에서 그들을 구속하셨고, 그의 사랑과 그의 자비로 수많은 속박에서 그들을 구속하셨다(사 63:9). 하물며. 하나님이 그의 아들의 피로 구속받은 자들을 얼마나 큰 사랑으로 돌보시겠는가.

3. 그들은 하나님께서 다른 백성들과 구별하셔서 자기 자신을 위하여 따로 세우신 특별한 백성이다. 하나님은 그들을 지명해서 부르셔서 특별한 관심과 친밀함으로 관계를 맺으셨다. 그들은 하나님의 소유이기 때문에 하나님은 그들에게 특별한 이해관계를 가지고 계신다.

4. 하나님은 그들과 언약을 맺은 그들의 하나님이시다(3절). 대저 나는 여호와 네 하나님, 너의 예배를 받고 약속을 통해서 너와 맺어져 있는 네 하나님이요 이스라엘의 거룩한 이요 이스라엘의 하나님이다. 참 하나님은 거룩한 분이시고, 거룩은 그의 거처가 된다. 이 모든 것을 근거로 하나님은 두려워하지 말라고 말씀하실 수 있으시다(1, 5절). 하나님을 자신의 하나님으로 모시고 있는 자들은 그 무엇이 그들을 대적한다고 할지라도 두려워할 필요가 없다.

Ⅱ. 하나님의 이러한 돌보심을 보여주는 이전의 사례들.

1. 하나님은 그들을 비싼 값을 주고 사셨다. 내가 애굽을 너의 속량물로 주었노라. 왜냐하면, 애굽은 열 가지 재앙에 의해서 거의 초토화되다시피 하였고 그들의 장자는 죽임을 당하였으며 그들의 모든 전사는 물에 빠져 죽었기 때문이다. 이 모든 일은 하나님이 이스라엘을 애굽으로부터 구해내기 위하여 하신 일이었다. 이스라엘 백성이 풀려날 때가 이르렀을 때, 이스라엘이 계속해서 종살이를 하는 것이 아니라 애굽이 희생을 당하게 될 것이다. 구스 사람들은 아사 왕 때에 그들을 침공하였었다. 그러나 이스라엘이 해악을 당한 것이 아니라 구스 사람들이 멸망하였다. 하나님께서 이스라엘 백성을 구해내시기 위하여 애굽을 그들의 속량물로 주신 것이 이토록 큰 일로 여겨졌다면, 하나님께서 우리를 위한 속량물로 자기 아들을 내어 주셔서 우리에 대한 사랑을 보여주신 것을 우리는 어떻게 찬송하여야 할까(요일 4:10)! 구스와 스바, 그들의 모든 생명과 그들의 보화를 어찌 그리스도의 피에 비할 수 있겠는가?

2. 따라서 하나님은 너무도 소중히 여겨오셨다. 그들은 하나님께 지극히 사랑스러운 존재였다(4절). 네가 내 눈에 보배롭고 존귀하였다. 참된 믿는 자들은

하나님 보시기에 보배롭다는 것을 명심하라. 그들은 하나님의 보석들이고 하나님의 특별한 보화들이다(출 19:5). 하나님은 다른 어떤 백성보다도 그들을 사랑하시고 기뻐하신다. 하나님의 교회는 하나님의 포도원이다. 이것은 하나님의 백성을 진정으로 존귀하게 만들고 그들의 이름을 크게 만든다. 왜냐하면, 사람의 진정한 가치는 하나님께서 그들을 어떻게 보시는가에 달려 있기 때문이다. 하나님은 섭리를 통해서 산헤립의 군대로 하여금 이스라엘을 비껴가서 애굽과 구스와 스바를 치게 하셔서 그러한 나라들을 이스라엘을 구하는 속량물로 주심으로써 자기 백성을 얼마나 보배롭게 여기시는지를 보여주셨다. 나는 본문을 이렇게 이해한다.

Ⅲ. 하나님이 장차 그들에게 자신의 돌보심과 인자하심을 어떻게 나타내실지에 대한 추가적인 사례들.

1. 하나님은 그들이 가장 큰 어려움과 위험 속에 있을 때에 그들과 함께 하실 것이다(2절). "네가 물과 강, 불과 화염 가운데로 지날 때에 내가 너와 함께 할 것이다. 그것이 너의 안전을 보장해 줄 것이다. 위험들이 너무도 급박하고 위협적이라 할지라도, 너는 그 위험들에서 건짐을 받게 될 것이다." 그들이 여행길에서 깊은 물을 통과하게 되었는가? 그들은 그 물 속에 빠져 죽지 않을 것이다. 강을 건널 때에 물이 너를 침몰하지 못할 것이다. 그들이 하나님께 변함없이 충성한다고 하여 그들을 박해하는 자들이 그들을 불타는 용광로 속으로 집어던진다고 하여도, 화염이 그들을 삼키거나 불꽃이 그들을 사르지 못할 것이다. 이 말씀은 다니엘과 두 친구가 풀무불에 던져졌지만 놀라운 이적을 통해서 아무런 해도 입지 않은 것을 통해서 성취되었다(단 3장). 그들이 그들에게 사망의 음침한 골짜기 같은 불과 물을 지난다고 하여도, 하나님이 그들과 함께 계시면, 하나님이 그들을 끌어내사 풍부한 곳에 들이실 것이기 때문에(시 66:12) 그들은 아무런 해악도 두려워할 필요가 없다.

2. 하나님은 기회가 있을 때마다 자기 자녀를 위하여 다른 모든 사람들을 희생시키실 것이다. "내가 네 대신 사람들, 즉 큰 자들과 힘 있는 자들과 전사들을 내어 주며 백성들이 네 생명을 대신하리라. 나는 네가 잘 되도록 하기 위하여 열방들을 희생시킬 것이다." 다른 모든 민족을 멸해서라도 하나님의 이스라엘은 살아남게 될 것이다. 이렇게 그들은 하나님의 눈에 보배로운 자들이다. 이 세상의 모든 일들은 교회에 가장 유익이 되도록 배치되어 있고 또한 그렇게 운

영될 것이다(대하 16:9).

3. 열방들 속에 흩어져 살고 있던 자들은 모두 와서 하나님의 축복에 참여하게 될 것이다(5-7절). 이스라엘의 자손 중에서 일부는 동서남북 사방으로 바벨론의 모든 지역 속에 흩어져 살았다. 그러나 그 마음이 하나님의 감동을 받고서 예루살렘으로 올라온 자들은 이 땅의 모든 곳들로부터 불러 모아질 것이다. 하나님의 은혜는 아무리 멀리 떨어져 있는 자들에게도 미치고, 서로 아주 멀리 떨어져 있는 자들 사이에서도 미치는 법이다. 때가 이르러서, 우리를 구원하사 여러 나라로부터 모으소서(시 106:47)라는 기도에 대한 응답과 네 쫓겨간 자들이 하늘 가에 있을지라도 네 하나님 여호와께서 거기서 너를 모으실 것이라(신 30:4)는 약속의 말씀을 따라서 그들이 한 덩어리가 되어 돌아올 때에 그들을 막을 자가 아무도 없을 것이다. 우리는 그들이 하나님의 이러한 약속을 포로된 자들을 위하여 기도할 때에 하나의 근거로 삼아 언급하였다는 것을 보게 된다(1:9). 그런데, 이렇게 하나님께서 신경을 써서 불러 모으실 이스라엘의 자손은 과연 누구를 가리키는가? 하나님은 그들의 하나님이 다음과 같은 이유로 인해서 긍휼을 주시기로 작정하신 자들이라 말씀하신다(7절).

(1) 그들은 하나님의 이름으로 불린다. 그들은 신앙을 공공연하게 고백한 자들이고, 하나님과 맺은 언약관계와 하나님으로부터 지명을 받은 것을 통해서 나머지 세상 사람들로부터 구별되어 있다.

(2) 그들은 하나님의 영광을 위하여 창조된 자들이다. 이스라엘 백성의 기풍(氣風)은 그들 속에서 만들어지고, 그들은 하나님의 뜻을 따라 조성된다. 하나님은 그런 자들을 불러 모으실 것이다. 하나님의 은혜로 말미암아 그의 영광을 위하여 창조된 자들만이 하나님의 이름으로 불리기에 합당하다는 것을 명심하라. 하나님이 창조하시고 부르시는 자들은 지금은 그들의 머리가 되시는 그리스도께로 모여들게 되고, 나중에는 그들의 본향인 천국으로 모여들게 될 것이다. 하나님은 그의 택하신 자들을 사방에서 모으실 것이다. 이 약속은 널리 흩어져 있던 하나님의 자녀들을 하나로 모으시기 위해서 죽으신 그리스도의 복음으로 말미암아 멀리 흩어져 있던 이방인들과 나그네 된 자들이 한데 모이게 될 것을 보여주는 것이다. 왜냐하면, 이 약속은 멀리 있는 모든 자들, 주 우리의 하나님께서 부르시고 창조하신 많은 자들에게 주어진 것이기 때문이다. 하나님은 교회와 함께 하시기 때문에 교회는 두려워할 필요가 없다. 교회에 속하

지 않은 자는 다 망하고 말 것이다.

⁸눈이 있어도 보지 못하고 귀가 있어도 듣지 못하는 백성을 이끌어 내라 ⁹열방은 모였으며 민족들이 회집하였는데 그들 중에 누가 이 일을 알려 주며 이전 일들을 우리에게 들려 주겠느냐 그들이 그들의 증인을 세워서 자기들의 옳음을 나타내고 듣는 자들이 옳다고 말하게 하여 보라 ¹⁰나 여호와가 말하노라 너희는 나의 증인, 나의 종으로 택함을 입었나니 이는 너희가 나를 알고 믿으며 내가 그인 줄 깨닫게 하려 함이라 나의 전에 지음을 받은 신이 없었느니라 나의 후에도 없으리라 ¹¹나 곧 나는 여호와라 나 외에 구원자가 없느니라 ¹²내가 알려 주었으며 구원하였으며 보였고 너희 중에 다른 신이 없었나니 그러므로 너희는 나의 증인이요 나는 하나님이니라 여호와의 말씀이니라 ¹³과연 태초로부터 나는 그이니 내 손에서 건질 자가 없도다 내가 행하리니 누가 막으리요

하나님은 여기에서 우상 숭배자들에게 이스라엘의 하나님이 참되고 유일하며 살아계신 하나님이라는 것을 증명하기 위해서 유대인을 바벨론으로부터 구속하였던 것과 같은 증거를 제시하여서 그들의 거짓된 신들이 참 신이라는 것을 증명해 보이라고 도전하신다.

I. 하나님은 우상 숭배를 옹호하는 자들에게 그들이 왜 우상을 옹호하는지를 말해 보라고 요구하신다(8-9절). 그들의 신들은 눈이 있어도 보지 못하고 귀가 있어도 듣지 못한다. 또한, 그 우상들을 만들고 의지하는 자들도 그 우상들과 똑같다. 이것은 다윗이 한 말인데(시 115:8), 아마도 선지자는 여기에서 우상 숭배자들을 눈이 있어도 보지 못하고 귀가 있어도 듣지 못하는 백성이라고 표현하면서 다윗이 한 말을 기억하였던 것 같다. 우상을 숭배하는 자들은 다른 사람들과 동일한 모습과 능력과 감각기관들을 가지고 있기는 하지만, 사실상 이성과 상식이 결여되어 있다. 그렇지 않다면 그들이 결코 그들 자신이 만든 신들을 섬기지 않을 것이다. "열방을 모이게 하여서 서로 머리를 맞대고 논의하며 힘을 합쳐서 그들이 섬기는 쓰레기 같은 신들을 변호하게 하라. 그들이 우상들이 옳다는 것을 증명하는 말을 할 수 없다면, 그들은 이스라엘의 하나님이 그들의 죄를 지적하고 우상을 반박하기 위하여 하시는 말씀을 들어야 한다."

II. 하나님은 자기가 참 신이라는 것을 증명해 줄 증인들을 소환하신다(10

절). "너희 이스라엘아! 내 이름으로 불리는 너희 모두는 나의 증인, 나의 종으로 택함을 입은 자들이다." 여기에서 나의 종 내가 택한 사람으로 묘사된 것은 바로 그리스도였다(사 42:1). 좀 더 살펴보자.

1. 그리스도를 증언했던 모든 선지자들, 그리스도 자신, 선지자 이사야는 여기에서 하나님의 증인들로 불린다.

(1) 하나님의 백성과 하나님의 증인들로서 그들 자신의 지식과 경험에 의거해서 하나님의 은혜의 능력, 하나님이 주신 위로들의 달콤함, 하나님의 섭리의 자애로움, 하나님의 약속의 진실성에 대하여 얼마든지 증언할 수 있다. 그들은 하나님이 은혜로우시다는 것과 하나님의 말씀은 하나도 땅에 떨어지는 법이 없다는 것을 기꺼이 나서서 증언하고자 한다.

(2) 하나님의 선지자들은 다른 누구보다도 하나님에 대하여 더 잘 알고 하나님의 비밀을 간직하고 있다는 의미에서 특별한 증인들이다. 그러나 하나님은 열방과 민족들 앞에서 메시야를 자기를 증언해 줄 특별한 증인으로 제시하신다. 메시야는 영원 전부터 하나님의 품속에 계시면서 하나님을 가장 분명하게 증언해 오셨다.

2. 하나님은 무엇을 증명하기 위해서 이러한 증인들을 부르셨는지 살펴보자(12절). 너희는 나의 증인이요 나는 하나님이니라 여호와의 말씀이니라. 여호와가 하나님이라는 것을 알고 있는 자들은 다른 사람들도 그러한 사실을 알도록 하기 위해서 자기가 하나님에 대하여 알고 있는 것을 다른 사람들에게 기꺼이 증언하여야 한다. 내가 믿었으므로 말하였다. 특히, "너희는 다음과 같은 것들을 알고 믿고 깨닫고 있기 때문에 기꺼이 그런 것들을 증언하여야 한다."

(1) "내가 그라는 것, 유일하게 참된 하나님이라는 것, 나는 스스로 존재하고 스스로 자족한 자라는 것. 나는 너희가 두려워하고 섬기며 의지해야 할 자이다. 아니, 태초부터(시간이 생기기 전, 빛이 창조되기 전, 따라서 영원 전부터) 나는 그이다(13절)." 우상들은 근래에 들어온 새로운 신들일 뿐이다(신 32:17). 그러나 이스라엘의 하나님은 영원 전부터 계셨다.

(2) 나의 전에 지음을 받은 신이 없었고 나의 후에도 없으리라는 것. 우상들은 지음을 받은 신들이었다. 본질상 우상들은 신들이 아니었다(갈 4:8). 그러나 하나님은 영원 전부터 계신 분이고, 우상들이나 우상 숭배자들이 이 세상에 생기기 훨씬 전부터 사람들의 예배를 받으셨다(진리는 거짓보다 더 오래된 것이다).

우상들은 굶주리고 폐하여져서 우상 숭배가 더 이상 존재하지 않게 될 때에 하나님은 영원까지 존재하셔서 섬김을 받으시고 영광을 받으실 것이다. 참된 종교는 그 토대가 견고해서 온갖 반대와 경쟁 속에서도 살아남는다. 진리는 크고 반드시 이긴다.

(3) 나 곧 나는 여호와, 지금도 계시고 전에도 계셨으며 앞으로도 계실 크신 여호와라는 것. 나 외에 구원자가 없다(11절). 크신 하나님께서 자랑하고 계시는 것이 무엇인지를 보라. 하나님은 그가 유일한 통치자라는 것을 자랑하시는 것이 아니라 유일한 구원자라는 것을 자랑하신다. 왜냐하면, 하나님은 선을 행하기를 기뻐하시기 때문이다. 하나님은 모든 사람의 구주이시다(딤전 4:10).

3. 하나님은 이 점을 확실히 증명하기 위해서 어떤 증거들을 내놓으시는지를 살펴보자.

(1) 여호와가 하나님이라는 것을 보여주는 두 가지 증거.

[1] 하나님의 예언의 말씀들이 분명히 보여주듯이, 하나님은 무한하고 무오(無誤)한 지식을 지니고 계신다(12절). "장차 일어날 일들을 내가 알려 주었으며 보여 주었다. 내가 알려주거나 보여준 것 중에서 이루어지지 않은 것은 하나도 없었다. 너희 중에 다른 신이 없던 때에, 즉 너희가 나의 예언의 말씀들 외에는 의뢰할 것이 아무것도 없고 나의 선지자들 외에는 그 어떤 선지자도 없던 때에 내가 그러한 것들을 보여 주었다." 그들이 애굽에서 나올 때에 하나님께서 홀로 그들을 인도하셨고 그들과 함께 한 다른 신은 없었다고 성경은 말한다.

[2] 하나님의 섭리의 일들이 분명하게 보여주듯이, 하나님은 무한하고 거역할 수 없는 능력을 가지고 계신다. 하나님은 자기가 보여 주었다는 것만이 아니라 자기가 구원하였다는 것도 근거로 제시하신다. 하나님은 다른 자가 미리 볼 수 없는 것들을 미리 말씀하셨을 뿐만 아니라 다른 자가 할 수 없는 것들을 행하셨다. "내가 벌하고자 하는 자들을 내 손에서 건질 자가 없도다(13절). 사람만이 아니라 이교의 모든 신들 중에서도 아무도 그들을 보호해 줄 수 없다." 살아 계신 하나님의 손에 빠져 들어가는 것은 무서운 일이다. 왜냐하면, 거기서 다시 빠져나올 방법은 전혀 없기 때문이다. "내가 긍휼이든 심판이든 계획한 것을 행할 때에 그것을 반대하거나 지체시킬 수 있겠는가?"

(2) 하나님과 경쟁하는 이교의 신들은 하나님보다 열등할 뿐만 아니라 이것은 다음과 같은 도전에 의해서 증명된다(9절). 그들 중에 누가 내가 지금 알려

주고 있는 이 일을 알려 주겠느냐. 누가 장래에 있을 일들을 말해줄 수 있겠느냐? 그들 중의 누가 우리에게 이전 일들을 보여줄 수 있겠느냐(사 41:22)? 우상들은 선지자에게 영감을 불어넣어주기는커녕 역사가에게조차도 영감을 불어넣어줄 수 없다. 하나님은 우상 숭배자들에게 이 점에 대하여 대답해 보라고 도전하신다. 우상들의 전지전능함을 증명하기 위하여 증인들을 세워 보라.

[1] 만약 그들이 우상들의 전지전능함을 증명한다면, 우상들은 충성을 요구할 자격이 있고 우상 숭배자들은 우상에게 충성을 맹세하는 것이 옳을 것이다.

[2] 만약 그들이 그것을 증명하지 못한다면, 오직 여호와만이 홀로 하나님이시라는 것을 옳다고 말하고, 참 하나님을 받아들여야 한다. 하나님은 공정한 재판이나 시합을 겁내지 않으신다. 우상을 숭배하는 것이 옳다는 것을 입증할 수 없는 자들은 마땅히 참된 신앙과 진리에 승복하는 것이 당연한 일이다.

[14]너희의 구속자요 이스라엘의 거룩한 이 여호와가 말하노라 너희를 위하여 내가 바벨론에 사람을 보내어 모든 갈대아 사람에게 자기들이 연락하던 배를 타고 도망하여 내려가게 하리라 [15]나는 여호와 너희의 거룩한 이요 이스라엘의 창조자요 너희의 왕이니라 [16]나 여호와가 이같이 말하노라 바다 가운데에 길을, 큰 물 가운데에 지름길을 내고 [17]병거와 말과 군대의 용사를 이끌어 내어 그들이 일시에 엎드러져 일어나지 못하고 소멸하기를 꺼져가는 등불 같게 하였느니라 [18]너희는 이전 일을 기억하지 말며 옛날 일을 생각하지 말라 [19]보라 내가 새 일을 행하리니 이제 나타낼 것이라 너희가 그것을 알지 못하겠느냐 반드시 내가 광야에 길을 사막에 강을 내리니 [20]장차 들짐승 곧 승냥이와 타조도 나를 존경할 것은 내가 광야에 물을, 사막에 강들을 내어 내 백성, 내가 택한 자에게 마시게 할 것임이라 [21]이 백성은 내가 나를 위하여 지었나니 나를 찬송하게 하려 함이니라

바벨론에 포로로 잡혀가 있던 하나님의 백성의 믿음과 소망은 떨어질 대로 떨어져 있는 상태였기 때문에 그들이 포로 생활에서 놓여나게 되리라는 것을 그들에게 확신시키기 위해서는 조목조목 설명하고 설득할 필요가 있었다. 그래서 그들에게 강력한 위로를 주기 위하여 구속에 관한 약속들은 자주 반복되는데, 여기에서 그러한 약속은 아주 생생하게 제시된다.

I. 하나님은 여기에서 그들에게 큰 힘이 되어 줄 자신의 영광스러운 칭호들

을 자기 자신에 대하여 사용하신다. 하나님은 그들의 구속자 여호와이시다. 하나님은 그들을 구속하고자 하실 뿐만 아니라 그들을 구속하는 것을 자신의 직무와 일로 삼고자 하신다. 하나님이 그들의 하나님이시라면, 하나님은 그들이 필요로 하는 모든 것을 하실 것이다. 그러므로 그들이 포로로 잡혀서 종살이하고 있다면, 하나님은 그들의 구속자가 되어주실 것이다. 하나님은 이스라엘의 거룩한 이이시고(14절) 그들의 거룩한 이이시다(15절). 그러므로 하나님은 그들에게 하신 모든 말씀을 하나도 빠짐없이 이루실 것이다. 하나님은 그들을 없는 것, 아니 없는 것보다 더 못한 것으로부터 하나의 백성으로 만들어내신(이것은 창조이다) 이스라엘의 창조자이시다. 하나님은 그들을 자기 백성으로 만드셔서 그들 가운데서 다스리시는 그들의 왕이시다.

Ⅱ. 하나님은 그들을 포로로 잡아서 억류하고 결코 보내 주고자 하지 않음으로써 죄의 분량을 다 채운 그들의 압제자들의 힘을 꺾어 놓을 길을 찾아내시겠다고 약속하신다(17절). 하나님은 연전연승하는 강력한 왕과 군대를 바벨론에 보내셔서 그들의 모든 귀인들과 백성들과 심지어 갈대아 사람들조차도 다 그들이 연락하던 배를 타고 함락된 도성에서 도망하여 내려가서 큰 강의 도움을 받아 피신하게 하실 것이다. 바벨론의 멸망은 하나님의 백성이 해방되어 놓여날 길을 만들어 줄 것임에 틀림없다는 사실을 명심하라. 우리는 신약에 묘사된 바벨론의 멸망에 관한 예언 속에서도 선원들이 울부짖으며 애곡하는 모습을 본다(계 18:17-18). 우리가 주목할 것은 하나님이 바벨론을 멸망시키시는 것은 이스라엘을 구원하시기 위한 것이라는 사실이다.

Ⅲ. 하나님은 그들에게 그들의 조상들을 애굽 땅에서 데려오실 때에 그가 행한 큰 일들을 상기시키신다. 왜냐하면, 본문은 다음과 같이 해석될 수 있기 때문이다(16-17절). "나 여호와가 이 같이 말하노라 내가 바다, 곧 홍해 가운데 길을 내고 바로의 병거와 말을 이끌어내어 그들이 바다 밑바닥에 일시에 엎드러져 일어나지 못하고 소멸하게 하였느니라. 여호와는 이런 일을 하신 분이시기 때문에 마음만 먹는다면 얼마든지 바벨론에서 돌아오게 하실 때에 바다 가운데 길을 내실 수 있으시다." 하나님께서 이전에 자기 백성을 위하여 원수들을 쳐서 행하신 일들을 종종 기억하는 것은 우리의 믿음과 소망을 더욱 견고히 하는 데에 좋다는 것을 명심하라. 특히 하나님께서 홍해에서 행하신 일을 생각하라.

1. 하나님은 홍해를 자기 백성에게는 아주 평탄하고 가까운 지름길, 아니 피

난처가 되게 하셨다. 그들은 홍해 속으로 들어갔고, 물들은 그들을 보호해주는 안전한 담벼락이 되었다.

2. 하나님은 홍해를 원수들에게는 무덤이 되게 하셨다. 만군의 주이신 하나님께서는 바로의 병거와 말들을 한꺼번에 바다 속에 엎드러지게 하기 위하여 이끌어내셨다 ─ 그들은 여호와의 뜻을 알지 못하며 그의 계획을 깨닫지 못하였지만(미 4:11-12).

IV. 하나님은 옛적에 그가 행하셨던 일보다도 더 큰 일들을 그들을 위하여 행하시겠다고 약속하신다.　따라서 그들은 기드온과는 달리 우리 조상들이 우리에게 말해 주었던 온갖 기사(奇事)들은 어디에 있나이까라고 불평할 이유가 전혀 없었다. 왜냐하면, 그들은 그런 일들이 반복되는 것을 보게 될 것이고, 아니 그런 일들보다 더 큰 일들이 일어나는 것을 보게 될 것이기 때문이다(18절). "너희는 이전 일을 기억하지 말라. 마치 옛날이 오늘보다 나았다는 듯이 현재의 일을 폄훼하기 위하여 이전 일들을 기억하거나 말하지 말라. 너희는 이전 일들과 옛날 일들을 굳이 기억하거나 입 밖에 꺼내지 않고서도 오직 여호와만이 참 하나님이시라는 것을 너희 시대의 사건만으로 충분히 알게 될 것이다. 왜냐하면, 주께서 새 일을 행하시게 될 것이기 때문이다. 여호와 하나님은 옛날 일들과 비교해서 그 경이로움과 긍휼하심이 결코 뒤떨어지지 않는 새 일을 행하실 것이다." 이 말씀에 대한 최고의 해설은 예레미야 16:14-15; 23:7-8이다. 보라 날이 이르리니 다시는 이스라엘 자손을 애굽 땅에서 인도하여 내신 여호와께서 살아 계심을 두고 맹세하지 아니하리라. 그 일은 옛 일이다. 이제 여호와 하나님께서 살아 계시다는 것을 보여주는 새로운 증거가 될 새 일로 인해서 그 옛일에 대한 기억은 희미해질 것이다. 왜냐하면, 하나님은 이스라엘 집 자손을 북쪽 땅에서 인도하여 내실 것이기 때문이다. 물론 우리는 이전의 하나님께서 베풀어 주신 긍휼들을 잊어서는 안 되지만, 근래에 새롭게 베풀어 주신 긍휼들을 더 생생하게 활용해야 한다. 이제 그 새 일이 나타날 것이다 ─ 물론, 그 일이 너희에게는 뜻밖의 놀라운 일이 되겠지만. 너희는 꿈꾸는 것이 아닌가 생각할 것이다. 너희가 그것을 알지 못하겠느냐? 너희는 그 일 속에서 하나님의 손길을 인정해야 하지 않겠느냐?

V. 하나님은 그들을 바벨론에서 건져내실 뿐만 아니라 그들을 안전하고 편안하게 고국으로 인도하시겠다고 약속하신다(19-20절).　반드시 내가 광야에 길

을, 사막에 강을 내리라. 바벨론에서 가나안으로 가는 길은 애굽에서 가나안으로 가는 길과 마찬가지로 사막이 놓여 있었던 것으로 보인다. 포로된 자들이 돌아오는 길에 이 사막을 통과하는 동안 하나님께서는 그들을 보살피셔서 잘 먹이시고 좋은 길로 인도해 주실 것이다. 하나님은 바다 가운데 길을 만드신 바로 그 능력을 사용하셔서(16절) 광야에 길을 내셔서 그들이 아무리 어려운 난관도 다 뚫고 지나갈 수 있게 하실 수 있다. 바다를 마른 땅으로 만드신 분은 아무리 건조한 땅에서도 물을 내실 수 있다. 하나님은 내 백성, 내가 택한 자에게 마시게 할 뿐만 아니라 들짐승 곧 승냥이와 타조까지 마시게 할 풍부한 물을 내실 것이고, 들짐승들은 이 일로 인해서 하나님을 존경하게 될 것이다. 이 일은 들짐승들로 하여금 놀라울 정도로 힘을 차리게 해주고 큰 만족을 안겨줄 것이기 때문에, 들짐승들이 할 수만 있다면 이 일로 인하여 하나님을 찬송하고자 함으로써, 자신의 은인을 찬송하도록 지음 받았음에도 그렇게 하지 않는 인간을 부끄럽게 만들 것이다.

1. 이것은 하나님께서 이스라엘을 애굽에서 이끌어 내셔서 광야를 통과하여 인도내실 때에 그들을 따르는 반석으로부터 물을 내신 일을 되돌아보고 있는 것이다. 하나님은 이전에 그들을 위하여 행하셨던 일을 이제도 다시 행하실 것이다. 왜냐하면, 하나님은 어제나 오늘이나 영원토록 동일하신 분이기 때문이다. 이러한 이적이 포로된 자들이 바벨론에서 돌아올 때에 다시 반복되었다는 것을 우리는 듣지 못하지만 하나님은 통상적인 섭리를 통하여 그들에게 베푸셨을 것이다. 하나님께서 섭리를 통해서 긍휼을 베푸신 것에 대해서도 그들은 동일하게 하나님께 감사하여야 마땅하였다.

2. 이것은 하나님이 포로된 자들이 바벨론에서 돌아온 후부터 그리스도가 오시기 전까지 유대 민족의 말기에 유대 교회를 돌보신 모든 일들을 내다보고 있을 뿐만 아니라, 특히 복음의 은혜가 이방 세계에 나타나서 광야에 길이 나고 사막에 강이 열리게 된 일을 내다보고 있다. 하나님에 대하여 무지해서 아무런 열매도 맺지 못하는 사막과 같이 있었던 세상은 하나님의 교훈과 위로를 통해서 축복을 받았고, 하나님은 이를 위하여 성령을 물 붓듯이 부어 주셨다. 들짐승처럼 산과 들을 뛰어다니고 승냥이처럼 사나우며 타조처럼 우둔했던 이방 죄인들은 하나님께서 그들 가운데 택하신 자들에게 은혜를 베푸실 때에 하나님을 공경하게 될 것이다.

VI. 하나님은 이 모든 축복들을 약속하시는 것은 자신의 영광을 드러내고자 하는 최고의 목적을 위한 것이라고 말씀하신다(21절).   이 백성은 내가 나를 위하여 지었나니 내가 그들을 위하여 이 모든 것은 행하고자 하는 것은 그들로 하여금 나를 찬송하게 하려 함이니라.

1. 교회는 하나님이 지었고, 거기에 속한 모든 살아있는 지체들도 하나님이 지었다. 새 하늘, 새 땅, 새 사람은 하나님의 손으로 지으신 것으로서, 그것들은 하나님이 지으신 것 이상도 이하도 아니다. 그것들은 하나님의 뜻에 따라서 지음을 받는다.

2. 하나님은 교회를 자기를 위하여 지으신다. 제일 원인자이신 하나님은 첫 번째 창조와 새 창조 모두의 최고의 목적이다. 주는 만물을 자기를 위하여 지으셨고, 특히 이스라엘을 그의 이름과 명예와 영광이 되게 하기 위하여 그의 백성으로 지으셨다. 만약 그렇지 않았다면, 그들은 하나님을 위하여 존재하거나 하나님을 섬길 수 없고 하나님의 은혜가 그들 가운데에서 찬송을 받지도 못할 것이다(렘 13:11; 엡 1:6, 12, 14).

3. 따라서 우리의 입술로만이 아니라 우리 자신을 하나님을 섬기는 데에 바침으로써 우리의 삶을 통해서 하나님을 찬송하는 것은 우리의 본분이다. 하나님은 우리를 지으셨기 때문에 우리를 먹이시고 지키시며 인도하시고, 자기를 위하여 모든 것을 우리에게 해 주신다. 따라서 우리는 하나님이 우리에게 선하심을 나타내실 때마다 하나님을 찬송하여야 한다. 그렇게 하지 않는다면, 우리는 우리의 존재의 목적과 우리에게 주어진 축복들의 목적에 부응하지 못하는 것이다.

[22]그러나 야곱아 너는 나를 부르지 아니하였고 이스라엘아 너는 나를 괴롭게 여겼으며 [23]네 번제의 양을 내게로 가져오지 아니하였고 네 제물로 나를 공경하지 아니하였느니라 나는 제물로 말미암아 너를 수고롭게 하지 아니하였고 유향으로 말미암아 너를 괴롭게 하지 아니하였거늘 [24]너는 나를 위하여 돈으로 향품을 사지 아니하며 희생의 기름으로 나를 흡족하게 하지 아니하고 네 죄짐으로 나를 수고롭게 하며 네 죄악으로 나를 괴롭게 하였느니라 [25]나 곧 나는 나를 위하여 네 허물을 도말하는 자니 네 죄를 기억하지 아니하리라 [26]너는 나에게 기억이 나게 하라 우리가 함께 변론하자 너는 말하여 네가 의로움을 나타내라 [27]네 시조가 범죄하였고 너의

교사들이 나를 배반하였나니 [28]그러므로 내가 성소의 어른들에게 욕되게 하며 야곱이 진멸 당하도록 내어 주며 이스라엘이 비방 거리가 되게 하리라

하나님을 믿는다고 고백한 백성인 야곱과 이스라엘을 향하여 하나님이 큰 책망을 하시는 내용이 여기에 나오는 것은 다음과 같은 이유 때문이다.

1. 그들을 포로로 잡혀가게 하신 것이 하나님의 공의이며 그것이 옳다는 것을 증명하기 위해서. 그들은 하나님과 언약 관계에 있지 않았던가? 그들 가운데는 하나님의 성소가 있지 않았던가? 그런데도 여호와께서 이 땅에 이 같이 행하신 것인가(신 29:24)? 여기에 그 이유가 나와 있다. 그들은 하나님을 무시하고 내팽개쳐 버렸다. 그러므로 하나님께서 그들을 버리셔서 그들을 진멸 당하도록 내어 주신 것은 옳은 일이었다(28절). 그들은 종살이에서 건짐을 받기 위해서는 반드시 먼저 이것을 인정하고 고백하지 않으면 안 된다. 그리고 실제로 그들은 그렇게 하였다(단 9:5; 느 9:33).

2. 그들을 종살이에서 구원하시는 하나님의 긍휼하심이 더욱 두드러지고 빛나게 하기 위하여. 이전에도 하나님의 능력을 크게 부각시켜 주는 많은 일들이 있었다. 그러나 이 일은 하나님의 선하심을 더욱 뚜렷하게 부각시켜 줄 것이다. 왜냐하면, 그를 몹시 진노케 하여서 지금 그 죄악에 대한 마땅한 벌을 받고 있는 백성을 향하여 이토록 크고 인자하신 일들을 행하시는 것이기 때문이다. 그들의 죄를 사하여 주시는 것은 그들의 포로의 멍에를 깨뜨려 주시는 것만큼이나 하나님의 능력을 보여주는 큰 일이었다(모세는 그렇게 말한다, 민 14:17). 좀 더 자세하게 살펴보자.

I. 하나님이 여기에서 고소하고 계시는 그들의 죄는 무엇인가.

1. 하나님이 명하신 선한 일을 행하지 않은 것. 여기에 나오는 하나님의 고소는 바로 이 부분을 가장 많이 역설한다. 본문이 "그러나"로 시작되고 있다는 것을 주목하라. 이것은 하나님께서 그들에게 지금까지 어떠한 은총들을 베풀어 주셨는지를 말하면서 그들에 대하여 하나님이 어떠한 기대를 가지고 계셨는지를 말해 주고 있는 21절과 지금부터 나오는 내용을 대비시키는 역할을 한다. 하나님은 그들로 하여금 그를 찬송하도록 하기 위한 목적으로 자기를 위하여 그들을 지으셨다. 그러나 그들은 그렇게 하지 않았다. 그들은 그들을 향한 하나님의 기대를 저버렸고, 하나님의 은혜를 원수로 갚았다.

(1) 그들은 기도를 내팽개쳐 버렸다. 야곱아, 너는 나를 부르지 아니하였다. 야곱은 기도로 유명한 인물이었다(호 12:4). 그의 자손들은 그의 이름을 지니고 있으면서도 그의 발자취를 따르지 않았다. 그러므로 그들은 마땅히 책망받아야 한다. 하나님은 자손들이 그들의 경건한 조상들의 미덕과 독실한 신앙으로부터 떨어져나가 타락할 때에 진노하신다. 야곱의 이름을 자랑하면서도 기도하지 않는 채로 살아가는 것은 하나님을 우롱하고 자신을 속이는 것이다. 야곱이 하나님을 부르지 않는다면, 누가 하나님을 부르겠는가?

(2) 그들은 그들의 종교와 신앙에 대하여 진저리를 쳤다 "너는 이스라엘, 곧 기도하였을 뿐만 아니라 기도하여서 하나님을 이긴 너희의 조상의 자손들이다. 그런데도 너희는 그의 모범과 경험을 소중히 여기지 않고, 도리어 나를 괴롭게 여겼다." 그들은 하나님과 관계를 맺고서 하나님을 섬기며 교제를 나누었었다. 그러나 그들은 하나님을 예배하는 일에 대하여 따분하고 지겹다고 말하기 시작하였다. 하나님을 부르는 일을 소홀히 하는 자들은 사실상 하나님이 지겨워서 주인을 바꾸고 싶다고 말하는 것이다.

(3) 그들은 하나님을 섬기는 일에 비용이 너무 많이 들어간다고 불평하면서 그 일에 비용을 별로 쓰지 않고 아주 인색하였다. 그들은 값싼 신앙을 원하였다. 돈이 많이 드는 희생제사 같은 일들에서 그들은 빠지고 싶어하였다. 그들은 하나님이 번제를 위하여 요구하신 어린 양 같은 작은 짐승조차도 가져오지 않았고(23절), 그들이 소유하고 있던 더 큰 짐승을 가져오는 일은 더더욱 없었다. 그들은 하나님을 섬기는 일에 무엇이든 아끼지 않은 체하였지만 짐승들을 그들의 가족을 먹여 살리는 데에 사용하고자 하였다. 하나님은 그들에게 어린 양을 구별하여 자기에게 바치면 그 재물을 열납하겠다고 말씀하셨지만, 그들은 하나님의 크심과 하나님에 대한 그들의 본분과 도리를 잘 알지 못하고 둔감하였기 때문에 자신의 양 떼 중에서 어린 양 한 마리를 따로 구별하여 하나님께 바침으로써 영광을 돌리고자 하는 마음을 먹을 수 없었다. 향품은 하나님께 드리는 성유(聖油), 분향을 위하여 사용되었다. 그러나 그들은 향품을 사기 위하여 돈을 지불하는 것조차도 달가워하지 않았다(24절). 그들은 오래되어서 별 쓸모가 없는 것들로 하나님을 섬겼고, 새 것을 사서 하나님께 드리고자 하지 않았다. 신앙이 좋고 경건한 사람들은 자원해서 예물을 드리는 것과 마찬가지로 자원해서 향품을 드렸던 것으로 보인다. 그러나 그들은 마땅히 희생제물들

의 기름으로 하나님의 제단을 꽉 채워야 했음에도 불구하고 너무도 인색해서 그렇게 하지 않았다. 그들은 비쩍 마른 비실거리는 짐승들을 희생제물로 가져왔고, 그러한 짐승은 그 속에 기름이 없었기 때문에 하나님의 제단을 흡족하게 만들 수 없었다.

(4) 그들은 하나님을 공경할 수 있는 그런 제물들을 가져와서 바친 것이 아니었기 때문에 사실상 희생제사를 드린 것이 아니었다(23절). 너는 네 재물로 나를 공경하지 아니하였느니라. 그들 중의 일부는 거짓된 신들에게 희생제사를 드렸다. 또한, 참 하나님께 희생제물을 드린 자들도 성의 없이 제물을 드렸거나 위선적인 의도로 드렸기 때문에 사실 그 제물들로 하나님을 공경한 것이 아니라 도리어 욕보인 것이라고 할 수 있었다.

(5) 그들이 희생제사를 소홀히 한 죄를 더욱 가중시키는 것은 하나님께서 정하신 대로 희생제사를 드릴 경우에 그것은 결코 그들에게 부담스러운 일이 아니었다는 것이다. 하나님께 드리는 희생제사는 그들이 불평할 이유가 전혀 없는 일이었다. "나는 제물로 말미암아 너희를 수고롭게 하지 않았다. 나는 희생제사를 너희에게 짐이 되는 일로 만들지 않았는데도, 너희가 타락하여 스스로 그렇게 생각한 것뿐이다. 나는 유향으로 말미암아 너를 괴롭게 하지도 않았다." 하나님의 모든 명령들이나 계명들, 희생제사와 분향에 관한 명령들은 그 어느 하나도 부담스러운 것이 없다. 그것들은 풍족한 땅에서 살고 있던 자들이 감당할 수 없을 정도로 많은 비용이 들어가는 것도 아니었고, 그들이 도저히 짬을 낼 수 없을 정도로 많은 시간을 요구하는 것도 아니었다. 그들이 하나님을 섬기는 일을 괴로운 일이라고 말해서는 절대로 안 되었던 이유는 하나님께서 그들에게 여호와 앞에서 기뻐하고 즐거워하라고 명하셨기 때문이다(신 12:12). 그들에게는 수많은 절기들과 좋은 날들이 주어졌지만, 일 년 중에서 오직 하루만이 그들의 영혼을 괴롭게 해야 하는 날로 정해져 있었을 뿐이다. 구약의 의식법과 관련된 규례들은 그리스도의 가벼운 멍에에 비하면 무거운 것이기는 하지만(행 15:10), 우상 숭배자들이 거짓 신들에게 행하였던 의식이나 제사에 비하면 너무도 가벼운 것이어서 섬김이라고 할 것도 없었고 괴로운 일이라고 불평할 것도 없었다. 하나님은 몰록처럼 그들에게 자녀를 희생제물로 바칠 것을 요구하지도 않으셨다.

2. 하나님이 금하신 악을 행함. 하나님께서 명하신 일들을 행하지 않게 되

면 반드시 하나님께서 금하신 일들을 하게 마련이다. 너는 네 죄짐으로 나를 수고롭게 하였다. 하나님께서 주신 은사들을 우리의 정욕을 위하여 사용하거나 하나님의 섭리를 우리의 악한 목적을 이루는 데에 악용할 때에, 특히 하나님이 우리에게 풍성한 은혜를 주신 것을 악용해서 우리가 계속해서 악에 머무를 때, 우리는 하나님을 우리의 죄악들로 수고롭게 하는 것이다. 또는, 이 말씀은 우리의 죄가 하나님께 얼마나 큰 근심과 짐이 되고 있는지를 보여주는 것일 수도 있다. 죄는 사람들을 괴롭게 하고 피조물들을 신음하게 할 뿐만 아니라 하나님도 괴롭게 하고(사 7:13), 창조주로 하여금 그가 근심하고(시 95:10) 한탄하며(겔 6:9) 곡식단을 가득히 실은 수레가 흙을 누름 같이 죄인들로 말미암아 마음이 눌려서(암 2:13) 장차 내 대적에게 보응하여 내 마음을 편하게 하리라(사 1:24)고 부르짖게 만든다. 여기에서는 대조법이 두드러지게 나타난다. 하나님은 제물로 그들을 수고롭게 하지 않았지만 그들은 죄악들로 하나님을 수고롭게 만들었다. 주인은 여러 가지 명령으로 종들을 피곤하게 하지 않았지만, 종들은 불순종으로 주인을 피곤하게 만들었다. 그토록 선하신 주인에게 이토록 악하게 구는 자들은 진정으로 악한 종들임에 틀림없다. 하나님은 우리를 위로하시기 위하여 애를 쓰시지만, 우리는 하나님께 영광을 돌리는 데에 신경도 쓰지 않는다. 하나님을 섬기는 일은 이치에 맞고 쉬운 일이고 우리의 위신을 깎아먹는 일이 결코 아니며 우리에게 지나치게 버거운 일도 아니라는 것은 우리가 우리의 본분을 계속해서 지켜 나가는 데에 큰 격려가 된다.

II. 그들의 죄를 더욱 가중시킨 것들은 무엇이었는가(27절).

1. 그들은 불순종의 자식들이었다는 것. 왜냐하면, 그들의 시조(즉, 그들의 첫 조상들)가 범죄하였기 때문이다. 그들은 조상들의 허리 속에서 범죄하였을 뿐만 아니라 태어나서도 조상들과 마찬가지로 범죄하였다. 에스라는 이렇게 고백한다: 우리 조상들의 때로부터 지금까지 우리의 죄가 심하였나이다(스 9:7). 그러나 하나님은 여기에서 그들의 조상들을 그들의 시조라고 부르고 계시기 때문에, 우리는 우리의 첫 조상인 아담의 배교와 반역을 떠올리지 않을 수 없다. 도도한 강물 같은 우리의 모든 범죄의 물결은 저 타락한 원천, 즉 우리의 첫 조상 아담으로까지 거슬러 올라간다.

2. 그들은 불순종의 문도(門徒)들이었다는 것. 왜냐하면, 그들의 교사들이 하나님을 배반하였고, 큰 죄악들을 범하여서, 백성들이 그것을 그대로 배웠기 때

문이다. 지도자들로 말미암아 잘못된 길로 가게 된 백성, 마땅히 백성들의 삶을 고쳐 주어야 할 교사들이 도리어 백성들의 삶을 타락시킬 때에 그 백성은 화를 당한다.

III. 하나님이 그들의 죄로 인하여 그들에게 진노하였다는 것을 보여주는 증표들은 무엇이었는가(28절). 하나님은 교회와 국가를 둘 다 초토화시켜 버리셨다.

1. 그들의 교회가 지니고 있었던 영광은 먼지 속에 처박히고 짓밟혔다. 내가 성소의 어른들, 즉 성전 예배에서 큰 위엄과 능력으로 예식을 주재하였던 제사장들과 레위인들을 욕되게 하였다. 그들은 극악무도한 범죄들로 말미암아 스스로를 욕되게 하고 타락시켰다. 그러자 하나님은 그들에게 여러 가지 재앙들을 내리셔서 그들로 하여금 멸시를 받게 하심으로써 그들을 욕되게 하시고 천하게 만드셨다(말 2:9).

2. 그들의 국가의 영광도 마찬가지로 몰락하였다. "내가 야곱이 진멸당하도록 내어주며 모든 이웃나라들에 의해서 저주를 받고 미움을 받으며 학대받게 하였고, 이스라엘이 비방거리가 되게 하여 원수들로부터 모욕과 조롱을 당하고 짓밟히게 하였다." 원수들은 아마도 야곱과 이스라엘의 좋았던 시절을 기억하며 그들을 조롱하였을 것이다. 대적들은 그들의 안식일을 비웃었다(애 1:7). 그러나 하나님은 그들이 잘못한 것들을 고치시기 위해서 그들을 비방거리로 내어주신 것이었다. 사람들이 어느 때든지 우리를 욕되게 하면 우리는 지난날의 우리가 하나님을 욕되게 한 적이 없는지를 살피고 스스로를 낮추어야 한다는 것을 명심하라. 그럴 때에 우리는 사람들의 조롱을 받고 욕을 당해도 마땅하다고 여기고 그것을 인내로써 감당하여야 한다.

IV. 이 모든 일에도 불구하고 하나님이 그들에게 보이신 풍성한 긍휼은 무엇이었는가(25절). 나 곧 나는 네 허물을 도말하는 자니라.

1. 하나님이 기꺼이 그들의 죄를 용서하실 준비가 되어있다는 이 은혜로운 선포는 생각지도 않은 대목에서 나온다. 하나님의 고소는 지금 절정에 달해 있었다. 너는 네 죄악으로 나를 괴롭게 하였느니라(24절). 따라서 우리는 당연히 다음과 같은 내용이 뒤따라 나올 것이라고 생각할 수 있었다. "나 곧 나는 너를 멸하여서 더 이상 너에게 신경을 쓰는 부담을 덜어내고자 한다." 그런데, 전혀 그게 아니었다. 나 곧 나는 너의 죄를 사하리라. 이것은 마치 크신 하나님께서 우리

에게 남들로부터 상처를 받은 것들을 용서하는 것이야말로 우리 자신의 마음을 편안하게 하고 그 상처들에 대한 기억으로 괴로워하는 것으로부터 벗어나는 가장 좋은 길이라는 것을 가르치시는 것 같다. 이러한 말씀이 나오는 것은 하나님은 이미 용서할 준비가 되어 있다는 것을 알려줌으로써 그들에게 회개할 용기를 주고 하나님의 긍휼은 값없이 거저 주시는 것임을 보여주기 위한 것이다. 죄가 가장 크게 부각되면 될수록 거기에서는 은혜도 가장 크게 부각되는 법이다. 하나님께서 그들의 죄를 용서하시겠다는 말씀은 다음과 같은 것들에 적용될 수 있다.

(1) 하나의 민족으로서의 이스라엘의 죄악들을 용서하시겠다는 것. 하나님이 일련의 심판들을 중단하시고 그들을 철저한 파멸에서 구원하신 때에는 비록 그들이 여전히 호된 책망을 하나님으로부터 받고 있다고 할지라도, 하나님은 그들의 허물을 도말하셨다고 말할 수 있다. 하나님은 그들을 바로잡기 위해서 심판을 내리셨지만, 그들과 다시 화해하셨고, 그들을 완전히 끊어버려서 하나의 민족을 이루지 못하게 하지는 않으셨다. 하나님께서는 그들이 그리스도와 그의 복음을 배척할 때까지 무수히 그렇게 해오셨다. 하지만 그들이 그리스도를 버린 것은 도저히 치유될 수 없는 죄였기 때문에, 하나님은 하나의 민족으로서의 그들을 더 이상 용서하지 않으셨고 완전히 멸하여 버리셨다.

(2) 각각의 믿는 자들이 회개할 때에 그들의 죄를 용서하시겠다는 것. 하나님은 믿는 자들이 연약해서 저지르는 무수한 허물과 아무리 악독한 죄도 그들이 회개하기만 하면 기꺼이 용서해 주신다. 좀 더 살펴보자.

[1] 하나님의 용서가 여기에서는 어떻게 표현되고 있는가. 하나님의 부름이 햇빛에 의해서 사라져 버리고(사 44:22) 채권자가 채무자의 빚을 탕감해 주며 (채권자가 담보물을 처분해서 자기가 빌려준 채무를 갚음하였기 때문에 마치 채무가 다 변제된 것처럼 여겨서 장부에 선을 그어서 말소시키는 것 같이) 판결이 뒤집혀서 이전의 판결이 무효로 되며 의심의 쓴 물에서 무죄한 자에 대한 저주가 도말되듯이(민 5:23) 그렇게 그들의 허물을 도말하실 것이다. 또한, 하나님은 그들의 죄를 기억하지 아니하실 것이다. 이것은 하나님이 그들의 지난 죄에 대한 징벌을 면제하실 뿐만 아니라 이후로도 그들에 대한 사랑을 결코 줄이지 아니하실 것임을 나타낸다. 하나님은 우리의 죄를 용서하실 때에 그 죄를 잊어버리신다.

[2] 용서의 근거와 이유는 무엇인가. 그것은 우리 안에 있는 그 무엇 때문이 아니라 순전히 하나님 자신을 위한 것, 그의 긍휼하심과 약속, 특히 그의 아들을 위한 것이고, 하나님이 이러한 용서하심을 통해서 스스로 영광을 얻으시기 위한 것이다.

[3] 하나님은 용서하심을 통해서 어떻게 영광을 받으시는가. 나 곧 나는 그니라. 하나님은 그의 대권인 용서하심을 통해서 영광을 받으신다. 오직 하나님 외에는 아무도 죄를 사할 수 없는데, 하나님은 그 일을 행하고자 하신다. 죄를 용서하시고자 하는 것은 하나님의 굳은 결단이다. 하나님은 그 일을 기쁜 마음으로 자원하여 하시고자 한다. 그것은 그의 기쁨이고 그의 영광이다. 따라서 하나님은 그 일을 행하시기를 기뻐하신다.

2. 너는 나에게 기억이 나게 하라(26절)는 말씀은 다음 둘 중의 하나로 이해될 수 있다.

(1) 하나님 앞에서 자신의 의로 서서 자신의 공로를 내세워서 하나님의 은총과 인정을 받고자 기대하고 하나님의 거저 주시는 은혜를 간청하고자 하지 않는 교만한 바리새인에 대한 책망. "만약 내가 나를 위하여 너의 죄를 용서하는 것이 아니라 네 자신이 아무런 잘못도 없고 옳다는 것을 증명해 줄 어떤 것이나 너로 하여금 용서받게 해줄 어떤 이유가 있다면 너는 그것을 나에게 기억이 나게 하라. 나는 너에게 네 자신을 변명하고 변호할 말미를 주겠다, 네가 옳다는 것을 증명해 줄 너의 공로들이 무엇인지를 밝히 말해 보아라." 그러나 이런 도전을 받는 자들은 아무 할 말이 없을 것이다.

(2) 세리에게 하시는 말씀. 하나님은 이렇게 기꺼이 죄를 용서하시고자 하고, 죄를 용서하실 때에는 다시는 그 죄를 기억하지 아니하신다. 그러므로 하나님이 용서하신 죄들을 하나님에게 기억이 나게 하고 그 앞에서 말해 보라. 왜냐하면, 그 죄들은 비록 용서를 받은 것이기는 하지만 우리 자신을 낮추기 위해서 항상 우리 앞에 두어야 하는 것들이기 때문이다(시 51:3). 하나님에게 그가 회개하는 자들에게 하신 약속들과 그의 아들이 그들을 위하여 행하신 대속을 기억나게 하라. 네가 하나님의 은혜로 거저 의롭다 하심을 받기 위해서 하나님의 죄 사하심을 구하며 씨름할 때에 이러한 일들을 하나님께 기억이 나게 하고 그 앞에서 분명히 밝혀라. 이것이 하나님과 화평을 이루는 유일한 길이고 확실한 길이다. 오직 네 허물을 인정하라.

제
— 44 —
장

개요

하나님은 선지자를 통해서 앞 장에서와 마찬가지로 이 장에서 계속해서 다음과 같은 것들을 해나가신다. I. 하나님께서 자기 백성이 포로에서 돌아올 때에 그들을 위하여 예비해 놓으신 큰 축복들과 복음 교회, 즉 하나님의 영적인 이스라엘이 메시야 시대에 참여하게 될 훨씬 더 큰 축복들에 대한 약속들을 통해서 자기 백성을 격려하심. 이렇게 함에 있어서 하나님은 다른 신들은 거짓된 신들이고 오직 자신만이 홀로 하나님이시라는 것을 증명하신다(1-8절). II. 우상을 만드는 자들과 우상을 섬기는 자들이 얼마나 어리석고 얼빠진 자들임을 드러내심(9-20절). III. 하나님께서 자기 백성에게 큰 축복들을 주시겠다고 하신 약속을 다시 한 번 확증하시고, 그들로 하여금 그 축복들을 믿고 기쁜 마음으로 기대하게 하심(21-28절).

¹나의 종 야곱, 내가 택한 이스라엘아 이제 들으라 ²너를 만들고 너를 모태에서부터 지어 낸 너를 도와 줄 여호와가 이같이 말하노라 나의 종 야곱, 내가 택한 여수룬아 두려워하지 말라 ³나는 목마른 자에게 물을 주며 마른 땅에 시내가 흐르게 하며 나의 영을 네 자손에게, 나의 복을 네 후손에게 부어 주리니 ⁴그들이 풀 가운데에서 솟아나기를 시냇가의 버들 같이 할 것이라 ⁵한 사람은 이르기를 나는 여호와께 속하였다 할 것이며 또 한 사람은 야곱의 이름으로 자기를 부를 것이며 또 다른 사람은 자기가 여호와께 속하였음을 그의 손으로 기록하고 이스라엘의 이름으로 존귀히 여김을 받으리라 ⁶이스라엘의 왕인 여호와, 이스라엘의 구원자인 만군의 여호와가 이같이 말하노라 나는 처음이요 나는 마지막이라 나 외에 다른 신이 없느니라 ⁷내가 영원한 백성을 세운 이후로 나처럼 외치며 알리며 나에게 설명할 자가 누구냐 있거든 될 일과 장차 올 일을 그들에게 알릴지어다 ⁸너희는 두려워하지 말며 겁내지 말라 내가 예로부터 너희에게 듣게 하지 아니하였느냐 알리지 아니하였느냐 너희는 나의 증인이라 나 외에 신이 있겠느냐 과연 반석은 없나니 다른 신이 있음을 내가 알지 못하노라

이 단락에서는 두 가지 큰 진리가 아주 자세하게 진술된다.

I. 하나님의 백성은 특히 그들과 하나님 사이에 맺어진 언약으로 인해서 복된 백성이라는 것. 이스라엘 백성은 복음적 이스라엘에 대한 비유로서 복된 백성이었다. 그들의 복은 세 가지로 이루어져 있었다.

1. 하나님에 대한 그들의 언약관계(1-2절). 이스라엘은 여기에서 여수룬, 즉 정직한 자로 불린다. 왜냐하면, 나다나엘과 같이 그 속에 속임이 없는 자들만이 진정한 이스라엘 백성이고, 오직 그들만이 이러한 약속들로부터 영원한 유익을 얻게 될 것이기 때문이다. 야곱과 이스라엘은 앞 장의 끝부분에서 하나님의 진노를 크게 불러일으켜서 이미 저주와 비방을 받은 것으로 묘사되었었다. 그러나 그 모든 다툼에도 불구하고 이스라엘을 향한 하나님의 애끓는 심정과 이스라엘 자신의 회개가 한데 어우러진 듯 하나님의 긍휼하심이 여기에서 등장한다. "그러나 나의 종 야곱아 이제 들으라! 너와 나는 이 모든 것에도 불구하고 다시 벗이 될 것이다." 하나님은 그들과 하나님의 사이를 멀어지게 만들었던 유일한 것인 네 허물을 도말하리라고 말씀하셨었다(사 43:25). 그들의 죄와 허물이 제거되었을 때에, 하나님의 긍휼의 강물은 이전에 그들과 하나님 사이에 나 있던 통로를 통해서 다시 흐르게 되었다. 죄 사하심이 이루어지면 언약에 내포된 모든 축복들이 다시 흐르게 된다. 하나님은 내가 그들의 불의를 긍휼히 여길 것이기 때문에 그들을 위하여 이런저런 일을 행하실 것이라고 말씀하신다(히 8:12). 그러므로 야곱아, 들으라! 이 위로의 말씀들을 들으라. 그러므로 야곱아, 두려워하지 말라! 네가 처해 있는 환난을 두려워하지 말라. 왜냐하면, 죄 사함을 통해서 그 환난들의 성질도 바뀌었기 때문이다. 이제 그들과 하나님의 관계는 매우 고무적인 것이 되었다.

(1) 그들은 하나님의 종들이다. 하나님은 그를 섬기는 자들을 자기 백성으로 인정하시고 그 곁에 계셔서 그들이 잘못되지 않도록 보살펴 주실 것이다.

(2) 그들은 하나님의 택한 자들이다. 하나님은 그가 택하신 자들과 항상 함께 하실 것이다. 하나님은 자기 백성인 자들을 아시고, 그가 택하신 자들을 특별한 보호 아래 두신다.

(3) 그들은 하나님이 만드신 자들이다. 하나님은 그들을 만드셨고 존재케 하셨다. 하나님은 그들을 지어내셔서 그들에게 형태를 부여하셨다. 하나님은 모태에서부터 그들을 지어내셔서 일찌감치 그들과 관계를 맺으셨다. 그러므로 하나

님은 어려울 때에 그들을 도우실 것이고 그들이 하나님을 섬길 때에 그들을 도우실 것이다.

2. 하나님이 그들과 그들의 자손에게 보장하신 언약의 축복들(3-4절).

(1) 자신의 영적인 결핍들과 피조물인 자기는 그러한 결핍들을 결코 채울 수 없다는 것을 깨닫는 자들은 하나님 안에서 풍성한 만족을 얻게 될 것이다. 나는 목마른 자, 곧 의에 목마른 자에게 물을 주리라. 그렇게 목마른 자는 하나님이 주시는 풍성한 생수로 만족하게 될 것이다. 모든 감각의 쾌락들보다 영적인 축복들을 진정으로 원하는 자들에게는 생수가 부어질 것이다.

(2) 마른 땅 같이 메마른 자들은 하나님의 은혜의 단비로 촉촉히 적셔질 것이다. 그런 자들에게 하나님은 은혜를 점점 더하실 것이다. 땅이 아무리 메마르다고 하여도 하나님은 강물처럼 은혜를 부으셔서 그 땅을 적셔 주신다.

(3) 하나님께서 부어주실 물은 바로 그의 영이다(요 7:39). 하나님은 그의 영을 그리스도에게는 한량없이 부어주실 것이고(갈 3:16), 모든 믿는 자들, 기도로 씨름하는 야곱의 모든 자손에게는 분량에 따라 부어주실 것이다(눅 11:13). 하나님께서 그의 종 그리스도를 보내시고 그를 붙들어 주셨듯이 이제 그의 성령을 보내셔서 우리를 붙들어 주시겠다는 것은 신약의 큰 약속이다.

(4) 이 성령의 선물은 하나님이 말일에 물 붓듯이 부어 주시겠다고 약속하시고서 보류해 두신 큰 축복이다. 나는 나의 영, 즉 나의 복을 부어 주리라. 왜냐하면, 하나님께서 그의 영을 주시는 곳에서는 그 밖의 다른 모든 축복들도 주실 것이기 때문이다.

(5) 이러한 축복은 교회의 지체들에게 주어지기로 되어 있다. 왜냐하면, 은혜의 언약은 다음과 같이 되어 있기 때문이다. 내가 너와 네 자손에게 하나님이 되리라. 이렇게 양자의 특권에 참여하게 되는 모든 자들에게 하나님은 양자의 영을 주실 것이다.

(6) 이렇게 해서 교회는 크게 부흥하게 될 것이다. 교회는 아주 후미진 곳들까지 퍼져나가게 되고, 계속해서 세상 끝날까지 점점 더 흥왕하게 될 것이다. 그들이 솟아나서 시냇가의 버들 같이 빠르게 자라나, 버들이 모든 풀 가운데서 우뚝 솟아있듯이 덕스럽고 칭찬받을 만한 모든 일에서 주변의 모든 자들보다 훨씬 뛰어나 탁월하게 될 것이다(4절). 자라나는 세대가 그 앞길이 유망하고 소망이 있는 것을 보는 것은 교회에게 큰 복이고 선한 자들에게 큰 즐거움이라는

것을 명심하라. 하나님께서 그들에게 그의 영, 축복들 중의 축복을 부어주시면, 그들은 그렇게 될 것이다.

3. 그들은 흔쾌히 하나님과의 언약에 자기가 속하였다고 동의하게 될 것임(5절). 유대인들은 포로 생활에서 돌아온 후에 하나님과의 언약을 갱신하였는데(렘 50:5), 특히 다시는 우상을 섬기지 않겠다고 약속하였다(호 14:2-3, 8). 타락하여 퇴보한 자들은 이렇게 자신의 잘못을 회개하고 첫사랑을 회복하여야 한다. 그 때에 하나님께서 그들에게 영광스럽게 나타나신 것에 이끌려서, 교회 밖에 있던 많은 자들이 그들에게 합류하였다(슥 8:23; 에 8:27). 그 때 그들은 우리는 여호와께 속하였다고 말할 것이고 야곱의 이름으로 자기를 부를 것이다. 왜냐하면, 타국이든지 본국에서 난 자든지 그들에게는 하나의 법과 하나의 언약만이 있기 때문이다. 이 말씀은 틀림없이 한 걸음 더 나아가서 그리스도께서 승천하신 후에 성령이 임하고 무수한 이방인들이 주께로 돌아오고 교회로 더해지게 될 것을 내다보고 있다. 이렇게 회심하여 주께 돌아오는 자들은 서로 다른 신분과 나라에 속한 아주 다양한 사람들이지만 그들은 모두 하나님께 환영을 받는다(골 3:11). 한 사람이 주께로 돌아오면 그 사람의 모범을 보고서 또 한 사람이 주께로 돌아오고, 이런 식으로 수많은 사람들이 주께로 돌아오게 된다. 이렇게 한 사람의 회심은 많은 사람들에게 도전을 줄 수 있다.

(1) 그들은 자기 자신을 하나님께 맡기게 될 것이다. 많은 사람들 중의 한 사람이 아니라 모든 사람이 각자 이렇게 말할 것이다. "나는 여호와께 속하였다. 여호와는 나를 지배하실 수 있는 논란의 여지가 없는 권리를 가지고 계시기 때문에, 나는 여호와와 그의 모든 명령과 그가 나에게 행하시는 모든 일에 복종할 것이다. 나는 지금부터 오직 여호와의 것이고 전적으로 여호와의 것이며 영원히 여호와의 것이다. 따라서 나는 여호와의 유익과 그를 찬송하기 위하여 존재할 것이다. 사나 죽으나 나는 여호와의 것이 될 것이다."

(2) 그들은 그들 자신의 민족과 그들의 조상 집을 잊어버리고 하나님의 가족이라는 지위를 얻고자 하여 하나님의 백성에 합류해서 야곱의 이름으로 자기를 부를 것이다. 그들은 하나님의 모든 백성을 사랑하고 그들과 어울리며, 그들에게 교제의 악수를 청하고, 그들의 대의(大義)를 신봉하고, 교회 전체의 유익과 거기에 속한 각각의 지체들의 유익을 구하며, 모든 상황 속에서 그들과 운명을 함께하고자 할 것이다.

(3) 그들은 이것을 매우 엄숙하게 행할 것이다. 그들 중 일부는 매매 계약을 맺을 때에 사람이 자기 손으로 계약서에 서명하여 그것이 자기가 한 행위임을 나타내는 것처럼 자기가 여호와께 속하였음을 그의 손으로 기록할 것이다. 우리가 하나님과 언약을 맺을 때는 분명하면 할수록 더 좋다(출 24:7; 수 24:26-27; 느 9:38). 단속을 잘 하면 잃는 것이 없는 법이다.

Ⅱ. 하나님의 이스라엘이 복된 백성인 것과 마찬가지로 이스라엘의 하나님은 크신 하나님이시고 홀로 참된 하나님이시라는 것. 이것도 앞에서 말한 것과 마찬가지로 하나님을 의지하는 모든 자들에게 차고 넘치는 만족을 준다(6-8절). 하나님의 영광과 우리의 위로를 위해서 다음과 같은 것들을 명심하라.

1. 우리가 의지하는 하나님은 아무도 다툴 수 없는 주권과 저항할 수 없는 권능을 지니신 하나님이라는 것. 그는 스스로 존재하시고 스스로 자족하신 여호와이시다. 그는 하늘과 땅의 모든 존재들, 천사들과 사람들을 다스리시는 만군의 여호와이시다.

2. 하나님은 그의 교회와 특별한 관계에 있고 그들을 특별히 보살피신다는 것. 하나님은 이스라엘의 왕, 이스라엘의 구원자이시다. 하나님은 이스라엘의 왕이시기 때문에 이스라엘의 구원자가 되신다. 하나님을 자신의 왕으로 섬기는 자들은 그를 자신의 구원자로 받아들인 것이다. 하나님은 오직 자신만이 홀로 하나님이시라는 것을 단언하실 때에 자기 백성에게 자기에게 꼭 붙어 있어서 자기 안에서 기뻐하라고 격려하시기 위해서 스스로를 이스라엘의 하나님으로 선포하신다.

3. 하나님은 영원하시다는 것. 나는 처음이요 나는 마지막이라. 하나님은 영원 전부터 그러니까 창세 전부터 하나님이시고 이 세상이 더 이상 존재하지 않게 될 때에도 영원토록 하나님으로 남아 계실 것이다. 만물을 창조하신 하나님이 계시지 않았더라면 아무것도 존재할 수 없었을 것이다. 만물을 붙들어 주시는 하나님이 계시지 않았더라면 만물은 곧 다시 무로 돌아가고 말았을 것이다. 하나님은 만물 안에서 만물을 충만케 하시는 자이시고 제1원인자이시기 때문에, 만물이 주에게서 나오고 주로 말미암고 주에게로 돌아간다(롬 11:36). 하나님은 알파와 오메가이시다(계 1:11).

4. 오직 여호와만이 홀로 하나님이시라는 것(6절). 나 외에 다른 신이 없느니라. 나 외에 신이 있겠느냐(8절). 가장 위대한 학자들에게 물어보라. 그들은 그

들이 읽은 모든 책 속에서 여호와 하나님 외에 다른 신을 만난 적이 있었는가? 세계에 대하여 가장 잘 알고 있는 자들에게 물어보라. 그들은 여호와 외에 다른 신을 만난 적이 있었는가? 하늘에나 땅에서나 신이라 불리는 자가 있어 많은 신이 있지만 그 신들은 가짜 신들이다.(고전 8:5-6). 우리 하나님 외에 무한하시고 영원하신 신이 있는가? 우리 하나님 외에 세상을 창조하시고 온 피조세상을 보호하시며 은택을 베푸시는 신이 있는가? 우리 하나님 외에 자기를 섬기는 자들을 위하여 가장 유익한 것을 행하신 신이 있는가? "너희는 나의 증인이라. 나는 너희에게 둘도 없는 하나님이었다. 너희는 다른 신들을 시험하였다. 그렇지만 너희는 그 신들 중에서 너희를 지극히 흡족하게 해주는 신이나 나와 같은 신을 발견하였느냐? 다른 신은 없다." 여기에서 신으로 번역된 원어의 의미는 반석이다. 여호와 외에는 우리가 그 외에 무엇을 지은 터가 되는 반석, 우리의 몸을 숨길 피난처가 되는 반석인 그런 신은 없다. 하나님은 유일한 반석이시고, 그들의 반석은 우리의 반석과 같지 않다(신 32:4, 31).

하나님께서 다른 신이 있음을 내가 알지 못하노라고 말씀하신 것은 마치 이렇게 말씀하신 것이나 다름없다 "나는 나와 경쟁해 보겠다고 나서거나 그들이 참칭하는 것들을 공정한 재판에 부쳐 보겠다고 나선 신을 지금까지 한 번도 만난 적이 없다. 만약 네가 나보다 너희에게 더 유익이 되고 도움이 되는 신을 알고 있다면, 나는 기꺼이 너희에게 그 신을 추천해 주었을 것이다. 그러나 나는 그런 신을 알지 못한다." 여호와 외에는 다른 신이 없다. 여호와 하나님은 무한하시기 때문에 다른 신은 있을 수 없다. 여호와 하나님은 스스로 충족하시기 때문에 다른 신은 필요 없다. 하나님이 이런 말씀을 하신 목적은 하나님의 백성으로 하여금 그들이 바벨론에서 건짐을 받게 되리라는 하나님의 약속을 더욱 견고히 믿고 소망하며 그렇게 되기 위해서 그들의 우상 숭배를 고침 받게 하기 위한 것이다. 그들에게 닥친 환난은 소기의 목적을 다 이룬 후에는 제거될 것이다. 하나님은 자기 백성에게 그들의 신조 중에서 첫째가는 조목, 즉 그들의 하나님 여호와는 오직 유일한 여호와이시다라는 신조를 상기시켜 주고 계신다(신 6:4).

(1) 그들은 다른 신에게 소망을 둘 필요가 없었다. 햇빛이 비치는 곳에 있는 자들은 달이나 별, 또는 모닥불 빛을 필요로 하지 않는다.

(2) 그들은 다른 신을 두려워할 필요가 없었다. 그들이 섬기는 하나님은 원

수들이 섬기는 온갖 거짓된 가짜 신들이 그들을 해치지 못하게 막아주시고 도리어 그들에게 유익을 가져다 주실 수 있을 정도로 더 능력이 크시다.

5. 여호와 하나님 외에는 장차 올 일들을 미리 말해 줄 수 없다는 것. 하나님은 지금 그의 선지자를 통해서 이백 년 후에나 일어날 일들을 세상에 알려주고 계신다(7절). "나처럼 고레스를 불러서 바벨론으로 오게 할 자가 누구냐? 하나님 외에 지명한 자를 불러서 반드시 그 일을 이루게 하시며 모든 피조물과 사람들을 손짓 하나로 부릴 수 있는 자가 과연 있겠느냐? 나처럼 그 일이 어떻게 될지, 누구에 의해서 이루어질지를 알릴 자가 누구냐?" 아니, 하나님은 여기에서 한 걸음 더 나아가신다. 하나님은 장차 올 일을 미리 내다보시고 아실 뿐만 아니라, 그 일을 이루시기 위하여 모든 것을 경영하시고 정리하신다(개역에서는 설명하다). 여호와 하나님 외에 그 어떤 자가 이와 같은 일을 할 수 있는 체하겠는가? 하나님은 영원한 백성을 세운 이후로 자신의 뜻과 계획을 따라서 항상 모든 일들을 해오셨다. 이스라엘 백성은 세상의 그 어떤 나라보다도 그들의 나라가 오래되었다는 것을 확실하게 설명할 수 있다. 하나님은 이스라엘 백성을 자신의 소유인 백성으로 지명하여 세우신 이래로 특히 자기 백성을 중심으로 섭리를 펼쳐 오셨다.

하나님은 그들에게 그들과 관련하여 장차 일어나게 될 사건들을 미리 말씀해 주셨다 ― 그들이 애굽에서 종살이 하게 될 것, 거기에서 구원을 받게 될 것, 가나안에 정착하게 될 것. 이 모든 일들은 하나님의 계획과 예언의 말씀들 속에서 정해져 있었다. 다른 어떤 자가 그렇게 할 수 있었겠는가? 다른 어떤 자가 이스라엘 백성에 대하여 그토록 깊은 관심을 내내 보여주고자 했겠는가? 하나님은 신으로 자처하는 자들에게 이후에 될 일들을 미리 말해보라고 도전하신다. "그들로 하여금 할 수만 있다면 바벨론을 멸망시키고서 이스라엘을 구원할 자의 이름을 말해보게 하라 그들이 장차 올 일을 말해줄 수 없다면, 그들로 하여금 이제 곧 될 일, 즉 조금 후나 내일쯤 생길 일들에 대해서 우리에게 말해 보도록 하라. 그러나 그들은 그렇게 할 수 없다. 그러므로 그들을 두려워말고 겁내지 말라. 그런 자들이 너희에게 무슨 해악을 끼칠 수 있겠는가? 그런 자들이 너희의 구원을 무슨 수로 방해할 수 있겠는가? 나는 너희에게 너희의 구원이 때가 되면 이루어질 것이라고 말하였고 그것을 엄숙하게 선언하지 않았느냐?" 하나님의 약속의 말씀을 받은 자들은 그것을 방해하고자 하는 세력이

나 음모를 두려워할 필요가 없다.

⁹우상을 만드는 자는 다 허망하도다 그들이 원하는 것들은 무익한 것이거늘 그것들의 증인들은 보지도 못하며 알지도 못하니 그러므로 수치를 당하리라 ¹⁰신상을 만들며 무익한 우상을 부어 만든 자가 누구냐 ¹¹보라 그와 같은 무리들이 다 수치를 당할 것이라 그 대장장이들은 사람일 뿐이라 그들이 다 모여 서서 두려워하며 함께 수치를 당할 것이니라 ¹²철공은 철로 연장을 만들고 숯불로 일하며 망치를 가지고 그것을 만들며 그의 힘센 팔로 그 일을 하나 배가 고프면 기운이 없고 물을 마시지 아니하면 피로하니라 ¹³목공은 줄을 늘여 재고 붓으로 긋고 대패로 밀고 곡선자로 그어 사람의 아름다움을 따라 사람의 모양을 만들어 집에 두게 하며 ¹⁴그는 자기를 위하여 백향목을 베며 디르사 나무와 상수리나무를 취하며 숲의 나무들 가운데에서 자기를 위하여 한 나무를 정하며 나무를 심고 비를 맞고 자라게도 하느니라 ¹⁵이 나무는 사람이 땔감을 삼는 것이거늘 그가 그것을 가지고 자기 몸을 덥게도 하고 불을 피워 떡을 굽기도 하고 신상을 만들어 경배하며 우상을 만들고 그 앞에 엎드리기도 하는구나 ¹⁶그 중의 절반은 불에 사르고 그 절반으로는 고기를 구워 먹고 배불리며 또 몸을 덥게 하여 이르기를 아하 따뜻하다 내가 불을 보았구나 하면서 ¹⁷그 나머지로 신상 곧 자기의 우상을 만들고 그 앞에 엎드려 경배하며 그것에게 기도하여 이르기를 너는 나의 신이니 나를 구원하라 하는도다 ¹⁸그들이 알지도 못하고 깨닫지도 못함은 그들의 눈이 가려서 보지 못하며 그들의 마음이 어두워져서 깨닫지 못함이니라 ¹⁹마음에 생각도 없고 지식도 없고 총명도 없으므로 내가 그것의 절반을 불 사르고 또한 그 숯불 위에서 떡도 굽고 고기도 구워 먹었거늘 내가 어찌 그 나머지로 가증한 물건을 만들겠으며 내가 어찌 그 나무토막 앞에 굴복하리요 말하지 아니하니 ²⁰그는 재를 먹고 허탄한 마음에 미혹되어 자기의 영혼을 구원하지 못하며 나의 오른손에 거짓 것이 있지 아니하냐 하지도 못하느니라

하나님은 이전에도 자주 선지자를 통해서 우상 숭배자들의 어리석고 얼빠진 짓에 대하여 언급하였지만, 여기에서는 그 주제를 한층 더 세밀하게 파헤치셔서 그들이 하는 짓이 얼마나 경멸스럽고 조롱을 받아야 할 일인지를 드러내신다. 하나님이 이런 말씀을 여기에서 하시는 것은 다음과 같은 목적을 위해서이다.

　1. 이스라엘 백성이 바벨론에서 포로 생활을 할 때의 관습을 따라서(그들은 거룩한 도성으로부터 너무도 멀리 떨어져 있었기 때문에) 지금 그들을 다스리고 있는 자들의 비위를 맞추기 위해서 우상을 섬기고자 하는 강력한 유혹을 받게 될 때에 그러한 시험을 물리치도록 단단히 무장시키기 위해서.

　2. 그들이 가장 쉽게 걸려들었던 죄인 우상 숭배에 대하여 끌리는 그들의 성향을 치유하고, 그들로 하여금 바벨론으로 끌려가게 만들었던 바로 그 죄를 고치도록 하기 위해서. 하나님의 매가 말씀을 시행하는 데에 유익한 것과 마찬가지로, 하나님의 말씀은 그 매를 설명하는 데에 유익하다. 하나님의 백성은 이 두 가지 음성을 듣고서 거기에 응답하여야 한다.

　3. 이스라엘 백성에게 그들을 지배하는 갈대아 사람들에게 말할 거리를 제공해주기 위해서. 갈대아 사람들이 그들을 모욕하며 너희 하나님이 어디 계시냐고 조롱할 때에, 그들은 너희의 신들의 정체는 무엇이냐고 반문할 수 있다.

　4. 원수들의 신들에 대한 그들의 두려움을 떨쳐버리게 하고, 그들의 하나님에 대한 소망, 즉 하나님의 자리에 가짜 신들을 앉힌 자들을 벌하기 위하여 하나님께서 반드시 나타나시리라는 그들의 소망을 더욱 견고히 하기 위해서.

　이 단락에는 우상 숭배자들을 깨우치기 위한 다음과 같은 내용들이 나온다.

　I. 하나님이 우상 숭배자들에게 그들은 가장 수치스럽게 어리석고 더할 나위 없이 몰지각하다고 말씀하시고 그들이 할 수만 있다면 그러한 비난을 벗어나기 위하여 스스로를 해명해 보라고 도전하심(9-11절).　그들은 우상들을 고안해 내는 데에 온갖 머리를 다 짜내고 우상을 다듬고 새기는 데에 솜씨를 발휘한다. 그리고서 그들은 우상들을 그들이 원하는 것들이라고 부른다. 완전히 정신이 나간 자들은 그런 상태를 지속시켜주고 더욱 강화시켜 줄 재료가 되는 것들을 가장 기뻐하고 흡족해한다.

　1. 우리는 그들에게 그렇게 하는 자들은 모두 허망하다고 말한다. 그들은 스스로 속고 있는 것이고 서로를 속이는 것이다. 그들은 우상을 숭배하는 자들에게 큰 사기를 치고 있는 것이다.

　2. 우리는 그들에게 그들이 원하는 것들은 무익한 것이 되고 그들이 우상들에게 정성을 들인 만큼 보답을 받지 못할 것이라고 말한다. 우상들은 그들에게 좋은 것을 공급해 줄 수 없고 그들을 해악으로부터 보호해 줄 수도 없다. 새긴 우상들은 무익하고 아무짝에도 쓸모 없으며, 그들은 우상들에게 아무리 지극정

성을 들여도 아무것도 얻지 못할 것이다.

3. 우리는 그들에게 그들 자신이 만든 신들로부터 어떤 유익을 기대하는 것 자체가 어리석고 얼빠진 짓이 아니냐고 항변한다. 그들은 그들 자신의 증인들이다. 그들이 자신의 양심을 똑바로 들여다보기만 한다면, 그 양심은 우상들을 만든 그들이 눈멀고 무지하다는 것을 증언해 줄 것이다. 그들은 보지도 못하며 알지도 못한다. 따라서 그들은 그들이 수치를 당하리라는 것을 인정하지 않을 수 없다. 사람들이 자신의 양심에 충실하기만 한다면, 통상적으로 우리는 그들이 회심하게 되리라는 것을 확신할 수 있다. 우상 숭배자들은 특히 그렇다. 왜냐하면, 우상을 만든 자가 바로 그들이기 때문이다. 미치거나 정신이 나간 자가 아니라면 그 누가 우상을 스스로 만들어 놓고서 그 우상이 자기를 창조한 신이라고 생각할 수 있겠는가?

4. 우리는 그들에게 그들이 옳다는 근거를 자신 있게 제시해 보라고 도전한다. 어떤 사람이 자기가 우상을 만들었다고 나서서 말한다면, 그의 모든 동료들은 함께 모여와서 그 우상을 만드는 데에 그들 각자가 어떤 기여를 했는지를 밝히고서, 그들 자신을 속인 것에 대하여 모두 부끄러워하게 될 것이고, 그들에게 속아 넘어간 자들을 속으로 비웃을 것이다. 왜냐하면, 이 우상을 만든 대장장이들은 약하고 무력한 사람일 뿐이어서 전지전능한 존재를 만들어낼 수 없고, 얼굴에 철판을 깔지 않고서는 신을 만들어 낸 것인 양 할 수 없기 때문이다. 데메드리오와 금장색들이 몰락할 위기에 처한 그들의 생업을 유지시키기 위하여 그랬듯이, 그들로 하여금 다 모이게 하라. 그리고서 그들이 하는 짓이 과연 옳은 것인지를 그들이 할 수 있는 한 최선을 다해서 서로 힘을 모아 서서 말해보라. 그렇지만 그런 기회가 주어지면 그들은 스스로 자신들이 하는 일이 악하다는 것을 알기 때문에 감히 나서서 말하기를 두려워하며, 홀로 왔을 때만이 아니라 서로 용기를 북돋위주기 위하여 함께 왔을 때에도 그들이 하는 일을 부끄러워하게 될 것이다. 우상 숭배와 경건치 않은 일은 사람들이 나서서 옹호하는 것을 두려워하고 부끄러워하는 일들이라는 것을 명심하라.

II. 우상을 만드는 전 과정에 관한 자세한 설명. 우상 숭배가 터무니없는 짓이라는 것을 나타내기 위해서는 우상을 만드는 과정을 자세히 얘기해 주는 것만으로 충분하다.

1. 이 일에 종사하는 자들은 가장 비천한 자들인 장인들인데, 그들은 가정에

서 사용하는 평범한 그릇들과 마차, 쟁기들을 만드는 바로 그 사람들이다. 우상을 만드는 데에 철공이 있어야 한다. 철공은 철로 연장을 만들고 숯불로 일한다. 그것은 고된 일이다. 왜냐하면, 그는 그의 힘센 팔로 그 일을 하기 때문이다. 그는 그 일을 신속하게 다 끝내기 위하여 아주 열심히 일하기 때문에 배가 고파지고 기운이 없어진다. 그에게는 먹거나 마실 시간도 없다. 그는 물을 마시지 아니하기 때문에 피로하다(12절). 신상을 만드는 동안에는 장인이 먹거나 마셔서는 안 된다는 것은 아마도 그들 가운데 지켜졌던 미신이었던 것 같다. 우상에 씌울 철판을 만들거나 다른 철과 관련된 작업을 할 때에 그는 망치를 가지고 그것을 만들었고, 그에게 주어진 돈에 따라서 모든 것을 정확하게 만들었다. 다음으로는 목공이 나오는데, 그는 앞에 나온 철공과 마찬가지로 목재를 가지고 온갖 심혈을 기울여서 일을 한다(13절). 그는 많은 연장들을 사용해야 하기 때문에 도구 상자를 지니고 다닌다. 그는 목재 위에 줄을 늘여 재고 톱으로 켜거나 자를 곳을 붓으로 긋는다. 그는 대패로 밀고 크고 작은 사포들로 매끄럽게 다듬는다. 그는 크기와 형태를 표시하기 위해서 곡선자로 긋는다. 이런 일은 그가 좋아하고 즐겨하는 일이다.

2. 그가 만드는 우상의 형태는 사람의 형태, 즉 가련하고 약하고 죽어가는 피조물의 형태이다. 그러나 사람의 형태는 그가 알고 있는 것 중에서 가장 고상한 형태이고 자기 자신의 모습과 같은 형태이기 때문에, 그는 그것을 특별히 좋아하고 거기에 기꺼이 모든 영광을 부여하고자 한다. 그는 사람의 아름다움을 따라 사지와 윤곽이 적절한 비율이 되도록 우상을 만들지만, 사실 그런 것으로는 여호와 하나님의 아름다움을 나타내기에는 전적으로 부적절하다. 하나님은 사람에게 큰 영광을 부여하셔서, 영혼의 능력과 자질이라는 면에서 하나님의 형상을 따라 사람을 만드셨다. 그런데, 사람은 신상을 사지가 달려 있는 사람의 형상을 따라 만듦으로써 하나님을 크게 욕되게 하였다. 사람들 중에서 가장 아름다운 자를 본으로 삼아서 사람의 모든 아름다움을 신상에 그대로 표현한다고 해도 하나님에 대한 그러한 모욕은 결코 용서받지 못할 것이다. 왜냐하면, 사람의 몸의 온갖 아름다움이 무한하신 영의 하나님께 부여될 때에 그것은 하나님께 흉악한 기형에 지나지 않기 때문이다. 이렇게 해서 아름다운 신상이 만들어지면, 그 신상은 집에, 즉 신상을 모시는 신전이나 성소에 두어지게 되고, 그 신상이 가족신인 경우에는 사람들이 거주하는 집에 두어지게 된다.

3. 우상을 만드는 재료는 대체로 신상을 만들기에는 민망한 그런 재료이다. 그것은 나무토막이다.

(1) 우상을 만들기 위한 나무 자체는 숲의 나무들 가운데에서 가져온 것으로서 다른 나무들보다 특별히 나은 것이 없는 평범한 나무들이었다. 우상을 만드는 데에 사용된 나무는, 백향목, 디르사 나무, 상수리 나무였다(14절). 아마도 그는 어떤 나무를 우상을 만드는 데에 사용하기 전에 미리 점찍어 두고서 이런저런 방식을 동원해서 다른 나무들보다 더 튼튼하고 볼품 있게 자라도록 그 나무를 보살폈을 것이다. 또는, 어떤 이들은 본문을 숲의 나무들 가운데서 튼튼하거나 더 높이 자란 나무를 가리키는 것으로 해석하기도 한다. 또는, 어떤 이들은 그가 우상을 만드는 데에 사용할 나무를 직접 심고 잘 자라게 하기 위하여 재를 뿌려 비료를 주며 하늘로부터 오는 비를 맞고 자양분을 섭취하게 하였다는 의미로 해석한다. 그가 우상을 만드는 데에 사용할 나무를 직접 심고서 재료를 마련하고 거기에 형태를 부여한 것을 자신의 피난처가 되어 줄 신으로 모신 것은 얼마나 잘못된 것인지를 보라. 그가 하나님과 경쟁하는 가짜 신을 만들기 위해서 하나님께서 의인과 악인에게 동일하게 내려주시는 그 비로 우상의 재료가 되는 나무를 키움으로써 하늘의 하나님께 얼마나 큰 모욕을 가했는지를 보라.

(2) 이 나무는 아무짝에도 쓸모가 없어서 땔감으로 사용되는 것이었다. 우상을 만들기 위해서 사용된 나무에서 잘려 나온 토막들은 땔감으로 사용되었다(15-16절). 다른 나무들과 마찬가지로 이 나무도 땔감이 될 수 있었다는 것은 이 나무가 스스로를 보호하는 그 어떤 힘도 선천적으로 지니고 있지 않다는 것을 보여주는 것이다. 또한, 우상을 만드는 자가 이 나무에서 쓰다 남은 부분들을 불 속에 던져 넣을 때에 아무런 양심의 가책도 느끼지 않았고 보통의 쓰레기처럼 그 나무토막들을 취급하는 데에 아무런 어려움도 겪지 않았다는 것은 그 나무를 선택한 자가 다른 나무들보다 그 나무에 특별한 가치를 부여한 것이 아니라는 것을 보여준다.

[1] 이 나무는 난방용 땔감으로 사용된다. 그가 그것을 가지고 자기 몸을 덥게 하는구나(15절). 그는 그 나무를 땔감으로 사용해서 편안함을 얻고 자기가 그렇게 하는 것에 대하여 후회나 가책을 느끼지 않으며, 아하 따뜻하다 내가 불을 보았구나라고 말하며 좋아한다. 하나님께서 이 나무를 우리에게 주신 것은 이

렇게 땔감으로 사용하게 하신 것이기 때문에 틀림없이 우상을 만드는 그도 이 나무를 땔감으로 사용했을 때에 우상을 만들었을 때보다 훨씬 더 즐거움과 만족을 얻었을 것이다.

[2] 이 나무는 부엌에서 땔감으로 사용됨으로써 그에게 도움을 준다. 그는 그 나무로 불을 피워서 떡을 굽고 고기를 구워 먹는다. 그는 그 나무를 땔감으로 사용해서 불을 피웠기 때문에 고기를 구워 배불리 먹을 수 있었다.

[3] 이 나무는 오븐을 데우는 데에 사용된다. 우리는 오븐을 데우는 데에는 아주 하잘것없는 연료를 사용한다. 그는 그 나무로 불을 피워 떡을 굽지만, 아무도 그가 잘못했다고 나무라지 않는다.

(3) 그렇지만 결국 이 나무의 일부는 우상을 만드는 데에 사용된다. 당시 사람들 중의 한 사람, 심지어 그들의 시인(호라티우스)조차도 책망하듯이, 그 나무를 벤치를 만드는 데에 사용했더라면 더 좋았을 것을 그들은 그 나무로 우상을 만들었다.

> 옛날에 우리의 신(神)인 목공이 있었고
> 하찮은 나무토막이 있었다.
> 목공은 그것으로 의자를 만들까
> 남근신을 만들까 고민하다가
> 마침내 여러 가지 지혜로운 이유들로
> 신으로 만들기로 결심하였다.
>   — 호라티우스

그들 중의 또 한 사람은 자신의 숲의 관리를 맡은 우상에게, 만약 그 우상이 자신의 숲을 잘 지켜주어서 그의 숲에 땔감이 있게 하지 않는다면 그 우상을 땔감으로 사용해 버리겠다고 위협한다.

> 도벌꾼들을 쫓아내서 그대 주인의 벽난로에 쓸 나무들을 보존하라.
> 그렇게 하지 않는다면
> 네가 땔감이 되고 말 것이다.
>   — 마르티알리스

얼빠진 우상 숭배자는 이렇게 이 나무의 남은 부분들을 땔감으로 사용하면서도 그 나무의 일부로 우상을 만들었다(그는 그 나무로 자신의 상상 속에 있는 신을 만들어내고서 그 앞에 경배한다). 그는 그것을 가지고 우상을 만들고 그 앞에 엎드리는구나(15절). 즉, 자기가 꾸며낸 상상을 따라서 그 나머지로 신상, 곧 자기의 우상을 만들고 그 앞에 엎드려 경배한다(17절). 이렇게 그는 자기가 만든 우상에게 신의 영광을 부여하고서, 스스로 종이 되어 가장 겸손하고 공경하는 자세로 그 앞에 엎드린다. 그는 그 우상에게 의지하며 큰 기대를 걸고서 그것에게 기도하여 이르기를 너는 나의 신이니 나를 구원하라 한다. 그가 자신의 충성을 맹세하는 곳에서 보호와 구원을 기대하는 것은 당연한 일이다. 하지만 자기 자신조차 어떻게 할 수 없는 신들로부터 도움을 기대하는 것은 참으로 이상하고 넋 나간 짓이 아닌가! 그러나 이 우상을 신으로 만드는 것은 철공이나 목공이 그 우상을 만들었기 때문이 아니라 사람이 그 우상에게 기도하기 때문이다. 우리가 어떤 대상이 우리를 구원해 줄 것이라고 신뢰하고 그 대상을 의지한다면, 우리는 그 대상을 신으로 만드는 것이다.

> 그것이 황금으로 만들어진 것이든
> 대리석으로 만들어진 것이든
> 그것을 신으로 만드는 것은
> 단지 그것을 만들어 낸 자가 아니라
> 그것에게 기도하는 자이다.
> — 마르티알리스

III. 여기에는 이 모든 일에 대한 판단이 주어진다(18-20절). 요컨대, 이 모든 일은 이성을 지닌 존재가 범할 수 있는 것 중에서 가장 우둔하고 얼빠진 일을 하고 있다는 것을 보여주는 증거이고, 인간이 죽어 없어질 짐승보다 더 못하게 되었다는 것을 보여주는 것이다. 왜냐하면, 짐승들은 감각과 본능의 지시에 따라서 행하지만, 인간은 이성의 지시에 따라서 행하고 있지 않기 때문이다(18절). 그들은 상식조차도 알지도 못하고 깨닫지도 못하였다. 다른 일들에서는 이성적으로 행하는 사람들이 이 일에서는 너무도 비이성적으로 행한다. 그들은 어느 정도 지식과 총명을 지니고 있지만 냉정하게 잘 생각해 보아야 하는 큰 법칙에 낯선 자들이고 거기에 반기를 드는 자들이다(12절). 아무도 마음에 생각이 없다. 다른 사람이 굳이 그에게 일깨워 주거나 설득하지 않는다고 하여도 스스로 조금만 생각하면 금방 알 수 있는 일인데도, 이 일을 진지하게 생각하는 사람이 없다 "네가 그것의 절반을 불살라서 떡도 굽고 고기도 구워 먹었다. 그런데, 이제 네가 어찌 그 나머지 가증한 물건(즉, 우상) ─ 우상은 하나님과 모든 지혜롭고 선한 자들에게 가증스러운 것이기 때문에 ─ 을 만들겠느냐? 네가 어찌 배은망덕하게 주께서 미워하시는 것을 만들고자 하며 주제넘게 그런 짓을 하고자 하겠느냐? 네가 어찌, 지각도 없고 생명도 없으며 스스로 아무것도 할 수 없는 나무토막 앞에 엎드리는 바보 같은 짓을 하겠느냐? 네가 어찌 그런 우상 앞에 무릎 꿇고 절함으로써 그 우상보다 못한 자로 나를 만들어서 내 위신을 스스로 깎아먹겠느냐?" 높고 우람하게 자란 나무는 아름답고 기품 있는 모습을 지니고 있을 수 있겠지만 그런 나무도 나무토막이 되면 자신의 영광을 잃게 되고 나무토막에게 영광을 돌리는 자도 자신의 영광을 잃어버리게 된다. 전체적으로 볼 때에 그런 우상 숭배자들은 다음과 같은 모습을 지니게 된다.

1. 그들은 스스로를 속이고 있다는 것(20절). 그들은 재를 먹고 있다. 그들은 이러한 우상들을 섬김으로써 뭔가 득을 볼 것이라는 소망으로 가득 차 있지만, 결국 재를 먹고서 그것으로부터 어떤 자양분이 나오기를 기대하는 자처럼 실망하게 될 것이다. 재를 먹는다는 것은 식욕이 왜곡되어 있다는 것과 몸에 이상이 있다는 것을 보여주는 증거이다. 사람들이 눈으로 보는 것에 이끌려서 어떤 것을 섬기고 눈으로 보는 것 이상으로 나아가지 않는다는 것은 영혼이 지극히 악한 습관들로 인해서 압도되고 있다는 것을 보여주는 징후이다. 그들은 몹시 미혹되어 있는 것인데, 그것은 전적으로 그들 자신의 잘못이다. 다른 사람들을 속이는 혀가 아니라 그들 자신의 허탄한 마음에 미혹되어 살아계신 하나님에 대한 신앙과 섬김에서 떠나서 말 못하는 우상들을 섬기게 된 것이다. 그들은 자기 욕심에 끌려 미혹되었다. 죄인들이 배교하여 하나님을 떠나는 것은 전적으로 그들 자신의 잘못이고, 그들의 품 속에 있는 불신앙의 악한 마음 때문이다. 반기를 들고 반역하는 마음은 스스로 속은 마음이다.

2. 그들은 의도적으로 스스로 미혹된 것에 그대로 머물고자 하고 거기에서 빠져 나오고자 하지 않는다는 것. 그들 중에는 스스로를 의심해서 나의 오른손에 거짓 것이 있지 아니하냐라고 반문해서 자신의 영혼을 보살펴서 구원하고자

하는 자는 아무도 없다.

(1) 우상 숭배자들은 그들의 오른손에 거짓 것을 가지고 있다. 왜냐하면, 우상은 자신의 모습을 가장하는 거짓 것이어서 자기가 약속한 것들을 행하지 못하는 거짓 스승이기 때문이다(합 2:18).

(2) 악한 길에 있지 않고자 하는 자들은 그들의 오른손에 거짓 것이 들려 있지는 않은지 진지하게 곰곰이 생각해 보는 데에 큰 관심을 가져야 한다. 우리가 대단히 만족한 가운데 우리의 최고의 선으로 꼭 붙잡고 있는 것이 거짓 것은 아닌가? 우리의 마음이 세상의 재물과 감각의 쾌락에 두어져 있는 것은 아닌가? 만약 그렇다면, 우리의 오른손에는 거짓 것이 들려 있음에 분명한 것이다. 우리가 천국 갈 소망의 토대로서 굳게 붙잡고 있는 것이 거짓 것은 아닌가? 만약 우리가 외적인 신앙고백들과 행위들이 우리를 구원해줄 것이라고 믿고 있다면, 우리는 우리의 오른손에 들려진 거짓 것으로 스스로 속고 있는 것이고 모래 위에 집을 짓고 있는 것이다.

(3) 스스로를 의심해 보는 것은 스스로를 구원하기 위한 첫걸음이다. 우리는 우리 자신을 세밀하게 살피지 않는다면 우리 자신에게 신실할 수 없다. 자기 영혼을 구원하고자 하는 자는 자신의 양심에 이런 질문을 던지는 것으로부터 시작하여야 한다. 나의 오른손에 거짓 것이 있지 아니하냐?

(4) 거짓 것을 믿도록 버려진 자들은 강력한 미혹의 세력 아래 있는 자들로서, 그런 자들은 거기에서 빠져 나오기가 힘들다(살후 2:11).

²¹야곱아 이스라엘아 이 일을 기억하라 너는 내 종이니라 내가 너를 지었으니 너는 내 종이니라 이스라엘아 너는 나에게 잊혀지지 아니하리라 ²²내가 네 허물을 빽빽한 구름 같이, 네 죄를 안개 같이 없이하였으니 너는 내게로 돌아오라 내가 너를 구속하였음이니라 ²³여호와께서 이 일을 행하셨으니 하늘아 노래할지어다 땅의 깊은 곳들아 높이 부를지어다 산들아 숲과 그 가운데의 모든 나무들아 소리내어 노래할지어다 여호와께서 야곱을 구속하셨으니 이스라엘 중에 자기의 영광을 나타내실 것임이로다 ²⁴네 구속자요 모태에서 너를 지은 나 여호와가 이같이 말하노라 나는 만물을 지은 여호와라 홀로 하늘을 폈으며 나와 함께 한 자 없이 땅을 펼쳤고 ²⁵헛된 말을 하는 자들의 징표를 폐하며 점 치는 자들을 미치게 하며 지혜로운 자들을 물리쳐 그들의 지식을 어리석게 하며 ²⁶그의 종의 말을 세워 주며 그의 사자들의

계획을 성취하게 하며 예루살렘에 대하여는 이르기를 거기에 사람이 살리라 하며 유다 성읍들에 대하여는 중건될 것이라 내가 그 황폐한 곳들을 복구시키리라 하며 [27]깊음에 대하여는 이르기를 마르라 내가 네 강물들을 마르게 하리라 하며 [28]고레스에 대하여는 이르기를 내 목자라 그가 나의 모든 기쁨을 성취하리라 하며 예루살렘에 대하여는 이르기를 중건되리라 하며 성전에 대하여는 네 기초가 놓여지리라 하는 자니라

이 단락에는 다음과 같은 내용들이 나온다.

I. 지금 포로 생활 가운데 있는 야곱과 이스라엘이 그들에게 예정된 구원을 준비하기 위하여 무엇을 행해야 하는지를 하나님께서 알려주심. 우리가 가장 먼저 신경을 써야 하는 것은 우리가 겪고 있는 환난으로부터 선한 교훈을 얻는 것이다 그렇게만 한다면, 우리는 그 환난에서 건지심을 받으리라는 소망을 가질 수 있다. 야곱과 이스라엘이 마땅히 해야 할 일은 두 단어로 표현된다. 기억하라와 돌아오라. 이것은 주께서 에베소 교회에 주신 권면이기도 하다(계 2:4-5).

1. "야곱아 이 일을 기억하라. 네가 우상 숭배의 어리석음에 대하여 들었던 말을 기억하고, 그 죄에 대한 유혹을 받을 때마다 네가 지금 깨달은 것들을 금세 떠올리도록 하라. 너는 내 종이기 때문에 다른 주인들을 섬겨서는 안 된다는 것을 기억하라."

2. 너는 내게로 돌아오라(22절). 죄를 짓고서 하나님을 떠난 자들은 하루바삐 서둘러서 하나님께로 돌아오는 것을 가장 급선무로 삼아야 한다. 그들이 환난 가운데 있거나 하나님이 긍휼을 베푸셔서 하나님이 그들에게 돌아오고 계실 때, 하나님이 그들에게 요구하시는 것은 바로 그것이다.

II. 지금 포로 생활 가운데 있는 야곱과 이스라엘에게 하나님께서 약속하신 은총들. 그들이 하나님을 기억하고 돌아왔을 때에 그들에게 여기에서 약속되고 있는 것들은 영적인 의미에서 하나님께 돌아오는 모든 자들에게 약속된 것들이다. 하나님께서 여기에서 약속하시고 계신 것은 지극히 위로가 되는 말씀인데, 거기에는 겉으로 표현된 것 이상의 의미가 함축되어 있다(21절). "이스라엘아, 너는 지금 나에게 잊혀진 것처럼 보이겠지만, 너는 나에게 잊혀지지 아니하리라." 우리가 하나님을 기억하기 시작할 때에 하나님은 우리를 기억하기 시작

하실 것이다. 아니, 우리를 먼저 기억하시는 분은 하나님이시다. 좀 더 자세하게 살펴보자.

1. 하나님께서 자기 백성에게 호의적인 의도들을 지니고 계신 이유들. 그들은 이러한 이유들 때문에 하나님께 기대를 걸 수 있다. 하나님은 그들을 포로 생활에서 건져 내실 것인데, 그 이유들은 다음과 같다.

(1) 그들은 하나님의 종들이다. 그러므로 하나님께서 그들을 억류해 두고 있는 자들과 다투시는 것은 너무도 당연한 일이다. 내 백성을 가게 하여 나를 섬기게 하라. 만왕의 왕을 모시는 종들은 특별한 보호 아래 있다.

(2) 하나님은 그들을 하나의 민족으로 조성하셨고 그들을 모태에서 지으셨다(24절). 그들이 하나의 민족으로 커져가는 초창기부터 그들은 다른 어느 민족보다도 하나님의 특별한 보살피심과 통치 아래 있었다. 그들이 나라로서의 모습을 갖춘 것은 하나님께서 행하신 것이었고, 하나님은 그들과 언약을 맺으셔서 그 언약을 국시(國是)로 하여 그들을 하나로 묶으셨다. 그들은 하나님의 소유이기 때문에, 하나님은 그들을 구원하실 것이다.

(3) 하나님은 그들을 이전에도 구속하셨고, 큰 곤경에서 그들을 무수히 건져 내셨다. 하나님은 여전히 동일한 분이시고 그들과 동일한 관계를 맺고 계시며 그들에 대한 관심도 동일하다. "그러므로 너는 내게로 돌아오라 내가 너희를 구속하였음이라(22절). 네가 내게로 오지 않는다면 어디로 가겠느냐?" 하나님은 그들을 지으셨을 뿐만 아니라 구속하셨기 때문에 그들을 소유하실 수 있는 추가적인 자격을 얻으셨다. 이것은 그들이 마땅히 하나님께로 돌아와야 하고 하나님은 은혜를 베푸셔서 그들에게 돌아가셔야 할 이유이다. 주께서 야곱을 구속하셨다. 또한, 주께서는 이제 곧 다시 그 일을 하실 것이다(23절). 하나님은 그 일을 하시기로 이미 결심하였다. 왜냐하면, 하나님은 그들의 구속자 여호와이시기 때문이다(24절). 하나님은 그의 아들을 통해서 우리를 위해서 구속 사역을 이루셨기 때문에 우리는 하나님이 약속하신 모든 축복들을 기대하고 소망할 수 있는 힘을 얻게 된다는 것을 명심하라. 하나님께서는 우리를 너무도 막대한 희생을 치르시고서 구속하셨기 때문에 그렇게 비싼 값을 주고 산 우리를 결코 잃지 않으실 것이다.

(4) 하나님은 그들 중에 자기의 영광을 나타내셨기(23절) 때문에 앞으로도 여전히 그렇게 하실 것이다(요 12:28). 교회를 구원하시는 일이 하나님의 영광과

관련되어 있다는 것을 아는 것은 우리에게 큰 위로가 된다. 왜냐하면, 하나님은 스스로 영광을 받으시기 위해서 반드시 야곱을 구속하실 것이기 때문이다. 또한, 이것은 우리에게 하나님께서 예수 그리스도에 의한 그의 성도들의 구속을 온전히 이루실 것임을 확신시켜 준다. 왜냐하면, 하나님이 그의 성도들 모두를 통해서 영광과 경배를 받으실 날이 이미 정해져 있기 때문이다.

(5) 하나님은 그들에게 내린 재앙의 원인이자 그들의 구원을 가로막는 유일한 장애물이었던 그들의 죄를 용서하셨다(22절). 하나님은 그들의 허물을 빽빽한 구름 같이 없이하였기 때문에 포로 생활의 멍에를 그들의 목에서 깨뜨리실 것이다.

[1] 우리의 허물과 죄는 구름, 곧 빽빽한 구름과 같다. 그것들은 하늘과 땅 사이를 가로막고서 윗 세상과 아래 세상 간의 교통을 한동안 지연시키고 중단시킨다(죄는 우리와 하나님 사이를 갈라놓는다, 사 59:2). 그것들은 빽빽한 구름 뒤에 폭풍우가 몰려오듯이 하나님이 죄인들에게 쏟아 부으실 진노의 폭우를 가져온다(시 11:6).

[2] 하나님께서 죄를 용서하실 때에는 빽빽한 구름을 말끔히 없애시듯이 그렇게 용서하시기 때문에 하늘과의 교통이 다시 열리게 된다. 하나님은 영혼에게 은총을 내리시고, 영혼은 기쁜 마음으로 하나님을 바라본다. 구름은 의의 해로 말미암아 흩어져 버린다. 우리가 죄를 용서받을 수 있는 것은 오직 그리스도를 통해서이다. 하나님께서 우리의 죄를 용서하실 때, 그 죄는 빽빽한 구름이 흩어져 없어지는 것과 같이 완전히 사라져서 더 이상 보이지 않는다. 그 때에는 이스라엘의 죄악을 찾을지라도 찾아내지 못하리라(렘 5:20). 죄 사함을 받았을 때에 영혼 속으로 밀려오는 위로들은 구름과 비가 걷힌 후에 밝게 빛나는 햇빛과 같다

2. 하나님의 백성이 구원을 받을 때에 만물이 기뻐할 것임(23절). 하늘아, 노래할지어다. 이것은 다음과 같은 것들을 보여준다.

(1) 온 피조 세계가 하나님의 백성이 구속받는 것을 기뻐하고 즐거워할 이유를 가지고 있다는 것. 하나님의 백성이 구속되면, 온 피조 세계는 인간의 죄로 말미암아 저주받았던 것으로부터 놓여나서 원래의 존재목적을 따라 살아갈 수 있게 되는데, 하나님은 모든 피조물이 지금은 인간의 죄의 짐에 눌려서 신음하고 있지만 장래에는 썩어짐의 종노릇하는 것에서 건짐을 받게 되리라고

약속하셨다. 하나님 나라가 세워지면, 이 세상은 아주 견고해진다(시 96:11-13; 98:7-9).

(2) 천사들과 윗 세상에 거하는 자들이 하나님의 백성이 구속된 것을 기뻐하리라는 것. 하늘들이 노래하게 될 것이다. 왜냐하면, 여호와께서 그 일을 행하셨기 때문이다. 하나님과 사람이 화해하거나(눅 15:7) 바벨론이 멸망할 때에는(계 18:20) 하늘의 기쁨이 있다.

(3) 아주 멀리 떨어져 있는 자들, 심지어 이방 세계에 거하는 자들도 이 찬송에 합류하여 기쁨을 함께 나누게 되리라는 것. 땅의 깊은 곳들, 거기에 있는 숲과 나무들도 이스라엘의 구속을 감사하는 예물을 가져올 것이다.

3. 교회가 구원받는 길에 도저히 뛰어넘을 수 없다고 생각되는 것과 같은 큰 난관들이 놓여 있다고 할지라도 하나님께서 그들을 구원하실 때가 오면 아주 쉽게 그들을 구원하시리라는 것을 믿도록 우리를 격려하심. 왜냐하면, 이스라엘의 구속자가 나는 만물을 지은 여호와, 곧 맨 처음에 만물을 지으셨을 뿐만 아니라 여전히 그것들을 짓고 계시는 여호와라고 말씀하기 때문이다. 하나님의 섭리는 계속되는 창조사역이다. 모든 존재, 능력, 생명, 감정, 완전함은 하나님께로부터 온다. 하나님은 그 어떤 도움이나 함께 하는 자 없이 홀로 하늘을 펴셨고, 오직 자신의 능력만으로 땅을 펼치셨다. 하나님께서 그런 일들을 하실 때에 사람은 하나님 곁에 없었고(욥 38:4), 그 어떤 피조물도 하나님을 돕거나 조언하지 않았다. 오직 하나님 자신의 영원한 지혜와 말씀만이 그 때에 하나님 곁에 있어서 그 앞에서 즐거워하였다(잠 8:30). 하나님이 하늘을 홀로 펴셨다는 것은 그의 권능이 끝이 없다는 것을 나타낸다. 아무리 힘이 센 사람이라도 어떤 것을 펼치고자 한다면 다른 사람의 도움을 받지 않으면 안 된다. 그러나 하나님은 자신의 권능만으로 광대한 하늘을 펼치셨고, 계속해서 하늘을 펼쳐진 상태로 유지시키신다. 그러므로 이스라엘은 낙심하지 말아야 한다. 세계를 지으신 하나님께 어렵거나 버거운 일이 어디 있겠는가(시 124:8). 하나님은 만물을 지으셨기 때문에 만물을 그의 뜻대로 사용하실 수 있으시고, 만물이 그의 뜻을 섬기도록 하실 수 있는 능력을 지니고 있다.

4. 이 일은 바벨론의 점술가들의 말을 틀리게 함으로써 그들을 낭패당하게 하리라는 것(25절). 하나님은 자기 백성을 바벨론에서 구원하심으로써 헛된 말을 하는 자들의 증표, 즉 바벨론 왕조가 아직도 오랜 세월 동안 살아 남을 것이

라고 말하며, 그들의 예언이 바벨론의 형통을 예시해주는 점괘에 토대를 둔 증표나 징조에 근거한 것인 체한 모든 거짓말한 선지자들의 증표를 폐하실 것이다. 이 점술가들은 그들의 점괘가 맞지 않아서 그들이 그토록 원하였고 자신하였던 것과는 정반대의 결과가 일어나는 것을 볼 때에 속상하고 원통해서 미쳐 날뛰게 될 것이다. 또한, 이 일은 장래를 잘 예언하는 체하였던 그들의 선지자들만이 아니라 그들의 유명한 모사들도 당혹스럽게 만들 것이다. 하나님은 지혜로운 자들을 물리치시리라. 그들은 그들의 계획을 진행시킬 수 없다는 것을 알고서 중단하지 않을 수 없게 될 것이다. 하나님은 재판관들도 바보들로 만들어서 그들의 지식을 어리석게 하실 것이다. 그리스도를 알게 된 자들은 그들이 이전에 가지고 있던 모든 지식이 그리스도를 아는 지식에 비하면 어리석은 것에 지나지 않는다는 것을 알게 될 것이다. 그리스도의 대적이 된 자들은 그들의 모든 계획과 생각이 아히도벨의 모략처럼 어리석은 것이 되고 말았다는 것을 알게 될 것이고, 자기 꾀에 빠졌다는 것을 알게 될 것이다(고전 3:19).

5. 이 일은 유대인들이 불신하였고 원수들이 멸시하였던 하나님의 말씀이 옳았다는 것을 확증해 주리라는 것. 하나님은 그의 종의 말을 세워 주리라(26절). 하나님은 그의 선지자를 통해서 하신 말씀이 제때 이루어지게 하심으로써 그 말씀이 옳다는 것을 확증해 주실 것이다. 또한, 자기가 자기 백성을 위하여 얼마나 큰 축복들을 예비해 두고 있는지를 말해주기 위해서 그들에게 무수히 보낸 그의 사자들의 계획을 성취하실 것이다. 성경의 예언들이 정확히 성취되었다는 것이 성경 전체가 진리라는 것을 확증해주는 것이고, 성경이 하나님에게서 나왔으며 하나님의 권위를 지니고 있다는 것을 보여주는 움직일 수 없는 증거라는 것을 명심하라.

6. 지금 포로 생활 가운데 있는 자기 백성을 위하여 하나님께서 계획하신 특별한 은총들(26-28절). 하나님께서는 그들이 하나님의 징계를 선용하여서 죄악된 행실을 고치고자 하는 소망을 품을 뿐만 아니라 그들이 완전히 멸망하리라는 두려움을 가질 필요가 없다는 것을 알려 주시기 위해서 그들이 포로로 잡혀가기 훨씬 전에 이러한 은총들이 장래에 그들에게 예비되어 있다는 것을 미리 말씀해 주셨다.

(1) 여기에서는 예루살렘과 유다의 성읍들이 한동안 사람들이 살지 않는 폐허로 남아 있다는 것을 전제한다. 그러나 하나님은 그 곳들이 재건되어서 다시

사람들이 살게 될 것이라고 약속하신다. 이사야가 살고 있던 당시에는 예루살렘과 유다의 성읍들은 사람들로 붐볐다. 그러나 그 곳들은 머지않아 불태워지고 파괴되어 텅 비게 될 것이다. 당시에는 그토록 견고하고 사람들이 많이 살고 있었던 성읍들이 폐허가 되리라는 것을 믿는다는 것은 어려운 일이었다. 그러나 하나님의 공의는 반드시 그 일을 이루실 것이다. 그것들이 폐허가 된 후에는 다시 재건되리라고 믿기는 어려웠다. 그러나 만군의 여호와의 열심이 그 일을 이루실 것이다. 하나님은 예루살렘을 향하여 거기에 사람이 살리라고 말씀하셨다. 왜냐하면, 세상이 존재하는 한 하나님은 그 가운데 교회를 두시고자 하시므로 예루살렘에 대하여 네가 지어지리라고 말할 자들을 일으키실 것이기 때문이고, 예루살렘이 재건되지 않는다면 거기에 사람이 살 수 없을 것이기 때문이다(시 69:35-36). 하나님께서 그의 교회를 세우실 때가 왔다면, 하나님은 홀로 자기 백성을 위한 집들을 찾아내실 것이고(그들이 노숙해서는 안 되기 때문에) 자기 집들을 위한 백성을 찾아내실 것이다(집들을 그냥 비위두어서 안 될 것이기 때문에). 유다의 성읍들도 마찬가지로 재건될 것이다. 산헤립이 이끄는 앗수르 군대가 유다의 성읍들을 점령하기는 했지만, 그 후에 그 군대가 패배한 뒤에는 그 성읍들은 아무런 손상도 없이 원래의 주인들에게 되돌려졌다. 그러나 갈대아 군대가 유다의 성읍을 초토화시키고 그 주민들을 포로로 끌고 간 뒤에는 그 성읍들은 그대로 방치되어 폐허가 되어 버렸다. 왜냐하면, 작은 심판들을 통해서 사람들을 낮추시고 새롭게 하고자 하시는 하나님의 목적이 이루어지지 못한 경우에는 하나님은 더 큰 심판을 보내시는 법이기 때문이다. 그렇지만 예루살렘과 유다 성읍들의 이러한 폐허 상태는 영원히 지속되지는 않을 것이다. 하나님은 그 황폐한 곳들을 복구시키고 버려진 곳들을 일으켜 세우실 것이다. 왜냐하면, 하나님은 영원히 다투시지는 않으실 것이다. 외인들의 성읍은 한번 폐허가 되면 결코 다시 재건되지 못할 것이지만(사 25:2), 하나님의 자녀들이 살던 성읍은 단지 잠시 동안만 폐허로 있게 될 뿐이다.

(2) 여기에서는 성전도 파괴되어서 한동안 돌 하나도 돌 위에 남아 있지 않게 되리라는 것이 전제된다. 그러나 하나님은 토대가 다시 모아져서 틀림없이 중건되리라고 약속하신다. 예루살렘 성전의 파괴가 모든 경건한 유대인들에게 그들이 맞은 재앙 가운데서 가장 서글픈 일이었던 것과 마찬가지로, 성전의 회복과 중건은 그들에게 임한 구원 중에서 가장 기쁜 일이 될 것이다. 성전이 중

건되지 못한다면, 예루살렘을 재건한들 그들이 어떻게 기뻐할 수 있겠는가? 왜냐하면, 성전이야말로 예루살렘을 거룩한 도성으로 만들고 진정으로 아름답게 만들어주는 것이기 때문이다. 그러므로 성전의 중건은 유대인들이 포로에서 돌아올 때에 마음속에 깊이 새겨두었던 가장 중요한 일이었다. 그들이 예루살렘으로 돌아가고자 했던 것은 거기에 이스라엘의 하나님 여호와의 성전을 건축하기 위한 것이었다(스 1:3).

(3) 여기에서는 이러한 구원의 길에는 그들이 도저히 헤쳐 나갈 수 없는 아주 큰 난관들이 놓여 있으리라는 것이 전제된다. 그러나 하나님은 자신의 권능으로 그 난관들을 제거하실 것이라고 약속하신다(27절). 하나님은 깊음에 대하여 이르기를 마르라 하실 것이다. 하나님은 이스라엘을 애굽에서 데리고 나오실 때에 그렇게 하셨는데, 이제 다시 그들을 바벨론에서 데리고 나오실 때에 그럴 기회가 있다면 그렇게 하실 것이다. 큰 산아, 네가 무엇이냐. 도대체 네가 무엇이기에 내 백성의 길을 가로막는 것이냐? 포로 생활에서 돌아오는 자들의 총지휘관인 스룹바벨 앞에서 네가 평지가 되리라(슥 4:7). 깊음아, 네가 무엇이냐. 네가 도대체 무엇이길래 내 백성이 지나는 길을 가로막고자 하고 지체시키려 하느냐? 너는 마르게 될 것이고, 네게 물을 공급해주는 강들도 말라버리게 될 것이다. 이 말씀은 고레스가 유프라테스 강에 수많은 수로를 뚫어서 그 강물을 마르게 하여 그의 군대가 건널 수 있게 하는 방식으로 바벨론을 점령하였을 때에 성취되었다. 이스라엘을 구속하시는 때에 그 어떤 장애물이 놓여 있다고 해도 하나님은 말씀 한 마디로 그 장애물들을 제거하실 수 있다는 것을 명심하라.

(4) 여기에서는 유대인 가운데서 그 누구도 스스로의 능력과 힘으로 바벨론에서 빠져 나올 수 있는 자는 아무도 없으리라는 것이 전제된다. 그러나 하나님은 사람들이 알지 못하는 한 사람을 저 멀리에서 일으키셔서 그들이 바벨론에서 나올 수 있는 길을 열어 놓으실 거라고 약속하시며, 마침내 여기에서 그 사람이 태어나기 수십 년 전에 그 사람의 이름을 언급하신다.(28절). 고레스에 대하여는 이르기를 내 목자라. 이스라엘은 하나님의 백성이고, 하나님의 초장에서 기르는 양 떼이다. 이 양 떼가 지금 이리들의 한복판에 있고 절도와 강도의 수중에 있다. 그들은 잘못을 범해서 갇혀 있다. 하지만 이제 고레스가 하나님의 목자가 되어서, 이 양 떼를 놓아주고, 그들의 초장으로 다시 되돌아갈 수 있

도록 배려해 줄 것이다. "이 일을 통해서 그는 나의 모든 기쁨을 성취할 것이고, 내가 의도한 것, 나를 심히 기쁘게 해 줄 일을 하게 될 것이다."

[1] 아무리 불확실한 일들도 하나님께는 확실하며 하나님은 그 일들을 미리 아신다. 하나님은 자기 백성의 구원자가 되어 줄 인물이 누구인지, 그의 이름이 무엇인지를 알고 계셨다. 하나님은 그 기쁘신 뜻을 따라서 그의 교회가 세상 사람들의 입에 오르내리기 시작할 때에 그들로 하여금 그들의 구속이 가까웠음을 알고서 기쁨으로 그들의 머리를 들게 하기 위하여 그 구속주의 이름을 그들에게 알게 하셨다.

[2] 가장 위대한 인물들이 하나님이 자기 백성에게 은총을 베푸시는 도구로 사용되는 것은 그들에게 가장 큰 영광이다. 바사 제국의 황제가 되는 것보다 하나님의 목자가 되는 것이 고레스에게는 더 큰 영예였다.

[3] 하나님은 권세 있는 자들, 가장 자유롭게 행하는 자들, 온갖 사람들을 자기가 기뻐하시는 대로 사용하신다. 그들은 자기 마음대로 그렇게 하고 있다고 생각하지만, 하나님은 그들을 지배하고 계시고, 자기가 원하시는 대로 그들을 사용하고 계신다. 아니, 그들은 자신의 목적을 이루고자 하는 것이고 그 이상의 것을 전혀 생각하지 않는 가운데 어떤 일들을 하는 것인 데도, 하나님은 그들이 하는 일들을 통해서 자신의 목적을 이루어 나가시고 그들로 하여금 그가 기뻐하시는 모든 일들을 행하게 만드신다. 부유한 왕들은 가난한 선지자들이 이미 예언한 일들을 행하는 것뿐이다.

제
— 45 —
장

개요

앞 장에서는 고레스가 하나님의 목자로 지명되었다는 것이 언급되었는데, 이 장에서는 고레스에 대하여 더 많은 내용을 말해준다. 이것은 고레스가 유대인들을 포로 생활에서 놓여나게 해줄 도구로 사용될 예정이었기 때문만이 아니라 바로 그 일을 통해서 고레스는 위대한 구속자이신 우리 구주의 모형 역할을 할 것이었고 유대인들이 포로 생활에서 놓여나게 된 것은 우리가 죄와 사망에서 구속받게 될 것에 대한 모형이었기 때문이다. 우리 구주로 말미암은 구속은 모든 선지자들이 증언한 바로 그 구원 사건이었다. 여기에는 다음과 같은 내용들이 나온다. I. 고레스가 하나님의 백성을 놓아줄 수 있는 자리에 앉을 수 있도록 하나님께서 고레스를 위하여 행하실 큰 일들(1-4절). II. 이 일을 통해서 하나님께서 그의 영원한 능력과 신성, 아무도 이의를 제기할 수 없는 만유에 대한 그의 왕권에 대하여 증거를 제시하실 것임(5-7절). III. 이 구원을 속히 이루어 달라고 하는 기도(8절). IV. 포로 생활이 길어지는 것에 대하여 하나님께 시비를 거는 믿음 없는 유대인들에 대한 책망(9-10절). V. 하나님을 믿고 의지하며 늘 기도를 계속하는 믿는 유대인들에게 하나님께서 때가 되면 고레스를 통해서 이 일을 이루시겠다고 약속하시며 그들을 격려하심(11-15절). VI. 하나님께서 우상을 섬기는 자들에게 도전하시며 그들의 운명이 어떻게 될지를 말씀하시며 참 하나님을 섬기는 자들을 흡족해하시며 그들에게 의와 거룩함이 될 중보자를 보여주시며 그들을 위로하심(16-25절). 이사야의 예언의 다른 부분들에서와 마찬가지로 여기에도 그리스도와 복음 은혜에 대하여 많은 내용들이 나온다.

¹여호와께서 그의 기름 부음을 받은 고레스에게 이같이 말씀하시되 내가 그의 오른손을 붙들고 그 앞에 열국을 항복하게 하며 내가 왕들의 허리를 풀어 그 앞에 문들을 열고 성문들이 닫히지 못하게 하리라 ²내가 너보다 앞서 가서 험한 곳을 평탄하게 하며 놋문을 쳐서 부수며 쇠빗장을 꺾고 ³네게 흑암 중의 보화와 은밀한 곳에 숨은 재물을 주어 네 이름을 부르는 자가 나 여호와 이스라엘의 하나님인 줄을 네가 알게 하리라 ⁴내가 나의 종 야곱, 내가 택한 자 이스라엘 곧 너를 위하여 네 이름을

불러 너는 나를 알지 못하였을지라도 네게 칭호를 주었노라

고레스는 메대인으로서 메대의 왕 아스티아게스(Astyages)의 후손이 었다고 한다. 이방의 저술가들은 고레스의 출신에 대하여 서로 다른 견해를 보여준다. 어떤 이들은 고레스가 어릴 때에 집에서 버림받아서 버려진 뒤에 어떤 목동의 아내 때문에 간신히 목숨을 건지게 되었다고 말한다. 하지만, 그들이 일치해서 말하고 있는 것은 고레스는 루디아 왕 크로이소스(Croesus)가 그의 나라를 침범해 왔을 때에 그 군대를 물리쳤을 뿐만 아니라 여세를 몰아서 과감하게 반격을 가하여 짧은 기간 내에 사르디스를 점령하고 부유한 왕국이었던 루디아와 거기에 속한 수많은 속주들을 다스리는 지배자가 되어서 짧은 시간 안에 세력가로 변신한 놀라운 능력을 지닌 인물이었다는 것이다. 이 일을 통해서 고레스는 아주 큰 인물이 되었고(왜냐하면, 크로이소스는 그의 이름이 속담이 될 정도로 부유하였기 때문에), 이후에도 수많은 나라들에서 승리를 거둘 수 있었다. 그러나 여기에 예언된 대로 고레스가 그의 삼촌인 다리우스 및 바사 군대와 연합해서 바벨론을 공격한 것은 이 때로부터 대략 10년 후 쯤이었는데, 이 이야기는 다니엘서 5장에 나와 있다. 바벨론은 당시에 막대한 부를 축적하고서 막강한 국력을 자랑하고 있었다. 바벨론의 둘레는 45마일(72km)이나 되었다(어떤 이들은 이보다 더 컸다고 말한다). 성벽은 그 두께가 32피트(10km)였고 높이는 100규빗이었다. 어떤 이들은 성벽이 이렇게 두터웠기 때문에 여섯 대의 병거가 나란히 지나가도 괜찮았을 정도였다고 말한다. 어떤 이들은 그 두께가 50규빗이었고 높이가 200규빗이었다고 말한다. 고레스는 이곳의 지배자가 되고자 하는 큰 야심을 일찍부터 품고 있었고 오랫동안 준비를 했던 것으로 보인다. 마침내 그는 그 일을 실행에 옮겼다. 우리는 여기에서 그 일이 일어나기 210년 전에 그 일과 관련해서 다음과 같은 말씀을 듣는다.

I. 하나님께서 그를 자기 백성을 놓아줄 권세가 있는 자리에 앉히시기 위해서 어떤 큰 일들을 행하실 것인지. 이 일을 위해서 고레스는 강력한 정복자와 부유한 군주가 될 것이고, 열강들은 그에게 조공을 바치며 물심양면으로 그를 돕게 될 것이다. 하나님께서 여기에서 고레스에게 해주시겠다고 약속하신 것들을 스룹바벨이나 유대인들 중 어떤 인물에게 충분히 해주실 수 있으셨다. 그러나 하나님은 이 세상의 부와 권세에는 많은 덫과 유혹들이 수반되기 때문에

자기 백성에게 그런 것들을 맡기는 것은 적합하지 않다고 보신다. 그래서 여기에서처럼 교회의 유익을 위하여 이 세상의 부와 권세를 사용해야 할 기회가 생기면, 하나님은 그것들을 자기 백성의 손에 맡기시기보다는 다른 사람들의 손에 맡겨 놓으시고 그들을 활용하는 쪽을 택하신다. 고레스가 여기에서 하나님의 기름 부음 받은 자로 불리는 것은 그가 하나님의 뜻에 따라서 이 큰 일을 섬기도록 계획되고 그 일을 할 수 있는 능력들을 하나님으로부터 받았으며, 이 일에 있어서 메시야의 모형이 될 것이었기 때문이다. 이스라엘 왕이 활을 쏘아서 아람 왕을 정확히 맞추도록 하기 위하여 엘리사가 그 왕을 자기 손으로 잡았던 것과 마찬가지로(왕하 13:16) 하나님께서 고레스의 오른손을 붙드시는 것은 그에게 힘을 주고 그를 붙들어 주시기 위한 것일 뿐만 아니라 그의 감정과 의도를 자신의 뜻에 따라 사용하시기 위한 것이었다.

1. 고레스는 하나님의 그러한 손길 아래에서 자신의 정복 사업을 아주 멀리까지 펼쳐나갈 것이고, 그를 가로막는 그 어떤 반대 세력도 쳐부수게 될 것이다. 바벨론은 한 젊은 영웅이 상대하기에는 너무도 강력한 곳이었다. 그래서 고레스가 바벨론에 맞설 수 있는 힘을 갖도록 하기 위하여 하나님께서는 여러 정복 전쟁들을 통해서 많은 힘을 그에게 더해 주실 것이다.

(1) 인구가 많은 나라들이 그에게 굴복할 것이다. 하나님은 그 앞에 열국을 항복하게 하실 것이다. 고레스는 연전연승을 거두게 될 것이고, 그 앞에 항복한 나라들 중에는 어느 한 나라도 다시는 그에게 반기를 들지 못할 것이다. 그렇지만 열방들을 복속시키는 자는 고레스가 아니다. 하나님께서 고레스를 위하여 열방들을 그에게 복속시키는 것이다. 이 전쟁은 하나님의 것이다. 그러므로 승리도 하나님의 것이다.

(2) 장차 왕이 될 자들은 그 앞에 무릎을 꿇을 것이다. 내가 왕들의 허리를 풀리라. 즉, 왕들의 허리띠 또는 허리의 힘이 풀려지게 될 것이다(이것은 그들이 권력과 위엄을 빼앗길 것임을 의미한다). 이 말씀은 벨사살이 벽에 손으로 쓴 글씨를 보고서 공포에 사로잡혀 그의 허리의 관절들이 풀어졌을 때에 문자 그대로 성취되었다(단 5:6).

(3) 큰 성읍들은 별 고민도 해보지 않고서 고레스에게 항복할 것이다. 하나님은 성문을 지키는 자들에게 어떤 속임수를 사용하거나 겁을 주어서가 아니라 고레스와 싸워보아야 아무 소용이 없다는 확신 때문에 그 앞에 문들을 열고

자 하는 마음을 주실 것이다. 그러므로 성문들은 고레스를 원수로 여겨서 밖에 두기 위하여 닫혀 있는 것이 아니라, 그를 벗으로 맞아들이기 위하여 활짝 열리게 될 것이다.

(4) 아주 길고 위험스러운 행군이 고레스에게는 손쉬운 것이 될 것이다. 내가 너보다 앞서 가서 길을 닦아 놓고 너를 그 길로 인도할 것이다. 그러므로 굽은 곳들이 똑바른 곳들이 될 것이다. 또는, 어떤 이들은 이 본문을 험준한 곳들이 평탄하게 될 것이라는 의미로 해석한다. 하나님께서 그들보다 앞서 가시게 되면, 그들은 이미 준비된 길을 발견하게 될 것이다.

(5) 그 어떤 반대세력도 그 앞에 설 수 없을 것이다. 그에게 사명을 주신 하나님은 그를 가로막는 놋문을 쳐서 부수실 것이고 견고하게 잠겨 있는 쇠 빗장을 꺾으실 것이다. 이 말씀은 헤로도토스(Herodotos)가 기록한 것이 사실이라면 문자 그대로 성취된 것이다. 그는 바벨론 성에는 100개의 성문이 있었는데, 그 성문들과 빗장들은 모두 놋으로 되어 있었다고 기록한다.

2. 하나님은 자신의 보화들을 아주 많이 그에게 채워주실 것이다(3절). 나는 네게 흑암 중의 보화를 주리라. 즉, 나는 오랫동안 금괴 속에서 자물쇠로 잠겨 있어서 오랜 세월 빛을 보지 못했던 금은보화들 또는 성읍이 함락되는 것을 보고서 주민들이 기겁을 하여 도망칠 때에 땅에 묻고 간 보화들을 너에게 줄 것이다. 많은 나라들의 보화들은 바벨론으로 가져와졌기 때문에, 고레스는 그 모든 보화를 단숨에 차지할 수 있었다. 은밀한 곳에 숨은 재물은 왕의 소유이든 개인들의 소유이든 모두 고레스의 것이 될 것이다. 이렇게 하나님은 고레스를 그의 교회를 위하여 섬기는 자로 사용하실 목적으로 미리 그에게 그 일에 필요한 재물을 차고 넘치게 주셨다. 고레스는 아주 정직하게도 하나님이 자기에게 선하게 대해 주셨다는 것을 인정하고서, 그것을 생각하여 포로된 자들을 놓아 주었다. 하늘의 하나님 여호와께서 세상 모든 나라를 주셨기 때문에 나는 하나님을 위하여 예루살렘에 성전을 건축해야 하는 의무를 지게 되었다(스 1:2).

II. 우리는 여기에서 하나님께서 고레스에게 이 모든 것을 해주시면서 무엇을 계획하셨는지에 대하여 듣는다. 고레스가 전쟁을 수행한 목적이 무엇인지는 우리가 쉽게 추측할 수 있다. 그러나 하나님께서 그에게 전쟁에서 놀라운 승리를 거둘 수 있게 해주신 목적이 무엇인지는 여기에 나와 있다.

1. 그것은 이스라엘의 하나님이 영광을 받으시기 위한 것이었다. "이 모든

일은 나 여호와가 이스라엘의 하나님인 줄을 네가 알게 하기 위한 것이다. 왜냐하면, 나는 태어나기 훨씬 전에 네 이름을 지명하여 불렀기 때문이다." 만약 고레스가 이사야의 이 예언을 보고서 거기에 아주 오래 전에 이미 그가 장차 이룰 업적들이 자세하게 기록된 것을 보았다면, 그는 분명히 이스라엘의 하나님이 주 여호와이시고 오직 홀로 살아 계시고 참되신 하나님이시라는 것과 지금은 비록 포로 생활 가운데 있지만 이스라엘이 하나님의 백성이라는 것을 계속해서 인정해야 한다는 것을 고백하게 되었을 것이다. 이렇게 사람들이 형통할 때에 하나님을 알게 된다면, 그것은 좋은 일이다. 왜냐하면, 사람들은 형통하게 되면 하나님을 잊어버리게 되는 일이 비일비재하기 때문이다.

2. 그것은 하나님의 백성 이스라엘을 놓여나게 하기 위한 것이었다(4절). 고레스는 하나님이 이스라엘의 하나님이라는 것을 알지 못하였다. 우상들을 섬기는 환경에서 자라난 그에게 참 하나님은 미지의 신이었다. 그는 하나님을 알지 못하였지만, 하나님은 그가 생겨날 때에 그를 아셨을 뿐만 아니라 미리 아셔서 그의 목자로 정하시기까지 하셨다. 하나님은 그를 지명하여 고레스라는 이름으로 부르셨는데, 그는 이것만으로도 큰 영광이었는데, 하나님은 그를 기름 부음 받은 자로 부르셨다. 하나님은 왜 고레스에게 이 모든 일을 행하신 것인가? 물론, 고레스 자신을 위한 것은 아니었다. 그가 덕이 있는 인물이든 아니든 그런 것은 문제가 되지 않았다. 실제로 역사가 크세노폰(Xenophon)은 뛰어난 왕들의 영웅적인 덕목들을 묘사할 때에 고레스의 이름과 그의 이야기 속에 나오는 수많은 세부적인 덕목들을 예로 들었다. 그러나 다른 역사가들은 고레스를 오만하고 잔인하며 피에 굶주린 인물로 묘사한다. 하나님께서 고레스를 선택하신 이유는 그의 종 야곱을 위해서였다.

(1) 나라들의 온갖 흥망성쇠와 크고 강한 나라들의 갑작스런 멸망과 약하고 이름 없던 나라가 갑자기 등장하는 일들 속에서 하나님은 그의 교회의 유익을 도모하고 계신다.

(2) 그러므로 하나님으로부터 부와 권력을 수여받은 자들은 그것들을 하나님의 영광을 위하여 사용하고 하나님의 백성에게 자비를 베푸는 데에 사용하는 것이 현명한 일이다. 고레스가 승승장구한 것은 이스라엘을 놓여나게 하기 위한 것이었다. 그가 거대한 제국의 황제가 될 수 있었던 것은 오직 하나님의 백성을 해방시키기 위한 것이었다. 왜냐하면, 하나님의 백성이 속한 나라는 이

세상에 속한 나라가 아니고, 장차 올 나라이기 때문이다. 이 모든 일에서 고레스는 그리스도의 모형이었다. 그리스도께서는 정사와 권세들에 대하여 승리를 거두시고, 그에게 맡겨진 헤아릴 수 없이 풍성한 부유함을 하나님의 종들, 하나님의 택하신 자들의 유익을 위하여 사용하였다. 그리스도께서 위로 올라가실 때에 사로잡혔던 자들을 사로잡으시고, 즉 사람들을 포로로 잡았던 자들을 도리어 포로로 사로잡으시고 갇힌 자들에게 놓임을 선포하셨다.

[5]나는 여호와라 나 외에 다른 이가 없나니 나 밖에 신이 없느니라 너는 나를 알지 못하였을지라도 나는 네 띠를 동일 것이요 [6]해 뜨는 곳에서든지 지는 곳에서든지 나 밖에 다른 이가 없는 줄을 알게 하리라 나는 여호와라 다른 이가 없느니라 [7]나는 빛도 짓고 어둠도 창조하며 나는 평안도 짓고 환난도 창조하나니 나는 여호와라 이 모든 일들을 행하는 자니라 하였노라 [8]하늘이여 위로부터 공의를 뿌리며 구름이여 의를 부을지어다 땅이여 열려서 구원을 싹트게 하고 공의도 함께 움돋게 할지어다 나 여호와가 이 일을 창조하였느니라 [9]질그릇 조각 중 한 조각 같은 자가 자기를 지으신 이와 더불어 다툴진대 화 있을진저 진흙이 토기장이에게 너는 무엇을 만드느냐 또는 네가 만든 것이 그는 손이 없다 말할 수 있겠느냐 [10]아버지에게는 무엇을 낳았소 하고 묻고 어머니에게는 무엇을 낳으려고 해산의 수고를 하였소 하고 묻는 자는 화 있을진저

하나님은 여기에서 자신의 유일한 통치권, 자신의 왕적인 통치권을 주장하신다. 하나님이 고레스를 위하여 그리고 고레스를 통해서 행하신 온갖 큰 일들은 하나님이 왕적인 통치권을 가지고 계신다는 것을 온 세상에 증명하고 나타내 보이기 위한 것이었다. 좀 더 살펴보자.

I. 크신 여호와의 왕권에 관한 이러한 가르침은 여기에서 두 가지로 서술된다.

1. 오직 그만이 하나님이시고 그 외에는 다른 신이 없다는 것. 이 가르침은 여기에서 기본적인 진리로 반복해서 역설되고 있는데, 사람들이 이 진리를 견고하게 믿기만 한다면, 이 세상에서 우상 숭배는 사라지게 될 것이다. 크신 하나님은 여기에서 신을 참칭하는 모든 자들에게 도전하여 위엄과 권세를 지니고서 위풍당당하게 이 진리를 세상에 선포하신다. 나는 여호와라 나 외에 다른

이가 없나니, 스스로 존재하고 스스로 자족한 자가 없으며 무한하고 영원한 자도 없도다. 나 밖에 다른 이가 없느니라(6절). 나와 경쟁하기 위하여 내세워진 모든 자들은 가짜들이다. 그것들은 모두 헛된 것이고 거짓된 것이다. 왜냐하면, 나는 여호와이고 나 외에 다른 이가 없기 때문이다. 하나님께서 이 말씀을 여기에서 고레스에게 하시는 이유는 그의 선조들이 우상을 숭배했던 죄를 그에게서 치유하실 뿐만 아니라 승승장구하여 제국의 황제가 되었을 때에 그의 전임자들 중 일부가 저질렀던 죄악, 즉 자신을 신으로 자처하고 신격화했던 죄에 그가 빠지는 것을 미리 막기 위한 것이었는데, 어떤 이들은 이러한 신격화에서 우상 숭배의 기원을 찾기도 한다. 고레스는 부하고 크게 되었을 때에 자기는 여전히 사람에 불과하다는 것과 한 분 하나님 외에는 신이 없다는 것을 기억하여야 했다.

2. 하나님은 만유의 주로서 하나님 없이는 아무것도 된 것이 없다는 것(7절). 나는 고맙고 좋은 빛도 짓고 우울하고 반갑지 않은 어둠도 창조하며, 나는 평안도 짓고(여기에서 평화는 모든 좋은 것을 상징한다) 환난, 즉 죄악이 아니라(하나님은 죄악의 근원이 아니시다) 징벌로 인한 환난도 창조하나니 나는 여호와라 이 모든 일들을 지시하고 배치하고 행하는 자니라. 좀 더 살펴보자.

(1) 사람들은 각양각색의 사건들을 겪는다. 빛과 어둠은 서로 반대이지만, 섭리 속에서 그것들은 종종 새벽녘과 황혼녘이 낮도 아니고 밤도 아닌 것들이 서로 섞여 있다(슥 14:6). 동일한 잔에 기쁨과 슬픔이 서로 섞여 있어서 이 둘은 서로를 완화시키는 역할을 한다. 종종 그것들은 정오의 빛과 한밤중의 어둠처럼 다른 쪽을 완전히 배제시키기도 한다. 하루를 주기로 해서 빛과 어둠은 번갈아오지만, 욥의 경우가 보여주듯이 한 쪽에서 다른 쪽으로 넘어가는 짧은 과도기들도 존재한다.

(2) 이 둘은 서로 정반대이지만 그것들을 지으시는 이는 동일하다. 그는 바로 모든 것의 제1원인자이신 분이다. 나는 여호와, 모든 존재의 근원, 모든 능력의 원천인 여호와이다. 자연의 빛을 지으신 그는 섭리의 빛도 지으신다(창 1:3). 최초의 서로 삐걱거리는 자연의 여러 씨앗들과 원소들 가운데서 평안을 만들어 내셨던 그는 사람들의 일 속에서도 평안을 만들어 내신다. 단순히 빛이 박탈된 상태인 자연의 어둠을 허락하신 그는 섭리의 어둠을 만들어 내시는 분이기도 하다. 왜냐하면, 그는 환난과 괴로움을 긍정적인 목적에 사용하시기 때

문이다. 지혜로우신 하나님은 이 세상에서 우리의 온갖 위로들과 십자가들을 적절히 배치하시는 분이심을 명심하라.

II. 이러한 가르침은 여기에서 어떻게 증명되고 공표되고 있는가.

1. 그것은 하나님이 고레스에게 행하신 일들을 통해서 증명된다. "나 외에 다른 신이 없다. 왜냐하면, 너는 나를 알지 못하였을지라도 나는 네 띠를 동였기 때문이다(5절). 네 허리띠를 동여서 이 원정을 하게 하시고 그것을 할 수 있는 권세와 능력을 주신 분은 네가 알고 섬겨 왔던 너의 우상이 아니라 바로 나다. 네가 알지 못하였고 찾지 않았던 내가 네게 띠를 띠웠다." 이것을 통해서 이스라엘의 하나님이 유일하게 참되신 하나님이시라는 것과 그는 자기를 모르고서 다른 신들에게 충성을 바쳤던 자들조차도 자신의 뜻대로 사용하시는 분이라는 것이 증명되었다.

2. 그것은 모든 사람이 동방에서든 서방에서든 해 뜨는 곳에서든 지는 곳에서든 여호와가 하나님이시고 그 외에 다른 신이 없다는 것을 알게 하기 위하여 하나님의 말씀과 그의 섭리와 바벨론에서 고난받는 유대인들의 증언에 의해서 온 세상에 공포되었다. 하나님의 백성 이스라엘이 바벨론에서 놀랍게 구원받은 것은 여수룬의 하나님 같은 이가 없고 그가 그들을 놓으시려고 하늘을 타고 나타나신 것을 온 세상에 알리는 것이었다.

III. 이러한 가르침은 여기에서 어떻게 활용되고 적용되는가.

1. 이스라엘의 구속을 간절히 바라면서도 조용히 기다린 자들을 위로하는 데에(8절). 하늘이여 위로부터 공의를 뿌리라. 어떤 이들은 이 말씀을 성도들이 구원을 위하여 기도하는 것으로 해석한다. 하지만 나는 이 말씀을 하나님께서 구원을 명하신 것으로 해석하는 쪽을 택한다. 왜냐하면, 하나님은 구원을 명하는 분으로 묘사되기 때문이다(시 44:4). 마치 왕의 명령이 모든 자들, 즉 모든 문무백관에게 하달되는 것과 마찬가지로, 하나님의 명령은 하늘과 땅, 그리고 그 두 곳에 있는 모든 존재들, 곧 천지만물에 하달된다. 하나님께서 이 일을 명령하실 때, 모든 피조물들은 각자의 자리에서 이 큰 일을 수행하는 데에 나름대로 기여하게 될 것이다. 사람들이 이 일에 함께 하여서 돕고자 하지 않는다면, 하나님은 하늘로부터 내리는 이슬과 풀 위에 내리는 단비 같이 사람을 기다리지 아니하며 인생을 기다리지 아니하고 그 일을 이루실 것이다(미 5:7). 좀 더 살펴보자.

(1) 하나님께서 이스라엘을 위하여 이 큰 구원을 이루시는 방법. 먼저 의가 그들 속에서 이루어져야 한다. 그들은 자신의 죄악들에 대하여 회개하며 우상들을 버리고 하나님께 돌아와서 자신의 삶을 고쳐야 한다. 그러면 그들에게 구원이 임하게 될 것이다. 만약에 그렇게 하지 않는다면 구원은 그들에게 미루어질 것이다. 우리는 의가 없는 구원을 기대해서는 안 된다. 왜냐하면, 이 둘은 함께 자라나는 것이고, 여호와께서 이 둘을 함께 창조하셨기 때문이다. 하나님께서 합쳐 놓으신 것을 우리가 어떻게 떼어놓겠는가(시 85:9-11을 보라). 그리스도께서는 우리를 우리의 죄에서 구원하기 위하여 죽으신 것이지 우리로 하여금 죄 가운데 머물게 하기 위하여 죽으신 것이 아니다. 그리스도는 우리의 의와 거룩함이 되심으로써 우리의 구속도 되신 것이다.

(2) 이 큰 구원을 이루시는 수단. 구원을 위하여 정해진 때가 오면, 하늘이 위로부터 의를 뿌리며 땅이 열려서 구원을 싹트게 함으로써 이 둘이 서로 협력하여 하나님의 백성 이스라엘의 삶을 새롭게 하고 그들을 회복시킬 것이다. 의는 위로부터, 즉 하늘로부터 내려온다. 왜냐하면, 각양 은사와 좋은 선물은 위로부터 오기 때문이다. 아니, 성령이 풍성하게 부어진 이래로 성령은 지금 물 붓듯이 부어지고 있기 때문에, 우리가 마음을 열어서 성령을 받아들이기만 한다면, 의의 열매들과 큰 구원은 반드시 결실을 맺게 될 것이다.

2. 이 구원을 반대한 교회의 원수 된 자들 또는 이 구원에 대하여 절망한 교회의 친구 된 자들을 책망하는 데에(9절). 자기를 지으신 이와 더불어 다툴진대 화 있을진저. 하나님은 만물을 지으신 자이시기 때문에 우리를 지으신 자이시기도 하다. 이것은 우리가 하나님께 언제나 승복하여야 하고 결코 하나님과 다투지 않아야 하는 이유이다.

(1) 오만한 압제자들은 기고만장하여 자기 백성을 구원하시고자 하는 하나님의 계획을 반대하지 말아야 하고, 하나님께서 그들을 놓아 주시고자 하시는 때가 왔을 때에 그들을 계속해서 붙잡아 두려고 해서는 안 된다. 바로가 그랬던 것처럼 하나님의 백성을 가게 하지 않음으로써 하나님께 도전한 바벨론 사람들에게 화 있을진저!

(2) 압제 가운데 있는 가엾은 자들은 의기소침한 가운데서 마치 하나님이 그들을 부당하게 대우하시거나 무자비하게 다루고 있는 것인 양 그들의 포로 생활이 너무 오래 계속된다고 불평하고 하나님에게 시비를 걸어서는 안 되고,

하나님께서 정하신 때가 오기 전에 자신들의 방식으로 거기에서 빠져 나오려고 해서는 안 된다. 자기를 지으신 자와 다투는 자들은 화를 당하게 되리라는 것을 명심하라. 왜냐하면, 하나님을 대적하여 그 마음을 완악하게 가진 자치고 형통한 자는 아무도 없었기 때문이다. 죄악된 인간은 시비를 걸고 다투는 자일 수밖에 없지만, 굳이 다투려거든 질그릇 조각들은 자기와 똑같은 질그릇 조각들과 다툴 일이다. 사람들은 질그릇에 불과하다. 아니, 그들은 부서진 질그릇 조각들이고 그들이 그렇게 부서져서 조각들이 된 것은 서로 다투었기 때문이다. 서로 치고 받음으로써 산산조각이 난다. 그들이 다투고자 한다면, 사람들 서로간에 다투고 그들 사이의 문제에 끼어들 일이지, 감히 그들보다 무한히 높으신 분과 다투려고 해서는 안 된다. 그런 것은 다음과 같은 것들이기 때문에 몰지각하고 우매한 짓이 된다.

[1] 진흙이 토기장이에게 시비를 거는 것. 진흙이 토기장이에게 너는 무엇을 만드느냐, 즉 "왜 너는 나를 저런 모양이 아니라 이런 모양으로 만들었느냐"고 말할 수 있겠느냐? 아니, 그것은 마치 진흙이 화가 나고 열을 받아서 토기장이에게 그는 손이 없다, 즉 토기장이가 손이 없는 것처럼 엉망으로 작업을 하였다고 말하는 것이나 다름없다. "진흙이 토기장이보다 지혜로운 체하며 그에게 조언할 수 있으며, 토기장이보다 더 힘이 세서 그를 통제할 수 있겠느냐?" 우리를 존재케 하시고 우리에게 이런 모습을 주신 분은 그가 기뻐하시는 대로 우리를 계획하시고 그 뜻대로 우리를 만드실 수 있다. 우리가 그에게 이렇게 하라 저렇게 하라고 주문하는 것은 오만방자하고 건방진 일이다. 어떻게 우리가 우리를 이렇게 놀랍도록 기묘하게 만드신 하나님의 지혜를 비난하거나 그의 능력에 의문을 제기할 수 있겠는가? 하나님께서 그 손으로 우리를 만드셨고 우리는 그의 손 안에 있는데, 우리가 어떻게 감히 그는 손이 없다고 말할 수 있겠는가? 하나님의 왕적인 주권에 관한 가르침은 그 속에 그의 섭리와 은혜와 관련된 방법론에 대하여 우리가 지닌 온갖 불만과 반대를 잠재우기에 충분한 힘을 가지고 있다(롬 9:20-21).

[2] 그것은 자식이 아버지에게 무엇을 낳았소라고 말하고 어머니에게 무엇을 낳으려고 해산의 수고를 하였소라고 말함으로써 부모를 탓하는 것만큼이나 부자연스러운 일이다. 자녀들이 부모에게 이렇게 말하는 것은 합당치 않다. "왜 나를 연약한 인간 본성과 재난스러운 인간의 삶으로부터 면제된 천사로 낳지 않

았소?" 인간으로 태어난 자들은 인간으로서의 공통의 운명을 받아들여서 다른 사람들이 겪는 것을 똑같이 겪을 것이라고 예상해야 되지 않는가? 하나님이 우리의 아버지시라면, 우리가 그의 뜻에 승복함으로써 하나님께 영광을 돌리는 것이 마땅하지 않는가?

[11]이스라엘의 거룩하신 이 곧 이스라엘을 지으신 여호와께서 이같이 이르시되 너희가 장래 일을 내게 물으며 또 내 아들들과 내 손으로 한 일에 관하여 내게 명령하려느냐 [12]내가 땅을 만들고 그 위에 사람을 창조하였으며 내가 내 손으로 하늘을 펴고 하늘의 모든 군대에게 명령하였노라 [13]내가 공의로 그를 일으킨지라 그의 모든 길을 곧게 하리니 그가 나의 성읍을 건축할 것이며 사로잡힌 내 백성을 값이나 갚음이 없이 놓으리라 만군의 여호와의 말이니라 하셨느니라 [14]여호와께서 이같이 말씀하시되 애굽의 소득과 구스가 무역한 것과 스바의 장대한 남자들이 네게로 건너와서 네게 속할 것이요 그들이 너를 따를 것이라 사슬에 매여 건너와서 네게 굴복하고 간구하기를 하나님이 과연 네게 계시고 그 외에는 다른 하나님이 없다 하리라 하시니라 [15]구원자 이스라엘의 하나님이여 진실로 주는 스스로 숨어 계시는 하나님이시니이다 [16]우상을 만드는 자는 부끄러움을 당하며 욕을 받아 다 함께 수욕 중에 들어갈 것이로되 [17]이스라엘은 여호와께 구원을 받아 영원한 구원을 얻으리니 너희가 영원히 부끄러움을 당하거나 욕을 받지 아니하리로다 [18]대저 여호와께서 이같이 말씀하시되 하늘을 창조하신 이 그는 하나님이시니 그가 땅을 지으시고 그것을 만드셨으며 그것을 견고하게 하시되 혼돈하게 창조하지 아니하시고 사람이 거주하게 그것을 지으셨으니 나는 여호와라 나 외에 다른 이가 없느니라 하시니라 [19]나는 감추어진 곳과 캄캄한 땅에서 말하지 아니하였으며 야곱 자손에게 너희가 나를 혼돈 중에서 찾으라고 이르지 아니하였노라 나 여호와는 의를 말하고 정직한 것을 알리느니라

　　　포로 생활 가운데서 하나님의 백성은 그들이 겪은 환난을 통해서 하나님의 뜻을 깨닫고 하나님과 화해하고 나서 기꺼이 그들의 구원을 위하여 하나님께서 정하신 때를 기다리고 있었기 때문에, 하나님은 여기에서 그들에게 그들의 기다림이 결코 헛되지 않으리라고 말씀하신다.

　　I. 하나님은 그들에게 그들이 겪은 환난의 결과에 대하여 물으라고 청하신

다(11절). 이스라엘의 거룩하신 이 곧 이스라엘을 지으신 여호와는 비록 그들이 그와 다투는 것을 허락하지 않으시지만 그들에게 다음과 같이 하라고 격려하신다.

1. 하나님의 말씀을 구하라는 것. "너희가 장래 일을 내게 물으라. 선지자들과 그들이 한 예언들을 찬찬히 살펴서, 그들이 그러한 일들에 대하여 무엇이라 말하고 있는지를 보라. 야경꾼들에게 밤이 얼마나 깊었는지를 물으라. 그들에게 얼마나 더 있어야 새벽이 오는지를 물으라." 장래 일들은 그것들이 계시되어 있는 한 우리와 우리의 자손들에게 속한 것이기 때문에, 우리는 그러한 일들에 무지한 자가 되어서는 안 된다.

2. 기도를 통해서 하나님께 구하라는 것. "그들의 아버지의 뜻, 그들을 만드신 토기장이의 뜻에 순복하는 것이 그들에게 합당하듯이, 내 아들들과 내 손으로 한 일에 관하여 지시하는 방식으로가 아니라 간구하는 방식으로 내게 말하라. 내가 한 약속에 근거해서 간절히 구하고 응답받을 것을 믿으라." 우리는 화를 내고 불평함으로써 우리를 지으신 자와 다투어서는 안 되지만, 믿음을 가지고 열심히 기도함으로써 그와 씨름할 수 있다. 내 아들들과 내 손으로 지은 것을 내게 맡기라(어떤 이들은 이렇게 읽는다). 기도의 능력과 그 기도가 하나님께 통한다는 것을 보라. 네가 부를 때에 나 여호와가 응답하겠고 네가 부르짖을 때에는 내가 여기 있다 네게 무엇을 하여 주기를 원하느냐 하리라. 어떤 이들은 이 본문을 책망의 의미를 지닌 의문문으로 해석하기도 한다(9-10절). 너희가 장래 일을 내게 묻는 것이냐? 내가 너희에게 그런 것들을 설명해 주어야 하느냐? 내 아들들과 내 손으로 한 일에 관하여 너희가 내게 명령하고 내게 이래라 저래라 하고자 하는 것이냐? 너희가 감히 하나님을 가르치고 하나님에게 법을 제시해 주고자 하는 것이냐? 하나님에게 불평하고 따지는 자들은 사실상 자기가 하나님보다 높다고 생각하는 것이다.

II. 하나님은 그들에게 그들이 지극히 비천하게 되어 스스로 아무것도 할 수 없을 때에 하나님의 능력을 의지하라고 격려하심(12절). 그들의 도움은 천지를 지으신 여호와의 이름에 있다. 하나님이 여기에서 이것을 언급하시는 것은 단지 자신의 영광을 위해서만이 아니라 그들을 위로하시기 위해서이다. 하늘과 땅은 하나님께서 원하시기만 하신다면 교회를 구원하시는 일에 기여하게 될 것이다(8절). 왜냐하면, 하나님은 하늘과 땅을 창조하신 분이어서 하늘과 땅에 명령하실 수 있으시기 때문이다.

1. 하나님은 땅을 만들고 그 위에 사람을 창조하셨다. 왜냐하면, 하나님은 사람이 거주하도록 하기 위하여 땅을 만드신 것이기 때문이다(시 125:16). 그러므로 하나님은 여기 이 땅에 거주하는 사람을 통치하시고 그의 깊으신 뜻을 따라 사람을 사용하실 수 있는 권세를 지니고 계실 뿐만 아니라 그렇게 하기에 충분한 지혜와 능력도 지니고 계신다.

2. 하나님은 그 손으로 하늘을 펴고 하늘의 모든 군대에게 처음에 생겨날 것을 명령하셨고, 지금도 여전히 그들의 모든 움직임들과 능력들을 관장하신다. 하나님의 이스라엘에게 그들의 하나님이 세계의 창조자이자 통치자시라는 것은 좋은 소식이다.

III. 하나님은 그들이 무엇을 의지해야 할지를 알도록 해주시기 위하여 하나님이 그들에게 행하실 일을 구체적으로 말씀해 주신다. 이 말씀을 통해서 그들은 더 영광스러운 구속주와 구속을 기대하게 될 것인데, 고레스와 그에 의한 그들의 구원은 이 더 영광스러운 것의 모형이자 비유였다.

1. 자유가 그들에게 선포될 것이다(13절). 그 자유를 선포하게 될 인물은 고레스이다. 그렇게 되도록 하기 위하여 하나님은 고레스의 손에 권력을 쥐어주실 것이다. 내가 의로, 즉 내가 한 약속들을 따라서 그 약속을 지키기 위해서, 그리고 내 백성의 의롭지만 상처받은 대의(大義)를 변호해 주기 위하여 그를 일으켰다. 하나님은 고레스가 하는 모든 일들을 성공하게 하실 것이고, 특히 바벨론과 맞서 싸우는 일에서 반드시 승리하게 하실 것이다. 내가 그의 모든 길을 지시하리라(개역에서는 그의 모든 길을 곧게 하리니). 따라서 고레스가 하는 일들은 다 형통하게 될 것이다. 왜냐하면, 하나님의 지시 아래에서 일하는 자들은 그 모든 일이 잘 될 수밖에 없기 때문이다. 하나님은 자기가 사용하시고자 하는 자들의 길을 분명하게 지시해 주신다. 고레스는 하나님을 위하여 두 가지 일을 행하게 되어 있었다.

(1) 예루살렘은 하나님의 도성이지만 지금은 폐허로 변해 있다. 고레스는 예루살렘을 재건해야 한다. 즉, 그는 예루살렘을 재건하라는 영을 내려야 하고 그렇게 할 수 있는 자금을 유대인들에게 주어야 한다.

(2) 이스라엘은 하나님의 백성이지만, 지금 포로로 잡혀 있다. 고레스는 그들에게 어떤 속전(贖錢)을 요구하거나 어떤 대가를 요구함으로써 그들을 당혹

스럽게 하지 말고 관용을 베풀어서 거저 놓아 주어야 한다. 고레스가 포로로 잡혀 있던 유대인들을 위하여 행하도록 되어 있었던 일을 그리스도께서는 가엾게도 포로로 잡혀 있는 영혼들을 위하여 행하도록 기름 부음을 받으셔서 바벨론의 포로 생활보다 더 지독한 종살이를 하고 있던 포로된 자에게 자유를, 갇힌 자에게 놓임을(사 61:1) 선포하셨다.

2. 하나님은 이를 위하여 그들에게 모든 것을 공급해 주실 것이다. 그들은 고국에서 포로로 잡혀올 때에 빈털터리로 왔기 때문에 다시 돌아가서 재건할 비용을 감당할 수 없었다. 그러므로 하나님은 그들에게 애굽을 비롯한 여러 나라들이 수고한 것이 그들에게로 넘어와서 그들의 것이 될 것이라고 약속하신다(14절). 고레스는 그러한 나라들을 정복하고서 거기에서 획득한 전리품들을 공급해 주라고 명하였기 때문에(스 1:4), 유대인들은 애굽에서 나올 때와 마찬가지로 바벨론에서 나올 때에도 빈 손으로 나오지 않았다. 그리스도로 말미암아 구속을 받는 자들은 모든 것을 공급받게 될 뿐만 아니라 차고 넘치게 공급받게 될 것이다. 하나님께서 그 마음을 감동시키셔서 하늘의 시온으로 가는 자들은 그 길을 가는 동안에 드는 비용을 하나님으로부터 공급받게 된다. 세상의 것들은 그들의 유익을 위하여 있는 것이다.

3. 하나님은 많은 개종자들을 그들에게 붙이실 것이다. 장대한 남자들이 사슬에 매여 건너와서 네게 굴복하고 간구하기를 하나님이 과연 네게 계신다 하리라. 이 말씀은 그 땅의 백성 중에서 많은 수가 개종하여 유대인이 되어서(에 8:17) 하나님이 너희와 함께 하심을 들었나니 우리가 너희와 함께 가려 하노라고 말했을 때에(슥 8:23) 부분적으로 성취되었다. 이스라엘 백성의 회복은 많은 사람들이 죄를 깨닫고 그 중 일부가 회심하는 계기가 될 것이다. 아마도 이제 고레스에 의해서 점령당한 갈대아 사람들 중에서 많은 수는 유대인들이 의기양양하게 고국으로 돌아가는 것을 보았을 때에 그 자리에 와서, 그들이 지금까지 유대인들에게 행하였던 모욕과 학대를 사과하고 용서해 달라고 했을 것이고, 하나님이 그들 가운데서 계시고 그만이 홀로 하나님이시기 때문에 그들에게 동참하기를 원한다고 고백하였을 것이다. 그러나 이 약속의 말씀은 복음 교회에서 온전히 성취될 것이었다. 이방인들이 기꺼이 교회의 포로들이 되어서(시 110:3) 그들에게 매어진 사슬을 기뻐하며 그리스도를 믿는 믿음을 가지고 말과 행위로 순종하게 되고(롬 15:18), 믿지 않는 자들이 그리스도인들의 공적인 예배를

보고서 하나님이 진실로 그들과 함께 하신다는 것을 깨달았다고 고백하면서(고전 14:24-25) 그들에게 동참하고자 하며, 사탄의 회당에서 속하였던 자들이 교회의 발 앞에 와서 절하고 하나님이 교회를 사랑하시는 줄을 알게 되고(계 3:9) 땅의 왕들과 만국이 자기 영광을 가지고 복음적인 예루살렘으로 들어가게 될 때(계 21:24), 그 말씀은 온전히 성취될 것이다. 비록 사슬에 매여 있다고 할지라도 하나님이 계시는 자들과 함께 하는 것은 좋은 일이라는 것을 명심하라.

IV. 하나님은 그들에게 하나님은 그들의 눈으로 볼 수 있는 것보다 훨씬 더 큰 분이신 것을 알고서 하나님을 의지하라고 가르치신다. 선지자는 이 말씀을 그들의 입으로 직접 하는 것으로 해놓고서 자기가 가장 앞장서서 그 말씀을 고백한다(15절). 진실로 주는 스스로 숨어 계시는 하나님이시니이다.

1. 하나님은 그들을 환난 속으로 몰아넣으셨을 때에 노하셔서 스스로 숨어 계셨다(사 57:17). 하나님은 비록 자기 백성의 하나님이자 구원자이시지만 종종 그들이 그의 진노를 촉발시킬 때면 거기에 노하여서 그들로부터 자신을 숨기시고 그들에 대한 은총을 중단하시며 그들을 진노 가운데 두신다는 것을 명심하라. 그러나 그들은 얼굴을 가리시는 여호와를 기다려야 한다(사 8:17).

2. 하나님은 그들을 환난 가운데서 건져 내시는 동안에도 자신을 숨기셨다. 하나님이 이스라엘의 하나님이자 구원자로 행하시는 때에도 보통 그의 길은 바다 속에 있다(시 77:19)는 것을 명심하라. 교회의 구원은 사람들의 심령에 작용하는 만군의 여호와의 영에 의해서(슥 4:6) 별 볼일 없고 약한 도구들과 작고 시시한 사건들을 통해서 신비한 방식으로 이루어지고, 최후의 순간까지도 아무 일 없는 듯이 보인다. 하나님은 스스로를 숨기시지만, 그가 이스라엘의 하나님 구원자라는 것을 우리가 확실히 아는 것은 우리에게 큰 위로가 된다(욥 35:14을 보라).

V. 하나님은 그들에게 우상을 숭배하는 자들과 다른 신들을 섬기는 모든 자들을 쳐부수고 이길 것이라고 가르치신다(16절). 우상을 만드는 자들, 즉 나무나 쇠로 신상을 만드는 자들만이 아니라 그 신상들에게 기도함으로써 그것들을 신으로 만드는 자들은 자신의 잘못을 깨닫고서 이스라엘의 하나님만이 유일하게 참되신 하나님이라는 것을 인정하지 않을 수 없게 될 때에나, 그들이 우상들에게 그들을 보호해 줄 것이라고 그렇게 큰 기대를 걸었는데도 결국 우상들에게 실망하게 될 때에 부끄러움을 당하며 당혹스럽게 될 것이다. 그들은 그

들의 죄를 변명할 수도 없고 벌을 피할 수도 없게 될 것을 알게 될 때에 혼란에 빠지게 될 것이다(시 97:7). 그들 중에서 겁이 더 많은 자가 여기저기서 우상 숭배를 그만두는 것이 아니라, 그들이 다 함께 우상 숭배를 그만두게 될 것이다. 아니, 그들은 한 덩어리가 되어서 손에 손을 잡고 다 함께 나아와서 서로의 면목을 세우기 위해서 그들이 할 수 있는 온갖 것을 다 하겠지만, 결국 그들은 다 함께 수욕 중에 들어갈 것이다. 그들을 한데 묶어서 태워버리라.

VI. 하나님은 그들에게 하나님을 의지하는 자들은 결코 그 의지 때문에 부끄러움을 당하는 일이 없을 것이라고 약속하신다(17절). 하나님께서는 이제 그들을 바벨론에서 건져내시고자 하시면서 그의 선지자를 통해서 그들에게 다음과 같이 명하셨다.

1. 그들의 구원의 근원이 되시는 하나님을 바라보라는 것. 이스라엘은 여호와께 구원을 받으리라. 그들의 구원은 하나님의 능력에 의해서 이루어지게 될 뿐만 아니라, 하나님의 은혜와 약속 가운데서 그들을 위하여 이미 예비된 것이기 때문에 그들에게 확실하게 보장된 것이다. 그들은 하나님 안에서 구원을 받게 될 것이다. 왜냐하면, 하나님의 이름은 그들의 튼튼한 요새가 되어 줄 것이어서 그들은 그 속으로 달려 들어가서 그 안에서 안전할 것이기 때문이다.

2. 이러한 현세적인 구원을 넘어서서 내세와 관련된 영적인 구원을 바라보고, 영원한 구원이자 영혼의 구원이며 영원히 비참한 삶을 사는 것으로부터 건져내져서 영원히 지극한 복을 누리며 사는 삶으로 회복되는 것을 의미하는 메시야에 의한 구원을 생각하라는 것. "너희가 영원히 부끄러움을 당하거나 욕을 받지 않으리라는 것을 부지런히 확인하고 또 확인하라. 너희는 우상 숭배자들의 몫이 될 영원한 부끄러움과 멸시(단 12:2)로부터 건지심을 받을 뿐만 아니라 영원한 영광과 존귀함을 누리게 될 것이다."

[1] 끝이 없는 세상이 존재한다. 우리가 그 세상에 참여할 수 있게 되느냐 못되느냐에 따라서 우리의 행복과 불행도 결정될 것이다.

[2] 영원한 구원을 통해서 구원받은 자들은 그들이 그 구원에 대한 소망으로 행하였거나 고통을 받은 일을 부끄러워하지 않게 될 것이다. 왜냐하면, 그 영원한 구원은 우리가 예상한 것보다 훨씬 더 굉장한 것이어서 수고와 고난에 대한 차고 넘치는 보상이 될 것이기 때문이다. 고국으로 돌아오는 포로된 자들은 수치가 그들의 얼굴로 돌아왔다고 고백하였다(단 9:7-8). 그렇지만 하나님은 그

들에게 그들은 욕을 당하거나 낭패를 당하지 않을 것이고 당당함을 영원히 지니게 될 것이라고 말씀하신다. 그들은 자신이 저지른 죄를 회개하는 자들로서는 수치를 당하지만 하나님의 약속과 능력을 믿는 자들로서는 수치와 욕을 당하지 않을 것이다.

VII. 하나님은 그들이 영원히 하나님께 붙어 있어서 하나님을 버리거나 불신하지 않게 될 것이라고 말씀하신다. 앞에서 자주 반복하여 나왔던 말씀이 여기에서도 다시 한 번 반복되고 있는 것은 하나님께서 자기 백성에게 하나님에게 계속해서 신실하고 하나님도 그들에게 신실하시리라는 소망을 갖도록 격려하기 위한 것이다. 나는 여호와라 나 외에 다른 이가 없느니라. 우리가 섬기고 의지하는 여호와만이 홀로 하나님이시라는 것은 두 가지 큰 빛, 즉 자연의 빛과 계시의 빛에 의해서 분명해진다.

1. 그것은 자연의 빛에 의해서 분명해진다. 왜냐하면, 하나님은 세상을 만드신 분이어서 세상에게 충성을 요구하시는 것은 마땅하기 때문이다(18절). "대저 여호와께서 이같이 말씀하시되 하늘을 창조하신 이 그는 하나님이시니 나는 만유를 주관하는 여호와라 나 외에 다른 이가 없느니라." 이방의 신들은 이런 일을 하지 못했다. 아니, 그들은 그런 일을 할 수 있는 체하지도 못하였다. 하나님은 여기에서 하늘의 창조를 언급하시면서 더 나아가 땅의 창조를 말씀하시는데, 이것은 땅이 우리가 가장 가깝게 볼 수 있고 또한 가장 친숙한 피조 세계의 일부이기 때문이다. 우리는 여기에서 다음과 같은 것들을 보게 된다.

(1) 하나님이 땅을 지으셨다는 것. 땅은 조잡하고 어설픈 혼돈 상태에 있는 존재가 아니라, 무한한 지혜에 의해서 가장 적합한 형태와 크기로 만들어진 것이다.

(2) 하나님은 땅을 견고하게 하셨다는 것. 하나님은 땅을 지으신 후에 견고하게 하셔서 그 터를 바다 위에 세우시고(시 24:2) 땅을 아무것도 없는 곳에 매다셨다(욥 26:7). 하나님은 처음에 무(無)에서 땅을 창조하셨지만, 땅으로 하여금 자신의 무게로 공중에 떠있을 수 있게 해놓으셨다.

(3) 하나님은 땅을 사람에게 주시고자 계획하셨기 때문에 사람에게 쓸모 있게 만드셨다는 것. 하나님은 자신의 권능을 증명해 보이기 위해서 땅을 헛되이 창조하신 것이 아니었다. 도리어, 하나님은 사람이 거주하게 그것을 지으셨고, 그렇게 하기 위하여 처음에 땅을 덮고 있었던 물을 빼내시고 뭍이 드러나게 하셨

다(시 104:6-7). 우리는 하나님께서 아무것도 헛되이 만드시지 않고 모든 것을 어떤 목적을 위하여 만드셨으며 그 목적에 적합하게 만드셨다는 것을 여기에서 주목해 보고서 하나님의 지혜에 영광을 돌려야 한다. 어떤 사람이 자기를 하나님이 헛되이 무익하게 만드셨다고 생각한다면, 그것은 전적으로 그의 잘못된 생각일 뿐이다. 또한, 우리는 여기에서 사람이 거주하고 살아가는 데에 유용하고 유익이 된다면 그것은 헛되이 만든 것이 아니라고 하나님께서 생각하셨다는 것을 볼 때에 사람에 대한 하나님의 선하심과 은총을 다시 한 번 깨닫지 않을 수 없다.

2. 그것은 계시의 빛에 의해서 분명해진다. 하나님께서 지으신 모든 것들이 그만이 홀로 하나님이시라는 것을 증명해 주는 것과 마찬가지로, 하나님께서 자기 자신에 대하여, 그리고 자신의 마음과 뜻에 대하여 밝히신 그의 말씀도 그가 홀로 하나님이시라는 것을 증명해 준다. 하나님께서 하신 말씀들은 그가 행하신 모든 일들과 마찬가지로 이방의 신들이 말한 것보다 훨씬 뛰어나다(19절). 하나님의 말씀이 뛰어나다는 것을 여기에서는 세 가지로 이야기한다 — 하나님이 하신 모든 말씀은 분명하고 만족스러우며 의롭다.

(1) 전달 방식에 있어서 하나님의 말씀은 명백하고 공개적이다. 나는 감추어진 곳과 캄캄한 곳에서 말하지 아니하였다. 이방의 신들은 밀실이나 땅 속의 동굴에서 낮게 울리는 목소리로 모호한 표현을 써서 신탁을 전하였다. 신접한 자들은 주절거리며 속살거렸다(사 8:19). 그러나 하나님은 수많은 이스라엘 백성이 지켜보는 가운데서 시내 산 꼭대기로부터 똑똑하고 분명하고 알아들을 수 있는 음성으로 율법을 전하셨다. 지혜는 사람들이 많이 모이고 붐비는 곳들에서 외친다(잠 1:20-21; 8:1-3). 하나님께서 주신 묵시는 달려가면서도 볼 수 있을 정도로 아주 분명하게 기록되었다. 어떤 사람이 하나님의 말씀이나 묵시가 모호하다고 생각한다면, 그것은 전적으로 그들 잘못이다. 그리스도께서는 하나님이 여기에서 말씀하고 계시는 바로 그 내용을 직접 옹호하시면서, 내가 드러내 놓고 세상에 말하였노라 나는 아무것도 은밀하게는 말하지 아니하였다고 말씀하셨다(요 18:20).

(2) 하나님의 말씀은 그 쓸모와 유익에 있어서 지극히 만족스러운 것이었다. 거짓 신들이 산 자를 위하여 죽은 자에게 구한(사 8:19) 우상 숭배자들에게 했던 것과는 달리, 나는 나의 말씀을 구하고 그 말씀에 의해서 살아가고자 한

야곱의 자손에게 너희가 나를 찾아보아야 헛되다(개역에서는 너희가 나를 혼돈 중에서 찾으라)고 이르지 아니하였노라. 이것은 그들에게 진실한 안내자가 되어 줄 그의 말씀을 구하고 그에게 기도한 자들에게 하나님은 모든 은혜로운 응답을 주셨다는 것을 의미한다. 야곱의 자손은 기도하는 자들이고, 여호와를 찾는 족속이다(시 24:6). 하나님은 말씀을 통해서 그들에게 하나님을 찾으라고 초청하시는 말씀을 하셨기 때문에 그들이 믿음으로 드리는 기도를 결코 거절하지 않으셨고, 그들이 믿음으로 기대하는 것들을 결코 실망시키지 않으셨다. 하나님은 그들 가운데 누구에게도 너희가 나를 찾아보아야 소용없다고 하지 않으셨다. 왜냐하면, 그들이 구하는 어떤 것이 그들에게 주기에 합당치 않다고 생각하셨을 때에는 그것을 주는 대신에 그들이 구한 것과 같은 정도의 충분한 은혜와 위로와 영혼의 만족을 그들에게 주셨기 때문이다. 기도는 하늘에서 결코 썩는 법이 없다. 하나님은 부지런히 그를 찾는 자들에게 은혜의 응답을 주실 뿐만 아니라 그들이 구하는 것보다 더 차고 넘치게 응답해 주시고자 하신다.

(3) 하나님의 말씀은 그 내용에 있어서 누구도 이의를 제기할 수 없을 정도로 의롭고 그 속에는 그 어떤 죄악도 들어있지 않다. 나 여호와는 선과 악에 관한 영원한 법칙들에 맞게 의를 말하고 정직한 것을 알리느니라. 이교의 신들은 그들을 섬기는 자들에게 인간 본성에 욕이 되고 미덕을 송두리째 근절시키는 그러한 일들을 행하라고 시켰다. 그러나 하나님은 의를 말씀하시고, 그 자체로 옳을 뿐만 아니라 사람들을 의롭게 만드는 그러한 일들을 명하신다. 그러므로 그는 홀로 하나님이시고 그 외에는 참 신이 없다.

²⁰열방 중에서 피난한 자들아 너희는 모여 오라 함께 가까이 나아오라 나무 우상을 가지고 다니며 구원하지 못하는 신에게 기도하는 자들은 무지한 자들이니라 ²¹너희는 알리며 진술하고 또 함께 의논하여 보라 이 일을 옛부터 듣게 한 자가 누구냐 이전부터 그것을 알게 한 자가 누구냐 나 여호와가 아니냐 나 외에 다른 신이 없나니 나는 공의를 행하며 구원을 베푸는 하나님이라 나 외에 다른 이가 없느니라 ²²땅의 모든 끝이여 내게로 돌이켜 구원을 받으라 나는 하나님이라 다른 이가 없느니라 ²³내가 나를 두고 맹세하기를 내 입에서 공의로운 말이 나갔은즉 돌아오지 아니하나니 내게 모든 무릎이 꿇겠고 모든 혀가 맹세하리라 하였노라 ²⁴내게 대한 어떤 자의 말에 공의와 힘은 여호와께만 있나니 사람들이 그에게로 나아갈 것이라 무릇

그에게 노하는 자는 부끄러움을 당하리라 그러나 [25]이스라엘 자손은 다 여호와로 말미암아 의롭다 함을 얻고 자랑하리라 하느니라

이 단락에서 말씀되고 있는 것들은 앞에서와 마찬가지로 다음과 같은 것들을 위한 것이다.

I. 우상 숭배자들에게 그들이 스스로도 어찌할 수 없는 신들을 섬기고 모든 능력을 지니신 하나님을 무시하는 것이 얼마나 어리석은지를 보여주고 깨우치기 위하여. 열방 중에서 피난한 모든 자들, 고레스에 의해서 바벨론에서의 포로 생활로부터 놓여난 유대 백성과 그 밖의 다른 열방의 백성들은 하나님께서 이제 유대인들과 마찬가지로 그들도 치유하시고, 옛적부터 우상 숭배의 온상이었던 바벨론을 우상의 무덤으로 만들어 버리시기 위하여 우상 숭배가 얼마나 어리석은 짓인지에 대하여 말씀하시는 것을 모여 와서 들으라. 피난한 자들은 서로 모여서 함께 나오라. 그들의 유익을 위해서 하나님이 그들에게 하실 말씀이 있으신데, 그것은 우상 숭배가 어리석고 얼빠진 짓이라는 것이다. 이것은 두 가지로 설명된다.

1. 우상 숭배는 그들 자신을 위하여 거짓된 피난처를 세우는 것이다. 그들은 나무 우상을 세운다(개역에서는 가지고 다니며). 그들이 세우는 것이 나무 우상이라고 표현되고 있는 것은 비록 그들이 우상에 금을 입히고 장식을 해서 신으로 모신다고 하여도 그 우상은 여전히 나무에 지나지 않기 때문이다. 그들은 구원하지 못하는 신에게 기도한다. 우상은 들을 수 없고 도울 수 없으며 아무것도 할 수가 없다. 신으로서 그들에게 아무런 유익도 줄 수 없는 존재를 신으로 모시고 공경하는 자들은 얼마나 자신의 품위를 깎아먹는 것인가! 그들을 구원할 능력이 전혀 없는 우상에게 구해 달라고 기도하는 자들은 얼마나 심각하게 자신을 속이고 있는 것인가! 아무런 능력도 지니고 있지 않은 신의 은총을 받으려고 무진 애를 쓰며 온갖 고통스런 수고를 하는 자들은 분명히 지식이 없는 자이거나 엉터리 같은 지식을 가지고 있는 자이다.

2. 우상 숭배는 유일하게 살아 계시고 참되신 하나님께 대항하여 그 경쟁자를 세우는 것이다(21절). "우상들을 모두 호출하라. 이미 한 번 결정난 것이기는 하지만 다시 한 번 하나님과 바알 중에서 어느 쪽이 참 신인지 시합을 벌여 보자고 그들에게 전하라. 그들을 가까이 나아오게 하고 그들 자신과 그들이 섬기

는 우상들을 옹호하여 어떻게 말해야 할지를 함께 의논하여 보게 하라. 이전에 그랬던 것처럼 이 문제가 다시 한 번 공론에 부쳐질 것이다. 이스라엘의 하나님이 하셨던 것처럼, 그들이 섬기는 신들이 장래의 사건들을 확실하게 미리 말해준 적이 있었는지 한번 보여 보아라. 그리하면 너희들이 우상을 섬기는 것이 정당하다는 것을 인정받게 될 것이다. 그러나 너희의 우상들 중에서 그렇게 한 자는 아무도 없었다. 그들의 선지자들은 거짓말하는 자들이었다. 그러나 이 일을 옛부터, 이 일이 일어나기 오래 전부터 듣게 한 자가 누구냐. 나 여호와가 아니냐. 그러므로 너희는 나 외에 다른 신이 없다는 것을 인정하여야 한다."

(1) 하나님 외에는 만물을 다스리기에 합당한 자는 없다. 하나님은 의로우신 하나님이시고 공의로 다스리시며 압제받는 자들을 위하여 공의를 집행하실 것이다.

(2) 하나님 외에는 도울 수 있는 자가 없다. 하나님은 의로우신 하나님이심과 마찬가지로 구원자이시다. 그는 어느 누구의 도움도 없이 구원하실 수 있지만, 그 없이는 아무도 구원할 수 없다. 그러므로 하나님과 경쟁하는 그 어떤 우상을 세우는 자들은 진리와 거짓, 선과 악을 분별하는 지각을 갖지 못한 자들이고, 그들 자신에게 유익이 되는 것이 어떤 것인지를 알지도 못하는 자들이다.

II. 하나님을 진실하게 섬기는 모든 자들을 위로하고 격려하기 위해서(22절). 우상을 섬기는 자들은 그들을 구원할 수 없는 신들에게 기도한다. 그러나 이스라엘의 하나님은 땅의 모든 끝들에게, 즉 세계의 도처에 있는 자기 백성에게 비록 그들이 세상의 가장 후미진 곳들로 흩어져서 잃어버려지고 잊혀진 것처럼 보일지라도 그들이 구원받게 될 것임을 말씀하신다. "믿음과 기도로 내게로 돌이켜 오직 나를 바라보기만 하라. 내가 사용하는 도구들과 이차적인 것들 너머에 있는 나를 바라보고, 신이라 참칭하는 모든 것들로부터 눈을 돌려서 나를 바라보라. 그러면 너희는 구원을 받으리라." 이 말씀은 한 걸음 더 나아가서 복음의 깃발이 세워졌을 때에 땅 끝에 사는 이방인들, 가장 멀리 떨어져 있는 나라들에 사는 이방인들이 회심하고 주께 돌아올 것을 가리키는 것으로 보인다. 그 날에 이새의 뿌리에서 한 싹이 나서 만민의 기치로 설 것이요 열방이 그에게로 돌아오리라. 그리스도께서 놋뱀이 장대 위에 높이 걸린 것처럼 땅에서 높이 들리실 때, 그는 모든 사람들의 눈을 자기에게로 이끄실 것이다. 그들은 모두 독사에 물린 이스라엘 백성들이 놋뱀을 바라보았듯이 그리스도를 바라보도록 초청을 받게 될 것이다. 믿음의 눈은 아주 강력하기 때문에 그 눈은 하나님의 은혜로, 비록 땅 끝에 있다 할지라도 구주를 만나게 되고 그로 말미암아 구원을 얻게 될 것이다. 왜냐하면, 여호와만이 하나님이시고 그 외에 다른 신이 없기 때문이다. 여기에서는 믿음으로 구주를 바라보는 모든 자들을 차고 넘치게 만족시키기 위하여 두 가지가 약속된다.

1. 그들이 섬기는 하나님의 영광이 널리 전파되리라는 것. 모든 주의 백성에게는 그들과 그들의 이름이 아무리 짓눌린다고 하여도 하나님이 높임을 받으신다면 그것은 좋은 소식이 된다(23절). 하나님은 우리에게 강력한 위로를 주시기 위하여 맹세로써 이 말씀을 확증하신다. 내가 나를 두고 맹세하노라(하나님은 자기보다 더 큰 이가 없으므로 자기를 가리켜 맹세하시는 것이다, 히 6:13). 내 입에서 말씀이 나갔은즉 다시 헛되이 되돌아오거나 취소되는 일은 없을 것이다. 하나님께서 이렇게 말씀하신 것은 의로운 말씀이다. 왜냐하면, 만물을 지으신 이가 만물의 주가 되어야 한다는 것과, 모든 존재가 그로부터 생겨났기 때문에 만물이 모두 그에게 복종하여야 한다는 것은 세상에서 가장 이치에 맞고 공평한 말씀이기 때문이다. 하나님은 내가 높임을 받으리라(시 46:10)고 말씀하셨고, 그 말씀은 반드시 이루어질 것이다. 하나님은 우리에게 다음과 같이 약속하셨다.

(1) 만물이 그에게 복종하게 될 것이고, 세상의 나라들이 그의 나라가 되리라는 것. 그들은 하나님께 충성을 맹세하게 될 것이다. 내게 모든 무릎이 꿇을 것이다. 하나님에 대한 충성 맹세를 통해서 복종의 의무를 스스로 받아들이게 될 것이다. 모든 혀가 맹세하리라. 이러한 말씀은 우리 주 예수의 다스리심에 적용된다(롬 14:10-11). 우리가 다 하나님의 심판대 앞에 서서 우리의 모든 행실을 하나님께 해명해야 하리라. 이것은 주께서 이르시되 내가 살았노니 모든 무릎이 내게 꿇을 것이요 모든 혀가 하나님께 자백하리라 하였다고 성경에 기록되어 있기 때문이다. 이 말씀은 시편 2:9-10과도 연관되어 있는 것으로 보인다. 그리스도의 권능의 날에 마음이 그리스도께 자원하여 순종하게 되면, 그는 겸손히 그리스도를 경배하며 기쁜 마음으로 그의 명령에 복종하고 그의 처분에 순순히 따르겠다는 의미에서 그 앞에 무릎을 꿇을 것이고 자신의 영혼이 그를 영원토록 섬기겠다는 것을 단단히 못을 박기 위하여 그 혀로 맹세하게 될 것이다. 왜냐

하면, 정직한 마음을 지닌 자는 맹세를 하고 약속을 하는 것을 결코 겁내지 않기 때문이다.

(2) 모든 자들이 하나님을 찾고, 세상의 모든 곳들로부터 사람들이 하나님을 찾아오게 되리라는 것. 먼 나라에 사는 자들이 하나님의 은총을 구하기 위하여 그에게 나아올 것이다. 모든 육체가 기도를 통해서 주께 나아오리라(시 65:2). 그리스도께서 땅에서 들리실 때에 모든 자들을 그에게로 이끄셨다.

(3) 하나님께 반대해 보아야 아무 소용이 없으리라는 것. 무릇 그에게 노하는 자들, 하나님이 매신 끈과 줄을 싫어하여 분노하는 모든 자들, 하나님이 자신의 큰 능력을 회수하셔서 직접 다스리시는 것에 대하여 분노하고 하나님의 엄격한 법과 승승장구하는 복음과 하나님의 나라의 영적인 성격에 대하여 분노하는 열방들은 부끄러움을 당하리라. 그들 중 어떤 자들은 자기가 한 짓을 부끄러워하여 회개하게 될 것이고, 또 어떤 자들은 고침을 받지 못하고 멸망하게 될 것이다. 그리스도의 통치와 승리에 대하여 불편해하는 모든 자들은 이런저런 방식으로 조만간에 그들의 어리석음과 마음의 완악함으로 인하여 부끄러움을 당하게 될 것이다. 우리의 처지가 어찌되든지 간에 주께서 영원히 다스리시리라는 약속을 여기에서 우리에게 주신 하나님을 찬송할지어다!

2. 그들이 관심을 가지고 있는 영혼이 잘 되는 일은 반드시 보장되리라는 것. 어떤 자가 반드시 다음과 같이 말할 것이고, 또 다른 자는 그 사람의 본을 받아서 그러한 사실을 알고서 동일한 말을 하게 될 것이다. 이런 식으로 해서 이스라엘의 모든 자손은 성령을 따라 다음과 같이 말하고 그것을 견고히 믿게 될 것이다.

(1) 하나님은 그들을 도우실 수 있는 충분한 능력을 가지고 계시고 그리스도 안에는 그들의 모든 필요를 채워 주시고도 남을 만한 것이 있다는 것. 모든 의와 힘은 여호와께 있다(난외주에서는 이렇게 읽는다). 오직 하나님만이 의로우시고 강하시다. 하나님은 모든 것을 하실 수 있지만, 의심할 여지 없이 의롭고 공평한 일 외에는 아무것도 하지 않으신다. 또한 그의 공평한 섭리와 풍성한 은혜를 통해서 그를 구하고 의지한 자들이 필요로 하는 것들을 공급해 주신다. 아니, 우리는 "하나님이 모든 것을 가지고 계신다"고 말할 수 있을 뿐만 아니라 "하나님 안에서 우리는 모든 것을 가지고 있다"고 말할 수 있다. 왜냐하면, 하나님은 우리에게 하나님이 되어주실 것이라고 말씀하셨기 때문이다. 포

로로 잡혀간 유대인들은 여호와 하나님 안에서 의(즉, 그들로 하여금 하나님이 주신 환난을 받아들이고서 구원을 받을 수 있도록 회개케 하시는 은혜)를 가지고 있었고, 그들을 견고히 붙들어 주어서 멸망을 피할 수 있게 해줄 힘을 가지고 있었다. 주 예수 안에서 우리는 의를 가지고 있어서 하나님은 우리를 향하여 선의를 지니시고 은혜를 베푸시며, 또한 힘을 가지고 있어서 우리 안에서 하나님의 선한 일을 시작하고 계속해서 이루어나간다. 하나님은 의와 힘의 원천이시기 때문에, 우리는 이 둘과 관련해서 오직 그만을 의지하고서, 주의 힘으로 나아가며 주의 공의를 전하여야 한다(시 71:16).

(2) 그들은 이 일 속에서 차고 넘치는 지극한 복과 만족을 얻게 되리라는 것.

[1] 유대 백성은 주 안에서 사람들 앞에 의롭다 함을 얻고 그들의 하나님을 공개적으로 자랑하게 될 것이다. 그들이 하나님으로부터 버려졌을 때에는 압제자들이 그들을 비방하였고 입에 담을 수 없는 험담을 하였으며, 그들을 압제할 수 있는 권세를 지닌 것을 자랑하기까지 하였다. 그러나 하나님께서 그들의 구원을 이루어 내실 때, 그 일은 그들이 그러한 험한 비방들을 듣지 않아도 될 정도로 의롭다는 것을 입증해 줄 것이다. 그래서 그들은 그 일을 자랑하게 될 것이다.

[2] 그리스도를 의지하여 힘과 의를 얻는 모든 참된 그리스도인들은 그리스도 안에서 의롭다 함을 얻고 그것을 자랑하게 될 것이다. 좀 더 살펴보자. 첫째, 모든 믿는 자들은 이스라엘의 자손, 곧 정직하며 기도하는 자손이다. 둘째, 그들이 예수 그리스도로 말미암아 누리는 커다란 특권은, 그리스도께서 하나님에 대하여 그들의 의가 되어주셨기 때문에 그들은 이제 그리스도 안에서 하나님 앞에서 의롭다 함을 얻게 되었다는 것이다. 의롭다 함을 얻은 모든 자들은 그들이 의롭다 함을 얻은 것은 그리스도 안에서이고, 다른 어떤 것으로도 그들이 의롭다 함을 얻을 수 없었다는 것을 고백할 것이다. 의롭다 함을 얻은 자들은 장차 영화롭게 될 것이다. 셋째, 믿는 자들이 그리스도께 마땅히 행해야 할 커다란 의무는 그리스도 안에서 자랑하고 그리스도를 그들의 자랑으로 삼는 것이다. 그리스도는 우리에게 모든 것이기 때문에 우리가 하는 자랑은 주를 자랑하는 것이 되어야 한다. 하나님의 이러한 뜻을 명심하고 잘 따르도록 하자.

<h1 style="text-align:center">제
— 46 —
장</h1>

개요

하나님은 여기에서 선지자를 통해서 곧 자기 백성을 포로 생활에서 건져내시기로 작정하시고서, 그들로 하여금 우상들을 혐오하게 하고 그들의 하나님을 믿고 신뢰하게 함으로써 구원받을 준비를 갖추게 하신다. I. 바벨론의 우상들은 다 나가떨어졌으니 그것들이 혹시라도 그들의 구원을 방해하지는 않을까 두려워하지 말고(1-2절), 지금까지 그들을 자주 구원하셨고 이제도 그 일을 하시고자 하시는 그들의 하나님을 믿고 의지하라는 것(3-4절). II. 바벨론 사람들이 그들의 신들을 섬기는 것처럼 이스라엘의 하나님의 신상들을 만들어서 그들 자신의 우상으로 삼아서 섬기려고 생각하지 말고(5-7절), 그런 얼빠진 짓을 아예 엄두도 내지 말고(8절), 오직 말씀 속에서 하나님을 바라보고, 거기에 나오는 하나님의 약속들과 예언들, 그 모든 것들을 이루실 수 있는 하나님의 능력을 의지하고(9-11절), 사람의 불신앙이 하나님의 말씀을 무효로 만들어 버리지 못하리라는 것을 알아야 한다는 것(12-13절).

[1]벨은 엎드러졌고 느보는 구부러졌도다 그들의 우상들은 짐승과 가축에게 실렸으니 너희가 떠메고 다니던 그것들이 피곤한 짐승의 무거운 짐이 되었도다 [2]그들은 구부러졌고 그들은 일제히 엎드러졌으므로 그 짐을 구하여 내지 못하고 자기들도 잡혀 갔느니라 [3]야곱의 집이여 이스라엘 집에 남은 모든 자여 내게 들을지어다 배에서 태어남으로부터 내게 안겼고 태에서 남으로부터 내게 업힌 너희여 [4]너희가 노년에 이르기까지 내가 그리하겠고 백발이 되기까지 내가 너희를 품을 것이라 내가 지었은즉 내가 업을 것이요 내가 품고 구하여 내리라

우리는 여기에서 다음과 같은 말씀들을 듣는다.

I. 거짓 신들은 그들을 섬기는 자들이 가장 필요로 할 때에 그들을 반드시 실망시키게 되리라는 것(1-2절). 벨과 느보는 바벨론 사람들이 섬겼던 가장 유명한 두 우상이었다. 어떤 이들은 벨이 바알을 줄인 말이라고 본다. 또 어떤

이들은 벨은 바벨론 사람들의 최초의 왕들 중의 한 사람으로서 사후에 신격화 되었던 벨루스(Belus)를 가리킨다고 생각한다. 벨이 신격화 된 왕이었던 것과 마찬가지로, 느보는 신격화된 선지자였다고 어떤 이들은 생각한다. 왜냐하면, 느보는 선지자를 의미하기 때문이다. 이렇게 벨과 느보는 바벨론 사람들에게 헬라 신화에 나오는 제우스와 아폴론(또는, 머큐리) 신에 해당하였다. 바나바 와 바울은 루스드라에서 제우스와 헤르메스로 떠받들려졌다. 이 우상들의 이 름은 바벨론 사람들의 왕들의 이름 속에서도 사용되었는데, 벨사살 왕의 이름 에는 벨이 들어가 있고 느부갓네살과 느부사라단 왕의 이름들 속에는 느보가 들어가 있다. 바벨론 사람들은 이 신들을 아주 오랫동안 섬겨 왔었고 술잔치를 벌일 때에 그들에게 성공을 가져다 준 신들로 찬양하였다(단 5:4). 그들은 여 호와가 벨과 느보를 상대하기에 역부족이어서 이스라엘 백성을 포로로 잡아와 서 억류해 둘 수 있었다는 듯이 말하면서 이스라엘과 그들의 하나님을 모욕하 였다. 이제 하나님은 그들의 말이 더 이상 가엾은 포로된 자들에게 낙심된 말 이 되지 않도록 하기 위하여 그들에게 위협이 된 이 우상들이 장차 어떻게 될 것인지를 여기에서 말해 주신다.

고레스가 바벨론을 점령할 때에 바벨론의 우상들은 파괴될 것이다. 당시에 는 정복자들이 그들이 정복한 곳의 신들과 사람들을 멸하고서 그 자리에 그들 의 신들을 세우는 것이 통상적인 관례였다(사 37:19). 고레스도 그렇게 할 것 이다. 그 때가 되면, 지금까지 높이 위풍당당하게 세워져 있었던 벨과 느보는 그 우상과 신전을 약탈한 군사들의 발 앞에서 엎드러지고 구부러질 것이다. 사 람들은 그 우상들을 장식하기 위하여 거기에 많은 금과 은으로 입혀 놓았기 때 문에, 그것으로 인하여 그 우상들이 눈에 잘 띄어서, 군사들이 나머지 약탈물 들과 함께 그 우상들을 실어가게 될 것이다. 그 우상들은 다른 목재들과 함께 바사로 보내기 위해서(그들은 금은보화보다도 목재를 더 가치 있게 여겼던 것 으로 보인다) 말이나 노새가 끄는 마차에 그 우상들을 실을 것이다. 그 우상들 은 그들을 숭배하는 자들을 도와주기는커녕 스스로도 마차에 무거운 짐이 되 고 피곤한 짐승의 짐이 될 것이다. 우상들은 자기 자신도 구해낼 수 없다(2절). 그들은 엎드러졌고 그들은 구부러졌도다. 우상들은 다 똑같이 비틀거리고 넘어져 서, 그들의 날은 끝나고 말았다. 그들을 섬기는 자들은 그들을 도와줄 수 없다. 그들은 원수의 손에서 그 짐을 구하여 내지 못하고 자기들도 잡혀갔느니라(우상들과 우상 숭배자들 모두가 사로잡혀 갔다). 그러므로 하나님의 백성은 바벨론 사람이든 그들이 섬기는 우상들이든 두려워할 필요가 없다. 하나님의 법궤가 블레셋 사람들의 손에 들어가서 포로로 잡혀 있었을 때에 그것은 짐승들에게 짐이 된 것이 아니라 정복자들에게 짐이라는 것이 밝혀져서, 그들은 법궤를 이스라엘 백성에게 돌려보내지 않을 수 없었다. 그러나 벨과 느보가 사로잡혀 갈 때에 그들을 섬기던 자들은 그 우상들에게 좋은 말을 해줄 수조차 없었다. 그 우상들은 다시는 제자리를 회복하지 못할 것이다.

II. 참 하나님은 그를 섬기는 자들을 결코 실망시키지 않으시리라는 것.

"너희는 벨과 느보가 어떻게 되었는지를 들었느냐? 이제 야곱의 집이여 내게 들을지어다(3-4절). 내가 그들과 같은 그런 신이냐? 결코 그렇지 않다. 너희는 비천해지고 이스라엘 집은 조금 남은 자가 되어 있을지라도, 너희의 하나님은 어제나 오늘이나 영원토록 능력 있고 신실하신 너희의 보호자이시다."

1. 하나님의 백성 이스라엘은 하나님이 이제까지 그들에게 인자하셨고 그들을 돌보아 주셨으며 그들에게 자애롭게 대하셨고 내내 그들에게 잘해 주셨다는 것을 솔직하게 인정하여야 한다. 그들은 다음과 같은 것들을 인정하지 않으면 안 된다.

(1) 하나님이 처음에 그들을 낳으셨다는 것. 내가 너희를 지었다. 그들은 하나님의 긍휼과 은혜와 약속의 모태에서 난 것이 아니면 도대체 어떤 모태에서 난 것인가? 하나님은 그들을 하나의 민족으로 조성하셨고, 그들에게 형체를 부여하셨다. 모든 선한 자는 하나님께서 그들을 그렇게 만드신 것이다.

(2) 하나님이 그들을 내내 키우셨다는 것. 너희는 배에서 태어남으로부터 내게 안겼고 태에서 남으로부터 내게 업혔다. 하나님은 일찍부터 그들을 선하게 대하시기 시작하셨는데, 그들이 하나의 민족으로 태동될 때부터, 아니 그들이 아직 극소수의 사람들로서 나그네가 되어 이리저리 떠돌 때부터 그들을 보살피셨다. 하나님은 그들을 특별한 보호 아래 두시고서, 아무도 그들에게 해를 입히지 못하게 하셨다(시 105:12-14). 그들이 민족을 이루는 초창기에 아직 어려서 어리석고 아무것도 할 줄 모를 뿐만 아니라 제멋대로이고 잘 토라질 그 때에 하나님은 그의 능력과 사랑의 팔로 안아 주셨고 독수리 날개로 그들을 업어서 인도하셨다(출 19:4; 신 32:11). 모세는 양육하는 아버지가 젖 먹는 아이를 품듯 그들을 품에 품고 갈 인내심을 갖지 못하였지만(민 11:12), 하나님은 그들을 업고

가셨고 그들의 소행을 참으시고(행 13:18) 인도하셨다. 하나님은 그들을 일찍부터 선하게 대하셨을 뿐만 아니라(이스라엘이 아이였을 때에 내가 그들을 사랑하였다), 계속해서 그들을 선하게 대해 오셨다. 하나님은 모태에서 오늘날까지 그들을 안고 오셨다. 우리는 모두 하나님이 이렇게 우리에게 은혜를 베풀어 오셨다는 것을 증언할 수 있다. 하나님은 우리를 배에서부터, 즉 모태에서부터 우리를 품으셨다. 그렇지 않았다면 우리는 모태에서 죽었거나 배에서 나오자마자 죽었을 것이다. 우리는 하나님의 능력의 팔에 안기고 그의 사랑과 긍휼의 품 속에 안겨서 그의 자비로운 섭리의 끊임없는 돌보심의 사람이었다. 새 사람도 마찬가지이다. 우리 속의 모든 것은 하나님께로부터 난 것으로서 하나님에 의해서 지탱된다. 하나님이 손을 놓으시는 순간, 우리 속에 있는 모든 것은 다 무너지게 될 것이다. 우리의 자연적인 생명이 그의 섭리에 의해서 지탱되듯이, 우리의 영적인 생명도 그의 은혜에 의해서 지탱된다. 성도들은 하나님께서 그들을 모태에서 품어서 나오게 하셨다는 것을 인정하였고, 아무리 극심한 곤경 속에서도 그 일을 생각하고서 힘을 얻었다(시 22:9-10; 71:5-6, 17).

2. 그러면 하나님은 그들에게 인자를 베푸셔서 결코 그들을 떠나지 아니하실 것이라고 약속하신다. 그들의 처음이 되셨던 하나님은 그들의 마지막도 되어 주실 것이다. 처음에 그들로 잘 되게 해주셨던 하나님은 그들이 끝까지 잘 되도록 해주실 것이다(4절). "너희가 배에서 태어남으로부터 내게 안겼고, 너희가 아기였을 때에 내가 젖을 먹이고 업어서 너희를 키웠다. 너희가 노년에 이르러 쇠약해져서 아기 때처럼 도움이 필요할 때에도 내가 그리하리라." 이스라엘은 이제 나이가 들었고, 그들을 생겨나게 만들어 준 언약도 낡고 쇠하여졌다(히 8:13). 그들에게는 여기저기 온통 백발이 무성하였다(호 7:9). 그들은 그들의 난잡한 행실로 말미암아 빨리 늙고 쇠하여졌고 그들에게 닥칠 재난들을 재촉하였었다. 그러나 이제 하나님은 그들의 힘이 쇠하여졌을 때에 그들을 내치거나 실망시키지 않으실 것이다. 하나님은 여전히 그들의 하나님이시기 때문에, 모세의 때에 그들을 안으셨던 바로 그 영원하신 팔로 그들을 안고 가실 것이다(신 33:27). 하나님은 그들을 지으셨고, 그들과 이해관계가 있으시기 때문에, 그들을 업고 가시되, 그들의 연약함을 참으시고 그들이 환난 가운데서 견딜 수 있도록 그들을 붙들어 주실 것이다. "내가 그들을 품고 구하여 내리라. 그들이 아기였을 때에 내가 그들을 업어서 애굽에서 구하여 내었듯이, 이제는 그들을

독수리의 날개 위에 업어서 바벨론에서 구하여 내리라." 노쇠한 이스라엘에 대한 이 약속은 모든 나이 든 이스라엘 사람들에게 적용될 수 있다. 하나님은 그의 신실한 종들을 노년에 이르기까지 붙들어 주시고 위로해 주시겠다고 은 혜로 약속하셨다. "네가 나이가 들어 일할 수 없게 되고 몸은 여러 가지 병들로 여기저기 아프며 너의 혈육들도 너를 돌보기에 지쳐가기 시작하는 너의 노년에 이르기까지 내가 그리하리라. 네가 배에서 태어날 때부터 너를 안았고 태에서 날 때부터 너를 업어서 돌보아 주었던 나는 네가 노년이 되어도 변함없이 똑같이 그 모습 그대로 너를 돌보아 줄 것이다. 너는 변하겠지만, 나는 변하지 않고 똑같을 것이다. 나는 내가 이전에 약속했던 그 모습 그대로의 나, 네가 예전에 알았던 그 모습 그대로의 나, 네가 바라던 바로 그 모습의 나일 것이다. 내가 너를 업을 것이요 품을 것이다. 네게 어떤 시련이 닥쳐도 내가 너를 끝까지 붙들어 줄 것이고, 네가 네 길을 끝까지 다 가서 마침내 너의 본향에 이를 때까지 너를 업어서 데려갈 것이다."

⁵너희가 나를 누구에게 비기며 누구와 짝하며 누구와 비교하여 서로 같다 하겠느냐 ⁶사람들이 주머니에서 금을 쏟아 내며 은을 저울에 달아 도금장이에게 주고 그것으로 신을 만들게 하고 그것에게 엎드려 경배하며 ⁷그것을 들어 어깨에 메어다가 그의 처소에 두면 그것이 서 있고 거기에서 능히 움직이지 못하며 그에게 부르짖어도 능히 응답하지 못하며 고난에서 구하여 내지도 못하느니라 ⁸너희 패역한 자들아 이 일을 기억하고 장부가 되라 이 일을 마음에 두라 ⁹너희는 옛적 일을 기억하라 나는 하나님이라 나 외에 다른 이가 없느니라 나는 하나님이라 나 같은 이가 없느니라 ¹⁰내가 시초부터 종말을 알리며 아직 이루지 아니한 일을 옛적부터 보이고 이르기를 나의 뜻이 설 것이니 내가 나의 모든 기뻐하는 것을 이루리라 하였노라 ¹¹내가 동쪽에서 사나운 날짐승을 부르며 먼 나라에서 나의 뜻을 이룰 사람을 부를 것이라 내가 말하였은즉 반드시 이룰 것이요 계획하였은즉 반드시 시행하리라 ¹²마음이 완악하여 공의에서 멀리 떠난 너희여 내게 들으라 ¹³내가 나의 공의를 가깝게 할 것인즉 그것이 멀지 아니하나니 나의 구원이 지체하지 아니할 것이라 내가 나의 영광인 이스라엘을 위하여 구원을 시온에 베풀리라

여기에서도 하나님과 경쟁하는 우상들을 세우는 우상 숭배자들과 하

나님의 백성의 원수들인 압제자들의 죄를 깨우쳐 주기 위해서 바벨론의 멸망에 의한 이스라엘의 구원(이 모든 장들의 전체적인 주제)이 다시 역설되고 약속된다.

I. 우상을 만들고 섬기는 자들, 특히 바벨론 사람들이 그들의 우상을 가지고 있었던 것과 마찬가지로 이스라엘 백성 중에서 하나님의 신상들을 만들어 가졌던 자들의 죄를 깨우쳐 주기 위하여, 하나님은 이렇게 하신다.

1. 하나님은 그들에게 자기와 닮았다고 생각되는 신상을 만들어보거나 자기와 경쟁될 수 있을 것으로 여겨지는 그 어떤 존재를 세워 보라고 도전하신다 (5절). 너희가 나를 누구에게 비기겠느냐. 그 어떤 피조물의 형상을 통해서 무한하고 영원한 영이신 하나님의 모습을 나타내 보일 수 있다고 생각하는 것 자체가 터무니없는 것이다. 그것은 하나님의 진리를 거짓 것으로 바꾸는 것이고 하나님의 영광을 욕된 것으로 바꾸는 것이다. 하나님과 닮은 것을 본 자는 지금까지 아무도 없었고, 하나님의 얼굴을 보고나서 살아 있을 수 있는 자도 아무도 없다. 그런즉 우리가 하나님을 누구와 같다 하겠느냐(사 40:18, 25). 또한, 어떤 피조물을 가장 고상한 피조물보다도 무한히 높으신 창조주와 동등하게 만들고자 하거나, 피조물과 창조주를 비교해 보고자 하는 것도 터무니없는 짓이다. 왜냐하면, 무한한 자와 유한한 자를 비교한다는 것은 말도 되지 않는 것이기 때문이다.

2. 하나님은 우상들을 만들고서 그 우상들을 향하여 기도하는 자들의 어리석음을 드러내신다(6-7절).

(1) 그들은 우상들을 그들의 마음에 맞게 만들기 위해서 큰 돈을 쏟아 붓고 비용을 아끼지 않았다. 사람들이 주머니에서 금을 쏟아냈다. 우상을 만드는 데에는 적지 않은 돈이 들어가지만, 그들은 거기에 아무런 많은 돈이 들어가도 개의치 않고 그 돈을 대느라 가족이 궁핍해지고 가산이 기울어도 상관하지 않는다. 우상 숭배자들이 우상을 만들고 섬기는 일에 아낌없이 돈과 정성을 쏟아 붓는 것을 보면, 스스로 하나님의 종으로 자처하면서도 하나님을 섬기는 일에 돈과 정성을 전혀 쓰고자 하지 않는 자들이 보여주는 인색함은 부끄러울 뿐이다. 어떤 사람들은 집에 갖다놓을 우상을 만들기 우해서 주머니에서 금을 쏟아내고, 또 어떤 사람들은 마음속에서 황금을 우상으로 삼기 위하여 주머니에 금을 모아 놓는다. 왜냐하면, 탐욕은 우상 숭배이기 때문이다. 탐욕은 우상 숭배만

큼 욕을 먹는 일은 아닐지라도 위험하기 짝이 없는 일이다. 그들은 우상을 만들 때에 쓸 재료로 삼기 위하여(아무리 얼빠진 자들이라도 그들이 가진 가장 좋은 것으로 신을 섬겨야 한다는 것쯤은 알 정도로 정신이 있기 때문에, 송아지 신상을 만들었을 때에 사람들은 황금 송아지를 만들었다) 또는 장인들의 품삯을 지불하기 위하여 은을 저울에 단다. 죄를 섬기는 일은 흔히 아주 큰 비용이 들어간다.

(2) 그들은 정성을 다해서 자신의 우상을 모셨고 우상을 돌보느라 적지 않은 수고를 하였다(7절). 그들은 그것을 들어 어깨에 메고, 짐꾼들을 시켜서가 아니라 직접 그 우상을 옮긴다. 그들은 살아계신 하나님이 아니라 죽은 시신과 더 닮은 우상을 날라와서 그의 처소에 둔다. 그들은 우상을 받침대 위에 세워두는데, 그렇게 해서 그 우상은 거기에 서 있다. 그들은 그 우상이 그들에게 좋은 일을 해주기 위하여 손을 움직이거나 걸음을 걸을 수 없다는 것을 알면서도 우상을 어디에서 찾아야 할지를 알 수 있도록 우상이 거기에서 능히 움직이지 못하게 우상을 단단히 고정시켜 놓는 일에 큰 수고를 들인다.

(3) 마침내 그들은 그들의 우상이 그들 자신의 손으로 만들어 낸 물건에 불과하고 그들 자신의 공상 속에서 만들어 낸 피조물에 불과한 데도 그 우상에게 지극한 예를 갖추어 공경한다. 그들은 도금장이에게 그 우상을 만들게 해 놓고서, 그것에게 엎드려 경배한다. 그들은 돈을 들여서 신을 만들어 낼 수 있다고 생각할 정도로 스스로 자고(自高)한 자들인 데도 그 출처를 뻔히 아는 신에게 무릎을 꿇고 경배함으로써 정반대로 자신을 천하게 만들어 버린다. 그들은 그들이 속한 나라의 관습에 속아서 이 같은 우상을 만들어 내었을 뿐만 아니라 그 우상이 대답할 수 없고 그들의 말을 이해할 수 없으며, 예나 아니오로 대답할 수 없고 하물며 그들을 고난에서 구하여 내지도 못한다는 것을 뻔히 알면서도 스스로 속아서 우상들에게 부르짖었다. 살아계신 참된 하나님을 알고 그 하나님께 속한 자라면 어떻게 이와 같이 어리석은 짓을 할 수 있겠는가?

3. 하나님은 이것을 그들 자신이 이치를 따져보고 판단해 보라고 말씀하신다(8절). "내가 너희에게 자주 얘기해 왔던 것, 즉 이러한 우상들은 아무런 지각도 없고 너희를 도울 힘도 없다는 이것을 기억하고 너희 자신이 짐승이 아니라 사람이고 어린 아이가 아니라 장부라는 것을 보이라. 이성을 가지고 행하고, 스스로 판단하고 결단하여 행하며, 너희 자신이 유익한 쪽으로 행하라. 지혜롭게

행하고 용감하게 행하라. 너희가 우상을 섬길 때에 너희 스스로의 판단을 하찮게 여기는 것을 수치로 생각하라." 죄인들이 자기 자신이 사람이라는 것을 보이고자 하고, 사람으로서의 본성의 위엄을 유지하고자 하며, 사람의 능력과 역량을 올바르게 사용하고자 하기만 한다면, 그들은 성도들이 될 수밖에 없다는 것을 명심하라 "나는 너희에게 많은 것을 일깨워 주었다. 그것들을 다시 기억해서 너희의 생각 속에서 그것들을 곰곰이 되씹어보라. 너희 패역한 자들아, 너희의 행실을 곰곰이 생각해 보아서 어디서 떨어진 것을 생각하고 회개하여 스스로 회복하라."

4. 하나님은 다시, 오직 자기만이 하나님이시고 다른 신은 없다는 명백한 증거들을 제시하신다(9절). 나는 하나님이라 나 같은 이가 없느니라. 이것은 우리가 거듭거듭 반복해서 되새겨볼 필요가 있는 말씀이다. 하나님은 이것을 증명하시기 위해서 다음과 같은 것들을 제시하신다.

(1) 거룩한 역사. "너희는 옛적 일, 곧 이스라엘의 하나님이 자기 백성의 초창기에 그들에게 어떻게 행하셨는지, 그 하나님이 아무도 할 수 없는 일들, 거짓 신들이 그들을 숭배하는 자들을 위하여 행하지도 않았고 행할 수도 없었던 일들을 어떻게 행하셨는지를 기억하라. 그러한 일들을 기억해 보라. 그러면 너희는 내가 하나님이고 나 외에 다른 이가 없다는 것을 인정하게 될 것이다." 바로 이것이 우리가 여호와 하나님을 유일하신 참된 하나님으로 영광을 돌려야 하고, 오직 여호와 하나님만이 받으셔야 마땅한 그러한 영광을 다른 어떤 우상에게도 돌리지 않아야 할 이유이다(출 15:11).

(2) 거룩한 예언. 여호와 하나님은 유일하게 시초부터 종말을 알리신 분이기 때문에 홀로 참된 하나님이시다(10절). 하나님은 시간이 시작되던 바로 그 처음부터 시간이 끝날 것이라는 것, 만물에는 종말이 있으리라는 것을 밝히 알리셨다. 에녹은 보라 주께서 오신다고 예언하였다. 하나님은 한 민족이 생겨날 때에 그 민족의 종말이 어떨 것인지를 분명하게 말씀하실 수 있는 분이시다. 하나님은 이스라엘에게 그들의 말년에 무슨 일이 일어나게 될지, 그들의 종말이 어떠할지를 말씀해 주시면서, 그들이 장차 있을 일들을 곰곰이 잘 생각하여 지혜롭게 행하기를 바라셨다(신 32:20, 29). 하나님은 어떤 사건이 시작될 때에 그 결말이 어떠할 것인지를 아신다. 하나님께서 하시는 모든 일들은 그가 알고 계시고, 그의 기쁘신 뜻을 따라 그것들을 우리에게 알려 주신다. 하나님께서 예

언을 통해서 알려 주시는 것 외에는 우리가 하나님이 하시는 일의 시종을 측량하는 것은 불가능하다(전 3:11). 하나님은 옛적부터 아직 이루지 아니한 일을 뜻이신다. 아주 오래 전에 우리에게 주어진 성경의 많은 예언들은 아직 성취되지 않았다. 그러나 그동안에 몇몇 예언들이 성취되었다는 것은 나머지 다른 예언들도 때가 되면 다 성취될 것임을 보여주는 증거이다. 이것을 통해서 오직 여호와 하나님만이 하나님이고 다른 이가 없다는 것이 드러난다. 자기가 한 말씀들을 이루실 수 있는 분은 오직 하나님뿐이시고 그 외에는 없다. "나의 뜻이 설 것이니, 음부와 세상의 모든 권세들은 나의 뜻을 가로막거나 무효로 할 수 없고, 그들이 온갖 술수를 쓴다고 해도 나의 뜻은 수정되거나 역이용될 수 없다." 하나님의 역사들은 모두 그의 뜻에 따라 이루어지는 것과 마찬가지로, 하나님의 뜻은 그의 역사들을 통해서 성취될 것이다. 하나님이 사용하시는 조치들 가운데서 좌절되는 것은 하나도 없을 것이고 하나님의 계획들 중에서 실패로 돌아가는 것도 하나도 없을 것이다. 하나님의 뜻이 의심할 여지 없이 서게 되리라는 것은 하나님의 뜻에 그들의 모든 소망을 걸어온 자들에게 아주 큰 만족을 준다. 또한, 하나님께서 기뻐하시는 것이 무엇이든지 우리가 그것을 기뻐한다면, 하나님이 그가 기뻐하시는 모든 일을 이루시리라는 것은 다른 그 무엇보다도 우리를 안심하게 만든다(시 135:6). 하나님께서 자기 백성을 포로 생활에서 건지시기 위하여 자신의 대리인으로 고레스를 지명하여 그를 높일 것이라고 말씀하시는 이 예언이 성취될 것임을 언급하시는 것도 오직 여호와만이 하나님이시고 다른 신이 없다는 이 진리를 확증하기 위한 것이다. 이 일은 곧 일어나게 될 일이다(11절). 하나님은 자신의 뜻을 따라서 동쪽에서 사나운 날짐승을 부르실 것이다. 하나님은 고레스를 사나운 날짐승, 즉 육식조로 표현하셨는데, 사람들은 고레스가 독수리나 매 같은 매부리코를 가지고 있어서 이렇게 표현된 것이라고 말하기도 하고, 또 어떤 사람들은 고레스가 독수리 문양을 자신의 군기에 새겨 놓았고 나중에 그러한 군기가 로마인들에 의해서 사용되었기 때문에 여기에서 그렇게 표현된 것이라고 말하기도 한다(마 24:28). 고레스는 하나님의 부르심을 따라서 동쪽으로부터 왔다. 왜냐하면, 하나님은 만국의 여호와로서 모든 군대를 지휘하시는 분이기 때문이다. 하나님이 그를 부르셨다면 그는 반드시 승리하게 될 것이다. 고레스는 먼 나라에서 왔고 이 일에 대하여 전혀 모르는 인물이지만 하나님의 뜻을 집행하게 될 것이다. 하나님의 계시된 뜻을 전혀 알지 못하고 그런 것을 개의치 않는 자들조차도 하나님의 은밀한 뜻을 성취하는 데에 사용된다는 것을 명심하라. 하나님의 모든 뜻은 어떤 손길을 통해서도 제때에 정확하게 이루어진다. 이 예언을 확증하기 위하여 하나님께서 여기에서 추가적으로 하신 말씀들은 약속을 위업으로 받는 자들에게 하나님의 뜻은 결코 변함이 없다는 것을 아주 분명하게 보여준다. "나의 종들인 선지자들을 통해서 내가 말하였고, 내가 말한 것은 내가 계획한 것과 똑같다." 왜냐하면, 하나님은 자신의 모든 계획을 다 예언을 통해서 밝히시는 것은 아니지만, 예언을 통해서 밝히신 것들 중에 그의 계획에 속하지 않은 것은 하나도 없기 때문이다. 하나님은 자신의 마음을 결코 바꾸시지 않으실 것이기 때문에 반드시 그것을 시행하실 것이다. 그 어떤 피조물도 하나님을 가로막을 능력을 지니고 있지 않기 때문에 하나님은 그것을 반드시 이루실 것이다. 우리는 하나님께서 이 말씀을 하실 때에 권세를 지니신 위엄 있는 분으로서 말씀하고 계시는 것을 주목해 보아야 한다. 내가 말하였은즉 반드시 이룰 것이요 계획하였은즉 반드시 시행하리라. 말씀이 떨어지기가 무섭게 그 일은 이루어진다(dictum, factum). 하나님은 "그 일이 이루어지도록 내가 신경을 쓰겠다"고 말씀하시는 것이 아니라 "내가 그 일을 이루리라"고 말씀하신다. 천지가 없어질지언정 하나님의 말씀은 일점일획이라도 땅에 떨어지지 않을 것이다.

II. 감히 하나님의 뜻을 거역하는 자들의 죄를 깨우쳐 주시기 위하여 여기에서는 하나님의 뜻은 이루어질 뿐만 아니라 아주 속히 이루어질 것이라는 약속이 주어진다(12-13절).

1. 이 말씀은 마음이 완악한 자들, 즉 다음 둘 중의 하나를 향한 것이다.

(1) 교만하고 완악한 바벨론 사람들. 그들은 의에서 멀리 떠나 있고 공의를 행하지 않으며 그들이 다스리는 자들에게 자비를 베풀 줄 모르는 자들이었다. 그들은 압제받는 자들을 놓아 주겠다고 결코 말하지 않고, 그들의 간청이나 하나님의 예언에도 불구하고 그들을 계속해서 억류해 두고자 하는 자들이다. 그들은 비참하고 불쌍한 자들을 불쌍히 여기거나 관용을 베풀고자 하지 않는 자들이었다.

(2) 낮아지지 않는 유대인들. 그들은 오랫동안 망치 아래 있었고 용광로 속에 넣어져 있었지만 부서지거나 녹아지지 않은 자들이었고, 광야에서 믿지 않고 불평하는 이스라엘 백성처럼 하나님이 의롭지 않으시다(즉, 하나님께서 자

신의 약속을 이행하기 위하여 그들의 대적을 심판하러 나타나지 않으시리라는 것)고 생각하고서 그들의 불신으로 말미암아 더욱더 하나님의 의에서 스스로 멀어져서, 불신앙 때문에 약속의 땅에 들어갈 수 없었던 그들의 조상들처럼 선한 일을 멀리해 온 자들이었다. 이 말씀은 그리스도의 복음을 배척하였던 유대 민족에게 적용될 수 있다. 그들은 의의 법을 따라갔지만 의에 이르지 못하였으니 이는 그들이 믿음을 의지하지 않았기 때문이다(롬 9:31-32). 그들은 의에서 멀어져서 멸망을 당하였다. 이것은 그들이 완악한 마음을 지니고 있었기 때문이었다(롬 10:3).

2. 한 쪽은 오만방자함에 빠져서, 다른 쪽은 절망에 빠져서 그들이 무슨 생각을 하든지 하나님은 그들에게 다음과 같이 말씀하신다.

(1) 하나님의 백성은 반드시 구원을 받게 될 것이다. 사람들이 그들을 제대로 대하여 공의를 행하지 않는다면, 하나님이 그렇게 하실 것이고, 사람들의 의가 닿지 않는 그 곳에 하나님의 의가 그들을 위하여 임하게 될 것이다. 하나님은 구원을 시온에 베풀리라. 즉, 하나님은 예루살렘을 거기에 거주하게 될 모든 자들에게 안전한 곳이 되게 하실 것이다. 따라서 하나님의 영광인 이스라엘을 위하여 구원이 임하게 될 것이다. 그리고 하나님은 그의 이스라엘 가운데서 영광을 받으실 것이다. 하나님은 그들을 위하여 계획하신 구원을 통하여 영광을 받으실 것이다. 이 일은 하나님의 영광에 크게 기여하게 될 것이다. 이 구원은 시온에서 이루어질 것이다. 왜냐하면, 복음이 거기에서부터 일어날 것이고(사 2:3) 구속주가 거기로 임할 것이며(사 59:20; 롬 11:26) 구원을 가져다 줄 자는 시온의 왕이기 때문이다(슥 9:9).

(2) 이 구원은 아주 속히 이루어질 것이다. 사람들은 이 구원이 아주 먼 일이라고 생각하였기 때문에, 하나님은 특별히 이 점을 여기에서 역설하신다. "내가 나의 의를 가깝게 할 것인즉, 너희가 생각하는 것보다 더 속히 이르게 할 것이다. 너희의 곤경이 아주 심하고 너희 원수들이 가장 악랄하게 굴 때에 나의 의는 아주 가까이 온 것이다. 나의 의가 필요한 때에 그 의는 멀리 있지 않을 것이다(시 85:9). 보라, 심판주가 문 밖에 서 계시니라. 때가 무르익었고 너희가 준비되어 있다면, 나의 구원은 더 이상 지체하지 아니할 것이라. 그러므로 지체된다고 할지라도 그 구원을 기다리라. 인내심을 가지고 기다리라. 왜냐하면, 오실 자는 오시겠고 지체하지 아니하실 것이기 때문이다."

제
— 47 —
장

개요

무한한 지혜를 지니신 하나님은 바벨론에 전혀 해를 입히지 않으시고도 이스라엘이 놓여날 수 있도록 얼마든지 모든 일들을 그런 식으로 진행해 나가실 수도 있었다. 그러나 바벨론 사람들이 마음을 완악하게 하고 하나님의 백성을 보내주지 않는다면, 이스라엘이 놓여나는 길을 닦기 위하여 그들이 사는 곳이 폐허가 된다고 해도, 그것은 순전히 그들의 탓이다. 하나님이 여기 이 장에서 바벨론이 초토화될 것을 예언하시는 것은 그들이 그동안 하나님의 백성을 무자비하게 학대한 것에 대한 복수심을 만족시키기 위한 것이 아니라 자기 백성에게 그들이 구원받으리라는 것을 믿고 소망할 수 있도록 격려하고, 요한계시록에서 "바벨론"이라는 이름으로 나오는 신약의 교회의 저 큰 원수의 멸망을 보여주는 하나의 모형으로 삼기 위한 것이다. 이 장에는 다음과 같은 내용들이 나온다. I. 바벨론이 철저하게 초토화되어서 티끌에 앉는 비참한 처지로 전락하여 그 화려했던 영화가 폐허더미로 변하게 되리라는 경고(1-5절). II. 하나님께서 그들을 이렇게 초토화시키도록 진노케 한 그들의 죄악들. 1. 그들이 하나님의 백성에게 잔혹한 짓들을 한 것(6절). 2. 그들의 교만함과 육적인 방비를 믿고 안일한 것(7-9절). 3. 그들이 스스로의 힘을 믿고서 하나님을 멸시한 것(10절). 4. 그들을 견고하게 세워주기는커녕 그들의 멸망을 재촉하는 행위들인 주술을 사용하고 마법과 신접한 자를 의지한 것(11-15절).

[1]처녀 딸 바벨론이여 내려와서 티끌에 앉으라 딸 갈대아여 보좌가 없어졌으니 땅에 앉으라 네가 다시는 곱고 아리땁다 일컬음을 받지 못할 것임이라 [2]맷돌을 가지고 가루를 갈고 너울을 벗으며 치마를 걷어 다리를 드러내고 강을 건너라 [3]네 속살이 드러나고 네 부끄러운 것이 보일 것이라 내가 보복하되 사람을 아끼지 아니하리라 [4]우리의 구원자는 그의 이름이 만군의 여호와 이스라엘의 거룩한 이시니라 [5]딸 갈대아여 잠잠히 앉으라 흑암으로 들어가라 네가 다시는 여러 왕국의 여주인이라 일컬음을 받지 못하리라 [6]전에 내가 내 백성에게 노하여 내 기업을 욕되게 하여 그들을 네 손에 넘겨 주었거늘 네가 그들을 긍휼히 여기지 아니하고 늙은이에게 네 멍

에를 심히 무겁게 메우며

하나님은 이 단락에서 마치 요나를 니느웨에 보내셨던 것처럼 선지자를 통해서 심지어 바벨론에도 사자를 보내신다. "바벨론이 멸망할 때가 가까이 왔다." 하나님은 이렇게 바벨론에게도 그들이 회개하여 멸망하는 것을 미리 막고 태평성대를 더 누릴 수 있는 기회를 주시기 위하여 공평하게 그들에게도 미리 경고를 보내신다. 우리는 여기에서 다음과 같은 것들을 살펴볼 수 있다.

I. **하나님과 바벨론 간의 논쟁.** 이 논쟁 속에서 모든 재앙이 시작되기 때문에, 우리는 이것으로부터 시작하고자 한다. 바벨론은 하나님을 자신의 원수로 만들었다. 그러니 누가 바벨론에게 우호적일 수 있겠는가. 바벨론은 원수 갚는 것을 주관하시는 의로우신 재판장께서 내가 보복하리라고 말씀하셨다는 것을 알아야 한다(3절). 바벨론은 하나님을 진노케 하였기 때문에, 그들의 죄의 분량이 다 찼을 때에 하나님은 그들에게 그 책임을 물으실 것이다. 하나님께서 보복하시고자 하시는 자들에게는 화가 있으리로다. 왜냐하면, 하나님의 진노가 어떠한 힘을 지니고 있는지, 하나님의 손에 빠져드는 것이 얼마나 두려운 일인지를 아는 사람이 없기 때문이다. 우리와 같은 어떤 사람이 우리에게 복수하고자 한다고 해도, 우리는 그 사람을 상대할 만하다는 생각이 들어야만 그에게서 피하거나 우리 쪽에서 그와 화해를 하고자 하는 소망을 품을 수 있다. 그러나 하나님은 이렇게 말씀하신다. "내가 사람을 아끼지 아니하고, 사람을 불쌍히 여기는 마음을 갖지 않고, 젊은 사자가 되어서 너를 만날 것이다(호 5:14)." 또는, 하나님은 쉽게 저항할 수 있는 사람의 힘으로가 아니라 도저히 저항할 수 없는 하나님의 능력으로 그를 만날 것이고, 뇌물을 먹거나 어리석은 동정에 이끌려서 치우치기도 하고 완화되기도 하는 인간의 정의가 아니라 아무도 결코 피해갈 수 없는 엄격하고 엄한 하나님의 공의로 너를 만날 것이라고 말씀하신 것일 수도 있다. 회개한 자를 용서하실 때에나 회개치 않는 자를 벌하실 때에나 하나님은 사람이 아니라 하나님이시다(호 11:9).

II. **하나님이 이렇게 논쟁하시는 구체적인 근거.** 우리는 하나님이 이렇게 하시는 데에는 이유가 있고 그 이유는 정당한 것임을 확신한다. 그것은 하나님의 성전에 대하여 그들이 행하였던 만행에 대한 보복이고(렘 50:28), 그들이 시온에 대하여 행한 폭력에 대한 보복이다(렘 51:35). 하나님은 자기 백성의 정당한 하소연을 들어주셔서 바벨론을 쳐서 복수하실 것이다. 하나님은 자기 백성에게 진노하셔서 그들을 바벨론 사람들의 손에 넘겨주셨고, 그들을 자기 자녀들을 바로잡는 일에 사용하셨으며, 그들을 통해서 그의 기업을 욕되게 하였고, 자기 백성을 다른 열방들과 마찬가지로 고난을 받게 하셨으며, 멀리 있던 이교도들을 주의 기업의 땅에 들어와서 주의 성전을 더럽히게(시 79:1) 하셨다는 것을 인정하신다(6절). 하나님께서 이렇게 하신 것은 의로운 것이었다. 그러나 바벨론 사람들은 하나님이 의도하신 정도를 훨씬 넘어서서 도가 지나치게 행하여, 하나님의 백성을 그들의 수중에 넣은 후에, 지혜와 거룩함과 존귀함으로 그토록 명성이 자자하였던 민족을 굴복시켰다는 자만심에 의기양양하여 비열한 심령으로 그들을 짓밟았고 그들을 조금도 긍휼히 여기지 아니하고, 비참한 자들이 그들의 참상으로 인하여 마땅히 받아야 할 최소한의 인간적인 대접조차도 그들에게 해주지 않았다. 바벨론 사람들은 그들을 야만족으로 학대하였고, 경멸하는 태도로 그들을 대하였으며 그들의 재난을 고소해하였다. 그들은 하나님의 백성에게 멍에를 메게 한 것도 부족해서 고통을 당한 자에게 큰 고통을 더하며 그들의 멍에를 심히 무겁게 하였다. 아니, 그들은 이미 일할 나이가 지나서 젊어서 힘이 있었을 때에는 쉽게 멜 수 있었던 멍에조차 이제는 도저히 멜 수 없는 늙은이들, 백성들의 재판관들과 방백들, 최고 지위에 있었던 자들에게도 멍에를 메게 하였다. 그들은 하나님의 백성 중에서 지위가 높은 장로들을 이렇게 비천하고 고된 잡일에 사용하는 것을 자랑으로 여겼다. 예레미야는 이러한 참상을 한탄하면서 장로들의 얼굴도 존경을 받지 못하나이다(애 5:12)라고 말하였다. 잔혹한 짓을 당하는 것보다 어느 민족에게 더 확실하고 뼈아픈 파멸을 가져다 주는 것은 없는데, 특히 그것이 하나님의 백성인 이스라엘이었을 때에는 그 참상은 말해 무엇하겠는가.

Ⅲ. 하나님이 이렇게 논쟁을 걸어오신 것은 두렵고 무서운 일이라는 것.

바벨론은 그들에게 시비를 걸어오시는 분이 어떤 분이신지를 들었을 때에 두려워 떨어야 할 충분한 이유를 갖고 있었다(4절). "우리의 하소연을 받아들이셔서 우리의 피에 대한 복수를 해주시기 위하여 그 일에 착수하신 우리의 구원자 되시는 하나님은 두 가지 이름을 지니고 계시는데, 그 이름들은 우리에게 위로가 될 뿐만 아니라 우리의 대적들에게 두려움이 된다."

1. "하나님은 모든 피조물을 명하시고 지휘하시는 만군의 여호와이시기 때문에 하늘과 땅의 모든 권세를 지니고 계신다." 여호와 하나님께서 싸우시기로 작정하신 자들에게는 화가 있을 것이다. 왜냐하면, 온 피조 세계가 그들과 맞서 싸움을 벌일 것이기 때문이다.

2. "하나님은 이스라엘의 거룩한 이, 우리와 언약관계에 있는 하나님이시다. 그러므로 하나님은 우리 가운데에 거처를 정하시고, 우리에게 하신 모든 약속들을 충실하게 이행하실 것이다." 하나님의 능력과 거룩함은 시온을 위하여 바벨론과 싸울 때에 사용된다. 이 말씀은 우리의 크신 구속주이신 그리스도께 적용될 수 있다. 그리스도는 만군의 주이시고 이스라엘의 거룩한 이이시다.

IV. 이 논쟁이 바벨론에게 가져온 결과들. 바벨론은 실제로 창기들의 어미였지만 스스로 처녀라고 생각했기에 여기에서 처녀로 불린다. 바벨론은 처녀로서 아름다워서 주변의 모든 남자들로부터 구애를 받았다. 바벨론은 곱고 아리땁다고 일컬어졌고(1절) 여러 왕국의 여주인으로 불리어 왔다(5절). 그러나 이제 사정은 변하였다.

1. 바벨론의 영광은 사라졌고, 바벨론은 자기가 가지고 있었던 모든 위엄과 작별을 고하여야 한다. 세상에서 가장 높은 곳에 위풍당당하게 여유를 부리며 앉아 있었던 바벨론은 너무나 초라하고 깊은 슬픔에 잠긴 애곡하는 자로서 내려와서 티끌에 앉아야 하고 땅에 앉아야 한다. 왜냐하면, 바벨론은 모든 것을 잃어버리고 빈털터리가 되어서 자기가 앉을 자리도 없어져 버릴 것이기 때문이다.

2. 바벨론의 권세는 사라졌고, 바벨론은 자기가 다스려 왔던 모든 것에 작별을 고하여야 한다. 바벨론은 이제 이전과는 달리 더 이상 다스리지 못할 것이고, 이웃나라들에게 법을 강제하지 못할 것이다. 딸 갈대아여 너를 위한 보좌가 없어졌도다. 자기에게 주어진 영광이나 권세나 능력을 남용하는 자들은 하나님의 진노를 사서 그것들을 박탈당하고 티끌에 내려와서 앉게 되리라는 것을 명심하라.

3. 바벨론의 평안과 즐거움은 사라졌다. "바벨론은 다시는 예전처럼 곱고 아리땁다 일컬음을 받지 못할 것이다. 왜냐하면, 그러한 온갖 호사를 누리게 해주었던 모든 것을 빼앗길 뿐만 아니라 고된 노역에 시달려서 궁핍과 고통을 당하게 될 것이기 때문이다. 그는 예전에는 곱고 아리따워서 자기 발바닥으로 땅을 밟

아보지도 아니하던 자였기 때문에 그 고통은 갑절로 심할 것이다(신 28:56)." 우리는 곱고 아리따우며 부드러운 것에 길들여지지 않도록 조심하는 것이 지혜로운 일이다. 왜냐하면, 우리는 다른 사람들이 우리가 죽기 전에 우리를 얼마나 험하게 다룰지, 우리가 어떠한 곤경에 처하게 될지 모르기 때문이다.

4. 바벨론의 자유는 사라졌고, 바벨론은 종의 신세로 전락하여, 그가 잘 나가던 때에 다른 나라들에게 했던 것처럼 고통스러운 종살이를 하게 될 것이다. 바벨론에서 고관을 지냈던 자들조차도 그들이 예전에 정복당한 백성들에게 그랬듯이 정복자들로부터 명령을 받아야 한다. "너희는 맷돌을 가지고 가루를 갈아야 하고(2절) 고된 노역을 해야 한다(교도소의 노역장에서 일하듯이). 너희는 고된 일을 하느라 땀을 많이 흘려서 너희의 머리에 썼던 너울을 벗어 던져야 할 것이다." 그들은 변덕스러운 감독관들의 기분에 따라서 이곳저곳으로 끌려 다니면서, 때로는 강을 건너기 위해서 치마를 걷어 다리를 드러내야 할 때도 있을 것인데, 이런 일들은 말을 타고 위엄 있게 다녔던 자들에게는 커다란 굴욕이 될 것이다. 그러나 그들은 자신의 그런 처지를 불평할 입장이 되지 못한다. 그들은 이전에 그들의 포로들에게 그와 같이 했기 때문이다. 그들이 헤아렸던 그 헤아림으로 그들이 헤아림을 받을 것이다. 권세를 지니고 있는 자들은 언제 입장이 뒤바뀔지 모른다는 것을 생각해서 그 권세를 적절하게 사용하여야 한다.

5. 바벨론의 모든 영광과 모든 자랑은 사라졌다. 이제 그들에게는 영광 대신에 수치만이 남게 될 것이다(3절). 네 속살이 드러나고 네 부끄러운 것이 보일 것이다. 이것은 그들이 그들의 포로들에게 통상적으로 비열하고 야만스러운 짓을 행하였기 때문이다. 그들은 의복이 탐이 나서 포로들에게 속살을 가릴 만한 누더기조차도 남겨주지 않을 정도로 인간의 본성에 마땅한 불쌍히 여기는 마음이나 상식적인 수준의 배려하는 마음도 없었다. 바벨론은 이제 자랑하는 것을 멈추고 잠잠히 앉아서 흑암으로 들어가서(5절) 자신의 얼굴을 보이는 것조차 부끄러워하게 될 것이다. 왜냐하면, 바벨론은 자신의 신용을 다 잃어버리고 다시는 여러 왕국의 여주인이라 일컬음을 받지 못할 것이기 때문이다. 하나님은 세상에서 큰소리를 치던 자들을 잠잠히 앉아 있게 만드실 수 있고, 세상에서 각광을 받으며 이름을 날렸던 자들을 흑암으로 보내실 수 있다는 것을 명심하라. 그러므로 자랑하는 자는 변화무쌍한 세상의 부와 즐거움과 명예가 아니라 변치 않으시는 하나님을 자랑하여야 한다.

⁷말하기를 내가 영영히 여주인이 되리라 하고 이 일을 네 마음에 두지도 아니하며 그들의 종말도 생각하지 아니하였도다 ⁸그러므로 사치하고 평안히 지내며 마음에 이르기를 나뿐이라 나 외에 다른 이가 없도다 나는 과부로 지내지도 아니하며 자녀를 잃어버리는 일도 모르리라 하는 자여 너는 이제 들을지어다 ⁹한 날에 갑자기 자녀를 잃으며 과부가 되는 이 두 가지 일이 네게 임할 것이라 네가 무수한 주술과 많은 주문을 빌릴지라도 이 일이 온전히 네게 임하리라 ¹⁰네가 네 악을 의지하고 스스로 이르기를 나를 보는 자가 없다 하나니 네 지혜와 네 지식이 너를 유혹하였음이라 네 마음에 이르기를 나뿐이라 나 외에 다른 이가 없다 하였으므로 ¹¹재앙이 네게 임하리라 그러나 네가 그 근원을 알지 못할 것이며 손해가 네게 이르리라 그러나 이를 물리칠 능력이 없을 것이며 파멸이 홀연히 네게 임하리라 그러나 네가 알지 못할 것이니라 ¹²이제 너는 젊어서부터 힘쓰던 주문과 많은 주술을 가지고 맞서 보라 혹시 유익을 얻을 수 있을는지, 혹시 놀라게 할 수 있을는지, ¹³네가 많은 계략으로 말미암아 피곤하게 되었도다 하늘을 살피는 자와 별을 보는 자와 초하룻날에 예고하는 자들에게 일어나 네게 임할 그 일에서 너를 구원하게 하여 보라 ¹⁴보라 그들은 초개 같아서 불에 타리니 그 불꽃의 세력에서 스스로 구원하지 못할 것이라 이 불은 덥게 할 숯불이 아니요 그 앞에 앉을 만한 불도 아니니라 ¹⁵네가 같이 힘쓰던 자들이 네게 이같이 되리니 어려서부터 너와 함께 장사하던 자들이 각기 제 길로 흩어지고 너를 구원할 자가 없으리라

멸망 받기로 되어 있는 바벨론은 이제 여기에서 그가 형통하던 시절의 교만하고 사치하며 안일했던 것, 자신의 지혜와 선견지명을 의지하고 점성술사들의 점괘와 조언을 신뢰한 것에 대하여 책망을 받는다. 하나님께서 이러한 것들을 언급하시는 이유는 그들에게 내리시는 심판이 정당하다는 것을 보여줌과 동시에 그 심판 아래에서 그들로 하여금 한층 더 부끄러움을 느끼게 하는 것이다. 왜냐하면, 하나님이 복수를 위하여 심판하실 때에 하나님은 영광을 받으시지만 죄인들은 낭패와 수치를 당할 것이기 때문이다.

I. 바벨론 사람들은 여기에서 그들이 지닌 부와 권세, 그들이 통치한 광활한 지역으로 인하여 교만하고 오만하였으며 자신에 대한 대단한 자부심을 지니고 있었던 것에 대하여 책망을 받는다. 바벨론을 다스리던 자들과 바벨론의 백성들 둘 모두가 이렇게 말하였다. 네가 마음에 이르기를 나뿐이라. 나 외에 다른

이가 없도다 하는구나(8, 10절) ─ 하나님은 모든 사람의 마음을 살피시는 분이시기 때문에 그들이 말을 입 밖으로 꺼내지 않는다 하여도 그들이 마음속에서 무엇을 말하는지를 아신다. 이러한 고발 내용이 반복되는 것은 그들이 그런 말을 자주 하였고 그 말이 하나님을 몹시 화나게 하였다는 것을 보여준다. 나뿐이라 나 외에 다른 이가 없도다라는 말씀은 하나님께서 자주 자신에 대하여 하셨던 말씀으로서 스스로 존재하시고 비할 바 없이 완전하시며 오직 그만이 홀로 뛰어나시다는 것을 의미하는 것이었다. 그런데, 바벨론은 자신이 그런 존재인 체 하였다. 백성들이 어떤 신들이나 여신들을 섬겨야 하는지를 결정할 수 있는 권세를 지니고 있었던 바벨론이 그 자신을 스스로 신으로 자처한 것은 조금도 이상한 일이 아니었다. 어떤 피조물에 대하여 "오직 그것뿐이고 그것과 비길 것이 없으며 그것 외에 다른 이가 없다"고 말하는 것은 주제넘은 짓이다(피조물들은 아무리 뛰어나다고 하여도 거기에서 거기이기 때문이다). 그러나 어떤 피조물이 자기 자신에 대하여 그렇게 말하는 것은 도저히 용납될 수 없는 오만이고 그들이 스스로 무지하다는 것을 보여주는 증거이다.

Ⅱ. 그들은 그들이 누린 사치와 안일함을 좋아한 것으로 인하여 책망을 받는다(8절). "너는 사치하고 쾌락에 빠져서 그 노예가 되어 원래 체질이 그런 것인 양 아무런 방해나 거리낌도 없이 쾌락을 즐기며 다른 것에는 전혀 마음을 두지 않고 아무 생각 없이 지내는 자이다." 사람은 큰 부와 풍성한 재물이 있게 되면 육체의 정욕을 따라 살아가고자 하는 큰 유혹을 받게 되고, 양식이 차고 넘치는 곳에는 보통 게으름과 나태함이 지배한다. 그러나 쾌락에 빠져서 아무 생각 없이 살아가는 자들이 이 모든 일로 인하여 하나님이 그들을 심판에 붙이실 것이라는 말을 듣게 된다면, 그들은 쾌락의 달콤함에서 잠깐 깨어나서 그들이 무엇에 관심을 가져야 하는지를 돌아보게 될 수도 있다.

Ⅲ. 그들은 육적인 것들을 의지하여 안심하고 헛되이 그들의 화려한 삶과 쾌락이 영원할 것이라고 자신한 것에 대하여 책망을 받는다. 이것은 여기에서 상당히 강조해서 역설된다. 좀 더 살펴보자.

1. 그들이 마음을 놓고 안심하는 이유. 그들은 그들 자신이 안전하고 위험에서 벗어나 있다고 생각하였는데, 이것은 그들이 이 땅에서 누리는 모든 것들이 불확실하다는 것과 모든 나라와 개인은 필연적으로 없어질 수밖에 없다는 것을 알지 못해서가 아니라 이 일을 마음에 두지도 않았고 자기 자신에게 적용하

지도 않았으며 그 일을 곰곰이 생각해보지도 않았기 때문이었다. 그들은 자신을 달래어서 안일함과 쾌락 속에서 잠들게 하였고, 내일도 오늘 같을 것이며 훨씬 더 풍요로울 것이라는 생각 외에는 다른 아무것도 생각하지 않았다. 그들은 그들의 종말, 즉 그들의 형통함의 종말은 시드는 꽃과 같아서 결국 시들게 되리라는 것, 그들의 죄악의 종말은 그들의 불의와 압제로 인하여 결국 그 죗값으로 벌을 받을 날이 올 때에 쓰디쓴 것으로 변하게 되리라는 것을 생각하지 아니하였다. 바벨론은 그가 망할 날이 올 것이고, 그의 종말이 어떻게 될 것인지를 잊어버렸다. 예루살렘은 자신의 파멸과 관련해서 그의 나중을 생각하지 아니하였기 때문에 놀랍도록 낮아졌다(애 1:9). 바벨론의 파멸도 마찬가지일 것이다. 사람들이 죄악된 길에 있으면서도 편안하고 스스로 안전하다고 생각하는 것은 그들이 결코 죽음이나 심판, 그들의 장래의 상태에 대하여 생각해 보지 않기 때문이다.

2. 그들이 마음을 놓고 안심하는 근거. 그들은 그들의 악을 의지하였고 그들의 지혜를 의지하였다(10절).

(1) 그들이 속임수와 압제를 통해서 얻은 권력과 부는 그들이 믿고 의지하는 것들이었다. 도엑처럼(시 52:7) 네가 네 악을 의지하였다. 많은 사람들은 자신의 양심을 속이고서 악에 의지해서 모든 것을 얻었기 때문에 다른 것을 믿지 않는다. 그들은 지금까지 그들이 해온 대로 이 악에 의지해서, 다른 사람들은 어떻게 말하고 행해야 할지 알지 못해서 당혹스러워하는 그런 난관들도 그들 자신은 얼마든지 헤쳐 나갈 수 있다고 믿는다. 그들은 과감하게 거짓말하고 죽이고 위증하며 그들에게 이익이 되는 것이라면 무슨 짓이든지 하기 때문에 그들의 원수들이 그들을 도저히 당해내지 못하리라는 것을 결코 의심하지 않는다. 이렇게 그들은 그들의 악을 의지해서 그들의 안전을 확보하고자 하지만, 결국 그 악으로 인해서 그들은 파멸하고 만다.

(2) 그들이 지혜라고 부르는 그들의 술수와 교활함이 그들이 믿고 의지하는 것들이었다. 그들은 모든 사람들보다도 더 뛰어난 꾀를 지니고 있기 때문에 어떤 상대를 만나더라도 충분히 그를 제압할 수 있다고 생각한다. 그러나 그들의 지혜와 지식이 그들을 유혹하였고 왜곡시켜서 정상적인 길에서 벗어나게 하였으며, 그들로 하여금 자기 자신을 잊어버리게 만들었고, 내세를 위하여 꼭 필요한 준비를 할 수 없게 하였다.

3. 그들이 마음을 놓고 안심하였다는 것을 보여주는 증거들. 이 교만하고 콧대 높은 제국은 스스로 안일하였다는 것을 다음과 같이 세 가지로 보여 주었다.

(1) "내가 영영히 여주인이 되리라"(7절). 바벨론은 그들의 영광이 모든 영광의 원천이신 주 여호와가 기뻐하시는 동안이나 그들이 선한 행실을 보이는 동안에만 누리게 되는 것이 아니라 현재의 세대와 그들의 후손 대대로 영원히 누리게 될 것이라고 생각하였다. 바벨론은 자기가 여주인이라는 것을 자랑하였을 뿐만 아니라 앞으로도 영원히 여주인으로 남을 것임을 자신하였다. 마찬가지로, 신약의 바벨론도 나는 여왕으로 앉은 자요 결단코 애통함을 당하지 아니하리라고 말한다(계 18:7). 자기들이 영원히 여주인이 되리라고 생각하는 자들은 잘못 생각하고 있는 것이고 그들의 종말을 생각하고 있지 않은 것이다. 왜냐하면, 죽음은 곧 그들과 함께 그들이 지닌 영광도 티끌 속에 묻어 버릴 것이기 때문이다. 성도들은 영원히 성도일 것이지만, 주(主)들과 여주인들은 영원히 그렇지 못할 것이다.

(2) "나는 과부로 지내면서 고독과 슬픔 속에 앉아 있지도 않을 것이고, 나와 결혼한 이 권력과 부도 결코 잃어버리지 않을 것이다. 바벨론은 결코 그 나라와 혼인해서 남편으로서 그 나라를 보호해 줄 군주를 잃지 않을 것이다. 나는 자녀를 잃어버리는 일도 모르리라(8절)." 바벨론은 그 나라를 다스리는 왕의 위엄이 계속될 것임은 물론이고 그 백성도 계속해서 많을 것이라고 자신하였고, 왕이 폐위를 당하거나 백성이 뿔뿔이 흩어질 수 있다는 염려를 하지 않았다. 만사가 형통하여 잘 나가는 자들은 그들에게는 그 어떤 불행도 닥칠 수 없다고 생각하기 쉽다.

(3) "내가 잘못할 때에 나를 보는 자가 없기 때문에 내게 책임을 물을 자도 없을 것이다"(10절). 죄인들은 악한 일을 할 때에 스스로 은밀하게 했다고 생각하기 때문에 들켜서 벌을 받는 일이 없을 것이라고 기대하는 것이 보통이다. 그들은 그들의 악함과 속임수를 아무도 눈치채지 못하게 일을 마쳤다고 생각하기 때문에 그들의 악한 술수와 계략을 의지한다.

4. 그들이 마음 놓고 안심하는 것에 대한 징벌. 그것은 그들의 파멸이 될 것인데, 그 파멸은 다음과 같을 것이다.

(1) 그들이 의지하고 위로로 삼았던 모든 것들이 한꺼번에 완전히 망하게

됨. "한 날에 갑자기 자녀를 잃으며 과부가 되는 이 두 가지 일(네가 그토록 자기는 당하지 않을 것이라고 자신만만하였던 바로 그 두 가지 일)이 네게 임할 것이라 (9절). 너의 왕들과 네 백성이 둘 다 끊어져서, 네가 다시는 나라를 이루거나 민족을 이루지 못할 것이다." 하나님은 흔히 안심하고 있는 죄인들에게 그들에게 닥칠 것이라고는 눈곱만큼도 생각하지 않았던 그런 재앙들을 내리신다는 것을 명심하라. "이 두 가지 일이 그것들을 경감시켜 줄 그 어떤 요소도 없이 모든 것이 다 최악인 상황 속에서 이 일이 온전히 네게 임하리라." 하나님의 자녀들에게 임하는 고난이나 환난은 온전한 것이 아니라 다소 여지가 있는 고난이나 환난이다. 그들이 과부가 되는 것도 그들에게는 온전한 환난이 아니다. 왜냐하면, 그들은 그들을 지으신 자가 그들의 남편이 되신다는 사실로 위로를 받을 수 있기 때문이다. 자녀를 잃어버리는 것도 그들에게는 온전한 환난이 아니다. 왜냐하면, 하나님은 그들에게 열 명의 아들보다 더 나으신 분이기 때문이다. 그러나 이 두 가지 일이 원수들에게 닥칠 때에는 그 일은 온전한 재앙이 된다. 과부가 되거나 자녀를 잃는 것은 어느 하나만 당하더라도 큰 슬픔이지만 이 두 가지가 한꺼번에 닥칠 때에는 그 슬픔은 이루 말할 수 없게 된다. 나오미는 두 아들과 남편의 뒤에 남았을 때에 자기를 마라라고 부르는 것이 마땅하다고 생각하였다(룻 1:5). 그렇지만 그녀에게 이러한 재난들은 온전한 것이 아니었다. 왜냐하면, 그녀에게는 두 며느리가 남아 있어서 위로가 되었기 때문이다. 그러나 바벨론에는 이 두 가지 재앙이 온전히 임할 것이다. 그에게는 그를 위로해 줄 그 어떤 것도 남아 있지 않게 될 것이다.

(2) 그것은 뜻밖의 갑작스러운 파멸이 될 것이다. 이러한 재앙은 한 날에 갑자기, 즉 순식간에 임하게 될 것이고, 이것은 그토록 자신만만하며 안심하고 있었던 자들에게는 말할 수 없는 충격과 공포가 될 것이다. "재앙이 네게 임하리라 (11절). 그렇지만 너는 그 재앙에 대비할 시간이나 방법이 없을 것이다. 왜냐하면, 네가 그 근원을 알지 못할 것이며, 어떻게 손을 써야 할지도 모를 것이기 때문이다." 이 본문은 히브리어로는 네가 그 아침을 알지 못할 것이다로 되어 있다. 우리는 언제 어디에서 날이 밝고 해가 떠오를지를 알지만, 재앙이 언제 어디에서 올지, 그 날이 어떨 것이며 언제 올지를 알지는 못한다. 아마도 폭풍은 우리가 전혀 생각하지도 못했던 지점에서 올 수도 있다. 바벨론은 큰 지혜와 지식을 가지고 있는 체하였지만(10절), 자신의 모든 지식을 총동원해도 하나님이

경고하신 파멸의 날을 미리 내다볼 수 없고 모든 지혜를 동원한다고 해도 그 파멸을 막을 수 없다, "밤중에 도둑이 드는 것처럼 파멸이 홀연히 네게 임하리니 그것을 네가 알지 못할 것이고, 전혀 생각할 수도 없을 것이다." 실제로 이사야를 비롯한 여호와 하나님의 선지자들은 이러한 파멸에 대하여 공정하게 그들에게 경고하였다 그러나 그들은 이러한 경고를 무시하고 전혀 신뢰하지 않았기 때문에, 그들이 그 일을 알아차리지 못한 것은 어쩌면 당연한 일이었다. 그들은 부분적으로는 그들 자신의 방심 때문에, 부분적으로는 그들의 원수가 은밀하고 신속하게 움직였기 때문에 그들의 파멸이 임하였을 때에 그것을 전혀 알지 못하였다. 즉, 이 일은 그들에게 완전한 기습이 되었다. 기록된 말씀에 적혀 있는 경고들을 무시하는 자들은 그 밖의 다른 징후를 기대해서는 안 된다.

(3) 그것은 그들이 결코 막아낼 수 없고 저항할 수 없는 파멸이 될 것이다. "재앙이 너무도 갑자기 네게 이를 것이기 때문에 너는 네가 어떻게 해볼 시간이 없을 것이고, 그 재앙이 너무도 강력하게 임할 것이기 때문에 너는 거기에 대항하여 물리쳐서 네 자신을 구원할 수 없을 것이다." 하나님께서 정하신 심판을 막을 방도는 전혀 없다. 아무리 많은 부와 권세와 무수한 군사를 지녔다고 해도 바벨론은 그들에게 임한 재앙을 물리칠 수 없다.

IV. 그들은 점술과 주술과 점성술을 좋아한 것에 대하여 책망을 받는다.

갈대아 사람들은 다른 어느 민족보다도 점술과 주술을 좋아한 것으로 악명이 높았는데, 다른 나라들은 이러한 점술과 주술에 관한 온갖 지식을 갈대아 사람들로부터 빌려왔다.

1. 이것은 여기에서 그들의 하나님을 진노케하여 심판을 불러오게 된 죄악들 중의 하나로 언급된다(9절). "이러한 재앙들은 무수한 주술과 많은 주문을 인하여 너를 벌하기 위하여 임하게 될 것이다." 주술은 그 본질상 극악무도한 죄이다. 그것은 오직 하나님께만 돌려야 할 영광을 마귀에게 돌리는 것이고, 하나님의 원수를 우리의 지도자로 삼는 것이며, 거짓말의 아비를 우리의 예언자로 삼는 것이다. 바벨론에서 주술은 민족적인 죄였고, 정부의 보호와 장려를 받았다. 모르긴 몰라도, 주술사들은 그 나라의 은밀한 모사들이었고 국가 대사를 좌지우지하는 최고 대신들이었다. 그런데도 하나님께서 이러한 일들로 인하여 그들을 심판하지 않으시겠는가? 그들 가운데 주술과 주문이 얼마나 많이 횡행하였는지를 주목하라. 주술은 너무도 매혹적인 죄악이었기 때문에 한번

그것이 받아들여지게 되자 들불처럼 번져나갔고 그 끝을 모를 정도로 널리 퍼졌다. 이상하게도 속는 자들과 속이는 자들이 둘 다 급속히 늘어나는 현상이 벌어졌다.

2. 그것은 여기에서 그들이 헛되이 믿고 의지했던 것들 중의 하나로 언급된다. 그러나 주술은 그들에게 다가올 심판을 알려 주지도 못하고 그들을 보호해 주는 일은 더더욱 못하기 때문에 아무짝에도 쓸모 없는 속임수에 불과하다.

(1) 그들은 여기에서 주술과 주문에 엄청나게 힘을 쓴 것에 대하여 책망을 받는다. 너는 젊어서부터 주문과 많은 주술에 힘썼다(12절). 그들은 젊은이들에게 주술과 관련된 학문들을 가르쳤고, 주술에 종사하는 자들은 많은 책들을 읽고 관찰하며 실험을 하느라 지칠 줄 모르고 수고하고 애를 썼다. 자, 이제 너희의 주문으로 한번 맞서보고, 결정적인 순간에 너희의 솜씨를 시험해보라. 침공하는 대적에 맞서서 주술과 주문이 과연 효력을 발휘하는지 한번 시행해 보고, 주술이 너희 나라에 과연 도움이 되는지 살펴보라. 이러한 일들로 인하여 그들을 심판하지 않으시겠는가? 그러나 과연 소용이 있을까? "네가 이런 유의 많은 계략으로 말미암아 피곤하게 되었도다(13절). 너는 그런 모든 것들로부터 조언을 구했지만, 그것들로부터 결코 만족스러운 해답을 얻지 못하였다. 그것들은 서로 다른 해법들을 제시하고 서로 다른 판단들을 내놓았기 때문에 너를 더욱 혼란스럽게 만들고 지치게 만들었을 뿐이다." 그런 모사들의 수는 많지만, 그들이 안전을 보장해 주는 것은 아니다.

(2) 그들은 그런 유의 주술사들을 아주 다양하게 가지고 있는 것에 대하여 책망을 받는다(13절). 그들에게는 점성술사들, 즉 하늘을 살피는 자들이 있었는데, 그들은 다윗과는 달리 하늘의 징조 속에서 하나님의 지혜와 능력을 바라보기 위해서 하늘을 살핀 것이 아니었다. 그들은 하늘의 징조들을 통해서 장래의 일들을 미리 알아낼 수 있는 것으로 가정해서 하늘을 살폈고, 그 하늘을 만드셔서 하늘로 하여금 땅을 다스리게 하시고(욥 38:33) 스스로 하늘을 타고 다니시면서 하늘을 다스리시는 분을 잊어버렸다. 또한, 그들에게는 별을 보는 자들이 있었는데, 그들은 별의 움직임과 별들이 서로 결합하고 흩어지는 것을 관찰해서 나라의 운명을 읽는 자들이었다. 또한, 그들에게는 초하룻날에 예고하는 자들, 즉 역법을 만들고 각각의 달에 무슨 일이 있을지를 말해 주는 자들이 있었다. 그들이 이런 유의 사람들을 많이 보유하고 있었던 것은 그들이 무엇을

소중히 여겼는지를 보여준다. 그러나 그들은 모두 속이는 자들이었고, 그들의 술법은 사기였다. 나는 별자리를 보고서 장래에 있을 일들을 예언할 수 있다고 말하는 오늘날의 점성술이 과연 갈대아 사람들의 점성술과 무엇이 다른지를 알지 못하겠고, 이 본문이 그러한 점성술에 대하여 책망하는 것을 과연 오늘날의 점성술이 피해갈 수 있는지도 모르겠다. 그런데도 여전히 이러한 점성술과 역법을 연구하면서 거기에 나타난 징조들을 성경과 거기에 나오는 예언들보다 더 중시하는 자들이 있다는 것을 나는 염려한다.

(3) 그들은 이 모든 것들이 그들이 재앙을 당하는 날에 그들에게 아무런 도움도 없다는 것을 알지 못하는 것에 대하여 책망을 받는다. 주술이나 주문의 도움을 받아서 그들이 과연 대적들을 이기거나 스스로 유익을 얻거나 그들의 군대가 사기를 얻거나 그들과 싸우는 자들의 사기가 떨어지게 할 수 있는지 한 번 살펴보라(12절). 점술을 직업적으로 하는 자들이 그들에게 어떤 유익을 줄 수 있는지를 살펴보라. "그들에게 일어서서 그들의 능력으로 네게 다가오고 있는 재앙들로부터 너를 구원하거나 그들의 선견지명으로 장차 임할 재앙들을 미리 알아내서 너로 하여금 필요한 조치들을 취하여 스스로 구원받을 수 있게 해보라." 엘리사는 이스라엘 왕에게 아람 군대의 움직임을 미리 알려줌으로써 이스라엘 왕이 자신을 구한 것이 한두 번이 아니었다(왕하 6:10). 점술가들이 당황하게 되리라는 이 예언의 말씀은, 바벨론이 함락되고 벨사살이 죽임을 당했던 바로 그 밤에 그들의 파멸을 알리기 위하여 벽에 손으로 씌어진 글씨를 바벨론의 모든 점성가들과 점술가들과 지혜자들이 그 의미를 해석하지 못해서 곤경에 빠졌을 때에 문자 그대로 성취되었다(단 5:8).

(4) 그들은 그들 가운데 있는 지혜로운 자들도 함께 파멸하게 될 것이라고 책망을 받는다(14절). 자기 자신도 안전하게 지킬 수 없는 자들은 다른 사람을 결코 지킬 수 없다. 그들은 기껏해야 아무 가치도 없고 소용도 없는 초개 같은 자들이기 때문에 타오르는 불길 앞에서 초개 같을 것이다. 바사 사람들은 그들 나라에 속한 지혜로운 자들이 활동할 영역을 마련해주기 위해서 바벨론의 지혜로운 자들을 다 죽이게 될 것이다. 그들은 불에 타리니 그 불꽃의 세력에서 스스로 구원하지 못할 것이다. 자신의 죄악들을 통해서 스스로를 타오르는 불길의 연료로 만드는 자들은 그 불길에 의해서 타버리는 것 외에 다른 것을 기대할 수 없다. 하나님께서 그들 가운데 불을 놓으실 때, 그 불은 덥게 할 숯불도 아니

고 그 앞에 앉을 만한 불도 아니고 그들을 태워버릴 불이 될 것이다. 또는 이 말씀은 그들이 하나님의 심판에 의해서 완전히 타서 재가 되어, 사람들에게 유익을 줄 살아있는 숯불이 하나도 남아있지 않게 되리라는 것을 의미할 수도 있다. 왜냐하면, 하나님께서 심판하실 때에는 반드시 이기실 것이기 때문이다.

(5) 그들은 그들 가운데 장사하던 자들, 그들과 어려서부터 다음과 같이 거래하였던 자들과 관련하여 책망을 받는다(15절).

[1] 그들은 자문을 구하는 방식으로 점성술사들과 거래하였다. 그들은 주술을 다루었던 점성술사들을 신뢰하여 그들과 거래하는 것을 언제나 좋아하였다. 점성술사들은 사실상 그들과 장사하던 자들이었다. 점을 치는 것은 바벨론에서 최고의 직업 중 하나였고, 그러한 직업을 가진 자들은 가장 부유한 상인들만큼이나 많은 돈을 벌고 사치스럽게 살았던 것 같다. 그러나 그들 중의 일부가 죽임을 당하자 나머지 사람들도 자신의 본국으로 도망을 쳐서 각기 제 길로 흩어지고 바벨론을 구원할 자는 아무도 남지 않게 되었다. 점성술사들은 모두 전혀 도움이 되지 않는 자들이었다.

[2] 그들은 장사하는 방식으로 점성술사들과 거래하였다. 점성술사들은 상인들과 마찬가지로 함께 애쓰던 자들을 실망시켰다. 그들은 자신의 이익을 챙기는 데에만 급급하였고 재앙이 닥치자 바벨론이 어떻게 되든지 그런 것에는 신경 쓰지 않았다. 그들은 각기 제 길로 흩어졌다. 그들은 각각 자신의 안전을 도모할 궁리만을 하였고, 그들에게 그토록 많은 돈을 벌게 해 준 곳에 도움의 손을 내미는 자는 아무도 없었다. 모두가 자기만 살 궁리를 하였고, 친구나 이웃을 돌아보는 자는 없었다. 신약의 바벨론에서 돈을 벌어 부자가 된 상인들은 바벨론이 멸망당하는 것을 보고서 애곡하기는 하지만, 바벨론을 구원하기 위하여 어떤 시도를 하려고 하지는 않고 아주 지혜롭게도 멀리 서서 울기만 한다(계 18:15). 환난 중에 아주 즉각적인 도움이 되어 주실 분과 믿음과 기도로써 거래하는 자들은 복된 자들이다!

제
— 48 —
장

개요

앞 장에서 바벨론 사람들을 상대로 해서 그들의 죄들과 그 죄로 인하여 그들에게 임할 파멸을 보여주신 하나님은 이 장에서는 그가 죄를 미워하여 그 죄가 어디에 있든지 묵과하지 않으실 것이고 자기 백성 속에 있는 죄에 대해서도 그냥 넘어가지 않으시리라는 것을 보여주기 위하여 야곱의 집에게 그들의 죄를 보여주고 그들에게 예비된 하나님의 긍휼도 보여주신다. 그러므로 하나님은 그들이 회개하고 삶을 고침으로써 하나님의 긍휼을 받을 준비를 하도록 하기 위하여 그들 앞에 그들이 저지른 죄들을 나열하시는 것이다. I. 하나님은 오직 여호와만이 홀로 하나님이시라는 것을 보여주는 수많은 설득력 있는 증거들을 그들에게 주었음에도 불구하고 그들에게 선을 위장하여 끈질기게 악한 일, 특히 우상 숭배에 매달리고 있다고 고발하신다(1-8절). II. 하나님은 그들이 그들 자신의 어떤 공로 때문이 아니라 순전히 하나님 자신의 이름 때문에 구원을 받게 될 것이라고 말씀하신다(9-11절). III. 하나님은 그들에게 구원을 받기 위해서 전적으로 하나님의 능력과 약속을 의지하라고 격려하신다(12-15절). IV. 하나님은 그들이 포로로 끌려가게 된 것은 그들 자신의 죄 때문이었지만 그들이 놓여나는 데에 꼭 필요한 여러 가지 준비들을 갖추게 되는 것은 오직 하나님의 은혜 때문이라는 것을 그들에게 보여주신다(16-19절). V. 하나님은 그들이 놓여나게 될 것을 알리시지만 악인들은 그 혜택을 받지 못하게 될 것이라는 단서를 다신다(20-22절).

[1]야곱의 집이여 이를 들을지어다 너희는 이스라엘의 이름으로 일컬음을 받으며 유다의 허리에서 나왔으며 여호와의 이름으로 맹세하며 이스라엘의 하나님을 기념하면서도 진실이 없고 공의가 없도다 [2]그들은 거룩한 성 출신이라고 스스로 부르며 이스라엘의 하나님을 의지한다 하며 그의 이름이 만군의 여호와라고 하나 [3]내가 예로부터 처음 일들을 알게 하였고 내 입에서 그것들이 나갔으며 또 내가 그것들을 듣게 하였고 내가 홀연히 행하여 그 일들이 이루어졌느니라 [4]내가 알거니와 너는 완고하며 네 목은 쇠의 힘줄이요 네 이마는 놋이라 [5]그러므로 내가 이 일을 예로부

터 네게 알게 하였고 일이 이루어지기 전에 그것을 네게 듣게 하였느니라 그것을 네가 듣게 하여 네가 이것을 내 신이 행한 바요 내가 새긴 신상과 부어 만든 신상이 명령한 바라 말하지 못하게 하였느니라 ⁶네가 들었으니 이 모든 것을 보라 너희가 선전하지 아니하겠느냐 이제부터 내가 새 일 곧 네가 알지 못하던 은비한 일을 네게 듣게 하노니 ⁷이 일들은 지금 창조된 것이요 옛 것이 아니라 오늘 이전에는 네가 듣지 못하였으니 이는 네가 말하기를 내가 이미 알았노라 하지 못하게 하려 함이라 ⁸네가 과연 듣지도 못하였고 알지도 못하였으며 네 귀가 옛적부터 열리지 못하였나니 이는 네가 정녕 배신하여 모태에서부터 네가 배역한 자라 불린 줄을 내가 알았음이라

우리는 이 단락 속에서 다음과 같은 것들을 살펴볼 수 있다.

I. 수많은 유대인들이 위선적으로 자신의 신앙과 하나님에 대한 관계를 고백하였다는 것. 하나님께서 여기에서 선지자에게 그러한 위선적인 신앙 고백을 한 자들에게 이런 말씀을 전해서 그들로 하여금 죄를 깨닫고 자신을 낮추게 하라고 명하신 것은 하나님이 그들에게 행하신 일이 하나님의 공의에 합당한 일이라는 것을 인정하게 하기 위한 것이었다. 좀 더 살펴보자.

1. 그들의 신앙 고백은 얼마나 거창하였고, 육체로는 얼마나 그럴 듯한 모습을 보였으며, 하늘을 향하여 얼마나 가깝게 나아갔고, 얼마나 멋진 의상을 입었으며, 마음은 지극히 악한 데도 얼마나 선한 얼굴을 하였던가.

(1) 그들은 야곱의 집이었다. 그들은 유형의 교회 속에 한 자리를 차지하고 자신의 이름을 올려 놓았다. 내가 야곱을 사랑하였다. 야곱은 하나님의 택하신 자였고, 그들은 야곱 가문의 시종들이 아니라 야곱의 후손들이었다.

(2) 그들은 존귀한 이름인 이스라엘의 이름으로 일컬음을 받았다. 그들은 하나님으로부터 율법과 약속들을 받은 백성에 속한 자들이었다. 이스라엘은 하나님과 함께 왕 노릇 하는 왕을 의미한다. 그들은 그들 자신이 바로 그 왕족의 일원이라는 것을 자랑하였다.

(3) 그들은 유다의 허리에서 나왔기 때문에 유다인으로 불렸다. 그들은 왕의 지파, 실로를 배출하기로 되어 있던 지파, 다른 지파들은 반역을 하였어도 변함없이 하나님께 꼭 붙어 있었던 지파에 속한 자들이었다.

(4) 그들은 여호와의 이름으로 맹세하였다. 그렇게 함으로써 그들은 하나님이

참 하나님이시고 그들의 하나님이시라는 것을 인정하였고, 만유를 심판하시는 의로운 심판주이심을 고백하고서 하나님께 영광을 돌렸다. 그들은 여호와의 이름에 충성을 맹세하였다(본문은 이렇게 읽을 수도 있다). 그들은 하나님을 그들의 왕으로 인정하고서 충성 맹세를 하여 하나님과 언약 관계에 있었다.

(5) 그들은 기도와 찬송을 통해서 이스라엘의 하나님을 기념하였다. 그들은 하나님에 대하여 자주 얘기했고 하나님을 기념하는 예식들을 지켰으며 하나님을 사모하는 체하였다.

(6) 그들은 거룩한 성 출신이라고 스스로 부르며, 바벨론에 포로로 잡혀가 있을 때에 조국에 대한 자부심으로 그들이 거룩한 성과 연관이 있다는 것을 자랑스럽게 여겼다. 스스로는 거룩하지도 않으면서 그들이 거룩한 성, 즉 교회와 관련을 맺고 있다는 것을 자랑하는 자들이 많다.

(7) 그들은 이스라엘의 하나님을 의지한다 하며 하나님의 약속들과 하나님이 그들과 맺은 언약을 자랑하였다. 그들은 여호와를 의지하였다(미 3:11). 그들은 그들의 하나님에 대하여 질문을 받았을 때에 주저하지 않고 "그의 이름이 만군의 여호와이시기 때문에 그와 관계를 맺은 우리는 지극히 큰 자들이고 복된 자들이다"라고 말하였다.

2. 이 모든 것에도 불구하고 그들의 신앙 고백은 얼마나 거짓된 것이었던가. 그것은 모두 헛소리였고, 단지 농담삼아 해본 말에 불과한 것이었다. 그들의 신앙 고백은 진실이 없고 의가 없었다. 이러한 신앙 고백을 할 때에 그들의 마음은 진실하지도 않았고 정직하지도 않았다. 우리의 모든 신앙 고백은 진실하고 정직하게 행해질 때에만 소용이 있다는 것을 명심하라. 신앙 고백을 할 때에 진실함이 없다면, 우리는 우리 하나님 여호와의 이름을 망령되이 일컫는 것이 될 뿐이다.

Ⅱ. 하나님께서 그들을 자기 곁에 가까이 두시고 그들이 곁길로 빠져서 우상 숭배를 하는 것을 막기 위하여 사용하신 수단들과 취하신 조치. 하나님은 그들에게 수많은 훌륭한 율법들과 거기에 따른 상벌 규정들, 그 율법들을 보호해 줄 주변 장치들을 그들에게 주었지만, 그들이 너무도 쉽게 빠져들었던 우상 숭배의 죄를 방지하는 데에는 별 소용이 없었다. 그래서 하나님은 거기에 놀라운 예언들과 그 예언들을 이루기 위한 놀라운 섭리들을 추가하셨는데, 이것은 모두 그들의 하나님만이 참되신 하나님이시고 그 하나님에게 충성하는 것이 그

들의 본분이자 유익이라는 것을 그들에게 확신시키기 위한 것이다.

1. 하나님은 놀랄 만한 예언들을 통해서 그들에게 은총을 베푸셨고 존귀를 더하셨다(3절). 내가 예로부터 처음 일들을 알게 하였다. 하나님은 처음부터 자기 백성에게 일어날 중요한 일들, 즉 그들이 애굽에서 종살이하게 될 것, 거기에서 구원을 받게 될 것, 가나안 땅에서 그들의 지파가 어떤 처지에 놓이게 될지 등과 같은 일들을 사전에 예언을 통하여 알려주셨다. 이 모든 일들은 하나님의 입에서 나갔으며 하나님이 그들에게 보여주셨다. 이 점에서 하나님은 다른 어느 민족보다도 그들을 존중하셨고, 그들의 호기심조차도 채워주셨다. 하나님이 그들에게 주신 예언들은 그들이 믿고 의지할 수 있는 것들이었고, 그들 자신과 그들의 민족의 이해관계가 달려 있는 것들이었다. 그 예언들은 모두 성취됨으로써 그 진실함이 입증되었다 그들 자신이나 다른 사람들이 거의 예상하지 못하고 있어서 하나님이 미리 알려 주시기 전에는 아무도 미리 내다볼 수 없었던 때에 내가 그 일들을 홀연히 행하였다. 내가 행하여 그 일들이 이루어졌느니라. 왜냐하면, 하나님께서 행하시는 일들은 반드시 이루어지기 때문이다. 하나님은 그들이 지금 바벨론에서 포로로 잡혀 신음하게 된 바로 그 재앙과 관련해서도 처음부터 모세를 통해서 그들이 하나님을 떠나 배교하게 되면 반드시 그런 일을 당하게 될 것이라고 그들에게 분명하게 알려 주셨었다(레 26:31; 신 28:36; 29:28). 또한, 하나님은 그들에게 그들이 하나님께로 되돌아와서 다시 그들의 땅으로 돌아가게 되리라는 것도 알려 주셨다(신 30:4; 레 26:44-45). 이렇게 하나님은 그가 그들을 어떻게 다루실지를 일들이 일어나기 오래 전에 그들에게 보여주셨다. 그들의 현재의 상태와 그들이 곧 구원받게 될 것을 율법에 기록된 내용과 비교해 보라. 그러면 그들은 성경이 정확하게 성취되었다는 것을 발견하게 될 것이다.

2. 하나님은 놀랄 만한 섭리를 통해서 그들에게 은총을 베푸시고 존귀를 더하셨다(6절). 이제부터 내가 새 일을 네게 듣게 하리라. 하나님은 처음부터 그들을 어떻게 다루실 것인지에 대한 전반적인 것들을 그들에게 보여주셨을 뿐만 아니라, 당대의 선지자들을 통해서 그들에게 새 일들을 보여주시고 이루셨다. 그 일들은 고레스와 그들이 바벨론에서 놓여나게 될 정확한 때에 관한 예언처럼 그들이 다른 방식으로는 도저히 알 수 없었던 감춰진 일들(개역에서는 은비한 일)이었다. 하나님은 이러한 일들을 지금 만들어 내셨다(7절). 그들이 회복되

는 것은 사실상 그들을 창조하시는 것이나 다름없는 일이었고, 그들은 처음부터가 아니라 최근에 와서야 그러한 약속을 받았다. 왜냐하면, 그들이 하나님을 떠나 배교하는 것을 막기 위해서, 또는 그들을 회복시키기 위해서 예언이 그들 가운데 보존된 것이기 때문이다. 그렇지만 그들이 하나님의 계시 외에 다른 식으로는 도저히 그 일을 알 수 없었을 때에 하나님은 이미 그들에게 그 일을 예언을 통해서 말씀해 주셨다. 하나님은 이렇게 말씀하신다 "너희가 이제 이 예언을 무수히 입에 올리며 기대감을 나타내고 있지만, 사실 너희가 이런 일을 꿈에도 생각하지 못하였고 듣지도 못하였으며 알지도 못하였고, 그런 일을 도무지 상상할 수도 없었고, 너희의 귀가 그 예언에 대하여 열려 있지 않았으며 (7-8절), 그런 일이 도저히 불가능한 것처럼 보였고, 너희 중 어느 누구도 그 일에 대하여 말해 주는 자에게 귀 기울이고자 하지 않았던 때에 나는 이미 선지자들을 통해서 너희에게 알려 주었다는 것을 생각하라." 하나님은 그들이 도저히 알 수 없었던 감춰진 일들을 그들에게 보여주셨었고, 그들의 능력으로는 해낼 수 없는 큰 일들을 그들을 위하여 행하였었다. 하나님은 이렇게 말씀하신다(6절). "이제 네가 들었으니 이 모든 것을 보라. 너는 그 예언을 들었다. 그 예언이 성취되는 것을 보고서, 하나님의 말씀과 행위들이 정확히 일치하나 안 하나 살펴보라. 너희가 들은 대로 이루어지는 것을 보았으니, 너희가 선전하지 아니하겠느냐. 여호와만이 참된 하나님, 유일하게 참된 하나님이시고, 그만이 그 어떤 피조물도 가지지 않은 지식과 능력을 가지고 계시며, 열방의 그 어떤 신도 그런 흉내를 낼 수 없다는 것을 너희는 인정하지 아니하겠느냐? 너희 하나님이 너희에게 선하신 하나님이셨다는 것을 너희가 인정하지 아니하겠느냐? 이 일을 널리 알려서, 하나님께 영광이 되게 하고, 지금까지 하나님을 그토록 기만적으로 대해 오고 하나님보다 우상들을 더 좋아하였던 너희 자신을 부끄러워하라."

III. 하나님께서 이러한 방법을 그들에게 취하시고자 하신 이유들.

1. 그들이 그들 자신과 그들의 우상들을 자랑하리라는 것을 하나님께서 미리 내다보셨기 때문에.

(1) 하나님은 그의 선지자들을 통해서 그들이 구원받으리라는 것을 미리 알려 주셨는데, 이것은 그들이 이 구원의 성취를 그들의 우상들의 덕분으로 돌리지 않게 하기 위한 것이었다. 하나님은 이런 조치를 취해 두지 않으시면 그들

중의 일부가 이 구원으로 인한 영광을 그들의 새긴 우상들에게 돌릴 것을 알고 계셨기 때문에 그 영광을 스스로 확보하시는 것이 꼭 필요하다고 생각하셨다. 하나님은 "내가 이것을 알려준 것은 네가 이것을 내 신이 행한 바요 내가 새긴 신상과 부어 만든 신상이 명령한 바라 말하지 못하게 하기 위한 것이라"(5절)고 말씀하신다. 하나님께서 그들의 우상 숭배를 고치시기 위하여 행하신 일인데도, 사람들은 이런 식으로 말을 해서 그들의 우상 숭배를 정당화하는 일이 일어나기가 쉬웠다. 그러나 이제 그들은 결코 그렇게 말할 수 없게 될 것이다. 왜냐하면, 우상들이 그 일을 행하였다면, 우상들의 선지자들이 그 일을 미리 예언했어야 하기 때문이다. 그러나 여호와 하나님의 선지자들이 그 일을 미리 예언한 것이기 때문에, 그 일을 이룬 것이 여호와 하나님의 능력이었다는 것은 전혀 의심의 여지가 없게 되었다.

(2) 하나님은 그들이 이 일을 미리 예견하였다는 듯이 말할 수 없도록 하기 위하여 그의 선지자들을 통하여 이 일을 미리 알려 주셨다. 이 일을 우상이 한 것으로 돌릴 만큼 속되고 불경스러운 자들이 바로 그들이었기 때문에, 만약 하나님께서 미리 선지자들을 통해서 그들에게 먼저 이 일에 대하여 말씀해주지 않으셨다면, 그들은 얼마든지 그들 자신의 선견지명을 통해서 그 일을 이미 내다보고 있었노라고 자랑하였을 것이다. 내가 이 일을 미리 알리는 것은 네가 말하기를 내가 알았노라 하지 못하게 하려 함이라(7절). 이렇게 자만으로 가득 찬 자들은 스스로 지혜롭다고 생각하여서, 진정으로 크고 놀라운 일이 일어나더라도 그들은 이미 그런 일을 예상하였다거나 일이 그렇게 될 줄을 미리 알았다고 말함으로써 그 큰 일을 평가절하한다. 하나님은 이것을 미리 예견하시고 그런 자랑을 하는 것을 봉쇄하기 위하여 사람들이 그런 일이 일어날 것이라고는 꿈에도 생각하고 있지 못하던 그 때에 미리 그들에게 이 일에 대하여 말씀해주셨다. 하나님은 사람들이 스스로를 자랑하는 것을 미연에 방지하고 어떤 육체도 하나님 앞에서 자랑할 수 없게 하시기 위하여 충분한 조치를 취해 오셨기 때문에, 만약 사람들이 하나님의 그런 조치들을 무시하고서 스스로를 자랑한다면, 그 교만한 자들의 죄와 파멸은 심하게 될 것이다. 조만간에 하나님 앞에서 모든 입이 다물어지겠고 모든 육체가 잠잠하게 되리라.

2. 하나님께서 그들이 마음의 완악함을 변명할 수 없게 하고자 하셨기 때문에. 하나님은 그들의 마음이 완악하다는 것을 알고 계셨기 때문에 이러한 수고

를 하신 것이었다(4절). 하나님은 그들이 너무도 완악하고 왜곡되어 있어서 만약 자기가 섭리에 의해서 앞으로 일어날 일들을 예언으로 미리 알려 주지 않는다면 그들은 틀림없이 그 일을 하나님이 하셨다는 것을 뻔뻔스럽게 부정하고 그들의 우상이 그 일을 하였다고 주장하리라는 것을 알고 계셨다. 하나님은 다음과 같은 것을 너무도 잘 알고 계셨다.

(1) 그들이 얼마나 악의적인 자들이고, 악을 행하는 쪽으로 얼마나 철저하게 기울어져 있는지. 나는 네가 딱딱하다는 것을 알고 있다(원어는 이런 의미이다). 그들의 마음은 완고했기 때문에 하나님은 그들에게 교훈과 명령만이 아니라 예언도 주셨다. "네 목은 쇠 힘줄 같아서 잘 숙여지지 않기 때문에 하나님의 명령이라는 멍에를 멜 수 없고 뒤로 돌릴 수도 없기 때문에 하나님이 너를 어떻게 대해 오셨는지를 되돌아볼 수도 없으며 위를 쳐다보지도 못하기 때문에 하나님이 너를 위하여 진노하시는 것도 바라보지 못한다. 또한, 네 목은 유연하지가 못해서 하나님의 뜻을 순순히 받지 않고, 하나님의 뜻에 고분고분 따르지도 못하며 하나님의 말씀이나 섭리를 통해서 다스려질 수도 없다. 네 이마는 놋이라. 너는 뻔뻔스럽고 오만방자하며 얼굴을 붉히지 않고, 두려워하거나 주저하지 않으며, 도리어 네 마음이 원하는 길로 쏜살같이 달려가고자 한다." 하나님은 죄인들이 완악하다는 것을 알고 계시지만 그들이 그의 명령을 따르도록 하기 위하여 여러 가지 방법들을 사용하신다.

(2) 그들이 얼마나 기만적이고, 선한 일에서 정직하지 못한지(8절). 하나님은 그들에게 선지자들을 보내셨지만, 그들은 알고자 하지 않았다. 그들이 어떤 존재인지를 생각해 보면, 이런 일은 충분히 예상될 수 있는 것이었다. 너는 모태에서부터 배역한 자라 불렸는데, 이것은 결코 잘못 불린 것이 아니었다. 그들은 하나의 민족으로 형성되자마자 우상 숭배에 이끌리는 모습을 보여주었다. 그들은 애굽에서 나올 때부터 우상 숭배의 죄에 중독되어 있었다. 그들은 가나안 땅을 향하여 나아가기 시작할 때부터 불평을 늘어 놓았다. 그러므로 그들이 이 일로 책망을 받은 것은 당연한 일이었다(신 9:7, 24). 그러므로 나는 네가 정녕 배신하여 아주 기만적으로 처신하리라는 것을 알고 있었다. 하나님은 그들의 배교를 미리 내다보시면서, 그들이 항상 거짓되고 변덕스러웠다는 것을 그 근거로 제시하신다(신 31:16, 27, 29). 이것은 우리 개개인들에게 적용될 수 있는 말씀이다. 우리는 모두 불순종의 자녀로 태어났고, 모태에서부터 배역한 자들이

라 불렀다. 그러므로 우리가 기만적으로, 그것도 지극히 기만적으로 처신하리라는 것은 너무도 뻔한 일이다. 원죄가 있는 곳에는 실제적인 죄(자범죄)도 당연히 따라오는 법이다. 하나님은 그것을 알고 계시지만, 우리의 공과(功過)를 따라서 우리를 대하시지 않는다.

[9]내 이름을 위하여 내가 노하기를 더디 할 것이며 내 영광을 위하여 내가 참고 너를 멸절하지 아니하리라 [10]보라 내가 너를 연단하였으나 은처럼 하지 아니하고 너를 고난의 풀무 불에서 택하였노라 [11]나는 나를 위하며 나를 위하여 이를 이룰 것이라 어찌 내 이름을 욕되게 하리요 내 영광을 다른 자에게 주지 아니하리라 [12]야곱아 내가 부른 이스라엘아 내게 들으라 나는 그니 나는 처음이요 또 나는 마지막이라 [13]과연 내 손이 땅의 기초를 정하였고 내 오른손이 하늘을 폈나니 내가 그들을 부르면 그것들이 일제히 서느니라 [14]너희는 다 모여 들으라 나 여호와가 사랑하는 자는 나의 기뻐하는 뜻을 바벨론에 행하리니 그의 팔이 갈대아인에게 임할 것이라 그들 중에 누가 이 일들을 알게 하였느냐 [15]나 곧 내가 말하였고 또 내가 그를 부르며 그를 인도하였나니 그 길이 형통하리라

하나님의 백성을 바벨론에서의 포로 생활로부터 건져내는 일은 수많은 이유들에 비추어볼 때에 거의 불가능한 일이었기 때문에, 하나님은 그 일에 대한 하나님의 백성의 믿음과 소망을 북돋워 주기 위하여 상세히 설명해 줄 필요가 있었다. 그들을 낙심시키는 것이 두 가지가 있었는데, 그것은 하나님이 그들을 위하여 그런 일을 해주시기에는 그들 자신이 너무도 자격이 없고 무가치하다는 것과 그들을 구원하는 일 자체가 많은 난관들을 내포하고 있다는 것이었다. 이제 이 단락에 나오는 설명을 통해서 이 두 가지 낙심되는 일들이 제거되는데, 그것은 여기에 다음과 같은 것들이 제시되고 있기 때문이다.

I. 그들이 무가치하다고 할지라도, 하나님께서 그들을 위하여 그 일을 하시고자 하는 이유.   그 이유는 그들을 위한 것이 아니라 하나님의 이름을 위하고 하나님 자신을 위한 것이라고 하나님은 그들에게 알려 주신다(9-11절).

1. 그들이 하나님을 몹시 진노케 하였었고 하나님이 그들에게 진노하신 것은 지극히 의로운 일이었다는 것은 사실이다. 그들이 포로로 잡혀간 것은 그들의 죄악에 대한 징벌이었다. 만약 하나님께서 그들을 바벨론에 포로로 그대로

두시고서 그들로 하여금 거기에서 자신의 신세를 한탄하며 점점 수척해져서 죽어가게 하시고, 그들의 땅도 초토화된 채로 계속해서 두신다고 하여도, 그것은 하나님이 그들을 그들의 죄에 따라서 다루신 것뿐이고, 그러한 죄악된 백성이 진노하신 하나님으로부터 마땅히 기대할 수 있는 그런 일이었다 하나님은 이렇게 말씀하신다. "그러나 내가 노하기를 더디 할 것이라(또는, 노하기를 막고 억누를 것이라). 내가 노하기를 더디 한다는 것을 보여줄 것이고, 내가 마땅히 너에게 퍼부어야 할 진노를 억눌러서 너희가 하나의 백성이 되지 못하도록 끊어버리는 일을 그만둘 것이다." 그렇다면, 하나님은 왜 이렇게 자신의 진노의 손길을 멈추고자 하시는 것인가? 그것은 내 이름을 위하여 그런 것이었다. 하나님의 백성은 하나님의 이름으로 불렸고 하나님의 이름을 고백한 자들이었기 때문에, 만약 그들이 이 땅에서 끊어져 사라져버린다면 원수들은 이 땅에서 하나님의 이름을 모독할 것이었다. 그것은 내 영광을 위하여 그런 것이었다. 그들을 살려내고 구해내는 일은 하나님의 긍휼하심이 드러나는 일이 될 것이었기 때문에, 하나님은 그들을 계속해서 자기 백성이 되게 하셔서 그들을 통하여 하나님의 이름이 찬송을 받게 하고자 하셨다.

2. 그들이 매우 타락했고 악한 성질을 지니고 있다는 것은 사실이었지만, 하나님은 그들을 직접 연단하셔서 그가 그들을 위하여 의도하신 긍휼을 그들이 받기에 적합하게 만드시고자 하셨다 "너를 존귀하게 쓰임 받을 그릇으로 만들기 위해서 내가 너를 연단하였노라." 그들은 하나님의 은총을 받을 만한 자로 준비되어 있지 않았지만 하나님은 그들을 그렇게 만드시고자 하셨다. 이것은 하나님이 그들을 고난 속으로 집어넣으셔서 그들이 준비가 다 될 때까지 오래도록 그 가운데 그들을 두신 이유를 설명해 준다. 그것은 그들을 끊어버리기 위한 것이 아니라 그들을 유익하게 하기 위한 것이었다. 그것은 그들을 연단하기 위한 것이었지만, 하나님은 사람들이 은을 연단할 때에 모든 찌끼가 은에서 분리될 때까지 풀무 불에 계속 두는 것과는 달리 은처럼 철저하게 연단시키지는 않으셨다. 만약 하나님께서 그들은 은처럼 연단시키고자 마음을 먹으셨다면 그들은 내내 풀무 불 속에 있어야 할 것이었다. 왜냐하면, 그들은 온통 찌꺼기 투성이인 자들이기 때문이고, 마땅히 내버린 은처럼(렘 6:30) 버려지는 것이 당연할 것이기 때문이다(시 119:119). 그래서 하나님은 그들을 있는 모습 그대로 받으셔서, 오직 부분적으로만 연단시키시고 철두철미하게 연단시키지는 않

으신다 "내가 너를 고난의 풀무 불에서 택하였노라. 즉, 내가 고난이 너에게 가져다준 유익을 통해서 너를 괜찮은 자로 만들어서 선택하여 큰 일들을 하는 데에 너를 사용하고자 하였다." 하나님은 많은 사람들을 자신의 그릇으로 택하신 후에, 그들을 고난의 풀무 불 속에 집어넣으셔서 은혜의 선한 역사를 시작하신다. 고난은 하나님의 선택을 받는 것을 가로막는 장애물이 아니라 하나님의 목적에 기여하는 것이다.

3. 그들이 그들에게 큰 영광과 많은 기쁨을 가져다 줄 바벨론으로부터의 구원과 같은 큰 은총을 하나님으로부터 받을 만한 자격이 있다고 생각할 수 없었다는 것은 사실이다. 그러므로 하나님은 나는 나를 위하여 이를 이룰 것이라고 말씀하신다(11절). 강조점이 어디에 두어져 있는지를 보라. 바로 그것이 이 일이 실패할 수 없는 이유이고, 이러한 이유에 의거하여 결정된 것이 결코 땅에 떨어질 수 없는 이유이다. 하나님께서 이 일을 하시고자 하는 것은 그들에게 그러한 은총을 베풀어 주어야 하는 의무를 지고 계시기 때문이 아니라 자기 이름의 영광을 다시 되찾아야 했기 때문이다. 만약 하나님의 백성이 이교도들에 의해서 짓밟힘으로써 그들이 이스라엘을 이긴 것을 이스라엘의 하나님을 이긴 것으로 생각하여 이스라엘의 하나님이 그들을 상대하기에 역부족이었다고 생각한다면, 그것은 하나님의 이름이 더럽혀지는 꼴이 되고 말 것이었다. 이것은 바로 벨사살이 술자리에서 한 그 말이었다. 벨사살은 술자리에서 하나님의 성전에 있던 거룩한 그릇들을 가져와 거기에 술을 담아 마심으로써 하나님을 욕보임과 동시에 그의 우상들을 높였고(단 5:2,4), 바벨론 사람들은 포로로 잡힌 유다인들에게 자기들을 위하여 시온의 노래 중 하나를 노래하라고 요구하였다(시 137:3). 그러므로 하나님은 자기 영광을 다른 자에게 주지 않기 위하여 자기 백성을 구원하시고자 한다. 모세도 하나님께 자주 그런 식으로 항변하였다. 주여, 애굽 사람들이 무엇이라 말하겠나이까. 하나님은 자기 이름을 영화롭게 하는 일에 열심이시기 때문에, 사람들에게 진노하신다고 하여도 사람들이 돌이켜서 그의 이름을 찬송하게 되자마자 그 진노를 거두신다는 것을 명심하라. 하나님의 백성이 어떻게 되어야 마땅하든지 간에 하나님은 자신의 영광을 지키시리라는 것은 그들에게 큰 위로가 된다. 하나님은 그의 영광에 꼭 필요한 경우에는 자기 백성을 구원하시는 일을 하실 것이다.

Ⅱ. 그들이 스스로 어찌할 수 없고 그 일이 도무지 불가능한 것처럼 보일지

라도, 하나님은 그들을 위하여 그 일을 행하실 수 있다는 증거가 여기에 제시되어 있다. 야곱과 이스라엘은 이 말씀에 귀를 기울여서 그것을 믿고 위로로 삼아야 한다. 그들은 하나님의 부르심을 받은 자들, 그의 뜻을 따라 부르심을 받은 자들, 하나님이 애굽에서 불러내었고(호 11:1) 지금은 바벨론에서 불러낼 자들, 하나님이 특별한 은총으로 지명하여 자기에게로 부르신 자들이다. 그들은 하나님의 부르심을 받았고 지명하여 부르심을 받았으며 하나님의 소유로 부르심을 받았기 때문에 하나님이 부르신 자들이다. 그러므로 하나님은 그들을 돌보아 주실 것이다. 그들은 하나님이 자신을 위하여 그들을 구원하실 때에 하나님 자신의 힘으로 구원하시겠다는 약속을 받는다. 그들은 두려워할 필요가 없는데, 그 이유는 다음과 같다.

1. 그는 홀로 하나님이시고 영원한 하나님이시다(12절). "나는 그니 내가 하고자 하는 일은 할 수 있고 가장 좋은 일을 하고자 하는 자이고, 나와 다투거나 비할 수 있는 자는 아무도 없다. 나는 처음이요 또 나는 마지막이라." 처음이신 하나님보다 더 빠르거나 시간적으로 앞선 자가 누가 있을 수 있겠는가? 마지막이시기 때문에 모든 반대자들에 맞서서 끝까지 싸우실 수 있고 모든 자들을 자신의 발등상이 되게 하실 때까지 다스리실 수 있는 분을 대적할 수 있는 자가 과연 누구겠는가? 하나님은 처음이시기 때문에 자신의 계획을 잘 세워두실 수밖에 없고, 마지막이시기 때문에 그 계획들을 잘 집행하실 수밖에 없는데, 하나님이 그 일을 시작하실 때에 그들이 구원받으리라는 것을 의심할 여지가 어디 남아 있겠는가. 하나님은 이런 분이시기 때문에 그의 일은 완전하다.

2. 그는 세계를 지으신 하나님이시기 때문에 어떤 일이라도 하실 수 있다(13절). 아래를 내려다보라. 우리는 우리 밑에 있는 땅이 견고하다는 것을 보고, 또한 그렇게 느낀다. 그 땅의 기초를 정하고 놓은 것은 하나님의 손이었다. 위를 올려다보라. 우리는 하늘이 우리 머리 위에 차일처럼 펼쳐져 있는 것을 본다. 그 하늘을 펼치고, 목공이 종종 뼘으로 길이를 재어 보듯이 하늘의 길이를 뼘으로 재서 펼쳐 놓은 것은 하나님의 손이었다. 이것은 하나님의 손길이 광대한 곳까지 미치기 때문에 아무리 광대한 계획도 다 측량하여 재실 수 있다는 것을 보여준다. 오른손바닥(난외주에서는 이렇게 읽는다)으로 하늘을 펼치실 수 있는 분이 자신의 팔을 뻗어서 못할 일이 어디에 있겠는가? 그렇지만 이것이 전부가 아니다. 하나님은 하늘과 땅을 지으셨을 뿐만 아니라(그렇기 때문

에, 하나님은 우리의 소망과 도움이 되어 주실 정도로 전능하시다, 시 124:8) 하늘과 땅의 만상을 부리시기도 하신다. 하나님께서 심부름을 시키시기 위하여 그들을 부르시면, 그들은 일제히 일어서서 그 부르심을 따라 자기 이름을 대며 나아온다 "우리가 여기 있나이다. 주께서 우리에게 시키실 일이 무엇이나이까?" 그들이 일어서는 것은 그들의 창조주를 공경하기 때문만이 아니라 하나님의 지시를 수행할 태세를 갖추기 위한 것이기도 하다. 그들은 일제히 일어서서, 한 마음 한 뜻으로 그들의 창조주를 섬기기 위해서 서로 힘을 합한다. 그러므로 하나님은 자기 백성을 구원하시고자 할 때에 그들의 구원을 이루고자 하시기 위하여 어떤 도구들을 사용하셔야 할지 고민할 필요가 없으시다.

3. 하나님은 이미 그 일을 미리 말씀하셨고, 무한한 지식을 지니시고 그 일을 미리 내다보신 이가 그 일을 이루실 전능한 능력을 갖고 계신 것은 의심의 여지가 없다. "야곱의 집에 속한 너희는 다 모여 이 일을 듣고서 위로를 받으라. 이방의 신들과 그들의 지혜로운 자들 가운데서 누가 이 일들을 알게 하였거나 미리 말할 수 있었느냐(14절)?" 그들은 이 일들을 전혀 미리 내다보지 못하였고, 그들에게 조언을 구하는 자들은 바벨론이 영원히 여주인이 되고 이스라엘이 영원히 노예로 지내게 되리라는 것을 아주 자신만만해하였다. 그들의 신들과 지혜자들은 그들의 미몽을 깨우쳐주기 위해서 그 반대의 일이 일어나리라는 것을 조금이라도 신탁을 통해서 그들에게 보여주지 못하였다. 하나님은 그의 선지자들을 통해서 유대인들에게 그들이 포로로 잡혀가고 예루살렘이 파괴될 것을 오래 전에 미리 알려 주었던 것과 마찬가지로, 이제 그들에게 그들이 놓여나게 될 것을 알려 주셨다(15절). 나 곧 내가 말하였다. 하나님께서는 자신의 말을 성취할 수 없으셨다면 아예 처음부터 그런 말을 하지 않으셨을 것이다. 하나님보다 앞을 더 잘 내다볼 수 있는 자는 없다. 그러므로 그는 하나님보다 그 일을 더 잘 해낼 수 있는 자도 없다는 것을 확신할 수 있다.

4. 이 일에 쓰임을 받게 될 인물이 정해지고, 변경될 수 없는 하나님의 뜻 속에서 그 일을 이루기 위한 여러 조치들이 정해진다. 고레스는 그 일을 하기로 되어 있는 인물이었다. 우리는 어떤 일이 누구에 의해서 어떻게 행해질지 구체적으로 얘기를 듣게 되면 그 일이 이루어지게 될 것이라는 확신을 더욱 강하게 지닐 수 있게 된다. 누가 그 일을 하게 될 것인지가 정해지지 않고 남겨져 있는 것이 아니라, 그 문제는 이미 정해져 있었다.

(1) 고레스는 하나님이 이 일을 위하여 쓰시기로 정하신 인물이었기 때문에, 하나님은 그를 기뻐하셨다. 여호와가 그를 사랑하였다(14절). 하나님께서 이러한 은총과 영광을 그에게 베푸신 것은 자기 백성을 구속하시는 일에 도구로 사용하시고 그것을 통해서 그가 기뻐하셨던 그의 사랑하는 아들, 저 위대한 구속주의 모형이 되게 하기 위한 것이었다. 하나님은 그의 교회를 섬기게 만드신 자들에게 크신 인자하심을 베푸시고, 또한 그들을 위하여 다른 사람들에게 크신 인자하심을 베푸신다.

(2) 고레스는 하나님께서 권세와 사명을 주실 인물이었다. 내가 그를 불렀고 충분한 보장을 그에게 해주었기 때문에, 그를 끝까지 붙들어 줄 것이다.

(3) 고레스는 하나님이 일련의 섭리들을 통해서 이 일을 하도록 인도하실 인물이었다. "내가 그를 먼 나라에서 데려왔고, 바벨론에 맞서 대적하게 하였으며, 그의 의도를 뛰어넘어 한 걸음 한 걸음 그를 인도하였다." 하나님은 부르실 자를 반드시 그 부르심에 따라서 오게 하신다(원어의 의미는 이것이다).

(4) 고레스는 하나님이 자기 것으로 인정하셔서 형통케 하실 인물이었다. 고레스는 바벨론을 멸망시키는 일에 있어서 하나님의 뜻이나 은총을 아랑곳하지 않고 자신의 목적을 이루기 위하여 움직이겠지만, 결국 **바벨론에 대하여** 하나님이 기뻐하시는 것을 행하게 될 것인데, 하나님은 그가 기뻐하시는 일이 이루어지는 것을 기뻐하시고, 고레스가 그 일을 행하는 것을 기뻐하실 것이다 그의 팔(고레스의 군대, 그것을 통한 하나님의 팔)이 갈대아인에게 임하여서 그들을 멸망시킬 것이다(14절). 왜냐하면, 하나님은 자기가 부르시고 이끌어 오신 자의 길이 반드시 형통하게 만드실 것이기 때문이다(15절). 따라서 우리는 하나님의 부르심과 인도하심을 따를 때에 우리의 길이 형통하리라는 소망을 가질 수 있다.

[16]너희는 내게 가까이 나아와 이것을 들으라 내가 처음부터 비밀히 말하지 아니하였나니 그것이 있을 때부터 내가 거기에 있었노라 하셨느니라 이제는 주 여호와께서 나와 그의 영을 보내셨느니라 [17]너희의 구속자시요 이스라엘의 거룩하신 이이신 여호와께서 이르시되 나는 네게 유익하도록 가르치고 너를 마땅히 행할 길로 인도하는 네 하나님 여호와라 [18]네가 나의 명령에 주의하였더라면 네 평강이 강과 같았겠고 네 공의가 바다 물결 같았을 것이며 [19]네 자손이 모래 같았겠고 네 몸의 소생

이 모래 알 같아서 그의 이름이 내 앞에서 끊어지지 아니하였겠고 없어지지 아니하였으리라 하셨느니라 [20]너희는 바벨론에서 나와서 갈대아인을 피하고 즐거운 소리로 이를 알게 하여 들려 주며 땅 끝까지 반포하여 이르기를 여호와께서 그의 종 야곱을 구속하셨다 하라 [21]여호와께서 그들을 사막으로 통과하게 하시던 때에 그들이 목마르지 아니하게 하시되 그들을 위하여 바위에서 물이 흘러나게 하시며 바위를 쪼개사 물이 솟아나게 하셨느니라 [22]여호와께서 말씀하시되 악인에게는 평강이 없다 하셨느니라

이 단락에서도 앞에서와 마찬가지로 야곱과 이스라엘에게 선지자가 하나님의 이름으로 전하는 것, 아니 하나님이 선지자를 통해서 말씀하시는 것을 귀 기울여 들으라고 호출한다. 이 선지자는 하나님께서 종말에 우리에게 말씀하실 때에 사용하실 저 큰 선지자의 모형이다. 그러므로 너희는 내게 가까이 나아와 이것을 들으라. 하나님이 무엇을 말씀하시는지를 듣고서 깨닫고자 하는 자들은 하나님께 가까이 나아와야 한다는 것을 명심하라. 그들은 할 수 있는 한 가까이 나아와야 한다. 지금까지 시험하는 자의 말에 귀 기울여왔던 자들은 이제 확고한 결단 속에서 하나님을 섬기는 자가 되기 위하여 하나님께 가까이 나아와서 이것을 들어야 한다. 하나님께 가까이 나아오는 자들은 하나님이 그들에게 자신의 비밀을 알려 주시리라는 것을 확신할 수 있다. 이 단락에는 다음과 같은 내용들이 나온다.

I. 하나님은 그들에게 그가 이전에 그들에게 말하였거나 행하였던 것들을 생각해 보라고 말씀하신다. 그들이 그 일들을 곰곰이 되돌아보기만 한다면, 그들은 지금 이때에도 하나님을 믿고 의지할 수 있는 충분한 자신감을 얻을 수 있을 것이다.

1. 하나님은 처음부터 모세를 비롯해서 모든 선지자들을 통하여 그들에게 언제나 분명하고 알기 쉽게 말씀해 주셨다. 내가 비밀히 말하지 아니하였고, 시내 산 꼭대기에서 많은 사람들이 듣는 가운데 말하였으며, 사람들이 많이 모이고 붐비는 곳들과 그들의 지파들이 성회를 여는 곳에서 그들에게 말하였다. 하나님은 그들이 이해할 수 있도록 자신의 말씀을 똑똑하게 들리는 음성으로 그 뜻이 모호하지 않게 그들에게 전하였다(합 2:2).

2. 하나님은 그들을 위하여 언제나 기이한 일들을 행하셨다. "그들이 처음

으로 하나의 민족을 이룰 때부터 내가 거기에 있었고, 나는 그들 가운데 항상 거하면서 그들의 일을 주재하였다(하나님은 그들에게 선지자들을 보내셨고, 사사들을 일으키셨으며, 자주 그들에게 나타나셨다). 그러므로 나는 앞으로도 계속 그들 가운데 있을 것이다." 이제까지 자기 백성과 함께 하셨던 하나님은 끝까지 그들과 함께 하실 것이다.

Ⅱ. **선지자는 종말의 저 큰 선지자의 모형으로서 이 말씀을 전하는 것이 자신의 사명이라고 직접 단언한다.** 이제는 주 여호와(처음부터 말씀하셨고 비밀히 말씀하지 않으셨던 바로 그분)께서 나와 그의 영을 보내셨느니라(16절). 하나님의 영은 여기에서 성부나 성자와 구별되는 별개의 인격으로서 선지자들을 보낼 수 있는 신적인 권세를 지니고 있는 것으로 묘사된다. 주 여호와께서 그의 영을 통해서 나를 보내셨느니라(어떤 이들은 본문을 이렇게 읽는다). 하나님이 보내신 자들은 성령이 보내신 자들이라는 것을 명심하라. 하나님이 어떤 일들을 하라고 사명을 주신 자들에게 성령은 그 일을 할 수 있는 능력들을 어느 정도 공급해 주신다. 그들은 하나님과 그의 영이 보내신 자들이기 때문에 담대하게 말씀을 전할 수 있고, 사람들은 그 말씀을 듣고 순종하여야 한다. 선지자가 이 말씀과 동일한 취지로 말하고 있는 것(사 61:1)이 그리스도께 적용되고 있는 것과 마찬가지로(눅 4:21), 이 말씀도 그리스도께 적용될 수 있다. 주 하나님께서 그리스도를 보내셨기 때문에, 그에게는 성령이 한량없이 부어졌다.

Ⅲ. **하나님은 선지자를 통해서 고난 가운데 있는 그들을 붙들어 주고 위로하시기 위하여 은혜의 말씀을 전하신다.** 이 말씀 앞에 붙어있는 서문은 무시무시하면서도 우리에게 힘을 준다(17절). 너희를 자주 구속하셨고 앞으로도 그럴 것이라고 약속하셨으며 그 약속을 신실하게 이루실 너희의 구속자이시고 영원한 하나님이신 여호와께서 말씀하신다. 하나님은 거룩하신 이이기 때문에 결코 속일 수 없으시고, 이스라엘의 거룩한 이시기 때문에 이스라엘을 속이실 수 없다. 율법의 서문에 도입되어서 율법의 권세를 더해 주는 바로 그 말씀이 여기에 나오는 약속의 말씀 앞에도 나와서 그 약속에 한층 더 힘을 실어준다 "나는 네 하나님, 너와의 관계와 언약으로 인해서 네가 마음 놓고 의지할 수 있는 네 하나님 여호와라."

1. 하나님은 그들 안에서 시작하신 선한 일을 이제 이루시고자 하시는데, 그렇게 하기 위하여 그들의 구속자이신 하나님은 다음과 같은 자가 되실 것이다.

(1) 그들을 가르치시는 자. "나는 네게 유익하도록 가르치는 네 하나님이다. 즉, 나는 네게 유익이 될 그런 것들, 너의 평안에 속한 것들을 네게 가르치는 자이다." 하나님은 우리를 가르치심으로써 그가 우리와 언약을 맺은 하나님이시라는 것을 보여주신다(히 8:10-11). 하나님은 총명을 주시는 분이기 때문에 그 분과 같이 가르칠 자는 아무도 없다. 하나님은 구속하신 자들을 가르치신다. 하나님은 환난에서 건져내실 자들을 먼저 그들이 환난을 통하여 유익을 얻을 수 있도록 가르치셔서 그의 거룩함에 참여하는 자들로 만드신다. 왜냐하면, 하나님이 우리를 징계하시는 것은 바로 그러한 유익, 즉 우리를 그의 거룩하심에 참여하게 하기 위함이시기 때문이다(히 12:10).

(2) 그들의 인도자. 하나님은 그들을 마땅히 행할 길로 인도하신다. 하나님은 그들의 눈을 밝게 해주실 뿐만 아니라 그들의 발걸음도 인도하신다. 하나님은 은혜를 통해서 그들을 마땅히 행할 길로 인도하시고, 섭리를 통해서 구원의 길로 인도하신다. 그러한 인도하심 아래에 있는 자들은 복이 있다!

2. 하나님은 그들이 잘 되기만을 바라서 그들을 좋은 뜻으로 대해 오셨다고 말씀한다(18-19절). 하나님은 그들을 포로로 잡혀가게 하셨지만, 그것은 순전히 그들 자신의 잘못 때문이었고 하나님이 고의로 그들을 괴롭히기 위한 것이 아니었다.

(1) 하나님은 그들에게 그의 율법을 주실 때에 그들이 그 율법을 순종하게 되기를 간절히 바라셨다(그들이 항상 이와 같은 마음을 품어 영원히 복 받기를 원하노라, 신 5:29; 만일 그들이 지혜가 있었다면 좋았을 것을, 신 32:29). 마찬가지로, 하나님은 그들이 율법을 범했다는 이유로 그들을 벌하셨을 때에도 그들이 순종하였다면 좋았을 것이라고 안타까워하셨다. 네가 나의 명령에 주의하였더라면(18절). 내 백성아, 내 말을 들으라(시 81:13). 이것은 하나님께서 말씀하시고 맹세하신 것, 즉 죄인들의 죽음을 기뻐하지 아니한다는 하나님의 말씀을 확증해 주는 것이다.

(2) 하나님은 그들에게 만약 그들이 순종하였더라면 그들이 포로로 잡혀가는 일은 없었을 것이고 도리어 그들의 형통함이 지속되었을 것이라고 말씀하신다. 하나님은 그들이 죄를 범하고 하나님을 멀리 떠나지 않았더라면 그들에게 부어 주시기 위하여 많은 좋은 것들을 차고 넘치게 준비해 두셨었다(사 59:1-2).

[1] 그들은 마땅히 변함없이 끊이지 않게 도도히 흐르는 강물과 같은 형통함을 지속적으로 누려야 했다. "네 평강이 강과 같았을 것이다. 너는 강물이 마르지 않고 항상 지속되듯이 하나님이 끊임없이 내려주시는 긍휼들을 누렸어야 했다." 강물은 흐르고 또 흘러서 영원히 흐른다. 강물은 비온 후에 곧 말라 버리는 땅의 물과 같지 않다.

[2] 그들의 덕과 존귀함, 그들의 대의의 의로움은 그 어떤 경우에도 바다 물결 같이 자신의 힘으로 모든 반대를 물리쳤어야 했다. 그들의 의가 그런 것이었다면, 아무것도 그들의 의 앞에서 설 수 없었을 것이다. 하지만, 그들이 불순종하였기 때문에, 그들의 형통의 물줄기는 끊어져 버렸고, 그들의 의는 꺾이고 말았다.

[3] 자라나는 세대는 그 수가 많고 아주 번성했어야 했다. 그런데, 그들은 포로가 되었다가 다시 돌아온 자의 수가 적은 것에서 알 수 있듯이(스 2:64) 지금 그 수가 아주 적어서, 그들이 애굽에서 나올 때에 한 지파를 이루었던 사람들의 수만큼도 되지 못하였다. 그들은 하나님의 약속을 따라서 모래 같이 무수히 많아야 했다(창 22:17). 그러나 그들은 그 약속의 혜택을 상실해 버리고 말았다. "만약 너의 의가 바다 물결처럼 도저히 당해낼 수 없는 것이었다면, 네 몸의 소생이 모래알 같아서 그 수를 헤아릴 수 없었을 것이다."

[4] 이스라엘의 영광은 여전히 녹슬지 않고 아무런 손상도 입지 않았어야 했다. 그의 이름이 끊어지지 아니하였어야 했다. 하지만 지금 이스라엘 땅은 초토화되거나 이방인들이 거하는 곳이 되어 버렸다. 또한, 이스라엘 땅은 하나님 앞에서 멸망당하여 없어지지 않았어야 했다. 우리는 어떤 가문이나 나라가 하나님 앞에서 멸망당하여 하나님의 거룩한 곳에서 그 이름이 사라져 버릴 때까지는 그 이름이 멸하여 없어져 버렸다고 여길 수 없다. 하나님이 여기에서 지금 그들이 순종하였더라면 자기가 그들을 위하여 행하였을 일들을 이렇게 그들에게 말씀하시는 이유는 다음과 같다.

첫째, 그들로 하여금 그토록 풍성한 긍휼을 잃어버리게 만든 그들의 죄로 인해서 스스로를 더 낮추고 겸손하게 하시기 위해서. 죄는 우리에게서 우리가 지금까지 누려왔던 좋은 것들을 빼앗아 갈 뿐만 아니라 하나님이 우리를 위하여 예비해 두셨던 좋은 것들을 가로막아 버린다는 것을 생각할 때, 우리는 죄에 대하여 더욱 조심하고 경계하여야 한다. 불순종한 자들의 참상을 볼 때에 그들이 순종하였더라면 얼마나 복되었을지를 생각한다면 그 참상은 더욱 참을 수 없는 것이 되고 만다.

둘째, 그들이 하나님의 긍휼하심을 상실하였고 그 긍휼하심을 받을 가치조차 없게 되었음에도 불구하고, 하나님이 그들을 위하여 구원을 행하심으로써 그의 긍휼하심을 한층 더 뚜렷하게 드러내시기 위하여. 긍휼이라는 하나님의 엄청난 은혜 외에는 그들을 구할 수 있는 길이 아무것도 없었을 것이다.

3. 하나님은 그들을 위하여 계획하신 큰 일, 즉 그들을 포로 생활에서 구원하시는 일을 행하심으로써 그들 속에서 시작하신 자신의 일을 끝까지 이루시겠다고 약속하신다.

(1) 여기에는 하나님께서 그들에게 바벨론을 떠날 수 있게 영을 내리셨다는 말씀이 나온다. 하나님은 고레스가 실제로 그 일을 행하기 오래 전에 포로로 끌려간 자들 중에서 누구든지 원하는 자는 고국으로 돌아가게 되리라는 것을 선포하셨다(20절). "나는 너희에게 해방령을 선포하여, 너희는 완전히 놓여남을 받았다. 너희는 바벨론에서 나오라. 감옥 문은 활짝 열렸고, 해방령을 알리는 나팔 소리가 울려 퍼지고 있다." 아마도 하나님의 영은 이 말씀을 수단으로 삼아서 고레스의 칙령을 받아들여서 자기 땅으로 돌아가고자 하는 감동을 사람들에게 불러일으키셨던 것 같다(스 1:5). 너희는 갈대아인으로부터 나오라. 야곱이 라반에게서 도망쳐 나왔듯이 불명예스럽게 몰래 도망치는 것이 아니라, 더 이상 갈대아인들 가운데 머무는 것을 경멸하며 당당하게 그들에게서 나오라. 마음을 졸이며 숨죽이고서 도망치는 것이 아니라 옛적에 조상들이 애굽에서 나올 때에 그랬던 것처럼 즐거운 노래를 부르며 그들에게서 나오라(출 15:1).

(2) 여기에는 이 소식을 모든 곳에 알리라는 말씀이 나온다. "그것을 널리 알리고 입 밖으로 소리를 내어 말하여, 아무리 먼 곳에 있더라도 들을 수 있게 하며 아무리 관심없는 자들도 들을 수 있게 하라. 입의 말로써 이 소식을 전하고, 글로써 이 소식을 전하여, 모든 성읍과 모든 나라, 심지어 가장 후미진 지역, 땅 끝까지 모든 자들이 듣게 하라." 이것은 복음이 온 세계로 퍼져 나갈 것을 의미하는 비유의 말씀이었다. 이 소식은 온 세상 사람들의 이해 관계가 달려 있는 좋은 소식이기 때문에, 그들이 이 소식을 통해서 그들의 우상을 버리고 이스라엘의 하나님을 섬기도록 초청을 받을 수 있도록 모든 사람들이 알 수 있게 하는 것이 합당한 일이다. 그러므로 모든 사람들은 다음과 같은 것을 알

아야 한다.

[1] 하나님께서 자기 소유로 인정하신 자들을 비싼 값을 주시고 사셨다는 것. 여호와께서 그의 종 야곱을 구속하셨다. 하나님은 그들을 애굽에서 데리고 나오실 때에 그렇게 하셨고, 지금 그 일을 다시 하실 것이다. 야곱은 하나님의 종이었기 때문에 하나님은 그를 구속하셨다. 왜냐하면, 다른 주인들은 하나님의 종들과 아무런 상관도 없는 자들이기 때문이다. 이스라엘은 하나님의 아들이었다. 그러므로 바로는 이스라엘을 놓아주지 않으면 안 된다. 하나님은 야곱을 구속하셨기 때문에, 야곱이 하나님의 종이 되어야 하는 것은 마땅한 일이었다 (시 116:16). 하나님은 그들과의 끈을 풀어버리셨지만 이제 그 끈을 더 단단히 조여서 그들을 그에게 꽉 묶어 놓으셨다. 하나님은 우리를 구속하셨기 때문에 우리에 대하여 의문의 여지가 없는 권리를 갖고 계신다.

[2] 하나님은 자기에게 가까이 오게 하시고자 하는 자들을 돌보아 주시고, 그들의 여행 중에 꼭 필요한 것들이 부족함이 없게 해주신다는 것. 하나님이 그들을 애굽에서 이끌어 내실 때에 그들을 사막으로 통과하게 인도하셨지만, 그들은 목마르지 아니하였다(21절). 왜냐하면, 그들이 움직이는 곳마다 반석에서 물이 나오게 하셨기 때문이다. 하나님은 그들을 위하여 바위에서 물이 흘러나게 하시며, 바위에서 나오는 물은 가장 깨끗하고 정갈한 물이었기 때문에 하나님은 바위를 쪼개서 물이 솟아나게 하셨다. 왜냐하면, 하나님은 자기 백성에게 필요한 것들을 그들이 도저히 불가능하다고 생각하는 방식으로 공급해 주실 수 있는 분이시기 때문이다. 이 말씀은 하나님이 그들을 애굽에서 이끌어 내실 때에 그들을 위하여 행하신 일들을 가리킨다. 이 일들은 문자 그대로 사실이었다. 그러나 이제 그들이 바벨론에서 나올 때에도 그와 같은 일들이 행해질 것이기 때문에, 그들이 돌아올 때에 필요로 하는 모든 일들이 공급될 것이다. 하나님은 이적들을 통해서와 마찬가지로 기이한 섭리들을 통해서도 효과적으로 그의 일을 행하신다 ─ 물론, 사람들은 섭리를 통한 하나님의 역사를 잘 눈치채지 못하겠지만. 이 말씀은 예수 그리스도 안에서 우리를 위하여 예비되어 있는 저 은혜의 보화에도 그대로 적용된다. 이스라엘 백성에게 바위에서 물이 나왔듯이, 온갖 좋은 것이 예수 그리스도로부터 나와서 우리에게 흘러온다. 왜냐하면, 그 반석은 그리스도이시기 때문이다.

(3) 하나님은 계속해서 범죄하는 악인들에게 경고하신다. 그들은 하나님의

백성이 누리는 그 어떤 유익도 가질 생각을 말아야 한다. 그들은 입으로 하는 신앙 고백과 겉모습으로는 하나님의 백성 가운데 섞여 있다고 할지라도 하나님의 백성이 누리는 것들에 동참하게 될 것을 기대해서는 안 된다. 자기 백성에 대하여 하나님이 생각하시는 것들이 평강과 관련된 생각들이라고 할지라도, 그들 가운데서 삶을 고치기를 싫어하는 악인들에게는 평강이 없다(22절). 그들은 평강이 있는 체할 수도 있겠지만, 실제로 그들에게는 하나님과의 평강도, 그들 자신의 양심과의 평강도 없으며, 진정으로 선한 것이라고는 아무것도 없다. 하나님의 원수인 자들이 도대체 평강과 무슨 상관이 있단 말인가? 그들의 거짓 선지자들은 그들에게 평강이 속해 있지 않은 데도 그들을 향하여 평강을 외쳤다. 그러나 하나님은 그들에게 악인에게는 평강이 없을 것이라고 말씀하신다. 죄인들이 하나님을 상대로 시작한 다툼은 회개를 통해서 끊어지지 않는 한 영원히 지속되는 다툼이 될 것이다.

제
— 49 —
장

개요

앞의 장들에서는 유대인들이 바벨론에서 구원을 받을 것에 관한 영광스러운 일들이 얘기되었다. 그러나 그 구원이 이루어졌을 때, 사람들이 실제로 이루어진 일을 보니 예언에서 말했던 것보다 훨씬 형편이 없고, 대략 4만 명의 유대인이 초라한 모습으로 바벨론에서 나와 예루살렘으로 귀환한 것이 예언에서 사용된 지극히 고상하고 웅장한 표현들에 걸맞는 사건이라고 볼 수 없다고 생각하지 않도록 하기 위하여, 하나님은 여기에서 그 예언은 또 다른 사건, 즉 이 예언의 묘사에 훨씬 못 미치는 것으로 보였던 바벨론 포로들의 귀환과는 달리 그 묘사보다 월등히 뛰어나고 탁월할 구속 사건, 고레스만이 아니라 이 일을 미리 예언한 하나님의 종도 거기에서는 하나의 모형일 뿐인 예수 그리스도에 의한 온 세상의 구속이라는 사건을 통해서 온전히 성취되리라는 것을 보여주신다. 이 장에는 다음과 같은 내용들이 나온다. I. 이사야의 모형을 통해서 그리스도께서 중보자로서의 자신의 직임에 임명되심(1-3절). II. 이방인들 가운데서 그가 행할 사명이 성공을 거두리라는 약속이 그에게 주어짐(4-8절). III. 그에 의해서 그 구속이 이루어질 것이고, 그 구속이 널리 퍼져 나가게 되리라는 것(9-12절). IV. 그 구속을 토대로 고난당하는 교회에게 주어지는 격려(13-17절). V. 교회에 많은 사람들이 더해져서, 이방인들 가운데에 교회에 세워지리라는 것(18-23절). VI. 유대인들이 바벨론으로부터 놓여나게 되리라는 예언이 다시 한 번 확증되고, 이것이 이 모든 축복들의 모형이자 비유가 되리라는 것(24-26절). 이 장을 올바르게 이해하게 된다면 우리는 우리가 지금까지 생각해왔던 것보다 더 관심을 가지고서 유대인들이 바벨론으로부터 구원받게 될 것이라는 것에 관한 예언들을 살펴보게 될 것이다.

¹섬들아 내게 들으라 먼 곳 백성들아 귀를 기울이라 여호와께서 태에서부터 나를 부르셨고 내 어머니의 복중에서부터 내 이름을 기억하셨으며 ²내 입을 날카로운 칼 같이 만드시고 나를 그의 손 그늘에 숨기시며 나를 갈고 닦은 화살로 만드사 그의 화살통에 감추시고 ³내게 이르시되 너는 나의 종이요 내 영광을 네 속에 나타낼 이

스라엘이라 하셨느니라 ⁴그러나 나는 말하기를 내가 헛되이 수고하였으며 무익하게 공연히 내 힘을 다하였다 하였도다 참으로 나에 대한 판단이 여호와께 있고 나의 보응이 나의 하나님께 있느니라 ⁵이제 여호와께서 말씀하시나니 그는 태에서부터 나를 그의 종으로 지으신 이시요 야곱을 그에게로 돌아오게 하시는 이시니 이스라엘이 그에게로 모이는도다 그러므로 내가 여호와 보시기에 영화롭게 되었으며 나의 하나님은 나의 힘이 되셨도다 ⁶그가 이르시되 네가 나의 종이 되어 야곱의 지파들을 일으키며 이스라엘 중에 보전된 자를 돌아오게 할 것은 매우 쉬운 일이라 내가 또 너를 이방의 빛으로 삼아 나의 구원을 베풀어서 땅 끝까지 이르게 하리라

이 단락에는 다음과 같은 내용들이 나온다.

I. 청중이 불러 모아지고 주의해서 들어보라는 요구를 받는다. 앞 장에 나온 설교는 야곱 집과 이스라엘 백성을 향한 것이었다(사 48:1, 12). 그러나 이 장에 나오는 말씀은 섬들, 즉 이방의 섬들로 불렸던 이방인들(창 10:5)과 먼 곳 백성들, 즉 이스라엘 밖의 외인들이었던 저 멀리 살고 있던 자들을 향한 것이다. 그들은 먼 장래에 있을 일을 들어야 하지만(1절), 열성과 관심을 가지고서 그것에 귀를 기울여야 한다. 다음과 같은 것들을 주목하라.

1. 구속주에 관한 소식은 이방인들과 아주 멀리 떨어져 있는 자들에게도 전해질 것인데, 그들도 그 소식을 들어야 하기 때문이다.

2. 유대인들이 복음에 귀를 막아버렸을 때에 이방인들은 그 복음에 귀를 기울였다.

II. 이 구속을 이루시고 알리실 큰 자는 자기가 이 일을 맡게 된 권세가 하늘로부터 왔다는 것을 나타내신다.

1. 하나님이 그를 지명하셨고 그 일을 위하여 그를 구별하셨다. 여호와께서 태에서부터 나를 부르셔서 이 직분을 맡기셨고, 내 이름을 기억하시며 나를 구주로 지명하셨다. 하나님은 천사를 보내셔서 그를 자기 백성을 그들의 죄에서 구원할 자를 뜻하는 예수, 즉 구주라 부르셨다(마 1:21). 아니, 모든 세상들이 있기 전에 하나님의 계획이라는 모태 속에서 그는 이 직분으로 부르심을 받으셨고, 여러 가지로 준비가 이루어졌다. 그는 하나님께서 부르셨을 때에 두루마리 책에 그에 대하여 기록된 것을 마음에 두고서 내가 왔나이다라고 말하며 하나님

앞에 나아왔다. 이 말씀은 그의 모형 역할을 하였던 여러 선지자들에 대하여 언급된 것이었다(렘 1:5). 바울은 어머니의 태로부터 사도로 택함을 입으셨다 (갈 1:15).

2. 하나님은 그를 지명하시고서 이 직분을 잘 감당할 수 있도록 그를 준비 시키셨다. 하나님은 그의 입을 날카로운 칼 같이 만드시고, 그를 갈고 닦은 화살 또 는 빛나는 화살로 만드셨으며, 하나님의 말씀을 가지고서 어둠의 세력들에 맞 서서 하나님의 싸움을 싸워서 사탄을 정복하고 하나님께 반역한 자들을 굴복 시켜 다시 하나님께 충성맹세를 하게 하는 데에 꼭 필요한 모든 것들을 그에게 준비시켜 주셨다. 하나님의 말씀은 그의 입에서 나오는(계 19:15) 좌우에 날선 검이다(히 4:12). 죄를 깨닫게 하는 하나님의 말씀은 죄인들의 가슴에 날카롭 게 박히게 될 화살들이다(시 45:5).

3. 하나님은 그를 위하여 남겨 두셨던 직분을 그에게 맡기셨다. 하나님은 나 를 그의 손 그늘에와 화살통에 숨기셨다. 이것은 다음과 같은 것을 의미한다.

(1) 숨김. 그리스도의 복음과 그 복음을 통해서 이방인들을 불러 모으시리 라는 것은 오랫동안 지난날의 여러 세대들에게 감춰진 것이었고, 하나님 안에 감춰진 것이었으며(엡 3:5; 롬 16:25), 구약의 여러 모형들과 예식법의 그늘 속 에 감춰져 있었다.

(2) 보호. 다윗의 집은 하나님의 섭리에 의해서 특별한 보호를 받았다. 왜냐 하면, 하나님께서 예비하신 축복이 다윗의 집 속에 있었기 때문이다. 그리스도 는 어린 시절에 헤롯의 광분(狂奔)으로부터 보호를 받으셨다.

4. 하나님은 그를 자기 사람으로 인정하시고 그에게 이렇게 말씀하셨다 "너 는 내가 택하여 장차 형통하게 할 나의 종이다. 너는 이스라엘, 곧 하나님과 싸 워서 이긴 자, 하나님이 함께 하시는 왕이다. 그러므로 내가 네 속에 영광을 나타 내리라." 하나님의 백성은 이스라엘이고, 그들은 모두 온 이스라엘의 위대한 대표자, 즉 모든 지파의 이름을 자신의 흉패에 새겨 가지고 있었던 대제사장이 신 그리스도 안에서 함께 모여 하나가 되었다. 그 안에서 하나님은 영광을 받 으실 것이다. 하나님은 하늘로부터의 음성을 통해서 그렇게 말씀하셨다(요 12:27-28). 어떤 이들은 이 본문을 두 개의 절로 끊어서 읽는다. 너는 나의 종이 고(그리스도는 하나님의 종이다, 사 42:1), 나는 너를 통해서 이스라엘 속에서 영 광을 받을 것이다. 하나님은 예수 그리스도로 말미암아 영적인 이스라엘, 즉 택

한 자들을 구원하시고 그것으로 인하여 영광을 받으실 것이며, 그의 거저 주신 은혜는 영원히 찬송을 받게 될 것이다.

Ⅲ. 그는 그의 일이 성공할 것이라는 약속을 받는다. 왜냐하면, 하나님은 그가 부르신 자를 형통하게 하실 것이기 때문이다.

1. 그는 자기가 처음에 겪었던 실패를 들어서 하나님의 그런 약속에 대하여 이의를 제기한다(4절). "그 때에 나는 서글픈 심정으로 내가 헛되이 수고하였다고 말하였다. 하나님에 대하여 무지하고 관심이 없으며 낯선 자들은 지금도 여전히 그렇다. 내가 불렀으나 그들은 거절하였다. 나는 순종하지 아니하고 거슬러 말하는 백성에게 종일 내 손을 벌렸다." 이것은 이사야의 하소연이었지만, 그것은 하나님께서 그에게 미리 말씀해주신 것이었다(사 6:9). 예레미야도 마찬가지로 자기가 다시는 헛수고를 하지 않겠다고 말하고 싶은 시험에 들었다(렘 20:9). 수많은 신실한 사역자들은 그들이 빈둥거리지 않고 열심히 수고하였고 자신의 힘을 아끼지 않고 다 쏟아 부었지만 아무 소용이 없었고 모든 것이 수포로 돌아가고 말았다고 하소연한다. 그들의 수고에도 불구하고 사람들은 회개하고 믿지 않았다는 것이다. 그러나 여기에서 이 말씀은 그리스도께서 친히 유대인들 가운데로 가셔서 하나님 나라의 복음을 전하시고 힘을 다하여 수고하였지만 그들의 지도자들과 백성들은 그 마음이 완악하여 그와 그의 가르침을 배척한 것을 가리키는 것으로 보인다. 한 사람도 빠짐없이 다 복음을 받아들여야 한다고 생각했는데 실제로 복음을 받아들인 사람이 거의 없을 때, 우리는 "내가 헛되이 수고하였으며, 헛되이 그토록 많은 설교와 이적들을 행하였다"고 말하기 쉽다. 사역자들은 주님의 경우처럼 사람들이 그들이 전하는 말씀을 무시하는 것을 이상하게 여겨서는 안 된다.

2. 그는 이러한 낙심되는 상황 속에서 자기가 전한 것은 하나님의 말씀이었고 자기가 그런 일을 한 것은 하나님의 부르심 때문이었다는 것을 생각하고서 스스로를 위로한다. 참으로 나에 대한 판단이 만유의 심판주이신 여호와께 있고, 나의 보응이 나를 종으로 삼으신 나의 하나님께 있느니라. 그가 위로로 삼은 것은 다음과 같은 것들이었는데, 이것들은 모든 신실한 사역자들이 그들의 수고가 별로 열매를 맺지 못하고 있는 것을 볼 때에 위로로 삼을 수 있는 것들이기도 하다.

(1) 사람들이 별 반응을 보이지 않더라도, 그들이 전하고 있는 것은 하나님

의 의로운 대의라는 것. 그들은 하나님의 편에 서서 하나님과 함께하는 자들이다. 그들은 하나님을 위하여 일하고 하나님과 일하는 자들이다. 그들은 바로 그런 이유 때문에 사람들은 그들의 판단을 좋아하지 않고, 그들이 하는 일을 좋아하지 않는다. 사람들이 믿지 않는다고 하여도, 그들에게는 그들이 전하는 가르침이 진리라는 것을 의심할 이유가 전혀 없다(롬 3:3).

(2) 그들이 하나님의 대의(大義)를 전하며 이 일을 하고 있다는 것은 하나님께 알려져 있고, 그들은 그들이 정직하였다는 것을 하나님께 호소할 수 있으며, 그들의 수고가 헛된 것은 결코 그들의 나태함 때문이 아니었다는 것. "내가 가는 길을 그가 아시나니, 내가 말씀을 전하지 않아서 그들이 망하게 된 것이 아니라 그들의 피가 그들 자신의 머리에로 돌아간 것임을 결정해 줄 나에 대한 판단이 여호와께 있다."

(3) 그들이 한 수고가 그들이 전한 말씀을 들은 자들에게는 헛된 것이었다고 할지라도, 그 수고를 한 자에게는 그가 신실하기만 했다면 헛된 것이 아니라는 것. 그에 대한 판단은 여호와께 있기 때문에, 사람들은 그를 단죄하고 짓밟는다고 하여도 하나님은 그가 옳다는 것을 인정해 주시고 그를 지지해 주실 것이다. 그가 한 일에 대한 상급은 하나님께 있기 때문에, 하나님은 그가 자신의 수고를 통해서 결코 손해보는 자가 되지 않도록 조치를 취해 주실 것이다.

(4) 그에 대한 판단이 아직 승리한 것으로 드러나지 않았고 그의 일이 온전한 결실을 맺고 있다는 것이 드러나지도 않았지만, 그에 대한 판단과 보응은 여호와께 있기 때문에, 여호와께서는 자신의 뜻을 따라서 자기가 정한 방식과 때에 그가 한 일의 열매를 거두게 하신다.

3. 그는 하나님으로부터 자신의 이러한 반론에 대한 추가적인 응답을 받는다(5-6절). 그는 하나님께서 이 일을 그에게 맡기시기 위하여 태에서부터 그를 그의 종으로 지으셨고, 그를 아주 일찍부터 종으로 부르셨을 뿐만 아니라(1절) 그 직분을 감당하도록 그를 준비시키는 일도 아주 일찍부터 시작하셨다는 것을 아주 잘 알고 있었다. 하나님은 그의 종으로 사용하고자 하시는 자들을 아주 오래 전부터 조성하시고 준비하신다. 그들 자신이나 다른 사람들이 그러한 사실을 전혀 알지 못한다고 하여도, 사람 속에 사람의 영을 조성하시는 분은 하나님이시다. 그리스도는 하나님을 배신하고 떠난 야곱을 하나님께로 돌아오게 할 하나님의 종이 될 것이었다. 그러므로 육체를 따라 야곱의 자손인 자들이 먼

저 다루어져야 했고, 그들을 다시 돌아오게 할 수단이 사용되어야 했다. 하나님은 그리스도와 그로 말미암은 구원의 말씀을 그들에게 먼저 보내신다. 아니, 그리스도는 오직 그들에게만, 즉 이스라엘 집의 잃어버린 양들에게만 친히 오셨다. 그러나 야곱이 하나님께로 돌아오지 않으려하고 이스라엘이 모이고자 하지 않는다면, 어떻게 될 것인가? 실제로 일은 그렇게 되어 버렸다. 그러나 일이 그렇게 되었다고 할지라도 다음과 같은 점에서 이 일은 만족스러운 것이 될 것이다.

(1) 그리스도는 여호와 보시기에 영화롭게 될 것이다. 하나님의 눈에 영화로운 자들만이 진정으로 영화로운 것이다. 그리스도께서 말씀을 전하시고 이적들을 베푸셨을 때에 유대 백성 중에서 회심하고 돌아온 자는 극소수였고, 다수의 백성들이 그리스도께 불명예와 수치를 안겨 주었지만, 하나님은 그가 세례를 받을 때와 높은 산에서 변화되실 때에 그에게 영광을 수여하시고 영화롭게 하셨으며, 하늘로부터 그에게 말씀하시고, 천사들을 보내어 그를 시종들게 하셨으며, 그의 수치스러운 죽음조차도 그 죽음에 수반된 수많은 이변들을 통해서 영화롭게 하셨고, 그의 부활을 이루 말할 수 없이 영광되게 하셨다. 고난 속에서 하나님은 그의 힘이 되셨기 때문에, 그는 그에게 그토록 많은 빚을 졌던 백성에게 멸시를 받아서 상상할 수조차 없는 온갖 낙심되는 일들을 만났지만 실망하거나 낙담하지 않으셨다. 하나님은 하늘로부터 천사를 보내셔서 그에게 힘을 더하셨다(눅 22:43). 신실한 사역자들은 비록 그들의 수고의 열매를 보지 못한다고 하여도 하나님으로부터 열납될 것이고, 그것을 통하여 진정으로 영광을 받게 될 것이다. 왜냐하면, 하나님의 은총은 우리의 영광이기 때문이다. 그들은 비록 그들의 수고의 열매를 보지 못한다고 하여도 하나님의 도우심을 받아서 계속해서 그 수고를 해나가게 될 것이다. 열매가 없으면 그들의 손은 약해지겠지만, 그들의 하나님이 그들의 힘이 되어 주실 것이다.

(2) 복음은 세상 사람들의 눈에 영화로울 것이다. 유대인들의 눈에는 복음이 영화롭지 않겠지만, 열방들은 복음을 환영하고 받아들이게 될 것이다(6절). 메시야는 일차적으로 야곱을 돌아오게 하는사명을 받은 것으로 보였다(5절). 그러나 여기에서 그는 그 일은 단지 작은 일에 지나지 않는다는 말씀을 듣는다. 그 일보다 더 영광스러운 일, 그 일보다 더 큰 유익이 있는 영역이 그에게 계획되어 있다 "네가 나의 종이 되어 야곱의 지파들을 일으켜서 그들이 메시야로 말미

암아 기대하였던 위엄과 통치권을 갖게 하며 이스라엘 중에 보전된 자를 돌아오게 하여 그들을 이전처럼 번영하는 교회와 나라로 만드는 것은 매우 쉬운 일이라(그들이 한 줌밖에 안 되는 적은 무리였다는 것을 생각하면, 메시야가 오직 그들만의 구주가 되는 것은 비교적 작은 일일 수밖에 없다). 그러므로 내가 너를 이방의 빛으로 삼아(그리스도의 복음으로 말미암아 많은 크고 강대한 나라들이 참 하나님을 알고 섬기게 되리라는 것) 내가 잃어버린 자들을 건지기 위하여 그 구원을 이룰 자로 삼은 너를 통해서 나의 구원을 베풀어서 땅 끝까지, 즉 아주 멀리 떨어져 있는 나라들까지 이르게 하리라." 그런 까닭에 시므온은 그리스도를 이방을 비추는 빛이라고 부를 줄을 알았고(눅 2:32), 이 본문에 대한 사도 바울의 해설은 우리가 반드시 참조해야 하는 것으로서 이 본문의 맥락을 푸는 열쇠를 제공해준다(행 13:47). 거기에서 바울은 주께서 이같이 우리에게 명하시되 내가 너를 이방의 빛으로 삼아 너로 땅 끝까지 구원하게 하리라 하셨기 때문에 우리는 이방인들에게로 가서 그들에게 복음을 전하는 것이라고 말한다. 이 점에 있어서 구속주는 비록 이스라엘을 모으지는 못하셨지만 진정으로 영화로우셨다. 그리스도께서 야곱의 모든 지파들을 다 일으켜서 모았다고 할지라도 그것은 이방 세계에 그의 나라가 세워진 것보다 그에게 더 큰 영광을 가져다주지는 못했을 것이다. 이 약속은 부분적으로 이미 성취되었고, 사도 바울이 말하듯이 이방인의 충만한 수가 들어올 그 날이 아직 오지 않았다고 할 때에 앞으로 온전히 성취될 것이다. 하나님께서 그것을 그의 구원이라고 부르시는 것을 주목하라. 어떤 이들은 이것이 하나님께서 그 구원을 얼마나 기뻐하셨는지, 그것을 얼마나 자랑스러워하셨는지, 그 일에 얼마나 심혈을 기울이셨는지를 보여주는 것이라고 생각한다. 그들은 그리스도께서 구원을 위하여 주어지신 것과 마찬가지로 이미 구원을 얻은 자들에게 빛으로 주어지셨다는 말도 한다. 어둠 속에서 사람들은 죽어간다. 그리스도께서는 사람들의 눈을 밝히셔서 그들을 거룩하고 복되게 만드신다.

⁷이스라엘의 구속자 이스라엘의 거룩한 이이신 여호와께서 사람에게 멸시를 당하는 자, 백성에게 미움을 받는 자, 관원들에게 종이 된 자에게 이같이 이르시되 왕들이 보고 일어서며 고관들이 경배하리니 이는 이스라엘의 거룩하신 이 신실하신 여호와 그가 너를 택하였음이니라 ⁸여호와께서 이같이 이르시되 은혜의 때에 내가

네게 응답하였고 구원의 날에 내가 너를 도왔도다 내가 장차 너를 보호하여 너를 백성의 언약으로 삼으며 나라를 일으켜 그들에게 그 황무하였던 땅을 기업으로 상속하게 하리라 ⁹내가 잡혀 있는 자에게 이르기를 나오라 하며 흑암에 있는 자에게 나타나라 하리라 그들이 길에서 먹겠고 모든 헐벗은 산에도 그들의 풀밭이 있을 것인즉 ¹⁰그들이 주리거나 목마르지 아니할 것이며 더위와 볕이 그들을 상하지 아니하리니 이는 그들을 긍휼히 여기는 이가 그들을 이끌되 샘물 근원으로 인도할 것임이라 ¹¹내가 나의 모든 산을 길로 삼고 나의 대로를 돋우리니 ¹²어떤 사람은 먼 곳에서, 어떤 사람은 북쪽과 서쪽에서, 어떤 사람은 시님 땅에서 오리라

이 단락에는 다음과 같은 내용들이 나온다

I. 메시야의 낮아지심과 높아지심(7절).　이스라엘의 구속자 이스라엘의 거룩한 이이신 여호와, 유대 교회를 항상 돌보아주셨고 그들을 위하여 큰 구원의 모형이 된 많은 구원들을 이루셨던 여호와께서 여기에서 그 구원 사역을 담당하신 그에게 말씀하신다.

1. 하나님은 그가 유례 없이 이례적으로 낮아지셨다는 것을 아신다. 그는 사람들에게 멸시를 받아 버림받았다(사 53:3). 스스로 벌레라고 생각할 정도로 아주 미천한 피조물인 인간에게 멸시를 받았다는 것은 그가 얼마나 낮게 멸시받을 수 있는 처지가 되셨는지를 잘 보여준다. 그는 인간을 구원하고 인간에게 영광을 수여하기 위하여 오셨지만, 인간은 그를 멸시하였고 경멸하였다. 그를 핍박하고 박해한 자들은 이루 말할 수 없이 배은망덕한 자들이었다. 그가 겪은 불명예는 그의 고난들 중에서 결코 작은 것이 아니었다. 그들은 그를 멸시했을 뿐만 아니라 증오하기까지 하였다. 그는 백성에게 미움을 받는 자였다. 그들은 그를 극악무도한 자로 취급하였고 그를 십자가에 못 박으소서 그를 십자가에 못 박으소서라고 소리쳐댔다. 유대인이든 이방인이든 모든 백성이 그렇게 하였는데, 이 일에 있어서 유대인들은 이방인들보다 더 악하였다. 왜냐하면, 그의 십자가는 유대인에게는 거치는 것이었지만 이방인에게는 어리석은 것이었기 때문이다. 그는 관원들에게 종이 된 자였다. 그는 종으로서 짓밟히고 학대받으며 채찍질 당하고 십자가에 못 박혔다. 빌라도는 그를 죽이거나 살릴 권한이 자기에게 있다고 자랑하였다(요 19:10). 그는 우리의 구원을 위하여 이 모든 일을 다 감수하셨다.

2. 하나님은 그에게 그가 높아지게 되리라는 것을 약속하신다. 가장 낮아진 때에도 그에게는 존귀함이 주어졌다. 헤롯 왕은 그를 보고서 경외감으로 일어서서 이는 세례 요한이 아니냐라고 말하였다. 귀인들과 관원들과 백부장들은 그에게 와서 무릎을 꿇었다. 그러나 이 말씀은 왕들이 그의 복음을 받아들여서 그의 멍에를 메고 그를 예배하는 데에 동참하여 스스로를 그리스도의 종이라고 불렀을 때에 좀 더 온전히 성취되었다. 그리스도께서는 부자든 가난한 자든 차별없이 소중히 여기시지만(부자와 가난한 자는 그리스도 앞에서 동일한 반열에 있다), 땅의 큰 자들이 그를 뵙고 그에게 충성 맹세를 하도록 하신 것은 사람들 사이에서 그의 나라를 존귀하게 하기 위한 것이다. 이것은 하나님의 약속의 성취가 될 것이고, 하나님은 그에게 이방인들을 그의 유업으로 주실 것이다. 이 일은 여호와께서 신실하셔서 자신의 약속에 충실하시기 때문에 반드시 이루어질 것이다. 이것은 그리스도께서 사명을 받아서 일을 하셨다는 것과 하나님이 그를 택하셨고 자기가 한 선택을 인정하시리라는 것을 보여주는 증거가 될 것이다.

II. 그가 구원하실 모든 자들을 위하여 예비해 두신 축복들.

1. 하나님은 그가 이 일을 하실 때에 그를 시인하시고 그의 곁에 서 계실 것이다(8절). 은혜의 때에 내가 네게 응답하였다. 즉, 내가 너의 말을 들을 것이다. 그리스도는 육체에 계실 때에 심한 통곡과 눈물로 간구와 소원을 올렸고 들으심을 얻었다(히 5:7). 그는 아버지께서 그의 말을 항상 들으시는 줄을 아셨다(요 11:42). 하나님은 그리스도 자신을 위하여 그의 말을 들으셨고(그에게서 잔이 지나가지 않았기 때문에 그는 그 잔을 마실 수 있어야 했기 때문에), 그의 소유인 모든 자들을 위하여 그의 말을 들으셨다. 그래서 그는 권세를 지닌 자로서 그들을 위하여 중보기도 하셨다. 아버지여 내가 원하옵나이다(요 17:24). 우리의 모든 복은 성부에 대한 성자의 영향력, 그의 중보기도가 항상 응답을 받는다는 것, 성부께서 항상 성자의 말을 들어주신다는 것으로부터 나온다. 하나님께서 우리를 위한 구속주의 말을 들으시기 때문에, 복음의 때는 하나님이 우리를 환영하시고 열납하시는 은혜의 때이다. 우리는 하나님께 열납되어서 하나님과 화해를 이루고 의롭다 하심을 받는다(히 7:25). 또한, 하나님은 그의 말을 들어주실 뿐만 아니라, 그를 도우셔서 그가 이 일을 성공적으로 수행할 수 있게 해 주신다. 성부께서는 그를 항상 자신의 오른쪽에 두시고서, 제자들과는 달리 그

의 곁을 떠나지 않으셨다. 어둠의 세력들은 그들의 때에 우리 주 예수에게 폭력적인 공격을 감행하여 그로 하여금 그의 일을 이루지 못하도록 하기 위하여 훼방을 하였지만, 하나님은 그를 보존하셔서 반드시 그 일을 이루게 하실 것이라고 약속하신다. 한 돌에 일곱 눈이 있느니라(슥 3:9). 하나님은 그와 그의 나라가 사람들 가운데서 사방으로 공격을 받는다고 하여도 반드시 보존하신다. 기독교가 계속 존재하는 한 그리스도는 보존될 것이다.

2. 하나님은 그에게 그가 이루어 낼 구속의 은택들을 그의 교회에 줄 수 있는 권한을 부여하실 것이다. 하나님께서 그를 끝까지 붙들어 주시고 도와주실 것이기 때문에 그가 복음을 전하는 날은 구원의 날이 될 것이었다. 사도 바울도 그렇게 이해한다. 보라 지금은 구원의 날이로다(고후 6:2). 지금은 그리스도에 의한 화해의 말씀이 전파되고 있다.

(1) 그는 하나님과 사람 사이에 맺어진 평화 조약의 보증이 되실 것이다. 내가 너를 백성의 언약으로 삼으리라. 이 말씀은 전에도 나왔지만(사 42:6), 그 말씀이 믿을 만하다는 것과 모든 사람이 받아들일 만한 가치가 있다는 것을 보여주기 위하여 여기에서 다시 한 번 반복되고 있다. 그는 언약, 즉 그 언약의 모든 축복들에 대한 담보로 주어질 것이다. 하나님은 그 안에서 세상을 자기와 화목하게 하셨다. 자기 아들을 아끼지 아니하신 하나님은 결코 우리를 부인하지 않으실 것이다. 그가 언약을 위하여 주어졌다는 것은 그가 그 언약의 중보자, 우리 사이에 손을 얹을 복된 중재자일 뿐만 아니라 그 언약에 있어서 모든 것이 되신다는 것을 보여주는 것이다. 그 언약에 담겨 있는 온갖 의문은 우리가 그의 것이 되는 것 속에 집약되어 있다. 그 언약에 담겨 있는 온갖 특권과 복은 그가 우리의 것이 되는 것 속에 집약되어 있다.

(2) 그는 교회의 쇠락한 곳들을 다시 고쳐서 교회를 반석 위에 세워 놓으실 것이다. 그는 교회의 모형인 땅, 즉 유다 땅을 견고히 일으켜 세우실 것이다. 그는 그 황무하였던 땅을 그들에게 기업으로 상속하게 하실 것이다. 유다의 성읍들은 포로된 자들이 돌아온 후에 그렇게 되었고, 유다 백성의 마지막 타락한 세대들로 말미암아 그 나라와 마찬가지로 초토화되었던 교회도 복음이 전파되어 맺어진 열매들을 통해서 다시 부흥하게 되었다.

(3) 그는 사람들의 영혼을 죄책과 타락의 굴레로부터 벗어나서 하나님의 자녀의 영광스러운 자유 속으로 들어가게 하실 것이다. 그는 하나님의 공의에 넘

겨져서 사탄의 권세 아래 묶여 있던 잡혀 있는 자들에게 나오라고 말할 것이다(9절). 죄를 사하시는 긍휼하심은 율법의 저주로부터 놓여나는 것을 이루어내고, 새롭게 하시는 은혜는 죄의 지배로부터 놓여나는 것을 이루어지게 한다. 이 둘은 그리스도로부터 오는 것들로서 저 큰 구원의 가지들이다. 나오라고 말씀하시는 분은 바로 그이다. 우리를 자유하게 만드시는 분은 성자이시기 때문에, 우리는 진정으로 자유롭게 된다. 그는 흑암에 있는 자들에게 나타나라고 말씀하신다. "단지 볼 뿐만 아니라 자신의 모습을 나타내서 하나님께 영광을 돌리고 네 자신은 위로를 받으라." 그는 문둥병자들을 고치셔서 그들이 스스로를 가둬두었던 것에서 놓임을 받게 하셨을 때에 가서 제사장에게 너희의 몸을 보이라고 말씀하셨다. 우리가 빛을 보았을 때, 우리는 우리의 빛을 비춰야 한다.

(4) 그는 그가 자유케 하신 자들이 그들의 안식처로 편히 돌아가서 행복하게 삶을 꾸릴 수 있도록 돌보아 주실 것이다(9-11절). 이 본문은 유대인들이 포로 생활로부터 돌아올 때에 하나님께서 그들을 섭리 가운데서 특별히 보살피셔서 천국의 사랑받는 자들로서 순탄하게 되돌아오도록 해주실 것에 대하여 말하고 있다. 그러나 이 말씀은 하나님의 모든 영적인 이스라엘이 하나님의 은혜의 인도하심 아래에서 죄에서 종살이하던 것에서 놓여나서 하늘의 가나안에 정착하게 될 것에 적용될 수 있다.

[1] 그들이 지불해야 할 모든 비용은 이미 지불된 상태이기 때문에 그들은 어떤 음식이든 거저 마음 놓고 먹게 될 것이다. 그들은 양들처럼 길에서 먹을 것이다. 왜냐하면, 이전과 마찬가지로 이제도 하나님은 요셉을 양 떼 같이 인도하실 것이기 때문이다. 하나님이 기뻐하시기만 한다면, 심지어 큰길의 땅조차도 그의 초장의 양들이 꼴을 먹기에 좋은 땅이 될 것이다. 산골짜기들만이 아니라 보통 풀도 없이 메마른 모든 헐벗은 산에도 그들의 초장이 있을 것이다. 하나님은 자기 백성을 어느 곳으로 인도하시든 그들에게 좋은 모든 것이 궁핍하지 않도록 그들을 돌보실 것이다(시 34:10). 하나님이 이렇게 그들에게 모든 좋은 것을 공급해 주실 것이기 때문에 그들은 주리거나 목마르지 아니할 것이다. 그들이 필요로 하는 것들은 그것이 결핍되어서 어쩔 줄 몰라 하기 전에 때를 따라 그들에게 공급될 것이다.

[2] 그들은 그들에게 괴로운 것이 될 모든 것으로부터 보호를 받게 될 것이다. 더위와 볕이 그들을 상하지 아니할 것이고 하나님은 그의 양 떼를 정오에 쉬게

하실 것이다(아 1:7). 하나님의 보호 아래 있는 자들에게는 그 어떤 해로운 일도 생기지 않을 것이다. 하나님은 그들이 종일 수고하는 것과 더위를 견딜 수 있게 힘을 주실 것이다.

[3] 그들은 하나님의 은혜로운 인도하심 아래에 있게 될 것이다. 그들을 긍휼히 여기는 이가 옛적에 그들의 조상들을 광야에서 구름 기둥과 불 기둥으로 인도하셨듯이 그들을 포로 생활에서 이끌어 내셔서 그들을 이끄실 것이다. 하나님은 샘물 근원으로 그들을 인도하셔서, 그들이 길을 갈 때에 쉽게 샘물을 접하게 될 것이다. 하나님은 그들에게 때를 따라 알맞은 위로들을 공급해 주실 것인데, 그것들은 눈물 골짜기로 지나갈 때에 그 곳에 있는 많은 샘과 같지 않고 이스라엘을 따랐던 반석에서 나오는 물과 같을 것이다. 하나님의 인도하심 아래에 있는 자들은 그 인도하심을 충실하게 따르기만 한다면 하나님으로부터 오는 위로와 힘을 얼마든지 기대할 수 있다. 세상은 그 추종자들을 깨진 물탱크나 여름에는 말라 버리는 개천으로 인도하지만, 하나님은 자기 백성을 샘물 근원으로 인도하신다. 하나님의 인도하심을 받는 자들은 모든 길이 잘 준비되어 있고 모든 장애물들이 잘 제거되어 있다는 것을 발견하게 될 것이다(11절). 내가 나의 모든 산을 길로 삼으리라. 높은 산들은 도저히 지날 수 없는 것으로 보일지라도, 옛적에 바다를 갈라서 길을 내셨던 하나님은 지금도 손쉽게 산들을 길로 만드실 것이다. 대로나 둑길은 좀 더 평탄하고 잘 걸을 수 있도록 하기 위하여 돋우워질 것이다. 하나님은 옛적에 도피성들로 향하는 길들에 대하여 그렇게 하였듯이 자기 백성을 인도할 길들을 직접 감독하셔서 모든 것이 잘 수리되고 고쳐졌는지를 살피실 것이라는 것을 명심하라. 바벨론으로부터 나오는 길들을 평탄케 하실 것이라고 하나님께서 앞에서 말씀하셨던 것(사 40:2-3)이 복음 사역에 적용된 것과 마찬가지로, 이 말씀도 복음 사역에 적용될 수 있다. 천국으로 가는 길에는 우리의 힘으로 도저히 극복할 수 없는 여러 난관들이 있을지라도, 하나님의 은혜를 힘입으면 우리는 그 난관들을 넉넉히 극복할 수 있고, 심지어 높은 산들조차도 길로 삼을 수 있게 된다(사 35:8).

(5) 그는 그들을 모든 곳으로부터 다 불러 모으실 것이기 때문에, 그들은 한 무리를 이루어서 서로 격려하며 돌아올 것이고, 사람들은 그들이 돌아오는 모습을 똑똑히 보게 될 것이다. 바벨론 사람들은 포로로 끌려간 유대인들을 서로 단합하지 못하도록 하기 위하여 바벨론 땅의 여러 곳으로 흩어서 분산시켜 놓

았다. 그러나 하나님께서 그들을 모두 집으로 불러들이실 때가 되면, 그들 모두는 하나님의 영에 감동되어서, 서로 아주 멀리 떨어져 있고 다른 나라들로 가서 둥지를 튼 자들조차도 유다 땅에서 서로 만나게 될 것이다(12절). 어떤 무리는 먼 곳에서, 어떤 무리는 북쪽과 서쪽에서, 어떤 무리는 시님 땅에서 올 것이다. 시님 땅은 성경의 다른 곳에 나와 있지 않지만 바벨론에 속한 어느 지방일 가능성이 큰데, 어떤 이들은 그것이 애굽의 주요 성읍들 중의 하나에 속하였던 땅, 곧 성경에 나오는 신이라는 성읍을 가리키는 것이라고 생각한다(겔 30:15-16). 이 약속의 말씀은 무수한 회심자들이 복음 교회로 몰려들 때에 추가적으로 성취될 것이었고, 하나님의 택하신 자들이 동서로부터 모여와서 족장들과 함께 하나님의 나라에 앉게 될 때에 온전히 성취될 것이다(마 8:11).

¹³하늘이여 노래하라 땅이여 기뻐하라 산들이여 즐거이 노래하라 여호와께서 그의 백성을 위로하셨은즉 그의 고난 당한 자를 긍휼히 여기실 것임이라 ¹⁴오직 시온이 이르기를 여호와께서 나를 버리시며 주께서 나를 잊으셨다 하였거니와 ¹⁵여인이 어찌 그 젖 먹는 자식을 잊겠으며 자기 태에서 난 아들을 긍휼히 여기지 않겠느냐 그들은 혹시 잊을지라도 나는 너를 잊지 아니할 것이라 ¹⁶내가 너를 내 손바닥에 새겼고 너의 성벽이 항상 내 앞에 있나니 ¹⁷네 자녀들은 빨리 걸으며 너를 헐며 너를 황폐하게 하던 자들은 너를 떠나가리라

이 단락의 취지는 하나님의 백성이 포로 생활에서 돌아오는 것과 그리스도께서 영원한 구속을 이루시는 것(전자는 후자의 모형이었다)은 교회가 크게 기뻐하는 때들이 될 것이고 하나님이 교회를 자상하게 돌보아주시고 계시다는 것을 보여주는 큰 증거들이 되리라는 것을 보여주는 것이다.

I. 이런 일들보다 더 우리에게 찬송과 감사의 제목을 제공해 주는 것은 아무 것도 없다(13절). 온 피조물은 우리와 더불어서 기쁨의 노래에 동참하여야 한다. 왜냐하면, 온 피조물들도 우리와 함께 구속의 은택들에 참여하고, 피조물들이 이 거룩한 찬송에 기여하는 모든 것은 이루 헤아릴 수 없는 구속의 은총에 대한 보답으로는 보잘것없는 것이기 때문이다(시 96:11). 하늘에는 기쁨이 있을 것이고, 하나님의 천사들은 크신 구속주를 찬송하는 노래를 불러 축하할 것이다. 땅과 산들, 특히 땅의 큰 산들은 기뻐하며 찬송을 터트릴 것이다. 왜냐하

면, 피조물이 고대하는 바는 하나님의 자녀들의 영광의 자유에 이르는 것이고(롬 8:19, 21), 그것이 이제 차고 넘치게 응답을 받게 될 것이기 때문이다. 하나님의 백성은 온 세상의 축복이자 자랑거리이기 때문에 만물이 다 기뻐할 것이다. 왜냐하면, 슬픔과 근심에 잠겨 있던 자기 백성을 여호와께서 위로하셨고, 그들과의 언약과 불쌍히 여기시는 마음으로 인하여 그의 고난 당한 자들을 긍휼히 여기실 것이기 때문이다.

II. 이 일들보다 더 우리에게 하나님께서 그의 교회와 그들의 이익과 위로에 대하여 지극히 자상하고 애정 어린 관심을 지니고 계시다는 것을 증명해 주는 설득력 있는 증거들을 제시해 줄 수 있는 것은 아무것도 없다.

1. 교회에 닥친 고난과 환난들은 과연 하나님이 교회를 돌보시고 관심을 가지고 계시는지에 대하여 의문을 제기하는 빌미가 되어왔다(14절). 시온이 고통 중에서 여호와께서 나를 버리시고 더 이상 나를 돌보지 않으시며 주께서 나를 잊으셔서 더 이상 나를 찾지 않으신다고 말하였다. 하나님의 백성의 처지는 때로 너무도 비참하였기 때문에 정말 그들은 그들의 하나님으로부터 버림받고 잊혀진 것처럼 보였다. 그러한 때에 그들에게 닥친 시험은 놀라울 정도로 격렬하였을 것이다. 믿음이 없는 자들은 주제넘게도 여호와께서 이 땅을 버리셨고(겔 8:12) 그들을 잊으셨다(시 10:11)고 말하였다. 믿음이 약한 자들은 의기소침하여서 서슴없이 "하나님이 그의 교회를 버리셨고 그의 백성의 슬픔을 잊으셨다"고 말하였다. 그러나 우리는 하나님의 섭리와 공의를 의심할 수 없듯이 하나님의 약속과 은혜도 의심할 이유가 전혀 없다. 하나님은 확실하게 원수를 갚는 자이심과 마찬가지로 확실하게 상을 주시는 자이시기도 하다. 그러므로 우정에 금이 가게 하는 독약인 불신과 시샘을 멀리하라.

2. 때가 되어서 교회가 고난을 통과하여 승리를 얻게 되면 이 문제에 대한 의심은 흔적도 없이 사라지게 될 것이다.

(1) 우리는 여기에서 하나님이 시온을 위하여 무엇을 행하시고자 하시는지를 듣게 된다(17절).

[1] 시온을 버렸던 친구들은 다시 그에게로 모여들어서 최선을 다하여 그를 돕고 위로하게 될 것이다. 네 자녀들은 빨리 걸으리라. 그리스도를 믿는 믿음으로 회심한 자들은 교회의 자녀들이다. 비둘기가 창문으로 날아들듯이, 그들은 아주 기꺼이 즐거운 마음으로 교회로 모여들어서 한 무리가 되어 성도들과 교

제를 나누게 될 것이다 "네 집과 담장, 특히 네 성전을 건축할 네 건축자들이 서두르리라(어떤 이들은 이렇게 읽는다). 그들은 그 일을 신속하게 행할 것이다." 교회의 일은 보통 천천히 이루어진다. 그러나 하나님의 때가 오면, 교회의 일은 순식간에 이루어지게 될 것이다.

[2] 시온을 위협하고 괴롭혔던 원수들은 물러가지 않을 수 없게 될 것이다. 너를 헐며 너를 황폐하게 하던 자들, 이 땅에서 주인 행세를 하며 이 땅을 유린하고 약탈하였던 자들은 너를 떠나가리라. 이 세상 임금, 저 큰 파괴자인 사탄은 그리스도에 의해서 그가 가지고 있던 모든 것을 다 빼앗긴 채 쫓겨나고, 그의 권세는 깨뜨려질 것이며, 그의 시도들은 완전히 좌절되고 말 것이다.

(2) 이 일을 통해서 시온의 주장이 전혀 근거가 없었다는 것, 즉 하나님은 시온을 버리지 아니하셨고 잊지도 아니하셨으며 앞으로도 그러시리라는 것이 분명해질 것이다. 하나님은 다음과 같이 약속하신다.

[1] 하나님이 그의 교회와 백성에 대하여 자애로운 애정을 지니고 계시다는 것(15절). 시온의 걱정과 우려에 대하여 하나님은 자기 영광에 관심이 있으신 분(하나님은 시온이 주께서 나를 버리셨다고 말한 것에 생각이 미쳐서 자기 자신을 해명하시고자 하신다)이자 자기 백성을 위로하는 일에 관심을 가진 자로서 말씀하신다. 하나님은 그들이 기가 죽고 풀이 죽거나 낙심하거나 불안한 생각에 사로잡히는 것을 원치 않으셨다 "너는 내가 너를 잊어버렸다고 생각하지만, 여인이 어찌 그 젖 먹는 자식을 잊겠느냐?"

첫째, 여인이 그 젖 먹는 자식을 잊을 가능성은 거의 없다. 여인은 아름다움과 자애로움을 자신의 명예로 삼는 존재이기 때문에, 다른 사람들에게 아무런 해도 끼칠 수 없고 스스로 아무것도 할 수 없어서 당연히 돌보아 주어야 할 대상인 젖먹이에 대하여 불쌍히 여기는 마음을 지닐 수밖에 없다. 특히 어머니는 자기 자녀에 대하여 관심을 갖지 않을 수 없다. 왜냐하면, 젖먹이 자녀는 어머니의 자식이고 어머니의 분신이며 가장 최근에 그녀가 낳은 자식이기 때문이다. 무엇보다도, 젖을 먹이는 어머니는 자신의 젖먹이 자녀를 자애롭게 보살필 수밖에 없다. 그녀가 그 젖먹이를 잊어버린다면, 그녀의 젖가슴이 곧 그녀에게 그 젖먹이를 상기시켜 줄 것이다.

둘째, 여인이 그 젖먹이를 잊어버리는 것도 가능하다. 형편이 너무 안 좋아서 그녀의 젖먹이 자식을 잊어버리고 돌보지 않을 수도 있고(병이 들어서 죽어가고 있을 때) 불법으로 자식을 낳아서 자신의 수치를 숨기기 위하여 자신의 태에서 낳은 아들을 불쌍히 여기지 않고 그 자식을 죽여버릴 수도 있다(애 4:10; 신 28:57). 그러나 하나님은 나는 너를 잊지 아니할 것이다고 말씀하신다. 하나님이 자기 백성을 불쌍히 여기시는 마음은, 이 세상에서 가장 깊은 사랑을 지닌 부모가 자기 자녀를 향하여 지니고 있는 불쌍히 여기는 마음보다 무한히 크다는 것을 명심하라. 자연의 애정을 자연의 하나님이 지니신 마음과 비교한다는 것이 말이 되는가!

[2] 하나님이 그의 교회와 백성을 변함없이 돌보고 계신다는 것(16절). 내가 너를 내 손바닥에 새겼다. 이것은 각 사람의 운명이 그의 손바닥에 새겨져 있어서 그 눈금을 읽으면 운명을 알 수 있다고 믿는 어리석은 술수를 가리키는 것이 아니라, 어떤 중요한 일을 잊어버리지 않기 위해서 손이나 손가락에 끈을 묶거나 소중한 친구를 기억하기 위해서 반지를 끼거나 기념품을 금속재 곽에 넣어서 갖고 다니는 관습을 가리킨다. 하나님께서 이렇게 그들을 자신의 손바닥에 새기셨다는 것은 그들을 자신의 마음에 새겨 놓고서 항상 그들을 생각하신다는 것을 의미한다(아 8:6). 우리가 하나님의 율법을 우리의 손목에 매어 기호를 삼는다면(신 6:8, 11, 18), 하나님은 우리를 나타내는 징표를 자신의 손에 새겨 놓으시고 틈이 날 때마다 그것을 쳐다보시면서 우리와 맺은 언약을 기억하실 것이다. 하나님은 이런 말씀을 덧붙이신다 "너의 성벽이 항상 내 앞에 있으리라. 너의 허물어진 성벽은 비록 기분 좋은 구경거리는 아니지만, 내가 그것을 항상 보고서 너를 불쌍히 여길 것이다." 시온의 친구들은 시온의 티끌도 좋아하는(시 102:14) 법이 아니던가? 시온의 하나님도 그러신다. 또는, 이 말씀은 다음과 같이 해석될 수 있다 "장차 재건될 너의 성벽의 설계도와 모형이 내 앞에 있는데, 너의 성벽은 그 설계도에 따라서 반드시 재건될 것이다." 또는, "너의 성벽(즉, 너의 안전)은 나의 끊임없는 관심사이고, 너의 성벽에 있는 파수꾼들도 나의 끊임없는 관심사이다." 어떤 이들은 하나님께서 그의 교회를 자기 손바닥에 새겨 놓으셨다는 말씀을 그리스도께서 십자가에 못 박히셨을 때에 그의 손에 상처가 나신 것을 가리키는 것이라고 해석하기도 한다. 하나님은 그리스도의 손에 난 상처들을 보시고, 그리스도께서 우리를 위하여 고난 받으시고 죽으셨다는 것을 기억하실 것이다.

[18]네 눈을 들어 사방을 보라 그들이 다 모여 네게로 오느니라 나 여호와가 이르노라 내가 나의 삶으로 맹세하노니 네가 반드시 그 모든 무리를 장식처럼 몸에 차며 그 것을 띠기를 신부처럼 할 것이라 [19]이는 네 황폐하고 적막한 곳들과 네 파멸을 당하였던 땅이 이제는 주민이 많아 좁게 될 것이며 너를 삼켰던 자들이 멀리 떠날 것이니라 [20]자식을 잃었을 때에 낳은 자녀가 후일에 네 귀에 말하기를 이곳이 내게 좁으니 넓혀서 내가 거주하게 하라 하리니 [21]그 때에 네가 네 마음에 이르기를 누가 나를 위하여 이들을 낳았는고 나는 자녀를 잃고 외로워졌으며 사로잡혀 유리하였거늘 이들을 누가 양육하였는고 나는 홀로 남았거늘 이들은 어디서 생겼는고 하리라 [22]주 여호와가 이같이 이르노라 내가 뭇 나라를 향하여 나의 손을 들고 민족들을 향하여 나의 기치를 세울 것이라 그들이 네 아들들을 품에 안고 네 딸들을 어깨에 메고 올 것이며 [23]왕들은 네 양부가 되며 왕비들은 네 유모가 될 것이며 그들이 얼굴을 땅에 대고 네게 절하고 네 발의 티끌을 핥을 것이니 네가 나를 여호와인 줄을 알리라 나를 바라는 자는 수치를 당하지 아니하리라

두 가지가 여기에서 약속되고 있는데, 그 약속들은 유대 교회가 포로 생활에서 돌아온 후에 다시 부흥하게 됨으로써 부분적으로 성취될 것이었고, 그리스도의 복음이 전파되고 기독교가 생겨남으로써 더 온전히 성취될 것이었다. 우리는 이러한 약속들을 통해서 위로를 받을 수 있다.

I. 교회가 많은 사람들이 거기에 더해짐으로써 흥왕하게 되리라는 것. 하나님은 내 자녀들이 빨리 걸으리라고 약속하셨다(17절). 그 약속은 여기에서 좀 더 자세하게 확대되어서 매우 고무적인 것으로 된다. 다음과 같은 것들이 약속되고 있다.

1. 많은 무리들이 사방으로부터 교회로 떼지어 몰려들게 되리라는 것. 네 눈을 들어 사방을 보라 그들이 다 모여 내게로 오느니라(18절). 이것은 많은 사람들이 유형의 유대 교회로 모여들게 되리라는 것을 말하는 것이다. 사람들은 인접한 모든 곳으로부터 예루살렘으로 모여들 것이다. 왜냐하면 당시에 예루살렘은 그들을 하나로 묶어주는 중심지였기 때문이다. 그러나 복음 아래에서 그것은 많은 사람들이 믿음과 사랑 안에서 그리스도의 신비한 몸으로 영적으로 모여오게 되는 것을 의미한다. 새 언약의 중보이신 예수께로 오는 자들은 시온 산과 장자들의 교회에 오는 것이다(히 12:22-23). 너희 눈을 들어 밭을 보라 희어져 추

수하게 되었도다(요 4:35). 많은 사람들이 회심하여 그리스도께로 오는 것을 보는 것은 교회가 크게 기뻐할 일이라는 것을 명심하라.

2. 교회에 더해지는 자들은 교회에 짐이 되거나 흠집이 되는 것이 아니라 교회의 힘과 장식이 되리라는 것. 약속 중에서 이 부분은 맹세를 통해서 강조되고 있다. 내가 나의 삶으로 맹세하노니 네가 반드시 그 모든 무리로 옷 입게 될 것이다. 그러한 많은 수의 사람들이 더해짐으로써 교회가 옷을 입는 일이 완성될 것이다. 택하심을 받은 모든 자들이 다 부르심을 받았을 때, 어린 양의 신부가 단장을 하고서 혼인 준비를 다 마치게 될 것이다(계 19:7). 그들은 신부가 많은 무리를 이끌고서 아름답게 등장하게 만들어 줄 것이다. 그러므로 마치 신부가 기쁜 마음으로 장식을 하고 단장하듯이, 어린 양의 신부도 그 많은 무리들로 기쁘게 단장하게 될 것이다. 교회에 더해지는 자들이 정직하고 거룩하며 모범적인 행실을 지닌다면, 그들은 교회를 빛나게 해줄 장식이 된다.

3. 이렇게 해서 거주하는 자도 없이 황폐하여 버려졌던 땅(사 5:9; 6:11)에 사람들이 살게 될 것이고, 더 나아가 사람들이 북적거리게 되리라는 것(19절). "오랫동안 버려져 있었던 네 황폐하고 적막한 곳들과 너와 더불어 파괴되었던 너의 땅, 곧 네 파멸을 당하였던 땅이 이제 사람들로 가득 차서 더 이상 주민을 받아들일 수 없게 될 것이다." 여기에서는 쌓을 곳이 없도록 복이 부어질 것임을 말씀한다(말 3:10). 그 곳들은 그들의 원수들로 붐비는 곳이 되지 않을 것이고, 아브라함과 롯의 경우처럼 그 땅에 사는 가나안 사람들 때문에 살기에 곤란을 겪게 되는 일도 없을 것이다. "너를 삼켰던 자들, 네가 포로로 끌려감으로써 남겨두었던 너의 땅을 마음대로 차지하였던 자들이 멀리 떠날 것이다. 내 백성이 무수하게 많아져서, 그들 가운데 더 이상 낯선 자나 원수는 없게 될 것이다." 이렇게 부분적으로는 유대 교회의 타락으로 인해서, 그리고 부분적으로는 이방 세계의 가증스러운 일들로 인해서 메마르게 되어 사람들이 거의 남아있지 않았던 사람들 가운데서의 하나님의 나라는 기독 교회가 세워짐으로써 그 은혜와 영광을 통해서 다시 사람들이 모이고 풍성해지게 되었다.

4. 기이하게도 새로운 회심자들이 점점 더 늘어나게 되리라는 것. 칼과 기근과 포로로 잡혀가는 일을 통해서 자신의 무수한 자녀들을 잃어버린 예루살렘은 장차 그들 대신에 새로운 가족이 자라나는 것을 보게 될 것인데, 그 가족은 예루살렘이 자식을 잃고나서 얻게 될 자녀들(20절), 셋처럼 아벨 대신에 하나

님이 주신 다른 씨, 집이 무너져서 죽은 자녀들 대신에 하나님의 축복을 통하여 얻은 욥의 자녀들이었다. 하나님은 그의 교회의 손실을 만회하셔서, 그 교회 안에서 그를 섬길 자녀를 확보하실 것이다. 하나님은 유대인들에게 그들이 포로 생활에서 돌아온 후에 예루살렘 거리에 소년과 소녀들이 가득하여 거기에서 뛰놀리라고 약속하셨다(슥 8:5). 하나님의 교회는 유대인들을 그들의 불신앙으로 인해서 잃은 후에 이전에 교회에 속하였던 유대인들보다 훨씬 더 많은 자녀들을 갖게 될 것이다(갈 4:27을 보라).

(1) 그들의 수가 너무 많아서 자녀들은 비좁다고 불평하게 될 것이다. 그들은 "우리들의 수가 너무 빨리 늘어나서 이곳이 우리에게 좁다"고 말할 것이다(이것은 듣기 좋은 소리이다) ― 마치 선지자들의 제자들이 불평했던 것처럼(왕하 6:1). 그러나 장소가 비좁은데도 여전히 더 많은 사람들이 교회에 들어오고자 할 것이고, 교회는 그들을 기쁜 마음으로 받아들일 것이어서, 장소가 불편하고 비좁은 것은 교회로 오는 자들에게나 교회 자체에 전혀 장애물이 되지 않을 것이다. 왜냐하면, 우리가 어떻게 생각하든지 간에, 가난한 자들과 몸 불편한 자들과 맹인들과 저는 자들이 들어온다고 할지라도 아직도 자리가 있고, 들어오고자 하는 자들을 충분히 받아들일 수 있는 자리가 있다는 것이 밝혀질 것이기 때문이다(눅 14:21-22).

(2) 그들의 수가 너무 많아서, 어머니가 가족이 너무 많이 늘어난 것을 기이하게 여길 것이다(21절). 그녀는 누가 나를 위하여 이들을 낳았는고 이들을 누가 양육하였는고라고 말할 것이다. 그들은 그녀에게 와서 자녀로서의 모든 본분과 순종을 애정을 가지고 행할 것이다. 그렇지만 그녀는 그들을 위하여 결코 수고한 것이 없었고 그들로 인하여 괴로움을 겪지도 않았다. 그들은 이미 양육된 상태로 그녀에게 왔다. 그렇기 때문에 그녀는 자신의 처지가 최근까지만 해도 아주 오랫동안 어떠하였는지를 생각하고서 기쁘고 놀라운 마음을 감추지 못하고 다만 깜짝 놀랄 수밖에 없다. 유대 민족은 자신의 자녀들을 남겨 놓았지만, 그들은 끊어져 버렸다. 하나님이 그들의 남편이었음을 보여주는 여러 증표들, 즉 법궤와 제단과 성전 제사를 다 잃어버린 채 적막하게 살았었다. 아니, 그녀는 포로가 되어서 끊임없이 이리저리로 옮겨 다니는 불안정한 생활을 했기 때문에 하나님이나 자신을 위해서 자녀를 양육할 엄두를 내지 못하였었다. 그녀는 모든 사람들에게 잊혀진 채 홀로 남겨져 있었고(이 곳이 아무도 찾는 자가 없

는 시온이다), 과부처럼 고독과 슬픔 속에 홀로 버려져 있었다. 그랬던 그녀가 어떻게 이와 같이 다시 흥왕하게 되었단 말인가? 우리는 여기에서 다음과 같은 것들을 볼 수 있다.

[1] 교회는 항상 사람들로 붐비는 것이 아니라 때로는 홀로 남겨져서 그 수가 얼마되지 않는 가운데 적막할 수 있다는 것.

[2] 하지만 교회의 그러한 적막함은 오래 지속되지 않을 것이고, 하나님이 교회를 다시 일으켜 세워서 돌들로 아브라함의 자손들이 되게 하시는 것은 별로 어렵지 않다는 것.

[3] 종종 이런 일은 한 국가가 하루 아침에 탄생하는 것과 마찬가지로 매우 신속하게 예기치 못한 방식으로 이루어진다는 것(사 66:8).

5. 이 일은 이방인들의 도움으로 이루어지게 되리라는 것(22절). 유대인들 가운데 교회가 재건될 것이라고 기대되었지만, 유대인들은 버려졌다. 그러나 하나님은 그 자신을 위하여 그를 이 땅에 심어서 풍성한 수확을 거두실 것이다(호 2:23). 좀 더 살펴보자.

(1) 이방인들이 어떻게 부르심을 받게 될 것인지. 하나님은 종일 손을 펴서 유대인들을 불렀지만 소용이 없자(사 65:2) 이방인들에게 손을 들어서 손짓으로 그들을 초청하신다. 또는, 이 본문은 하나님께서 그의 성령과 은혜의 권능, 전능하신 능력을 행사하셔서 이방인들로 하여금 기꺼이 오지 않을 수 없게 하시겠다는 것을 의미할 수도 있다. 하나님은 그들을 향하여 그의 기치를 세우실 것이다. 즉, 하나님은 영원한 복음이 전파되게 하셔서 그들을 모으실 것이고, 그들은 복음의 기치 아래에서 군사로 모이게 될 것이다.

(2) 그들은 어떤 모습으로 오게 될 것인지. 그들은 내 아들들을 품에 안고 오게 될 것이다. 그들은 그들 가운데 있는 시온의 아들들이 고국으로 돌아가는 것을 도울 것이고, 부모가 약하고 힘없는 자녀를 조심스럽고 자상하게 안고 가듯이 그들을 그런 마음으로 보내줄 것이다. 하나님은 이방인들 가운데서조차도 이스라엘 백성이 돌아오는 것을 도와줄 친구들을 일으키실 수 있다. 땅이 여자를 도왔다(계 12:16). 또는, 이 본문은 "그들이 올 때에 그들의 자녀들을 데리고 와서 그 자녀들을 네 자녀로 삼게 할 것이다"라고 해석할 수도 있다(사 60:4과 비교해보라). "너는 누가 이들을 낳았고 양육하였는고라고 묻겠지만, 그들은 이방인들 가운데서 낳아져서 양육받았지만 이제는 네 가족이 되었다는 것을 알

라." 이제 막 회심한 자들, 신앙을 새롭게 시작한 초신자들에 대하여 관심이 있는 모든 자들은 이 말씀을 통해서 그들을 얼마나 부드럽고 자상하게 그리고 정성을 다해서 대해야 하는지를 배워야 한다. 그리스도께서는 어린 양들을 대하실 때에 어린 양들을 그 팔로 모아 안으셨다.

Ⅱ. 교회가 열방들에 대하여 큰 영향력을 지니게 되리라는 것(22-23절).

1. 열방들의 몇몇 왕들은 교회의 후원자와 보호자가 될 것이다. 왕들은 네 양부가 되어 네 아들들을 품에 안고 올 것이다(모세처럼, 민 11:12). 또한, 여인들은 아이들을 보살피는 일에 가장 적합한 자들이기 때문에, 왕비들은 네 유모가될 것이다. 이 약속은 유대인들이 포로 생활에서 돌아온 후에 부분적으로 성취되었다. 고레스, 다리오, 아닥사스다 같은 바사의 몇몇 왕들은 유대인들을 아주 자상하게 돌보아 주었고 호의를 베풀며 격려하였다. 왕비가 된 에스더는 여전히 포로 생활을 하고 있던 유대인들을 보살펴주는 유모가 되어서 자녀를 불길에서 건져내기 위하여 자신의 목숨을 바치는 것 같이 죽음을 무릅쓰고 돌보았다. 기독 교회는 오랜 포로 생활 후에 콘스탄티누스 대제와 그의 어머니였던 헬레나, 그 후에는 테오도시우스 황제 등과 같은 왕들과 왕비들에 의해서 자상하게 돌보심을 받는 복을 받았다. 나라를 통치하는 권력의 상징인 홀(笏)이 신앙심 깊은 왕들의 손에 들어갈 때마다 이 약속은 성취된다. 이 세상에서 교회는 어린아이 같은 상태 속에 있기 때문에, 왕들과 방백들은 그들의 권세를 사용하여 교회를 극진하게 섬겨야 한다. 왕들이 그렇게 그들의 권력을 사용하여서 선을 행하는 자들에게 칭송을 받게 된다면, 그것은 복된 일이다.

2. 왕들 중에서 교회에 대적하는 자들은 결국 굴복하여 그들이 교회를 배척했던 일을 회개하게 될 것이다. 그들이 네게 절하고 네 발의 티끌을 핥을 것이다. 빌라델비아 교회에게 주어진 약속은 이 말씀을 빌려서 사용한 것인 것같다(계 3:9). 사탄의 회당 중에서 몇을 네게 주어 그들로 와서 네 발 앞에 절하게 하리라. 또는, 이 말씀은 그리스도께서 교회 속에 자신을 나타내실 때에 왕들과 나라들이 교회의 왕이신 그리스도께 자원하여 굴복하게 되리라는 것을 의미하는 것일 수 있다(시 72:11). 모든 왕이 그의 앞에 부복하리라. 이 모든 일을 통해서 다음과 같은 것들이 분명해질 것이다.

(1) 하나님이 만물의 주, 왕권을 지니신 주이시고, 하나님을 대적하는 자는 서지 못하고 일어서지 못한다는 것.

(2) 하나님의 약속을 의지하여 자신의 뜻을 꺾고 하나님을 기다리는 자들은 그들의 소망으로 인하여 부끄러움을 당하지 않으리라는 것. 왜냐하면, 평안에 속한 묵시는 정해진 때가 있어서 결국 지체되지 않고 반드시 응할 것이기 때문이다.

[24]용사가 빼앗은 것을 어떻게 도로 빼앗으며 승리자에게 사로잡힌 자를 어떻게 건져낼 수 있으랴 [25]여호와가 이같이 말하노라 용사의 포로도 빼앗을 것이요 두려운 자의 빼앗은 것도 건져낼 것이니 이는 내가 너를 대적하는 자를 대적하고 네 자녀를 내가 구원할 것임이라 [26]내가 너를 억압하는 자들에게 자기의 살을 먹게 하며 새 술에 취함 같이 자기의 피에 취하게 하리니 모든 육체가 나 여호와는 네 구원자요 네 구속자요 야곱의 전능자인 줄 알리라

이 단락에는 다음과 같은 내용들이 나온다.

I. 유대인들을 바벨론에서의 포로 생활로부터 놓여나게 하리라는 하나님의 약속에 대하여 그런 일은 결코 있을 수 없는 일이라는 반론이 제기됨.   사람들은 유대인들이 당시에 이 땅에서 가장 세력이 큰 자의 수중에 들어간 것이어서 그들을 무력으로 구출하는 일은 불가능하다고 말하였다(24절). 그렇지만 그것이 전부가 아니었다. 그들이 포로로 잡혀간 것은 정당한 일이었다. 왜냐하면, 하나님은 자신의 법을 따라서 범죄한 그들을 정당하게 포로로 내어 주신 것이고, 전쟁에서 포로로 잡힌 그들은 열방의 법에 따라서 속전을 지불하거나 다른 것과 교환할 때까지는 포로로 억류해 두는 것이 정당한 일이었기 때문이다. 이런 말을 한 사람들은 아마도 다음 둘 중의 하나일 것이다.

1. 포로로 잡은 유대인들을 보내기를 거절한 자신의 입장을 정당화하고자 한 원수들. 그들은 힘과 권리를 근거로 제시한다. 오만한 자들은 그들이 손에 넣을 수 있는 모든 것을 그들 자신의 것으로 생각하고, 힘만 있다면 그들의 모든 행위는 정당화될 수 있다고 생각한다.

2. 구원받는 것에 대하여 절망하고서 불신의 표현으로 그들의 친구들이 한 말("누가 우리를 억류하고 있는 자들과 담판하여 무력으로나 평화조약으로나 우리를 구해낼 수 있겠는가") 또는 구원받은 것에 대하여 놀라며 감사의 표현으로 그들의 친구들이 한 말. "용사가 빼앗은 것을 어떻게 도로 빼앗을 수 있다고

생각하겠는가. 그런데, 그런 일이 일어났다." 이 말씀은 그리스도께서 우리를 구속하신 일에 적용될 수 있다. 우리는 강한 자, 곧 사탄의 수중에 빼앗긴 자들이었지만, 생명의 능력을 지니고 계신 그리스도께서는 우리를 사망의 능력을 지니고 있던 자로부터 건져내셨다. 하나님의 공의로 말하자면, 우리는 마땅히 계속해서 포로로 살아야 했지만, 하나님은 헤아릴 수 없이 큰 값을 치르시고 우리를 건져내셨다.

Ⅱ. 하나님께서 이러한 반론에 대하여 분명한 약속으로 대답하심. 하나님의 약속들은 모두 예와 아멘이 되기 때문에 서로를 강화시켜주는 역할을 한다.

1. 하나님은 원수가 비록 강한 자라고 할지라도 그들을 구해 내시겠다고 분명한 약속을 하신다(25절). "용사의 포로들이라 할지라도, 포로들을 사로잡고 있는 것이 강한 자라고 할지라도, 내가 그들을 도로 찾아올 것이고, 강한 자들이 그 일을 가로막으려고 해도 아무 소용이 없을 것이다. 두려운 자의 빼앗은 것일지라도, 그들을 사로잡은 자들이 무섭고 무시무시한 자들이라고 할지라도, 내가 너희를 건져내리라. 그들이 온 힘을 다해도 하나님을 당해낼 수 없을 것이고, 온갖 뻔뻔스러운 짓을 한다고 해도 하나님께서 계획하신 구원을 막을 수 없을 것이다." 모든 권세와 모든 생각을 자신의 수중에 가지고 계셔서 자신의 말씀을 이루실 수 있는 여호와가 이같이 말하노라.

2. 여기에 하나님께서 어떻게 어떤 방식으로 구원을 이루실 것인지를 보여주시는 추가적인 약속이 나온다. 하나님은 압제자들에 대하여 심판을 행하심으로써 압제받는 자들을 구원하시는 일을 이루실 것이다. "내가 너를 대적하는 자를 대적할 것이고, 너를 압제하는 것을 스스로 정당화하는 자들에게 맞서서 너의 주장을 옹호할 것이다. 너와 다투는 자가 누가 되었든, 그 자가 단 한 사람이라고 할지라도, 그는 너와 다투는 것이 그를 위험에 빠뜨리고 있다는 것을 알게 될 것이다. 이런 식으로 해서 네 자녀를 내가 구원할 것임이라." 하나님은 사로잡은 자를 사로잡히게 하심으로써, 즉 하나님의 백성을 포로로 잡아간 자들을 그들 스스로가 포로로 사로잡히게 하심으로써 포로된 자기 백성을 구하실 것이다(계 13:10). 아니, 하나님의 백성을 사로잡은 자들은 자기의 피에 취하게 될 것이다(26절). "내가 너를 억압하는 자들에게 자기의 살을 먹게 하며 새 술에 취함 같이 자기의 피에 취하게 하리라. 교만한 바벨론 사람들은 서로서로를 잡아 먹게 될 것이다. 하나님께서 그들 가운데 분열의 영을 보내실 것이고, 외적의

침입에 의해서 시작된 그들의 파멸은 그들 가운데서 일어난 분열에 의해서 완성될 것이다. 그들은 서로 물고 삼켜서 피차 멸망하게 될 것이다. 그들은 자신의 피와 살인 자들을 탐욕스럽게 먹을 것이다." 하나님은 교회를 억압하는 자들을 그들 스스로 서로를 괴롭히고 물고 뜯어서 스스로 멸망하게 하실 수 있으시다. 하나님은 성도들의 피를 흘린 신약의 바벨론에게 피를 마시게 하셨는데, 이것은 바벨론에게 합당한 일이었다. 잔인한 자들은 종종 그들 자신과 서로에게 잔인하여서 스스로 멸망하는 것을 우리는 본다. 실제로 다른 사람들에게 잔인한 자들은 그들 스스로에게도 잔인하다. 왜냐하면, 하나님은 공의와 사람들의 복수심에 따라서 그들은 다른 사람들에게 대접했던 그대로 대접을 받을 것이기 때문이다. 그들은 피에 목말라할 뿐만 아니라 피에 취할 때까지 탐욕스럽게 피를 마시고, 마치 피가 달콤한 포도주라도 되는 듯이 맛있게 마신다. 만약 죄인들이 서로에 대하여 욕망을 분출하는 것보다 죄인들에 대하여 하나님의 긍휼하심이 더 크지 않다면, 온 세상은 이내 아겔다마, 아니 초토화가 되어 버릴 것이다.

Ⅲ. 바벨론의 멸망이 가져올 결과가 무엇일지를 보라. 모든 육체가 나 여호와는 네 구원자인 줄 알리라. 하나님은 비록 이스라엘이 버려진 것처럼 보일지라도 그들에게는 구속자가 있다는 것, 이스라엘이 강한 자의 먹잇감이 되고 있는 것처럼 보일지라도 야곱에게는 그의 모든 원수들을 처리해 주실 수 있는 전능자가 계시다는 것을 나타내셔서 온 세상으로 깨닫게 하실 것이다. 하나님은 그의 교회를 구원하심으로써 자기 이름을 알리시고, 크게 하시고자 하신다.

제
— 50 —
장

개요

이 장에는 다음과 같은 내용들이 나온다. I. 하나님께서 자기 백성에게 그들이 당하는 모든 환난은 그들이 완악하고 고집이 세어 스스로 자초하는 것이라고 말씀하시고, 그들이 구원받기에 합당한 자로 준비만 되어 있다면 하나님은 얼마든지 그들을 도우실 수 있다는 것을 보여주심(1-3절). II. 하나님의 보내심을 받은 자는 자신의 사명을 제시하면서(4절), 자기는 사명을 완수하기 위하여 어떠한 고난과 환난도 기꺼이 다 감수할 각오가 되어있다고 말하며(5-6절), 자기를 보내신 하나님이 자기 곁에 계셔서 모든 반대에 맞서서 그를 끝까지 붙들어 주실 것이라고 단언함(7-9절). III. 하나님께서 보내신 메시지는 삶과 죽음, 선과 악, 축복과 저주, 의기소침한 성도들에게는 위로, 오만한 죄인들에게는 공포가 되리라는 것(10-11절). 이 모든 것은 다음과 같은 두 부류와 관련이 있는 것으로 보인다. 1. 하나님이 그들에게 행하신 처사를 놓고서 하나님과 시비를 벌였던 바벨론의 믿지 않는 유다인들과 유다인들이 포로로 잡혀가기 아주 오래 전에 그 사건을 너무도 분명하고 자세하게 예언함으로써 자기가 하나님으로부터 보내심을 받았다는 것을 보여주고 자기가 말한 것이 옳았다는 것을 증명한 선지자 이사야. 2. 우리 구주의 때에 자신의 잘못으로 버림을 당하였던 믿지 않는 유대인들과 그들에게 많은 말씀을 전하다가 그들로부터 많은 고초를 겪으셨지만 하나님의 능력으로 사역을 잘 감당하셨던 그리스도. 흠정역에서는 이 장의 "내용"을 다음과 같이 아주 간략하게 요약한다. "그리스도께서 구원하실 수 있는 그의 능력, 그 구원사역에 있어서의 그의 순종, 하나님의 도우심에 대한 그의 신뢰를 통해서 유대인들이 버림받은 것이 그의 탓이 아니라는 것을 보여주신다." 선지자는 하나님을 의뢰하고 우리 자신을 의뢰하지 말라는 권면으로 말을 끝맺는다.

[1]나 여호와가 이같이 말하노라 내가 너희의 어미를 내보낸 이혼 증서가 어디 있느냐 내가 어느 채주에게 너희를 팔았느냐 보라 너희는 너희의 죄악으로 말미암아 팔렸고 너희의 어미는 너희의 배역함으로 말미암아 내보냄을 받았느니라 [2]내가 왔어도 사람이 없었으며 내가 불러도 대답하는 자가 없었음은 어찌 됨이냐 내 손이

어찌 짧아 구속하지 못하겠느냐 내게 어찌 건질 능력이 없겠느냐 보라 내가 꾸짖어 바다를 마르게 하며 강들을 사막이 되게 하며 물이 없어졌으므로 그 물고기들이 악취를 내며 갈하여 죽으리라 ³내가 흑암으로 하늘을 입히며 굵은 베로 덮느니라

하나님의 백성으로 자처해왔던 자들은 심한 대우를 받는 것처럼 보일 때면 하나님에 대하여 불평하고, 마치 하나님이 그들에게 가혹하게 대하시기라도 한다는 듯이 하나님의 탓을 하기가 쉽다. 그러나 그들의 불평과 관련해서 우리는 여기에서 다음과 같은 것들을 본다.

I. 하나님 편에서 먼저 시비를 걸어 왔다는 것을 보여주는 증거를 제시해 보라고 그들에게 도전하심(1절).   그들은 하나님께서 그들에게 어떤 잘못을 하였다거나 멋대로 대하셨다고 말할 수 없었다.

1. 하나님은 그들에게 남편이셨다. 당시에 남편에게는 아내가 마음에 들지 않으면 내쫓을 수 있는 권한이 있었다. 남편은 아내가 마음에 들지 않는 경우에 이혼 증서를 주어 보내버리면 그만이었다(신 24:1; 마 19:7). 그러나 그들은 하나님께서 그들을 그런 식으로 다루셨다고 말할 수 없었다. 그들이 지금 하나님과 떨어져서 많은 날 동안을 에봇이나 제단이나 희생제사 없이 지내왔다는 것은 사실이었다. 그러나 그렇게 된 것은 누구의 잘못 때문이었는가? 그들은 하나님께서 그들의 어머니에게 이혼 증서를 주어 내쫓으셨다고 말할 수 없었다. 이혼증서는 이혼이 성립되었을 때에 주어지는 것이었기 때문에 그들은 그들의 어머니와 관련해서 이혼증서를 제시할 수 없었다.

2. 하나님은 그들에게 아버지셨다. 당시에 아버지에게는 자기가 빚진 것을 다른 방식으로는 갚을 수 없을 때에 자녀를 채권자에게 노예로 팔아서 그 빚을 갈음할 수 있는 권한이 있었다. 유대인들이 당시에는 바벨론 사람들에게, 나중에는 로마 사람들에게 팔렸다는 것은 사실이었다. 그러나 하나님께서 자신의 빚을 갚기 위해서 그들을 팔았던 것인가? 결코 그렇지 않았다. 하나님은 유대인들을 포로로 끌고 간 자들에게 그 어떤 빚도 지지 않으셨고 만약 그가 그들을 팔았다고 해도 그들을 판 값으로 이익을 얻지는 않으셨다(시 44:12). 하나님이 자녀들을 징계하시는 것은 자신의 기쁨이나(히 12:10) 이득을 위한 것이 아니다. 모든 구원받는 자들은 하나님의 지극한 은혜로 말미암아 구원받는 것이지

만, 망한 자들은 하나님의 절대 주권행위가 아니라 거룩하심과 공의의 행위에 의해서 망하는 것이다.

II. 하나님께서 그들이 스스로 멸망을 자초하였다는 것을 그들에게 보여주시고 그들을 고소하심. "보라 너희는 너희의 죄악으로 말미암아, 너희가 죄악을 즐기고 너희 자신의 더러운 욕심을 채우고자 하였기 때문에 팔렸다. 부모가 자신의 빚을 갚기 위해서 자녀를 판 것이 아니라, 재판관이 행악자들을 그들이 저지른 범죄 때문에 벌하기 위해서 판 것이다. 너희는 너희 자신을 악을 행하는 것에 팔았다. 그러므로 하나님께서 너희를 원수들의 손에 파는 것은 정당하다(대하 12:5). 너희의 어미는 너희의 패역함과 그녀의 간음으로 말미암아 내보냄을 받은 것이다." 이것은 언제나 정당한 이혼사유였다. 유대인들은 그들이 저지른 우상 숭배로 말미암아 바벨론으로 보내졌는데, 우상 숭배의 죄는 혼인 계약을 깨뜨리는 죄였다. 또한, 유대인들은 결국 최종적으로 영광의 주를 십자가에 못 박은 일로 말미암아 버림을 당하였다. 바로 이러한 것들이 그들이 팔려가거나 내쫓긴 이유가 된 죄악들이었다.

III. 이러한 도전과 고소를 다시 한 번 확증하심.

1. 그들이 내쫓기게 된 것은 순전히 그들 자신의 탓이었다는 것은 명백하다. 왜냐하면, 하나님께서 그들이 환난당하는 것을 미리 막거나 그 환난에서 그들을 건지시기 위하여 그들에게 와서 도움의 손을 내밀며 은총을 주시고자 하였지만, 그들은 하나님을 업신여기고 하나님이 내미시는 온갖 은혜의 손길을 다 거절하였기 때문이다 "너희는 이 모든 것의 책임을 나에게 돌리는 것이냐(하나님이 이렇게 말씀하신다). 그렇다면, 내가 왔어도 사람이 없었으며 내가 불러도 대답하는 자가 없었음은 도대체 어떻게 된 것인지 네가 말해보아라(2절)." 하나님은 그의 종들인 선지자를 통해서 그들에게 오셨고, 그의 포도원의 열매들을 요구하셨다(마 21:34). 하나님은 그들에게 자신의 사자들을 끊임없이 일으키셔서 보내셨다(렘 35:15). 하나님은 그들에게 죄에서 떠나서 그들이 멸망하는 것을 막으라고 끊임없이 말씀하셨다. 그러나 선지자들의 경고를 귀담아 듣는 자도 없었고, 하나님의 부르심에 응답하거나 하나님이 그들에게 보내신 말씀에 순종하는 자도 아무도 없었다. 그들이 팔려가게 된 것은 바로 그 때문이었다. 그들은 하나님의 사신들을 비웃었기 때문에 하나님은 갈대아인의 손에 그들을 다 넘기셨다(대하 36:16-17). 마지막으로, 하나님은 자기 아들을 그들에게 보

내셨다. 그가 자기 백성에게 왔지만 자기 백성은 그를 영접하지 아니하였다. 그는 그들을 자기 자신에게로 모으고자 불렀지만, 대답하는 자는 아무도 없었다. 그는 예루살렘의 자녀들을 한데 모으고자 하였지만, 그들은 그것을 원하지 않았다. 그들은 평안에 속한 일들 또는 하나님께서 그들을 권고하시는 날을 알고자 하지 않았기 때문에 몰랐던 것이었다. 바로 그 죄악 때문에 그들은 끌려갔고 그들의 집은 황폐하게 되었다(마 21:41; 23:37-38; 눅 19:41-42). 하나님께서 복 주시기 위하여 사람들을 부르실 때에 그들이 응답하지 않는다면 그들이 비참하게 되는 것은 합당한 일이다.

2. 그들의 고난이 하나님께 능력이 없기 때문이 아니었다는 것은 명백하다. 왜냐하면, 하나님은 전능하셔서 그들을 아무리 깊은 죽음으로부터도 건져내실 수 있으셨을 것이기 때문이다. 그들의 고난은 그리스도께 능력이 없었기 때문도 아니었다. 왜냐하면, 그는 온전히 구원하실 수 있는 분이시기 때문이다. 바벨론에서 포로 생활을 하던 믿지 않는 유대인들은 그들의 하나님이 그들을 건지실 수 없기 때문에 그들이 구원받지 못하는 것이라고 생각하였다. 그리스도의 때에 유대인들은 그를 비웃으며, 그가 자기도 구원할 수 없는데 이 사람이 어떻게 우리를 구원하겠느냐라고 서슴없이 말하였다. 그러나 하나님은 말씀하신다 "내 손이 어찌 짧아지거나 약해졌겠느냐?" 누가 하나님의 전능하심에 제한을 둘 수 있겠느냐? 유일하게 크신 구속주이신 분이 누구를 구속하지 못하시겠느냐? 모든 능력을 자신의 것으로 가지고 계시는 분이 그 누구를 건질 능력이 없으시겠느냐? 하나님은 자신의 능력에 관한 그들의 의심을 잠재우고 영원히 그들을 부끄럽게 하시기 위하여 여기에서 자신의 능력을 보여주는 의심할 수 없는 증거들을 제시하신다.

(1) 하나님은 마음만 먹는다면 언제든지 바다를 마르게 하거나 강들을 사막으로 만들어 버리실 수 있다. 하나님은 이스라엘을 애굽으로부터 구속하실 때에 그렇게 하셨고, 이제도 그들을 바베론에서 구속하실 때에 그렇게 하실 수 있으시다. 그런 일은 하나님의 꾸짖으심, 즉 말씀 한 마디로 쉽게 이루어진다. 하나님은 강들을 마르게 하셔서 물고기들이 물이 없어서 죽어 썩게 하실 수 있으시다. 하나님은 애굽의 강을 피로 변하게 하셔서 물고기를 죽이셨다(시 105:29). 우리 구주께서 종종 믿음의 능력에 관하여 말씀하실 때에 사용하셨던 표현, 즉 믿음이 있으면 산을 옮기고 뽕나무를 바다에 심을 수 있다는 표현은 여기에 나오

는 말씀과 다르지 않다. 그들의 믿음이 그런 일들을 할 수 있다면, 그들의 믿음이 그들을 구원해 낼 수 있으리라는 것은 의심의 여지가 없다. 그러므로 그들이 망하게 된 것은 그들의 불신앙 때문이었다는 것에 대하여 그들은 변명할 말이 없었다.

(2) 하나님은 마음만 먹으시면 짙은 흑암으로(욥 36:32; 37:16) 하늘의 광명들을 가리실 수 있고, 하늘을 검게 입히며 굵은 베로 덮으실 수 있다(3절).

⁴주 여호와께서 학자들의 혀를 내게 주사 나로 곤고한 자를 말로 어떻게 도와 줄 줄을 알게 하시고 아침마다 깨우치시되 나의 귀를 깨우치사 학자들 같이 알아듣게 하시도다 ⁵주 여호와께서 나의 귀를 여셨으므로 내가 거역하지도 아니하며 뒤로 물러가지도 아니하며 ⁶나를 때리는 자들에게 내 등을 맡기며 나의 수염을 뽑는 자들에게 나의 뺨을 맡기며 모욕과 침 뱉음을 당하여도 내 얼굴을 가리지 아니하였느니라 ⁷주 여호와께서 나를 도우시므로 내가 부끄러워하지 아니하고 내 얼굴을 부싯돌 같이 굳게 하였으므로 내가 수치를 당하지 아니할 줄 아노라 ⁸나를 의롭다 하시는 이가 가까이 계시니 나와 다툴 자가 누구냐 나와 함께 설지어다 나의 대적이 누구냐 내게 가까이 나아올지어다 ⁹보라 주 여호와께서 나를 도우시리니 나를 정죄할 자 누구냐 보라 그들은 다 옷과 같이 해어지며 좀이 그들을 먹으리라

우리 주 예수께서는 앞에서 그들을 구원하실 수 있다는 것을 증명하시고서 여기에서는 그들을 구원하실 수 있을 뿐만 아니라 기꺼이 그렇게 하시고자 한다는 것을 보여주신다. 우리는 이 단락 속에서 선지자 이사야가 그가 만난 무수한 곤경들에도 불구하고 하나님께서 그의 곁에 계셔서 그에게 힘을 주신다는 것을 의심하지 않는 가운데 선지자로서의 자신의 사역을 계속해 나가도록 스스로를 격려하기 위하여 자기 자신에 대하여 뭔가를 말하고 있다고 본다. 그러나 선지자 이사야는 다윗과 마찬가지로 그리스도의 모형으로서 자기자신에 대하여 말하고 있는 것이다. 따라서 이 단락에서는 그리스도에 대하여 예언하면서, 그리스도께서 다음과 같은 구주가 되실 것이라고 약속한다.

I. 이사야는 선지자로서 그가 부르심을 받은 일을 할 수 있는 자질을 부여받았고, 하나님께서 그의 사자로 사용하신 다른 선지자들과 종들도 마찬가지였다. 그러나 그리스도께서는 자신의 동료들보다도 훨씬 뛰어나게 성령으로 기

를 부음을 받으셨다. 하나님의 사람으로서 완전하게 되기 위하여 그리스도는 다음과 같은 것들을 가지고 계셨다.

1. 어떻게 가르쳐야 하는지를 알고, 곤고한 자를 말로 어떻게 도와 줄 지를 아는 학자들의 혀(4절). 인간의 입을 만드신 하나님은 모세에게 바로를 두렵게 하고 죄를 깨닫게 해줄 말을 할 줄 아는 학자의 혀를 주셨다(출 4:11-12). 하나님은 그리스도께 죄의 짐 아래에서 지치고 힘든 자들을 위로하기 위하여 적절한 말을 할 줄 아는 학자의 혀를 주셨다(마 11:28). 은혜가 그의 입술에 부어져서 몰약의 즙이 뚝뚝 떨어졌다. 어떤 사람이 사역자로서 가장 잘 배운 자인가? 그는 괴로워하는 자들을 어떻게 위로해주고 가엾은 영혼들의 여러 가지 다양한 사정에 맞춰서 아주 적절하고 분명하게 말을 해줄 줄 아는 자이다. 이렇게 할 수 있는 능력은 하나님이 주신 은사로서 우리가 간절히 구하여야 하는 가장 좋은 은사들 중의 하나이다. 우리는 그리스도께서 수고하고 지친 자들에게 주신 수많은 위로의 말씀들을 통해서 안식을 누려야 한다.

2. 가르침을 잘 받아들이는 학자의 귀. 선지자들에게는 학자의 혀만큼이나 학자의 귀도 필요하다. 왜냐하면, 그들은 그들이 가르침 받은 것을 전해야 하고 다른 것을 전해서는 안 되며, 정확하게 전하기 위해서는 하나님의 입에서 나오는 말씀을 주목하여 들어야 하기 때문이다(겔 3:17). 그리스도께서도 우리에게 말씀을 전해 주시기 위하여 하나님으로부터 말씀을 받으셨다. 먼저 배우는 자가 되지 않는 자들은 결코 가르치는 자가 되어서는 안 된다. 그리스도의 사도들은 먼저 제자들, 천국에 대하여 가르침을 받은 서기관들이었다(마 13:52). 하지만 듣는 것만으로는 충분하지 않기 때문에 우리는 학자들 같이 알아들어야 하고, 듣고서 깨닫고 듣고서 기억해 두며, 우리가 들은 것을 통해서 반드시 배우고자 하는 자세로 들어야 한다. 학자들처럼 듣고자 하는 자들은 정신을 차리고 깨어 있어야 한다. 왜냐하면, 우리는 말을 들을 때에 졸려서 대충 듣기 쉽고 절반쯤이나 알아듣거나 귀 기울여 듣지 못하는 것이 보통이기 때문이다. 우리는 귀를 쫑긋 세우고 경청하여야 한다. 뭔가 감화를 받고자 하고 영적인 잠에서 깨어나 맑은 정신으로 말씀을 들을 때에만 우리는 살리는 말씀을 들을 수 있다. 하루가 시작될 때인 아침마다 깨어나야 하고, 그 날에 해야 할 일을 하기 위해서 깨어나야 한다. 우리는 영적으로 둔한 것에서 해방되기 위해서는 끊임없이 하나님의 새로운 은혜를 날마다 공급받아야 한다. 우리의 심령이 가장 생

생한 때인 아침은 하나님과 교통하기에 적합한 때이다. 아침에 우리는 하나님께 말씀을 드리고 하나님으로부터 말씀을 듣기에 가장 좋은 상태에 있다(아침에 주께서 나의 소리를 들으시리다). 백성들은 성전에서 그리스도께서 전하시는 말씀을 듣기 위하여 이른 아침에 와서 들었다(눅 21:38). 아마도 그리스도께서는 아침에 말씀을 전하셨던 것으로 보인다. 아침마다 우리를 깨우시는 분은 하나님이시다. 우리가 하나님을 섬기기 위하여 어떤 일을 하고자 할 때에 우리를 부르셔서 우리를 깨우시는 분은 우리의 주인이신 하나님이시다. 만약 하나님께서 우리를 아침마다 깨우지 않으신다면 우리는 영원히 잠들 수밖에 없다.

Ⅱ. 인내로 고난을 감당하시는 자(5-6절).   우리는 그가 지치고 힘든 자들에게 위로를 전하는 사명과 능력을 받았기 때문에 당연히 사역을 하는 데에 아무런 어려움도 없을 것이고 누구나 그를 받아들이며 환영할 것이라고 생각하기 쉽다. 하지만 전혀 그렇지 않았다. 그가 해내야 했던 일은 어려운 일이었고, 그 일을 하면서 그는 박대를 당하며 어려움을 겪어야 했다. 그는 여기에서 우리에게 그가 그러한 어려움들에도 불구하고 두려움 없이 자신에게 맡겨진 사명을 변함없이 잘 감당해 냈다고 말한다. 우리는 여기에서 말하고 있는 것 같은 그러한 어려움들을 선지자 이사야가 겪었다는 얘기를 듣지는 못하지만, 그가 하나님께서 주신 사명을 결연하게 모든 어려움을 극복하고서 수행해 나갔다는 것을 의심할 이유가 전혀 없다. 그러나 이 예언이 예수 그리스도를 통해 풍성하게 입증되었다고 확신한다. 여기에서 우리는 다음과 같은 것들을 볼 수 있다.

1. 그가 사명을 감당할 때에 인내로 순종하셨다는 것. "주 하나님께서는 나의 귀를 깨우치셔서 그가 무엇을 말씀하시는지를 들을 수 있게 해주셨을 뿐만 아니라, 나의 귀를 여셔서 그 말씀을 받아 순종할 수 있게 해주셨다(시 40:6-7). 주께서 내 귀를 열어 주셨으므로 그 때에 내가 말하기를 내가 왔나이다 하였나이다." 왜냐하면, 그가 내가 거역하지도 아니하며 뒤로 물러가지도 아니하였다는 말을 덧붙였을 때에 거기에는 표면적으로 드러나는 것보다 더 많은 의미가 함축되어 있기 때문이다. 즉, 그는 수많은 어려움과 낙심되는 일이 있을 것을 내다보았고 종으로서 끊임없이 수고를 해야 한다는 것과 지극히 큰 자신의 본래의 모습을 비우고서 스스로 낮아져서 지극히 비천한 형체를 입어야 한다는 것을 알면서도, 도망치거나 실망하거나 낙심하지 않고 도리어 기꺼이 감당하고자 하였

다는 것이다. 그는 자신의 사명을 감당함에 있어서 아무리 어려운 일을 만났을 때에도 계속해서 자신의 일을 자원하여 적극적으로 수행해 나갔다. 하나님의 진리들을 잘 깨닫는 것과 마찬가지로 하나님을 섬기는 일에 대하여 자원하는 마음을 지니는 것도 하나님의 은혜로 말미암은 것임을 명심하라.

2. 그가 고난을 수반하는 일에 있어서 순종함으로 인내하였다는 것. 내가 그것에 대하여 순종함으로 인내하였다는 표현을 사용하는 것은 그가 아버지의 뜻을 바라보고서 인내하였기 때문이다. 이렇게 하여 그는 이 계명을 내가 아버지에게서 받았다는 자신의 말이 옳다는 것을 보여주었고, 이렇게 하나님께 순복함으로써 나의 원대로 마시옵고 아버지의 원대로 하옵소서라고 한 그의 말이 진심이었다는 것을 보여주었다. 그는 아버지의 뜻에 순종하여서 다음과 같은 일에 자신을 기꺼이 내어 주셨다.

(1) 채찍질 당하는 것. 나를 때리는 자들에게 내 등을 맡겼다. 그는 자기가 맞을 때에 그 모욕을 순순히 받아 내었을 뿐만 아니라 우리를 위하여 자원해서 겪은 다른 고통스럽고 수치스러운 일들 속에서도 그러한 모욕을 감내하였다.

(2) 학대를 당하는 것. 나는 내 뺨을 때리는 자들에게만이 아니라 그것보다 더 큰 고통과 모욕이 되는 일인 나의 수염을 뽑는 자들에게도 나의 뺨을 맡겼다.

(3) 침 뱉음을 당함. 나는 모욕과 침 뱉음을 당하여도 내 얼굴을 가리지 않았다. 그는 그러한 일을 당하지 않기 위하여 얼굴을 가리거나 아예 그 자리를 피할 수도 있었지만, 그는 사람들의 수치가 되기로 되어 있었기 때문에 그렇게 하지 않았다. 이렇게 해서 그는 그의 모형이었던 저 슬픔의 사람 욥에 관하여 예언된 말씀, 즉 **사람들이 그를 모욕하여 뺨을 쳤다**(욥 16:10)는 말씀을 응하게 하고자 하였다. 뺨을 치는 것은 단지 경멸의 표현이 아니라 혐오하고 분개하였다는 것을 나타내는 표현이었다. 이 모든 일을 그리스도께서는 우리에게 그가 기꺼이 우리를 구원하고자 한다는 것을 깨닫게 해주기 위하여 자원하여 우리를 위하여 겪으셨다.

Ⅲ. **용기있는 전사**(7-9절).   구속주는 그의 겸비하심과 인내만큼이나 담대하신 것으로도 유명하다. 그는 지는 자 같이 보이지만 이기고 또 이기는 자이시다. 좀 더 살펴보자.

1. 그는 하나님을 의지하였다는 것. 선지자 이사야를 붙들어 두었던 것은 그리스도를 붙들어 주었던 것과 동일한 것이었다(7절). 주 여호와께서 나를 도우

시리라(9절). 하나님은 그가 사용하시는 자들을 도우시고, 그들 자신이나 그들이 맡은 일을 하는 데에 필요한 도움이 주어지지 않는 일이 없도록 돌보신다. 하나님은 우리를 위하여 자기 아들에게 도움을 요청하신 후에 그에게 도움을 주셨고, 그의 손은 내내 그의 오른쪽에 있는 자와 함께 하셨다. 하나님은 그의 일을 도우실 뿐만 아니라 그를 열납하신다(8절). 나를 의롭다 하시는 이가 가까이 계신다. 이사야는 다른 선지자들과 마찬가지로 거짓 고소를 당하고 비방과 욕을 많이 먹었을 것이 틀림없다. 그러나 그는 하나님께서 이 세상에서와 적어도 저 큰 날에 그의 수치를 굴려 버리시고 그의 의를 빛 같이 나타내실 것을 알았기 때문에(시 37:6) 그러한 수치를 멸시하였다. 저 큰 날에는 몸의 부활과 마찬가지로 이름의 부활도 있을 것이고, 의인들은 아침 해처럼 빛날 것이다. 이것은 그리스도를 통해서도 옳다는 것이 입증되었다. 그리스도는 그의 부활을 통해서 사람들이 오해하였던 그런 인간도 아니고 하나님을 모독하는 자도 아니고 속이는 자나 가이사의 원수도 아니라는 것을 입증하셨다. 그를 단죄한 재판관은 그에게서 아무런 잘못도 발견하지 못하였다는 것을 인정하였다. 그의 처형을 담당하였던 백부장은 그가 의로운 사람이었다고 분명하게 말하였다. 그를 의롭다고 말한 이는 이렇게 가까이 있었다. 그러나 이 말씀은 좀 더 특별한 의미에서 그에게 해당되는 것이었다. 성부 하나님은 그가 인간의 죄를 위하여 이룬 대속을 열납하시고 그를 의롭다고 하셨으며, 우리를 위하여 대신 죄로 삼으신 그를 주 우리의 의로 세우셨다. 그는 영으로 의롭다 하심을 받으셨다(딤전 3:16). 그렇게 하신 이는 가까이 계셨다. 왜냐하면, 하나님은 그를 의롭게 해줄 그의 부활을 그가 정죄를 받고 못 박히고 나서 얼마되지 않아 곧 이루셨기 때문이다. 그는 즉시 영광을 받으셨다(요 13:32).

2. 이것을 근거로 그는 자기가 맡은 일이 성공하게 되리라는 것을 확신함. "하나님께서 나를 도우시고 나를 의롭다고 하시며 내 곁에 서서 나를 붙들어 주신다면, 자기가 목표하고 약속하였던 것을 이루지 못한 자들처럼 나는 낭패를 당하지 않게 될 것이다. 내가 부끄러워하지 아니할 줄을 아노라." 원수들은 그로 하여금 부끄러움을 당하도록 하기 위하여 온갖 짓을 다하였지만, 그는 그가 시작한 일을 완수함으로써 자신의 위신을 세웠고 부끄러워하지 않아도 되었다. 하나님을 위한 일은 결코 우리를 부끄럽게하지 않을 일이라는 것을 명심하라. 하나님에 대한 소망은 우리로 하여금 부끄러움을 당하지 않게 해줄 소망이다.

하나님을 의지하여 도움을 구하는 자들은 실망하지 않게 될 것이다. 그들은 그들이 의지한 분이 누구인지를 잘 알기 때문에 그들이 부끄러움을 당하지 않을 것도 안다.

3. 이러한 확신 속에서 그가 모든 반대자들과 반대에 대하여 도전함. "하나님께서 나를 도우실 것이기 때문에 내가 내 얼굴을 부싯돌 같이 굳게 하였다." 선지자는 그렇게 하였다. 그는 죄를 꾸짖고 죄인들에게 경고하며(겔 3:8-9) 자기가 한 예언들이 참이라는 것을 단언함에 있어서 담대하였다. 그리스도께서도 그렇게 하셨다. 그는 중보자로서의 자신의 일을 요동치 않고 변함없이 그 어떠한 것도 두려워하지 않고 결연하게 수행해 나가셨다. 실망하거나 낙심하지 않으셨다. 여기에서 그는 모든 반대자들에게 이렇게 도전한다.

(1) 그와 겨루어보자는 것. 법으로나 칼로나 나와 다툴 자가 누구냐. 결투하는 자들로서 또는 원고와 피고로서 나와 함께 설지어다. 나의 대적이 누구냐. 나의 대의를 이겨먹을 자가 누구냐(원어의 뜻은 이런 것이다). "누가 감히 맞서 싸우고자 나서겠느냐. 그런 자가 있다면 앞으로 나서서 내게 가까이 나아올지어다. 나는 결코 피하거나 숨지 않을 것이다." 많은 자들이 그리스도를 반박하기 위하여 나섰지만, 그리스도께서는 그들을 말 한 마디 하지 못하게 만드셨다. 선지자는 모든 신실한 사역자들의 이름으로 이것을 말한다. 하나님의 순전한 말씀을 꼭 붙들고서 그들의 메시지를 전하는 자들은 사람들의 반박을 두려워할 필요가 없다. 누가 그들과 다투든지 간에 성경이 그들을 견고히 붙잡아 줄 것이다. 진리는 커서 반드시 이길 것이다. 그리스도께서는 모든 믿는 자들의 이름으로 이 말씀을 하시고, 그들의 대장으로서 이 말씀을 하신다. 그리스도의 벗인 자들에게 누가 감히 대적하며, 그리스도께서 변호해 주시는 자들과 누가 감히 다툴 수 있겠는가? 사도 바울은 이 말씀을 그런 식으로 적용한다(롬 8:33). 누가 능히 하나님께서 택하신 자들을 고발하리요.

(2) 그는 그들에게 그가 어떤 죄를 지었는지를 증명해보라고 도전한다(9절). 나를 정죄할 자가 누구냐. 선지자는 아마도 사형언도를 받았던 것 같다. 우리가 잘 알듯이, 그리스도께서도 그러셨다. 그렇지만 선지자 이사야나 그리스도께서는 둘 다 나를 정죄할 자 누구냐고 말씀하실 수 있었다. 왜냐하면, 하나님께서 의롭다고 하신 자들에게는 정죄함이 없기 때문이다. 그들을 정죄한 자들이 있었지만, 그들은 어떻게 되었을까? 보라, 그들은 다 옷과 같이 해어지리라. 그리스

도의 의로운 대의와 그의 선지자들은 모든 반대에도 불구하고 살아남게 될 것이다. 그리스도를 반대하는 자들은 좀이 그들을 소리 없이 느끼지도 못하는 가운데 먹을 것이다. 아주 작은 일로도 그들은 망하게 될 것이다. 그러나 포효하는 사자조차도 하나님의 증인들을 이기지 못할 것이다. 모든 믿는 자들은 나를 정죄할 자 누구냐 나를 위하여 죽으신 이는 그리스도시니라고 당당하게 말할 수 있다.

[10]너희 중에 여호와를 경외하며 그의 종의 목소리를 청종하는 자가 누구냐 흑암 중에 행하여 빛이 없는 자라도 여호와의 이름을 의뢰하며 자기 하나님께 의지할지어다 [11]보라 불을 피우고 횃불을 둘러 띤 자여 너희가 다 너희의 불꽃 가운데로 걸어가며 너희가 피운 횃불 가운데로 걸어갈지어다 너희가 내 손에서 얻을 것이 이것이라 너희가 고통이 있는 곳에 누우리라

각 사람에게 적절한 말씀을 전할 수 있도록 하기 위하여 하나님으로부터 학자의 혀를 받은 이사야 선지자는 여기에서 그 혀를 사용하여서 진리의 말씀을 올바르게 나눈다. 그것은 복음에 대한 요약이다. 믿는 자는 구원을 받을 것이지만(여호와의 이름을 의지하는 자는 비록 잠시 흑암 중에 행하여 빛이 없더라도 위로를 받게 될 것이다). 믿지 않는 자는 정죄를 받으리라(그가 비록 잠시 자기가 피운 불빛 속에서 걸어갈지라도 슬픔 속에 눕게 될 것이다).

I. 위로를 받지 못한 성도들에게 위로의 말씀이 주어지고, 그들은 하나님의 은혜를 의지하라고 격려를 받는다(10절). 좀 더 살펴보자.

1. 하나님의 자녀가 항상 지니고 있는 성품은 어떤 것인가. 그는 자녀로서의 공경심을 가지고서 주를 경외하고 주의 위엄을 두려워하여 주의 진노를 불러일으키지 않도록 조심하는 자이다. 이것은 선한 백성이 흑암 중에 행하여 다른 은혜들이 나타나지 않을 때에 통상적으로 가장 흔하게 나타나는 은혜이다. 그 때에 그들은 하나님의 말씀을 듣고 두려워 떨며(사 66:2) 하나님의 심판을 두려워한다(시 119:120). 그는 하나님의 종의 음성을 순종하는 자이고, 인간을 구속하신 저 큰 일에 있어서 하나님의 종이셨던 주 예수의 통치를 기꺼이 받고자 하는 자이며, 그리스도의 법에 진심으로 순종하고 그리스도와 맺은 언약을 즐거운 마음으로 지키고자 하는 자이다. 하나님을 진심으로 경외하는 자들은 그

리스도의 음성에 순종하고자 한다.

2. 하나님의 자녀가 종종 어떤 처지에 있게 되는가. 그가 자신의 마음속에 하나님을 경외하고 그리스도를 믿는 믿음을 가지고 있다고 할지라도 잠시 그는 흑암 속에서 행하여 아무 빛도 없고 위로나 평안도 없을 수 있다는 것이 여기서 전제되고 있다. 그런 자가 있는가? 이것은 이런 경우가 신앙을 고백한 자들에게 자주는 아니지만 종종 일어나는 일이라는 것을 보여준다. 그러나 이런 일이 일어날 때마다 하나님은 그것을 아신다. 빛의 자녀들이 종종 흑암 속에 행하여 잠시 그 어떠한 빛줄기도 볼 수 없는 일이 일어난다는 것은 새삼스러운 것이 아니다. 이 말씀은 이 세상 삶 속에서의 위로들에 관한 것이 아니라(하나님을 경외하는 자들은 이 세상에 속한 위로들을 아무리 많이 가지고 있다고 할지라도 그것들을 그들의 빛으로 삼아서 행하는 것이 아니다) 그들의 영혼과 관련된 영적인 위로들에 대한 것이다. 그들이 흑암 중에 행할 때에 그들이 천국에 속하였다는 증거들은 가려지고, 하나님 안에서의 그들의 기쁨은 가로막히며, 성령의 증언은 중단되고, 하나님의 얼굴 빛은 가리워진다. 슬픔에 잠긴 그리스도인들은 더욱 우울하게 되기가 쉽고 항상 두려워하던 자들은 더욱 심하게 두려워하게 되기 쉽다.

3. 이러한 서글픈 경우에 있어서 효과적인 치유책은 무엇이 될 수 있을까. 이렇게 흑암 중에 있는 자는 다음과 같이 하여야 한다.

(1) 그는 여호와의 이름을 의뢰하며, 그의 선하신 성품, 그가 자기 자신에 대하여 그동안 알려 주신 것, 그의 지혜와 능력과 선하심을 의지하여야 한다. 여호와의 이름은 견고한 망대이기 때문에 그는 그 속으로 달려 들어가야 한다. 그는 비록 그가 흑암 중에 걷는다고 하여도 자기가 하나님 앞에 행하기만 한다면 하나님께서 그에게 모든 것이 되어 주신다는 것을 발견하게 되리라는 사실을 굳게 믿어야 한다.

(2) 그는 자기 하나님, 그와 언약을 맺고 계시는 하나님을 의지하여야 한다. 그는 하나님과의 언약 관계를 굳게 붙들고서, 하나님을 자기 하나님이라 부르고, 그리스도께서 십자가 위에서 그러셨던 것처럼 나의 하나님 나의 하나님이라고 부르짖어야 한다. 그는 언약의 약속들을 의지하고 자신의 소망을 그 약속들에 두어야 한다. 하나님의 자녀는 자기가 수렁에 빠져 들어가는 것을 볼 때에 하나님 안에는 그를 붙들어 주기에 충분한 것들이 있다는 것을 알게 될 것이

다. 그는 그리스도를 의지하여야 한다. 왜냐하면, 하나님의 이름이 그에게 있기 때문이다(출 23:21). 우리의 의가 되시는 주님의 이름을 의지하고, 중보자 되시는 주님 안에서 하나님을 우리의 하나님으로 의지하라.

II. 오만한 죄인들을 깨우치시는 말씀이 여기에 나오고, 그들은 그들 자신을 의지하지 말라는 경고를 받는다(11절). 좀 더 살펴보자.

1. 그들의 모습에 관한 묘사. 그들은 불을 피우고 그 불빛 가운데로 걸어간다. 그들은 그들 자신의 의를 의지하고, 나답과 아비후 같이 하늘로부터 내려온 불이 아니라 그들 자신의 불로 그들의 모든 희생제물과 그들의 모든 향을 태운다. 그들은 하나님께 열납받게 되기를 바라면서도 그리스도의 의를 아랑곳하지 않는다. 그들은 그들 자신의 공로와 능력에 대한 자부심으로 스스로 만족하고 흡족해하며, 그런 것으로 그들 자신을 따뜻하게 한다. 그런 것은 그들에게 빛이고 열기이다. 그들은 그들이 피운 횃불을 둘러 띠고 있다. 그들은 그들 자신의 의를 의지하고 그리스도의 의를 의지하지 않는 것과 마찬가지로, 그들의 세상적인 재물과 향락 속에서 행복을 느끼고 하나님의 은총 속에서 행복을 느끼지 않는다. 피조물이 주는 위로들은 불꽃과 같아서 오래가지 못하고 곧 사라져 버린다. 이 세상의 자녀들은 그들이 사는 동안에 바로 그런 것들로 스스로를 따뜻하게 하고, 그런 것들이 비춰주는 빛 속에서 오만하고 기쁘게 행한다.

2. 그들에게 내려진 파멸. 하나님은 그들이 그들이 피운 불빛 속에서 걸어간다고 반어법적으로 말씀하신다 "너희가 피운 불빛이 지속되는 동안에 어디 한번 그 불빛을 최대한으로 이용해 보라. 그러나 그 끝이 무엇이 되고 마침내 그 불빛이 어떻게 되겠는가? 너희는 나의 수중에 들어오게 되어서(그리스도께서는 심판이 그에게 맡겨졌기 때문에 이렇게 말씀하신다), 너희가 고통이 있는 곳에 누울 것이고, 흑암 중에 내려가게 될 것이다." 욥기 18:5-6을 보라. 악인의 빛은 꺼지고 그의 불꽃은 빛나지 않을 것이다. 이 세상에 속한 것들을 그들의 위로와 낙으로 삼고 그들 자신의 의를 그들의 의지처로 삼는 자들은 반드시 치명적인 실망을 하게 될 것이고, 그 끝은 참담한 심정으로 마감하게 될 것이다. 경건한 자의 길은 슬퍼 보일 수 있지만 그의 끝은 평안과 영원한 빛이 될 것이다. 악인의 길은 즐거워 보일 수 있지만 그의 끝과 영원한 거처는 흑암 그 자체가 될 것이다.

제
— 51 —
장

개요

　이 장은 흑암 중에 걷고 아무런 빛도 없을지라도 하나님을 경외하고 그의 명령들을 지키는 자들을 위로하고 격려하기 위한 것이다. 이 말씀의 의도가 일차적으로 바벨론에 포로로 끌려간 자들을 붙잡아주기 위한 것인지는 확실하지 않지만 아마도 그랬을 것이다. 그러나 이렇게 일반적으로 표현된 위로들은 그렇게 좁게 범위가 한정되어서는 안 된다. 하나님의 교회가 곤경 중에 있을 때마다 교회의 친구들과 교회가 잘 되기를 바라는 자들은 이 말씀을 가지고 스스로와 서로를 위로할 수 있다. I. 그의 교회를 처음에 아무 것도 없는 것에서부터 일으켜 세우신 하나님께서는 교회가 망하지 않도록 돌보아주시리라는 것(1-3절). II. 하나님께서 그의 교회를 위하여 계획하고 계시는 의와 구원은 확실하고 가까우며 아주 가깝고 확실하다는 것(4-6절). III. 교회를 핍박하고 박해하는 자들은 죽음을 향해 달려가고 있는 약한 피조물에 불과하다는 것(7-8절). IV. 이전에 교회를 위하여 기이한 일들을 행하신 바로 그 능력이 지금 교회를 보호하고 구원하기 위하여 사용되고 있다는 것(9-11절). V. 세상을 지으신 조물주이신 하나님께서 직접 자기 백성을 환난에서 건져내시는 일과 환난 가운데 있는 자기 백성을 위로하시는 일을 시작하셨고, 그의 선지자를 보내셔서 그들에게 그 일을 약속하셨다는 것(12-16절). VI. 지금 교회의 처지는 비참한 것이기는 하지만(17-20절) 머지않아 교회를 박해하고 압제했던 자들이 그와 똑같은 비참한 처지에 놓이게 되고 더 비참한 꼴이 되리라는 것(21-23절). 이 장의 처음 세 단락은 "내게 들을지어다"라는 말씀으로 시작되는데, 여기에서 내내 귀를 기울여 들으라고 촉구되고 있는 자들은 하나님의 백성이다. 왜냐하면, 하나님께서 그들에게 위로의 말씀을 해주실 때에도 그들은 종종 "괴로운 마음 때문에 귀 기울여 듣지 않기" 때문이다(출 6:9). 그러므로 그들은 귀를 기울여 경청하라는 요구를 거듭거듭 받는다(1, 4, 7절). 이 장의 다른 두 개의 단락은 "깨소서 깨소서"라는 말씀으로 시작되는데, 전자의 단락에서는 하나님의 백성이 하나님을 깨우며 도와달라고 요청하는 것이고(9절), 후자의 단락에서는 하나님께서 그들에게 깨어서 스스로 힘을 써보라고 요구하시는 것이다(17절).

[1]의를 따르며 여호와를 찾아 구하는 너희는 내게 들을지어다 너희를 떠낸 반석과 너희를 파낸 우묵한 구덩이를 생각하여 보라 [2]너희의 조상 아브라함과 너희를 낳은 사라를 생각하여 보라 아브라함이 혼자 있을 때에 내가 그를 부르고 그에게 복을 주어 창성하게 하였느니라 [3]나 여호와가 시온의 모든 황폐한 곳들을 위로하여 그 사막을 에덴 같게, 그 광야를 여호와의 동산 같게 하셨나니 그 가운데에 기뻐함과 즐거워함과 감사함과 창화하는 소리가 있으리라

이 단락에서 우리는 다음과 같은 것들을 살펴볼 수 있다.

1. 하나님께서 이 위로의 말씀을 주시고 거기에 귀를 기울여 들으라고 요구하시는 대상인 하나님의 백성은 여기에서 어떻게 묘사되고 있는가(1절). 그들은 의를 따르는 그런 자들, 의롭게 되고 거룩하게 되기를 간절히 원하고 애타게 구하는 그런 자들, 하나님의 은총이 그들에게 회복되고 하나님의 형상이 그들에게 새로워지게 하기 위하여 부지런히 그런 것을 좇는 그런 자들이다. 그들은 여호와를 찾아 구하는 자들이다. 왜냐하면, 우리는 여호와 하나님을 찾을 때에 오직 의의 길에서 그를 만날 수 있는 소망을 지닐 수 있기 때문이다.

2. 그들은 여기에서 그들의 원래의 모습, 그들의 시작이 얼마나 보잘것없었는지를 되돌아보라는 말씀을 듣는다. "너희를 떠낸 반석(하나님께서 아브라함을 갈대아 우르에 살면서 우상을 숭배하던 가문으로부터 빼내신 것, 그들의 지파들의 우두머리와 조상들이 애굽에서 종살이 하였던 것)과 너희를 파낸 우묵한 구덩이(하나님께서 진흙 같은 너희를 하나의 민족으로 만드신 것)를 생각하여 보라." 거듭남을 통해서 특권을 입은 자들은 그들이 처음 태어났을 때에 그들이 어떠하였는지, 즉 그들이 죄 중에서 잉태되고 죄악 중에서 출생되었다는 것을 곰곰이 생각해 보는 것이 좋다는 것을 명심하라. 육에서 난 것은 육이다. 하나님께서 우리를 떠낸 반석은 아주 딱딱해서 감화를 받기 힘든 것이었고, 하나님께서 우리를 파낸 우묵한 구덩이는 얼마나 더러운 곳인가! 이것을 생각할 때에 우리는 우리 자신에 대하여는 낮은 마음을 갖고 하나님의 은혜에 대해서는 높이 생각할 수밖에 없게 된다. 지금 높게 된 자들은 그들이 얼마나 낮은 자리에서 시작하였는지를 기억하는 것이 좋다(2절). "모든 믿는 자들의 조상, 그와 동일한 믿음의 의를 좇는 모든 자들의 조상인(롬 4:11) 너희의 조상 아브라함과 너희를 낳은 사라를 생각하여 보라. 너희는 모두 선한 행실을 하는 한 사라의 딸들

이다. 아브라함이 혼자 부르심을 받았지만 얼마나 큰 복을 받아서 창대하게 되었는지를 생각해 보라. 이것을 생각해 보고서 힘을 얻어 너희는 하나님의 약속이 이루어질 수 있는 모든 수단들이 다 막혀 있는 것 같이 보일 때라도 하나님의 약속을 의지하여야 한다. 특히, 바벨론에 포로로 잡혀 있는 자들은 이 일을 생각하고서 힘을 얻어 비록 그들이 소수로 전락해 버려서 그들 가운데 몇 사람만이 남아 있다고 할지라도 그들이 다시 번성하여 그들의 땅을 가득 채우게 되리라는 소망을 지녀야 한다." 야곱은 비록 그 수가 적어졌다고 하지만 아브라함보다는 훨씬 많다. 아브라함은 비록 혼자였지만 결국에는 열국의 아비가 되지 않았던가. "아브라함을 생각하여 보고, 그가 하나님의 약속을 믿음으로써 무엇을 얻었는지를 보라. 그리고 그의 모범을 따라서 절대적인 믿음으로 하나님을 좇으라."

3. 하나님은 여기서 그들에게 그들이 지금 눈물로 씨를 뿌리면 결국에는 기쁨으로 거두게 되리라는 것을 약속하신다(3절). 이 땅에 있던 하나님의 교회, 심지어 복음의 시온조차도 종종 황폐하고 버려진 곳들이 있었다. 수많은 지역 교회들이 타락이나 박해로 말미암아 광야 같이 되어서 하나님께 열매를 맺어 드리지 못하거나 주민들에게 위로가 되어주지 못하였다. 그러나 하나님은 시온에게 위로를 전할 뿐만 아니라 시온을 위하여 은혜로 행하심으로써 시온을 위로할 때와 방법을 찾아내실 것이다. 하나님은 그의 교회 가운데서 황폐한 곳들, 별로 귀해 보이지 않는 그런 곳들을 위해서도 위로들을 예비해 두고 계신다.

(1) 하나님은 그들로 하여금 열매를 맺게 하셔서 그들에게 기뻐할 이유를 주실 것이다. 시온의 광야들은 새로운 얼굴을 지니게 되어서 에덴처럼 즐거운 곳이 되고 여호와의 동산 같게 모든 선한 열매들로 풍성하게 될 것이다. 하나님의 영광에 이바지하게 되고 하나님께서 기뻐하시는 그의 동산 같이 되는 것이야말로 교회의 가장 큰 위로이고 기쁨이라는 것을 명심하라.

(2) 하나님은 그들로 하여금 즐거워하게 하실 것이고, 그들에게 기뻐할 수 있는 마음을 주실 것이다. 의의 열매들로 말미암아 그 가운데 기뻐함과 즐거워함이 있으리라. 왜냐하면, 사람들이 더 많은 거룩함을 지니고 있을수록 더 많은 선을 행하게 되어서 그들은 더 많은 즐거움을 가지게 되기 때문이다. 사람들이 만족하여 즐거움이 있는 곳에는 감사함도 있어서 하나님께 영광을 돌리는 것

이 마땅하다. 왜냐하면, 우리가 기뻐할 일들은 그것이 무엇이 되었든지간에 우리가 하나님께 감사할 것들이 되어야 하기 때문이다. 우리는 하나님의 은총을 창화하는 소리로 송축함으로써 보답하여야 하는데, 하나님께서 밤에 노래들이나 사막에서 노래들을 주실 때에 그 창화하는 소리는 더욱 흥겨워질 것이다.

⁴내 백성이여 내게 주의하라 내 나라여 내게 귀를 기울이라 이는 율법이 내게서부터 나갈 것임이라 내가 내 공의를 만민의 빛으로 세우리라 ⁵내 공의가 가깝고 내 구원이 나갔은즉 내 팔이 만민을 심판하리니 섬들이 나를 앙망하여 내 팔에 의지하리라 ⁶너희는 하늘로 눈을 들며 그 아래의 땅을 살피라 하늘이 연기 같이 사라지고 땅이 옷 같이 해어지며 거기에 사는 자들이 하루살이 같이 죽으려니와 나의 구원은 영원히 있고 나의 공의는 폐하여지지 아니하리라 ⁷의를 아는 자들아, 마음에 내 율법이 있는 백성들아, 너희는 내게 듣고 그들의 비방을 두려워하지 말라 그들의 비방에 놀라지 말라 ⁸옷 같이 좀이 그들을 먹을 것이며 양털 같이 좀벌레가 그들을 먹을 것이나 나의 공의는 영원히 있겠고 나의 구원은 세세에 미치리라

이 두 개의 선포의 말씀은 하나님의 의와 그의 구원이 영원하리라는 약속으로 동일하게 끝난다. 그러므로 우리는 이 두 개의 말씀이 하나님의 백성을 위로하기 위한 것이라고 보고 한 덩어리로 취급하였다. 좀 더 살펴보자.

I. 이러한 위로를 받는 자들은 누구인가. "내가 나 자신을 위하여 구별하였고, 나를 자신의 하나님이라고 고백하며, 나도 그들을 나의 백성이라고 인정하는 내 백성과 내 나라." 하나님을 그들의 왕이자 그들의 하나님으로 삼고서 하나님께 복종하고 충성을 맹세하며 하나님의 보호 아래 그들 자신을 두는 자는 하나님의 백성이자 하님의 나라이다. 의의 수단을 가지고 있고 하나님으로부터 의에 대하여 계시를 받았을 뿐만 아니라 그러한 수단들을 사용해서 참과 거짓, 선과 악을 올바르게 판단할 줄 아는 자들은 의를 아는 백성이다. 그들은 선한 머리들을 가지고 있을 뿐만 아니라 선한 마음들을 가지고 있다. 왜냐하면, 그들은 마음속에 씌어져서 마음을 다스리는 하나님의 법을 그들의 마음속에 지니고 있기 때문이다. 하나님께서 자기 백성으로 인정하는 자들의 마음속에는 하나님의 율법이 있다. 의를 아는 자들, 하나님의 율법을 자신의 마음속에 지니고 있는 자들도 큰 환난과 고통 속에 있을 수 있고 비방과 멸시 속에 있을 수

있다. 그러나 그들의 하나님께서 그들이 알고 있는 의와 그들이 마음속에 지니고 있는 율법으로 그들을 위로해 주실 것이다.

II. 하나님의 백성에게 속한 위로는 무엇인가.

1. 그리스도의 복음이 전파되어 온 세상에 널리 알려지게 되리라는 것. 율법, 즉 복음의 법, 그리스도의 법, 믿음의 법이 내게서 나갈 것이다(사 2:3). 이 율법은 하나님의 공의이다. 왜냐하면, 그것은 세상을 다스리고 심판할 때에 적용하게 될 저 자유의 율법이기 때문이다. 이 율법은 단지 나갈 뿐만 아니라 세상 속에 계속해서 머물면서 확고한 뿌리를 내리고 견고한 발판을 마련하게 될 것이다. 이 율법은 그것을 처음으로 통지받은 이스라엘 백성의 유익을 위해서만이 아니라 만민의 빛이 되기 위하여 세상에 머물게 될 것이다. 우리가 위험에 처했을 때에 귀를 기울여서 들어야 하는 것은 바로 이 율법, 이 공의이다. 만약 우리가 그 율법을 무시하고 거기에 귀를 막아버린다면, 우리가 어떻게 환난을 피할 수 있겠는가? 율법이 하나님께로부터 나올 때에 귀 있는 자는 들어야 한다.

2. 이 율법과 공의가 의와 구원을 가져올 것이고, 사람들이 의롭다 함을 받아서 구원받게 될 이미 준비된 길을 열어 놓게 되리라는 것(5절). 이 율법과 공의는 하나님께서 그것들을 고안해 내시고 일으키시는 것이기 때문에 하나님의 의와 구원이라 불린다. 하나님의 의는 하나님께서 우리를 의롭다고 하시는 것과 하나님께서 스스로 의로우셔서 우리를 받으시는 것을 말함과 동시에 하나님께서 우리 안에서 만들어가셔서 은혜로 받으시는 의이다. 하나님의 구원은 주의 구원이다. 왜냐하면, 그것은 주에게서 생겨나서 주에게서 끝나기 때문이다. 의가 없이는 구원도 없다는 것을 주목하라. 하나님의 의가 있는 곳에는 반드시 하나님의 구원도 있을 것이다. 의롭다 하심을 받고 거룩하심을 입은 모든 자들, 오직 그들만이 영화롭게 될 것이다.

3. 이 의와 구원은 아주 신속하게 나타나리라는 것. 내 의가 가깝다(개역에서는 내 공의가 가깝고). 그것은 시간적으로 가깝다. 보라, 모든 일들이 지금 다 준비되어 있다. 또한, 그것은 장소적으로도 가까워서, 멀리에서 찾을 필요가 없다. 말씀이 우리 가까이에 있고, 말씀 속에 그리스도가 계시며, 말씀 속에 의가 있다(롬 10:8). 내 구원이 나갔다. 구원에 관한 하나님의 영이 이미 선포되었다. 이것은 구원을 명하는 하나님의 영이 마치 이미 선포된 것처럼 반드시 이루어지리라는 것과 그 구원의 때가 가까웠다는 것을 의미하는 것이다.

4. 이 복음의 의와 구원은 유대 민족에게 국한되는 것이 아니라 이방인들에 게도 미치게 되리라는 것. 내 팔이 만민을 심판하리라. 하나님의 입에서 나오는 공의의 말씀들에 순복하고자 하지 않는 자들은 하나님의 손에 의한 심판을 통해서 분쇄되고 말 것이다. 어떤 사람들은 이렇게 복음에 의해서 심판을 받게 될 것이다. 왜냐하면, 그리스도께서 심판을 위하여 이 세상에 오셨기 때문이다. 그러나 어떤 사람들, 즉 그를 앙망하며 그의 복음을 받고자 하고 복음의 위로들만이 아니라 복음의 명령들조차도 받아들이고자 하는 섬들에 사는 자들은 복음을 환영하여 영접하게 될 것이다. 하나님의 백성, 하나님의 나라에 많은 무리가 더해진다면, 그것은 그들에게 위로가 될 것이었고, 그들의 수가 늘어나는 것은 그들의 힘과 아름다움이 늘어나는 것이기도 할 것이다. 그들이 내 팔에 의지하리라는 말씀이 덧붙여져 있는데, 그 팔은 그리스도 안에서 나타나신 여호와의 팔이다(사 53:1). 하나님의 팔이 회개치 않는 자들을 심판할 것이지만, 또 어떤 사람들은 그의 팔에 의지하여서 구원을 받게 되리라는 것을 주목하라. 왜냐하면, 하나님의 팔은 우리가 그것을 어떻게 사용하느냐에 따라서 생명의 향기도 되고 죽음의 냄새도 되기 때문이다.

5. 이 의와 구원은 영원히 있겠고 결코 쇠하여지지 않으리라는 것(8절). 메시야께서 가져오시는 것은 영원한 의(義)이고(단 9:24), 메시야는 영원한 구원의 근원이 되신다(히 5:9). 그것은 땅의 모든 나라들 전체에 퍼지게 될 것인 것과 마찬가지로, 세상의 모든 세대들에 걸쳐서 지속될 것이다. 우리는 복음 속에 나와 있는 것 외에 그 밖의 다른 구원의 길이나 다른 평안의 언약이나 다른 의를 결코 기대해서는 안 된다. 복음에 나와 있는 것은 세상 끝날까지 계속될 것이다(마 28:20). 그것은 영원히 있을 것이다. 왜냐하면, 그것의 결과물들은 영원까지 있게 될 것이고, 이 자유의 율법에 의거해서 사람들의 영원한 운명이 결정될 것이기 때문이다. 복음과 그 복음이 가져다주는 복된 것들이 지닌 이러한 영속성은 이 세상과 거기에 있는 모든 것들이 다 시들고 사라지게 되리라는 것을 통해서 더욱 두드러진다. 눈에 보이는 위에 있는 하늘을 올려다보라. 그 하늘은 이제까지 존재해왔고 앞으로도 계속해서 존재할 것처럼 보이지만, 결국 순식간에 사라져버리는 연기 같이 사라지게 될 것이다. 하늘은 두루마리처럼 말릴 것이고, 거기에 있던 광명들은 낙엽처럼 떨어지게 될 것이다. 아래에 있는 땅을 내려다보라. 땅도 영원히 있을 것처럼 보이지만(전 1:4), 입으면 입을

수록 낡아지는 옷 같이 해어질 것이다. 또한, 거기에 사는 자들, 땅의 모든 주민들, 거기에서 잘 정착해서 살아가는 듯이 보이는 자들조차도 하루살이 같이 죽게 될 것이다. 이 세상에 속한 혼은 연기 같이 사라질 것이고, 몸은 해어진 옷 같이 던져지게 될 것이다. 그것들은 쉽게 무너질 것이다(욥 4:19). 그러나 천지가 없어지고, 모든 육체와 그 영광이 풀처럼 시들더라도, 주의 말씀은 영영히 서고 일점일획도 땅에 떨어지지 아니할 것이다. 그리스도의 의와 구원에 자신의 행복을 건 자들은 때와 날들이 더 이상 존재하지 않게 되었을 때에 그 의와 구원으로부터 위로를 얻게 될 것이다.

Ⅲ. 그들은 이러한 위로를 무엇에다 활용하여야 하는가.   하나님의 의와 구원이 그들에게 가까이 있기 때문에, 그들은 죽을 수밖에 없는 비참한 사람들의 비방을 두려워하지 말아야 하고 그들에게 시온의 노래들을 불러보라고 윽박지르고 너희 하나님이 어디 계시냐라고 비웃는 자들의 욕설이나 악의적인 조롱을 두려워하지 말아야 한다. 복음의 의를 지닌 자들은 그들을 바알세불이라고 부르며 거짓되이 그들에게 온갖 악한 말을 하는 자들을 두려워할 필요가 없다. 그들은 그런 자들을 겁내지 말아야 한다. 그들은 그런 자들이 내뱉는 야비하고 상스러운 말들로 인해서 마치 그런 자들이 그들의 그런 평판과 명예를 다 무너뜨려서 그들이 영원토록 그 무거운 짐 아래에 있게 되기라도 할 것처럼 불안해하거나 곤혹스러워하지 말아야 한다. 그들은 그런 자들이 실제로 그들에게 해악을 끼칠까봐 두려워해서는 안 되고, 그 두려움 때문에 그들이 마땅히 해야 할 의무를 미루어서도 안 되고, 겁에 질려서 그들의 죄악된 요구에 부응해서도 안 되며, 그들 자신의 안전을 위해서 하나님이 아닌 다른 것들에 의지하기 위한 조치들을 취해서도 안 된다. 그리스도를 위하여 악한 말을 참아낼 수 없는 자들은 그리스도를 위해서 거의 아무것도 참아낼 수 없는 자들이다. 그러므로 우리는 사람들의 비방을 두려워해서는 안 되는데, 그 이유는 다음과 같다.

1. 그들은 신속하게 잠잠해질 것이다(8절). 옷 같이 좀이 그들을 먹을 것이며(사 50:9) 양털 같이 좀벌레가 그들을 먹을 것이다. 우리가 살아계신 하나님의 인정을 받기만 한다면, 우리는 죽어가는 존재들인 사람들의 비방을 무시할 수 있다. 머지않아 벌레들의 먹잇감이 되어야 하는 자들이 우리에 대하여 어떤 말을 하든, 그것은 전혀 중요한 문제가 아니다. 또는, 이 말씀은 그들이 하나님의 백성에게 대적하여 악을 행한 대가로 그들에게 임하게 될 하나님의 심판을 암시

하는 것일 수도 있다. 하나님께서 그들이 한 모든 완악한 말로 말미암아(유 1:14-15) 그들에게 책임을 물으실 때에 그들은 서서히 소리 없이 멸망해 가게 될 것이다.

2. 우리가 고난을 받는다고 하여도 우리가 지키고자 한 대의(大義)는 결코 짓밟힐 수 없다. 그들이 우리를 비방하여 한 말들이 거짓이라는 것은 결국 발각될 것이고, 진리는 승리를 거둘 것이며, 그들이 그토록 짓밟고자 하였던 신앙의 의는 영원히 분명하게 드러날 것이다. 구름은 해를 가려서 어둡게 할 수는 있지만, 해의 운행을 가로막을 수는 없다.

9여호와의 팔이여 깨소서 깨소서 능력을 베푸소서 옛날 옛시대에 깨신 것 같이 하소서 라합을 저미시고 용을 찌르신 이가 어찌 주가 아니시며 10바다를, 넓고 깊은 물을 말리시고 바다 깊은 곳에 길을 내어 구속 받은 자들을 건너게 하신 이가 어찌 주가 아니시니이까 11여호와께 구속 받은 자들이 돌아와 노래하며 시온으로 돌아오니 영원한 기쁨이 그들의 머리 위에 있고 슬픔과 탄식이 달아나리이다 12이르시되 너희를 위로하는 자는 나 곧 나이니라 너는 어떠한 자이기에 죽을 사람을 두려워하며 풀 같이 될 사람의 아들을 두려워하느냐 13하늘을 펴고 땅의 기초를 정하고 너를 지은 자 여호와를 어찌하여 잊어버렸느냐 너를 멸하려고 준비하는 저 학대자의 분노를 어찌하여 항상 종일 두려워하느냐 학대자의 분노가 어디 있느냐 14결박된 포로가 속히 놓일 것이니 죽지도 아니할 것이요 구덩이로 내려가지도 아니할 것이며 그의 양식이 부족하지도 아니하리라 15나는 네 하나님 여호와라 바다를 휘저어서 그 물결을 뒤흔들게 하는 자이니 그의 이름은 만군의 여호와니라 16내가 내 말을 네 입에 두고 내 손 그늘로 너를 덮었나니 이는 내가 하늘을 펴며 땅의 기초를 정하며 시온에게 이르기를 너는 내 백성이라 말하기 위함이니라

이 단락에는 다음과 같은 내용들이 나온다.

I. 하나님께서 섭리 가운데서 나타나셔서 자기 백성을 구원하시고 원수들에게 굴욕을 안겨 주시라는 기도 여호와의 팔이여 깨소서 깨소서 능력을 베푸소서(9절). 여호와의 팔은 그리스도를 가리키거나 하나님 자신을 가리킨다(시 44:23). 주여 깨소서 어찌하여 주무시나이까. 이스라엘을 지키시는 자는 졸지도 아니하시고 주무시지도 아니하신다. 그러나 우리가 하나님께서 깨어나시기를

기도할 때에 그것은 하나님께서 자기 백성을 항상 깨어서 돌보시고 그들에게 선을 행하신다는 것을 분명하게 나타내 보여주시라는 것을 의미한다. 하나님의 능력이 보통 때보다 더 세게 자기 백성을 위하여 행사될 때에 여호와의 팔이 깨어났다고 말해진다. 손이나 팔이 감각을 잃고 늘어져 있을 때, 우리는 그것이 잠잔다고 말하고, 손이나 팔이 행동을 취하기 위하여 뻗쳐질 때에 우리는 그것이 깨어났다고 말한다. 하나님은 우리로부터 일깨움을 받으시거나 자극을 받으실 필요가 없으시지만, 우리에게 이렇게 하나님의 능력을 나타내셔서 자기 백성의 찬송을 받으시라고 겸손히 간절하게 기도할 수 있는 기회를 주신다 "능력을 베푸소서. 우리가 옷을 입고 나타나듯이, 주의 능력을 입으시고 그 모습을 나타내소서(시 21:13)." 교회는 자신의 처지가 나쁘고 원수들은 그 수가 많고 강하며 그의 친구들은 적고 연약한 것을 본다. 그러므로 교회는 그를 구해 달라고 하나님의 팔의 능력에 전적으로 의지한다 "옛날 옛시대에 깨신 것 같이 하소서. 주께서 옛적에 우리 조상들을 위하여 행하셨던 것처럼 지금 우리를 위하여 행하셔서 그들이 우리에게 말해 주었던 이적들을 다시 행하소서(삿 6:13)."

Ⅱ. 그들이 이러한 기도를 강화하기 위하여 여러 가지 근거들을 제시함.

1. 그들은 옛적의 선례들, 그들의 조상들이 경험하였던 일들, 하나님께서 그들을 위하여 행하셨던 큰 일들을 근거로 제시한다. "여호와의 팔을 우리를 위하여 나타내소서. 왜냐하면, 여호와의 팔은 이전에도 동일한 대의를 위하여 큰 일들을 행하셨고 우리는 여호와의 팔이 짧아졌거나 약해지지 않았다는 것을 확신하기 때문이다. 여호와의 팔은 하나님의 아들, 그의 장자를 노예로 삼아서 압제하였던 애굽 사람들을 치시기 위하여 기이한 일들을 행하셨다. 여호와의 팔은 무시무시한 재앙을 연속적으로 보내셔서 라합을 저미셔서 산산조각을 내시고, 용 또는 리워야단이라 불리는 바로를 찌르셨다(시 74:13-14). 여호와의 팔은 바로에게 치명상을 입혔고, 이스라엘을 위하여 기이한 일들을 행하셨다. 여호와의 팔은 바다를, 넓고 깊은 물을 말리시고 바다를 통과할 수 있도록 길을 여셔서 구속받은 자들을 건너게 하셨다(10절)" 하나님은 자기 백성을 구원하시고자 하시는 자신의 계획을 이루기 위하여 어떤 방법을 쓸 것인지를 놓고 어쩔 줄 몰라 하신 일이 없으며, 반드시 이런저런 방법을 찾아내신다. 과거의 경험들은 믿음과 소망을 견고하게 붙잡아 두는 것이 됨과 동시에 기도에 있어서 좋

은 근거들이 된다. 주께서 과거에 이렇게 행하셨는데 지금은 행하지 않으시겠나이까(시 85:1-6).

2. 그들은 하나님께서 하신 약속들을 근거로 제시한다(11절). 여호와께 구속받은 자들이 바벨론에서의 포로 생활로부터 놓여나서 노래하며 시온으로 돌아오리라고 주께서 말씀하셨나이다(이 약속의 말씀은 이사야 35:10에 나온다). 죄인들은 죄의 종살이하던 것에서 놓여나서 하나님의 자녀의 영광스러운 자유 속으로 들어갈 때에 마치 새장에서 풀려난 새처럼 노래하며 돌아오게 된다. 믿는 자들의 영혼은 몸의 감옥으로부터 벗어날 때에 노래하며 하늘의 시온으로 돌아가게 될 것이다. 그 때에 이 약속은 온전히 성취될 것이고, 우리는 그 때까지는 그 일이 속히 이루어지도록 간구할 수 있다. 종말에 우리를 위하여 그러한 기쁨을 예비해 두신 분이 이 세상 사는 동안에 우리가 만나는 곤경 속에서 어찌 우리를 구원해 주시지 않으시겠는가? 성도들이 천국에 갈 때에 그들은 그들의 주의 기쁨 속으로 들어간다. 그 때에 그들의 머리는 썩지 않는 영광으로 관 씌워질 것이고, 그들의 마음은 완전한 만족으로 가득 채워질 것이다. 그들은 이 눈물 골짜기에서는 결코 얻을 수 없었던 영원한 기쁨을 얻게 될 것이다. 이 무상한 세상 속에서는 기쁨에서 슬픔으로 넘어가는 것이 한순간이지만, 저 세상에서는 슬픔과 탄식이 달아나서 다시는 되돌아오거나 눈에 띄는 일이 결코 없을 것이다.

Ⅲ. 이 기도에 대하여 즉시 주어진 응답(12절).   너희를 위로하는 자는 나 곧 나이니라. 그들은 하나님의 능력을 나타내시라고 기도하였다. 하나님은 그들을 위로하시는 것으로 응답하시는데, 이것은 동일한 것으로 받아들여질 수 있다. 하나님께서 이전처럼 용에게 상처를 입히시거나 바다를 말리지 아니하신다고 하여도 고난 가운데 있는 우리의 영혼을 위로해 주신다면, 우리는 불평할 이유가 전혀 없다. 하나님께서 그의 오른손의 구원의 능력으로 즉시 응답하지 않으신다고 해도 그의 천사에게 그러셨던 것처럼 우리에게 선한 말씀, 위로하는 말씀으로 대답하신다면(슥 1:13), 우리는 감사해야 한다. 하나님께서 자기 백성을 어떻게 위로하고 계시는지를 보라. 나 곧 내가 그 일을 행하리라. 하나님은 그의 사역자에게 그 일을 행하도록 명하셨었다(사 40:1). 그러나 그들이 전한 위로가 하나님의 백성의 마음에 전달되지 못하였기 때문에, 하나님은 그 일을 직접 자기 손으로 하시고자 하신다. 나 곧 내가 그 일을 행하리라. 하나님이 그 일을

하시는 것을 얼마나 자랑스럽게 생각하시는지를 보라. 하나님은 자신의 영광스러운 칭호들 중에서 낙망하는 자들을 위로하시는 하나님이라는 칭호를 사용하셔서 말씀하신다. 하나님은 그렇게 하시는 것을 기뻐하신다. 하나님으로부터 위로를 받는 자들은 진정으로 위로를 받는 것이다. 아니, 하나님께서 직접 나서서 그들을 위로하시겠다는 것 자체가 그들에게는 충분한 위로가 된다.

1. 하나님은 두려움 가운데 있는 자들을 위로하신다. 두려움은 크나큰 고통이기 때문에 위로를 필요로 한다. 사람을 두려워하는 것은 그 속에 덫을 지니고 있기 때문에, 그런 자는 그 덫에 빠져들지 않기 위해서 위로를 필요로 한다. 하나님은 그들을 질책하시는 것을 통해서 소심하고 겁 많은 자들을 위로하신다. 이것은 다른 사람들이나 우리 자신을 위로하는 데에 결코 부적절한 방식이 아니다. 네가 어찌하여 낙심하며 어찌하여 불안해하는가(12-13절). 자기 백성을 위로하시는 하나님은 그들이 사람들의 비방이나(7절) 사람들의 권력과 세력이 점차 위협적이 되어가는 것이나 사람들이 그들에게 해악을 끼치고자 하는 것에 대하여 놀라고 당혹하여 마음속에서 불안해하는 것을 원치 않으신다. 좀 더 살펴보자.

(1) 그러한 두려움들은 말도 되지 않는 것들이라는 것. 그러한 두려움들에 굴복하는 것은 우리의 위신을 스스로 깎아먹는 일이다. 너는 어떠한 자이기에 두려워하느냐. 히브리어 원문을 보면, 여기에서 사용된 대명사는 여성형이다. 여자여 너는 누구인가. 이것은 두려워하는 자는 남자로서의 이름값도 하지 못하는 자라는 의미이다. 이러한 두려움들에 굴복하는 것은 이렇게 연약하고 여자같은 짓이다.

[1] 죽을 수밖에 없는 인간을 그토록 두려워한다는 것은 말이 되지 않는다. 죽을 사람, 머지않아 반드시 죽게 되어있는 사람, 풀 같이 될 사람의 아들, 풀 같이 시들어서 짓밟히거나 먹힐 사람을 두려워한다는 것이 도대체 말이 되는가? 산 자들의 땅에서 용사의 두려움을 지니고 있는 가장 위대한 자들과 가장 가공할 만한 자들도 단지 인생일 뿐이어서(시 9:20) 사람들처럼 죽을 것이고(시 82:7), 흙에서 솟아나서 흙에 붙어 있다가 다시 흙으로 돌아가는 풀과 같은 존재들이다. 우리는 모든 인간을 죽을 수밖에 없는 인간으로 바라보아야 한다는 것을 명심하라. 우리가 숭배하고 사랑하며 의지하는 자들은 반드시 죽을 수밖에 없는 인간들일 뿐이다. 그러므로 우리는 그들을 너무 지나치게 기뻐하거나 의지

해서는 안 된다. 우리는 우리가 두려워하는 자들을 연약하고 죽을 수밖에 없는 존재들로 바라보아야 하고, 살아계신 하나님의 종들이 죽을 수밖에 없는 인간들, 오늘은 여기에 있다가 내일 사라져버릴 자들을 두려워하는 것이 얼마나 어리석은 짓일지를 곰곰이 생각해보아야 한다.

[2] 항상 종일 두려워하는 것(13절). 우리 자신을 끊임없이 두려움 가운데 두고서 마음을 졸이며 하루도 편할 날이 없게 산다는 것은 말이 안 된다. 가끔씩 급박한 위험이 닥쳐올 수 있고, 그럴 때에 우리가 그 위험을 두려워하는 것은 현명한 일일 수 있다. 그러나 항상 마음을 졸이고 한 걸음을 내디딜 때마다 혹시 위험하지는 않을까 염려하며 나뭇잎이 흔들리는 소리에도 두려워 떤다면 그것은 우리 자신을 한평생 두려움에 매여 종노릇하게 하는 것이고(히 2:15) 성경에서 경고한 혹독한 심판을 스스로 자초하는 것이다(신 28:66-67). 네가 주야로 두려워하게 될 것이라.

[3] 별 이유도 없이 두려워하거나 지나치게 두려워하는 것은 말이 안 된다. "너는 저 학대자의 분노를 두려워한다. 학대하는 자 또는 압제자가 있고, 그가 분노하여 기회만 있으면 너에게 해악을 끼치고자 한다는 것은 사실이다. 그러므로 네가 너를 지키기 위하여 조심하고 경계하는 것은 지혜로운 일이다. 그러나 마치 그가 너를 멸하려고 준비하고 있고, 당장이라도 너의 목을 베어버리고자 하며, 그것을 막을 방법이 전혀 없는 것처럼, 너는 그를 두려워하고 있다." 소심하고 겁이 많은 심령은 이렇게 모든 일을 가장 나쁜 쪽으로 해석하고 위험을 실제보다 더 크고 가까이 온 것으로 과장하여 파악하기 쉽다. 하나님은 종종 우리에게 그렇게 하는 것이 얼마나 어리석은지를 즉시 보여주기를 기뻐하신다 "학대자의 분노가 어디 있느냐? 네가 알아차리기도 전에, 그런 것은 순식간에 지나가 버렸고 위험도 사라져버렸다." 그 학대자의 마음은 돌려졌고, 그의 손은 결박되었다. 애굽의 바로 왕은 시끄러운 소리에 불과하고 바벨론 왕도 마찬가지이다. 하나님의 이스라엘에게 분노하여 그들을 압제하였던 자들, 그들에게 호통을 치며 괴롭히고 위협하며 공포의 대상이었던 모든 자들은 지금 어떻게 되었는가? 그들은 다 사라져 버렸고 눈을 씻고 보아도 그 모습을 볼 수 없게 되었다. 너희가 두려워하는 자들도 그렇게 될 것이다.

(2) 그러한 두려움들은 불경건에 속한다는 것. "너는 죽을 사람을 두려워하며 너를 지은 자 여호와를 잊어버리고 있다. 여호와는 온 세상을 지으신 자로서 하늘

을 펴고 땅의 기초를 정하신 자이시다. 그러므로 여호와는 하늘과 땅의 모든 권세와 만상을 자기 뜻대로 부리시는 자이시다.” 우리가 사람을 지나치게 두려워하는 것은 하나님을 은연 중에 잊어버리고 있다는 것을 보여주는 것임을 명심하라. 우리가 사람을 두려워하여 불안해한다면, 그것은 우리가 그 사람 위에 하나님이 계시다는 것과 아무리 큰 능력을 지닌 자도 위로부터 주어지는 것 외에는 그 어떤 권능도 지닐 수 없다는 것을 잊어버리고 있는 것이다. 우리는 하나님께서 섭리를 통해서 모든 사건들을 자신의 계획과 뜻에 따라서 정하시고 다스리신다는 것을 잊어버리고 있는 것이다. 우리는 하나님께서 자기 백성을 보호하시겠다고 하신 약속들, 하나님이 우리를 돌보고 계신다는 것과 관련해서, 우리가 체험한 것들, 압제자들에 의해서 우리가 꼼짝없이 죽게 되었다고 생각했을 때에 하나님께서 때를 맞춰 개입하셔서 우리를 무수히 구원해 주셨던 것을 잊어버리는 것이다. 우리는 우리의 여호와께서 준비해 놓으신 것들(여호와 이레), 즉 여호와의 산에 있는 긍휼하심의 기념비들을 잊어버리고 있는 것이다. 우리가 진정으로 두려워할 자가 하나님이라는 것을 기억하고 있다면, 우리는 사람들의 분노를 그렇게까지 두려워하지는 않게 될 것이다(사 8:12-13). 항상 하나님을 경외하고 두려워하는 자는 복이 있다(잠 28:14; 눅 12:4-5).

2. 하나님은 결박되어 있는 자들을 위로하신다(14-15절). 좀 더 살펴보자.

(1) 그들은 자기 자신을 위하여 무엇을 하는가. 포로로 잡혀가 있는 자들은 놓여나서 자기가 추방당하였던 고향 땅으로 되돌아갈 수 있게 되기를 재촉한다. 그가 염려하는 것은 구덩이에서 죽게 되지 않는 것(즉, 포로로 갇혀 있는 상태에서 죽지 않는 것)과 그의 양식, 즉 그가 포로 생활에서 계속 살아남는 데에 필요한 양식이나 고향 땅으로 되돌아갈 때에 사용하기 위하여 비축해 둔 양식이 떨어지지 않게 되는 것이다. 그가 비축해 놓은 양식은 점점 그 양이 줄어들고 있기 때문에, 그가 빨리 놓여나게 되기를 서두른다. 어떤 이들은 이 말씀을 그가 저지르는 잘못을 지적하는 것이라고 이해한다. 그가 하나님이 정하신 때를 기다리지 못하고 날짜가 자꾸 흐르는 것에 초조해하여 하나님의 약속을 믿지 않고, 자기가 즉시 놓여나지 않는다면 구덩이 속에서 죽을 수밖에 없다고 생각한다. 어떤 이들은 이 말씀을 그에 대한 칭찬으로 해석해서, 고국으로 되돌아갈 문이 활짝 열리자 그는 머뭇거리지 않고 부지런히 되돌아갈 채비를 한다고 해석한다. 이 말씀 뒤에는 “그러나 나는 네 하나님 여호와라”는 말씀이 나오는데, 이것

은 다음과 같은 것들을 보여준다.

(2) 하나님께서 그들을 위하여 무엇을 행하실 것인지. 하나님은 그들이 그들 자신을 위하여 할 수 없었던 일조차도 그들을 위하여 행하실 것이다. 하나님은 포로된 자들을 도우실 수 있는 모든 능력을 그의 손에 가지고 계신다. 바다 물결의 포효하는 소리는 오만한 압제자들의 그 어떤 무기력한 위협보다도 더 무시무시한 것이지만, 하나님은 바다를 휘저으셔서 나누어 놓으셨다. 어떤 이들은 이 본문을 하나님께서 바다를 잠잠하게 하셨다. 또는 진정시키셨다는 의미로 해석하기도 한다(시 65:7; 89:9). 이것은 하나님께서 무엇을 행하실 수 있는지를 보여주는 증거일 뿐만 아니라, 하나님께서 자기 백성을 위하여 이전에도 행하셨고 장차 행하실 것이 무엇과 같을 것인지를 보여주는 것이기도 하다. 하나님은 위협적인 폭풍우를 잠잠하게 할 길을 찾아내셔서 자기 백성을 안전하게 항구로 데려오실 것이다. 만군의 여호와는 하나님의 이름, 영원한 이름, 그의 백성이 오랫동안 알고 있었던 이름이다. 하나님은 그들을 도우실 수 있으실 뿐만 아니라, 기꺼이 그렇게 하시고자 하신다. 왜냐하면, 하나님은 네 하나님, 포로로 잡혀가 있는 너와 언약을 맺으신 하나님이시기 때문이다. 이것은 포로로 잡혀간 자들이 의기소침에 빠지는 것을 막아주는 장치로서의 역할을 한다. 그들은 즉시 놓여나지 않으면 구덩이 속에서 죽을 수밖에 없다고 결론을 내려서는 안 된다. 왜냐하면, 만군의 여호와이신 하나님께서 그들이 철저하게 낮아지게 될 때에 그들을 건져내실 것이기 때문이다. 또한, 그것은 자유가 선포되었을 때에 한시도 머뭇거리지 않고 즉시 떠나고자 하는 부지런한 포로된 자들에게 힘이 되는 말씀이다. 그들은 여호와께서 그들의 하나님이시고, 그들이 이렇게 스스로 어떻게 해보려고 애를 쓰는 한 하나님께서 그들을 도우시리라는 것을 알아야 한다.

3. 하나님은 선지자들이 여호와의 이름으로 그들에게 말하였던 것을 의지하고 거기에 소망을 건 모든 자들을 위로하신다. 선지자들이 말했던 구원들이 그들이 생각했던 것보다 속히 오지 않았거나 그들의 기대치에 미치지 못하였을 때, 그들은 스스로의 생각 속에서 낙망하기 시작하였다. 그러나 이것과 관련해서 그들은 하나님께서 그의 선지자, 즉 이사야 선지자만이 아니라 모든 선지자들, 아니 궁극적으로는 이사야 선지자나 모든 다른 선지자들이 아니라 유일하게 큰 선지자인 그리스도에게 하시는 말씀을 통해서 격려를 받는다(16절).

진리와 능력의 하나님께서 여기에서처럼 그의 사자에게 내가 하늘을 펴기 위하여 내 말을 네 입에 둔다고 말씀하시는 것을 듣는 것은 그 말씀을 받는 하나님의 백성들에게 큰 만족이 된다. 하나님은 자기 백성을 위로하시는 일에 착수하셨다(12절). 그러나 하나님은 그 일을 그의 선지자들, 그의 복음을 통해서 여전히 계속해서 행하신다. 하나님은 그 일을 선지자들과 복음을 통해서 하시기 위하여 여기에서 우리에게 다음과 같이 말씀해 주신다.

(1) 그들 속에 있는 하나님의 말씀은 지극히 참되다는 것. 하나님은 선지자들이 전한 것이 자기가 그들에게 말하라고 지시하고 명한 것임을 인정하신다 "내가 내 말을 네 입에 두었다. 그러므로 너와 너의 말을 영접하는 자는 나를 영접하는 것이다." 그리스도의 가르침은 그의 것이 아니라 그를 보내신 자의 것이라는 것, 선지자들과 사도들의 말은 하나님께서 그들의 입 속에 두신 하나님 자신의 말씀들이라는 것은 우리의 신앙에 있어서 큰 버팀목이 아닐 수 없다. 하나님의 성령은 그들에게 그들이 말해야 하는 일들을 계시하였을 뿐만 아니라, 그들에게 어떤 말들을 해야 할지도 지시하였다(벧후 1:21; 고전 2:13). 따라서 그들이 전한 말들은 거짓말을 하실 수 없는 하나님의 참된 말씀들이다.

(2) 그들을 통한 하나님의 말씀은 지극히 안전하다는 것. 내 손 그늘로 너를 덮었다(사 49:2). 이것은 하나님께서 선지자들만이 아니라 그들이 한 예언들, 그리스도만이 아니라 기독교와 그리스도의 복음도 특별히 보호하신다는 것을 말해 주는 것이다. 하나님의 신실하신 말씀은 선지자들이 우리에게 전해줄 뿐만 아니라, 그 빛을 꺼뜨리기 위하여 흑암의 세력들이 끊임없이 애쓴다고 하여도 교회의 유익을 위하여 성취될 때까지는 주의 깊게 보존될 것이다. 그들은 몸으로 직접 하는 것은 아닐지라도 그들이 쓴 글들을 통하여 다시 예언하게 될 것이다(계 10:11). 하나님은 그들이 쓴 글들을 항상 그의 손 그늘로 덮으셔서 특별한 섭리를 통하여 보존해 오셨다. 만약 그렇지 않았다면, 그 글들은 없어져 버렸을 것이다.

(3) 이 말씀이 온전히 성취되면 그 지극히 큰 모습이 드러나서 예언이 지닌 장엄함을 그대로 드러내게 되리라는 것. "내가 내 말을 네 입에 두는 것은 그 말씀들의 시행을 통해서 내가 하나의 나라를 세우거나 하나의 성읍을 세우기 위한 것이 아니라, 내가 하늘을 펴며 땅의 기초를 정하며 새로운 피조물이 될 내 백성을 위하여 그렇게 하는 것이다." 이 말씀은 저 멀리 그리스도의 복음에 의해

서 이루어질 큰 일과 그리스도의 거룩한 신앙이 이 세상에 우뚝 서게 될 것을 내다보고 있음에 틀림없다. 하나님께서는 그리스도를 통하여 태초에 세상을 지으시고(히 1:2) 그리스도를 통하여 구약 교회를 세우셨던 것과 마찬가지로(슥 6:12), 그리스도의 입에 말씀을 두셔서 다음과 같은 것들을 세우실 것이다.

[1] 하나님께서 다시 하늘을 펴시고 땅의 기초를 놓으실 때에 세워질 새로운 세상. 죄로 말미암아 온 피조 세계가 혼돈에 빠져 버렸는데, 그리스도께서 세상의 죄를 짊어지시고 없애심으로써 온 피조 세계는 다시 질서를 되찾게 되었다. 옛것은 지나갔고 만물이 새롭게 되었다. 하늘에 있는 것들과 땅에 있는 것들이 화목하게 되어서, 새로운 세상이 되었다(골 1:20). 하나님의 약속을 따라서 우리는 그리스도로 말미암아 새 하늘과 새 땅을 바라보는데(벧후 3:13), 선지자는 이것을 증언한다.

[2] 하나님은 새로운 교회, 신약의 교회를 세우실 것이다. 하나님은 시온에게 이르기를 너는 내 백성이라 하리라. 복음 교회는 시온(히 12:22) 또는 예루살렘(갈 4:26)으로 불린다. 이방인들이 교회 속으로 들어올 때, 하나님께서는 그들에게 너희는 내 백성이다라고 말씀하실 것이다. 하나님은 그의 교회를 위하여 큰 구원들을 이루실 때, 특히 저 큰 날에 교회의 구원을 완성하실 때에 그가 택하시고 사랑하셨던 저 미미하고 보잘것없는 한 줌의 사람들을 자기 백성이라고 시인하실 것이다.

17여호와의 손에서 그의 분노의 잔을 마신 예루살렘이여 깰지어다 깰지어다 일어설지어다 네가 이미 비틀걸음 치게 하는 큰 잔을 마셔 다 비웠도다 18네가 낳은 모든 아들 중에 너를 인도할 자가 없고 네가 양육한 모든 아들 중에 그 손으로 너를 이끌 자도 없도다 19이 두 가지 일이 네게 닥쳤으니 누가 너를 위하여 슬퍼하랴 곧 황폐와 멸망이요 기근과 칼이라 누가 너를 위로하랴 20네 아들들이 곤비하여 그물에 걸린 영양 같이 온 거리 모퉁이에 누웠으니 그들에게 여호와의 분노와 네 하나님의 견책이 가득하도다 21그러므로 너 곤고하며 포도주가 아니라도 취한 자여 이 말을 들으라 22네 주 여호와, 그의 백성의 억울함을 풀어 주시는 네 하나님이 이같이 말씀하시되 보라 내가 비틀걸음 치게 하는 잔 곧 나의 분노의 큰 잔을 네 손에서 거두어서 네가 다시는 마시지 못하게 하고 23그 잔을 너를 괴롭게 하던 자들의 손에 두리라 그들은 일찍이 네게 이르기를 엎드리라 우리가 넘어가리라 하던 자들이라

너를 넘어가려는 그들에게 네가 네 허리를 땅과 같게, 길거리와 같게 하였느니라 하시니라

자기 백성을 위로하기 위하여 깨어나신 하나님은 뒤에서와 마찬가지로(사 52:1) 여기에서도 그들에게 깨어나라고 부르신다. 그것은 죄의 잠에서 깨어나라는 부르심이라기보다는(물론, 구원받을 준비를 갖추기 위해서는 그렇게 할 필요가 있기는 하지만) 절망의 혼수상태에서 깨어나라는 부르심이다. 예루살렘의 주민들은 포로 생활을 하게 되었을 때에 예루살렘에 남아 있던 자들과 마찬가지로 그들에게 닥친 너무도 기가 막힌 현실에 압도되어서 그들에게 위로가 될 만한 일들을 생각해 볼 마음의 여유가 전혀 없었다. 그들은 동산에 있던 주님의 제자들과 마찬가지로 슬픔으로 인하여 잠들어 있었기 때문에(눅 22:45), 구원이 찾아왔을 때에 우리는 꿈꾸는 것 같았도다(시 126:1)라고 말하였다. 또한, 이것은 단순히 잠에서 깨어나라는 부르심이 아니라, 마른 뼈들에게 살아나라고 명하셨던 것처럼(겔 37:9) 죽음으로부터 깨어나라는 부르심이다 "깨어나서, 네 주변을 둘러보라. 그러면 너는 너의 구원의 날이 가까이 오고 있다는 것을 볼 수 있을 것이고, 그것을 맞을 준비를 할 수 있을 것이다. 제정신을 찾아라. 너의 짐 아래에서 눌려 있지 말고, 일어나서 스스로를 돕기 위하여 힘을 써보아라." 이 말씀은 사도 바울이 활동하던 시절의 예루살렘, 그 자녀들과 더불어 종노릇 하고 있었고(갈 4:25) 졸음의 영의 권세 아래에 있었던(롬 11:8) 예루살렘에 적용될 수 있을 것이다. 그들은 깨어나서 그들의 영원한 평안에 속한 일들을 생각하도록 부르심을 받는다. 그렇게만 한다면, 그들은 비틀걸음 치게 하는 잔을 손에서 놓을 수 있게 될 것이고, 평안의 말씀을 받아들여서, 이제까지 그들의 눈을 멀게 하고 그들로 하여금 잠들게 만들었던 사탄을 이길 수 있게 될 것이다.

I. 예루살렘이 오랫동안 비참한 처지에 있었고 저 깊은 참상 속으로 가라앉아 있었다는 것이 고백된다.

1. 예루살렘은 하나님의 진노의 징후들 아래에 놓여 있었다. 하나님은 예루살렘의 손에 그의 분노의 잔, 즉 하나님의 진노 중에서 예루살렘이 받아야 할 몫을 안겨 주셨다. 예루살렘에 대한 하나님의 섭리에 의한 여러 가지 일들은 예루살렘이 하나님의 진노를 받고 있다고 생각할 만한 충분한 근거가 되었다. 예

루살렘은 하나님을 극심하게 진노하시도록 도발하였었고, 결국 그 쓴 열매들을 맛보아야 했다. 하나님의 분노의 잔은 그 잔을 받은 모든 자들을 두렵고 떨리게 하는 잔이다. 저주받은 죄인들은 하나님의 분노의 잔이 영원토록 그런 잔이라는 것을 발견하게 될 것이다. 땅의 모든 악인이 그 잔의 찌꺼기, 곧 잔 밑바닥에 가라앉아 있는 더럽고 역겨운 침전물들까지도 기울여 마시리라는 말씀이 있다(시 75:8). 그러나 여기에서 예루살렘은 스스로 이 땅의 악인이 되었기 때문에 잔을 그 찌꺼기까지 다 마실 수밖에 없었다. 왜냐하면, 예루살렘이 우상 숭배를 함으로써 그의 손에 음행의 잔이 들려져 있었으므로 거기에는 조만간 분노의 잔, 두렵고 떨림의 잔이 있을 수밖에 없었기 때문이다. 그러므로 너희는 떨며 범죄하지 말지어다.

2. 예루살렘이 곤경에 처해 있을 때에 마땅히 그를 도왔어야 했던 자들은 그를 도울 수 없거나 돕고자 하지 않음으로써 그를 실망시켰다(18절). 이런 일은 충분히 예상할 수 있는 일이었다. 예루살렘은 하나님의 진노의 잔에 잔뜩 취해서 비틀거렸기 때문에, 계획이나 행위에 있어서 지극히 불안정할 수밖에 없었다. 예루살렘은 자기가 무슨 말을 하고 무슨 행동을 하는지를 알지 못하였고, 무엇을 말하거나 행해야 할지에 대해서는 더더욱 알지 못하였다. 이러한 좋지 않은 상태 속에서 그가 낳아서 기르고 교육시켰던 모든 아들 중에(시온에 대하여 이 사람 저 사람이 거기서 낳았다고 말해진 것으로 보아서, 거기에는 수많은 유명한 자들이 있었다, 시 87:5) 그를 인도할 자가 없고 그를 손으로 붙잡아 주어서 넘어지거나 창피를 당하지 않도록 해줄 자도 없으며, 도움의 손길을 뻗쳐서 곤경에서 그를 건져 주거나 곤경 속에 있는 그를 말로 위로해 줄 자도 없었다. 예루살렘이 가장 도움을 필요로 할 때에 자신의 본분을 알아서 또는 감사한 마음으로 예루살렘을 돕고자 한 방백이나 제사장이나 선지자가 없었고 예루살렘의 모든 아들들 중에서도 단 한 사람도 없었다는 것을 생각할 때에, 지혜롭고 선한 자들이 그들의 자녀에게서 그들이 기대했던 도움을 받지 못하고 실망하며, 그들의 손에 쥐어진 화살들이 그들의 마음을 찌르는 화살들임이 증명되었다고 해도, 그것을 이상하게 생각하지 말라. 그래서 그들은 이런 일이 얼마나 오랠는지 우리에게 말해줄 자가 없다(시 74:9)고 한탄한다. 게다가 다음과 같은 것들이 이러한 실망감을 더욱 가중시켰다.

(1) 예루살렘의 고통이 극심했는데도 그를 불쌍히 여기거나 도울 자가 아무

도 없었다는 것. 이 두 가지 일이 네게 닥쳤다(19절). 즉, 너의 황폐와 멸망을 완성하기 위하여 기근과 칼이라는 두 가지 극심한 심판, 너무도 무시무시한 심판이 네게 임하였다. 또는, 여기에서 두 가지 일은 예루살렘 도성을 초토화시켰던 황폐와 멸망, 주민들을 죽음으로 몰고간 기근과 칼을 가리킬 수 있다. 또는, 두 가지 일은 환난 자체(황폐와 멸망과 기근과 칼로 이루어진)와 예루살렘이 그 환난 아래에서 도움받을 자도 없이 홀로 버림받고 위로도 받지 못할 처지가 된 것을 가리킬 수도 있다. "실제로 두 가지 서글픈 일은 이 재난스러운 처지에 있다는 것이 그 하나이고, 너를 불쌍히 여기거나 너와 함께 슬퍼해 주거나 너의 근심의 짐을 지는 데에 도움을 주거나 너를 위로할 자가 아무도 없어서 너에게 너의 슬픔을 덜어 주는 데에 도움을 줄 수 있는 말을 해주거나, 너의 고충을 더는 데에 도움이 되는 일을 너를 위해 해주는 자가 없다는 것이 그 하나이다." 또는, 예루살렘에 닥친 이 두 가지 일은 나중에 바벨론에 닥치게 될 두 가지 일과 동일한 것일 수도 있다(사 47:9). 자녀를 잃는 것과 과부가 되는 것. 이것은 불쌍히 여길 만한 처지인데도 불구하고, "네가 너 자신의 죄와 어리석음으로 인하여 스스로 자초한 일이니 누가 너를 위하여 슬퍼하랴. 이것은 위로를 받을 만한 처지임에도 불구하고, 네가 환난 가운데서 고집을 부리며 스스로 안달하고 초조해하는 것이니, 누가 너를 위로하랴." 남의 조언이나 충고에 귀를 기울이고자 하지 않는 자들은 남들로부터 도움을 받을 수 없다.

(2) 예루살렘의 위로자들이 되었어야 마땅한 자들이 도리어 예루살렘에 고통을 안겨주는 자들이 되었다는 것(20절). 그들은 완전히 기가 죽고 절망에 빠져서 곤비하였다. 그들에게는 제정신을 그대로 간직할 만한 인내심이 없었고, 하나님의 약속에 대한 신뢰도 없어서 그 약속에 대한 위로도 받지 못하였다. 그들은 그들이 겪는 환난에 분노하여 땅바닥에 주저앉았고, 음식을 제대로 먹지 못해서 수척한 모습으로 지나가는 모든 사람들에게 넋두리를 늘어놓으며 온 거리 모퉁이에 드러누웠다(애 1:12). 거리에 누운 그들은 그물에 걸린 영양 같아서, 어떻게든 빠져 나가려고 속이 타서 안달하며 이리 뛰고 저리 뛰며 그물을 당겨보지만 그럴수록 더욱 옴싹달싹 못하게 그물에 걸리고, 자신의 분노와 불만 때문에 자신의 상태를 더욱 악화시키고 있다. 온유하고 침착한 심령을 지닌 자들은 환난 아래에서 그물에 걸린 비둘기처럼 울기는 하지만 조용히 인내하며 기다린다. 고집 세고 까다로운 심령을 지닌 자들은 그물에 걸린 영양 같

아서 스스로 안절부절하고 그들의 친구들에게 화를 내며 하나님의 진노를 돋군다. 그들에게 여호와의 분노와 우리 하나님의 견책이 가득하도다. 하나님은 그들에게 진노하고 계시고 그들과 더불어서 다투고 계시는데, 그들은 오직 거기에만 몰두하여서, 그들에게 고난을 주시는 하나님의 지혜로우시고 은혜로우신 계획을 알지 못하며, 왜 하나님께서 그들과 다투시는지를 묻지도 않는다. 그러므로 그들은 오직 하나님께 화를 내고 시비를 거는 일만 하게 된다. 그들은 그들에 대한 하나님의 섭리를 못마땅하게 여기기 때문에, 그들의 처지는 더욱 나빠진다. 이것이 오랫동안 예루살렘의 끔찍한 상태였었고, 하나님은 그것을 아셨다.

Ⅱ. 예루살렘의 환난은 마침내 끝이 나고 그를 박해하였던 자들에게로 옮겨가게 되리라는 것이 약속된다(21절). 그러므로 너 곤고한 자여 이 말을 들으라. 자주 고난을 받는 것은 하나님의 교회의 운명이다. 그 때에 하나님께서는 언제나 그의 교회에게 하실 말씀이 있는데, 교회는 그 말씀에 귀를 기울여야 한다 "너는 이전처럼 포도주나 바벨론의 간음과 우상 숭배라는 독한 잔이 아니라 환난의 잔에 취하였다. 그러므로 네가 위로를 받기 위해서는 다음과 같은 것을 알라."

1. "주 여호와가 이 모든 일에 있어서 너의 주이자 너의 하나님이시라는 것." 이 말씀은 강조적으로 표현되어 있다(22절). "네 주 여호와 네 하나님, 즉 너를 도우실 수 있고 너를 건져 내실 수 있는 수단을 가지고 계시는 주, 너에 대하여 아무도 이의를 제기할 수 없는 권리를 가지고 계시고 그 권리를 양도하고자 하지 않으시는 네 주, 너와 언약을 맺으시고 너를 복되게 만드는 일을 시작하신 네 하나님이 이같이 말씀하신다." 하나님의 백성이 어떠한 환난과 고통을 당한다고 할지라도, 하나님은 그들과의 관계를 부인하지 않으실 것이고, 그들은 하나님 안에서의 그들의 분깃과 하나님의 약속을 잃지 않는다.

2. "하나님은 자기 백성의 후견인이자 보호자로서 그의 백성의 억울함을 풀어 주시고 사람들이 그들에게 행한 나쁜 짓을 하나님 자신에게 행한 나쁜 짓으로 여기시는 하나님이시라는 것." 하나님의 백성이 내세우는 대의, 그들이 고백하는 거룩한 신앙의 대의는 의로운 것이다. 그렇지 않다면, 의로우신 하나님께서 그것을 위하여 개입하고자 하지 않으실 것이다. 그렇지만 그러한 대의는 잠시 짓밟힐 수 있고, 마치 그 대의가 상실되어 버린 것처럼 보일 수도 있다. 그러나

하나님은 그 대의를 대적하여 싸우는 자들의 양심으로 하여금 죄를 깨닫게 하거나 그들이 세운 악한 계획들을 좌절시킴으로써 그 대의를 옹호하신다. 하나님은 그 대의가 공평하고 탁월하다는 것을 온 세상에 밝혀 드러내시고 그 대의를 옹호하여 행하는 자들이 성공하게 하심으로써 그 대의를 옹호하신다. 그 대의는 하나님 자신의 대의이다. 하나님은 그 대의를 지지해 오셨기 때문에, 열심히 그 대의를 옹호하실 것이다.

3. 그들이 지금 겪는 환난을 곧 떨쳐버리고 환난과 완전히 작별을 고하게 되리라는 것. "내가 비틀걸음 치게 하는 잔, 저 쓴 잔을 네 손에서 거두리라. 그 잔이 네게서 지나가게 하리라." 비틀걸음 치게 하는 잔을 내던져 버리거나 "우리는 그 잔을 마시고 싶지 않고 마실 수도 없다"고 말하는 것은 옳지 않다. 우리가 인내로써 그 잔을 순순히 받아 견딘다면, 그 잔을 우리의 손에 두신 하나님께서 직접 그 잔을 우리의 손에서 거두실 것이다. 아니, 이렇게 약속하신다 "내가 다시는 그 잔을 마시지 못하게 하리라. 하나님은 너와의 다툼을 다 끝내셨고, 다시는 심판을 너에게 내리지 않으실 것이다."

4. 그들을 박해하고 압제했던 자들이 그들이 철저하게 다 비워 마셨던 그 동일한 쓴 잔을 마시게 되리라는 것(23절). 좀 더 살펴보자.

(1) 그들은 얼마나 오만방자하게 하나님의 백성을 학대하고 짓밟았는가. 그들은 일찍이 내게 이르기를 엎드리라 우리가 넘어가리라 하던 자들이라. 아니, 그들은 이런 말을 너의 양심에 대고 말하여 너로 하여금 억지로 우상을 섬기게 함으로써 득의양양하여 쾌감을 느꼈다. 신약의 바벨론은 사람들의 양심을 짓밟고 지배하여 그 양심에 그들이 전한 법을 주어서 양심을 고문하고 사람들로 하여금 죄악된 길을 따를 수밖에 없도록 강요함으로써 이 점에 있어서 저 옛 압제자의 전철을 밟는다. 오류가 있을 수 없다고 자처하는 우두머리와 재판관을 세운 후에 그의 말에 대한 절대적인 믿음과 그의 명령에 대한 절대적인 복종을 요구하는 자들은 사실상 사람들의 영혼에 대하여 엎드리라 우리가 넘어가리라고 말하는 것이나 다름없는데, 그들은 이런 말을 하면서 희열을 느낀다.

(2) 하나님의 백성(그들의 죄로 말미암아 용기와 명예심을 많이 잃어버림)은 얼마나 비굴하게 그들에게 굽신거렸는가. 그들에게 네가 네 허리를 땅과 같게 하였느니라. 압제자들은 영혼들을 그들에게 복종케하여서 모든 사람이 그들처럼 똑같이 믿고 섬기게 하고자 하였다는 것을 주목하라. 그러나 그들이 위협과

폭력을 통해서 얻을 수 있었던 것은 사람들이 그들의 몸을 땅바닥에 눕히는 것이 전부였다. 사람들은 겉으로만 가식적으로 복종할 뿐이었고, 그들은 사람들의 양심을 자기 뜻대로 움직일 수는 없었다. 또한, 사람들이 이렇게 그들에게 굴복한 것은 여기에서 압제자들의 자랑거리로 언급되고 있지도 않다.

(3) 하나님께서 자기 백성에 대하여 이토록 오만방자하게 행한 자들에게 어떻게 책임을 물으실 것인가. 그 잔을 너를 괴롭게 하던 자들의 손에 두리라. 바벨론의 처지는 예루살렘의 처지만큼 나쁘게 될 것이다. 다니엘을 박해하였던 자들은 다니엘이 들어갔던 사자굴로 내던져질 것이다. 그들은 그 맛을 보게 될 것이고, 이러한 심판을 통해서 여호와가 어떤 분이신지를 알게 될 것이다.

제
— 52 —
장

개요

이 장의 상당 부분은 앞 장과 동일한 주제, 그러니까 유대인들을 바벨론에서 건져 내는 것과 관련된 주제를 다루고 있는데, 이러한 주제는 그리스도께서 우리를 위하여 이루신 저 큰 구원에 그대로 적용될 수 있다. 그러나 이 장의 마지막 세 절은 뒤에 나오는 장과 동일한 주제, 즉 구속주의 인격과 그의 낮아지심과 높아지심에 관하여 다루고 있다. 좀 더 살펴보자. I. 포로로 잡혀 있는 유대인들에게 하나님께서 그들을 하나님께서 정하신 방식과 때를 따라서 구원하실 것이라는 소망을 갖도록 격려하심(1-6절). II. 그 때에 사역자들과 백성들이 함께 크게 즐거워하고 기뻐하게 되리라는 것(7-10절). III. 포로로 남아 있는 자들에게 해방이 선포될 때에 신속하게 그 곳을 빠져나오라고 명하심(11-12절). IV. 다음 장에서 상세하게 설명될 메시야에 대하여 여기에서 간략하게 언급함(13-15절).

[1]시온이여 깰지어다 깰지어다 네 힘을 낼지어다 거룩한 성 예루살렘이여 네 아름다운 옷을 입을지어다 이제부터 할례 받지 아니한 자와 부정한 자가 다시는 네게로 들어옴이 없을 것임이라 [2]너는 티끌을 털어 버릴지어다 예루살렘이여 일어나 앉을지어다 사로잡힌 딸 시온이여 네 목의 줄을 스스로 풀지어다 [3]여호와께서 이와 같이 말씀하시되 너희가 값 없이 팔렸으니 돈 없이 속량되리라 [4]주 여호와께서 이와 같이 말씀하시되 내 백성이 전에 애굽에 내려가서 거기에 거류하였고 앗수르인은 공연히 그들을 압박하였도다 [5]그러므로 이제 여호와께서 말씀하시되 내 백성이 까닭 없이 잡혀갔으니 내가 여기서 어떻게 하랴 여호와께서 말씀하시되 그들을 관할하는 자들이 떠들며 내 이름을 항상 종일토록 더럽히도다 [6]그러므로 내 백성은 내 이름을 알리라 그러므로 그 날에는 그들이 이 말을 하는 자가 나인 줄을 알리라 내가 여기 있느니라

이 단락에는 다음과 같은 내용들이 나온다.

I. 하나님의 백성에게 그들의 구원을 위하여 힘을 내라고 격려하심(1-2절). 그들은 하나님께서 깨어서 능력을 베푸시기를 원하였었다(사 51:9). 여기에서는 하나님이 그들에게 깨어서 힘을 내라고 용기를 붇돋워 주신다. 그들은 의기소침한 상태에서 깨어나서 용기를 가지고 분발하며, 모든 것이 잘 될 것이라는 소망으로 서로를 격려하고, 더 이상 그들의 고난의 짐 아래에서 허덕이며 축 늘어져 있어서는 안 된다. 그들은 하나님에 대한 불신에서 깨어나서 그들 자신을 벗어나 그들 위에 계신 분과 그들 주변을 돌아보고 하나님의 약속들과 그들을 위하여 진행 중인 하나님의 섭리들을 바라보아야 하고, 하나님께서 큰 일들을 행하시리라는 것을 기대하여야 한다. 그들은 둔함과 나태함과 지각없는 것에서 깨어나서, 포로에 관한 열방의 법을 거슬러 그들이 풀려나기 위하여 비정상적인 수단들을 사용하려고 하지 말고, 정복자의 환심을 사서 정복자를 그들 편으로 끌어들이는 방법을 사용하는 데에 최선의 노력을 기울여야 한다. 하나님은 여기에서 그들에게 다음과 같은 것들을 약속하신다.

1. 그들이 포로 생활을 통해서 삶을 고치게 되리라는 것. 이제부터 할례받지 않은 자와 부정한 자가 다시는 내게로 들어옴이 없을 것이다(1절). 우상 숭배하던 그들의 관습은 더 이상 이 땅에 들어오지 못할 것이고, 적어도 발을 붙이지 못할 것이다. 왜냐하면, 에스라 시대와 느헤미야 시대에 이방 여자를 아내로 맞이하여 부정한 자가 슬그머니 들어왔을 때에 방백들은 하나님에 대한 열심이 그것을 샅샅이 밝혀내어 이방 여자들을 다시 추방함으로써 예루살렘을 다시 거룩한 도성으로 만들기 위하여 애를 썼기 때문이었다. 이렇게 복음의 예루살렘은 그리스도의 피와 하나님의 은혜로 말미암아 정결하게 되어서 실제로 거룩한 도성이 될 것이다.

2. 그들은 포로 생활에서 건져져서 놓임을 받게 될 것이고, 그들의 목에 매어져 있던 줄은 풀어질 것이며, 그들은 이제 더 이상 압제를 받거나 이전처럼 침략을 받지 않게 되리라는 것. 이제부터 할례받지 않은 자와 부정한 자가 너를 치러 오지 않을 것이다(이 본문은 이렇게 읽을 수도 있다). 이교도들은 다시는 하나님의 성소에 들어와서 그의 성전을 더럽히지 못할 것이다(시 79:1). 이 말씀은 조건이 붙은 것으로 이해되어야 한다. 그들이 하나님을 가까이 하여 꼭 붙들고 있기만 한다면, 하나님은 원수가 그들에게 접근하지 못하도록 하실 것이다. 그러나 그들이 다시 타락한다면, 안티오쿠스가 그들의 성전을 더럽히고,

로마인들이 그 성전을 파괴할 것이다. 하지만 상당 기간 동안 그들은 평안을 누리게 될 것이다. 지금 다가오고 있는 이 복된 변화에 스스로를 맞춰서 행하라고 하나님은 그들에게 명령하신다.

(1) 기뻐할 준비를 하라. "과부가 입는 상복을 이제 벗어버리고 네 아름다운 옷을 입을지어다. 이제 새롭고 유쾌한 장면이 열리기 시작하고 있으니 슬픈 얼굴을 웃는 얼굴로 바꾸어라." 포로로 잡혀간 자들은 그들의 수금을 더 이상 타지 않고 버드나무에 걸어두었던 것과 같이 아름다운 옷도 개어 놓았다. 이제 수금을 타고 아름다운 옷을 입을 때가 다가오고 있다. "힘을 내라. 그러기 위해서, 승리와 기쁨을 나타내기 위하여 아름다운 옷을 입으라." 여호와로 인하여 기뻐하는 것이 우리의 힘이라는 것을 명심하라(느 8:10). 우리의 아름다운 옷들은 시험과 환난의 불화살들이 뚫지 못하는 견고한 갑옷 역할을 할 것이다. 예루살렘은 거룩한 도성이 될 때에 아름다운 옷을 입어야 한다. 왜냐하면, 거룩함의 아름다움은 가장 사랑스러운 아름다움이고, 우리가 거룩하면 할수록 우리가 고백한 신앙을 더욱 기뻐해야 하기 때문이다.

(2) 자유를 맞이할 준비를 하라. "너를 압제하였던 오만한 자들이 티끌 속에서 너를 짓밟았고(사 51:23) 네가 극심한 슬픔 속에서 티끌 가운데 뒹굴었지만, 이제 네가 누워 있었던 티끌을 너는 털어버릴지어다." 일어나 앉을지어다라는 말씀은 일어나 똑바로 서라로 읽을 수도 있다 "예루살렘이여, 네가 지금까지 종살이하였던 모든 흔적들을 다 털어버리고서 너의 장막을 옮길 준비를 하라. 네 목의 줄을 스스로 풀지어다. 하나님께서 정하신 너그러운 원칙들과 결정들의 감화를 받아서, 네가 자유하게 되었다는 것을 스스로 분명하게 선언하라." 복음은 두려움에 묶여 있던 자들에게 자유를 선포하지만, 그들에게 선포된 자유를 실제로 자기 것으로 만드는 것은 그들 자신의 몫이다. 죄의 짐 아래에서 무거운 짐을 지고 수고하는 자들은 그리스도 안에서 구원을 발견하고서 의심과 두려움의 티끌을 스스로 털어버리고 그들을 묶고 있었던 이러한 줄들을 스스로 풀어야 한다. 왜냐하면, 아들이 그들을 자유롭게 하면 그들은 참으로 자유로울 것이기 때문이다.

Ⅱ. 하나님께서도 자기 백성을 구원하시는 일에 열심을 내실 것이라고 다짐하신다. 여기에서 하나님은 그들의 대의를 직접 옹호하시고, 그들을 구원하러 가시겠다고 다짐하시기까지 한다. 왜냐하면, 긍휼하심은 하나님 자신으로

부터 나오기 때문이다, 하나님은 여기에서 몇 가지를 고려하신다.

1. 하나님의 백성을 압제한 갈대아 사람들은 산헤립과 마찬가지로 그렇게 할 수 있는 힘을 주셨다는 것을 인정하지 않았다는 것. 산헤립은 하나님께서 자기 백성을 바로잡으시고 도구로 그를 사용하셨을 때에 하나님의 그러한 의도를 전혀 인정하지 않았다(사 10:6-7). "너희가 값 없이 팔렸다(3절). 너희는 그것을 통해서, 얻은 것이 없었고 나도 없었다." 하나님은 그들이 죄로 말미암아 팔렸을 때에 그들에 대한 소유권, 명목상으로 소유권을 자기가 지니고 있었는데도 그들을 판 값으로 이익을 얻지 못한 것을 생각하고 계시는 것이다(시 44:12). 그들은 자기를 판 값으로 하나님께 진 빚조차 갚지 못하였다. 바벨론 사람들은 자기 백성을 넘겨주신 하나님께 감사하기는커녕, 도리어 바로 그런 이유를 들어서 하나님의 이름을 비방하고 모독하였다. "그러므로 그들은 아무런 값도 치르지 않고 아주 오랫동안 너희를 종으로 부렸으니, 마침내 너희가 아무런 값도 치르지 않고서 자유의 몸이 될 것이다. 하나님께서 약속하신 대로(사 45:13), 너희가 돈 없이 속량되리라." 아무것도 주지 않은 자들은 그 어떤 것들도 얻기를 기대하지 말아야 한다. 하지만, 하나님은 그 누구에게도 빚을 지신 분이 아니다.

2. 그들은 이전에도 자주 비슷한 환난 속에 있어서 혹독한 주인들 아래에서 잠시 괴로움을 당하였기 때문에, 이렇게 항상 압제자들의 손에 놓여 있게 된 것은 유감스러운 일이라는 것(4절). "내 백성이 전에 거기에서 정착하여 살기 위해서 우호적인 마음으로 애굽에 내려갔다. 그러나 그들은 내 백성을 노예로 삼아서 가혹하게 다스렸다." 그 때에 하나님께서는 바로의 교만과 권력과 음모에도 불구하고 그들을 건져 내셨다. 그런데, 우리는 왜 하나님께서 지금 자기 백성을 건져 내지 못하실 것이라고 생각할 수 있겠느냐? 또 다른 때에 앗수르인은 하나님의 백성을 공연히 압박하였고, 앗수르의 왕은 열 지파를 포로로 끌고 갔다. 얼마 후에 또 다른 앗수르의 왕인 산헤립은 군대를 이끌고 와서 유다의 모든 성읍들을 파괴하고 지배자가 되어 하나님의 백성을 억압하였다. 바벨론 사람들을 앗수르로 부르는 것은 부적절한 것이 아닌데, 이는 그들의 왕조가 앗수르인들의 한 분파였기 때문이다. 그들은 지금 하나님의 백성을 까닭없이 압제하였다. 하나님께서 자기 백성을 그들의 손에 넘기신 것은 의로운 일이었지만, 그들이 하나님의 백성을 다룬 방식은 불의한 것이었다. 하나님의 백성

이 애굽 나라의 일부였던 고센에 정착하였을 때에 바로가 그들을 종으로 대했던 것과 마찬가지로, 바벨론 사람들이 하나님의 백성을 마치 그들의 신민이나 되는 것처럼 다스린 것은 월권이었다. 우리가 악하고 비이성적인 자들의 손에 고통을 당할 때, 그들이 그렇게 하는 것은 까닭없는 것이고, 우리는 그들에게 잘못한 것이 하나도 없다고 말할 수 있다는 것은 우리에게 위로가 된다(시 7:3-5).

3. 하나님의 백성이 해악을 당함으로 인해서 하나님의 영광도 손상을 입었다는 것(5절). 내 백성이 까닭 없이 잡혀갔으니 내가 그 일을 통해서 얻은 것이 무엇인가? 하나님은 지금까지 예루살렘에서 섬김을 받은 것과 같은 그런 대접을 받지 못하고 하나님의 제단은 사라져 버렸으며, 하나님의 성전은 폐허로 변해 버렸다. 그러나 비록 그러한 환경 속에서도 하나님이 바벨론에서 포로들이나 원주민들에 의해서 더 잘 섬김을 받았다면, 하나님은 어떤 점에서는 이 일로 인해서 얻은 것이 있었다고 할 수 있다. 그러나 슬프게도 사정은 전혀 그렇지가 않았다.

(1) 포로로 잡혀간 자들은 낙심하여서 하나님을 찬송할 수 없었다. 그들은 찬송을 하는 대신에 끊임없이 울부짖었고, 이것이 하나님의 마음을 무겁게 하고 그들을 불쌍히 여기는 마음을 하나님에게서 불러일으켰다. 옛적에 애굽인들이 그들로 하여금 탄식하게 하였던 것과 마찬가지로(출 2:23), 그들을 관할하는 자들이 그들로 하여금 울부짖게 하였다. 이렇게 바벨론 사람들은 그들을 혹독하게 다루고 심하게 착취하였기 때문에, 그들의 원성은 더 커져갔고 그들은 울부짖지 않을 수 없었다. 이것은 우리에게 포로로 잡혀간 자들의 상태가 별로 좋지 않다는 인상을 준다. 그들의 탄식과 울부짖음은 이성적이고 경건한 것이라기보다는 다소 동물적인 것이었다. 그들은 슬피 부르짖었다(호 7:14). 하지만 하나님께서는 애굽에서 그들의 조상들에게 하셨던 것처럼 그들의 부르짖는 소리를 들으시고 내려오셔서 그들을 건지셨다(출 3:7-8).

(2) 바벨론 사람들은 오만방자하여서 하나님을 찬송하고자 하기는커녕 도리어 끊임없이 하나님을 모독하여 하나님의 진노를 불러일으켰다. 그들은 하나님의 백성이 그들을 당해내지 못한 것으로 보아서 하나님도 그들을 당해낼 수 없었다고 자랑하고, 하나님은 자기 백성을 구원해낼 수 없을 것이라고 망언을 일삼음으로써 하나님의 이름을 항상 종일토록 더럽혔다. 그들은 우상을 찬양

할 때에 자신을 하늘의 주재보다 높였다(단 5:23). 하나님은 이렇게 말씀하신다 "이제 이런 일이 일어나지 않게 하리라. 내가 내려가 그들을 건지리라. 나의 이름과 찬송이 지금 나의 수치가 되어 있는 마당에, 내가 세상으로부터 그 어떤 영광이나 소출이나 찬송의 제사를 기대할 수 있겠는가? 내 백성을 압제하는 자들은 결코 하나님을 찬송하려고 하지 않을 것이고, 하나님의 백성이 하나님을 찬송하도록 내버려 두지도 않을 것이기 때문이다." 사도 바울은 이 말씀을 당시의 유대인들에게 적용하여서, 하나님께서 자기 백성이 바벨론 사람들에게 고통을 당함으로써 모욕을 받으셨던 것과 마찬가지로 유대인들의 악한 삶으로 말미암아 이방인들 가운데서 욕을 당하고 계신다고 말한다(롬 2:23-24).

4. 하나님께서 그들을 구원하실 때에 그의 영광이 크게 나타나게 되리라는 것(6절). "내 이름이 이렇게 모독을 당하고 있기 때문에, 내가 일어날 것이고, 내 백성은 내 이름을, 내 이름이 여호와인 줄을 알리라." 하나님은 자기 백성을 애굽에서 구원하실 때에도 여호와라는 이 이름으로 자기를 나타내시고 알게 하셨다(출 6:3). 하나님은 그의 영광과 그의 크신 이름을 분명하게 드러내줄 그런 일을 행하실 것이다. 따라서 하나님을 아는 지식을 거의 잃어버렸던 하나님의 백성은 그것을 보고서 위로를 받을 것이고 하나님의 이름이 그들의 튼튼한 망대라는 것을 알게 될 것이다. 그들은 하나님의 섭리가 세상과 거기에서 일어나는 모든 일들을 지배하고 있다는 것, 그의 능력의 말씀으로 그들의 구원을 선포하신 분이 하나님이시라는 것, 오직 하나님만이 말씀하신 것을 반드시 이루신다는 것을 알게 될 것이다. 그들은 다른 열방들과는 달리 오직 이스라엘에게만 축복으로 주어진 하나님의 말씀은 결코 땅에 떨어지는 법이 없어서 때가 되면 반드시 이루어지고, 이사야 선지자를 통해서 말씀하시는 분이 하나님이라는 것을 알게 될 것이다. 선지자들은 스스로 말하는 것이 아니라, 그들을 통해서 말씀하시는 분은 하나님이시다. 왜냐하면, 그들이 말하는 것은 일점일획이라도 땅에 떨어지지 않을 것이기 때문이다.

7좋은 소식을 전하며 평화를 공포하며 복된 좋은 소식을 가져오며 구원을 공포하며 시온을 향하여 이르기를 네 하나님이 통치하신다 하는 자의 산을 넘는 발이 어찌 그리 아름다운가 8네 파수꾼들의 소리로다 그들이 소리를 높여 일제히 노래하니 이는 여호와께서 시온으로 돌아오실 때에 그들의 눈이 마주 보리로다 9너 예루살렘의 황폐한 곳들아 기쁜 소리를 내어 함께 노래할지어다 이는 여호와께서 그의 백성을 위로하셨고 예루살렘을 구속하셨음이라 ¹⁰여호와께서 열방의 목전에서 그의 거룩한 팔을 나타내셨으므로 땅 끝까지도 모두 우리 하나님의 구원을 보았도다 ¹¹너희는 떠날지어다 떠날지어다 거기서 나오고 부정한 것을 만지지 말지어다 그 가운데에서 나올지어다 여호와의 기구를 메는 자들이여 스스로 정결하게 할지어다 ¹²여호와께서 너희 앞에서 행하시며 이스라엘의 하나님이 너희 뒤에서 호위하시리니 너희가 황급히 나오지 아니하며 도망하듯 다니지 아니하리라

유대인들이 바벨론에서 그들의 고국으로 옮기는 것은 여기에서 또다시 하나님의 긍휼이자 그들의 의무라고 말해진다. 사도 바울이 7절의 말씀을 적용하고 있는 것(롬 10:15)은 바벨론으로부터 구원받은 것이 예수 그리스도에 의한 인류의 구속을 보여주는 모형이자 비유라는 것을 분명하게 말해준다. 따라서 우리는 여기에서 유대인들이 바벨론에서 구속받는 것에 대하여 말하고 있는 것들을 그리스도의 구속 사역에 적용하여야 한다.

I. 이 일은 여기에서 차고 넘치는 기쁨과 감사함으로 환영해야 할 큰 축복이라고 말해진다.

1. 그들이 놓여날 것이라는 소식을 전하는 자들은 큰 환영을 받게 될 것이다(7절). "이 사자들이 저 멀리 예루살렘 주변의 산등성이에 모습을 나타낼 때에 그 산들이 어찌 그리 아름다우며, 그들이 어떤 소식을 가지고 오는지가 사람들에게 알려졌을 때에 그들의 발이 어찌 그리 아름다운가." 이 말씀은 정부가 보낸 사자들이나 파발들이 이 영을 널리 전하기 위하여 급하게 달려오는 모습에 관한 것이 아니라 몇몇 유대인들이 이 소식을 먼저 알아차리고서 즉시 그들 스스로 가거나 사자들을 방방곡곡에 보내어 이 소식을 퍼뜨리고 심지어 예루살렘에 남아 있던 몇 안 되는 사람들에게 머지않아 그들의 형제들이 도착하여 그들과 함께 할 것이라고 알리는 모습에 관한 것이다. 왜냐하면, 이 일은 단지 하나의 소식으로서가 아니라 시온의 하나님께서 다스리고 계시는 것을 보여주는 증거로서 널리 전파되고 있기 때문이다. 이 소식은 그러한 언어로 전파된다. 그들은 시온을 향하여 네 하나님이 통치하신다라고 전한다. 평안과 구원의 소식, 고레스가 유대인들을 놓아 주라는 영을 내렸다는 소식, 이스라엘의 위로를 기다렸던 자들이 너무도 오랫동안 고대하였던 소식, 그러한 좋은 소식을 전하는

자들은 그 소식을 시온아, 네 하나님이 통치하신다는 표현을 써서 전하였다. 나쁜 소식이든 좋은 소식이든 사람들의 궁금증을 풀어 준다는 의미에서 좋은 소식임에는 틀림없지만, 시온의 하나님께서 통치하신다는 것, 하나님이 시온의 하나님, 시온과 언약을 맺은 하나님으로서 통치하신다는 소식은 가장 복된 소식이라는 것을 명심하라(시 146:10; 슥 9:9). 여호와께서 시온을 세우셨다(사 14:32). 모든 사건은 섭리의 나라에서 하나님께서 행하시는 여러 가지 일들로 인하여 생겨나는 것으로서 하나님의 은혜의 나라가 진보하는 데에 기여한다. 이것은 평안과 구원을 선포하는 것은 복음 전파에도 그대로 적용된다. 그것은 진정한 복음, 좋은 소식, 기쁜 전갈, 우리의 영적인 원수들을 이겼다는 소식, 우리의 영적인 종살이에서 해방되었다는 것을 알리는 소식이다. 좋은 소식은 주 예수께서 다스리시고 모든 권세가 그에게 주어졌다는 것이다. 그리스도께서는 친히 이러한 소식을 먼저 전하셨고(눅 4:18; 히 2:3), 이 본문은 그리스도에 대하여 이렇게 말한다. 그의 발이 어찌 그리 아름다운가! 십자가에 못 박히신 그의 발이 골고다 산 위에서 어찌 그리 아름다운가! 그가 산에서 달리고 작은 산을 빨리 넘어올 때에(아 2:8) 그의 발이 어찌 그리 아름다운가! 그의 음성을 알고 그것이 그들의 사랑하는 자의 음성이라는 것을 아는 자들은 어찌 그리 아름다운가! 그의 사역자들은 이러한 좋은 소식을 전하는 자들이다. 그들은 그들의 발을 이 세상의 타락한 것들로부터 항상 깨끗하게 지켜야 하고, 그들이 보내심을 받은 자들, 그들의 발 앞에, 아니 그리스도의 발 앞에 앉아서 그의 말씀을 듣는 자들의 눈에 아름다워야 한다. 그들은 그들이 전하는 말씀으로 인하여, 누구나 다 받을 만한 가치가 있는 말씀을 인하여, 그들의 역사로 말미암아 사랑 안에서 가장 귀히 여김을 받아야 한다(살전 5:13).

2. 이 소식을 전해 들은 자들은 기뻐서 어쩔 줄 모르게 될 것이다.

(1) 시온의 파수꾼들은 그 놀라운 소식을 듣고서 기뻐하게 될 것이다(8절). 예루살렘 성벽을 지키던 파수꾼들은 가장 먼저 이 기쁜 소식을 듣고서 환호하게 될 것이다. 우리는 그들이 어떤 자들이었는지를 듣는다(사 62:6). 그들은 하나님께서 다시 예루살렘을 세워 세상에서 찬송을 받게 하실 때까지 하나님의 이름을 부르며 쉬지 않고 하나님께 기도하도록 하기 위하여 예루살렘의 성벽에 세워 놓으신 자들이었다. 이 파수꾼들은 그들이 드린 기도에 대한 응답을 기다리며 성루에 서 있다(합 2:1). 그러므로 좋은 소식이 전해질 때에 그들은 가장

먼저 그 소식을 듣게 된다. 그들이 오래 기다리고 더 끈질기게 기도해왔을수록 그 소식이 전해졌을 때에 그들의 기쁨은 더 클 수밖에 없다. 그들은 소리를 높여 일제히 노래할 것이고, 다른 사람들에게도 그들의 찬송에 동참하라고 권할 것이다. 그 무엇보다도 그들을 기뻐 뛰며 어쩔 줄 모르게 만들 것은 그들의 눈이 마주 보게 되리라는 것, 즉 얼굴과 얼굴을 맞대고 보게 되리라는 것이다. 하나님께서 그 얼굴을 스스로 숨기셨을 때에는 그들은 고난의 캄캄한 구름 속에서 하나님의 은총의 빛줄기를 분간할 수 없었지만, 이제 그 구름이 흩어져 사라졌기 때문에 그들은 하나님의 은총의 빛줄기를 분명하게 보게 될 것이다. 그들은 시온의 왕을 마주 보게 될 것이다. 이것은 말씀이 육신이 되어서 우리 가운데 거하셨을 때에 그의 영광을 보고(요 1:14) 그것을 눈으로 본(요일 1:1) 자들이 생겨남으로써 성취되었다. 그들은 예언과 실제로 일어난 사건이 서로 정확히 일치하고, 약속과 실제로 되어진 일이 정확히 일치한다는 것을 보게 될 것이다. 그들은 예언된 말씀과 실제로 일어난 사건을 둘 다 눈으로 직접 보고서, 동일하신 하나님께서 말씀도 주셨고 사건도 행하셨다는 것을 확인하고 만족하게 될 것이다. 하나님께서 시온을 포로 생활에서 다시 건져 내실 때, 선지자들은 그 사건을 통해서 하나님께서 자기 백성에게 선한 뜻을 가지고 계신다는 것을 이전보다 더 확실하게 깨닫고 그러한 사실을 더 분명하게 백성들에게 전하게 될 것이다. 이 말씀을 앞 절과 마찬가지로 복음 시대에 적용한다면, 이 말씀은 지혜와 계시의 영인 성령을 복음 사역자들에게 부어주심으로써 그들을 모든 진리 가운데로 인도하셔서 그들로 하여금 구약의 성도들보다 더 분명하게 하나님의 은혜를 눈으로 직접 대면하듯이 보게 해줄 것이라는 약속의 말씀이 된다. 이 점에 있어서 그들은 다 똑같은 목소리를 내게 될 것이다. 인류의 구원에 관한 이 큰 일에 있어서 그들은 한 마음과 한 뜻이 되어서 찬송하게 될 것이다. 사도 바울은 우리가 장래에 받을 특권, 즉 우리가 그때에는 얼굴과 얼굴을 대하여 볼 것이라고 말할 때에 이 말씀을 염두에 두고 있었던 것으로 보인다.

(2) 시온의 황폐한 곳들은 그 때에 놀라운 위로를 받게 될 것이기 때문에 크게 기뻐하게 될 것이다. 너 예루살렘의 황폐한 곳들아, 기쁜 소리를 내어 함께 노래할지어다. 예루살렘은 전체가 폐허로 변해 있었기 때문에, 예루살렘의 모든 부분들, 가장 초토화되어 있었던 곳들까지도 이 기쁨에 동참하게 될 것이다. 그들은 이런 소식을 전혀 기대하지 못하고 있었기 때문에 마치 꿈꾸는 자들처럼

환호성을 지르게 될 것이다(시 126:1-2). 그들은 함께 노래하여야 한다. 하나님의 긍휼하심을 받은 자들은 하나님을 찬송하는 일에도 함께 하여야 한다는 것을 명심하라. 여기에 기뻐하고 찬송할 제목이 나온다.

[1] 하나님의 백성이 이 구원의 위로를 받게 될 것이다. 우리가 기뻐해야 할 일들은 곧 우리가 하나님께 감사해야 할 일이 되어야 한다. 여호와께서 예루살렘(원수들의 손에 팔려간 예루살렘의 주민들)을 구속하심으로써 슬픔에 잠겨 있던 그의 백성을 위로하셨다. 예루살렘의 구속은 그러한 구속을 바라는 하나님의 모든 백성의 기쁨이다(눅 2:38).

[2] 하나님은 그 일로 인하여 영광을 받으실 것이다(10절). 여호와께서 열방의 목전에서 그의 거룩한 팔을 나타내셨다(그의 능력을 나타내셨다). 하나님의 팔은 거룩한 팔로서 정결함과 공의 속에서 그의 약속을 따라 거룩함을 지켜내기 위하여 나타난다.

[3] 온 세상이 그 일이 주는 은택을 입게 될 것이다. 우리 주 예수께서 이루신 저 큰 구원 속에서 여호와의 팔이 나타났고 땅 끝까지도 그 큰 구원을 보았다. 이방인들은 유대인들이 바벨론에서 구원받는 것을 보았을 때에는 단지 구경꾼에 불과하였지만 장래에는 그 구원에 동참하는 자들이 될 것이다. 열방들 가운데 몇몇 아주 멀리 떨어져 있는 나라들도 그 구속의 은택에 참여하게 될 것이다. 이 말씀은 그리스도께서 우리를 구원하신 일에 적용된다. 모든 육체가 하나님의 구원하심, 즉 저 큰 구원을 보리라(눅 3:6).

II. 이 일은 여기에서 지극한 정성과 정결함으로 다루어져야 할 큰 일이라고 말해진다. 자유가 선포되었을 때, 하나님의 백성은 다음과 같이 하여야 한다.

1. 그들은 아주 신속하게 바벨론에서 서둘러 나와야 한다. 그들은 지금까지 거기에서 잘 정착하여 살아왔지만, 바벨론에 뿌리를 내릴 것이라고 생각하지 말고, 즉시 떠나서 그 가운데서 나와야 한다(11절). 그 나라의 변두리에 살고 있던 자들만이 아니라 그 나라의 한복판에 살고 있던 자들도 서둘러 나와야 한다. 바벨론은 이스라엘 백성이 있을 곳이 아니다. 그들은 떠나라는 영(令)이 내려지기가 무섭게 지체없이 그 곳을 떠나야 한다. 하나님은 이 말씀으로 사람들의 마음을 감동시키셔서 그들로 하여금 예루살렘으로 올라가게 하셨다(스 1:5). 이것은 아직까지 죄와 사탄에게 묶여서 종노릇하고 있는 모든 자들에게 그리스도께서 그들에게 선포하신 자유를 사용하라는 명령이다. 아들이 그들을

자유하게 하면 그들은 참으로 자유하게 될 것이다.

2. 그들은 떠날 때에 바벨론의 부정한 것들을 가지고 떠나지 않도록 조심하여야 한다. 부정한 것을 만지지 말지어다. 하나님께서 그의 거룩하신 팔을 너희를 위하여 나타내셨기 때문에, 너희도 그와 같이 거룩하여 모든 악한 일에서 떠나야 한다. 그들의 조상들은 애굽에서 나올 때에 우상 숭배의 관습을 함께 가지고 나왔고(겔 23:3), 이것이 그들의 멸망의 원인이 되었다. 이제 그들이 바벨론에서 나올 때에는 그런 일이 없도록 조심하여야 한다. 우리가 하나님으로부터 어떤 특별한 긍휼하심을 받고 있을 때에는 이전보다 더 조심해서 온갖 부정한 것에서 떠나 있어야 한다는 것을 명심하라. 그러나 특히 여호와의 기구를 메는 자들, 즉 고레스 왕의 특별한 허락을 통해서 성전 그릇들을 예루살렘으로 옮겨가는 일을 담당하였던 제사장들은 스스로 정결하게 하여야 한다(스 1:7; 8:24). 그들은 부정한 것을 만지는 것을 피할 뿐만 아니라, 성소의 결례대로 스스로 깨끗하게 하는 일에 지극한 정성을 다하여야 한다. 그리스도인들은 우리 하나님에 대하여 영적인 제사장들이다(계 1:6). 그들은 여호와의 기구를 메는 자들이고 하나님의 규례를 순전하게 보존해야 할 책임을 맡은 자들이다. 그것은 그들에게 맡겨진 좋은 일이기 때문에, 그들은 손을 씻어 깨끗하게 하여 스스로 흠이 없어야 하고, 하나님의 제단을 돌보고 하나님의 기구들을 메기 위하여 스스로를 정결하게 지켜야 한다.

3. 그들은 그들과 함께 하시는 하나님의 임재를 의지하여야 하고, 하나님의 보호하심에 의지하여 바벨론에서 나와야 한다(12절). 너희가 황급히 나오지 아니하리라. 하나님께서는 그들에게 소돔에서의 롯의 경우와 마찬가지로 시간을 지체하거나 머뭇거리지 말고 부지런히 서둘러서 나와야 한다고 말씀하셨지만, 그들은 마치 추격당하는 것을 두려워하거나(그들의 조상들이 애굽에서 나올 때와 같이) 그들을 놓아 주겠다는 영이 취소되거나 철회되는 것을 두려워하는 듯이 쫓겨서 나오지는 않게 될 것이었다. 아니, 그들은 하나님께서 하시는 일이 완전하다는 것을 발견하게 될 것이다. 따라서 그들은 신속하게 하면 되었지 급히 서두를 필요는 없었다. 고레스는 그들을 예를 갖추어 보내줄 것이고, 그들은 예우를 받으며 돌아오게 될 것이다. 그들은 결코 몰래 도망치듯이 그 곳을 나오지 않을 것이다. 왜냐하면, 여호와께서 그들의 대장이자 지휘관으로서 그들 앞에서 행하시며 이스라엘의 하나님이 그들 뒤에서 호위하셔서 뒤처진 자들

을 모아 데려오실 것이기 때문이다. 하나님은 그들의 선두를 인도하심과 동시에 그들의 후미를 지키실 것이다. 하나님은 그들을 그의 은총으로 두르셔서 앞에서 만나는 원수나 뒤에서 쫓아오는 원수로부터 그들을 보호하실 것이다. 그들의 조상들이 애굽에서 나올 때에 구름 기둥과 불 기둥이 종종 그들의 후미를 지키기 위해서 그들 뒤쪽으로 갔던 것과 마찬가지로(출 14:19), 이제 그 구름 기둥과 불 기둥으로 나타내셨던 하나님의 임재 자체가 그들에게 그런 역할을 하실 것이다. 자신의 본분과 의무를 다하는 자들은 하나님의 특별한 보호 아래에 있다. 이것을 믿는 자는 결코 서두르지 않을 것이다

[13]보라 내 종이 형통하리니 받들어 높이 들려서 지극히 존귀하게 되리라 [14]전에는 그의 모양이 타인보다 상하였고 그의 모습이 사람들보다 상하였으므로 많은 사람이 그에 대하여 놀랐거니와 [15]그가 나라들을 놀라게 할 것이며 왕들은 그로 말미암아 그들의 입을 봉하리니 이는 그들이 아직 그들에게 전파되지 아니한 것을 볼 것이요 아직 듣지 못한 것을 깨달을 것임이라

다른 곳들에서와 마찬가지로 여기에서도 선지자는 하나님의 백성의 믿음을 더욱 견고히 하고 그들의 구원에 관한 약속들에 소망을 두도록 격려하기 위하여 그들의 구원에 관한 말씀으로부터 때가 차면 메시야에 의해서 이루어질 저 큰 구원에 대하여 말하는 것으로 넘어간다. 그리스도의 성육신에 관한 예언이 그들을 앗수르의 군대로부터 구원하시겠다는 약속에 대한 확증의 의미가 있었던 것과 마찬가지로, 여기에서 그리스도의 죽음과 부활에 관한 예언은 그들이 바벨론에서 돌아오게 되리라는 약속을 확증해주는 역할을 한다. 왜냐하면, 이 두 가지의 구원은 저 큰 구속의 모형이었고, 그 구원들에 관한 예언들은 저 큰 구속과 연관되어 있었기 때문이다. 여기에서 시작되어서 다음 장의 끝까지 이어지는 이 예언은 아주 분명하게 예수 그리스도를 가리킨다. 오늘날의 유대인들은 이 예언을 왜곡시켜서 메시야와 아무런 관계가 없는 것이라고 설명하기 위하여 무진 애를 쓰고 있고, 우리 가운데 어떤 사람들(그 중에는 기독교 신앙에 대하여 우호적인 자들은 없다)이 이 예언을 예레미야에 대한 것으로 이해하고자 하지만, 옛 유대인들은 메시야에 관한 것으로 이해하였다. 그러나 빌립은 여기에 나오는 예언을 근거로 에티오피아 내시에게 그리스도를 전

하여, 이 선지자가 말한 것이 다른 사람이 아니라 그리스도를 가리킨다는 것을 논쟁의 여지 없이 분명하게 제시하였다(행 8:34-35).

I. 하나님은 그리스도께서 이 구속 사역에 대한 사명을 받으심과 동시에 그 사역을 감당할 자격을 갖추었다는 것을 인정하신다.

1. 그리스도는 그 일을 하도록 지명을 받으셨다 "그는 내 종이다. 내가 그를 사용할 것이니 반드시 붙들어 주리라." 그리스도는 그의 일을 하실 때에 아버지의 뜻을 행하고 아버지의 영광을 구하며 아버지의 나라의 유익에 봉사하신다.

2. 그리스도는 이 일을 할 자격을 갖추셨다. 그는 일을 지혜롭게 처리하여 형통하리라. 왜냐하면, 지혜와 총명의 영이 그의 위에 임할 것이기 때문이다(사 11:2). 이 단어는 다윗이 모든 일을 지혜롭게 행하였다(삼상 18:14)고 말할 때에 사용된 단어이다. 그리스도는 지혜 그 자체이시다. 따라서 우리를 구속하시는 일을 계획하시고 실행할 때에 거리에는 감추어져 있었던 하나님의 지혜가 많이 나타났다(고전 2:7). 그리스도께서는 이 땅에 계실 때에 모든 일을 아주 지혜롭게 처리하셔서 모든 사람들의 칭송을 받으셨다.

II. 하나님은 그리스도의 낮아지심과 높아지심에 대하여 짧게 언급하신다. 좀 더 살펴보자.

1. 그리스도께서는 스스로를 얼마나 낮추셨는가. 다윗이 근심과 괴로움 때문에 무리에게 이상한 징조 같이 되었을 때에 사람들이 그를 보고 놀랐던 것과 같이(시 71:7), 많은 사람이 그에 대하여 놀랐다. 많은 사람들은 그가 어떤 학대를 겪었는지, 사람들이 얼마나 깊은 앙심을 품고서 그에게 대적하였는지, 어떠한 비인간적이고 모욕적인 일들을 그가 당하였는지를 보고서 놀랐다. 그가 사람들로부터 두들겨 맞고 뺨을 맞으며 가시관을 쓰셨을 때에 그의 모습이 사람들보다 상하였지만 그는 모욕과 침 뱉음을 당하여도 그 얼굴을 가리지 아니하였다. 그의 얼굴은 울어서 더러워졌다. 왜냐하면, 그는 질고를 아는 자였고 슬픔의 사람이었기 때문이다. 그는 실제로 사람들보다 아름다웠지만, 학대를 받아서 그의 얼굴은 망가졌다. 그리스도만큼 야만적으로 학대를 받은 자는 결코 없었다. 그가 종의 형체를 짊어지셨을 때, 그의 모양은 그 어떤 사람의 모양보다도 더 비천하였다. 그를 본 자들은 "이렇게 비참해 보인 자는 결코 없었고, 그는 벌레요 사람이 아니라"(시 22:6)고 말하였다. 온 백성이 그를 몹시 미워하였고(사 49:7), 그를

만물의 찌꺼기로 취급하였다. 그가 받은 고통과 같은 그런 고통은 결코 없었다.

2. 하나님께서 그를 얼마나 높이 높이셨는가. 하나님은 그가 스스로를 낮추셨기 때문에 그를 높이셨다. 이것을 표현하는 데에 세 개의 단어가 사용되고 있다(13절). 그는 높임을 받아서 칭송을 받으며 지극히 존귀하게 되리라(개역에서는 그가 받들어 높이 들려서 지극히 존귀하게 되리라). 하나님께서 그를 높이실 것이고, 사람들은 그를 칭송할 것이며, 그는 이 두 가지를 통해서 지극히 존귀하게 되어, 가장 높은 곳보다 더 높게, 하늘보다 더 높게 되실 것이다. 그가 하는 일은 다 형통하고 성공할 것이고, 그것으로 인하여 그는 지극히 높아지실 것이다.

(1) 많은 나라들이 그에게 나아올 것이다. 왜냐하면, 그는 유대인들만이 아니라 그들에게도 피를 뿌리실 것이기 때문이다. 그들은 양심에 피 뿌림을 받아서 정결하게 될 것이다. 그는 고난을 받고 죽으심으로써 많은 나라들에게 피를 뿌리셨다. 왜냐하면, 그의 죽음을 통해서 죄와 더러움을 씻는 샘이 열렸기 때문이다(슥 13:1). 그는 그가 베푸는 하늘의 가르침을 통해서 많은 나라들을 촉촉히 적실 것인데, 이것은 비가 떨어지는 것과 같고 이슬이 맺히는 것과 같을 것이다. 모세의 가르침은 오직 한 민족에게 그렇게 하였지만(신 32:2), 그리스도의 가르침은 많은 나라들에게 그렇게 할 것이다. 그는 몸을 맑은 물로 씻는 예식인 세례를 통해서 그렇게 하실 것이다(히 10:22). 그리스도께서 자기 제자들을 보내어 모든 족속을 제자로 삼아서 그들에게 물을 뿌려 세례를 주게 하였을 때에 이 약속의 말씀은 성취되었다.

(2) 나라의 큰 자들이 그에게 예를 갖추어 공경하게 될 것이다. 왕들은 그로 말미암아 그들의 입을 봉하리라. 즉, 그들은 이전에 그랬던 것과는 달리 더 이상 그들의 입을 열어서 그를 대적하거나 그의 거룩한 말씀들을 반박하고 모독하지 못할 것이다. 아니, 그들은 그가 이 세상에 그의 나라를 세우시는 것을 묵묵히 인정하며 기뻐할 것이다. 그들은 사람들이 욥의 지혜를 듣고 나서 말을 삼가고 손으로 입을 가린 것처럼(욥 29:9, 22) 그리스도의 말씀과 법을 지극히 겸손하고 공경하는 마음으로 받게 될 것이다. 왕들이 그를 보고 일어서게 될 것이다(사 49:7).

(3) 그가 창세로부터 비밀에 부쳐져 있었던 신비를 믿어 순종하게 하시려고 모든 민족에게 알게 하실 것이다(롬 16:26). 그들이 아직 그들에게 전파되지 아니

한 것으로 볼 것이요. 복음은 지금까지 들어보지 못하였던 새로운 것들을 드러내 줄 것이고, 왕들과 나라들은 이것을 보고서 정신이 들어서 그를 공경하게 될 것이다. 이것은 이방 세계에 복음이 전파된 것에 적용된다(롬 15:21). 로마서에 나오는 말씀은 여기에 나오는 본문을 칠십인역을 따라서 인용한 것이다. 주의 소식을 받지 못한 자들이 볼 것이요 듣지 못한 자들이 깨달으리라. 계시된 일들이 오랫동안 비밀에 부쳐져 있었던 것과 마찬가지로, 그것들을 계시받은 자들은 오랫동안 흑암 속에 있었다. 그러나 이제 그들은 그리스도의 얼굴 속에서 빛나는 하나님의 영광을 보고 깨닫게 될 것이다. 그것들은 그들이 전에 듣지 못한 것, 들어보지 못한 것이다. 그리스도의 복음은 바로 그런 것을 그들에게 보여줄 것이다. 그것들은 전에 박학다식한 그 어떤 철학자나 용한 점쟁이나 이교의 어떤 신탁에 의해서도 결코 들어보지 못한 것들이다. 구약에는 메시야에 관한 많은 말씀들이 나온다. 그들은 그런 말씀들을 많이 들었다. 스바의 여왕이 솔로몬에 대하여 그랬듯이 메시야가 오실 때에 그들이 그에게서 보게 될 것은 이제까지 그들이 들었던 것을 훨씬 능가할 것이다. 그리스도는 육적인 유대인들 같이 자신의 공상을 따라서 메시야를 기다렸던 자들에게는 기대에 못 미쳐서 실망스러웠지만, 성경에서 약속된 메시야를 기다렸던 자들의 기대는 훨씬 능가하였다. 그리스도께서 나타내신 일은 그런 자들의 믿음대로였고, 아니 그러한 믿음을 뛰어넘는 것이었다.

제
— 53 —
장

개요

구약의 선지자들 속에 계셨던 성령이 미리 증언하신 두 가지 큰 일은 그리스도의 고난과 그 후에 받으실 영광이었다(벧전 1:11). 그리스도께서 친히 모세의 글과 모든 선지자들의 글을 해설하시면서 그 모든 글들의 취지와 목적이라고 제시하신 것은 그리스도가 고난을 받고 자기의 영광에 들어가야 한다는 것이었다(눅 24:26-27). 그러나 구약 성경의 그 어디에도 이 장만큼 이 두 가지에 대하여 그토록 분명하고 상세히 예언해 놓은 곳은 없는데, 신약에서는 이 장에 나오는 여러 구절들을 인용해서 그리스도에게 적용한다. 이 장은 그리스도의 측량할 수 없는 부요하심으로 가득 차 있기 때문에 선지자 이사야의 예언이라기보다는 복음 전도자 이사야가 전한 복음이라고 부를 수 있다. 우리는 여기에서 다음과 같은 것들을 볼 수 있다.

I. 그리스도의 욕된 고난. 그의 모습은 비천하였고, 그의 슬픔은 컸으며, 많은 사람들은 그 결과 그의 가르침에 대하여 편견을 품었다(1-3절). II. 그의 고난이 욕되었음에도 불구하고 하나님께서 다음의 네 가지를 생각하셔서 그의 고난에 영원토록 썩지 않을 영광을 각인시킴으로써 이러한 욕됨을 굴려버리심. 1. 그가 아버지의 뜻을 따라 고난을 당하셨다는 것(4, 6, 10절). 2. 그가 고난을 통해서 인류의 죄를 속하셨다는 것(4-6, 8, 11-12). 왜냐하면, 그는 자기 자신의 죄로 인하여 고난을 당할 이유가 전혀 없으셨기 때문이다(9절). 3. 그가 불굴의 인내와 모범적인 태도로 자신의 고난을 감당하셨다는 것(7절). 4. 그의 일이 형통하게 될 것이고, 그의 고난이 썩지 않을 영광으로 끝나게 되어 있었다는 것(10-12절). 이 장에 나오는 예언을 믿음으로 받음으로써 우리는 십자가에 못 박히신 예수 그리스도와 영광을 받으신 예수 그리스도, 즉 우리의 죄를 위하여 죽으셨다가 우리를 의롭다고 하기 위하여 다시 살아나신 예수 그리스도를 한층 더 잘 알게 된다.

[1]우리가 전한 것을 누가 믿었느냐 여호와의 팔이 누구에게 나타났느냐 [2]그는 주 앞에서 자라나기를 연한 순 같고 마른 땅에서 나온 뿌리 같아서 고운 모양도 없고 풍채도 없은즉 우리가 보기에 흠모할 만한 아름다운 것이 없도다 [3]그는 멸시를 받아

사람들에게 버림 받았으며 간고를 많이 겪었으며 질고를 아는 자라 마치 사람들이 그에게서 얼굴을 가리는 것 같이 멸시를 당하였고 우리도 그를 귀히 여기지 아니하였도다

선지자는 앞 장의 끝부분에서 그리스도의 복음이 이방인들 가운데서 잘 받아들여지게 되리라는 것, 즉 열방들과 그들의 왕들이 복음을 영접할 것이고, 그리스도를 본 적이 없는 자들이 그를 믿게 되리라는 것을 미리 예견하고 말하였었다. 이방인들은 전에 복음의 은혜에 관한 예언들을 가지고 있지 않았고, 따라서 복음을 기대하거나 받아들일 준비를 하고 있지 않은 상황이었음에도 불구하고, 복음을 처음 접하자마자 복음의 가치를 제대로 알아보고서 영접할 것이었다. 선지자는 이제 여기에서, 유대인들이 메시야가 오실 것에 대하여 구약에서 이미 통지를 받았고 직접 메시야를 만나서 알아볼 기회를 가졌음에도 불구하고 메시야를 믿지 않는 불신앙을 보일 것임을 의아해하는 가운데 예언한다. 좀 더 살펴보자.

I. 그들이 그리스도의 복음을 멸시하리라는 것(1절). 우리 구주께서 활동하시던 때에 유대인들이 보여준 불신앙은 분명히 이 말씀이 성취된 것이라고 할 수 있다(요 12:38). 또한, 이 말씀은 사도들이 유대인들과 이방인들 가운데서 말씀을 전하였지만 사람들이 별로 복음을 받아들이지 않은 것에도 적용될 수 있다(롬 10:16).

1. 복음의 소식을 들은 많은 사람들 중에서 복음을 믿은 자는 소수, 아니 극소수였다. 복음은 한쪽 구석에서 속삭이거나 학교의 교실에서 제한적으로 선포된 것이 아니라, 모든 사람들이 들을 수 있도록 많은 사람들 앞에서 공개적으로 전해졌다. 또한, 복음은 너무도 신실한 말씀이고 모든 사람이 받을 만한 말씀이었기 때문에, 복음을 들은 사람들은 누구나 다 그 복음을 받아들이고 믿는 것이 당연해 보였다. 그러나 현실은 전혀 딴판이었다. 그리스도에 대해서 미리 말한 선지자의 말을 믿은 자는 거의 없었다. 그리스도께서 오실 때에 관원들이나 바리새인들 중에서는 그를 좇는 자가 아무도 없었고 단지 평범한 백성들 가운데 여기저기에서 그를 좇았다. 사도들이 이 복음을 전 세계에 전하였을 때에 복음이 전파된 곳마다 몇몇 사람들이 믿기는 하였지만 그 수는 비교적 매우 적었다. 오늘날에도 복음을 믿는다고 많은 사람들이 고백하기는 하지만

진심으로 복음을 받아들여서 복음의 능력에 복종하는 자는 별로 없다.

2. 여호와의 팔이 그들에게 나타나지 않았기 때문에 사람들은 복음을 믿지 않는 것이다. 그들은 말씀에 수반되는 하나님의 능력을 분별하지도 못하고 인정할 수도 없다. 여호와의 팔은 그리스도의 가르침을 확증하기 위하여 일어나는 이적들이나 복음 전파가 놀랍게 성공을 거두는 것이나 복음이 사람들의 양심에 작용하는 힘을 통해서 나타난다(사 52:10이 말씀하고 있듯이). 그것은 조용한 목소리이기는 하지만 강력한 목소리이다. 그러나 그들은 이것을 인식하지 못하고, 그 말씀을 효력있게 만드는 성령의 역사를 자신 속에서 체험하지도 못한다. 그들이 복음을 믿지 못하는 것은 그들이 지니고 있던 빛에 대하여 반기를 듦으로써 하나님의 은혜를 상실하였기 때문이다. 그러므로 하나님께서는 그들을 거부하시고 물리치신 것은 당연한 일이었고, 바로 그 하나님의 은혜가 없어서 그들은 믿지 못하게 된 것이었다.

3. 이것은 우리가 많이 걱정해야 할 일이다. 사역자들은 여기에서 선지자 이사야가 그랬던 것처럼 이 일을 이상하게 여기고 크게 한탄하며 하나님께 나아가서 이 일을 하소연하여야 한다. 그리스도 안에 이토록 풍성한 은혜가 있는데도 보배로운 영혼들이 물 속으로 들어가기만 하면 고침을 받을 수 있음에도 불구하고 물가에서 죽어간다는 것은 얼마나 애석한 일인가!

Ⅱ. 그들이 그리스도의 모습이 비천하였기 때문에 그를 멸시하리라는 것(2-3절).   이 말씀은 그리스도께서 전하신 가르침을 그들이 배척한 이유를 보여주기 위한 것 같다. 그들은 그리스도라는 인물 자체에 대하여 편견을 지니고 있었기 때문에 그의 가르침도 배척한 것이었다. 그리스도께서 이 땅에 계실 때에 많은 사람들이 그가 전하시는 말씀을 들었고, 그들이 들은 말씀이 옳다는 것을 인정할 수밖에 없었지만, 그 말씀에 주의를 기울이거나 받아들이려고 하지 않았다. 왜냐하면, 겉보기에 너무도 보잘것없는 인물, 겉으로 내세울 것이 하나도 없는 인물이 그 말씀을 전하였기 때문이다.

1. 그리스도께서는 지극히 낮아지셔서 스스로를 비워 비천하게 되심. 그가 세상에 들어오신 방법이나 이 세상에서 그가 취하신 모습은 유대인들이 메시야에 관하여 생각해 왔던 것들이나 기대들과는 전혀 맞지 않는 것이었고, 아니 그 정반대였다.

(1) 사람들은 그의 혈통이 지극히 위대하고 고상할 것이라고 기대하였다.

메시야는 땅에서 위대한 자들의 이름 같은 그런 이름을 지니고 있었던 다윗 가문의 자손으로 태어나도록 되어 있었다(삼하 7:9). 그러나 그는 이 유명한 왕가의 자손으로 태어나기는 했지만, 그 왕가는 이미 몰락해 있었고, 법적으로 그의 아버지였던 다윗의 자손 요셉은 단지 가난한 목수에 지나지 않았다. 아마도 요셉의 친척들이 대부분 어부였던 것에 비춰볼 때에 요셉은 배를 만드는 목수였던 것 같다. 본문에서 그가 마른 땅에서 나온 뿌리 같았다고 말하고 있는 것은 바로 그런 것을 의미한다. 그는 북쪽에 있는 갈릴리에서 초라하고 보잘것 없는 가문에서 태어났다. 그가 태어난 땅은 선한 것이라고는 전혀 나올 수 없다고 생각되었던 멸시받는 땅 갈릴리였고, 그가 태어난 가문은 메마른 땅처럼 푸른 것이나 큰 것을 전혀 기대할 수 없는 그런 초라한 가문이었다. 그의 어머니는 처녀였기 때문에 마른 땅과 같았지만, 그녀로부터 열매일 뿐만 아니라 뿌리이기도 한 그가 나왔다. 돌밭에 뿌려진 씨앗은 뿌리를 내릴 수 없다. 그러나 그리스도는 마른 땅에서 나왔지만 다윗의 뿌리이자 자손, 선한 감람나무의 뿌리이다.

(2) 사람들은 그가 화려하고 장엄한 모습으로 많은 사람들 앞에서 위엄있게 등장할 것이라고 기대하였다. 그러나 그는 사람들 앞에서가 아니라 하나님 앞에서 자라났다. 하나님은 그에게 눈길을 주고 그를 지켜보셨지만 사람들은 그를 무시하였다. 그는 연한 순 같이 그 어떤 소리도 없이 조용히 아무도 모르는 가운데 자라났다. 연한 순인 밀이나 보리는 우리가 어떻게 그리 되는지를 모르는 가운데 자라난다(막 4:27). 그리스도는 쉽게 뭉개져 버릴 수도 있고 밤새 내린 서리로 인해서 시들어버리는 연한 식물처럼 자라나셨다. 그리스도의 복음은 처음에는 겨자씨와 같아서 너무도 미미해보였다(마 13:31-32).

(3) 사람들은 그가 뛰어난 용모와 풍채를 지니고 있어서 그를 본 모든 사람들의 눈과 마음을 사로잡고 부푼 기대를 불러일으키게 될 것이라고 기대하였다. 그러나 그에게는 그런 것이라고는 눈을 씻고 보아도 찾아볼 수 없었다. 그는 결코 기형적으로 생기거나 보기 흉한 모습은 아니었지만, 고운 모양도 없고 풍채도 없었고, 성육신한 신의 용모에서 당연히 있을 법한 비범한 것이 그에게는 전혀 없었다. 그를 본 자들은 그에게 그들이 보기에 흠모할 만한 아름다운 것이 있다는 것을 볼 수 없었고, 그에게는 다른 사람보다 더 나은 것이 없었다(아 5:9). 모세는 태어났을 때에 너무도 준수하고 아름다워서, 사람들은 그것을 길

조로 여길 정도였다(행 7:20; 히 11:23). 다윗은 기름 부음을 받았을 때에 눈이 빼어나고 얼굴이 아름다웠다(삼상 16:12). 그러나 우리 주 예수께서는 그렇게 내세울 만한 것이 아무것도 없으셨다. 또는, 이 말씀은 그리스도의 외모에 대한 것이 아니라 그가 이 세상에 오신 방식, 즉 이렇다 할 영광스러운 모습을 띠지 않았던 그의 출생방식에 대한 것일 수도 있다. 그리스도의 복음은 설득력 있는 사람의 지혜의 말을 통해서가 아니라 아주 소박하고 분명한 말씀으로 선포된다.

(4) 사람들은 그가 사람으로서 누릴 수 있는 온갖 기쁨들을 다 누리며 기분 좋은 삶을 삶으로써 모든 부류의 사람들을 그에게로 이끌 것이라고 기대하였다. 그러나 이와는 정반대로 그는 간고를 많이 겪었으며 질고를 아는 자였다. 그의 최종적인 모습은 비극적인 것이 아니었지만, 이 땅에서의 그의 삶 전체는 비극적인 것이어서 비천하다 못해서 비참한 삶, 수고와 슬픔과 찢어지는 고통의 연속이었다. 이렇게 그는 우리 대신에 죄가 되어서 우리가 마땅히 받아야 했던 죗값, 우리가 평생에 눈물로 먹어야 했던 그 수고(창 3:17)를 몸소 다 치르시고 겪으셔서, 우리에게 내려져야 했던 가혹하고 지독한 형벌을 우리로 하여금 면제받게 해주셨다. 여러 가지 점에서 그의 신세는 처량한 것이었다. 그는 한 곳에 정착해서 살 수도 없으셨고, 머리 둘 곳도 없으셨으며, 남의 구제를 받아서 사셨고, 사람들로부터 배척을 당하고 위협을 받으셨으며, 죄인들이 자기에게 거역한 일을 참으셨다. 그의 심령은 부드러우셨기 때문에 그는 슬픔을 다 받아들이셨다. 우리는 성경에서 그가 웃으셨다는 말을 듣지 못하지만, 그가 우셨다는 말은 자주 듣는다. 렌틀루스(Lentulus)는 로마 원로원에 보내는 편지에서 예수에 대하여 "그는 결코 웃는 모습을 보이지 않았다"고 썼다. 예수는 끊임없는 근심과 슬픔으로 녹초가 되고 수척해지셨기 때문에 서른 살이 넘었을 뿐인데도 오십이 다 된 사람처럼 보였다(요 8:57). 슬픔과 근심은 그가 늘 달고 다닌 것으로서 너무도 익히 잘 알고 있는 것이었다. 왜냐하면, 그는 다른 사람들의 근심과 고통을 잘 알고 있었고, 그들에게 연민을 느끼며 그들을 불쌍히 여겼으며, 사람들의 근심과 고통에 대하여 초연해한 적이 결코 없으셨기 때문이다. 그는 변화산에서 영광의 모습으로 변모되셨을 때에도 자기가 죽을 것에 대하여 말씀하셨고, 하나님의 거룩한 도성에 입성하시고서는 예루살렘을 바라보며 우셨다. 우리가 그를 깊이 들여다본다면, 우리는 애통해할 수밖에 없다.

2. 이 때문에 사람들은 그를 하찮게 여겼다는 것. 사람들은 다른 사람이나

물건을 외적인 모습을 따라 눈에 보이는 대로 판단하는 것이 보통이기 때문에 그리스도에게서 그들이 흠모할 만한 아름다운 것을 볼 수 없었다. 사실 그리스도에게는 거룩함이라는 아름다움, 선함이라는 아름다움 등과 같이 진정으로 아름다운 것이 많이 있어서, 그는 모든 나라의 보배, 즉 모든 나라가 흠모할 만한 분으로 불리기에 충분하였다. 그러나 그가 이 땅에 사시면서 대화하셨던 자들 중 대부분은 그러한 아름다움을 전혀 보지 못하였다. 왜냐하면 그런 것은 영적으로만 분별되는 것이었기 때문이다. 육적인 마음으로는 주 예수 속에서 그 어떤 뛰어난 것, 그들로 하여금 그를 알거나 교제하고 싶은 마음이 들게 하는 그 어떤 것도 볼 수 없다. 아니, 그는 사람들로부터 흠모함을 받지 못했을 뿐만 아니라, 도리어 멸시를 받아 배척당하였고, 존경을 받기는커녕 같이 어울리기에도 부끄러운 천한 자로 취급받아 극도의 혐오의 대상이 되었기 때문에, 사람이 아니라 벌레였다. 그는 비천한 자로 멸시를 받으셨고 악한 자로 배척을 받으셨다. 그는 건축자들이 버린 돌이셨다. 그들은 그가 그들을 다스리게 되는 것을 원치 않았다. 사물들을 더 잘 이해할 수 있는 이성과 총명을 지니고 있어야 마땅했고 한 사람을 비참하게 짓밟지 않을 정도로 자애로움을 지니고 있어야 마땅했던 자들은 그리스도께서 그들을 구원하기 위하여 찾아오셨지만 그를 배척하고 버렸다. "우리는 그에게서 얼굴을 가리고 애써 그를 외면하여서, 그의 고난이 우리에게 아무것도 아닌 것처럼 행하였다. 그렇지만 그가 겪은 고통과 같은 그런 고통은 결코 없었다. 우리는 그에 대하여 아무런 관심도 가지고 있지 않은 것처럼 행하였을 뿐만 아니라, 그를 몹시 싫어하고 혐오하였다." 이 본문은 그가 얼굴을 우리에게서 가리셨고 그의 위엄 있는 영광을 숨기시고 그 위에 휘장을 쳐놓으셨기 때문에 우리가 그 휘장 속을 들여다볼 수 없어서 그가 멸시를 받고 우리도 그를 귀히 여기지 아니하였다는 의미로 해석될 수도 있다. 그리스도께서는 인간이 죄로 말미암아 하나님의 존귀하심 또는 명예를 짓밟은 것에 대하여 하나님의 공의를 만족시키는 일을 하셔야 했기 때문에(인간은 하나님의 존귀하심 또는 명예만을 침해할 수 있을 뿐이다) 성육신한 하나님에게 합당한 영광을 다 벗어버리셨을 뿐만 아니라 사람들 중에서 극악무도한 자들에게나 합당한 그런 굴욕과 치욕을 겪으셔야 했다. 이렇게 그는 스스로를 낮추어 비방을 받으심으로써 아버지를 영화롭게 하셨다. 이것이 우리가 그를 지극히 공경하고 그에게 존귀함을 돌려드리도록 애써야 하는 이유이다. 사람들이 배척하고 버린 그를 우리는 영접하지 않으면 안 된다.

⁴그는 실로 우리의 질고를 지고 우리의 슬픔을 당하였거늘 우리는 생각하기를 그는 징벌을 받아 하나님께 맞으며 고난을 당한다 하였노라 ⁵그가 찔림은 우리의 허물 때문이요 그가 상함은 우리의 죄악 때문이라 그가 징계를 받으므로 우리는 평화를 누리고 그가 채찍에 맞으므로 우리는 나음을 받았도다 ⁶우리는 다 양 같아서 그릇 행하여 각기 제 길로 갔거늘 여호와께서는 우리 모두의 죄악을 그에게 담당시키셨 도다 ⁷그가 곤욕을 당하여 괴로울 때에도 그의 입을 열지 아니하였음이여 마치 도수장으로 끌려 가는 어린 양과 털 깎는 자 앞에서 잠잠한 양 같이 그의 입을 열지 아니하였도다 ⁸그는 곤욕과 심문을 당하고 끌려 갔으나 그 세대 중에 누가 생각하기를 그가 살아 있는 자들의 땅에서 끊어짐은 마땅히 형벌 받을 내 백성의 허물 때문이라 하였으리요 ⁹그는 강포를 행하지 아니하였고 그의 입에 거짓이 없었으나 그의 무덤이 악인들과 함께 있었으며 그가 죽은 후에 부자와 함께 있었도다

이 단락에는 다음과 같은 내용들이 나온다.

I. 그리스도의 고난에 대한 추가적인 설명. 그가 스스로를 낮추시고 비천하게 되셔서 십자가에서 죽으시기까지 복종하신 것에 대해서 앞에서도 이미 많은 것이 얘기되었지만 여기에서도 그러한 얘기는 계속된다.

1. 그는 질고와 슬픔을 지니고 계셨다. 그는 근심과 슬픔을 알고 계셨고, 계속해서 그런 것들을 유지하셨으며, 그런 암울한 것들을 결코 꺼려하지 않으셨다. 근심과 슬픔이 그에게 할당되었는가? 그는 기꺼이 그런 것들을 짊어지셨고 자신의 운명을 탓하지 않으셨다. 그는 그런 것들을 겁내어 물러서거나 그런 것들에 눌려서 무너지신 것이 아니라 기꺼이 그런 것들을 짊어지고 가셨다. 짐은 무거웠고 길은 멀었지만 그는 지치지 않으셨고, 다 이루었다고 말씀하실 때까지 끝까지 견뎌내셨다.

2. 그는 맞고 상하셨다. 그는 징벌을 받아 맞으며 고난을 당하였다. 슬픔과 근심으로 인해 그는 상하였고, 고통을 느꼈으며 수척해지셨다. 특히, 하나님께서 그를 십자가 위에서 버리셨을 때에 그 고통과 슬픔은 그의 가장 깊은 내면을 찔렀다. 그는 사람들로부터 야유와 반대를 받고 극악무도한 죄인 취급을 받으며 온갖 악한 말들을 들음으로써 내내 말로 두들겨 맞으셨다. 그러다가 마침내

그는 손으로 맞으셨다.

3. 그는 상처들과 채찍 맞은 자국들을 지니고 계셨다. 그는 아무리 극악무도한 행악자라도 사십 대 이상으로는 매질을 하지 못하도록 규정한 유대 율법의 자비로운 형벌 아래에서가 아니라 로마인들의 형벌 기준에 따라서 무자비하게 채찍질을 당하셨다. 빌라도는 그를 십자가에 못 박는 대신에 채찍질을 명하였기 때문에 그가 받는 채찍질은 더욱 가혹한 것이었다. 그렇지만 이것은 서막에 불과하였다. 그는 양손과 발, 옆구리에 상처를 입으셨다. 성경에서는 그의 뼈가 하나도 꺾이지 않을 것이라고 예언하였고 실제로 그렇게 되었지만 그의 몸은 어느 한 군데도 성한 곳이 없었다(우리는 그리스도를 위하여 고난을 당하도록 부르심을 받을 때조차도 성한 몸으로 죽게 되기를 얼마나 바라는가). 그의 머리는 가시로 만든 관을 썼고, 그의 발바닥은 십자가 위에서 못이 박혔다. 머리부터 발끝까지 그의 몸에는 상처 외에는 아무것도 없었다.

4. 그는 학대를 당하였다(7절). 그가 곤욕을 당하여 해악을 입었고 가혹하게 다루어졌다. 사람들은 완전히 결백한 그에게 말도 안 되는 죄를 뒤집어 씌웠고 그가 하지도 않은 일을 했다고 고소함으로써 그를 압제하고 상처를 입혔다. 그는 마음과 몸으로 고난을 당하였다. 그는 압제를 당하면서 그것을 마음에 새겼고, 인내하는 가운데서도 멍하니 계셨던 것이 아니라 학대하는 자들의 손에 권세가 있고 자기에게는 도와줄 자나 위로자가 없어서(전 4:1) 압제받는 자들을 눈물로 생각하셨다. 압제는 심한 고난이다. 그것은 수많은 지혜자를 미치광이가 되게 만들어왔다(전 7:7). 그러나 우리 주 예수께서는 압제를 당하시고 고난을 당하였지만 제정신을 온전히 지키셨다.

5. 그는 심문을 받고 옥에 갇히셨다. 그가 곤욕과 심문을 당하고 끌려갔다는 말씀 속에 그러한 의미가 함축되어있다(8절). 하나님께서 그를 우리를 대신하여 죄로 삼으셨기 때문에 그는 행악자로 취급을 받아 심문을 당하셨다. 그는 체포되어 감옥에 갇히셨고 죄수가 되셨다. 그는 통상적인 법령에 따라서 고소를 당하시고 심문을 당하시며 유죄 판결을 받으셨다. 하나님은 그에 대한 소송 절차를 차근차근 진행시키셔서, 그 절차를 따라 그를 심판하신 후에 무덤이라는 감옥 속에 그를 가두셨고, 무덤 입구에 돌을 굴려 놓으시고 봉인하셨다.

6. 그는 가장 유익한 삶을 사셨고, 무수히 많은 선한 일들을 행하셨으며, 그 모든 선한 일들은 그를 돌로 친 자들을 위한 것임에도 불구하고, 젊은 나이에

죽어서 살아 있는 자들의 땅에서 끊어지셨다. 그는 죽어서 그의 무덤이 악인들과 함께 있었지만(그는 마치 세 사람 중에서 가장 악한 자인 것처럼 두 명의 강도 사이에서 십자가에 못 박히셨기 때문에) 존경받는 공회 의원인 요셉 소유였던 무덤에 매장되었기 때문에 죽은 후에 부자와 함께 있었다. 그는 범죄자들을 처리하는 통상적인 절차를 따라서 악인들과 함께 죽은 후에 그가 십자가에 못 박힌 곳에 두 명의 강도와 함께 매장되었어야 하지만, 하나님은 비록 그가 고난 중에 있다고 하여도 진정으로 죽어 마땅한 자들과 그를 구별하시기 위하여 무죄한 자, 곧 부자와 함께 있게 될 것이라고 여기에서 미리 말씀하셨고, 그렇게 되도록 섭리를 정하셨다.

Ⅱ. 그리스도의 고난이 지닌 의미에 관한 상세한 설명. 그토록 훌륭하고 뛰어난 인물이 이토록 가혹한 일들을 겪어야 한다는 것은 너무도 큰 신비였다. "이런 일이 어떻게 일어날 수 있었는가? 그가 정말 어떤 악을 행한 것인가?" 눈이 휘둥그레져서 사람들이 이렇게 묻는 것은 당연한 일이다. 원수들은 실제로 그가 자신이 저지른 범죄 때문에 이런 고난을 당하는 것이라고 여겼다. 그들은 비록 그를 고소할 거리를 아무것도 내놓을 수 없었지만 그가 징벌을 받아 하나님께 맞으며 고난을 당한다고 여겼다(4절). 그들은 그를 미워하고 박해하였기 때문에 그가 하나님의 원수이고 하나님을 대적하여 싸웠으므로 하나님이 그런 징벌을 내리신 것이라고 생각하였다. 그러므로 그들은 그에게 더욱 격분하여 하나님이 그를 버리셨은즉 따라잡으라고 말하였다(시 71:11). 하나님께서는 왕과 방백들을 통해서 공의를 실현하게 하셨기 때문에 합법적으로 매를 맞는 자들은 하나님께 맞는 것이라고 그들은 생각하였다. 따라서 그들은 그가 하나님을 모독하고 속인 자, 가이사의 원수로서 마땅히 매를 맞고 죽임을 당한 것으로 여겼다. 그가 십자가에 매달려 있는 것을 본 자들은 그가 무슨 잘못을 했기에 저렇게 되었는가를 묻는 것이 아니라, 그의 죄목으로 제시된 모든 일들을 그가 저질렀기 때문에 하나님께서 그에게 복수하셔서 그로 하여금 더 이상 살아 있게 하지 않으신 것이라고 생각하는 것을 당연시하였다. 마찬가지로, 욥이 겪었던 고난은 너무도 심한 것이었기 때문에 그가 하나님께 맞았다고 생각하였다. 그리스도께서 하나님께 맞은 것은 사실이다(10절, 어떤 이들은 이 본문을 그가 하나님의 아들이었지만 맞고 고난을 당하였다로 읽기도 한다). 그러나 그는 그들이 생각했던 그런 이유로 하나님께 맞으신 것이 결코 아니었다.

1. 그리스도께서는 이렇게 가혹한 취급을 받으실 만한 짓을 조금이라도 결코 하신 적이 없으셨다. 사람들은 그가 나라를 어그러진 길로 이끌고 백성들을 선동하였다고 고소하였지만, 그것은 새빨간 거짓말이었다. 그는 강포를 행하지 아니하였고, 그 어떤 폭력도 행사하지 않으셨으며, 도리어 여기저기 돌아다니시면서 선을 행하셨을 뿐이었다. 사람들은 그를 속이는 자라고 불렀지만, 그는 결코 그런 자가 아니었다. 왜냐하면, 그의 입에 거짓이 없었기 때문이다(9절). 사도 베드로도 이 점을 지적한다(벧전 2:22). 그는 죄를 범하지 아니하시고 그 입에 거짓도 없으셨다. 그는 말로나 행위로나 결코 범죄한 적이 없으셨기 때문에, 원수들 중에서 그 누구도 너희 중에 누가 나를 죄로 책잡겠느냐라는 그의 말에 대꾸할 수 있는 자가 없었다. 그에게 사형을 선고한 재판장은 그에게서 아무런 잘못도 찾아내지 못하였다고 고백하였고, 사형을 집행한 백부장도 그가 틀림없이 의인이었다고 고백하였다.

2. 그는 고난 가운데서도 자기가 행악자로서 고난을 당하는 것이 아니라는 것을 분명하게 드러내는 방식으로 처신하셨다. 왜냐하면, 그는 곤욕을 당하여 괴로우셨지만 그의 입을 열지 아니하였기 때문이다(7절). 그는 자기가 결백하고 무죄하다는 것을 적극적으로 변호한 것이 아니라, 사람들의 고소에 대하여 아무런 반론도 제기하지 않으시고 기꺼이 자기 자신을 우리를 위하여 고난 받고 죽으시는 일에 값없이 내어주셨다. 그가 자원하여 크고 거룩한 목적을 위하여 자신을 십자가에 내어주셨기 때문에 십자가의 거치는 것은 제거되었다. 그리스도께서는 그가 지니신 지혜를 통해서 얼마든지 사형선고를 피하실 수 있으셨고, 그의 능력을 통해서 사형집행을 얼마든지 저지하실 수 있으셨다. 그러나 이같이 그리스도가 고난을 받을 것이 기록되어 있었고, 이 명령을 그가 아버지에게서 받으셨기 때문에, 그는 그 어떤 거리낌이나 주저함도 없이 도수장으로 끌려가는 어린 양 같이 끌려가셨다(그는 하나님의 어린 양이셨기 때문에). 또한, 그는 털 깍는 자 앞에서, 아니, 도살자 앞에서 잠잠한 양 같이 그의 입을 열지 아니하셨다. 이것은 그가 고난을 받을 때에 인내하여야 한다는 것을 모범적으로 보여주시고(시 39:9), 비방을 받으실 때도 온유함으로 대하신 것(시 38:13)을 보여줄 뿐만 아니라 그가 즐거운 마음으로 아버지의 뜻을 순복하였다는 것을 보여준다. 내 원대로 마시옵고 아버지의 원대로 되기를 원하나이다. 즉, 내 뜻이 아니라 아버지의 뜻이 이루어지기를 바란다고 그는 말씀하신 것이다. 이러한 뜻을 따라서

그가 자신의 영혼, 자신의 목숨을 우리의 죄를 위한 희생제물로 드리셨기 때문에, 우리는 거룩함을 입을 수 있게 되었다.

3. 예수 그리스도께서 고난을 받으신 것은 우리를 대신한 것이었고 우리의 유익을 위한 것이었다. 여기에서는 그것을 아주 다양한 강조적인 표현들을 써서 분명하고도 상세하게 단언한다.

(1) 우리가 다 하나님 앞에서 죄인이라는 것은 확실하다. 우리는 모두 범죄하여서 하나님의 영광에 이르지 못하였다(6절). 우리는 너 나 할 것 없이 다 양 같아서 그릇 행하였다. 온 인류는 원죄 아래에 놓여있고, 각 사람은 수많은 실제적인 범죄들을 행한다. 우리는 다 우리의 합법적인 주인이신 하나님을 떠나서 각기 제 길로 갔고, 하나님으로부터 소외되었으며, 하나님께서 우리에게 정해주신 목적지와 그 목적지를 향하여 가는 길로부터 벗어나 있다. 우리는 양 같이 그릇 행하였는데, 양은 길을 잃고 여기저기 헤매기 쉬우며, 일단 길을 잃게 되면 집으로 돌아가는 길을 다시 찾아내지 못한다. 이것이 우리의 참 모습이다. 우리는 하나님으로부터 떨어져서 길을 잃기 쉬운 성향을 지니고 있고, 한 번 길을 잃으면 우리 자신의 힘으로는 하나님께 돌아가는 것이 불가능하다. 이러한 말씀이 여기에서 언급되고 있는 것은 우리의 불행한 처지를 보여주기 위한 것만이 아니라(우리가 푸른 초장을 떠나 길을 잃어버려서 사나운 짐승들의 밥이 되기 쉽다는 것) 우리가 죄악되다는 것을 보여주기 위한 것이다. 우리가 하나님을 떠나 어그러진 길로 가는 것은 하나님께 대드는 것이나 마찬가지이다. 왜냐하면, 우리가 각자 제길로 간다는 것은 우리 자신을 앞세워서 우리 자신의 뜻을 관철시키고, 하나님과 하나님의 뜻을 무시해 버리는 것이기 때문이다. 이것이 죄가 지닌 악성이다. 우리는 하나님께 순종하여 하나님이 정하신 길로 행하는 대신에 우리 자신의 길, 우리 마음이 정한 길, 우리의 부패한 욕구들이 우리를 이끄는 바로 그 길로 악착같이 발길을 돌려 행하였다. 우리는 우리 자신을 우리의 주인이자 우리를 조형(造形)하는 자로 세워서, 우리가 하고자 하는 것을 행하였고, 우리가 갖고자 하는 것을 가졌다. 어떤 이들은 이 말씀이 다른 사람들의 악한 길과 구별되는 우리 자신의 악한 길을 나타내는 것이라고 생각한다., 죄인들은 그들 나름대로의 죄악, 그들이 좋아하는 죄, 그들이 쉽게 걸려드는 죄, 그들이 특히 좋아하고 즐거움을 느끼는 자신만의 악한 길을 가지고 있다.

(2) 우리의 죄들은 우리의 질고이자 우리의 슬픔이다(4절). 또는, 이 본문은 우리의 질병과 우리의 상처로 읽을 수도 있다. 칠십인역은 이 본문을 우리의 죄로 읽고 있고 사도 베드로도 그렇게 읽는다(벧전 2:24). 우리의 원죄는 영혼의 질병, 영혼이 만성적으로 앓는 병이다. 우리가 실제로 저지르는 죄악들은 영혼의 상처들이기 때문에, 우리의 양심이 무감각해 있지 않다면, 그것들은 우리의 양심을 고통스럽게 만든다. 또는, 우리의 죄들은 우리의 질고와 슬픔으로 불린다. 왜냐하면, 우리의 모든 질고와 슬픔들은 다 우리의 죄로 인한 것이고, 우리의 죄들은 우리가 온갖 질고와 슬픔을 당하도록 만든다 — 그것들이 아무리 심하고 오래 지속되는 것이라고 해도.

(3) 우리 주 예수께서는 우리의 죄를 대속하셔서 죄에 대한 형벌로부터 우리를 구원하시는 일을 맡으셨다.

[1] 그는 하나님 아버지 뜻에 의해서 그 일을 하도록 지명되셨다. 왜냐하면, 여호와께서 우리 모두의 죄악을 그에게 담당시키셨기 때문이다. 하나님은 그를 택하여 가엾은 죄인들의 구주가 되게 하셨고, 그로 하여금 그들의 죄와 그 죄에 대한 징벌을 대신 담당하심으로써 그들을 구원하게 하셨다. 그는 우리가 마땅히 당하여야 했던 것과 동일한 정도의 징벌이 아니라 이 세상을 통치하심에 있어서 하나님의 거룩하심과 공의를 유지시키고도 남음이 있을 정도의 징벌을 감당하셨다. 좀 더 자세하게 살펴보자.

첫째, 우리는 죄로 인하여 마땅히 우리가 받았어야 할 멸망으로부터 어떤 식으로 구원을 받는가. 우리는 제물을 드리는 자의 죄가 전가되고 온 이스라엘의 죄가 도피 염소(scapegoat)의 머리에 전가되듯이 우리의 죄를 그리스도에게 전가시킴으로써 구원을 받는다. 우리의 죄에 대한 형벌은 그에게서 충족되었다(난외주에서는 이렇게 읽는다). 그가 구원하기로 되어 있는 모든 자들이 언제 어디에서 죄를 지었든 그 모든 죄들은 그에게 돌려졌고, 그는 그 모든 죄에 대한 형벌을 스스로 감당하셨다. 검과 몽둥이를 가지고 그를 잡으러 온 자들이 그를 덮친 것처럼, 이 모든 죄들은 그에게 덮쳐왔다(어떤 이들은 이렇게 읽는다). 우리의 죄를 그리스도에게 두었다는 것은 그리스도께서 우리의 죄를 우리에게서 가져가셨다는 것을 의미한다. 우리는 복음의 은혜 아래 있기만 하다면 율법의 저주 아래 떨어지지 않게 될 것이다. 그리스도께서 우리를 위하여 죄(즉, 속죄 제물)가 되시고 우리 대신에 저주가 되심으로써 우리를 율법의 저주에서 구속하셨을 때에 우리의 모든 죄들은 그리스도에게 전가되었다. 이렇게 해서 그는 무거운 죄짐을 지고서 그에게 오는 자들을 가볍게 해주실 수 있게 되었다 (시 40:6-12를 보라).

둘째, 누가 이 일을 그에게 명령하셨는가. 우리의 모든 죄악을 그리스도에게 담당시키신 분은 주 여호와이셨다. 하나님은 이런 방식의 화해와 구원의 길을 생각해 내셨고, 그리스도께서 이루실 대속을 열납하셨다. 그리스도는 하나님께서 정하신 뜻과 미리 아신 대로 죽음에 넘겨지셨다. 하나님 외에는 우리의 죄를 그리스도에게 담당시킬 수 있는 권세를 지니고 있는 자는 아무도 없었다. 왜냐하면, 우리가 저지른 죄악들은 하나님에 대하여 저질러진 것이고, 대속도 하나님에 대하여 이루어져야 했기 때문이며, 우리의 모든 죄를 담당하신 그리스도는 하나님 자신의 아들, 하나님이 사랑하시는 아들, 그 어떤 죄도 알지 못하셨던 하나님의 거룩한 자녀 예수이셨기 때문이다.

셋째, 그는 누구를 위하여 이러한 속죄를 이루셨는가. 하나님께서 그리스도에게 담당시키신 것은 우리 모두의 죄악이었다. 왜냐하면, 그리스도 안에는 우리 모두를 구원하기에 충분한 공로가 있기 때문이다. 우리 모두는 진정으로 이 구원에 초대를 받았고, 스스로를 배제하는 자 외에는 그 누구도 이 구원에서 배제되지 않는다. 이 말씀은 이것만이 구원의 유일한 길이라는 것을 보여주는 것이다. 의롭다 하심을 받은 모든 자들은 그들의 죄가 예수 그리스도에게 전가됨으로써 의롭다하심을 받은 것이다. 그들의 죄가 아무리 많다고 하여도, 그리스도께서는 그들의 모든 죄의 무게를 넉넉히 짊어지실 수 있으시다.

[2] 그리스도께서는 친히 나서서 그 일을 맡으셨다. 하나님은 그에게 우리의 죄악을 담당시키셨다. 그렇다면, 그는 이 일에 동의하였는가? 물론, 그랬다. 왜냐하면, 어떤 이들은 다음에 나오는 어구(7절)를 이 일이 강요되었지만 그는 기꺼이 응하였다로 읽어야 한다고 생각하기 때문이다. 하나님의 공의는 우리의 죄에 대한 대속을 요구하였고, 그리스도께서는 그 대속을 담당하겠다고 나서셨다. 그는 우리와는 아무 상관이 없는 분이셨지만 이 일에 대하여 보증인이 되셨다. "나의 아버지여, 그 저주를 내게 돌리소서." 그래서 그는 붙잡히실 때에 자기가 순순히 포박을 받을 테니 제자들은 놓아 달라고 자기를 붙잡으러 온 자들에게 요구하였다. 너희가 나를 찾거든 이 사람들이 가는 것을 용납하라(요 18:8). 그는 스스로 자원하여 우리의 죗값을 책임지셨고, 그가 이렇게 우리의 죗값을

책임지신 것은 당연히 우리를 위한 것이었다. 이렇게 그는 그가 빼앗지 아니한 것도 물어주셨다.

(4) 그리스도께서는 우리의 죗값을 치르시기 위하여 형벌을 달게 받으셨다. 솔로몬은 이렇게 말한다. 타인을 위하여 보증이 되는 자는 손해를 당하리라. 그리스도께서는 우리의 보증이 되셔서 그로 인하여 기꺼이 손해를 보고자 하셨다.

[1] 그는 우리의 질고를 지고 우리의 슬픔을 당하였다(4절). 그는 인간 본성이 지닌 공통적인 연약함들과 죄로 인하여 인간의 삶 속에 들어온 공통의 재난들을 겪으셨을 뿐만 아니라, 내 마음이 심히 고민하여 죽게 되었다고 말씀하실 정도로 극심한 슬픔을 겪으셨다. 그가 이 땅에서 현세의 슬픔들을 스스로 극심하게 겪으신 것은 그 슬픔들을 우리에게 가볍고 쉽게 해주시기 위한 것이었다. 죄는 고통과 환난에 빠져서 비참한 삶을 살게 되는 원인이다. 그리스도께서 우리의 죄를 짊어지심으로써 우리의 질고를 짊어지셔서 우리에게서 질고의 짐을 벗겨 주신 것은 우리로 하여금 다시는 그러한 질고를 심하게 당하여 눌리는 일이 없도록 하기 위한 것이었다. 마태복음에서는 그리스도께서 자기에게 고침을 받기 위하여 온 병자들을 불쌍히 여기셔서 능력으로 그들을 고쳐 주신 것에 이 말씀을 인용하여 적용한다(마 8:17).

[2] 그는 우리의 죄 때문에 고난을 당하심으로써 그 일을 하셨다(5절). 그가 찔림은 우리의 허물 때문이요, 우리의 죄악들을 속하여서 우리로 하여금 죄 사함을 받게 하기 위한 것이었다. 우리의 죄악들은 그의 머리를 찌른 가시들, 그의 손과 발에 박힌 못들, 그의 옆구리를 찌른 창이었다. 상한 것과 찔린 것은 죄의 결과들로서 우리가 마땅히 받아야 할 것이었고, 우리 스스로가 자초한 것이었다(사 1:6). 이러한 찔린 것과 상한 것들은 고통스럽기는 하지만 치명적이지는 않았다. 그리스도께서는 우리의 허물 때문에 찔리지는 않으셨고, 우리의 반역과 패역함 때문에 고통을 받으셨다(이 단어는 여자가 아이를 낳을 때에 겪는 고통을 가리키는 데에 사용된다). 그가 상함은 우리의 죄악 때문이었다. 우리의 죄악은 그의 죽음을 가져온 원인이었다. 그가 맞은 것은 마땅히 형벌받을 내 백성의 허물 때문이었다(8절)는 말씀도 동일한 의미를 지닌다. 당연히 우리에게 내려졌어야 할 매가 그에게 내려졌다. 어떤 이들은 이 본문을 그가 살아 있는 자들의 땅에서 끊어짐은 마땅히 형벌받을 내 백성의 허물 때문이라고 읽는다. 그는 우리가 범죄한 것 때문에 죽음에 내줌이 되었다(롬 4:25). 그런 까닭에 성경대로, 이사야서

에 나오는 이 성경 구절에 따라서 그리스도께서 우리 죄를 위하여 죽으셨다고 말해진다(고전 15:3). 어떤 이들은 이 본문을 내 백성의 범죄를 통해서라고 읽는다. 즉, 하나님의 백성으로 자처하던 유대인들의 악한 손에 의해서 그가 매를 맞았고 십자가에 못 박히셔서 죽임을 당하셨다는 것이다(행 2:23). 그러나 우리는 의심할 여지 없이 이 본문을 앞에서 말한 의미로 받아들여야 한다. 이것은 천사가 메시야의 할 일에 관하여 다니엘에게 엄숙하게 예언으로 전달해 준 말씀, 즉 메시야로 말미암아 허물이 그치며 죄가 끝나며 죄악이 용서되리라(단 9:24)는 말씀에 의해서 충분히 확증된다.

(5) 이 일이 우리에게 가져온 결과는 우리의 평화와 나음이었다(5절).

[1] 이 일로 말미암아 우리는 평화를 얻게 된다. 그가 징계를 받음으로 우리는 평화를 누렸다. 그는 이러한 징계에 순복하심으로써 하나님과 인간 사이에 존재하였던 적대감을 무너뜨리고 우호적인 관계를 정립하셨다. 그는 그의 십자가의 피로 화평을 이루셨다. 죄로 말미암아 우리는 하나님의 거룩하심에 거스르고 하나님의 공의를 따라 심판을 받아야 할 자들이 되어 있었지만, 하나님은 그리스도로 말미암아 우리와 화해하셔서, 우리의 죄를 사하시고 우리를 멸망에서 구원하실 뿐만 아니라, 우리를 이끌어 자기와 교제하게 하심으로써 화평(즉, 모든 선한 것)이 우리에게 임하게 되었다(골 1:20). 그는 우리의 화평이시다(엡 2:14). 그리스도께서 고통을 당하신 것은 우리로 하여금 평안하게 하기 위한 것이었다. 그는 우리로 하여금 그로 말미암아 우리의 죄가 사함을 받았다는 것을 알고서 마음속에 만족하고 기뻐할 수 있도록 하기 위하여 하나님의 공의에 따라 대속을 이루셨다.

[2] 이 일로 말미암아 우리는 나음을 입었다. 왜냐하면, 그가 채찍에 맞음으로 우리는 나음을 받았기 때문이다. 죄는 범죄이기 때문에, 우리는 그 범죄 때문에 사형 선고를 받았고, 그리스도는 우리를 죽음에서 건져 내시기 위하여 우리로 하여금 죄 사함 받을 수 있도록 대속을 이루셨다. 뿐만 아니라, 죄는 질병이기도 하다. 이 질병은 곧장 우리의 영혼에 침투하여 영혼을 죽이는데, 그리스도께서는 이 질병을 치유하시기 위하여 십자가를 지셨다. 그는 채찍(즉, 그가 겪으신 고난들)을 맞으심으로써 우리가 하나님의 성령과 은혜를 받아서 우리 영혼의 질병인 우리의 부패함을 고침 받고 건강한 상태가 되어서 하나님을 섬기고 하나님과 교제를 누리기에 합당한 자들이 되게 하셨다. 그리스도의 십자가

에 관한 가르침과 우리가 죄에 대적할 때에 그 가르침이 우리에게 제공해 주는 강력한 말씀을 통해서 죄의 세력은 우리 안에서 무너지고, 우리는 이 질병을 키우는 것들과 맞서서 우리 자신을 견고하게 지킬 수 있게 된다.

(6) 이 일이 그리스도께 가져다 준 결과는 그의 부활과 영원한 영광으로 나아가신 것이었다. 이렇게 해서 십자가의 거치는 것은 완전히 해소되었다. 그는 희생제물, 어린 양으로서 자신을 죽음에 내어주셨고, 그가 드린 희생제사가 열납되었다는 것을 분명히 보여주기 위하여 다음과 같은 일들이 이루어졌다(8절).

[1] 그가 놓여나셨다는 것. 그가 감옥과 심판에서 풀려나셨다(개역에서는 그는 곤욕과 심문을 당하고 끌려갔으나). 그는 우리의 죄 때문에 재판을 받으시고 무덤에 갇히셨으며 그 곳에서 한동안 묶여 계셔서 심판을 받으신 것으로 보여졌지만, 하늘로부터의 분명한 명령에 의해서 무덤의 감옥으로부터 풀려나셨다. 하나님은 천사를 보내셔서 무덤 입구를 막고 있던 돌을 굴리게 하셔서 그를 자유의 몸이 되게 하셨다. 이러한 조치를 통해서 그에게 내려졌던 심판은 벗겨졌고, 정반대의 상황으로 역전되었다. 이것은 그의 영광일 뿐만 아니라 우리의 위로가 되기도 한다. 왜냐하면, 그는 우리가 범죄한 것 때문에 내줌이 되고 또한 우리를 의롭다 하시기 위하여 살아나셨기 때문이다. 이렇게 우리의 보증인이 풀려나셨다는 것은 우리가 채무로부터 놓여났다는 것을 의미하는 것이기도 하였다.

[2] 그가 높아지시게 되셨다는 것. 그 세대 중에 누가 생각할 수 있었겠는가? 그의 나이 또는 그의 삶이 언제까지 지속될지(원어는 이런 의미이다)를 누가 말할 수 있었겠는가? 그는 부활하셨기 때문에 다시 죽지 아니하시고 사망이 다시 그를 주장하지 못하게 되었다. 죽으신 분이 다시 사셔서 영원히 사시게 된 것이다. 그가 부활하셔서 영원히 살게 되셨다는 것, 또는 부활하신 후에 그의 연수(年數)를 누가 헤아릴 수 있겠는가? 그가 이렇게 영원한 삶으로 나아가게 되신 것은 그가 자기 백성의 죄악으로 말미암아 죽기까지 순종하셨기 때문이다. 우리는 이 말씀을 그가 끼친 유익이 미치는 기간을 가리키는 것으로 해석할 수도 있다. 다윗은 자기 세대를 섬긴다고 말함으로써 자신의 삶의 목적을 그렇게 표현한 바 있다. 그리스도께서 그의 죽음과 부활을 통해서 온 세상에 대하여 얼마나 큰 축복이 되실 것인지를 누가 감히 분명하게 말할 수 있었겠는가? 어떤

이들은 그의 세대라는 표현을 그의 영적인 자손을 가리키는 것으로 이해한다. 누가복음에 의해서 그가 낳게 될 아침 이슬 같이 많은 믿는 자들을 셀 수 있겠는가?

> 그가 이렇게 높임을 받으실 때에
> 자신의 양자들, 무수한 믿는 자손들을
> 보게 되리라
> 경건한 인류는
> 하늘의 창공을 아름답게 꾸미고 있는 별들보다
> 훨씬 많도다.
> — 블랙모어(Sir R. Blackmore)

우리는 모세가 이스라엘을 위하여 기도하였던 것과 마찬가지로 그의 세대에 대하여 이렇게 기도하여야 한다. 우리 조상의 하나님 여호와께서 그들을 현재보다 천 배나 많게 하시며 그들에게 약속하신 대로 그들에게 복 주시기를 원하노라(신 1:11).

[10]여호와께서 그에게 상함을 받게 하시기를 원하사 질고를 당하게 하셨은즉 그의 영혼을 속건제물로 드리기에 이르면 그가 씨를 보게 되며 그의 날은 길 것이요 또 그의 손으로 여호와께서 기뻐하시는 뜻을 성취하리로다 [11]그가 자기 영혼의 수고한 것을 보고 만족하게 여길 것이라 나의 의로운 종이 자기 지식으로 많은 사람을 의롭게 하며 또 그들의 죄악을 친히 담당하리로다 [12]그러므로 내가 그에게 존귀한 자와 함께 몫을 받게 하며 강한 자와 함께 탈취한 것을 나누게 하리니 이는 그가 자기 영혼을 버려 사망에 이르게 하며 범죄자 중 하나로 헤아림을 받았음이니라 그러나 그가 많은 사람의 죄를 담당하며 범죄자를 위하여 기도하였느니라

선지자는 앞 단락에서 그리스도의 고난에 대하여 아주 구체적으로 증언하면서 그 고난이 가져올 복된 결과에 대해서는 짤막하게만 언급하였었다. 선지자는 여기에서 다시 그의 고난에 대하여 언급하고 있기는 하지만, 주로 그 후에 있을 영광을 미리 말해준다. 우리는 이 단락 속에서 다음과 같은 것들을

볼 수 있다.

I. 그리스도께서 낮아지신 때에 행하신 섬김들과 받으신 고난들. 그가 우리를 어떻게 사랑하셨고, 우리를 위하여 무엇을 행하셨는지를 와서 보라.

1. 그는 하늘의 노여움에 순복하셨다(10절). 여호와께서 그에게 상함을 받게 하시기를 원하사 질고를 받게 하셨다. 성경에서는 그 어디에서도 그리스도께서 하나님의 진노를 받아 고난을 당하신 것이라고 말하지 않는다.

(1) 여호와께서 그를 상하게 하셨고, 사람들이 그를 상하게 하는 것을 허락하셨을 뿐만 아니라 자신의 칼을 뽑으셔서 그를 치셨다는 것(슥 13:7). 사람들은 그가 스스로 큰 죄를 저질러서 하나님께 맞는다고 생각하였다(4절). 그가 하나님께 맞았다는 것은 사실이었지만, 그것은 우리의 죄 때문이었다. 여호와께서는 자기 아들을 아끼지 아니하시고 우리 모든 사람들을 위하여 내어주시기로 작정하셨기 때문에(롬 8:32) 그를 상하게 하셨다. 우리의 죄악을 그에게 담당시키셔서 그의 손에 쓴 잔을 쥐어주시고 그로 하여금 그 잔을 마시게 하신 분은 바로 하나님이셨다(요 18:11). 그를 우리를 대신한 죄와 저주로 삼으셔서, 그로 하여금 자신을 번제로 드리게 하여 그를 재로 만드셔서 열납하신 분은 바로 하나님이셨다(시 20:3).

(2) 여호와께서는 그를 상하게 하시기 위하여 그에게 질고를 당하게 하셨다는 것. 그리스도는 하나님의 이러한 작정하심에 순복하셔서, 아버지가 그에게 준 질고를 순순히 받으셨다. 그는 심히 고민하여 죽게 될 정도까지 고통을 당하셨고, 그 무거운 짐에 스스로 놀라셨다.

(3) 여호와께서는 이렇게 하시기를 기뻐하셨다는 것. 하나님은 그렇게 행하시기로 결심하셨다. 그것은 영원한 계획의 결과였다. 이 일은 인간을 구원하고 하나님의 영광을 지킴과 동시에 더욱 드러나게 할 효과적인 방법이었기 때문에, 하나님은 이 일을 기뻐하셨다.

2. 그리스도께서는 죄인들을 대신해서 스스로 희생제물이 되셨다. 그는 그의 영혼을 속건제물로 드렸다. 그는 직접 이것을 설명하시면서 인자가 온 것은 자기 목숨을 많은 사람의 대속물로 주려함이니라(마 20:28)고 말씀하셨다. 사람들은 황소와 염소를 가져와서 그들이 저지른 죄에 대한 속건제물로 하나님께 드렸다. 왜냐하면, 하나님께서 그 짐승들을 사람의 발 아래에 두셨으므로 그 짐승들에 대한 생사여탈권이 그들에게 있었기 때문이다. 그러나 그리스도께서는

자기 자신을 제물로 삼아서 하나님께 드리셨다. 그것은 그리스도께서 스스로 결단하여 행하신 일이었다. 우리는 우리를 대신하여 그를 내놓을 수 없었지만, 그는 스스로 우리를 대신하여 제물이 되셔서 다윗이 말했던 것보다 더 깊은 의미에서 아버지여 내 영혼을 당신의 손에 맡기나이다라고 말씀하셨다. "아버지여, 내가 내 영혼을 주께 의탁하나이다. 내가 내 영혼을 희생제물이자 죄 사함의 값으로 주의 손에 맡기나이다." 이렇게 그는 많은 사람들의 죄악을 친히 담당하셔서 그들을 의롭게 하실 것이었고(11절), 세상 죄를 친히 짊어지심으로써 그 죄를 멀리 가져다 버리실 것이었다(요 1:29). 이러한 말씀은 12절에서도 다시 언급된다. 그가 많은 사람의 죄를 담당하였다. 만약 사람들이 그 죄를 스스로 담당하였다면, 그들은 그 죄의 무게에 눌려서 가장 낮은 지역으로 가라앉아 버렸을 것이다. 이 점이 어떻게 강조되고 있는지를 보라. 왜냐하면, 우리가 그리스도의 고난에 대하여 생각할 때마다 우리는 그 고난 속에서 그리스도께서 우리의 죄를 담당하셨다는 것을 보아야 하기 때문이다.

3. 그리스도께서는 우리의 몫이 되었어야 할 죄의 삯을 스스로 담당하셨다 (12절). 그가 자기 영혼을 버려 사망에 이르게 하며, 자기 영혼을 물처럼 쏟으셨으면서도, 그런 일을 아무렇지도 않게 여기셨다. 그가 자신의 영혼을 주신 것은 우리의 구속과 구원을 위하여 정해진 일이었다. 그는 죽기까지 자기 생명을 아끼지 아니하였고, 그를 따르는 자들과 순교자들도 마찬가지였다(계 12:11). 또는, 그는 자기 영혼을 전제로 부어서 자신의 희생제사를 완성하셨고, 자기 영혼을 포도주로 부으셔서, 모든 믿는 자들에게 그의 피가 음료가 되고 그의 살이 양식이 되게 하셨다. 그는 고난 받으실 때에 자기 몸을 물 같이 쏟으셨을 뿐만 아니라(시 22:14, 나는 물 같이 쏟아졌다) 자기 영혼도 철저하게 드리셨다. 그는 생명의 주(主)이신 데도 자기 영혼을 쏟으셔서 죽음에 이르게 하셨다.

4. 그는 죄인들과 똑같은 취급을 당하는 곤욕을 치르시면서도 죄인들을 위하여 중보기도 하셨다(12절).

(1) 그의 고난을 더욱 힘들게 만든 것은 그가 범죄자 중 하나로 헤아림을 받았다는 것이었다. 그는 행악자로 단죄되었을 뿐만 아니라 두 명의 악명 높은 행악자들과 함께 처형되었는데, 마치 그가 이 세 사람 중에서 가장 극악무도한 자인 것처럼 두 명의 강도 사이에서 죽임을 당하셨다. 복음서 기자가 그리스도께서 십자가에 처형을 당하실 때의 모습을 기록한 것 속에서 우리는 이 예언이

성취되었다는 것을 알게 된다(막 15:27-28). 모든 행악자들 중에서 가장 악독한 자였던 바라바, 즉 반역자이자 강도이며 살인자였던 그는 그리스도 대신에 백성들의 지지를 받아서 석방되었다. 왜냐하면, 백성들은 예수가 아니라 바라바를 놓아주고자 하였기 때문이다. 그리스도께서는 이 땅에 사시는 동안에 범죄자 중 하나로 헤아림을 받으셨다. 왜냐하면, 그는 안식일을 깨뜨리는 자, 술 주정뱅이, 세리와 죄인들의 친구로 불려지고 여겨졌기 때문이었다.

(2) 그의 고난 중에서 크게 칭찬을 받을 만하고 그의 영광에 크게 기여했던 일은 그가 고난을 받으면서도 그에게 욕하며 그를 십자가에 못 박았던 자들과 범죄자를 위하여 기도하였다는 것이다. 그는 아버지여 저들을 용서하소서라고 기도하심으로써 그가 그들을 용서하였을 뿐만 아니라 그들을 비롯한 모든 범죄자들이 죄 사함을 받도록 하기 위한 일을 지금 행하고 계신다는 것을 보여주셨다. 이 기도는 그의 피가 복수를 해 달라고 부르짖는 소리가 아니라 긍휼을 베풀어 주시라고 부르짖는 소리였다. 그런 점에서 그것은 악한 손으로 남의 피를 흘린 자들에 대하여 아벨의 피보다 더 효력이 크다.

Ⅱ. 그리스도께서 높아지신 때의 은혜와 영광들. 그가 우리에게 수여하시는 은혜들은 그에게 수여된 영광들에 비하면 아무것도 아니다. 이러한 영광들이 그에게 수여되는 것은 구속의 언약에 의거한 것인데, 이 단락에서는 그 구속의 언약에 대하여 우리에게 어느 정도 얘기해 준다. 그는 자기 영혼을 속건제물로 드리기로 약속하고, 아버지께서 그를 넘기시는 데에 동의하여서, 많은 사람들의 죄를 담당하는 일을 맡으신다. 아버지께서는 이것을 생각하셔서 그가 하나님으로서 창세 전에 가졌던 영화만이 아니라(요 17:5) 중보자의 영광들로 그를 영화롭게 하시겠다고 말씀하신다.

1. 그는 영원하신 아버지의 영광을 갖게 될 것이다. 그는 바로 이러한 칭호 아래에서 이 세상에 나셨고(사 9:6), 이 세상을 떠나실 때에 그 칭호를 부끄럽게 하지 않으실 것이다. 하나님께서 아브라함에게 주신 약속은 그를 많은 민족의 조상이 되게 하고 세상의 상속자가 되게 하시겠다는 것이었다(롬 4:13, 17, 이 점에서 아브라함은 그리스도의 모형이었다). 아브라함은 유대 교회의 뿌리였고 그 언약은 그만이 아니라 그의 자손과도 맺어진 것이었듯이, 그리스도는 보편 교회의 뿌리이시고, 구속의 언약에 토대를 둔 은혜의 언약은 그리스도만이 아니라 그의 영적인 자손과도 맺어진 것이다. 우리는 여기서 구속의 언약과 관

련된 몇몇 영광스러운 약속들을 보게 되는데, 그 약속은 다음과 같은 것들이다.

(1) 구속주께서 그를 섬기고 그의 이름을 지닐 자손들을 얻게 되시리라는 것(시 22:30). 참된 믿는 자들은 그리스도의 자손들이다. 아버지께서 그들을 그에게 주셔서 그의 자손이 되게 하셨다(요 17:6). 그가 죽으신 것은 그들을 값 주고 사서 깨끗하게 하고 자기에게로 이끌어오시기 위한 것이었고, 그가 한 알의 밀알이 되어서 땅에 떨어지신 것은 많은 열매를 맺기 위한 것이었다(요 12:24). 그들을 거듭나게 해준 썩지 아니할 씨인 말씀은 그의 말씀이다. 그들의 중생을 이루시는 분인 성령은 그의 영이다. 그들 속에 각인되는 것은 그의 형상이다.

(2) 그가 살아서 그의 씨를 보게 되리라는 것. 그리스도의 자녀들에게는 살아계신 아버지가 존재한다. 그가 살아계시기 때문에 그들도 살아 있게 될 것이다. 왜냐하면, 그는 그들의 생명이시기 때문이다. 그는 죽으셨지만 다시 부활하셔서, 자기 자녀들을 고아로 내버려 두지 않으시고, 그들에게 아들의 영과 축복과 유업을 확보해 주시기 위하여 실질적인 일을 하셨다. 그는 자기 자녀들이 놀랍게 늘어나게 되는 것을 보게 될 것이다. 여기에서 씨로 번역된 단어는 히브리어 원문에는 복수형으로 되어 있는데, 이것은 그의 자손이 헤아릴 수 없을 만큼 많게 되리라는 것을 의미한다.

(3) 그가 이 무수히 많은 자녀들을 친히 계속해서 돌보게 되리라는 것. 그의 날은 길 것이요. 사람들은 그들의 자손이 생겨난 것을 보았을 때에 이제 평안히 세상을 떠나고 싶어한다. 그러나 그리스도께서는 자신의 가족을 돌보는 일을 다른 이에게 맡기고자 하지 않으시고 친히 오래 사셔서 그들을 돌보실 것이다. 그 정사와 평강의 더함이 무궁하리라. 왜냐하면, 그는 영원히 사실 것이기 때문이다. 어떤 이들은 이 말씀이 믿는 자들에 대한 것이라고 본다. 그가 그의 후손의 날이 길 것을 보리라. 이것은 그의 후손이 장구하리라(시 89:29, 36)는 말씀과 일치한다. 세상이 존재하는 한 그리스도께서는 세상 속에 교회를 가지게 되실 것이고, 친히 그 교회의 생명이 되실 것이다.

(4) 그가 맡은 큰 일은 성공해서 기대에 부응하게 되리라는 것. 그의 손으로 여호와께서 기뻐하시는 뜻을 성취하리로다. 하나님의 뜻은 이루어질 것이고, 일점일획도 실패하지 않을 것이다.

[1] 인간을 구속하시는 일은 주 예수의 손에 맡겨져 있는데, 그 일은 정말 제대로 맡겨진 것이다. 그 일이 예수께 맡겨진 것은 우리에게 참으로 잘 된 일이다. 왜냐하면, 우리 자신의 손으로 그 일을 하기에는 우리가 역부족이지만, 그는 그 일을 끝까지 해내실 수 있으시기 때문이다. 만물을 붙들고 계시는 것은 그의 손이다.

[2] 그 일은 여호와께서 기뻐하시는 일이다. 이것은 이 일이 여호와께서 계획하신 일일 뿐만 아니라 무척 흡족해하시는 일이기도 하다는 것을 보여준다. 하나님께서 그를 사랑하시고 기뻐하신 것은 그가 양들을 위하여 자기 목숨을 기꺼이 버리셨기 때문이다.

[3] 이 일은 지금까지 잘 되어왔고, 그 길에 어떤 장애물이나 난관이 있다고 할지라도 앞으로도 잘 될 것이었다. 하나님께서 기뻐하시는 뜻을 따라서 행해지는 모든 일은 반드시 형통하여 잘된다(사 46:10). 그리스도의 모형인 고레스는 하나님께서 기뻐하시는 모든 일을 이룰 것이고(사 44:28), 그리스도께서도 틀림없이 그렇게 하실 것이다. 그리스도께서는 그가 맡으신 일을 하기에 완벽한 자격을 갖추고 계셨고 그 일을 아주 열심히 행하셨으며, 그 일은 처음부터 끝까지 아주 잘 계획된 것이었기 때문에, 그 일이 실패하여 아버지께 영광을 돌리지 못하거나 그의 모든 자손을 구원하지 못하는 일은 있을 수 없었다.

(5) 그가 그 일을 보고 스스로도 크게 만족하게 되리라는 것(11절). 그가 자기 영혼의 수고한 것을 보고 만족하게 여길 것이다. 그는 그 일을 미리 보게 될 것이다(이렇게 해석할 수도 있다). 그는 자신의 고난을 미리 내다보고 그 고난이 가져올 열매도 미리 내다보고서 이 거래에 대하여 만족감을 나타낼 것이다. 그는 이 일이 가엾은 죄인들의 회심과 구원을 통하여 이루어질 때에 이 일의 결말을 보게 될 것이다.

[1] 우리 주 예수께서는 우리의 구속과 구원을 위하여 영혼의 산고, 즉 큰 고통을 겪으셨지만, 그가 이 모든 극심한 고통을 겪으신 것은 오직 우리가 하루속히 구원을 받도록 하기 위한 간절한 소원 때문이었다.

[2] 그리스도께서는 그의 교회가 세워지고 그에게 주어진 모든 자들이 영원한 구원을 받게 될 때에 그의 영혼의 산고(産苦)의 복된 열매를 보게 되실 것이다. 그는 자기가 맡은 일의 어느 부분에 있어서도 자신의 목적을 이루지 못한 것이 없으실 것이고, 그가 헛되이 수고하지 않았다는 것을 친히 보게 되실 것

이다.

[3] 영혼들이 구원받는 것은 주 예수께 큰 만족이 된다. 많은 아들들이 그로 말미암아 은혜를 거쳐서 영광으로 나아가게 된다면, 그는 자기가 온갖 고통을 겪은 것이 잘된 일이라고 여기실 것이고, 스스로 차고 넘치게 보상을 받았다고 생각하실 것이다. 그는 이것으로 충분하다고 생각하실 것이다. 하나님께서 영광을 받으시고, 회개한 믿는 자들이 의롭다 하심을 얻는다면, 그리스도께서는 만족하실 것이다. 이렇게 그리스도의 모습을 닮아서, 우리도 이 세상에서 하나님의 나라가 힘을 더하여 가는 일에 조금이라도 보탬이 될 수 있다면 그것이 우리에게 만족이 되어야 한다. 그리스도께서 그러셨듯이 하나님의 뜻을 행하는 것이 언제든지 우리의 양식이자 음료가 되어야 한다.

2. 그는 영원한 의를 드러내는 영광을 가지게 될 것이다. 왜냐하면, 그에 대하여 그렇게 예언되어 있기 때문이다(단 9:24). 여기에도 동일한 취지의 말씀이 나온다. 자기 지식으로(그를 아는 지식, 그를 믿는 믿음으로) 나의 의로운 종이 많은 사람을 의롭게 하리라. 왜냐하면, 그는 많은 사람들의 죄를 담당하심으로써 우리가 죄로부터 의롭게 되기 위한 토대를 놓으실 것이기 때문이다.

(1) 그리스도의 죽음으로부터 우리에게 흘러들어오는 커다란 특권은 죄에서 의롭게 되는 것인데, 우리는 우리에게 멸망을 가져다 줄 수밖에 없는 저 죄책에서 무죄방면되어, 유일하게 복되게 해줄 수 있는 하나님의 은총 속으로 받아들여지게 된다.

(2) 우리를 의롭게 하시기 위하여 값주고 우리를 사신 그리스도께서는 그가 친히 우리를 위하여 중보기도 하시고 그의 복음을 우리에게 전하시며 그의 성령으로 하여금 우리 안에서 증언하게 하심으로써 그 효력을 우리에게 나타나게 만드신다. 인자는 이 땅에서조차도 죄를 사할 권세를 가지고 계셨다.

(3) 그리스도께서는 많은 사람을 의롭게 만드신다. 그는 많은 사람을 위한 대속물로 자신의 목숨을 내어주셨고, 주 우리 하나님께서는 많은 사람들을 부르시지만, 여전히 죄 가운데서 죽어가는 자들도 있어서, 모든 사람이 구원을 받는 것은 아니다. 그는 여기저기에서 유명하고 똑똑한 자를 한 사람씩 골라서 의롭게 만드시는 것이 아니라, 보잘것없고 미미한 많은 사람들을 부르셔서 의롭게 하신다.

(4) 우리가 의롭다 하심을 받는 것은 믿음을 통해서, 즉 우리가 그리스도와

은혜의 언약에 동의함을 통해서이다. 이런 식으로 우리는 구원을 받는다. 왜냐하면 그렇게 해야만 하나님은 가장 크게 영광을 받으시고, 거저 주신 은혜가 가장 빛이 나며, 사람의 자아가 가장 낮아지고, 우리의 복이 가장 효과적으로 얻어지기 때문이다.

(5) 믿음은 그리스도를 아는 지식이기 때문에, 지식이 없이는 참된 믿음은 있을 수 없다. 그리스도께서 사람들의 뜻과 감정을 얻으시는 방식은 사람들의 이해력(悟性)에 빛을 비추셔서 그들로 하여금 하나님의 진리들을 깨닫고 거짓 없는 마음으로 거기에 동의하게 하는 것이다.

(6) 우리를 의롭게 만드는 그리스도를 아는 지식과 그리스도를 믿는 믿음은 하나님의 종이자 우리의 보증인이신 그리스도와 관련되어 있다.

[1] 그리스도는 하나님께서 자신의 뜻을 이루시고 자신의 영광을 회복하시기 위하여 사용하신 분이다. "그는 나의 의로운 종이고, 그런 자격으로 사람들을 의롭게 한다." 하나님은 그에게 그런 일을 할 수 있는 권한을 주셨고 그 일을 하도록 지명하셨다. 그가 그런 일을 하시는 것은 하나님의 뜻을 따른 것이고 하나님의 영광을 위한 것이다. 그는 스스로 의로우시고, 우리 모두는 그의 의로우심으로부터 우리의 의를 받았다. 하나님께서는 스스로 의로우신 자(만약 그에게 그가 책임져야 할 자신의 죄가 있었다면, 그는 우리의 죄를 위한 속죄물이 될 수 없었을 것이다)를 우리의 의로 삼으신 것이기 때문에, 주는 우리의 의이시다.

[2] 그리스도는 우리를 위하여 그 일을 맡으신 분이다. 우리는 그리스도가 우리의 죄악을 담당하셔서 죄짐에 눌려 멸망해가는 우리를 구원하신 분이라는 것을 알고 믿어야 한다.

3. 그가 아무도 이의를 제기할 수 없는 승리와 만유를 다스리는 권세를 얻는 영광을 누리게 되리라는 것(12절). 그가 이 모든 선한 일들을 행하였기 때문에, 내가 그에게 존귀한 자와 함께 몫을 받게 하며, 아버지의 뜻을 따라 그가 강한 자와 함께 탈취한 것을 나누리라. 그는 원수를 물리치고 내쫓은 후에 자기 자신과 그의 군대를 위하여 원수의 것을 탈취하게 될 것이다. 이것은 그가 승리했다는 것을 보여주는 명백한 증거가 됨과 동시에 이 전투에서 그가 감수한 모든 수고와 위험에 대한 보상이 될 것이다.

(1) 하나님 아버지께서는 그리스도의 섬김과 고난에 대하여 큰 영광으로 상

을 내리실 것이라고 약속하셨다. "내가 그를 존귀한 자들 가운데 세우고, 그를 지극히 높여서, 그에게 모든 이름 위에 뛰어난 이름을 줄 것이다." 또한, 큰 재물도 그에게 하사될 것이다. 그는 탈취한 것을 나누어 가질 것이고, 그의 모든 신실한 군사들에게 차고 넘치는 은혜와 위로를 수여하실 것이다.

(2) 그리스도께서는 정복을 통해서 그의 영광에 이르게 되실 것이다. 그는 무장한 강한 자와 맞붙어 싸워 이기신 후에 그 강한 자의 무장을 해제하고 탈취물을 나누어 가지셨다. 그는 정사와 권세들, 죄와 사탄, 죽음과 음부, 세상과 육을 격파하시고 정복하셨다. 이러한 존재들은 강한 자들로서, 그는 이 세력들의 무장을 해제시키셨고, 그들로부터 탈취물을 취하셨다.

(3) 그리스도께서 보상으로 받으시는 영광과 그가 나누어 가지신 탈취물 중 상당수는 그에게 와서 자원하여 충성스러운 신민들이 될 수많은 무리들로 이루어져 있다. 왜냐하면, 어떤 이들은 이 본문을 그렇게 읽기 때문이다. 내가 그에게 많은 사람을 줄 것이요 그는 많은 사람을 탈취물로 얻을 것이라. 하나님은 그에게 이방 나라를 그의 유업으로 주리니 그의 소유가 땅 끝까지 이르리로다(시 2:8). 그가 바다에서부터 바다까지 다스리리라. 하나님의 은혜로 말미암아 많은 사람들이 그에게 와서 자신을 의탁하고 다스림과 가르침을 받으며 그로 말미암아 구원을 얻게 될 것이다. 이 일을 통해서 그는 그가 행한 모든 일과 그가 겪은 모든 고난에 대하여 차고 넘치게 상을 받아서 존귀하게 되고 부요하게 되었다고 스스로 여기게 될 것이다.

(4) 하나님께서 구속주를 위하여 계획하신 것을 그는 반드시 얻게 되실 것이다. "내가 그에게 그것을 나누게 하리라"는 말씀 직후에 어떤 반대가 있어도 그가 그것을 나누리라는 말씀이 나온다. 왜냐하면, 그리스도께서 그에게 주어진 일을 다 완성하신 것처럼, 하나님께서도 그에게 약속하신 상을 반드시 주실 것이기 때문이다. 하나님은 그렇게 하실 능력을 갖고 계심과 동시에 자신의 약속에 대하여 신실하시다.

(5) 하나님께서 그리스도에게 나눠주신 탈취물을 그는 자기를 따르는 자들에게 나누어 주실 것이다. 왜냐하면, 그가 사로잡은 자를 사로잡으시고 사람들을 위한 선물들을 받으신 것은 사람들에게 선물들을 주시기 위한 것이기 때문이다. 그는 우리에게 말씀하셨던 것과 같이(행 20:35) 받는 것보다 주는 것이 더 복이 있고 존귀한 것으로 여기셨다. 그리스도는 우리를 위하여 이기셨고, 우리

는 그로 말미암아 넉넉히 이기는 자가 되었다. 그는 그가 승리하여 얻은 열매인 탈취물들을 그에게 속한 모든 자들에게 나누어 주셨다. 그러므로 우리는 그에게 속한 자들 가운데 우리의 분깃을 가져야 한다.

제
— 54 —
장

개요

그리스도께서 죽으셨다는 것은 교회와 거기에 진정으로 속한 모든 자들이 살았다는 것이다. 그러므로 선지자가 그리스도의 고난에 대하여 예언한 후에 교회가 흥왕하게 될 것에 대하여 예언하고 있는 것은 지극히 합당한 일이다. 교회가 흥왕하는 것은 그리스도의 영광의 일부이고, 그가 낮아지신 것에 대한 상급인 높아지심의 일부이기 때문이다. 하나님께서는 그에게 그가 자신의 자손을 보게 될 것이라고 약속하셨는데, 이 장은 그 약속에 대한 설명이다. 여기에 나오는 말씀이 일차적으로 가리키는 것은 유대 교회가 바벨론에서 돌아온 후에 잘 되고 형통하게 되리라는 것임은 쉽게 짐작할 수 있는 일이다. 유대 교회가 바벨론에서 돌아온 것은 그들에게 일어났던 다른 일들과 마찬가지로 그리스도로 말미암아 우리에게 있게 될 하나님의 자녀들의 영광스러운 해방의 모형이었다. 그렇지만 이 말씀이 진정으로 의도하고 있었던 것은 이방인들이 받아들여지게 될 복음 교회였다는 것도 부정될 수 없다. 이 장의 처음에 나오는 어구를 사도 바울은 신약의 예루살렘을 가리키는 것으로 이해하였는데(갈 4:26), 이것은 이 장 전체와 그 뒤에 나오는 내용에 대한 열쇠 역할을 하는 것으로 보인다. 여기에는 기독 교회에 관하여 다음과 같은 것들이 약속되어 있다.

I. 기독 교회가 그 시작은 미미할지라도 이제까지 교회로부터 전적으로 배제되어 있었던 이방인들이 거기에 더해짐으로써 크게 흥하게 되리라는 것(1-5절). II. 하나님은 종종 교회로부터 물러나 계시는 것처럼 보이고 은총의 증표들을 중단시키는 것처럼 보일지라도 긍휼하심 속에서 다시 돌아오시고, 돌아오셔서는 그들과 더 이상 다투지 아니하신다는 것(6-10절). III. 교회는 잠시 고통과 압제 속에 있더라도 결국에는 이전보다 더 큰 영광과 존귀함을 누리게 된다는 것(11-12절). IV. 지식과 의와 평안이 넘쳐나게 되리라는 것(13-14절). V. 교회를 무너뜨리려는 모든 시도들은 좌절될 것이고, 교회는 원수들의 술수로부터 안전하게 보호받게 되리라는 것(15-17절).

¹잉태하지 못하며 출산하지 못한 너는 노래할지어다 산고를 겪지 못한 너는 외쳐 노래할지어다 이는 홀로 된 여인의 자식이 남편 있는 자의 자식보다 많음이라 여호와께서 말씀하셨느니라 ²네 장막터를 넓히며 네 처소의 휘장을 아끼지 말고 널리 펴되 너의 줄을 길게 하며 너의 말뚝을 견고히 할지어다 ³이는 네가 좌우로 퍼지며 네 자손은 열방을 얻으며 황폐한 성읍들을 사람 살 곳이 되게 할 것임이라 ⁴두려워하지 말라 네가 수치를 당하지 아니하리라 놀라지 말라 네가 부끄러움을 보지 아니하리라 네가 네 젊었을 때의 수치를 잊겠고 과부 때의 치욕을 다시 기억함이 없으리니 ⁵이는 너를 지으신 이가 네 남편이시라 그의 이름은 만군의 여호와이시며 네 구속자는 이스라엘의 거룩한 이시라 그는 온 땅의 하나님이라 일컬음을 받으실 것이라

우리가 여기에 나오는 말씀을 유대인들이 포로 생활로부터 돌아온 후의 상태에 적용한다면 이 말씀은 그들이 고국 땅에 정착한 후에 그들의 민족이 크게 흥하게 되리라는 것을 말하는 예언이 된다. 예루살렘은 자식을 낳지 못한 아내, 또한 버림을 받고서 홀로 사는 과부의 처지와 같았었다. 그러나 이제 하나님께서는 예루살렘이 다시 번창하게 되고 그 땅이 사람들로 다시 붐비게 되며, 예루살렘의 폐허가 복구될 뿐만 아니라 그 외곽들도 사방으로 넓혀지고, 큰 건물들이 새로운 터전 위에 많이 세워질 것이며, 오랜 세월 동안 이방인인 바벨론 사람들이 불법적으로 점거하고 있었던 땅이나 집들도 원래의 소유자들에게 다시 되돌려질 것이라고 약속하신다. 하나님께서는 다시 그들의 남편이 되실 것이고, 그들이 포로로 잡혀간 수치와 거기로 끌려가서 그들의 수가 줄어든 일은 잊혀지게 될 것이다. 우리가 주목할 것은 그들이 하나님의 은총을 회복하게 되었을 때에 그들이 크게 번성하게 된 것은 하나님께서 옛적에 아브라함에게 그의 자손이 창대하리라고 약속하신 덕분이라는 것이다. 포로로 잡혀갔다가 바벨론에서 처음에 돌아온 자들은 겨우 사만이천 명이었는데(스 2:64) 이 수는 그들의 조상들이 애굽에서 나올 때의 수에 비해서 1/15밖에 되지 않는 것이었다. 나중에 그들의 무리에 개별적으로 합류한 자들이 꽤 있었다고 하여도 우리는 처음에 무리를 지어 바벨론에서 나온 사람들이 주축을 이루었다고 볼 수 있다. 그런데, 그로부터 대략 오백 년 후, 그러니까 로마인들에 의해서 멸망당하기 직전의 유대인들의 수는 그들이 유월절에 바친 어린 양의 수에 따

라서 최소한으로 계산을 해보아도(원래는 어린 양 한 마리에 20명이지만 최소한으로 잡아서 10명으로 친다고 해도) 대략 300만 명이었다. 요세푸스는 당시 유대인들의 인구가 270만 명이었다고 말한다. 그러나 우리는 이 말씀을 하나님의 교회 전체에 적용하여야 한다. 하나님의 교회라는 것은 사람들 가운데 존재하는 하나님의 나라, 이 세상에 있는 하나님의 도성, 거기에 속한 하나님의 자녀들을 의미한다. 좀 더 자세하게 살펴보자.

I. 기독교가 출현하기 전에 거룩한 신앙은 이 세상에서 오랫동안 어렵고 힘든 상태에 있었다는 것. 당시의 거룩한 신앙은 잉태하지 못하며 출산하지 못한 자와 같았고 남편과 자식들을 다 잃어버리고 홀로 남은 여인과 같았다. 교회는 제한되고 좁은 지역 내에 있었고 열매를 거의 내지 못하였다. 유대인들은 말로는 신앙고백을 통해서 하나님과 혼인 관계에 있었지만, 새로운 개종자들은 그들에게 거의 더해지지 못했고, 자라나는 세대들은 장래가 유망하지 못했으며, 그들 가운데서 진지한 경건은 발을 붙이지 못하였다. 이방인들은 유대인보다 신앙을 갖고 있는 자가 적었다. 개종자들은 여기저기 흩어져 있었다. 하나님의 자녀들은 깨진 가정의 자녀들처럼 흩어져 있었고(요 11:52) 그 어떠한 두각도 나타내지 못하고 미미한 상태로 있었다.

II. 복음이 전파되고 기독 교회가 세워짐으로써 거룩한 신앙은 이러한 미미한 상태에서 벗어나게 됨.

1. 많은 무리들이 회심하여 우상을 버리고 살아계신 하나님께로 돌아왔다. 말씀을 통해서 거듭나서 새롭게 하나님의 성품에 참여한 자들은 하나님의 자녀들이었다. 홀로 된 여인의 자식이 남편 있는 자의 자식보다 많았다. 오랫동안 하나님으로부터 멀리 떨어져 있어서 이 세상에서 하나님 없이 살아왔던 이방 교회가 세워지자 거기에 속한 선한 자들의 수가 지금까지 계속해서 존재해 왔던 유대 교회에 속한 선한 자들의 수보다 더 많았다. 이스라엘의 지파들 가운데서 하나님의 인침을 받은 자들은 이스라엘의 우수한 백성들에 비하면 소수의 남은 자에 불과하여서 다 헤아릴 수 있을 정도의 수였다(계 7:4). 그러나 이방인들 가운데서 하나님의 자녀가 된 자들은 지구상의 모든 곳에 흩어져 있고 그 수가 너무도 많아서 도저히 헤아릴 수 없었다(9절). 종종 신앙의 능력은 외적으로 거창한 신앙이력을 지니고 있는 곳이나 가정에서보다 신앙의 이력이 그동안 미미하였고 은혜의 수단들도 별로 누리지 못하였던 곳이나 가정에서 발

견된다. 남편 있는 자의 자식보다 홀로 된 여인의 자식이 더 많고 그들의 의의 열매가 더 많다. 이렇게 나중 된 자가 먼저 되는 일이 있을 것이다. 이러한 말씀은 여기에서 하나님께서 교회에게 이러한 일로 인하여 크게 기뻐하고 노래하라고 말씀하시는 맥락 속에서 언급된다. 교회가 흥하게 되는 것은 교회의 모든 친구들의 기쁨이고 그들의 손을 힘있게 해준다. 교회가 오랫동안 쓸쓸하게 버림받았을수록, 다시 잃었던 토대를 회복하고 더 많은 것을 얻게 될 때에 그 기쁨도 훨씬 큰 법이다. 죄인 한 명이 회개하면 하늘에서 하나님의 천사들 가운데서도 큰 기쁨이 있는 법인데, 그 죄인이 속한 백성의 기쁨은 말해 무엇하겠는가. 열매를 맺지 못했던 무화과나무가 마침내 열매를 맺게 되었다면, 그것은 잘된 일이고, 무화과나무 자신만이 아니라 다른 이들도 크게 기뻐하게 될 것이다.

2. 교회의 지경이 이전보다 훨씬 넓혀졌다는 것(2-3절).

(1) 여기에서는 교회의 현재의 상태가 장막에 거하는 상태라는 것이 전제되고 있다. 교회는 옛적의 약속의 상속자들처럼 장막에 거주한다(히 11:9). 교회가 머물고 있는 거처는 초라하고 언제든지 옮길 수 있는 것이며 거센 바람을 견뎌낼 힘도 없다. 하지만 교회에게는 영구한 도성이 약속되어 있다. 장막은 금세 걷어서 옮겨질 수 있다. 마찬가지로, 교회의 촛대도 금세 그 자리에서 옮겨져서(계 2:5) 하나님께서 기뻐하시는 다른 곳에 두어진다.

(2) 교회는 비록 장막에 거하는 상태에 있다고 할지라도 종종 놀라울 정도로 빠르게 성장하는 상태에 있다. 교회라는 가족이 점점 늘어가기만 한다면, 그들이 거하는 곳이 장막이라고 해도, 그런 것은 아무런 문제가 되지 않는다. 복음이 처음 전파될 때에도 사정은 그러하였다. 사도들에게 맡겨진 일은 모든 민족을 제자로 삼고 교회의 처소의 휘장을 널리 펴며, 사람들이 그리스도의 이름을 아직 부르지 않는 곳에 복음을 전하고(롬 15:20), 지금까지 복음을 몰랐던 성읍과 촌락들에 복음을 널리 전파하는 것이었다. 이렇게 많은 사람들이 들어올 수 있도록 장막의 줄을 길게 하는 것은 넓게 펴진 휘장의 무게를 견딜 수 있도록 말뚝들을 견고히 하는 데에 꼭 필요한 일이다. 교회는 그 수가 많아지면 많아질수록 스스로를 튼튼히 하여 오류들과 부패들을 막아내고 자신의 일곱 기둥을 튼튼히 받치는 일에 더욱 관심을 기울여야 한다(잠 9:1).

(3) 복음이 모든 곳에서 힘이 있어 흥왕하여 세력을 얻게 된 것은 하나님의 능

력이 복음 전파에 함께 하였다는 것을 보여주는 증거였다(행 19:20). 강둑이 터져 물이 퍼져 나가듯이 복음은 좌우로, 즉 사방으로 퍼져 나갔다. 복음은 세상의 모든 곳으로 퍼져 나간다. 동방 교회도 생겨났고 서방 교회도 생겨났다. 교회의 자손들은 이방인들의 유업을 물려받았고, 황폐한(즉, 참 하나님을 아는 지식과 그 하나님을 예배하는 것이 없었던) 성읍들에는 사람들이 살게 되어서 거기에 신앙이 세워지고 그리스도의 이름이 고백되었다.

3. 이것은 교회의 위로이자 영광이었다(4절). "두려워하지 말라 네가 수치를 당하지 아니하리라. 네가 이전에는 네 지경(地境)이 좁아지고, 네 자녀가 줄어들어서, 그러한 일들로 인하여 원수들로부터 수치를 당하였지만, 이제는 더 이상 그러한 수치를 당할 일이 없을 것이기 때문에 네가 네 젊었을 때의 수치를 잊으리라." 이 세상의 통치자들이나 왕들 중에서 어느 누구도 기독교 신앙을 받아들이지 않았고, 단지 한줌밖에 안 되는 미천한 자들만이 신앙을 받아들였다는 것은 기독교 신앙이 초기에 겪은 수모였다. 그러나 얼마 후에 여러 민족들이 제자화되고, 로마 제국이 기독교 국가가 되었을 때에 이러한 젊었을 때의 수치는 잊혀졌다.

4. 이것은 하나님께서 그의 교회와 남편으로서 관계를 맺고 있었기 때문에 가능한 일이었다(5절). 너를 지으신 이가 네 남편이시라. 믿는 자들은 그리스도와 혼인관계에 있다고 말해지는데, 이것은 그들로 하여금 하나님을 위하여 열매를 맺게 하기 위한 것이다(롬 7:4). 이렇게 하나님께서 교회와 혼인하신 것은 교회로 하여금 하나님께 거룩한 자손들을 낳아서 거룩한 세대가 대대로 이어지게 하기 위한 것이다. 예수 그리스도는 교회를 하나의 백성으로 지으신 이시고, 교회를 포로 생활, 즉 모든 노예 생활 중에서 가장 지독한 죄의 종살이로부터 건져내신 구속주시다. 교회를 자신의 신부로 맞아들이신 분은 바로 예수 그리스도시다.

(1) 그는 아무도 저항할 수 없는 능력, 절대적인 주권, 만유에 대한 통치권을 가지고 계신 만군의 여호와이시다! 이 세상에 있는 왕들은 각자의 군대를 거느린 주군들이지만, 그는 만군의 주이시다.

(2) 그는 이스라엘의 거룩한 이, 즉 구약 교회의 모든 일들을 주재하시고 그 교회와 맺은 언약의 중재자이셨던 바로 그분이다. 신약의 이스라엘에게 주어진 약속들은 구약의 이스라엘에게 주어진 약속들만큼이나 풍요롭고 확실하다.

왜냐하면, 우리의 구속주이신 바로 그가 이스라엘의 거룩한 이시기 때문이다.

(3) 그는 하나님이자 중보자로서 온 땅의 하나님으로 불린다. 왜냐하면, 그는 만물을 물려받으실 상속자이시기 때문이다. 땅 끝이 그의 구원을 보게 되고, 온 땅이 그를 그들의 하나님이라 부르며 그에게 속할 때, 그는 그렇게 불리게 될 것이다. 그는 오랫동안 특별한 의미에서 이스라엘의 하나님으로 불리어 왔었다. 그러나 이제 유대인과 이방인 사이를 가로막고 있던 장벽이 무너질 때, 그는 아테네에서처럼 알지 못하는 신으로 불렸던 곳에서조차 온 땅의 하나님으로 불리게 될 것이다.

⁶여호와께서 너를 부르시되 마치 버림을 받아 마음에 근심하는 아내 곧 어릴 때에 아내가 되었다가 버림을 받은 자에게 함과 같이 하실 것임이라 네 하나님께서 말씀하셨느니라 ⁷내가 잠시 너를 버렸으나 큰 긍휼로 너를 모을 것이요 ⁸내가 넘치는 진노로 내 얼굴을 네게서 잠시 가렸으나 영원한 자비로 너를 긍휼히 여기리라 네 구속자 여호와께서 말씀하셨느니라 ⁹이는 내게 노아의 홍수와 같도다 내가 다시는 노아의 홍수로 땅 위에 범람하지 못하게 하리라 맹세한 것 같이 내가 네게 노하지 아니하며 너를 책망하지 아니하기로 맹세하였노니 ¹⁰산들이 떠나며 언덕들은 옮겨질지라도 나의 자비는 네게서 떠나지 아니하며 나의 화평의 언약은 흔들리지 아니하리라 너를 긍휼히 여기시는 여호와께서 말씀하셨느니라

하나님께서 바벨론에 포로로 잡혀 있는 자들을 적절한 때에 구원하셔서 종살이로부터 그들을 해방시키겠다는 약속이 여기에 예언되어 있는데, 이 일은 하나님께서 은혜의 언약 속에 있는 교회와 모든 믿는 자들을 위하여 예비해 두신 온갖 위로들을 비유적으로 보여주는 하나의 모형이다.

I. 하나님의 백성에게 이제 나타나게 될 은총들은 그들이 지난날에 겪었던 환난과는 비할 수 없을 정도로 지극히 크리라는 것(6-8절). 좀 더 살펴보자.

1. 과거에 교회의 처지는 얼마나 괴로웠던가. 교회는 어릴 때에 아내가 되었다가 남편을 일찍 사별하거나 남편으로부터 버림받은 아내와 같았다. 그녀는 이 때문에 너무도 놀라서 근심하고 시름이 더욱 깊어졌다. 또는, 교회는 버림을 받아서 불만으로 가득 차 있는 자와 같았다. 하나님과 혼인한 자들일지라도 버림받은 것처럼 보일 수 있고, 그러한 생각 때문에 마음에 근심하게 될 수

있다는 것을 명심하라. 그들은 결코 영원히 버림받아서 절망에 빠지게 되지는 않겠지만 잠시 동안은 버림 받았다는 생각에 당혹해하고 고통 속에 있을 수 있다. 이러한 비유는 잠시 후에 설명된다(7-8절). 내가 잠시 너를 버렸고 넘치는 진노로 내 얼굴을 네게서 잠시 가렸다. 하나님께서 자기 백성을 환난 가운데 오랫동안 두시면 그가 그들을 버린 것처럼 보이게 되고, 원수들도 그렇게 해석하며(시 71:11), 하나님의 백성들 자신도 그렇게 오해한다(사 49:14). 그들이 환난 가운데서 기도를 하지만 응답을 받지 못하여 위로를 받을 수 없을 때, 하나님은 마치 그들을 무시하거나 그들에게 어떠한 인자도 베풀 계획이 없는 듯 그들로부터 얼굴을 가리시는 것이다. 하나님은 직접 자기가 그렇게 하였다고 인정하신다. 왜냐하면, 하나님은 자기 백성의 환난을 그런 식으로 설명하고 계시기 때문이다. 하나님은 그 얼굴을 악인에게 향하시는 것처럼(시 34:16) 자기 백성에게 향하신 적은 결코 없으시지만 자기 백성에게 등을 돌리신 일은 자주 있었다고 인정하신다. 이런 일은 하나님의 진노로 인해서 생겨난 일이었다. 하나님께서는 진노하셔서 그들을 버리셨고 그들에게서 얼굴을 숨기셨다(사 57:17). 그렇지만 그것은 잠시뿐이었다. 하나님의 진노는 결코 작은 일이 아니고 사람들이 무시해도 될 일은 아니지만(누가 주의 노여움의 능력을 알리이까), 그들이 마땅히 받았어야 할 진노, 하나님께서 진노를 다 쏟아 부으셨을 때에 그들이 받았어야 할 것에 비하면 작은 것이다. 그가 마땅히 내셔야 했던 진노를 다 내신 것이 아니었다. 그러나 하나님의 백성은 하나님께서 아무리 조금 진노하신다고 하여도 그것을 알게 되면 마음에 근심할 수밖에 없다. 또한, 하나님의 진노는 단지 잠시 동안만 지속될 뿐이다. 왜냐하면, 하나님은 자기 백성을 향하여 영원히 진노하시지는 않기 때문이다. 아니, 하나님의 진노는 금방 지나간다. 하나님은 노하기를 더디하시는 것과 마찬가지로 긍휼을 보이시는 데에 신속하시다. 하나님의 백성이 겪는 환난은 가벼울 뿐만 아니라 잠시 지속되는 것으로서 곧 걷히는 구름과 같다.

2. 하나님께서 그들로 하여금 환난을 겪게 하신 후에 그들을 위로하시러 오실 때에 그 긍휼하심이 그들에게 얼마나 달콤할 것인가. 하나님은 그들이 버림을 받고 근심에 쌓여있던 때에 그들을 부르셔서 자기와 언약을 맺게 하셨다. 하나님은 그들이 가장 절박했던 때에 그들을 환난에서 건져내셨다(6절). 하나님의 진노는 잠시 동안만 지속될 것이기 때문에, 하나님은 그들이 버림을 받았

다고 생각할 때에 자기 백성을 모으실 것이고, 그들이 무리를 이루어서 그들의 땅으로 돌아올 수 있도록 여러 흩어진 곳에서 그들을 모으실 것이며, 그들을 팔로 안으셔서 보호하시며 지켜주실 것이고, 마침내 그들을 자기에게로 모으셔서 알곡을 곳간에 들이실 것이다. 하나님은 그들에게 긍휼을 베푸실 것이다. 이것은 하나님께서 진노를 거두시고 그들을 다시 받아들이셔서 은총을 베푸실 것임을 전제한다. 하나님이 자기 백성을 모으시는 것은 그들에게 어떤 공로가 있어서가 아니라 하나님의 긍휼하심 때문이다. 그 일은 큰 긍휼(7절)과 영원한 자비(8절)로 행해질 것이다. 진노는 작았지만, 긍휼하심은 클 것이다. 진노는 잠시였지만, 인자하심은 영원할 것이다. 하나님께서 이렇게 진노와 긍휼을 대비시키시는 것을 보라. 이것은 우리로 하여금 환난을 당할 때에 의기소침하거나 낙심하지 않도록 하기 위한 것이다.

Ⅱ. 하나님께서 자기 백성에게 베푸실 은총은 장차 있을 위험들에도 불구하고 변함없을 것이고 그 인자하심도 영원하리라는 것. 왜냐하면, 그것은 여기에서 화평의 언약이라고 불리는 언약으로 만들어져 있기 때문이고, 하나님과 그들간의 화해를 토대로 하고, 모든 선한 것을 포함하고 있기 때문이다.

1. 이것은 섭리의 언약처럼 확고하다. 이것은 노아의 홍수와 같다. 즉, 이것은 하나님께서 노아의 홍수가 끝난 후에 다시는 여름과 겨울, 씨를 뿌리는 때와 추수의 때를 교란시키는 이런 일이 없을 것이라고 약속하신 것과 마찬가지로 확고한 약속이다(9절). 당시에 하나님께서는 큰 진노 가운데서 일 년을 꼬박 세상과 다투셨지만, 마침내 긍휼하심, 영원한 긍휼하심을 다시 베푸셨다. 왜냐하면, 하나님은 자신의 맹세만큼이나 결코 깨뜨려질 수 없었던 자신의 말씀, 즉 노아의 홍수가 다시는 있지 않을 것이고 그가 세상을 다시 물에 빠뜨리는 일은 없으리라는 말씀을 주셨기 때문이다(창 8:21-22; 9:11을 보라). 그 때 이후로 세상은 계속해서 하나님을 진노케하여 왔지만, 하나님은 자기가 한 말씀을 지키셨고, 앞으로도 끝까지 지키실 것이다. 왜냐하면, 지금 있는 세상은 장차 불에 태워지기 위하여 보존되고 있는 것이기 때문이다. 이렇게 은혜의 언약은 깨뜨려질 수 없다. 내가 전에 그랬던 것처럼 네게 노하지 아니하며 내가 전에 그랬던 것처럼 너를 책망하지 아니하기로 맹세하였노라. 하나님은 그들에게 진노하셔서 그들을 버리시고 그들과의 언약을 깨뜨리지 않으실 것이고(시 89:34), 이방나라들에게 그러셨듯이 그들을 책망하시고 멸하셔서 그들의 이름을 영원히

지우시지 않으실 것이다(시 9:5).

2. 이 말씀은 피조물 중에서 가장 견고한 것들보다 더 확고하다(10절). 영원한 산들이라고 불리는 산들이 떠나며 무궁한 작은 산이라 불리는 언덕들은 옮겨질 것이다(합 3:6). 그러한 것들이 옮겨질지라도 하나님께서 자기 백성과 맺은 언약은 깨지지 않을 것이다. 산들은 종종 지진에 의해서 흔들리거나 없어져 버린다. 하나님께서 하신 약속들은 그 어떤 사건의 충격에 의해서도 결코 깨뜨려지지 않았다. 모든 산들이 떠나며 언덕들이 옮겨지게 될 날, 즉 모든 크고 작은 산들의 꼭대기가 노아의 홍수에 의해서 그랬던 것처럼 다 덮여버릴 뿐만 아니라 그 뿌리조차도 무너져 버릴 날이 올 것이다. 왜냐하면, 땅과 거기에 있는 모든 것들은 다 장차 불태워지기 위하여 존재하는 것이기 때문이다. 그러나 그 때가 되어도 하나님과 믿는 자들 사이에서 맺어진 화평의 언약은 계속 되어서, 그 언약의 자녀들인 모든 자들은 지극한 복을 영원히 누리며 살게 될 것이다. 큰 산들과 작은 산들 또는 언덕들은 위대한 인물들을 상징한다. 이러한 산들이(아틀라스처럼) 하늘을 떠받치고 있는 것처럼 보이는가? 그 산들은 모두 떠나가고 없어질 것이다. 피조물을 신뢰하게 되면, 우리는 반드시 실망하게 될 것이다. 작은 산들과 큰 산들로부터 구원을 바라는 것은 헛된 일이다. 그러나 하늘 위로 우뚝 솟아 있는 것처럼 보이는 산들이 사라졌을 때에도 궁창(firmament), 곧 하늘은 견고하여(firm) 그 이름 값을 할 것이다. 우리의 친구들이 우리를 실망시킬 때, 우리의 하나님은 우리를 실망시키지 않으시고, 하나님의 인자하심은 우리를 떠나지 않는다. 펠리온(Pelion) 산이나 옷사(Ossa) 산 같은 산들이 하늘 위로 솟아올라서 하늘에 도전하는 듯이 보이는가? 이 땅의 왕들과 통치자들이 여호와를 대적하는가? 그들은 곧 옮겨지고 제거될 것이다. 교회의 구원의 길을 가로막는 큰 산들은 평지가 될 것이다(슥 4:7). 그러나 하나님의 인자하심은 자기 백성을 결코 떠나지 않을 것이다. 왜냐하면, 하나님은 사랑하시는 자들을 끝까지 사랑하시기 때문이다. 또한, 자기 백성을 긍휼히 여기시는 주이시기 때문에 화평의 언약도 결코 없어지지 않을 것이다. 이 언약은 언제든지 변할 수 있고 불확실한 우리의 공로 위에 지어진 것이 아니라 영원부터 영원까지 존재하는 하나님의 긍휼하심 위에 지어져 있기 때문에 움직여질 수 없고 깨뜨려질 수 없다.

[11]너 곤고하며 광풍에 요동하여 안위를 받지 못한 자여 보라 내가 화려한 채색으로 네 돌 사이에 더하며 청옥으로 네 기초를 쌓으며 [12]홍보석으로 네 성벽을 지으며 석류석으로 네 성문을 만들고 네 지경을 다 보석으로 꾸밀 것이며 [13]네 모든 자녀는 여호와의 교훈을 받을 것이니 네 자녀에게는 큰 평안이 있을 것이며 [14]너는 공의로 설 것이며 학대가 네게서 멀어질 것인즉 네가 두려워하지 아니할 것이며 공포도 네게 가까이하지 못할 것이라 [15]보라 그들이 분쟁을 일으킬지라도 나로 말미암지 아니한 것이니 누구든지 너와 분쟁을 일으키는 자는 너로 말미암아 패망하리라 [16]보라 숯불을 불어서 자기가 쓸 만한 연장을 제조하는 장인도 내가 창조하였고 파괴하며 진멸하는 자도 내가 창조하였은즉 [17]너를 치려고 제조된 모든 연장이 쓸모가 없을 것이라 일어나 너를 대적하여 송사하는 모든 혀는 네게 정죄를 당하리니 이는 여호와의 종들의 기업이요 이는 그들이 내게서 얻은 공의니라 여호와의 말씀이니라

하나님은 여기에서 자기 백성이 환난 가운데 있더라도 그들을 이전처럼 계속해서 사랑하실 뿐만 아니라 그들을 회복시켜서 이전처럼 형통하게 하시고, 아니 그들이 이전에 누려본 적이 없던 큰 형통을 그들에게 주실 것이라고 아주 보배로운 약속들을 비천한 처지에 있는 교회에게 하신다. 앞 장에서 우리는 그리스도의 낮아지심과 높아지심에 관한 것들을 보았는데, 여기에서는 교회의 낮아짐과 높아짐을 보게 된다. 왜냐하면, 우리가 그리스도와 함께 고난을 받으면 그리스도와 함께 다스리게 될 것이기 때문이다. 좀 더 살펴보자.

I. 하나님의 섭리에 의해서 교회가 곤고한 처지로 전락함(11절).   "폭풍으로 말미암아 닻이 끊겨서 망망한 대해로 급히 휩쓸려가서 파도에 의해 금방이라도 삼켜져 버릴 위기에 처해있는 배와 같이 광풍에 요동하는 너 곤고하며 가엾고 궁핍한 무리여, 그러한 처지에서 너를 동정하고 불쌍히 여기는 친구로부터 전혀 안위를 받지 못하고 격려의 말 한 마디 듣지 못하며(전 4:1) 고통을 줄여줄 수 있는 그 어떤 방책이나 환난에서 벗어날 어떤 전망에 의해서도 위로를 받지 못하는 자여." 이것은 바벨론에 포로로 잡혀 있던 유대인들의 처지였고, 나중에는 안티오쿠스 치하에서 유대인들이 한동안 처해 있었던 모습이었다. 또한, 이것은 흔히 기독 교회들과 개별 신자들의 처지이기도 하다. 밖으로는 싸움이 있고 안으로는 두려움이 있다. 그들은 폭풍우를 만나서 곧 죽게 된 제자들과

같다. 그들의 믿음은 어디에 있는가?

Ⅱ. 교회가 영광스러운 상태로 나아가게 되리라고 약속하심. 하나님은 그의 교회가 환난을 당하여 곤고한 상태에 있다는 것을 아시고, 교회가 그 어떤 다른 위로자도 없이 아무런 위로도 받지 못하고 가장 비탄에 잠겨 있을 때에 교회를 위로하신다. 하나님의 백성은 환난 가운데 있으면서 풍랑에 요동할 때에 하나님께서 그들의 근심과 두려움을 아시고, 그들이 어떠한 환난 아래에 있는지, 어떤 곤고함 속에 있는지, 어떠한 위로를 필요로 하는지를 아시고서 이러한 말씀들을 통해서 그들을 위로하시는 것을 들을 줄 알아야 한다. 그들이 슬퍼할 때에 그런 그들을 보시고 하나님께서도 슬퍼하시며 불쌍히 여기시는 마음으로 이렇게 말씀하신다. 너 곤고하며 광풍에 요동하여 안위를 받지 못한 자여. 왜냐하면, 그들이 온갖 환난 속에서 괴로움을 당하는 동안에 하나님께서도 그들과 더불어서 괴로움을 당하기 때문이다. 그러나 이것이 전부가 아니다. 하나님은 교회를 환난 가운데서 건지시겠다고 약속하시고, 교회를 형통케 하시기 위하여 그가 행하실 큰 일들에 다시 확인해 주심으로써 교회를 격려하신다.

1. 교회가 지금은 수모를 당하고 있지만, 하나님은 교회에게 아름다움과 존귀함을 가져다줄 일, 교회가 스스로 유쾌함을 느끼고 다른 사람들의 눈에 사랑스럽게 보이도록 해줄 일을 약속하신다.

(1) 그러한 약속은 여기에서 도성과 관련된 비유를 통해서 주어지는데, 이러한 비유는 적절하다. 왜냐하면, 교회는 살아계신 하나님의 도성, 즉 하늘의 예루살렘이기 때문이다. 예루살렘은 지금 폐허가 된 채로 쓰레기 더미가 되어 있지만 머지않아 재건되어서 아름답게 장식되고, 이전보다 더 장엄한 모습을 보여주게 될 것이다. 돌들은 단지 견고하게 쌓아질 뿐만 아니라 형형색색으로 채색되어 아름답게 쌓아질 것이다. 거기에 사용될 돌들은 눈부시게 빛나는 돌들이 될 것이다(대상 29:2). 도성의 기초는 여기에 언급된 온갖 보석들 중에서 가장 보배로운 청옥으로 놓아지거나 장식될 것이다. 왜냐하면, 교회의 터인 그리스도, 그리고 사도들과 선지자들이라는 토대는 다른 그 어떤 것보다 더 보배롭기 때문이다. 이 집, 도성 또는 성전의 벽들은 홍보석으로 만들어질 것이고, 문은 석류석으로 만들어질 것이며, 모든 지경들(뜰을 둘러싸고 있는 담벽들, 또는 도성이나 성전의 경계를 나타내는 울타리들)은 보석으로 꾸며질 것이다(12절). 사실 이것은 문자 그대로 이루어진 것은 아니었다. 그러나 이 비유는 다음과

같은 것들을 보여준다.

[1] 하나님께서 그의 교회를 은혜로 짓는 일에 착수하셨기 때문에 우리는 지극히 크고 놀라운 일이 교회와 관련하여 행해지리라는 것을 기대할 수 있다는 것.

[2] 신약의 교회의 영광은 외적인 웅장함과 화려함에서가 아니라 무한히 더 가치있는 성령의 은사들과 은혜들, 진주보다 더 귀하고(잠 3:15) 마노와 청옥보다 더 귀하며 남보석으로도 그 값을 당하지 못하는(욥 28:16, 19) 저 지혜에 있어서 유대 교회의 영광을 훨씬 능가하게 되리라는 것.

[3] 이 세상의 부와 세상에서 가장 보배로운 것으로 여겨지는 것들은 교회의 모든 참된 지체들에 의해서 그러한 것들보다 훨씬 뛰어난 하늘의 보화에 비해서 아무런 가치도 없고 영광도 없는 것으로 멸시를 받게 되리라는 것. 이 세상의 자녀들이 보화로 여기고서 그들의 마음속에서 아주 끔찍하게 소중히 여기는 것들을 하나님의 자녀들은 성벽이나 성문, 지경들을 포장하는 데에 사용하여, 그것들이 마땅히 있어야 할 곳, 즉 그들의 발 아래에 그런 것들을 두게 될 것이다.

(2) 교회의 아름다움과 존귀함이 될 것들이 구체적으로 여기에서 약속되고 있는데, 그것들은 지식과 거룩함, 사랑, 하나님의 형상이다. 인간은 그런 것 속에서 창조되었고, 그런 모습으로 새롭게 회복될 것이다. 복음성전은 이러한 청옥과 석류석 등과 같은 보석들로 풍부해지고 아름답게 장식될 것인데, 그러한 보석들은 사도 바울이 터 위에 세워질 금이나 은 보석에 비유하였던 말씀의 능력에 의해서 이루어진 일들을 가리킨다(고전 3:12). 그러므로 교회는 다음과 같은 때에 지극히 영화롭게 된다.

[1] 교회가 하나님을 아는 지식으로 가득할 때에. 이것은 여기에서 약속되고 있다(13절). 네 모든 자녀는 여호와의 교훈을 받을 것이다. 하나님에게서 태어난 교회의 자녀들은 하나님에게서 가르침을 받게 될 것이다. 그들은 하나님께서 양자로 택하신 그의 자녀들이기 때문에, 하나님은 그들의 교육도 책임지실 것이다. 앞에서는 교회의 자녀들이 많을 것임이 약속되었었다(1절). 그러나 자녀들의 수가 많아지면 흔히 그런 가정에서 종종 그렇듯이 자녀들의 교육이 소홀히 되고 자녀들이 적을 때와는 달리 세심하게 교육이 이루어지지 못할 것이라고 우리가 생각하지 않도록 하기 위하여 하나님께서는 여기에서 그 일을 자기

손으로 직접 맡으시겠다고 약속하신다. 그들은 여호와의 교훈을 받을 것이다. 하나님만큼 잘 가르칠 수 있는 자는 아무도 없다.

첫째, 이 말씀은 교훈의 수단, 하나님께서 제정하심으로써 그 권한을 인정하신 그러한 수단들에 관한 약속이다. 그들은 하나님의 교훈을 받을 것이다. 즉, 그들은 하나님께서 지명하실 자들에 의해서 가르침을 받게 될 것이고, 하나님은 자기 백성을 가르치는 자들을 친히 지휘하시고 축복하실 것이다. 하나님은 가르침의 수단들을 정해 놓으실 것이고, 그의 말씀과 규례들을 통해서 구약교회에서보다 훨씬 더 큰 빛을 널리 퍼뜨리실 것이다. 하나님은 교회의 자녀들을 가르치시는 일에 큰 관심을 쏟으셔서 하나님을 아는 지식이 세대에서 세대로 전해질 수 있게 하실 것이고 작은 자부터 큰 자에 이르기까지 모든 자녀들이 그 지식으로 풍성함을 얻게 하실 것이다.

둘째, 이 말씀은 빛을 비춰서 조명해 주실 성령을 주시겠다는 약속이다. 우리 구주께서는 이 말씀을 인용해서 복음의 은혜에 적용하셨는데, 그를 믿게 된 모든 자들을 통해서 이 말씀이 성취되었다고 설명하신다(요 6:45). 선지자의 글에 그들이 다 하나님의 가르치심을 받으리라 기록되었다. 이 말씀을 토대로 우리 구주께서는 아버지에게서 듣고 배운 자들, 진리가 예수 안에 있는 것 같이 그에게서 가르침을 받은 자들만이 믿음으로 그에게 오는 것이라고 추론하신다(엡 4:21). 하나님께서는 그리스도인들에게 은혜의 성령을 풍성히 부어주셔서 그들에게 모든 것을 가르치게 하실 것이다(요 14:26).

[2] 교회의 지체들이 서로 사랑하며 하나가 되어 살아갈 때. 네 자녀에게는 큰 평안이 있을 것이다. 평안은 여기에서 지극히 좋은 것으로 해석된다. 하나님을 아는 지식이 없는 곳에는 그 어떠한 선한 것도 기대할 수 없는 것과 마찬가지로, 하나님에게서 가르침을 받아서 하나님을 아는 자들은 현세와 내세에서 형통할 수 있는 길에 들어서 있는 것이다. 하나님의 법을 알고 사랑하는 자에게는 큰 평안이 있다(시 119:165). 그러나 평안은 흔히 사랑과 하나됨을 나타낸다. 따라서 우리는 여기에서 평안을 그렇게 해석할 수 있다. 하나님에게서 가르침을 받는 모든 자들은 서로 사랑하라고 가르침을 받는다(살전 4:9). 서로 사랑하게 되면, 교회의 자녀들 사이에는 계속해서 평안이 지켜질 것이고, 그들이 정도에서 떨어져나가는 것도 방지될 것이다.

[3] 거룩함이 지배할 때에. 왜냐하면, 거룩은 그 어떤 것보다도 교회의 아름

다움이기 때문이다(14절). 너는 의로 설 것이다. 행실을 고치는 것, 정결의 회복, 공의의 올바른 시행, 사람들 가운데서 정직과 공정한 거래가 자리 잡는 것 등이 이루어지면, 교회나 국가는 힘과 안정을 얻게 된다. 그리스도의 복음에 의해서 세워진 하나님의 나라는 먹고 마시는 것에 있는 것이 아니라 이러한 의와 평강과 거룩함과 사랑에 있다.

2. 교회는 지금 위험 속에 놓여 있지만, 하나님은 교회를 보호하고 안전하게 해줄 일을 약속하신다.

(1) 하나님은 여기에서 교회가 곤고한 날에 밖으로는 싸움들이 있었고 안으로는 두려움들이 있었지만 이제 교회는 이 둘로부터 안전하게 될 것이라고 약속하신다.

[1] 안으로 두려움이 없게 될 것이다(14절). "학대가 네게서 멀어질 것이다. 너를 압제했던 자들이 제거될 것이고, 앞으로 너를 압제하고자 하는 자들은 그 손발이 묶이게 될 것이다. 그러므로 너는 두려워하지 않게 될 것이다. 너는 이제 아무런 위험 속에도 처해 있지 않기 때문에, 압제당했던 일을 까마득한 옛날 일로 여기게 될 것이다. 너는 전혀 공포를 느끼지 못하게 될 것인데, 해악만이 아니라 해악을 입을지도 모른다는 두려움도 네게 가까이 하지 못하게 될 것이다. 왜냐하면, 그러한 것들이 네게 가까이 올 수 없어서, 너를 해치거나 놀라게 할 수 없을 것이기 때문이다." 압제가 멀어지면 공포도 멀어진다. 통치자의 매가 압제의 뱀으로 변하면, 그것처럼 사람들에게 큰 공포로 다가오는 것은 없다. 왜냐하면, 압제의 뱀과는 맞설 방법이 없고, 그것으로부터 도망가는 것도 불가능하기 때문이다.

[2] 밖으로는 싸움이 없을 것이다. 그들을 모욕하거나 그들의 땅을 침략하거나 그들의 성읍을 포위하고자 하는 시도들이 있겠지만, 그것들은 모두 헛되어서 하나도 성공하지 못할 것이다(15절). "그들이 분쟁을 일으키는 일은 있을 수 있고, 너는 그런 일을 예상하고 있어야 한다." 지옥과 세상의 연합군은 공격을 계속할 것이다. 지옥의 마귀가 있고 음부로부터 나오는 박해자가 있는 한, 하나님의 백성은 전쟁을 알리는 경보가 자주 울리리라는 것을 예상하여야 한다. 첫째로, 하나님은 그러한 싸움들을 인정하지 않으실 것이고, 그들에게 그러한 싸움을 할 권세를 위임하거나 그 싸움들을 지지하지 않으실 것이다. 그들은 서로 함께 모여서 손에 손을 잡고 힘을 합치겠지만, 그것은 나로 말미암지 아니한

것이다. 하나님은 산헤립에게 그랬듯이 그들에게 탈취하며 노략하라는 명령을 내리지 않으셨다(사 10:6). 둘째로, 그 결과 그들의 시도는 그들 자신의 파멸로 끝나게 될 것이다. "누구든지 너와 분쟁을 일으키는 자는 그 수가 아무리 많고 그 힘이 아무리 막강하다고 하여도 그들의 뜻이 좌절될 뿐만 아니라 그들은 결국 너로 말미암아 패망하거나 너에 대한 그들의 적대행위에 대한 합당한 징벌을 받아서 네 앞에서 멸망하게 될 것이다." 하나님은 자기 백성이 드린 기도들에 대한 응답으로써 그리고 그들에게 행한 약속들을 따라서 그의 교회에 대한 사랑과 돌보심으로 인하여 그들을 멸망하게 만드실 것이다. "너로 하여금 서게 하기 위하여 그들을 넘어지게 하리라"(시 27:2).

(2) 우리가 지극히 큰 확신을 가지고서 하나님께서 그의 교회를 안전하게 하시리라는 것을 믿고 의지할 수 있도록 하기 위하여 하나님께서는 여기에서 다음과 같이 하신다.

[1] 교회의 원수들을 넉넉히 이기실 수 있는 하나님의 능력을 역설하심(16절). 사실을 말하자면, 그들은 위로부터 그들에게 주어진 것 외에는 아무런 권세도 지니고 있지 않다. 그들에게 권세를 주신 하나님은 그들을 제한하시고 억제하실 수 있다. 네가 여기까지 오고 더 넘어가지 못하리리라.

첫째, 그들은 전쟁을 위한 갑옷이나 무기 없이는 그들의 계획을 수행할 수 없다. 그러한 무기들을 만드는 장인은 하나님의 피조물이고, 하나님은 장인에게 쇠와 놋쇠로 작업하고 특히 전쟁을 위한 도구들을 만들 수 있는 재주를 주셨다. 사람들은 그렇지 않아도 너무 빨리 죽는 데도 불구하고 사람을 죽이는 도구를 만들어서 서로를 죽이는 방법과 수단들을 찾아내는 일에 너무도 큰 열정과 열심을 보이고 있다는 것을 생각하면 정말 우울해진다. 장인은 먼저 쇠를 부드럽게 만들어서 어떠한 모양으로도 두들겨 만들 수 있도록 하기 위하여 숯불을 부는데, 이렇게 부드러워진 쇠를 다시 강철로 단단하게 하여서 파괴하는 자들의 일에 쓸 만한 연장을 제조한다. 전쟁의 시대는 철기시대이다. 그러나 장인을 창조하신 분은 하나님이시기 때문에, 하나님은 얼마든지 장인의 손을 묶으셔서, 원수들이 병장기가 없어서 그 뜻을 이룰 수 없게 만드실 수 있다(원수들이 아무리 많은 계획을 실행에 옮긴다고 하여도). 또는, 병기를 제조하는 장인은 여기에서 아마도 전쟁을 꿈꾸며 숯불을 피우고 전쟁 계획을 만들어 내는 것에 대한 비유로 사용된 것일 수 있다. 하나님께서 허락하지 않으시면, 원수들이 세우는 그 어떤 전쟁 계획도 아무 소용이 없을 것이다.

둘째, 그들은 전쟁을 수행할 사람들, 즉 병사들이 없이는 전쟁을 일으킬 수 없다. 그런데, 파괴하며 진멸하는 자를 창조하신 분은 하나님이시다. 군인들은 그들의 거창한 직함과 화려한 칭호들을 무척 소중히 여기고, 일반 병사들조차도 스스로를 신사라고 부른다. 그러나 하나님은 그들을 파괴하며 진멸하는 자로 부르신다. 왜냐하면, 파괴하고 진멸시키는 일이 그들이 하는 일이기 때문이다. 그들은 그들 자신의 독창성과 수고와 경험이 그들을 병사들로 만들어 주었다고 생각한다. 그러나 그들을 창조하시고 그들에게 그러한 위험한 일을 할 수 있는 힘과 정신을 주신 분은 하나님이시다. 그러므로 하나님은 그들을 억제하실 수 있을 뿐만 아니라 그들을 통해서 자신의 목적과 계획을 이루실 수 있다.

[2] 교회를 안전하게 지키시겠다는 하나님의 약속은 여호와의 종들의 기억으로 엄숙히 제시된다(17절). 따라서 그들은 하나님께서 전쟁터에서와 법정에서 그들의 대적들로부터 그들을 보호해 주시리라는 것을 믿고 의지할 수 있다.

첫째, 하나님은 전쟁터에서 무력과 폭력, 칼을 사용해서 그들을 멸하고자 하는 원수들로부터 그들을 보호해 주실 것이다. "너를 치려고 제조된 모든 연장이 쓸모가 없을 것이다(장인이 숯불을 피워서 아무리 정교하게 병장기를 만들었고, 파괴하며 진멸하는 자가 아무리 노련하게 그 병장기를 사용한다고 해도, 16절). 그 병장기들은 결국 하나님의 백성에게 어떤 해악을 끼칠 정도로 충분히 강력하지 않다는 것이 입증될 것이다. 원수들이 사용하는 병장기는 그 과녁을 빗나갈 것이고, 그들의 손에서 떨어져 나가거나 너를 공격하는 자의 얼굴로 되돌아갈 것이다." 교회를 치려고 제조된 모든 연장이 쓸모가 없을 것이라는 사실은 교회의 복이다. 그러므로 교회의 원수들의 어리석음이 결국 만천하에 드러나게 될 것이다. 왜냐하면, 그들은 그들 스스로를 파멸시킬 도구들과 연장들을 준비해왔다는 것이 드러날 것이기 때문이다.

둘째, 하나님은 정의라는 미명하에 법정에서 그들을 짓밟고자 하는 대적들로부터 그들을 보호하실 것이다. 전쟁의 병기들이 별 효과가 없을 때, 원수들은 법정에서 일어나 혀를 그 무기로 사용한다. 이 두 가지는 교회를 멸하고자 하는 음부의 권세에 속해 있다. 왜냐하면, 원수들은 무기고와 병참 창고만이 아니라 법정도 그들의 수중에 쥐고 있기 때문이다. 법정에서 일어나 교회를 대적하는 혀들은 마치 하나님의 자녀들이 그들의 합법적인 포로들이라도 되기나 하는 것처럼 그들의 양심을 억압할 권세를 쥐고 있는 척하며 그들에 대한 지배권을 요구하거나 하나님의 자녀들을 중상모략하고 거짓으로 고소하여 그들을 백성들에게는 미움받는 자들로, 정부에게는 골치아픈 자들로 만들어 버리고자 애쓴다. 유대인들을 미워하였던 원수들은 바사 왕들로 하여금 유대인들에게 진노케 하기 위하여 그런 짓을 하였다(스 4:12; 에 3:8). "그러나 이러한 모욕하고 위협하는 혀들을 너는 단죄하게 될 것이다. 너는 그들의 오만방자한 요구들에 대하여 지혜롭게 대답하여서 그들의 악의적인 의도들을 잠재우게 될 것이다. 너는 대적들의 양심에서조차도 내가 그들이 모함하는 그런 자가 아니라는 것을 분명하게 나타내 줄 일을 행함으로써 선행으로 그들의 입을 막게 될 것이다(벧전 2:15). 그들은 내게 정죄를 당하리라. 즉 하나님께서 너를 위하여 그들을 정죄하실 것이다. 하나님은 네 의를 빛 같이 나타내시리라(시 37:6). 노아가 방주를 지어서 자기집을 구원함으로써 그를 경멸했던 자들을 경멸하며 그를 비방하였던 옛세상을 정죄하였던 것처럼 너도 그들을 그렇게 정죄하게 될 것이다." 악인들이 하나님을 거슬러 한 모든 완악하고 험한 말들로 말미암아 하나님께서 악인들에게 그 책임을 물어서 정죄하실 날이 다가오고 있다(유 1:15).

마지막에 나오는 어구는 이 약속만이 아니라 그 앞에 나왔던 모든 것을 가리킨다. 이는 여호와의 종들의 기업이다. 하나님의 종들은 하나님의 아들들이다. 왜냐하면, 하나님께서는 그들에게 풍성하고 확실하며 결코 무효가 될 수 없는 유업을 주셨기 때문이다. 하나님께서 주신 약속들은 그들의 영원한 기업이다(시 119:111). 이는 그들이 내게서 얻은 공의니라 여호와의 말씀이니라. 하나님께서는 그들의 주장이 의롭다는 것을 사람들 앞에서 만천하에 분명하게 나타내실 것이다. 그들의 의는 하나님에게서 나온 것이다. 따라서 하나님은 그 의를 아시고 반드시 변호해 주실 것이다. 또는, 그들의 의, 그들이 불의하게 겪은 모든 일에 대한 상은 이 땅을 심판하시는 하나님, 의인에게 반드시 상을 내리시는 하나님께로부터 올 것이다. 또는, 그들의 의 자체, 그들 속에 있는 선하고 의로운 모든 것은 그들 속에서 그런 일을 행하신 하나님으로부터 온 것이다. 그것은 그들에게 의가 되신 그리스도께 속한다. 내세에 하나님으로부터 기업을 받게 되어 있는 자들 속에서 하나님은 지금 역사하셔서 의를 이루신다.

제
— 55 —
장

개요

53장에는 그리스도에 관한 내용이 많이 나왔고, 54장에는 그리스도의 교회에 관한 내용이 많이 나왔다고 한다면, 이 장에는 하나님께서 그리스도 안에서 우리와 맺은 은혜의 언약에 관한 내용이 많이 나온다. 이 장에서 약속되고 있는 "다윗에게 허락한 확실한 은혜"(3절)를 사도는 그리스도의 부활로부터 우리에게 흘러오는 은혜들에 적용하는데(행 13:34), 이것은 이 장을 해석하는 열쇠 역할을 한다. 이 약속의 말씀은 당시에 살고 있었던 하나님의 백성, 특히 바벨론에 포로로 잡혀가 살고 있던 자들과 그 후로 전 세계에 흩어져 살았던 이스라엘의 디아스포라를 위로하기 위한 것일 뿐만 아니라, 그들과 마찬가지로 이 복음을 전해받은 우리를 위로하기 위한 것이기도 하다. 이 약속의 말씀은 신약에서 훨씬 더 분명하고 온전하게 성취되었다. I. 모든 자들에게 와서 복음의 은혜가 주는 은택을 받으라고 은혜로 값 없이 초청하심(1절). II. 강력한 근거들을 제시하며 이 초청을 받아들이라고 강권하심(2-4절). III. 이방인들 중에서 이 초청이 성공을 거두게 될 것이라는 약속(5절). IV. 회개하고 삶을 고치라는 권면과 그렇게 하면 죄 사함을 얻게 될 것이라고 크게 격려하는 말씀(6-9절). V. 하나님의 말씀은 반드시 이루어진다는 것을 들어서 이 모든 초청의 말씀을 다시 한 번 확인하심(10-11절). 유대인들이 포로 생활로부터 돌아오게 된 것은 이 약속의 말씀이 성취된 구체적인 사례였는데, 이 사건은 여기에 나와 있는 모든 약속들이 장차 성취될 것임을 보여주는 하나의 증표로 의도된 것이었다.

[1] 오호라 너희 모든 목마른 자들아 물로 나아오라 돈 없는 자도 오라 너희는 와서 사 먹되 돈 없이, 값 없이 와서 포도주와 젖을 사라 [2] 너희가 어찌하여 양식이 아닌 것을 위하여 은을 달아 주며 배부르게 하지 못할 것을 위하여 수고하느냐 내게 듣고 들을지어다 그리하면 너희가 좋은 것을 먹을 것이며 너희 자신들이 기름진 것으로 즐거움을 얻으리라 [3] 너희는 귀를 기울이고 내게로 나아와 들으라 그리하면 너희의 영혼이 살리라 내가 너희를 위하여 영원한 언약을 맺으리니 곧 다윗에게 허락한 확실한 은혜이니라 [4] 보라 내가 그를 만민에게 증인으로 세웠고 만민의 인도자와 명

령자로 삼았나니 ⁵보라 네가 알지 못하는 나라를 네가 부를 것이며 너를 알지 못하는 나라가 네게로 달려올 것은 여호와 네 하나님 곧 이스라엘의 거룩하신 이로 말미암음이니라 이는 그가 너를 영화롭게 하였느니라

이 단락에는 다음과 같은 내용들이 나온다.

I. 우리는 모두 하나님께서 그 은혜로 새 언약 가운데서 가엾은 영혼들을 위하여 마련해 놓으신 것, 여호와의 종들의 기업인 것(사 54:17), 내세에서 그들의 기업일 뿐만 아니라 지금 여기에서도 그들에게 주어지는 은택을 받으라는 초청을 받는다(1절). 좀 더 살펴보자.

1. 누가 초청되고 있는가. 오호라 모든 자들아, 구원의 말씀을 먼저 전해 들은 유대인들만이 아니라 이방인들, 가난한 자들과 불구인 자들, 절름발이들과 눈 먼 자들, 아니 한길가와 골목길에서 데려올 수 있는 모든 자들이 이 혼인 잔치에 초청된다. 이것은 그리스도 안에는 모든 자들을 위하여 충분한 것이 있고 각자를 위하여 충분한 것이 있다는 것, 사역자들은 생명과 구원의 말씀으로 모든 자들을 차별없이 초청하여야 한다는 것, 복음 시대에는 이러한 초청이 과거보다 더 광범위하게 이루어지고 이방인들에게도 이루어지리라는 것, 복음의 언약은 스스로 배제시키는 자 외에는 아무도 배제시키지 않는다는 것을 보여 준다. 이 초청의 말씀은 오호라라는 주목을 촉구하는 말로 시작된다. 귀 있는 자는 들을지어다.

2. 어떤 자격을 갖춘 자들이 환영을 받게 될 것인가. 그들은 목말라야 한다. 복음의 은혜를 환영하는 모든 자들, 오직 그러한 조건 위에서만 모든 자들이 복음의 은혜에서 환영을 받게 될 것이다. 이 세상과 그 즐거움들을 자신의 분깃으로 삼아서 거기에 만족하고 하나님의 은혜 속에서 복을 구하지 않는 자들, 그들 자신의 공로를 자신의 의로 삼고서 그리스도와 그의 의에 대하여 전혀 필요성을 느끼지 않는 자들, 이런 자들은 목마르지 않은 것이다. 그들은 그들에게 무엇이 절실히 필요한지를 알지 못하고 그들의 영혼의 상태에 대하여 그 어떤 고통이나 불안도 없기 때문에 스스로를 낮추어서 그리스도의 은혜를 입고자 하지 않는다. 그러나 목마른 자들은 와서 물을 마시라는 초청을 받고, 수고하고 무거운 짐을 진 자들은 그리스도께로 와서 쉬라는 초청을 받는다. 하나님께서는 은혜를 주시고자 하실 때에 먼저 은혜를 사모하는 갈급한 심령을 주신

다는 것을 명심하라. 은혜에 대한 갈급함이 주어진 곳에는 은혜도 반드시 주어지게 된다(시 81:10).

3. 그들은 어디로 초청을 받는가. 물로 나아오라. 물가, 항구와 부두와 선창으로 오고, 배들이 들락거리고 물건들이 들어오는 강으로 오라. 거기로 와서 사라. 왜냐하면, 그 곳은 낯선 물품들을 사고파는 시장이기 때문이다. 만약 그리스도께서 영원한 의를 이루지 않으셨다면, 그러한 낯선 물품들은 영원히 낯선 것이 되었을 것이다. 그리스도께로 오라. 그는 열린 샘이시기 때문이다. 그는 쪼개진 반석이시다. 거룩한 규례들, 우리 하나님의 도성을 기쁘게 만드는 저 물줄기들로 오라. 그러한 것들은 너희에게 물처럼 밋밋한 것들로 보일 수 있지만, 그리스도를 믿는 자들에게는 포도주와 젖처럼 풍성한 생기를 공급해 주어서 새 힘을 얻게 해줄 것이다. 치료하는 물로 나아오라. 생수로 나아오라. 원하는 자는 누구든지 다 와서 생명수를 받으라(계 22:17). 우리 구주께서는 이 말씀을 직접 언급하셨다(요 7:37). 누구든지 목마르거든 내게로 와서 마시라.

4. 그들은 무엇을 행하라고 초청을 받는가.

(1) 와서 사라. 장사하는 사람들은 그들 자신이 이득을 얻기 위해서 고객들을 불러 모으지만, 그리스도께서는 오직 우리만이 이득을 보는 일에 우리를 불러 모으신다 "와서 사라. 우리가 장담하건대, 이것은 너희에게 기가 막히게 좋은 거래여서 너희는 결코 후회하거나 손해를 입지 않을 것이다. 와서 사라. 복음의 은혜를 너희 자신에게 적용함으로써 그 은혜를 너희 자신의 것으로 만들어라. 너희 자신이 제시하는 조건이 아니라 그리스도께서 제시하신 조건 위에서 그것을 너희 자신의 것으로 만들고, 너희가 그 조건에 동의할지 말지를 너무 깊이 생각하지 말라."

(2) "와서 먹으라. 우리가 단지 사는 것이 아니라 먹을 때에 그것은 한층 더 우리 자신의 것이 되는 법이기 때문에, 그렇게 먹어서 너희 자신의 것으로 만들어라." 우리가 진리를 사는 것은 그것을 우리 옆에 두고 보기 위한 것이 아니라 그것을 배불리 먹고서 영적인 삶이 자양분을 얻고 더 힘을 얻기 위한 것이다. 우리는 우리 영혼에 필요한 양식을 사야 하고, 우리가 아무리 소중히 여기는 것이라고 해도 우리 영혼에 필요하지 않은 것들은 다 기꺼이 버려서, 오직 그리스도와 그의 은혜와 위로들만을 지녀야 한다. 우리는 그리스도와 반대되는 죄를 버려야 하고, 그리스도와 경쟁하는 관계에 있는 우리 자신의 의를

버려야 하며, 그리스도 안에 있는 우리의 분깃을 버리느니 차라리 우리의 목숨 자체와 그 목숨을 유지하는 데에 가장 필요한 것들을 버려야 한다. 우리가 필요로 하는 것을 샀다면, 우리는 그것을 유익하게 사용하여서 그 혜택을 누리고 우리 손이 수고한 것을 먹어야 한다. 사서 먹으라.

5. 하나님은 어떤 것을 마련해 두시고 그들을 초청하시는 것인가. "와서 포도주와 젖을 사라. 이것은 목마름을 없애 줄 뿐만 아니라(신선한 물이 그렇듯이) 몸에 자양분을 공급해주고 심령에 생기를 불어넣어 줄 것이다." 세상은 우리의 기대를 충족시켜 주지 못한다. 우리는 적어도 이 세상 속에서 물을 기대하지만, 데마의 떼들처럼 실망하고 만다(욥 6:19). 그러나 그리스도께서는 우리의 기대를 훨씬 뛰어넘으신다. 우리가 목이 말라서 물가로 왔다면 물을 마시는 것만으로도 기뻐하기에 충분한 것이지만 우리는 거기에서 포도주와 젖도 발견하게 된다. 포도주와 젖은 유다 지파 사람들이 매일매일의 식단으로 사용했던 것들이고, 유다 지파의 실로도 모든 백성이 그에게 복종할 때에 포도주와 젖으로 환대를 받는다(창 49:10, 12). 그의 눈은 포도주로 인하여 붉겠고 그의 이는 우유로 말미암아 희리로다. 우리는 그리스도께로 나아가서, 최근에 다시 태어난 자들에게 자양분을 공급해주는 젖먹이용의 젖을 먹어야 한다. 강한 자들은 그리스도에게서 그들에게 힘을 돋구워 줄 것을 발견하게 될 것이다. 그들은 마음을 기쁘게 해주는 포도주를 그리스도에게서 얻게 될 것이다. 우리는 이러한 포도주와 젖을 얻기 위해서 우리가 지금 마시고 있는 더러운 물, 아니 독을 버려야 한다.

6. 이 양식을 거저 주심. 돈 없이 값 없이 사라. 물건을 살 때에는 현장에서 돈을 지불하는 것이 보통인데도, 여기에는 물건을 사는 방법치고는 이상한 방법이 나오는데, 그것은 돈을 내거나 외상으로 달아두는 것도 없이 사라는 것이다. 그렇지만 이러한 말씀은 그리스도께서 지독히 가난하였던 라오디게아 교회에게 와서 사라고 권면하신 것을 지켜본 자들에게는 그리 이상하게 보일 것도 없다(계 3:17-18). 우리가 돈 없이 산다는 것은 다음과 같은 것들을 보여준다.

(1) 하나님께서 우리에게 주고자 하시는 것들은 가격을 매길 수 없을 정도로 무한한 가치를 지니고 있다는 것. 지혜는 금을 주고도 얻을 수 없는 그런 것이다.

(2) 이러한 선물들을 주시는 분은 부족한 것이 없는 분이시기 때문에 우리에게 무엇을 요구하지 않으시고, 우리도 그에게 그 어떤 보답으로도 갚을 수 없다는 것. 하나님께서 우리에게 이러한 제안을 하시는 것은 뭔가를 우리에게 파시기 위한 것이 아니라 우리에게 주고 싶기 때문이다.

(3) 하나님께서 우리에게 주시고자 하는 것들은 이미 그리스도에 의해서 값이 지불되었다는 것. 그리스도께서는 돈이 아니라 그의 피로 온전한 가격을 지불하시고서 그것들을 사셨다(벧전 1:19).

(4) 우리는 약속의 은택들을 받기에 철저히 무익한 자들이고 그러한 보배로운 것들을 다룰 수 없는 자들이지만, 하나님께서는 기꺼이 우리에게 그러한 은택들을 누리게 해주시리라는 것. 우리 자신은 아무런 가치가 없고 우리가 가지고 있거나 할 수 있는 것도 모두 가치가 없기 때문에, 우리는 그리스도와 천국이 우리의 것이라면 그것은 우리가 거저 주시는 은혜에 빚지고 있는 것임을 인정하지 않으면 안 된다.

II. 하나님은 우리에게 이러한 초청을 받아들여서 우리 자신을 위하여 이 좋은 거래를 성사시키라고 간곡히 부탁하시며 설득하신다(우리가 부디 이러한 설득을 받아들이게 되기를!).

1. 하나님께서 우리에게 권유하시는 것은 하나님의 말씀에 귀를 기울이고 그의 제안을 받아들이라는 것이다. "내게 듣고 들을지어다(2절). 내가 하는 말을 들을 뿐만 아니라, 거기에 동의해서 너희 자신에게 적용하라(3절). 너희가 관심이 있고 기뻐하는 말에 대하여 그렇게 하듯이 너희는 귀를 기울이라. 교만한 마음을 낮추어서, 스스로 낮아질 때에만 받아들일 수 있는 복음에 귀를 기울여라. 집중해서 들을 수 있도록 이런 식으로 귀를 기울여라. 듣고서 내게로 나아오라. 와서 나와 흥정할 뿐만 아니라, 내 말에 동의하고 내가 제시한 조건을 받아들이라." 하나님의 제안을 너희에게 가장 이로운 것으로 여기고서 받아들이라. 하나님의 요구들을 지극히 합당하고 이치에 맞는 것으로 여겨서 거기에 응하라.

2. 하나님께서 우리에게 그렇게 하도록 설득하시기 위하여 사용하시는 논거들은 다음과 같은 것들이다.

(1) 이러한 초청을 무시하고 거절한다면, 그것은 우리가 우리 자신에게 이루 말할 수 없는 잘못을 저지르는 일이라는 것. "너희가 내 제안을 받아들이면

돈 없이 포도주와 젖을 가질 수 있는데도, 어찌하여 양식이 아닌 것을 위하여 은을 달아주며, 너희에게 거지의 양식이나 마른 빵조차도 줄 수 없는 일에 돈을 허비하는 것이냐. 너희가 배부르게 하지 못할 것, 너희에게 마른 빵 한 조각 줄 수조차 없는 것을 위하여 수고하고 땀을 흘리느냐." 여기에서 우리는 다음과 같은 것들을 볼 수 있다.

[1] 이 세상에 속한 것들은 헛되다는 것. 그것들은 영혼을 위한 양식이 아니고 영혼에게 적합한 양식이 아니다. 그것들은 적절한 자양분이나 생기를 제공해주지 못한다. 떡은 자연적인 생명을 유지하는 데에는 양식이 되지만 영적인 생명에는 아무런 도움도 주지 못한다. 이 세상에 있는 모든 재물과 즐거움을 다 합친다고 하여도, 그것은 영혼을 위한 한 끼 식사도 되지 못한다. 영원히 죽지 않을 영혼의 유일한 양식은 영원한 진리와 영원한 선이다. 영혼의 생명은 하나님과 화해하고 하나님을 따르고 하나님과 교제하는 것 속에 있기 때문에 세상에 속한 것들은 여기에서 아무런 도움도 되지 못한다. 그것들은 배부르게 못한다. 그것들은 영혼에게 그 어떤 확실한 위로나 만족을 줄 수 없고, 영혼으로 하여금 "이제 내가 갖고 싶은 것을 가졌다"고 말할 수 있게 해주지 못한다. 아니, 그것들은 육체의 욕구조차도 만족시켜주지 못한다. 사람들은 더 많이 가지면 가질수록 더욱더 많은 것을 갖기를 원한다(전 1:8). 인간은 아무리 많이 가져도 만족하지 못한다. 세상에 속한 것은 인간에게 그럴듯하게 알랑거리지만, 결코 인간을 배부르게 해주지 못한다. 그것들은 배고픈 자가 꿈꾼 것 같이 잠시 동안 사람을 기쁘게 해주지만, 깨어나면 그의 영혼은 텅 비어 있다. 그것들은 금방 넌더리가 나고 질리지만, 결코 만족시켜 주지는 못한다. 그것들은 사람으로 하여금 잔뜩 포식하게 만들지만, 사람을 만족시키거나 진정으로 편안하게 만들어주지는 못한다. 세상에 속하는 것들은 모두 헛되고 괴로움만 일으킬 뿐이다.

[2] 이 세상의 자녀들은 어리석다는 것. 그들은 그들을 배부르게 해주지도 못하는 불확실한 것들을 위하여 돈을 쓰고 수고를 한다. 부자들은 그들이 가진 돈으로 살아가고, 가난한 자들은 수고를 하여 살아간다. 그러나 부자든 가난한 자든 그들에게 진정으로 유익한 것을 놓치고 있다. 세상에 속한 것들은 만족과 행복을 줄 것처럼 약속하기 때문에 부자들은 거기에 돈을 지불하고 가난한 자들은 땀을 쏟지만 결국 부자나 가난한 자나 둘 다 비참하게 실망할 때가 온다.

하나님은 그들을 불쌍히 여기셔서 그들과 더불어 한번 이치를 따져보자고 말씀하신다. "너희가 어찌하여 이렇게 너희에게 해가 되는 일을 하는 것이냐? 너희는 왜 너희에게 아무런 이득도 없는 일에 이렇게 애를 쓰는 것이냐?" 우리도 스스로 한번 이치를 따져보자. 그렇게 이치를 따져본 결과는 썩는 양식을 위하여 일하지 말고 영생하도록 있는 양식을 위하여 일해야 하겠다는 거룩한 결단이 되어야 한다(요 6:27). 우리가 이 세상에서 만나는 온갖 실망들은 우리를 그리스도께로 몰아가고 오직 그리스도 안에서만 만족을 구하도록 이끄는 일에 도움이 된다. 우리는 실망을 겪을수록 오직 그리스도만이 우리의 만족이시라는 것을 더욱더 확실하게 깨달아 가는 것이다.

(2) 우리가 이러한 초청을 받아들이고 거기에 동의한다면, 우리는 우리 자신에게 이루 말할 수 없는 자비를 베푸는 일이라는 것.

[1] 우리는 그렇게 함으로써 우리 자신에게 현재의 즐거움과 만족을 확보해 준다. "너희가 그리스도께 귀를 기울인다면, 너희는 온전하고 즐거운 것, 그 자체로 선하고 너희에게 유익한 것, 좋은 것을 먹을 것이다." 하나님의 선하신 말씀과 약속, 선한 양심, 하나님의 선한 성령의 위로들은 그리스도께 부지런히 순종하는 마음으로 귀를 기울이는 자들에게 지속적으로 공급되는 진수성찬이다. 그들에게 기름진 것, 즉 부요함과 지극히 감사한 기쁜 일들로 즐거움을 얻을 것이다. 여기에서 초청의 말씀은 "와서 사라"가 아니다. 왜냐하면, 그런 초청의 말씀은 사람들의 용기를 꺾어 놓을 것이기 때문이다. 따라서 다음과 같은 초청의 말씀이 나온다. "와서 먹으라. 지극히 좋고 풍성한 것을 와서 마음껏 먹으라. 친구들이여, 먹으라." 이런 것들은 사람들에게 지극히 복되고 좋은 것들인데도, 하나님께서 이렇게까지 사람들에게 애걸하신다는 것을 생각하면 참으로 서글픈 일이다.

[2] 우리는 이렇게 함으로써 우리 자신에게 영원한 복을 확보해 주는 것이다. "들으라. 그리하면 너희의 영혼이 살리라. 너희는 영원한 멸망에서 구원받게 될 뿐만 아니라 영원히 복을 받게 될 것이다. 왜냐하면, 바로 그런 것만이 영원히 죽지 않는 삶이 될 것이기 때문이다." 그리스도께서 하신 말씀들은 영이요 생명, 즉 영들의 생명이고(요 6:33, 63) 바로 이 생명의 말씀이다(행 5:20). 얼마나 쉬운 조건 위에서 복이 우리에게 제시되고 있는가! "들으라 그리하면 너희가 살리라."

[3] 크신 하나님께서는 은혜로 이 모든 것을 우리에게 보장해주신다. "내게 와라. 그리하면 내가 너희를 위하여 영원한 언약을 맺으리니, 내 자신을 너희와의 언약 관계 속에 둘 것이고, 다윗에게 허락한 확실한 은혜를 너희에게 줄 것이다." 첫째, 우리가 하나님께 나아가서 그를 섬기기만 한다면, 하나님은 우리에 대하여 선을 행하시고 우리를 복되게 하실 것이라는 언약을 우리와 맺으실 것이다. 이것은 하나님께서 스스로를 낮추셔서 우리와 눈높이를 맞추신다는 것과 우리에 대하여 가지고 계신 관심이 크시다는 것을 보여주는 것이다. 둘째, 하나님께서 우리와 맺으시는 언약은 영원한 언약, 즉 영원 전부터 계획되어서 영원까지 이어질 언약이다. 셋째, 이 언약이 주는 유익들은 우리의 처지에 걸맞는 긍휼하심들이다. 우리는 비참한 상태에 있기 때문에 긍휼을 받기에 적합한 대상들이다. 그것들은 하나님의 긍휼하심에서 오는 것으로서 모든 점에서 우리를 향한 하나님의 인자하심을 보여준다. 넷째, 그것들은 하나님께서 다윗에게 약속하신 긍휼들(시 89:28-29), 솔로몬이 기도할 때에 근거로 제시한 바 있는 주의 종 다윗에게 베푸신 은총(대하 6:42), 다윗에게 허락한 긍휼들이다. 그것은 다윗과의 언약만큼이나 확실한 언약이 될 것이다(렘 33:25-26). 왕권에 관한 언약은 은혜의 언약을 나타내는 비유였다(삼하 23:5). 또는, 우리는 여기에서 다윗을 메시야를 가리키는 것으로 이해할 수도 있다. 언약의 은혜들 또는 긍휼하심들은 그리스도께서 베푸실 온갖 긍휼하심들이다. 그것들은 그리스도에 의해서 값주고 사신 바 되었고, 그리스도 안에서 약속된 것들이다. 그것들은 그리스도의 손 안에 다 들어있고, 그의 손으로부터 우리에게 분배된다. 그리스도는 이 언약의 중보자이자 이 언약을 맺으신 분이시다. 신약에서는 이 말씀을 그리스도께 적용한다(행 13:34). 다윗에게 허락한 확실한 은혜들 또는 긍휼하심들은 여기에서와 칠십인역 본문에서 다윗의 거룩한 것들로 표현된다. 왜냐하면, 그것들은 하나님께서 거룩하심을 두고 맹세하신 것이고(시 89:35), 사람들 가운데서 거룩함을 진보시키기 위한 것이기 때문이다. 다섯째, 그것들은 확실한 은혜들이다. 이 언약은 만물 속에서 제대로 자리잡고 있기 때문에 확실하다. 이 언약은 전체적인 제안에 있어서 확실하다. 하나님은 정직하시고 진지하셔서, 이러한 긍휼들을 제안하심에 있어서 진심을 지니고 계신다. 이 언약은 믿는 자들에게 구체적으로 적용되는 것과 관련해서 확실하다. 하나님의 은사와 부르심은 후회하심이 없으시다. 그것들은 다윗에게 허락한 확실한 긍휼들

이기 때문에 확실하다. 왜냐하면, 그리스도 안에서 이 약속들은 모두 예와 아멘이 되기 때문이다.

Ⅲ. 하나님께서는 다른 모든 약속들을 이루시기 위하여 예수 그리스도를 보내시겠다고 약속하시면서, 우리에게 그 모든 약속들을 받아들이라고 초청하신다(4절). 이 언약의 모든 축복들과 유익들은 다윗에게 허락된 확실한 은혜들인데, 여기에서 다윗은 바로 예수 그리스도를 가리킨다. "하나님께서는 그의 뜻과 약속 가운데서 그를 지명하여 세우셨고, 때가 차면 우리에게 약속하신 모든 유익들이 우리의 것이 되게 하기 위하여 반드시 그를 보내실 것이다." 하나님은 예수 그리스도를 거저 주셨다. 선물보다 더 거저 줄 수 있는 것이 어디 있겠는가? 우리에게는 그러한 은총을 받을 만한 것이 아무것도 없었지만, 하나님은 그리스도를 선물로 주셨다. 우리에게는 다음과 같은 일들을 해주실 존재가 필요하였기 때문이다.

1. 하나님께서 우리에게 받아들이라고 권하시는 약속들이 참되다는 것을 증언해 줄 자. 그리스도는 하나님께서 우리를 복음 안에서 그의 은총 속으로 기꺼이 받아들이고자 하신다는 것을 증언하고 조상들에게 주어진 약속들을 재확인하여서 우리가 온전한 만족 가운데서 우리 영혼을 그러한 약속들에 걸 수 있도록 하기 위하여 증인으로 세우심을 받았다. 그리스도는 신실하신 증인이시고, 우리는 그의 말씀을 받아들일 수 있다. 왜냐하면, 그는 영원 전부터 아버지의 품 속에 계신 분으로서 이 일 전체에 대하여 온전히 알고 계시는 완벽한 증인이시기 때문이다. 그리스도는 선지자로서 하나님의 뜻을 온 세상에 증언하신다. 믿는다는 것은 그의 증언을 받아들이는 것이다.

2. 우리로 하여금 그 초청을 받아들이고 그 조건들에 동의하도록 도울 자. 우리는 물로 나아가는 길을 어떻게 찾아야 하는지, 어디에 가야 물을 마실 수 있는지를 알지 못하기 때문에, 하나님은 그리스도를 인도자로 세우셨다. 우리는 어떻게 해야 하나님의 초청을 받아들일 자격을 갖추게 되어 거기에 참여할 수 있는지를 알지 못하기 때문에 하나님은 우리에게 어떻게 해야 하는지를 보여주시기 위하여 그리스도를 명령자로 세우셨고, 그리스도는 우리가 그 초청에 응할 수 있도록 해주신다. 우리가 그리스도께로 나아가는 길에는 많은 어려움과 반대 세력이 놓여 있다. 우리에게는 맞서 싸워야 할 원수들이 있지만 그 싸움을 잘할 수 있도록 우리에게 힘을 주시고 우리의 인도자와 명령자가 되셔서

원수들을 우리의 발 아래에 짓밟고서 약속의 땅을 차지하게 해줄 여호수아 같은 훌륭한 대장이 우리에게 있다. 그리스도는 교훈과 명령을 통해서 우리를 이끌어가시는 명령자이시고, 자신의 모범을 통해서 우리를 이끌어가시는 인도자이시다. 우리가 할 일은 그에게 순종하고 그를 따르는 것이다.

Ⅳ. 잔치의 주인이 확정되었기 때문에, 다음에 할 일은 손님들로 그 잔치를 채우는 것이다. 왜냐하면, 하나님께서 잔치를 위해 마련해 두신 것이 아무 소용 없게 되어 버려서는 안 될 것이기 때문이다(5절).

1. 이방인들은 이 잔치에 초청을 받게 될 것이고, 큰 길과 골목길에서 초청을 받게 될 것이다. "네가 알지 못하는 나라를 네가 부를 것이다. 즉, 그 나라는 이전에는 네 나라로 불려지거나 인정받지 못하였다. 또한, 하나님이 이 땅의 모든 족속들 중에서 유일하게 자기 백성으로 삼으셨던 이스라엘에게는 네가 선지자들을 보냈지만 그 나라에는 선지자들을 보내지 않았었다." 이방인들은 전에는 한 번도 은총을 입지 못했지만 이제는 은총을 입게 될 것이다. 그들이 하나님을 알게 되었다는 말보다는 그들이 하나님에 의해서 아신 바 되었다는 말이 더 옳을 것이다(갈 4:9).

2. 이방인들은 그의 부르심에 달려올 것이다. 너를 알지 못하는 나라들이 네게로 달려올 것이다. 오랫동안 그리스도에게서 멀리 있었던 나라들이 이제 가까이 나아오게 될 것이다. 그리스도에게서 멀리 달아나 있었던 나라들이 전속력으로 가장 민첩하게 그리스도께로 달려오게 될 것이다. 그리스도께서 이 땅에서 들리셔서 모든 사람들을 그에게로 이끄실 때에 이방인들이 그를 믿고 그에게로 모여 올 것이다.

(1) 이방인들은 왜 이렇게 그리스도께로 모여들게 되는가. 그것은 그의 하나님 여호와 때문이다. 그가 하나님의 아들이시고, 능력으로 하나님의 아들이심이 밝히 드러났기 때문이며, 그의 하나님이 그들이 관계를 맺어야 할 분이라는 것을 그들이 이제 알고, 그의 아들로 말미암지 않고는 하나님께로 나아갈 수 없다는 것을 그들이 알게 되었기 때문이다. 하나님을 알게 되고 그들과 하나님 간에 어떤 이해 관계가 존재하는지를 깨달은 자는 하나님과 인간 사이의 유일한 중보자가 되시는 예수 그리스도께로 달려가지 않을 수 없다. 왜냐하면, 예수 그리스도로 말미암지 않고는 하나님께로 나아갈 수 없기 때문이다.

(2) 하나님께서는 왜 그들을 자기에게로 이끄시고자 하시는가. 그것은 그가

자신의 약속들에 대하여 신실하신 이스라엘의 거룩하신 이이시고, 예수 그리스도에게 이방인들을 기업으로 주심으로써 그리스도를 영화롭게 하시겠다고 약속하셨기 때문이다. 헬라인들이 그리스도를 찾기 시작하였을 때에, 예수께서는 인자가 영광을 얻을 때가 왔도다라고 말씀하셨다(요 12:22-23). 예수 그리스도께서 부활과 승천을 통해서 영광을 얻으신 것은 무수한 무리들로 하여금 그에게 달려오도록 만든 큰 증거였다.

6 너희는 여호와를 만날 만한 때에 찾으라 가까이 계실 때에 그를 부르라 7 악인은 그의 길을, 불의한 자는 그의 생각을 버리고 여호와께로 돌아오라 그리하면 그가 긍휼히 여기시리라 우리 하나님께로 돌아오라 그가 너그럽게 용서하시리라 8 이는 내 생각이 너희의 생각과 다르며 내 길은 너희의 길과 다름이니라 여호와의 말씀이니라 9 이는 하늘이 땅보다 높음 같이 내 길은 너희의 길보다 높으며 내 생각은 너희의 생각보다 높으니라 10 이는 비와 눈이 하늘로부터 내려서 그리로 되돌아가지 아니하고 땅을 적셔서 소출이 나게 하며 싹이 나게 하여 파종하는 자에게는 종자를 주며 먹는 자에게는 양식을 줌과 같이 11 내 입에서 나가는 말도 이와 같이 헛되이 내게로 되돌아오지 아니하고 나의 기뻐하는 뜻을 이루며 내가 보낸 일에 형통함이니라. 12 너희는 기쁨으로 나아가며 평안히 인도함을 받을 것이요 산들과 언덕들이 너희 앞에서 노래를 발하고 들의 모든 나무가 손뼉을 칠 것이며 13 잣나무는 가시나무를 대신하여 나며 화석류는 찔레를 대신하여 날 것이라 이것이 여호와의 기념이 되며 영영한 표징이 되어 끊어지지 아니하리라

우리는 여기에서 하나님께서 예수 그리스도 안에서 우리와 맺으신 은혜의 언약, 그 언약 속에서 무엇이 요구되고 있고 무엇이 약속되고 있는지, 우리로 하여금 그 언약을 믿고서 순복하고 의지할 수 있도록 해주기에 충분한 그밖의 여러 가지 내용들에 대한 추가적인 설명을 본다. 사람들에 대하여 지니신 하나님의 선하신 뜻에 관한 이러한 은혜로운 계시는 유대인이나 이방인, 구약이나 신약, 바벨론에 잡혀 있던 유대인 포로들에 국한된 것으로 해석되어서는 안 된다. 여기에서 주어진 모든 명령들과 약속들은 모든 사람들, 즉 복에 목마른 모든 자들을 향한 것이다. 하나님께서 준비해 두신 복에 대하여 목마르지 않은 자가 어디 있겠는가? 이 말씀을 듣고서 생명을 얻으라.

Ⅰ. 여기에는 복음 안에서 죄 사함과 평안과 모든 복을 누리라는 은혜로운 초청이 가엾은 죄인들에게 주어진다(6-7절).

1. 그들은 기도하여야 한다. 그들의 기도는 반드시 응답을 받게 될 것이다(6절). "너희는 여호와를 만날 만한 때에 찾으라. 너희가 반역함으로써 그와의 충성 맹세를 깨뜨리고 떠나버린 여호와, 너희가 그를 진노하시게 함으로써 너희에 대한 은총을 거두어들이시게 만든 여호와를 이제 찾으라. 지금 가까이 계실 때, 너희가 부르면 응답하실 곳에 계시는 그를 부르라." 좀 더 살펴보자.

(1) 요구되는 일들.

[1] "여호와를 찾으라. 무엇을 해야 할지 여호와께 묻고 여호와의 말씀을 구하라. 그의 입에서 율법을 구하고, 내가 무엇을 하기를 원하시는지를 물으라. 너희의 분깃이자 복으로 삼기 위하여 여호와를 찾으라. 그와 화해하고 그를 알며 그의 은총 속에서 복되기 위하여 여호와를 찾으라. 너희가 여호와를 잃어버리게 된 것을 유감스럽게 생각하라. 끈질기게 여호와를 찾으라. 여호와를 찾기 위한 정해진 방법을 따라, 즉 그리스도를 너희의 길로 삼고 성령을 너희의 인도자로 삼으며 말씀을 너희의 준칙으로 삼아서 여호와를 찾으라."

[2] "여호와를 부르라. 여호와께 기도하고, 화해하기 위하여 기도하라. 너희가 필요로 하는 모든 것을 위하여 여호와께 기도하라."

(2) 우리에게 그렇게 하도록 압력을 가하시기 위하여 하나님께서 사용하시는 동기부여들. 여호와를 만날 만한 때에 가까이 계실 때에 여호와를 찾고 여호와를 부르라.

[1] 이 말씀 속에는 지금 하나님께서 가까이 계셔서 얼마든지 만날 수 있기 때문에 하나님을 찾고 부르는 것이 결코 헛되지 않을 것이라는 의미가 들어 있다. 지금 하나님은 인내로써 우리를 기다리고 계시고, 하나님의 말씀은 우리를 부르고 있으며, 하나님의 성령은 우리를 얻고자 애쓰고 계신다. 우리는 지금 우리에게 주어진 이점들과 기회들을 충분히 활용하여야 한다. 왜냐하면, 우리는 지금 은혜받을 만한 때, 하나님께서 우리를 얼마든지 받아주시는 정해진 때이기 때문이다.

[2] 하지만 하나님께서 멀리 계셔서 더 이상 찾지 못하게 될 때에, 하나님께서 참고 기다리시는 때가 다 지나고 성령이 더 이상 활발하게 역사하지 않으실 때가 오고 있다. 현세의 삶 속에서 마음이 돌이킬 수 없을 정도로 완악해지는

때가 올 수 있다. 그리고 확실한 것은 우리가 죽어서 심판을 기다리고 있을 때에는 문이 이미 닫혀져 있으리라는 것이다(눅 16:26; 13:25-26). 지금은 하나님의 긍휼하심이 우리에게 주어지고 있지만, 긍휼 없는 심판이 행해질 것이다.

2. 그들은 회개하고 삶을 고쳐야 한다. 그러면 그들의 죄는 사함을 받게 될 것이다(7절). 여기에는 회심하지 않은 자들, 즉 고의적으로 중대한 죄들을 범하며 살아가는 악인들과 명백한 의무들을 게을리하며 살아가는 불의한 자들에 대한 부르심이 나온다. 그들을 향하여 이 구원의 말씀이 선포되고 있고, 회개한 죄인들은 죄 사하시는 하나님을 만나게 될 것이라는 확실한 약속이 주어지고 있다. 좀 더 살펴보자.

(1) 회개한다는 것은 무엇인가. 회개 속에는 두 가지가 포함되어 있다.

[1] 회개는 죄로부터 돌아서는 것이다. 회개는 죄를 버리는 것이다. 회개는 죄를 떠나는 것, 죄를 지독하게 혐오하며 떠나는 것이고 다시는 결코 죄로 돌아가지 않는 것이다. 우리가 결코 우리를 행복으로 인도해주지 못하는 거짓된 길을 버리고 멸망으로 인도하는 위험한 길을 버리고자 하는 것처럼, 악인은 그의 길, 그의 악한 길을 버려야 한다. 악인은 그러한 길로 더 이상 한 걸음도 발을 들여놓아서는 안 된다. 아니, 길을 바꿀 뿐만 아니라 마음도 바꾸어야 한다. 불의한 자는 그의 생각을 버려야 한다. 참된 회개는 그 뿌리까지 건드리기 때문에 마음에서 악을 씻어낸다. 우리는 사람들과 사물들에 대한 우리의 판단을 바꾸어야 하고, 거룩하지 못한 마음이 피난처로 삼아왔던 타락한 생각들과 허영들을 제거하여야 한다. 악한 일들을 끊어내는 것만으로는 충분하지 않다. 우리는 악한 생각까지 끊어내지 않으면 안 된다는 것을 명심하라. 그렇지만 이것이 전부가 아니다.

[2] 회개한다는 것은 여호와께로 돌아간다는 것이다. 그것은 우리가 반역하였던 우리 하나님, 우리의 왕이신 여호와께로 돌아가는 것, 우리가 화해하고자 하는 우리 하나님께로 돌아가는 것이다. 그것은 우리가 깨진 물탱크를 의지하고자 버렸던 생명의 샘이자 생수의 근원이신 여호와께로 돌아오는 것이다.

(2) 우리가 이렇게 회개하면 하나님께서는 어떻게 하시겠다고 약속하고 계시는가.

[1] 하나님은 긍휼히 여기실 것이다. 하나님은 우리의 죄로 인하여 우리가 마땅히 받아야 할 것을 따라서 우리를 대하시는 것이 아니라, 우리를 불쌍히 여

기실 것이다. 비참한 처지에 있는 자는 긍휼의 대상이 된다. 우리는 죄로 인한 결과로 참으로 비참한 처지가 되었고(겔 16:5-6) 우리의 비참한 처지를 깨닫고서 스스로 탄식하며 회개에 이르게 되었다(렘 31:18). 이 두 가지로 인하여 우리는 불쌍히 여김을 받을 수 있는 대상이 되었기 때문에, 하나님께서는 우리를 불쌍히 여기신다.

[2] 하나님은 너그럽게 용서하실 것이다. 우리가 거듭거듭 범죄하였듯이, 하나님은 거듭거듭 용서하실 것이다(원어의 의미는 이런 것이다). 우리의 죄는 지극히 크고 너무도 많으며, 우리는 자주 죄에 빠졌고 지금도 여전히 범죄할 소지를 지니고 있지만, 하나님은 진심으로 돌아오기만 한다면 거듭거듭 우리를 용서하실 것이다.

II. 여기에는 우리에게 이러한 제안을 받아들이고서 우리의 영혼을 거기에 걸어 보라는 격려들이 나온다. 왜냐하면, 우리는 어느 쪽을 둘러보아도 하나님의 제안이 타당하고 가치가 있다는 것을 확인해주는 것들을 풍부하게 발견할 것이기 때문이다.

1. 하늘을 올려다 본다면, 우리는 거기에서 하나님의 모략이 지극히 높고 하나님의 생각과 길이 우리의 것보다 무한히 높다는 것을 발견한다(8-9절). 하나님께서는 악인들에게 그들의 악한 길과 생각을 버리고 하나님께로 돌아오라고 (7절), 즉 그들의 길과 생각을 하나님의 것에 맞추도록 강권하신다. "왜냐하면, 나의 생각과 길은 너희의 것과 같지 않기 때문이다. 너희의 생각과 길은 오직 이 땅에 속한 일들에만 정통해 있다. 그것들은 땅에 속한 것들이다. 그러나 나의 생각과 길은 하늘에 속한 것이다. 이는 하늘이 땅보다 높음과 같다. 너희가 진심으로 회개했다는 것을 증명하고자 한다면, 너희의 생각과 길도 하늘에 속한 것이 되어야 하고, 너희의 마음은 위의 것에 두어져야 한다." 또는, 이 말씀은 우리가 회개하면 하나님께서 죄를 사하시겠다고 약속하신 것을 우리에게 믿으라고 격려하는 말씀으로 이해될 수도 있다. 죄인들은 그들이 그토록 자주 그리고 야비하게 범죄하여 진노하시게 했던 분과 화해되었다는 증거를 자신의 마음속에서 찾을 수가 없어서 하나님께서 그들과 화해하고자 하지 않으시는 것이 아닌가 염려하기 쉽다. 하나님은 이렇게 말씀하신다. "이 문제에 있어서 나의 생각은 너희의 생각과 다르다. 하늘이 땅에서 먼 것처럼 나의 생각은 너희의 생각과 멀다." 다른 일들에 있어서도 사정은 마찬가지이다. 죄, 그리스도,

거룩함, 이 세상과 내세에 관한 사람들의 생각은 하나님의 생각과 너무도 다르다. 그러나 그 차이가 너무도 극명하게 드러나는 것은 화해의 문제에서이다. 우리는 하나님께서 진노하시면 쉽게 용서하려 들지 않으신다고 생각하고, 하나님이 한 번 용서하셨다면 두 번째는 용서하시고자 하지 않으실 것이라고 생각한다. 베드로는 일곱 번까지 용서하여 주는 것도 대단한 것이라고 생각하였는데(마 18:21), 우리의 생각도 베드로의 생각과 별반 차이가 없을 것이다. 그러나 하나님께서는 죄인들이 돌아오기만 한다면 얼마든지 몇 번이고 용서해 주실 수 있는 긍휼하심을 가지고 계신다. 하나님은 거저 용서해 주신다. 거기에는 꾸짖으시거나 몰아세우시는 것이 없다. 우리는 다른 사람들의 죄를 용서해 주기는 하지만 결코 그 죄를 잊지는 못한다. 그러나 하나님께서는 죄를 용서하실 때에 다시는 그 죄를 기억하지 않으신다. 이렇게 하나님은 죄인들이 그에게 돌아오기만 한다면 그들에 대한 나쁜 생각들은 다 잊어버리시고 오직 좋은 생각들로 그들을 맞이하실 것이라고 약속하며 죄인들을 초청하신다(렘 31:20).

2. 이 땅을 내려다본다면 우리는 거기에서 하나님의 말씀이 능력있게 이루어져서 그 모든 깊은 의도들이 성취되고 있는 것을 발견한다(10-11절). 좀 더 살펴보자.

(1) 하나님의 말씀이 자연의 나라에서 그대로 이루어짐. 하나님은 눈에게 이 땅에 내리라고 말씀하시고, 눈이 언제 어느 정도로 얼마나 오랫동안 이 땅에 있을지를 정하신다. 하나님은 적은 비와 큰 비에게도 그렇게 말씀하신다(욥 37:6). 하나님의 명령에 따라서 그것들은 하늘로부터 내려서, 혹은 징계를 위하여 혹은 땅을 위하여 혹은 긍휼을 위하여 하나님께서 세상의 표면에서 그들에게 명하시는 일을 행한다(욥 37:12-13). 하나님의 말씀은 그 목적을 이루지 못한 채로 돌아가는 법이 없고, 하나님께서 그의 누각에서부터 물을 부어 주실 때에 땅을 적신다(시 104:13). 하나님이 땅에 물을 부어 주시는 것은 땅이 열매를 내도록 하기 위한 것이다. 이렇게 하나님은 땅으로 하여금 소출이 나게 하며 싹이 나게 하신다. 땅의 소출은 하늘로부터 내리는 이슬에 의해서 좌지우지 된다. 이렇게 해서 땅은 먹는 자에게 양식을 주어서 땅의 임자와 그 가족들로 하여금 당장 먹고 살 수 있게 해줄 뿐만 아니라, 파종하는 자에게 종자를 주어서 이듬해에 양식을 얻게 해준다. 농부는 먹는 자임과 동시에 파종하는 자여야 한다. 그렇게 되지 못하면 그가 가진 것은 곧 바닥이 나게 될 것이다.

(2) 하나님의 말씀은 섭리와 은혜의 나라에서도 마찬가지로 확실하게 이루어짐. "선지자들의 입을 통해서 나가는 내 말도 이와 같아서 섭리의 손길에 의한 것과 마찬가지로 능력있게 이루어질 것이다. 그것은 말씀이 원래 의도하였던 효과를 낼 수 없거나 도저히 넘을 수 없는 반대에 부딪혀서 목적을 이루지 못하고 헛되이 내게로 되돌아오지 아니할 것이다. 내 입에서 나가는 말은 나의 기뻐하는 뜻을 이루며(내 말은 나의 뜻을 선포하는 것이고, 만물은 나의 뜻에 따라 움직이기 때문에) 내가 보낸 일에 형통하리라." 이 말씀은 우리에게 다음과 같은 것들을 보장해 준다.

[1] 하나님의 약속들은 때가 되면 모두 온전히 이루어질 것이고, 일점일획도 실패하지 않으리라는 것(왕상 8:56). 비가 땅에 내려서 땅으로 하여금 열매를 내게 하듯이, 하나님께서 주신 긍휼과 은혜의 약속들은 믿는 자들의 영혼에 확실한 효력을 발휘하여서 그 영혼들을 거룩하게 하고 위로하게 될 것이다.

[2] 하나님의 말씀은 서로 다른 목적을 따라서 나가기 때문에 그 효과도 서로 다르리라는 것. 하나님의 말씀은 생명에 이르게 하는 생명의 향기가 되기도 하고 사망에 이르게 하는 사망의 냄새가 되기도 할 것이다. 하나님의 말씀은 양심으로 하여금 죄를 깨닫고 부드럽게 하기도 하고 양심을 무감각하게 만들어서 마음을 완악하게 하기도 할 것이다. 하나님의 말씀은 사람들이 마음속에서 천국의 열매를 무르익게 하기도 하고 지옥의 열매를 무르익게 하기도 할 것이다(사 6:9를 보라). 하나님의 말씀은 아무튼 어떤 식으로든 효력을 발휘하여 결과물을 낼 것이다.

[3] 그리스도께서 이 세상에 오신 것은 하늘로부터 내린 이슬과 마찬가지로 결코 헛되지 않으리라는 것(호 14:5). 왜냐하면, 이스라엘이 모여들지 않는다면, 그리스도께서는 이방인들의 회심을 통해서 영광을 받으실 것이기 때문이다. 그러므로 유대인들이 복음의 초청을 거절할 때에 그 초청장들은 이방인들에게 주어져서 혼인 잔치는 손님들로 가득 차게 될 것이고 복음은 헛되이 되돌아오지 않을 것이다.

3. 특별히 교회를 보면 하나님께서 어떠한 큰 일을 행하셨고 장차 행하실 것인지를 발견하게 될 것이다(12-13절). 너희는 기쁨으로 나아가며 평안히 인도함을 받을 것이요. 이 말씀은 다음과 같은 것들을 가리킨다.

(1) 유대인들이 바벨론에서 돌아오게 되리라는 것. 그들은 포로 생활에서

돌아와서 그들의 고국에서 다시 인도함을 받게 될 것이다. 하나님은 비록 눈에 보이는 형태로는 아니지만 옛적에 그들의 조상들을 구름 기둥과 불 기둥으로 인도하셨던 것처럼 그들도 분명히 인도하실 것이다. 그들은 두렵고 떨리는 마음이 아니라 개선하는 마음으로, 바벨론을 떠나기 싫어하거나 다시 붙잡혀서 끌려가면 어쩌나 하는 두려운 마음이 아니라 기쁨과 평안으로 거기에서 나오게 될 것이다. 그들이 산들을 넘어서 고향 땅으로 돌아오는 길은 즐거운 여정이 될 것이고, 그들이 통과하는 모든 나라들로부터 환대를 받게 될 것이다. 산들과 언덕들, 거기에 사는 주민들은 크게 기뻐하며 노래를 발하게 될 것이다. 만약 사람들이 모두 침묵한다면, 들의 모든 나무가 박수갈채를 보내고 환호하며 그들을 맞아줄 것이다. 그들이 고향 땅에 이르렀을 때, 그 땅이 그들을 환영해 줄 것이다. 왜냐하면, 그들은 고향 땅이 온통 가시나무와 찔레로 뒤덮여있을 것이라고 예상했겠지만 그 땅은 잣나무와 화석류로 덮여있을 것이기 때문이다. 그들의 땅은 비록 초토화되었지만 안식을 누렸고(레 26:34), 그 안식년이 지난 후에 더 좋은 땅이 되어 있었다. 이것은 하나님께 영광이 되고 하나님의 이름을 알리는 기념이 될 것이다.

(2) 하지만 이 말씀은 의심할 여지 없이 더 깊은 의미를 지니고 있다. 즉, 이런 일은 영영한 표징이 될 것이라고 본문에서는 말하고 있는데, 이것은 다음과 같은 것들을 의미한다.

[1] 유대인들이 바벨론에서 구속받은 일은 복음 시대와 관련된 약속들이 반드시 이루어지리라는 것을 보여주는 표징이 될 것이다. 유대인들이 바벨론에서 돌아오리라는 저 큰 구원에 관한 예언들이 성취되는 것은 그 밖의 다른 모든 약속들이 성취될 것임을 보여주는 일종의 담보이다. 왜냐하면, 그 일을 통해서 약속하신 이가 신실하시다는 것이 분명하게 보여질 것이기 때문이다.

[2] 유대인들이 바벨론에서 구속받은 일은 하나님께서 장차 행하시기로 약속하신 축복들이 어떨 것인지를 보여주는 모형이자 비유이다.

첫째, 복음의 은혜는 죄와 사탄에게 붙잡혀서 종살이하던 자들을 해방시켜 줄 것이다. 그들은 기쁨으로 나아가며 평안히 인도함을 받을 것이다. 그리스도께서 그들을 자유하게 할 것이고, 그러면 그들은 진정으로 자유하게 될 것이다.

둘째, 복음의 은혜는 근심에 잠겨 있던 자들을 기쁨으로 충만하게 해줄 것이다. 야곱이 즐거워하고 이스라엘이 기뻐하리로다(시 14:7). 이 땅을 비롯해서 온 피조 세계가 이 구원의 기쁨에 동참할 것이다(시 94:11-12).

셋째, 복음의 은혜는 사람들의 성품을 크게 변화시켜 놓을 것이다. 가시나무와 찔레 같았던 땔감 외에는 아무짝에도 소용 없었던 자들, 해만 끼치고 성가신 존재였던 자들은 잣나무와 화석류 같이 은혜롭고 유익한 자들이 될 것이다. 가시나무와 찔레는 죄로 말미암아 들어오게 된 것으로서 저주의 열매들이었다(창 3:18). 이제 그런 것들 대신에 유익한 나무들이 나게 되었다는 것은 율법의 저주가 제거되고 복음의 축복들이 들어오게 되었다는 것을 의미한다. 교회의 원수들은 가시나무와 찔레 같은 자들이었다. 그러나 그런 자들 대신에 하나님은 교회를 보호해주고 빛나게 해줄 친구들을 세우실 것이다. 또는, 이 말씀은 세상이 점차 더 좋아지리라는 것을 의미하는 것일 수도 있다. 가시나무와 찔레의 세대 대신에 잣나무와 화석류의 세대가 등장하게 될 것이다. 자녀들은 부모보다 더 지혜롭고 더 선하게 될 것이다.

넷째, 이 모든 것을 통해서 하나님은 영광을 받으시게 될 것이다. 이 모든 일은 하나님의 이름이 널리 알려지고 칭송을 받게 되는 계기가 될 것이고, 그것으로 인해서 하나님의 백성은 힘을 얻게 될 것이다. 이 모든 일은 하나님의 은총이 그들에게 잠시 가리워질 수는 있지만 결코 끊어지지 않으리라는 것을 보장해 주는 영원한 표징이 될 것이다. 은혜의 언약은 영원한 언약이다. 왜냐하면, 이 언약에 의한 현재적인 축복들은 영원한 축복들의 표징들이기 때문이다.

제
— 56 —
장

개요

앞 장에서는 유대인들이 바벨론에서 구원받을 사건을 통해서 지극히 크고 보배로운 복음의 은혜에 관한 약속들을 말하였다면 이장에서는 다음과 같은 것들이 말해진다. I. 우리 모두에게 이러한 약속들의 유익을 얻고자 한다면 우리가 마땅히 행해야 할 의무를 꼼꼼히 행하라고 엄숙하게 당부하심(1-2절). II. 이방인들에게 언약의 축복들을 약속하시면서 자원하여 언약의 관계 속으로 들어오라고 격려하심(3-8절). III. 이스라엘의 파수꾼들에게 그들의 본분을 수행함에 있어서 부주의하고 신실하지 못했다고 책망하심(9-12절). 이것은 책망과 경고로 이루어진 새로운 설교의 시작인 것으로 보이는데, 이 설교는 이후에 나오는 장들에서 계속된다. 하나님의 말씀은 자기 백성을 위로하시고 의로 교육하실 뿐만 아니라 죄를 깨닫게 하시기 위한 의도도 있다.

¹여호와께서 이와 같이 말씀하시기를 너희는 정의를 지키며 의를 행하라 이는 나의 구원이 가까이 왔고 나의 공의가 나타날 것임이라 하셨도다 ²안식일을 지켜 더럽히지 아니하며 그의 손을 금하여 모든 악을 행하지 아니하여야 하나니 이와 같이 하는 사람, 이와 같이 굳게 잡는 사람은 복이 있느니라

이 단락의 취지는 하나님께서 우리를 긍휼히 여기셔서 가까이 다가오실 때에 우리는 우리가 마땅히 행해야 할 것을 통해서 하나님을 맞으러 나아가야 한다는 것을 보여주는 것이다.

I. 하나님은 여기에서 우리에게 긍휼을 베푸시는 의도가 무엇인지를 말씀하신다(1절). 나의 구원, 즉 유대인들을 산헤립 또는 바벨론으로부터 구원하신 사건을 통해서 미리 보여주신 예수 그리스도에 의한 저 큰 구원(이것은 선지자들이 연구하고 부지런히 살핀 바로 그 구원이었다, 벧전 1:10)이 가까이 왔다. 좀 더 살펴보자.

1. 복음의 구원은 여호와의 구원이다. 그 구원은 여호와에 의해서 계획되었

고 실행되었다. 여호와 하나님은 그 구원이 자기가 계획하고 이룬 구원이라고 자랑하신다.

2. 이 구원 속에서 하나님의 의가 나타났다. 이것이 바로 복음의 아름다움인데, 사도 바울은 바로 그 점을 그가 복음을 자랑하는 이유로 삼는다. 복음에는 하나님의 의가 나타나서 믿음으로 믿음에 이르게 한다(롬 1:17). 율법은 모든 죄인들을 정죄할 하나님의 의를 나타내었지만, 복음은 모든 믿는 자들을 의롭다고 할 하나님의 의를 나타낸다.

3. 구약의 성도들은 이 구원이 오기 훨씬 전부터 그것이 그들에게 가까이 오고 있다는 것을 알았다. 그들은 선지자들을 통해서 그 구원이 가까이 오고 있다는 것을 알 수 있었다. 다니엘이 예레미야서를 통해서 칠십 년이 지나면 포로로 끌려갔던 유대인들이 바벨론에서 구속될 것이라는 것을 알았듯이, 구약의 성도들은 다니엘서를 통해서 칠십 이레가 끝날 때에 그리스도께서 우리를 구속하실 것을 알았다.

Ⅱ. 하나님은 이러한 구원을 앞두고서 우리에게 무엇을 행할 것을 기대하시는지를 말씀하신다. "우리는 구원이 가까웠다는 것을 안다. 그러므로 우리는 우리가 하고 싶은 대로 살아도 된다. 왜냐하면 이제 그 구원을 놓치거나 거기에 못미치는 일은 없을 것이기 때문이다." 우리는 이렇게 말해서는 안 된다. 왜냐하면, 그것은 하나님의 은혜를 제멋대로 방자하게 해석하는 것이기 때문이다. 도리어 정반대로 구원이 가까울수록 죄를 짓지 않도록 각별로 경계하고 주의하여야 한다. 하나님께서 우리에게 그 약속들을 이행하시겠다고 힘주어 약속하시면 할수록 우리는 하나님께서 우리에게 주신 의무들에 더욱 철저하게 순종해야 할 입장에 놓인다는 것을 명심하라. 여기에서 예언된 구원은 이미 임하였다. 그렇지만 사도 바울은 우리에게 주어진 이 구원이 완성될 그 때가 아직 남아있기 때문에 동일한 이유로 우리 그리스도인들에게 마땅히 행해야 할 본분을 행하라고 역설한다. 너희가 이 시기를 알거니와 자다가 깰 때가 벌써 되었으니 이는 이제 우리의 구원이 처음 믿을 때보다 가까웠음이라(롬 13:11). 여기에서 다가오는 구원을 위하여 우리가 준비하고 갖추어야 할 것으로 들고 있는 것들은 다음과 같다.

1. 우리의 모든 처신 속에서 정직하고 의로워야 한다는 것. 정의를 지키며 의를 행하라. 규범을 잘 지켜 행하고, 말하는 것과 행하는 것을 조심하며, 그 누구

에게도 해악을 끼치지 말라. 너희에게 주어진 모든 의무들을 정확히 실행하고, 너희에게 마땅한 일을 행함에 있어서 항상 형평법을 마음에 간직하고서, 법이 어쩔 수 없이 지니는 가혹함을 완화시키도록 하라. "남에게 대접받고 싶은 대로 남을 대접하라"는 황금률을 따라서 행하라. 방백들은 지혜롭고 신실하게 정의를 따라 다스려야 한다. 이것은 우리의 믿음과 회개가 진실하다는 것을 증명해 보이고 하나님으로부터 긍휼하심을 받을 길을 열어놓는 데에 꼭 필요한 일이다. 천국이 가까웠으니 회개하라. 하나님은 우리에게 진실하시다. 우리도 서로에 대하여 진실하여야 한다.

2. 안식일을 경건하게 지켜야 한다는 것(2절). 우리가 하나님에게서 그의 것인 시간을 빼앗는다면 그것은 옳은 일이 아니다. 앞에 언급된 정의와 의가 십계명의 두 번째 돌판에 기록된 모든 것들, 즉 이웃에 대한 우리의 사랑의 열매들을 대표하는 것인 것과 마찬가지로, 안식일을 거룩히 지키는 것은 첫 번째 돌판에 기록된 모든 의무들, 즉 하나님에 대한 우리의 사랑의 열매들을 대표하는 것이다. 좀 더 살펴보자.

(1) 하나님께서 우리에게 요구하시는 의무. 그것은 안식일을 지키는 것, 하나님께서 우리에게 장사하라고 주신 달란트, 우리에게 맡기신 보화인 안식일을 지키는 것이다. "안식일을 거룩하게 지키라. 안식일을 확실하게 지키라. 안식일을 정성을 다해서 지키라. 안식일이 더럽혀지지 않도록 지키라. 너희 자신이나 다른 사람들이 거룩한 안식을 범하도록 허용하지 말고, 안식일에 행할 거룩한 일을 빼먹지 말라." 이 말씀이 일차적으로 바벨론에 포로로 잡혀간 유대인들을 향한 것이라면, 그들은 이 말씀을 특별히 명심할 필요가 있었다. 왜냐하면, 그들은 성전에서 멀리 떨어져 있어서 율법의 다른 제도들을 지킬 수는 없었지만 그들 자신을 이방인들로부터 구별하기 위하여 하나님의 날과 그 밖의 다른 날들을 구별하여 지킬 수는 있었을 것이기 때문이다. 그러나 이 말씀이 일반적인 사람들 전체(인자)를 향한 것이라면, 그것은 교회의 지경이 넓혀지고 다른 예식들이 폐지될 복음 시대에 안식일을 거룩히 지키는 것이 사람들의 마땅한 의무라는 것을 보여주는 것이 된다. 안식일을 더럽히지 않고 지키고자 하는 자들은 그저 아무 생각 없이 안식일을 지키는 것으로 끝나서는 안 되고 안식일이 얼마나 소중한 것인지를 마음에 새기고서 무슨 일이 있더라도 안식일을 지키겠다고 단단히 결심하지 않으면 안 된다. 왜냐하면, 우리가 단단히 결

심하지 않는다면, 우리는 안식일을 빼먹기가 너무도 쉽기 때문이다. 그러므로 우리는 하늘이 두 쪽 나도 안식일을 철저히 지키겠다고 결심하고서 무슨 일이 있더라도 안식일을 지켜야 한다.

(2) 우리가 이 의무를 행하도록 하기 위하여 주신 격려의 말씀. 이와 같이 하는 사람은 복이 있느니라. 일주일 내내 우리가 행하는 일들에 하나님의 축복이 있게 하는 길은 안식일을 거룩히 지키는 일을 철저히 하는 것이다 안식일을 철저히 지킬 때, 우리는 정의와 의를 행할 수 있는 더 강력한 힘을 얻게 될 것이다. 우리는 경건하면 할수록 더욱 정직해진다(딤전 2:2).

3. 우리가 죄와 아무 상관이 없어야 한다는 것. 그의 손을 금하여 모든 악을 행하지 않는 사람은 복이 있느니라. 이웃에게, 즉 이웃의 몸이나 물건이나 평판에 해가 되는 일을 하지 않는 자, 또는 좀 더 일반적으로 하나님을 언짢게 하거나 자기 영혼에 해가 되는 일을 하지 않는 자는 복이 있다. 우리가 안식일을 잘 지켰다는 것을 보여주는 최고의 증거는 일주일 내내 선한 양심을 지키려고 애쓰는 것이다. 사람들 앞에서 거룩한 행실을 통하여 우리의 얼굴이 빛난다면, 우리가 하나님과 더불어서 성산에 있었다는 것이 분명하게 증명되는 것이다.

³여호와께 연합한 이방인은 말하기를 여호와께서 나를 그의 백성 중에서 반드시 갈라내시리라 말하지 말며 고자도 말하기를 나는 마른 나무라 하지 말라 ⁴여호와께서 이와 같이 말씀하시기를 나의 안식일을 지키며 내가 기뻐하는 일을 선택하며 나의 언약을 굳게 잡는 고자들에게는 ⁵내가 내 집에서, 내 성 안에서 아들이나 딸보다 나은 기념물과 이름을 그들에게 주며 영원한 이름을 주어 끊어지지 아니하게 할 것이며 ⁶또 여호와와 연합하여 그를 섬기며 여호와의 이름을 사랑하며 그의 종이 되며 안식일을 지켜 더럽히지 아니하며 나의 언약을 굳게 지키는 이방인마다 ⁷내가 곧 그들을 나의 성산으로 인도하여 기도하는 내 집에서 그들을 기쁘게 할 것이며 그들의 번제와 희생을 나의 제단에서 기꺼이 받게 되리니 이는 내 집은 만민이 기도하는 집이라 일컬음이 될 것임이라 ⁸이스라엘의 쫓겨난 자를 모으시는 주 여호와가 말하노니 내가 이미 모은 백성 외에 또 모아 그에게 속하게 하리라 하셨느니라

선지자는 여기에서 진심으로 하나님과 연합하였지만 크게 낙심되는 일들 아래에서 고생하는 자들을 하나님의 이름으로 격려한다.

1. 어떤 자들은 자기가 아브라함의 자손이 아니라는 이유로 낙심하였다. 그들은 여호와와 연합하였고, 자신의 영혼을 드려서 영원히 여호와의 것이 되었다(우리 자신을 세상과 육으로부터 끊어내서 하나님을 섬기는 일과 영화롭게 하는 일에 전적으로 헌신하는 것이야말로 신앙의 뿌리이자 생명이다). 그런데도 그들은 이방인 또는 낯선 자의 아들들이라는 이유로 하나님께서 과연 그들을 받아주실지 의문을 품었다(3절). 그들은 이방인들로서 이스라엘 백성에 대하여 외인들이었고 약속의 언약들로부터 소외된 자들이었기 때문에 그들이 과연 이스라엘 백성과 더불어서 분깃을 가지게 될지 염려하였다. 그들은 "여호와께서 나를 그의 백성으로부터 철저히 분리해 놓으셨기 때문에 나를 그의 백성 중의 하나로 인정하지 않으실 것이고 그의 백성에게 주어지는 특권들을 내게 허락하지 않으실 것이다"라고 말하였다. 하나님께서는 본토인에게나 이방인에게 이 법이 동일하니라(출 12:49)고 자주 말씀하셨지만, 그들은 이러한 암울한 결론에 이르렀다. 선한 자들일지라도 흔히 믿음이 떨어지면 하나님께서 직접 분명하게 말씀하시고 경계하신 것과 정반대로 생각하고서 낙심할 수 있다는 것을 명심하라. 그러므로 이방인들은 그렇게 말하지 않아야 한다. 왜냐하면, 그들은 그렇게 말할 이유가 전혀 없기 때문이다. 사역자들은 믿음이 약한 그리스도인들이 지니고 있는 두려움들과 시기들을 없애줄 수 있는 대답들을 준비해 두어야 하고, 그런 것들이 아무리 터무니없는 것일지라도 그들이 지니고 있는 염려들을 세심히 살펴야 한다는 것을 명심하라.

2. 어떤 자들은 이스라엘 가운데서 자녀를 두지 못했다는 이유로 낙심하였다. 고자는 나는 마른 나무라고 말하였다. 그는 자기 자신을 그렇게 여겼고 그것이 그의 근심거리였다. 다른 사람들도 그를 그렇게 여겼고, 그것은 그의 수치였다. 그는 자녀가 없거나 앞으로도 자녀를 갖게 될 가능성이 없다는 이유로 아무짝에도 쓸모없는 자로 생각되었다. 고자들은 제사장이 될 자격이 없었고(레 21:20), 여호와의 총회에 들어올 수 없었으며(신 23:1), 자손이 많을 것이라는 약속은 이스라엘에게 주어진 특별한 축복이었고, 그들의 자손 중에서 메시야가 날 것이었기 때문에, 고자들이 느끼는 근심과 수치심은 더욱 컸다. 그렇지만 하나님께서는 고자들이 이스라엘의 총회와 레위 지파의 제사장들의 무리 속에 낄 수 있는 길이 닫혀 있었다고 해서 그들이 자신의 처지를 비관적으로 바라보거나 그들이 복음 교회로부터 배제되고 영적인 제사장이 되지 못할 것

이라고 생각하는 것을 원치 않으셨다. 아니, 하나님께서는 규례들 속에 담겨 있는 장벽을 허무시고서 이방인들을 받아들이셨고, 마찬가지로 예식상의 부정함 때문에 배제되었던 자들도 받아들이셨다. 그렇지만 그들의 이러한 한탄에 대하여 하나님께서 하신 대답을 보면, 고자가 자신의 처지 중에서 주로 한탄하는 것은 그가 자녀가 없는 자로 기록될 것이라는 것으로 보인다.

이제 이방인과 고자 각각에 적합한 격려들이 주어진다.

I. 자녀를 두지 못한 자들. 그들은 비록 스스로는 교회와 언약의 자녀들이 되는 영광을 얻었지만 그 영광을 물려줄 자신의 자녀, 할례의 표와 그 표에 의해서 얻어진 특권들을 받을 자신의 자녀를 갖지 못한 자들이다. 좀 더 자세하게 살펴보자.

1. 그들은 이러한 수치와 고통 속에 있지만 얼마나 선한 자들이었는가. 여기에 나와 있는 그러한 자질들을 어느 정도 갖추고 있는 자들만이 앞으로 나올 위로들을 받을 자격이 있다.

(1) 그들은 하나님께서 지키라고 명하신 대로 하나님의 안식일을 지킨다. 기독교의 초창기에 어떤 그리스도인이 "너는 주일을 거룩하게 지켰느냐"라는 질문을 받았다면 "나는 그리스도인이기 때문에 주일을 범할 생각은 감히 하지도 못한다"고 주저없이 대답하였을 것이다.

(2) 그들은 모든 행실 속에서 하나님께서 기뻐하시는 일을 선택한다. 그들은 선한 일을 행하는 것이다. 그들은 하나님을 기쁘시게 해드리고자 하는 진실한 의도를 가지고서 선을 행한다. 그들은 일부러 선택해서 기쁜 마음으로 선을 행한다. 육신의 연약함으로 인해서 종종 하나님을 기쁘게 해드리는 일을 행하는 데에 미치지 못한다고 하여도 그들은 그런 일을 선택해서 열심히 행하고자 애쓴다. 하나님을 기쁘시게 해드리는 일이라면 그것은 어김없이 우리의 선택이 되어야 한다는 것을 명심하라.

(3) 그들은 하나님의 언약을 굳게 잡는다. 이것은 다른 선한 일들만큼이나 하나님을 기쁘시게 해드리는 일이다. 은혜의 언약은 복음을 통해서 우리에게 제시된다. 그것을 굳게 붙잡는 것은 그것에 동의하는 것이고 그 제안과 거기에 딸린 조건들을 받아들이는 것이며, 의도적이고 진실하게 하나님을 우리의 하나님으로 받아들여서 우리 자신을 그에게 맡기고 그의 백성이 되는 것이다. 언약을 굳게 붙잡는다는 것은 거기에 전적으로 단호하게 동의하는 것이고, 거기

에 미치지 못할까봐 염려하는 가운데 그것을 좋은 거래로 여겨서 결코 놓지 않으리라고 결단하며 붙잡는 것이다. 왜냐하면, 그 언약은 우리의 생명이기 때문이다. 범죄자가 어떻게든 살기 위하여 제단의 뿔을 붙잡는 것과 같은 심정으로 우리는 그 언약을 굳게 붙잡는다.

2. 이러한 자들은 비록 가족을 이루지는 못했을지라도 이루 말할 수 없는 위로를 받게 될 것이다(5절). 내가 더 나은 곳과 이름을 그들에게 주리라(개역에서는 기념물과 이름). 여기에서는 우리가 아들들과 딸들로부터 받게 되는 귀한 곳과 이름이 있다는 것이 전제된다. 우리는 우리가 죽고나서도 우리의 자녀들을 통해서 우리가 계속해서 살아있게 될 것이라고 생각할 때에 마음이 흡족해진다. 그러나 하나님과 언약을 맺은 자들에게는 더 나은 곳과 더 나은 이름이 보장되어 있고, 그 곳은 자녀들로 인하여 얻는 곳과 이름을 상쇄시키고도 남음이 있는 것이다. 여기에 나오는 곳과 이름은 안식과 명성을 의미한다. 스스로 편안하게 살아갈 수 있는 곳과 이웃들 가운데서 신뢰를 받으며 살아갈 수 있을 정도의 이름이 그런 것이다. 그럴 때에 그들은 집에 있을 때나 밖에 나갈 때에 행복하고 편안할 수 있다. 그들에게는, 자기 집의 음악과 같고 전통에 들어 있는 화살과 같은 자녀들, 그들이 성문에서 원수들과 다툴 때에 그들을 지지해 줄 자녀들이 없지만, 그들은 자녀들이 가져다 줄 수 있는 것보다 더 나은 곳과 이름을 얻게 될 것이다. 그 이유는 다음과 같다.

(1) 하나님께서 그것을 그들에게 주실 것이고, 약속으로 말미암아 그것을 그들에게 주실 것이다. 하나님 자신이 그들의 거처와 영광, 그들이 거할 곳과 그들의 이름이 되어 주실 것이다.

(2) 하나님께서 그의 집에서와 그의 성 안에서 그것을 그들에게 주실 것이다. 거기에서 그들은 한 곳을 얻어서 심겨져 뿌리를 내릴 것이고(시 92:13) 평생에 여호와의 집에 살게 될 것이다(시 27:4). 그들은 안나처럼 밤낮으로 성전을 떠나지 않고 하나님과 편안히 교통하게 될 것이고 거기에서 이름을 얻게 될 것이다. 선한 일들로 인하여 하나님과 선한 백성 가운데서 얻는 이름은 아들이나 딸로 인하여 얻는 이름보다 더 나은 이름이다. 하나님에 대한 우리의 관계, 우리가 그리스도에게 속하였다는 것, 언약의 축복들을 받을 자격이 우리에게 있다는 것, 영생에 대한 우리의 소망은 하나님의 집에서 우리에게 주어지는 것들, 즉 복된 곳과 복된 이름이다.

(3) 그것은 결코 끊어지지 아니하며 없어지지 아니할 영원한 이름이 될 것이다. 그것은 영원히 죽지 않기 때문에 혼인하지 않는 천사들의 거처와 이름 같을 것이다. 영적인 축복들은 아들이나 딸의 축복보다 이루 말할 수 없이 낫다. 왜냐하면, 자녀들은 어떤 사람들의 가장 큰 근심거리이자 수치가 될 수 있지만, 우리가 하나님의 집에서 참여하는 축복들은 우리에게 결코 쓴 맛을 안겨 줄 수 없는 확실하고 변치않는 기쁨과 영광과 위로가 되기 때문이다.

Ⅱ. 이방인의 자녀인 자들.

1. 여기에서는 그들이 이제 환영을 받고 교회로 들어오게 될 것이라고 약속된다(6-7절). 하나님의 이스라엘이 바벨론에서 나올 때, 그들은 이웃들을 권유해서 될 수 있으면 많은 이방인들이 그들과 더불어 나올 수 있게 하여야 한다. 하나님의 집은 그들 모두를 다 받아들이고도 남을 만큼 충분히 크다. 여기에서 우리는 앞에서와 마찬가지로 다음과 같은 것들을 볼 수 있다.

(1) 그들은 어떠한 조건 위에서 환영을 받게 될 것인가. 그들은 하나님의 이스라엘이 바벨론에서 나올 때에 예전에 그들의 조상들이 애굽에서 나올 때와는 달리 그들과 함께 동행하였지만 그들에 대하여 호의적이지 않았던 허다한 잡족에 의해서 괴롭힘을 당하지 않을 것임을 알아야 한다. 아니, 이방인의 아들들은 다음과 같은 조건 위에서 하나님의 집에서 거처와 이름을 얻게 될 것이다.

[1] 그들이 다른 신들, 곧 신을 자처하며 하나님과 경쟁하고자 하는 모든 우상들을 버리고 여호와와 연합하여 한 영이 되는 것(고전 6:17).

[2] 그들은 왕의 신하처럼, 장군의 병사처럼 충성 맹세를 통해서 하나님과 연합하여, 일시적으로가 아니라 변함없이 하나님의 종이 되어 그의 명령에 전적으로 복종하고 하나님의 일에 헌신하여 하나님을 섬기는 것.

[3] 그들은 하나님과 연합하여 그의 벗이 되어서 이 세상에서 그의 영광을 드러내며 그의 나라에 기여하면서, 여호와의 이름을 사랑하며, 하나님께서 자기 자신에 대하여 밝히신 모든 것들과 자기 자신을 기념하고자 행하신 모든 일들을 기뻐하는 것. 하나님을 섬기는 것과 하나님을 사랑하는 것은 서로 결합되어 있다는 것을 주목하라. 왜냐하면, 하나님을 진심으로 사랑하는 자들은 충성을 다해서 하나님을 섬기기 때문이다. 사랑의 원리로부터 흘러나오는 그러한 순종은 하나님께서 가장 기뻐하시는 것임과 동시에 가장 열납하시는 것이다. 하

나님을 사랑할 때에 그의 계명들은 무거운 것이 아니다(요일 5:3).

[4] 그들이 안식일을 지켜 더럽히지 않는 것. 왜냐하면, 하나님의 성문 안에 거하는 외인(外人)들에게는 특히 그렇게 하는 것이 요구되기 때문이다.

[5] 그들은 언약을 굳게 붙잡아야 한다는 것. 즉, 언약의 관계 속으로 들어와서 그 유익들을 얻고자 하여야 한다는 것.

(2) 그들은 어떠한 특권들을 얻게 될 것인가(7절). 그들이 하나님께 나아올 때에 여기에서는 그들에게 세 가지를 약속한다.

[1] 도우심. "내가 그들을 나의 성산으로 인도하리라. 그들이 올 때에 내가 그들을 환영하는 데에 그치지 않고, 내가 직접 나서서 그들에게 오고자 하는 마음을 불러일으키고 그들에게 길을 보여주며 그 길을 가는 동안에 그 길을 인도하리라." 다윗은 하나님께서 그의 빛과 진리를 통해서 자기를 그의 거룩한 산으로 데려가 주시라고 기도하였다(시 43:3). 하나님께서는 이방인의 아들들도 그와 같이 인도하실 것이다. 교회는 하나님의 거룩한 산이다. 하나님께서는 거기에 그의 왕을 세우셨고, 사람들을 이끌었고 시온의 거룩한 성전에서 예배하는 자들이 됨과 동시에 시온의 왕에게 다스림을 받는 신민들이 되게 하신다.

[2] 받으심. "내가 그들의 번죄와 희생을 나의 제단에서 기꺼이 받게 되리라. 그들이 이방인이라고 해서 그들의 번제와 희생을 못마땅하게 여겨 받지 않는 일은 결코 없으리라." 경건한 이방인들이 드리는 기도와 찬송(영적 제사들)은 경건한 유대인들이 드리는 것과 마찬가지로 하나님께 열납될 것이고, 둘 사이에는 그 어떠한 차별도 있지 않을 것이다. 왜냐하면, 그들은 태생적으로 이방인들이기는 하지만 은혜로 말미암아 아브라함의 믿음의 자손들이자 하나님과 씨름하였던 야곱의 기도하는 자손들로 여겨지게 될 것이고, 예수 그리스도 안에서는 헬라인이나 유대인, 할례나 무할례가 아무런 차별도 없기 때문이다.

[3] 위로하심. 그들은 받아들여질 뿐만 아니라 그로 인한 기쁨도 가지게 될 것이다. 내가 그들을 내 집에서 기쁘게 할 것이다. 그들은 하나님을 섬기는 은혜만이 아니라 기쁘고 즐거운 마음으로 하나님을 섬기는 은혜도 받게 될 것이고, 그것으로 인해서 그들이 드리는 은혜는 하나님께 더 열납될 것이다. 왜냐하면, 우리가 여호와의 길들에서 노래할 때, 우리 하나님의 영광이 크기 때문이다. 하나님께서 그들이 하는 일들을 기쁘게 받으셨기 때문에 그들은 집으로 돌아가서 기쁨으로 음식물을 먹을 것이다(전 9:7). 아니, 그들은 슬픈 마음으로 애곡하기

위하여 기도의 집으로 왔다고 할지라도 기뻐하며 돌아가게 될 것이다. 왜냐하면, 그들은 거기에서 그들의 근심과 짐을 하나님께 다 맡겨 버림으로써 평안함을 얻고서 한나처럼 집으로 돌아가서 다시는 슬픈 기색을 띠지 않을 것이기 때문이다. 수많은 슬픈 심령들이 기도의 집에서 기쁨을 얻고 돌아갔다.

2. 여기에서는 이방인들의 많은 무리가 교회로 오게 되리라는 것이 약속되고 있다. 가끔씩 한두 사람이 교회에 들어오는 것이 아니라, 많은 수의 무리가 한꺼번에 들어오게 될 것이고, 그들을 위한 문은 활짝 열려 있게 될 것이다. 내 집은 만민이 기도하는 집이라 일컬음이 될 것이다. 당시에 성전은 하나님의 집이었고, 그리스도께서는 이 말씀을 성전에 적용하신다(마 21:13). 그러나 그리스도는 이 성전을 복음 교회의 모형으로 바라보셨다(히 9:8-9). 왜냐하면, 그리스도께서는 그것을 그의 집이라고 부르시기 때문이다(히 3:6). 이제 이 집에 관하여 다음과 같은 것들이 약속되고 있다.

(1) 이 집이 제사를 드리는 집이 아니라 기도하는 집이 되리라는 것. 하나님의 백성이 그들의 하나된 믿음과 서로에 대한 사랑의 증표로서 함께 연합하여 모일 때에 그 모임은 기도를 위한 모임이 될 것이다.

(2) 이집은 유대인들만이 아니라 만민이 기도하는 집이 되리라는 것. 이 말씀은 베드로가 각 나라 중 하나님을 경외하며 의를 행하는 사람은 다 받는 줄 깨달았도다라고 말하며 이것을 온 세상에 전하게 되었을 때에 성취되었다(행 10:35). 성경에서는 외인이 가까이 오면 죽일지라고 거듭거듭 분명하게 말해왔었지만, 이제 이방인들은 더 이상 외인들이자 나그네들로 여겨지지 않게 될 것이다(엡 2:19). 성전이 일차적으로 기도하는 집으로 의도되었고, 이방인들도 거기에 들어오는 것이 환영을 받게 되리라는 것은 성전이 봉헌될 때에 분명하게 제시되었다(왕상 8:30, 41, 43). 여기에 나오는 말씀(8절) 속에는 이방인들이 들어와서 유대인들과 한 몸을 이루게 되리라는 것이 암시되어 있다. 그리스도께서는 한 무리와 한 목자가 있을 것이라고 말씀하셨다(요 10:16). 그 이유는 다음과 같다.

[1] 하나님께서 이스라엘의 쫓겨난 자를 모으실 것이다. 불신앙 때문에 쫓겨났던 많은 유대인들이 믿음으로 다시 돌아오게 될 것이고, 은혜로 택하심을 따라 남은 자가 있을 것이다(롬 11:). 그리스도께서는 이스라엘 집의 잃어버린 양에게 오셔서(마 15:24) 이스라엘의 흩어진 자들을 모으시고(시 147:2) 이스라엘 중에 보

존된 자를 돌아오게 하며(사 49:6) 이스라엘의 영광이 되기 위하여 오셨다(눅 2:32).

[2] 하나님은 이스라엘의 쫓겨난 자들 외에도 다른 무리들을 모으실 것이다. 또는, 이방인들의 몇몇이 드문드문 교회로 들어오겠지만 그것으로는 이러한 약속들을 다 이루기에는 충분하지 못하겠지만, 점점 더 많은 수가 들어오게 될 것이다. "내가 이미 모은 백성 외에 또 모아 그에게 속하게 하리라. 이들은 이방인들의 충만한 수가 들어오게 되어서 이 땅의 열방들 가운데 추수가 행해져서 많은 이방인들이 그리스도에게 모여오게 될 것과 비교하면 첫 열매에 불과하다." 교회는 점점 자라가는 몸이라는 것을 명심하라. 몇몇 사람들이 교회로 모여들 때에 우리는 신비의 몸이 완성될 때까지 계속해서 점점 더 많은 사람들이 모여들게 될 것이라는 소망을 가질 수 있다. 이 우리에 들지 아니한 다른 양들이 내게 있다.

⁹들의 모든 짐승들아 숲 가운데의 모든 짐승들아 와서 먹으라 ¹⁰이스라엘의 파수꾼들은 맹인이요 다 무지하며 벙어리 개들이라 짖지 못하며 다 꿈꾸는 자들이요 누워 있는 자들이요 잠자기를 좋아하는 자들이니 ¹¹이 개들은 탐욕이 심하여 족한 줄을 알지 못하는 자들이요 그들은 몰지각한 목자들이라 다 제 길로 돌아가며 사람마다 자기 이익만 추구하며 ¹²오라 내가 포도주를 가져오리라 우리가 독주를 잔뜩 마시자 내일도 오늘 같이 크게 넘치리라 하느니라

선지자는 지금까지 위로의 말씀을 전하다가 여기에서 갑자기 어조를 바꾸어서 책망하고 죄를 깨우치는 말씀으로 넘어가는데, 이러한 말씀의 기조는 이후에 나오는 세 장에 걸쳐서 대체로 그대로 유지된다. 그러므로 어떤 이들은 여기에서 새로운 설교가 시작되고 있다고 본다. 선지자는 백성들에게 때가 되면 하나님께서 그들을 포로 생활로부터 건지실 것이라고 약속하면서, 이 일은 하나님께서 그 일을 행하실 때에 살아 있을 자들을 위로하기 위한 것이라고 말하였었다. 이제 여기에서 선지자는 그들이 어떠한 죄를 짓고 하나님을 진노케 하여서 장차 하나님께서 그들을 포로로 끌려가게 하시는 것인지를 보여주는데, 이것은 유대 백성이 포로로 끌려가기 백여 년 전, 즉 이사야 선지자가 활동하던 때에 살고 있던 자들의 죄를 깨우치기 위한 것이었다. 이 때로부터

백여 년이 지나서 유대 백성들은 죄의 분량을 다 채워서 하나님의 심판을 받아 포로로 끌려가게 된 것이다. 하나님은 유대 백성의 죄악으로 말미암아 사나운 원수들을 보내어서 그들을 장차 초토화시키실 것이다.

I. 황폐화시키는 심판이 여기에서 예고된다(9절). 하나님의 초장에서 풀을 뜯던 양들은 이제 하나님이 보내시는 도살자에 의해서 죽임을 당하게 될 양들, 하나님의 공의의 희생물이 될 처지에 놓여 있었기 때문에 하나님께서는 들과 숲의 짐승들을 부르셔서 와서 먹으라고 명령하신다. 이 짐승들은 선천적으로 사나운 기질을 타고난 맹수들로서 자신의 먹이를 가차없이 집어 삼킬 것이다. 하나님은 그 짐승들이 그렇게 한 것을 허락하셨다. 아니, 하나님은 그 짐승들이 그러한 생각이나 의도를 갖고 있지 않더라도 그런 일을 하도록 그의 종들로 사용하고 계시고 그의 공의를 시행하는 자들로 사용하고 계신다. 이 말씀은 일차적으로 바벨론 사람들이 쳐들어와서 유대 백성을 삼켜버린 것을 가리키지만, 한 걸음 더 나아가서 하나님께서 이스라엘의 쫓겨난 자들을 기독 교회로 모으신 후에(8절) 로마인들이 예루살렘과 유대 나라를 멸망시킨 것을 가리킨다. 로마 군대는 숲의 짐승들처럼 그들을 덮쳐서 삼켜버렸고, 그들의 땅과 민족을 빼앗아 갔다. 하나님께서 피비린내 나는 일을 하고자 하실 때에는 그 일을 하는 도구로 사나운 짐승들을 불러서 사용하신다는 것을 명심하라.

II. 이러한 심판의 이유가 여기에서 제시된다. 목자들은 양 무리의 파수꾼이 되어서 마땅히 사나운 짐승들이 가까이 오는 것을 알아차리고서 내쫓아서 가까이 오지 못하도록 하여서 양들을 보호했어야 하는 데도 그들에게 맡겨진 일에 신경도 쓰지 않고 태만하고 부주의하여서, 양들은 맹수들의 손쉬운 먹잇감이 되어 버렸다. 이 말씀은 이사야, 예레미야, 에스겔 시대에 살았던 거짓 선지자들(그들은 백성들이 악한 길로 가는데도 듣기 좋은 소리만 해 주었고, 백성들에게 평안이 있을 것이라고 말해 주었다)과 그들 자신의 잣대를 따라 백성들을 다스렸던 제사장들을 가리키는 것 같다. 또는, 이 말씀은 요시야의 아들들, 즉 여호와의 목전에서 악을 행하였던 악한 왕자들과 그들 밑에 있었던 악한 방백들을 가리키는 것일 수도 있다. 그들은 맡겨진 책임을 다하지 않고 사악하며 불경스러웠고, 깨어진 틈을 메워서 하나님의 심판이 그들에게 밀고 들어오지 않도록 해야 했음에도 불구하고, 도리어 그 틈새를 더욱 벌려서 여호와의 맹렬한 진노를 더욱 크게 하였고 그 진노를 돌이키려는 노력을 하나도 하지 않았다. 그들은 마땅히 공의와 정의를 지켰어야 했지만(1절) 둘 모두를 포기하였다(렘 5:1). 또는, 이 말씀은 우리 구주께서 활동하시던 때에 유대 민족의 파수꾼이었던 자들, 즉 대제사장들과 서기관들을 가리키는 것일 수도 있다. 그들은 마땅히 때의 징조를 분별하여서 백성들에게 메시야가 가까이 오고 있다는 것을 알렸어야 함에도 불구하고 도리어 메시야를 반대하고, 온 힘을 다하여서 백성들이 메시야를 알지 못하도록 방해하며 메시야에 대하여 편견을 갖도록 부추겼다. 여기에서 묘사되고 있는 이러한 파수꾼들의 모습은 너무도 서글픈 모습이다. 다음과 같은 인도자들을 가지고 있는 나라여, 네게 화가 있도다!

1. 그들은 그들이 마땅히 해야 할 일에 대한 그 어떤 인식이나 지식도 갖고 있지 않았다. 그들은 그들의 일에 대하여 너무도 무지하였고, 그들 자신이 너무도 잘못 가르침을 받았기 때문에 다른 사람을 가르치는 데에도 형편없이 부적절하였다. 이스라엘의 파수꾼들은 맹인이다. 그러므로 그들은 파수꾼이 되기에 철저하게 부적절하였다. 적군이 오는지 안 오는지를 살펴보기 위하여 세워둔 파수꾼이 맹인들이라면 우리를 위하여 누가 적군이 오는지 안 오는지를 살펴보아 주겠는가? 우리 안에 있는 빛이 어두우면 그 어둠이 얼마나 더하겠느냐! 그리스도께서는 바리새인들을 보고서 맹인이 되어 맹인을 인도하는 자라고 하셨다(마 15:14). 들짐승들은 백성들을 잡아먹기 위해서 오고 있는데, 파수꾼들은 눈이 멀어서 들짐승들이 오고 있는 것을 알지 못한다. 그들은 다 무지하며(10절) 몰지각한 목자들이라서(11절) 양 떼들에게 장차 무슨 일이 생길지를 전혀 알지 못하고, 명철로 양육할 수도 없다(렘 3:15).

2. 그들은 지식을 갖고 있다고 하여도 그것을 전혀 사용하지 않았다. 이스라엘의 파수꾼들은 다 이 모양이었다. 그들은 눈먼 파수꾼들이어서 위험이 닥쳐오는지를 분간할 수 없었을 뿐만 아니라, 벙어리 개들이어서 설령 그 위험을 분간하였다고 하여도 백성들에게 경고할 수 없었다. 개들이 짖어서 목자를 깨우고 이리를 기겁하게 하여 도망치게 하지 못한다면, 양 떼를 지키라고 개들을 보초로 세울 이유가 어디에 있겠는가? 이스라엘의 파수꾼들은 다 이러하였다. 백성들의 영혼을 잘 되게 해야 할 책임을 맡고 있었던 자들은 백성들이 잘못을 하여도 책망하지 않았고, 죄악의 결말이 어떤 것인지를 말해주지도 않았으며, 하나님의 심판이 그들에게 다가오고 있다는 것도 알려주지 않았다. 그들은 하나님의 선지자들을 향하여 짖어댔고 그들을 깨물었으며 양들을 못살게 굴었지

만, 늑대나 이리에 대해서는 아무런 저항도 하지 않았다.

3. 그들은 너무도 게을렀고 수고를 하려고 하지 않았다. 그들은 편안함을 좋아하고 일을 싫어했기 때문에 언제나 잠자고 누워 있고 조는 것을 좋아하였다. 그들은 주님의 제자들처럼 슬픔과 피곤함을 못이겨서 잠든 것이 아니라, 일부러 잠을 청하기 위하여 누웠고, 영혼아 평안히 쉬고 좀 더 자자고 말하였다. 그들의 목자들이 꾸벅꾸벅 졸고 잠을 잔다면 백성에게는 불행한 일이다(나 3:18). 그러나 하나님의 백성을 이끄시는 목자, 이스라엘을 지키시는 자는 졸지도 아니하시고 주무시지도 아니하시니 이 얼마나 좋은 일인가.

4. 그들은 지독하게 탐욕스러웠고 세상을 좇는 데에 열심이었다. 이 개들은 탐욕이 심하여 족한 줄을 알지 못하는 자들이다. 그들은 아무리 많은 것을 가졌어도 자기가 가진 것이 너무도 적다고 생각하였다. 그들은 은을 사랑하는 자들이었기 때문에 결코 은으로 만족하지 못하였다(전 5:10). 그들이 온 마음을 다해서 추구한 것은 그들이 무엇을 할 것인가가 아니라 무엇을 얻을 것인가였다. 월급만 받을 수 있다면, 자기가 맡은 일이 어찌 되든 그런 것에는 전혀 신경을 쓰지 않았다. 그들은 양 떼를 돌보며 먹인 것이 아니라 양 떼로부터 뭔가를 속여 빼앗았다. 그들은 모두 각자 제 길을 돌아보고 자신의 사리사욕만을 채울 뿐이었고, 백성들이 어떻게 되든 그런 것에는 전혀 관심이 없었다. 사도 바울은 자기 시대의 파수꾼들에 대하여 그들이 다 자기 일을 구하고 그리스도 예수의 일을 구하지 아니한다(빌 2:21)고 탄식하였다. 사람들은 각자 자신의 견해를 관철시키고자 하고 자기가 속한 파당을 밀며 자기 가족을 일으켜 세우고 모든 것을 자기 생각대로 해나가는 데에만 몰두하였고, 백성들과 공동체에게 유익이 되는 것들을 너무할 정도로 소홀히 하고 미루었다. 사람들은 자기가 맡은 일 속에서 자기 이익만 추구하였다. 그들은 모든 일에서 자기 이익을 추구하였지만(우리는 합법적인 수단을 통해서든 더러운 수단을 통해서든 돈, 돈, 돈을 벌어야 한다), 특히 자기가 맡은 일에서 자기 이익을 추구하여 손해보는 일은 아무것도 없게 하고 뭔가를 얻어내고자 하였다. 그들은 자기 입에 무엇을 채워 주지 않는 자에게는 아무것도 해주지 않을 뿐만 아니라 그를 해칠 전쟁을 준비하였다(미 3:5).

5. 그들은 완벽한 쾌락주의자들로서 그들이 맡은 일에서가 아니라 술 취하고 흥청망청하는 술자리에서 그들의 쾌락에 몰두하였다(12절). 오라 내가 포도

주를 가져오리라(그들은 응접실이나 서재보다 포도주 저장소를 더 잘 갖추어 놓았기 때문에 포도주를 얼마든지 댈 수 있었다) 우리가 독주를 잔뜩 마시자. 그들은 자주 술에 취하였지만, 마시다보니 그렇게 된 것이 아니라 의도적으로 취하고자 하였다. 파수꾼들은 이렇게 술을 잔뜩 마시고서 취하자고 서로서로 권유하였고, 백성들을 붙잡고서 자기들과 함께 앉아서 술을 마시자고 권하며, 백성들의 잘못을 책망하기는커녕 도리어 백성들의 악한 행실을 두둔하여 마음을 더욱 완악하게 만들었다. 이스라엘의 파수꾼들은 백성들과 어울려 술을 마시고 취해도 그것이 아무런 해도 되지 않는다고 생각하였던 것인가!

6. 그들은 너무도 안일하여서 그들의 형통함과 편안함이 계속될 것이라고 확신하였다. 그들은 이렇게 말하였다. "내일도 오늘 같이 크게 넘치리라. 우리는 내일도 오늘만큼이나 우리의 욕구를 마음껏 발산할 수 있을 것이다." 그들은 지나치게 술을 마심으로써 수명을 단축시키고 죽음을 재촉하고 있었으면서도 그들은 연약하고 곧 죽게 될 존재라는 것을 전혀 생각하지 않았다. 그들은 날마다 하나님의 화를 돋구고 하나님의 진노와 저주를 벌고 있었으면서도 하나님의 심판을 전혀 두려워하지 않았다. 그들은 감각의 모든 즐거움들과 쾌락들은 쓸수록 무디어지고 결국에는 욕망과 더불어서 사라지고 말 것임을 전혀 생각하지 않았다. 그들은 자신의 양심이 뭐라고 말하든 거기에 귀 기울이지 않고 계속해서 이 악한 길로 행하여 내일도 오늘처럼 즐겁게 지내리라고 결심하였다. 그러나 너는 내일 일을 자랑하지 말라. 하나님께서 오늘 밤에 네 영혼을 도로 찾으실지도 모르기 때문이다.

제
— 57 —
장

개요

이 장에서 선지자는 다음과 같은 것들에 대하여 고찰한다. I. 선한 자들의 죽음에 대하여. 이것은 흠없는 모습으로 데려감을 당한 자들을 위로하고 그러한 섭리를 제때에 활용할 수 없었던 자들을 책망하기 위한 것이다(1-2절). II. 유대인들이 범한 우상 숭배라는 중대한 범죄와 영적인 간음, 그로 인하여 그들에게 닥쳐올 멸망의 심판에 대하여(3-12절). III. 하나님께서 자기 백성에게 은혜로 다시 돌아오셔서 그들의 포로 생활을 끝내시고 그들로 다시 형통하게 하실 것에 대하여(13-21절).

[1]의인이 죽을지라도 마음에 두는 자가 없고 진실한 이들이 거두어 감을 당할지라도 깨닫는 자가 없도다 [2]의인들은 악한 자들 앞에서 불리어가도다 그들은 평안에 들어 갔나니 바른 길로 가는 자들은 그들의 침상에서 편히 쉬리라

선지자는 앞 장의 끝부분에서 파수꾼들의 무지와 방탕함을 단죄하였는데, 여기에서는 백성들 전체가 마찬가지로 우둔하고 지각이 없게 되었다는 것을 보여준다. 백성들을 일깨워서 지각이 있게 해 주었어야 할 파수꾼들이 몰지각하였기 때문에 백성들이 몰지각하게 되었다는 것은 전혀 이상한 것이 아니었다. 우리는 여기에서 다음과 같은 것들을 살펴볼 수 있다.

I. 선한 자들을 이 세상에서 빨리 떠나보내시는 하나님의 섭리. 의인들은 이 세상에서 사라진다. 그들은 온데간데 없이 없어지고, 그들이 있던 자리는 더 이상 그들을 알지 못한다. 경건한 자라고 해서 죽음의 공격에서 면제되는 것은 아니다. 아니, 박해의 때에는 가장 의로운 자들이 피에 굶주린 자들의 폭력에 의해서 죽임을 당할 위험에 가장 크게 노출된다. 그런 때에 가장 먼저 죽는 자들은 가장 의로운 자들이고, 그들은 순교자의 죽음을 죽는다. 의인들은 죽음이 지닌 독침으로부터는 건지심을 받지만, 죽음의 공격에서 면제받지는 못한다. 본문에서 의인들이 사라진다고 말하고 있는 것은 그들이 우리로부터 완전히 옮

겨지고, 그들이 옮겨짐으로써 이 세상은 큰 손실을 입는다는 것을 나타내기 위한 것이다. 그들의 죽음은 그들의 손실이 아니라, 그들이 살아서 유익을 끼쳤던 곳의 손실임이 입증되는 경우가 많다. 아니, 심지어 의인들과는 구별되는 선한 자들인 진실한 이들도 거두어감을 당한다. 의인과 선한 자는 서로 구별이 되어서, 의인을 위하여 죽는 자가 쉽지 않고 선인을 위하여 용감히 죽는 자는 혹 있다(롬 5:7). 이 세상에 남겨두어봤자 아주 험악한 꼴을 당할 수밖에 없는 자들이 있을 때에 하나님께서는 그런 자들을 흔히 데려가신다. 열매를 잘 맺는 나무들은 죽음에 의해서 잘리우고, 열매를 잘 맺지 못하는 나무들은 남겨져서 이 세상에서 방해물이 된다. 진실한 사람들은 흔히 이 세상의 악의적인 손길에 의해서 제거된다. 그들이 행한 많은 선한 일들로 인해서 그들은 돌에 맞아 죽는다. 바벨론에 포로로 끌려가기 전에 이미 유대의 땅에서는 선한 자들이 더 많이 죽어나갔기 때문에, 거기에서는 선한 자들을 찾아보기가 어려웠다(렘 5:1). 경건한 자들은 끊어졌고 신실한 자들은 없어졌다(시 12:1).

Ⅱ. 부주의한 세상 사람들은 하나님의 이러한 섭리들을 가볍게 여기고 무시해버림. 마음에 두는 자가 없고 깨닫는 자가 없도다. 이런 일을 국가적인 손실로 여겨서 애통해하는 자는 거의 없고, 이런 일이 민족 전체에 대한 경고임을 알아차리는 이도 거의 없다. 선한 자들의 죽음은 평범한 자들의 죽음보다 더 마음에 두고 깊이 생각해보아야 하는 일이다. 그런 일들을 당할 때, 우리는 하나님께서 우리와 무슨 이유로 다투시는지, 그러한 섭리들을 통해서 우리가 어떠한 선한 교훈들을 배워야 하는지, 하나님과 우리 사이에 나 있는 틈새를 메우고 하나님께서 데려가신 자들의 빈 자리를 메우기 위해서 우리가 무엇을 해야 하는지를 진지하게 물어야 한다. 사람들이 그러한 일들을 마음에 두지 않고, 하나님께서 회초리로 때리시는 소리를 듣지 못하거나 그러한 의도에 응답하지 않는다면, 특히 그러한 일들을 기뻐하고 증인을 죽인다면(계 11:10), 하나님께서 진노하시는 것은 당연한 일이다. 하나님께서 사람들에게 주시는 가장 좋은 축복들 중의 하나, 즉 사람들을 이 세상에서 일찍 데려가시는 축복은 현실에 있어서 과소평가되고 있다. 그것은 사람들의 무지가 지극히 크다는 것을 보여주는 증거이다. 어린 아이들은 그들이 어릴 때에 부모가 죽어도 거의 슬퍼하거나 애곡하지 않는다. 왜냐하면, 그들은 부모가 죽는 것이 어떠한 손실인지를 알지 못하기 때문이다.

Ⅲ. 이 세상을 일찍 떠나가는 의인들의 복.

1. 그들은 악한 자들 앞에서 불리어 가서 그 재앙을 피하게 된다.

(1) 하나님께서는 의인들을 불쌍히 여기셔서 그들이 재앙을 보지 않게 하시고(왕하 22:20) 재앙에 휘말리지 않게 하시며 재앙에 의해서 시험을 받지 않도록 하기 위하여 그들을 일찍 데려가신다. 대홍수가 임박했을 때에 하나님은 의인들을 방주로 불러 모으시고, 하늘 아래에서 그들을 위한 피난처가 없을 때에는 천국이라는 피난처와 안식처로 그들을 부르신다.

(2) 세상을 향한 진노로 인하여 그들이 의인들과 진실한 자들에게 행한 온갖 해악들에 대하여 그들을 벌하시려고 하나님께서는 의인들을 일찍 데려가신다. 하나님의 심판을 막기 위해서 하나님과 인간 사이의 틈새에 서서 그 틈새를 메우고 있던 자들이 데려감을 당한다면, 이 땅에 남아 있던 자들은 대홍수 외에 무엇을 기대할 수 있겠는가? 하나님께서 그의 대사들을 천국으로 소환해 가신다면, 그것은 하나님께서 전쟁을 준비하고 계신다는 것을 보여주는 징조가 된다.

2. 그들은 그러한 재앙이 미치지 못하는 곳에서 편히 쉬도록 하기 위하여 데려감을 당하는 것이다. 의인은 살아 있을 때에는 바른 길로 행하였고, 죽어서는 평안에 들어가서 자신의 침상에서 편히 쉬게 된다.

(1) 죽음은 살아서 바른 길로 행하였기 때문에 죽어서 히스기야처럼(왕하 20:3) 하나님께 그런 사실을 호소할 수 있는 자들에게만 유익이요 안식이요 지극한 복이 된다. 여호와여 내가 진실과 전심으로 주 앞에 행하며 주께서 보시기에 선하게 행한 것을 기억하옵소서.

(2) 평생토록 바른 길로 행하여 옳은 일들을 실천한 자들은 죽었을 때에 그 바른 행실이 그들에게 큰 유익이 되는 것을 발견하게 될 것이다. 그 때에 그들의 영혼은 평안에 들어가고 평안의 세계에 들어가게 될 것인데, 거기에 있는 평안은 완전한 것이어서 거기에는 고통이 존재하지 않는다. 너는 네 주인의 즐거움에 참여할지어다. 그들의 몸은 그들의 침상에서 쉬게 된다. 무덤은 주님의 모든 백성들에게 안식의 침상이라는 것을 명심하라. 거기에서 그들은 모든 수고를 그치고 쉬게 된다(계 14:13). 그들이 이 세상에서 수고를 많이 하여 더 힘들고 피곤하게 되었을수록 무덤에서의 안식은 그들에게 더 달콤한 것이 될 것이다(요 3:17). 이 침상은 어둠 속에 두어져 있지만, 그렇기 때문에 더욱더 고

요하고 조용한 안식이 가능해진다. 의인들은 부활의 아침에 그 침상에서 새로운 몸으로 다시 일어나게 될 것이다.

³무당의 자식, 간음자와 음녀의 자식들아 너희는 가까이 오라 ⁴너희가 누구를 희롱하느냐 누구를 향하여 입을 크게 벌리며 혀를 내미느냐 너희는 패역의 자식, 거짓의 후손이 아니냐 ⁵너희가 상수리나무 사이, 모든 푸른 나무 아래에서 음욕을 피우며 골짜기 가운데 바위 틈에서 자녀를 도살하는도다 ⁶골짜기 가운데 매끄러운 돌들 중에 네 몫이 있으니 그것들이 곧 네가 제비 뽑아 얻은 것이라 또한 네가 전제와 예물을 그것들에게 드리니 내가 어찌 위로를 받겠느냐 ⁷네가 높고 높은 산 위에 네 침상을 베풀었고 네가 또 거기에 올라가서 제사를 드렸으며 ⁸네가 또 네 기념표를 문과 문설주 뒤에 두었으며 네가 나를 떠나 벗고 올라가서 네 침상을 넓히고 그들과 언약하며 또 네가 그들의 침상을 사랑하여 그 벌거벗은 것을 보았으며 ⁹네가 기름을 가지고 몰렉에게 나아가되 향품을 더하였으며 네가 또 사신을 먼 곳에 보내고 스올에까지 내려가게 하였으며 ¹⁰네가 길이 멀어서 피곤할지라도 헛되다 말하지 아니함은 네 힘이 살아났으므로 쇠약하여지지 아니함이라 ¹¹네가 누구를 두려워하며 누구로 말미암아 놀랐기에 거짓을 말하며 나를 생각하지 아니하며 이를 마음에 두지 아니하였느냐 네가 나를 경외하지 아니함은 내가 오랫동안 잠잠했기 때문이 아니냐 ¹²네 공의를 내가 보이리라 네가 행한 일이 네게 무익하니라

우리는 여기에서 악한 세대를 향한 하나님의 심한 질책을 보게 되는데, 물론 이 질책은 너무도 당연한 것이다. 이 세상이 의인들이 살기에 합당치 않은 곳이 되었기 때문에, 하나님은 의인들을 이 땅에서 일찍 데려가셨다. 좀 더 살펴보자.

I. 그들이 어떤 자들인가에 관한 전체적인 설명 또는 하나님께서 그들을 고발하실 때에 그들을 지칭하신 이름과 호칭(3절).   하나님께서는 그들에게 가까이 와서 법정에 서서 그들에 대한 고소장을 들으라고 말씀하시면서, 그들을 무당의 자식, 간음자와 음녀의 자식들로 부르셨다. 즉, 그들은 바로 그런 자들이었고, 그런 자들에게 강하게 이끌린 자들이었으며, 그들의 조상들은 그들 이전에 그런 자들이었다. 그들의 죄는 주술과 간음이다. 왜냐하면, 그것은 하나님을 떠나서 마귀와 거래하는 것이기 때문이다. 그들은 불순종의 자녀들이었다.

선지자는 이렇게 말한다. "너희는 이리로 가까이 오라. 내가 너희에게 너희의 운명을 말해 주리라. 의인들에게는 죽음이 평안과 안식을 가져다 줄 것이지만, 너희에게는 그렇지 않다. 너희는 패역의 자식, 거짓의 후손으로서(4절) 선천적으로 그런 기질을 갖고 있어서 타락하여 하나님을 떠나서 기만적으로 행하는 데에 익숙한 자들이다(사 48:8)."

II. 고소장에 적힌 그들의 구체적인 범죄들.

1. 하나님과 그의 말씀을 비웃음. 그들은 하나님을 비웃는 자들이었다(4절). "너희가 누구를 희롱하느냐. 너희는 가엾은 선지자들을 하찮게 여기고 짓밟은 것일 뿐이라고 생각하지만, 사실은 너희가 그 선지자들에게 말씀을 주어서 보내신 하나님을 경멸하고 짓밟은 것이다." 하나님의 사자들을 조롱한 것은 예루살렘이 죄의 분량을 다 채운 것이었다. 왜냐하면, 하나님께서는 사람들이 그의 사자들에게 행한 짓을 하나님 자신에게 행한 짓으로 여기시기 때문이다. 그들은 그들이 저지른 죄악들에 대하여 책망을 받고 하나님으로부터 심판의 경고를 들었을 때에 가장 노골적이고 야비한 경멸의 몸짓과 표현을 통해서 하나님의 말씀을 조롱하였다. 그들은 하나님의 말씀을 듣고서 마땅히 진지하게 자신을 살피고 낮추었어야 함에도 불구하고 도리어 하나님의 말씀을 희롱하며 즐거워하였다. 그들은 선지자들에 대하여 예의를 갖추고 공손하게 대하여야 했음에도 불구하고 도리어 선지자들이 전하는 말씀에 입을 삐죽거리며 빈정대고 혀를 길게 빼서 놀려댔다. 그들은 적어도 그들에게 심부름 온 귀인을 대할 때의 공손함으로 선지자를 대하여야 했는 데도 그렇지 못하였다. 하나님을 조롱하고 하나님의 심판을 무시하는 자들은 그들이 그토록 오만방자하게 대하는 분이 누구신지를 곰곰이 생각해보는 것이 신상에 이로울 것임을 명심하라.

2. 우상 숭배. 이것은 유대 백성이 포로로 끌려가기 전에 저질렀던 가장 악명 높은 죄였다. 그러나 포로 생활이라는 고난을 겪으면서 유대 백성은 우상 숭배의 죄로부터 치유를 받았다. 하지만 이사야 시대에는 아하스(어떤 이들은 여기에서 가리키는 것은 특히 이 왕의 시대라고 생각한다)와 므낫세의 가증스런 우상 숭배가 보여주듯이 우상 숭배가 성행하였다.

(1) 그들은 불법하고 부자연스러운 정욕으로 불타오르는 자들처럼 우상들을 맹목적으로 좋아하여 우상들을 향하여 음욕이 불일 듯하였다(롬 1:27). 그들은 그들의 우상에 실성하였다(렘 50:38). 그들은 제단 주위를 뛰며 칼과 창으로

그들의 몸을 상하게 한 바알 선지자들처럼 우상을 섬길 때에 격렬한 열정에 사로잡혀 불타올랐다(왕상 18:26, 28). 사람이 더럽고 타락한 열정들에 사로잡히면 잡힐수록 그 열정들은 더욱 격렬하게 타오른다는 것을 명심하라. 그들은 모든 푸른 나무 아래에서, 탁 트인 야외에서, 그늘에서 우상들을 섬겼다. 그렇지만 그런 것은 격렬하게 타오르는 그들의 음욕의 열기를 식혀주지 못하였고, 도리어 그들이 우상을 섬겼던 곳인 푸른 나무들이 아름답고 매력적이었기 때문에 그들은 더욱더 우상들에 매료될 뿐이었다. 이렇게 본질적으로 자연의 하나님께로 이끌어야 할 아름다운 피조물들은 도리어 그들을 끌어가서 하나님으로부터 멀어지게 하였다. 그들이 거짓 신들을 섬길 때에 보여준 불타는 열심은 참 하나님을 섬기는 우리의 냉랭함과 무관심을 부끄럽게 만든다. 그들은 스스로 불타오르려고 온갖 애를 쓰는데, 우리는 마음을 여러 곳에 분산시켜서 하나님에 대하여 우리 자신이 무감각해지게 만든다.

(2) 그들은 우상을 섬길 때에 야만적이고 부자연스러울 정도로 잔인하였다. 그들은 자신의 자녀들을 죽여서 우상에게 제물로 바쳤는데, 이러한 일들은 그러한 끔찍스러운 본거지였던 힌놈의 아들의 골짜기에서만이 아니라 그것을 본떠서 다른 골짜기들과 바위 틈에서, 그런 어둠의 일들을 하기에 아주 적합한 곳인 음침하고 한적한 곳에서도 행하여졌다.

(3) 그들은 우상 숭배를 하는 일에 있어서 무엇이든지 아끼는 것이 없었고 그러고도 만족하지 못하였다. 그들은 우상들을 아무리 많이 섬겨도 만족할 줄 몰랐고 우상을 섬기는 일에 아무리 많은 돈을 써도 만족할 줄 몰랐으며 우상을 섬기는 일에 아무리 많은 정성을 쏟아도 만족할 줄 몰랐다. 옛적에 아람 사람들은 이스라엘의 하나님이 산의 신(神)이요 골짜기의 신은 아니라는 개념을 갖고 있었다(왕상 20:28). 그러나 이 우상 숭배자들은 일을 좀 더 확실히 해두기 위해서 산의 신도 섬기고 골짜기의 신도 섬겼다.

[1] 그들에게는 골짜기의 신들이 있었는데, 그 신들을 그들은 낮은 곳의 물가에서 섬겼다(6절). 골짜기 또는 시내 가운데 매끄러운 돌들 중에 네 몫이 있다. 천주교도들이 십자가만 보면 경배하려 들듯이, 그들은 매끄럽게 다듬어진 돌을 보면 그것이 이정표로 세워진 것이든 단순한 돌덩어리이든 가리지 않고 기꺼이 그 돌을 섬기고자 하였다. 또는, 하나님의 백성이 하나님을 그들의 몫 또는 분깃으로 여기는 것과 마찬가지로, 그들은 돌이 많은 골짜기에 우상을 세우

고서 그 우상을 그들의 몫 또는 분깃이라 불렀다. 그러나 사실 이 돌 신들은 그들이 종종 섬기곤 하였던 강들의 매끄러운 돌들보다 결코 그들에게 더 나은 몫은 아니었다. "그것들은 곧 네가 제비 뽑아 얻은 것이라. 너는 그것들을 의지하고 기뻐하지만, 네 몫인 그것들과 더불어 망할 것이고 너의 처지는 비참해질 것이다." 죄인들의 어리석음을 보라. 그들에게는 하나님의 예루살렘의 보배로운 돌들과 대제사장의 에봇이 그들의 몫으로 있는데도, 그들은 강가의 매끄러운 돌들을 그들의 몫으로 취한다. 이러한 우상들을 그들의 몫이자 분깃으로 삼은 그들은 그 우상들을 섬기는 일에 무엇이든 아끼지 않는다. "마치 그것들이 네게 먹을 것과 마실 것을 주었기라도 한 듯, 네가 전제와 예물을 그것들에게 드렸다." 그들은 자녀들보다도 우상들을 더 사랑하였다. 왜냐하면, 그들은 자기 집안의 식탁에 올려 놓아야 할 것들을 빼내서 우상들의 제단을 풍성하게 한 것이기 때문이다. 우리는 참 하나님을 우리의 몫이자 분깃으로 삼고 있는가? 하나님이 정말 우리의 분깃인가? 그렇다면, 우리는 우상 숭배자들과는 달리 우리의 먹을 것과 마실 것을 빼내서 하나님의 제단에 바치는 방법을 통해서가 아니라 오직 하나님의 영광을 위하여 먹고 마심으로써 하나님을 섬겨야 한다. 여기 삽입구 속에는 우상 숭배자들의 이 악행에 대한 하나님의 의로우신 분노가 표현되어 있다. 이와 같은 백성 속에서 내가 어찌 위로를 받겠느냐. 이렇게 하나님의 섭리의 선물들로 바알을 섬기는 자들이 하나님께서 그들을 기뻐하실 것이라거나 하나님의 제단에서 그들의 기도를 열납하시리라고 기대할 수 있겠는가? 하나님은 자기 백성이 그에게 신실한 동안에만 그들 속에서 위로를 받으신다. 그런데 하나님의 증인이 되어서 세상의 우상 숭배를 반대해야 할 자들이 도리어 우상 숭배에 빠져 있다면, 하나님께서 어떻게 그들 속에서 위로를 받으실 수 있겠는가? 이 본문을 어떤 이들은 내가 어찌 이런 것들을 불쌍히 여기겠느냐로 해석하고, 어떤 이들은 내가 어찌 이런 것들에 대하여 후회하겠느냐로 해석한다. "그들이 이렇게 극심하게 도발하여 화를 돋우고서도 어찌 내가 그들을 살려 두거나 그들에 대한 징벌을 미루거나 경감시켜 줄 것이라고 그들이 기대할 수 있겠느냐? 내가 어찌 이 일들에 대하여 벌하지 아니하겠느냐(렘 5:7, 9)."

　[2] 그들에게는 산의 신들도 있었다(7절). "네가 높고 높은 산 위에(마치 네가 지극히 높으신 자와 겨루고자 한다는 듯이, 15절) 네 침상, 네 우상, 네 우상의 신전과 제단, 네가 네 하나님과의 언약을 정면으로 어기고서 어처구니없는 우

상 숭배적인 사상에 빠져서 영적인 간음을 범하는 너의 부정한 침상을 베풀었다. 또한, 그 곳이 높은 산 위에 있는 데도, 네가 기쁜 마음으로 자원하여 거기에 올라가서 제사를 드렸다." 어떤 이들은 이것이 우상 숭배를 함에 있어서 그들이 얼마나 후안무치(厚顔無恥)하고 뻔뻔스럽게 되었는지를 나타내는 것이라고 생각한다. 처음에 그들은 골짜기의 은밀한 곳들에서 우상을 섬겼을 때에 어느 정도 수치감을 느꼈다. 그러나 그들은 곧 그런 수치감을 극복하고서, 이제는 아예 아주 높은 산 위에서 그런 짓을 대담하게 자행하게 되었다. 그들은 부끄러워하지 않았고, 얼굴을 붉히지도 않았다.

[3] 그들은 마치 그런 것들로는 부족하다는 듯이 집안에도 신들을 두었다. 그들의 본분을 기억하기 위해서 하나님의 율법을 적어 두었어야 할 문과 문설주 뒤에(8절) 그들은 우상들의 기념표를 세워 두었는데, 이것은 그들 자신이 우상들을 계속해서 기억하기 위해서라기보다는(그들은 우상들을 너무나 좋아하였기 때문에 잊어버리는 일은 결코 일어날 수 없었다) 그들이 우상들을 얼마나 지극정성으로 섬기고 있는지를 다른 사람들에게 보여주고, 자녀들에게 어릴 적부터 이 거름더미 같은 신들을 숭배하는 마음을 심어주기 위한 것이었다.

[4] 그들은 우상 숭배를 하는 일에서 만족할 줄 몰랐을 뿐만 아니라 우상 숭배로부터 한시라도 떨어질 수 없었다. 그들은 악행을 저지르면서도 무감각하게 되었다. 그들은 공개적으로 모든 사람들이 보는 앞에서 우상을 섬겼고, 우상을 숭배하는 죄를 부끄러워하거나 그 죄로 인한 징벌을 겁내지도 않았다. 그들은 예전에 하나님의 전에 나아갔던 것처럼 이제는 큰 무리를 이루어서 공공연하게 우상의 신전들로 몰려갔다. 이런 모습은 하나님 외의 다른 이에게 벌거벗은 몸을 거침없이 드러내는 뻔뻔스러운 창기와 같은 것이었다. 그들은 참 신앙이 아닌 다른 것을 믿는다고 고백하였다. 그들은 하나님을 믿는 자들을 개종시켜 우상 숭배를 하게 만드는 데에 자부심을 느꼈고, 스스로 산당에 올라갔을 뿐만 아니라 그들의 침상, 즉 그들의 우상의 신전들을 넓혔다. 이 본문을 난외주에서는 그들이 이방인들이 원래 세웠던 신전보다 더 큰 신전을 세워 놓았다는 의미로 읽는다. 아하스는 다메섹에 갔다가 거기 있는 우상의 제단을 보고 그것을 베껴서 가져오기도 하였다(왕하 16:10). 이렇게 그들의 삶 속에서는 머리부터 발끝까지 모든 것이 우상 숭배와 연관되어 있었기 때문에 우상 숭배는 그들에게서 떨어질래야 떨어질 수가 없었다. 이제 에브라임은 사랑과 맹약을 통해

서 우상과 결합되어 있었다. **첫째**, 맹약을 통해서. "네가 그들, 즉 우상들, 우상 숭배자들과 함께 살고 함께 죽기로 언약하였다." 이것은 그들이 하나님과 맺은 언약을 송두리째 폐기하는 것이었고 하나님으로부터의 배교를 지속하기로 맹세로 결단하는 것이었다. **둘째**, 사랑을 통해서. "네가 그들의 침상, 즉 우상의 신전을 볼 때마다 사랑하였다." 그러므로 하나님께서 그들을 그들의 마음의 정욕에 내어주신 것은 합당한 일이었다.

3. 하나님께서 그들에게 물으신 또 하나의 죄는 그들이 이방(異邦)의 원조와 도움을 의지하고 구하였으며 이방 세력과 친교를 맺었다는 것이다(9절). 네가 왕에게 나아갔다. 어떤 이들은 여기서 왕이 그들이 섬기고 있던 우상, 특히 왕이라는 의미를 지니는 몰렉을 가리키는 것이라고 본다. "너는 이 우상들의 환심을 사기 위해서 온갖 짓을 다하면서, 우상들의 제단에 분향하고 향기로운 기름을 바쳤다." 또는, 이 본문은 아하스가 비위를 맞추고자 하였던 앗수르의 왕, 또는 히스기야가 그 사신들을 환대하였던 바벨론의 왕, 또는 우상 숭배로 유명하였던 열방의 어떤 왕을 가리킬 수도 있다. 그들은 우상 숭배가 성행하였던 나라들을 부러워하여 그 나라들을 배우고 본받기 위해서 그 나라들과의 교류와 동맹을 통해서 그 나라들처럼 부강해지고자 하였다.

(1) 그들은 이러한 동맹을 형성하고 확보하기 위해서 어떤 대가를 치렀는가. 그들은 자신의 얼굴을 단장해서 천하의 위대한 왕과 교류해도 될 만한 자들로 보이게 하기 위하여, 또는 선물은 받는 사람의 마음을 너그럽게 만들어서 큰 자들도 선물을 가지고 가는 자는 만나 주는 법이기 때문에 그들은 환심을 사고자 하는 자들에게 선물하기 위하여 기름과 향품을 가지고 갔다. "너는 첫 번째로 선물한 향품이 너무 적다고 생각되자 그 향품을 더 늘려서 선물하였다." 많은 사람들은 결국 사람의 판단이 여호와 하나님에게서 나온다는 사실을 망각하고서 이런 식으로 통치자의 환심을 사고자 한다. 그들은 이교의 왕들을 이토록 좋아하였기 때문에 가까이 있는 왕들에게는 온갖 것으로 치장하고서 스스로 찾아갔고 멀리 있는 왕들에게는 사자들을 보냈다(사 18:2).

(2) 그들은 이렇게 함으로써 스스로의 위신을 얼마나 크게 실추시켰고 그들의 왕관과 나라의 명예를 얼마나 비참하게 진흙 구덩이 속에 내팽개쳐 버렸는가. 네가 스스로를 스올에까지 내려가게 하였다. 그들은 우상 숭배를 통해서 그렇게 하였다. 이성의 능력을 부여받은 인간이 자신의 공상 속에서 만들어 내었고

자신의 손으로 만들어낸 것을 자신의 신으로 섬기며 나무 막대기에 절하는 것은 큰 수치이다. 하나님의 계시라는 특권으로 복을 받은 하나님의 자녀들이 하나님을 아무것도 아닌 자로 여겨서 버리고, 하나님의 긍휼하심들을 거짓되고 헛된 것들로 여겨서 버리는 것은 더더욱 큰 수치이다. 또한, 그들에게는 그들과 언약을 맺으신 하나님, 그들에게 모든 것을 충족시켜 주실 수 있는 하나님이 계신 데도, 그들은 이교의 이웃 나라들에게 굽실거리고 의지함으로써 스스로를 천하게 만들어 버렸다. 생명의 근원을 버리고 터진 웅덩이들을 택하고 만세반석을 버리고 상한 갈대를 택한 자들은 가장 높은 정도로 수치를 당하였고 가장 낮은 곳까지 내려갔다! 죄인들은 스스로를 비천하게 만든다는 것을 명심하라. 죄를 섬기는 것은 수치스러운 종살이이다. 이렇게 스스로를 비천하게 하여 스올에까지 내려가게 만드는 자들이 바로 스올에 자신의 분깃을 가지게 되는 것은 합당한 일이다.

III. 그들의 죄를 더욱 가중시키는 것들.

1. 그들은 악한 길을 계속해서 걷는 일에 실망하고 지쳐 있었지만, 그 악한 길이 어리석은 것임을 아직도 믿고자 하지 않았다(10절). "네가 길이 멀어서 피곤하고 지쳐 있다. 너는 헛되고 거짓된 것 속에서 참된 만족과 행복을 찾아내고자 하는 엄청난 일을 해 왔다." 그들의 숭배 대상으로서 하나님 대신에 우상들을 세우고, 그들이 믿고 의지할 대상으로서 하나님 대신에 왕들을 세워 놓고서, 그렇게 해놓으면 그들의 형편이 더 나아지고 더 편안해질 것이라고 생각하는 자들은 먼 길을 온 것이다. 그렇지만 그들은 결코 이 여정의 끝에 이르지 못할 것이다. 네가 많은 길들 속에서 지쳐 있도다(어떤 이들은 이렇게 해석한다). 유일하게 옳은 길을 버린 자들은 무수한 샛길들 속에서 끝없이 헤매고, 그들의 생각으로 헛되이 찾아낸 무수한 길들 속에서 자기 자신을 잃어버린다. 그들은 거듭거듭 새로운 길을 여기저기 찾아다니느라 피곤하지만, 문을 찾느라고 헤매다 결국 찾아내지 못하고 지쳐 버린 소돔 사람들처럼(창 19:11) 결코 그들의 목적을 이루지 못한다. 죄가 주는 쾌락들은 금방 식상해지고 결코 만족을 주지 못한다. 사람은 죄가 주는 쾌락들을 추구하느라 곧 지쳐 버리고, 결코 그 쾌락들을 누리며 편안히 안식할 수 없다. 그들은 경험을 통해서 이러한 사실을 발견하였다. 그들이 섬겼던 우상들은 그들에게 한 번도 좋은 일을 해주지 않았다. 그들이 구애하였던 왕들은 그들에게 스트레스만 주었고 그들을 도와주지

않았다. 그렇지만 그들은 너무도 철저하게 취해 있었기 때문에 이렇게 말하지 않았다. "헛되다, 소망이 없다. 피조물들을 의뢰하고 우상들을 섬기는 것에서 어떤 만족을 기대한다는 것은 이제 헛될 뿐이다. 우리는 지금까지 그런 기대를 해 왔지만, 그런 기대는 한 번도 충족된 적이 없었다." 피조물 속에서 행복을 구하고 죄를 섬기는 것 속에서 만족을 구하다가 절망하는 것은 하나님 안에서 행복을 구하겠다는 올바른 소망과 하나님을 영원토록 섬기겠다는 확고한 결심을 향한 첫 걸음이라는 것을 명심하라. 피조물을 의지하는 것이 헛되다는 것을 경험을 통해서 확신하고서도 "창조주 아닌 다른 것 속에서 행복을 구하는 것은 헛되다"고 말하지 않는 자들은 변명의 여지가 없는 자들이다.

2. 그들은 그들이 서 있는 길이 죄악된 길이라는 것을 깨달았으면서도, 거기에서 감각적인 쾌락과 세상적인 이득을 얻고 있었기 때문에, 그 길에 서 있는 것을 후회하지 않았다. "네 힘이 살아났다. 너는 네 손이 살아 있는 것을 발견하였다. 에브라임이 나는 실로 부자라 내가 재물을 얻었다(호 12:8)고 말한 것처럼, 너는 재물이 네게 미소를 짓고 있는 것을 마음 든든하게 여겼기 때문에 근심하지 않았다." 죄 속에서의 형통은 죄로부터의 회심을 가로막는 큰 장애물이라는 것을 명심하라. 죄악된 길에서 편안하게 살아가는 자들은 하나님께서 그들에게 은총을 베풀고 계시다고 생각하게 되기가 쉽기 때문에 그들에게 회개할 것이 없다고 생각하게 된다. 어떤 이들은 이 본문을 반어법적인 것이거나 수사의문문으로 해석한다. "너는 네 손이 살아 있는 것을 발견하였고 참된 만족과 행복을 발견하였기 때문에 아무런 의심도 갖고 있지 않는 것이 아니냐? 그래서 너는 전혀 근심을 하지 않고, 도리어 악한 길에 서 있으면서도 스스로 복을 받고 있다고 여긴다. 그러나 네가 얻은 것들을 다시 한 번 생각해 보고 손익 계산을 해보고 이렇게 말하라. 네가 그 때에 무슨 열매를 얻었느냐 이제는 네가 그 일들을 부끄러워하나니 이는 그 마지막이 사망임이라(롬 6:21)."

3. 그들은 그들이 저지른 죄를 통해서 하나님을 너무도 형편없이 대하였다. 그 이유는 다음과 같다.

(1) 그들은 그들이 하나님을 떠난 이유가 그들이 감당하기에는 하나님이 너무도 두려운 엄위하심을 지니고 계시기 때문이라고 생각하였던 것으로 보인다. 그들은 좀 더 자유스럽고 친밀하게 대할 수 있는 신들을 선호하였다. 하나님은 이렇게 말씀하신다. "그러나 네가 누구를 두려워하며 누구로 말미암아 놀랐

기에 거짓을 말하며 거짓되고 기만적으로 나를 대하고 나와 맺은 언약들과 나를 향한 기도들에서 본심을 숨긴 것이냐? 네가 내게 겁을 집어먹고 나로부터 떠나게 만들 만한 일을 과연 내가 한 번이라도 한 적이 있었느냐? 네가 나를 어렵게 생각하고서 좀 더 편한 주인을 찾게 만들 만한 일을 과연 내가 언제 하였느냐?"

(2) 하지만, 확실한 것은 그들은 하나님에 대한 진정한 공경심이나 하나님을 진심으로 존중하는 마음을 지니고 있지 않았다는 것이다. 따라서 이 의문문은 보통 이렇게 이해된다. "네가 누구를 두려워하거나 무서워하였느냐. 너는 아무도 두려워하거나 무서워하지 않았다. 왜냐하면, 너는 네가 마땅히 두려워해야 할 나를 두려워하지 않았기 때문이고, 너는 내게 거짓을 말하였기 때문이다." 하나님께 본심을 내보이지 않는 자들은 그들이 하나님을 전혀 경외하지 않는다는 것을 분명하게 드러내는 것이다. "너는 나를 생각하지 아니하며, 내가 말하거나 행한 것, 내가 한 약속들이나 경고들, 그러한 약속이나 경고를 이룬 일들을 기억하지 않았다. 너는 그것들을 네 마음에 두지 아니하였다. 만약 네가 나를 두려워하고 경외하였다면, 너는 마땅히 그렇게 하였을 것이다." 하나님의 말씀과 섭리들을 마음에 새겨 두지 않는 자들은 그들의 눈 앞에 하나님을 두려워함이 없다는 것을 보여주는 것임을 명심하라. 많은 사람들이 두려워하지 않는 것과 잊어버리는 것과 단순한 부주의함으로 인해서 멸망을 받는다. 그들은 그 어떤 것도 두려워하지 않으며, 그 어떤 것도 기억하지 않고, 그 어떤 것도 마음에 새기지 않는다.

(3) 그들은 하나님의 오래 참으심을 악용하여 도리어 죄 가운데서 완악해졌다. "내가 오랫동안 잠잠했기 때문이 아니냐. 네가 이런 일들을 자행해 왔지만, 나는 그동안 침묵해 왔다. 그래서 네가 나를 두려워하지 않는 것이다." 그들은 하나님께서 오랫동안 아무 일 없이 그들을 놓아 두셨기 때문에 앞으로도 결코 벌하지 않으실 것이라고 생각하였다(전 8:11, 악한 일에 관한 징벌이 속히 실행되지 아니하므로 인생들이 악을 행하는 데에 마음이 담대하도다). 하나님께서 침묵하셨기 때문에, 죄인은 하나님도 자신과 같은 존재라고 생각하고서 하나님을 경외하지 않았다.

IV. 하나님은 그들을 오랫동안 참으셨지만 이제 그들에게 책임을 물으시기로 결심하신다(12절). "네가 그토록 자랑하는 네 의를 내가 보이리라(시 50:21

에서처럼, 그러나 내가 너를 책망하리라). 그래서 그것이 모두 가짜이고 속임수라는 것을 온 세상이 보게 하고, 네 자신도 보고 당혹하게 하리라. 네 의를 조금만 검토해 보면, 그것이 불의라는 것, 네가 내세우는 모든 것들 속에는 진실은 하나도 없다는 것이 드러나게 될 것이다. 네가 행한 일들, 그 일들이 어떤 것이었는지, 네가 그 일을 통해서 어떤 이득을 얻은 체하는지를 내가 다 밝히 보이리니, 결국 그 일들이 네게 무익하다는 것, 네게 아무런 이득도 되지 못하리라는 것이 드러나리라." 죄악된 일들은 어둠의 일들이어서 그 일들 속에는 그 어떤 도리(道理)나 의(義)도 없기 때문에 열매 없는 일들이고 그 일을 통해서 얻는 것은 아무것도 없다는 것을 명심하라. 그것들이 지금은 어떻게 보이든지 간에 언젠가는 그렇다는 것이 드러나게 될 것이다. 죄는 유익이 없을 뿐만 아니라 망하게 하고 멸망시킨다.

[13]네가 부르짖을 때에 네가 모은 우상들에게 너를 구원하게 하라 그것들은 다 바람에 날려 가겠고 기운에 불려갈 것이로되 나를 의뢰하는 자는 땅을 차지하겠고 나의 거룩한 산을 기업으로 얻으리라 [14]그가 말하기를 돋우고 돋우어 길을 수축하여 내 백성의 길에서 거치는 것을 제하여 버리라 하리라 [15]지극히 존귀하며 영원히 거하시며 거룩하다 이름하는 이가 이와 같이 말씀하시되 내가 높고 거룩한 곳에 있으며 또한 통회하고 마음이 겸손한 자와 함께 있나니 이는 겸손한 자의 영을 소생시키며 통회하는 자의 마음을 소생시키려 함이라 [16]내가 영원히 다투지 아니하며 내가 끊임없이 노하지 아니할 것은 내가 지은 그의 영과 혼이 내 앞에서 피곤할까 함이라

이 단락에는 다음과 같은 내용들이 나온다.

I. 하나님은 우상과 피조물들이 그것들을 섬기고 의뢰하는 자들을 구원하고 건지는 데에 얼마나 역부족이었는지를 보여주신다(13절). "네가 고통과 괴로움 속에서 부르짖고 너의 비참한 처지를 한탄하며 도움을 요청할 때에 네가 모은 우상들, 네가 그토록 의지하여 왔던 네 동맹군들에게 어디 한 번 너를 구원하게 하라. 그것들이 과연 구원을 베풀 수 있는지 한번 기대해 보라." 하나님께서는 이스라엘이 환난 가운데서 그에게 부르짖었을 때에 가서 너희가 택한 신들에게 부르짖어 그들이 너희를 구원하게 하라(삿 10:14)고 말씀하셨다. 그러나 우상

들에게 구원을 기대하는 것은 헛된 일이다. 그것들은 다 바람, 하나님의 진노의 바람, 악인들을 죽이실 하나님의 입의 기운에 날려갈 것이다. 그것들은 겨와 같은 존재들이기 때문에, 바람은 당연히 그것들을 신속하게 멀리 날려버릴 것이다. 그것들은 헛된 것이어서 허공에 불려갈 것이고 무(無)로 돌아갈 것이며, 무가 그것들의 보응(報應)이 될 것이다. 우상들과 그 숭배자들은 둘 다 무로 돌아가게 될 것이다.

Ⅱ. 하나님은 그를 의뢰하고 그에게 자신을 맡기는 모든 자들을 위로하고 구원하시기에 충분한 능력을 지니고 계시다는 것을 보여주신다. 다른 조력자들에게 소망을 둔 자들이 다 좌절을 맛볼 때에 하나님을 의지한 자들의 소망은 이루어지기 때문에 그들이 맛보는 안전함과 만족감은 더 달콤해 보인다. "나를 의뢰하는 자, 오직 나만을 의뢰하는 자는 그 영혼과 육신이 현세와 내세에서 복될 것이다."

1. 일반적으로.

(1) 하나님의 섭리를 의뢰하는 자들은 그들의 세속적인 이익을 확보하기 위한 최선의 길을 택한 것이다. 그들은 그들에게 유익할 정도의 분량만큼 땅을 차지할 것이고, 선한 손길을 통해서 땅을 얻게 될 것이며, 선한 명성을 유지하며 땅을 차지하게 될 것이다. 여호와를 의뢰하고 선을 행하라 주께서 그들을 땅에 머무는 동안 진실로 먹이시리라(시 37:3).

(2) 하나님의 은혜를 의뢰하는 자들은 그들의 거룩한 이익을 확보하기 위한 최선의 길을 택한 것이다. 그들은 나의 거룩한 산을 기업으로 얻으리라. 그들은 이 땅에서 교회의 특권들을 누리게 될 것이고, 마침내 천국의 기쁨들로 나아가게 될 것이다. 그 어떤 바람도 그들을 쓸어가지 못할 것이다.

2. 좀 더 구체적으로.

(1) 하나님을 의뢰하는 포로된 자들은 놓여나게 될 것이다(14절). 그들이 말하기를 돋우고 돋우어 길을 수축하라 하리라(즉, 하나님의 섭리의 사자들이 저 큰 사건 속에서 그렇게 말하리라). 그들을 구원하실 하나님의 때가 왔을 때, 그 구원을 이룰 길이 평탄하게 되고 장애물들은 제거되며 도저히 넘을 수 없을 것으로 보였던 난관들도 신속히 극복되고, 그들이 돌아오는 것을 쉽게 하고 신속하게 하기 위하여 모든 일들이 준비될 것이다(사 40:3-4을 보라). 이것은 우리가 이 세상을 통과하여 더 좋은 세상으로 쉽게 나아갈 수 있도록 하기 위하여 복

음과 그 은혜가 모든 것을 예비해 두실 것을 가리킨다. 이제 경건의 길은 돋우어져 있다. 그 길은 대로이다. 사역자들이 할 일은 사람들이 그 길 속에서 잘 나아가도록 인도하고 그 길 가운데서 만나는 여러 가지 낙심시키는 것들을 극복할 수 있도록 사람들을 도움으로써 그 어떤 것도 사람들을 가로막지 못하게 하는 것이다.

(2) 하나님을 의뢰하는 통회하는 자들은 소생될 것이다(15절). 우상과 피조물을 의뢰한 자들은 기름과 향품을 들고서 나아갔다(9절). 그러나 여기서 하나님은 이 세상의 즐거운 일들과 감각의 쾌락들을 멀리하는 자들만이 하나님으로부터의 도우심을 기대할 수 있다는 것을 보여주신다. 하나님의 영광은 여기에서 다음과 같은 것들을 통해서 지극히 밝게 드러난다.

[1] 하나님의 크심과 위엄을 통해서. 하나님은 지극히 존귀하며 영원히 거하시는 이이시다. 이것은 우리에게 우리와 상관하시는 하나님에 대한 지극히 높고 존귀한 생각들로 감동을 준다.

첫째는 하나님의 존재와 완전하심은 그 어떤 피조물보다도 무한히 높으셔서 피조물들이 가지고 있는 것보다 지극히 높으실 뿐만 아니라 피조물들이 하나님에 대하여 인식할 수 있는 것보다 지극히 높으시고 그들의 모든 송축이나 찬양보다 훨씬 뛰어나시다는 것이다(느 9:5). 하나님은 지극히 존귀하신 이이셔서, 피조물 중에는 하나님과 같은 존재가 없으며, 하나님과 비교할 수 있는 존재도 없다. 또한, 이 말씀은 만물에 대한 하나님의 주권적인 통치와, 만물에 법과 심판을 주실 수 있는 하나님의 너무도 명백한 권리를 보여준다. 하나님은 가장 높은 자들보다 더 높으시고(전 5:8) 가장 높은 하늘들(시 113:4)보다도 더 높으시다.

둘째는 하나님께는 날들의 시작이나 생명의 끝이나 시간의 변화가 없으시다는 것이다. 하나님은 죽지 않으시는 분이시고 변하실 수 없는 분이시다. 오직 하나님에게만 죽지 아니함이 있다(딤전 6:16). 하나님은 원래부터 그런 속성을 지니고 계시고, 그 속성은 변함이 없다. 하나님은 영원 속에 거하시기 때문에, 그 속성은 박탈될 수 없다. 우리는 곧 영원 속으로 옮겨가게 될 것이지만, 하나님은 언제나 영원 속에 거하신다.

셋째는 하나님의 본성 속에는 무한한 정직하심이 있고, 하나님이 행하시는 모든 일은 하나님 자신과 정확히 부합하고 하나님이 영광을 받으시기 위한 변함없는 계획과 정확히 부합한다는 것이다. 이것은 하나님께서 자신을 알게 하신 모든 일에서 나타난다. 왜냐하면, 하나님의 이름은 거룩하시고, 하나님을 알고자 하는 자들은 하나님을 거룩하신 하나님으로 알아야 하기 때문이다.

넷째는 하나님의 영광은 위에 있는 빛과 지복(至福)의 집들 속에 거하시고 나타나신다는 것이다. "내가 높고 거룩한 곳에 있어서 온 세상으로 하여금 그것을 알게 할 것이다." 하나님께 볼 일이 있는 자는 누구든지 하늘에 계신 아버지이신 하나님을 향하여야 한다. 왜냐하면, 하나님은 하늘에 거하시기 때문이다. 여기에서 하나님과 관련된 이 큰 일들을 말하는 것은 우리에게 하나님에 대한 거룩한 경외심으로 감동을 주고 하나님에 대한 우리의 신뢰를 북돋우며 하나님이 우리를 불쌍히 여기셔서 스스로를 낮추신 것을 찬양하도록 하기 위한 것이다 — 지극히 높으신 하나님께서 낮고 낮은 우리에게 관심을 가지신 것을 말함으로써. 야(Jah)라는 이름으로 하늘을 타고 달리시는 하나님께서는 몸을 굽히셔서 가엾은 과부들과 고아들에게 관심을 보이신다(시 68:4-5).

[2] 하나님의 은혜와 긍휼을 통해서. 하나님은 겸손하고 통회하는 자들, 자신의 상태와 관련해서 겸손하고 통회하는 자들을 어루만지시며 불쌍히 여기신다. 그들이 하나님의 백성이라면, 비록 그들이 이 세상에서 가난하고 비천하여 사람들에게 멸시를 당하고 짓밟힌다고 하여도, 하나님은 그들을 결코 못 본 체하지 않으신다. 그러나 하나님은 여기서 그들의 마음의 성질을 언급하신다. 하나님은 환난 가운데 있으면서 자신의 처지가 아무리 비천하고 서글프고 쓰라리다고 하여도 그 환난을 잘 받아들여 적응하는 자들, 죄에 대하여 진심으로 회개하고 은밀히 애통해하며 하나님의 진노를 두려워하고 하나님의 모든 책망들에 기꺼이 순복하는 자들을 사랑스럽게 보신다.

첫째, 하나님은 이러한 자들과 함께 거하실 것이다. 하나님은 그들에게 은혜로 찾아오셔서, 마치 사람이 자기 가족과 교제하듯이 그의 말씀과 성령으로 그들과 친밀하게 교제하실 것이다. 하나님은 언제나 그들과 함께 계실 것이고 그들 가까이에 계실 것이다. 가장 높은 하늘에 거하시는 하나님은 가장 낮아진 마음에 거하신다. 하나님은 영원에 거하시는 것과 마찬가지로 진실한 마음에 거하신다. 하나님은 이러한 자들을 기뻐하신다.

둘째, 하나님은 그들의 마음과 영을 소생시키시고, 그의 은혜의 말씀과 성령으로 그들에게 그렇게 말씀하시며 그들 속에서 그렇게 행하실 것이다. 이것은 힘이 없어 혼절하기 직전인 사람에게 주어지는 강장제(强壯劑)처럼 그들을 소생시킬 것이다. 하나님은 그들에게 그들의 심령을 아프게 하였던 온갖 근심과 두려움들을 상쇄시키기에 충분할 정도의 기쁨과 소망들을 주셔서 그들을 소생시키실 것이다. 하나님은 그들과 함께 거하실 것인데, 하나님의 임재는 그들을 소생시키는 힘을 지니고 있다.

(3) 하나님이 다투시는 자들은 그들이 하나님을 의뢰하기만 한다면 고통에서 벗어나게 되고 다시 은총을 받게 될 것이다(16절). 하나님은 통회하는 자들의 마음을 소생시키실 것이다. 왜냐하면, 하나님은 영원히 다투지 아니하시고자 하시기 때문이다. 하나님께서 다투시는 것만큼 한 영혼으로 하여금 통회하게 만드는 것은 없기 때문에, 하나님께서 다투시는 것을 그치시는 것만큼 한 영혼을 소생시키는 것도 없다.

[1] 은혜로운 약속. 하나님은 다시는 자기 백성에게 화를 내지 않으실 것이라거나 그들과 다시는 다투지 않으실 것이라고 약속하지 않으신다. 왜냐하면, 그들이 죄를 지으면 하나님께서 노하시고 그들이 회초리를 예상하는 것은 당연한 일이기 때문이다. 그러나 하나님은 영원히 다투지 아니하며 언제나 진노하지는 않으실 것이다. 하나님은 금방 화를 내지 않으시는 것과 마찬가지로 오랫동안 화를 내지도 않으신다. 하나님은 언제나 꾸짖고 질책하시는 그런 분이 아니다. 하나님은 그들로 하여금 죄를 깨닫도록 하기 위하여 그들과 다투시지만 영원히 다투시지는 않으신다. 그들은 종의 영 대신에 양자의 영을 받게 될 것이다. 하나님께서 찢으셨지만 고치시기도 하실 것이다. 하나님은 섭리에 의한 책망들을 통해서 그들과 다투시지만, 이러한 징계는 언제까지나 지속되지는 않을 것이고, 오래도록 지속되지도 않을 것이며, 필요한 기간만큼만 지속될 것이고(벧전 1:6), 그들이 감당할 수 있는 기간만큼만, 징계가 소기의 목적을 다 이룰 때까지만 지속될 것이다. 그들의 삶 전체가 재난으로 얼룩진 삶이었다고 할지라도, 그들의 끝은 평안일 것이고, 그들의 영혼도 평안일 것이다.

[2] 지극한 연민과 배려. 하나님은 그러한 은혜로운 약속의 이유로 이 점을 드신다. "내가 영원히 다툰다면, 내가 지은 영과 혼이 내 앞에서 피곤할까 함이라."

첫째, 하나님은 영들의 아버지이시다(히 12:9). 하나님이 언제까지나 다투고자 하지 않으시는 자들은 하나님이 직접 지으신 영혼들, 하나님이 창조를 통해서 존재를 부여하셨고 이제 중생을 통해서 새로운 존재를 부여하신 영혼들이다.

둘째, 주 하나님께서는 자기 백성의 육신을 위하시기도 하지만 주로 자기 백성의 영혼들, 영혼들이 받는 은혜와 위로들에 관심을 가지셔서, 영이 낙심하고 피곤하지 않게 하시고자 하신다.

셋째, 환난과 괴로움이 오랫동안 지속되면, 비록 선한 자들의 영일지라도 낙심하기 쉽다. 그들은 시험에 들어서 하나님을 못마땅하게 생각하고 하나님을 섬겨봤자 아무 소용없다고 생각하기 쉽다. 그들은 위로받기를 거절하고 환난에서 건짐 받지 못할 것이라고 절망하게 되는데, 그 때가 되면 영은 낙심한다.

넷째, 이 점을 고려해서 하나님은 영원히 다투시고자 하지 않으신다. 왜냐하면, 하나님은 자기 손으로 지으신 것을 버리고자 하지 않으시고, 그의 아들의 피로 사신 자를 망치고자 하지 않으시기 때문이다. 하나님께서 이유로 제시하시는 것은 우리의 공로가 아니라 우리의 연약함과 관련된 것이다. 하나님은 우리가 육체이고 육체는 연약하다는 것을 기억하신다(시 78:39).

[17]그의 탐심의 죄악으로 말미암아 내가 노하여 그를 쳤으며 또 내 얼굴을 가리고 노하였으나 그가 아직도 패역하여 자기 마음의 길로 걸어가도다 [18]내가 그의 길을 보았은즉 그를 고쳐 줄 것이라 그를 인도하며 그와 그를 슬퍼하는 자들에게 위로를 다시 얻게 하리라 [19]입술의 열매를 창조하는 자 여호와가 말하노라 먼 데 있는 자에게든지 가까운 데 있는 자에게든지 평강이 있을지어다 평강이 있을지어다 내가 그를 고치리라 하셨느니라 [20]그러나 악인은 평온함을 얻지 못하고 그 물이 진흙과 더러운 것을 늘 솟구쳐 내는 요동하는 바다와 같으니라 [21]내 하나님의 말씀에 악인에게는 평강이 없다 하셨느니라

하나님께서 이스라엘 백성을 다루시는 것에 관한 이 기사(記事) 속에서 이스라엘 백성은 한 명의 개인으로 취급되고 있지만(17-18절), 두 부류로 나뉘어 각각 다르게 다루어진다 — 하나님으로부터 평안의 말씀을 듣는 평안의 아들들인 자들(19절)과 평안과는 아무 상관이 없고 평안의 아들이 아닌 자들(20-21절). 좀 더 살펴보자.

I. 이스라엘 백성이 죄로 인하여 책망을 받음. 그의 탐심의 죄악으로 말미암아 내가 노하여 그를 쳤다. 탐심은 이스라엘 백성 가운데서 횡행하였던 죄였다.

그들이 가장 작은 자로부터 큰 자까지 다 탐욕을 부린다(렘 6:13). 우상들을 섬기지 않았던 자들은 이러한 영적인 우상 숭배에 휩쓸렸다. 왜냐하면, 탐심은 우상 숭배이기 때문이다. 탐심은 돈을 신으로 섬기는 것이다(골 3:5). 그들의 파수 꾼들이 악명 높을 정도로 탐욕스러웠기 때문에 백성들이 탐욕스러웠다는 것은 별로 이상한 일이 아니었다(사 56:11). 그들은 탐욕스러웠지만 우상들을 섬기 는 일에서는 재물을 아낌없이 썼다(6절). 그들이 우상을 섬기는 데에 아낌없이 재물을 사용한 것과 다른 모든 일에서 그들이 보여준 탐욕 중에서 어느 쪽이 더 하나님의 진노를 불러일으킨 것인지는 말하기 힘들다. 그러나 다른 무엇보 다도 이 죄악으로 말미암아 하나님은 그들에게 진노하셔서 연속적으로 심판을 보내시고 마침내 갈대아 사람들에 의해서 멸망을 당하게 하셨다.

1. 하나님은 노하셨다. 하나님은 자기에게 바쳐져서 자기 속에 분깃을 가지 고 있던 백성이 그토록 철저하게 세상에 빠져서 세상을 그들의 분깃으로 선택 한 것을 아주 나쁘게 보시고 진노하셨다. 탐심은 하늘의 하나님을 지극히 노하 시게 만드는 죄악이라는 것을 명심하라. 그것은 마음의 죄이지만, 하나님은 그 것을 보시기 때문에 그 죄를 미워하신다. 탐심의 죄는 사람들의 영혼 속에 하 나님과 경쟁하는 존재를 세우는 것이기 때문에 하나님은 질투심을 가지고 그 죄를 보신다. 사람들은 이 죄를 범하면서 자기가 축복을 받았다고 말하고(시 49:18), 이웃들도 그들이 복을 받았다고 말한다(시 10:3). 그러나 하나님은 이 죄 를 지극히 미워하신다.

2. 하나님은 선지자들을 통해서 그를 치시고 책망하셨으며, 섭리를 통해서 그를 바로잡으셨으며, 그가 그토록 애지중지하고 탐하였던 바로 그것들을 통 해서 그를 벌하셨다. 죄인들은 하나님의 진노를 느끼게 되리라는 것을 명심하 라. 하나님께서는 노하실 뿐만 아니라 치시기도 하신다. 사람들은 특히 탐심으 로 말미암아 하나님의 진노의 증표들 아래 놓이게 된다. 이 세상의 재물에 마 음을 두는 자들은 그 재물에 실망하게 되거나 그 재물로 인하여 쓴 맛을 보게 된다. 세상 재물은 십자가가 달려 있기도 하고 저주로 변하기도 한다.

3. 그가 이러한 책망 가운데 있을 때에 하나님은 그에게서 얼굴을 가리셨고 계속해서 그에게 노하셨다. 우리가 매를 맞고 있을 때에도 하나님께서 우리에 게 모습을 나타내시면, 우리는 매를 더 잘 감당할 수 있다. 그러나 하나님께서 우리를 치심과 동시에 우리에게서 얼굴을 가리시고 선지자들을 우리에게 보내

지 않으시며 위로의 말씀을 주시지 않으시고 선한 증표를 우리에게 보이지 않으신다면, 즉 하나님께서 찢으신 후에 가버리신다면(호 5:14), 우리는 몹시 비참해진다.

Ⅱ. 이러한 책망들 가운데서도 그들은 완악하여 행실을 고치고자 하지 않음. 그가 아직도 패역하여 자기 마음의 길로 자신의 악한 길로 걸어갔다. 그는 자기가 하나님의 진노 아래 있다는 것을 느끼지 못하였다. 그는 지독히 매운 회초리를 느끼기는 하였지만, 그 회초리를 든 손에는 전혀 눈길을 주지 않았다. 그는 세상적인 것들을 추구하다가 더 큰 고통을 당하면 당할수록 세상적인 것들을 추구하는 데에 더욱 열심을 냈다. 그는 자신의 잘못을 보고자 하지 않았고, 설령 보았다고 하더라도 고치고자 하지 않았다. 탐심은 그의 마음의 길이었다. 탐심은 그의 마음이 기울어져 있었던 것이었고 그가 몰두했던 것이어서 결코 버리고자 하지 않았다. 도리어 그는 곤고할 때에 더욱 범죄하였다(대하 28:22). 사람들의 타락한 마음과 죄가 지닌 죄성이 얼마나 끈질기고 강한지를 보라. 그것들은 하나님께서 뭐라 말씀하시거나 하나님의 진노가 아무리 활활 타올라도 거기에 개의치 않고 자기 갈 길을 간다. 또한, 하나님의 은혜가 함께 역사하지 않는다면, 아무리 지독한 환난들도 사람들을 새롭게 고치기에는 얼마나 역부족인지를 보라.

Ⅲ. 사람들이 전체적으로 완악하다고 하여도, 하나님께서 그들을 긍휼히 여기셔서 놀랍게도 그들에게 돌아오심.

1. 그들 중 대다수는 제멋대로 길을 갔지만, 그들 가운데는 사람들의 완악함을 보고서 슬퍼하는 자들도 있었다. 하나님은 그들을 보시고, 아니 자기 이름을 위하여 그들과 영원히 다투시지 않으리라고 결심하신다. 하나님은 고집센 자들에게는 자기도 고집이 세다는 것을 보여주실 것이고(시 18:26), 하나님을 거슬러 행하는 자들에게는 자기도 그들을 거슬러 행하실 것이다(레 26:24). 여기에 나오는 이 죄인이 고집을 피우며 그의 마음의 길로 계속해서 갔을 때, 우리는 이어서 하나님께서 "내가 그의 길들을 보았으니 그를 멸하고 버려서 다시는 그와 상관하지 아니할 것이다"라고 말씀하실 것이라고 생각하기 쉽다. 그러나 하나님의 긍휼하심과 은혜의 풍성하심은 한량없으시기 때문에 하나님은 내가 그의 길을 보았은즉 그를 고쳐 줄 것이라고 말씀하신다. 그래서 그들은 심판에도 불구하고 기뻐할 수 있다. 하나님은 사람의 악한 모습을 기회로 삼으셔서 자신

의 선하심을 한층 더 뚜렷하게 드러내신다. 죄가 넘치는 곳에 은혜는 더욱 넘친다. 하나님께서 긍휼을 베푸시는 이유는 하나님 자신 속에서 가져온 것이다. 왜냐하면, 우리 속에는 하나님의 진노를 불러일으키는 것 외에는 아무것도 없기 때문이다. "내가 그의 길들을 보았지만, 내 이름을 위하여 그를 고치리라." 하나님은 자기 백성이 얼마나 악한지를 알고 계셨지만 그들을 내치고자 하지 않으셨다. 그러나 그 방법을 눈여겨보라. 하나님께서는 먼저 그에게 은혜를 주시고 나서 그런 후에야 비로소 평안을 주실 것이다. "나는 그의 길을 보았는데, 그는 결코 스스로는 내게 돌아오지 못할 것이다. 그러므로 내가 그에게 돌아가리라." 하나님께서는 긍휼을 베푸시기로 작정하신 자들에게 은혜도 예비해 놓으셔서 은혜를 통해서 그들이 긍휼을 받을 수 있도록 준비시키시고, 될 수 있으면 빨리 은혜로부터 긍휼로 나아가게 하신다.

(1) 부패하고 사악한 성품이 그의 속에 아무리 깊게 뿌리를 내리고 있고 그의 마음이 오랫동안 탐욕스러운 일들에 젖어 있었다고 하더라도, 하나님은 그의 부패하고 사악한 성품을 고치실 것이고 그의 탐심을 고치실 것이다. 아무리 오래되고 뿌리 깊은 영적인 질병이라고 하더라도 전능자의 은혜로 고칠 수 없는 질병은 없다.

(2) 하나님은 그를 인도하실 것이다. 하나님께서는 그에게서 잘못된 것을 고치셔서 악을 행하는 것을 그치게 하실 뿐만 아니라, 그를 마땅히 행할 길로 인도하셔서 그로 하여금 선을 행하는 법을 배우게 하실 것이다. 그는 사울처럼 사람들을 위협하고 죽이며 자기 길을 고집하겠지만, 하나님은 그를 더 선한 마음, 더 나은 길로 인도하실 것이다.

(3) 하나님은 그가 상실해 버렸던 위로들을 그에게 회복시키실 것이다. 바로 이 위로들을 회복하도록 하기 위하여 하나님께서는 이렇게 그를 준비시켜 오셨다. 바벨론에 포로로 끌려가 있던 자들에게 놀라운 개혁이 일어났었고, 그 후에 놀라운 구속이 그들에게 이루어졌다. 이것은 그들, 그들을 슬퍼하던 자들, 그들 가운데서 그들의 죄와 백성의 죄, 성소의 황폐화로 인하여 슬퍼하고 애곡하였던 자들에게 위로를 가져다 주었다. 이렇게 슬퍼하고 애곡하는 자들에게 이러한 긍휼하심은 가장 위로가 될 것이었기 때문에, 하나님께서는 이 일을 행하시면서 그들을 염두에 두셨다. 애통해하는 자들은 복이 있다. 왜냐하면, 그들은 위로를 받게 될 것이기 때문이다.

2. 이 백성이 포로로 잡혀갈 때에 그들 중 얼마는 지극히 좋은 무화과들이었고 얼마는 지극히 나쁜 무화과들이어서 그들이 포로로 잡혀간 일은 전자에게는 약이 되는 일이었고 후자에게는 독이 되는 일, 즉 해로운 일이었듯이(렘 24:8-9), 그들이 포로 생활에서 돌아왔을 때에도 그들 중 얼마는 여전히 선하였고 얼마는 악하였기 때문에 구원은 그들에게 약이 되기도 하였고 독이 되기도 하였다.

(1) 그들 중에서 선한 자들에게는 포로 생활에서 돌아온 것이 평강이었고, 이 평강은 예수 그리스도께서 전해 주실 평강의 모형이자 맛보기였다(19절). 입술의 열매를 창조하는 자 여호와가 말하노라 평강이 있을지어다.

[1] 하나님은 그들에게 찬송과 감사의 제목을 주시기로 작정하셨다. 왜냐하면, 찬송과 감사는 입술의 열매(히 13:15)이고 입술의 수송아지(호 14:2)이기 때문이다. 나는 이것을 창조하는 자이다. 창조는 아무것도 없는 것에서 만들어 내는 것인데, 하나님께서 자기 마음의 길로 고집을 부리며 제멋대로 행한 자들을 위하여 찬송의 제목을 만들어 내시는 것은 분명히 아무것도 없는 것이 아니라 그것보다 더 나쁜 상황에서 좋은 것을 만들어 내시는 것이다.

[2] 이것을 위해서 평강이 선포될 것이다. 사람들이 집결하는 곳 또는 본부로부터 먼 데 있는 자에게든지 가까운 데 있는 자에게든지 평강이 있을지어다 평강이 있을지어다(완전한 평강, 온갖 종류의 평강). 하나님과의 화목함이 있을지어다. 하나님께서는 그들과 다투셨지만 이제 다툼을 끝내시고 그들과 화해하실 것이다. 그들은 포로 생활을 하면서 수없이 양심의 가책을 느끼고 영혼의 괴로움을 경험했지만 이제 양심의 평안, 마음의 거룩한 평정이 있을 것이다. 이렇게 하나님은 입술의 열매, 새롭게 감사할 제목을 만들어 내신다. 왜냐하면, 하나님께서 우리에게 평강을 말씀하실 때에 우리는 하나님께 찬송을 드려야 하기 때문이다. 이 평강은 그 자체가 하나님께서 창조하신 것이다. 하나님, 오직 하나님만이 그렇게 하실 수 있다. 평강은 입술의 열매, 하나님의 입술의 열매이다. 하나님은 평강을 명하신다. 평강은 사역자의 입술의 열매이다. 하나님은 사역자들의 입술을 통해서 평강을 전하신다(사 40:1). 평강은 말씀을 전하는 입술과 기도하는 입술의 열매이다. 평강은 그리스도의 입술의 열매인데, 그리스도의 입술에서 평강은 꿀처럼 떨어진다. 왜냐하면, 이 말씀이 그리스도에게 적용되고 있기 때문이다(엡 2:17). 그가 오셔서 먼 데 있는 너희 이방인들에게 평

안을 전하시고 가까운 데 있는 유대인들에게 평안을 전하셨으며, 당시 세대에게와 마찬가지로 시간적으로 멀리 떨어져 있는 후대의 세대들에게도 평안을 전하셨다.

(2) 그들 중에서 악한 자들에게는 비록 그들이 다른 사람들과 함께 포로 생활에서 돌아왔다고 할지라도 그것은 평강이 되지 못하였다(20절). 악인들은 바벨론에 있든 예루살렘에 있든 항상 그들을 불안하게 만드는 원리를 지니고 다니기 때문에 요동하는 바다와 같다. 하나님은 선한 자들에게 평강을 말씀하시고 그들을 고치셨다(19절). 내가 그들을 고치리라. 그들에게는 모든 것이 다시 회복되어 잘 될 것이다. 그러나 악인들은 하나님의 은혜로 말미암아 고침을 받고자 하지 않기 때문에 하나님의 위로들로 말미암아 고침을 받지 못할 것이다. 그들은 다음과 같은 것들을 지니고 다니기 때문에 언제나 폭풍이 이는 바다와 같다.

[1] 죽지 않는 타락한 성품들. 그러한 것들은 치유되지 않고 극복되지 않는다. 그들의 다스려지지 않는 정욕과 욕망들은 그들을 쉬지 않고 요동하는 바다, 주변 사람들을 화나게 하고 스스로를 불안하게 하며 항상 시끄럽고 위태위태한 존재로 만든다. 심령이 무절제하게 화를 내며 야비하고 상스러운 말들을 쏟아낼 때, 그것은 요동하는 바다가 진흙과 더러운 것을 솟구쳐 내는 것이나 다름없다.

[2] 평안을 얻지 못한 양심. 그들의 양심은 죄책과 진노를 인식하고서 겁을 집어먹고 있기 때문에 스스로 즐거워할 수가 없다. 그들의 양심은 진정되어 있는 것처럼 보일 때에도 사실은 불안한 상태에 있고 즐거워하고 있는 것처럼 보여도 사실은 무겁게 짓눌려 있다. 그들은 항상 요동하는 땅에 거하였던 가인과 같다. 양심이 지닌 두려움들은 그들이 즐거워하는 것을 방해하고, 진흙이나 더러운 것을 솟구쳐 내기 때문에 즐거운 일들은 도리어 그들에게 짐이 된다. 현재에는 그렇게 보이지 않을지라도, 이 선지자가 이전에 말했고(사 48:22) 여기에서 반복하고 있는 것(21절), 즉 악인에게는 평강이 없다는 말씀, 악인들에게는 하나님과의 화해가 없고(그들이 계속해서 죄악 중에 행하는 동안에는 하나님과 좋은 사이가 될 수 없다) 그들의 마음속에는 평안함이나 만족함이 없으며 진정으로 선한 것도 없고 죽을 때에 소망이 없기 때문에 평강이 없다는 말씀은 분명한 진리이다. 내 하나님께서 스스로 죄에 빠져 있는 자들에게는 평강이 없

다고 말씀하셨다. 그러므로 온 세상은 그 말씀을 무효화할 수 없다. 그들은 평강과 무슨 상관이 있는가?

다고 말씀하셨다. 그러므로 온 세상은 그 말씀을 무효화할 수 없다. 그들은 평강과 무슨 상관이 있는가?

제
— 58 —
장

개요

이 장에서 선지자는 시온의 죄인들, 특히 위선자들을 책망하고 그들에게 그들의 허물들을 보여주어야 하는 사명을 다시 한 번 새롭게 받는데(1절), 이것은 모든 위선자들에게 권면하고 경고하기 위한 것으로서 어느 한 시대에 속한 사람들에게 국한된 것이 아니다. 어떤 이들은 이 본문이 일차적으로 이사야가 예언하였던 당시의 사람들에게 적용되는 것으로 보고(사 33:14; 29:13을 보라), 어떤 이들은 선지자가 평강이 없다고 선언한 바 있는(사 57:21) 자들, 즉 바벨론에 포로로 끌려간 자들 중의 악인들에게 적용되는 것으로 본다. 그들은 이러한 말씀에 두려움을 느껴서 외적인 종교 예식들, 특히 금식에 의지해서 그 두려움을 벗어나 보고자 하여, 바벨론에서 주기적으로 금식을 행하였고 고국으로 돌아온 후에도 한동안 금식을 행하였다(슥 7:3). 그러므로 선지자는 여기에서 그들의 행실이 종교 예식들과 일치하지 않는다면 그러한 종교 예식들을 통해서 그들이 결코 평강을 얻을 수 없을 것임을 그들에게 보여준다. 어떤 이들은 이 본문이 주로 유대인들의 위선, 특히 우리 구주께서 활동하시던 시대와 그 이전에 바리새인들이 보여준 위선을 경고하기 위한 것이라고 생각한다. 바리새인들은 그들이 주기적으로 행하는 금식을 자랑하였지만, 그리스도께서는 여기에서 선지자가 책망하고 있는 것과 마찬가지로 그들에게 그들의 죄와 허물을 보여주셨다(마 23장). I. 그들이 입으로는 그럴듯한 신앙고백을 함(2절). II. 그들이 그러한 신앙 고백을 자랑하면서, 하나님께서 그들을 알아주지 않는다고 하나님을 탓함(3절). III. 그들의 금식이 열납되지 못하게 만드는 그들의 죄악들을 책망하심(4-5절). IV. 어떻게 해야 금식을 올바르게 지키는 것인지에 대하여 교훈을 주심(6-7절). V. 그렇게 올바르게 금식을 지키는 자들에게 주어진 귀한 약속들(8-12절). VI. 안식일을 올바르게 지키는 자들에게 주어진 귀한 약속들(13-14절).

¹크게 외치라 목소리를 아끼지 말라 네 목소리를 나팔 같이 높여 내 백성에게 그들의 허물을, 야곱의 집에 그들의 죄를 알리라 ²그들이 날마다 나를 찾아 나의 길 알기를 즐거워함이 마치 공의를 행하여 그의 하나님의 규례를 저버리지 아니하는 나

라 같아서 의로운 판단을 내게 구하며 하나님과 가까이 하기를 즐거워하는도다

우리 주 예수께서는 보혜사(Comforter)를 보내겠다고 약속하실 때에 그가 와서 책망하시리라(요 16:7-8)는 말씀을 덧붙이셨다. 왜냐하면, 위로가 있기 위해서는 먼저 책망으로 준비가 되어야 하고, 귀한 자와 악한 자가 구별되며, 위로가 주어질 수 없는 자들이 분리되어야 하기 때문이다. 하나님께서는 자기 백성을 위로하라고 이 선지자에게 명령하셨었다(사 40:1). 여기서 하나님은 선지자에게 그들을 책망하여 그들의 죄악들을 보여주라고 명령하신다.

I. 선지자는 그들에게 실제로 그들이 얼마나 악했는지를 말해 주어야 한다(1절).

1. 그는 그들을 신실하고 솔직하게 대하여야 한다. "그들은 하나님의 백성이자 야곱의 집으로 불리고, 수많은 영광스러운 특권들이 내포된 영예로운 칭호를 지니고 있지만, 그들에게 아부하지 말고 그들의 허물과 죄들, 그들이 스스로 알고 있지 못하더라도 어떠한 죄들이 그들 가운데서 범해지고 있는지, 그들이 죄라고 인정하지 않는다고 하여도 어떠한 죄들이 그들에 의해서 자행되고 있는지를 그들에게 낱낱이 보여 주어라. 그들이 몇몇 일들에서는 개혁을 하였다고 하여도 다른 일들에 있어서는 여전히 이전처럼 악하다는 것을 알도록 하라. 그들의 허물과 죄들, 즉 그들이 범한 모든 죄들과 그 죄들을 더욱 악하게 만든 모든 일들을 그들에게 보여주라(레 16:21)."

(1) 하나님은 자기 백성 속에서, 야곱의 집에서 죄를 보시고, 그런 모습에 진노하신다.

(2) 그들은 자신의 죄들을 보는 일에 익숙하지 않고 보려고 하지도 않기 때문에, 그들에게 그들의 죄들을 보여주고서 네가 이러저러하게 행하였다고 말해 줄 필요가 있다.

2. 그는 이 일에 있어서 진지하고 열정적이어야 하고, 크게 외치고 그들을 아끼거나(그들이 마음 상할까봐 염려가 되어서 그들을 호되게 책망하지 않으려 하지 말고, 도리어 그들의 죄악을 샅샅이 찾아내어 남김없이 드러내어야 한다) 자신의 수고를 아끼지 말고, 가능한 한 큰 소리로 외쳐야 한다. 그는 자신의 힘을 다 소진하여 기진맥진하고, 이 일로 인해서 그들로부터 악감이나 원성을 산다고 하여도, 자신을 아끼지 않아야 한다. 그는 나팔 같이 목소리를 높여서, 아

무리 권면을 하여도 귀를 막아버리곤 하는 자들로 하여금 그들의 잘못에 대하여 들도록 만들어야 한다. 그는 가장 강력하고 절실하게 책망을 하여, 그들로 하여금 그의 책망을 반드시 듣게 하여야 한다. 나팔은 불분명한 소리를 내는 것이 아니라, 비록 소리가 크고 날카로워도 그 음을 다 알아들을 수가 있다. 이렇게 그의 경고의 말씀들도 그들에게 죄의 치명적인 결과들에 대하여 확실한 경고를 줄 수 있어야 한다(겔 33:3).

Ⅱ. 선지자는 그들이 그럼에도 불구하고 얼마나 지극히 선하게 보였는지도 말해 주어야 한다(2절).   그들이 날마다 나를 찾는다. 선지자가 그들에게 그들이 범한 죄악들을 보여주고자 하자, 그들은 자기들이 도대체 무슨 죄악을 행하였는지 모르겠다고 항변하였다. 왜냐하면, 그들은 늘 부지런히 하나님의 예배에 참석하여 왔기 때문이다. 그런데도 선지자는 그들에게 어떤 할 말을 가지고 있는 것일까?

1. 그는 사실 관계가 옳다는 것을 인정한다. 위선자들이 겉으로 선한 일을 행하고 있다는 점에서는 칭찬을 들을 만한 것은 사실이다. 그들은 최선을 다해서 그렇게 하고 있다. 그들이 경건의 모양을 가지고 있다는 것은 부인할 수 없다.

(1) 그들은 교회에 나가고, 정해진 기도 시간들을 지킨다. 그들이 날마다 나를 찾는다. 그들은 늘 정해진 시간에 기도를 정확히 드리고, 어떤 일을 핑계로 기도 시간을 빼먹지도 않는다.

(2) 그들은 좋은 설교를 듣기를 좋아한다. 헤롯이 요한의 설교를 기쁘게 들었고, 돌밭 같은 심령을 지닌 사람이 말씀의 씨앗을 기쁨으로 받듯이, 그들은 나의 길 알기를 즐거워한다. 하나님의 말씀은 그들에게 사랑의 노래와 같다(겔 33:32).

(3) 그들은 경건의 일들 속에서 큰 기쁨을 누리는 것처럼 보이고, 기도하는 것이 체질화되어 있는 것처럼 보인다. 그들은 하나님과 가까이 하기를 즐거워한다. 그러나 그들이 즐거워하는 것은 하나님이 아니라 그들이 함께 하는 무리와 축제와 분위기이다.

(4) 그들은 그들이 마땅히 행해야 할 도리가 무엇인지를 꼬치꼬치 캐묻는다. 그들은 그들의 도리를 알기만을 원하는 것처럼 보일 뿐이고, 그런 후에 그들이 그 도리를 과연 실제로 행하는지는 의문이다. 그들은 의로운 판단을 내게

구한다. 의로운 판단은 하나님의 예배에 있어서 경건의 준칙들, 사람들을 대할 때에 있어서 공평의 준칙들을 의미한다.

(5) 그들은 세상 사람들의 눈에는 마치 그들의 도리와 본분을 꼼꼼히 다 지키는 것처럼 보인다. 그들은 공의를 행하여 하나님의 규례를 저버리지 아니하는 나라 같다. 사람들은 그들을 그렇게 보았고, 그들 자신도 그런 체하였다. 그들의 신앙 고백과 모순되는 것은 전혀 드러나지 않았기 때문에, 그들은 그들이 신앙 고백한 바로 그런 모습으로 사람들에게 보였다. 천국을 향하여 많이 나아간 것처럼 보이지만 천국에 들어가지 못할 사람들이 있고, 선한 평판을 들으면서도 지옥에 떨어질 사람들도 있다는 것을 명심하라.

2. 그는 그들이 보여주는 이러한 경건의 모양은 결코 그들의 죄를 덮어주는 것이나 핑계가 될 수 없고 도리어 그들의 죄를 더욱 가중시키는 것임을 보여준다. "그들은 선과 악, 죄와 도리에 관한 지식을 갖고 있고 그러한 것들을 양심으로 깨닫고 있음에도 불구하고 계속해서 범죄하고 있다는 것을 그들에게 보여주라."

³우리가 금식하되 어찌하여 주께서 보지 아니하시오며 우리가 마음을 괴롭게 하되 어찌하여 주께서 알아 주지 아니하시나이까 보라 너희가 금식하는 날에 오락을 구하며 온갖 일을 시키는도다 ⁴보라 너희가 금식하면서 논쟁하며 다투며 악한 주먹으로 치는도다 너희가 오늘 금식하는 것은 너희의 목소리를 상달하게 하려는 것이 아니니라 ⁵이것이 어찌 내가 기뻐하는 금식이 되겠으며 이것이 어찌 사람이 자기의 마음을 괴롭게 하는 날이 되겠느냐 그의 머리를 갈대 같이 숙이고 굵은 베와 재를 펴는 것을 어찌 금식이라 하겠으며 여호와께 열납될 날이라 하겠느냐 ⁶내가 기뻐하는 금식은 흉악의 결박을 풀어 주며 멍에의 줄을 끌러 주며 압제 당하는 자를 자유하게 하며 모든 멍에를 꺾는 것이 아니겠느냐 ⁷또 주린 자에게 네 양식을 나누어 주며 유리하는 빈민을 집에 들이며 헐벗은 자를 보면 입히며 또 네 골육을 피하여 스스로 숨지 아니하는 것이 아니겠느냐

이 단락에는 다음과 같은 내용들이 나온다.

I. 이 위선자들은 그들이 온 힘을 다해서 하나님을 섬겼는데도 하나님이 그들의 섬김을 열납해 주지 않는다고 말하며 불평함(3절). 우리가 금식하되 어찌

하여 주께서 보지 아니하시나이까. 이렇게 그들은, 자기가 드린 제사를 하나님이 열납하지 않으신 것을 큰 모욕으로 여기고서 거기에 대하여 적개심을 품고 하나님께 화를 냈던 가인의 길로 행하였다. 겉모양의 섬김을 통해서 하나님을 속여 먹으려 하였던 그들은 여기서 마치 하나님께서 그들을 공정하게 대하지 않아서 그들의 섬김을 열납하지 않으신 것인 양 하나님께 시비를 걸고 있다. 좀 더 살펴보자.

1. 그들은 어떻게 스스로를 자랑하고 자신의 종교적 행위들을 높이고 있는가. "우리가 금식하였고 마음을 괴롭게 하였다. 우리는 매일 하나님을 찾았을 뿐만 아니라(2절) 날을 정해서 좀 더 엄숙하게 기도하는 시간들을 주기적으로 가졌다." 어떤 이들은 이것이 해마다 행하여진 금식일(속죄일로 불린)을 가리키는 것이라고 보고, 어떤 이들은 그들이 종종 금식한 것을 가리키는 것이라고 생각한다. 바리새인이 나는 이레에 두 번씩 금식하나이다라고 말하였듯이(눅 18:12), 겸손하지 못한 심령들은 그들이 스스로를 낮추는 일들을 행하였다는 것에 대하여 자부심을 가지고 자랑하는 것이 보통이라는 것을 명심하라.

2. 그들은 이러한 행위들로부터 무엇을 기대하였는가. 그들은 하나님이 그들의 행위들을 크게 알아주시고 그들의 섬김에 대하여 그들에게 빚을 졌다는 것을 인정하셔야 한다고 생각하였다. 하나님께서는 진실한 섬김만을 열납하실 것이라고 약속하셨는데도, 위선자들은 겉모양의 종교 행위들을 행하면서도 그들의 섬김이 하나님께 당연히 열납되거나 칭찬을 들을 것을 기대하는 것이 보통이다.

3. 그들은 하나님이 그들에게 특별한 은총들을 주시지 않으시고 그들을 환난에서 즉시 구원하지 않으시며 그들에게 존귀와 형통을 가져다 주지 않으신 것에 대하여 얼마나 분노하고 있는가. 그들은 하나님이 불의하시고 불공평하시다고 비난하고, 그들의 신앙을 내팽개쳐 버리기로 결심한 듯이 보이며, 그들이 하나님께 기도해서 아무 유익이 없었다는 것을 들어서(욥 21:14-15; 말 3:14) 그들의 그러한 비난과 결심을 정당화한다. 사실 하나님의 역사가 없는 모든 책임은 위선자들의 위선에 있는데도, 위선적인 자들은 하나님의 역사(役事)가 없다는 것을 이유로 자주 대담한 불경건이나 하나님과 신앙에 대한 노골적인 멸시와 비난을 자행한다. 죄인들은 신앙을 통해서 얻은 것이 아무것도 없다고 여겨서 신앙을 힘들고 괴로운 일이라고 생각한다. 하지만 사실 신앙이 그들에게

그렇게 보이는 것은 순전히 그들 자신 때문이고 그들의 신앙이 진실하지 않았기 때문이다.

Ⅱ. 하나님께서 그들의 금식을 열납하지 않으시고 그들이 금식일에 행한 기도들에 응답하지 않으신 진짜 이유를 말씀하심. 그것은 그들이 올바르게 금식하지 않았기 때문이었다. 그들은 하나님을 위하여 금식한 것이 아니었다(슥 7:5). 그들은 금식을 하긴 하였지만, 금식하는 중에서 계속해서 죄를 지었고, 니느웨 사람들과는 달리 각 사람이 자신의 악한 길에서 떠나지 않았다. 그들은 말로는 스스로를 괴롭게 하겠다고 약속하였음에도 불구하고 금식하는 날에 계속해서 오락을 구하며, 옳든 그르든 그들 자신의 눈에 옳게 보이는 것들을 행하고, 그들이 좋아하는 것들을 그들의 법으로 삼았다. 그들은 겉으로는 자신의 마음을 괴롭게 하는 것처럼 보였지만 사실은 여전히 이전처럼 그들의 욕망을 충족시키기에 바빴다.

1. 그들은 이전처럼 탐욕스럽고 무자비하였다. "너희가 너희의 종들에게 온갖 일을 시키고, 율법에 따라서 그들을 놓아주거나 그들의 멍에를 가볍게 해주려고 하지 않는다." 이것은 포로로 잡혀가기 전에 그들이 범한 잘못이었다(렘 34:8-9). 그런데 그들은 포로 생활에서 돌아온 후에도 엄숙하게 금식을 행하는 등 온갖 철저한 종교적 행위들에도 불구하고 똑같은 잘못을 저질렀다(느 5:5). "너희는 너희가 받아야 할 것들을 가혹하게 받아내는구나(어떤 이들은 이렇게 해석한다). 너희는 마치 금식일이 끝나면 희년이 선포되어 너희가 받아야 할 것들을 한 푼도 받아내지 못할 것인 양 금식 중에도 이전처럼 여전히 가난한 자들로부터 너희가 받아야 할 것들을 가혹하게 받아내는구나."

2. 그들은 다투기를 좋아하고 악의에 가득 차 있었다(4절). 보라 너희가 금식하면서 논쟁하며 다투는도다. 그들은 하나님의 심판을 피하기 위해서 금식을 선포하고서, 하나님의 진노를 사서 그들로 하여금 심판의 경고를 받게 만들었던 그들의 죄들이 무엇이었는지를 살펴보는 체하였고, 그런 과정에서 이세벨의 금식의 날에 나봇처럼(왕상 21:12) 특정한 사람들이 그러한 죄들에 책임이 있는 것으로 거짓 고소하였던 것 같다. 또는, 이 말씀은 그들이 금식 중에도 서로 분파로 나뉘어서 그들이 이 지경에 이르게 된 것이 서로 상대방 탓이라고 심하게 다투면서 "우리가 구원받지 못한 것이 너희 탓이라"고 서로 책임을 떠넘기기에 급급한 것을 가리키는 것일 수 있다. 이렇게 그들은 금식의 날에 자기 자

신을 살피고 자신을 책망하는 것이 마땅한 일인데도 그렇게 하지 않고 도리어 서로를 정죄하였다. 그들은 금식의 날에 스스로를 가장 잘 보이게 하려고 경쟁적으로 금식하였다. 그들은 금식할 때에 단지 입으로만 싸움을 한 것이 아니라 주먹질까지 서슴지 않았다. 너희가 금식하면서 악한 주먹으로 치는도다. 잔인한 십장들은 그들의 종들을 때렸고, 빚을 준 자들은 빚을 갚지 못한 자들을 흉악한 자들에게 넘겨서 두들겨 맞게 하였다. 그들은 가난하고 무죄한 자들을 악한 손길로 괴롭혔다. 그들은 이렇게 금식하는 목적과 정면으로 어긋나는 그러한 죄들을 계속해서 자행하였기 때문에, 하나님은 그들에게 다음과 같이 하실 것이다.

(1) 하나님은 그들에게 그러한 금식과 기도의 유익을 얻도록 허락하지 않으실 것이다. "너희가 오늘 금식하는 것처럼 서로 다투고 싸우며 겉으로 보이기 위하여 기도한다면, 너희가 금식한다고 하여도 결코 너희의 목소리가 상달되지 못할 것이다. 이와 같이 공허하고 시끄럽고 헛된 제물을 다시 가져오지 말라(사 1:13)." 신앙이 지닌 능력에 순복하고자 하지 않는 자들에게 신앙을 고백하는 영광을 하나님께서 금하시는 것은 합당한 일이라는 것을 명심하라.

(2) 하나님은 그들이 금식과 기도를 활용하는 것을 용납하지 않으실 것이다. "너희가 하는 금식은 금식으로 여겨지지 않을 것이고, 금식할 때에 너희가 드리는 기도들은 하늘에 상달되지 못할 것이다." 금식하고 기도하면서 여전히 악한 길로 행하는 자들은 하나님을 우롱하고 스스로를 속이는 것일 뿐임을 명심하라.

Ⅲ. 참된 금식이 무엇인지에 관한 분명한 가르침들.

1. 일반적으로, 금식의 목적은 다음과 같은 것들이다.

(1) 하나님을 존귀하게 해드리고 기쁘시게 해드리기 위한 것. 금식은 하나님이 기뻐하시는 그런 행위가 되어야 한다(5절). 금식은 여호와께 열납될 날이 되어야 한다. 우리는 금식을 할 때에 마땅히 해야 할 일들을 행함으로써 하나님의 인정을 받고 하나님의 은총을 얻으려 애써야 한다. 그렇지 않은 금식은 금식이라 할 수 없고 아무런 소용도 없는 짓이 되고 만다.

(2) 우리 자신을 낮추기 위한 것. 금식하는 날은 마음을 괴롭게 하는 날이다. 자신의 죄를 진정으로 슬퍼하여 죄를 철저히 떨쳐내고자 하는 마음의 표현이 아니라면, 금식은 금식이라고 할 수 없다. 속죄일에 대한 규례는 그 날에 백성

들이 자신의 마음을 괴롭게 하여야 한다는 것이었다(레 16:29). 금식일에는 아직 거듭나지 못하고 거룩하게 되지 못한 심령에게는 진정으로 괴로운 것이 행해져야 한다 — 물론, 그것은 거듭나서 거룩하게 된 심령에게는 진정한 즐거움과 유익이 되겠지만.

2. 그러므로 우리는 금식일에 하나님께서 열납하실 만하고 우리의 부패한 본성에 괴로운 일이 되어서 그 부패한 본성을 억제할 수 있는 일이 무엇인지를 곰곰이 살피는 데에 관심을 쏟아야 한다.

(1) 우리는 여기서 소극적으로 무엇이 하나님께서 기뻐하지 않으시고 우리의 마음을 괴롭게 하지 않는 금식인지를 듣는다.

[1] 점잖게 앉아서 우울한 모습을 하고 시들어서 꺾인 갈대 같이 머리를 숙이는 것만으로는 충분하지 않다. 그런 것은 외식하는 자들이 보여준 모습이었다. 그들은 사람에게 보이려고 슬픈 기색을 보이고 얼굴을 흉하게 하였다(마 6:16). 머리를 숙이는 모습은 그 마음이 죄로 인하여 진정으로 낮아지고 통회한 세리에게는 너무도 좋은 모습이었다. 세리는 자신의 죄에 대하여 통회하는 심정의 표현으로 감히 눈을 들어 하늘을 쳐다보지도 못하였다(눅 18:13). 그러나 여기에서처럼 단지 그 겉모습만을 흉내낸다면, 그것은 조롱거리가 되어도 할 말이 없는 것이었다. 그것은 단지 갈대 같이 머리를 숙이는 것일 뿐이어서, 아무도 그것을 알아주지 않는다. 위선자가 스스로를 낮추는 것은 단지 갈대가 머리를 숙이는 것과 같듯이, 위선자가 소망 속에서 스스로를 높이는 것은 단지 갈대가 크게 자란 것과 같을 뿐이어서, 이런 것은 새 순이 돋아 아직 뜯을 때가 되기 전에 다른 풀보다 일찍이 마른다(욥 8:11-12).

[2] 자신의 죄는 건드리지도 않은 채 단지 속죄의 고행을 하고 몸을 약간 괴롭게 하는 것만으로는 충분하지 않다. 굵은 베와 재를 펴는 것만으로는 충분하지 않다. 그렇게 하면, 그는 잠시 불편함을 겪게 되겠지만, 다시 일상으로 돌아가서 상아 침상에 누워 기지개를 켤 때에는 곧 그 일을 잊어버리게 될 것이다(암 6:4). 이것을 어찌 금식이라 하겠느냐. 그것은 단지 금식을 흉내낸 것일 뿐이고 금식의 모양만을 갖춘 것일 뿐이다. 이것을 여호와께 열납될 날이라 하겠느냐. 그것은 결코 금식과는 거리가 멀기 때문에, 그것이 보여주는 위선은 하나님께 가증스러운 것이 될 뿐이다. 알맹이가 빠져 있어서 경건의 모양만을 갖춘 것들은 세상 사람들의 눈에는 아무리 그럴싸하게 보일지라도 하나님께 열납되지 못한

다는 것을 명심하라.

(2) 우리는 여기서 적극적으로 무엇이 하나님께서 기뻐하시는 금식인지, 무엇이 하나님께서 금식으로 여겨서 열납하시는지, 무엇이 마음을 진정으로 괴롭게 하는 것인지, 즉 무엇이 부패한 본성을 부수고 복종시키는 것인지를 듣는다. 금식이라는 것은 하루 동안 마음을 괴롭게 하는 것이 아니다(5절, 어떤 이들은 이렇게 읽는다). 금식은 우리가 평생에 걸쳐서 하는 일이 되어야 하는데, 그 일이란 이런 것들이다.

[1] 지금까지 가혹하게 대해 왔던 자들을 이제는 올바르게 대하는 것. 하나님께서 기뻐하시는 금식은 우리의 삶을 고치고 우리가 잘못한 것들을 고치는 것이다(6절). 그것은 흉악의 결박, 우리가 다른 사람들을 악하게 묶어 놓았던 그 결박, 다른 사람들을 묶어서 자신의 권리를 찾지 못하게 만들거나 가혹한 학대를 받게 만들었던 그 결박을 풀어 주는 것이다. 어떤 사람이 빚을 져서 묶이게 된 결박, 즉 그 빚을 갚아야 할 결박은 처음에는 흉악의 결박이나 악한 결박이 아니지만, 하나님의 섭리에 의해서 그 사람이 파산하였는데도 채권자가 그 사람에게 가혹하게 그 빚을 받아내고자 하는 순간, 그 결박은 흉악의 결박이 되고 만다. 이 때에 그 사람에게서 이 흉악의 결박을 풀어 주는 것이 마땅하다. 그렇게 하지 않는다면, 그 결박은 우리에게 훨씬 더 무시무시한 죄책(罪責)의 결박으로 되돌아올 것이다. 하나님께서 기뻐하시는 금식은 가난한 종의 등에 짊어지워져서 그의 허리가 휘게 만들고 있는 무거운 짐을 없애주어서 멍에의 줄을 끌러 주는 것이고, 압제 당하는 자의 삶을 고통스럽게 만들고 있는 압제로부터 그를 자유하게 해주는 것이다. "빚을 갚지 못해서 감옥에 갇힌 자를 놓아 주고, 소송을 통해서 그를 괴롭히는 일을 그만두며, 종살이 해야 할 기간이 지났는데도 어쩔 수 없이 더 종살이할 수밖에 없게 된 종을 풀어 주어서, 모든 멍에를 꺾어 주라. 부당하게 멍에를 짊어지게 된 자들을 놓아줄 뿐만 아니라, 종살이의 멍에 자체를 꺾어 버려서, 다시는 사람들이 종살이하지 않게 하라."

[2] 구제가 필요한 자들에게 구제를 행하는 것(7절). 우리가 부당하게 압제하였던 자들을 풀어줄 뿐만 아니라(이것은 정의이다) 다른 사람들에 의해서 압제당하는 자들을 구하거나 속(贖)하고, 포로들을 풀어주며, 가난한 자의 빚을 대신 갚아준다면, 앞 절에 나온 구체적인 행위들은 구제의 행위들이 될 수도 있다. 하지만 이 절에 나오는 행위들은 **명백히** 구제의 행위들이다. 하나님께서 기

뻐하시는 금식은 이런 것이다.

첫째, 그것은 먹을 것이 없는 자들에게 먹을 것을 주는 것이다. 이것이 제일 먼저 나오는 것은 이 일이 가장 절실하기 때문이다. 가난한 자들은 먹을 것이 없이는 한시도 살아 있을 수 없다. 하나님께서 기뻐하시는 금식은 주린 자에게 네 양식을 나누어 주는 것이다. "네가 나누어 주어야 하는 것은 네 양식, 즉 네가 남에게서 빼앗은 것이 아니라 정직하게 얻은 양식, 네가 쓰기로 되어 있는 양식, 너에게 허락된 양식이어야 한다." 우리는 필요로 하는 자에게 우리의 것을 나누어 주기 위해서는 우리 자신을 부인하지 않으면 안 된다. "너와 네 가족이 금식하여 아낀 네 양식을 가난한 자에게 주지 않는다면, 그것은 구두쇠가 자신의 유익을 위하여 행하는 금식이 될 뿐이다. 그것은 하나님이 아니라 세상을 위하여 금식하는 것이다. 주린 자에게 네 양식을 나누어 주고, 먹다 남은 양식만이 아니라 새 양식을 일부러 그들을 위해서 헐어서 주며, 그들에게 부스러기가 아니라 온전한 떡덩이를 주는 것이 참된 금식이다."

둘째, 그것은 잘 곳이 없는 자들에게 잘 곳을 제공해 주는 것이다. 하나님께서 기뻐하시는 금식은 유리하는 빈민, 자신의 거처에서 어쩔 수 없이 쫓겨나서 집도 절도 없게 된 자들, 반역자들로 낙인 찍혀 시민권을 박탈당하고 쫓겨나서 그들을 보호해 주는 것만으로도 벌을 받을 수 있는 그런 빈민(어떤 이들은 이렇게 해석한다)을 집에 들여서 돌보아 주는 것이다. "그들이 부당하게 고통당하고 있는 것이라면, 그들에게 피난처를 제공해 주는 일에 주저하지 말라. 그들이 묵을 곳을 잡아주고 그들의 숙박비를 대신 내주는 것도 선한 일이지만, 그들을 네 자신의 집으로 데려와서 너의 손님으로 맞아들이는 것은 더욱 큰 자비의 행위가 된다. 낯선 손님을 대접하여야 한다는 것을 잊지 말라. 왜냐하면, 어떤 이들이 그랬던 것처럼 네가 손님을 대접함으로써 자신도 알지 못하는 가운데 천사들을 대접하는 일이 일어나지 않는다고 하여도 너는 그리스도를 대접한 것이 될 수 있기 때문이다. 그리스도께서는 의인들이 부활할 때에 그 일에 대하여 너에게 상으로 갚아 주실 것이다. 내가 나그네 되었을 때에 너희가 나를 영접하였다."

셋째, 그것은 입을 것이 없는 자들에게 입을 것을 주는 것이다. "너는 헐벗은 자를 보면 입혀서 그가 기후에 상하지 않게 보호해 주고 이웃들 가운데서 흉하게 보이지 않게 해 주어야 한다. 너는 이런 경우를 포함해서 여러 경우들에 있어서 네 골육을 피하여 스스로 숨지 아니하여야 한다." 어떤 이들은 이 표현을 좀 더 엄밀하게 어떤 사람의 혈육이나 친척을 가리키는 것으로 이해한다. "네 집과 가족에 속한 자들이 망해서 먹을 것이나 입을 것이 없는 데도 네가 그들을 돌보지 않는다면 너는 불신자보다 더 악한 자이다(딤전 5:8)." 어떤 이들은 이 표현을 좀 더 일반적으로 이해한다. 우리 모두에게는 오직 한 아버지만이 계시기 때문에, 인간 본성에 참여한 모든 자들은 우리 자신의 골육으로 여겨져야 한다. 이런 이유로 우리는 가난한 자가 우리에게 먹을 것과 입을 것을 주라고 간청할 때에 그 간청을 못 들은 체하거나, 구제와 연민을 받아야 할 자가 있는 데도 눈을 딴 곳으로 돌림으로써 우리의 골육을 피하여 스스로 숨는 일이 없어야 한다. 그들도 우리와 같이 육을 지닌 자들이라는 것을 기억하고서, 우리는 그들을 불쌍히 여겨야 한다. 우리가 그들에게 선을 행하는 것은 실제로 우리 자신의 육체에 선을 행하는 것이고, 궁극적으로는 우리의 영에 선을 행하는 것이기도 하다. 왜냐하면, 이렇게 해서 우리는 장래에 우리 자신을 위하여 좋은 터를 쌓는 것이고 좋은 인연을 만드는 것이기 때문이다.

⁸그리하면 네 빛이 새벽 같이 비칠 것이며 네 치유가 급속할 것이며 네 공의가 네 앞에 행하고 여호와의 영광이 네 뒤에 호위하리니 ⁹네가 부를 때에는 나 여호와가 응답하겠고 네가 부르짖을 때에는 내가 여기 있다 하리라 만일 네가 너희 중에서 멍에와 손가락질과 허망한 말을 제하여 버리고 ¹⁰주린 자에게 네 심정이 동하여 괴로워하는 자의 심정을 만족하게 하면 네 빛이 흑암 중에서 떠올라 네 어둠이 낮과 같이 될 것이며 ¹¹여호와가 너를 항상 인도하여 메마른 곳에서도 네 영혼을 만족하게 하며 네 뼈를 견고하게 하리니 너는 물 댄 동산 같겠고 물이 끊어지지 아니하는 샘 같을 것이라 ¹²네게서 날 자들이 오래 황폐된 곳들을 다시 세울 것이며 너는 역대의 파괴된 기초를 쌓으리니 너를 일컬어 무너진 데를 보수하는 자라 할 것이며 길을 수축하여 거할 곳이 되게 하는 자라 하리라

이 단락에는 하나님께서 기뻐하시는 금식을 믿음으로 기쁘고 즐거운 마음으로 지키는 자들에게 주어지는 보배로운 약속들이 나온다. 그들은 하나님께서 그들이 행한 대로 갚아 주시리라는 것을 알아야 한다. 여기에는 다음과 같은 내용들이 나온다.

I. 우리가 이러한 약속들에 참여하기 위해서 마땅히 해야 할 일에 관한 추가적인 설명(9-10절). 여기에서는 앞에서와 마찬가지로 우리에게 의롭게 행하고 자비를 베푸는 것을 좋아할 뿐만 아니라 악을 행하기를 그치고 선을 행하는 법을 배우라고 요구한다.

1. 우리는 온갖 폭력과 속임의 행위들을 피해야 한다. "너는 네 가운데서, 너의 인격 가운데서, 네 마음에서(어떤 이들은 이렇게 읽는다) 그런 일들을 제하여 버려야 한다. 너는 남에게 해를 끼치는 일들을 피해야 할 뿐만 아니라 네 속에 있는 그런 성향과 기질을 죽여야 한다." 또는, "너는 너희 중에서 그런 일들을 제하여야 한다." 권세를 지닌 자들은 스스로도 남을 압제하지 않도록 하여야 할 뿐만 아니라, 자신의 관할 아래 있는 모든 사람들 가운데서 압제가 행해지지 않도록 최선을 다해야 한다. 그들은 멍에를 꺾을(6절) 뿐만 아니라, 멍에 자체를 제하여 버려서 한 번 압제를 받았던 자들이 다시는 종살이하는 일이 없도록 해주어야 한다(렘 34:10-11에서처럼). 또한, 그들은 위협을 그치고(엡 6:9) 손가락질하는 것을 제하여야 한다. 여기서 손가락질은 우리의 경우와 마찬가지로 당시에도 기분이 나쁘고 화가 나서 똑바로 하라는 뜻을 나타내는 손짓이었던 것으로 보인다. 가난하고 비천한 자들에게 손가락질을 해서 그들을 경멸하고 모욕하는 일을 해서는 안 된다. 화를 돋구고 오만불손함을 나타내는 그러한 손짓은 나쁜 성질머리에서 나오는 것으로서 인간 사회에서 사라져야 마땅하다. 또한, 그들은 서로에게 허망한 말, 곧 아부하는 말이나 속이는 말을 해서는 안 되고, 도리어 그들의 모든 말과 행위에는 진실이 담겨 있어야 한다. 여기서 손가락질은 아마도 우정에 독(毒)이 되는 위장된 손짓을 가리키는 것일 수도 있고(잠 6:13에서처럼), 악한 말을 할 때에, 즉 불의한 판결을 내릴 때에 권세의 상징인 반지가 끼워진 손가락을 내미는 것을 가리키는 것일 수도 있다.

2. 우리는 온갖 구제와 자선의 행위에 있어서 풍성하여야 한다. 우리는 구제를 통해서 가난한 자들에게 꼭 필요한 것들을 공급해 주어야 할 뿐만 아니라, 다음과 같이 하여야 한다.

(1) 우리는 아낌없이 즐거운 마음으로 사랑의 원리를 따라서 주어야 한다. 우리는 주린 자에게 우리의 심정이 동하여야 한다(10절). 우리는 우리의 지갑에서 돈을 꺼내고 우리의 손을 뻗쳐야 할 뿐만 아니라, 마음으로부터 진심으로 불평 없이 불쌍히 여기는 마음과 비참한 형편에 있는 자들에 대한 깊은 사랑의

원리를 따라서 그렇게 행하여야 한다. 구제를 하는 데에는 반드시 마음이 함께 따라가야 한다. 왜냐하면, 하나님은 즐거운 마음으로 주는 자를 사랑하시고, 가난한 자도 그런 자를 사랑하기 때문이다. 우리 주 예수께서도 많은 무리를 고치시고 먹이셨을 때에 그들을 불쌍히 여기는 마음으로 그렇게 하셨다.

(2) 우리는 차고 넘치게 주어서, 괴로워하는 자의 심정을 만족하게 하여야 하지, 인색하게 주어서 감질나게해서는 안 된다. "주린 자들을 먹일 뿐만 아니라, 고통당하는 자들의 소원을 만족시켜 주라. 너에게 그렇게 해줄 힘이 있다면, 그들을 편안하게 해주어라." 우리가 이 땅에 태어나서 몸과 마음의 능력들과 재산을 지니고 있는 것은 이 세상에서 그러한 것들을 가지고 최선을 다해서 선을 행하기 위한 것이 아니던가? 가난한 자들은 항상 우리 곁에 있다.

II. 우리가 마땅히 그러한 일을 행할 때에 주어질 축복과 유익들에 대한 자세한 설명. 어떤 사람이나 가족이나 백성이 이렇게 모든 선한 일을 행하는 것이 몸에 배어 있다면, 그들은 하나님께서 그들에게 차고 넘치게 갚아 주시고 그들이 구제를 위하여 내어놓은 것에 대하여 그들에게 차고 넘치게 보상해 주시리라는 것을 알고서 위로를 삼아야 한다.

1. 하나님은 그들에게 큰 환난 후에 예기치 않게 다시 긍휼하심을 베푸셔서 그들을 놀라게 하실 것이고, 이것은 길고 어둡던 밤이 지나고 새벽에 비치는 빛처럼 아름다울 것이다(8절). "그리하면 네 빛이 새벽 같이 비칠 것이고(8절), 네 빛이 흑암 중에서 떠오를(10절) 것이다. 네가 오랫동안 살아 있었으나 살아 있는 것 같지 않았을지라도 이제는 네 빛이 드러나게 될 것이다. 네가 오랫동안 슬픔으로 눌려 있었지만 이제는 다시 떠오르는 해처럼 유쾌하게 될 것이다." 하나님께서는 즐거운 마음으로 선을 행하는 자들에게 좋은 것을 누리며 즐거워하게 하실 것이다. 또한, 이것은 하나님의 특별한 선물이다(전 2:24). 자비와 긍휼을 베푼 자들은 하나님으로부터 오는 자비와 긍휼을 발견하게 될 것이다. 욥은 형통할 때에 선한 일을 많이 행하였으므로, 그가 몰락하였을 때에 하나님께서는 욥을 위하여 친구들을 일으키셔서 그들로 하여금 자신의 재물로 욥을 돕게 하셨기 때문에, 욥은 흑암 중에서 다시 일어나 그의 빛을 발할 수 있었다. "너의 아름다운 빛이 회복될 뿐만 아니라, 네가 건강을 되찾는 일, 네가 오랫동안 그토록 원하였던 네 상처의 치유도 급속히 이루어질 것이다. 네가 지니고 있었던 온갖 애로들이 다 제거되어서, 너는 젊음과 활력을 되찾게 될 것이다."

남들이 곤경에 처했을 때에 도움을 준 자들은 그들이 곤경에 처했을 때에 하나님의 도우심을 얻게 될 것이다.

2. 하나님은 그들에게 존귀함을 더하실 것이다. 선한 일들은 선한 이름으로 보상을 받게 될 것이다. 이러한 의미는 네 빛이 흑암 중에서 떠오르리라는 말씀 속에 포함되어 있다. 어떤 사람의 혈통이 미천하고, 그의 가문이 보잘것없으며, 존귀함을 받을 만한 그 어떤 외적인 것들이 그에게 없다고 할지라도, 그가 자신의 자리에서 선을 행하면, 그는 사람들로부터 존경을 받게 될 것이고, 이를 통해서 그의 어둠은 낮과 같이 될 것이다. 즉, 그는 그의 세대 가운데서 밝게 빛을 발하며 지극히 뛰어난 자가 될 것이다. 우리는 여기에서 사람이 유명해지는 가장 확실한 길이 무엇인지를 본다. 그것은 부지런히 선을 행하는 것이다. 가장 큰 자가 되고자 하고 가장 사랑받는 자가 되고자 한다면, 그는 겸손함으로 부지런히 모든 사람의 종이 되어야 한다. "나의 의가 내 대답이 되리라(야곱이 말했듯이, 창 30:33). 즉, 너의 의는 너의 모든 수치를 잠재울 것이다. 너의 겸손함도 좋지만, 너의 의는 네게 더 큰 영광을 가져다 줄 것이다." 재물을 흩어 빈궁한 자들에게 준 자의 의(즉, 그 일의 존귀함)는 영구히 있다(시 112:9).

3. 그들은 하나님의 보호 아래에서 항상 안전할 것이다. "네 의가 네 앞에 선봉으로 행하여 앞쪽에서 공격해 오는 원수들로부터 너를 안전히 지켜줄 것이고, 여호와의 영광이 네 뒤에 호위하여 너의 뒤쪽에서 힘이 부쳐 뒤처진 자들을 데려오고 아말렉처럼 뒤에서 기습해 오는 원수들로부터 너를 안전히 지켜줄 것이다." 선한 자들은 사방으로 얼마나 안전한지를 주목해 보라. 그들은 길을 가기 위하여 뒤쪽을 보든 앞쪽을 보든 그들이 안전하다는 것을 보게 되고, 그들이 해악의 두려움으로부터 벗어나 편안하다는 것을 발견하게 된다. 무엇이 그들을 지켜 보호해 주고 있는지를 주목해 보라. 그것은 그들의 의, 여호와의 영광, 즉 그리스도이시다(어떤 이들은 이렇게 해석한다). 왜냐하면, 우리가 의롭다 하심을 얻고 하나님께서 영광을 받으시는 것은 그리스도로 말미암기 때문이다. 우리 앞서 가시는 분은 우리의 구원의 대장이시자 우리의 의가 되시는 주 그리스도이시다. 우리 뒤에서 호위하시는 분은 그리스도이시다. 우리의 죄가 우리를 추격하여 붙잡고자 할 때에 우리는 그리스도를 의지해야만 안전할 수 있다. 또는, "하나님께서는 그의 섭리와 은혜 가운데서 친히 너의 인도자로서 네 앞에 가시면서 너를 이끄심과 동시에 네 뒤에서 호위하시는 분으로서 너

를 보호하실 것인데, 이것은 네 의에 대한 상으로서 의에 대하여 상 주시는 이로서의 하나님의 영광을 위한 것이다."

4. 하나님은 항상 그들 곁에 계셔서 그들의 기도를 들으실 것이다(9절). 가난한 자들의 울부짖음에 대하여 귀를 막는 자가 부르짖을 때에 하나님은 그의 기도를 들으시지 않으시는 것과 마찬가지로, 가난한 자들에게 후히 주는 자의 기도는 고넬료의 경우처럼 하나님 앞에 상달되어 기억하신 바가 될 것이다(행 10:4). "마땅히 기도하여야 하는 금식의 날들에 네가 부를 때에는 여호와가 응답하겠고 네가 구하는 것들을 주시리라. 네가 곤경이나 위기에 처하여 부르짖을 때에는 여호와가 내가 여기 있다 하실 것이다." 이것은 하나님께서 기꺼이 기도를 들으실 준비가 되어 계시다는 것을 우리의 눈높이에 맞춰 표현한 것이다. 하나님이 그의 말씀으로 우리를 부르실 때에 우리는 우리가 여기에 있나이다 우리 주여 종들에게 무슨 말씀을 하려 하시나이까라고 말하는 것이 합당하다. 그러나 하나님께서 우리에게 보라 내가 여기 있다고 말씀하신다는 것은 좀 이상하다. 우리가 마치 하나님이 멀리 계신 것처럼 하나님께 부르짖을 때, 하나님은 우리가 생각한 것보다 더 가까이 계시고 심지어 우리 곁에 계시다는 것을 우리에게 알게 하시고자 하신다. 내니 두려워하지 말라. 위험이 가까이 있을 때, 우리를 보호하시는 하나님은 즉각적인 도움으로서 더 가까이 계신다. "네가 원하는 것을 너에게 줄 준비를 다 갖추고서 네가 원하는 것을 네게 해주기 위하여 내가 여기 있노라. 내게 할 말이 무엇이냐?" 하나님은 정직한 자들의 기도에 귀를 기울이신다(시 130:2). 그들이 부르자마자, 하나님은 다 준비가 되어 있다고 응답하신다. 그들이 기도하는 바로 그 자리에서 하나님은 "내가 너희의 기도를 듣고 있으니, 나는 너희 가운데 있느니라"고 말씀하신다. 하나님은 모든 일에서 그들 가까이에 계신다(신 4:7).

5. 하나님은 모든 어렵고 헷갈리는 일들에서 그들을 인도하실 것이다(11절). 여호와가 너를 항상 인도하실 것이라. 우리는 광야 같은 이 세상에 있는 동안에 하늘로부터의 끊임없는 인도하심을 필요로 한다. 왜냐하면, 언제라도 우리 스스로만 남겨져 있게 되면 우리는 반드시 길을 잘못 잃게 되기 때문이다. 그러므로 하나님은 그가 보시기에 선한 자들에게 모든 일에서 그들을 인도해 줄 지혜를 주시고(전 2:26), 그들에게 눈이 되어 주신다(민 10:31). 하나님은 섭리를 통해서 그들이 마땅히 행해야 할 도리가 무엇인지, 무엇이 그들의 위로를

위하여 가장 좋은지, 그들이 행할 길을 분명하게 보여주신다.

6. 하나님은 그들의 마음속에 차고 넘치는 만족을 주실 것이다. 세상은 그들이 유랑해야만 하는 광야이기 때문에 그들은 끊임없이 인도하심을 받지 않으면 안 되고, 세상은 모든 것이 부족한 광야이기 때문에 그들은 끊임없이 공급을 받지 않으면 안 된다. 이스라엘 백성은 광야에서 구름 기둥에 의해서 끊임없이 인도하심을 받았을 뿐만 아니라, 물이 없어 마르고 황폐한 땅에서 그들의 갈한 영혼을 채우기 위하여(시 63:1) 하늘로부터 만나와 반석으로부터 물을 공급받아야 했다. 선한 자에게 하나님은 지혜와 지식만이 아니라 기쁨도 주신다. 선한 자는 자신의 양심의 증언과 하나님의 은총에 대한 확신을 통해서 스스로 만족함을 얻는다. "이러한 것들은 환난의 메마른 곳에서도 네 영혼을 만족하게 하며 네 마음속에 기쁨을 줄 것이다. 이러한 것들은 네 뼈를 견고하게 하여 너의 골수로 충실하게 하고, 네게 기쁨을 줄 것인데, 마치 뼈가 몸을 떠받쳐주듯이 그 기쁨은 너를 떠받쳐주고, 여호와께서 주신 그 기쁨은 너의 힘이 될 것이다. 여호와가 네 뼈에게 쉼을 주리라(어떤 이들은 이렇게 읽는다). 즉, 그동안 너를 괴롭혀 왔던 고통과 질병으로부터의 쉼이 주어지리라." 이것은 자비와 긍휼을 베푸는 자에게 주어진 약속과 일치한다. 여호와께서는 그가 병상에 누워 있을 때마다 그의 병을 고쳐 주실 것이다(시 41:3). "너는 물 댄 동산 같아서 은혜와 위로들이 풍성하게 맺히겠고, 가뭄이나 결빙에도 물이 끊어지지 아니하는 샘 같을 것이다." 선한 자들 속에 있는 거룩한 사랑의 원리는 영생하도록 솟아나는 샘물이 될 것이다(요 4:14). 샘에서는 끊임없이 물이 솟아나오지만 항상 물이 가득하여 마르지 않듯이, 구제하는 자는 선한 일을 많이 하고 후하게 나눠준다고 해서 가난해지는 것이 아니라 항상 풍성할 것이다. 물을 주는 자는 스스로 물을 공급받게 될 것이다.

7. 그들과 그들의 가족은 나라의 복이 될 것이다. 열매를 거두고 남들에게 유익한 자들에게는 그들이 더욱더 그런 자들이 된다는 것, 특히 그들의 후손이 그런 자들이 된다는 것은 좋은 상급이 아닐 수 없다. 여기에서는 바로 그와 같은 것을 약속한다(12절). "지금 너에게서 난 자들, 너의 왕들과 귀인들과 대인들은 그들이 이전에 결코 갖지 못하였던 그런 권세와 영향력을 갖게 될 것이다." 또는, "네가 너의 세대에게 유익한 자가 되었듯이, 나중에 네게서 날 자들, 너의 후손들은 그들의 세대에 유익한 자들이 될 것이다." 자기가 죽고 없을 때

에 자신의 후손들이 선을 행하게 되리라는 것을 아는 것은 선한 자와 이 세상에게 더할 나위 없는 만족이 된다.

(1) 그들은 오랫동안 폐허로 남아 있던 성읍들을 재건할 것이고, 재건할 엄두를 내지 못하고 아주 오랫동안 방치해 두어서 황폐화된 곳들을 다시 세울 것이다. 이것은 포로로 끌려갔던 자들이 돌아와서 유다의 성읍들을 재건하여 거기에 거주하고, 열 지파가 끌려간 이후로 황폐화되어 있던 이스라엘의 많은 성읍들도 재건되었을 때에 성취되었다.

(2) 그들은 오래 전에 시작된 저 선한 일을 이어서 완성시킬 것이고, 도움을 받아서 그 일의 진척을 지체시켰던 장애들을 극복할 것이다. 그들은 오래 전에 시작되어 많은 세대들 동안 쌓아져 왔던 기초 위에 건물을 올려서 완성시킬 것이다. 이것은 성전 재건이 오랜 세월 동안 중단되어 오다가 다시 재개되었을 때에 성취되었다(스 5:2). 또는, "그들은 장차 많은 세대들 동안에 지속될 기초를 쌓을 것이다." 그들은 지속적인 결과가 있게 될 저 선한 일을 행하게 될 것이다.

(3) 그들은 주변의 모든 사람들로부터 칭찬과 찬사를 듣게 될 것이다. "너를 일컬어 무너진 데를 보수하는 자라 할 것이고, 그것으로 인하여 네가 존귀함을 얻게 될 것이다. 적이 성을 포위하고서 그 성벽에 낸 구멍을 메울 수 있는 용기와 솜씨를 가진 자는 큰 박수갈채를 받을 것이다." 미덕이 새나가고 공의가 빠져나가는 구멍을 메우는 자들은 복이 있다. "너는 안전한 길을 수축하여 사람들이 다닐 뿐만 아니라 거할 곳이 되게 하는 자라 불리게 될 것이다. 그 길은 아주 안전하고 평온해서 사람들은 그 길가에 그들의 집을 짓는 데에 아무런 어려움도 겪지 않게 될 것이다." 요컨대, 그들이 하나님께서 기뻐하시는 대로 금식을 지킨다면, 하나님은 그들을 다시 정착시켜서 예전의 평화와 번영을 주실 것이고, 그들을 두렵게 할 자가 아무도 없게 하시리라는 것이다(슥 7:5, 9; 8:3-5을 보라). 이것은 우리에게 의롭게 행하고 자비와 긍휼을 사랑하는 자들은 이 세상에서 그것으로 인하여 위로를 얻게 되리라는 것을 가르쳐 준다.

¹³만일 안식일에 네 발을 금하여 내 성일에 오락을 행하지 아니하고 안식일을 일컬어 즐거운 날이라, 여호와의 성일을 존귀한 날이라 하여 이를 존귀하게 여기고 네 길로 행하지 아니하며 네 오락을 구하지 아니하며 사사로운 말을 하지 아니하면 ¹⁴

네가 여호와 안에서 즐거움을 얻을 것이라 내가 너를 땅의 높은 곳에 올리고 네 조상 야곱의 기업으로 기르리라 여호와의 입의 말씀이니라

안식일을 합당하게 지키는 일에는 항상 큰 강조점이 두어져 왔는데, 그것은 바벨론에 포로로 잡혀간 유대인들에게 특히 요구되는 일이었다. 왜냐하면, 그들은 창조주를 기리며 그 날을 지킴으로써 천지를 만들지 않은 신들을 숭배하는 자들로부터 스스로 구별될 수 있었기 때문이다. 안식일을 지키는 것을 여기에서처럼 공의를 지키며 의를 행하는 것과 결합시키고 있는 이사야 56:1-2을 보라. 어떤 이들은 이 본문이 이 장의 앞 부분에서 말한 금식일, 즉 안식일(레 23:32)이라는 불리는 금식일인 속죄일과 관련되어 있는 것으로 이해한다. 그러나 앞서 얘기된 금식들이 종종 행해졌던 금식들을 가리키는 것과 마찬가지로, 여기에서 말하는 안식일도 의심할 여지 없이 한 주간의 안식일을 가리킨다. 한 주간의 안식일은 하나님과 그를 믿는 백성 간의 큰 증표였는데, 하나님은 안식일을 그들에 대한 그의 은총의 증표로 정하셨고, 그들이 안식일을 지키는 것은 하나님에 대한 그들의 순종의 증표였다. 좀 더 자세하게 살펴보자.

I. 안식일은 어떻게 거룩하게 지켜야 하는가(13절). 안식일 사상은 하나님의 백성에게 여전히 유효해서, 안식일에 관한 법은 주일과 관련해서 우리에게 여전히 구속력이 있다.

1. 하나님이 안식일을 지극히 거룩하게 하셨기 때문에, 우리는 안식일을 멸시하거나 하찮게 여기는 의도를 내포하고 있는 일은 결코 해서는 안 된다. 우리는 안식일에 우리의 발을 금하여야 한다. 즉, 우리는 속된 무신론자들처럼 안식일을 짓밟는 일을 해서는 안 된다. 또는, 우리는 안식일에 여행을 금하여야 한다(어떤 이들은 이렇게 해석한다). 우리는 저 성일에 우리의 발을 금하여 오락을 행하지 아니하여야 한다. 즉, 우리는 안식일에 양심에 의한 통제와 억제 없이 마음 내키는 대로 살거나 감각의 쾌락들에 빠져 살아서는 안 된다. 오늘날의 유대인들은 안식일을 거룩히 지킨다는 미명 아래에서 감각의 쾌락들을 추구하는 악을 자행하고 있다 — 그것은 그 어떤 일보다도 안식일을 크게 더럽히는 것임에도 불구하고. 안식일에 우리는 우리의 욕구를 따라 우리의 길로 행하거나 우리의 오락을 구하지 않아야 한다. 또한, 우리는 사사로운 말, 즉 우리의 욕구나 쾌락을 추구하는 말들을 해서는 안 된다. 안식일에 우리는 하나님의 길들

을 생각하고 하나님을 섬기는 일을 그 날의 일로 삼아야 하기 때문에, 안식일에도 다른 날들처럼 아무렇게나 말을 해서는 안 된다. 우리는 하나님을 기쁘시게 해드리는 것들을 선택해서 행하고, 집에 있든지 길을 걷든지 하나님에 속한 거룩한 말들을 하여야 한다. 우리가 말하고 행하는 모든 것 속에서 우리는 이 날과 다른 날들 간에 차이를 두어야 한다.

2. 안식일을 거룩하게 하고 안식일에 대한 고상한 생각을 표현하는 그런 말과 행위만이 이루어져야 한다. 우리는 안식일을 일이나 짐이 아니라 기쁜 날로 불러야 한다. 우리는 안식일 자체를 기뻐하고, 안식일이 우리에게 부과하는 제한들과 섬김의 의무들을 기뻐하여야 한다. 우리는 하나님을 예배하고 하나님과 교통하는 것을 우리의 체질로 만들어야 한다. 만군의 여호와여, 주의 장막이 어찌 그리 사랑스러운지요. 우리는 안식일을 기쁜 날로 여길 뿐만 아니라 그렇게 불러야 하고, 안식일과 그 날에 우리가 해야 하는 도리들 속에서 큰 만족을 느낀다고 공개적으로 고백하여야 한다. 우리는 하나님 앞에서 안식일을 기쁜 날이라 부르며 그 날을 우리에게 주신 것에 대하여 하나님께 감사하고, 하나님께서 우리에게 은혜를 주셔서 그 날에 우리가 마땅히 해야 할 일을 기쁨으로 할 수 있도록 해 달라고 간절히 원하여야 한다. 우리는 사람들 앞에서 안식일을 기쁜 날이라 부르며 그 날의 기쁨에 동참하도록 사람들을 초청하여야 한다. 우리는 우리 자신을 향하여 안식일을 기쁜 날이라 불러서, 행여라도 안식일이 빨리 지나가서 곡식을 시장에 내다팔 수 있었으면 좋겠다는 생각일랑은 꿈에서라도 품지 않아야 한다. 우리는 안식일을 여호와의 성일, 존귀한 날이라 불러야 한다. 우리는 안식일을 일상의 일들로부터 구별되어서 하나님과 하나님을 섬기는 일에 온전히 바쳐진 성일이라 부르고, 여호와의 성일, 곧 하나님께서 자신의 날로 성별하신 날이라 불러야 한다. 구약 시대에서조차도 안식일은 주의 날(또는, 여호와의 날)로 불렸기 때문에, 지금도 그렇게 불리는 것이 마땅하다. 또한, 그 날은 주 그리스도의 날이기 때문에 주의 날로 불리는 것이 더더욱 합당하다(계 1:10). 안식일은 주의 날, 여호와의 날이기 때문에 거룩하고, 이 두 가지 이유 때문에 존귀하다. 안식일은 거룩함이라는 아름다움을 지니고 있다. 안식일은 그 유서가 깊은데, 안식일의 기원이 오래 되었다는 것은 안식일이 지닌 존귀함이다. 우리는 안식일에 하나님을 존귀하게 해드림으로써 우리가 안식일을 존귀한 날로 여기고 있다는 것을 나타내 보여야 한다. 우리가 안식일을 제

정하신 분에게 존귀를 돌릴 때에 우리는 안식일에 존귀함을 더하는 것이 된다. 안식일은 그 제정하신 이를 존귀하게 하기 위하여 그에게 바쳐진 날이다.

Ⅱ. 안식일을 거룩하게 지킬 때에 주어지는 상급은 무엇인가(14절). 우리가 이렇게 안식일을 기억하여 거룩하게 지킨다면, 우리는 다음과 같은 상급을 얻게 될 것이다.

1. 우리는 그 일로 인한 위로를 얻게 될 것이다. 일에는 반드시 삯이 따르는 법이다. 우리가 안식일을 일컬어 즐거운 날이라 한다면, 우리는 여호와 안에서 즐거움을 얻을 것이라. 하나님은 우리의 생각과 묵상의 즐거운 대상이자 우리가 가장 사랑하고 기뻐하는 대상으로서 우리에게 점점 더 뚜렷하게 스스로 나타나실 것이다. 우리가 하나님을 섬기는 일에서 즐거움을 더 많이 느끼면 느낄수록, 우리는 그 일 속에서 더 많은 즐거움을 발견하게 되리라는 것을 명심하라. 기쁜 마음으로 마땅히 행할 도리를 행한다면, 우리는 그 일 속에서 만족을 얻게 될 것이고, "여기에 있는 것이 좋사오며, 하나님을 가까이 하는 것이 좋사옵나이다"라고 말할 충분한 이유를 발견하게 될 것이다.

2. 우리는 그 일로 인한 존귀함을 얻게 될 것이다. 내가 너를 땅의 높은 곳에 올리리라. 이것은 지극히 안전하리라는 것(사 33:16, 그는 높은 곳에 거하리니)만이 아니라 큰 존귀함을 얻게 되리라는 것을 의미한다. "너는 높은 가마에 올라 위풍당당하게 다녀서 사람들의 눈에 확 띄게 될 것이고, 네 모든 이웃들의 시선은 너에게 머물게 될 것이다." 성경에서는 이스라엘에 대하여 하나님께서 그들을 애굽에서 이끌어 내셔서 그들이 위풍당당하게 나올 때에 여호와께서 그들이 땅의 높은 곳을 다니게 하셨다고 말하고 있다(신 32:12-13). 하나님과 그의 안식일을 존귀하게 지키는 자들을 하나님은 이렇게 존귀하게 만들어 주실 것이다. 하나님께서 우리가 땅의 높은 곳을 다니게 하신다(또는, 땅의 높은 곳에 올리신다)는 것은 하나님이 은혜로 말미암아 우리로 하여금 이 세상을 뛰어넘어 살 수 있게 하셔서 우리의 삶이 세상에 의해서 훼방을 받지 않을 뿐만 아니라 천국으로 가는 우리의 길이 세상에 의해서 더욱 촉진되게 하신다는 것이다.

3. 우리는 그 일로 인한 유익을 얻게 될 것이다. 내가 네 조상 야곱의 기업으로 너를 기르리라. 즉, 여호와께서는 언약의 모든 축복들과 천국의 모형인 가나안의 모든 보배로운 소산들로 우리를 기르시리라는 것이다. 왜냐하면, 이러한 것들은 야곱의 기업이었기 때문이다. 믿는 자들은 장차 그들이 받을 기업에 참

여하게 될 뿐만 아니라 지금 여기에서도 그 기업과 그 기업에 대한 소망으로 길러질 것이고, 말로만이 아니라 실제로 그 기업을 미리 맛보는 것을 통해서 길러지리라는 것을 명심하라. 그렇게 길러지는 자들은 그들이 잘 양육을 받고 있다고 말하게 될 것이다. 우리가 이 말씀을 의지할 수 있도록 하기 위하여 다음과 같은 말씀이 덧붙여진다. "여호와의 입의 말씀이니라. 너는 하나님의 말씀을 있는 그대로 받아들여도 좋다. 왜냐하면, 하나님은 거짓말하시거나 속이실 수 없으시기 때문이다. 하나님의 입이 말씀하신 것은 하나님의 손이 행하실 것이고, 하나님의 선하신 약속은 일점일획이라도 결코 땅에 떨어지는 법이 없을 것이다." 안식일을 지켜 더럽히지 아니하여야 하나니 이와 같이 하는 사람, 이와 같이 굳게 잡는 사람은 복이 있느니라.

제
— 59 —
장

개요

이 장에서 우리는 죄가 극히 죄악되게 드러나고 은혜가 극히 은혜 되게 드러나는 것을 본다. 여기에서 죄인의 죄에 대하여 말해지고 있는 것(7-8절)이 인류의 전반적인 타락에 적용되는 것과 마찬가지로(롬 3:15), 여기에서 구속자에 대하여 말해지고 있는 것(20절)은 그리스도에게 적용된다(롬 11:26). I. 선지자는 여기에서 이 백성에게 그들이 하나님의 은총이 그들에게 흘러들어오는 것을 스스로 막은 것이라고 고소하면서, 그들로 하여금 선한 것들을 얻지 못하게 만든 죄들을 구체적으로 제시한다(1-8절). II. 선지자는 여기에서 이 백성에게 그들 스스로가 하나님의 심판을 자초한 것이라고 고소하면서, 그들이 그들 자신의 머리에 임하게 한 심판들이 무엇이었는지(9-11절) 그들이 하나님을 진노케하여 그러한 심판들을 보내게 만든 죄들이 무엇이었는지(12-15절)를 그들에게 말해준다. III. 선지자는 여기에서 그럼에도 불구하고 하나님께서는 순전히 그 자신의 이름을 위하여 그들에게 구원을 베푸실 것이고(16-19절) 그들을 위하여 긍휼하심을 예비해 두실 것이라고 약속한다(20-21절).

¹여호와의 손이 짧아 구원하지 못하심도 아니요 귀가 둔하여 듣지 못하심도 아니라 ²오직 너희 죄악이 너희와 너희 하나님 사이를 갈라 놓았고 너희 죄가 그의 얼굴을 가리어서 너희에게서 듣지 않으시게 함이니라 ³이는 너희 손이 피에, 너희 손가락이 죄악에 더러워졌으며 너희 입술은 거짓을 말하며 너희 혀는 악독을 냄이라 ⁴공의대로 소송하는 자도 없고 진실하게 판결하는 자도 없으며 허망한 것을 의뢰하며 거짓을 말하며 악행을 잉태하여 죄악을 낳으며 ⁵독사의 알을 품으며 거미줄을 짜나니 그 알을 먹는 자는 죽을 것이요 그 알이 밟힌즉 터져서 독사가 나올 것이니라 ⁶그 짠 것으로는 옷을 이룰 수 없을 것이요 그 행위로는 자기를 가릴 수 없을 것이며 그 행위는 죄악의 행위라 그 손에는 포악한 행동이 있으며 ⁷그 발은 행악하기에 빠르고 무죄한 피를 흘리기에 신속하며 그 생각은 악한 생각이라 황폐와 파멸이 그 길에 있으며 ⁸그들은 평강의 길을 알지 못하며 그들이 행하는 곳에는 정의가 없

으며 굽은 길을 스스로 만드나니 무릇 이 길을 밟는 자는 평강을 알지 못하느니라.

선지자는 여기에서 그들이 자주 금식하고 기도하였음에도 불구하고 구원을 받지 못한 것에 대하여 하나님께 시비를 건 것(사 58:3)이 잘못된 것임을 밝히고 바로잡아준다. 이제 여기에서 그는 다음과 같은 것들을 보여준다.

I. 그들이 구원받지 못한 것이 하나님 탓이 아니었다는 것. 그들은 그들이 원수들의 손에서 구원받지 못한 책임을 하나님께 돌리고 하나님을 탓할 이유가 전혀 없었는데, 그 이유는 다음과 같았다.

1. 하나님은 지금도 여전히 예전처럼 그들을 도우실 수 있었다. 여호와의 손이 짧아진 것이 아니다. 여호와의 능력은 결코 줄어들거나 좁아지거나 축소되지 않는다. 하나님의 능력이 미치는 범위 또는 그 능력의 정도를 생각할 때, 하나님은 아무리 먼 곳이라도 그 능력을 미치실 수 있고, 예나 지금이나 강력한 손으로 권능을 행하실 수 있다. 교회의 구원은 하나님의 손으로부터 오고, 하나님의 손은 결코 약해지거나 짧아지지 않는다는 것을 명심하라. 하나님께서는 모세에게 여호와의 손이 짧아졌느냐(민 11:23)라고 말씀하셨다. 결코 그렇지 않다. 하나님의 손은 짧아지지 않는다. 그런 것은 생각할 수도 없는 일이다. 아무리 많은 세월이 흐르거나 원수들의 힘이 아무리 강하거나 하나님께서 사용하시는 도구들의 힘이 아무리 약해도, 하나님의 능력은 짧아지거나 줄어들 수 없다. 많은 사람을 통해서 구원하든 적은 사람을 통해서 구원하든 하나님의 능력은 매한가지이다.

2. 하나님은 예나 지금이나 기도에 응답하셔서 기꺼이 돕고자 하신다. 여호와의 귀가 둔하여 듣지 못하심도 아니라. 하나님은 수많은 기도들을 들으시고 응답하시며 오랜 세월 동안 사람들의 기도를 들어오셨지만 지금도 여전히 예전처럼 사람들의 기도를 들으실 준비가 되어 계신다. 정직한 자들의 기도는 예나 지금이나 하나님의 기뻐하시는 바이고, 기도하는 자들에게 하나님께서 약속하신 것들은 예나 지금이나 예와 아멘으로서 변함없이 확실하다. 이 말씀 속에는 겉으로 표현되어 있는 것보다 더 많은 의미가 함축되어 있다. 하나님의 귀는 둔하지 않을 뿐만 아니라 듣는 데에 신속하다. 그들이 부르기 전에 하나님은 응답하신다(사 65:24). 우리의 기도가 응답을 받지 못하고, 우리가 기다리는 구원이 베풀어지지 않는다면, 그것은 하나님께서 우리의 기도를 들어주시기에 싫

증이 나셨기 때문이 아니라 우리가 기도하는 데에 싫증이 났기 때문이고, 우리가 하나님께 말씀을 드릴 때에 하나님의 귀가 둔해서가 아니라 하나님이 우리에게 말씀하실 때에 우리의 귀가 둔하기 때문이다.

II. 그들이 구원받지 못한 것은 순전히 그들 자신의 탓이었다는 것. 그들은 그들 자신의 빛을 가로막아 방해하였고, 그들 자신의 문에 빗장을 걸었다. 하나님께서는 긍휼하심으로 여러 가지 방식으로 그들을 향하여 다가가셨지만, 그들은 하나님께서 그들에게 다가오시는 것을 방해하고 가로막았다. 너희 죄가 너희로부터 좋은 것을 막았다(렘 5:25).

1. 죄가 어떠한 해악을 가져오는지를 보라.

(1) 죄는 하나님의 긍휼하심이 우리에게 내려오는 것을 방해한다. 죄는 우리와 하나님 사이를 갈라놓는 장벽이다. 죄가 하나님과 인간을 이간질하여, 하나님께서 인간에 대하여 진노하시고, 인간이 하나님에게서 소외되는 결과가 생기기 전까지는, 본성적으로 하나님과 인간 사이에는 무한한 거리가 있음에도 불구하고, 둘 간에는 소통할 수 있는 길이 열려 있었다. 그런데, 죄가 들어와서 그들과 하나님 사이를 갈라 놓았다. "하나님은 너희의 하나님이시고, 너희가 신앙 고백을 통하여 공식적으로 받아들인 너희의 하나님이시다. 그러므로 너희와 하나님 사이를 갈라놓는 죄가 지닌 악독함과 해로움은 이루 말할 수 없이 크다." 죄는 하나님의 얼굴을 우리에게서 가린다(이것은 하나님께서 크게 진노하셨다는 것을 의미한다, 신 31:17). 죄는 하나님을 진노케 하여, 그의 은혜로운 임재를 거두시게 만들고, 그의 은총의 증표들을 중단시키게 만들며 그의 도우심을 행하시지 않게 만든다. 하나님은 만나거나 대화하기를 거부하시는 양 그의 얼굴을 가리신다. 우리는 여기에서 죄의 본성을 똑똑히 보아야 한다. 피조물로 하여금 자신의 창조주에 대한 충성을 거두게 만드는 죄는 지극히 죄악되다. 우리는 여기서 죄의 결과를 똑똑히 보아야 한다. 죄는 지극히 해로운 것이어서 우리를 하나님에게서 갈라놓는다. 그 결과, 우리는 모든 선한 것에서 분리될 뿐만 아니라, 저주의 결과물인 모든 악한 것에 이끌리게 된다(신 29:21).

(2) 죄는 우리의 기도가 하나님께 상달되는 것을 방해한다. 죄는 하나님을 진노케 하여 그 얼굴을 가리시게 만들고, 이로 인하여 하나님은 전에 말씀하셨듯이(사 1:15) 사람들의 기도를 듣지 않으신다. 우리가 우리의 마음에 죄악을 품거나, 죄악에 빠지거나 죄를 우리 마음속에 허용한다면, 하나님께서는 우리의

기도를 듣지 아니하신다(시 66:18). 우리가 계속해서 하나님을 진노케 하고 있는 동안에는 우리는 하나님께서 우리에게 호의를 베푸시기를 기대할 수 없다.

2. 선지자는 이제 하나님께서 그 얼굴을 그들에게서 가리신 것이 옳았다는 것을 증명하고 그들과의 논쟁으로 나아가기 위해서 그들의 죄악이 얼마나 많고 컸었는지를 아주 길게 보여준다. 이것은 하나님께서 그에게 하나님의 백성에게 그들의 허물을 알리라(사 58:1)고 명령하신 것을 따른 것이었다. 선지자가 여기에서 그들을 향하여 쭉 읽어 내려가고 있는 것은 험악한 죄악들로 가득 찬 고소장이다. 이 고소장에 적혀 있는 단 한 가지 죄목만으로도 그들과 의로우시고 거룩하신 하나님을 갈라놓기에 충분한 것이었다. 그러면 지금부터 우리는 이 고소장에 나와 있는 여러 가지 죄목들을 몇 가지로 분류하여 살펴보도록 하자.

(1) 우리는 그들이 품은 생각들로부터 논의를 시작하여야 한다. 왜냐하면, 모든 죄는 생각에서 시작되고 생각에서 일어나기 때문이다. 그들의 생각은 악한 생각이라(7절). 그들이 머릿속에서 생각하는 것들은 죄악된 것들이고, 그들은 끊임없이 오직 죄악만을 생각한다. 그들이 머리를 짜내어 생각하고 궁리해 내는 것들도 오직 악한 것들뿐이다. 그들은 어떻게 하면 남에게 해악을 끼치고 자신의 더러운 욕망을 충족시킬지를 끊임없이 궁리한다(4절). 그들은 그들의 생각과 목적과 모략과 결심 속에서 악행을 잉태하고(이런 식으로 죄의 일생이 시작되고 그 모양이 형성된다), 그런 후에 때가 무르익으면 그것을 실행하여 죄악을 낳는다. 하나님의 섭리들의 반대와 그들 자신의 양심의 거리낌들을 뿌리치고서 죄악을 낳는 일은 아마도 고통스러운 일이겠지만, 그들은 그들의 악한 목적을 이루었을 때에 마치 그것이 세상에 태어난 남자 아이나 되는 듯이 자부심과 즐거움으로 가득 찬 눈으로 그것을 바라본다. 이렇게, 욕심이 잉태한즉 죄를 낳는다(약 1:15). 이것은 독사의 알을 품으며 거미줄을 짜는(5절) 것이라 불린다. 악한 자들의 생각과 궁리는 어떻게 사용되고, 그들의 재주를 그들이 어디에 사용하는지를 보라.

[1] 그것은 기껏해야 어리석고 하찮은 일에 사용된다. 그들의 생각은 거미줄을 짜는 것과 같이 헛되다. 저 가련하고 어리석은 짐승은 큰 수고를 하여 거미줄을 짜지만, 다 완성이 되어도 거미줄은 약하고 하찮은 것일 뿐더러 그것이 있는 곳에 욕이 되는 것이고 빗자루로 걸어내면 순식간에 없어져 버리는 것이

다. 세상 사람들이 품는 생각들은 다 그런 것이어서, 거미가 정교하게 손을 놀려서 견고한 집을 짓고자 하지만 결코 그런 집을 지을 수 없는 것처럼(잠 30:28), 공중에 성을 짓고서 자기 혼자 공상 속에서 만족하는 것일 뿐이다.

[2] 그것은 너무도 자주 악의적이고 앙심을 품은 일에 사용된다. 그들은 독이 있는 새끼들을 낳는 독사의 알을 품고 있다. 악을 행하기를 즐겨하는 악인들의 생각은 바로 그런 것이다. 그 알을 먹는 자는 죽을 것이요(즉, 그는 이런저런 해악을 입을 위험에 처하게 된다), 네가 먹으려고, 또는 뭔가 유용한 새가 나올 것을 기대하고서 부화시킬 때에 그 알이 터져서 독사가 나올 것이다. 이렇게, 그 알을 만지작거리는 것은 위험한 일이다. 그런 자들과 상대하지 않는 자들은 복이 있다. 그들은 심지어 거미줄을 짜더라도 그냥 짜는 것이 아니라 파리를 잡기 위한 악의를 가지고서 짠다. 왜냐하면, 그들은 남에게 해악을 끼치지 않고 빈둥거리느니 차라리 사소한 게임이라도 해서 자신의 악의를 만족시키고자 하기 때문이다.

(2) 그들은 마음에 가득한 악으로부터 말을 입 밖으로 내지만, 언제나 안에 있는 악을 그대로 토해내지는 않고, 도리어 악의적인 의도를 좀 더 효과적으로 이루어내기 위해서 여러 가지 고운 말로 진짜 의도를 숨긴다. 너희 입술은 거짓을 말한다(3절). 그들은 엄청난 해악을 가하고자 하는 순간에도 친절을 가장하며 거짓을 말한다(4절). 또는, 그들은 비방과 거짓 고소를 통해서 그들이 앙심을 품은 사람의 신용과 명성을 망쳐 놓음으로써 눈에 보이지 않게 그들에게 해악을 가하였고, 증인들을 매수하여 거짓으로 증언하게 함으로써 그 사람에게서 그의 재산과 생명을 빼앗아 버렸다. 거짓 혀는 날카로운 화살과 로템 나무 숯불이어서 극히 해로운 것이기 때문이다. 너희 혀는 뒤틀린 말들을 은밀히 수군거렸다(개역에서는 악독을 내었다). 그들은 부끄러워서 이웃에 대한 악의를 큰 소리로 드러내 놓고 말할 수 없거나 사람들의 반대를 받고 낭패를 당할 것을 두려워하여 감히 그렇게 할 수 없을 때에는 은밀하게 헐뜯는 말들을 수군거렸다. 남을 헐뜯는 자들은 수군수군하는 자들로 불린다.

(3) 그들의 행위는 그들의 생각이나 말과 완전히 일치하였다. 그들은 가장 극악무도한 범죄인 무죄한 자의 피를 흘리는 죄를 범하였다. 너희 손이 피에 더러워졌다(3절). 왜냐하면, 피는 사람을 더럽히기 때문이다. 피는 양심에 지울 수 없는 죄책의 흔적을 남겨 놓고, 이 죄책을 깨끗하게 하실 수 있는 것은 오직

그리스도의 피뿐이다. 이 일은 기습적으로 일어난 일이었거나 그들에게 어떤 힘이 있었을 때에 일어난 일이었다. 그러나 그들의 발은 날 때부터 행악하기에 빠르고 열심이었을 뿐만 아니라, 그들이 지닌 악의와 앙심이 주는 추진력으로 인해서 더욱 날쌨고(7절), 마치 야만적인 일을 할 기회를 놓칠까봐 염려라도 하는 듯이 무죄한 피를 흘리기에 신속하였다(잠 1:16; 22:17). 황폐와 파멸이 그들의 길에 있도다. 그들은 가는 곳마다 해악을 몰고 다니기 때문에, 그들이 가는 길에는 황폐와 파멸이 있지만, 그들은 어떤 재난을 그들이 행하고 다니는지에 대해서는 신경도 쓰지 않는다. 또한, 그들은 단지 피에 목말라할 뿐만 아니라, 다른 죄악들로 그들의 손가락을 더럽힌다(3절). 그들은 사람들에게 누명을 씌워서 재산을 강탈하고, 그들이 손에 넣을 수 있는 것이라면 무엇이든지 닥치는 대로 그들의 소유로 만들어 버린다. 그들은 허망한 것을 의뢰한다(4절). 그들은 그들의 능숙한 사기수법에 의지해서 치부(致富)하지만, 그렇게 하는 것은 그들에게 허망한 것임이 드러날 것이고, 그들이 남을 속이는 것은 곧 그들 자신을 속이는 것임이 드러날 것이다. 그들이 그토록 심혈을 기울여서 애쓰는 그들의 행위는 모두 죄악의 행위이다. 그들이 하는 모든 일은 사람들을 압제하고 괴롭히는 일의 연속이다. 그들의 머릿속에 들어 있는 폭력의 기술들과 그들의 마음속에 있는 폭력의 생각들을 따라서 그들의 손에는 포악한 행동이 있다.

(4) 이러한 잘못들을 바로잡고 이러한 폐습들을 개혁하고자 하는 조치들은 취해지지 않는다(4절). 공의를 요구하는 자가 없다(개역에서는 공의대로 소송하는 자도 없고). 아무도 신성한 공의의 법들이 무참히 짓밟히고 있다고 하소연하지도 않고, 억울한 일을 당한 자들을 구제해 달라고 하지도 않으며, 나라의 수치이자 나라의 존립을 위태롭게 만드는 저 음란한 일들이나 악덕과 불경스러운 일들에 대하여 법을 제대로 집행해 달라고 요구하지도 않는다. 공의가 제대로 행해지지 않을 때, 공의를 집행해야 할 위정자들만이 아니라 그것을 요구하지 않는 백성들에게도 그 책임이 돌아간다는 것을 명심하라. 백성들은 은밀하게 행해지는 악행을 발견해 내서 당국자로 하여금 그 악행을 벌할 기회를 갖게 함으로써 공공의 선(善)에 기여하여야 한다. 그러나 위정자들이 잘못 다스리는 데도 백성들이 그것을 그대로 두고 보기를 좋아한다면, 그 나라는 불행하다. 진실이 억압을 당하는데도, 진실을 변호하는 자, 즉 사기와 협잡이 난무하는 것에 맞서서 진실한 주장을 옹호하기 위하여 나설 수 있는 양심과 용기를 지닌

자가 아무도 없다. 평강의 길도 진실의 길만큼이나 사람들의 외면을 받는다. 그들은 평강의 길을 알지 못한다. 즉, 그들은 평화와 평강을 만들어낼 수 있는 방법들을 결코 궁리하지 않으며, 평화를 깨뜨리는 일을 미연에 방지하거나 벌하고 이웃들 간의 불화를 적절히 해결하는 데에 신경을 쓰지 않는다. 그들은 조용하고 평화로운 모든 일에 대하여 완전히 낯선 자들이고, 소란하고 요란한 것을 좋아한다. 그들이 행하는 곳에는 정의가 없다. 그들이 행하는 일들 속에서는 일말의 정의감도 찾아볼 수가 없다. 정의라는 것은 그들이 아예 염두에 두지 않는 것이어서, 악의적이고 탐욕스러운 그들의 계획 앞에서 정의의 모든 울타리들은 쉽게 무너져 버린다.

(5) 그들이 행하는 이 모든 것은 어리석고 지극히 어리석은 일로서 만물의 이치와 공평의 원리에 어긋나는 것일 뿐만 아니라 그들의 이익에도 어긋나는 것이다. 죄악을 일삼는 것은 나중에 반드시 그들을 속일 허망한 것을 의뢰하는 것이다(4절). 그들이 온갖 재주를 다 동원해서 그토록 심혈을 기울여 짠 것은 옷을 이룰 수 없을 것이요, 그들의 행위로는 바람막이이든 장식물이든 자기를 가릴 수 없을 것이다(6절). 그들은 그들이 세운 계략이나 술수로 남들을 해칠 수 있을지는 몰라도, 그렇게 해서 그들에게 진정으로 도움이나 유익이 되는 것은 결코 있을 수 없다. 죄를 통해서 얻을 수 있는 것은 아무것도 없는데, 그것은 손익(損益)을 계산할 때가 오면 저절로 밝혀질 것이다. 죄악의 길들은 굽은 길들(8절)이기 때문에 그들을 헷갈리게 해서 결코 목적지에 도달하지 못하게 만들 것이다. 그 길로 가는 자는 누구를 막론하고 스스로는 그 길을 계속해서 가면 평안을 얻게 될 것이라고 말하겠지만 스스로 속고 있는 것이다. 왜냐하면, 이 후에 나오는 절들이 보여주듯이, 그들은 평강을 알지 못하게 될 것이기 때문이다.

[9]그러므로 정의가 우리에게서 멀고 공의가 우리에게 미치지 못한즉 우리가 빛을 바라나 어둠뿐이요 밝은 것을 바라나 캄캄한 가운데에 행하므로 [10]우리가 맹인 같이 담을 더듬으며 눈 없는 자 같이 두루 더듬으며 낮에도 황혼 때 같이 넘어지니 우리는 강장한 자 중에서도 죽은 자 같은지라 [11]우리가 곰 같이 부르짖으며 비둘기 같이 슬피 울며 정의를 바라나 없고 구원을 바라나 우리에게서 멀도다 [12]이는 우리의 허물이 주의 앞에 심히 많으며 우리의 죄가 우리를 쳐서 증언하오니 이는 우리의 허

물이 우리와 함께 있음이니라 우리의 죄악을 우리가 아나이다 [13]우리가 여호와를 배반하고 속였으며 우리 하나님을 따르는 데에서 돌이켜 포학과 패역을 말하며 거짓말을 마음에 잉태하여 낳으니 [14]정의가 뒤로 물리침이 되고 공의가 멀리 섰으며 성실이 거리에 엎드러지고 정직이 나타나지 못하는도다 [15]성실이 없어지므로 악을 떠나는 자가 탈취를 당하는도다 여호와께서 이를 살피시고 그 정의가 없는 것을 기뻐하지 아니하시고

이 단락의 취지는 죄는 큰 해악을 만들어내는 존재임을 보여주는 것으로서 앞 단락과 동일하다. 죄는 우리가 선한 일들을 행하는 것을 가로막고, 아울러 우리에게 악한 일들을 가져다 준다. 그러나 앞 단락에서는 선지자가 백성들이 죄를 깨닫고 스스로를 낮추게 하며 하나님께서 말씀하실 때에 의로우시며 판단하실 때에 분명하시다는 것을 보여주기 위하여 하나님의 이름으로 백성들에게 말한 것인 반면에, 이 단락에서는 하나님의 백성이 앞 단락에서 선지자가 그들에게 한 말을 인정하고서 하나님께서 그들에게 행하시는 일들이 다 옳고 공평하다는 것을 겸손하게 시인하고 순복하는 말을 하는 것으로 보인다. 그들의 할례받지 못한 마음은 여기에서 어느 정도 겸손해져서, 그들이 하나님을 대적하여 행하였기 때문에 하나님께서 그들을 대적하여 행하신 것은 정당한 일이었다는 것을 고백하기에 이르게 된다(적어도, 그런 고백을 그들에게서 억지로라도 받아낸다).

I. 그들은 하나님이 그들과 다투셨고 그들을 대적하여 행하셨다는 것을 인정한다. 그들의 처지는 극히 통탄스러운 것이었다(9-11절).

1. 그들은 원수들에 의해서 짓밟히고 억압받으며 부당한 취급을 받고 가혹한 통치를 받는 곤경에 처해 있었다. 그런데도 하나님은 그들을 위해 나타나셔서 그들의 의롭고 상처받은 처지를 변호해 주지 않으셨다. "정의가 우리에게서 멀고 공의가 우리에게 미치지 못한다(9절). 하지만, 우리는 우리를 박해하는 자들과 관련해서 우리가 옳다는 것을 확신한다. 그들은 해악을 가하고 있지만, 우리는 구제를 받지 못하고 있고 정당한 권리를 되찾지 못하고 있다. 우리는 서로에게 공의를 행해 오지 않았다. 그러므로 하나님께서는 원수들이 우리를 이렇게 부당하게 대우하도록 허용하고 계시기 때문에, 우리의 권리를 되찾고 우리의 재산을 다시 회복하는 일은 여전히 요원하다. 압제가 우리 가까이에 있

고, 공의는 우리에게서 멀다. 우리의 원수들은 우리의 처지를 전혀 제대로 배려해 주지 않고, 도리어 압제와 폭력으로 우리를 다그치는데도, 우리를 그들의 손아귀로부터 건져줄 공의는 우리에게 미치지 못한다."

2. 이러한 상황 속에서 그들의 기대는 무참히 무너졌고, 이로 인해 그들의 처지는 더욱 비참해졌다. "우리가 아침을 기다리는 자들처럼 빛을 바라나 어둠뿐이다. 우리는 우리를 구원해 줄 낮이 동터 오는 것을 조금도 감지할 수가 없다. 우리가 정의를 바라나 없도다(11절). 우리를 구하기 위해서 하나님도, 사람도 나타나지 않는다. 하나님께서 구원을 약속하셨기 때문에, 우리는 구원을 바라고, 구원해 달라고 금식하며 기도하였다. 우리는 밝은 것을 바라나, 그 밝음은 우리가 감지할 수 있는 한에 있어서는 우리에게서 너무나 멀고, 여전히 우리는 캄캄한 가운데에 행한다. 우리의 기대가 높았기 때문에, 실망도 더욱 심하다."

3. 그들은 당황하여 스스로 어떻게 할 줄을 몰라서 우왕좌왕하였다(10절). "우리가 맹인 같이 담을 더듬는다. 우리는 이 곤경에서 벗어날 길을 찾지 못하였고, 어떻게 해야 그 길이 보일지 전혀 짐작할 수조차 없으며, 그 길을 찾기 위해서 무엇을 해야 하는지도 알지 못한다." 우리가 하나님의 진리의 빛에 대하여 눈을 감아 버릴 때, 하나님께서 우리의 평안에 속하는 일들을 우리의 눈에서 감추시는 것은 당연한 일이다. 우리가 우리의 눈을 원래의 용도대로 사용하지 않을 때, 하나님께서 우리를 마치 우리에게 눈이 없는 것처럼 대하시는 것은 당연한 일이다. 자신의 본분과 도리를 보고자 하지 않는 자들은 그들에게 유익이 되는 것들도 보지 못하게 될 것이다. 하나님에 의해서 볼 수 없는 심판을 받고 있는 자들은 이상하게 얼이 빠져 있는 상태가 된다. 그들은 밤에는 물론이고 대낮에도 걸려 넘어진다. 주변의 모든 사람들에게는 모든 것이 다 잘 보이는 데도, 그들은 그들에게 위험이 되는 것들이나 이익이 되는 것들을 보지 못한다. 하나님은 어떤 자들을 멸하고자 하실 때에 먼저 그들을 얼이 빠지게 만드신다. 빛보다 어둠을 사랑하는 자들은 그 결과로 파멸을 당하게 될 것이다.

4. 그들은 절망에 빠졌고 근심에 짓눌렸는데, 이러한 모습은 모든 사람의 기색 속에 뚜렷이 드러났다. 그들은 이로 인해서 점차 우울해져서 사람들과 만나는 것을 기피하고 혼자 있기를 좋아하게 되었다. 우리는 죽은 자 같이 황량한 곳에 있다. 바벨론에서 포로 생활을 하던 유대인들의 상태는 죽어서 마른 뼈들(겔

37:12)로 묘사되고, 거기에 나오는 이 비유에 대한 설명(겔 37:11)은 여기에 나오는 본문을 설명해 준다. 우리의 소망이 없어졌으니 우리는 다 멸절되었다. 이러한 절망 속에서 어떤 사람들은 그들의 슬픔과 고뇌를 울부짖음으로 표현하였다. 우리가 곰 같이 부르짖는다. 또, 어떤 사람들의 슬픔은 좀 더 내면적인 것이 되어서 그들의 심령을 좀먹어 들어갔다. "우리가 비둘기 같이, 골짜기의 비둘기 같이 슬피 운다. 우리는 각기 자기 죄악 때문에(겔 7:16)와 우리가 당한 재난들 때문에 애통해하며 운다." 이렇게, 그들은 여호와의 손이 나와서 그들을 치셨다는 것을 인정하였다.

Ⅱ. 그들은 그들이 하나님을 진노하게 하였기 때문에 하나님께서 이렇게 그들과 다투고 계시다는 것, 그들이 악하게 행하였기 때문에 하나님께서 그렇게 다투시는 것은 옳은 일이라는 것을 인정한다(12-15절).

1. 그들은 그들이 범죄하였었다는 것, 에스라가 말하듯이(스 10:10) 그들이 이 날까지 큰 죄악 속에 있다는 것을 인정하였다. "우리의 허물이 우리와 함께 있다. 우리의 허물로 인하여 우리가 그토록 많은 재난을 당했음에도 불구하고, 그 허물로 인한 죄책이 여전히 우리에게 있고, 그 허물의 힘이 우리를 지배하고 있으며, 우리의 삶은 아직 바뀌지 않았고, 우리는 우리의 죄들에서 떠나지 않고 있다. 아니, 우리의 허물이 더욱 커져서 심히 많다. 우리의 허물은 이전보다 그 수가 더 많고 더 악독하다. 어디를 보아도, 우리의 허물이 보이지 않는 곳이 없다. 모든 곳, 모든 계층과 부류의 사람들이 다 허물에 감염되어 있다. 다윗이 내 죄가 항상 내 앞에 있다고 말했듯이, 우리에게는 죄책감이 있다. 죄를 부인하거나 은폐하기에는 그 죄가 너무도 명백하고, 죄를 변명하거나 둘러대기에는 그 죄가 너무도 악하다. 하나님은 그 죄와 허물에 대한 증인이시다. 우리의 허물은 주의 앞에, 주의 눈 앞에 심히 많다. 우리도 우리 자신을 쳐서 증언하는 증인들이다. 우리는 어리석게도 우리의 허물을 은폐하고자 애썼지만, 우리의 죄악을 우리가 안다. 아니, 우리의 죄악 자체가 증인들이다. 우리의 죄악은 우리를 똑바로 쳐다보고, 우리를 쳐서 증언한다. 우리의 죄악은 너무도 많고 아주 깊다."

2. 그들은 그들의 죄가 심히 악독하다는 것을 인정하였다. 그들의 죄는 여호와를 배반하고 속인 것이다(13절). 하나님의 백성이라고 스스로 고백한 자들이 저지른 죄가 다른 사람들의 죄보다 더 악한 이유는 그들은 범죄함으로써 여호

와를 속이고, 사람들 앞에서 마치 여호와께서 그들을 엄하고 부당하게 대하신 것처럼 여호와를 진실과는 다르게 나타내고 비난한 것이 되기 때문이다. 또는, 그들이 불성실하게 여호와의 언약을 깨고, 여호와에 대한 그들의 지극히 거룩하고 엄숙한 약속들이 거짓이었음을 드러낸 것이 바로 여호와를 속인 것이다. 그것은 우리가 마땅히 우리의 하나님으로 모시고서 마음을 다해서 꼭 붙어 있어야 할 우리 하나님을 따르는 데에서 돌이켜 떠난 것이다. 반역한 신하가 그의 합법적인 왕에 대한 충성에서 떠나고, 간음한 여인이 그녀가 젊었을 때부터 그녀를 인도해 주었던 인도자와 그녀의 하나님의 언약에서 떠난 것처럼, 우리는 여호와에게서 떠났다.

3. 그들은 도덕적인 정직성이 전반적으로 무너졌다는 것을 인정하였다. 하나님에 대하여 거짓된 자들이 서로에 대하여 신실하지 못하였다는 것은 이상한 일이 아니다. 우리는 진리의 거룩한 끈으로 언제나 서로 묶여져 있어야 하는데도, 그들은 하나님으로부터의 반역이자 진리로부터의 반역인 포학을 말하며 드러내 놓고 포학을 말하고 다녔다. 그들은 거짓말을 마음에 잉태하여 낳았다. 악한 일들이 마음속에서는 잉태되었다가도 지혜롭게 거기에서 억눌려져서 실제로는 밖으로 나오지 않는 경우가 많다. 그러나 이 죄인들은 너무도 뻔뻔스럽고 대담해서 악한 생각을 마음에 품으면 억누르려 하지 않고 거침없이 그 악한 생각을 입 밖으로 내뱉는다. 악한 생각을 하는 것은 나쁜 일이지만, 그것을 입 밖으로 꺼내서 말하는 것은 더욱 나쁜 일이다. 사람들은 거짓된 말을 별 생각 없이 경솔하게 내뱉는 경우가 많다. 그러나 여기에서 그들은 거짓된 말을 마음속에 잉태한 후에 악의를 지니고서 의도적으로 내뱉었다. 그 말들은 거짓된 말들이었지만, 마음으로부터 나온 것이었다. 왜냐하면, 그 말들은 마음의 진정한 감정들과는 다른 거짓된 말들이었지만, 마음의 악의나 악성(惡性)과 일치하는 것으로서 마음의 자연스러운 표현이었기 때문이다. 그것은 두 마음이었다(시 12:2). 그들은 하나님의 은혜로 말미암아 이러한 엄청난 범죄들로부터 스스로를 지킨 자들이었지만, 전체적으로 이렇게 부패한 민족의 지체들로서 민족을 대신하여 죄를 고백하고 있는 것이다.

4. 그들은 이 땅을 새롭게 하고 잘못된 것을 고치기 위하여 그들이 마땅히 했어야 했던 일들을 하지 못하였다는 것을 인정하였다(14절). "정의가 마땅히 앞으로 나아가서 거기에 대적하는 자들을 무너뜨리고 강이나 거센 물살처럼

자신의 길을 달려가야 하는 데도 실제에 있어서는 뒤로 물리침이 되었다. 정의를 세워야 할 재판은 단지 지독한 불의를 은폐해 주고 엄호해 주는 것이 되어 버렸다. 공의가 사기와 폭력이 난무하는 것을 억제해야 하는 데도 실제에 있어서는 뒤로 물러나 버려서, 사기와 폭력이 아무런 제약도 받지 않고 횡행하고 있다. 공의가 법정에서조차도 멀리 서 있다. 우리의 법정은 포학과 압제를 후원하는 자들로 넘쳐나서 공평이 들어갈 수 없고 법정에서 받아들여지지 않으며 조금도 주목을 받지 못한다. 그들이 제정하는 불의한 법령들에도 공평은 들어갈 여지가 없다(사 10:1). 진실은 거리에 엎드러져 있다. 진실은 길거리에 엎드러져서 모든 교만한 자의 발에 짓밟히고 있지만, 진실을 돕기 위하여 손길을 내미는 자는 아무도 없다. 사람들 간의 일상적인 대화나 거래에서 진리는 없어졌기 때문에, 믿거나 의지할 자가 아무도 없다."

5. 그들은 사람들의 마음속에는 선한 것들에 대한 적대감이 가득 차 있다는 것을 인정하였다. 악을 행하는 자는 처벌받지 않지만, 악을 떠나는 자는 앞에서 말한 바 있는 야수들에게 탈취를 당하고 그 야수들의 먹잇감이 되어 버린다. 그들은 어떤 사람이 그들처럼 행하지 않는 것 자체를 범죄로 규정하여, 그를 그들의 악행에 동참하지 않는 원수로 취급한다. 악에서 떠나는 자는 미친 놈 취급을 받는다(난외주에서는 이렇게 읽는다). 혼자만이 올바르고 정상적으로 행동하는 것은 어리석은 짓으로 낙인찍히고, 그런 사람은 거센 물살을 거슬러 헤엄치는 미친 사람으로 취급된다.

6. 그들은 이 모든 일이 하늘의 하나님을 극히 진노하게 할 수밖에 없었다는 것을 인정하였다. 하나님이 보시기에 악이 행해졌다. 그들은 하나님께서 그것을 보고 계신다는 것을 인정하고 싶지는 않았지만, 그래도 그런 사실을 너무도 잘 알고 있었다. 그들은 그런 악을 은밀하게 행하였고 그럴 듯한 겉모양으로 치장하였지만, 그 악은 모든 것을 보시는 하나님의 눈을 피할 수는 없었다. 세상에 있는 온갖 악은 하나님의 눈 앞에서 벌거벗은 듯이 다 드러난다. 하나님은 예리한 눈을 가지고 계셔서 그 앞에서 그 어떤 죄악도 숨길 수 없는 것과 마찬가지로, 하나님은 순전한 눈을 가지고 계셔서 죄악을 보셨을 때에 그 죄악을 조금도 인정하거나 허용하지 않으신다. 하나님께서 그를 믿는다고 고백한 백성 가운데서 악을 보셨을 때에 그것을 기뻐하지 않으셨다. 그것은 하나님께서 보시기에 악한 것이었다. 하나님께서는 이 모든 죄의 죄성(罪性)을 보셨는데,

하나님을 가장 진노케 한 것은 정의가 없는 것, 삶을 고치는 것이 없는 것이었다. 하나님은 죄를 기뻐하지 않으시지만, 만약 회개의 어떤 증표들을 보셨다면, 악한 길에서 떠나 돌아오고 있는 죄인들과 이내 화해를 하셨을 것이다. 한 나라의 죄가 공적인 공의에 의해서 통제되지 않을 때에 그 죄는 민족적인 죄가 되어서 나라 전체의 심판을 불러온다.

[16]사람이 없음을 보시며 중재자가 없음을 이상히 여기셨으므로 자기 팔로 스스로 구원을 베푸시며 자기의 공의를 스스로 의지하사 [17]공의를 갑옷으로 삼으시며 구원을 자기의 머리에 써서 투구로 삼으시며 보복을 속옷으로 삼으시며 열심을 입어 겉옷으로 삼으시고 [18]그들의 행위대로 갚으시되 그 원수에게 분노하시며 그 원수에게 보응하시며 섬들에게 보복하실 것이라 [19]서쪽에서 여호와의 이름을 두려워하겠고 해 돋는 쪽에서 그의 영광을 두려워할 것은 여호와께서 그 기운에 몰려 급히 흐르는 강물 같이 오실 것임이로다 [20]여호와의 말씀이니라 구속자가 시온에 임하며 야곱의 자손 가운데에서 죄과를 떠나는 자에게 임하리라 [21]여호와께서 이르시되 내가 그들과 세운 나의 언약이 이러하니 곧 네 위에 있는 나의 영과 네 입에 둔 나의 말이 이제부터 영원하도록 네 입에서와 네 후손의 입에서와 네 후손의 후손의 입에서 떠나지 아니하리라 하시니라 여호와의 말씀이니라

우리는 이 장의 앞 부분에서 죄가 얼마나 가득 찼었는지를 읽고서 깜짝 놀랐지만, 이 단락에서는 은혜가 죄보다 훨씬 더 풍성하다는 것을 알게 된다. 죄가 하나님의 계명을 통해서 극히 죄악된 모습으로 드러나게 되는 것과 마찬가지로, 은혜는 하나님의 계명을 범하는 것을 통해서 극히 은혜로운 모습으로 나타나게 된다. 좀 더 살펴보자.

I. 왜 하나님은 자기 백성이 그를 진노하게 하였는 데도 불구하고 그들에게 구원을 베푸셨는가. 그것은 순전히 하나님 자신의 이름을 위해서였다. 그들에게는 스스로를 구원하거나 하나님으로 하여금 그들을 구원하도록 만들 힘도 없었고, 구원을 받을 만한 공로도 없었으며, 구원을 얻어낼 수 있는 권능도 없었기 때문에, 하나님은 자신의 영광을 위하여 직접 그들에게 구원을 베풀고자 하셨고, 자신의 권능으로 말미암아 높임을 받으시고자 하셨다.

1. 하나님은 그들의 연약함과 악함을 아셨다. 하나님은 그들 가운데서 다

무너져 가는 신앙이나 덕(德)을 일으켜 세우기 위하여 뭔가를 하고자 하고, 스스로 떨쳐 일어나 삶을 고치고자 하고 공의를 행하고자 하는(렘 5:1) 사람이 없음을 보셨다. 사람들은 때가 악하다고 불평할 줄만 알았지 그것에 맞서서 행동하고자 하는 열심과 용기를 지니고 있지는 못하였다. 나라 전체가 도덕적으로 타락해 있었지만, 그 흐름을 근본적으로 제거하고자 하는 조치는 전혀 취해지지 않았다. 대부분의 사람들이 악하였고, 악하지 않은 자들은 약해서 악인들의 악행에 맞서서 뭔가를 시도하고자 하는 마음을 먹지 않았다. 중재자가 없었다. 하나님과 사람 사이에 서서 기도로써 중재하여 하나님의 진노를 돌려놓으려는 자도 없었고(그런 사람이 있었다면 하나님은 그를 기뻐하셨겠지만, 그런 사람이 아무도 없다는 것을 이상히 여기셨다), 철저히 짓밟히고 유린당한 공의와 진실을 일으켜 세우기 위하여 나서거나(14절) 흠 없는 행실을 보였다는 이유만으로 희생당하는 자들을 변호해 줄 사람도 없었다(15절). 그들은 하나님이 그들을 위해 나타나 주시지 않는다고 하소연하였다(사 58:3). 그러나 하나님은 그들 가운데서 삶을 고치고자 하는 기미가 보이기만 하면 즉시 개입하여서 그들을 구원할 만반의 준비를 해두고 계셨지만 그들이 그들 자신을 위하여 아무 것도 하지 않았다고 훨씬 더 근거 있는 하소연을 하신다.

2. 하나님은 자신의 능력과 의(義)를 그들을 위하여 사용하셨다. 그들은 이 모든 것에도 불구하고 구원을 받게 될 것이다.

(1) 그들에게는 그들 자신을 구원해 낼 힘도 없고 그들의 죄악이나 재난의 무거운 부담을 덜어내기 위하여 선한 열심으로 힘써 줄 적극적인 사람들도 없기 때문에, 여호와께서는 자기 팔로 스스로 자기 백성에게 구원을 베푸실 것이다. 하나님은 자기 백성을 위한 구원자로 그리스도를 일으키실 것인데, 그리스도는 하나님의 능력이자 여호와의 팔이시고, 하나님께서 자기를 위하여 강하게 하신 그의 오른팔이시다. 삶을 고치는 역사(이것은 구원의 첫 번째이자 가장 중요한 목적이다)는 하나님의 은혜가 사람들의 양심에 직접적으로 감화를 끼침으로써 이루어질 것이다. 위정자들이나 사회 자체가 삶을 고치는 데에 그들의 몫을 다하는 데에 실패해서 공의를 행하고자 하는 자도 없고 공의를 요구하는 자도 없을 것이기 때문에, 하나님께서는 때가 되면 이렇게 자기 백성으로 하여금 긍휼을 받을 수 있도록 준비시키시고서 그들의 상태와는 상관없이 하나님이 직접 그 일을 하실 수 있다는 것을 그들에게 알게 하실 것이고, 그 때에

구원의 역사(役事)는 하나님의 섭리가 사람들의 감정과 일들에 직접 작용함으로써 이루어지게 될 것이다. 하나님께서 고레스의 마음을 움직이셔서 자기 백성을 바벨론에서 나오게 하셨을 때에 그 일을 힘으로나 능력으로가 아니라 만군의 여호와의 영으로 하셨고, 결코 짧아지지 않는 하나님 자신의 팔이 구원을 이루어내셨다.

(2) 그들에게는 하나님께서 보시기에 그들을 위해 이러한 은총을 베풀 만하다고 인정하실 만한 공로가 될 수 있는 의(義)를 가지고 있지 않았기 때문에, 하나님 자신의 의가 그들을 지탱해 주고 붙들어 주었다. 그들은 죄악을 저질러서 하나님의 공의에 대적하였지만, 하나님의 공의는 은혜로 인하여 그들에게 유리한 쪽으로 작용할 것이다. 그들은 그들 자신의 의로는 하나님에게서 그 어떤 은총도 기대할 수 없지만, 하나님은 자기 자신에게 의로우실 것이고, 자신의 목적과 약속에 의로우실 것이며, 자기 백성과의 언약에 의로우실 것이다. 하나님은 의(義) 가운데서 자기 백성의 원수들을 벌하실 것이다(신 9:5). 네가 가서 그 땅을 차지함은 네 의로 말미암음도 아니며 네 마음이 정직함으로 말미암음도 아니요 이 민족들이 악함으로 말미암아 네 하나님 여호와께서 그들을 네 앞에서 쫓아내심이라. 우리에게는 내놓을 만한 우리 자신의 의가 없기 때문에, 하나님께서는 그리스도를 통해서 우리를 구속하시고서 자기 아들의 공로와 중보로 말미암은 의(이것은 믿음으로 하나님께로부터 난 의라 불린다, 빌 3:9)에 의거해서 우리에게 계속해서 은총을 베푸신다. 우리가 계속해서 하나님을 진노케 하였음에도 불구하고, 우리를 붙들어 주고 우리에게 하나님의 모든 은총을 확보해 준 것은 바로 이 의(義)였다. 그리스도는 의를 흉패(개역에서는 갑옷)로 삼으신다. 흉패가 목숨과 직결되는 장기(臟器)들을 보호해 주듯이, 그리스도는 모든 일들을 공의와 공평에 의거해서 처리하심으로써, 즉 의를 행하심으로써 자신의 존귀를 지켜 내신다. 그런 후에, 그리스도는 구원을 자기의 머리에 써서 투구로 삼으신다. 그리스도께서 구원을 가져다 주시는 것은 너무도 확실한 일이기 때문에 구원 자체를 그의 투구로 삼고자 하신다. 그의 투구는 결코 뚫릴 수 없는 것임에 틀림없다. 구원의 투구를 쓰신 그리스도는 원수들의 눈에는 극히 빛나고 가공할 만한 모습으로 보이고, 친구들의 눈에는 사랑스러운 모습으로 보인다. 의는 그의 흉패이고, 구원은 그의 투구이다. 이 본문을 간접적으로 인용한 신약의 말씀 속에서 우리는 그리스도인의 완전군장 중에서 의의 흉패와 구원의 소

망이라는 투구를 발견하는데(엡 6:14-17; 살전 5:8), 그 완전군장은 하나님께서 먼저 그것을 입으셨고 그런 후에 우리에게 입히셨기 때문에 하나님의 전신 갑주라 불린다.

(3) 그들에게는 그들 자신을 위하여 무언가를 해보고자 하는 마음이나 열심이 없기 때문에, 하나님은 보복을 속옷으로 삼으시며 열심을 입어 겉옷으로 삼으실 것이다. 하나님은 그의 교회와 백성의 원수들에 대한 그의 공의, 사람들 가운데서 그 자신의 영광을 나타내고 신앙과 미덕의 존귀함을 나타내기 위한 그의 열심을 세상 사람들의 눈에 분명하고 뚜렷하게 보여주실 것이다. 사람이 자신의 화려한 의상이나 자신의 직위를 보여주는 특별한 제복을 통해서 자기가 누구인지를 보여주듯이, 하나님은 이러한 것들을 통해서 자기가 크시다는 것을 보여주실 것이다. 사람들이 죄를 미워하는 일에 열심을 내지 않는다면, 하나님은 죄로 인해서 손상된 자신의 존귀와 자기 백성이 입은 모든 해악에 대하여 보복하실 것이다. 죄에 대한 보복을 직접 담당하심으로써 죄를 멀리 치워 버리신 일이 바로 그리스도께서 세상에서 하신 일이었다.

Ⅱ. 하나님 자신의 의와 능력을 통해서 이루어질 구원은 무엇인가.

1. 현세에서 바벨론이나 다른 곳에서 포로 생활을 하거나 곤경에 처해 있는 유대인들을 위하여 베풀어질 잠정적인 구원이 있을 것이다. 이것은 더 완전한 구원의 모형으로서 약속된다(18-19절). 구원을 위한 그들의 모든 시도가 실패한다고 할지라도, 하나님의 때가 오면, 하나님께서 직접 그 일을 이루실 것이다. 여기에서는 다음과 같은 것들이 약속된다.

(1) 하나님께서 그의 원수들에게 책임을 물으셔서, 자기 백성을 압제하였던 외부의 원수들과 자기 백성 가운데서 공의와 진리를 압제했던 내부의 원수들 ― 이들도 하나님의 원수들이기 때문에 ― 을 그들이 행한 대로 갚아주시리라는 것. 보복하는 날, 원수 갚는 날이 왔을 때, 하나님은 이 두 부류의 원수들을 그들에게 합당한 벌을 내리시되, 응보의 법칙을 따라(계 13:10) 또는 그들이 이전에 했던 그대로 되갚아주실 것이다. 하나님은 그의 원수들에게 이전에 해 오셨던 것처럼 이제 그 원수에게 분노하시며 그 원수에게 보응하셔서 되갚아주실 것이다. 사람들의 분노는 도에 지나치는 것이 보통이지만, 하나님의 분노는 공의의 법칙을 넘어서지 않을 것이다. 아무리 먼 곳에 있는 섬들일지라도 그 섬들이 하나님을 대적하였다면 하나님은 그 섬들에게 보복하실 것이다. 왜냐하면,

그의 손이 그의 모든 원수들을 찾아낼 것이고(시 21:8), 그의 화살들이 그들에게 이를 것이기 때문이다. 하나님의 백성은 악하게 행하였기 때문에 구원받을 자격이 없기는 하지만, 그의 원수들은 훨씬 더 악하게 행하였기 때문에 멸망 받아 마땅하다.

(2) 원수들이 나중에 하나님의 백성의 평안을 훼방하기 위하여 어떤 시도를 하든지 그 시도들은 다 좌절되고 수포로 돌아가게 되리라는 것. 원수가 홍수처럼, 그 앞에 있는 모든 것을 여지없이 다 휩쓸어 버리는 기세를 지닌 홍수나 격류처럼 올 때에 여호와의 영이 아무도 감지할 수 없는 은밀한 힘을 통해서 깃발을 드서서 원수를 치서서 도망치게 하실 것이다(난외주에서는 이렇게 읽는다). 이전에 구원을 베풀어 오셨던 하나님은 앞으로도 계속해서 구원을 베푸실 것이다. 하나님의 백성이 약하여 아무것도 할 수 없어서 침략해 오는 적군에 맞서서 군기(軍旗)를 들 수 없을 때, 하나님은 주를 경외하는 자들에게 깃발을 주실 것이고(시 60:4), 그의 영을 통해서 깃발을 드실 것인데, 그러면 무수한 무리들이 그 깃발을 보고서 교회를 구하기 위하여 몰려오게 될 것이다. 어떤 이들은 이 본문을 그(앞서 약속된 메시야를 가리키는 여호와의 이름과 그의 영광)가 급히 흐르는 강물 같이 오실 것이고, 여호와의 영이 그를 들어서 깃발로 삼으실 것이다로 읽는다. 그리스도는 복음을 전하심으로써 온 땅을 마치 물이 덮음 같이 하나님을 아는 지식으로 덮으실 것이고, 여호와의 영은 그리스도를 만민의 기치로 세울 것이다(사 11:10).

(3) 이 모든 것으로 인하여 세상 속에서 하나님께서 영광을 받으시고 신앙이 진보하게 되리라는 것(19절). 동쪽이나 서쪽에 있는 모든 나라들에서 사람들이 여호와의 이름을 두려워하겠고 그의 영광을 두려워할 것이다. 유대인들이 포로 생활에서 구원을 받고 그들을 압제하였던 자들이 멸망하는 일이 벌어지면, 모든 나라의 사람들이 정신이 번쩍 들어서 도대체 이스라엘의 하나님이 누구신지를 묻게 될 것이고, 여호와의 영이 세울 깃발 아래로 모여와서 여호와를 섬기며 예배하게 될 것이다. 하나님께서 그의 교회를 위하여 나타나실 때마다 그것은 많은 사람들이 교회로 나아오는 계기가 될 것이다. 이 말씀은 복음 시대에 수많은 사람들이 동서로부터 와서 그 나라에서 쫓겨난 본 자손들의 자리를 차지하여 동쪽과 서쪽에 많은 교회들이 세워질 때에 온전히 성취되었다(마 8:11-12).

2. 때가 차서 메시야가 오셔서 이루실 더 영광스러운 구원이 있을 것이다. 모든 선지자들은 기회가 있을 때마다 이 구원에 대하여 예언하였었다. 여기에는 그 구원과 관련된 두 가지 큰 약속이 나온다.

(1) 하나님의 아들이 우리에게 오셔서 우리의 구속지가 되시리라는 것(20절). 구속자가 임하시리라. 이 말씀은 그리스도에게 적용된다(롬 9:26). 구원자가 오실 것이라. 그리스도께서 구속자로 오시리라는 것은 구약과 신약에 나오는 모든 약속들에 대한 요약이고, 이것은 믿는 유대인들이 기다렸던 예루살렘의 속량이었다(눅 2:38). 그리스도는 우리의 '고엘,' 우리의 가장 가까운 친족, 가난한 채무자인 우리 자신과 우리의 재산을 속량해줄 자이시다. 좀 더 살펴보자.

[1] 이 구속자가 나타나실 곳. 그는 시온에 임할 것이다. 왜냐하면, 저 거룩한 산 거기에 여호와께서 그를 자신의 왕으로 세우실 것이기 때문이다(시 2:6). 하나님은 보배로운 모퉁잇돌을 시온에 두실 것이라고 약속하셨었다(벧전 2:6). 그는 거기에 있는 자신의 성전에 임하셨다(말 3:1). 거기에서 구원이 베풀어질 것이었다(사 46:13). 왜냐하면, 율법이 거기로부터 나오게 되어 있었기 때문이다(사 2:3). 시온은 복음 교회의 모형이었다. 이 구속자가 나타나셔서 행하시는 것은 모두 이 복음 교회를 위한 것이다. 구속자가 시온을 위하여 오실 것이다(칠십인역은 이렇게 읽는다).

[2] 구속자가 오심으로써 그들의 구속이 가까웠음을 알고서 위로를 받고 그들의 머리를 들게 될 자들. 구속자는 야곱의 자손 가운데에서 죄과를 떠나는 자들, 야곱 안에 있는 자들, 야곱의 기도하는 자손들에게 그들의 기도에 대한 응답으로서 오실 것이다. 그렇지만, 구속자는 야곱 안에 있는 모든 자들, 눈에 보이는 교회의 울타리 안에 있는 모든 자들에게 오시는 것이 아니라, 죄과에서 떠나서 회개하고 삶을 고치며 죄들 — 그리스도께서는 그들을 바로 그 죄들에서 구속하기 위하여 오셨다 — 을 버리는 자들에게만 오실 것이다. 시온의 죄인들은 계속해서 죄 가운데 머물러 있다면 구속자께서 시온에 오신다고 해도 그 형편이 결코 더 나아지지 않을 것이다.

(2) 하나님의 영이 우리에게 오셔서 우리를 거룩하게 하시리라는 것(21절). 구속자를 통해서 하나님은 우리와 새로운 언약, 약속들이 있는 언약을 맺으셨다. 그 언약에 담겨 있는 크고 포괄적인 약속은 하나님이 모든 세대에 걸쳐서

그의 말씀과 성령을 그의 교회와 백성에게 계속해서 주시리라는 것이다. 하나님이 구하는 자들에게 성령을 주신다는 것은 그들에게 모든 좋은 것을 다 주신다는 것을 의미한다(눅 11:13; 마 7:11). 본문에서는 하나님이 이 언약을 그들, 즉 죄과에서 떠난 자들과 세웠다고 말한다. 왜냐하면, 악을 행하기를 그친 자들은 선을 행하도록 가르침을 받을 것이기 때문이다. 그러나 이 약속은 단 한 사람에게 주어진다. 네 위에 있는 나의 영. 이 한 사람은 다음 둘 중의 하나를 가리킨다.

[1] 교회의 머리이신 그리스도. 그리스도는 교회에 주기 위하여 먼저 성령을 받으셨다. 교회에 약속된 성령은 먼저 그리스도에게 임하였고, 그 보배로운 기름은 그의 머리에서 그의 옷깃까지 내려왔다. 복음의 말씀은 먼저 그리스도의 입에 넣어졌다. 왜냐하면, 이 복음은 주께서 말씀하기 시작하셨기 때문이다. 모든 믿는 자들은 그리스도의 씨이고, 그리스도는 이 씨를 통해서 계속해서 살아 계신다(사 53:10).

[2] 교회. 이렇게 해석하면, 이 말씀은 세상에서 교회가 세상 끝날까지 계속 이어질 것이라는 약속이 되고, 그리스도의 보좌와 씨가 영구하리라는 그러한 약속들(시 89:29, 36; 22:3)과 동일한 맥락 속에 있게 된다. 좀 더 살펴보자.

첫째, 교회는 인간 세상과 마찬가지로 후손과 후손의 후손으로 이어지면서 지속될 것이다. 한 세대가 가면, 또 한 세대가 올 것이다. 아들들은 조상들을 계승할 것이라.

둘째, 교회는 이제부터 영원하도록 항상 세상 끝날까지 있을 것이다. 왜냐하면, 세상은 교회를 위하여 존재하는 것이어서, 우리는 세상이 존재하는 한 그리스도께서 세상 속에 교회를 두시리라는 것 ― 언제나 눈에 보이는 모습으로는 아닐지라도 ― 을 확신할 수 있기 때문이다.

셋째, 교회는 그 안에 말씀과 성령이 항상 거함으로써 계속해서 존재하게 될 것이다. (i) 그리스도 위에 임하여 있던 성령은 신실한 자들의 마음속에서 항상 그대로 이어질 것이다. 어느 세대이든 성령이 내주하여 역사하시는 자들이 있을 것이다. 이렇게 해서, 보혜사 성령은 영원히 교회에 거하실 것이다(요 14:16). (ii) 그리스도의 말씀은 신실한 자들의 입 속에서 항상 그대로 이어질 것이다. 어느 세대이든 마음으로 믿어 의에 이르고 입으로 시인하여 구원에 이르는 자들이 있을 것이다. 그리스도의 말씀은 교회의 입에서 결코 떠나지 않을 것이다. 왜냐하면, 그리스도의 거룩한 언어를 말하고 그리스도의 거룩한 신앙을 고백하는 씨가 항상 있을 것이기 때문이다. 성령과 말씀은 한데 결합되어 있고, 이 둘을 통해서 교회가 보존된다는 것을 명심하라. 왜냐하면, 성령이 말씀과 더불어서 역사해서 우리에게 깨달음을 주지 않는다면, 우리의 사역자들의 입에 두어진 말씀, 아니 우리 자신의 입 속에 두어진 말씀은 우리에게 아무런 유익도 가져다 주지 못할 것이기 때문이다. 성령은 말씀을 통해서 및 말씀과 협력하여 그의 일을 한다. 성령의 지시라고 하는 것들은 어느 것이나 성경을 통해서 검증되지 않으면 안 된다. 교회는 이러한 토대들 위에 세워져 있고, 견고히 서 있으며, 앞으로도 영원히 서 있게 될 것인데, 그리스도 자신이 교회의 모퉁잇돌이시다.

제
— 60 —
장

개요

이 장 전체는 모두 동일한 취지와 동일한 말투로 되어 있다. 이 장은 앞 장의 마지막 절에 언급된 하나님과 그의 교회의 언약의 일부이고, 여기에서 약속된 축복들은 거기에서 약속된 말씀과 성령의 열매들이다. 거기에서는 교회가 세상 끝날까지 오랫동안 이어지리라는 것이 약속되었다면, 여기에서는 교회가 땅 끝까지 확장되리라는 약속이 주어진다. 이 두 가지는 모두 구속주의 영광을 위한 것이다. 여기에서는 다음과 같은 것들이 약속되어 있다. I. 교회가 빛을 발하여 빛나게 되리라는 것(1-2절). II. 교회가 확장될 것이고, 많은 무리들이 교회에 더해져서 함께 하나님을 섬기게 되리라는 것(3-8절). III. 새로운 회심자들이 교회에 크게 기여하여 큰 유익을 끼치게 되리라는 것(9-13절). IV. 교회가 사람들 가운데서 큰 영광과 명성을 얻게 되리라는 것(14-16절). V. 교회가 깊은 평안과 평화로움을 누리게 되리라는 것(17-18절). VI. 교회의 지체들은 모두 의로운 자들이 되고, 교회의 영광과 기쁨은 영원하리라는 것(19-22절). 이 장에 나오는 예언은 유대인들이 포로 생활에서 벗어나 고국으로 돌아온 후에 한동안 평화롭고 번영하는 시절을 누리게 될 것을 어느 정도 가리킨다고 할 수 있다. 그러나 이 예언은 한 걸음 더 나아가서 이방인들이 들어옴으로써 메시야의 나라가 확장된 것, 그리스도 예수께서 가져다 주신 하늘에 속한 신령한 복들, 즉 영원한 기쁨과 영광에 대한 온갖 맛보기들로 교회가 풍성해진 것을 통해서 온전히 성취되었다고 할 수 있다.

¹일어나라 빛을 발하라 이는 네 빛이 이르렀고 여호와의 영광이 네 위에 임하였음이니라 ²보라 어둠이 땅을 덮을 것이며 캄캄함이 만민을 가리려니와 오직 여호와께서 네 위에 임하실 것이며 그의 영광이 네 위에 나타나리니 ³나라들은 네 빛으로, 왕들은 비치는 네 광명으로 나아오리라 ⁴네 눈을 들어 사방을 보라 무리가 다 모여 네게로 오느니라 네 아들들은 먼 곳에서 오겠고 네 딸들은 안기어 올 것이라 ⁵그 때에 네가 보고 기쁜 빛을 내며 네 마음이 놀라고 또 화창하리니 이는 바다의 부가 네게로 돌아오며 이방 나라들의 재물이 네게로 옴이라 ⁶허다한 낙타, 미디안과 에

바의 어린 낙타가 네 가운데에 가득할 것이며 스바 사람들은 다 금과 유향을 가지고 와서 여호와의 찬송을 전파할 것이며 [7]게달의 양 무리는 다 네게로 모일 것이요 느바욧의 숫양은 네게 공급되고 내 제단에 올라 기꺼이 받음이 되리니 내가 내 영광의 집을 영화롭게 하리라 [8]저 구름 같이, 비둘기들이 그 보금자리로 날아가는 것 같이 날아오는 자들이 누구냐

이 단락에는 복음 성전이 지극히 밝게 빛나고 지극히 크리라는 약속이 나온다.

I. 그것은 지극히 밝게 빛날 것이다. 네 빛이 이르렀다. 포로 생활에서 돌아왔을 때에 유대인들에게는 영광과 즐거움과 기쁨과 존귀함이 있었다. 그 때에 그들은 여호와를 알고 주의 큰 선하심을 기뻐하였다. 두 가지 이유에서 그들의 빛이 이르렀다. 구속주께서 시온에 오실 때에 빛을 가지고 오셨고, 또한 그 자신이 빛으로 오셨다. 좀 더 살펴보자.

1. 이 빛은 무엇이고, 어디에서 나오는가. 여호와께서 네 위에 임하실 것이며 그의 영광이 네 위에 나타나리라(1-2절). 하나님은 빛들의 아버지이시자 원천이시다. 우리는 하나님의 빛 안에서 빛을 보게 된다. 우리가 우리 안에 하나님을 아는 지식과 우리를 향하신 하나님의 은총을 갖고 있다면, 우리의 빛이 이른 것이다. 하나님이 우리에게 나타나시고, 우리에게 하나님의 은총으로 인한 위로가 있다면, 여호와의 영광이 새벽빛처럼 우리에게 떠오른 것이다. 하나님이 우리를 위하여 나타나시고, 우리에게 하나님의 은총을 보여주는 증표가 있다면, 또한 하나님이 우리에게 어떤 선한 증표를 보여주시고 우리를 향하신 그의 은총을 선포하신다면, 이스라엘 위에 구름 기둥과 불 기둥으로 나타나셨던 하나님의 영광이 우리에게 나타나신 것이다. 그리스도께서 의(義)의 해로서 떠오르셨고, 그리스도 안에서 돋는 해가 위로부터 우리에게 임하였다면, 여호와의 영광, 아버지의 독생자의 영광이 우리 위에 나타나신 것이다.

2. 이 빛을 돋보이게 하기 위하여 무엇이 있을 것인가. 어둠이 땅을 덮으리라. 그 어둠은 애굽에 임하였던 어둠과 마찬가지로 모든 사람들을 뒤덮을 칠흑 같은 캄캄함이겠지만, 교회는 고센 땅에서처럼 그 가운데서 빛을 보게 될 것이다. 복음을 받지 않은 나라들의 처지가 지극히 암울해지고, 땅의 어두운 곳들은 가난한 자들을 괴롭히는 포악한 자의 처소가 가득하겠지만, 교회의 모습은 지극

히 즐거울 것이다.

3. 이 빛이 떠오르기 위해서 꼭 해야 할 일은 무엇인가. "일어나라, 빛을 발하라. 단지 이 빛을 받기만 해서는 안 된다. 빛으로 말미암아 밝아져서(난외주에서는 이렇게 읽는다) 이 빛을 반사하라. 일어나서, 그 빛으로부터 가져온 광선들을 발하라." 빛의 자녀들은 세상에서 빛들로서 빛을 발하여야 한다. 하나님의 영광이 우리에게 나타나서 우리를 존귀하게 하신다면, 우리는 우리의 입술로만이 아니라 우리의 삶 속에서 그 빛을 사람들 앞에 비추어서 하나님께 영광을 돌려야 한다(마 5:16; 빌 2:15).

II. 그것은 지극히 클 것이다. 유대인들이 포로 생활에서 돌아와 다시 고국 땅에 정착했을 때에 그 땅의 많은 백성들이 그들과 합류하였다. 그러나 이 예언이 온전히 이루어졌다고 할 정도로 무수한 백성들이 그들과 합류했던 것으로 보이지는 않는다. 그러므로 우리는 이 예언이 이방인들이 특정한 장소로 무리를 지어 모여드는 것 — 이것은 여기서 하나의 모형으로 서술되고 있는 것이다 — 이 아니라 복음 교회로 들어오게 될 것을 내다보고 있는 것이라고 결론을 내려야 한다. 이제는 교회를 하나로 묶는 중심지가 될 그런 곳은 존재하지 않는다. 여기에 나오는 약속은 사람들이 무리를 지어 그리스도에게로 모여들고, 복음에 의해서 하나가 된 그러한 모임 속으로 믿음과 소망과 거룩한 사랑으로 모여들게 되리라는 것에 관한 것이라 할 수 있다. 이 모임을 하나로 묶는 중심은 오직 그리스도이시고, 따라서 이 모임의 명칭은 그의 이름을 딴 것이다(엡 3:15). 복음 교회는 명시적으로 시온 산 또는 예루살렘이라 불리고, 모든 믿는 자들은 그 곳에 이르렀다고 말해진다(히 12:22). 너희가 이른 곳은 시온 산과 살아 계신 하나님의 도성인 하늘의 예루살렘이다. 이 말씀은 여기에 나오는 예언을 해석하는 열쇠 역할을 한다(엡 2:19). 좀 더 살펴보자.

1. 무엇이 그러한 무리들로 하여금 교회로 모여오게 하는가. "그들은 네 빛으로, 네 광명으로 나아오리라(3절). 그들은 다음과 같은 것들 때문에 네게 매혹되어 네게 나아오게 될 것이다."

(1) "네 위에서 빛나는 빛," 영광스러운 복음의 빛 때문에. 교회는 바로 이 빛을 발하고, 그렇기 때문에 금촛대들이라 불린다. 하나님과 그의 선하신 뜻을 인간에게 그대로 드러내 주고, 생명과 영원히 사는 것을 밝히 드러내 주는 이 빛은 인류 중에서 모든 진지한 자들로 하여금 그들에게 진리와 도리에 대하여

알려주는 이 빛의 유익을 얻기 위하여 교회로 나아오도록 만들 것이다.

(2) "네가 발하는 빛 때문에." 초대 교회 신자들의 순전함과 사랑, 천국을 지향하는 그들의 마음, 세상을 멸시하는 것, 인내로써 참고 견디는 것은 교회가 떠오르면서 발한 광명이었고, 이것이 많은 사람들을 교회로 모여들게 하였다. 거룩함이 지닌 아름다움은 사람들을 끄는 강력한 힘이었고, 그리스도께서는 주의 권능의 날에 바로 이 힘으로 자원하는 자들을 그에게로 이끄셨다(시 110:3).

2. 어떤 무리들이 교회로 나아오게 될 것인가. 큰 무리가 나아올 것이고, 구원받은 이방인들(또는, 만국)이 나아올 것이다(계 21:24). 모든 민족이 제자가 될 것이고(마 28:19), 왕들과 유명한 자들, 힘 있고 영향력 있는 자들이 교회에 더해질 것이다. 그들은 모든 곳에서 올 것이다(4절). 네 눈을 들어 사방을 보라 경건한 자들이 천하 각국으로부터 오리라(행 2:5). 너희 눈을 들어 밭을 보라 희어져 추수하게 되었도다(요 4:35). 그들이 마치 한 사람처럼 한 무리가 되어 한 마음으로 오는 것을 보라. 그들은 서로에게 힘을 북돋워주고 격려하기 위하여 다 모여 무리를 지어 올 것이다. 오라, 우리가 여호와의 산에 오르자(사 2:3). "그들은 아주 먼 곳들에서 올 것이다. 그들은 스바의 여왕처럼 너에 관한 소식을 듣거나 동방 박사들처럼 동쪽에서 네 별을 보고 먼 곳에서 올 것이다. 그들은 그 길이 아무리 멀어도 네게로 오는 것을 포기하지 않을 것이다. 남자든 여자든 모두 올 것이다. 아들들과 딸들은 너의 가족이 되어서 네 가족의 법에 순종하고 그 법 아래에서 교육을 받기로 결심한 너의 아들들과 딸들로서의 본분을 다하고자 하는 마음으로 네게 올 것이다. 그들은 네 옆에서 양육을 받기 위하여, 즉 요람에서부터 네게 교육을 받기 위하여 올 것이다." 교회의 자녀들은 교회 옆에서 양육을 받아야 하고, 낯선 자들 가운데서 양육을 받도록 다른 곳으로 보내져서는 안 된다. 말씀의 순전한 젖은 오직 교회에만 있기 때문에, 교회에 속한 갓난아기들은 교회에서 양육을 받아 자라게 하여야 한다(벧전 2:1-2). 그리스도의 가족으로서의 존귀와 특권들을 누리고자 하는 자들은 그 가족의 치리(治理)에 복종하여야 한다.

3. 그들은 무엇을 가지고 올 것이고, 그들이 교회에 나아옴으로써 어떤 유익이 교회에 생기게 될 것인가. 하나님의 은혜로 말미암아 교회로 들어오게 되는 자들은 그들이 지닌 모든 가치 있는 것들을 가지고 들어올 것이고, 그것들을

하나님께 영광을 돌리고 하나님을 섬기는 일에 바치며 그들이 있는 자리에서 그것들로 선한 일을 할 것이다.

(1) 상인들은 그들이 장사하여 번 이익을 거룩히 여호와께 돌릴 것이다(사 23:18). "바다의 부, 즉 바다로부터 난 부(생선이나 진주 등) 또는 바다를 통해서 수입된 부는 네게로 돌려져서 네가 사용하게 될 것이다." 부유한 상인들의 재물은 경건과 구제의 일에 사용될 것이다.

(2) 이방 나라들의 힘 있는 자들은 그들이 가진 힘을 교회를 섬기는 일에 사용할 것이다. "이방 나라들의 세력 또는 군대는 네게로 와서, 네 경계를 지키고 네 세력을 강화시키며, 필요할 때에는 너를 위해 싸울 것이다." 이방인들의 군대는 흔히 교회를 대적하였었지만, 이제는 오히려 교회를 위하여 싸우게 될 것이다. 왜냐하면, 하나님은 그의 기쁘신 뜻을 따라, 또는 우리가 그를 기쁘시게 할 때에 우리의 원수라도 우리와 더불어 화목하게 만드실 수 있으시고, 또한 만드실 것이기 때문이고(잠 16:7), 그리스도께서 강한 자를 굴복시키고서 그의 무장을 빼앗고 그의 재물을 나누실 때에 이전에는 그리스도를 대적하는 데에 사용되었던 것들을 이제는 그리스도의 세력을 확장하는 데에 사용되도록 하실 것이기 때문이다(눅 11:22).

(3) 바다를 통해서 수입된 부와 마찬가지로 육로를 통해서 수입된 부도 하나님과 교회를 섬기는 데에 사용될 것이다(6절). 금과 유향(금 제단을 만들기 위한 금과 그 위에서 피울 유향)을 가지고 오는 허다한 낙타, 미디안과 에바의 어린 낙타가 무역을 하기 위해서가 아니라 그 물건으로 하나님께 영광을 돌리기 위하여 그들 나라의 아주 값진 물건들을 가져올 것인데, 작은 양이 아니라 낙타로 실어올 정도로 많은 양을 가지고 올 것이다. 이 말씀은 동방 박사들(이들은 여기에 언급된 나라들에서 온 사람들일 가능성이 있다)이 밝은 별에 이끌려서 그리스도께로 와서 황금과 유향과 몰약을 예물로 드렸을 때에 부분적으로 성취되었다(마 2:11).

(4) 무수한 희생제물들이 하나님의 제단에 드려질 것이고, 그 제물들은 비록 이방인들에 의해서 드려지는 것들이지만 하나님께서 기쁘게 받으실 것이다(7절). 게달은 양 떼로 유명하였고, 가장 살진 숫양들은 느바욧에서 기른 양들이었던 것 같다. 이 양들이 하나님의 제단에 바쳐져서 열납될 것이다. 우리는 하나님이 우리를 축복해서 우리가 갖게 된 것 중에서 가장 좋은 것으로 하나님

을 섬기고 존귀하게 해드려야 한다. 이 말씀은 다리우스가 영(令)을 내려서 강 너머의 총독들(아마도 여기에 언급된 나라들에 속한)에게 예루살렘 성전에 하나님께 드릴 번제의 수송아지와 숫양과 어린 양을 공급하도록 지시하였을 때에 성취되었다(스 6:9). 또한, 이 말씀은 이방인들의 충만한 수가 교회로 들어왔을 때에 온전히 성취되었는데, 이방인들이 교회로 들어오게 된 것을 바울은 이방인을 하나님께 제물로 드리는 것이라고 부른다(롬 15:16). 양 무리와 숫양들은 보배로운 영혼들이다. 왜냐하면, 그들은 교회에 나아와 영적 **예배**를 통해서 하나님의 제단 위에서 하나님께 자신을 산 제물로 드리는 것으로 묘사되기 때문이다(롬 12:1).

4. 하나님은 교회가 부흥하고 많은 수가 교회에 더해짐으로써 어떻게 영광을 받으실 것인가.

(1) 그들은 교회 속에서 하나님의 이름을 존귀하게 하고자 할 것이다. 그들이 금과 유향을 가져오는 것은 그들의 나라가 부유하다는 것을 자랑하거나 그들이 경건하고 헌신적이라는 찬사를 받기 위해서가 아니라 여호와의 찬송을 전파하기 위한 것이다(6절). 우리가 교회에 아무리 큰 헌신과 예물을 드린다고 할지라도 하나님의 영광을 위하여 한 것이 아니라면, 그것은 열납되지 않는다. 공예배에 참여할 때에 우리가 해야 할 일은 여호와께 그 이름에 합당한 영광을 돌리는 것이다. 왜냐하면, 하나님이 우리를 어두운 데서 불러내어 그의 빛 속으로 들어가게 하신 것은 우리로 하여금 우리를 부르신 이의 아름다운 덕을 선포하게 하려 하신 것이기 때문이다(벧전 2:9).

(2) 하나님은 이를 통해서 자기 이름의 존귀함을 더하실 것이다. 하나님은 직접 그렇게 말씀하셨다(7절). 내가 내 영광의 집을 영화롭게 하리라. 교회는 하나님이 자신의 영광을 자기 백성에게 나타내시고 자기 백성이 그에게 충성을 맹세하여 영광을 돌리는 것을 받으시는 하나님의 영광의 집이다. 이방인들이 하나님의 집에 예물을 가져오고 하나님이 그들의 예물을 기쁘게 받으시는 것은 바로 이 집과 그 집을 지키시는 이의 영광을 위한 것이다.

5. 교회는 많은 사람들이 더해져서 부흥할 때에 어떤 반응을 보이게 될 것인가(5절).

(1) 교회는 이로 인하여 말할 수 없는 기쁨을 누리게 될 것이다. "그 때에 네가 보고 깜짝 놀라며 기쁨으로 흥분되고 몹시 기뻐하게 될 것이다."

(2) 이 기쁨 속에는 두려움도 섞여 있을 것이다. "그 때에 무할례자들과 어울리고 그들과 더불어 먹는 것이 과연 괜찮은 일인지 의구심이 들어서 네 마음이 놀라고 두려워하리라." 베드로는 이러한 두려움에 많이 사로잡혀 있었기 때문에, 하나님이 그에게 주신 환상을 보고 하늘로부터의 음성을 들은 후에야 그 두려움을 극복할 수 있었다(행 10:28).

(3) 그러나, "이 두려움이 극복될 때, 네 마음은 거룩한 사랑 안에서 넓어져서 모든 이방인 회심자들을 받아들일 수 있게 될 것이다. 너는 더 이상 이전과 같은 그런 좁은 심령을 갖지 않게 될 것이고, 유대인이라는 울타리 속에 갇혀 있던 그런 감정을 지니지 않게 될 것이다." 하나님은 그의 교회를 아름답게 하시고 형통하게 하고자 하실 때에 이렇게 그들의 마음을 넓히셔서 두루 사랑하는 마음을 주신다.

(4) 무리를 지어 교회로 모여오는 이 회심자들을 보고 사람들은 경탄하게 될 것이다(8절). 저 구름 같이 날아오는 자들이 누구냐. 좀 더 살펴보자.

[1] 영혼들의 회심이 여기에서 어떻게 묘사되고 있는가. 회심은 그리스도와 그의 교회로 날아오는 것이다. 왜냐하면, 우리가 갈 곳은 바로 그 곳이기 때문이다. 그들은 큰 무리일지라도 구름 같이 날아와서 하늘을 뒤덮을 것이고, 마치 하나의 거대한 구름처럼 일사분란하게 움직일 것이다. 구름이 바람의 날개를 타고 날아오듯이, 그들은 신속하고도 누구나 볼 수 있게 올 것이고, 그들의 원수들도 그들을 볼 것이지만 그들을 방해할 수 없을 것이다(계 11:12). 그들은 비둘기들이 그 보금자리로 날아가는 것 같이 큰 무리를 이루어 날아올 것이다. 그들은 낮게 나는 아무런 해가 없는 비둘기의 날개를 타고 날아올 것인데, 이것은 그들의 순결함과 겸손함을 나타낸다. 비둘기들이 본능적으로 그 보금자리로 날아들듯이, 그들은 그리스도, 교회, 말씀과 예배로 날아든다. 그들은 맹수의 추격을 받을 때에 피신을 위해서 그리로 날아들고, 노아 때의 비둘기가 방주로 날아들었듯이 여기저기 방황하다가 피곤하고 지칠 때에 쉬기 위해서 그리로 날아든다.

[2] 영혼들의 회심을 사람들이 경탄하는 것은 여기에서 어떻게 묘사되고 있는가. 영혼들의 회심은 경이로움과 기쁨의 반응을 불러일으킨다. 이들이 누구냐. 무수한 사람들이 무리를 지어 그리스도에게로 모여오는 것을 보고 경이로움을 느끼지 않을 사람이 어디 있겠는가. 우리는 그들이 모두 한데 모여오는

것을 볼 때에 도대체 그들이 어디에서 온 것인지 의아해하게 될 것이다. 우리는 무리를 지어 그리스도께로 모여오는 자들을 보고서, 기쁘고 사랑스런 마음으로 경탄하지 않을 수 없을 것이다. 이들이 누구냐. 그들은 얼마나 아름답고 사랑스러운가! 가난한 영혼들이 그리스도와 함께 있고자 단단히 결심하고서 그리스도께로 서둘러 날아오는 것은 얼마나 유쾌한 광경인가!

⁹곧 섬들이 나를 앙망하고 다시스의 배들이 먼저 이르되 먼 곳에서 네 자손과 그들의 은금을 아울러 싣고 와서 네 하나님 여호와의 이름에 드리려 하며 이스라엘의 거룩한 이에게 드리려 하는 자들이라 이는 내가 너를 영화롭게 하였음이라 ¹⁰내가 노하여 너를 쳤으나 이제는 나의 은혜로 너를 불쌍히 여겼은즉 이방인들이 네 성벽을 쌓을 것이요 그들의 왕들이 너를 섬길 것이며 ¹¹네 성문이 항상 열려 주야로 닫히지 아니하리니 이는 사람들이 네게로 이방 나라들의 재물을 가져오며 그들의 왕들을 포로로 이끌어 옴이라 ¹²너를 섬기지 아니하는 백성과 나라는 파멸하리니 그 백성들은 반드시 진멸되리라 ¹³레바논의 영광 곧 잣나무와 소나무와 황양목이 함께 네게 이르러 내 거룩한 곳을 아름답게 할 것이며 내가 나의 발 둘 곳을 영화롭게 할 것이라 ¹⁴너를 괴롭히던 자의 자손이 몸을 굽혀 네게 나아오며 너를 멸시하던 모든 자가 네 발 아래에 엎드려 너를 일컬어 여호와의 성읍이라, 이스라엘의 거룩한 이의 시온이라 하리라

이 단락에서는 포로 생활에서 돌아온 유대인들을 위로하고 격려하기 위해서 앞 단락에서 교회에게 주어진 약속들을 다시 한 번 반복하여 확증하고 좀 더 자세하게 서술한다. 그러나 이것은 분명히 한 걸음 더 나아가서 복음 교회가 확장되고 진보하며, 풍성한 영적인 축복들로 부요하게 될 것을 내다보고 있는 것이다.

I. 하나님은 그들에게 지극히 은혜로우시고 잘 대해 주실 것이다. 우리는 이 약속으로 시작하여야 한다. 왜냐하면, 나머지 모든 약속은 이 약속으로부터 생겨나기 때문이다. 하나님이 그 얼굴 빛을 황폐한 성소에 비추실 때에 그 황폐하였던 성소는 회복되기 시작할 것이다(단 9:17). 하나님의 백성이 사람들에게서 받는 온갖 사랑은 하나님의 얼굴 빛과 그들에 대한 하나님의 은총 덕분이다(10절). "네가 포로 생활(특히, 부패함, 쇠락, 분열에 의한 교회의 고난은 하나님의

진노를 보여주는 서글픈 증표들이고, 여기에 나오는 약속들은 그 고난에서 교회를 구원해 주는 것이 될 것이다)을 하고 있는 동안에는 내가 노하여 너를 쳤으나 이제는 나의 은혜로 너를 불쌍히 여겨서 나의 모든 긍휼이 너를 위해 예비되어 있기 때문에, 이제 모든 사람이 너에게 잘 보이려고 할 것이다."

II. 많은 사람들이 아주 먼 나라들에서도 교회로 들어오게 될 것이다(9절). 섬들이 나를 앙망하고, 복음을 기쁨으로 받아들이며, 그것으로 인하여 하나님을 찬송으로 섬기고, 복음에 기꺼이 순종할 것이다. 사람과 물건을 실어 나르는 다시스의 배들은 아주 먼 곳들로부터 사람들을 교회로 실어오거나 복음을 전파하고 영혼들을 주께로 인도할 교회의 사역자들을 먼 곳들로 실어 나르기 위하여 대기하고 있을 것이다. 좀 더 살펴보자.

1. 누가 오는가. 네 자손들, 즉 네 자손이 되게 되어 있는 그런 자들, 흩어진 하나님의 자녀들(요 11:52)이 올 것이다.

2. 그들은 무엇을 가지고 오는가. 그들은 아주 먼 곳에 살고 있어서 양 떼나 숫양을 가져올 수 없지만, 예루살렘에서 멀리 떨어진 곳에 살고 있던 자들(이들은 절기에 예배하러 올 때에 종류마다 십일조를 드릴 수 없어서 돈으로 바꾸어 드렸다)과 마찬가지로 그들의 은금을 아울러 싣고 올 것이다. 우리는 우리 자신을 하나님께 드릴 때에 우리가 가진 모든 것을 아울러 하나님께 드려야 한다는 것을 명심하라. 우리가 우리의 심령으로 하나님께 영광을 돌린다면, 자연히 우리의 물질로도 하나님께 영광을 돌리게 될 것이다.

3. 그들은 그들 자신과 그들이 지닌 모든 소중한 것들을 누구에게 드리게 될 것인가. 그들은 네 하나님 여호와의 이름에, 만유의 주이시고 교회의 하나님이자 왕이신 분에게, 이스라엘의 거룩하신 이(이스라엘이 거룩함의 아름다움 속에서 거룩하신 이로 예배하였던 분)에게 드릴 것이다. 이는 그가 너를 영화롭게 하였음이라. 하나님께서 그의 교회와 백성에게 존귀함을 더하시면, 우리는 하나님의 교회와 백성을 존귀하게 여기게 될 뿐만 아니라 거기에 동참하고자 하는 마음을 갖게 된다는 것을 명심하라. 하나님이 너희와 함께 하심을 들었나니 우리가 너희와 함께 가려 하노라(슥 8:23).

III. 교회로 들어오는 자들은 환영을 받게 될 것이다. 왜냐하면, 거룩한 도성은 주인이 명하신 대로 하였으되 아직도 자리가 있을 정도로 아주 넓기 때문이다. "네 원수들을 두려워할 이유가 전혀 없기 때문만이 아니라 네 친구들이 들어올 가능성이 있기 때문에 내 성문이 항상 열려 있을 것이다(11절)." 우리는 자녀나 손님이 밤 늦게 오기로 되어 있다면, 당연히 집 문을 열어 놓거나 언제든지 문을 열어줄 준비를 하고 있는 것이 보통이다. 그리스도께서는 그에게 오는 자들을 영접할 준비를 항상 갖추고 계시고, 자리를 비우셔서 그들이 와서 그를 만나지 못하는 일은 결코 없다. 긍휼의 문은 밤낮으로 항상 열려 있거나, 두드리는 자들에게 곧 열릴 것이다. 문지기들인 사역자들은 주께로 나아오는 자들을 맞이할 준비를 항상 갖추고 있어야 한다. 하나님은 그의 교회를 선한 집으로 지키실 뿐만 아니라, 그 집을 항상 열어두심으로써, 때를 얻든지 못 얻든지 말씀이 선포되어서 이방인들의 군대, 그 군대의 왕들이나 지휘관들이 교회 속으로 들어올 수 있게 하신다. 너희 문들아, 머리를 들어 그리로 들어오는 자들을 영접하라.

IV. 교회 주위의 모든 자들은 이런저런 방식으로 교회를 섬기게 될 것이다. 통치권은 결코 사람들의 힘에 토대를 두고 있는 것이 아니라 하나님의 은혜에 토대를 두고 있다. 열등한 피조물들을 만드셔서 인간을 섬기게 하신 하나님은 열방들로 하여금 교회를 섬기게 하실 것이다. 땅이 여자를 도왔다(계 12:16). 모든 것이 너희를 위한 것이다. 여기서도 마찬가지이다(10절). "너를 알지 못했거나 네게 친절을 베풀지 않았고, 언제나 이스라엘 나라에 대하여 외인들이었던 이방인들이 네 성벽을 쌓을 것이요, 그들의 왕들이 이런저런 일들로 너를 섬길 것이며, 그렇게 하는 것을 그들의 위신이 깎이는 일이라고 생각하지 않을 것이다." 이것은 바사 왕의 명령으로 속주의 총독들이 느헤미야가 예루살렘의 성벽을 재건하는 일을 도왔을 때에 성취되었다. 하나님은 예루살렘의 성벽을 폐허 상태로 그대로 두시지 않으시고, 이방인들을 일으키셔서 그 성벽을 재건하게 하실 것이다. 교회에 속하지 않은 자들조차도 교회를 보호해 주는 자들이 될 것이다. 아무리 큰 자들이라고 하더라도 교회를 섬기는 것을 자신의 위신이 깎이는 일이라고 생각하지 않을 것이고, 도리어 그렇게 섬길 수 있는 역량과 마음이 그들에게 있다는 것을 기뻐할 것이다. 사람들 가운데서 하나님 나라의 세력을 확장시키기 위하여 자신의 자리에서 자기가 할 수 있는 일을 하는 것은 모든 사람의 본분이라는 것을 명심하라. 만약 그렇게 하지 않는다면, 그들은 위험에 처하게 될 것이다. 왜냐하면, 너를 섬기지 아니하는 백성과 나라는 파멸할 것이기 때문이다(12절). 그들은 칼이나 인간적인 출교(anathema)에 의해서 파멸하는 것이 아니다. 또한, 이 말씀은 복음을 전파하는 데에 외적인 무력을 사용하는 것을 정당화하는 것도 아니고, 사람들에게 형벌을 가해서 강제적으로 교회로 들어오게 해야 한다는 것도 아니다. 그런 일은 결코 있어서는 안 된다. 믿음을 가지고서 교회의 왕이신 예수 그리스도를 섬기고 순종하고자 하지 않는 자들은 영원히 멸망하게 될 것이다(시 2:12). 그리스도의 황금 홀(笏), 그의 말씀과 성령의 통치에 복종하고자 하지 않는 자들, 그리스도의 가족의 치리 안에 들어오고자 하지 않는 자들은 그의 철장(鐵杖)에 의해서 산산이 분쇄되고 말 것이다. 저 원수들을 이리로 끌어다가 내 앞에서 죽이라(눅 19:27). 그리스도께서 그의 복음에 복종하지 않는 자들에게 복수하시러 오실 때에 그러한 나라들은 진멸되어서 영원토록 황폐화될 것이다(살후 1:8).

V. 하나님의 예배에 풍성한 아름다움이 더해질 것이다(13절).　레바논의 영광, 거기에서 자란 튼튼하고 웅장한 백향목들이 옛적에 솔로몬이 성전을 지었을 때처럼(대하 2:16) 네게 이르를 것이고, 원수들이 부숴 버렸던(시 74:5-6) 조각 작품을 다시 만들기에 적합한 그 밖의 다른 목재들도 백향목들과 함께 네게 이를 것이다. 하나님의 거룩한 곳인 성전이 다시 재건될 뿐만 아니라 아름답게 장식될 것이다. 성전은 하나님이 쉬시고 거하시는 그의 발을 두는 처소이다(겔 43:7). 법궤는 시은좌(施恩座) 아래에 있었기 때문에 하나님의 발등상으로 불린다(시 132:7). 하나님은 그 성전을 자기 백성과 모든 이웃 나라들의 눈에 영화롭게 하실 것이다. 재건된 성전의 영광은 많은 점에서 솔로몬 성전의 영광보다 못하였지만, 이제 그리스도께서 바로 그 성전에 임하실 것이었기 때문에 더 클 것이었다(말 3:1). 두 번째 성전은 아름다운 돌과 헌물로 꾸며졌는데(눅 21:5), 여기에 나오는 약속에서도 이 점을 어느 정도 언급하고 있는 것으로 볼 수도 있다. 그렇지만, 그리스도께서는 그러한 것들을 대단치 않은 것으로 말씀하셨기 때문에, 우리는 복음적 예배가 거룩의 아름다운 것들 및 성령의 은혜들과 위로들로 장식되고 풍성해졌을 때에 이 말씀이 온전히 성취된 것이라고 보아야 할 것이다.

VI. 교회는 진정으로 크고 존귀한 모습이 될 것이다(14절).　유대 백성은 포로 생활에서 돌아온 후에 점차 완전히 멸망당했던 나라 같지 않게 갈대아인들에 의해서 초토화되었던 그 어느 나라보다도 더 기대 이상으로 세력을 회복하였다. 바벨론에서 그들을 압제하였던 자들 중 다수는 바사인들에 의해서 쫓겨났을 때에 어떻게든 유대인들과 친분을 맺어서 몸을 피하고 양식을 구해 보고 자 안간힘을 썼을 것이다. 이 예언은 교회의 원수였던 자들이 하나님의 은혜로 그들의 잘못을 깨닫고서 교회로 들어오게 되었을 때에 다시 한 번 성취되었다. "너를 괴롭히던 자들의 자손, 즉 너를 괴롭히던 장본인들은 아닐지라도 그들의 자손들이 몸을 굽혀 네게 나아와서, 그들의 어리석었던 짓을 용서해 달라고 간 청하며, 은혜를 베풀어서 그들을 받아달라고 사정하게 될 것이다(삼상 2:36)." 이와 비슷한 약속은 빌라델비아 교회에게도 주어진다(계 3:9). 하나님은 다음 과 같은 의도로 이 일을 행하시고자 하신다.

1. 교회를 괴롭히고 멸시하며 그렇게 하는 데서 즐거움을 느꼈던 교만한 압 제자들에게 굴욕을 안겨주시기 위하여. 그들은 낮아지게 될 것이다. 그들의 사 기는 꺾일 것이고, 그들의 처지가 너무도 비천하고 비참하게 되어서, 그들은 예전에 그토록 무시했던 자들에게 기꺼이 복종하게 될 것이다. 하나님은 자기 백성을 멸시한 자들로 하여금 조만간에 멸시를 당하게 하시리라는 것을 명심 하라.

2. 교회에 속한 가난하고 억압받은 자들을 높이시기 위하여. 이것은 하나님 이 그들에게 주시는 영광이다. 그들은 이전에 그들에게 악을 행하였던 자들을 선하게 대하고 이전에 그들을 괴롭히고 멸시하였던 자들을 구원할 기회를 갖 게 될 것이다. 자기에게 아무런 긍휼도 베풀지 않고 무자비하게 대하였던 자들 에게 긍휼을 베푸는 것을 선한 자는 즐거운 일이자 영광으로 여긴다. 그렇지 만, 이것이 전부가 아니다. "그들은 네게 그들을 살려 달라고 간청할 뿐만 아니 라 네게 영광을 돌리게 될 것이다. 그들은 너를 일컬어 여호와의 성읍이라 하리라. 그들은 마침내 네가 하늘의 은총을 받은 자이자 신의 섭리에 의해 특별한 보호 를 받는 자라는 것을 깨닫게 될 것이다." 그 성읍은 여호와께서 자기 것으로 인정하시고 거하시며 최고의 경건이 존재하는 여호와의 성읍으로서, 진정으로 크고 존귀하며 견고하고 부하며 안전하고 아름다우며 살기에 가장 좋은 곳이 다. 시온은 바로 그런 곳이다. 그 곳은 하나님이 그의 이름을 두기로 택하신 곳 이다. 그 곳은 이스라엘의 거룩한 이의 시온이다. 그러므로 우리는 그 곳이 거룩 한 성읍이라는 것을 확신할 수 있다. 만약 그 곳이 거룩한 성읍이 아니라면, 이 스라엘의 거룩한 이는 결코 그 성읍의 보호자로 불리지 않을 것이다.

¹⁵전에는 네가 버림을 당하며 미움을 당하였으므로 네게로 가는 자가 없었으나 이제는 내가 너를 영원한 아름다움과 대대의 기쁨이 되게 하리니 ¹⁶네가 이방 나라들의 젖을 빨며 뭇 왕의 젖을 빨고 나 여호와는 네 구원자, 네 구속자, 야곱의 전능자인 줄 알리라 ¹⁷내가 금을 가지고 놋을 대신하며 은을 가지고 철을 대신하며 놋으로 나무를 대신하며 철로 돌을 대신하며 화평을 세워 관원으로 삼으며 공의를 세워 감독으로 삼으리니 ¹⁸다시는 강포한 일이 네 땅에 들리지 않을 것이요 황폐와 파멸이 네 국경 안에 다시 없을 것이며 네가 네 성벽을 구원이라, 네 성문을 찬송이라 부를 것이라 ¹⁹다시는 낮에 해가 네 빛이 되지 아니하며 달도 네게 빛을 비추지 않을 것이요 오직 여호와가 네게 영원한 빛이 되며 네 하나님이 네 영광이 되리니 ²⁰다시는 네 해가 지지 아니하며 네 달이 물러가지 아니할 것은 여호와가 네 영원한 빛이 되고 네 슬픔의 날이 끝날 것임이라 ²¹네 백성이 다 의롭게 되어 영원히 땅을 차지하리니 그들은 내가 심은 가지요 내가 손으로 만든 것으로서 나의 영광을 나타낼 것인즉 ²²그 작은 자가 천 명을 이루겠고 그 약한 자가 강국을 이룰 것이라 때가 되면 나 여호와가 속히 이루리라

이 단락에서는 계속해서 교회의 복되고 영광스러운 상태를 예언하고 있는데, 유대인들이 포로 생활에서 돌아온 후에 한동안 누렸던 외적인 평화라는 저 희미한 빛을 모형으로 삼아서 궁극적으로 기독 교회와 그 교회가 누릴 영적인 평안을 말하고 있다.

I. 예루살렘의 장래의 모습은 이전의 모습과 대비하여 말해진다. 예루살렘이 이전에 처해 있었던 모습과 대비되면서, 장차 예루살렘이 누릴 평안과 존귀함은 더욱 두드러지게 부각된다.

1. 예루살렘은 멸시를 받았었지만, 이제 존귀함을 누리게 될 것이다(15-16절). 예루살렘은 버림받았었고 미움을 받았었다. 친구들은 예루살렘을 버렸었고, 원수들은 예루살렘을 혐오하였었다. 그 황량한 성읍을 지나가는 자는 아무도 없었고, 사람들은 그 애처로운 광경을 차마 볼 수 없어서 그 길로 지나가기를 피하였다. 그 곳은 놀램과 비웃음의 대상이 되었다. 그러나 이제 그 곳은 우상 숭배에서 떠나서 그 삶이 새롭게 되고 하나님의 은총을 회복하여 영원한 아름다움을 갖춘 곳이 될 것이고, 대대로 선한 자들의 기쁨이 될 것이다. 그렇지만, 예루살렘이 저 아름다움과 탁월함을 누렸던 기간이 지극히 짧았고, 여기에

나오는 광범위한 약속에 너무도 못 미쳤는다는 것을 생각할 때, 우리는 이 말씀이 구약 교회를 훨씬 능가하였던 복음 교회의 영원한 아름다움과 탁월함, 진정으로 대대(代代)의 기쁨이 될 것이었던 기독교 신앙의 영광스러운 특권들과 유익들 속에서 온전히 성취되었다고 보아야 한다. 여기에서는 예루살렘이 누리게 될 아름다움과 기쁨을 그 곳이 이전에 버림받고 미움 받았던 것과 대비하여 두 가지로 얘기한다.

(1) 예루살렘은 이웃 나라들로부터 사랑을 받게 될 것이다. 기독교를 받아들이게 된 나라들과 그 왕들은 교회의 유익을 위하여 애를 쓸 것이고, 유모가 아기에게 젖을 물릴 때의 애정과 따뜻함으로 교회의 유익을 보호하고자 할 것이다(16절). "네가 이방 나라들의 젖을 빨 것이고, 그들의 피를 빨지 않을 것이다(이것은 복음의 정신이 아니다). 왕들은 너를 키워 주는 양부가 되어 주어서, 너는 뭇 왕의 젖을 빨 것이다."

(2) 예루살렘은 하나님으로부터 사랑을 받게 될 것이다. "네가 나 여호와는 네 구원자, 네 구속자인 줄 알되, 체험을 통해서 그것을 알게 될 것이다. 왜냐하면, 너에게 구원과 구속이 베풀어지되, 그것이 여호와의 역사(役事), 전능자의 역사라는 것이 명백히 드러날 것이기 때문이고, 그 구원은 큰 구원, 야곱의 전능자의 구원으로서 진정으로 이스라엘 사람인 모든 자들을 반드시 잘 되게 해 줄 것이기 때문이다." 그들은 이전에 여호와가 그들의 하나님이라는 것을 알았었다. 이제 그들은 여호와가 그들의 구원자, 그들의 구속자라는 것을 알게 될 것이다. 그들의 거룩하신 이는 이제 그들의 전능자로 나타나실 것이다.

2. 예루살렘은 궁핍했었지만, 이제 풍요롭게 되어서, 모든 형편이 더 나아지는 쪽으로 변할 것이다(17절). 진토에서 일으키심을 받은 자들이 고관들과 함께 앉게 될 때, 그들의 주머니에는 놋 대신에 금이 있을 것이고, 그들의 집에는 쇠그릇 대신에 은그릇이 있을 것이며, 다른 모든 것들도 그 형편이 나아지게 될 것이다. 신약 교회의 영적인 영광은 유대 교회의 외적인 영화(榮華)를 훨씬 능가하게 될 것이기 때문에, 그 영광에 비하면 유대 교회의 영광은 영광이라고 말할 수조차 없는 것이었다(고후 3:10). 할례 대신에 세례, 유월절 대신에 성찬, 레위의 제사장들 대신에 복음 사역자들이 우리에게 주어졌을 때, 우리는 놋 대신에 금을 갖게 된 것이었다. 르호보암이 애굽 왕 시삭에게 금 방패를 뺏기고 나서 놋 방패를 만들었을 때, 그것은 금을 놋으로 바꾸어 버린 것이었다.

그러나 하나님의 은총은 그 놋을 다시 금으로 바꾸어 놓으실 것이다.

3. 예루살렘은 그 방백들에 의해서 압제를 받았았고, 그것을 자신의 죄이자 참상이라고 슬프게 한탄하였었다(사 59:14). 그러나 이제 그런 유의 온갖 폐단들은 바로잡히게 될 것이다(17절). "내가 화평을 세워 관원으로 삼으리라. 화평을 이룰 자들이 관원이 되어서, 불의와 후원하는 자들이 아니라 화평을 이루어내는 판관들이 될 것이고, 사람들에게 괴로움과 분노를 불러일으키는 도구들이 되지 않을 것이다. 그들은 화평이 될 것이다. 즉, 그들은 네가 잘 되기를 진심으로 구할 것이고, 그들로 말미암아 너는 좋은 날들을 누리게 될 것이다." 그들은 의가 될 것이기 때문에 화평을 가져다 줄 것이다. 의가 바다 물결 같을 때에 화평이 강과 같을 것이다. 나라의 세금을 거두는 감독들조차도 비록 세금을 거두기는 하겠지만 착취하지는 않을 것이고, 방백이나 백성들에 대하여 공평하게 행하여, 세례 요한이 세리들에게 가르쳤던 것 대로 부과된 것 외에는 거두지 않을 것이다(눅 3:13).

4. 예루살렘은 이웃 나라들에 의해서 모욕을 받고 침략과 약탈을 당하였었다. 그러나 이제 그런 일은 다시는 없을 것이다(18절). "다시는 강포한 일이 네 땅에 들리지 않을 것이다. 폭력을 휘두르는 자들의 위협하는 말들과 승리의 함성들, 폭력을 당하는 자들의 비명소리와 탄식소리들은 다시 들리지 않을 것이고, 각 사람은 자신의 삶을 평안하게 누리게 될 것이다. 사람들이든 재산이든 황폐와 파멸이 네 국경 안 어디에서도 다시는 없을 것이다. 네가 네 성벽을 구원이라(성벽은 안전할 것이고, 너를 안전하게 지켜주는 수단이 될 것이다) 네 성문을 찬송이라, 즉 너에 대한 찬송(누구나 다 그들을 안전하게 지켜주는 너를 칭찬할 것이다)이자 네 문빗장을 견고히 하시는(시 147:13) 네 하나님에 대한 찬송이라 부를 것이다." 하나님의 구원이 성벽 위에 있을 때에 하나님에 대한 찬송이 성문, 곧 사람들이 많이 모이는 곳에서 있는 것은 당연한 일이다.

II. 예루살렘은 장래의 모습 속에서 완성될 것으로 말해진다. 이 장의 끝부분에서는, 아직까지 여기에서 예언되고 있는 모습에 결코 근접한 적이 없었던 이 땅의 교회의 번영하는 상태에 관한 모형과 비유를 통해서 좀 더 먼 미래, 나아가 천국의 영광과 행복까지 우리에게 보여주는 것 같다. 여기에서 사용되고 있는 몇몇 이미지들과 표현들은 새 예루살렘에 관한 묘사 속에서도 발견된다(계 21:23; 22:5). 선지자들은 종종 유대 교회의 축복들을 묘사하다가 자기도

인식하지 못하는 사이에 기독 교회가 누리게 될 영원한 영적인 축복들에 관한 묘사로 넘어가는 것과 마찬가지로, 종종 전투하는 교회를 묘사하다가 하나님이 약속하신 온갖 평안과 기쁨, 영광이 온전하게 이루어질 승리하는 교회에 관한 묘사로 넘어간다.

1. 하나님은 여기에서 약속되고 있는 행복 속에서 모든 것의 중심이 되실 것이다. 하나님은 참된 신자들에게 언제나 그런 존재이시다(19절). 다시는 낮에 해가 네 빛이 되지 아니하며 달도 네게 빛을 비추지 않을 것이다. 하나님의 은총을 누리고 하나님의 얼굴빛 속에서 행하는 그의 백성에게는 해와 달을 비롯해서 이 세상의 빛들은 별로 중요하지 않다. 그 빛들이 사라진다고 해도, 그들은 여호와의 빛 안에서 편안히 행할 수 있다. 천국에서는 해나 달이 들어설 여지가 없게 될 것이다. 왜냐하면, 거기에서는 마치 햇빛이 촛불 빛을 무색하게 만들어 버리듯이 성도들이 발하는 빛으로 인해서 햇빛이 무색하게 되어 버릴 것이기 때문이다. "우상 숭배자들은 해와 달을 숭배하였다(어떤 이들은 이것이 가장 오래된 우상 숭배였다고 생각한다). 그러나 해와 달은 다시는 빛을 비추지 않을 것이고, 더 이상 우상으로 숭배되지도 않을 것이다. 여호와께서 네게 밤낮으로, 즉 형통하는 낮과 역경의 밤에 변함없는 빛이 되어 주실 것이다." 하나님을 자신의 유일한 빛으로 삼는 자들에게 하나님은 모든 것이 충족한 빛, 그들의 해와 방패가 되어 주실 것이다. 네 하나님이 네 영광이 되리라. 하나님은 그를 자신의 하나님으로 삼는 자들의 영광이 되어 주시고, 영원토록 그렇게 하실 것임을 명심하라. 그들이 하나님을 자신의 하나님으로 삼고 있는 것과 하나님을 자랑하는 것은 그들의 영광이다. 이 영광은 그들의 아름다움이기도 하다. 하나님의 백성은 언약 관계 속에서 하나님께 속해 있기 때문에 존귀한 백성이다.

2. 여기에서 약속된 행복은 변함이나 기한(期限)이나 줄어드는 것이 없을 것이다(20절). "다시는 네 해가 지지 아니하여, 네게는 영원한 낮, 영원한 맑은 날이 계속될 것이다. 종종 빛을 잃고 자주 구름에 가리우며, 아주 밝고 따뜻하게 빛을 비추기는 하지만 때가 되면 너를 어둠이나 추위 속에 몇 시간씩 남겨 놓는 그런 해가 네 해가 되지 않을 것이다. 변함도 없으시고 회전하는 그림자도 없으신 모든 빛들의 아버지(약 1:17)이신 바로 그분이 네게 해가 되어 주시고 빛의 원천이 되어 주실 것이다." 성경에는 해가 잠시 멈춰 서서 한 나절 동안을 지지 않은 채로 있었던 일을 얘기하고 있는데, 그 날은 영광스러운 날이었고, 그

런 날은 그 이전이나 이후에 결코 없었다고 말한다. 그러나 결코 밤이 없을 날들에 비하면 그 날은 아무것도 아닐 것이다. 그 날들은 밤이 없는 날들, 또는 빛으로 밝은 밤이 있는 날들이 될 것이다. 왜냐하면, 다시는 네 달이 물러가지 아니할 것이기 때문이다. 달은 결코 지거나 변하지 않고 언제나 보름달일 것이다. 천국에 있는 위로들과 기쁨들, 영혼에게 주어지는 햇빛 같은 영광들, 영화롭게 된 몸에게 주어지는 달빛 같은 영광들은 결코 중단되거나 그치는 일이 없을 것이다. 여호와가 친히 네 영원한 빛, 결코 희미해지거나 사라지지 않는 빛이 되실 때에 그것들은 어떻게 되겠는가. 네 슬픔의 날이 끝나서 다시는 돌아오지 않을 것이다. 왜냐하면, 여호와께서 모든 눈물을 씻기셔서 눈물의 근원이었던 죄와 환난이 다 말라버려 슬픔과 탄식이 영원히 사라질 것이기 때문이다.

3. 이 행복을 받을 자격이 있는 자들, 이 행복을 받을 수 있도록 준비되고 자격을 갖추게 된 자들은 결코 이 행복을 빼앗기지 않을 것이다(21절). 새 예루살렘에 거주할 네 백성은 다 의롭게 되어, 메시야의 의로 말미암아 의롭다 하심을 받고 성령으로 말미암아 거룩하게 될 것이다. 저 예루살렘에 거주하는 모든 백성은 의로워야 하고, 거룩함을 지녀야 한다. 이 거룩함이 없이는 아무도 주를 보지 못하리라. 그들은 다 의롭다. 불의한 자는 하나님의 나라를 유업으로 받지 못할 것이기 때문이다. 이 땅에는 모두가 다 의로운 그런 백성은 없다. 천국 이편에는 아무리 선한 사회라도 일부 악한 자들이 섞여 있기 마련이다. 그러나 천국에는 악한 자들은 전혀 섞여 있지 않다. 그들은 다 의로울 것이다. 즉, 그들 전체가 다 의로울 것이다. 그들 가운데 부패한 자가 아무도 없을 것임과 마찬가지로, 그들 가운데는 그 어떤 부패도 없을 것이다. 거기에서는 의인들의 영들이 온전하게 될 것이다. 새 예루살렘을 가득 채울 자들은 모두 한결같이 의인들일 것이다. 그들은 의인들의 모임, 또는 의인들의 회중으로 불린다(시 1:5). 그들은 다 의롭기 때문에 영원히 그 땅을 차지할 것이다. 왜냐하면, 죄 이외의 그 어떤 것도 그들을 그 땅에서 쫓아낼 수 없기 때문이다. 성도들의 거룩함이 온전해질 것이기 때문에 그들이 누릴 행복도 영원한 것이 될 것이다.

4. 교회가 영광을 받음으로써 교회의 하나님도 존귀하게 되실 것이다. "그들은 내가 심은 가지요 내가 손으로 만든 것으로 나타날 것이고, 나는 그들을 그런 존재로 인정할 것이다." 그들로 하여금 이러한 행복을 누리도록 계획하신 것은 하나님의 은혜로 말미암은 것이었다. 그들은 하나님이 심은 가지이다. 하

나님은 그들을 돌감람나무에서 꺾어내어서 참감람나무에 접붙임을 하였고, 아직 어린 가지들이었을 때에 그들을 밭에서 그의 종묘장으로 옮겨 심어서, 그들은 지금 이 땅에 있는 하나님의 동산에 심겨져 있지만, 머지않아 하늘에 있는 하나님의 낙원으로 옮겨 심어질 것이다. 또한, 이 행복을 누릴 수 있도록 그들을 준비시켜서 합당하게 만드신 것도 다 하나님의 은혜 덕분이었다. 그들은 하나님이 손으로 만든 것(엡 2:10)으로서 이것을 우리에게 이루신다(고후 5:5). 그것은 시간이 걸리는 일이지만, 그 일이 완성될 때에 경이로운 일임이 드러날 것이다. 그 일을 시작하시고 끝까지 이루신 하나님은 영광을 받으시게 될 것이다. 왜냐하면, 그 때에 주 예수께서 모든 믿는 자들 가운데서 경배를 받으실 것이기 때문이다. 하나님은 그의 택하신 자들을 영화롭게 하심으로써 자신을 영화롭게 하실 것이다.

5. 우리가 그들의 현재의 모습을 과거의 모습과 비교해 보고 그들이 도달한 행복을 그들의 미미했던 시작과 비교해 보면, 그들은 한층 더 영광스러운 자들로 나타날 것이고, 하나님은 그들 안에서 한층 더 큰 영광을 받으시게 될 것이다(22절). "그 작은 자가 천 명을 이루겠고 그 약한 자가 강국을 이룰 것이라." 바벨론에서 돌아온 포로들은 기이할 정도로 그 수가 불어나서 강한 민족을 이루게 되었다. 기독 교회는 처음에는 그 수가 120명에 불과하였던 작은 자, 아주 작은 자였다. 그렇지만, 교회는 나중에 천 명을 이루었다. 산에서 손으로 뜨지 않은 돌이 커져서 이 땅을 가득 채워 버렸다. 승리하는 교회, 각각의 영화롭게 된 성도는 작은 자가 천 명을 이룬 것이고 약한 자가 강국을 이룬 것이다. 성도들이 지닌 은혜와 평안은 처음에는 겨자씨 한 알과 같아 보이지만, 점점 더 늘어나고 커져서, 한 명의 작은 자를 천 명으로 만들고 약한 자를 다윗 같은 용사로 만들어 놓는다. 그들은 천국에 이르러서 그들의 시작이 얼마나 미미했는지를 돌아보게 될 때에 그들이 어떻게 해서 이 곳까지 왔는지 의아하게 여기게 될 것이다. 이 모든 약속은 너무도 기이한 것이었기 때문에, 끝 부분에서 이 약속이 꼭 실행될 것임을 확인해 둘 필요가 있었다. **때가 되면 유대 교회와 기독 교회, 전투하는 교회와 승리하는 교회, 각각의 개별 신자들과 관련하여 여기에서 말한 모든 것을 나 여호와가 속히 이루리라.**

(1) 이 약속은 실행되기가 너무도 어려워 보이기 때문에 사람들은 이 약속을 쉽게 단념해 버릴 수 있었다. 그러나 전능하신 하나님께서 이 약속을 하셨

다. "그 일을 할 수 있고 그 일을 하기로 결심한 나 여호와가 이루리라." 그 능력을 거역할 수 없고 그 뜻이 변할 수 없는 하나님께서 그 일을 하실 것이다.

(2) 이 약속이 너무 오랫동안 지연되거나 미루어진다면 우리는 이 약속에 대한 소망을 잃어버릴 수 있었다. 따라서 하나님께서는 이 일을 하실 뿐만 아니라 가능한 한 가장 신속하게 속히 이루실 것이다. 이 일이 이루어질 때까지는 많은 시간이 흐를 수는 있지만, 허비된 시간은 결코 없을 것이다. 하나님은 때가 되면, 즉 적절한 때에 그 일을 속히 이루실 것이다. 하나님은 우리의 어리석은 생각이 정한 때가 아니라 그의 지혜에 의해서 정해진 때에 그 일을 이루실 것이다. 그렇게 하는 것이야말로 진정으로 그 일을 속히 이루는 것이다. 하나님이 정하신 때에 일이 이루어지는 것이 우리가 보기에는 지체되어 늦게 이루어지는 것처럼 보일지라도 사실은 지체되지 않은 것이다. 왜냐하면, 하나님이 정하신 때가 가장 좋은 때이기 때문이다. 믿는 자는 바로 그 때를 인내로써 기다려야 한다.

제
— 61 —
장

개요

이 장에서 우리는 다음과 같은 것들을 본다. I. 영원한 복음을 통하여 멸망 받을 세상에게 전해질 그리스도의 은혜가 유대인들이 바벨론에서 구원받을 것을 예언하고 있는 이사야의 활동과 관련된 모형과 비유를 통하여 묘사된다(1-3절). II. 그리스도의 교회의 영광들, 그 영적인 영광들이 포로 생활에서 돌아온 후의 유대인들의 번영과 관련된 모형과 비유를 통하여 묘사되는 가운데, 다음과 같은 약속들이 주어진다. 1. 교회의 무너진 곳들이 수리되리라는 것(4절). 2. 외인들이 교회를 섬기게 되리라는 것(5절). 3. 교회가 이방인들의 재물로 유지되는 왕의 제사장들이 되리라는 것(6절). 4. 교회가 지금까지의 능욕과 슬픔 대신에 존귀함과 기쁨을 얻게 되리라는 것(7절). 5. 교회의 일들이 형통하리라는 것(8절). 6. 후손들이 이러한 축복들을 누리게 되리라는 것(9절). 7. 의(義)와 구원이 교회가 기뻐하고 감사할 영원한 제목이 되리라는 것(10-11절). 유대 교회가 이렇게 축복을 받았다면, 기독 교회와 거기에 속한 모든 지체들은 얼마나 더 큰 축복을 받게 되겠는가.

[1]주 여호와의 영이 내게 내리셨으니 이는 여호와께서 내게 기름을 부으사 가난한 자에게 아름다운 소식을 전하게 하려 하심이라 나를 보내사 마음이 상한 자를 고치며 포로된 자에게 자유를, 갇힌 자에게 놓임을 선포하며 [2]여호와의 은혜의 해와 우리 하나님의 보복의 날을 선포하여 모든 슬픈 자를 위로하되 [3]무릇 시온에서 슬퍼하는 자에게 화관을 주어 그 재를 대신하며 기쁨의 기름으로 그 슬픔을 대신하며 찬송의 옷으로 그 근심을 대신하시고 그들이 의의 나무 곧 여호와께서 심으신 그 영광을 나타낼 자라 일컬음을 받게 하려 하심이라

최고의 성경 해석자이신 분은 의심할 여지 없이 이 본문에 대한 최고의 해설을 우리에게 제공해 주셨다. 우리 주 예수께서는 친히 나사렛 회당에서 이 본문을 봉독하시면서(이 본문은 그 날에 봉독하기로 되어 있었던 성서일과

였던 것 같다), 이 본문을 전적으로 자기 자신에게 적용하셔서, 이 글이 오늘 너희 귀에 응하였느니라고 말씀하셨다(눅 4:17-18, 21). 주께서 이 본문을 펴서 말씀하실 때에 그의 입에서 흘러나온 은혜로운 말씀들을 들은 자들은 모두 찬탄을 금치 못하며 기이히 여겼다. 이사야가 바벨론에 포로로 잡혀 있던 유대인들에게 자유를 선포하도록 명령을 받은 것과 마찬가지로, 하나님의 사자이셨던 그리스도는 잃어버린 세상에 대하여 더 기쁜 희년을 선포하도록 명령을 받으셨다. 여기에서 우리는 다음과 같은 것들에 대하여 듣는다.

Ⅰ. **그리스도께서 이 일을 위하여 어떤 준비를 갖추시게 되었는가.** 주 여호와의 영이 내게 내리셨다(1절). 선지자들은 하나님의 영이 그들을 감동시켜서 그들에게 무엇을 말해야 할지를 가르쳐주고 그들로 하여금 떨쳐 일어나서 그것을 말하도록 만드시는 것을 종종 경험하였다. 그리스도에게는 성령이 언제나 한량없이 내려와 계셨다. 그러나 그리스도에게 내려온 영은 선지자들을 감동시켰던 영과 마찬가지로 모략의 영이자 재능의 영이었다(사 11:1-3). 그리스도께서 그의 선지자 직분을 수행하기 시작하셨을 때에 성령이 비둘기처럼 그에게 임하셨다(마 3:16). 그는 그의 제자들에게 동일한 복음을 전하도록 일을 주어서 보내실 때에 성령을 받으라고 말씀하시면서 그에게 임하였던 이 성령을 제자들에게도 전해 주셨다.

Ⅱ. **그리스도께서 이 일을 하도록 어떻게 임명되고 직분을 받으셨는가.** 주 여호와의 영이 내게 내리셨으니 이는 여호와께서 내게 기름을 부으셨음이라. 하나님께서는 어떤 일을 하라고 그리스도를 부르셨을 때에 그 일을 할 수 있는 능력도 주셨다. 옛적에 왕들과 제사장들이 기름부음을 통해서 그 직분에 임명되었듯이, 하나님은 거룩하고 엄숙한 기름부음을 통해서 그리스도를 구별하여서 이 큰 직분을 맡기셔야 했기 때문에 그에게 성령을 주셨다. 이렇게, 하나님은 즐거움의 기름을 그에게 부어 그의 동료보다 뛰어나게 하셨기 때문에 메시야 또는 그리스도라 불렀다. 여호와께서 나를 보내셨다. 우리 주 예수는 보내심을 받지 않고 오신 것이 아니었다. 주님은 권능의 원천이신 분으로부터 사명을 부여받고 보내심을 받아 오셨다. 아버지가 그를 보내셨고 그가 말할 것과 이를 것을 친히 명령하여 주셨다. 그리스도께서 무슨 말씀을 하셨든지 그 모든 것이 하늘로부터의 보증을 받은 것이라는 사실은 우리에게 큰 만족이 된다. 그리스도의 가르침은 그가 아니라 그를 보내신 자의 가르침이었다.

III. 그리스도께서 행하도록 위임받으신 일은 어떤 일이었는가.

1. 그는 말씀을 전하는 자가 되어서 선지자의 직분을 수행하게 되어 있었다. 그는 하나님이 그를 통하여 사람들에게 보여주신 선하신 뜻을 지극히 기뻐하셨기 때문에, 스스로 그 뜻을 전하고자 하셨고, 그렇게 함으로써 복음 사역에 존귀함을 더하고 성도들의 신앙이 힘을 얻고 견고해질 수 있게 하고자 하셨다. 그는 가난한 자, 즉 회개하고 겸손하며 심령이 가난한 자들에게 아름다운 소식(이것이 복음의 의미이다)을 전하여야 했다. 그들에게 구속주에 관한 소식은 진정으로 아름다운 소식, 순전한 복음, 모든 사람이 받을 만한 미쁘신 말씀일 것이다(딤전 1:15). 가난한 자들은 통상적으로 복음을 받아들일 준비가 가장 잘 되어 있는 자들이다(약 2:5). 당연히 그래야 하는 것이지만, 복음을 가난하고 온유한 심령으로 받아들일 때에 그것은 우리에게 유익이 된다. 그리스도께서는 그러한 자들에게 온유한 자가 복이 있다고 말씀하시며 복음을 전하셨다.

2. 그는 치유하는 자가 되어야 했다. 그는 마음이 상한 자를 고치도록 보내심을 받았다. 그는 고통스러운 손과 발을 고치서서 그들을 편안하게 해주고, 부러진 뼈와 피 나는 상처를 싸매어서 다시 봉합될 수 있게 해주도록 보내심을 받았다. 죄 때문에 마음이 상하고, 죄책감과 진노에 대한 두려움 때문에 진정으로 마음이 낮아진 자들은 그리스도의 복음을 통해서 그들의 마음을 편안하게 해주고 그들의 두려움을 잠재워줄 수 있는 것을 받게 된다. 죄 때문에 참회하고 통회하는 고통을 맛본 자들만이 하나님의 치유와 위로로 인한 즐거움을 기대할 수 있다.

3. 그는 구원자가 되어야 했다. 그는 복음을 전할 선지자, 치유를 담당할 제사장으로 보내심을 받았을 뿐만 아니라, 두 종류의 영(令)을 선포할 왕으로 보내심을 받았다.

(1) 그의 벗들에게 평안을 선포함. 그는 포로된 자들에게 자유를(고레스가 포로로 잡혀 있던 유대인들에게 했듯이), 갇힌 자에게 놓임을 선포할 것이다. 죄책으로 인해서 우리는 하나님의 공의에 넘겨져서 결박당하여 하나님의 합법적인 포로들이 되어서, 죄 때문에 팔려서 그 큰 채무가 다 변제될 때까지는 풀려날 수 없는 자들이 되었지만, 그리스도께서는 우리에게 그가 그 채무에 대하여 배상을 해서 하나님의 공의를 다 만족시켰고, 그의 배상이 받아들여졌기 때문에, 우리가 그것에 의지해서 그가 우리에게 베푸신 인자하심에 감사하는 마음으로

우리 자신과 우리가 가진 모든 것을 그에게 맡기기만 하면, 우리는 믿음으로 말미암아 죄 사함과 죄 사함으로 인한 위로를 얻을 수 있다는 것을 알게 하신다. 우리에게는 정죄함이 없고, 앞으로도 없을 것이다. 우리 안에서의 죄의 통치로 인해서 우리는 죄 아래에서 팔려 사탄의 권세 아래 묶여 있지만, 그리스도께서는 우리에게 그가 사탄을 정복하였고, 죽음의 세력을 잡은 자와 그의 일들을 멸하였으며, 우리에게 죄의 멍에를 떨쳐버리고 우리의 목줄을 스스로 풀기에 충분한 은혜를 공급해 주었다는 것을 알게 하신다. 아들은 그의 성령으로 말미암아 우리를 자유롭게 하실 준비를 다 갖추고 계신다. 그 때에 우리는 포로 생활의 비참한 처지에서 놓여날 뿐만 아니라 시민으로서의 온갖 특전과 위엄들을 지니게 되어서 참으로 자유로울 것이다. 이것이 복음을 선포하는 것으로서 저 면제의 큰 해를 선포했던 희년의 나팔을 부는 것과 같은 것이다(레 25:9, 40). 복음이 선포되는 때는 여기서 이 희년에 빗대어서 여호와의 은혜의 해, 우리의 자유의 근원이 되시는 하나님께 우리가 받아들여지는 때라 불린다. 또는, 이 때는 하나님이 그 자신의 영광을 위하여 값없는 은혜를 선포하는 때이기 때문에 여호와의 해라 불리고, 그것은 우리에게 기쁜 소식을 가져다주고 그 소식은 자신의 영혼의 무능력과 곤경을 잘 아는 자들에게는 지극히 받음직한 소식일 수밖에 없기 때문에 받음직한 해라 불린다.

(2) 그의 원수들에게 전쟁을 선포함. 그리스도께서는 우리 하나님의 보복의 날을 선포하신다. 그는 다음과 같은 것들에 대하여 보복하실 것이다.

[1] 우리의 구원을 위하여 멸망 받아야 할 죄와 사탄, 죽음과 지옥, 모든 어둠의 권세들. 그리스도께서는 그들을 그의 십자가로 이기셨는데, 그들을 탈취하여 약화시키고 그들을 공개적으로 구경거리가 되게 하셔서, 그들이 이제까지 하나님과 인간에게 행하였던 온갖 해악에 대하여 그들에게 복수하셨다(골 2:15).

[2] 복음을 받아들이지 않고 반대한 자들. 그들은 포로 생활 가운데 그대로 남겨질 뿐만 아니라 원수로 취급받게 될 것이다. 우리는 마가복음 16:16에서 복음의 요약을 볼 수 있는데, 거기에서 전반부에 나오는 믿는 사람은 구원을 얻을 것이요라는 구절은 복음을 받아들이고자 하는 자들에게 여호와의 은혜의 해를 선포하는 것이고, 후반부에 나오는 믿지 않는 사람은 정죄를 받으리라는 구절은 예수 그리스도의 복음에 복종하지 않는 자들에게 있을 보복(살후 1:8), 우리 하

나님의 보복의 날을 선포하는 것이다.

4. 그는 위로자가 되어야 했다. 그는 복음을 전하는 자, 치유자, 구원자로서 사람들을 위로하는 자가 되실 것이다. 그는 모든 슬픈 자, 슬픔이 있어서 위로 받기 위하여 세상이 아니라 그리스도를 찾는 모든 자들을 위로하기 위하여 보내심을 받았다. 그리스도는 그들에게 위로가 될 만한 것을 공급해 주시고 위로를 선포하실 뿐만 아니라 직접 그들에게 그 위로를 주신다. 그는 성령을 통해서 그들을 친히 위로하신다. 그리스도 안에는 그 아픔이나 슬픔이 무엇이든지 간에 모든 슬픈 자를 위로하기에 충분한 것이 존재한다. 그러나 이 위로는 시온에서 슬퍼하는 자들, 하나님의 뜻대로 슬퍼하는 자들에게 확실히 주어질 것인데, 이것은 하나님의 거처가 시온에 있기 때문이다. 또한, 이 위로는 그들 스스로는 환난 가운데 있지 않지만 시온이 재난을 당하여 황폐화된 것 때문에 슬퍼하며, 하나님의 모든 고난 받는 백성에 대한 거룩한 연민으로 인해서 눈물을 흘리는 자들에게 확실하게 주어질 것이다. 하나님은 그런 눈물을 병에 담으시고 (시 56:8), 그렇게 애통하는 자들을 위한 위로를 준비해 놓고 계신다. 시온에서 나오는 축복들이 영적인 축복들인 것과 마찬가지로, 시온에서 슬퍼하는 자들은 그들의 슬픔을 은혜의 보좌 앞으로 가져가고(시온에 시은좌가 있었기 때문에) 한나처럼 여호와 앞에서 그 슬픔을 쏟아놓는 자들, 거룩하게 애통하는 자들이다. 그리스도께서는 그러한 자들에게 주실 위로를 그의 복음을 통해서 마련해 놓으셨고, 그들이 슬픔 가운데서도 견딜 수 있게 해줄 뿐만 아니라 그 슬픔을 찬송으로 바꾸어 놓을 위로를 그의 성령을 통해서 주실 것이다(3절). 그는 그들에게 다음과 같은 것을 주실 것이다.

(1) 재 대신 화관. 그들은 큰 슬픔을 당했을 때에 통상적으로 그러하듯이 재 속에 앉아 있었지만, 이제는 재 속에서 일으키심을 받을 뿐만 아니라 기쁜 얼굴을 하게 될 것이다. 그리스도인들이 지닌 거룩한 쾌활함은 그들의 화관(花冠)이고, 그들의 신앙고백을 돋보이게 만들어 주는 아름다운 장식물이라는 것을 명심하라. 히브리어 원문에는 유음법(類音法)이라는 우아한 수사법이 사용되고 있다. 여호와는 그들에게 '에페르'(재) 대신에 '페에르'(화관)을 주실 것이다. 하나님은 글자 하나의 위치를 바꾸어 놓을 때처럼 아주 쉽고 신속하게 그들의 슬픔을 기쁨으로 바꿔 놓으실 것이다. 왜냐하면, 하나님께서 말씀하시면 그 말씀은 곧 이루어지기 때문이다.

(2) 얼굴을 흉하게 하고 보기 싫게 만드는 슬픔 대신에 얼굴에서 광채가 나게 해주는 기쁨의 기름. 성도들은 하나님이 그리스도에게 부어서 그의 동류들보다 뛰어나게 하셨던 바로 그 즐거움의 기름(히 1:9)으로부터 이 기쁨의 기름을 얻는다.

(3) 무거운 마음, 어두운 마음, 움츠러든 마음 대신에 추수감사절에 입는 것과 같은 아름다운 옷인 찬송의 옷 ― 은밀히 슬퍼 우는 것 대신에 공개적으로 기뻐하는 것. 그들은 무거운 마음을 자기 속에 묻어둔다(시온에서 슬퍼하는 자들은 은밀히 운다). 그러나 기쁨을 상으로 받을 때에 그들은 그 기쁨을 옷과 같이 모든 사람이 다 볼 수 있게 입을 것이다. 하나님은 기쁨의 기름을 주실 때에 찬송의 옷도 아울러 주신다는 것을 명심하라. 하나님으로부터 위로가 주어지면, 우리의 마음은 넓어져서 하나님께 감사를 드리고자 하는 심정으로 바뀐다. 우리에게 하나님이 주신 기쁨이 있을 때에 그 기쁨은 하나님을 찬송하고 하나님께 영광을 돌리는 데에 사용되어야 한다.

5. 그는 심는 자가 되어야 했다. 왜냐하면, 교회는 하나님의 밭이기 때문이다. 하나님께서 자기 백성을 위하여 이 모든 일을 하시고 그들의 상처를 고치시며 그들을 종살이에서 건져내시고 그들의 슬픔을 위로하시는 것은 그들이 의의 나무 곧 여호와께서 심으신 나무라 일컬음을 받게 하시고, 그들이 바로 그런 자들이 되고 그런 자들로 인정을 받게 하시며, 그들이 하나님의 포도원을 빛내줄 것들이 되고 하나님이 심으신 가지들로서 의의 열매를 풍성하게 맺게 하기 위한 것이다(21절). 그리스도께서 우리를 위해 행하시는 모든 것은 우리를 하나님의 백성으로 만드시는 것, 여호와의 집에 심겨져서 우리 하나님의 뜰 안에서 번성하는 살아 있는 나무들로서 어떤 식으로든 하나님을 섬길 수 있게 하는 것이다. 이 모든 것은 여호와께서 영광을 받으시게 하기 위한 것, 우리가 진정한 헌신과 모범적인 행실을 통해서 하나님께 영광을 돌릴 수 있도록 하기 위한 것(우리가 열매를 많이 맺을 때에 우리 아버지께서 영광을 받으시기 때문에), 하나님의 은총이 그의 백성 위에서 빛나고 하나님의 은혜가 그들 속에서 빛남으로써 다른 사람들도 하나님을 찬송하는 데에 참여할 수 있도록 하기 위한 것, 하나님께서 그의 성도들 가운데서 영원히 영광을 받으시게 하기 위한 것이다.

⁴그들은 오래 황폐하였던 곳을 다시 쌓을 것이며 옛부터 무너진 곳을 다시 일으킬 것이며 황폐한 성읍 곧 대대로 무너져 있던 것들을 중수할 것이며 ⁵외인은 서서 너

희 양 떼를 칠 것이요 이방 사람은 너희 농부와 포도원지기가 될 것이나 ^{6}오직 너희는 여호와의 제사장이라 일컬음을 받을 것이라 사람들이 너희를 우리 하나님의 봉사자라 할 것이며 너희가 이방 나라들의 재물을 먹으며 그들의 영광을 얻어 자랑할 것이니라 ^{7}너희가 수치 대신에 보상을 배나 얻으며 능욕 대신에 몫으로 말미암아 즐거워할 것이라 그리하여 그들의 땅에서 갑절이나 얻고 영원한 기쁨이 있으리라 ^{8}무릇 나 여호와는 정의를 사랑하며 불의의 강탈을 미워하여 성실히 그들에게 갚아 주고 그들과 영원한 언약을 맺을 것이라 ^{9}그들의 자손을 뭇 나라 가운데에, 그들의 후손을 만민 가운데에 알리리니 무릇 이를 보는 자가 그들은 여호와께 복 받은 자손이라 인정하리라

이 단락에는 이제 막 포로 생활에서 돌아와서 고국 땅에 다시 정착한 유대인들에게 주어지는 약속들이 나오는데, 이 약속들은 한 걸음 더 나아가서 은혜로 말미암아 영적인 노예 상태로부터 구원받은 복음 교회와 모든 믿는 자들에게도 적용된다. 왜냐하면, 이 약속들은 영적으로 적용될 수 있기 때문이다.

I. 오랫동안 폐허로 방치되었던 그들의 집과 성읍이 다시 재건되어 그들이 다시 사용하기에 적합한 곳이 되리라는 약속이 주어진다(4절). 그들은 오래 황폐하였던 곳을 다시 쌓을 것이다. 오래 황폐하였던 곳들이 재건될 것이고, 결코 다시는 수리되지 못할 것이라고 생각되었던 황폐한 성읍, 곧 대대로 무너져 있던 것들이 중수될 것이다. 기독교가 이 세상에 세워진 것은 오랫동안 무너져 있던 자연 종교를 수리한 것이었고, 대대로 인류의 수치였던 것, 즉 황폐화되어 있었던 경건과 정직을 다시 일으켜 세운 것이었다. 거룩해지지 않은 영혼은 다 무너져서 성벽이 없는 성읍과 같고 폐허가 된 집과 같다. 그러나 그리스도의 복음과 은혜가 지닌 능력으로 말미암아 영혼은 다시 수리되고 정돈되어서 성령을 통하여 하나님의 거처가 되기에 적합하게 바뀐다. 포로 생활에서 놓여난 자들이 이 일을 하게 될 것이다. 왜냐하면, 하나님이 우리를 종살이하던 집에서 건져내신 것은 우리가 우리 자신을 다시 세워서 하나님께 영광을 돌리고 이 땅에서 하나님의 교회를 세우는 일에 힘을 보탬으로써 하나님을 섬기게 하기 위한 것이기 때문이다.

**II. 아주 최근까지만 해도 종이 되어서 압제자들을 위하여 일하고 자신의 목

숨이 그 압제자들의 수중에 있었던 자들이 이제는 그들을 위해 일해주고 그들이 마음대로 부릴 수 있는 종들을 거느리게 될 것이다.   그들의 종이 될 자들은 그들의 형제들이 아니라(그들은 모두 여호와의 자유인들이기 때문에) 외인들과 이방 사람들일 것인데, 이 종들은 옛적에 아벨과 가인과 아담이 그랬듯이 양 떼를 치고 땅을 경작하며 동산을 돌보게 될 것이다. 외인들은 서서 너희 양 떼를 칠 것이다(5절). 우리가 하나님의 은혜로 말미암아 이 세상의 모든 일들에 대하여 거룩한 무관심에 도달하여서 없는 자 같이 매매하고, 우리의 손은 이 세상 일들을 하는 데에 사용되고 있긴 하지만 우리의 마음은 그런 일들에 얽매임이 없이 오로지 하나님과 하나님을 섬기는 일에만 몰두해 있을 때, 그것은 이방 사람들이 우리의 농부와 포도원지기가 된 것이다.

Ⅲ. 그들은 포로 생활에서 놓여날 뿐만 아니라 높은 자리에 오르고 존귀하게 사용될 것이다(6절).   "외인들은 너희의 양 떼를 지키고 있는 동안, 너희는 성소를 맡게 될 것이다. 너희는 노예가 되어서 십장 밑에서 일하는 대신에 고귀하고 거룩한 직분인 여호와의 제사장이라 일컬음을 받게 될 것이다." 제사장들은 왕들과 동등한 지위에 있었기 때문에 히브리어로는 동일한 이름으로 불렸다. 너희는 레위인들처럼 우리 하나님의 봉사자가 될 것이다. 하나님께서는 자유롭게 해주신 자들을 일하게 하신다는 것을 명심하라. 하나님이 그들을 원수의 손에서 건지시는 것은 그들로 하여금 그를 섬기게 하기 위한 것이다(눅 1:74-75; 시 116:16). 그러나 하나님을 섬기는 것은 완전한 자유, 아니 최고의 영광이다. 하나님은 이스라엘을 애굽에서 데리고 나오셔서 그를 섬기는 제사장 나라가 되게 하셨다(출 19:6). 그리고 복음 교회는 왕 같은 제사장이다(벧전 2:9). 모든 믿는 자들은 우리 하나님께 왕들이자 제사장들이다. 그들은 그들의 헌신과 모든 행실 속에서 그들의 이마에 여호와께 성결이라는 문구를 쓴 채 하나님의 왕들이자 제사장으로 처신하여서, 사람들로 하여금 기꺼이 그들을 여호와의 제사장이라 부를 수 있게 하여야 한다.

Ⅳ. 이방인 회심자들의 재물과 영광은 교회의 유익과 명성을 위하여 쓰이게 될 것이다(6절).   이방인들은 교회로 들어오게 되고, 외인이었던 자들이 성도들과 동일한 시민들이 될 것이다. 그들은 그들이 가진 모든 것을 하나님의 영광을 위하고 하나님을 섬기는 데에 사용할 것이다. 여호와를 섬기는 사역자들인 제사장들은 이로 인하여 유익을 얻게 될 것이다. 이방인들이 하나님 나라를 섬기

는 것을 보고서, 모든 선한 그리스도인들은 위로와 큰 힘을 얻고 크게 각성하게 될 것이다.

1. 그리스도인들은 이방 나라들의 재물을 먹을 것이다. 그리스도인들은 폭력에 의해서 그 재물을 빼앗는 것이 아니다. 도리어, 이방인들이 그들을 존귀하게 여겨서 예물을 제단에 드릴 것이고, 제사장들과 그 가족들은 그 예물을 받아서 편히 살게 될 것이다. 본문에서는 "너희가 이방인들의 재물을 받아서 부를 축적하게 되리라"고 말씀하고 있는 것이 아니라 "너희가 그 재물을 먹을 것이라"고 말씀하고 있다. 왜냐하면, 재물이라는 것은 그것을 사용하고 그것을 가지고 선을 행하는 것으로 충분하고, 재물을 모아두어서 좋을 것은 하나도 없기 때문이다.

2. 그리스도인들은 그들의 영광을 얻어 자랑하게 될 것이다. 이방인들이 회심하기 전에 어떤 영광을 지니고 있었든지 간에 — 그것이 고귀한 신분이든 재산이든 학식이든 미덕이든 권세 있는 자리이든 — 그것은 모두 그들이 들어온 교회의 명성을 위하여 사용될 것이다. 이방인들이 회심 후에 어떤 영광을 지니든 간에 — 그것이 그들의 거룩한 열심과 엄격한 행실이든 그들의 유용성이든 그들의 인내심이든 하나님의 은혜가 그들 속에서 만들어낸 복된 변화를 보여주는 온갖 것들이든 — 그것은 모두 하나님의 영광에 많은 기여를 하게 될 것이다. 그러므로 모든 선한 자들은 그것을 자랑하게 될 것이다.

V. 그들은 풍성한 위로와 만족을 그들의 품속에 지니게 될 것이다(7절). 유대인들은 포로 생활에서 돌아온 후에 의심할 여지 없이 그런 특권을 누렸다. 그들은 새로운 세상에서 살게 되었고, 이제 그들의 자유와 재산이 얼마나 소중한지를 깨달았기 때문에 그 기쁨은 계속해서 새롭고 충만하였다. 하물며, 그리스도께서 하나님의 자녀의 영광스러운 자유 속으로 인도하신 모든 자들이 누리는 기쁨은 얼마나 크겠는가. 특히, 양자로서의 그들의 특권이 몸의 부활을 통해서 완성될 때에 그 기쁨은 이루 말할 수 없게 될 것이다.

1. 그들은 그들에게 주어진 몫으로 말미암아 즐거워할 것이다. 그들은 이전에 그들이 가지고 있던 것만이 아니라, 그것이 주는 위로와 그것을 즐거워하는 마음(이러한 위로와 마음은 하나님의 추가적인 선물이다)도 지니게 될 것이다(전 3:13). 포로 생활에서 돌아온 유대인들의 집은 그들의 성전과 마찬가지로 포로 이전에 있었던 것에 비하면 훨씬 못 미치는 것이었지만, 그들은 그 집과

성전을 아주 기뻐하며 그런 것들이 있다는 것만으로도 감사하게 될 것이다. 성전과 그들이 거처할 집들은 그들의 땅, 그들 자신의 땅, 거룩한 땅, 임마누엘의 땅에 있는 그들의 몫이다. 그들은 타국에서 나그네가 된 설움이 어떤 것인지를 포로 생활을 통해서 절절이 깨달은 후였기 때문에 그들의 땅에 그들의 분깃이 있다는 사실만으로도 즐거워할 것이다. 하나님과 천국을 자신의 몫으로 갖고 있는 자들은 그 귀한 몫을 기뻐할 충분한 이유가 있는 것이다.

2. 영원한 기쁨이 그들에게 있을 것이다. 즉, 그들이 포로 생활을 했던 기간보다도 훨씬 더 오래 지속될 즐겁고 기쁜 상태가 그들에게 있을 것이다. 그렇지만, 유대 민족이 포로 생활에서 돌아온 후에 누렸던 기쁨이 여기에서 말씀하고 있는 것보다 훨씬 적었고 자주 중단되었으며 너무도 빨리 끝나버렸다는 점을 감안할 때, 우리는 믿는 자들이 하나님 안에서 누리게 된 영적인 기쁨과 그들이 천국에서 누리게 되어 있는 영원한 기쁨을 통해서 이 약속의 말씀이 성취된 것으로 보아야 할 것이다.

3. 이것은 그들이 포로 생활을 했던 땅에서 살았을 적에 겪었던 온갖 수모와 괴로움에 대한 갑절의 보상, 아니 그 이상의 보상이 될 것이다. "너희가 수치 대신에 보상을 존귀함으로 배나 얻으며, 너희가 잃은 것 대신에 너희 땅에서 재물을 갑절이나 얻을 것이다. 이런 것에 대한 하나님의 축복과 이로 인하여 너희가 얻게 될 위로는 너희가 지금까지 받았던 온갖 손해들에 대한 풍성한 보상이 될 것이다. 너희는 하나님의 아들들이라는 말을 들을 뿐만 아니라 하나님의 장자라는 말을 듣게 될 것이고(출 4:22), 그 결과로 갑절의 몫을 받을 자격을 갖게 될 것이다." 그들의 포로 생활의 참상이 너무도 커서 그들이 그들의 모든 죄로 말미암아 벌을 배나 받은 것과 마찬가지로(사 40:2), 그들이 포로 생활에서 돌아온 기쁨은 너무도 커서 수치 대신에 보상을 배나 얻은 것이 될 것이다. 전자는 그리스도께서 온전한 속죄를 이루신 것에 적용될 수 있는 말씀이다. 하나님은 우리의 모든 죄로 말미암아 그리스도에게서 그 배상을 배로 받아내셨다. 후자는 천국의 온전한 기쁨에 적용될 수 있는데, 우리는 천국에서 우리의 모든 섬김과 수고에 대하여 보상을 배로 받게 될 것이다. 욥의 경우가 이것을 잘 보여준다. 하나님은 욥의 곤경을 돌이키실 때에 욥에게 이전 모든 소유보다 갑절이나 주셨다.

VI. 하나님은 그들의 신실하신 인도자이자 그들과 언약을 맺으신 하나님이 되어 주실 것이다. 내가 그들의 일을 진리 가운데 지도하리라. 하나님은 그의 섭리를 통해서 그들의 일을 그의 진리의 말씀을 따라 가장 선한 방향으로 되게 하실 것이다. 하나님은 그들의 일을 참된 방책의 원칙에 따라서 진정으로 형통하는 길로 인도하실 것이다. 하나님은 그의 은혜를 통해서 선한 자들의 일을 올바른 길, 복을 가져다주는 참된 길로 이끄실 것이다. 하나님은 그들의 일이 진실함 속에서 이루어지게 지도하셔서, 그 일이 하나님을 기쁘시게 해드리는 일이 되게 하실 것이다. 하나님은 중심이 진실함을 원하신다. 우리가 우리의 일들을 진리 가운데서 행한다면, 하나님은 우리와 영원한 언약을 맺으실 것이다. 왜냐하면, 하나님 앞에서 행하여 정직한 자들에게 하나님은 반드시 모든 것이 충족하신 하나님이 되어 주실 것이기 때문이다. 이제 여기에 나오는 약속과 앞서 나온 약속, 즉 하나님께서 그들에게 수치 대신에 보상을 배나 얻게 하실 것이라고 약속하시는 근거가 되는 말씀이 이 절의 전반부에 나온다. 무릇 나 여호와는 정의를 사랑한다. 하나님은 위정자들과 신민(臣民)들, 이웃과 이웃 등 모든 사람들 사이에서 정의가 행해지기를 원하시기 때문에, 모든 불의를 미워하신다. 압제자들과 박해자들이 하나님의 백성에게 해악을 가할 때에 하나님께서 그들에게 진노하시는 것은 단지 그들이 자기 백성이기 때문만이 아니라 그 자들이 영원한 공평(公平)의 법을 어겨 악을 행하였기 때문이기도 하다. 사람들이 정의를 행하지 않을 때, 하나님은 해악을 입은 자들의 권익을 회복시켜 주시고 해악을 가한 자들을 벌하심으로써 친히 정의를 행하시기를 기뻐하신다. 하나님께서 해악을 당한 자기 백성의 호소를 들어주시는 이유는 하나님이 그들에 대하여 열심이 있으시기 때문만이 아니라 정의에 대해서도 열심이 있으시기 때문이다. 이것을 보여주기 위하여, 본문에는 번제물과 관련한 도둑질을 미워하신다는 말씀이 추가되어 있다. 하나님은 자기 백성이 번제물을 통해서 그에게 영광을 돌리면서 행하는 불의도 미워하시는데, 하물며 자기 백성을 상대로 저질러진 불의에 대해서는 더 말해 무엇 하겠는가. 하나님은 자신에게 드려지는 번제물과 관련한 도둑질을 미워하시는데 우상들에게 바쳐진 번제물에 대해서는 두말할 필요도 없고, 자기 백성의 재물이 강탈당하는 것을 미워하시는데 하나님께 드려진 제물이 강탈당하는 것에 대해서는 두말할 필요도 없지 않겠는가. 종교적인 예식들로는 도덕적인 계명들을 어긴 것을 결코 속죄할 수 없고, "번제물로 드리기 위하여 그랬다"거나 "고르반, 곧 하나님께 드림이 되었다"는 말로 도둑질이 정당화될 수는 없다. 순종이 제사보다 낫고, 정의를 행하며 인자를 사랑하는 것이 천천의 숫양보다 낫다. 아니, 하나님을 빙자한 이러한 도둑질은 그 무엇보다도 하나님께서 미워하시는 일이다. 왜냐하면, 그런 도둑질은 의로우신 하나님을 불의의 후원자로 만들어 버리기 때문이다. 어떤 이들은 본문에서는 이것을 하나님이 유대인들을 버리고 이방인들을 받아들이신 이유로 제시하고 있는 것이라고 본다(6절). 유대인들은 그 행실이 너무도 부패하여서 비록 박하와 근채의 십일조를 드렸지만 정의와 긍휼은 전혀 실천하지 않았기 때문이다(마 23:23). 하나님은 정의를 사랑하시고 정의를 고수하시기 때문에, 번제물과 관련한 도둑질과 도둑질을 잘 하게 해달라고 번제를 드리는 것을 미워하시지만, 바리새인들은 좀 더 쉽게 과부의 가산을 삼켜 버릴 수 있게 해달라고 하나님께 길게 기도하곤 하였다. 어떤 이들은 이 본문을 이렇게 읽기도 한다. 나는 불의의 강탈, 즉 원수들이 하나님의 백성에게 불의를 행하여 재물을 강탈한 것을 미워한다. 하나님은 그런 것을 미워하시기 때문에, 장차 그것에 대하여 반드시 그들에게 책임을 물어 벌하실 것이다.

VII. 하나님은 그들의 후손에게도 대물림하여 축복을 내리실 것이다(9절). 그들의 자손(지금 여호와의 축복을 받은 자들의 자녀들, 또는 그들의 신앙 고백을 이어받은 자들, 교회의 자손들)은 여호와의 소유가 될 것이다(시 22:30).

1. 그들은 두각을 나타내어서 이웃 나라들이 그들을 알아보게 만들 것이다. 그들은 뭇 나라 가운데에 자신을 알릴 것이고, 그들의 범상치 않고 진실하고 겸손하며 쾌활한 행실, 특히 모든 사람으로 하여금 그리스도의 제자임을 알게 해줄 증표가 될 저 형제 사랑으로 인하여 유명해질 것이다. 그들이 이런 식으로 유명해질 때, 하나님은 그들을 존귀하게 하셔서, 그 세대의 축복이 되게 하시고, 하나님의 영광을 드러내는 도구로 삼으시며, 그들에게 하나님의 은총이 함께 한다는 것을 보여주는 두드러진 증표들을 주실 것이고, 이로 인하여 그들은 뭇 나라 가운데서 뛰어난 자로 존경을 받게 될 것이다. 경건한 부모들의 자녀들은 그런 식으로 서로 사랑하여, 모든 사람들이 그들에게서 선한 교육의 열매와 그들을 위해 드려진 기도들의 응답을 볼 수 있게 하여야 한다. 그럴 때에 그들은 하나님이 그들에게 주신 약속, 즉 정직한 자들의 후손에게 복이 있으리라는 약속을 이루심으로써 그들을 유명하게 하시리라는 것을 기대할 수 있다.

2. 하나님은 이 일로 인하여 영광을 받으실 것이다. 왜냐하면, 모든 사람이 그것을 하나님의 축복으로 돌릴 것이기 때문이다. 그들을 보는 자들은 누구나

다 그들 속에서 하나님의 은혜를 보고 그들을 향하신 하나님의 은총을 볼 것이기 때문에, 그들이 여호와께 복 받은 자손이자 여호와께서 축복하시는 자손이라는 것을 인정하게 될 것이다. 하나님께 축복을 받는다는 것이 무엇인지를 보라. 우리는 우리 속에 어떤 선한 것이 나타날 때마다 그것이 하나님의 축복의 열매임을 깨닫고서 그것으로 인하여 하나님께 영광을 돌려야 한다.

¹⁰내가 여호와로 말미암아 크게 기뻐하며 내 영혼이 나의 하나님으로 말미암아 즐거워하리니 이는 그가 구원의 옷을 내게 입히시며 공의의 겉옷을 내게 더하심이 신랑이 사모를 쓰며 신부가 자기 보석으로 단장함 같게 하셨음이라 ¹¹땅이 싹을 내며 동산이 거기 뿌린 것을 움돋게 함 같이 주 여호와께서 공의와 찬송을 모든 나라 앞에 솟아나게 하시리라

어떤 이들은 이 본문을 선지자 이사야가 스스로 예루살렘의 이름으로 앞서의 약속들이 성취되어 예루살렘의 상황이 복된 쪽으로 바뀐 것을 축하하여 부른 기쁨과 찬양의 노래로 보고, 어떤 이들은 이 본문을 그리스도께서 신약 교회의 이름으로 복음 은혜 안에서의 승리의 기쁨을 노래하고 있는 것이라고 본다. 전자는 후자의 모형이라고 할 수 있기 때문에, 우리는 이 두 가지 해석을 다 받아들일 수 있다. 이 단락에서 우리는 다음과 같은 것들을 거룩한 기쁨으로 즐거워하여 하나님께 영광을 돌리라는 가르침을 받는다.

1. 이 선한 일의 처음에 하나님이 교회에 의와 구원의 옷을 입히신 것(10절). 이로 인하여 내가 여호와로 말미암아 크게 기뻐하리라. 하나님을 기뻐하는 자들은 크게 기뻐할 이유가 있다. 우리는 하나님을 우리의 기쁨의 대상으로 삼을 때에 우리의 기쁨이 너무 지나치지 않을까 염려할 필요가 전혀 없다. 최초의 복음 노래는 이와 같이 시작한다. 내 영혼이 주를 찬양하며 내 마음이 하나님 내 구주를 기뻐하였음은(눅 1:46-47). 이러한 기쁨은 당연한 일이고, 그 기쁨이 하나님을 궁극적인 종착지로 삼는 것은 지극히 당연한 일이다. 왜냐하면, 구원과 의(義)가 베풀어졌고, 교회는 그러한 것들로 옷을 입고 있기 때문이다. 하나님이 유대인들에게 베푸신 구원, 하나님이 그들에게 나타내신 그 의, 그들 가운데에 나타난 고쳐진 삶은 마치 그들이 지체 높은 이들이 입는 옷이나 혼인 예복을 입은 자들인 양 모든 지혜로운 자들의 눈에 그들이 영화롭게 보여지게 만

들어 주었다. 그리스도께서는 교회에 칭의와 성화(聖化)의 옷을 입혀주심으로써 그의 교회를 영원한 구원의 옷으로 입히셨다(이것은 정말 굉장한 일이다). 이 세마포 옷은 성도들의 옳은 행실이다(계 19:8). 이 두 가지가 어떻게 서로 결합되어 있는지를 잘 살펴보라. 지금 의(義)의 옷을 입어서 벌거벗음을 가린 자들만이 나중에 구원의 옷을 입게 될 것이다. 이 옷들은 신랑이 입은 제사장의 옷(원어는 이런 의미이다) 같이 부유하고 찬란한 옷들로서 밝은 해에 비유된다. 그는 의관을 다 차려입고 신방에서 나오는 신랑과 같다(시 19:5). 의의 옷을 입은 자들에게 임한 하나님의 은혜의 아름다움은 이런 것이다. 즉, 그리스도의 의로 말미암아 그들은 하나님의 은총을 받을 만한 자들이 되고, 성령의 거룩케 하심을 따라 그들에게는 하나님의 형상이 다시 회복된다. 그들은 하나님과 혼인할 신부, 하나님과 백년해로의 언약을 맺을 신부로서 단장된다. 그들은 하나님을 위하여 사용될 제사장, 하나님과 교통할 제사장으로서 단장된다.

2. 이 선한 일을 계속해서 이루어 나가시는 것(11절). 그것은 잠시 영화롭지만 곧 지나가 버리고마는 개선의 날과 같지 않다. 교회가 옷 입은 의와 구원은 낡지 않는 오래가는 옷이다. 성경에서 실제로 그렇게 말씀한다(사 23:18). 예수 그리스도께서 교회에 입혀 주신 의와 구원만도 기뻐할 일인데, 그 이루 말할 수 없는 축복들이 대대로 이어지고 아주 먼 곳까지 퍼져나가리라는 약속은 생각만 해도 기쁜 일이다.

(1) 이 축복들은 해마다 땅이 내는 열매들로서 장차 다가올 세대 속에서 대대로 솟아날 것이다. 하나님의 섭리의 언약을 따라서 땅은 가만히 놔두어도 다시 해가 돌아오면 싹을 내며 연한 풀을 내고, 울타리로 둘러쳐진 동산이 계절이 돌아오면 거기 뿌린 것을 움돋게 함 같이, 주 여호와께서는 은혜의 언약을 따라서 변함없이 능력으로 의와 찬송을 솟아나게 하셔서 인류를 이롭게 하실 것이다. 하나님이 약속하신 축복들이 무엇인지를 보라 — 의와 찬송(의로 옷 입은 자들은 그들에게 그 옷을 입혀 주신 이에 대한 찬송을 나타내기 때문에). 이 축복들은 하나님의 은혜의 이슬 아래에서 움이 돋고 솟아날 것이다. 종종 교회에 겨울이 찾아와서 이러한 축복들이 말라 버려서 나타나지 않는 것처럼 보일지라도, 그 축복들의 뿌리는 확고하여, 봄이 찾아와서, 의로운 해가 떠올라 다시 빛을 비추면 그 축복들은 다시 힘 있게 솟아나게 된다.

(2) 이 축복들은 멀리 퍼져나갈 것이고, 모든 나라 앞에서 솟아날 것이다. 이

큰 구원은 온 세계에 널리 선포되어, 땅의 끝도 그 구원을 보게 될 것이다.

제 62 장

개요

선지자들의 임무는 말씀을 전하고 기도하는 것이었다. 이 장에는 다음과 같은 내용들이 나온다. I. 선지자는 이 일에 변함없이 전념하기로 결심한다(1절). II. 하나님은 구원이 지체되는 가운데서 자기 백성을 격려하기 위하여 이 선지자와 그 밖의 다른 선지자들에게 그 일을 계속하도록 명하신다(6-7절). III. 하나님이 그의 교회, 포로 생활에서 돌아온 유대인들, 세상에 세워지게 될 기독 교회를 위해 행하실 큰 일들에 관한 약속들이 여기에서 다시 반복되고 확증된다. 1. 교회는 세상 사람들의 눈에 존귀하게 될 것이다(2절). 2. 교회는 하나님께 지극히 사랑스러운 존재가 되어 하나님이 보시기에 보배롭고 존귀한 존재로 나타날 것이다(3-5절). 3. 교회는 아주 큰 풍성함을 누리게 될 것이다(8-9절). 4. 교회는 포로 생활에서 놓여나서, 다시 하늘의 은총을 회복하여, 힘 있는 나라로 성장해 갈 것이다(10-12절).

¹나는 시온의 의가 빛 같이, 예루살렘의 구원이 횃불 같이 나타나도록 시온을 위하여 잠잠하지 아니하며 예루살렘을 위하여 쉬지 아니할 것인즉 ²이방 나라들이 네 공의를, 뭇 왕이 다 네 영광을 볼 것이요 너는 여호와의 입으로 정하실 새 이름으로 일컬음이 될 것이며 ³너는 또 여호와의 손의 아름다운 관, 네 하나님의 손의 왕관이 될 것이라 ⁴다시는 너를 버림 받은 자라 부르지 아니하며 다시는 네 땅을 황무지라 부르지 아니하고 오직 너를 헵시바라 하며 네 땅을 쁄라라 하리니 이는 여호와께서 너를 기뻐하실 것이며 네 땅이 결혼한 것처럼 될 것임이라 ⁵마치 청년이 처녀와 결혼함 같이 네 아들들이 너를 취하겠고 신랑이 신부를 기뻐함 같이 네 하나님이 너를 기뻐하시리라

선지자는 여기에서 우리에게 다음과 같은 것들을 말해준다.

I. 그가 교회를 위하여 무엇을 행할 것인지. 선지자는 선견자임과 동시에 대변인이다. 이 선지자는 자신의 그러한 직분을 신실하게 행하기로 결심한다(1

절). 나는 잠잠하지 아니하며 쉬지 아니하리라. 그는 자신의 일에 온 마음을 다하여 수고하며, 결코 편히 쉬고자 하지 않을 것이다. 이 점에서 그는 그리스도의 모형이었다. 그리스도께서는 지침이 없이 선지자의 직분을 수행하셨고, 그의 일을 마칠 때까지 그 일을 그의 양식으로 삼으셨다. 좀 더 살펴보자.

1. 선지자의 결심은 무엇이었는가. 그는 잠잠하지 아니하리라고 결심한다. 그는 즉시 말씀을 전하는 일을 계속하고자 하고, 그가 여호와께 받은 말씀들을 신실하게 전할 뿐만 아니라 자주 반복해서 전하고자 한다. 백성들이 하나님의 교훈과 약속들을 처음에 잘 받아들이려 하지 않는다면, 그는 그것들을 반복해서 전할 것이고 하나하나 짚어가며 얘기해 줄 것이다. 또한, 그는 즉시 기도하기를 계속하고자 한다. 그는 하나님이 약속하신 긍휼들을 얻기까지는 은혜의 보좌 앞에서 결코 잠잠하지 않을 것이다. 그는 그리스도의 사역자들처럼 오로지 기도하는 일과 말씀 사역에 힘쓸 것이다(행 6:4). 사역자들은 이 두 가지 일에 힘써서 그것들을 잘 해낼 때까지 결코 지쳐서는 안 된다. 사역자들이 할 일은 하나님의 말씀을 받아서 그의 백성에게 전하고 그의 백성의 말들을 받아서 하나님께 전하는 것이다. 그들은 이 두 가지 일 중 어느 한 쪽에서도 결코 침묵해서는 안 된다.

2. 이렇게 결심한 동기는 무엇인가. 그것은 시온을 위하여, 예루살렘을 위하여 한 것이고, 어떤 사적인 유익이나 교회를 위한 것이 아니다. 왜냐하면, 그의 마음은 시온에 대한 애정과 관심이 온통 차지하고 있기 때문이다. 그는 그의 집과 가족이 어떻게 되었든지와는 상관없이 그의 평생에 예루살렘의 번영을 보고자 하고, 그것을 위하여 일하기로 결심한다(시 122:8-9; 128:5). 시온과 예루살렘이 그에게 소중한 것은 그 곳이 하나님의 것으로서 하나님께 소중한 곳이기 때문이고, 그 곳의 번영이 하나님의 영광과 관련이 있기 때문이다.

3. 선지자는 이 일을 얼마나 오랫동안 끈질기게 계속하기로 결심하는가. 그는 앞 장에서 주어진 교회의 의와 구원에 관한 약속이 이루어질 때까지 그렇게 하겠다고 결심한다. 이사야는 살아 생전에 포로들이 바벨론에서 해방되는 것을 보지 못할 것이었고, 은혜가 의로 말미암아 왕 노릇 하여 사람들을 영생과 구원에 이르게 하는 그리스도의 복음은 더더욱 볼 수 없을 것이었다. 그렇지만, 그는 이 일이 이룰 때까지 잠잠하지 아니하리라고 결심한다. 왜냐하면, 그의 예언들이 이러한 일들에 대하여 계속해서 얘기하면, 각 세대에 남은 자들이 계속

해서 일어나 그 약속들이 이루어질 때까지 그의 뒤를 이어 기도할 것이고, 마침내 그 약속들에 의거한 그들의 기도가 응답될 것이기 때문이다. 그 때에 교회의 의와 구원이 빛 같이 또는 횃불 같이 나타날 것이고, 그것은 너무도 분명해서 그 자체가 하나님의 약속들의 성취라는 것을 보여주는 자명한 증거가 될 것이다. 그것은 교회에 존귀와 위로를 가져다 줄 것이고, 이로 인하여 교회는 즐겁고 빛나는 존재로 나타나게 될 것이다. 또한, 그것은 온 세상에 교훈과 지침을 주어서, 어둠과 죽음의 그늘에 앉은 자들의 눈과 발, 그들의 길을 비춰주는 빛이 될 것이다.

II. 하나님이 교회를 위하여 무엇을 행하실 것인지. 선지자는 단지 기도하고 말씀을 전할 뿐이고, 그 말씀을 확증해 주시고 기도에 응답해 주시는 것은 하나님이시다.

1. 교회는 크게 칭송을 받게 될 것이다. 교회의 구원이자 찬송이자 영광인 저 의(義)가 나타날 때, 이방 나라들이 그 의를 볼 것이다. 그 의에 관한 소식은 이방인들에게 전해질 것이고, 그 의를 받아들이도록 그들에게 제시될 것이다. 그들은 이 의를 보고서 거기에 참여할 수 있게 될 것이다. "왕들조차도 네 의의 영광을 보고서 거기에 매료되어"(2절) 그들의 궁정과 나라의 영광을 아무것도 아닌 것으로 여겨서, 그 영광보다 훨씬 뛰어난 교회의 영적 영광을 바라보고 좇게 될 것이다.

2. 교회는 진정으로 칭송을 받게 될 것이다. 큰 자가 어떤 사람에게 존귀함을 수여하면, 그 사람은 세상에서 존귀한 자가 되고, 이에 의거해서 그에게는 큰 존경이 주어진다. 이와 같이, 존귀함의 가치는 그 존귀함을 수여하는 자의 위엄에서 나오는 법이다. 하나님은 존귀함의 근원이시고, 교회의 존귀함은 하나님에게서 나온다. "너는 새 이름, 유쾌한 이름, 이전에는 결코 불려본 적이 없고 네가 가장 번영할 때에도 불려본 적이 없는 그런 이름, 네가 환난 날에 불린 이름과 정반대되는 이름으로 일컬음이 될 것이다. 너는 새로운 인품을 지니고서 새로운 위엄을 갖추게 될 것이고, 사람들은 너를 완전히 새롭게 보게 될 것이다." 이 본문은 이기는 그에게는 내가 흰 돌을 줄 터인데 그 돌 위에 새 이름을 기록한 것이 있나니 받는 자밖에는 그 이름을 알 사람이 없느니라(계 2:17)는 약속과 내가 하나님의 이름과 하나님의 성의 이름과 나의 새 이름을 그이 위에 기록하리라(계 3:12)는 약속에서 간접적으로 인용되고 있는 것으로 보인다. 그것은 아무것도

잘못 정하시는 법이 없는 여호와의 입으로 정하실 이름이다. 여호와는 사람들로 하여금 교회를 그가 준 이름으로 부르게 하실 것이다. 하나님의 판단은 진리대로 이루어지고, 모든 것은 조만간에 진리대로 이루어진다. 하나님은 교회에 두 가지 이름을 주실 것이다.

(1) 하나님은 교회를 그의 관(冠)이라 부르실 것이다(3절). 너는 여호와의 손의 아름다운 관이 될 것이다. 관은 머리에 씌워질 때에는 그것을 쓴 자에게 실제적인 존귀함이나 권능을 더하는데 사실 교회는 하나님께 무엇을 더하는 것이 아니기 때문에, 교회는 하나님의 머리에 씌워진 관이 아니라 그의 손에 들려진 관이라 일컬어진다. 하나님은 교회를 그의 영광이자 아름다움이라 여기시고, 그렇다는 것을 나타내시기를 기뻐하신다. 하나님께서 교회를 자기 백성으로 삼으신 것은 그들이 그에게 이름과 명예와 영광이 되게 하기 위한 것이다(렘 13:11). "너는 네 위에 있는 네 하나님의 선한 손으로 말미암아 아름다운 관과 왕관이 될 것이다. 하나님은 너를 그렇게 만드실 것이다. 왜냐하면, 하나님은 네게 아름다운 관이 되실 것이기 때문이다(사 28:5). 너는 그의 손에서, 즉 하나님의 보호하심 아래에서 그렇게 될 것이다. 네 위에 영광을 두실 하나님은 그 모든 영광 위에 덮개를 두실 것이기 때문에, 네 관에 있는 꽃들은 결코 시들지 않을 것이고 그 관에 박혀 있는 보석들은 결코 없어지지 않을 것이다."

(2) 하나님은 교회를 그의 정혼자라 부르실 것이다(4-5절). 이것은 한층 더 큰 영광인데, 특히 교회가 이전에 아무것도 의지할 것 없는 쓸쓸한 처지에 있었다는 것을 생각할 때에 더욱 그러하다.

[1] 교회의 처지는 지독하게 암울했었다. 포로 생활을 하는 동안 교회는 이혼을 해서 수치를 뒤집어 쓴 여인이나 그 어디에서도 위로받을 수 없게 남겨진 과부처럼 버림받은 자라 불렸고, 그 땅은 황무지라 불렸다. 교회는 복음이 전파되기 이전의 세상에서 신앙의 상태처럼 버림받고 황폐화되어서, 교회를 돌보거나 교회에 진정한 관심을 보이는 자가 아무도 없었다.

[2] 교회는 이제 매우 즐거운 처지가 될 것이다. 왜냐하면, 하나님이 다시 교회에 긍휼을 베푸실 것이기 때문이다. 교회는 이 수치스러운 두 가지 이름 대신에 이제 두 가지 존귀한 이름으로 불리게 될 것이다.

첫째, 교회는 헵시바라 불릴 것이다. 헵시바는 나의 기쁨이 그녀에게 있다를 의미한다. 이것은 히스기야의 왕후이자 므낫세의 모후였던 여인의 이름으로서

(왕하 21:1) 남편의 기쁨이 되었던 아내에게 적절한 이름이었다(잠 5:19). 여기서는 교회를 지으신 자가 교회의 남편이다. 여호와께서 너를 기뻐하신다. 하나님은 그의 은혜를 통해서 교회를 새롭게 하고 아름답게 단장하여 그에게로 이끌어 오셔서 그의 기쁨이 되게 하시는 일을 이루셨다. 그런 후에, 하나님은 그의 섭리를 통해서 교회가 그의 기쁨이라는 것과 그가 교회에 선을 행하기를 기뻐하신다는 것을 증명해 주는 일들을 행하신다.

둘째, 교회는 쁄라라 불릴 것이다. 쁄라는 결혼하였다는 것을 의미한다. 교회는 이전에 쓸쓸하게 지내며 결혼한 부인과는 정반대의 처지에 있었다(사 54:1). "네 땅이 결혼한 것처럼 될 것이다. 즉, 네 땅은 다시 비옥해져서 많은 소출을 내게 될 것이다." 교회는 오랫동안 아이를 낳지 못하였지만, 이제 다시 많은 자녀들을 두고서 가정을 꾸려나가며 자녀들을 즐겁게 하는 어머니가 될 것이다(시 113:9). 교회가 결혼한 것처럼 되리라는 것은 다음과 같은 것들을 의미한다

1. 교회의 아들들은 그들이 태어난 땅에서 어떤 위로가 되는 것을 누리지 못하였기 때문에 오랜 세월 동안 그 땅을 경시해 왔지만 이제는 마치 그 땅과 결혼한 것처럼 진심으로 그 땅을 소중히 여기게 될 것이다. 네 아들들이 너를 취하리라. 즉, 그들이 너와 함께 살면서 너를 기뻐할 것이다. 바벨론에 있을 때에 그들은 그 땅과 결혼한 것처럼 보였었다. 왜냐하면, 그들은 거기에 정착해서 평안히 살고자 했기 때문이다(렘 29:5-7). 그러나 이제 그들은 마치 청년이 처녀와 결혼하여 신부를 크게 기뻐하고 너무도 좋아하며 신부를 통해 많은 자녀들을 얻는 것처럼 다시 그들 자신의 땅과 결혼할 것이다. 어떤 땅에 원래부터 거주하였던 자들이 그 땅을 기뻐하여 다른 땅들보다 그 땅을 더 좋아하며, 그 땅의 방백들이 그 땅과 결혼하여 그 땅과 운명을 같이 하고자 결심한다면, 그것은 그 땅에게 좋은 징조이다.

2. 하나님이 의로써 네게 장가들 것이다(호 2:19-20). 하나님은 그의 교회를 기뻐하실 것이다. 신랑이 신부를 기뻐하고 그가 그녀의 남편이라는 것과 그녀가 그를 사랑한다는 것을 기뻐하듯이, 네 하나님이 너를 기뻐하실 것이다. 하나님은 너를 잠잠히 사랑하실 것이다(습 3:17). 하나님은 너를 기뻐하실 것이고(시 147:11), 그의 마음과 정성을 다하여 네게 복을 주시기를 기뻐하실 것이다(렘 32:41). 이것은 그리스도께서 그의 교회를 사랑하시고 흡족해 하시는 것에 그

대로 적용될 수 있다. 그리스도의 이러한 사랑은 아가서에 아주 분명하게 나타나 있는데, 천국에서는 더 온전한 모습으로 나타날 것이다.

[6]예루살렘이여 내가 너의 성벽 위에 파수꾼을 세우고 그들로 하여금 주야로 계속 잠잠하지 않게 하였느니라 너희 여호와를 기억하시게 하는 자들아 너희는 쉬지 말며 [7]또 여호와께서 예루살렘을 세워 세상에서 찬송을 받게 하시기까지 그로 쉬지 못하시게 하라 [8]여호와께서 그 오른손, 그 능력의 팔로 맹세하시되 내가 다시는 네 곡식을 네 원수들에게 양식으로 주지 아니하겠고 네가 수고하여 얻은 포도주를 이방인이 마시지 못하게 할 것인즉 [9]오직 추수한 자가 그것을 먹고 나 여호와를 찬송할 것이요 거둔 자가 그것을 나의 성소 뜰에서 마시리라 하셨느니라

이 단락에서는 예루살렘에 대하여 두 가지 약속이 주어진다.

I. 풍성한 은혜의 수단들을 주실 것임(6-7절).   그들에게는 좋은 설교와 선한 기도들이 차고 넘칠 것이다. 이것은 하나님께서 자기 백성에게 은혜를 베풀고자 하실 때에 어떤 방법을 사용하시는지를 보여준다. 하나님은 먼저 그들로 하여금 그들이 마땅히 해야 할 일들을 하게 하시고, 그들 위에 기도의 영을 부어주신다. 그런 후에, 하나님은 그들에게 구원을 가져다주신다.

1. 하나님께서는 사역자들로 하여금 파수꾼으로서의 그들의 의무를 다할 수 있게 하실 것이다. 하나님이 그들에게 행하고자 하시는 일을 위해서 그들의 성벽 위에 주야로 결코 잠잠하지 않을 파수꾼들을 세우시겠다는 말씀은 여기에서 그들에게 긍휼을 베푸시리라는 증표이자 전조(前兆)로 주어진다.

(1) 사역자들은 교회의 성벽 위에 있는 파수꾼들이다. 교회는 포위되어 있는 성읍과 같아서 성벽 위에 보초들을 세우고 원수의 움직임을 살펴서 보고하게 하는 데에 관심을 갖는다. 사역자들은 파수꾼으로서 깨어 있어서 자신의 임무를 충실하게 이행하여야 하고 임무를 수행할 때에 그 어떤 어려움도 기꺼이 잘 참아내야 한다.

(2) 사역자들은 밤낮으로 경계를 게을리하지 않아야 한다. 그들은 그들이 돌보는 영혼들이 위험에서 완전히 벗어나 있지 않는 한 결코 깨어서 지키는 일을 그만두어서는 안 된다.

(3) 사역자들은 결코 침묵을 지켜서는 안 된다. 그들은 때를 얻든지 못 얻든

지. 모든 기회를 활용해서 죄인들에게 경고하여야 하고, 기만적이거나 비겁한 침묵으로 그리스도를 배신해서는 결코 안 된다. 그들은 은혜의 보좌 앞에서 결코 잠잠하지 않아야 한다. 이스라엘이 아말렉과 싸워 승리를 쟁취해낼 때까지 모세가 그의 손을 들고 있었던 것처럼(출 17:10), 그들은 기도하고 낙심하지 말아야 한다.

2. 백성들은 자신의 본분을 다하게 될 것이다. 그들은 여호와의 이름을 부르는 자들로서 결코 침묵하지 않을 것이다. 그들은 그들의 파수꾼들이 그들을 위하여 기도하는 것으로 충분하다고 생각하는 것이 아니라, 스스로도 기도할 것이다. 하나님께서 장차 베푸실 긍휼을 엄숙한 의식(儀式)을 갖추어서 맞는 것만으로는 충분하지 않을 것이다.

(1) 하나님을 고백하는 백성은 여호와의 이름을 부르되, 그들의 땅이 버림받아서 황폐화된 악한 때에도 계속해서 그렇게 하는 법이다. 그들은 여호와를 기억나게 하는 자들(난외주에서는 이렇게 읽는다)이다. 그들은 스스로도 여호와를 기억할 뿐만 아니라, 서로서로에게 여호와를 기억나게 해준다.

(2) 하나님을 고백하는 백성은 기도하는 백성이어야 하고, 많은 사람들을 위하여 기도하는 자들이어야 하며, 기도를 통해서 하나님과 씨름하는 자들이어야 하고, 계속해서 그렇게 하는 자들이어야 한다. "너희는 쉬지 말며, 잠잠하지 말라. 점점 기도할 본분을 게을리하거나 기도하기에 지쳐서는 안 된다." 여호와로 쉬지 못하게 하라. 이 말씀은 과부가 재판관을 계속 찾아가서 애원을 하자 결국 그 재판관이 귀찮아서 과부의 청을 들어준 것과 같이 끈질기게 간구할 것을 당부하는 말씀이다. 하나님은 모세에게 내가 하는 대로 두라고 말씀하셨고(출 32:10), 야곱은 그리스도께 당신이 내게 축복하지 아니하면 가게 하지 아니하겠나이다라고 말하였다(창 32:26).

(3) 우리가 끈질기게 조르면 사람들은 보통 싫어하지만 하나님은 결코 싫어하지 않으시고, 오히려 그렇게 하라고 우리를 격려하신다. 하나님은 그에게 부르짖으라고 우리에게 명하신다. 주님은 소리를 지르며 간청하던 어떤 여자를 꾸짖었던 제자들과 같지 않으시다(마 15:23). 주님은 우리에게 은혜의 보좌 앞에 나와서 간절히 구하고 주님으로 하여금 쉬지 못하게 하라고 명하신다(눅 11:6, 8). 주님은 우리가 합당한 이유들을 대며 주님을 설득할 뿐만 아니라, 주님과 씨름하는 것을 좋아하신다.

(4) 우리가 은혜의 보좌 앞에서 가장 끈질기게 기도해야 할 제목은 하나님의 예루살렘이 다 잘 되고 형통하게 해 달라는 것이다. 우리는 교회의 유익을 위하여 기도하여야 한다.

[1] 교회가 안전하고, 여호와께서 교회를 견고히 세우시며, 교회의 세력이 탄탄해져서 이 세대에서만이 아니라 후대에서도 견고할 수 있도록.

[2] 교회가 큰 존재가 되어서 세상에서 찬송을 받게 하시고, 이로 말미암아 하나님께서도 찬송을 받으실 수 있도록. 복음의 진리들이 명확히 드러나고 그 진실함이 입증될 때, 복음의 규례들이 순수하고 능력 있게 행해질 때, 교회가 거룩과 사랑으로 유명해질 때, 그 때에 예루살렘은 이 세상에서 찬송을 받게 되고 명성을 얻게 된다.

(5) 우리는 하나님께서 긍휼을 베푸실 때까지 교회에 긍휼을 베풀어 달라는 우리의 기도를 멈추어서는 안 된다. 엘리야의 종이 손만한 작은 구름이 일어날 때까지 일곱 번이나 가보았듯이(왕상 18:44), 우리도 그렇게 하여야 한다.

(6) 하나님께서 그의 백성에게 기도의 영을 부어주셔서 그들로 하여금 열심을 가지고 끈질기게 중보기도를 하게 만드실 때, 그것은 하나님이 곧 그의 백성에게 긍휼을 베풀어 주실 것임을 보여주는 좋은 징조이다.

II. 그 밖의 다른 온갖 선한 것들도 풍성하게 주실 것임(8절). 이것들은 앞의 것에서 뒤따라 나오게 될 것들이다. 백성들이 하나님을 찬송하고, 모든 민족이 주를 찬양할 때, 땅이 그의 소산을 내어 줄 것이고(시 67:5-6), 경건의 절정에서 외적인 번영이 더해지면서 예루살렘은 이 세상에서 칭송의 대상이 될 것이다. 좀 더 살펴보자.

1. 그들이 처해 있었던 큰 환난과 그들이 입었던 손실들. 그 때에는 그들과 그들의 가족의 양식이 될 것이라고 생각되었던 곡식은 그들의 원수들이 먹는 양식이 되었었다. 이것은 그들에게 이중고를 안겨 주었다. 왜냐하면, 그들은 목숨을 부지하는 데에 필요한 양식조차도 구할 수가 없어서 죽을 위험에 처해 있었던 반면에, 원수들은 그들의 곡식으로 양식을 삼아서 오히려 힘이 더 강해져 그들을 한층 더 잘 괴롭힐 수 있게 되었기 때문이다. 하나님은 그들의 곡식을 그들의 원수들에게 주셨다. 하나님은 그들이 그들에게 주어진 풍요로움을 악용하고 이방인들과 같이 되어 버린 것에 대한 의로운 심판으로서 그것을 허용하셨을 뿐만 아니라 적극적으로 그것을 명하셨다(사 1:7). 그들이 애써 수고

하여 얻은 포도주, 환난 가운데서 그들의 무거운 마음을 달래기 위하여 그들에게 꼭 필요하였던 그 포도주를 이방인들이 탐욕을 만족시키기 위하여 마셔 버렸다. 하나님은 전에 그들의 죄와 관련해서 이러한 뼈아픈 심판을 경고하셨었다(레 26:16; 신 28:33). 피조물들이 주는 위로가 얼마나 불확실한지, 결코 그 누구도 빼앗아갈 수 없는 양식을 위하여 수고하는 것이 얼마나 지혜로운 일인지를 보라.

2. 그들에게 이제 다시 모든 것이 풍성해져서 그들이 만족하게 되리라는 것(9절). 오직 추수한 자가 그것을 먹고 여호와를 찬송하리라. 좀 더 살펴보자.

(1) 모든 것을 풍성하게 주시고 그 풍성함을 누릴 수 있도록 평안을 주시는 하나님의 긍휼. 땅은 그 소산을 풍성히 낼 것이고, 그 소산을 추수할 일손도 있을 것이며, 그들은 역병이나 질병으로 죽지 않을 것이고, 전쟁에 끌려가지도 않을 것이다. 우리가 그 소산을 거두었을 때에 이방인들과 원수들이 와서 그 소산을 우리에게서 빼앗아가는 일도 없을 것이다. 우리는 우리 손으로 수고한 것들을 먹을 것이고, 우리가 먹을 떡을 누가 우리 입에서 빼내가는 일이 없을 것이다. 특히, 우리는 그 소산으로 인해서 하나님께 영광을 돌릴 기회를 갖게 될 것이고, 진심으로 하나님께 영광을 돌릴 것이며, 하나님의 궁정이 우리에게 개방되어 있어서, 우리는 언제든지 하나님의 궁정에서 하나님을 모시는 데에 제약을 받지 않을 것이다.

(2) 하나님의 이러한 긍휼하심을 누림에 있어서 우리가 해야 할 본분. 우리는 하나님이 우리에게 주시는 것들을 정성을 다해서 추수하여야 한다. 우리는 그 소산을 자유롭고 기쁜 마음으로 먹어야 하고, 하나님이 풍성하게 주신 선물들을 땅에 묻어두지 말고 잘 활용하여야 한다. 하나님이 주신 소산들을 먹고 배부를 때, 우리는 여호와를 찬송하고, 우리에게 후하게 주시는 것에 대하여 하나님께 감사하여야 한다. 우리는 하나님이 우리에게 주신 풍성한 것을 하나님을 섬기는 일이나 경건과 구제의 일에 사용하여야 하고, 제단과 제사장과 가난한 자들이 모두 각자의 몫을 가지고 있는 여호와의 성소 뜰에서 그것을 먹고 마셔야 한다. 하나님이 주시는 먹을 것과 마실 것 속에서 선한 자가 갖는 가장 큰 위로는 그가 그것을 가지고 그의 하나님 여호와를 위해 소제(meat-offering)와 전제(drink-offering)를 드릴 수 있게 되었다는 것이다(욜 2:14). 하나님이 재물을 주셨을 때에 선한 자가 갖는 가장 큰 위로는 이제 그가 그 재물로 하나님께

영광을 돌리고 선을 행할 수 있는 기회를 얻게 되었다는 것이다. 이 포도주는 하나님의 성소 뜰에서 마셔야 한다. 즉, 여호와 앞에서처럼 절제해서 적당히 마셔야 한다.

3. 하나님께서 이 약속을 엄숙하게 재확인하심. 여호와께서 자기 백성을 위하여 이 일을 하시겠다고 그 오른손, 그 능력의 팔로 맹세하셨다. 하나님은 그와 그의 말씀을 믿고 의지하는 자기 백성이 큰 안위를 받게 하기 위하여 맹세로 이 약속을 확증하신다(히 6:17-18). 하나님은 자기보다 더 큰 이가 없기 때문에 자기 자신을 걸고서 맹세하시는데, 어떤 때는 자신의 존재를 걸고서(나의 삶을 두고 맹세하노니, 겔 33:11), 어떤 때는 자신의 거룩하심을 걸고서(시 89:35), 여기에서는 자신의 능력, 자신의 오른손(맹세할 때에는 오른손을 들었다, 신 32:40), 자신의 능력의 팔을 걸고서 맹세하신다. 왜냐하면, 하나님의 약속에 소망을 두는 자들에게는 하나님께서 약속하신 그것을 능히 이루실 줄을 확신하는 것은 큰 만족이 되기 때문이다(롬 4:21). 하나님은 이것을 우리에게 확신시키기 위하여 그의 능력, 그의 전능하심을 걸고 맹세하셨다. 만약 하나님이 자신의 약속을 이행하지 않으신다면, 여호와가 능력이 없었으므로 그 약속을 이행할 수 없었다고 사람들이 말하여도 하나님은 할 말이 없으실 것이었다. 하지만, 애굽인들이든 그 누구든 그런 말을 결코 하게 되지 않을 것이다(민 14:16). 중보자께서 앉아 계시는 하나님의 우편에서 하나님의 능력이 그들을 위하여 발휘되리라는 것은 하나님의 백성에게 큰 위로가 된다.

[10]성문으로 나아가라 나아가라 백성이 올 길을 닦으라 큰 길을 수축하고 수축하라 돌을 제하라 만민을 위하여 기치를 들라 [11]여호와께서 땅 끝까지 선포하시되 너희는 딸 시온에게 이르라 보라 네 구원이 이르렀느니라 보라 상급이 그에게 있고 보응이 그 앞에 있느니라 하셨느니라 [12]사람들이 너를 일컬어 거룩한 백성이라 여호와께서 구속하신 자라 하겠고 또 너를 일컬어 찾은 바 된 자요 버림 받지 아니한 성읍이라 하리라

이 단락은 앞에서 보았던 많은 단락들과 마찬가지로 유대인들이 바벨론으로부터 건지심을 받게 될 것에 대하여 말하고 있고, 그런 모형과 비유 아래에서 예수 그리스도께서 이루실 큰 구속과 그로 말미암아 복음의 은혜와 자

유가 선포될 것을 말하고 있다.

1. 이 구원을 위한 길이 만들어질 것이다. 모든 난관들이 제거될 것이고, 그 길을 가로막는 것은 무엇이든지 그 길에서 제거될 것이다(10절). 그들이 활보하며 걸어나갈 수 있도록, 바벨론 성의 문들이 활짝 열릴 것이다. 바벨론에서 이스라엘 땅으로 가는 길이 준비될 것이다. 진창이나 수렁으로 된 곳들은 메워져서 도로가 날 것이고, 거칠고 돌이 많은 곳들에서는 돌이 제거될 것이다. 또한, 그들이 서로 합류하기로 되어 있는 장소들에는 그들로 하여금 정확히 방향을 잡고 좀 더 안전하게 길을 진행할 수 있도록 하기 위하여 깃발들이 세워질 것이다. 이렇게, 세례 요한은 주의 길을 준비하기 위하여 보내심을 받았다(마 3:3). 그리스도께서 은혜와 위로로 어떤 사람을 구원하러 오시기 전에, 회개를 통하여 그리스도를 맞을 준비가 이루어지는데, 이러한 준비는 평안의 복음의 준비라 불린다(엡 6:15). 여기에서는 회개를 통하여 그 길을 평평하게 하라고 말하고 있고, 에베소서에는 회개를 발에 신으라고 되어 있지만, 이 둘은 모두 여행을 위한 것이기 때문에 그 뜻은 매한가지이다.

2. 이 구원이 공개적으로 선포될 것이다(11-12절). 포로로 잡혀온 자들에게 그들이 해방되었으니 가고 싶으면 가도 좋다는 영(令)이 선포될 것이다. 하나님께서 사람들로부터 이제껏 멸시당하였고 상처받았던 시온의 의로운 주장을 받아들이셨다는 것이 그들 주변의 모든 이웃들에게와 땅 끝까지 선포될 것이다. 사람들은 시온을 위로하기 위하여 보라 네 구원이 이르렀느니라(즉, 네게 구원을 가져다주시는 네 구원자가 이르렀느니라)고 말하게 될 것이다. 구원자는 이 구원을 통해서 모든 사람들이 찬탄을 금치 못할 그러한 상급, 즉 위로와 평강이라는 상급을 그들에게 가져다주실 것이다. 그러나 이 구원자가 오시기 앞서 하나님의 백성이 그들의 고난에 대한 보상을 받도록 준비될 수 있도록 하기 위하여 그들을 낮추시고 새롭게 하시는 역사(役事)가 있을 것이다. 그 결과, 이 각각의 역사와 관련해서 그들은 거룩한 백성과 여호와께서 구속하신 자로 불리게 될 것이다. 구원자가 이르기 전에 그들에게 이루어질 역사로 말미암아 그들은 우상 숭배에 이끌리는 성향을 치료받고 오직 하나님께 성별되어 거룩한 백성이라 불리게 될 것이다. 또한, 그들에게 주어질 상급, 그들에게 베풀어질 구원으로 말미암아 그들은 여호와께서 구속하신 자, 즉 하나님의 소유가 되기 위하여 다른 자가 아닌 하나님에 의해서 구속받은 자들, 하나님의 종이 되도록

하나님에 의해서 종살이에서 놓여난 자들이라 불리게 될 것이다. 그 때에 예루살렘은 찾은 바 된 자요 버림받지 아니한 성읍이라 불리게 될 것이다. 예루살렘은 오랜 세월 동안 버려졌었다. 예전에는 예루살렘으로 가는 길을 묻는 상인이나 예배자들이 많았었지만, 한동안 그런 발길은 뚝 끊어졌었다. 그러나 이제 하나님께서는 다시 예루살렘을 중요한 성읍으로 만드실 것이다. 사람들은 예전처럼 예루살렘을 중요한 성읍으로 여겨서 거기로 가는 길을 물으며 거기를 빈번하게 드나들게 될 것이다. 예루살렘은 거룩한 성읍으로 불리게 될 때에 찾은 바 된 자로도 불리게 될 것이다. 왜냐하면, 거룩함은 어떤 곳이나 사람에게 존귀와 아름다움을 더해주고 존경하는 마음을 불러일으켜서, 사람들로 하여금 그 곳이나 사람을 공경하고 사랑하여 자주 찾게 만들어 주기 때문이다. 그러나 본문에서 이것이 세상 끝까지 선포되리라고 말하고 있는 것으로 보아서, 이것은 모든 피조물에게 전파되도록 되어 있는 그리스도의 복음을 가리키고 있음에 틀림없다. 이 말씀은 다음과 같은 것들을 가리킨다.

(1) 그리스도의 영광. 이것은 직접적으로는 교회에 계시되지만, 교회로부터 모든 민족과 나라로 퍼져나간다. 보라, 네 구원이 이르렀느니라. 그리스도는 구원자이실 뿐만 아니라 구원 자체이기도 하다. 왜냐하면, 믿는 자들의 행복은 그리스도께로부터 나올 뿐만 아니라 그리스도 안에 있기 때문이다(사 12:2). 그리스도의 구원은 그가 행하신 일뿐만 아니라 그가 가져오신 상급에도 있기 때문이다. 그리스도의 소유인 자들은 빈둥거리지도 않을 것이고 그들이 수고한 것을 잃지도 않을 것이다.

(2) 교회의 아름다움. 그리스도인들은 성도(고전 1:2), 거룩한 백성이라 불릴 것이다. 왜냐하면, 그들은 거룩하게 하심을 통하여 구원을 받게 하기 위하여 택하심을 받고 부르심을 받은 자들이기 때문이다. 그들은 여호와께서 구속하신 자라 불리게 될 것이다. 그들이 자유를 얻은 것은 여호와 덕분이기 때문에, 그들은 여호와를 섬겨야 하는 빚을 지고 있다. 그들은 이 두 가지를 시인하는 것을 부끄러워하지 않을 것이다. 거룩한 백성인 자들 외에는 그 누구도 여호와께서 구속하신 자라 일컬음을 받지 못할 것이다. 하나님께서 값 주고 사신 백성은 거룩한 백성이다. 그들은 찾은 바 된 자라 불리게 될 것이다. 그들이 아주 먼 곳에 흩어져 있거나 수많은 군중 속에 가려져 있더라도, 하나님은 그들을 찾아내실 것이다. 사람들도 그들에게 합류하기 위하여 그들을 찾아낼 것이고, 찾아내어 다시

는 그들을 버리지 않을 것이다. 거룩한 백성과 사귀는 것은 그들의 행실을 배울 수 있어서 좋고, 여호와께서 구속하신 자들과 사귀는 것은 구속의 축복들에 동참할 수 있어서 좋다.

제
— 63 —
장

개요

이 장에는 다음과 같은 내용들이 나온다. I. 하나님께서 긍휼과 구원을 가지고서 자기 백성에게 오시리라는 것. 이 내용은 시온에게 "보라, 네 구원이 이르렀느니라"고 말하였던 앞 장의 끝 부분과 연결되어 있다. 왜냐하면, 여기에서는 그 구원이 어떻게 이를 것인지를 보여주기 때문이다(1-6절). II. 하나님의 백성이 기도로써 하나님을 맞이하고, 합당한 애정을 가지고서 하나님께 아뢰리라는 것. 이 부분은 다음 장의 끝 부분으로 이어진다. 1. 하나님이 그들에게 베풀어 주셨던 큰 은총들에 대하여 감사함(7절). 2. 하나님과 그들의 관계(8절), 그들에 대한 하나님의 자비(9절), 그들의 무가치함(10절)을 생각하고서 하나님의 이러한 은총들을 찬양함. 이것은 하나님과 그들에게 이전의 긍휼들을 상기시켜 주는 계기가 됨(11-14절). 3. 하나님의 긍휼하심(15절), 하나님에 대한 그들의 관계(16절), 하나님을 향한 그들의 소원(17절), 그들의 원수들이 보여준 오만방자함(18-19절)을 들어서, 그들을 위하여 나타나셔서 현재의 환난에서 그들을 건져주시라고 하나님께 아주 겸손하고 간절하게 기도함. 따라서 전체적으로 우리는 적극적인 신앙으로 하나님의 약속들을 부여잡고서, 기도와 찬송 속에서 그것들을 적극적으로 선용하여야 한다는 것을 배우게 된다.

¹에돔에서 오는 이 누구며 붉은 옷을 입고 보스라에서 오는 이 누구냐 그의 화려한 의복 큰 능력으로 걷는 이가 누구냐 그는 나이니 공의를 말하는 이요 구원하는 능력을 가진 이니라 ²어찌하여 네 의복이 붉으며 네 옷이 포도즙틀을 밟는 자 같으냐 ³만민 가운데 나와 함께 한 자가 없이 내가 홀로 포도즙틀을 밟았는데 내가 노함으로 말미암아 무리를 밟았고 분함으로 말미암아 짓밟았으므로 그들의 선혈이 내 옷에 튀어 내 의복을 다 더럽혔음이니 ⁴이는 내 원수 갚는 날이 내 마음에 있고 내가 구속할 해가 왔으나 ⁵내가 본즉 도와주는 자도 없고 붙들어 주는 자도 없으므로 이상하게 여겨 내 팔이 나를 구원하며 내 분이 나를 붙들었음이라 ⁶내가 노함으로 말미암아 만민을 밟았으며 내가 분함으로 말미암아 그들을 취하게 하고 그들의 선혈

이 땅에 쏟아지게 하였느니라

이 단락에서는 영광스러운 승리에 대하여 먼저 질문이 던져지고 다음으로 설명이 주어진다.

1. 이 승리는 하나님의 섭리로 말미암아 이스라엘의 원수들에 대하여 거둔 승리이다. 어떤 이들은 이 본문이 하나님께서 고레스를 사용하여 바벨론 사람들을 정복하신 일을 가리키는 것으로서, 고레스가 에돔 땅에서 이기고 개선하는 모습을 선지자 이사야가 가장 먼저 보는 것으로 묘사하고 있다고 말한다. 그러나 바벨론 땅은 언제나 북방의 땅으로 불리는 반면에 에돔은 예루살렘 남방에 있어서 이 정복자가 에돔 땅을 거쳐서 개선하는 일은 있을 수 없기 때문에 그러한 주장은 결코 받아들여질 수 없다. 따라서 여기에서 말하는 승리는 에돔 자체에 대하여 거둔 승리를 가리킨다고 보아야 한다. 에돔 사람들은 예루살렘이 갈대아인들에 의해서 멸망당한 것을 고소해하였고(시 137:7), 뿐만 아니라 갈대아인들을 피해서 에돔으로 피신하였던 유다인들을 죽이기까지 하였다(옵 1:12). 이 때문에 에돔은 바벨론이 징벌을 받을 때에 함께 징벌을 받게 되었다. 우리는 이 예언이 역사상에서 성취된 사건을 현존하는 기록 속에서는 찾아볼 수 없지만 보스라가 황폐함이 되었을(렘 49:13) 때에 성취되었을 것임에 틀림없다. 에돔에 대한 이러한 승리는 이스라엘의 원수들이었던 다른 나라들에 대한 동일한 승리들의 한 예 또는 표본으로 제시된 것이다. 이렇게 특별히 에돔에 대한 승리가 제시된 이유는 야곱에 대한 에서의 해묵은 적대감 때문이었고(창 27:41), 또한 다윗이 에돔에 대하여 거둔 영광스러운 승리를 은연중에 암시하고자 한 때문인 것 같다. 다윗은 에돔에 대하여 승리를 거두었을 때에 다른 어느 전쟁에서 승리를 거두었던 때보다도 더 명성을 떨쳤다(시 60:1; 삼하 8:13-14). 그러나 이것이 전부가 아니다.

2. 이 승리는 하나님의 은혜로 말미암아 그리스도께서 우리의 영적 원수들에 대하여 거두신 승리이다. 성경에서는 하나님의 말씀이라 하는 분이 피에 절은 옷을 입고 계신 것으로 묘사한다(계 19:13). 그리고 우리는 그가 누구신지를 아주 잘 안다. 왜냐하면, 우리가 통치자들과 권세들을 넉넉히 이길 수 있게 된 것은 그러한 악한 영들을 십자가 위에서 무력화시키고 승리하신 바로 그분 덕분이기 때문이다.

이 승리에 관한 묘사 속에서 우리는 다음과 같은 것들을 본다.

I. 정복자가 누구시냐고 찬탄하며 던지는 질문(1-2절).   이 질문을 던지는 자는 교회이거나, 선지자가 교회의 이름으로 이 질문을 던지는 것이다. 선지자는 큰 능력을 지닌 용사가 피비린내 나는 전장(戰場)에서 승리를 거두고 개선하는 모습을 보고서, 담대하게 두 가지 질문을 용사에게 던진다.

1. 그가 누구냐. 선지자는 그가 용사에게 어울리는 영광스러운 옷, 즉 수를 놓거나 색실로 장식된 옷이 아니라 피와 먼지로 얼룩진 옷을 입고서 에돔 땅에서 오는 것을 본다. 선지자가 보기에, 그는 겁을 집어먹거나 피곤에 지친 모습이 아니라 조금도 지친 기색이 없이 큰 능력으로 걸어 오고 있다.

> 그의 모습은 승리를 거둔 자로서 당당하고
> 그의 표정과 의복은 존귀함을 입었도다.
> 그의 발걸음은 얼마나 힘 있는가! 그의 걷는 모습은 얼마나 당당한가!
> 당당하고 엄숙한 그의 발걸음은
> 그의 얼굴만큼이나 위엄으로 가득 차 있다.
> 큰 능력을 지닌 이 용사는 대체 누구란 말인가 — 누구?   — 노리스

누구냐라는 질문은 여호수아가 여리고에 가까이 이르렀을 때에 손에 칼을 빼어 들고 그에게 나타난 그 동일한 인물에게 던진 질문과 동일한 의미를 지닌다(수 5:13). 너는 우리를 위하느냐 우리의 적들을 위하느냐. 또는, 이 질문은 이스라엘이 여호와를 경배하면서 던진 질문과 동일한 의미를 지닌다고 할 수도 있다(출 15:11). 여호와여, 신 중에 주와 같은 자가 누구니이까.

2. 또 하나의 질문은 이것이다. "어찌하여 네 의복이 붉으냐. 네가 어떤 힘들고 고된 일을 하였기에 수고와 위험을 보여주는 이러한 증표들을 지니고 있는 것이냐?" 사람들을 두렵게 만드는 위엄을 그 얼굴에 지닌 분이 종이나 하는 포도즙틀을 밟는 비천한 일을 하는 데에 사용받는다는 것이 과연 가당키나 한 일인가? 분명 그런 것은 가당치 않다. 실제로 구속주에게 영광이 되는 이 일은 얼핏 보면 큰 권세를 지닌 왕이 포도나무 가지를 자르는 일이나 농부의 일을 하는 것처럼 구속주의 위신을 떨어뜨리는 일인 것처럼 보인다. 왜냐하면, 겉모습으로는 구속주께서는 종의 형체를 가지시고 종의 표지(標識)들을 지니고 계셨기

때문이다.

Ⅱ. 그가 주시는 놀라운 대답.

1. 그는 자기가 누구인지를 말씀하신다. 그는 나이니 의를 말하는 이요 구원하는 능력을 가진 이니라. 그는 구원자이시다. 하나님은 이스라엘을 압제자들의 손아귀에서 빼내신 구원자이셨고, 주 예수는 우리의 구원자이시다. 우리 주님의 이름인 예수는 구원자 또는 구주를 의미한다. 왜냐하면, 그는 자기 백성을 그들의 죄에서 구원하시는 분이시기 때문이다. 그는 우리에게 구원을 베풀어주심으로써 다음과 같은 것들을 우리로 알게 하실 것이다.

(1) 그가 행하시는 일과 관련된 그의 약속이 진실하다는 것. 그는 의를 말하는 이이시기 때문에, 그가 한 모든 말을 다 이루실 것이다. 그가 하신 말씀과 그가 행하신 일을 서로 비교해 보면, 우리는 그가 행하신 일은 그가 하신 말씀이 옳다는 것을 실증해 주고, 그가 하신 말씀은 그가 행하시는 일이 옳다는 것을 보여준다는 것을 알게 된다.

(2) 그가 행하시는 일에서 보여주시는 그의 능력은 반드시 그 일을 이루는 효력을 지니고 있다는 것. 그는 구원하는 능력을 가진 이로서 그 행하시는 길에 어떤 어려움과 반대가 있다고 할지라도 약속하신 구속을 반드시 이루실 수 있으시다.

> 약속을 충실히 지키고,
> 사망과 음부와 무덤의 권세를
> 모든 것을 이기는 이 손으로 물리쳤으며,
> 구원할 모든 준비를 갖추고 있고, 구원할 능력도 있는 이가
> 바로 나이다.　　　　　　　　　　　　　　　　　　　— 모리스

2. 그는 왜 그가 이런 모습으로 나타나게 되었는지를 말씀하신다(3절). 내가 홀로 포도즙틀을 밟았다. 그는 승리를 거두고 개선하는 중에도 아주 겸손하셔서 그를 포도즙틀을 밟는 자에 비유하는 것을 코웃음치지 않으시고, 도리어 그러한 비유를 받아들이셔서 계속해서 이어가신다. 그는 실제로 포도즙틀을 밟으셨지만, 그 틀은 저 하나님의 진노의 큰 포도주틀이다(계 14:19). 그 틀 속으로 우리 죄인들이 마땅히 던져져야 했지만, 그리스도께서는 우리의 원수들을 그 틀 속

에 던져 넣으시고 죽음의 세력을 잡은 자를 멸하셔서 우리를 구원하시기를 기뻐하셨다. 여기에 예언되고 있는 것처럼 하나님께서 종종 이스라엘 백성의 원수들에 대하여 피비린내 나는 살육을 감행하신 것은 그리스도께서 장차 행하실 바로 이 일의 모형이자 비유였다. 이 이기신 이가 그의 승리에 대하여 어떤 설명을 하고 계시는지를 눈여겨보라.

(1) 그는 순수하게 자신의 힘만으로 이 승리를 얻어내신다. 내가 홀로 포도즙 틀을 밟았다(3절). 하나님께서 자기 백성을 구원하시고 원수들을 멸하실 때에 비록 도구들을 사용하셨다고 해도 그 도구로 사용된 자들이 하나님께 꼭 필요한 것은 아니었다. 하나님께서 자기 백성에게 구원을 베푸실 때에 그 백성은 그 어떤 조력을 할 처지에 있지 못했다. 그들은 약하고 힘이 없었으며, 그들 자신을 구원하기 위해 어떤 일을 할 수 있는 형편이 되지 못하였다. 그들은 절망에 빠져서 그들의 구원을 위해서 무엇을 하고자 하는 의욕조차 없었다. 포로로 잡혀 있던 자들이나 그들의 친구들에게는 그들을 포로 생활에서 벗어나게 하기 위하여 아주 작은 몸짓조차도 할 의욕이 없었다(5절). "우리가 충분히 예상할 수 있듯이, 그들 중에는 담대하고 적극적인 심령을 지닌 자가 아무도 없었기 때문에, 내가 본즉 도와주는 자가 없었다. 그들을 구원하기 위하여 앞장서는 자만 없는 것이 아니라, 이상하게도 붙들어 주는 자, 즉 그들의 압제자들과 싸우는 고레스를 옆에서 조금 도와줄 자도 없었다. 그래서, 내 팔이 구원을 이루었다. 그 구원은 피조된 세력이나 능력으로 말미암아서가 아니라 내 팔인 만군의 여호와의 영으로 말미암아 이루어졌다." 다른 모든 돕는 자들이 실패한다고 해도 하나님은 도우실 수 있으시다는 것을 명심하라. 아니, 다른 모든 도움이 실패할 바로 그 때가 하나님께서 도우실 때이다. 바로 그런 이유로, 하나님은 그의 능력으로 말미암아 더욱더 영광을 받으시게 된다.

그러나 이 말씀은 그리스도께서 단 한 번의 전투를 통해서 우리의 영적 원수들에 대하여 거두신 승리에 가장 온전히 적용될 수 있는 말씀이다. 그는 홀로 아버지의 진노의 포도주틀을 밟으셨고, 그것을 통해서 통치자들과 권세들을 이기셨다(골 2:15). 만민 가운데 나와 함께 한 자가 없었다. 왜냐하면, 그가 어둠의 권세와의 본격적인 접전을 시작하셨을 때에 그의 모든 제자들은 그를 버리고 도망쳤기 때문이다. 도와주는 자도 없었고, 실제로 도와 줄 수 있는 자나 감히 나서서 도와주고자 하는 자도 없었다. 틀림없이, 그는 그가 하는 이 일에 사람들의 생사가 달려 있는 데도 사람들 가운데서 그를 붙들어 주는 자도 없을 뿐만 아니라, 도리어 있는 힘을 다해서 이 일을 반대하고 방해하고자 하는 자들이 너무도 많은 것을 보시고 의아해하셨을 것이다.

(2) 그는 순전히 자신의 열심에 의해서 이 싸움을 수행하신다. 그는 노함으로 그리고 분함으로 그의 원수들을 짓밟는다(3절). 분이 그를 붙들고 있고, 바로 이 분노가 그로 하여금 이 일을 계속해서 해나가시게 만든 원동력이었다(5절). 하나님께서 압제받는 유대인들을 위하여 구원을 베푸신 것은 순전히 압제하는 바벨론 사람들, 그들의 우상 숭배와 주술, 그들의 교만함과 잔혹함, 그들이 자기 백성에게 자행한 온갖 행패들에 대하여 극히 분노하셨기 때문이었다. 그들의 가증스러운 일들이 점차 늘어가고, 그들이 더욱더 오만방자하고 포악해질수록, 하나님의 화(anger)는 분노(fury)로 변해갔다. 우리 주 예수께서는 아버지의 영광과 인간의 행복을 위한 열심, 사탄이 이 두 가지를 짓밟고자 시도해 온 온갖 대담한 공작(工作)들에 대한 거룩한 분노 속에서 우리의 구속을 이루어내셨다. 이 열심과 분노는 그가 구속 사역을 이루어내실 때까지 내내 그를 붙들고 있었다. 그에게 원동력이 되었던 이 열심은 두 가지 측면을 지니고 있었다.

[1] 그는 그와 그의 백성을 대적하는 원수들을 물리치고자 하시는 열심을 지니고 계셨다. 원수 갚는 날, 그들에게 원수를 갚기로 영원 전부터 계획되어 있는 그 날이 내 마음에 있다(4절). 이것은 그의 마음속에 새겨져 있었기 때문에, 그가 이것을 잊어버리거나 이것이 그의 마음에서 빠져나가는 일은 있을 수 없었다. 그의 마음은 이것으로 가득 차 있었고, 이것은 그의 마음에 하나의 무거운 짐으로 자리잡고 있었기 때문에, 그는 이 성전(聖戰)을 지극한 열심으로 추진해 갈 수 있었다. 하나님께서 원수를 갚으실 날이 정해져 있고, 그 날은 오랫동안 지체될 수는 있지만 반드시 온다는 것을 명심하라. 구속주께서도 그 날을 항상 마음에 두고 계셨지만 그 날이 올 때를 기다리신 것을 생각하면, 우리도 기쁜 마음으로 그 날을 기다릴 수 있을 것이다.

[2] 그는 자기 백성을 위한 열심, 이 구원에 동참하도록 만들고자 하는 모든 자들에 대한 열심을 지니고 계셨다. "내가 구속할 해, 그들이 구속받기로 정해진 해가 왔다." 이스라엘이 애굽에서 건지심을 받기로 정해진 해가 있었고, 하나님은 그 때를 날까지도 지키셨다(사백삼십 년이 끝나는 그 날에, 출 12:41). 그

들이 바벨론에서 놓여난 때도 그러하였고(예루살렘의 황폐함이 칠십 년만에 그치리라, 단 9:2), 그리스도께서 마귀의 일을 멸하기 위하여 오신 때도 그러하였으며, 교회가 온갖 곤경에서 구원받는 모든 때도 그러하다. 구원하는 자는 바로 그 날을 항상 마음에 새겨두고 계신다. 본문을 좀 더 살펴보자.

첫째, 그는 지극히 즐거운 마음으로 자기 백성에 대하여 말한다. 그들은 그가 구속한 자들이다. 그들은 그의 소유로서 그에게 사랑스러운 자들이다. 그들의 구속은 아직 이루어지지 않았지만, 그 구속은 이미 이루어진 것이나 다름없을 정도로 확실한 것이었기 때문에, 그는 그들을 그가 구속한 자들이라 부른다.

둘째, 그는 지극히 즐거운 마음으로 자기 백성의 구속에 대하여 말한다. 그는 치열한 접전이 충분히 예상되는 일인데도 때가 온 것을 너무나 기뻐한다. "내가 구속한 자들의 해가 이제 이르러서, 보라, 내가 왔노라. 더 이상 연기되는 일은 없을 것이다. 내가 일어나리니 이제 내가 바로에게 하는 일을 네가 보리라고 여호와께서 말씀하신다." 우리는 정해진 때가 올 때까지 약속된 구원을 인내로써 기다려야 한다는 것을 명심하라. 그렇지만, 우리는 그 약속들을 기도하는 가운데 기다려야 한다. 그리스도께서 내가 진실로 속히 오리라고 말씀하셨기 때문에, 우리의 마음은 주 예수여, 오시옵소서 구속의 해가 오게 하소서라고 화답하여야 한다.

(3) 그는 원수들에 대하여 완벽한 승리를 거두실 것이다.

[1] 많은 일들이 이미 이루어져 있다. 왜냐하면, 그는 지금 그의 의복을 붉게 물들인 가운데 나타나셨기 때문이다. 이 승리자의 옷이 온통 피로 물든 것은 원수들이 엄청난 피를 흘렸기 때문이다. 이것은 아주 오래 전에 야곱이 죽으면서 실로(즉, 그리스도)에 대하여 예언한 말 속에 이미 들어 있었다. 여기에 나오는 본문은 그 예언에 나오는 한 구절, 즉 그가 그 옷을 포도주에 빨며 그의 복장을 포도즙에 빨리로다라는 구절(창 49:11)을 은연중에 인용하고 있는 것 같다.

> 나는 핏방울들로 장식된 옷을 입고 서서
> 내 원수의 피로 나의 승전보를 썼노라.　　　　　　－ 노리스

적그리스도의 세력이 멸망할 때에 엄청난 피가 뿌려진다(계 14:20; 19:13). 그렇지만, 예언 특유의 어법에 비추어 볼 때에 우리는 이런 말씀을 영적으로

이해할 수 있고, 여기에 나오는 말씀도 마찬가지이다.

[2] 더 많은 일들이 장차 이루어질 것이다(6절). 내가 노함으로 말미암아 나를 대적하여 끝까지 버티는 만민을 밟으리라. 왜냐하면, 구속주께서는 구속할 해가 왔을 때에 승승장구하며 계속해서 이기고 또 이기실 것이기 때문이다(계 6:2). 그는 시작하신 일을 반드시 마치실 것이다. 그가 교회의 원수들에 대한 그의 승리들을 어떻게 마무리하실 것인지를 주목해 보라.

첫째, 그는 그들을 얼빠지게 만드실 것이다. 그는 그들을 술에 취하게 만드실 것이기 때문에, 그들의 모략 속에는 분별력도 없고 견고함도 없게 될 것이다. 그들은 그의 분노의 잔을 마시고서 취하게 될 것이다. 또는, 그는 그들을 그들 자신의 피로 취하게 만드실 것이다(계 17:6). 방탕의 잔에 취하여 광분하는 자들은 하나님이 그들에게 두렵고 떨리는 잔, 그의 분노의 잔을 주어 취하게 하시기 전에 얼른 회개하고 삶을 고쳐야 한다.

둘째, 그는 그들을 연약하게 만드실 것이다. 그는 그들의 힘을 약하게 만들어서 그들로 하여금 땅바닥에 쓰러지게 만드실 것이다(개역에서는 그들의 선혈이 땅에 쏟아지게 하였느니라). 전능자를 대적하여 버텼으니 그들에게 무슨 힘이 남아 있을 수 있겠는가?

7내가 여호와께서 우리에게 베푸신 모든 자비와 그의 찬송을 말하며 그의 사랑을 따라, 그의 많은 자비를 따라 이스라엘 집에 베푸신 큰 은총을 말하리라 8그가 말씀하시되 그들은 실로 나의 백성이요 거짓을 행하지 아니하는 자녀라 하시고 그들의 구원자가 되사 9그들의 모든 환난에 동참하사 자기 앞의 사자로 하여금 그들을 구원하시며 그의 사랑과 그의 자비로 그들을 구원하시고 옛적 모든 날에 그들을 드시며 안으셨으나 10그들이 반역하여 주의 성령을 근심하게 하였으므로 그가 돌이켜 그들의 대적이 되사 친히 그들을 치셨더니 11백성이 옛적 모세의 때를 기억하여 이르되 백성과 양 떼의 목자를 바다에서 올라오게 하신 이가 이제 어디 계시냐 그들 가운데에 성령을 두신 이가 이제 어디 계시냐 12그의 영광의 팔이 모세의 오른손을 이끄시며 그의 이름을 영원하게 하려 하사 그들 앞에서 물을 갈라지게 하시고 13그들을 깊음으로 인도하시되 광야에 있는 말 같이 넘어지지 않게 하신 이가 이제 어디 계시냐 14여호와의 영이 그들을 골짜기로 내려가는 가축 같이 편히 쉬게 하셨도다 주께서 이와 같이 주의 백성을 인도하사 이름을 영화롭게 하셨나이다 하였느

니라

　　선지자는 이 장의 후반부와 다음 장에서 성벽에 오른 파수꾼으로서 하나님의 교회가 현재 처해 있는 통탄스러운 처지를 가슴 아파하며 그 교회를 구원해 주시기를 하나님께 간절히 기도하기에 앞서서, 먼저 여기에서 하나님께서 교회를 세우신 이래로 지금까지 내내 교회에 대하여 어떻게 행하셨는지를 돌아보며, 교회의 이름으로 감사한다. 이렇게 기도 속에서 이전 일들을 되돌아보는 것은 하나님의 백성이 늘 하는 일이었다.

I. 선지자는 하나님께서 내내 그들에게 선하셨고 은총을 베푸셨다는 것을 인정함(7절).　앞에서 선지자는 하나님의 선지자들과 하나님의 사람들이 계속해서 여호와에 대하여 말하며 잠잠하지 않았다고 말하였었다(사 62:6). 그런데 여기에서 우리는 그들이 여호와에 대하여 특히 무엇을 말하기를 기뻐하였는지를 듣게 되는데, 그것은 바로 여호와의 선하심 또는 은총이었다. 선지자도 여기에서 마치 여호와의 선하심 또는 은총에 대해서는 아무리 말해도 결코 충분할 수 없다고 생각하는 양 그것에 대하여 말한다. 선지자는 하나님의 자비(우리를 구원하시기 위하여 자기 아들을 보내신 하나님의 사랑 속에서 가장 분명하고 뚜렷하게 드러난 자비, 딛 3:4), 사랑스러운 모든 것 속에서 드러나는 하나님의 자비를 말한다. 하나님의 자비의 샘들은 너무나 풍성하고 그 물줄기는 너무나 많아서, 선지자는 그것을 복수로 표현한다(그의 자비들). 왜냐하면, 하나님이 우리에게 베푸신 자비 또는 인자하심으로 인하여 이루어진 일들은 그 수가 모래보다 많기 때문이다. 선지자는 하나님의 자비와 더불어서 하나님의 찬송들, 즉 성도들과 천사들이 하나님의 자비하심을 인정하고 감사하여 드리는 말들을 언급한다. 하나님께서 지으신 모든 피조물들이 하나님의 인자하심을 생각하여 하나님께 어떠한 찬송의 제사를 드리는지는 하나님의 영광을 위하여 언급되지 않으면 안 된다. 선지자가 다음과 같은 것들에 대하여 얼마나 많은 말을 하고 있는지를 보라.

1. 하나님으로부터 온 선하심과 은총, 하나님의 자비의 선물들 ― 여호와께서 특히 우리 개인과 가족의 삶 및 경건과 관련하여 우리에게 베푸신 모든 자비. 우리는 모두 하나님께서 우리 각자에게 많은 것들을 차고 넘치게 베푸셨다는 것을 시인하고, 그 베푸신 것을 깨달을 때마다 말로 표현하여야 한다. 그러나

우리는 하나님께서 그의 교회에 베푸신 은총들, 이스라엘 집에 베푸신 그의 큰 은총도 말로 표현하여야 한다. 우리는 하나님이 우리에게 누리게 하신 긍휼들과 마찬가지로 다른 사람들에게 누리게 하신 긍휼들과 관련해서도 하나님을 찬송하여야 하고, 하나님이 이스라엘 집에 베푸신 긍휼을 우리 자신에게 베푸신 긍휼로 여겨야 한다는 것을 명심하라.

2. 하나님 안에 있는 선하심. 하나님은 선하시기 때문에 선을 행하시는 것이다. 하나님께서 우리에게 베풀어 주신 것들은 그 근원에서부터 온 것임에 틀림없다. 그것들은 결코 다 소진되는 일이 없는 하나님의 사랑을 따라(우리의 공로를 따라서가 아니라), 그의 많은 자비를 따라 온 것이다. 우리는 하나님의 선하심에 호소할 때뿐만 아니라(다윗처럼, 시 51:1) 그 선하심을 찬송할 때에도 하나님의 선하심을 말로 표현하여 높여서 하나님께 영광을 돌려드려야 한다.

II. 선지자는 하나님께서 이스라엘을 하나의 민족으로 만드신 이래로 베풀어 주신 긍휼을 여러 단계로 나누어서 구체적으로 설명함.

1. 하나님께서는 그들이 스스로 잘 알아서 선하게 처신할 것이라고 기대하셨음(8절). 하나님은 그들을 애굽에서 이끌어내셔서 그들과 언약을 맺으셨을 때에 "그들은 실로 나의 백성이기 때문에, 나는 그들을 진정으로 나의 백성으로 취급하여, 그들이 거짓을 행하지 아니하는 자녀, 그와 언약한 일들에서 하나님을 기만하지 않는 자녀, 언약을 파기하고 부러진 활처럼 옆으로 튕겨나감으로써 하나님을 떠나는 일이 없는 자녀임을 스스로 증명하기를 바란다"고 말씀하셨다. 그들은 여호와의 모든 말씀을 우리가 준행하리이다라고 여러 번 말하였었다. 그러자 하나님은 분명히 그들은 거짓을 행하지 아니할 것이다라고 말씀하시며, 그들을 그의 소유된 백성으로 삼으셨다. 하나님은 그들을 공정하고 신실하게 대하시기 때문에, 그들도 그를 그렇게 대해 줄 것을 기대하신다. 그들은 언약의 자손(행 3:25), 여호와를 꼭 붙잡았던 자들의 자손이었기 때문에, 하나님은 그들이 그들의 조상들이 지녔던 변함없는 신앙의 길을 따라 걸을 것이라고 기대하실 수 있으셨다. 하나님의 백성은 거짓을 행하지 아니하는 자녀라는 것을 명심하라. 거짓을 행하는 자들은 하나님의 자녀가 아니라 마귀의 자녀이기 때문이다.

2. 하나님께서는 이러한 기대를 가지고서 그들에게 은총을 베푸심. 하나님은 그들을 애굽의 종살이와 광야에서의 온갖 재난들에서 건져내신 그들의 구원

자이셨고, 그가 구원자가 되신 이래로 무수하게 구원을 베풀어 오셨다. 하나님께서 그들의 구원자로서 구체적으로 어떤 일들을 하셨는지를 보라(9절).

(1) 어떤 원리가 하나님의 마음을 움직여서 그들의 구원을 위하여 일하시게 만들었는가. 하나님이 그렇게 하신 것은 오직 그들을 불쌍히 여기시는 마음과 그들에 대한 따뜻한 애정에서 우러나온 그의 사랑과 그의 자비 때문이었고, 그에게 그들이 필요하였거나 그들을 통해서 뭔가 이득을 얻을 수 있었기 때문이 아니었다. 이것은 여기에서 색다르게 표현된다. 여호와는 그들의 모든 환난에 동참하였다. 이 말씀은 영원한 정신이신 하나님이 가슴 아파할 수 있다거나 하나님의 영원한 복되심이 조금이라도 손상되거나 줄어들 수 있다는 것을 의미하는 것이 아니라(하나님은 괴롭힘을 당하실 수 없다), 하나님이 환난당하는 자기 백성에 대하여 가지고 계시는 사랑과 관심을 이런 식으로 표현하고 있는 것이다. 하나님은 그들이 당하는 환난을 그가 직접 겪는 환난인 것처럼 여기시고 그들에게 환난을 가져다주는 자들에게 장차 보응하시고자 할 정도로 그들과 아픔을 같이 하신다. 그들의 부르짖음은 하나님을 움직여서(출 3:7), 하나님은 마치 자기가 고통을 당하고 계시는 것처럼 열정적으로 그들을 위해 나타나신다. 사울아 사울아 네가 어찌하여 나를 박해하느냐. 병든 자녀가 중병으로 수술을 받을 때에 자애로운 부모가 더 많이 아파하듯이, 하나님께서 인생으로 고생하게 하시는 것은 본심이 아니고(애 3:33), 하나님은 자기 백성이 그의 손 아래에서 겸손하기만 하면 그들의 환난에 동참하여 아파하신다는 것은 하나님의 백성에게 큰 위로가 된다. 히브리어 성경에는 이 본문에 대한 또 다른 읽기가 존재한다. 그들의 모든 환난 속에는 그 어떤 환난도 없었다. 그들은 큰 환난 속에 있었지만, 하나님의 은혜로 말미암아 그 환난의 속성이 변화되어서, 환난은 그들에게 유익이 되었다. 환난이 지니고 있었던 가혹함은 하나님의 긍휼에 의해서 완화되고 상쇄되어서, 그들은 환난 가운데서도 기이할 정도로 힘을 얻고 위로를 받았을 뿐만 아니라 그 결말도 아주 좋게 끝났기 때문에, 결국 그 환난은 사실상 전혀 환난이 아니었다는 것이 드러났다. 성도들이 겪는 환난들은 불신자들이 겪는 환난들과 그 성격이 다르다. 성도들에게 환난은 환난이 아니라 치료약이다. 성도들은 환난들을 잠시 받는 경한 것이라 부를 수 있고, 크고 영원한 천국의 영광을 바라보는 가운데 환난들을 아무것도 아닌 것으로 여길 수 있다.

(2) 그들의 구원을 위하여 쓰임 받을 자는 누구인가 — 자기 앞의 사자. 어떤

이들은 이 구절이 피조된 천사를 가리키는 것이라고 이해한다. 천국에서 가장 지위가 높은 천사, 심지어 영광의 보좌 바로 옆에서 여호와를 모시는 그의 존전의 천사조차도 이러한 심부름을 위해 보내심을 받을 정도로 그렇게 크고 선한 존재로 여겨지지 않는다. 성경에서는 사람들 중 작은 자들의 천사들이 우리 아버지의 얼굴을 항상 뵈옵는 천사들이라고 말한다(마 18:10). 그러나 이 구절은 영원한 말씀이신 예수 그리스도, 하나님께서 모세에게 장차 사자를 보내시겠다고 하시며 그의 목소리를 청종하라고 명하셨던 바로 그 사자이신 예수 그리스도(출 23:20-21)를 가리키는 것이라고 이해하여야 한다. 바로 이 사자는 여호와라고도 불린다(출 13:21; 14:21, 24). 그는 언약의 사자, 세상에 보내심을 받은 하나님의 사자이다(말 3:1). 그는 하나님 앞의 사자이다. 왜냐하면, 그는 하나님의 본체의 형상이기 때문이다. 하나님의 영광은 그리스도의 얼굴에서 빛을 발한다. 영원한 구원을 이루어내기로 되어 있으신 그는 그 구원의 전조(前兆) 또는 맛보기로서 그 구원의 모형인 일시적인 구원들을 이루어내셨다.

(3) 이 은총이 지속되어 옴. 그는 그들을 종살이에서 건져내어 구속하셨을 뿐만 아니라, 옛적 모든 날에 그들을 드시며 안으셨다. 그들은 연약하였지만, 그는 그의 능력으로 그들을 붙들어 주셨고, 그의 풍성한 꼴로 그들을 먹이셨다. 그들이 무거운 짐을 못이겨 가라앉을 때에 그는 그들을 지탱해 주셨다. 그들이 열국들과 전쟁을 벌일 때에 그는 그들 곁에 서서 그들이 패하지 않도록 붙들어 주셨다. 그들은 투정을 부렸지만, 그는 그들의 소행을 다 받으시고 참으셨다(행 13:18). 아무도 그들의 투정을 참아내며 안고 갈 자가 없었겠지만, 하나님은 그들을 기르시는 아버지처럼 그들을 그의 팔에 안고서 광야를 지나게 하셨다. 독수리가 자기 새끼를 날개 위에 업는 것 같이, 하나님은 그들을 업고 가셨다(신 32:11). 하나님은 오랜 세월 동안 그들로 인해서 고통을 겪으셨다(우리가 이런 표현을 쓸 수 있다면). 옛적 모든 날에 내내 그들은 하나님을 괴롭게 하였다. 그들이 다 자라서 가나안에 정착하게 되고나서도 그들을 돌보시는 하나님의 일은 끝나지 않았다. 이 모든 것은 오직 그의 사랑과 그의 자비, 그의 선하신 뜻에서 나온 것이었다. 하나님께서는 그가 그들을 사랑하신 것은 단지 그들을 사랑하고자 하셨기 때문이라고 직접 말씀한다(신 7:7-8).

3. 하나님을 향한 그들의 부정직한 행실과 그러한 행실로 말미암아 그들이 자초한 환난(10절). 그들이 반역하였다. 상황은 매우 희망적이고, 앞날은 아주

밝게 보였다. 우리는 그들이 당연히 하나님께 도리를 다하는 자녀들이 될 것이고, 그러면 의심할 여지 없이 하나님은 계속해서 그들에게 은혜로운 아버지가 되어 주시리라는 것을 예상할 수 있었다. 그러나 애석하게도 상황은 돌변한다. 둘 사이에 틈새가 생겼다.

(1) 그들은 하나님에 대한 충성 맹세를 깨고 반역하여 하나님을 거슬러 무기를 들었다. 그들은 반역하여, 황금 송아지를 만든 죄악 외에도 불신앙과 불평으로 주의 성령을 근심하게 하였다. 이것은 그들이 하나의 민족으로 형성된 이래로 그들이 해온 방식이었었다. 하나님께서는 그들을 위하여 너무도 많은 것을 해주시고서 그들은 거짓을 행하지 아니할 자녀들이라고 기꺼이 말씀하시며 그들을 품으시고 안아서 광야를 통과하게 하셨지만, 그들은 어리석고 지혜 없는 백성처럼 이렇게 은혜를 원수로 갚았다(신 32:6). 이것은 하나님을 근심하게 만들었다(시 95:10). 하나님의 자녀들이 배은망덕하게도 하나님을 배신하고 반역하는 것은 하나님의 성령을 화나게 만드는 일이다.

(2) 그러자 하나님은 왕이 반역자들에 대하여 그러하듯이 그들에 대한 그의 보호하심을 거두셨고, 나아가 그들에 대하여 전쟁을 선포하셨다. 그들의 둘도 없는 친구였던 하나님은 이제 돌이켜 그들의 대적이 되사, 광야에서나 가나안에 정착했을 때에나 이런저런 심판을 계속해서 보내셔서 친히 그들을 치셨다. 죄라는 것이 얼마나 고치기 힘든 불치병이고 얼마나 지독한 재난을 가져다주는지를 보라. 죄는 선한 친구였던 하나님을 대적으로 만들고, 사랑과 불쌍히 여기는 마음으로 가득 차 계시는 분조차도 화나시게 만든다. 죄인들이 얼마나 어리석은지를 보라. 그들은 죄로 말미암아 가장 좋은 친구가 되시는 분을 잃고, 가장 두려운 분을 그들의 대적으로 만들어 버린다. 이 본문의 말씀은 특히 그들의 우상 숭배와 그 밖의 다른 죄들로 말미암아 최근에 그들이 바벨론에 포로로 잡혀감으로써 그들에게 닥친 재난들을 가리킨다. 그들의 환난을 크게 가중시킨 가장 근본적인 요인은 하나님이 돌이켜 그들의 대적이 되셨다는 것이었다.

4. 이 기회를 이용해서, 하나님이 그들을 하나의 민족으로 만드셨을 때에 무슨 일을 하셨는지에 대한 구체적인 회고. 그가 옛적을 기억하였다(11절).

(1) 이 본문에서 그는 백성으로 해석할 수도 있고 하나님으로 해석할 수도 있다.

[1] 백성으로 해석하는 경우. 그 때에 이스라엘(단수로 표현됨)은 옛적을 기

억하였고, 그들의 성경을 살펴보고서, 하나님이 그들의 조상들을 애굽에서 건져내신 이야기를 읽은 후에, 과거 그 어느 때보다도 더 깊이 그 이야기를 숙고하고서는, 기드온이 그랬던 것처럼(삿 6:13) 우리 조상들이 우리에게 말한 그 모든 이적이 어디 있나이까라고 말하였다. "그들을 애굽으로부터 건져내어 올라오게 하신 이가 어디 있나이까? 그는 우리를 바벨론에서 올라오게 하실 수 없으신가? 엘리야의 주 하나님은 어디 있나이까? 우리 조상들의 주 하나님은 어디 있나이까?" 그들은 이 말씀을 회개하고 하나님에게로 돌아오라는 권면이자 격려로 생각한다. 그들의 조상들은 하나님의 화를 돋우는 백성이었지만 그는 용서하시는 하나님이시라는 것을 발견하였다. 만약 그들이 하나님께로 돌아오기만 한다면, 하나님이 용서하시는 하나님이시라는 것을 그들이 발견하지 못할 이유가 어디 있겠는가? 또한, 그들은 이 말씀을 하나님을 향하여 그 때처럼 포로된 그들을 원래의 상태로 돌려놓아 주시라고 기도하면서 하나의 근거로 사용한다(사 51:9-10). 현재의 날들이 어둡고 암울할 때에는 옛적을 기억하고 하나님의 능력과 선하심을 체험하였던 우리 자신과 남들의 경험들을 회상하며 지존자의 오른손의 해(시 77:5, 10)를 되돌아보고서 그는 하나님이시기 때문에 변치 않으신다는 것을 기억하는 것이 좋다는 것을 명심하라.

[2] 하나님으로 해석하는 경우. 하나님은 옛적, 곧 아브라함과 언약을 맺었던 일을 기억하신다(레 26:42). 하나님은 이스라엘을 바다에서 올라오게 한 이가 어디 있느냐고 말씀하며, "내가 그들과 마찬가지로 아무 자격이 없었던 그들의 조상들을 위하여 나타났는데, 이제 그들을 위하여 나타나지 못할 이유가 어디 있는가"라고 생각하시고, 떨쳐 일어나셔서 그들을 구하러 오시고자 하신다. 현재의 여러 가지 상황들을 고려한다면 그들을 대적할 수밖에 없는 그런 때에 하나님은 자기 백성을 선하게 대우할 이유를 찾아내기 위하여 큰 긍휼하심으로 저 먼 과거까지 낱낱이 살피시는 수고를 아끼지 않으시는 것을 보라. 아니, 하나님이 그렇게 하여 찾아내신 이유는 사실 그들을 버려야 할 이유가 되는 것인데도 하나님은 그것을 도리어 그들을 구원해야 하는 이유로 사용하신다. 하나님은 얼마든지 이렇게 말씀하실 수 있으셨다. "내가 이전에 그들을 구원해 주었는데도, 그들은 다시 스스로 환난을 자초하였다(잠 19:19). 그러므로 이제는 내가 다시는 그들을 구원하시 아니하리라(삿 10:13)." 그러나 하나님은 그렇게 말씀하지 않으신다. 하나님에게서는 긍휼이 심판을 이기기 때문에, 논리적 추론

은 정반대 방향으로 나아간다. "내가 이전에 그들을 구원하였으니 이제도 그렇게 하리라."

(2) 이 본문을 백성이 하나님께 탄원하는 것으로 해석하든, 아니면 하나님께서 스스로 다짐하시는 말씀으로 해석하든, 우리는 어느 쪽으로 해석하더라도 그 구체적인 내용들을 살펴보지 않으면 안 된다. 이 본문의 구체적인 내용들은 포로로 잡혀갔던 자들의 자녀들이 엄숙한 금식일에 행하였던 고백 및 기도(느 9:5 이하)와 아주 흡사하다. 따라서 느헤미야서에 나오는 말씀은 모세와 그의 백성, 즉 하나님께서 모세를 통해서 자기 백성을 위하여 행하신 일, 특히 그들로 하여금 홍해를 건너게 하신 일(이 일은 여기에서 가장 역설되고 있는 일이기 때문에)을 상기시키고 있는 이 본문을 해설해 주는 역할을 할 수 있다. 왜냐하면, 이 일은 하나님께서 많은 영광을 얻으셨던 일이자 그의 백성이 그 일을 기억하였을 때에 특별히 큰 힘을 얻을 수 있는 일이었기 때문이다.

[1] 하나님은 모세의 오른손으로, 즉 모세의 손에 들린 이적을 일으키는 지팡이로 그들을 이끄셨다(12절). 주께서는 주의 백성을 양 떼 같이 모세의 손으로 인도하셨나이다(시 77:20). 그들을 이끌고 먹인 것은 모세가 아니었고(요 6:32), 하나님이 모세를 통해서 하신 일이었다. 왜냐하면, 모세에게 그런 일을 할 수 있는 재능과 능력을 주시고, 그 일을 하도록 그를 부르셔서, 그가 그 일을 잘 할 수 있도록 도우시고 형통케 하신 이는 바로 하나님이셨기 때문이다. 모세는 여기에서 하나님의 양 떼의 목자라 불린다. 하나님은 이 양 떼의 주인이자 이스라엘의 목자장이셨다(시 80:1). 모세는 목자장이신 하나님 아래 있었던 목자였고, 그의 장인 이드로의 양 떼를 치면서 훈련을 받아 수고하고 인내하는 것에 단련되어서 이러한 목회 사역에 적합한 인물이 되었다. 이 점에서 모세는 양을 위하여 목숨을 버리는 선한 목자이신 그리스도의 모형이었다. 모세는 이스라엘을 위하여 많은 일을 하였지만, 그리스도께서 그의 양 떼를 위하여 하신 일은 모세가 이스라엘을 위하여 한 일보다 훨씬 더 큰 일이었다.

[2] 하나님은 그들 가운데에 성령을 두셨다. 하나님의 성령이 그들 가운데 있었다. 하나님의 섭리만이 아니라 하나님의 은혜도 그들을 위하여 일하였다. 주께서는 주의 선한 영을 주사 그들을 가르치셨다(느 9:20). 하나님은 모세가 부르심을 받은 일을 그들 가운데서 할 수 있는 자질을 갖추도록 하시기 위하여 모세에게 예언의 영만이 아니라 지혜와 담대함의 영도 주셨다. 모세에게 임하였던 영은

일정 정도 칠십인의 장로들에게도 주어졌다(민 11:17). 그들 가운데 하나님의 감동을 받은 글들만이 아니라 사람들도 있었다는 것은 이스라엘에게 큰 축복이었다.

[3] 하나님은 그들로 하여금 홍해를 안전하게 건너게 하셨고, 그렇게 하심으로써 그들을 바로의 손에서 구해내셨다.

첫째, 하나님은 그들 앞에서 물을 갈라지게 하셨다(12절). 이렇게 해서, 그들은 단지 통로만 제공된 것이 아니라 보호도 받을 수 있었다. 물이 갈라져서 길이 열렸을 뿐만 아니라 물들은 양 쪽에서 벽이 되어 그들을 보호해 주었기 때문이다.

둘째, 하나님은 광야 또는 평지에 있는 말 같이 그들을 인도하여 깊음을 통과하게 하셨다(13절). 말이 평지를 걸어가듯이, 그들과 그들의 처자식들, 그들이 지녔던 모든 짐들은 바다밑을 쉽게 통과하였다(바다밑은 진창이거나 돌이 많았을 것인데도). 그 길은 지금까지 아무도 지나지 않은 길인데도, 하나님이 인도하셨기 때문에, 그들은 넘어지지 않고 그 길을 지날 수 있었다. 하나님께서 우리에게 길을 내주시는 경우에는 그 길을 평탄하게 해주실 것이다. 하나님은 자기 백성에게 길을 열어 주실 뿐만 아니라 그들을 인도하여 그 길을 안전하게 지나가게 해주신다.

셋째, 하나님은 그들을 바다에서 올라오게 하심으로써 그들에게 베푸신 긍휼을 끝까지 잘 마무리하셨다(11절). 바다밑에서 올라오는 길은 아주 가파르고 미끄럽고 험해서 잘 올라올 수 없었을 것임에도 불구하고(여자들과 아이들은 물론이고, 남자들도 짐을 많이 지고 있고 지쳐서, 출 12:34), 하나님은 그의 능력으로 그들을 바다밑의 땅 깊은 곳에서 올라오게 하셨다. 그것은 그들에게 일종의 부활과 같은 것이었다. 그것은 죽은 자 가운데서 살아난 것과 같았다.

[4] 하나님은 그들을 편히 쉴 곳으로 안전하게 데려다 주셨다. 여호와의 영이 그들을 조심스럽게 천천히 골짜기로 내려가는 가축 같이 편히 쉬게 하셨도다. 그들이 광야를 진행하는 동안 하나님이 모세 안에 두신 여호와의 영의 지시하심을 따라 그들에게 수도 없이 많이 쉴 곳이 제공되었다(11절). 그들은 마침내 최종적으로 가나안 땅에서 쉬게 되었는데, 이것은 여호와의 영이 약속을 따라 그들에게 그 쉴 곳을 주신 것이었다. 하나님의 백성 이스라엘로 하여금 그들의 안식처인 하나님께로 돌아와서 쉬게 만드는 것은 바로 이 여호와의 영이다.

[5] 하나님은 이 모든 일을 그의 능력으로 스스로 찬송받으시기 위한 목적으로 그들을 위해 행하셨다.

첫째, 그것은 자연의 모든 세력들을 마음대로 부리시는 자연의 하나님으로서의 그의 능력으로 말미암은 것이었다. 하나님은 그의 영광스러운 팔, 그의 용맹스러운 팔(원어는 이런 의미이다)로 그 일을 행하셨다. 그 일을 이룬 것은 모세의 지팡이가 아니라 하나님의 영광스러운 팔이었다.

둘째, 하나님이 그 일을 이루신 것은 스스로 찬송받으시고, 그의 이름을 영원하게 하시고(12절) 영화롭게 하시며(14절), 이 일로 인하여 영원히 영광을 받으시기 위한 것이었다. 이것이 하나님께서 이 세상에서 그의 영광스러운 팔로 일하시는 이유이다. 하나님은 그의 이름을 영원한 이름으로 만드시고 계신다. 이 세상의 큰 자들이 지닌 가장 유명한 이름들은 티끌 속에 새겨지겠지만, 하나님의 이름은 영원토록 지속될 것이다.

¹⁵주여 하늘에서 굽어 살피시며 주의 거룩하고 영화로운 처소에서 보옵소서 주의 열성과 주의 능하신 행동이 이제 어디 있나이까 주께서 베푸시던 간곡한 자비와 사랑이 내게 그쳤나이다 ¹⁶주는 우리 아버지시라 아브라함은 우리를 모르고 이스라엘은 우리를 인정하지 아니할지라도 여호와여, 주는 우리의 아버지시라 옛날부터 주의 이름을 우리의 구속자라 하셨거늘 ¹⁷여호와여 어찌하여 우리로 주의 길에서 떠나게 하시며 우리의 마음을 완고하게 하사 주를 경외하지 않게 하시나이까 원하건대 주의 종들 곧 주의 기업인 지파들을 위하사 돌아오시옵소서 ¹⁸주의 거룩한 백성이 땅을 차지한 지 오래지 아니하여서 우리의 원수가 주의 성소를 유린하였사오니 ¹⁹우리는 주의 다스림을 받지 못하는 자 같으며 주의 이름으로 일컬음을 받지 못하는 자 같이 되었나이다

앞에 나온 찬송들은 다음 장의 끝까지 이어지는 이 애정어리고 끈질기게 탄원하는 기도의 도입부 역할을 한다. 이 기도는 포로 생활을 할 때를 위한 것이다. 하나님은 그들이 환난을 당할 때를 대비하여 약속들을 주셨을 뿐만 아니라 그 때에 그들이 하나님을 향하여 어떠한 말로 무엇을 기도할지를 가르쳐 주시기 위하여 기도문들도 주셨다. 이 기도문들은 하나님께서 친히 지으신 것들이기 때문에, 그들은 이러한 기도가 하나님께 더 잘 받아들여질 수 있을

것이라는 소망을 품을 수 있다. 몇몇 훌륭한 해석자들은 이 기도는 한 걸음 더 나아가서 유대인들이 하나님으로부터 최종적으로 버림받고 로마인들에 의해 멸망을 당하고 나서 탄식하며 기도하게 될 것을 내다보고 기록된 것이라고 생각한다. 왜냐하면, 이 기도문 속에는 사도 바울이 유대인들이 복음의 은혜를 배척함으로써 버림을 받았다고 말하면서 사용한 구절이 나오기 때문이다(고전 2:9; 사 64:4). 이 단락에서 우리는 다음과 같은 것들을 살펴볼 수 있다.

I. 그들이 하나님께 드린 간구.

1. 하나님께서 그들의 처지를 돌아보시고, 그들의 영혼이 하나님께 어떤 소원들을 지니고 있는지를 알아주시라는 것. 주여, 하늘에서 굽어 살피시며 보옵소서(15절). 그들은 하나님이 모든 것을 다 보고 계신다는 것을 잘 알고 있었지만, 하나님께서 구원을 베푸시기 직전에 애굽에서 환난당하는 자기 백성을 눈여겨보셨던 것처럼 이제도 그들을 눈여겨보시고 가까이 내려오셔서 그들을 불쌍히 여기시는 눈으로 찬찬히 그들의 처지를 살펴보아 달라고 기도하였다. 그들은 하나님께서 다만 그들을 굽어 살피셔서 보아 달라고 간구하였지만, 사실 하나님이 긍휼하심과 지혜로써 그들을 구원하실 것을 은연중에 확신하는 가운데(시 25:18, 나의 곤고와 환난을 보소서) 하나님의 공의로 그들의 원수들을 판단하여 심판해 주시라고 호소한 것이었다(여호사밧이 그들이 우리에게 갚는 것을 보옵소서 우리 하나님이여 그들을 징벌하지 아니하시나이까라고 기도하였듯이, 대하 20:11-12). 주의 거룩하고 영화로운 처소에서 보옵소서. 하나님의 거룩하심은 그의 영광이다. 하늘은 하나님의 처소, 그의 영광의 보좌이다. 거기에서 하나님은 그의 영광을 발하시고, 이 땅을 굽어 살피신다(시 33:14). 거기에서는 복된 천사들이 특별한 방식으로 하나님의 거룩하심을 송축한다(사 6:3; 계 4:8). 거기에서는 하나님의 거룩한 이들이 그의 곁에서 항상 그를 보좌한다. 그래서 하늘은 하나님의 거룩한 처소이다. 하나님께서 거룩한 곳에 살고 계신다는 것은 하나님처럼 거룩하게 되고자 하는 모든 기도하는 하나님의 백성에게 큰 힘이 된다.

2. 하나님께서 그들을 구원하기 위한 조치를 취해 주시라는 것(17절). "돌아오시옵소서. 우리를 대하시는 주의 태도를 바꾸셔서, 더 이상 우리와 다투지 마옵소서. 긍휼 가운데 돌아오셔서, 우리를 은혜로운 표정으로 대해 주실 뿐만 아니라 은혜 가운데서 우리에게 주의 임재를 허락하옵소서." 하나님의 백성이

가장 두려워하는 것은 하나님이 그들을 떠나시는 것이고, 그들이 가장 소원하는 것은 하나님이 그들에게 돌아오시는 것이다.

Ⅱ. 그들이 하나님께 드린 하소연. 그들은 두 가지를 하소연하였다.

1. 하나님께서 그들을 버려두시고서, 은혜로 그들을 회복시키지 않으셨다는 것(17절). 이것은 좀 이상한 하소연이다. "여호와여, 어찌하여 우리로, 즉 우리 중 대다수로 주의 길에서 떠나게 하셨나이까. 우리 모두의 하소연은 이것이니, 주께서 우리 중 다수의 마음을 완고하게 하사 주를 경외하지 않게 하신 것이나이다." 어떤 이들은 이 말을 그들 가운데 불경건하고 속된 자들이 한 말로 본다. 선지자들이 그들의 그릇된 길들과 마음의 완고함, 하나님의 말씀과 계명에 대한 경멸을 지적하며 그들을 책망하자, 그들은 뻔뻔스럽게도 그들이 죄 지은 것이 다 하나님이 그렇게 만드신 것이라고 말하며, 모든 잘못을 하나님께 돌리고, 그래 놓고서 왜 그들을 책잡는 것이냐고 대들었다. 자기가 저지른 악행의 모든 책임을 하나님께 돌리는 자들은 참으로 악한 자들이라는 것을 명심하라. 그러나 나는 이 본문은 그들 가운데서 백성들의 불신앙과 회개치 않음을 탄식하였던 자들이 한 말로서 백성들의 악행이 하나님 탓이라고 말하는 것이 아니라 백성들의 악행을 하나님께 하소연하고 있는 것이라고 본다. 그들은 그들이 하나님의 길에서 떠났었고, 그들의 마음이 완고해져서 주를 경외하지 않았으며, 마땅히 하나님을 경외하여 주의 길을 따랐어야 함에도 불구하고 그렇게 하지 않았었다는 것, 그리고 하나님을 경외하지 않은 것이 그들이 하나님의 길을 떠나 온갖 잘못된 길로 가게 된 원인이었다는 것을 고백하였다. 또는, 주를 경외함에서 떠났다는 말은 하나님에 대한 참된 예배로부터 떠났다는 것을 의미하는 것일 수도 있다. 너무도 분명하게 크시고 선하신 하나님을 예배하는 것으로부터 떠났다는 것은 그 마음이 얼마나 완고하고 굳어져 있는지를 잘 보여준다. 이제 그들은 하나님께서 그들의 죄로 말미암아 그들을 이런 지경에 내버려두시고 그들이 주의 길에서 떠나게 허용하시며 그의 은혜를 거두셔서 그들의 마음이 완고하게 되어 주를 경외하지 않게 된 것이 그들에게 지독한 참상이고 무거운 짐이라는 것을 하소연한다. 그들이 여호와여, 어찌하여 이렇게 하셨나이까라고 반문하였을 때, 그것은 하나님이 잘못하셨다고 비난하는 것이 아니라, 하나님이 그렇게 하신 것을 가슴이 찢어지는 심판으로 여기고서 탄식하는 것이다. 하나님께서는 그들이 성령을 근심하게 하고 화나게 하며 질식시켜 버렸기 때문에 성령을

그들에게서 거두시고(10절), 그들에 대하여 법적인 선고를 내리시며(가서 이 백성의 마음을 둔하게 하라, 사 6:9-10), 그들로 하여금 하나님을 떠난 것이 얼마나 잘못된 것인지를 보여주는 여러 가지 섭리들을 겪게 하심으로써 그들로 잘못된 길로 가게 하시고 그들의 마음을 완고하게 하셨다. 다윗은 자기가 추방당한 것에 대하여 탄식하며 하소연한다. 왜냐하면, 그가 추방당한 것은 사실상 그에게 가서 다른 신들을 섬기라고 하는 것과 같았기 때문이다(삼상 26:19). 환난이 닥치자 그들 중에는 하나님에게서 멀어지고 하나님에게 예배를 드리는 것을 못마땅하게 여기는 자들이 많아졌다. 악인의 규가 그들의 운명을 오랫동안 지배하였기 때문에, 그들은 죄악에 손을 대고자 하였는데(시 125:3), 이것은 그들이 가장 탄식했던 일이었다. 그들에게 닥친 환난들은 그들에게 시험거리들이었고, 그들 중 다수는 그 시험을 이길 수 없었다. 확고한 신앙을 지닌 양심들은 영적인 심판을 가장 탄식하고, 환난으로 인해서 그들이 하나님과 그들의 본분에서 떠나게 될 것을 가장 두려워한다는 것을 명심하라.

2. 하나님께서 그들을 원수들에게 넘겨주시고서는 섭리를 통해서 그들을 구하시지 않으셨다는 것(18절). 우리의 원수가 주의 성소를 유린하였나이다. 포로 생활을 하면서 그들 중 대다수가 환난으로 말미암아 하나님의 예배에 대한 애정을 잃어버리고 마음이 완악해져서 예배에서 떠나게 된 것이 그들에게 큰 슬픔이었던 것과 마찬가지로, 그들이 성회에서 하나님을 예배할 기회를 박탈당했다는 것은 또 하나의 큰 슬픔이었다. 그들은 원수들이 그들의 집과 성읍들을 유린한 것보다 하나님의 성소를 짓밟고 유린한 것을 더욱 탄식하였다. 왜냐하면, 원수들의 이러한 소행으로 인해서 하나님은 직접적으로 모욕을 당하셨고, 그들도 그들이 가장 소중한 것이자 가장 큰 즐거움으로 여겼던 위로들을 박탈당했기 때문이다.

III. 그들이 하나님의 긍휼과 구원을 간절히 구하면서 호소한 여러 이유들.

1. 그들은 하나님께서 자기 백성에게 보여주시곤 하셨던 애정과 불쌍히 여기시는 마음, 하나님께서 얼마든지 그들을 위해 나타나실 수 있으시고 기꺼이 그럴 마음을 갖고 계시다는 사실에 호소하였다(15절). 우리가 기도할 때에 가장 설득력 있는 호소들은 하나님 자신에 근거한 호소들이다. 여기에 나오는 것들이 바로 그런 것들이다. 주의 열성과 주의 능하신 행동이 이제 어디 있나이까. 하나님은 자신의 영광과 자기 백성의 위로를 위한 열심을 가지고 계신다. 하나

님의 이름은 질투하시는 자이시다. 하나님은 질투하시는 하나님이시다. 또한, 하나님은 모든 반대에도 불구하고 자신의 영광과 자기 백성에게 유익되는 것을 이루기에 충분한 힘을 갖고 계신다. 그런데, 이제 그런 것들이 어디 있나이까? 그런 것들이 이전에 나타나지 않았나이까? 그런데, 왜 그런 것들이 지금은 나타나지 않는 것이나이까? 무한히 지혜로우시고 의로우신 하나님의 열심이 식었을 리가 만무하고, 무한한 하나님의 힘이 약해졌을 리가 만무하다. 아니, 하나님의 백성은 주의 열성과 주의 능하신 행동만이 아니라 주께서 베푸시던 간곡한 자비, 또는 불쌍히 여기는 마음이 지나쳐서 속이 뒤집어지고 창자가 꼬이는 것과 같은 그들에 대한 주의 애타는 심정을 경험하였었다(내 마음이 내 속에서 돌이키어 나의 긍휼이 온전히 불붙듯 하도다, 호 11:8; 그를 위하여 내 창자가 들끓으니, 렘 31:20). "하나님은 이렇게 자기 백성에 대하여 끔찍한 애정을 지니고 계셨고, 그들에 대한 무수한 긍휼을 표현하곤 하셨나이다. 그런데, 이제 그런 것들은 어디 있나이까? 이제 그런 것들이 그친 것인가(시 77:9). 너무도 자주 그들을 기억하시고서 은혜를 베푸셨던 하나님께서 이제 그렇게 하시는 것을 잊어버리신 것인가? 하나님이 노하심으로 그가 베푸실 긍휼을 그치셨는가. 절대 그럴 리가 없다." 우리가 이전에 체험한 하나님의 긍휼을 근거로 이후로도 하나님의 긍휼을 기대하는 것은 타당한 일이라는 것을 명심하라.

2. 그들은 하나님과 그들의 관계, 즉 하나님이 그들의 아버지시라는 사실에 호소하였다(16절). "주의 자애로운 긍휼들은 그칠 수 없다. 왜냐하면, 그 긍휼들은 아버지로서의 자애로운 긍휼들이기 때문이다. 아버지는 잠시 자녀에게 화를 낼 수는 있지만, 선천적인 애정의 힘 때문에 곧 마음을 푸는 법이기 때문이다. 의심할 여지 없이 주는 우리 아버지시라. 그러므로 주는 우리를 향하여 애간장이 녹으실 수밖에 없다." 하나님에 대한 이러한 선한 생각들을 우리는 항상 마음속에 간직해 두어야 한다. 무슨 일이 있더라도, 하나님은 선하시다. 왜냐하면, 하나님은 우리의 아버지이시기 때문이다. 만약 하나님이 그들의 아버지가 아니시라면, 그들은 고아들일 수밖에 없다고 말하며, 고아에게 긍휼을 베푸시는 하나님께 그들을 내맡긴다(호 14:3). 하나님의 벗이었던 아브라함과 하나님에 의해서 세움 받은 왕이었던 이스라엘이 그들의 조상이라는 것은 민족의 영광이었다(마 3:9). 그러나 하나님을 그들의 아버지로 두고 있지 않았다면, 그런 조상들이 그들에게 좋을 것이 무엇이 있었겠는가? "아브라함과 이스라엘은 우

리를 도울 수 없나이다. 그들은 하나님이 가지고 계시는 그런 능력을 갖고 있지 않나이다. 그들은 죽은 지 오래되어서 우리를 모르고 우리를 인정하지 아니하나이다. 그들은 우리의 처지가 어떤지, 우리에게 필요한 것이 무엇인지를 알지 못하기 때문에 우리에게 어떤 식으로 친절을 베풀어야 하는지도 알지 못하나이다. 만약 아브라함과 이스라엘이 살아 있어서 우리와 함께 있다면, 우리를 위해 중보기도를 하고 우리에게 조언해 줄 것이지만, 그들은 다른 세상으로 가 버린 지 오래되었고, 우리는 과연 그들이 이 세상과 소통할 수 있는지도 알지 못하나이다. 그러므로 그들은 우리에게 그들의 자손이라 불리는 영광을 준 것 외에 다른 도움을 줄 수 없나이다." 아버지가 죽고 나면, 그의 아들들이 존귀하게 되어도 그가 알지 못한다(욥 14:21). "그러나 여호와여, 주는 여전히 우리의 아버지시라(우리 육신의 아버지들도 우리를 영원히 사랑한다고 말할 수는 있지만, 영원히 살지는 못하기 때문에, 언제든지 우리를 아시고 우리에게서 결코 떠나지 않으시는 분은 오직 영원히 죽지 않으시는 아버지이신 하나님뿐이시다). 그러므로 옛날부터 주의 이름을 우리의 구속자라 하셨고, 바로 그 이름으로 우리는 하나님을 알고 고백하나이다. 여호와께서는 옛적부터 그 이름으로 알려지셨고, 주의 백성은 언제나 여호와를 그들의 애로사항들을 해결해 주시고 그들의 사정을 변호해 주실 하나님으로 알았나이다." 또는, 어떤 이들은 이 본문을 이렇게 해석한다. "아브라함과 이삭은 우리를 도울 수 없을 뿐만 아니라 돕고자 하지도 않지만, 주는 우리를 도우시고자 하시나이다. 그들은 주께서 가지고 계시는 우리를 불쌍히 여기시는 마음을 갖고 있지 않나이다. 우리가 너무나 타락하고 부패해서, 아브라함과 이스라엘은 우리를 그들의 자손으로 여기고 싶어 하지 않기 때문에, 우리는 우리의 아버지이신 주께 피하나이다. 아브라함은 그의 아들 이스마엘을 내쳤고, 야곱은 그의 아들 르우벤의 상속권을 박탈하였으며 시므온과 레위를 저주하였나이다. 그러나 하늘에 계신 우리 아버지는 하나님이요 사람이 아니기 때문에 우리의 어떤 죄라도 용서해 주실 수 있으시나이다(호 11:9)."

3. 그들은 하나님이 그들의 주(主), 그들의 주인이자 소유자로서 그들과 이해관계가 있다는 사실에 호소하였다. "우리는 주의 종들로서 주께서 허락하시지 않은 것을 할 수 없기 때문에 낯선 왕들과 낯선 신들을 섬길 수 없나이다. 주의 종들을 위하여 돌아오시옵소서." 아버지가 선천적인 애정 때문에 자신의 자

녀를 구하고 보호하지 않을 수 없는 것과 마찬가지로, 주인은 자신의 종을 구하고 보호하는 것이 자신의 명예로운 의무라고 생각한다. "가장 지극한 애정만이 아니라 가장 강력한 언약으로 말미암아 우리는 주의 것이나이다. 주는 우리를 다스리는 권한을 지니고 계시니, 주의 권리를 주장하시고 지키시옵소서. 우리는 주의 이름으로 불리는 자들이오니, 우리가 주 외에 어디로 가서 보호를 받겠나이까? 우리는 주의 것이오니 우리를 구원하소서(시 119:94). 우리는 주의 것이오니 우리를 인정하소서. 우리는 주의 기업인 지파들로서 주의 종들일 뿐만 아니라 주의 소작인들이나이다. 우리는 주의 것이고, 주를 위해 일할 뿐만 아니라 주께 세(貰)도 바치나이다. 이스라엘의 지파들은 하나님의 기업이고, 하나님께서 이 아래 세상에서 받으시는 작은 찬송과 예배가 거기에서 나오나이다. 그런데도 주께서는 주의 종들과 소작인들을 이렇게 학대받도록 내버려두실 작정이시나이까?"

4. 그들은 그들이 약속의 땅과 성소의 특권들을 단지 잠시 누렸을 뿐이라는 사실에 호소하였다(18절). 주의 거룩한 백성이 땅을 차지한 지 오래지 아니하였나이다. 아브라함부터 다윗까지가 열네 대였고, 다윗부터 바벨론으로 사로잡혀 갈 때까지가 다시 열네 대였는데(마 1:17), 이것은 가나안 온 땅을 주어 영원한 기업이 되게 하리라(창 17:8)는 약속의 말씀과 그들을 가나안 땅으로 이끌어 와서 정착시키기 위하여 하나님께서 사용하신 능력에 비추어 보면 아주 짧은 기간이었다. "우리는 주께 성별되어서 다른 민족과 구별된 주의 거룩한 백성이지만, 곧 가나안 땅에서 쫓겨났나이다." 그러나 그들은 이것에 대하여 자업자득이라고 생각하였을 것이다. 그들은 입으로는 하나님의 거룩한 백성이라고 자처하였지만, 그들이 저지른 악행 때문에 하나님께서 주신 그 땅에서 쫓겨났다.

5. 그들은 그들의 땅을 차지하게 된 자들은 하나님을 모르는 자들, 하나님을 섬기거나 공경하는 것이 전혀 없는 자들이라는 사실에 호소하였다. "그들은 주의 다스림을 받지 않았으며, 한 번도 주께 순종한 적도 없었나이다. 그들은 주의 이름으로 일컬음을 받지 않았고, 도리어 다른 신들을 섬긴다고 고백하며 실제로 다른 신들을 섬기는 자들이나이다. 하나님께서는 아무런 관계도 없는 자들로 하여금 하나님의 백성인 자들을 짓밟고 유린하도록 내버려 두실 작정이시나이까?" 어떤 이들은 이 본문을 다른 식으로 읽기도 한다. "우리는 주의 다스림을 받아 본 적이 없고 주의 이름으로 일컬음을 받아본 적이 없는 자 같이 되었나이다(개역

의 읽기). 우리는 마치 주를 섬긴 적이 없고 주의 이름으로 일컬음을 받은 적이 없는 자인 양 거부되고 버림받으며 멸시받고 짓밟혔나이다." 이렇게 사울의 방패가 기름 부음을 받지 아니함 같이 욕되게 버린 바 되었다. 그러나 하나님께서는 자기 백성과 맺으신 언약을 잊어버리신 것 같이 보여도 반드시 다시 그 언약을 기억하실 것이다.

제
— 64 —
장

개요

이 장에서는 앞 장의 후반부에서 교회가 하나님께 올려드렸던 애처로운 호소의 기도가 계속해서 이어진다. 그들은 그들이 하나님과 언약 관계에 있다는 사실, 하나님이 그들과 이해관계 속에 있다는 사실을 근거로 호소를 해나갔었다. 여기에서 I. 그들은 하나님께서 뭔가 주목할 만하고 놀라운 방식으로 그들을 위해 나타나셔서 원수들을 무찔러 주시라고 기도한다(1-2절). II. 그들은 하나님께서 이전에 자기 백성을 위하여 행하셨던 일들, 그리고 하나님은 언제나 자기 백성을 위하여 행할 준비가 되어 계시다는 사실에 호소한다(3-5절). III. 그들은 그들이 죄악 되어서 하나님의 은총을 입을 가치가 없는 자들이라는 것, 그들이 지금 심판을 받고 있는 것은 너무도 당연한 일이라는 것을 인정하고 고백한다(6-7절). IV. 그들은 그들의 아버지이신 하나님께 그들을 맡기고서, 하나님의 주권적인 처분에 그들 자신을 내맡긴다(8절). V. 그들은 그들이 처한 지극히 통탄스러운 처지를 설명하고, 하나님께서 그들의 죄를 용서하시고 진노를 거두어 주실 것을 간절히 기도한다(9-12절). 이것을 기록한 것은 포로로 잡혀갔던 유대인들만이 아니라 교회가 어려움에 처했을 때마다 하나님께 무엇을 구하고 어떻게 호소해야 하는지를 교훈하기 위한 것이다. 환난 가운데 있는 하나님의 백성이 있느냐? 그들은 기도해야 할 것이고, 여기에 나와 있는 대로 기도해야 할 것이다.

¹원하건대 주는 하늘을 가르고 강림하시고 주 앞에서 산들이 진동하기를 ²불이 섶을 사르며 불이 물을 끓임 같게 하사 주의 원수들이 주의 이름을 알게 하시며 이방 나라들로 주 앞에서 떨게 하옵소서 ³주께서 강림하사 우리가 생각하지 못한 두려운 일을 행하시던 그 때에 산들이 주 앞에서 진동하였사오니 ⁴주 외에는 자기를 앙망하는 자를 위하여 이런 일을 행한 신을 옛부터 들은 자도 없고 귀로 들은 자도 없고 눈으로 본 자도 없었나이다 ⁵주께서 기쁘게 공의를 행하는 자와 주의 길에서 주를 기억하는 자를 선대하시거늘 우리가 범죄하므로 주께서 진노하셨사오며 이 현상이 이미 오래 되었사오니 우리가 어찌 구원을 얻을 수 있으리이까

이 단락에는 다음과 같은 내용들이 나온다.

I. 그들이 드리는 간구는 하나님께서 이제 그들을 위하여 기막힌 능력으로 나타나 주시라는 것이다(1-2절).   그들이 어떤 처지에 있는지, 그들의 처지가 얼마나 서글프고 힘든지는 앞 장의 끝 부분에서 묘사되었기 때문에, 이제는 부르짖을 때가 온 것이다. "여호와여, 도우소서. 하나님이여, 주의 열심과 능력을 나타내소서!" 그들은 하나님께서 하늘에서 굽어 살펴 주시라고 기도하였었다(사 63:15). 이제 여기에서 그들은 하나님께서 전에 말씀하셨듯이(출 3:8) 그들을 구원하러 강림하여 주시라고 기도한다.

1. 그들은 하나님께서 그의 섭리 가운데서 그들에게 나타나시고 그들을 위하여 나타나시기를 바란다. 하나님께서 자기 백성을 구원하기 위하여 뭔가 이례적인 일을 행하실 때에 성경에서는 하나님이 빛을 발하신다거나 그의 능력을 나타내신다는 표현을 사용한다. 하나님께서 다윗을 구원하실 때에 하늘을 드리우시고 강림하신 것처럼(시 18:9), 이제도 하늘을 가르고 강림하셔서 그 능력과 공의와 선하심을 이례적인 방식으로 나타내어 모든 사람이 그것을 보고 인정할 수 있게 해달라고 그들은 여기에서 기도한다. 하나님의 백성이 바라고 기도하는 것은 하나님의 길이 바다에 있다고 할지라도 그들이 하나님을 보고 만족할 수 있게 하시고 하나님의 길이 구름 속에 있을 때에 다른 사람들도 하나님을 볼 수 있게 해달라는 것이다. 이 말씀은 그리스도의 재림의 때, 즉 주께서 호령으로 친히 하늘로부터 강림하실 때에 적용될 수 있다. 주 예수여, 속히 오시옵소서.

2. 그들은 하나님께서 모든 반대를 깨치심으로써 반대파들이 모두 하나님 앞에서 굴복하게 되기를 바란다. 그들은 주 앞에서 산들이 진동하고 녹아 흘러내리게 해달라고 기도한다. 즉, 원수들에 대한 하나님의 진노의 불길이 워낙 거세게 타올라서, 심지어 바위투성이의 산들조차도 마치 용광로 속에 들어간 쇠처럼 그 불길 앞에서 녹아내리게 해달라는 것이다. 용광로에서 녹아 액체가 된 쇠는 쇠를 다루는 자가 원하는 모양을 지니게 된다. 이렇게 불은 타올라 모든 것을 녹인다(2절). 만물을 이렇게 녹이는 것은 교회를 위한 영광스러운 모습으로 만들기 위한 것이다. 불이 물을 끓임 같게 하옵소서. 어떤 이들은 이 구절 속에는 화산 활동 또는 불타는 산들에 대한 간접적인 암시가 들어 있다고 생각한다. 화산은 종종 용암을 분출해서 주변의 강과 바다들을 끓게 만드는데, 이러한 현상

들은 하나님의 진노와 경고가 지닌 능력 — 최후로 온 땅이 불타 버리게 될 것을 보여주는 단편들 — 을 사람들로 하여금 느끼게 해주는 것들이다.

3. 그들은 이 일이 하나님의 영광과 존귀에 크게 기여해서, 하나님의 친구들만이 아니라(그들은 이미 하나님의 이름을 알고 있고 그의 능력을 의지하였다) 하나님의 원수들도 주의 이름을 알게 하시며, 원수들이 주의 이름을 알고서 주 앞에서 떨며, 벧세메스 사람들처럼 이 거룩하신 하나님 여호와 앞에 누가 능히 서리요 누가 주의 노여움의 능력을 알리이까라고 말할 수 있게 되기를 바란다. 하나님께서는 조만간에 원수들에게 그의 이름을 알게 하시고, 그에게 나아와서 예배드리고자 하지 않는 자들을 그 앞에서 떨지 않을 수 없게 하시리라는 것을 명심하라. 우리가 하나님의 이름을 우리의 요새(stronghold)로 삼아서 거기로 피하여 안전히 거하지 않는다면, 하나님의 이름은 우리를 심판하기 위하여 도망치지 못하게 꼭 붙잡는 것(strong-hold)이 될 것이다. 열방들이 아무리 수가 많고 강하다고 할지라도 하나님 앞에서 떨게 될 날이 올 것이다.

II. 그들이 제시하는 근거는 하나님께서 이전에 자기 백성을 위하여 기막힌 능력으로 나타나 주셨었다는 것이다. 주께서 과거에 이렇게 하셨사오니 이제도 그렇게 하옵소서라는 호소는 은혜의 보좌 앞에서 설득력 있는 좋은 호소가 된다(시 10:17).

1. 그들은 하나님께서 자기 백성 이스라엘을 위하여 행하셨던 일, 특히 그들을 애굽에서 데리고 나오신 일을 근거로 들며 호소한다(3절). 그 때에 하나님께서는 애굽에 여러 재앙들을 내리심으로써 그들이 생각하지 못한 두려운 일들을 행하셨었다. 그들은 구원받을 것에 대해서 절망하고 있었기 때문에, 하나님의 큰 권능의 손과 편 팔을 통해서 구원받으리라고는 꿈에도 생각하지 못하였었다. 그 때에 하나님께서 시내 산에 강림하셨을 때에 그 광경은 너무도 두려운 것이어서, 주변의 산들이 두려워하여 주 앞에서 진동하고 숫양들 같이 뛰놀았으며(시 114:4), 영원한 산들이 무너졌고 작은 산들이 엎드러졌다(합 3:6). 하나님은 자기 백성을 위하여 베푸신 무수한 큰 구원들 속에서 그들이 생각하지 못한 두려운 일들을 행하셨고, 산처럼 당당하고 견고해 보였던 큰 자들을 그 앞에서 넘어지게 하셨으며, 그의 길을 가로막는 큰 반대세력을 제거해 버리셨다(삿 5:4-5; 시 68:7-8을 보라). 어떤 이들은 이 말씀이 산헤립의 강력한 대군을 격파하신 일을 가리키는 것이라고 본다. 이 일은 바위와 산들이 녹아내리는 것과

마찬가지로 하나님의 능력을 보여주는 놀라운 사건이었다.

2. 그들은 하나님께서 자기 백성을 위하여 이전에 행하시곤 하셨던 일과 자기 백성을 위하여 은혜로운 목적을 지니고 계시다는 것을 선포하셨던 일을 근거로 호소한다. 하나님이 자기 백성, 그리고 그를 찾고 섬기며 의지하는 모든 자들의 안전과 행복을 위하여 마련해 놓으신 것은 너무도 풍성하고 준비가 잘 되어 있어서, 그들은 혹시나 실망하게 되지는 않을까 염려할 필요가 없다. 그 것은 확실히 준비되어 있고, 충분히 준비되어 있기 때문이다.

(1) 그것은 너무도 풍성하다(4절). 사람들은 하나님이 자기를 앙망하는 자들을 위하여 준비해 두신 것을 듣지도 못하였고 보지도 못하였다. 하나님의 백성이 어떤 자들인지를 눈여겨보라. 그들은 자신의 본분을 다하면서 하나님을 기다리는 자들, 하나님이 약속하셨고 그들을 위하여 준비해 두신 구원을 기다리는 자들이다. 하나님의 백성의 행복이 어디에 있는지를 눈여겨보라. 그것은 하나님께서 그들을 위해 준비해 두신 것, 하나님이 그의 모략 속에서 그들을 위해 의도하셨고 그의 섭리와 은혜 속에서 그들을 위해 준비해 가고 계시며 그것들을 받을 수 있도록 그들을 준비시켜 나가시는 것, 하나님이 이전에 행하신 일 또는 앞으로 행하실 일에 있다. 유대교의 몇몇 랍비들은 이 말씀을 하나님이 메시야 시대를 위해 준비해 두신 축복들을 가리키는 것으로 이해하였고, 사도도 이 말씀을 그러한 축복들을 가리키는 것으로 해석한다. 또한, 몇몇 랍비들은 이 말씀을 내세의 영광들을 가리키는 것이라고 좀 더 확대해서 해석하기도 한다. 하나님의 백성의 행복은 하나님께서 주를 두려워하는 자들을 위하여 쌓아 두셨고 주께 피하는 자들을 위하여 베푸신 온갖 은혜에 있다(시 31:19). 이것에 대하여 여기에서는 창세 이래로 가장 캐묻기 좋아하였던 시절에도 사람들은 배움과 관련된 두 개의 기관, 즉 귀로 듣고 눈으로 봄을 통해서 이런 일을 온전히 알지 못하였다고 말한다. 하나님께서 거룩한 영혼들이 현재와 장래에 누릴 지극한 복을 위하여 준비해 두신 것을 보거나 듣거나 깨달은 자는 아무도 없었고, 오직 하나님만이 아시는데, 그 이유는 다음과 같다.

[1] 그것의 대부분은 이전 시대에는 감춰져 있었다. 측량할 수 없는 그리스도의 풍성함은 하나님 안에 감춰져 있었고 지혜롭고 슬기 있는 자들에게 숨겨져 있었기 때문에, 그들은 그것을 알지 못하였다. 그러나 그것들은 나중에 복음에 의해서 계시되었다. 그래서 사도 바울은 여기에 나오는 말씀(4절)을 인용한 후에

(고전 2:9) 오직 하나님이 성령으로 이것을 우리에게 보이셨다(고전 2:10)고 말한다(롬 16:25-26; 엡 3:9을 참조하라). 사람들이 창세 이래로 들은 적이 없었던 일을 그들은 세상 끝날 이전에 듣게 될 것이고, 그들의 눈을 덮고 있던 수건이 벗겨질 때에 장차 나타나기로 되어 있던 영광을 보게 될 것이다. 하나님은 자기가 믿는 자들을 위하여 무엇을 준비해 두었는지를 알고 계시지만, 하나님 외에는 그것을 아는 자가 없었다.

[2] 그것은 비록 계시되었다고 해도 인간의 오성(悟性) 또는 총명으로는 온전히 깨달을 수 없다. 그것은 영적인 것이어서, 이 감각의 세상 속에서 우리의 이성이 익숙해져 있는 그러한 개념들로는 설명되기 어렵다. 그것은 지극히 커서, 우리가 아무리 크게 예상한다고 하여도 그 예상을 훨씬 뛰어넘는다. 믿는 자들이 장차 누리게 될 지극한 복은 말할 것도 없고 그들이 지금 누리는 평안조차도 인간의 모든 지각(知覺)을 뛰어넘는다(빌 4:7). 무한한 오성 또는 총명을 지니고 계시는 하나님 외에는 아무도 그것을 깨달을 수 없다. 어떤 이들은 이 구절을 하나님이 행하신 일 자체의 초월성이 아니라 그 일을 행하신 하나님의 초월성을 가리키는 것으로 읽기도 한다. 주 외에는 자기를 앙망하는 자를 위하여 이런 일을 행한(행하는, 또는 행할 수 있는) 신을 눈으로 본 자도 없었나이다(개역의 읽기). 우리는 하나님의 놀라운 능력으로 행하신 일들만이 아니라 놀라운 은혜로 행하신 일들을 통해서, 또한 하나님이 행하시는 큰 일들만이 아니라 인자하신 일들을 통해서 하나님 같은 신이 없고 신들 중에서 하나님과 비교할 자가 아무도 없다는 것을 추론해내지 않으면 안 된다.

(2) 그것은 너무도 준비가 잘 되어 있다(5절). "주께서 기쁘게 의를 행하는 자를 선대하시되, 그런 자를 위하여 주께서 준비하신 선한 것으로 주를 선대하시며(4절), 주의 길에서 주를 기억하는 자들을 잊지 않으시나이다." 여기에서 자비로우신 하나님과 자비로운 심령 간에 어떠한 교통이 일어나는지를 보라.

[1] 하나님은 우리가 그와 교통하기 위해서 어떻게 하기를 바라시는가.

첫째, 우리는 모든 일에서 우리의 본분을 꼼꼼히 다하여야 하고, 의를 행하여야 하며, 선한 일과 주 우리 하나님이 우리에게 요구하시는 일을 하여야 하고, 그런 일을 잘 행하여야 한다.

둘째, 우리는 기쁜 마음으로 우리의 본분을 다하여야 하고, 기쁘게 의를 행하여야 하며, 하나님과 그의 법을 즐거워하여야 하고, 기쁜 마음으로 하나님을 섬기며 콧노래 부르면서 우리의 일을 하여야 한다. 하나님은 즐거이 내는 자, 즐거이 예배하는 자를 사랑하신다. 우리는 기쁨으로 주를 섬겨야 한다.

셋째, 우리는 우리에게 온갖 방식으로 다가오는 하나님의 모든 섭리에 순응하고서 그것들에 적절히 반응하여야 하고, 하나님이 우리에게 다가오시든 우리에게서 멀어지시든 그가 행하시는 모든 길들 속에서 주를 기억하여야 한다. 우리는 하나님의 길들이 긍휼의 길들일 때는 주를 기억하고 감사하고(형통한 날에는 기뻐하라), 하나님이 우리와 다투실 때에는 주를 기억하고 인내와 순종으로 행하여야 한다. 주께서 심판하시는 길에서 우리가 주를 기다렸나이다. 왜냐하면, 우리는 곤고한 날에는 되돌아 보아야 하기 때문이다.

[2] 우리가 이렇게 우리의 본분을 다하며 하나님을 모실 때에 우리는 하나님에게서 무엇을 기대할 수 있는가. 주께서 그를 선대하신다. 이것은 하나님께서 자기 백성에게 친밀한 사귐을 허락하신다는 것을 의미한다. 하나님은 그들을 만나셔서 그들과 대화하시고 그들에게 자신의 모습을 나타내시며 그들이 하는 말들을 들어주신다(출 20:24; 29:43). 또한, 이것은 하나님께서 그들에게 아낌없이 적극적으로 선을 베푸신다는 것을 의미한다. 하나님은 주의 아름다운 복들로 그들을 영접하실 것이고, 기쁘게 의를 행하는 자들을 선대하시기를 기뻐하실 것이며, 주를 앙망하는 자들에게 은혜를 베푸실 준비를 갖추어 놓으시고 기다리실 것이다. 탕자의 아버지가 집으로 돌아온 아들에게 그랬던 것처럼(눅 15:20), 하나님은 그의 참회하는 백성을 용서로써 맞이하신다. 하나님은 그의 기도하는 백성을 심지어 아직 기도하는 중에라도 평안의 응답으로 맞이하신다(사 65:24).

3. 그들은 하나님의 백성이 죄를 짓고 그 죄 때문에 하나님이 그들을 미워하신다고 하여도 하나님의 은총은 변함이 없고 하나님의 약속은 견고하다는 사실에 호소한다. "우리가 범죄하므로 주께서 여러 번 진노하셨고, 우리는 주의 진노 아래 있나이다. 그러나 주의 긍휼의 길들이 여전히 있사옵고, 주의 긍휼은 영원하시오니, 비록 우리가 범죄하였고 주께서 진노하셨다고 하여도, 우리는 결국 구원을 얻으리이다." 이것은 우리가 하나님의 법을 버리면 하나님은 회초리로 우리의 죄를 다스릴 것이지만 인자함을 다 거두지는 아니하며 언약도 폐하지는 아니할 것이라는 하나님의 언약의 취지와 일치한다(시 89:30 이하). 이 때문에 하나님의 백성은 거의 멸망할 뻔하다가도 파멸에서 구원을 받은 적이 셀 수 없이

많았다(시 78:38을 보라). 이렇게 언약이 지속될 것이기 때문에 우리는 구원받을 소망을 지닐 수 있다. 하나님이 우리와 맺으신 언약이 영원한 언약이라는 것은 우리의 구원의 보증수표와 같은 것이다. 하나님은 우리의 죄 때문에 우리에게 화를 내시고, 또한 화를 내시는 것이 당연하지만, 하나님의 진노는 잠깐이어서 곧 지나간다. 그러나 하나님의 은총은 늘 지속되기 때문에 평생토록 계속된다. 하나님은 계속해서 은총의 길들로 행하시고, 우리는 그것에 의지하여 우리의 구원을 바랄 수 있다(사 54:7-8을 보라). 우리의 구원의 소망이 우리 자신의 어떤 공로나 능력 위에 세워져 있지 않고(우리의 공로나 능력은 확실성이 없고, 아담조차도 순전함을 지킬 수 없었다) 하나님의 긍휼과 약속 위에 세워져 있다는 것은 우리에게 잘 된 일이다. 왜냐하면, 우리는 하나님의 긍휼과 약속이 언제까지나 계속되리라는 것을 확신하기 때문이다.

6무릇 우리는 다 부정한 자 같아서 우리의 의는 다 더러운 옷 같으며 우리는 다 잎사귀 같이 시들므로 우리의 죄악이 바람 같이 우리를 몰아가나이다 7주의 이름을 부르는 자가 없으며 스스로 분발하여 주를 붙잡는 자가 없사오니 이는 주께서 우리에게 얼굴을 숨기시며 우리의 죄악으로 말미암아 우리가 소멸되게 하셨음이니이다 8그러나 여호와여, 이제 주는 우리 아버지시니이다 우리는 진흙이요 주는 토기장이시니 우리는 다 주의 손으로 지으신 것이니이다 9여호와여, 너무 분노하지 마시오며 죄악을 영원히 기억하지 마시옵소서 구하오니 보시옵소서 보시옵소서 우리는 다 주의 백성이니이다 10주의 거룩한 성읍들이 광야가 되었으며 시온이 광야가 되었으며 예루살렘이 황폐하였나이다 11우리 조상들이 주를 찬송하던 우리의 거룩하고 아름다운 성전이 불에 탔으며 우리가 즐거워하던 곳이 다 황폐하였나이다 12여호와여 일이 이러하거늘 주께서 아직도 가만히 계시려 하시나이까 주께서 아직도 잠잠하시고 우리에게 심한 **괴로움**을 받게 하시려나이까

우리에게 예레미야의 애가가 있듯이, 여기에는 이사야의 애가가 나온다. 이 두 애가의 주제는 갈대아인들에 의한 예루살렘의 멸망과 그러한 멸망을 가져온 이스라엘의 죄로서 서로 동일하다. 차이가 있다면, 그것은 이사야는 예언의 영을 통해서 그 일을 멀리서 내다보고 탄식하는 반면에, 예레미야는 직접 그 일이 이루어지는 것을 보았다는 것이다. 이 단락에는 다음과 같은 내용들이

나온다.

I. 하나님의 백성은 환난 가운데서 그들의 죄를 고백하고 애통해함으로써, 하나님께서 그들에게 환난을 보내신 것이 정당하다는 것을 인정하고, 그들은 하나님의 긍휼을 받을 가치가 없는 자들임을 시인한다. 이것은 그들이 환난에서 벗어나 구원을 받을 준비가 되어가고 있다는 것을 보여주는 것이다. 그들의 죄 때문에 하나님의 책망 아래 있는 지금 그들이 믿고 의지할 것은 오직 하나님의 긍휼, 그 긍휼이 여전히 계속되고 있다는 사실뿐이었다. 왜냐하면, 그들은 모두 한결같이 죄로 오염되어서 중보기도할 자격이 없었고, 모두 다 자신의 본분에 무성의하고 게을리하여 중보기도하기에 합당치 않은 자들이 되어 있어서, 그들 가운데는 그들을 도울 자나 붙들어 줄 자도, 그들과 하나님 사이에 서서 중보기도를 해줄 자도 없었기 때문이다.

1. 그들의 행실은 모두 부패되어 있었다(6절). 우리는 다 문둥병이 온 몸에 퍼져서 진(陣)에 들어오지 못하게 된 자처럼 부정한 자 같다. 이스라엘 백성은 성막의 뜰에 들어오는 것이 허락되지 않은 부정한 자, 어떤 역겨운 질병에 걸려서 정수리부터 발바닥까지 상한 것과 터진 것밖에 없는 자와 같았다(사 1:6). 우리는 모두 죄 때문에 하나님의 공의에 따라 처벌받아야 마땅한 자들만이 아니라 하나님의 거룩하심에 비추어 역겨운 자들이 되어 버렸다. 왜냐하면, 죄는 주께서 미워하시는 가증스러운 것이어서 차마 눈 뜨고 볼 수조차 없는 것이기 때문이다. 우리의 의조차도 다 더러운 옷 같다.

(1) "우리 가운데서 가장 선한 자들이 그 모양이다. 우리는 다 너무나 부패하고 오염되어서 우리 가운데서 의로운 자들로 통하는 자들조차도 기쁘게 의를 행한(5절) 우리 조상들과 비교하면 쓰레기더미에 던져버려야 마땅한 더러운 넝마에 불과하다. 그들의 가장 선한 자라도 가시 같다."

(2) "우리의 행위 가운데서 가장 선한 행위들이 그 모양이다. 행실이 전반적으로 다 부패하였을 뿐만 아니라, 신앙 활동들도 전반적으로 다 엉망이 되어 버렸다. 의의 제사로 드려지는 것들은 찢긴 것과 저는 것, 병든 것뿐이어서, 더러운 넝마만큼이나 욕지기나게 하는 것들이기 때문에 하나님의 진노를 북돋고 있다." 우리의 행위들은 비록 아무리 칭찬받을 만한 것이라고 해도 우리가 그것들을 우리의 의로 여겨서 그것들로 말미암아 하나님 앞에서 공로를 쌓은 것으로 생각한다면, 그 행위들은 우리의 수치를 가려주지 못하고 도리어 우리를

더럽힐 뿐인 더러운 넝마와 같게 된다. 참된 회개자들은 그들의 우상들을 꼴 보기도 싫은 더러운 넝마처럼 내던져 버린다(사 30:22). 그들은 여기서 그들의 의조차도 하나님의 엄격한 공의에 비추어 본다면 하나님 보시기에 넝마와 같을 뿐임을 인정한다. 우리가 우리의 본분과 도리를 아무리 잘 행한다고 하여도 그런 것들은 너무도 결함이 많고 온전한 것에 너무도 미치지 못해서 넝마와 같고, 거기에 죄와 부패가 너무도 많이 달라 붙어 있어서 넝마와 같다. 우리가 선을 행하고자 할 때에도 거기에 악이 더불어서 존재한다. 만약 우리가 율법 아래 있다면, 거룩한 것들에 대한 우리의 범죄는 우리를 멸망으로 내몰 것이다.

2. 그들의 신앙은 전반적으로 싸늘하게 식어 있었다(7절). 백성들의 넘쳐나는 죄악으로 인해서 그들의 죄의 분량은 가득 찼고, 그것을 비우기 위한 조치는 전혀 취해지지 않았다.

(1) 기도는 소홀히 되었다. "주의 이름을 부르는 자가 없으며, 우리의 삶을 고치고 죄를 없애기 위하여 은혜를 구하거나 우리의 죄 때문에 우리가 자초한 심판들을 거두어 주시는 긍휼을 베풀어 달라고 구하는 자가 없다." 백성들이 이토록 악하게 된 것은 그들이 기도하지 않기 때문이었다. 그들은 다 치우쳐 함께 더러운 자가 되었나니 이는 그들이 여호와를 부르지 아니함이니라(시 14:3-4). 어떤 백성 가운데서 기도가 희박해지는 것은 그들에게 불길한 징조이다.

(2) 기도가 드려진다고 해도, 아주 건성으로 드려졌다. 여기저기에 드문드문 하나님의 이름을 부르는 자가 있었지만, 그들의 기도에는 냉랭함이 가득 하였다. 스스로 분발하여 하나님을 붙잡는 자가 없다.

[1] 기도하는 것은 하나님을 붙잡는 것, 하나님이 우리에 대한 그의 선하심을 밝힌 약속들과 선언들을 붙잡고서 그것들에 의지하여 하나님께 호소하는 것이고, 우리를 떠나가고자 하시는 하나님을 붙들고서 제발 우리를 떠나지 말아 주시라고 사정하거나 이미 우리를 떠나신 하나님께 제발 다시 돌아와 주시라고 애원하는 것이며, 하나님을 붙잡고서 씨름하는 것이다. 야곱의 자손들은 하나님과 씨름하여 이겨야 한다. 그러나 우리가 하나님을 붙잡을 때, 그것은 뱃사공이 갈고리를 뭍에 던져서 단단히 고정시키는 것과 같은데, 이 때에 사공은 마치 뭍을 자기에게 끌어오는 것처럼 보이지만 사실은 자기 자신을 뭍으로 끄는 것이다. 마찬가지로, 우리가 기도하는 것은 하나님을 우리의 마음과 생각으로 끌어오기 위한 것이 아니라 우리 자신을 하나님께로 끌어가기 위한 것이다.

[2] 기도로써 하나님을 붙잡고서 이기고자 하는 자들은 있는 힘을 다하여 기도하여야 한다. 기도를 할 때에는 우리의 생각을 집중하고 하나님에 대한 우리의 사랑을 활활 타오르게 하는 등 우리 안에 있는 모든 것을 다 동원하지 않으면 안 된다(그렇게 해도 결코 충분하지 않다). 우리는 기도가 얼마나 중요한지를 절실히 깨달고서 거기에 온 마음을 다함으로써 우리 속에 있는 하나님의 은사를 불일듯하게 하여야 한다. 그러나 그렇게 하는 자가 아무도 없고, 중보기도를 하는 자들이라고 자처하는 자들이 단지 빈둥거리는 자들에 지나지 않는다면, 하나님께서 긍휼의 길들로 우리를 찾아오실 것을 우리가 어떻게 기대할 수 있겠는가?

II. 그들은 그들이 당하는 환난이 그들 자신의 죄의 열매이자 결과이고 하나님의 진노라는 것을 인정한다.

1. 그들은 그들 자신의 어리석은 짓으로 말미암아 환난을 자초하였다. "우리는 다 부정한 자 같다. 그러므로 우리는 다 잎사귀 같이 시들었다(6절). 우리는 시들어서 우리의 아름다움을 잃었을 뿐만 아니라 가을의 낙엽처럼 땅바닥에 떨어졌다(원어는 이런 의미이다). 우리의 신앙고백이 시들면, 우리는 점점 수액(水液)이 없어져서 메말라가고, 우리의 번영도 시들어서 소멸되어간다. 우리는 멸시받는 하찮은 존재가 되어 땅에 떨어진다. 그 때에 가을바람이 마르고 시든 잎사귀들을 떨어뜨려서 휩쓸어가듯이, 우리의 죄악이 바람 같이 우리를 몰아간다(시 1:3-4)." 죄인들이 저지른 죄악의 해롭고 거친 바람은 죄인들에게 일격을 가하여 시들게 한 후에 그들을 휘몰아 가버린다. 죄는 죄인들을 시들게 하고, 그런 후에 그들을 파멸시킨다.

2. 하나님께서 그의 진노로 인해서 그들에게 환난을 보내셨다(7절). 주께서 우리에게 얼굴을 숨기시고, 우리에게 노여워하시며, 우리에게 그 어떤 구원도 베풀어 주시기를 거절하셨다. 그들이 스스로 부정한 자 같이 되었을 때에 하나님께서 그들이 역겨워 그들에게서 얼굴을 돌리신 것은 전혀 이상한 일이 아니다. 그렇지만, 이것이 전부가 아니었다. 주께서 우리의 죄악으로 말미암아 우리가 소멸되게 하셨다. 이것은 우리가 주의 노에 소멸되나이다(시 90:7-8)라는 하소연과 동일한 의미이다. 주께서 우리를 녹이셨다(이것이 원어의 의미이다). 하나님은 그들을 찌꺼기로 여기셔서 소멸시켜 버리기 위해서가 아니라 그들을 녹여서 정금으로 만들어 새 사람이 되게 하기 위하여 그들을 용광로에 넣으신 것이었

다.

Ⅲ. 그들은 하나님이 그들의 하나님이라는 사실을 주장하며, 그 사실을 근거로 겸손히 하나님께 호소하고, 그 사실에 근거하여 기쁜 마음으로 그들 자신을 하나님께 맡긴다(8절). "그러나 여호와여, 이제 주는 우리 아버지시니이다. 우리는 비록 본분을 망각하고 주께 배은망덕하게 행하였지만 그대로 여전히 주를 우리의 아버지로 고백하여 왔나이다. 주께서는 비록 우리를 벌하실지라도 우리를 내치지는 않으시나이다. 우리가 어리석고 경솔해서 원수들에 의해 멸시당하고 짓밟히고 있지만, 그래도 여전히 주는 우리 아버지시니이다. 그러므로 탕자가 일어나 아버지께로 갔듯이, 우리도 회개하며 주께 돌아와서, 기도로써 주께 아뢰나이다. 우리가 우리 아버지 외에 그 누구에게서 구원을 기대하오리까? 우리는 비록 아버지의 진노 아래 있지만, 아버지는 화해하고자 하시고 노를 영원히 품지 아니하실 분이시나이다."

1. 하나님은 그들을 지으셨기 때문에 그들의 아버지이시다. 하나님은 그들에게 존재를 부여하셨고, 그들을 하나의 민족으로 형성하셨으며, 그의 기쁘신 뜻대로 그들의 모습을 만드셨다. "우리는 진흙이요 주는 토기장이시니, 주께서 우리를 어떻게 다루시든 우리는 주께 시비를 걸지 아니 하리이다(렘 18:6). 아니, 그렇기 때문에, 비록 우리가 우리 자신을 망쳐 놓고 기형으로 만들어 놓았을망정, 우리는 우리를 지으신 주께서 우리를 잘 다루셔서 다시 새로운 모습으로 빚어주시리라는 소망을 갖나이다. 우리는 다 부정한 자 같이 되었지만, 우리는 다 주의 손으로 지으신 것이오니, 우리가 원래의 용도대로 주께 쓰임 받기에 합당하게 되도록 우리의 부정함을 없애주소서. 우리는 주의 손으로 지으신 것이오니 버리지 마옵소서(시 138:8)."

2. 하나님은 언약에 의해서 그들의 아버지이시다. 그들은 이 점에 호소한다(9절). "구하오니 보시옵소서 보시옵소서 우리는 다 주의 백성, 주께서 이 세상에서 소유하고 계시는 유일한 백성, 주의 이름을 공개적으로 고백하는 유일한 백성이니이다. 우리는 주의 백성으로 불리고, 우리의 이웃 나라들은 우리를 그렇게 보고 있나이다. 그러므로 우리가 겪는 것은 다 주께 영향이 가고, 주께서 과연 우리를 구원해 주실 지를 모든 사람이 주시하고 있나이다. 우리는 주의 백성이오니, 백성이 자기 하나님께 구할 것이 아니나이까(사 8:19). 우리는 주의 것이오니 우리를 구원하소서(시 119:94). 우리가 섭리에 의한 하나님의 책망 아래 있을

때에는 우리가 하나님과 언약 관계에 있다는 사실을 계속해서 꼭 붙잡는 것이 좋다는 것을 명심하라.

IV. 그들은 진노를 거두시고 그들의 죄를 용서해 주시라고 하나님께 끈질기게 간구한다(9절). "여호와여, 그렇게 분노하시는 것도 당연하지만, 너무 분노하지 마시오며 우리의 죄악을 영원히 기억하지 마시옵소서." 그들은 그들이 처한 심판을 제거해 주시라고 노골적으로 기도하지 않고, 그 문제를 하나님께 맡기는 대신에 이렇게 기도한다.

1. 그들은 하나님께서 그들과 화해해 주시면 환난이 계속되든 제거되든 그들의 마음이 편할 수 있을 것이라고 기도한다. "너무 분노하지 마시오며, 아버지로서의 관용과 불쌍히 여기는 마음으로 주의 노를 누그러뜨려 주옵소서." 그들은 여호와여, 우리를 책망하지 마소서라고 말하는 것이 아니라, 여호와여, 주의 분노나 진노로 책망하지 마소서라고 말한다. 하나님께서 진노로 그 얼굴을 숨기시는 것은 잠시뿐이다.

2. 그들은 하나님께서 그들을 그들의 죄에 따라 받아야 할 응분의 벌을 따라 다루지 말아 주시라고 기도한다. 죄악을 영원히 기억하지 마시옵소서. 죄가 지닌 악성(惡性)은 너무도 지독해서, 죄는 영원히 기억되어야 마땅하기 때문에, 그들이 하나님께 면제해 달라고 간구하는 것은 죄가 낳는 영원한 결과이다. 하나님의 진노가 지닌 두려움, 그들 자신의 죄의 치명적인 결과들을 죽음의 독침으로 여겨서 그것들을 그 어떤 심판보다도 더 염려하고 두려워하는 자들은 그들이 하나님의 손 아래에서 진정으로 낮아져 있다는 것을 분명하게 보여주는 것이다.

V. 그들은 그들이 처해 있는 통탄스러운 상황과 폐허더미 아래에서 신음하고 있는 모습에 관한 아주 암울한 묘사 또는 기억을 하늘의 궁정에 고한다.

1. 그들의 집은 폐허가 되었다(10절). 유다의 성읍들은 갈대아인들에 의해서 파괴되었고, 주민들은 끌려갔기 때문에 수리하거나 돌볼 사람이 아무도 없어서 여러 해 동안 방치되다 보니 완전한 불모지로 변해 버렸다. 주의 거룩한 성읍들이 광야가 되었나이다. 유다의 성읍들은 거룩한 성읍들로 불린다. 왜냐하면, 유다 백성은 하나님께 제사장들의 나라였기 때문이다. 백성들은 성읍들에 회당을 두고서 거기에서 하나님을 섬겼다. 그러므로 그들은 그 성읍들이 폐허로 변해 버린 것을 탄식하고, 그들을 위하여 하나님께 호소할 때에 그 성읍들이

부유하거나 유서 깊은 웅장한 성읍들이었다는 것이 아니라 거기에서 사람들이 하나님의 이름을 부르고 고백하였던 거룩한 성읍들이었다는 것을 역설하였다. "이 성읍들이 광야가 되었고, 그 아름다움이 훼손되어서, 예전과는 달리, 그 성읍들에 거주하거나 찾는 사람이 아무도 없나이다. 원수들이 이 땅에 있는 하나님의 모든 회당을 불살랐나이다(시 74:8)." 작은 성읍들만이 이렇게 광야처럼 내버려져서 아무도 찾지 않는 곳이 되어 버린 것이 아니었다. "시온도 광야가 되었고, 다윗의 성도 폐허로 변해 버렸나이다. 터가 높고 아름다워 온 세계가 즐거워하던 곳이었던 예루살렘도 지금은 보기 흉한 모습으로 변해서 온 세계가 경멸하는 수치스러운 곳이 되었나이다. 그토록 고상했던 저 성읍이 황무지가 되어 버렸고 쓰레기더미가 되었나이다." 죄가 한 백성을 어느 정도나 초토화시켜 버리는지를 보라. 외적으로 거룩한 곳이라고 아무리 외쳐도 그것은 초토화되는 것을 막아주는 방패막이가 되어 주지 않는다. 거룩한 성읍들도 악한 성읍들이 되어 버리면 순식간에 모든 것이 광야로 변하게 되고 만다(암 3:2).

2. 하나님의 전도 폐허가 되었다(11절). 그들이 무엇보다도 탄식했던 것은 성전이 불에 타버렸다는 것이었다. 그러나 하나님께서는 성전이 지어지자마자 그들이 죄를 지으면 성전이 어떻게 될 것인지를 말씀해 주셨었다(대하 7:21). 이 성전이 비록 높을지라도 그리로 지나가는 자마다 놀라리라. 성전이 폐허로 변해 버린 것을 그들이 얼마나 가슴 아파하며 애통해하는지를 눈여겨보라.

(1) 성전은 그들의 거룩하고 아름다운 전이었다. 성전은 대단히 호화로운 건물이었지만, 그들이 보기에 성전이 지닌 가장 큰 아름다움은 그 거룩함에 있었다. 따라서 성전이 더럽혀진 것이야말로 그들을 가장 슬프게 한 일이었고, 거기에서 드려졌던 거룩한 예배들이 중단된 것은 그들의 마음을 가장 아프게 한 일이었다.

(2) 성전은 그들의 조상들이 희생제사와 찬송으로 하나님을 찬송하던 곳이었다. 오랜 세월 동안 그들의 민족의 영광이었던 곳이 잿더미로 변해 있다는 것은 얼마나 서글픈 일인가! 그들의 조상들이 시온의 노래들로 매일 하나님을 찬송하였었다는 사실은 그들이 이제는 그 노래들을 사용할 수 없게 되었다는 현실을 더욱 비참하게 만들었다. 그들은 성전이 하나님께서 찬송을 받으시던 곳이었다는 사실에 호소함으로써 하나님이 그들의 현재의 처지에 이해관계를 갖고 계시다는 점을 상기시키고, 아울러 그들의 조상들이 하나님을 찬송하였다는

사실을 지적함으로써 하나님이 그들의 조상들과 맺은 언약을 상기시킨다.

(3) 성전과 더불어서 그들이 즐거워하던 것이 다 황폐하였고, 그들이 바라고 기뻐하던 모든 것, 그들이 큰 기쁨으로 여겼던 하나님을 섬길 때에 사용하던 모든 것들이 황폐화되었다. 성전의 기구, 제단들과 상(床)만이 아니라 안식일과 월삭을 비롯해서 그들이 즐거운 마음으로 지키곤 하였던 온갖 절기들, 그들의 사역자들과 성회들, 이 모든 것들이 다 황폐화되어 버렸다. 하나님의 백성은 그들의 거룩한 것들을 그들의 가장 즐거운 것들로 여긴다는 것을 명심하라. 그들에게서 거룩한 규례들과 은혜의 수단들을 박탈해 보라. 그러면, 당신은 그들이 즐거워하는 모든 것을 다 황폐하게 만든 것이다. 그들이 그런 것들 말고 더 무엇을 가지고 있는가? 여기에서 하나님과 그의 백성이 지니고 있던 자산들이 어떻게 이해관계가 서로 얽혀 있는지를 눈여겨보라. 그들은 그들이 거처하는 성읍들에 대하여 말할 때에 주의 거룩한 성읍들이라고 말하는데, 이것은 그 성읍들이 하나님께 바쳐졌기 때문이었다. 그들은 하나님이 거하는 성전에 대해서는 우리의 아름다운 전이라 말하고, 성전의 설비들에 대해서는 우리가 즐거워하던 것들이라고 말하는데, 이것은 그들이 성전과 거기에 속한 모든 것들을 진심으로 소중히 여겼었기 때문이었다. 우리가 이렇게 우리와 관련된 모든 것들을 하나님을 섬기는 일에 바침으로써 그 모든 것들 속에 하나님을 끌어들이고, 하나님과 관련된 모든 것들을 우리 마음에 가까이 함으로써 그 모든 것들 속에 우리 자신을 개입시킨다면, 우리는 우리의 것과 하나님의 것 둘 다를 하나님께 안심하고 맡길 수 있다. 하나님께서 둘 모두를 완전케 하실 것이기 때문이다.

VI. 그들은 그들의 현재의 비참한 처지를 겸손히 하나님께 호소하는 가운데 애정 어린 간언(諫言)으로 끝을 맺는다(12절). "여호와여, 일이 이러하거늘 주께서 아직도 가만히 계시려 하시나이까? 주께서 주의 성전이 파괴된 것을 보시고도 분개하시거나 복수하지 않으시겠나이까? 질투하시는 하나님께서 질투하시는 것을 잊어버리신 것은 아니나이까? 하나님이여, 일어나 주의 원통함을 푸소서(시 74:22). 여호와여, 주께서는 모욕을 당하시고 모독을 당하셨나이다. 그런데도, 주께서는 아직도 잠잠하시고 모른 체하고자 하시나이까? 하늘이 지독한 모욕을 당했는데 가만히 계시는 것이 말이 되나이까?" 우리가 학대를 당했다면 우리는 잠잠해야 한다. 원수 갚는 것이 우리의 소관이 아니고, 우리는 우리의 억울함을 하나님께 맡기면 되기 때문이다. 하지만, 하나님의 존귀하심이 손상을 입었다면, 하나님은 그 잘못된 것을 바로잡으시기 위하여 말씀하실 것이다. 하나님의 백성은 하나님께서 어떤 말씀을 하셔야 하는지를 제시하는 것이 아니라, 여기에서처럼 하나님이여 침묵하지 마소서(시 83:1)라고 기도할 뿐이다. "내가 찬양하는 하나님이여 잠잠하지 마옵소서(시 109:1). 주의 원수들의 죄악을 깨우치시고, 주의 백성을 위로하고 구원하시기 위하여 말씀하옵소서. 주께서는 우리에게 심한(또는, 영원히) 괴로움을 받게 하시려나이까?" 하나님의 성소가 황폐화되어 있는 데도 성소를 폐허더미에서 다시 일으켜 세우려는 그 어떤 조치도 취해지지 않는 것을 보는 것은 선한 자들에게 큰 고통이다. 그러나 하나님은 영원히 다투지는 아니하실 것이라고 말씀하셨기 때문에, 하나님의 백성은 그 말씀에 의지하여 그들의 환난이 심하거나 영원히 지속되는 것이 아니라 가볍게 잠시 동안만 지속되리라는 것을 확신할 수 있다.

제
— 65 —
장

개요

우리는 이제 이 복음적인 예언의 끝을 향해 나아가고 있다. 이 예언의 마지막 두 장은 우리로 하여금 새 하늘과 새 땅, 복음 시대가 가져올 새 세상, 그 때에 보배로운 것과 나쁜 것이 갈라지게 될 것 등과 같은 먼 훗날의 일들을 내다보게 만든다. 그리스도께서는 "내가 심판하러 이 세상에 왔노라"고 말씀하셨다. 선지자 이사야가 모든 선지자들이 증언한 바로 그 일에 대하여 여기에서 말하고 있는 것이 어찌 터무니없는 일이겠는가(벧전 1:10-11)? 신약에서는 유대인들이 버림받을 것과 이방인들이 부르심을 받아서 교회로 들어오게 될 것을 선지자들이 미리 내다보고 예언하였다는 것을 자주 지적한다(행 10:43; 13:40; 롬 16:26). 이 장에는 다음과 같은 내용들이 나온다. I. 이방인들이 복음으로 부르심을 받게 되리라는 것(1절). II. 유대인들이 그들의 완악함과 불신앙으로 인해서 버림받으리라는 것(2-7절). III. 유대인들 중 남은 자들이 복음적 교회로 들어옴으로써 구원받게 되리라는 것(8-10절). IV. 버림 받은 유대인들에게 하나님의 심판이 뒤따르리라는 것(11-16절). V. 기독 교회의 기쁨과 영광이 되기 위하여 기독 교회를 위해 준비된 축복들(17-25절). 그러나 이러한 것들은 여기에서 하나님이 포로 생활에서 돌아온 유대인들을 하나님을 경외하는 자들과 그렇지 않은 자들로 구분하시고서, 그들 가운데서 발견된 죄들에 대하여 책망하시는 말씀과 그들을 위하여 준비된 축복들에 대한 약속의 말씀을 하신다는 모형과 비유를 빌려서 예언되고 있다.

¹나는 나를 구하지 아니하던 자에게 물음을 받았으며 나를 찾지 아니하던 자에게 찾아냄이 되었으며 내 이름을 부르지 아니하던 나라에 내가 여기 있노라 내가 여기 있노라 하였노라 ²내가 종일 손을 펴서 자기 생각을 따라 옳지 않은 길을 걸어가는 패역한 백성들을 불렀나니 ³곧 동산에서 제사하며 벽돌 위에서 분향하여 내 앞에서 항상 내 노를 일으키는 백성이라 ⁴그들이 무덤 사이에 앉으며 은밀한 처소에서 밤을 지내며 돼지고기를 먹으며 가증한 것들의 국을 그릇에 담으면서 ⁵사람에게 이르기를 너는 네 자리에 서 있고 내게 가까이 하지 말라 나는 너보다 거룩함이라

하나니 이런 자들은 내 코의 연기요 종일 타는 불이로다 [6]보라 이것이 내 앞에 기록 되었으니 내가 잠잠하지 아니하고 반드시 보응하되 그들의 품에 보응하리라 [7]너희 의 죄악과 너희 조상들의 죄악은 한 가지니 그들이 산 위에서 분향하며 작은 산 위 에서 나를 능욕하였음이라 그러므로 내가 먼저 그들의 행위를 헤아리고 그들의 품 에 보응하리라 여호와가 말하였느니라

우리가 믿고 의지할 수 있는 해석자인 사도 바울은 이 본문의 참된 의 미를 우리에게 가르쳐 주었다. 바울은 이 본문이 가리키는 사건이 무엇이고 어 떻게 성취되었는지를 우리에게 말해주는데, 그것은 복음이 전파됨으로써 이방 인들이 부르심을 받아서 교회로 들어오게 되고 유대인들이 버림을 받게 된 것 이었다(롬 10:20-21). 거기에서 바울은 이사야가 도저히 일어날 것 같지 않은 일을 미리 예언하였을 뿐만 아니라 유대인들을 향하여 그들의 민족에게 중대 한 모욕이라고 생각되었을 일을 예언하였다는 점에서 이사야가 매우 담대하였 다고 말하고, 이 일을 통해서 나도 백성이 아닌 자들로 너희에게 시기가 나게 하리 로다(신 32:21)라고 한 모세의 말이 이루어졌다고 지적한다.

I. 멀리 있던 이방인들이 가까이 나아오게 될 것이라고 예언함(1절).   바울 은 이 본문을 이렇게 읽는다. 내가 나를 찾지 아니한 자들에게 찾은 바 되고 내게 묻지 아니한 자들에게 나타났노라. 그들에게 얼마나 놀랍고 복된 변화가 찾아왔 고, 그들이 얼마나 예기치 않게 그 변화를 맞게 되었는지를 눈여겨보라.

1. 이 세상에서 오랫동안 하나님 없이 지냈던 자들이 이제는 하나님을 찾게 될 것이다. 나를 지으신 하나님은 어디 계시냐는 말을 한 적이 없었던 자들이 이 제는 하나님을 찾기 시작할 것이다. 그들이나 그들의 조상들은 하나님의 이름 을 부른 적이 없었고, 도리어 기도 없이 살거나 나무와 돌들, 또는 사람들이 손 으로 만든 것들에게 기도하였었다. 그러나 이제 그들은 세례를 받고 주의 이름 을 부르게 될 것이다(행 2:21). 하나님께서 여기에서 과거에는 그를 찾은 적이 없었던 자들이 그를 찾게 될 것이라고 말씀하시면서 얼마나 기뻐하시며 흐뭇 해하시는지를 보라. 왜냐하면, 큰 죄인들이 회개하면 하늘에는 기쁨이 있기 때 문이다.

2. 하나님은 그들이 기도하기도 전에 그들을 축복해 주실 것이다. 나는 나를 찾지 아니하던 자에게 찾아냄이 되었노라. 하나님과 이방 세계의 이 복된 사귐과

교통은 하나님 편에서 시작하신 것이었다. 그들이 하나님을 알게 된 것은 하나님이 그들에게 자신을 알리셨기 때문이고(갈 4:9), 그들이 하나님을 찾고 발견하게 된 것은 하나님이 먼저 그들로 하여금 그를 찾게 하시고 그가 만나 주셨기 때문이다. 교통이 이루어진 후에는 하나님을 찾는 자들이 하나님을 만나게 되지만(잠 8:17), 최초의 회심에서는 하나님은 그를 찾지도 않은 자들을 먼저 만나 주신다. 우리가 사랑함은 그가 먼저 우리를 사랑하셨음이라. 하나님께서 일반 섭리를 통해서 풍성한 은총을 베푸시는 이유는 사람들로 혹 하나님을 더듬어 찾아 발견하게 하려 하심이었다(행 17:27). 그러나 그들은 하나님을 찾지 않았다. 하나님은 그들에게 여전히 미지의 신이었지만, 그 때에 하나님은 그들을 먼저 만나 주셨다.

3. 하나님은 신앙 고백을 한 적도 없는 자들에게 하나님의 계시를 받는 특권을 주셨다. 유대인들은 오랜 세월 동안 나의 이름을 불러 왔었지만, 나는 내 이름을 부르지 아니하던 자들에게 나를 보라 나를 보라(개역에서는 내가 여기 있노라 내가 여기 있노라) 하였노라(즉, 그들에게 나를 보는 눈을 주어서, 거기로부터 오는 위로와 유익을 얻도록 권하였다). 사도들이 이곳저곳을 돌아다니면서 복음을 전파하였을 때, 그들이 전파한 것의 핵심은 이런 것이었다. "하나님을 보라 하나님을 보라. 하나님을 향하여 돌아서서, 너희의 마음 눈을 하나님께 고정시키고, 하나님과 사귀며 하나님을 찬양하고 경배하라. 너희가 만든 우상들에게서 눈을 돌려서, 너희를 만드신 살아 계신 하나님을 바라보라." 사도들 속에 계신 그리스도는 "믿음의 눈으로 나를 바라보고 바라보라 내게로 돌이켜 구원을 받으라고 말씀하셨다. 그리고 그리스도께서는 오랫동안 내 백성이 아니었던 자들('로암미')과 긍휼을 얻지 못하였던 자들(호 1:8-9; 롬 9:25-26)에게 그런 말씀을 하셨다.

Ⅱ. 오랫동안 하나님과 가까운 백성이었던 유대인들이 내쳐지고 멀어지게 될 것이라고 예언함(2절). 사도 바울은 이 말씀을 그가 활동하던 당시의 유대인들에게 적용하면서, 그들을 행악자들의 자손이라고 말한다(롬 10:21). 이스라엘에 대하여 이르되 순종하지 아니하고 거슬러 말하는 백성에게 내가 종일 내 손을 벌렸노라. 좀 더 살펴보자.

1. 하나님은 유대인들에게 아주 간곡하게 하나님의 은혜를 받아들이라고 설득하셨었다. 잠언에 나와 있듯이, 하나님께서는 직접, 또는 그의 선지자들이

나 아들이나 사도들을 통해서 무수히 그들에게 손을 내밀었다(잠 1:24). 하나님은 손을 펴서 그들을 설득하고 간곡히 부탁하였다. 하나님은 손가락으로 가리키며 그들을 설득하였을 뿐만 아니라, 그들을 반갑게 껴안아 맞이할 준비가 되어 있다는 것을 보여줌으로써 그들에 대한 자신의 호의를 나타냄과 동시에 그 호의를 받아들이도록 끈질기게 설득하기 위하여 손을 폈다. 그리스도께서는 십자가에 못 박히실 때에 마치 돌아오는 죄인들을 그의 품으로 맞을 준비가 되어 있다는 듯이 그의 양 손을 활짝 펴서 펼치셨다. 그것도 종일, 즉 복음 시대 내내 그렇게 하셨다. 그는 은혜 베푸실 때를 기다리셨고, 기다림에 지치지도 않으셨다. 그는 하루가 거의 끝나가는 제11시에 온 자들조차도 거부하지 않으셨다.

2. 그들은 하나님의 그러한 초대를 경멸하였다. 하나님의 초대를 받은 그들은 말을 듣지 않는 패역한 백성이었다. 그들은 혼인 잔치에 초대 받았지만 오고자 하지 않았고, 그들 자신을 위한 하나님의 뜻을 저버렸다. 여기에서 우리는 다음과 같은 것들을 볼 수 있다.

(1) 이 백성이 보여준 악한 성품. 그들이 하나님으로부터 버림받은 것이 아무 이유 없이 괜히 그런 것이 아니었다는 것을 온 세상이 다 알 날이 올 것이다. 사실, 그들이 버림받은 것은 그들의 영적 간음 때문이었다.

[1] 그들이 전체적으로 보여준 성품은 하늘의 은총을 받은 자들에게서는 도저히 있을 수도 상상할 수도 없는 그런 것이었다.

첫째, 그들은 아주 고집이 셌고 제멋대로였다. 옳은 것이든 그른 것이든 그들은 자기 마음대로 행하고자 하였다. "그들은 전반적으로 옳지 않은 길, 안전하지 않은 길, 선하지 않은 길을 따라 행하였다. 왜냐하면, 그들은 자기 생각, 그들 자신이 궁리해낸 것, 그들이 하고 싶은 것을 **따라** 걸어갔기 때문이다." 우리의 생각을 우리의 안내자로 삼는다면, 우리의 길은 선하지 않을 가능성이 높다. 왜냐하면, 우리 마음으로 생각하는 모든 계획은 항상 악할 뿐이기 때문이다. 하나님은 그들에게 그의 생각, 그의 마음과 뜻이 무엇인지를 말씀해 주었지만, 그들은 자기 생각을 **따라** 행하고자 하였고, 그들이 가장 좋겠다고 생각한 대로 행하고자 하였다.

둘째, 그들은 극심한 진노를 불러일으키는 자들이었다. 이것은 내내 그들에 대한 하나님의 불만이었다. 그들은 마치 어떻게 하면 하나님을 그들의 원수로 돌려놓을 수 있을까를 궁리하는 자들인 것처럼 하나님을 근심하게 만들었고,

그의 성령을 화나게 하였다. 그들은 하나님 앞에서 항상 하나님의 진노를 불러일으키는 백성이다. 그들은 하나님의 면전에서 하나님의 권위를 대놓고 멸시하고 하나님의 공의에 도전하였으면서도 그들이 하나님께 어떠한 모욕을 주었는지에 대해서 전혀 신경을 쓰지 않았다. 그것도 한두 번이 아니라 항상 그랬다. 광야에서 시험하던 날이 잘 보여주듯이, 이것은 그들이 하나의 민족을 이룬 이래로 그들의 행동방식이었다.

[2] 선지자는 하나님이 그들을 버린 이유가 된 그들의 죄악과 그들의 조상들의 죄악에 대하여 좀 더 구체적으로 말한다(7절). 그는 이 두 부류의 죄악에 대한 각각의 예들을 제시한다.

첫째, 그들의 조상들이 저지른 죄악 중에서 하나님을 가장 격노케 하였던 죄악은 우상 숭배였다. 선지자는 우상 숭배는 하나님의 면전에서 하나님의 화를 불러일으키는 죄악이었다고 그들에게 말한다. 십계명 중에서 둘째 계명이 보여주듯이, 조상들이 우상 숭배의 죄를 범하면, 하나님은 흔히 그 벌을 자손들에게 보응하신다. 우상 숭배는 그들을 포로로 잡혀가게 만들었던 죄였고, 포로 생활을 통해서 그들의 우상 숭배는 어느 정도 치유를 받긴 하였지만, 그들의 민족이 최종적으로 멸망당할 때에 하나님은 우상 숭배의 죄에 대한 책임을 그들에게 다시 물으셨다. 왜냐하면, 하나님께서 보응하시는 날에 우상 숭배의 죄에 대하여 보응하시게 되어 있었기 때문이다(출 32:34). 포로 생활이 끝난 후 한참 세월이 흐른 뒤에 그들은 다른 신들을 섬기지는 않았지만 아마도 여기에 언급된 여러 가지 문란한 짓들을 행하여 범죄한 자들이 많았던 것 같다. 왜냐하면, 그들은 이방인 여자들을 아내로 맞아 결혼하였기 때문이다.

(i) 그들은 하나님이 제정하신 것들을 좋아하지 않아서 그들 마음대로 제사를 지냄으로써 그들 스스로를 만족시키기 위하여 하나님의 성전을 버리고 동산이나 무덤에서 제사를 지냈다.

(ii) 그들은 하나님의 제단을 버리고, 그들 자신이 고안해낸 제단들인 벽돌 위에서 분향하였다(그들은 하나님이 정하신 제사 규례와 비교해서 너무나 형편없는 그들이 만들어낸 방식을 따라 분향하였고, 하나님이 그들에게 분향할 곳이라고 정해주신 금 제단에 비하여 너무도 형편없는 벽돌 제단을 사용하였다). 어떤 이들은 이 본문을 그들이 타일 위에서 분향하였다로 읽는다. 그들이 살던 집의 평평한 지붕은 타일들로 덮여 있었는데, 성경에 나와 있는 대로 그들은

종종 이 지붕 위에서 그들이 섬기는 우상들에게 분향하였기 때문이다(아하스의 다락 지붕에 세운 제단들, 왕하 23:12; 예루살렘 집들과 유다 왕들의 집들이 그 집 위에 하늘의 만상에 분향하고, 렘 19:13).

(iii) "그들은 신점(神占) 또는 죽은 자들에게 물어서 점치는 술법을 사용하였고, 엔돌의 신접한 여인처럼 산 자를 위하여 죽은 자에게 묻기 위해서(사 8:19) 무덤 사이에 앉으며 은밀한 처소에서 밤을 지냈다. 또는, 그들은 무덤 사이에 출몰하는 악령들에게 묻곤 하였다.

(iv) 그들은 그들의 음식에 관한 하나님의 율법을 범하였고, 복음에 의해서 결례가 폐지되기 전인 데도 정한 음식과 부정한 음식의 구별을 깨뜨려 버렸다. 그들은 돼지고기를 먹었다. 마카베오 가문의 이야기에 나오는 엘르아살과 그의 일곱 형제들처럼 돼지고기를 먹느니 차라리 죽음을 선택하는 사람들도 있었는데도 말이다. 그러나 돼지고기를 먹는 것이 보편화되어 버리자, 많은 사람들이 그렇게 하였을 가능성이 많다. 우리는 우리 구주께서 이 땅에 계실 때에 그들이 많은 돼지 떼를 키웠다는 사실을 복음서를 통해서 알고 있다. 이것에 비추어 보건대, 우리는 당시에 많은 사람들이 율법을 가볍게 여겨서 돼지고기를 먹었을 것이라고 추측해 볼 수 있는데, 이로 인하여 그들은 돼지 떼가 몰살을 당하는 벌을 받았다. 또한, 여기에서 가증한 것들이라 표현된 그 밖의 다른 금지된 고기들로 만든 국 또는 편육도 그들의 그릇에 담겨서 식용으로 사용되었다. 금지된 고기는 가증함 또는 가증한 것으로 불렸고, 그런 것을 다루는 자들은 자기를 가증하게 되게 하는 것이라고 말해졌다(레 11:42-43). 감히 고기를 먹지 못하는 자들이라도 그 고기로 만든 국은 용기를 내어 먹었다. 왜냐하면, 그들은 가능한 한 금지된 것에 더 가까이 가고자 하였기 때문이다. 이것은 그들이 얼마나 금지된 과실을 탐하였는지를 보여준다. 아마도 여기서 가증한 것들의 국이라는 표현은 죄를 지어야만 얻을 수 있는 모든 금지된 쾌락들과 이익들, 즉 여호와께서 미워하시는 가증한 것을 대표적으로 나타내는 표현일 것이다. 그들은 가증한 것의 국을 맛보면서 그 가증한 것을 차마 먹지는 못하고 만지작거리는 것으로 위안을 삼았을 것이다. 그러나 이렇게 대담하게 죄의 경계선에 뛰어들 수 있는 자들은 죄의 깊은 나락 속으로 떨어질 위험성이 크다.

둘째, 우리 구주께서 이 땅에 계실 때에 유대인들이 저지른 죄악 중에서 하나님을 가장 진노하시게 만들었던 것은 그들의 교만과 위선이었다. 서기관들과 바리새인들의 이 죄를 그리스도께서는 무수한 화를 선포하며 규탄하셨다(5절). 그들은 이렇게 말하였다. "너는 네 자리에 서 있고 내게서 떨어져 있으라(원문에는 너는 네 부류와 어울려라로 되어 있다). 네 부류와 어울리고 내게 가까이 하지 말라. 네가 나를 더럽힐까 겁나니 나를 만지지도 말라. 나는 네가 나와 친밀하게 지내는 것을 허락할 수 없다. 왜냐하면, 나는 너보다 거룩함이라. 너는 별로 선하지 않아서 나와 교제할 수 없다. 나는 다른 사람들과 같지 아니하고 이 세리와도 같지 아니하다." 그들은 그들이 만나는 사람들에게 이러한 말을 서슴지 않고 하였다. 그들은 나는 너보다 더 거룩하다고 말하면서, 그들 자신이 어떤 사람보다도 더 거룩하고, 그들에게 마땅히 요구되는 것보다 더 선하고 지극히 선할 뿐만 아니라 그 어떤 사람보다도 더 선하다고 생각하였다. 하나님은 이렇게 말씀하신다. 이런 자들은 내 코의 연기, 즉 곧 밝게 타올라서 환한 빛을 내는 불이 아니라 종일 타도 연기만 낼 뿐인 젖은 장작에 붙은 불에서 나는 연기이다. 사람들의 행위 중에서 스스로 교만하여 자기 자신이 잘났다고 생각하여 자부심을 가지고 다른 사람들을 멸시하는 것보다 하나님을 화나게 만드는 불쾌한 것은 없다는 것을 명심하라. 왜냐하면, 스스로를 다른 어떤 사람보다도 더 거룩한 것으로 생각하는 자들은 보통 모든 사람 중에서 가장 거룩하지 않은 자들이기 때문이다.

(2) 이것 때문에 하나님께서 그들과 다투심. 그들이 죄를 말해주는 증거는 명백하였다. 보라, 이것이 내 앞에 기록되었다(6절). 장차 그들을 심판할 때에 기억하시기 위하여 하나님은 그것을 기록해 두신다. 왜냐하면, 그들은 즉시 벌을 받지 않을 수도 있기 때문이다. 죄인들이 저지른 죄들, 특히 위선자들의 헛된 자랑과 경멸은 하나님의 곳간에 봉하여 저장되어 있다(신 32:34). 하나님은 장차 그 기록된 것을 읽으시고 거기에 따라서 심판을 진행하실 것이다. "비록 내가 오랫동안 잠잠할지라도, 언제까지나 잠잠하지는 아니할 것이다." 그들은 종종 하나님을 그들과 같은 부류로 생각했겠지만, 그 때에는 그런 생각이 완전히 잘못되었다는 것을 알게 될 것이다. 하나님은 반드시 보응하되 그들의 품에 보응하실 것이다. 질투하시는 하나님은 신앙을 가지고 있다는 것을 자신의 자랑거리로 여기면서도 저 존귀하고 거룩한 신앙을 비열하게 악용하는 자들을 반드시 벌하실 것이다. 그들은 신앙을 고백하고 신앙을 가지고 있다는 것을 자랑하겠지만, 그런 것은 그들의 죄를 더욱 가중시킬 뿐이다.

[1] 그들에게 불리하게 작용하게 될 그들의 조상들의 죄악. 그들 자신이 저지른 죄만 생각해도, 하나님께서 그들에게 어떠한 심판을 내리시더라도, 그 심판은 오히려 가벼운 것이다. 그만큼 그들의 죄는 이루 말할 수 없이 무거웠고, 이 점을 그들도 인정한다(스 9:13). 그렇지만, 하나님께서 만약 그들을 심판하실 때에 그들의 조상들의 죄악을 염두에 두지 않으셨다면 그들을 그토록 엄청나게 황폐화시키지는 않으셨을 것이다. 그러므로 성경에서는 하나님께서는 예루살렘을 최후로 멸망시키실 때에 아벨의 피를 비롯해서 구약의 순교자들의 피를 다 그들에게 돌리셨다고 말한다(마 23:35). 하나님은 그들의 조상들이 섬겼던 우상들만이 아니라 그들의 산당들, 그들이 산과 언덕 위에서 분향한 것에 대해서도(분향은 오직 참 하나님께만 하여야 함에도) 그들에게 책임을 물어 벌하실 것이다. 그들의 그러한 행동은 하나님을 모독하는 것이요 욕되게 하는 것이었다. 하나님의 이러한 말씀은 그가 자기 이름을 두시기로 한 장소를 선택하셨다는 것과 거기에서 그들을 만나서 축복하시겠다고 약속하신 것을 상기시키는 것이었다.

[2] 그들에게 파멸을 안겨다 줄 그들 자신의 죄악. 그들의 죄악과 그들의 조상들의 죄악은 서로를 가중시키는 가운데 그들의 이전(以前)의 행위를 구성한다. 하나님께서 그들의 그러한 이전의 행위를 못본 체하시고 잊어버리신 것 같아 보여도, 장차 그들의 행위를 다 헤아려서 그들의 품에 보응하실 것이다. 하나님은 누가 보아도 하나님의 원수들인 자들만이 아니라 하나님의 기만적인 거짓 친구들의 품에 주를 비방한 그 비방, 그들이 하나님을 욕되게 한 그 욕됨을 되갚아주실 것이다(시 79:12).

⁸여호와께서 이와 같이 말씀하시되 포도송이에는 즙이 있으므로 사람들이 말하기를 그것을 상하지 말라 거기 복이 있느니라 하나니 나도 내 종들을 위하여 그와 같이 행하여 다 멸하지 아니하고 ⁹내가 야곱에게서 씨를 내며 유다에게서 나의 산들을 기업으로 얻을 자를 내리니 내가 택한 자가 이를 기업으로 얻을 것이요 나의 종들이 거기에 살 것이라 ¹⁰사론은 양 떼의 우리가 되겠고 아골 골짜기는 소 떼가 눕는 곳이 되어 나를 찾은 내 백성의 소유가 되려니와

사도 바울은 로마서 11:1-5에서 유대인들이 버림을 받은 것과 관련해

서 그러면 하나님이 자기 백성을 버리셨느냐라고 반문하면서 이 본문을 설명한다. 그는 그렇지 않다고 대답한다. 왜냐하면, 지금도 은혜로 택하심을 따라 남은 자가 있기 때문이다. 여기에 나오는 이 예언은 저 유명한 남은 자와 관련되어 있다. 저 위선적인 민족이 멸망을 받게 될 때, 하나님은 그들 가운데 일부를 따로 갈라내서 안전히 지켜주실 것이다. 유대인들 중 일부가 기독교 신앙을 받아들여서 교회에 더해지고 구원을 받게 될 것이다. 우리 구주께서는 이 택하신 자들을 위하여 유대인들을 멸망시키는 날수를 단축시키고 황폐화시키는 것을 어느 선에서 멈출 것인데, 만약 그렇지 않고, 심판이 그대로 진행된다면, 모든 육체가 구원을 얻지 못할 것(마 24:22)이라고 우리에게 말씀하셨다. 좀 더 살펴보자.

I. 이 일은 여기에서 비유를 통해서 예시된다(8절). 어떤 포도나무가 시들고 말라버려서 수액(水液)이나 생명이 그 속에 없는 것처럼 보여서 포도원지기가 그 나무를 뽑아버리거나 잘라버리고자 할 때, 그 나무에 붙은 포도 한 송이에라도 포도즙이 조금 있어서 새 포도주를 만들 수 있다면, 옆에 있던 사람이 끼어들어서 그것을 상하지 말라 거기 복이 있느니라고 말한다. 뿌리에 생명이 있는 한, 그 나무는 유용한 것이 될 수 있는 가망성이 있다. 선한 자들은 그들이 사는 곳의 복덩이들이다. 종종 하나님은 어떤 성읍이나 민족에 속한 몇몇 선한 자들을 보아서 그 성읍이나 민족 전체를 살리기도 하신다. 우리는 다른 사람들과 구별될 뿐만 아니라 다른 사람들에게 유익을 끼칠 수 있는 이러한 영예를 열망하여야 한다.

II. 여기에는 자기도 구원받고 남도 구원할 남은 자들이 어떤 자들인지에 관한 설명이 나온다.

1. 그들은 하나님을 섬기는 자들이다. 하나님이 사람들을 다 멸망시키지 않으시는 것은 하나님의 종들을 위한 것이다(8절). 그들은 나의 기업에서 살게 될 하나님의 종들이다(9절). 하나님의 신실한 종들은 그들이 어떤 취급을 받느냐와는 상관없이 그들의 나라가 가지고 있는 최고의 친구들이다. 따라서 하나님을 섬기는 자들은 그들의 세대를 섬기는 것이다.

2. 그들은 하나님을 구하는 자들이고, 하나님을 영화롭게 하는 것을 그들의 삶의 목적으로 삼으며 하나님의 이름을 부르시는 것을 그들의 평생에 할 일로 여기는 자들이다. 하나님이 사람들을 다 멸망시키지 않으시는 것은 나를 구한

내 백성을 위한 것이다. 하나님을 구하는 자들은 찾을 것이고, 하나님이 그들에게 풍성한 상을 주시는 분임을 알게 될 것이다.

III. 여기에는 하나님이 그들을 위해 어떤 긍휼을 준비해 두셨는지에 관한 설명이 나온다. 포로 생활에서 돌아오게 될 남은 자들은 다시 그들의 땅에 정착하여 행복할 것인데, 야곱에게서 나온 씨로서 상속권에 의해서 가문과 그 재산을 지키며, 흙에 뿌려진 씨앗처럼 그들에게 수많은 자손들이 생겨나게 될 것이다. 이것은 야곱의 남은 자들이 믿음으로 말미암아 복음 교회에 합류하게 될 것에 대한 모형이다.

1. 그들은 그들을 위해 준비된 좋은 몫을 차지하게 될 것이다. 그들은 나의 산들, 예루살렘과 성전이 세워져 있는 저 거룩한 산들 또는 약속의 땅 가나안의 산들을 상속받을 것인데, 하나님의 모든 종들, 하나님의 택하신 자들이 물려받아 거하게 될 약속의 땅은 은혜의 언약에 대한 모형이다. 그들은 약속의 땅을 그들의 피난처이자 안식처, 그리고 거처로 삼아서 거기에 편안히 거하게 될 것이다. 그들은 하나님으로부터 그 땅을 그들의 영원한 기업으로 받았기 때문에, 그 땅은 그들에게 썩지 않을 기업이 될 것이다. 하나님의 택하신 자들, 기도하는 야곱의 영적 자손들은 지극한 복과 기쁨이 있는 하나님의 산들을 상속받는 자들이 될 것이고, 눈물 골짜기를 통과하여 안전하게 하나님의 산들에 이르게 될 것이다.

2. 그들은 그들의 양 떼를 위한 푸른 초장을 갖게 될 것이다(10절). 사론과 아골 골짜기는 이전처럼 그들의 가축 떼로 채워질 것이다. 사론은 서쪽으로 욥바 근처에 있었고, 아골은 동쪽으로 요단강 근처에 있었다. 따라서 이것은 그들이 온 땅을 다시 회복하게 될 것이고, 그 온 땅에 그들의 가축 떼를 방목하게 될 것이며, 그들을 훼방하거나 두렵게 할 자가 아무도 없는 가운데 평화롭게 그 온 땅을 차지하게 되리라는 것을 암시한다. 복음의 규례들은 풀밭과 골짜기들로서, 이스라엘의 가축 떼가 아골 골짜기에서 그러하듯이(호 2:15), 그리스도의 양 떼들은 거기로 들어가며 나오며 꼴을 얻고(요 10:9) 거기에 눕기도 한다(시 23:2).

¹¹오직 나 여호와를 버리며 나의 성산을 잊고 갓에게 상을 베풀며 므니에게 섞은 술을 가득히 붓는 너희여 ¹²내가 너희를 칼에 붙일 것인즉 다 구푸리고 죽임을 당하리

니 이는 내가 불러도 너희가 대답하지 아니하며 내가 말하여도 듣지 아니하고 나의 눈에 악을 행하였으며 내가 즐겨하지 아니하는 일을 택하였음이니라 [13]이러므로 주 여호와께서 이와 같이 말씀하시니라 보라 나의 종들은 먹을 것이로되 너희는 주릴 것이니라 보라 나의 종들은 마실 것이로되 너희는 갈할 것이니라 보라 나의 종들은 기뻐할 것이로되 너희는 수치를 당할 것이니라 [14]보라 나의 종들은 마음이 즐거우므로 노래할 것이로되 너희는 마음이 슬프므로 울며 심령이 상하므로 통곡할 것이며 [15]또 너희가 남겨 놓은 이름은 내가 택한 자의 저줏거리가 될 것이니라 주 여호와 내가 너를 죽이고 내 종들은 다른 이름으로 부르리라 [16]이러므로 땅에서 자기를 위하여 복을 구하는 자는 진리의 하나님을 향하여 복을 구할 것이요 땅에서 맹세하는 자는 진리의 하나님으로 맹세하리니 이는 이전 환난이 잊어졌고 내 눈 앞에 숨겨졌음이라

이 단락에서는 경건한 자들과 악한 자들, 믿는 유대인들과 여전히 불신앙을 고집하는 유대인들의 서로 다른 운명이 생명과 사망, 선과 악, 축복과 저주로 대비되고 있다.

I. 여기에는 바벨론에서 구원 받은 후에 우상 숭배를 지속하였던 자들과 그리스도의 복음이 전파된 후에도 불신앙을 지속하였던 자들이 맞게 될 두려운 파멸이 나온다. 좀 더 살펴보자.

1. 하나님이 여기에서 그들에게 경고하는 파멸은 어떤 것인가. "내가 너희를 도살당할 양처럼 수(數)를 정해서 칼에 붙일 것인즉, 그 수에 속한 자들 중에는 피할 자나 살아남을 자가 아무도 없으리라. 너희가 다 구푸리고 죽임을 당하리라 (12절)."

(1) 하나님의 심판은 주기적으로 찾아오고, 하나님이 위임하신 것에 따라서 정확히 집행된다. 하나님께서 칼에 붙인 자들만이 칼에 의해서 죽고, 그 외에는 한 사람도 죽지 않는다. 칼은 이 사람 저 사람 닥치는 대로 베어 버리는 듯이 보여도, 그 수를 알게 되어 있어서 그 수를 넘지 않는다.

(2) 하나님의 심판은 아무도 거역할 수 없다. 아무리 강심장을 지닌 강건한 죄인들이라도 하나님의 심판 앞에서는 무릎을 꿇을 수밖에 없다. 왜냐하면, 이제까지 하나님을 거슬러 마음을 완고하게 먹은 자치고 형통한 자가 없었기 때문이다.

2. 하나님으로 하여금 그들을 칼에 붙이게 만든 죄악들은 무엇인가.

(1) 우상 숭배는 해묵은 죄였다(11절). "너희는 내 백성인데도 나를 구하고 섬기기는커녕 나 여호와를 버리고 부인하며 내팽개치고서 다른 신들을 받아들여 섬기며, 나의 성산(나의 성산이 너희에게 부여한 특권들과 의무들)을 잊고 산들과 작은 산들 위에서 너희의 우상들에게 분향하며(7절), 유일하게 살아 계시고 참되신 한 분 하나님을 버렸도다." 그들은 이교도들이 숭배하는 많은 신들에게 상을 베풀며 저 무수한 신들에게 섞은 술을 가득히 부었다. 그들은 한 분 하나님만으로는 부족하다고 생각하여서 수십 또는 수백의 신들을 섬겼으나 그 것도 부족하다고 여겨 끊임없이 다른 신들을 더함으로써 그들이 섬기는 신들은 무수하게 많아졌고 그들이 세운 제단들도 밭이랑에 쌓인 돌무더기 같이 많아졌다(호 12:11). 어떤 이들은 이 본문에서 우리가 각각 많은 신들과 무수한 신들로 번역한 두 단어를 그들의 우상들 중에 끼어 있던 제우스 신과 헤르메스 신을 가리키는 고유명사로 보고서 갓과 므니로 옮기기도 한다. 이 두 단어를 어떻게 해석하든, 그 우상들을 숭배하는 자들은 치성을 드리는 데에 비용을 아끼지 않았다. 그들은 우상들을 위하여 상을 베풀었고, 우상들에게 섞은 술을 전제(奠祭)로 바쳤다. 그들은 가족이 굶주리며 추위에 떨며 궁핍하게 살망정 우상들을 섬기는 일에 비용을 아끼고자 하지 않았다. 참 하나님을 인색하게 섬기는 자들은 이것을 보고 부끄러워해야 할 것이다.

(2) 불신앙은 좀 더 최근의 유대인들이 지은 죄였다(12절). 내가 불러도 너희가 대답하지 아니하였다. 이것은 2절에 나온 내가 종일 손을 펴서 패역한 백성들을 불렀다는 말씀과 동일한 의미이다. 이 말씀은 복음을 거부한 자들에게 적용된다. 우리 주 예수께서는 친히 그들을 부르셨지만(예수께서 서서 외쳐 이르시되 누구든지 목마르거든 내게로 와서 마시라, 요 7:37), 그들은 듣지 않았고 대답하려 하지 않았다. 그들은 하나님이 이런저런 근거들을 들어 설득해도 믿지 않았고, 하나님의 간곡한 조언에도 꿈쩍하지 않고 요지부동이었다. 하나님께서 그들이 말을 듣지 않으면 죽음과 파멸이 찾아올 것이라고 경고를 해도, 그들이 말을 들으면 생명과 행복이 찾아올 것이라고 초대를 해도, 그들은 경고의 말씀이든 초대의 말씀이든 전혀 마음에 담지 않고 무시해 버렸다. 그렇지만, 이것이 전부가 아니었다. 너희는 나의 눈 앞에서, 즉 예정에 없이 갑자기 또는 충동적으로가 아니라 이리저리 궁리해서 의도적으로 악을 행하였다. 너희는 내가 기

뻐하지 아니하는 일을 택하였다. 여기에서 하나님이 기뻐하지 아니하는 일은 하나님이 철저하게 싫어하시고 혐오하신 일을 의미한다. 하나님께서 선한 일을 선택하라고 그렇게 설득하여도 말을 듣지 않은 자들이 끈질기게 악한 일을 선택해서 추구해 나간 것은 전혀 이상한 일이 아니다. 죄의 악성(惡性)을 보라. 죄는 하나님이 보시기에 악한 것이고 하나님을 대단히 진노케 하는 것인데도, 그들은 하나님이 보시는 앞에서, 그의 눈 앞에서 하나님을 무시하고 죄를 범하였다. 또한, 죄는 하나님의 뜻을 정면으로 거역하는 것이다. 죄는 하나님이 기뻐하지 아니하시는 일임을 알면서도 그 일을 선택해서 행하는 것이다.

II. 그들의 이러한 운명은 회개하고 믿은 자들의 행복한 처지를 생각할 때에 더욱 비참해지리라는 것.

1. 하나님을 섬기는 자들의 행복과 하나님을 거역하여 패역한 자들의 비참함이 서로 대비되어서, 이 두 부류의 처지는 서로의 처지를 한층 더 부각시키는 역할을 한다(13-16절).

(1) 하나님의 종들은 그들의 몇몇 이웃들이 하나님의 은혜를 받지 못해서 완고해져 불신앙 가운데서 장차 영원히 멸망 받게 되었다는 것과 그들도 하마터면 그들처럼 되었을지도 모른다는 것을 볼 때에 그들이 얼마나 행복한 자들이고 그들을 그렇게 만들어 주신 하나님의 은혜에 영원히 빚을 졌다는 것을 알아야 한다(사 66:24을 보라).

(2) 멸망 받을 자들은 하나님의 종들(그들이 그토록 미워하고 욕하고 지독히 경멸하였던)의 행복한 모습을 볼 때에, 특히 만약 그들이 잘못을 범하지 않았더라면 그 종들의 지극한 복에 동참하였을 수도 있었다는 것을 생각할 때에 그 슬픔이 한층 커지게 될 것이다. 부자가 음부에서 고통 가운데 눈을 들어 멀리 아브라함과 그의 품에 있는 나사로를 보았을 때에 그의 고통은 더욱 커졌다(눅 16:23). 너희가 아브라함과 이삭과 야곱과 모든 선지자는 하나님 나라에 있고 오직 너희는 밖에 쫓겨난 것을 볼 때에 거기서 슬피 울며 이를 갈리라(눅 13:28). 하나님은 이 세상에서도 종종 섭리를 통해서 선한 자와 악인을 이런 식으로 구별하여 다루셔서, 이 때에 악인으로 하여금 의인의 형통을 눈꼴 시려서 보지 못하고 속을 끓이게 만드시지만(시 112:10), 이런 일이 저 큰 날에는 반드시 있게 될 것이다. 우리 어리석은 자들은 그의 삶을 미친 삶으로 여겼고 그가 세운 인생의 목적을 형편없는 것으로 여겼지만, 지금 그는 성도들과 동일한 반열에 속하였고 그의 분

깃은 택함받은 자들 가운데 있도다.

2. 두 부류의 사람들이 각각 맞게 될 운명의 차이는 다음 두 가지에 있다.

(1) 위로와 만족이라는 면에서.

[1] 하나님의 종들은 먹고 마실 것이다. 그들은 생명의 양식을 먹으며 계속해서 잔치를 베풀 것이고 하나님의 집에 있는 온갖 좋은 것으로 풍성할 것이며 그들에게 좋은 것은 하나도 부족함이 없을 것이다. 천국의 행복은 그들에게 영원히 이어지는 잔치가 될 것이다. 그들은 이 땅에서 주리고 목말라 했던 것들로 배부르게 될 것이다. 그러나 이 세상에 마음을 두고 이 세상에서 행복을 구하는 자들은 주리고 목마르게 될 것이고 항상 속이 빈 듯해서 먹을 것을 끊임없이 찾게 될 것이다. 왜냐하면, 이 세상이 주는 것은 양식이 아니고, 아무리 많이 먹어도 배부르지가 않기 때문이다. 하나님과 교통하고 하나님에게 의지할 때에만 온전한 만족이 있다. 그러나 죄를 좇으면 오직 실망밖에는 없다.

[2] 하나님의 종들은 마음에서 샘솟는 기쁨 때문에 노래하며 **기뻐할 것이다.** 그들에게는 기뻐해야 할 일이 끊임없이 있을 것이고, 슬퍼해야 할 일은 없을 것이며, 비록 슬픈 일이 있더라도 그것을 상쇄시킬 기쁨이 있을 것이다. 믿음이 활발하게 활동하고 있는 한, 그들은 기뻐하는 마음을 갖게 될 것이고, 그들의 기쁨은 그들의 힘이 될 것이다. 그들은 소망 가운데서 기뻐하게 될 것이다. 왜냐하면, 그들이 지닌 소망은 그들을 부끄럽게 만들지 않을 것이기 때문이다. 천국은 지금 여기에서 눈물로 씨를 뿌리고 있는 모든 자들에게 영원한 기쁨의 세계가 될 것이다. 반면에, 여호와를 버린 자들은 이 모든 참된 기쁨으로부터 차단당하게 될 것이다. 왜냐하면, 그들은 그들 자신을 헛되이 신뢰한 것, 그들 자신의 의(義), 그들이 그 위에 세운 소망들로 인해 수치를 당할 것이기 때문이다. 그들이 그토록 바라고 기대했던 지극한 복이 한낱 허망한 꿈이었음이 드러날 때, 그들의 얼굴은 당혹감으로 인해서 얼마나 심하게 일그러지게 될 것인가! 그 때에 그들은 마음이 슬프므로 울며 심령이 상하므로 통곡할 것이다. 이 세상에서조차도 그들의 웃음은 애곡으로 변할 수 있고 그들의 기쁨은 참담함으로 변할 수 있으며, 저 세상에서는 반드시 그들의 괴로운 고통은 돌이킬 수 없게 끝없이 이어질 것이고, 큰 소리로 우는 것과 통곡하는 것과 이를 가는 것만이 영원토록 있게 될 것이다. 이 두 부류의 사람들의 처지를 비교해 보라. 이제 그는 위로를 받겠고, 너는 고통을 당하리라. 우리는 이 둘 중에서 어느 쪽을 우리

의 운명으로 선택하겠는가?

(2) 존귀와 명성이라는 면에서(15-16절). 의인을 기념할 때에는 칭찬하거니와 악인의 이름은 썩게 되느니라.

[1] 우상 숭배자들과 믿지 않는 자들의 이름은 저줏거리로 남게 될 것이고, 오명(汚名)으로 점철되어 영원히 악명이 높을 것이다. 그들의 이름은 악한 자들을 묘사할 때나(너는 유대인만큼이나 잔인하다) 저주할 때에(하나님께서 너를 유대인처럼 비참하게 만드시기를 기원한다) 사용될 것이다. 그들의 이름은 하나님이 택한 자들의 저줏거리, 즉 하나님이 택한 자들에 대한 경고가 될 것이다. 하나님의 백성들은 유대 민족에게 내렸던 것과 같은 저주를 받지나 않을까, 저 순종하지 아니하는 본을 따라 멸망 받지는 않을까 두려워하게 될 것이다. 하나님이 택하신 자들은 하나님이 버린 자들에게 임한 저주를 보고서 하나님을 더욱 경외하게 될 것이다. 주 여호와가 너를 죽이리라. 하나님은 유대인들을 멸절시키셔서, 그들이 더 이상 하나의 민족을 이루지 못하게 하실 것이다. 그들은 더 이상 하나의 민족으로 살아갈 수 없게 될 것이고, 다시는 하나의 민족으로 뭉치지 못할 것이다.

[2] 하나님이 택한 자들의 이름은 축복이 될 것이다. 주 여호와가 그의 종들을 다른 이름으로 부르리라. 언약의 자녀들은 더 이상 유대인이 아니라 그리스도인으로 불리게 될 것이다. 그러한 이름 아래에서 그들에게 새 언약의 모든 약속들과 특권들이 주어질 것이다. 이 다른 이름은 존귀한 이름이 될 것이다. 이 이름은 하나의 민족에게 국한되는 것이 아니라, 온 세상에 걸쳐서 사람들은 이 이름으로 땅에서 자기를 위하여 복을 구하게 될 것이다. 하나님은 모든 민족들로부터 그의 종들을 얻게 되실 것이고, 그의 종들은 모두 이 새로운 이름으로 존귀하게 될 것이다. 그들은 진리의 하나님에게 복을 구할 것이다.

첫째, 그들은 기도와 공식적인 서원을 통하여 하나님을 존귀하게 해드리고, 그들의 지극한 복인 하나님의 은총을 구하고 그들의 재판장이신 하나님의 공의에 호소함으로써 하나님을 존귀하게 해드릴 것이다. 이것은 우리가 하나님께 마땅히 갖춰야 할 예(禮)의 일부이다. 우리는 하나님에게서 복을 구하여야 한다. 즉, 하나님이 우리의 하나님이 되어 주시기만 한다면, 우리는 충분히 복되고, 더 이상 필요한 것이나 원하는 것이 없다고 생각하여야 한다. 우리가 어디에서 우리의 복을 구하는지, 우리가 무엇을 가장 기뻐하고 소중히 여기는지는 대단히 중요하다. 세상 사람들은 이 세상의 재물을 풍족하게 갖는 것을 복으로 여긴다(시 49:18; 눅 12:19). 그러나 하나님의 종들은 그들에게 모든 것을 충분하게 공급해 주시는 하나님을 모시는 것을 복으로 여긴다. 하나님은 그들의 영광의 면류관이요 화관(花冠)이시고, 그들의 힘이자 분깃이시다. 또한, 그들은 오직 하나님을 걸고 맹세할 것이고, 다른 어떤 피조물이나 거짓 신을 걸고 맹세하지 않을 것이다. 각 사람에 대한 판단은 하나님께로부터 나오기 때문에, 그들은 그들의 문제를 하나님의 판단에 맡길 것이다.

둘째, 그들은 진리의 하나님 또는 아멘의 하나님(원어는 이런 의미이다)을 존귀하게 해드릴 것이다. 어떤 이들은 이것을 아멘이시고 충성된 증인이시며(계 3:14) 그 안에서 모든 약속이 예와 아멘이 되는(고후 1:20) 그리스도를 가리키는 것으로 이해한다. 우리는 그리스도 안에서 복을 구하여야 하고, 그리스도를 걸고서 여호와께 맹세하며 여호와와 언약을 맺어야 한다. 땅에서 복된 자들은 참 하나님 안에서 복될 것이다(어떤 이들은 이렇게 읽는다). 왜냐하면, 그리스도는 참 하나님이시요 영생이시기 때문이다(요일 5:20). 하나님께서는 오래 전에 이미 땅의 모든 족속이 그로 말미암아 복을 얻을 것이라고 약속하셨다(창 12:3). 어떤 이들은 본문을 신실한 백성의 하나님에게 복을 구할 것이다로 읽는다. 즉, 그들은 믿는 자들이 받는 축복들에 동참하고자 하고, 하나님이 믿는 자들을 대우하시는 바로 그 방식으로 대우를 받고 싶어서, 모든 믿는 자들의 하나님에게 복을 구하리라는 것이다.

셋째, 그들은 그들이 경험한 이러한 복된 변화를 가져오신 장본인이신 하나님을 존귀하게 해드릴 것이다. 그들은 그들의 이전의 환난을 잊게 하시고 그들이 받은 현재의 위로들을 통해서 그 환난에 대한 기억을 없애 주신 분을 그들의 하나님으로 모시고 있는 것을 행복하게 생각하게 될 것이다. 이는 이전 환난이 하나님의 눈 앞에 숨겨졌음이라. 즉, 그들이 겪었던 이전의 환난은 온데간데 없이 사라졌다. 그들의 환난이 아직 조금이라도 남아 있다면, 하나님은 그들을 불쌍히 여기셔서 반드시 그 환난을 보셨을 것이지만, 하나님의 눈 앞에 그들의 환난은 보이지 않는다. 하나님의 눈 앞에 환난이 보이지 않을 것이기 때문에, 그들은 더 이상 환난을 겪지 않을 것이다. 하나님께서는 여기에서 그들을 편안하게 만들어주어야 자신도 편안해질 수 있으시다는 듯이 말씀하신다. 그러므로 그들은 큰 만족감을 가지고서 하나님께 복을 구할 것이다.

¹⁷보라 내가 새 하늘과 새 땅을 창조하나니 이전 것은 기억되거나 마음에 생각나지 아니할 것이라 ¹⁸너희는 내가 창조하는 것으로 말미암아 영원히 기뻐하며 즐거워할지니라 보라 내가 예루살렘을 즐거운 성으로 창조하며 그 백성을 기쁨으로 삼고 ¹⁹내가 예루살렘을 즐거워하며 나의 백성을 기뻐하리니 우는 소리와 부르짖는 소리가 그 가운데에서 다시는 들리지 아니할 것이며 ²⁰거기는 날 수가 많지 못하여 죽는 어린이와 수한이 차지 못한 노인이 다시는 없을 것이라 곧 백 세에 죽는 자를 젊은 이라 하겠고 백 세가 못되어 죽는 자는 저주 받은 자이리라 ²¹그들이 가옥을 건축하고 그 안에 살겠고 포도나무를 심고 열매를 먹을 것이며 ²²그들이 건축한 데에 타인이 살지 아니할 것이며 그들이 심은 것을 타인이 먹지 아니하리니 이는 내 백성의 수한이 나무의 수한과 같겠고 내가 택한 자가 그 손으로 일한 것을 길이 누릴 것이며 ²³그들의 수고가 헛되지 않겠고 그들이 생산한 것이 재난을 당하지 아니하리니 그들은 여호와의 복된 자의 자손이요 그들의 후손도 그들과 같을 것임이라 ²⁴그들이 부르기 전에 내가 응답하겠고 그들이 말을 마치기 전에 내가 들을 것이며 ²⁵이리와 어린 양이 함께 먹을 것이며 사자가 소처럼 짚을 먹을 것이며 뱀은 흙을 양식으로 삼을 것이니 나의 성산에서는 해함도 없겠고 상함도 없으리라 여호와께서 말씀하시니라

이 약속들은 유대인들이 포로 생활에서 돌아온 후에 그들의 고국 땅에 정착하여 마치 새로운 세상에 온 것처럼 평화롭게 살아가게 되었을 때에 부분적으로 성취되었지만, 장차 처음에는 전투하는 교회가 되고 결국에는 승리한 교회가 될 복음 교회를 통해서 온전히 성취될 것이었다. 위에 있는 예루살렘은 자유자니 곧 우리 모두의 어머니이다. 우리는 믿는 자들이 그리스도 안에서 갖고 있고 그리스도로부터 받은 은혜들과 위로들 속에서 이 새 하늘과 새 땅을 바라보아야 한다. 복음 안에서 이전 것들은 지나갔고 모든 것이 새로워졌다. 복음으로 말미암아 그리스도 안에 있는 자들은 새로운 피조물이다(고후 5:17). 이전 환난이 잊어졌다(16절)는 것은 강력하고도 복된 변화였다. 그러나 여기에서는 그러한 변화가 훨씬 더 확대된다. 이전 세상은 잊어져서 더 이상 마음에 생각나지 아니할 것이다. 기독교 신앙으로 회심한 자들은 그 신앙이 주는 위로들이 너무나 황홀하고 기뻐서, 그들이 이전에 알았던 온갖 위로들은 그것들에 비하면 아무것도 아니게 되었다. 이 때문에 그들의 이전의 슬픔들만이 아니라 그들의 이

전의 기쁨들도 잊혀져 버렸다. 영화롭게 된 성도들은 저 세상에 완전히 사로잡혀서 이 세상을 잊게 될 것이다. 보라, 내가 새 하늘과 새 땅을 창조하노라. 하나님의 능력이 얼마나 끝이 없는지를 보라. 지금의 하늘과 땅을 창조하신 바로 그 하나님은 또 다른 하늘과 땅을 창조하실 수 있으시다. 성도들의 행복이 얼마나 온전한 것인지를 보라. 그것은 모든 것을 빠짐 없이 갖춘 것이 될 것이다. 하나님은 그들을 위해서 새 하늘과 더불어서 새 땅도 창조하실 것이다. 너희가 그리스도의 것이면, 세계는 너희의 것이다(고전 3:22). 하나님께서 우리와 화해하시면(이것은 우리가 새 하늘을 얻게 되는 것이다), 피조물들도 우리와 화해하게 된다(이것은 우리가 새 땅을 얻는 것이다). 성도들이 장차 누리게 될 영광은 그들이 이전에 알았던 것과는 판이하게 다를 것이기 때문에 새 하늘과 새 땅이라 불리는 것이 마땅하다(벧후 3:13). 보라, 내가 만물을 새롭게 하노라(계 21:5).

I. 새로운 기쁨들이 있게 될 것이다.

1. 교회의 모든 친구들과 교회에 속한 모든 자들이 즐거워할 것이다(18절). 너희는 내가 창조하는 것으로 말미암아 영원히 기뻐하며 즐거워할지니라. 하나님께서 그의 복음 안에서 및 복음으로 말미암아 창조하시는 새로운 것들은 현재와 장래에 있어서 모든 믿는 자들에게 영원한 기쁨을 주게 될 것이다. 나의 종들은 기뻐할 것이다(13절). 그들이 지금은 슬퍼하고 있지만, 결국에는 기뻐하게 될 것이다. 너는 네 주인의 즐거움에 참여할지어다.

2. 교회가 너무도 즐겁고 크게 부흥할 것이기 때문에, 교회는 그들의 기쁨이 될 것이다. 내가 예루살렘을 즐거운 성으로 창조하며 그 백성을 기쁨으로 삼으리라. 교회는 기뻐할 뿐만 아니라 기쁨의 대상도 될 것이다. 교회와 더불어서 슬퍼하였던 자들은 이제 교회와 더불어서 기뻐하게 될 것이다.

3. 교회의 형통과 부흥은 그의 종들이 형통하는 것을 기뻐하시는 하나님에게도 기쁨이 될 것이다(19절). 내가 예루살렘을 즐거워하며 나의 백성을 기뻐하리라. 왜냐하면, 그들이 괴로워할 때에 하나님께서도 괴로워하셨기 때문이다. 하나님은 교회가 잘 되는 것을 기뻐하실 뿐만 아니라 교회에 구원을 베푸시고 잠잠히 사랑하시는 것을 기뻐하신다(습 3:17). 하나님께서 기뻐하시는 것을 우리도 기뻐하는 것이 합당하다.

4. 이 기쁨은 수그러드는 일이 없을 것이고, 교회의 행복한 상태는 바뀌는

일이 없을 것이다. 우는 소리가 그 가운데에서 다시는 들리지 아니할 것이다. 이 말씀을 현세에서의 교회의 상태에 적용한다면, 그것은 단지 이전에 교회를 슬프게 했던 일들이 다시는 일어나지 않으리라는 것만이 아니라 하나님의 백성이 오랫동안 방해를 받지 않고 평안을 누리게 되리라는 것을 의미한다. 그러나 하나님께서 약속하신 기쁨이 천국에서 완전히 그리고 영속적으로 이루어질 때에 이 말씀은 온전히 성취될 것이다. 거기에서 하나님은 그들의 눈에서 모든 눈물을 씻어 주실 것이다.

Ⅱ. 새 삶이 있게 될 것이다(20절). 칼이나 병 때문에 요절하는 일은 더 이상 없을 것이고, 이로 인해서 부르짖는 소리가 다시는 들리지 아니할 것이다(19절). 다시는 사망이 없겠고 애통하는 것이나 곡하는 것도 다시 있지 아니하리라(계 21:4). 죄로 말미암아 사망이 왕 노릇 했듯이, 의(義)로 말미암아 생명이 왕 노릇 하게 될 것이다(롬 5:14, 21).

1. 믿는 자들은 이 땅에서는 비록 얼마 살지 못할지라도 그리스도로 말미암아 삶에 만족하게 될 것이다. 어린이가 그 삶을 빨리 마감한다고 해도, 그것을 요절했다고 여기지 않게 될 것이다. 왜냐하면, 이 땅에서의 삶이 짧으면 짧을수록 안식하는 기간은 더욱 길어질 것이기 때문이다. 아담의 범죄와 같은 죄를 짓지 아니한 자들에게도 사망이 왕 노릇 하고 있지만, 둘째 아담이신 그리스도의 나라에 속한 자들로서 그의 품에 안겨 죽는 자들은 얼마 못 산 어린이들이라 불리지 않을 것이다. 도리어, 일찍 죽은 어린이일지라도 백세에 죽은 것으로 여겨질 것이다. 왜냐하면, 그 어린이는 장차 성인의 모습으로 부활하여 영생하게 될 것이기 때문이다. 어떤 이들은 이 본문을 어린 시절에 지혜와 은혜가 있기로 유명하였던 어린이들이 한창 때에 죽음에 의해서 꺾이게 되었을 때에 그들은 백 세에 죽었다고 말할 수 있다는 의미를 지니는 것으로 이해한다. 그리고 노인들에 대해서는 하나님은 그들이 의의 열매들로 그들의 날 수를 채우게 될 것이라고 약속하신다. 노인들은 늙어서도 여전히 의의 열매들을 결실하며 여호와의 정직하심을 선포하게 될 것인데, 이것이 정말 나이를 잘 먹은 것이다. 어떤 노인이 지혜롭고 선하고 유익한 자라면, 그는 진정으로 자신의 수한을 채웠다고 할 수 있다. 이 세상에 마음을 둔 노인들은 아무리 오래 살았어도 결코 그들의 수한을 다 채운 것이 아니고 이 세상을 충분히 산 것이 아니기 때문에 이 세상에서 계속해서 더 오래 살아야 될 자들이다. 그러나 시므온처럼 하나님의 구원

을 보고난 후에 이제 평안히 이 세상을 떠나고자 하는 자는 진정으로 수한을 다 채우고서 나이다운 나이를 먹고 죽는 것이다.

2. 믿지 않는 자들은 이 세상에서 아무리 오래 산다고 하여도 삶에 만족하지 못하고 불행할 것이다. 죄인은 비록 백 세가 되도록 산다고 하여도 저주 받은 자일 것이다. 그가 그토록 오래 산 것은 하나님이 그에게 은총과 축복을 베풀어 주신 증표가 되지 못할 것이고, 그가 하나님의 진노와 저주를 피할 수 있도록 방패막이가 되어 주지 못할 것이다. 하나님께서 그에게 내린 선고는 반드시 집행될 것이고, 그의 장수(長壽)는 단지 형의 집행이 오랫동안 연기되는 것일 뿐이다. 아니, 그의 장수는 그 자체가 그에게 저주이다. 왜냐하면, 그가 오래 살면 살수록 그는 더 많은 죄를 지어서 진노의 날에 있을 하나님의 진노를 더 많이 쌓게 될 것이기 때문이다. 그러므로 중요한 것은 이 땅에서 우리가 오래 사느냐 짧게 사느냐 하는 것이 아니라 성도의 삶을 사느냐 죄인의 삶을 사느냐 하는 것이다.

Ⅲ. 삶의 낙(樂)들을 새롭게 누리게 될 것이다. 이전에는 그들의 삶이 매우 불확실하고 위태로워서 그들이 건축한 가옥들에 그들의 원수들이 살았고, 그들이 심은 나무들의 열매를 그들의 원수들이 먹었지만, 이제는 그렇지 않을 것이다. 그들은 가옥을 건축하고 그 안에 살겠고 포도나무를 심고 그 열매를 먹을 것이다 (21-22절). 이것은 그들이 손으로 수고한 것이 복을 받게 되고 형통하게 되리라는 것을 의미한다. 그들은 그들이 목적한 것을 얻게 될 것이고, 그들이 얻은 것을 빼앗기지 않고 확실하게 지키게 될 것이다. 그들은 그것을 마음 편히 누릴 것이고, 그들이 그것을 누리는 것을 방해하는 것은 아무것도 없게 될 것이어서, 그들은 오래도록 살며 그것을 누릴 것이다. 이전에는 종종 타인들이 막무가내로 난입하여 그들을 쫓아내고 그들의 것을 대신 차지하는 일이 있었지만, 이제는 그런 일이 없을 것이다. 내가 택한 자들이 그 손으로 일한 것을 길이 누릴 것이다. 그것은 정직하게 얻은 것이어서 오래 갈 것이다. 그것은 그들의 손으로 일한 것이고, 그들이 스스로 수고해서 얻은 것이기 때문에, 게을리 얻은 양식이나 속이고 취한 음식물을 먹는 것이 아니라 그런 것을 먹고 누리는 것은 정말 마음 편한 일이다. 우리가 그런 낙을 누린다면, 그것은 하나님의 은혜의 선물이다(전 3:13). 우리가 살아서 오래도록 그런 낙을 누린다면, 그것은 하나님의 섭리에 의한 선물이다. 왜냐하면, 하나님께서 여기에서 그렇게 약속하고 계시

기 때문이다. 내 백성의 수한이 나무의 수한, 베임을 당하여도 그루터기는 남아 있는 상수리나무(사 6:13)의 수한과 같으리라. 나무는 해마다 겨울이 되면 옷을 벗지만 이듬해에 다시 소생하여 많은 해를 산다. 칠십인역에는 이 구절이 생명나무의 수한으로 되어 있다. 그리스도는 믿는 자들에게 생명나무이고, 그들은 여기에 약속되어 있는 이 땅에서의 풍성한 축복들이라는 모형을 통해 표현된 온갖 영적 위로들을 그리스도 안에서 누린다. 원수들에게는 그들에게서 이러한 축복들을 빼앗거나 그들이 그러한 것들을 누리지 못하도록 방해할 힘이 없을 것이다.

Ⅳ. 그들이 가고난 후에는 새로운 세대가 일어나서 이러한 축복들을 물려받아 누리게 될 것이다(23절). 그들의 수고가 헛되지 않을 것이다. 왜냐하면, 그들은 그들 자신의 손으로 일한 것을 누리게 될 뿐만 아니라, 솔로몬이 걱정하며 암울한 전망을 내놓았던 것과는 달리(전 2:18-19) 그것을 그들의 후손에게 잘 물려주어서 흡족해 하게 될 것이다. 그들은 자녀들을 낳고 생산하여도 그 자녀들이 그들에게 괴로움이 되지 않을 것이다. 왜냐하면, 그들 자신이 여호와의 복된 자의 자손이고, 그들의 조상들이 그들에게 물려준 축복이 있어서, 그들의 후손도 그들처럼 여호와의 복된 자의 자손으로서 그 축복을 누리게 될 것이기 때문이다. 다음과 같은 이유들 때문에 그들이 자녀들을 낳아도 그 자녀들은 그들에게 괴로움이 되지 않을 것이다.

1. 하나님은 뒤이어 일어나는 그들의 자녀들이 그들에게 위로와 낙(樂)이 되게 하실 것이다. 그들은 자녀들이 진리 가운데 행하는 모습을 보고 기뻐하게 될 것이다.

2. 하나님은 그들의 자녀들이 살아가게 될 시절을 편안한 시절이 되게 하실 것이다. 자녀들은 선할 것이기 때문에, 그들에게는 모든 일이 잘 풀릴 것이다. 자녀들은 이 땅에 태어나서 힘든 세월을 보내지 않을 것이다. 자녀들은 아이를 배지 않은 태가 복이 있나이다라고 결코 말하지 않을 것이다. 복음 교회 안에서 그리스도의 이름을 지닌 세대들이 연달아 계속해서 일어날 것이다. 후손이 그를 섬길 것이요(시 22:30), 여호와의 복된 자의 자손이 그를 섬길 것이다.

Ⅴ. 그들과 그들의 하나님 사이에서는 소통이 잘 이루어질 것이다(24절). 그들이 부르기 전에 내가 응답하리라. 하나님은 그들이 기도를 끝내기도 전에 축복하실 것이다. 다윗은 내 죄를 아뢰었더니 주께서 내 죄악을 사하셨나이다라고

말하였었다(시 32:5). 탕자의 아버지는 그가 돌아올 때에 그를 맞이하였다. 하지만, 이제는 그들이 말을 마치기 전에, 그들이 기도를 끝내기도 전에 하나님은 그들이 기도한 제목을 그들에게 이루어주거나 장차 이루어질 것이라는 확신과 전조(前兆)를 주실 것이다. 이러한 표현들은 하나님께서 기도를 들어주실 준비가 다 되어 계시다는 것에 대한 고상한 표현들이다. 이것은 율법 아래에서보다도 복음의 은혜 안에서 훨씬 더 극명하게 드러난다. 우리가 하나님으로부터 이러한 대접을 받는 것은 우리의 변호자이신 그리스도께서 아버지 하나님께 우리를 대신하여 중보기도를 드리시는 덕분이다. 그러므로 우리는 감사하는 가운데 하나님의 부르심에 기꺼이 귀를 기울여야 마땅하다.

VI. 그들과 그들의 이웃 사이에서도 소통이 잘 이루어질 것이다(25절). 노아의 방주에서 그랬던 것처럼, 이리와 어린 양이 함께 먹을 것이다. 하나님의 백성은 이리들 가운데에 있는 양들일지라도 안전하여 아무런 해(害)도 입지 않을 것이다. 왜냐하면, 하나님께서 이전과는 달리 원수들의 힘을 부수고 그들의 손을 묶어놓는 것이 아니라 그의 은혜로써 그들의 마음을 돌려놓고 그들의 성품을 바꿔놓을 것이기 때문이다. 주의 제자들을 박해하였던 바울은 베냐민 지파로서 이리처럼 날뛰었지만(베냐민은 물어뜯는 이리라, 창 49:27), 그가 주의 제자들에게 합류하여 그들의 일원이 되었을 때, 그것은 이리와 어린 양이 함께 먹는 것이었다. 또한, 유대인들과 이방인들 간의 대립이 사라지고 모든 적대감이 그쳤을 때, 그들은 목자장이신 그리스도 아래 한 우리에서 함께 먹게 되었다(요 10:16). 교회의 원수들은 이전과는 달리 교회에 해악을 끼치는 일을 그쳤고, 교회의 지체들은 이전과는 달리 서로 다투고 상처 주는 일을 그쳤기 때문에, 하나님께서 약속하신 대로(사 11:8) 성산에는 밖으로부터나 안으로부터나 교회를 해하거나 멸하거나 방해할 자가 아무도 없었다.

1. 사람들은 변화될 것이다. 사자가 더 이상 다른 짐승을 잡아먹는 맹수가 되지 않고(죄가 세상에 들어오지 않았더라면 이런 일은 없었을 것이다) 소처럼 짚을 먹을 것이며, 소가 그러하듯이 그 임자를 알고 그 주인의 구유를 알 것이다. 남의 것을 강탈해서 먹고 살면서 온갖 짓을 다하여 부자가 되고자 했던 자들이 하나님의 은혜로 말미암아 자신의 처지에 따라 순응하며 살고 정직하게 땀 흘려 얻은 것으로 살며 자기가 가진 것으로 만족할 줄 알게 될 때, 남의 것을 훔쳐서 살아가던 자들이 더 이상 도둑질을 하지 않고 자신의 손으로 선한 일을

하며 살아가게 될 때, 사자가 소처럼 짚을 먹으리라는 말씀이 성취된 것이다.

2. 사탄은 사슬에 매이게 되고, 옛 뱀은 결박당하게 될 것이다. 왜냐하면, 뱀은 다시 흙을 양식으로 삼게 될 것이기 때문이다. 저 큰 원수는 풀려났을 때에 그의 부추김으로 박해를 받은 성도들의 보배로운 피와 그의 부추김으로 박해자들이 되어서 영원한 파멸을 자초한 죄인들의 보배로운 영혼들을 배불리 삼켰었다. 그러나 이제 그는 네가 배로 다니고 흙을 먹을지니라(창 3:14)는 하나님의 선고대로 흙만을 먹게 될 것이다. 뱀처럼 교활하고 독기를 품은 하나님의 교회의 모든 원수들은 정복되고 복속되어서 흙을 핥게 될 것이고, 그리스도는 그의 나라의 모든 원수들이 그의 발등상이 될 때까지 시온의 왕이 되어 다스리실 것이다. 해함도 없고 상함도 없을 것이라는 하나님의 약속은 위에 있는 성산(聖山)에서만 온전히 성취될 것이다.

제 66 장

개요

이 장의 취지는 앞 장과 거의 동일하고, 표현들도 같은 것이 많다. 따라서 이 장에서는 포로 생활에서 돌아온 유대인들 가운데서 선한 자들과 악한 자들이 맞게 될 서로 다른 운명을 보여주는데, 이것은 메시야 시대에 유대인들이 버림받고, 이방인들이 회심하며, 이 세상에 복음의 나라가 세워질 것에 대한 모형이다. 초대 교회에서 스데반은 이 장의 첫 절이 성전이 해체되고 기독 교회가 세워질 것을 예언한 것으로 해석하는데(행 7:49-50), 이것은 이 장 전체를 해석하는 열쇠 역할을 한다. I. 하나님께서는 도덕적인 의무들에 비해서 종교적인 예식들을 하찮게 여기신다는 것. 선지자는 이것을 통해서 하나님께서 머지않아 성전과 제사를 폐하시고 그런 것들을 고집하는 자들을 버리시리라는 것을 암시함(1-4절). II. 하나님께서는 때가 되면 자기 백성을 압제자들의 수중에서 구원해내실 것임(5절). 하나님은 박해자들에게는 두려운 말씀을 주시고(6절), 박해받는 자들에게는 그들이 신속하고도 완전하게 구원을 받아(7-9절) 정착해서 즐겁게 살게 되고(10-11절) 이방인들이 그들에게 나아오며 이로 인해 그들이 큰 만족을 얻게 되리라는(12-14절) 위로의 말씀을 주심. III. 하나님께서 그의 교회와 백성을 대적하는 원수들에게 무시무시한 복수를 행하시리라는 것(15-18절). IV. 교회가 복을 받아 크고 확실한 터 위에 견고하게 자리를 잡게 되고, 변함없이 하나님을 섬기며, 원수들에게 이기게 되리라는 것(19-24절). 우리는 이 복음적인 선지자가 그의 예언의 끝 부분인 여기에서 당연히 저 멀리 말일, 마지막 날, 영원한 날들을 바라보았으리라는 것을 충분히 예상할 수 있다.

¹여호와께서 이와 같이 말씀하시되 하늘은 나의 보좌요 땅은 나의 발판이니 너희가 나를 위하여 무슨 집을 지으랴 내가 안식할 처소가 어디랴 ²나 여호와가 말하노라 내 손이 이 모든 것을 지었으므로 그들이 생겼느니라 무릇 마음이 가난하고 심령에 통회하며 내 말을 듣고 떠는 자 그 사람은 내가 돌보려니와 ³소를 잡아 드리는 것은 살인함과 다름이 없이 하고 어린 양으로 제사드리는 것은 개의 목을 꺾음과 다름이 없이 하며 드리는 예물은 돼지의 피와 다름이 없이 하고 분향하는 것은 우

상을 찬송함과 다름이 없이 행하는 그들은 자기의 길을 택하며 그들의 마음은 가증한 것을 기뻐한즉 '나 또한 유혹을 그들에게 택하여 주며 그들이 무서워하는 것을 그들에게 임하게 하리니 이는 내가 불러도 대답하는 자가 없으며 내가 말하여도 그들이 듣지 않고 오직 나의 목전에서 악을 행하며 내가 기뻐하지 아니하는 것을 택하였음이라 하시니라

이 단락에는 다음과 같은 내용들이 나온다.

I. 은혜 가운데 있는 심령에 비하면 성전은 하찮은 것이다(1-2절).   이사야 선지자의 때와 나중에 그리스도의 때에 유대인들은 성전에 대하여 큰 자부심을 지니고 있었고 그 성전으로부터 뭔가 대단한 일들이 일어날 것이라고 기대하였다. 그래서 선지자들과 그리스도는 그들의 마음을 낮추고 그들의 헛된 기대를 흔들어 놓기 위해서 성전의 파괴, 즉 하나님께서 성전을 떠나실 것이고 곧이어 성전이 황폐화되리라는 것을 예언하였다. 성전은 갈대아인들에 의해서 파괴된 후에 곧 회복되었고, 아울러 종교적 예식들도 부활하였다. 그러나 로마인들에 의해서 파괴된 성전은 영속적으로 황폐화되었고, 이와 더불어서 종교적 예식들도 폐지되었다. 하나님께서는 세상 사람들에게 성전이 없어질 때를 대비하도록 하기 위하여 여기에서처럼 종종 성전이 하나님에게 별로 중요치 않은 것임을 말씀하셨다.

1. 하나님은 성전을 필요로 하지 않으셨다는 것. 하늘은 하나님의 영광과 통치의 보좌이다. 하나님은 모든 찬사와 찬송으로는 도저히 표현할 수 없을 정도로 지극히 높은 위엄과 주권을 지니고서 하늘에 앉아 계신다. 땅은 하나님의 발판이어서, 하나님은 거기에 서서 그의 뜻을 따라 땅의 모든 일들을 주관하신다. 하나님께 이렇게 빛나는 보좌와 이토록 큰 발등상이 있는데, 그들이 하나님을 위하여 하나님의 영광의 처소가 될 수 있는 무슨 집을 지으랴 하나님이 안식할 처소가 어디랴. 영원한 정신(the Eternal Mind)이신 분이 사람들의 손으로 만든 집에서 어떠한 만족을 느끼실 수 있으시겠는가? 피곤하지 않으시며 곤비하지 않으시고 졸지도 않으시고 주무시지도 않으시는 하나님이 우리처럼 쉴 수 있는 집이 필요하실 이유가 있겠는가? 설령 그런 집이 필요하시다고 하여도, 하나님은 우리에게 이르지 아니하실 것이다(시 50:12). 왜냐하면, 하나님의 손이 이 모든 것, 즉 하늘과 그 모든 궁정들, 땅과 그 모든 경계들, 하늘과 땅의 만상(萬象)을

지었기 때문이다. 이 모든 것이 생겨나서 존재하게 된 것은 하나님의 능력으로 말미암은 것이었고, 하나님은 이 모든 것이 있기 이전인 영원 전부터 행복하셨기 때문에 그것들에 의해서 유익을 얻는 것이 없으시다. 이 모든 것이 있다(어떤 이들은 이렇게 읽는다). 그것들이 여전히 계속해서 존재할 수 있는 것은 그것들을 만드신 하나님의 능력이 붙들고 있기 때문이다. 그러므로 나의 선함은 하나님께 아무것도 더해 드리는 것이 없다. 만약 하나님께서 거하실 집이 필요하셨다면, 하나님은 세상을 만드실 때에 그가 거하실 집도 손수 만드셨을 것이다. 또한, 하나님이 그의 집을 만드셨다면, 그 집은 다른 피조물들과 마찬가지로 그가 정하신 규례를 따라서 오늘날까지 계속 존속하였을 것이다. 결론적으로 말하면, 하나님께는 사람들의 손으로 만든 성전이 필요하지 않으셨다는 것이다.

2. 하나님은 성전에는 별로 신경을 쓰지 않으시고 도리어 겸손하고 통회하며 은혜를 구하는 심령에 신경을 쓰신다는 것. 하나님께는 그가 직접 만드신 하늘과 땅이 있고, 사람이 만든 성전이 있다. 그러나 하나님은 그런 모든 것들은 본체만체하시고, 마음이 가난하고 겸손하며 진지하고 자기를 낮추고 부인하여 죄에 대하여 진정으로 통회하고 참회하며 어떻게 해서든지 죄를 용서받기 위하여 애쓰는 자, 벨릭스처럼 설교를 듣는 동안에는 잠시 양심의 가책을 느끼다가 설교가 끝나고 나면 아무 일도 없었다는 듯이 태연한 것이 아니라 항상 하나님의 엄위하심과 순전하심을 경외하고 언제나 하나님의 공의와 진노를 두려워하여 하나님의 말씀을 듣고 떠는 자를 자애로운 눈길로 바라보신다. 그러한 심령이야말로 하나님을 위한 살아 있는 성전이다. 하나님은 거기에 거하시고, 그 곳은 하나님이 안식하시는 처소이다. 그러한 심령은 하나님의 보좌이자 발등상인 하늘 및 땅과 같다.

II. 하나님은 은혜 가운데서 드려지지 않은 제사를 하찮게 여기신다. 악인의 제사는 하나님께서 기쁘게 받지 않으실 뿐만 아니라 여호와께서 가증히 여기시는 것이다(잠 15:8). 여기에서 이 점을 주로 보여준다(3-4절). 좀 더 살펴보자.

1. 그들의 제사는 하나님께 지독히 혐오스러운 것이었다. 육적인 유대인들은 포로 생활에서 돌아온 후에 다시 우상 숭배에 빠지지는 않았지만 하나님을 섬기는 일에 점점 극히 무성의하게 되었고 아무렇게나 제사를 드렸다. 그들은

찢긴 것, 저는 것, 병든 것을 제물로 드렸고(말 1:8, 13), 이 때문에 그들이 드리는 제사는 하나님께 가증스러운 것이 되었다. 그들은 하나님께 드리는 제사에 전혀 신경을 쓰지 않았다. 그랬으니, 그들이 어떻게 하나님께서 그들에게 신경을 써주시기를 기대할 수 있었겠는가? 복음이 전파되어서 이제까지의 모든 종교적 예식들에 종지부를 찍는 큰 제사가 드려졌다는 것이 고지(告知)된 후에도 믿지 않는 유대인들은 마치 모세 율법이 여전히 유효하여 제사로 나아오는 자들을 온전하게 할 수 있다는 듯이 계속해서 제사를 드렸다. 이것은 가증스러운 일이었다. 자신의 식탁에 올리기 위해서 소를 잡는 자는 환영을 받는다. 그러나 복음이 전파된 후인 지금에 있어서 하나님의 제단에 바치기 위하여 소를 잡는 자는 살인함과 다름이 없다. 그러한 행위는 살인만큼이나 하나님을 크게 진노케 하는 일이다. 그런 행위를 하는 자는 사실상 그리스도께서 친히 드리신 제사를 무시하고 언약의 피를 짓밟으며, 그리스도께서 폐지하기 위하여 죽으신 바로 그것을 일으켜 세움으로써 주의 몸과 피를 범하는 죄를 짓는 것이다. 어린 양으로 제사드리는 자는 그가 드리는 양이 그의 양 떼 중에서 가장 좋은 수컷이 아니라 흠 있는 것이고 어떤 것을 드려도 하나님은 잠자코 받으실 것이라고 생각한다면 하나님을 기쁘시게 하기는커녕 도리어 모욕하는 것이 된다. 그것은 개의 목을 꺾음과 다름이 없다. 율법에서 개는 악한 짐승이어서, 나귀를 판 돈과는 달리 개를 판 돈은 하나님의 전에 가져오는 것이 금지되었다(신 23:18). 소제나 전제를 드리는자는 돼지의 피로 속죄하겠다고 생각한 것과 같다. 돼지는 먹어서도 안 되고 만져서도 안 되는 짐승이었는데, 돼지고기로 만든 국은 가증한 것이었으니(65:4), 돼지의 피는 말할 것도 없었다. 하나님께 분향하는 자는 그리스도의 중보기도에 의한 분향을 멸시하는 것이어서 우상을 찬송함과 다름이 없다. 그것은 거짓 신에게 기도와 찬송을 드린 것과 마찬가지로 하나님에 대한 큰 모욕이었다. 위선과 불경(不敬)은 우상 숭배만큼이나 하나님의 진노를 불러일으키는 것들이다.

2. 그들이 드리는 제사를 이런 식으로 혐오스러운 것으로 만들어 버린 그들의 악은 어디에서 나온 것이었는가. 그것은 그들이 자기의 길들, 그들 자신의 악한 마음의 길들을 택하였기 때문이었고, 그들의 손만이 아니라 그들의 마음도 그들의 가증한 것들을 기뻐하였기 때문이었다. 그들의 행실이 사악하고 부도덕하였기 때문에, 그들은 하나님께서 명하신 길이 아니라 죄의 길을 택하였고, 하

나님을 진노케 만드는 일들을 기뻐하였다. 이것 때문에 그들이 드린 제사는 하나님께 아주 역겨운 것이 되었다(사 1:11-15). 신앙고백으로 하나님을 높여 드리는 체하면서 실제로는 악한 삶을 사는 자들은 마치 하나님이 죄를 후원하는 분이신 것처럼 보이게 만드는 자들로서 하나님을 모욕하는 것이다. 그들의 악을 더욱 가중되게 만든 것은 하나님께서 그들에게 회개하고 삶을 고치라고 무수히 부르셨음에도 불구하고 그들이 그 악을 고집하였다는 것이었다. 그들은 하나님의 공의와 관련된 모든 경고의 말씀들과 하나님의 은혜를 받으라는 모든 초대의 말씀들에 귀를 막아 버렸다. 내가 불러도 너희 중 아무도 대답하지 아니하였다(사 65:12). 거기에서와 마찬가지로 여기에서도 동일한 말씀이 뒤따라 나온다. 그들이 나의 목전에서 악을 행하였다. 그들은 하나님께서 말씀하시는 것에 귀를 막은 채 하나님께서 보시든 말든 신경을 쓰지 않고, 하나님께서 기뻐하지 아니하는 것을 뻔히 알면서도 그런 일을 택하여 행하였다. 자신의 행실을 통해서 하나님을 기쁘시게 해드리고자 애쓰기는커녕 도리어 의도적으로 하나님을 진노케 하는 자들이 드리는 제사와 기도를 하나님이 어떻게 기뻐하실 수 있겠는가?

3. 이 일로 인하여 그들에게 내려진 판결. 그들이 자기의 길을 택하였기 때문에 나도 유혹을 그들에게 택하여 주겠다고 하나님은 말씀하신다. 가테이커(Gataker)는 이 본문을 이렇게 의역한다: 그들이 그들의 선택을 하였으니 이제는 내가 나의 선택을 하리라. 그들이 나에 대하여 그들이 기뻐하는 길을 택하였으니 나도 그들에 대하여 내가 기뻐하는 길을 택하되, 그들을 착각하게 만드는 쪽(또는, 우롱하는 쪽)을 택하리라. 그들이 그들의 악을 통해서 하나님을 우롱하고 욕되게 한 것처럼, 하나님도 그들을 원수들에게 내어주어서 짓밟히고 모욕을 당하게 하실 것이다. 또는, 하나님께서는 그들이 헛되게 의지해 왔던 것들에 의해서 속임을 당하게 하실 것이다. 하나님은 그들이 저지른 죄가 곧 그들에 대한 징벌이 되게 하실 것이다. 그들은 그들이 휘두른 회초리에 그들 자신이 맞을 것이고, 그들 스스로 착각한 것들로 인해서 멸망으로 치닫게 될 것이다. 하나님은 그들이 무서워하는 것을 그들에게 임하게 하실 것이다. 즉, 하나님은 그들에게 큰 공포가 될 만한 것 또는 그들이 두려워해서 죄악된 술책을 써서 피하고자 했던 바로 그것을 그들에게 임하게 하실 것이다. 믿지 않는 심령들, 깨끗해지지 못하였고 평안을 얻지 못한 양심들을 비참하게 만들기 위해서는 단지 그들

자신이 두려워하는 것들을 그들에게 임하게 만드는 것으로 충분하다.

[5]여호와의 말씀으로 말미암아 떠는 자들아 그의 말씀을 들을지어다 이르시되 너희 형제가 너희를 미워하며 내 이름으로 말미암아 너희를 쫓아내며 이르기를 여호와께서는 영광을 나타내사 너희 기쁨을 우리에게 보이시기를 원하노라 하였으나 그들은 수치를 당하리라 하셨느니라 [6]떠드는 소리가 성읍에서부터 들려 오며 목소리가 성전에서부터 들리니 이는 여호와께서 그의 원수에게 보응하시는 목소리로다 [7]시온은 진통을 하기 전에 해산하며 고통을 당하기 전에 남아를 낳았으니 [8]이러한 일을 들은 자가 누구이며 이러한 일을 본 자가 누구이냐 나라가 어찌 하루에 생기겠으며 민족이 어찌 한 순간에 태어나겠느냐 그러나 시온은 진통하는 즉시 그 아들을 순산하였도다 [9]여호와께서 이르시되 내가 아이를 갖도록 하였은즉 해산하게 하지 아니하겠느냐 네 하나님이 이르시되 나는 해산하게 하는 이인즉 어찌 태를 닫겠느냐 하시니라 [10]예루살렘을 사랑하는 자들이여 다 그 성읍과 함께 기뻐하라 다 그 성읍과 함께 즐거워하라 그 성을 위하여 슬퍼하는 자들이여 다 그 성의 기쁨으로 말미암아 그 성과 함께 기뻐하라 [11]너희가 젖을 빠는 것 같이 그 위로하는 품에서 만족하겠고 젖을 넉넉히 빤 것 같이 그 영광의 풍성함으로 말미암아 즐거워하리라 [12]여호와께서 이와 같이 말씀하시되 보라 내가 그에게 평강을 강 같이, 그에게 뭇 나라의 영광을 넘치는 시내 같이 주리니 너희가 그 성읍의 젖을 빨 것이며 너희가 옆에 안기며 그 무릎에서 놀 것이라 [13]어머니가 자식을 위로함 같이 내가 너희를 위로할 것인즉 너희가 예루살렘에서 위로를 받으리니 [14]너희가 이를 보고 마음이 기뻐서 너희 뼈가 연한 풀의 무성함 같으리라 여호와의 손은 그의 종들에게 나타나겠고 그의 진노는 그의 원수에게 더하리라

선지자는 하나님의 말씀을 웃음거리로 만들어 버리고 하나님이 부르실 때에 대답하고자 하지 않았던 위선적인 민족에 대한 하나님의 심판을 선포한 후에 여기에서는 여호와의 말씀으로 말미암아 떠는 자들을 향하여 그들을 위로하고 격려하는 말씀을 전한다. 그들은 믿음이 없는 그들의 민족에 임할 심판에 휘말려들지 않게 될 것이다. 사역자들은 악인들을 두렵게 만드는 말씀을 전할 때에 그 말씀으로 인해서 의인들의 마음을 슬프게 만들지 않도록 각별히 주의하여야 한다: 선한 그리스도인이여, 이 말씀은 당신에게는 전혀 해당되지 않습니다

(bone Christiane, hoc nihil ad te). 선지자는 하나님의 말씀으로 말미암아 떠는 자들에게 하나님이 그들을 은혜로 돌보시리라는 것을 단언한 후에(2절) 여기에서는 하나님의 은혜로운 메시지를 그들에게 전한다. 하나님의 말씀 속에는 죄를 진심으로 뉘우치고 자신을 낮추어 말씀을 받을 준비가 되어 있는 자들에게 줄 위로들이 준비되어 있다. 하나님께서 말씀하여도 듣고자 하지 않은 자들이 있었다(4절). 그러나 말씀을 듣고자 하지 않는 자들이 있다면 듣고자 하는 자들도 있는 법이다. 말씀을 듣고 마음이 떨린다면, 말씀에 귀가 열려 있는 것이다. 그렇다면, 하나님은 여기에서 그들에게 무엇이라 말씀하시는가?

I. 하나님께서 그들을 박해하는 자들에 대항하여 그들의 상처받은 의로운 처지를 변호해 주시리라는 것(5절).   너희 형제가 너희를 미워하며 이르기를 여호와께서 영광을 받으소서 하였으나 여호와께서 나타나셔서 너희에게 기쁨을 주시리라. 이 말씀은 아마도 포로 생활에서 돌아온 유대인들 중에서 일부에게 적용되는 것일 수 있다. 그러나 그와 같은 일을 역사상에서는 찾아볼 수 없기 때문에, 이 말씀은 유대인들 가운데서 복음을 처음으로 전하고 고백한 자들에게 적용되어야 할 것 같다. 이 말씀은 그들의 처지에 아주 잘 적용될 수 있다. 좀 더 살펴보자.

1. 하나님의 신실한 종들이 어떻게 박해를 받았는가. 그들의 형제들이 그들을 미워하였다. 사도들은 나면서부터 유대인들이었지만, 그들이 이방인의 성읍들에서 복음을 전할 때조차도 거기에서 만난 유대인들은 그들을 지독하게 미워하는 불구대천의 원수들이었고, 이방인들을 부추겨서 그들을 박해하게 만들었다. 아가서에서 여자 주인공은 그녀의 어머니의 아들들이 그녀에게 노하였다(1:6)고 하소연한다. 빌라도는 네 나라 사람이 너를 내게 넘겼다(요 18:35)는 말로 우리 주 예수를 힐책하였다. 그들을 사랑하고 격려해 주었어야 마땅한 그들의 형제들은 그들이 하는 일 때문에 그들을 미워하였고, 사실 그들은 교회와 민족에게 가장 큰 축복들이었음에도 불구하고 마치 그들이 가장 부끄러운 오점(汚點)들인 양 그들을 출교하여 회당에서 쫓아냈다. 이것은 뱀의 후손과 여자의 후손 간의 오래된 적대감의 결과였다. 그리스도를 미워한 자들은 그의 제자들도 미워하였는데, 이는 제자들이 그리스도의 나라와 그 세력을 지지하였기 때문이었다(요 15:18). 그들이 그리스도의 이름 때문에 제자들을 내쫓은 것은 제자들이 그리스도의 이름으로 불렸고 스스로도 그리스도의 이름을 불렀으며 그리스

도의 이름을 알리기 위해서 그들 자신의 목숨도 아끼지 않았기 때문이었다. 교회가 그 지도자들의 농간 때문에 원래는 교회를 지키기 위하여 주어졌던 무기들을 교회의 가장 좋은 친구들을 향하여 잘못 사용하고 그들을 비방하는 것은 새삼스러운 일이 아니라는 것을 명심하라. 이 본문에 나온 자들도 그런 일을 하면서 여호와께서 영광을 받으소서라고 말하였다. 그들은 그들이 양심을 지니고 있고 하나님과 교회를 위한 열심을 가지고 있는 체하였고, 온갖 표면적인 경건의 모양을 동원해서 그런 일을 행하였다. 우리 구주께서도 이런 일을 설명하시면서 여기에 나오는 본문을 염두에 두고 말씀하신 것으로 보인다(요 16:2): 사람들이 너희를 출교할 뿐 아니라 때가 이르면 무릇 너희를 죽이는 자가 생각하기를 이것이 하나님을 섬기는 일이라 하리라. 온갖 악은 주의 이름으로 행해진다 (in nomine Domini incipit omne malum). 또는, 우리는 이 구절을 하나님을 무시하는 발언으로 이해할 수도 있다. "너희는 하나님이 너희를 구원하여 영광을 받으시리라고 말한다. 그렇다면, 어디 한번 여호와께서 영광을 나타내시고, 주의 일을 속속히 이루어 보소서(사 5:19). 여호와께서 그들을 구원하여 그들이 여호와를 기뻐하는 것을 보소서." 어떤 이들은 이 구절을 포로로 잡혀가 있던 불경스러운 유대인들이 하나님의 구원에 소망을 두고 있던 그들의 형제들을 조롱하고 하나님께서 머지않아 그들을 구원하시고 영광을 받으실 것이라는 기대로 위로를 삼고 있던 자들을 비웃으며 한 말로 해석한다. 이렇게 하여 그들은 가난한 자의 계획을 부끄럽게 하였다(시 14:6).

2. 하나님의 신실한 종들은 이러한 박해 아래에서 어떤 식으로 격려를 받았는가. "너희는 너희의 믿음과 인내를 잠시만 더 굳게 붙잡고 있으라. 너희의 원수들은 너희를 미워하고 압제하며, 너희 형제들도 너희를 미워하여 내쫓고 있지만, 하늘에 계신 너희 아버지께서 너희를 사랑하셔서 아무도 엄두를 내지 못할 그 때에 너희를 위하여 나타나시리라. 하나님께서는 섭리를 통해서 모든 일들을 너희에게 위로가 되게 배치하실 것이다. 하나님은 너희가 기뻐하고 너희를 학대하고 짓밟은 자들이 당혹해 하도록 나타나실 것이다. 그 때에 그들은 너희에 대한 적대감으로 인해서 수치를 당할 것이다." 이 말씀은 예루살렘이 곧 멸망할 것이라는 징후들이 나타나자 유대인들의 마음이 두려워 절망하였을 때에 성취되었다. 그러나 그들이 미워하고 박해하였던 그리스도의 제자들은 그들의 속량이 가까운 것을 알고서 기쁨으로 머리를 들었다(눅 21:26, 28). 하나님은 모습

을 숨기고 계시는 것처럼 보일지라도 때가 되면 모습을 나타내실 것이다.

II. 하나님께서 그들을 위해 나타나실 때에 이 세상에서는 큰 소리가 나게 되리라는 것(6절). 떠드는 소리가 성읍에서부터, 성전에서부터 들려 올 것이다. 이것을 어떤 이들은 교회의 친구들이 승리를 기뻐하는 소리라고 생각하고, 어떤 이들은 교회의 원수들이 성읍에서 일어난 큰 일에 놀라서 피신하기 위해 성전으로 헛되이 도망하면서 겁에 질려 지르는 소리라고 생각한다. 이러한 소리들은 지금 그의 원수들에게 보응하시는 여호와의 목소리에 대한 반향일 뿐이다. 하나님이 이러한 두려운 일을 말씀하실 때에 듣고자 하지 않는 자들은 나중에 그 두려운 일이 닥쳐서 경보가 울려 퍼질 때에 이번에는 애처로운 비명으로 응답하게 될 것이다. 우리는 예루살렘이 로마 군대에 의해서 오랫동안 포위되었다가 마침내 함락되었을 때에 도성과 성전에 울부짖는 비명 소리가 얼마나 난무했을지 충분히 짐작할 수 있다. 어떤 이들은 이 예언이 요세푸스(Josephus)가 그의 『유대전쟁사』(4.388과 6.311)에서 말한 불가사의한 일들을 통해서 성취되었다고 생각한다. 요세푸스는 예루살렘이 멸망하기 직전에 성전 문들이 갑자기 저절로 활짝 열렸고, 제사장들은 지성소에서 뭔가가 움직이는 소리를 들었는데 곧이어서 우리가 이 곳을 떠나자라는 목소리가 들려왔다고 기록한다. 그리고 얼마 후에 예수 바르 안나스(Jesus Bar-Annas)라는 사람이 장막절에 도성을 오르락내리락 하면서 동쪽에서 들려오는 목소리, 서쪽에서 들려오는 목소리, 사방에서 들려오는 목소리, 예루살렘과 성전을 쳐서 말하는 목소리, 이 모든 백성을 쳐서 말하는 목소리라고 계속해서 외치며 돌아다녔다고 한다.

III. 하나님께서 이 세상에 자신을 위하여 교회를 세우실 것이고, 그 교회는 짧은 시간 안에 크게 부흥하게 되리라는 것(7절). 시온은 진통을 하기 전에 해산하였다. 이것은 유대인들이 바벨론에서의 포로 생활로부터 구원받은 것(하나의 모형적인 사건)에 적용될 수 있는데, 이 일은 애굽에서 나올 때와 마찬가지로 어떠한 고통이나 싸움 없이 아주 수월하게 조용히 일어났다. 이 일은 강한 손과 편 팔에 의해서 이루어졌고(신 4:34) 만군의 여호와의 영으로 된 일이었다(슥 4:6). 남자아이를 낳은 일은 기뻐해야 할 일이지만, 산모는 그 아이를 낳는 데에 전혀 수고를 하지 않았다. 진통이 오기도 전에 해산하였다. 성경에서 애굽인 산파들이 히브리 여인들에 대하여 그들은 건장하여 산파가 그들에게 이르기 전에 해산한다(출 1:19)고 말하였다는 것을 기록해 놓지 않았다면, 이것은 극히 놀랍고 이례적이며 전례가 없는 일이 될 것이었다. 그러나 땅이 어찌 하루에 열매를 내겠느냐? 결코 그렇게 될 수 없다. 지면이 새롭게 되어서 그 소산들로 덮이는 일은 봄철의 몇 주 동안에 걸쳐 이루어지는 일이다. 어떤 이들은 이 본문을 그 뒤에 나오는 구절과 동일한 취지로 읽는다: 땅이 어찌 하루에 생기겠느냐 또는 나라가 어찌 하루에 생기겠느냐. 한 여인이 한 번의 출산으로 한 나라를 구성할 수 있을 정도로 많은 아이들을 낳고, 그 아이들이 순식간에 자라서 성인들이 되는 일은 상상할 수나 있겠는가? 그런 일은 결코 있을 수 없다. 그런 일은 창조 때에 행해졌다. 그러나 하나님은 천지를 창조하신 이래로 그러한 모든 일들에서 안식하셨고, 그가 만든 만물이 인과법칙에 의해서 운용될 수 있게 하셨다. 하나님은 어떤 일을 느닷없이 하시지 않는다(nihil facit per saltum). 그렇지만, 이 경우에 시온은 진통하는 즉시 순산하였다. 고레스의 칙령이 반포되자마자 유대인 포로들은 일심동체가 되어 그들의 조국으로 신속하게 돌아갈 준비가 다 되어 있었다. 그 이유가 제시되어 있는데(9절), 이는 그 일이 여호와께서 하시는 일이기 때문이다. 여호와께서 행하시는 일은 완전한데, 바로 그 여호와께서 그 일을 행하고 계시다. 하나님께서 아이를 갖도록 하셨은즉 해산하게 하실 것이다. 즉, 하나님은 자기 백성이 구원받을 수 있도록 준비시키신 후에는 반드시 그 구원을 이루신다는 말이다. 아이가 나오기 위한 모든 것이 준비되었고 그 달 수가 다 차서 해산할 때가 되었다면, 내가 해산할 힘을 주지 않아서 산모와 아기를 둘 다 가장 비참한 상태에서 죽게 내버려 두겠는가? 만약 그렇게 한다면, 그것이 어떻게 사람들을 불쌍히 여기시는 하나님의 성품과 부합할 수 있겠는가? 내가 어찌 어떤 일을 시작해 놓고서 끝내지 않을 수 있겠는가? 만약 그렇게 한다면, 그것이 어떻게 하나님의 능력 및 온전하심과 부합할 수 있겠는가? 나는 해산하게 하는 이인즉(다음 절은 이렇게 읽을 수 있다) 어찌 해산을 막겠느냐. 온 인류와 온갖 종류의 생물들을 번성하게 하여 땅을 채우게 하시는 하나님께서 어찌 시온의 태를 닫으시겠느냐. 하나님은 시온으로 하여금 복된 자손들을 많이 낳아서 교회를 채우게 하시지 않겠는가? 또는, 나는 잉태케 하는 이인즉 어찌 해산을 막겠느냐. 하나님은 그의 계획과 약속 속에서 구원을 잉태하셨는데, 어찌 그 약속을 지켜 성취함으로써 구원을 낳지 않으시겠느냐? 그러나 이것은 이 세상에 기독 교회를 세우실 것과 예수 그리스도의 이름을 딴 자녀들로 교회를 가득 채우실 것에 대한 비유였다. 성령이 부어지고 복음이 시온으로부터 퍼져나가자, 수많은 무리들이 짧은 시간 안에 회심하였고, 엄청난 결실에 비해 드려진 수고는 별로 없었다. 사도들은 산통(産痛)을 시작하기도 전에 해산하였고, 이렇게 해서 낳아진 그리스도의 자녀들은 그 수가 많았고 너무도 순식간에 수월하게 낳아졌기 때문에 어머니의 태로부터 나온 아들이라기보다는 새벽 이슬 같았다(시 110:3). 복음의 성공은 놀라운 것이었다. 그 빛은 땅 끝에 이를 때까지 아침 햇살처럼 기이하게 퍼져 나갔다. 즉시 성읍들과 나라들이 그리스도의 자녀들로 태어났다. 성령이 부어진 바로 그 날에 교회에 더해진 심령이 무려 3,000명이었다. 이 영광스러운 일은 일단 시작되자 사람이 상상할 수 있는 것을 훨씬 초월해서 기이하고 놀랍게 진행되어서, 하나님의 말씀이 힘이 있어 흥왕하여 세력을 얻었다. 사람들로 하여금 죄를 깨닫게 함으로써 잉태케 하신 하나님은 하나님께로 완전히 회심하게 하심으로써 해산하게 하셨다.

IV. 그들의 현재의 슬픔은 머지않아 풍성한 기쁨으로 변하게 되리라는 것 (10-11절). 좀 더 살펴보자.

1. 교회의 친구들이 어떻게 묘사되고 있는가. 그들은 예루살렘을 사랑하고 예루살렘과 함께 또는 예루살렘을 위하여 슬퍼하는 자들이다. 하나님을 사랑하는 자는 예루살렘을 사랑한다는 것을 명심하라. 그들은 하나님의 교회를 사랑하고, 어떻게 하면 교회가 잘 될 것인지를 최우선적으로 고민한다. 그들은 교회의 아름다움을 칭송하고, 교회와의 친교에서 즐거움을 느끼며, 교회의 일을 진심으로 지지한다. 교회에 대하여 진실한 애정을 지닌 자들은 전투적인 교회가 지닌 온갖 염려들과 슬픔들에 충심으로 동참한다. 그들은 교회를 위하여 울며 슬퍼한다. 교회에 무거운 부담이 되는 모든 일들은 그들의 근심거리이기도 하다. 예루살렘이 곤경에 처해 있을 때에 그들의 수금은 버드나무에 걸려 있다.

2. 그들은 어떤 식으로 격려를 받는가. 예루살렘과 함께 즐거워하라. 거듭거듭 내가 말하노니 즐거워하라. 이것은 예루살렘이 즐거워할 이유를 갖게 되리라는 것을 의미한다. 예루살렘이 울며 슬퍼했던 날들은 끝나게 될 것이고, 그들은 환난을 겪었던 날들만큼 위로를 받게 될 것이다. 예루살렘의 모든 친구들이 예루살렘의 기쁨에 동참하는 것은 하나님의 뜻이다. 왜냐하면, 그들은 예루살렘의 기쁨의 원인이 될 그러한 축복들에 함께 동참하게 될 것이기 때문이다. 우리가 그리스도와 함께 고난을 받고 그의 교회와 함께 슬퍼한다면, 우리는 그와

함께 다스리게 될 것이고 그의 교회와 함께 즐거워하게 될 것이다. 우리는 여기에서 다음과 같은 부르심을 받는다.

(1) 교회의 찬송들 속에서 우리의 몫을 담당하라는 것. "너희는 와서 예루살렘과 함께 즐거워하고 다 그 성의 기쁨으로 말미암아 그 성과 함께 기뻐하라. 크게 즐거워하고, 너희가 왜 즐거워하는지를 알고서 기뻐하며, 모든 회중이 모여 감사드리기로 되어 있는 날들에 함께 즐거워하라. 예루살렘이 슬퍼할 때에 예루살렘을 위하여 슬퍼한 너희는 동일한 원리를 따라서 예루살렘이 기뻐할 때에 함께 기뻐하지 않을 수 없다."

(2) 교회의 위로들에 동참하라는 것. 우리는 교회에 위로들을 주는 젖가슴들(개역에서는 그 위로하는 품)에서 젖을 빨며 만족하여야 한다. 하나님의 말씀, 은혜의 언약(특히, 그 언약의 약속들), 하나님의 규례들, 하나님을 모시고 하나님과 대화할 수 있는 온갖 기회들은 교회에 주어질 위로들이 저장되어 있어서 믿음과 기도로 그 위로들을 가져올 수 있는 젖가슴들이다. 그러므로 우리는 하나님의 약속들을 우리 자신에게 적용하고 하나님께서 정하신 예배와 성례들에 부지런히 참석함으로써 교회와 함께 이 젖가슴들로부터 젖을 빨아야 한다. 그렇게 해서 거기에서 얻은 위로들이 세상적으로는 별 위로가 되지 못한다고 하여도, 우리는 그 위로들에 만족하고 불만을 갖지 말아야 한다. 여호와를 그들의 하나님으로 모시고 있고 양자됨과 예배가 그들에게 있다는 것은 교회의 영광이다. 우리는 이 영광의 풍성함으로 말미암아 즐거워하여야 한다. 우리는 사람들이 자녀들로 인하여 얻는 온갖 즐거움들보다 하나님과 우리의 관계, 하나님과의 교통을 더 즐거워하여야 한다. 교회의 영광이 되는 것은 무엇이든지, 특히 교회의 순전함과 하나 됨과 부흥되는 것은 우리의 영광이자 기쁨이 되어야 한다.

V. 그들에게 이렇게 즐거워하라고 부르시는 하나님은 그들에게 그렇게 할 이유와 그렇게 하고자 하는 마음도 주시리라는 것(12-14절).

1. 하나님은 그들에게 그렇게 할 이유를 주실 것이다.

(1) 그들은 오랫동안 중단되지 않는 형통함과 번영을 누리게 될 것이다. 내가 그에게 평강을(즉, 그에게 좋은 모든 것) 끊임없이 흐르면서 바다에 합류할 때까지 계속해서 불어나는 강 같이 주리라. 복음에는 능력이 있어서 복음이 받아들여지는 곳마다 강 같은 평강이 주어져서, 강이 지나가는 땅들이 비옥해지

듯이 심령들에게 온갖 좋은 것을 공급해 주고 그 심령들로 하여금 열매를 맺게 할 것이다. 이것은 세상의 위로들의 샘들이 솟구쳐 낼 수 없고 세상의 환난의 댐들이 가로막거나 뒤로 돌려놓을 수 없으며 세상의 모래로 메울 수 없는 평강의 강이고, 우리를 끝없이 펼쳐진 지극한 복의 대양(大洋)으로 데려다 줄 평강의 강이다.

(2) 그들에게 많은 유익한 것들이 더해질 것이다. 뭇 나라의 영광이 그들에게 넘치는 시내 같이 주어질 것이다. 이방인 회심자들이 교회 속으로 쏟아져 들어와서, 교회의 평강과 형통의 강은 차고 넘치게 될 것이다. 왜냐하면, 그들은 교회 속으로 들어올 때에 그들의 영광을 가지고 올 것이기 때문이다. 그들의 재물과 존귀, 그들의 힘과 세력은 모두 하나님을 섬기는 데에 바쳐질 것이고 교회의 유익을 위하여 쓰이게 될 것이다. "그 때에 너희가 교회에 위로들을 주는 젖가슴들에서 젖을 빨 것이다. 너희는 많은 무리들이 그러한 위로들에서 한 몫을 얻기 위하여 몰려오는 것을 볼 때에 너희의 몫을 확보하려고 한층 더 활발하게 열심을 내게 될 것인데, 이는 다른 사람들이 들어와서 그리스도와 함께 하면 너희의 몫이 줄어들까 염려해서가 아니라(그리스도 안에는 모든 사람이 각자 충분한 몫을 얻고도 남음이 있을 정도로 모든 것이 충분하기 때문에 그럴 염려는 없다) 그들의 열심이 너희를 분발시켜서 거룩한 열심을 갖게 할 것이기 때문이다." 그렇게 되는 것은 좋은 일이다(롬 11:14; 고후 9:2).

(3) 하나님은 이 모든 일을 통해서 영광을 받으실 것이고, 이것은 다른 무엇보다도 우리에게 더 큰 기쁨을 가져다 줄 것이다(14절). 여호와의 손, 곧 그의 종들을 보호하시고 붙들어 주시는 그의 전능의 손, 그의 종들에게 모든 것을 공급하여 풍성하게 하시는 그의 다함 없는 선하심의 손이 그의 종들에게 나타나리라. 하나님의 종들이 여호와의 이 두 손길에 의해서 유익을 얻었다는 것이 알려져서 그들과 하나님의 영광이 될 것이다. 이것을 더욱 영광되게 하기 위하여 하나님은 동시에 그의 진노를 그의 원수들에게 나타내실 것이다. 하나님의 긍휼과 공의는 둘 다 나타나서 영원토록 찬미를 받으시게 될 것이다.

2. 하나님은 그들에게 즐거워할 이유를 주실 뿐만 아니라 그들에게 위로의 말씀을 전하실 것인데, 그들의 마음에 대고 위로의 말씀을 하실 것이다. 위로의 말씀을 하실 수 있고 그것을 사람들의 마음에 대고 하실 수 있는 분은 오직 하나님뿐이시다. 하나님이 시온의 모든 아들들을 위로하시기 위하여 무엇을 행

하실지를 보라.

(1) 교회는 그들의 유모가 되어 줄 것이다. 그들은 특히 지치고 기분이 언짢아서 잠을 자야 할 때에 어린 아기들처럼 예루살렘의 팔 아래에서 그 옆에 안기며 사랑스러운 아기들처럼 그 무릎에서 놀 것이다. 우리는 교회에 들어온 자들을 이렇게 깊은 애정으로 대하여야 한다. 목자장이신 그리스도께서는 어린 양들을 의기소침하지 않도록 그 팔로 모아 품에 안으신다. 따라서 그리스도 아래에 있는 목자들도 그렇게 하여야 한다. 개종자들은 사랑을 받는 자들이 되어야 한다.

(2) 하나님은 친히 그들의 강력한 위로자가 되어 주실 것이다. 자식이 병들거나 상심하거나 어떤 이유로 근심할 때에 어머니가 자식을 위로함 같이 내가 너희를 위로하리라. 하나님은 지혜로운 아버지 같이 이치에 맞는 근거들을 대면서 위로해 주실 뿐만 아니라, 자식이 넘어져서 다쳤을 때에 아파하는 자식을 보고서 안타까워하고 자식이 잘못했을 때에 꾸중을 해놓고도 어떻게든 자식의 마음을 어루만져 주고자 애쓰는 어머니 같이 자애로운 애정과 불쌍히 여기는 마음으로 위로해 주실 것이다(렘 31:20): 내가 그를 책망하여 말할 때마다 그를 위하여 내 창자가 들끓는구나. 그는 사랑스러운 아들이고 마음을 기쁘게 해주는 자녀이다. 그래서 어머니는 그를 위로한다. 이렇게, 너희는 예루살렘에서 위로를 받을 것이다. 즉, 너희는 너희가 참여하게 될 교회에 주어질 은총들과 너희가 함께 할 교회에 의해서 드려질 감사 찬송을 통해서 위로를 받게 될 것이다.

(3) 그들은 그들 자신의 심령 속에서 이러한 위로의 복된 효과들을 느끼게 될 것이다(14절). 너희가 이를 볼 때, 즉 교회가 얼마나 행복한 상태로 회복되었는지를 보게 될 때, 너희의 혀와 너희의 안색만이 아니라 너희의 마음도 기뻐할 것이다. 이것은 그리스도의 제자들이 그들의 사역이 성공하는 것을 보고서 놀라운 만족감을 가졌을 때에 성취되었다. 그리스도께서는 이것을 내다보시고서 그들에게 너희 마음이 기쁠 것이요 너희 기쁨을 배앗을 자가 없으리라(요 16:22)고 말씀하셨다. 그 때에 물기도 없이 바싹 말라버렸던(골수가 다 소진되어서) 너희 뼈는 젊을 때의 힘과 활기를 되찾게 되어 연한 풀 같이 무성할 것이다. 하나님께서 주시는 위로들은 뼈의 골수까지 이르는 법이다. 하나님의 위로들은 네 몸에 양약이 되어 네 골수를 윤택하게 한다(잠 3:8). 뼈는 신체의 힘이다. 그 뼈가 이러한 위로들로 인해서 윤택해질 것이다. 여호와로 인하여 기뻐하는 것이 너희

의 힘이 될 것이다(느 8:10).

[15]보라 여호와께서 불에 둘러싸여 강림하시리니 그의 수레들은 회오리바람 같으리로다 그가 혁혁한 위세로 노여움을 나타내시며 맹렬한 화염으로 책망하실 것이라 [16]여호와께서 불과 칼로 모든 혈육에게 심판을 베푸신즉 여호와께 죽임 당할 자가 많으리니 [17]스스로 거룩하게 구별하며 스스로 정결하게 하고 동산에 들어가서 그 가운데에 있는 자를 따라 돼지 고기와 가증한 물건과 쥐를 먹는 자가 다 함께 망하리라 여호와의 말씀이니라 [18]내가 그들의 행위와 사상을 아노라 때가 이르면 뭇 나라와 언어가 다른 민족들을 모으리니 그들이 와서 나의 영광을 볼 것이며 [19]내가 그들 가운데에서 징조를 세워서 그들 가운데에서 도피한 자를 여러 나라 곧 다시스와 뿔과 활을 당기는 룻과 및 두발과 야완과 또 나의 명성을 듣지도 못하고 나의 영광을 보지도 못한 먼 섬들로 보내리니 그들이 나의 영광을 뭇 나라에 전파하리라 [20]나 여호와가 말하노라 이스라엘 자손이 예물을 깨끗한 그릇에 담아 여호와의 집에 드림 같이 그들이 너희 모든 형제를 뭇 나라에서 나의 성산 예루살렘으로 말과 수레와 교자와 노새와 낙타에 태워다가 여호와께 예물로 드릴 것이요 [21]나는 그 가운데에서 택하여 제사장과 레위인을 삼으리라 여호와의 말이니라 [22]내가 지을 새 하늘과 새 땅이 내 앞에 항상 있는 것 같이 너희 자손과 너희 이름이 항상 있으리라 여호와의 말이니라 [23]여호와가 말하노라 매월 초하루와 매 안식일에 모든 혈육이 내 앞에 나아와 예배하리라 [24]그들이 나가서 내게 패역한 자들의 시체들을 볼 것이라 그 벌레가 죽지 아니하며 그 불이 꺼지지 아니하여 모든 혈육에게 가증함이 되리라

　　　이 단락은 구름 기둥과 불 기둥처럼 하나님 나라의 원수들 및 하나님의 왕권에 반기를 든 모든 자들과 관련된 어두운 면과, 하나님의 신실하고 충성스러운 신민(臣民)들과 관련된 밝은 면을 둘 다 보여준다. 아마도 이 단락은 바벨론에서 포로 생활을 하고 있던 유대인들과 관련되어 있는 것으로 보인다. 그들 중의 일부는 거기로 보내진 것이 도리어 해(害)가 되었는데, 하나님은 여기에서 그런 자들과 계속해서 다투시겠다고 경고하신다. 그런 자들은 자신의 삶을 고치는 것을 싫어하였기 때문에 재난에 의해서 멸망을 받게 될 것이다(렘 24:9). 또한, 그들 중의 일부는 거기로 보내진 것이 그들에게 유익이 되어서,

환난을 통해서 그들을 거룩하게 정화시켰는데, 그런 자들은 때가 되면 그 환난을 통과한 후에 많은 좋은 날을 보게 될 것이다. 여기에서 사용된 표현들 중 다수는 하나님의 그러한 영광스러운 경륜과 합치한다. 그러나 의심할 여지 없이 이 예언은 한 걸음 더 나아가서 그리스도께서 초림과 재림을 통해서 준비하신 심판과 그 때에 알곡과 가라지를 그의 말씀으로 구분하실 것을 보여준다.

I. 그리스도께서는 그에게 반기를 드는 모든 자들로 하여금 낭패를 당하고 공포에 떨게 하시기 위하여 나타나실 것이다. 종종 그는 일시적인 심판들 속에서 모습을 나타나신다. 불신앙을 고집하였던 유대인들은 불과 칼에 의해서 죽임을 당하였다. 이러한 파멸은 아주 광범위하게 일어났다. 그 때에 여호와께서 모든 혈육에게 심판을 베푸셨다. 그들은 하나님의 공의의 칼에 죽임을 당하였기 때문에 여호와께 죽임 당한 자들로 불리게 될 것이다. 여호와께 죽임을 당할 자들이 많을 것이다. 저 큰 날에 하나님의 진노는 불과 칼이 될 것이고, 하나님은 그것으로 모든 회개치 않는 자들을 죽이고 사르실 것이다. 하나님의 말씀은 죄인들의 양심에 꽂힐 때에 불 같이 타오르고, 또한 좌우에 날선 어떤 검보다도 예리하다. 우상 숭배자들은 진노의 날에 특히 엄하게 다루어질 것이다(17절). 아마도 바벨론에서 돌아온 자들 중에 일부는 여기에 언급되어 있는 것과 같은 여러 가지 우상 숭배와 미신을 그대로 유지하고서, 스스로 정결하게 하고(참 하나님을 섬기는 자들이 그러하듯이) 그들의 우상들이 있는 동산에 들어가서 여러 가지 우상 제의들을 차례차례 행하였다. 또는, 이 구절은 그 가운데에 있는 한 나무 뒤에서라고 읽을 수도 있는데, 이 나무는 아핫 또는 에핫이라 불렸고, 그들은 이 우상을 기려서 돼지고기(이것을 먹는 것은 하나님의 율법에 의해서 명시적으로 금지되어 있었다)와 쥐 또는 그 밖의 어떤 짐승 같은 가증한 것들을 먹었다. 그러나 이 예언은 하나님을 멸시하고 세상과 육체에 빠져서 살아가는 죄인들에게 하나님의 말씀을 따라서 하나님의 진노가 가져올 온갖 심판들을 가리키는 것일 수 있다. 그들은 다 함께 망하리라. 우리는 모든 우상 숭배자들과 가증한 일을 하는 자는 누구든지 천국의 행복으로부터 배제된다는 것이 성경에 명시되어 있는 것을 본다(계 21:27; 22:15). 하나님께서 복수하시는 날에 은밀한 악이 백일하에 다 드러나서 벌을 받게 될 것이다. 왜냐하면, 하나님은 그들의 행위와 사상을 아시기 때문이다(18절). 하나님은 사람들이 무엇을 행하는지, 그들이 어떠한 사상에서 어떠한 의도로 일들을 행하는지를 아신다. 하나님은 사람들의

은밀한 것을 심판하실 수 있으시기 때문에 그가 세상을 심판하시는 것이 합당하다(롬 2:16).

Ⅱ. 그리스도께서는 이 세상에 영광의 나라의 맛보기이자 첫 열매들인 그의 나라, 은혜의 나라를 세움에 있어서 그에게 충성한 모든 자들을 위로하고 기쁘게 하시기 위하여 나타나실 것이다. 그가 뭇 나라와 언어가 다른 민족들을 모아서 그들로 하여금 예수 그리스도의 얼굴에서 빛나는 것과 같은 그의 영광을 와서 보게 하실 때가 올 것이다(18절). 이것은 모든 나라의 사람들이 주의 제자가 되어 방언의 은사를 받았을 때에 성취되었다. 이제까지 교회는 한 나라에 국한되어 있었고, 하나님은 오직 하나의 언어로 예배를 받으셨다. 그러나 메시야 시대에는 장벽이 무너져서, 하나님에 대하여 외인(外人)이었던 자들이 하나님을 알게 되고, 유대인들이 성소에서 하나님의 영광을 보았듯이 복음 속에서 하나님의 영광을 보게 될 것이다. 다음과 같은 것들이 여기에서 약속되고 있다.

1. 유대 백성의 일부는 하나님의 은혜로 말미암아 나머지 사람들과 구분되어서 구원을 받게 되리라는 것: 내가 그들 가운데 이방인들이 보고 모여올 기치를 세울 뿐만 아니라(사 11:12), 그들 가운데 일부를 구별해낼 기치도 세울 것이다(이것이 원어의 의미이다). 그들은 부패하고 타락한 백성이지만, 하나님은 그들 가운데서 그를 섬기고 그를 위해 일할 남은 자들을 따로 구별하셔서 그들에게 표(標)를 하심으로써 그들이 그의 소유임을 확실하게 하실 것이다(겔 9:4). 하나님의 종들은 이마에 인침을 받게 될 것이다(계 7:3). 주께서는 그의 소유인 자들을 아신다. 그리스도의 양들은 표시가 되어 있다.

2. 하나님의 은혜로 말미암아 이렇게 구별된 자들은 다른 사람들에게 가서 이 은혜의 유익에 참여하라고 권할 사명을 받게 되리라는 것. 유대 백성의 대부분을 불신앙 속에 갇히게 만든 저 편견들을 피한 자들은 여러 나라들로 보내심을 받아서 그들 가운데서 복음을 전하며 모든 자들에게 복음을 전파하게 될 것이다. 장차 있을 진노를 피한 자들은 다른 사람들을 그 진노의 불길에서 빼내어 구하는 데에 있는 힘을 다하여야 한다는 것을 명심하라. 하나님은 직접 체험을 해서 생생하게 그의 메시지를 전할 수 있고 죄로 인한 위험을 겨우 피했기 때문에 그 위험성을 사람들에게 누구보다도 잘 경고할 수 있는 자들을 보내신다.

(1) 그들은 여러 나라들에 보내질 것인데, 다시스, 뿔(Pul), 룻 등 그 나라들

중 일부가 여기에 언급되어 나온다. 여기에서 이 나라들을 언급하는 이유가 무엇인지는 불확실하고, 해석자들마다 견해가 다르다. 다시스는 일반적으로 바다를 의미하지만, 어떤 이들은 이것이 길리기아의 다소를 가리키는 것으로 해석한다. 뿔은 종종 앗수르의 왕들 중의 한 사람의 이름으로 언급된다. 아마도 그 나라의 어떤 지방이 그런 이름을 지니고 있었을 것이다. 룻은 궁수들로 유명하였던 호전적인 나라인 루딤으로 추정된다. 루딤 사람들은 활을 다루고 당기는 자들로 묘사된다(렘 46:9). 두발은 이탈리아 또는 스페인으로 생각되고, 야완은 그리스의 이오니아 지방을 가리킨다는 것이 통설이다. 나의 명성을 듣지도 못하고 나의 영광을 보지도 못한 먼 섬들은 야벳의 후손들이 살았던 이방의 섬들(창 10:5)을 의미하는 것 같다. 오직 유다에서만 하나님이 알려져 있었고, 거기에서만 하나님의 이름은 오랜 세월 동안 높임을 받으셨다. 그 밖의 다른 나라들은 어둠 속에 앉아 있어서 즐거운 소리를 듣지도 못하였고 즐거운 빛을 보지도 못하였다. 그런 나라들의 가련한 처지는 여기에서 불쌍히 여기는 마음으로 말해지고 있는 것으로 보인다. 왜냐하면, 인생들 중에서 한 사람이라도 그들의 창조주로부터 멀리 떨어져 있어서 그의 이름을 듣지 못하고 그의 영광을 보지 못한다면, 그것은 애석한 일이기 때문이다.

(2) 이것을 생각할 때, 여러 나라들로 보내심을 받은 자들은 이방인들 가운데서 그의 영광을 전파하라는 하나님의 심부름을 수행하게 될 것이다. 여러 나라들 가운데 흩어져 살게 될 유대인들은 그들의 민족에 대한 섭리를 내내 이끌어 오셨던 하나님의 영광을 선포하게 될 것이고, 이것을 통해서와 하나님이 예배와 성례를 통해 그들 가운데서 영광을 나타내심을 통해서 많은 사람들이 그들에게 합류하게 될 것이다. 서로 다른 언어를 사용하는 여러 나라들에 속한 사람들이 유다 사람 하나의 옷자락을 잡고서, 그들에게 호의를 베풀어서 그들을 그의 무리 속으로 받아들여 주고 그들이 준비가 다 될 때까지 그들을 위해서 좀 더 머물러 달라고 간청하게 될 것이다: 하나님이 너희와 함께 하심을 들었나니 우리가 너희와 함께 가려 하노라(슥 8:23). 이렇게 하나님의 영광은 이방인들 가운데서 부분적으로 선포되었다. 그러나 이 일은 찬송 받으실 하나님의 영광스러운 복음을 널리 전하기 위하여 먼 섬들을 비롯해서 온 세상으로 보내심을 받은 사도들과 초기의 복음 전도자들에 의해서 더 분명하고 온전하게 성취되었다. 그들이 나가 두루 전파할새 주께서 함께 역사하셨다(막 16:20).

3. 이것을 통해서 많은 사람들이 회심하게 되리라는 것(20절).

(1) 그들이 너희 모든 형제(개종자들은 형제들로 대우받을 것이기 때문에)를 데려와서 여호와께 예물로 드릴 것이다. 하나님의 영광이 그들에게 헛되이 선포되지 않을 것이고, 그들은 여호와께 돌아오라고 초대와 지도를 받게 될 것이다. 그들에게 보내심을 받은 자들이 하나님의 심부름을 성공적으로 수행할 것이고, 그 결과 절기 때에 이스라엘 땅의 방방곡곡에서 모든 남자들이 무리를 지어 예물을 가지고 예루살렘으로 올라와서 절기를 지키곤 했던 것처럼 이방인들의 큰 무리들이 예루살렘으로 모여오게 될 것이다. 좀 더 살펴보자.

[1] 그들이 예루살렘으로 오기 위하여 제공받게 될 온갖 편의들. 어떤 사람들은 아주 멀리서부터 와야 해서 그 여정이 걸어서 오기에는 너무 오래 걸리기 때문에 유대인들이 절기 때에 통상적으로 그랬듯이 말을 타고 올 것이다. 사회적 지위가 있는 사람들은 수레를 타고 오고, 나이가 들었거나 병자나 어린아이들은 교자 또는 덮개가 있는 마차를 타고 오며, 젊은이들은 노새와 낙타를 타고 올 것이다. 이것이 그들이 예루살렘으로 오고자 하는 열심과 적극성이 있다는 것을 보여주는 것이다. 그들은 예루살렘에 당도하기 위하여 그 어떠한 수고나 비용도 아끼지 않을 것이다. 말을 타고 올 수 없는 자들은 달구지라도 타고 올 것이다. 그들은 오래 지체되는 것을 참지 못하고 빨리 오고 싶어서, 할 수만 있다면 노새나 빨리 달리는 짐승들을 타고 오고자 할 것이다. 이러한 표현들은 비유적인 것들로서, 이렇게 다양한 운송 수단이 언급되고 있는 것은 하나님께서는 그 택하신 자들을 그리스도에게로 데려오기 위하여 온갖 은혜의 수단들을 풍성하게 마련해 놓고 계시다는 것을 보여주는 것이다(박학다식한 가테이커 목사는 그렇게 말한다). 모든 사람들이 환영을 받을 것이고, 그들을 돕고 격려하는 데에 아무것도 부족한 것이 없을 것이다.

[2] 그들은 어떤 자격으로 예루살렘으로 오는 것인가. 그들은 이전에는 예물이나 제물을 드리기 위해서 예루살렘으로 오곤 하였지만 이제는 그들 자신을 여호와께 예물로 드리게 될 것이다. 우리는 이것을 영적으로 이해해서, 그들이 산 제물로 하나님께 드려지게 될 것을 의미하는 것으로 해석하여야 한다(롬 12:1). 사도 바울도 이방인을 제물로 드리는 것이 받으실 만하게 하려 하여 자기가 이방인을 위하여 복음의 제사장 직분을 하는 것이라고 말할 때에(롬 15:16) 아마도 이 본문을 염두에 두고 그런 식으로 말하였을 것이다. 그들은 그들 자신을

예물로 드릴 것이고, 그들의 회심을 이끌었던 자들은 그들을 그리스도를 위하여 얻어서 그리스도를 섬기고 존귀케 하는 데에 바쳐질 노략물로 드리게 될 것이다. 그들은 이스라엘 자손이 예물을 깨끗한 그릇에 담아 드림 같이, 즉 그들 자신을 거룩하고 죄로부터 깨끗하며 하나님께 성별되도록 세심한 주의를 기울여서 드려지게 될 것이다. 성경에서는 회심한 이방인들에 대해서 그들의 마음이 믿음으로 깨끗해졌다고 말한다(행 15:9). 하나님께 드려진 것들은 무엇이 되었든 깨끗한 그릇, 거룩한 용도로 쓰기에 적합한 그릇에 담아 드려졌다. 우리는 하나님이 정하신 대로, 하나님이 제정하신 규례들을 따라 섬기고 영광을 돌려야 하는데, 그런 것들은 이러한 영적 제사를 위한 적절한 수단들이기 때문이다. 우리는 우리의 심령을 하나님께 바쳐 드릴 때에 그 심령을 담고 있는 그릇인 몸도 더러운 색욕을 따르지 말고 거룩함과 존귀함으로 깨끗한 그릇이 되게 하여야 한다(살전 4:4-5). 그리스도께로 회심한 자들은 악한 양심으로부터 벗어난 것일 뿐 아니라 몸도 맑은 물로 씻음을 받은 것이다(히 10:22).

(2) 이것은 다음 둘 중의 하나를 가리킬 수 있다.

[1] 이것은 메시야의 나라가 출현하기를 기대하면서 함께 무리를 지어 하늘 아래 모든 나라에서 예루살렘으로 몰려온 유대인들, 경건한 자들, 개종자들을 가리키는 것일 수 있다(행 2:5-6, 10). 그들은 여호와께 드려질 예물로서 세상의 모든 곳으로부터 성산 예루살렘에 왔고, 예루살렘에서 그들 중 다수는 사도들에게 부어진 방언의 은사로 인해서 그리스도를 믿는 믿음을 가지게 되었다. 내가 생각하기에는 초대 교회의 그러한 역사와 이 예언 간에는 모종의 교감이 존재하는 것 같다. 에디오피아 내시는 그로부터 얼마 후에 하나님을 예배하러 수레를 타고 예루살렘에 왔다가, 그리스도를 아는 지식과 그리스도의 거룩한 종교를 얻어서 본국으로 돌아갔다.

[2] 이것은 그리스도께로 회심하여 그의 교회에 더해진 열방의 많은 이방인들을 가리키는 것일 수 있다. 세계 모든 나라들에서 이루어진 이방인들의 회심은 영적인 것이지만 예언상으로는 흔히 장소적인 이동으로 표현된다. 사도 바울은 모든 참된 그리스도인들에 대하여 그들이 시온 산과 하늘의 예루살렘에 이르렀다(히 12:22)고 말하는데, 이방인들이 은혜의 수단들을 통해서 하나님의 은혜로 교회로 들어오게 된 것을 그들이 수레나 교자를 타고 안전하고 편안하게 무리를 지어 하늘의 예루살렘으로 가고 있는 행렬로 묘사하고 있는 이 히브

리서 본문은 여기에 나오는 본문의 의미가 무엇인지를 잘 설명해 준다. 이렇게 하나님은 야벳을 설득하셔서 셈의 장막에 거하게 하실 것이다(창 9:27).

4. 복음 사역자가 교회에서 세움을 받게 될 것이고, 교회는 많은 무리들이 더해짐으로써 부흥하게 되리라는 것(21절). 나는 그 가운데서(개종자들, 이방인 회심자들 가운데서) 택하여 제사장과 레위인을 삼아, 거룩한 일들에서 나를 섬기며 성회를 주관하게 할 것인데, 이러한 일들은 가르침과 예배와 치리(治理)에 꼭 필요한 일들이다. 이제까지는 제사장과 레위인들이 모두 유대인들 중에서 나왔고, 그것도 오직 한 지파에서 나왔었다. 그러나 복음 시대에 하나님은 회심한 이방인들 가운데서 몇몇을 택하여, 그들로 하여금 거룩한 일들에서 하나님을 섬기고 백성들을 가르치며 주의 이름으로 축복하고 율법 아래에서 제사장과 레위인들이 그랬듯이 하나님의 비밀을 맡은 청지기 노릇을 하며 목회자와 교사(또는, 감독)가 되어 오로지 기도하는 일과 말씀 사역에 힘쓰고, 집사가 되어 레위인으로서 접대를 하며 하나님의 집의 외적인 일을 담당하게 하실 것이다(빌 1:1; 행 6:2-4). 사도들은 모두 유대인들이었고, 칠십인의 제자들도 유대인들이었다. 이방인의 큰 사도였던 바울도 히브리인 중의 히브리인이었다. 그러나 교회들이 이방인들 가운데에 세워지자, 각 교회에서 스스로 장로들과 사역자들을 택하여 세우게 되었다(행 14:23; 딛 1:5). 이로 인하여 복음은 한층 더 수월하게 전파될 수 있었고, 이방인들에게 더욱 친밀하게 다가가서 쉽게 받아들일 수 있게 되었다. 복음의 은혜는 사람들에게서 선지자가 자기 고향에서 존경을 받지 못하게 만드는 그러한 부패한 마음을 치유해 줄 것이다. 회심한 이방인들은 모두 다 영적인 의미에서 우리 하나님의 왕들이자 제사장들이기는 하지만, 하나님은 그들 모두가 아니라 그들 가운데서 일부를 택하실 것이라고 말씀하신다. 믿는 자들에게 사명을 주심으로써 사역자로 만드시는 것만이 아니라 사역자들을 택하셔서 하나님의 일을 할 수 있는 자격을 갖추게 하시고 그런 일을 하고자 하는 마음을 주시는 것도 원래 하나님께서 하시는 일이다. 내가 그들을 택하리라. 즉, 비록 그들은 이방인들이지만, 내가 그들을 용납할 것이고, 그들과 그들의 사역을 받을 것이다. 하나님께서 그들의 아들 중에서 선지자를, 그들의 청년 중에서 나실인을 일으키신 것은 유대 교회와 마찬가지로 이방 교회에도 큰 영광과 유익이다(암 2:11).

5. 교회와 사역자는 이렇게 뿌리를 내리고서 대대로 지속되리라는 것(22

절). 메시야의 나라가 세워짐으로써 있게 될 변화를 여기에서는 다음과 같이 묘사한다.

(1) 그것은 지극히 크고 보편적인 변화이다. 그것은 새로운 세상, 하나님이 앞에서 약속하셨던 새 하늘과 새 땅일 것이다(사 65:17). 이전 것은 지나갔으니 보라 새 것이 되었도다(고후 5:17). 오직 한 민족에게만 적용되었던 옛 언약은 폐기되고, 새 언약, 은혜의 언약이 견고히 세워졌다(히 8:13). 우리는 이제 율법 조문의 묵은 것으로가 아니라 영의 새로운 것으로 섬겨야 한다(롬 7:6). 하늘 및 땅과 관련된 새로운 계명들과 새로운 약속들이 주어졌고, 이 둘은 한데 합쳐져서 신약(New Testament)을 이룬다. 따라서 그것들은 하나님이 창조하실 새 하늘과 새 땅이고, 종말에 있을 새 하늘과 새 땅을 준비하는 것이다(벧후 3:13).

(2) 그것은 하나님이 친히 이루어내시는 변화이다. 하나님은 새 하늘과 새 땅을 창조하실 것이다. 이 변화는 새 세상들을 만들어내실 능력을 갖고 계실 뿐만 아니라 새로운 규례들을 만들어내실 권한을 갖고 계신 하나님에 의해서 이루어졌다.

(3) 그것은 영속적으로 지속되는 변화, 결코 바뀌지 않을 변화, 소멸하게 되어 있던 이전 것과는 달리 언제나 새롭고 결코 낡아지지 않을 새 세상일 것이다. 그것은 변함없이 내 앞에 항상 있을 것이다. 왜냐하면, 복음 시대는 어느 때에 가서 중단되고 다른 시대가 오는 것이 아니라 종말의 때까지 계속 이어질 것이기 때문이다. 그리스도의 나라는 흔들리지 않는 나라, 흔들릴 수 없는 나라이다. 그 나라의 법과 특권들은 요동될 수 없고 영존할 것들이다(히 12:27-28). 그 나라는 하나님 앞에 있기 때문에 항상 있을 것이다. 그 나라는 하나님의 눈 아래에 있고, 하나님의 보살핌과 특별한 보호 아래 있다.

(4) 그것은 그리스도를 섬길 자손을 통해서 유지될 것이다. 너희 자손(즉, 사역자들의 자손과 그리스도인들의 자손)이 항상 있을 것이고, 그들을 통해 너희 이름이 항상 있으리라. 사역자들과 그리스도인들로 이루어진 한 세대가 지나가면, 또 다른 세대가 올 것이다. 그렇게 해서, 그리스도의 이름과 그리스도인들의 이름은 땅이 존재하는 한 이 땅에 항상 있을 것이고, 그리스도의 보좌는 하늘의 날들이 존재하는 한 항상 있을 것이다. 교회를 대적하여 싸우는 음부의 권세는 지극히 높으신 이의 성도를 이기거나 지쳐서 나가 떨어지게 하지 못할 것이다.

6. 성회에서 드려질 하나님에 대한 공예배는 이렇게 여호와께 예물로 바쳐지는 모든 자들에 의해서 늘 변함없이 정성껏 드려지게 되리라는 것(23절). 이것이 구약 시대에 맞는 표현들로 서술되고 있는 것은 예식법은 폐지되고 성전 제사는 끝이 나게 되더라도 하나님은 여전히 이전처럼 끊임없이 예배를 받으시리라는 것을 보여주기 위한 것이다. 지금까지는 오직 유대인들만이 예루살렘으로 올라와서 하나님 앞에 자신을 보였고, 일 년에 단지 세 차례만, 그것도 오직 남자들만 그럴 의무가 주어졌었다. 그러나 이제는 하나님의 예배가 예루살렘에 있는 성전이 아니라 온 세상에 흩어져 있는 성회들 — 이 성회들은 이방인들에게 유대인의 회막과 같은 곳이 될 것이다 — 에서 드려지게 되겠지만, 유대인이나 이방인, 남자나 여자 할 것 없이 모든 육체가 하나님 앞에 나아와 예배하게 될 것이다. 하나님은 그 성회들 속에 그의 이름을 기록하실 것이고, 단지 두세 사람이 함께 모이기만 하여도 하나님은 그들 가운데 계셔서 그들을 만나 주시고 축복해 주실 것이다. 또한, 그들은 이전처럼 일 년에 오직 세 차례가 아니라 매월 초하루와 매 안식일에 거룩한 성회를 통해 은혜를 받게 될 것이다. 옛적의 성전처럼 어떤 특정한 장소가 필요하지 않을 것이다. 그리스도께서 우리의 성전이 되시기 때문에, 모든 믿는 자들은 믿음으로 그리스도 안에서 모임을 갖는다. 이제는 교회가 세계 도처에 흩어져 있기 때문에 모든 신자들이 다 한 장소에 모이는 것은 불가능하다. 그러나 예배를 드리는 시간이 정해져 있고 예배가 자주 그리고 반드시 드려지는 것이 합당한데, 이렇게 함으로써 모든 그리스도인들이 지키는 성회들이 믿음과 소망과 거룩한 사랑 속에서 서로 영적인 교통을 할 수 있다. 여기에서 초하루와 안식일이 언급된 것은 율법 아래에서 한 해의 절기들은 예루살렘에서 지켜져야 했지만 초하루와 안식일은 나라 전역에서 처음에는 선지자 학교, 나중에는 회당에서 지켜졌고, 기독교의 예배는 이것을 모델로 형성되었기 때문이다(왕하 4:23; 암 8:25; 행 15:21). 일주일에 한 번 주일을 거룩하게 지키고 한 달에 한 번 성찬식을 거행하면서 이 두 예식을 합당하게 지킨다면, 여기에 나와 있는 약속이 성취되는 것이고, 기독교의 초하루와 안식일이 지켜지는 것이 된다.

(1) 성회를 통해서 하나님을 예배하여야 하고, 이러한 성회들 속에서 하나님을 바라고 기다리는 것은 모든 신자들의 도리라는 것. 모든 육체가 나아오리라. 육체는 약하고 부패하고 죄악 되지만, 사람들은 육성(肉性)을 죽이기 위하

여 예배로 나아와야 한다.

(2) 하나님을 예배하는 것은 우리가 하나님 앞에 나아가는 것이고 특별한 방식으로 하나님의 임재 앞에 있는 것이다.

(3) 하나님을 예배하기 위한 정해진 시간들이 있어야 하고, 또한 실제로 그 시간들이 정해져 있다. 우리는 이 시간들을 변함없이 꼼꼼하게 지키는 것이 우리의 본분이자 우리의 유익이라는 것을 알아야 한다.

7. 불신앙과 불경건을 고집하며 죽어가는 자들의 두려운 운명과 멸망을 생각하면, 그들은 하나님이 그들에게 베푸신 특별한 은총에 더욱 감사하게 되리라는 것(24절). 만군의 여호와를 예배하면서 여호와의 전에서 받는 은혜를 여호와 앞에서 즐거워해 오던 자들은 악인들의 비참한 참상을 보고서 그들의 행복한 처지를 더욱 실감하게 될 것이다. 좀 더 살펴보자.

(1) 여기에서 그 참상이 묘사되고 있는 자들은 누구인가. 그들은 하나님께 패역한 자들, 하나님의 법을 깨뜨렸을 뿐만 아니라 하나님과의 언약을 깨뜨리고 그들 자신이 얼마든지 하나님과 다투며 싸워볼 만하다고 생각하였던 자들이다. 여기에서는 특히 그리스도의 복음을 배척하였던 믿지 않는 유대인들을 염두에 둔 것일 수도 있다.

(2) 그들의 참상은 어떤 것인가. 여기에서 그들의 참상은 죽임을 당한 시체들로 뒤덮인 전쟁터, 시체들이 땅바닥에 즐비하게 그대로 버려져서 썩어가며 벌레들이 시체들마다 우글거리며 그 시체들을 파먹는 끔찍한 광경을 통해서 묘사된다. 그 시체들을 태우려고 해도 워낙 여기저기 널려 있고 악취가 나서 한데 모으는 것조차도 힘들고 그 일이 끝이 없을 것이며, 시체를 태우는 그 불이 꺼지지 아니할 것이다. 그래서 그 시체들은 모든 육체에게 가증함이 되어서, 아무도 그 시체들 근처에 가까이 가려 하지 않을 것이다. 이런 일은 이 세상에서의 일시적인 심판들 속에서 종종 일어나지만, 여기에서 묘사된 것과 가장 가까운 심판은 아마도 로마 군대가 예루살렘과 유대 민족을 멸망시킨 일일 것이다. 예루살렘이 멸망할 때에 기근과 역병에 의해서 죽은 자들을 제외하고 순전히 칼에 의해서 죽임을 당한 자들만도 어림잡아 이백만 명 이상으로 추산된다. 또한, 이 말씀은 믿지 않는 유대인들에게 임한 영적 심판을 가리킨다고도 할 수 있다. 사도 바울은 이 점을 우리에게 보여준다(롬 11:8). 그들은 죄 가운데서 영적으로 죽고, 로마 군대에 의해서 칼에 의해 죽었기 때문에 두 번 죽은 것

이었다. 유대인들의 교회는 시체가 된 교회였다. 그 교회의 모든 지체들은 악취가 나는 시체들이었다. 그 벌레는 죽지 아니하였고, 그들의 양심은 그들을 끊임없이 불안하게 만들었으며, 복음에 대한 그들의 분노의 불은 꺼지지 않았다. 이것은 그들의 죄임과 동시에 그들에 대한 징벌이었다. 그들은 해 아래 존재하였던 그 어떤 나라나 민족보다도 더 모든 육체에게 가증함이 되었다. 그러나 우리 구주께서는 이 말씀을 회개치 않은 죄인들이 장차 겪게 될 영원한 참상과 고통에 적용하시는데, 그들이 고통당할 지옥에서는 구더기도 죽지 않고 불도 꺼지지 아니한다(막 9:48). 왜냐하면, 양심에 의해서 끊임없이 괴롭힘을 당하고 시달리는 영혼은 결코 죽지 않고, 하나님의 진노를 영혼이 끊임없이 두려워하는데 바로 그 하나님은 영원하시기 때문이다.

(3) 이 참상이 주는 효과. 하나님을 예배하는 자들은 나가서 그 참상을 볼 것이고, 이 때에 그들이 어떠한 참상으로부터 구원을 받았는지를 깨닫고서, 그들의 구주의 사랑을 실감하게 될 것이다. 저주받은 자들이 다른 사람들은 천국에 있고 그들은 밖에 쫓겨난 것을 볼 때에 더욱 비참함을 느끼게 될 것과 마찬가지로(눅 13:28), 복을 받은 자들이 죄악 가운데서 죽은 자들의 참상을 볼 때에 그들의 기쁨과 영광은 한층 빛날 것이고, 그들이 활활 타오르는 불길 속에서 빼내진 그을린 나무토막과 같다는 것을 생각하고서는 더욱 소리 높여 하나님께 찬송을 올려 드리게 될 것이다. 여호와께 구속받은 자들은 이렇게 그들을 구별하신 저 값없는 은혜에 영광을 돌리기 위하여 거룩한 두려움 속에서 지극히 겸손하게 승리의 노래를 불러야 한다.

매튜 헨리 주석전집 12

매튜 헨리 주석 이사야

1판 1쇄 발행 2008년 4월 25일
1판 중쇄 발행 2021년 4월 22일

발행인 박명곤
사업총괄 박지성
기획편집 채대광, 김준원, 박일귀, 이은빈, 백지선, 김수연
디자인 구경표, 한승주
마케팅 박연주, 유진선, 이호, 김수연
재무 김영은
펴낸곳 CH북스
출판등록 제406-1999-000038호
전화 070-4917-2074   **팩스** 031-944-9820
주소 경기도 파주시 회동길 37-20
홈페이지 www.hdjisung.com   **이메일** main@hdjisung.com
제작처 영신사 월드페이퍼